Isaac Deutscher

Stalin

argon zeitgeschichte

Isaac Deutscher

Stalin

Eine politische Biographie

Argon

Aus dem Englischen von Artur W. Just und Gustav Strohm
Kapitel XV. wurde von Harry Maor übersetzt,
die Einleitung des Vorworts zur 2. Auflage von Jochen Visscher
(Durchgesehene, vollständige deutsche Ausgabe)

Originalausgabe:
Stalin — A Political Biography
Second edition © Oxford University Press 1966
Preface to the second edition © Isaac Deutscher 1967
© 1989 der deutschen Ausgabe
Argon Verlag GmbH
Potsdamer Straße 77—87, 1000 Berlin 30
Alle Rechte vorbehalten. Printed in Germany
Satz: Mercator Druckerei GmbH Berlin
Druck und Bindung: Claussen & Bosse, Leck
Umschlag: Doren & Köster, Hamburg

ISBN 3-87024-706-1

Frontispiz: Joseph Wissarionowitsch Stalin, 1949

Inhalt

Ergänzende Einleitung zur 2. Auflage	7
Vorwort zur 2. Auflage	9
Vorwort zur 1. Auflage	14
1. Kindheit und Jugend	19
2. Die sozialistische Untergrundbewegung	51
3. Die Generalprobe	78
4. Aus Koba wird Stalin	133
5. 1917: Das Jahr der Entscheidung	178
6. Stalin im Bürgerkrieg	231
7. Der Generalsekretär	300
8. Die große Wende	382
9. Die Götter dürsten	443
10. Außenpolitik und Komintern I (1923-1933)	495
11. Außenpolitik und Komintern II (1934-1941)	530
12. Der Generalissimus	588
13. Teheran — Jalta — Potsdam	633
14. Die Dialektik des Sieges	695
15. Stalins letzte Jahre	721
Bibliographie	791
Anmerkungen	803
Register	839

Ergänzende Einleitung zur 2. Auflage

Diese Ausgabe von »Stalin — Eine politische Biographie« erscheint fast zwanzig Jahre, nachdem ich das Buch geschrieben habe. Als ich es damals, im Sommer 1948, vollendet hatte, war Stalin noch auf dem Gipfel seiner Macht, auf der ganzen Welt bewundert oder gefürchtet und im eigenen Land umgeben von einem aufgeblähten Personenkult. Zu der Zeit hatte die Welt ein anderes Gesicht: Noch war die Sowjetunion keine Nuklearmacht und der Sieg der chinesischen Revolution stand unmittelbar bevor; gerade erst geriet Stalins Konflikt mit Tito in die Schlagzeilen der Medien. Meine Einschätzung Stalins begann ich damals auf den letzten Seiten dieses Buches mit folgenden Worten:

»Hier wollen wir die Schilderung von Stalins Leben und Wirken abbrechen. Wir wollen uns gewiß nicht einbilden, daß es möglich sei, aus diesem Bericht abschließende Folgerungen zu ziehen, oder auf Grund dieses Materials ein sicheres Urteil über den Mann, seine Leistungen und seine Mißerfolge zu fällen. Nach so vielen Höhen und Tiefen scheint sein Drama jetzt seinem eigentlichen Höhepunkt zuzutreiben. Und niemand weiß, in welch neue Perspektiven das Vergangene gedrängt wird, wenn erst einmal der Vorhang nach dem letzten Akt gefallen sein wird.«

Nun, es ist dieser letzte Akt, von dem ich in einem neuen Kapitel dieses Buches berichten werde, der Nachtrag zu Stalins letzten Lebensjahren. Das Drama meiner Hauptfigur gipfelte nach 1948 tatsächlich noch in einem letzten Höhepunkt, der aber dann unmittelbar zum nachfolgenden Zerfall des Stalinkults führte.

Die Bemerkungen, mit denen ich damals meine Bewertungen einleitete, scheinen jetzt vielleicht fast zu verhalten: Denn statt seinen bekannten Ruf in ein besseres Licht zu rücken, gewannen die Aktivitäten und Reaktionen Stalins nur noch viel schärfere Konturen — auch im Vergleich zu den Schlußfolgerungen, die ich in den abschließenden Passagen meines Buches gezogen hatte, als ich die sogenannte Entstalinisierung schon vorausahnte.

Oft werde ich gefragt, ob ich denn keine Gründe sähe, meine Ansichten nach den Eröffnungen von Chruschtschow, Mikojan und anderen auf dem XX. Parteitag zu revidieren. Aber eigentlich haben doch diese Abrechnungen nichts wirklich Bemerkenswertes zu den Erkenntnissen hinzugefügt, die ich über Stalins Machtaufstieg, über seine Beziehungen zu Lenin und anderen bolschewistischen Führern, über seine Politik in der Zwischenkriegszeit sowie zur Durchführung der Großen Säuberungen und zu seiner Rolle im Zweiten Weltkrieg und danach gemacht habe. Vor allem hinsichtlich der kritischen Phasen in seiner Karriere enthält meine Biographie reichliche Informationen, weit mehr als das, was bislang für sowjetische Leser zugänglich ist. Und, nebenbei bemerkt, mein »Stalin« bleibt weiterhin ein verbotenes Buch in der UdSSR, in China und den anderen Ländern Osteuropas.[1]

Darüberhinaus nehme ich nicht alle von Chruschtschows Äußerungen für bare Münze: Vor allem bezweifele ich seine Behauptung, Stalins Rolle im Zweiten Weltkrieg sei eigentlich bedeutungslos gewesen. Offensichtlich sollte diese Darstellung Chruschtschows eigene Leistungen auf Kosten Stalins hervorheben; sie steht nämlich weder im Einklang mit den Berichten von Augenzeugen sowie von westlichen Staatsmännern und Militärs, die sicher keinen Grund hatten, Stalins Rolle übertrieben darzustellen, noch mit Aussagen sowjetischer Generäle, die sich erst kürzlich mit diesen Vorwürfen ganz nüchtern und kritisch auseinandergesetzt haben.[2]

Ein Aspekt der Aktivitäten Stalins jedoch scheint mir nach Chruschtschows Enthüllungen jetzt klarer zu sein — nämlich das Ausmaß, in dem Stalin nach Unterdrückung der Anhänger Trotzkis, Sinowjews und Bucharins seine eigenen Gefolgsleute, die Stalinisten, liquidiert hat. In dem neuen Kapitel dieses Buches untersuche ich die Folgen dieses wichtigen Fakts. Folgen, die sich stärker noch in der letzten Phase von Stalins Herrschaft zeigten und die in gewissem Maß auch für Art und Charakter der Entstalinisierungswelle unter Chruschtschow verantwortlich sind.

Ansonsten sehe ich keinen Grund, meinen Bericht oder die Interpretationen des Werdegangs von Stalin zu verändern. Der ursprüngliche Text dieses Buches ist deshalb hier mit nur wenigen inhaltlichen und stilistischen Korrekturen wiedergegeben.

11. Oktober 1966 I.D.

Vorwort zur 2. Auflage[1]

Als ich diese Biographie vor 13 bis 14 Jahren schrieb, wollte ich mehr dem Durchschnittsleser als dem Fachmann ein Buch in die Hand geben, in dem ich nach bestem Wissen und Gewissen alle wesentlichen Tatsachen über Stalin und seine Karriere möglichst vollständig und widerspruchslos festzuhalten bemüht war. Als ich den Plan zu diesem Werk faßte, waren Publikum und Presse hierzulande noch nicht frei von ihren in der Kriegszeit üblichen Schmeicheleien für Stalin; als ich letzte Hand daran legte, brausten die Flugzeuge der Luftbrücke ohne Unterlaß über Berlin, und Stalin war zum Schurken des Kalten Krieges geworden. Ich glaube aber nicht, daß dieser krasse Wechsel im politischen Klima meine Darstellung Stalins beeinflußt hat: Ich war nie dem Stalinkult verfallen gewesen, und der Kalte Krieg war nicht mein Krieg. Aber schon kurz nach der Veröffentlichung meines Buches konnte ein britischer Kritiker schreiben, daß es »wie sein Gegenstand zum Brennpunkt einer lebhaften und zeitweise hitzigen Kontroverse geworden sei (...). Keine Biographie der letzten Jahre sei so regem Interesse begegnet, keine habe so leidenschaftliche Ressentiments und Feindseligkeit entfesselt«. Ich sollte vielleicht hinzufügen, daß die meisten britischen Kritiker das Buch aufgeschlossen und großmütig aufnahmen. Trotzdem zog sich die »wilde Kontroverse« über Jahre hin, besonders im Ausland beiderseits des Atlantiks.

Das Buch wurde aus den widersprüchlichsten Gründen gelobt und getadelt. Die einen wollten eine Anklage des Stalinismus darin sehen, die anderen eine Verteidigung, und manche alles beides. So erklärte mir der kürzlich verstorbene Freund und ehemals enge Mitarbeiter Marschall Titos, Mosche Pijade, einmal, warum die Regierung, der er selbst angehört hatte, sich weigerte, die Erlaubnis für eine jugoslawische Ausgabe »Stalins« zu geben: »Schauen Sie«, sagte er, »die Schwierigkeit mit Ihrem Buch liegt darin, daß es zu prosowjetisch ist, wenn wir mit den Russen streiten, und es ist zu antisowjetisch, wenn wir mit ihnen gut Freund zu sein versuchen.« (»Auf jeden Fall«, fügte er noch mit einem Augenzwinkern hinzu, »können wir keine jugoslawische Ausgabe genehmigen, sonst könnte jedermann sofort sehen, aus welcher Quelle unsere bedeutenden Theoretiker den Großteil ihrer Weisheit geschöpft haben.«)

Nach einer alten, goldenen Regel der Porträtmalerei ist ein Porträt gut, wenn es der Vielschichtigkeit des menschlichen Charakters so gerecht wird, daß jeder Betrachter ein verschiedenes Gesicht in ihm sieht. Manches könnte auch heute noch für diese Regel sprechen. Und wenn man sie auf Stalin anwendet, käme das Buch nicht so schlecht weg. Fast jeder Kritiker, ob ablehnend oder zustimmend, hat in diesem Porträt das gefunden oder hineingelesen, was er wünschte. Nur ganz wenige beachteten die ganze Vielfalt des hier geschilderten Charakters und die Schwierigkeiten eines Porträts, das Stalin von vorn als einen Nachkommen Lenins und im Profil als Nachfahren Iwans des Schrecklichen zeichnet. Ich gebe zu, daß ich mich in diesem Werk um eine geradezu altmodische Objektivität bemüht habe; und ich muß auch gestehen, daß mir diese Objektivität nicht leichtgefallen ist; ich mußte wirklich darum ringen. Es wäre mir nichts einfacher gewesen, als eine anklagende Biographie über Stalin zu verfassen: Ich hatte mich dem Stalinismus bereits seit den frühen dreißiger Jahren widersetzt; ich habe die Grausamkeit der zwangsweisen Kollektivierung angeprangert, während diese noch in vollem Gang war (und nicht zwanzig oder fünfundzwanzig Jahre danach, wie es viele meiner Kritiker getan haben); ich übte zumindest seit 1931 strenge Kritik an der stalinistischen Politik, die dem Nationalsozialismus den Aufstieg erleichterte; ich verwies auf den Massenterror, auf die Säuberungsaktionen und die Prozesse in Moskau, während diese über die Bühne gingen, und so fort.[2] Kurzum, ich war ein vorzeitiger »Anti-Stalinist« gewesen; und wenn ich alles das wiederholen wollte, was ich im Verlauf von nahezu zwei Jahrzehnten gegen

Stalin und den Stalinismus geschrieben habe, so wäre das Ergebnis ein Buch gewesen, gegen das niemand den Vorwurf hätte erheben können, es sei eine Apologie Stalins. Ich war aber entschlossen, dieses Buch unter *keinen* Umständen mit geistiger Trägheit zu schreiben. Ich nahm mir vor, diesen mir aus meinen Studien so vertrauten Stoff noch einmal neu und kritisch zu sichten. Einige Kritiker haben sich über meine »kühle und unpersönliche« Darstellungsweise ausgelassen. Und doch war die Arbeit an diesem Buch für mich ein tiefes, persönliches Erlebnis, eine Gelegenheit für eine stille Gewissenserforschung und eine neuerliche kritische Überprüfung meiner eigenen politischen Vergangenheit. Ich hatte zu jenen gehört, die Stalin grausam kaltstellte. Und eine der Fragen, die ich mir vorlegen mußte, war, warum ihm das gelungen war. Um darauf eine Antwort zu geben, mußte der Parteipolitiker in mir zum Historiker werden. Er mußte leidenschaftslos die Ursachen und Wirkungen prüfen, die Motive des Gegners mit offenem Blick sehen und die Stärke des Feindes dort anerkennen, wo sie war. Der Tagespolitiker kann es sich nicht erlauben, sich zu streng durch eine deterministische Sicht der Situation, aus der er handelt, einschränken zu lassen, und wenn es nur darum wäre, weil einige Elemente dieser Situation und einige seiner Chancen noch unbekannt, ja unbestimmt sind. Er kann auch nie ganz sicher sagen, wie die Wirkung seines eigenen Handelns auf irgendeine bestimmte Situation sein wird. Der Historiker andererseits kann nicht umhin, Determinist zu sein, oder, wenn er es schon nicht ist, sich als solcher zu geben: Er hat seine Aufgabe nicht ganz erfüllt, ehe er nicht die Ursachen und Wirkungen als ein so enges und natürliches Gewebe von Ereignissen aufgezeigt hat, daß keine Lücke bleibt; das hieße also, er muß die Unvermeidbarkeit des historischen Ablaufs, mit dem er sich beschäftigt, bewiesen haben. Der Tagespolitiker hat es mit sich ständig verändernden Umständen zu tun: Nach allen Seiten hin setzen Menschen ihren Willen durch, was zum Konflikt führt, sie entfesseln Kräfte und erreichen Entscheidungen oder machen solche rückgängig. Der Historiker dagegen hat es mit ganz bestimmten, unabänderlichen Tatsachen zu tun: Alles Pulver ist bereits verschossen, jeder Wille hat sich bereits abreagiert, alle Entscheidungen sind getroffen worden; und was nicht mehr abzuändern ist, erscheint unvermeidbar.

Daß ich vom Blickwinkel des Historikers aus an die Arbeit ging, ist für den vieldiskutierten Unterton des Unvermeidbaren, der sich durch dieses Buch zieht, verantwortlich zu machen: Als Parteipolitiker hatte ich viele Taten der von mir dargestellten Persönlichkeit verworfen, die ich als Biograph als unvermeidbar aufzeigen muß. Dieser Widerspruch jedoch ist mehr scheinbar als wirklich. In beiden Eigenschaften bin ich von den gleichen philosophisch-politischen Prämissen ausgegangen, aber von verschiedenen und teils unvereinbaren Blickwinkeln.

Die Einwände gegen meine Methode waren einleuchtend genug: Als ich »Stalin« veröffentlichte, hatte man noch nicht von allen darin beschriebenen Situationen so viel Abstand gewonnen, daß diese schon Geschichte und somit unabänderlich geworden wären. Man konnte z. B. noch erwarten, wie es führende westliche Staatsmänner und Berichterstatter damals getan haben, daß die sowjetische Macht aus Osteuropa zurückgedrängt und der industrielle Fortschritt der Sowjetunion durch Fehlschläge in der Planwirtschaft zu einem Stillstand gebracht würde usw. Ich behandelte die Nachkriegsrevolutionen in Osteuropa, die zur Zeit der Niederschrift dieses Buches noch im Gang waren, als unabänderlich. Ich nahm den fortschreitenden wirtschaftlichen Aufstieg der UdSSR schon knapp nach dem Krieg, also zu einer Zeit, als dieses Land noch zur Hälfte in Ruinen lag, für selbstverständlich. Damit wagte ich mich zugegebenermaßen auf den Boden politischer Beurteilung und Vorhersagen, wovor mancher Historiker zurückgeschreckt wäre. Ich vertraue darauf, daß mir meine Leser nach so vielen Jahren diesen Verstoß vergeben und bei der Beurteilung meiner offenen und verdeckten Vorhersagen in Betracht ziehen werden, ob diese der Probe der Zeit standgehalten haben oder nicht.

Man kann mir allerdings heute noch vorhalten, daß ich Stalin letzten Endes doch rehabilitiert habe, indem ich seine Erfolge als unvermeidbar hingestellt habe. Diese Kritik unterschiebt mir auch die Ansicht, daß vernünftige Menschen sich immer mit dem Unvermeidbaren aussöhnen oder zumindest aussöhnen sollten. Ich muß diese stillschweigende Folgerung zurückweisen. Die stolzesten Augenblicke in der Geschichte der Menschheit sind die, in denen gegen das Unvermeidbare angekämpft wird. Und auch dieser Kampf ist unvermeidbar. Wenn ein Philosoph die These aufstellt, »was wirklich ist, ist vernünftig«, behauptet er auch, »was vernünftig ist, ist wirklich«. Die Geschichte nimmt aber ihren Lauf auf verschiedenen Ebenen, oberflächlich oder in die Tiefe greifend, wirklich und notwendigerweise. Die Generation russischer Revolutionäre, die im Widerstand gegen Stalins Autokratie umkam, repräsentierte nicht weniger eine historische Notwendigkeit als Stalin selbst, allerdings unterschiedlicher Art. Und ich darf vielleicht die Kritiker daran erinnern, daß ich meine Untersuchungen über die »Unvermeidbarkeit des Stalinismus« sowie seine positiven und negativen Seiten bereits acht Jahre vor Chruschtschows berühmten Enthüllungen über Stalin mit der folgenden, emphatischen Vorhersage über die »Unvermeidbarkeit« einer »Entstalinisierung« abgeschlossen hatte: »Die Geschichte wird vielleicht das Werk Stalins genauso streng läutern und neu formen müssen, wie sie einst das Werk der Britischen Revolution nach Cromwell und das Werk der Französischen Revolution nach Napoleon gereinigt und neu geformt hatte.«[3]

»Stalin« erscheint als Neuauflage unverändert. Wenn ich das Buch noch einmal schreiben müßte, würde es wahrscheinlich etwas anders ausfallen. Aber wie verschieden im Detail oder mit welch anders gesetzten Akzenten ich meine Geschichte heute auch erzählen würde, so glaube ich nach Prüfung sämtlicher Argumente doch, daß der Neuabdruck besser unverändert erscheint. Die Tatsache, daß das Buch durch so viele Jahre Gegenstand einer so breiten und angeregten Kontroverse war, hat den Originaltext wahrscheinlich zu einer Art Dokument gemacht, woran sich selbst der Autor nicht vergreifen sollte. Und im großen und ganzen stehe ich auch heute noch zu meiner Auffassung Stalins und des Stalinismus von damals.

Diese Biographie war ursprünglich als Teil einer Trilogie geplant, die auch die Lebensbeschreibungen Lenins und Trotzkis umfassen sollte. Ich arbeite noch immer daran; zwei Bände einer Studie über Trotzki sind aber bereits erschienen: »The Prophet Armed« und »The Prophet Unarmed«. Der dritte soll bald fertiggestellt werden. Es liegt wesentlich im Aufbau eines solchen Werkes, daß gewisse Aspekte der Darstellung und Interpretation in einem Teil nur angedeutet bleiben und dafür in einem anderen Band wieder neu aufgenommen und ausgeweitet werden sollen. Trotzdem »Stalin« ein Werk für sich ist, das man unabhängig von den anderen lesen kann, würde aber die Kenntnis der anderen Teile der Trilogie dem Leser eine tiefere Einsicht in den Stoff dieser Untersuchungen gewähren.

24. April 1961   I. D.

Vorwort zur 1. Auflage

Dieser Bericht über Stalins Leben endet etwas unvermittelt mit den Jahren 1945/46. Bis zu diesem Zeitpunkt kann ein Biograph augenblicklich die Geschichte dieses Mannes schildern. Es gibt keine quellenmäßigen Unterlagen, an Hand derer die Rolle Stalins in der Geschichte der letzten zwei oder drei Jahre dargestellt werden könnte. Ich hoffe aber, daß die Schlußkapitel dieses Buches auch auf die unmittelbaren Nachkriegsjahre ein gewisses Licht werfen werden. Noch vor kurzem wäre es beinahe unmöglich gewesen, diese Darstellung über die Jahre 1938 oder 1939 hinauszuführen. Glücklicherweise wurde meine Aufgabe jedoch durch kürzlich veröffentlichte amtliche Dokumente und durch die Kriegserinnerungen einiger Minister und Generäle der Westmächte erleichtert. Ähnliches wurde in Rußland bisher nicht publiziert. Der Schriftsteller, der das Für und Wider im Falle Stalin gegeneinander abzuwägen versucht, findet auf der einen Seite die Aussagen von Churchill, Hull, Byrnes, die »White House Papers« von Harry L. Hopkins und andere Memoiren dieser Art. Auf der russischen Seite dagegen findet er so gut wie nichts, mit Ausnahme von einigen gefärbten Fragmenten halboffizieller Herkunft, die, seltsam genug, sich aus den Textbüchern russischer Filme zusammentragen lassen. So zum Beispiel in dem Film »Stalingradskaja Bitwa« (Die Schlacht um

Stalingrad) von Wirta. Dies sind bis jetzt die einzigen Kanäle, auf denen die Leiter des Sowjetstaates ihrem Volk ein winziges Bruchstück der inneren Geschichte dieser ereignisschweren Jahre nähergebracht haben. Klio, die Muse der Geschichte, hat es bis jetzt nicht vermocht, in den Kreml eingelassen zu werden.

Es ist in der Tat ein trauriges Paradoxon, daß das Volk, das die größten und heldenhaftesten Opfer im Zweiten Weltkrieg zu bringen hatte, am wenigsten über die diplomatischen, militärischen und politischen Hintergründe dieser Zeit erfahren darf. Es ist nur allzu natürlich, daß die Schriftsteller und Memoirenschreiber des Westens ihre Geschichte von ihrem besonderen nationalen und politischen Standpunkt aus erzählen. Ich hoffe, daß es mir gelungen ist, da, wo ich solche Zeugnisse benützte, die nötigen Abstriche an der unvermeidlichen Voreingenommenheit dieser Autoren einzukalkulieren. Allein schon die Verschiedenheit in der Betrachtungsweise und in den Urteilen solcher Schriftsteller gibt einen Maßstab für die relative Glaubwürdigkeit, die ihnen beizumessen ist. Es ist aber ebenso überraschend, daß sie da, wo es sich um die wichtigsten Tatsachen, ja sogar um Einzelheiten handelt, die für einen Bericht über die Rolle Stalins von Bedeutung sind, weitgehend übereinstimmen. Ich habe mich darüber hinaus bemüht, wenigstens einen Teil der Lücken in der dokumentarischen Quellensammlung dadurch auszufüllen, daß ich auf persönliche Eindrücke und Berichte über diese wie auch frühere Epochen in der Karriere Stalins zurückgriff; diese wurden mir von Staatsmännern, Diplomaten und Politikern gegeben, die zu den verschiedensten Zeiten durch ihre Tätigkeit in persönlichen Kontakt mit Stalin gekommen waren und den verschiedensten Nationalitäten, aber auch den entgegengesetztesten politischen Überzeugungen angehörten. Diesen Männern, deren Namen ich nicht nennen kann, bin ich zu besonderem Dank verpflichtet.

Ich möchte dieses Werk eine »politische Biographie« nennen und brauche hierfür wohl kaum eine Entschuldigung. Ich gebe zu, daß mich das Studium der Politik immer mehr gereizt hat als die Privataffären von Männern des öffentlichen Lebens. Ganz abgesehen davon wäre es auch unmöglich, das Privatleben Stalins zu schildern. Nur ein einziger Privatbrief Stalins ist bisher ans Licht der Öffentlichkeit gekommen und zwar in einem beschlagnahmten Buch von A. S. Allilujewa, der Schwägerin Stalins.[4] Fast alle Biographen, die bisher den Versuch gemacht haben, in die private Sphäre Stalins einzudringen, haben wenig wirklich Interessantes zu sagen gewußt. Sie mußten sich mit Gerüchten begnügen, die auf ihren Wahrheitsgehalt nicht nachgeprüft werden können. Selbst ein so scharfer Beobachter und bedeutender Schriftsteller wie Trotzki, der mit Stalin fast zehn Jahre lang zusammen im Politbüro saß, macht von dieser Regel keine Ausnahme.

Was die frühe und mittlere Periode in Stalins Laufbahn angeht, so ist hier die Arbeit des Biographen nicht so sehr durch den Mangel an Dokumenten als durch deren Überzahl und die darin enthaltenen Widersprüche erschwert. Stalins Lebensgeschichte gleicht einem großen Palimpsest, in dem viele Handschriften übereinandergeschrieben wurden. Jede dieser Handschriften stammt aus einer anderen Periode, jede ist von der Hand eines anderen Schreibers geschrieben, jede gibt eine andere Darstellung der Ereignisse. Selbst die Teile, die von Stalins eigener Hand geschrieben sind, widersprechen sich in der auffallendsten Weise. Ich hoffe, daß der Leser in diesem Buch auch eine Erklärung für diesen merkwürdigen Zustand der Überlieferung finden wird. Seit mehr als zwanzig Jahren habe ich sorgfältig die Entwicklung dieses Palimpsests beobachtet. Ich habe ihn jetzt aufs Neue überprüft, Schicht um Schicht abgedeckt und die verschiedenen Versionen miteinander verglichen, geprüft und wieder geprüft. In diesem Buch lege ich die Ergebnisse meiner Untersuchungen vor. Ich war dabei darauf bedacht, den Gang der Erzählung nicht mehr als notwendig mit einer Darstellung der vergleichenden Analyse zu belasten, auf der ich meine Schlußfolgerungen aufgebaut habe. Das hätte den Leser bestimmt über alle Maßen ermüdet. Studenten und Fachleute jedoch werden die notwendigen Anhaltspunkte in meinen Anmerkungen finden, wo Quellenhinweise auf stalinfreundliche oder -feindliche Schriften oft nebeneinander stehen.

Dieses Buch soll der erste Teil einer biographischen Trilogie sein, die ich mit einem »Leben Lenins« und einer Studie über »Trotzki in der Verbannung« weiterführen und vollenden möchte.

Eine gründliche Untersuchung über den Bolschewismus in den Jahren vor 1917 und eine Geschichte der wichtigsten Ideen, wie zum Beispiel der Diktatur des Proletariats, der Sowjets, der »Vorhut des Proletariats« und so weiter, müssen in der Biographie Lenins ihren Platz finden. In dem vorliegenden Band wurden Entwicklung und Evolution dieser Ideen nur insoweit skizziert, als sie für das Verständnis der Persönlichkeit Stalins von Bedeutung sind. Der größere Teil dieser Stalin-Biographie behandelt natürlich die Lage des Bolschewismus seit der Revolution und seit dem Bürgerkrieg.

Ich bin meinen Freunden und Kollegen zu großem Dank verpflichtet. Dieser Dank gilt vor allem Mr. Donald Tyerman und Miss Barbara Ward, die mir immer in so freundschaftlicher Weise zu dieser Arbeit Mut machten und mir ihre Hilfe angedeihen ließen. Professor E. H. Carr stand mir mit kritischen Kommentaren bei. Mr. D. M. Davin und die Mitglieder des Verlags von Oxford University Press haben mit unendlicher Geduld mein Manuskript gelesen und mir unschätzbare stilistische Anregungen gegeben. Mr. John Kimche war so freundlich, mir mit Büchern und Dokumenten zu helfen. Für die Urteile und Ansichten, die in diesem Buch zum Ausdruck kommen, trage ich allein und ausschließlich die Verantwortung sowie für alle Unzulänglichkeiten.

Mehr als irgend jemand anderem habe ich aber meiner Frau zu danken, deren unermüdliche Hilfe dieses Werk erst möglich machte und deren kritischer Sinn zur endgültigen Fassung jedes einzelnen Abschnitts beigetragen hat.

I. D.

I. Kapitel

Kindheit und Jugend

Stalins Eltern. Wissarion Dshugaschwili und Jekaterina Geladse – Geburt (1879), Kindheit und Schulzeit von Joseph Dshugaschwili (später Stalin) in Gori in Georgien (Kaukasus) – Einfluß georgischen Volkstums – Russen und Georgier – Stalin im theologischen Seminar in Tiflis, 1894 bis 1899 – Der Kampf der Georgier gegen die Russifizierung – Unter dem Pseudonym »Soselo« (Seppel) veröffentlicht Stalin im Jahre 1895 Gedichte – Heimliche Lektüre – Er tritt im Jahre 1898 der »Messame Dassy« (Dritte Gruppe) bei – Arbeiterunruhen im Kaukasus – Stalins Lehrzeit als sozialistischer Versammlungsredner – Seine Ausstoßung aus dem Seminar – Der Makel der Leibeigenschaft

Vielleicht im Jahr 1875, vielleicht auch ein oder zwei Jahre früher, verließ ein junger Kaukasier, Wissarion Iwanowitsch (Sohn des Iwan) Dshugaschwili, das in der Nähe von Tiflis (der Hauptstadt Georgiens) gelegene Dorf Dido-Lilo, um sich in der kleinen georgischen Landstadt Gori niederzulassen. In Gori betrieb er eine kleine Flickschusterei. Wissarion Dshugaschwili war der Sohn georgischer Bauern, die zehn Jahre zuvor noch Leibeigene gewesen waren. Er selbst war als Ackersklave irgendeines georgischen Grundherrn geboren. Wäre er sein ganzes Leben lang in dieser Stellung geblieben, so hätte er nie die Möglichkeit gehabt, sein Heimatdorf zu verlassen und selbständiger Handwerker zu werden. Sicherlich hätte keiner seiner Vorfahren dergleichen tun können. Sie waren an die Scholle gebunden und konnten höchstens aus der Hand des einen Grundherrn in die eines andern übergehen. Noch in Wissarions Kindheit konnte man in den georgischen Zeitungen Anzeigen lesen, in denen georgische Grundherrn »500 oder 1000 Morgen Land mit 50 oder 150 Seelen« zum Verkauf anboten oder zu kaufen suchten. Dieser Handel mit Leibeigenen wurde zuweilen mit betrügerischen Methoden geführt. In den Archiven der georgischen Gerichte finden sich Prozeßakten, aus denen sich ergibt, daß eine leibeigene Familie gleichzeitig an mehrere Käufer verschachert wurde.[1]

Man kann sich denken, daß Wissarion gehobenen Mutes war, als er sein Dorf verließ. Die Hoffnung führte ihn auf seinen neuen Weg. Er war ein freier Mann geworden. Als unabhängiger Handwerker gedachte er, sich ein kleines Vermögen zu erarbeiten. In Gori heiratete er ein Mädchen bescheidener Herkunft mit Namen Jekaterina. Sie war die Tochter eines Leibeigenen, Georg Geladse, aus dem Dorfe Gambareuli.

Sie mochte wie so viele Töchter armer Bauern in die Stadt gekommen sein, um als Dienstmädchen in der Familie einer armenischen oder russischen Familie der bürgerlichen Mittelschicht zu arbeiten (Die Mittelklasse im Kaukasus bestand aus Russen, Armeniern oder Juden. Es gab damals noch keine eigentliche georgische Bourgeoisie. Die Georgier waren entweder adlige Grundbesitzer oder Leibeigene). Als Jekaterina Wissarion Dshugaschwili heiratete, war sie erst fünfzehn Jahre alt. Solch frühe Ehen sind in einem Lande nicht selten, in dem die Menschen unter der beinahe tropischen Sonne ebenso schnell reifen wie die Trauben. Das junge Paar zog in eine ärmliche Wohnung am Stadtrand von Gori, wofür sie monatlich eineinhalb Rubel Miete bezahlten. Das war im Geldwert jener Zeit der Betrag von etwa drei Mark. Außer der Küche gab es nur noch einen Raum, der nicht größer als vier Quadratmeter war und durch ein kleines Fenster schwach erhellt wurde. Die Tür führte unmittelbar auf einen Hof, von dem, wenn es regnete, Schmutz und Wasser in das Zimmer flossen, da die Wohnung auf gleicher Ebene mit dem Hof lag und es keine Schwelle und keine Stufe gab. Das Zimmer war mit rohen Ziegelsteinen ausgelegt. Ein kleiner Tisch, ein Stuhl, ein Sofa, ein Bretterbett mit einem Strohsack bildete das ganze Mobiliar der Familie Dshugaschwili.[2] Dieses Heim der Dshugaschwili ist heute ein Museum, das zahlreiche Touristen anlockt, die in die Gegend kommen. So ist auch Wissarion Dshugaschwilis kleine Werkstatt mit dem alten wackeligen Stuhl, mit seinem Hammer und seinen Leisten, der Nachwelt erhalten geblieben.

In diesem halbdunklen Raum brachte Jekaterina in den Jahren zwischen 1875 und 1878 drei Kinder zur Welt. Alle drei starben bald nach der Geburt. Jekaterina war gerade zwanzig geworden, als sie am 21. Dezember 1879 einem vierten Kind das Leben schenkte. Die Laune des Schicksals wollte es, daß dieses Kind zu einem gesunden, lebendigen und eigenwilligen Jungen heranwuchs. Bei der Taufe erhielt das Kind den Namen Joseph, und der griechisch-orthodoxe Priester des Stadtbezirks, der als Standesbeamter wirkte, trug in seinem Kirchenbuch Joseph Wissarionowitsch Dshugaschwilis Eintritt in diese Welt ein, der unter dem Namen Joseph Stalin später berühmt werden sollte.

Über seine früheste Jugend ist kaum etwas bekannt. Als er sechs oder sieben Jahre alt war, erkrankte er an Pocken, die Narben auf seinem Gesicht hinterließen. Ein zweites Mal erkrankte er an einer Blutvergiftung, die sich aus einem Geschwür an seiner linken Hand entwickelte. Er erinnerte sich später daran, daß er damals auf den Tod krank war. »Ich weiß nicht, was mich damals am Leben erhielt«, sagte er zu seiner Schwägerin A. S. Allilujewa, »entweder war es meine gesunde Natur oder die Mixtur eines Dorfquacksalbers.«[3] Als er gesund war, hatte er Mühe, den linken Arm im Ellbogengelenk zu beugen. Wegen dieses kleinen Körperschadens wurde der spätere Oberbefehlshaber der Roten Armee im Jahre 1916 für wehrdienstuntauglich erklärt.

Er wuchs in Schmutz und Armut auf, in die er hineingeboren worden war. Wissarion Dshugaschwili wollte sich in die untere Mittelklasse hinaufarbeiten. Es gelang ihm nicht. Sein Handwerk als Schuhmacher trug ihm nicht genügend ein, um seine kleine Familie ernähren zu können. So hatte seine Frau »Tag und Nacht zu schuften, um den Haushalt führen zu können. Sie arbeitete außerhalb des Hauses als Waschfrau.«[4] Sogar die anderthalb Rubel Wohnungsmiete mußte die Frau verdienen. Aus dieser Tatsache wollen einige der Biographen Stalins die Folgerung ziehen, daß Wissarion das bißchen Geld, das er selbst verdiente, in Wodka umsetzte. In den Erinnerungen der Schulgefährten Stalins findet diese Annahme eine gewisse Bestätigung.[5] Der Suff war so etwas wie eine Berufskrankheit der Schuhmacher, und der Ausdruck »blau wie ein Schuhmacher« findet sich in den meisten osteuropäischen Sprachen. Weiter wird erzählt, Wissarion habe seine Frau und sein Kind mißhandelt. »Unverdiente und grausame Schläge machten den Knaben so hart und herzlos, wie es sein Vater war«, berichtet ein Jugendfreund Stalins, Iremaschwili. Seine Abwehrhaltung gegen die Lieblosigkeit des Vaters waren Mißtrauen, scharfsinnige Vorsicht, Wendigkeit, Unaufrichtigkeit und Ausdauer. So lehrte ihn das Leben schon früh Eigenschaften — und einige *ruses de guerre* — die ihm später von großem Nutzen werden sollten.

Dieses Bild eines Trunkenbolds und Rohlings wird vielleicht Wissarion Dshugaschwili doch nicht ganz gerecht. Er muß auch bessere Eigenschaften besessen haben, vor allem eine gewisse Unternehmungslust und Interesse für die größere Welt. Sonst hätte er als Sohn eines Leibeigenen kaum das altgewohnte Leben auf dem Dorfe, das in so festen Bahnen verlief, mit der Ungewißheit eines Lebens in der Stadt vertauscht. In Osteuropa ist die Vorstellung des »Schuhmachers und Philosophen« ebenso sprichwörtlich wie die »des betrunkenen Schuhmachers«. In beiden Bildern spiegeln sich Neigungen dieses Berufes, die oft ineinander übergehen. Von seinem Vater erbte der Sohn wahrscheinlich den Hang zum Grübeln und Sinnieren. Stalin hat uns, vielleicht ohne es zu wollen, den Schlüssel zum Verständnis des inneren Konflikts gegeben, der seinen Vater so verschlossen, bitter und grausam gegenüber der eigenen Familie werden ließ. Als selbständiger Handwerker hatte Wissarion kein Glück.

So verließ er Gori und seine Familie und ging nach Tiflis, um dort als Arbeiter in einer Schuhfabrik eines gewissen Adelchanow sein Brot zu verdienen. Er scheint diese Tätigkeit als eine Erniedrigung empfunden zu haben. Er war ehrgeizig und hätte sein eigener Herr sein wollen. Nun hatte er die Stellung eines Arbeitssklaven auf dem Lande gegen die eines Lohnsklaven in einer Fabrik eingetauscht. Gegen dieses Schicksal kämpfte er an, solange er konnte, auch dann noch, als er den Lebensunterhalt seiner Familie nicht mehr verdienen konnte. Aus diesen inneren Enttäuschungen kamen wahrscheinlich seine Reizbarkeit und seine gewalttätigen Ausbrüche. In einer seiner frühen Schriften erläutert Stalin einen Punkt der marxistischen Theorie an Hand der Erfahrungen, wie sie sein eigener Vater hatte erleben müssen. »Man stelle sich einen Schuhmacher vor, der eine winzige Werkstätte besessen hat, aber nicht mit den großen Unternehmern konkurrieren konnte, seine Werkstätte zugemacht und sich, sagen wir, in der Schuhfabrik von Adelchanow in Tiflis verdingt hat. Er ist in Adelchanows Fabrik eingetreten, aber nicht, um zu einem ständigen Lohnarbeiter zu werden, sondern um zu Geld zu kommen, sich ein kleines Kapital zusammenzusparen und dann seine Werkstätte wieder aufzumachen. Wie man sieht, sind die Verhältnisse dieses Schuhmachers bereits proletarisch, sein Bewußtsein ist vorläufig aber noch kein proletarisches, sondern ein durch und durch kleinbürgerliches.«[6] Es kann keinen Zweifel darüber geben, an welchen Schuhmacher Stalin dachte, als er dieses Beispiel wählte. Die kleine Werkstatt, das Geschäft, das nicht geht, selbst der Name des Arbeitgebers sind Wirklichkeiten aus dem Leben Wissarions. Was Wissarion innerlich bedrängte und verbog, das war eben der Konflikt zwischen seiner sozialen Stellung und seinen »kleinbürgerlichen« Ambitionen. Es gelang Wissarion nicht, »ein kleines Kapital zur Seite zu legen« und sein eigenes Geschäft wieder zu eröffnen. Er starb in Tiflis im Jahre 1890, als sein Sohn elf Jahre alt war. Wahrscheinlich wurde durch seinen Tod in den äußeren Verhältnissen seiner Familie nicht mehr viel geändert, denn die Witwe hatte schon lange zuvor als Wäscherin den Lebensunterhalt für sich und ihren Sohn selbst verdienen müssen. Das Bild des Toten verwischte sich in Josephs Erinnerungen. Er hat später seinen Vater kaum jemals erwähnt. Die Erinnerung an die »herzlosen Schläge« mag der Grund für die äußerste Zurückhaltung gewesen sein, die Stalin selbst und seine offiziellen Biographen gegenüber Wissarion übten.[7] Über Jekaterina Dshugaschwili ist viel mehr bekannt. Es gibt in ihrem Leben wenig, was sie von der Masse der russischen Frauen ihrer Zeit hätte unterscheiden können, von denen ein russischer Dichter sagt:

> Das Schicksal hat drei Plagen uns ersonnen,
> Die erste macht uns zu der Frau des Sklaven,
> Die zweite läßt uns Sklavenmutter werden,
> Die dritte ist, daß wir dem Sklaven bis zum Tod gehorchen,
> Ja, alle diese fürchterlichen Plagen
> Bedrücken jede Frau auf Rußlands Erde.

Jekaterina besaß die grenzenlose Geduld und Unterwürfigkeit, die die Bauernfrauen Osteuropas kennzeichnen. Sie trug tapfer ihr Los, ohne ihrem Mann zu grollen. All ihre Liebe gehörte dem Knaben, der ihr geblieben war. Sie war eine tief religiöse Natur. In der Kirche fand sie Trost in allen ihren Prüfungen. Sie war des Lesens und Schreibens unkundig. Erst im hohen Alter lernte sie lesen, weil sie sich ihres berühmten Sohnes würdig erweisen wollte. Alle, die sie kannten, sind einig in der Bewunderung für ihre »ruhige, verhaltene Würde, die Menschen eigen wird, die ein langes, hartes Leben gelebt haben, ohne daß die Bitternis dieses Lebens ihnen den Charakter verdorben hat.«[8] *Babuschka Keke* (Großmutter Käthe) blieb immer eine einfache Bauersfrau, auch dann, als ihr Sohn zu Ruhm und Ehre emporgestiegen war. Als sie einige Zeit mit ihm im Kreml gewohnt hatte, zog es sie rasch wieder in die ihr vertraute kaukasische Umgebung, und sie kehrte auch zurück. Aber in der ihr eigenen, beinahe komischen, aber doch so rührenden Art, versuchte sie, sich in die Rolle der Mutter eines berühmten Sohnes hineinzuleben. Allilujewa weiß zu erzählen, wie sie einmal in Borshom, dem kaukasischen Badeort, die alte Frau Dshugaschwili traf, trotz der erdrückenden Hitze in feierliches Schwarz gekleidet. Auf die Frage, weshalb sie sich nicht bequemer kleide, antwortete die alte Frau:»Ich muß das tun. Sieh doch, jedermann hier weiß, wer ich bin.«[9]

Jekaterina faßte einen schweren und tapferen Entschluß, als sie ihren Sohn, der neun Jahre alt geworden war, in die geistliche Schule in Gori schickte. Es wäre nichts Außergewöhnliches gewesen, wenn der Sohn armer Eltern in diesem Alter zu einem Schuhmacher oder Tischler in die Lehre gekommen wäre. Das war aber nicht die Laufbahn, die Jekaterina für ihren Sohn wünschte, obwohl sie auf diese Weise ihr eigenes Los leichter gestaltet hätte. Sie wollte, daß Soso[10] den Erfolg haben möge, der Wissarion versagt geblieben war, und daß er es weiter bringe als seine Eltern. In ihren kühnsten Träumen mochte sie ihn als Dorfpopen gesehen haben, den die Nachbarn respektvoll grüßen. Diese Aussicht war berückend. Es war nur wenige Jahre her, daß die Kirchenschulen den Söhnen bäuerlicher Eltern noch verschlossen waren.

Fünf Jahre lang, von 1888 bis 1893, ging Soso in Gori in die Schule. In seiner Klasse war er fast immer einer der Besten oder

der Beste. Seine Lehrer und seine Klassenkameraden stellten bald fest, daß der arme, pockennarbige Junge ein ganz außergewöhnliches Gedächtnis hatte und seine Aufgaben ganz ohne jede Mühe lernte. Sie entdeckten in ihm auch einen Zug zum Selbstbewußtsein, das Bestreben, sich vor den andern hervorzutun, Eigenschaften, die sich um so deutlicher und schärfer entwickelten, als Soso sich darüber klar wurde, daß die meisten seiner Schulkameraden aus sehr viel begüterteren Verhältnissen kamen als er selber und deshalb auf ihn herabsahen. Aber während des Unterrichts war er obenauf. Er konnte seine Aufgaben besser und leichter aufsagen als die verwöhnten Söhne der Wein- und Getreidehändler, und auf dem Schulhof war er so viel beweglicher, kühner und mutiger, daß sie sich von dem Sohne des Schuhmachers leiten und kommandieren ließen. In dieser bescheidenen Kleinstadtschule erfuhr der spätere Stalin zum erstenmal, was Klassenunterschiede und Klassenhaß bedeuten.

Hier gewann er auch die ersten Eindrücke von der Bedeutung einer Frage, die ihn in seinen Mannesjahren besonders beschäftigen sollte. Das war das Problem der nationalen Minderheiten. Dshugaschwilis Muttersprache war Georgisch. Jekaterina sprach nicht Russisch, und es ist mehr als zweifelhaft, ob ihr Mann mehr als ein paar Brocken Russisch verstand. In der Schule wurde der Unterricht in den meisten Fächern in Russisch erteilt. Im Stundenplan der Woche standen nur ganz wenige Stunden Georgisch. Soso nahm die fremde Sprache mit der Leichtigkeit auf, die allen Kindern dieses Alters eigen ist. Aber außerhalb der Schule und zu Hause sprach er weiter Georgisch. Die Muttersprachen einiger seiner Schulgefährten mögen Armenisch, Türkisch oder irgendwelche kaukasischen Dialekte gewesen sein. Aber in der Schule hatten alle diese Mutterlaute zu schweigen. Russisch nahm den ersten und beherrschenden Platz im Unterricht ein. Diese konsequente und rücksichtslose Russifizierungspolitik der zaristischen Regierung verursachte große Verbitterung. Es kam deshalb vor, daß sogar zehnjährige Jungen Schulstreiks und andere Demonstrationen organisierten, um ihre Muttersprache zu verteidigen. In den siebziger Jahren des letzten Jahrhunderts gab es in Georgien häufig Unruhen in den Schulen: russische Lehrer wurden überfallen, durchgeprügelt, Schulen in Brand gesteckt.[11] Als Dshugaschwili die Schule in Gori besuchte, ereigneten sich dort keine solchen Zwischenfälle, aber trotzdem muß die Mißstimmung unsichtbar weitergeschwelt haben.

In der Frühzeit seines Lebens spielten für ihn die Natur, Überlieferung, Sitten und Gebräuche seiner Geburtsstadt eine große Rolle. Gori liegt an einer Stelle, wo drei fruchtbare Täler zusammenstoßen, in denen Weizen und Wein angebaut wurden. Die Felsen draußen vor der Stadt, die Ufer der Kura und der beiden andern Flüsse, das Gemäuer einer alten byzantinischen Festung, die Felder zwischen den gewundenen kleinen Gassen der Stadt, die halb Stadt, halb Dorf war, boten dem Jungen Raum für Spiel und Phantasie und Möglichkeiten genug, der Enge des elterlichen Hauses zu entrinnen. So gab die Natur dem Knaben, der in einem elenden Arbeiterhaus zu wohnen verurteilt war, wenigstens einigen Ersatz für diese freudlose Atmosphäre. Auf dem Land, draußen vor der Stadt, gab es Tiere, Vögel, Pflanzen und Früchte in Fülle, denn nicht umsonst machte die Sage Georgien zum Land des Goldenen Vließes. In dieser gesunden Umgebung wuchs der Knabe, der später Stalin werden sollte, heran. Das Land war sprichwörtlich voll von Sagen und Märchen. Alexander der Große und Dschingis Khan hatten hier Schlachten geschlagen. In den Schulbüchern standen Geschichten von den Einfällen der Perser und Türken. Volkslieder und Balladen erzählten vom Leben kühner georgischer Räuber. In der Überlieferung lebten sie als volkstümliche Helden weiter. Da gab es georgische Adlige, die gegen die russischen Zaren kämpften, oder Männer, die sich an die Spitze der Leibeigenen gestellt hatten, um Rache zu nehmen für das Volk; alle hatten sie ein großes und weiches Herz für die Armen und Unterdrückten und haßten die Reichen zutiefst. Ihre Schlupfwinkel waren droben in den Bergen, von denen bis spät ins Frühjahr hinein der Schnee leuchtet, oder in den Höhlen der Felsenwände, von denen sie auf die Landstraßen heruntersteigen, um ihren Feinden einen Hinterhalt zu legen und sie zu vernichten. Alle diese Erzählungen waren der Wirklichkeit nicht gar so fern. Noch zu Stalins Jugendzeit gab es mehr als genug Räuber in der Gegend von Gori. Ringsum gab es verarmte georgische Adlige, die keinen sozialen Halt mehr hatten, geschweige ein regelmäßiges und gesichertes Einkommen, und die in einer Vorstellungswelt von unwirklich gewordenen Adelscliquen und ritterlichen Ehrenhändeln lebten. In diesen Kreisen gab es noch zuweilen bizarre Fehden zwischen zwei Gegnern oder auch mit Fremden, die ihren Stolz verletzt oder sonstwie Anlaß zu Feindschaft gegeben haben mochten. Dann war das ganze Land voll von den Geschichten solcher Händel, dann erzählte man Heldentaten, die nahe an Straßenraub grenzten, die aber doch die Phantasie des romantischen Volkes mächtig bewegten. Diese georgischen Robin Hoods waren für die Jungen, die in den Felsen und Feldern um Gori »Räuber und Gendarm« spielten, Vorbilder, denen sie gern nachgeeifert hätten.

So können diese fünf ersten Schuljahre in Gori für den jungen Dshugaschwili nicht ohne einen kindlich hellen Schein gewesen sein. Aber schon damals wuchs in ihm das Bewußtsein sozialer und nationaler Unterschiede, die aus ihm später den Rebellen und Revolutionär machen sollten. Man kann unmöglich sagen, wie stark dieses Bewußtsein in ihm war. Die amtlichen Sowjetbiographen und die Memoirenschreiber behaupten, ihr Held habe bereits in Gori Darwin gelesen und sei Atheist geworden. Man mag mit vollem Recht bezweifeln, ob er in so früher Jugend überhaupt in der Lage war, Darwin zu lesen. Es mag aber sein, daß er eine allgemeine Vorstellung über die neue Lehre aus populären Zusammenfassungen gewann; es mag auch sein, daß er sich gegen die Kirche innerlich ablehnend verhielt. Es gibt einen sicheren Beweis für seinen rasch entwickelten, frühreifen Geist: Bereits im Jahre 1895, also ein Jahr nachdem er die Schule in Gori verlassen hatte, veröffentlichte er Gedichte in einer führenden georgischen Zeitschrift. Er muß sich also bereits in Gori im Verseschmieden geübt haben. Seine offiziellen Biographen behaupten sogar, er habe sich bereits dort mit marxistischen Ideen vertraut gemacht. Dies ist durchaus unwahrscheinlich: Es gab damals nur ganz wenige Anhänger des Marxismus in Tiflis, der Hauptstadt Transkaukasiens, und es ist kaum denkbar, daß ihr Einfluß sich bis in die Schule von Gori hinaus ausgewirkt hat.[12] Stalins Lobredner waren allzu eifrig bedacht, die marxistisch-leninistische Rechtgläubigkeit ihres Helden bis in dessen frühe

Jugend zu projizieren. Aus den Ereignissen der folgenden Zeit kann man kaum weitergehende Rückschlüsse ziehen als die, daß Dshugaschwili die Schule in Gori in einer aufrührerischen Stimmung verließ, wobei der Protest gegen die soziale Ungerechtigkeit sich mit einem romantischen georgischen Patriotismus vermischte. Als er die oberen Klassen der Schule in Gori besuchte, war er viel mehr von dem wehmutvollen Nationalismus der georgischen Dichter beeindruckt als durch irgendwelche sozialen Ideen. »In den oberen Klassen der Schule von Gori wurden wir zwar mit der georgischen Literatur vertraut gemacht, aber wir hatten keinen Lehrer oder Mentor, der unsere innere Entwicklung beeinflußt und unseren Gedanken Ziel und Richtung gegeben hätte. Tschawtschawadses Gedicht ›Der Räuber Kako‹ machte einen tiefen Eindruck auf uns. Kasbegis Heldengestalten ließen in unsern jungen Herzen die Liebe zur Heimat wach werden, und jeder von uns war, als er die Schule verließ, vom heißen Wunsche erfüllt, dem Vaterland zu dienen. Aber keiner hatte eine klare Vorstellung darüber, wie das zu tun sei.« So schildert einer von Stalins Schulkameraden, Wano Kezchoweli, die Eindrücke seiner Schulzeit in Gori.[13] Da Dshugaschwili sorgfältig darauf bedacht war, seine rebellischen Gefühle vor seinen Lehrern zu verheimlichen, betrachteten sie ihn als einen Musterschüler und halfen ihm, den nächsten Schritt in seiner Laufbahn zu tun.

Im Herbst des Jahres 1894 trat er in das theologische Seminar in Tiflis ein. Der Traum der Mutter schien sich erfüllen zu wollen. Da die arme Wäscherin keinen Beitrag zu den Unterhalts- und Erziehungskosten im Seminar leisten konnte, verschafften ihm der Rektor der Schule in Gori und der Pope der Gemeinde ein Stipendium. Für den so vielversprechenden Knaben muß die Aussicht, die sich jetzt vor ihm eröffnete, ein mächtiger Ansporn gewesen sein. Schon die Übersiedlung von dem kleinen verträumten Landstädtchen in die bewegte und lärmende Hauptstadt des Kaukasus war ein großes Erlebnis. Im Alter von fünfzehn Jahren war er reif genug, um die Vorteile seiner neuen Stellung zu begreifen, die noch vor nicht gar so langer Zeit für Bauernsöhne gänzlich unerreichbar gewesen wäre. Man kann sich denken, in welch freudiger Erwartung er die sechzig Kilometer nach Tiflis zurücklegte und wie sehr ihn das Bewußtsein seines sozialen Erfolgs beglückt haben mußte, der doch so viel wirklicher war als der, der vor rund 20 Jahren seinen Vater zur Reise von Dido-Lilo nach Gori verleitet hatte.

Sein Aufenthalt im theologischen Seminar in Tiflis dauerte vom Oktober 1894 bis zum Mai 1899. Für seine geistige Entwicklung waren dies die entscheidenden Jahre. Welches waren die Einflüsse, die dort auf ihn wirkten?

Im letzten Jahrzehnt des neunzehnten Jahrhunderts wurde die Gesellschaft Georgiens durch zwei Probleme bewegt: durch die georgisch-russischen Beziehungen und durch die Folgen der Aufhebung der Leibeigenschaft im Kaukasus.

Das ganze neunzehnte Jahrhundert hindurch war die Zarenregierung mit der Eroberung des Kaukasus und mit der Sicherung der eroberten Gebiete beschäftigt gewesen. Georgien, das seit 1783 zu Rußland in einem Vasallenverhältnis gestanden hatte, verlor Anfang des 19. Jahrhunderts seine Unabhängigkeit endgültig. Das Los der Georgier ähnelte in mancher Hinsicht dem der Polen. Aber im Gegensatz zu den Polen, die in jeder Generation einmal zu den Waffen griffen, um für ihre Freiheit zu kämpfen, machten die Georgier niemals einen ernstlichen Versuch zur Abschüttelung der russischen Vorherrschaft. In Georgien verband sich die allgemeine Abneigung gegen die Russen mit einer gewissen Gleichgültigkeit gegenüber nationalen Ansprüchen. Ihre Beschwerden gegen Rußland waren durch das Bewußtsein gedämpft, daß Georgien nicht mehr als unabhängiger Staat bestehen konnte und daß von allen Mächten, die sich etwa Georgien einverleiben würden, Rußland am wenigsten zu fürchten sei. Die letzten georgischen Könige hatten sich den Russen unterworfen, als Gefahr drohte, das Land könnte von den Türken oder Persern erobert werden. Dieser Entschluß wurde durch religiöse Erwägungen bestimmt. Georgien gehörte ebenso zur griechisch-orthodoxen Kirche wie Rußland.[14]

In den Augen der Russen war der Kaukasus ein Aufmarschgebiet und Waffenplatz gegen die Türken, der strategisch nur noch durch die Donaufürstentümer übertroffen wurde. Rußland baute die große Militärstraße und später das Netz der georgischen Eisenbahnen, durch das auch die industrielle Entwicklung dieser Provinz einen mächtigen Auftrieb erhielt. Dies war die Seite, die in dem Bild der russischen Herrschaft versöhnend wirkte.

Anders stand es mit dem kulturellen Einfluß, den Rußland in Georgien ausübte. Die Georgier rühmten sich zwar einer alten Kultur, die viel älter ist als die der Russen, aber trotzdem bot diese georgische Kultur immer noch das Bild einer orientalischen, halb auf Stammesgrundlagen und halb auf feudalen Elementen beruhenden Gemeinschaft. Für Georgien war Rußland gleichbedeutend mit Europa. »Unter den Einflüssen der westeuropäischen und besonders der russischen Zivilisation drangen europäische Sitten und Gebräuche in das Leben der oberen Klassen Georgiens ein«, schreibt der Historiker Chatschapuridse.[15] Die Politik der Zaren war voller Widersprüche. Auf der einen Seite waren sie darauf bedacht, Georgien zu russifizieren. Auf der andern Seite wollten sie sich auf die Loyalität des georgischen Adels und der georgischen Geistlichkeit verlassen können. Die letzten Angehörigen der georgischen Fürstenfamilien wurden nach Zentralrußland oder nach Sibirien deportiert, aber die Söhne der deportierten Fürsten durften für ihr Volk wertvolle kulturelle Arbeit leisten, allerdings nur von St. Petersburg aus. Einige von ihnen, wie die Brüder Bagration, wurden so die Sprecher der georgischen Aufklärung. Sie übersetzten zahlreiche Werke der europäischen Literatur ins Georgische und machten die russische Gesellschaft mit georgischer Literatur und Geschichte bekannt. Zar Nikolaus I. machte sogar Teimuraz Bagration zum Ehrenmitglied der Kaiserlich Russischen Akademie.

Mit diesen Einflüssen fanden allerdings auch revolutionäre Ideen ihren Weg in den Kaukasus. Der Mann, der dem Zaren die Provinz eroberte, war General Jermolow, der Held der Schlacht von Borodino im Jahre 1812. Dieser »Prokonsul des Kaukasus« hatte Neigungen für die Dekabristen, die im Dezember 1825 in St. Petersburg einen liberalen Aufstand versuchten. Der Generalgouverneur des Kaukasus gewährte einigen berühmten Schriftstellern Unterschlupf, die sich mit den Aufständischen eingelassen hatten. So kam Puschkin in den Kaukasus und Gribojedow, den der Generalgouverneur zu seinem Minister und politischen Berater machte, ferner Bestushew (Marlinski) und andere. Ein Regiment, das sich am Aufstand beteiligt hatte, wurde geschlossen in den Kaukasus deportiert. In diesem Regiment dienten viele Offiziere, die der Intelligenz des Landes angehörten und wegen ihrer politischen Haltung zu Gemeinen degradiert worden waren. Die Deportierten traten mit den wenigen gebildeten Georgiern, die es damals gab, in Verbindung und übten einen starken Einfluß auf sie aus. Sie sympathisierten begreiflicherweise mit dem georgischen Nationalismus und Patriotismus und, da sie in diesen Dingen bereits fortschrittlicher dachten als ihre georgischen Freunde, forderten sie auch die Befreiung der Leibeigenen in Georgien.

Dieser frühe Kontakt bereitete den Boden für einen fortdauernden Zustrom liberaler und revolutionärer Ideen aus Rußland vor. Die Zaren selbst leisteten zu dieser Entwicklung, allerdings ohne es zu wollen, einen großen Beitrag, indem sie häufig politische Sträflinge in den Kaukasus deportieren ließen. In jeder Generation erschienen so in der Provinz neue russische Revolutionäre und neue revolutionäre Ideen. Das gilt für Tiflis, für Kutaïs und für viele andere Plätze des Landes. Auf die militärischen Rebellen und die Schriftsteller des beginnenden neunzehnten Jahrhunderts folgten die *Narodniki,* Agrarsozialisten, die sich aus den Reihen der russischen Aristokratie und der Beamtenschaft rekrutierten. Dann kamen polnische Aufständische und russische Terroristen, bis gegen Ende des neunzehnten Jahrhunderts ein ganz neuer revolutionärer Typus erschien, nämlich marxistische Fabrikarbeiter, die aus Zentralrußland verbannt wurden. Unter ihnen befand sich Michael Kalinin, der spätere Präsident der Sowjetunion, und Sergius Allilujew, ein bolschewistischer Organisator, der später Stalins Schwiegervater wurde.

Während die russische Opposition in dieser Weise ihre fortschrittlichsten Ideen in den Kaukasus exportierte, taten die Zaren ihr Möglichstes, um die soziale Struktur des Landes so rückständig zu erhalten, wie dies mit ihren strategischen Bedürfnissen gerade noch vereinbar war. In Rußland wurde die Leibeigenschaft im Jahre 1861 abgeschafft. Die Emanzipation der georgischen Bauern wurde bis in die Jahre 1864 bis 1869 und sogar noch länger hinausgezögert; es gab sogar bis zum Jahr 1912 eine versteckte Form der Leibeigenschaft unter der Bezeichnung »zeitliches Dienstverhältnis«. Die russische Verwaltung, die vor allem darauf bedacht war, sich der Mitarbeit des georgischen Adels zu versichern, verschob die nötigen Reformen immer wieder. Sie ließ sich nur dann zu Teilzugeständnissen herbei, wenn Nachrichten über die Bauernbefreiung in Rußland ihren Weg in die fernen Gebiete des Kaukasus fanden. Die Leibeigenen waren in rebellischer Stimmung. Nach den vielfachen Erfahrungen, die man in Georgien mit Bauernrevolten gemacht hatte, erschien es immerhin reichlich gefährlich, die Reform noch länger hinauszuschieben.[16] Aber in Georgien war die Reform für die Großgrundbesitzer viel vorteilhafter als in Rußland. Die Leibeigenen erhielten zwar ihre persönliche Freiheit, aber die Hälfte des Landes, das sie als Leibeigene bebaut hatten, wurde ihnen genommen. Sie hatten für die Übertragung der anderen Hälfte Entschädigungen zu leisten, die sie nicht aufbringen konnten. Die wirtschaftliche Abhängigkeit der Bauern von ihren Grundherren drückte sich jetzt darin aus, daß sie sich als Landarbeiter verdingten, wie das auch im Süden der USA nach der Aufhebung der Sklaverei in Amerika üblich war, oder auch Verträge über »zeitliche Dienstleistungen« mit den früheren Herren abschließen mußten. Noch im Jahr 1911 schrieb eine Behörde, der man gewiß keine zarenfeindliche Haltung nachsagen kann: »In Rußland wird die Leibeigenschaft heute wie ein Gespenst angesehen, das lange schon der Geschichte angehört. Aber in Transkaukasien, vor allem in Georgien, ist bis jetzt kein Gesetz ergangen, das dem System der ›zeitlichen Dienstleistungen‹ einen Riegel vorschiebt. Die wirtschaftliche Abhängigkeit unserer Bauern ist in den letzten fünfzig Jahren immer größer geworden und hat allmählich die Form einer neuen Art von Leibeigenschaft angenommen.«[17]

So lastete die Leibeigenschaft auf der ganzen Atmosphäre, die den jungen Dshugaschwili umgab. Dies galt nicht nur für die unmittelbar betroffenen Bauern, sondern für fast alle menschlichen Beziehungen im weitesten Sinne, für die Familie, die Kirche und die Schule, für die ganze seelische Haltung und die Art des Lebens überhaupt.[18] Bis zu einem gewissen Grad traf dies natürlich auf das ganze Zarenreich zu. Lenin, der einmal die Bauernbefreiung in Rußland mit der Sklavenbefreiung in Amerika verglich, wies darauf hin, daß die Bauernbefreiung sehr viel weniger durchgreifend war als die Sklavenbefreiung in den Vereinigten Staaten. »Aus *diesem* Grunde«, sagte Lenin, »tragen die Russen heute, nach einem halben Jahrhundert, immer noch *viel* mehr Züge des Sklaven an sich als die amerikanischen Neger.«[19] Mit dieser bitteren Bemerkung übertrieb Lenin ohne Zweifel, und das war bezeichnend für den revolutionären Propagandisten, der es nicht erwarten konnte, bis die russische Gesellschaft die letzten Spuren ihrer feudalistischen Vergangenheit abgeschüttelt haben würde. Aber wenn diese Bemerkung für die Russen nicht ganz zutraf, so paßte sie um so mehr auf die Kaukasier. Hier zeigte die Gesellschaftsordnung nur zu viele und zu frische »Narben der Sklaverei«. Die unverhüllte Abhängigkeit des Menschen vom Menschen, eine rücksichtslose und unverschleierte soziale Klassenschichtung, primitive Formen der Gewaltanwendung und der Mangel an Achtung vor der Würde des Menschen waren für das Leben im Kaukasus kennzeichnend, wie es sich aus der Leibeigenschaft heraus entwickelt hatte. Heuchelei, Enttäuschung und Gewalt waren die einzigen Schutzmittel der Unterdrückten, die in geistigem Dunkel gehalten wurden und im allgemeinen gar nicht in der Lage waren, sich durch offene und organisierte Aktionen zur Wehr zu setzen.

Das Priesterseminar in Tiflis war eine merkwürdige Einrichtung. Es war nicht die einzige, aber immerhin die wichtigste höhere Schule in Georgien und darüber hinaus im ganzen Kaukasus. Es war die Stelle, an der sich die Intelligenz der ganzen Gegend bildete und formte. Es war aber zugleich eine Art Schutzgebiet für Ideen und Verhältnisse, die der Zeit der Leibeigenschaft angehörten. Hier drangen fortschrittliche, soziale und politische Ideen auf direktestem Wege ein und stießen dabei mit einer feudalen und kirchlichen Geisteshaltung zusammen.

Von außen gesehen glich das Seminar einer Kaserne. Das Leben der Seminaristen wurde durch strenge Mönche nach beinahe kasernenmäßigen Methoden scharf reglementiert. Sobald sich einmal die Tore hinter dem Neuankömmling geschlossen hatten, wurde erwartet, daß er sich innerlich und äußerlich von der Welt löste. Die Seminaristen mußten sich bei Tag und Nacht im Seminar aufhalten, obwohl man über ein Gesuch an den Mönch, der die betreffende Klasse leitete, eine zweistündige Ausgangserlaubnis erhalten konnte. Die Tagesarbeit bestand aus Unterrichtsstunden über scholastische Theologie und aus endlosen Gebetsübungen. Die Söhne armer Familien mußten ein Hungerleben führen. Zwanzig bis dreißig Schüler waren in einem einzigen Schlafraum zusammengepfercht. In geistiger Hinsicht war das Seminar zur Hälfte ein Kloster, zur Hälfte eine Kaserne. »Das Leben in der Schule war eintönig und düster«, berichtete ein ehemaliger Seminarist. »Tag und Nacht von Kasernenwänden umgeben, fühlten wir uns wie unschuldig zu jahrelanger Haft Verurteilte. Wir waren alle verdrossen und vergrämt. Die Mauerwände, die uns von der Außenwelt abschlossen, erstickten alle jugendliche Fröhlichkeit. Wenn unser junges Temperament dennoch manchmal durchbrach, dämpften es die Mönche und Aufpasser sofort.«[20]

Die Studenten durften keine Bücher in öffentlichen Bibliotheken ausleihen. Sie durften nur solche Bücher lesen, die von den Mönchen genehmigt waren. Das Seminar war natürlich auch ein Werkzeug der amtlichen Russifizierungspolitik. Alle Verstöße gegen die Vorschriften wurden mit Zellenhaft bestraft. Die Mönche spionierten sorgfältig die Gedanken und Handlungen ihrer Schützlinge aus, stöberten in ihren Sachen herum, horchten an den Türen und machten auf den leisesten Verdacht hin eine Anzeige beim Rektor.

Und trotzdem war dieses freudlose Seminar ein wichtiges Zentrum der politischen Opposition. Viele der Männer, die später nicht nur in Georgien, sondern in Rußland überhaupt, im öffentlichen Leben eine Rolle spielen und Führer der öffentlichen Meinung des Volkes werden sollten, haben ihre Werdejahre hinter diesen grauen Mauern in Tiflis verbracht. Im Jahr 1930 veröffentlichte die Historische Fakultät der Transkaukasischen Kommunistischen Universität die Archive und Akten der Gendarmeriestation Tiflis mit zahlreichen Berichten über Kundgebungen »politischer Widerspenstigkeit« im Seminar. Diese Polizeiberichte, die sich über eine Zeit von zwanzig Jahren erstrecken, nämlich von 1873 bis zu der Zeit, als Dshugaschwili aufgenom-

daran denken, sich selber im gemeinsamen Einvernehmen zu befreien, solange sie nicht nur die russische Regierung, sondern auch das russische Volk gegen sich haben, das nicht begreifen kann, daß die Autokratie der Feind aller ist.« Aber am nachdrücklichsten klang seine Warnung vor der Doppelgesichtigkeit der bürgerlichen Opposition gegen den Zarismus. »Aber die Bourgeoisie aller Länder und Nationen versteht es sehr wohl, sich die Früchte anzueignen, die nicht durch ihren Sieg erworben sind, sie versteht es sehr wohl, mit fremden Fingern die Glut aus dem Ofen kratzen zu lassen. Sie ist niemals gewillt, ihre verhältnismäßig privilegierte Stellung aufs Spiel zu setzen im Kampf gegen einen starken Feind, in einem Kampf, den zu gewinnen vorläufig noch nicht so leicht ist. Obgleich sie unzufrieden ist, lebt sie dennoch nicht schlecht, und deshalb räumt sie mit Vergnügen der Arbeiterklasse und überhaupt dem einfachen Volk das Recht ein, den Rücken hinzuhalten, wo die Peitschen der Kosaken sausen oder die Kugeln der Soldaten pfeifen, auf den Barrikaden zu kämpfen usw.«[14] Deshalb müsse die Industriearbeiterschaft die Führung übernehmen. »Die Geschichte lehrt, daß die Arbeiter unter solchen Verhältnissen gezwungen sein werden, nur für die Bourgeoisie die Kastanien aus dem Feuer zu holen. Die Bourgeoisie bedient sich gewöhnlich mit Vergnügen der muskulösen Fäuste der Arbeiter im Kampf gegen die Selbstherrschaft, und wenn der Sieg bereits erkämpft ist, eignet sie sich seine Resultate an und läßt die Arbeiter leer ausgehen.«[15] Wenn aber die Autokratie unter Führung der proletarischen Sozialisten gestürzt wird, dann wird das Ergebnis »eine großzügige demokratische Verfassung sein, die sowohl dem Arbeiter und dem niedergedrückten Bauern als auch dem Kapitalisten gleiche Rechte gewähren wird«.[16]

Wenn man dies ein halbes Jahrhundert, nachdem es geschrieben wurde, wieder liest, so muß diese gemäßigte demokratische Schlußfolgerung (gleiche Rechte sogar für die Kapitalisten) ganz unvereinbar erscheinen mit den bitteren Bemerkungen, die der Verfasser über die Bourgeoisie macht. Aber diese Konsequenzlosigkeit war damals allen russischen Sozialisten eigen. Sie waren alle der Meinung, Rußland sei noch nicht reif für den Sozialismus. Alles, was die Revolution in absehbarer Zukunft erreichen könne, sei die Ablösung der feudalen Autokratie durch den demokratischen Kapitalismus.[17] So kamen die Sozialisten zu dem uns nun bereits bekannten Paradoxon: Sie waren Gegner des Kapitalismus, und trotzdem mußten sie für den Sieg der kapitalistischen Demokratie in ihrem Land kämpfen. Dieses Paradoxon war einige Jahre später die Ursache für eine tiefgreifende Spaltung in den Reihen des Sozialismus. Die gemäßigten Sozialisten — die Menschewisten — vertraten den Standpunkt, daß in einer Revolution, die nur den Feudalismus durch den Kapitalismus ersetzen sollte, logischerweise die liberale Mittelklasse die erste Geige spielen müsse. Wenn die Sozialisten dem Liberalismus geholfen hatten, die Autokratie zu stürzen und die Macht zu übernehmen, dann müßten sie in einer parlamentarischen und kapitalistischen Republik die Rolle einer gewöhnlichen sozialistischen Opposition spielen. Die Bolschewisten dagegen argumentierten, genau wie Dshugaschwili im Jahr 1901, daß man der Bourgeoisie nicht zutrauen könne, die Autokratie zu stürzen. Es sei deshalb Sache der Sozialisten, die Führung in der Revolution gegen den Feudalismus zu übernehmen, auch wenn sie dabei nicht mehr erreichten, als daß sie den Weg für irgendeine demokratische Ordnung ebneten, die in ihrer wirtschaftlichen Struktur kapitalistisch bleiben würde. Diese politische Debatte kam allerdings erst am Vorabend der Revolution von 1905 voll in Gang. Von da an blieb der Kerngedanke des Bolschewismus in seinen wesentlichen Zügen bis zum Jahr 1917 unverändert.

Wenn damals Dshugaschwili die Gleichberechtigung von Arbeitern, Bauern und Kapitalisten anerkannte und sich auf diese Weise in gemäßigten und demokratischen Gedankenbahnen bewegte, so war er damit dem Geist des russischen Sozialismus jener Tage treu geblieben. Andererseits ist es überraschend, daß der erst Einundzwanzigjährige bereits in diesem frühen Stadium, mehrere Jahre vor der Spaltung zwischen Bolschewisten und Menschewisten, die Züge eines späteren Bolschewisten trug. Er sprach schon damals die Sprache, in der Lenin im Jahr 1917 redete. Seine politischen Ideen waren so gefestigt, daß sie sich in den nächsten zehn oder fünfzehn Jahren nur wenig änderten. Lenins Einfluß war schon damals für ihn entscheidend, trotz der Tatsache, daß der Schöpfer des Bolschewismus damals kaum seine ersten Schriften veröffentlicht hatte. Dieser Einfluß war im wesentlichen anonym, denn die meisten Abhandlungen und Artikel Lenins erschienen unter verschiedenen Decknamen oder überhaupt ohne Angabe des Verfassers. Damit soll nicht gesagt sein, daß der junge Kaukasier durch alle Seiten der so komplizierten und vielseitigen Persönlichkeit Lenins gleichermaßen beeindruckt gewesen wäre. Einige Vorurteile und Ideen, besonders aber gewisse Unterströmungen im Denken des Meisters waren für den Schüler noch unbegreiflich und blieben es auch. Aber die Elemente des Gedankenganges Lenins, die er übernehmen konnte, riefen in ihm ein lautes und freudiges Echo hervor.

Der junge Schriftsteller war mehr als ein Propagandist. Er gab zu erkennen, daß in ihm auch der Techniker der Revolution steckte, der sich ganz besonders lebhaft für die Mittel und Wege interessierte, die der Partei zu dem erhofften Sieg verhelfen könnten. Er analysierte die verschiedenen Möglichkeiten revolutionärer Aktionen nach ihren Vor- und Nachteilen und lieferte eine vergleichende Studie über die relative Wirksamkeit von Streiks, illegalen Zeitungen und Straßendemonstrationen: Die illegale Presse konnte seiner Meinung nach immer nur einen kleinen Kreis von Lesern erfassen. Sie hatte damit natürliche Grenzen. Streiks seien wirkungsvoller, aber nicht ohne große Risiken. Es bestehe immer die Gefahr, daß sie auf die streikenden Arbeiter selber zurückfallen. Also seien nach den bisherigen Erfahrungen Straßendemonstrationen das wirkungsvollste Mittel. Offenbar dachte Dshugaschwili an jene erste Maifeier im Kaukasus, an deren Vorbereitung er selber mitgewirkt hatte. Von diesem Erfolg geblendet, mochte er die Bedeutung solcher Kundgebungen überschätzen. Aber in dieser Analyse steckt dennoch ein Funke richtiger Einsicht in die Psychologie der Massen und die Mechanik der geradezu selbstmörderischen Selbstverteidigung des Zarismus. Demonstrationen, die von einigen wenigen Revolutionären eingeleitet werden können, reizten nach Dshugaschwilis Meinung die Neugierde des gleichgültigen Publikums. Und »in dieser Neugier des Volkes steckt die Hauptgefahr für die Staatsgewalt.«[18] (...) Straßendemonstrationen fesseln den neutralen Zuschauer, der dabei nicht unbeschränkt und für immer neutral bleiben kann. Da die Polizei die Demonstranten mit brutalen Mitteln auseinandertreiben müsse, würden unter den Zuschauern immer einige mit den Opfern der Polizeigewalt sympathisieren. Die Polizei mache in ihrer wilden Wut keinen Unterschied zwischen Demonstranten und Zuschauern. Beide bekämen die Knute zu spüren. Bei der nächsten Demonstration würden bereits einige mitmarschieren, die vorher nur dabeistanden, um zuzuschauen. So wird sogar die Knute unser Verbündeter, kommentierte Dshugaschwili, und am Ende dieses Prozesses stehe die »Morgenröte der Revolution des Volkes«. Hieran glaubte er so unerschütterlich, daß er sogar eine sehr genaue Prophezeiung wagte. Es werde, meinte er, nicht länger als zwei oder drei Jahre dauern, bis diese Morgenröte der Revolution am Horizont erscheinen werde.[19] Selten wurde eine politische Prophezeiung so erfüllt wie diese. Genau drei Jahre nach dem Erscheinen dieses Aufsatzes brach die Revolution des Jahres 1905 aus.

Was immer man über den politischen Wert dieser Abhandlung sagen mag, in literarischer Hinsicht war sie kein Meisterwerk. Auch ihre wissenschaftliche Bedeutung ist nicht erheblich. Lenin hatte im Alter von zweiundzwanzig Jahren wirtschaftliche und statistische Abhandlungen geschrieben, die manchem Dozenten und Professor der Nationalökonomie Ehre gemacht hätten. Trotzki, der im selben Jahr geboren war wie Dshugaschwili, genoß zu dieser Zeit als einer der wichtigsten Mitarbeiter der »Iskra« hohes Ansehen. Eine Untersuchung wie die des revolutionären Kaukasiers hätte jedoch kaum in den Spalten der »Iskra« Aufnahme gefunden, ganz zu schweigen von der noch anspruchsvolleren Zeitschrift »Sarja« (Morgenröte), die Plechanow und Lenin herausgaben. An solchen Maßstäben gemessen, war sein Aufsatz nur allzusehr das Werk eines Schülers und Nachahmers, seine soziologische Ideenführung war primitiv, sein Stil, wenn auch in seiner Art in hohem Maße ausdrucksvoll, im ganzen zu vulgär. Die Herausgeber der »Iskra« und vor allem Lenin hätten leicht sagen können, auf welche ihrer eigenen Artikel dieser junge Schriftsteller in der Provinz sich stützte, sie hätten die Abschnitte anstreichen können, die aus ihren eigenen Arbeiten entlehnt waren, Buchstabe für Buchstabe. Aber es wäre unbillig, wenn man die erste Arbeit Dshugaschwilis mit den hochgezüchteten Literaturprodukten der Elite der russischen Emigration vergleichen wollte, besonders nachdem »Brdzola« sich ganz bescheiden als das georgische Sprachrohr eben dieser Elite vorgestellt hatte. Für kaukasische Begriffe war die Abhandlung Dshugaschwilis immerhin eine Leistung. Wer sie heute liest und dabei die späteren Werke des Verfassers im Auge hat, muß sich wundern, wie reif bereits sein Stil war. Der Aufsatz in »Brdzola« gehört zum Besten, was Stalin innerhalb eines halben Jahrhunderts geschrieben hat. Es gibt wenig von ihm, das besser wäre, dafür aber manches, das sowohl inhaltlich wie stilistisch nicht an diese Erstlingsarbeit heranreicht.

Eine genaue Darstellung dessen, was Dshugaschwili in den folgenden Monaten oder Jahren getan hat, wäre eine eintönige Geschichte. Er führte jetzt die gehetzte Existenz, die alle sozialistischen Agitatoren und Organisatoren jener Zeit in Rußland führten. Der Inhalt seines Lebens bestand aus Streiks, Straßendemonstrationen, geheimen Zusammenkünften, Sitzungen und so weiter. Was er tat, war für die Männer seiner Art so typisch, daß das meiste davon in Vergessenheit geraten ist. Erst dreißig oder vierzig Jahre später begann man, mit dem Scheinwerfer der Forschung in diese Jahre hineinzuleuchten. Jetzt erst wurde jede Einzelheit aus der frühen Tätigkeit Stalins von Freund und Feind aufgegriffen, von den einen, weil sie zeigen wollten, daß bereits die Jugend des großen Führers den Glanz ungewöhnlicher Bedeutung in sich trug; von den andern, weil sie die Fehler und Schwächen eines bösen Mannes bis zu seiner Wiege zurückzuverfolgen suchten. Die vielen Bände Verherrlichungen und Anklagen, die in diesem Prozeß bereits geschrieben wurden, haben zu einem wirklichen Wissen über Stalin wenig beigetragen. Man kann nur einige unbestreitbare Tatsachen aus diesem Durcheinander belangloser Polemik herausgreifen.

Im November 1901 wurde er zum ordentlichen Mitglied des sozialdemokratischen Parteikomitees in Tiflis gewählt. Dieser aus neun Personen bestehende Ausschuß führte die sozialistischen Gruppen in der kaukasischen Hauptstadt und war auch längere Zeit, wenn nicht rechtlich, so doch tatsächlich das Exekutivorgan der Partei für den ganzen Kaukasus. Dshugaschwili kam so an eine Stelle, von der die Bewegung in der ganzen Provinz beeinflußt wurde. Aber bereits zwei Wochen nach dieser Beförderung übersiedelte er von Tiflis nach Batum, in das neue Zentrum der mächtig aufblühenden Erdölindustrie an der türkischen Grenze, das soeben durch eine Ölleitung mit Baku verbunden worden war. Die führende Persönlichkeit in dem Komitee in Tiflis war Sylvester Dshibladse, derselbe, der einmal einen der Lehrer des Theologischen Seminars tätlich angegriffen hatte. Er wurde später der Mentor Dshugaschwilis in allen Fragen des Marxismus. Das Verhältnis der beiden Männer war zunächst nicht harmonisch. Es ist möglich, daß Dshibladse seinen Schützling allzu gönnerhaft behandelte und dadurch dessen Selbstgefühl verletzte. Außerdem stand er auf seiten des gemäßigten Flügels der *Messame Dassy*. Dieser politische und persönliche Antagonismus machte die Zusammenarbeit der beiden ziemlich schwierig. Wahrscheinlich war die Versetzung Dshugaschwilis nach Batum für Dshibladse, für Dshugaschwili selbst und nicht zuletzt für das ganze Komitee in Tiflis die einfachste Lösung. In Batum brauchte man einen energischen, sozialistischen Organisator, und so fand der jüngere der beiden Rivalen ein Betätigungsfeld für seine Energie und für seinen Ehrgeiz.[20] In Batum legte sich Dshugaschwili das Pseudonym »Koba« zu, ein türkisches Dialektwort, das »der Unbeugsame« bedeutet. Koba war auch der Name eines im Volk gefeierten Briganten, der sich für die Rechte des Volkes einsetzte, und dem einer der georgischen Lieblingsdichter Dshugaschwilis, Kasbegi, in einem seiner Gedichte ein Denkmal gesetzt hatte. Unter dem Namen Koba war der Revolutionär Dshugaschwili bei seinen Genossen bekannt, bis er den berühmt gewordenen Namen Stalin annahm, und die älteren kaukasischen Bolschewisten nennen ihn auch heute noch Koba.[21]

Batum war eine kleinere Stadt als Tiflis. Seine Einwohnerzahl betrug nur 25 000, während Tiflis zu jener Zeit bereits 150 000 Einwohner hatte. Aber als industrielles Zentrum gewann der Ort rasch an Bedeutung, vor allem, weil dort die Entwicklung durch die Investition ausländischen Kapitals vorwärtsgetrieben wurde. Die wichtigsten Ölquellen befanden sich im Besitz der Rothschild-Gruppe. Mehr als ein Viertel aller Industriearbeiter des Kaukasus lebte in Batum. In dieser Zeit hatte sich dort bereits eine gewisse sozialistische Aktivität entwickelt, aber es gab noch keine festgefügte Untergrundbewegung. Koba sollte hier nachhelfen. Wenige Wochen nach seiner Ankunft berief er eine Konferenz der Sozialisten ein — nach außen hin war es eine lustige und harmlose Neujahrsfeier —, in deren Verlauf das erste sozialdemokratische Komitee von Batum gewählt wurde. Sein nächster Schritt war die Schaffung einer Geheimdruckerei, ähnlich der, die Kezchoweli in Baku eingerichtet hatte. Die Druckerei befand sich in einem kleinen Zimmer, in dem Koba auch wohnte. Ein Setzer, der natürlich auch Sozialist war, weiß sich zu erinnern, daß »die Typen in Zündholzschachteln, Zigarettenschachteln und auf Papierstreifen herumlagen« und daß Koba an einem Tisch in der Mitte der improvisierten Druckerei saß, an einem Manuskript schrieb und die Blätter, wie sie entstanden, dem Setzer hinüberreichte.[22] Von Zeit zu Zeit machte Koba eine Reise nach Tiflis, um sich mit dem dortigen Komitee zu besprechen, an dessen Beratungen teilzunehmen und über seine eigene Tätigkeit in Batum zu berichten. Die Flugblätter, die er schrieb und in seiner Wohnung druckte, fanden ihren Weg zu den Ölraffinerien, und es dauerte gar nicht lange, bis ihre Wirkung sich in einer politischen Gärung und in Arbeiterunruhen bemerkbar machte.

In einem vertraulichen Bericht der Polizeistation in Batum steht zu lesen: »Im Herbst 1901 schickte das sozialdemokratische Komitee von Tiflis eines seiner Mitglieder namens Joseph Wissarionowitsch Dshugaschwili, ehemals Schüler der sechsten Klasse des theologischen Seminars in Tiflis, nach Batum, um dort unter der Arbeiterschaft die revolutionäre Propaganda zu organisieren. Infolge der Tätigkeit des Dshugaschwili bildeten sich in allen Fabriken Batums sozialdemokratische Organisationen. Die Folgen dieser Propaganda waren bereits im Jahre 1902 nur zu deutlich zu erkennen, als bei der Firma Rothschild ein lange anhaltender Streik ausbrach, der Straßendemonstrationen zur Folge hatte.«[23]

Während einer solchen Straßendemonstration schoß das kaukasische Schützenbataillon in die Menge. Fünfzehn Arbeiter wurden getötet und zahlreiche verwundet. Am 5. April 1902 wurde Koba während einer Sitzung des Parteiausschusses von Batum verhaftet. Die Geheimdruckerei wurde nicht entdeckt.

In Batum hatte Koba nur viereinhalb Monate gelebt, aber dies waren Monate intensivster Tätigkeit. Ein Zwischenfall verdient besondere Erwähnung, denn er wirft einen Schatten auf die kommenden Ereignisse: Kobas Tätigkeit in Batum rief bei den gemäßigten Sozialisten scharfe Kritik hervor, deren Führer Nikolai Tschcheïdse war. Tschcheïdse war wie Koba ein ehemaliger Seminarist, der an der Küste des Schwarzen Meeres vorsichtig die Saat des Sozialismus gesät hatte und der wegen seines Wissens und seiner Beredsamkeit in hohem Ansehen stand. Dieser Propagandist geriet offenbar in Unruhe über die Auswirkungen einer so schlagkräftigen Geheimorganisation, wie sie Koba aufgebaut hatte. Er glaubte, daß eine solche Organisation an einem so kleinen Platz wie Batum sich nicht vor der Entdeckung durch die Polizei schützen könne. In Batum könne nichts geheimbleiben, und es sei ganz unmöglich, eine geheime, illegale Organisation sozusagen unter den Augen der *Ochrana* zu betreiben. Er hielt Kobas Pläne für wahnsinnig und beschwor ihn persönlich und durch gemeinsame Freunde, von seinem Vorhaben Abstand zu nehmen und es den Sozialisten von Batum zu überlassen, ihre Tätigkeit so zu führen, wie sie es selber für richtig fanden. Aber Koba ließ sich nicht überreden. Obwohl ihm seine Gegner vorwarfen, er zerstöre den Zusammenhalt der Partei und sei verrückt, so führte er dennoch seine Pläne bis zum Ende durch und bezeichnete Tschcheïdse als Feigling. Die beiden Georgier sollten sich noch in größeren Kämpfen gegenüberstehen: Zehn Jahre später, im Jahr 1912, war Tschcheïdse der große Redner der Menschewisten in Petersburg und Vorsitzender der parlamentarischen Fraktion der Sozialisten in der Duma (dem vom Zaren genehmigten Scheinparlament), während Koba zur gleichen Zeit einer der Führer der geheimen bolschewistischen Gruppe war, die hinter den bolschewistischen Dumaabgeordneten die Fäden zog. Im Jahre 1917 war Tschcheïdse Präsident des Petersburger Sowjets (er wurde, als die Wogen des Bolschewismus immer höher gingen, durch Trotzki ersetzt), während Stalin Mitglied des bolschewistischen Zentralkomitees war. In diesem Revolutionsjahr kämpften die beiden ehemaligen Zöglinge des Priesterseмиnars von Tiflis in der Hauptstadt der Zaren einen Kampf gegeneinander, bei dem sie Ausdrücke benutzten, die sie in ähnlicher Form bereits in Batum einander an den Kopf geworfen hatten.

III. Kapitel

Die Generalprobe

Im Gefängnis in Batum – Die zaristischen Gefängnisse als Vorschulen der Revolution – Die Ursprünge des Bolschewismus – Lenin und der Paragraph 1 der Parteistatuten – Stalin nach Sibirien deportiert, 1903 – Flucht und die Rückkehr nach Tiflis, 1904 – Konflikt zwischen Bolschewisten und Menschewisten – Stalin wendet sich dem Bolschewismus zu, Herbst 1904 – Die Revolution von 1905 – Der Sowjet von Petersburg – Bauernrevolten und Meutereien der Soldaten im Kaukasus – Stalin, der Schüler Lenins – Er taucht aus der Untergrundbewegung auf – Stalin (unter dem Pseudonym Iwanowitsch) nimmt an der nationalen Parteikonferenz von Tammerfors teil (1905) und begegnet dort zum erstenmal Lenin – Stalins erste Reise ins Ausland. Teilnahme am Kongreß von Stockholm, 1908 – Meinungsverschiedenheiten mit Lenin wegen der Frage der Landreform – Die Stoßtrupps – Der Parteikongreß spricht sich gegen die Expropriation aus – Trotzki greift die Bolschewisten an

Als sich in den ersten Apriltagen des Jahres 1902 die Tore des Gefängnisses von Batum hinter Koba-Dshugaschwili schlossen, brauchte er keine besondere Begabung zum Märtyrer, um sein Los zu ertragen. Die zaristischen Gefängnisse genossen zwar einen sehr schlechten Ruf, erscheinen aber einer Generation, die Zeuge der Greuel eines Himmler und eines Jeshow, der Todeslager von Belsen und von Auschwitz wurde, als verhältnismäßig harmlose, beinahe humanitäre Einrichtungen. Die Gefängnisordnung in den zaristischen Gefängnissen und Verbannungsorten war eine merkwürdige Mischung von Brutalität und liberaler Schlamperei. Es gab Grausamkeiten genug, um die Gefangenen in ihrem Haß gegen die bestehende Ordnung nicht weich werden zu lassen, daneben wurden aber auch wieder die Zügel so lose geführt, daß die revolutionäre Arbeit selbst hinter den Gefängnisgittern höchst wirkungsvoll weitergeführt werden konnte. Für viele junge Sozialisten wurden diese Gefängnisse zu einer Art politischen Hochschule, wo sie oft unter Leitung erfahrener Lehrer eine gediegene revolutionäre Erziehung erhielten. In der Regel konnten die politischen Gefangenen, die vor den gewöhnlichen Verbrechern in mancher Hinsicht bevorzugt behandelt wurden, ihr Leben im Gefängnis als eine in sich geschlossene Gruppe im Geiste der Solidarität und der gegenseitigen Hilfe organisieren. Ein solches Gefängnis war beinahe ein großer Debattierklub. Kein Wunder, daß in den Memoiren einiger alter Revolutionäre ein gewisses Gefühl des Heimwehs nach der schönen ruhigen Gefängniszeit mitschwingt. Sie waren beinahe traurig, wenn sie ihre Zelle mit der Freiheit eintauschen mußten.

Koba unterwarf sich im Gefängnis einer strengen Selbstdisziplin, er stand sehr früh auf, arbeitete angestrengt, las viel und war einer der Wortführer bei den Debatten der Gefängnisgemeinde. Noch nach vielen Jahren erinnerten sich Mitgefangene an ihn, wie er gegen die Agrarsozialisten und andere Gegner der »Iskra« redete. In diesen Diskussionen war er logisch, scharf und oft bitter. Außer in Debatten sprach er nicht viel, war beinahe verschlossen, selbstbeherrscht und hielt sich abseits. Soweit scheinen alle Memoirenschreiber übereinzustimmen, die ihn im Gefängnis erlebten. Aber in andern Punkten gehen die Meinungen auseinander.

Seine Freunde erinnern sich an ihn als einen geduldigen, empfindsamen und hilfsbereiten Kameraden, während die Gegner des selbstbewußten Diskussionsredners ihn als einen finsteren Intriganten schildern, der sachliche Differenzen von persönlichen nicht zu trennen wußte und seine fanatisierten Anhänger gegen seine Gegner aufhetzte.[1] Von Batum wurde Koba in ein Gefängnis in Kutaïs gebracht und kam von dort wieder nach Batum zurück. So verbrachte er bis Ende November 1903 anderthalb Jahre hinter kaukasischen Gefängnismauern. Die Staatsanwaltschaft konnte ihm nicht viel nachweisen. Es gab nur Polizeiberichte über ihn, die unter normalen Verhältnissen für einen Richter nicht zu einer Verurteilung ausgereicht hätten. Aber wie die meisten Personen, auf denen ein Verdacht lastete, der nicht hinreichend bewiesen werden konnte, wurde Koba für drei Jahre »administrativ« verschickt. Sein Verbannungsort war das Dorf Nowaja Uda in der Provinz Irkutsk in Ostsibirien. Gegen diese Entscheidung gab es keine Berufungsinstanz. Der Gefangene hatte keine Möglichkeit zu verlangen, daß sein Fall in einem ordentlichen Gerichtsverfahren untersucht werde. Es gab kein Gesetz, das ihn gegen die Willkür der Staatsverwaltung hätte schützen können.

Während Koba im Gefängnis saß, ereigneten sich zwei wichtige Vorfälle. Der eine war lokalen Charakters und warf ein Licht auf die Stellung, die Koba in der Untergrundbewegung innehatte; der andere war von größter Bedeutung für die Zukunft Rußlands, für den Weltsozialismus und für die weitere Laufbahn Kobas selber. Im März 1903 schlossen sich die sozialdemokratischen Gruppen des Kaukasus zu einer kaukasischen Föderation zusammen. Koba wurde in Abwesenheit zum Mitglied des Exekutivausschusses gewählt. Es kam sehr selten vor, daß ein Parteimitglied, das im Gefängnis saß, in eine leitende Stellung gewählt wurde, es sei denn, daß seine Rolle in der Untergrundbewegung bedeutend genug war, um es der Partei ratsam erscheinen zu lassen, bei allen wichtigen Anlässen die Mühe einer Befragung des betreffenden Komiteemitglieds im Gefängnis auf sich zu nehmen. Es ist seitdem viel geschrieben worden, um die Rolle, die Koba in jenen Tagen tatsächlich spielte, zu übertreiben oder herabzusetzen. Die Tatsachen sprechen dafür, daß er bereits im Alter von zweiundzwanzig Jahren so etwas wie eine »graue Eminenz« in der Untergrundbewegung seiner Heimatprovinz war. Sicherlich war er nicht der gleichgültige Parteigenosse, der irgendwo in Reih und Glied steht, wie er von seinem Feind Trotzki geschildert wird, aber ebensowenig war er der »Lenin des Kaukasus«, als den ihn jene sehen wollen, die sein Leben in der Art einer Heiligengeschichte beschreiben. Dafür war seine Persönlichkeit noch zu wenig ausgeprägt, wenn sie auch hervorragende Züge barg.

Das andere, viel bedeutendere Ereignis, begann im Juli in einem Hinterzimmer des *Maison du Peuple* in Brüssel, in einem Raum, in dem Wollballen gelagert waren und wo es infolgedessen von Flöhen wimmelte. Es endete in London in der zweiten Augusthälfte desselben Jahres. Damals versammelte sich in Brüssel endlich der Allrussische Kongreß der Sozialdemokraten, den die »Iskra«-Männer vorbereitet hatten. Dies war der erste wirkliche Kongreß der russischen Sozialisten, obwohl er im

Hinblick auf den mißglückten Kongreß von Minsk im Jahr 1898 von den Geschichtsschreibern des russischen Sozialismus als der »Zweite Parteikongreß« bezeichnet wird. Bereits nach wenigen Tagen mußten die Kongreßmitglieder die Entdeckung machen, daß ihr Kommen und Gehen von zaristischen Spionen genau überwacht wurde. Deshalb wurde der Kongreß in aller Eile von Brüssel nach London verlegt. Die Delegierten hatten gehofft, sie würden das Werk der »Iskra« vollenden und endlich eine Allrussische Partei gründen können. Diese Hoffnung erfüllte sich nicht. Im Gegenteil! Auf diesem Kongreß begann die Spaltung des russischen Sozialismus in zwei Fraktionen, in Bolschewisten und Menschewisten, in Revolutionäre und Gemäßigte, oder, wie man damals sagte, in »Harte« und »Weiche«. Die Sitzung der »Iskra«-Männer, bei der die Geister zum erstenmal aufeinanderprallten, fand unter dem Vorsitz des dreiundzwanzigjährigen Trotzki statt. Die älteren Führer der Bewegung hatten sich auf keinen andern Vorsitzenden zu einigen vermocht. Vierzehn oder fünfzehn Jahre, nachdem es begonnen hatte, sollte dieses Schisma die Welt nicht minder erschüttern als das Schisma, das Martin Luther 400 Jahre früher eingeleitet hatte. Die Anfänge schienen gänzlich belanglos zu sein. Die Schloßkirche von Wittenberg bot sicherlich einen imposanteren Hintergrund als die Wollballen und die Flöhe im Hinterzimmer des *Maison du Peuple* in Brüssel. Und dennoch wurde dort der Bolschewismus geboren. Luther forderte den Papst mit den fünfundneunzig Thesen heraus, die er an das Tor der Schloßkirche in Wittenberg nagelte. Lenins Herausforderung bestand zunächst in einer einzigen kleinen Abänderung in einem kurzen Paragraphen der Parteistatuten. Luther war zwar erstaunt, aber doch auch innerlich gehoben durch die Stärke des Widerspruches, den er mit seinen Thesen hervorrief. Lenin war durch die Spaltung, die er verursacht hatte, so erschüttert, daß er sofort nach Schluß des Kongresses einen schweren Nervenzusammenbruch hatte.[2] Man sagt, Luthers Thesen seien zwei Wochen nach ihrer Verkündung in ganz Deutschland bekannt gewesen. Lenins erster Paragraph der Parteistatuten sollte der weiteren Öffentlichkeit kaum jemals bekannt werden. Und dennoch ist die Lawine, die er im Juli und August 1903 auslöste, bis heute noch nicht zum Stehen gekommen.

Der erste Paragraph der Parteistatuten sollte bestimmen, wer als Mitglied der Partei anzusehen sei. Es ging also um keine grundsätzliche, kaum um eine taktisch wichtige Frage. Der Kongreß begann auch die Erörterung dieses Punktes nach rein organisatorischen Erwägungen, nachdem man sich über ein gemeinsames Programm und über eine Anzahl von Resolutionen zur Parteitaktik geeinigt hatte. Den Delegierten lagen zwei Entwürfe vor. Lenin wollte denjenigen als Parteimitglied anerkennen, »der dem Parteiprogramm zustimmt, die Partei materiell unterstützt und einer ihrer Organisationen als Mitglied angehört«.[3] In dem Gegenentwurf, der von Martow eingebracht wurde, waren die Worte »und einer ihrer Organisationen als Mitglied angehört« ersetzt durch die Worte »und persönlich und regelmäßig unter der Leitung einer ihrer Organisationen in der Partei mitarbeitet«.[4] Oberflächlich betrachtet, besagen die beiden Resolutionen ungefähr das gleiche, und der Streit über diese beiden Texte mochte als eine Haarspalterei erscheinen. Aber in Wirklichkeit verbargen sich hinter dieser Meinungsverschiedenheit zwei miteinander unvereinbare Anschauungen über das Wesen und die Struktur der Partei. Lenin bestand darauf, daß nur Personen, die regelmäßig an der Arbeit der Untergrundbewegung teilnehmen, Mitglieder sein durften und daß nur sie das formelle Recht haben sollten, die Parteipolitik zu beeinflussen. Er wollte aus dem Parteigefüge die immer zahlreicher werdenden Mitläufer und die Personen ausschließen, die mit der Partei und ihren Zielen nur sympathisierten, mochten sie nun Intellektuelle oder Arbeiter sein. Die Mitglieder der Geheimorganisation sollten wirkliche Soldaten der Revolution sein, die sich freiwillig der Parteidisziplin beugten und bereit waren, Befehle und Anweisungen der Parteileitung auszuführen. Auf die Mitläufer konnte man nicht rechnen, wenn man feste und verläßliche Kämpfer der Revolution haben wollte. Sie waren ihre formlose und schwankende zivile Reserve. Die Partei, wie Lenin sie sah, sollte ein zusammenhängender, festverbundener und straff zentralisierter Organismus sein, der eine unbedingte, nie versagende Schlagkraft darstellen sollte. Seine Stärke würde geschwächt, seine Schlagkraft gelähmt, wenn man den unsteten Anhang der mit der Partei nur Sympathisierenden aufnehmen wollte. Lenin behauptete, daß eben diese Gefahr hinter der unbestimmten Formel Martows schlummere, der von den Mitgliedern nur »Zusammenarbeit unter der Führung der Organisation« verlangen wollte, anstatt einer disziplinierten Arbeit innerhalb der Organisation selber.

Die Partei sollte das Werkzeug der Revolution sein. Bisher hatte man nur über die äußere Form dieses Werkzeugs diskutiert. Beide Seiten setzten stillschweigend voraus, sie seien über das Wesen der Revolution der gleichen Meinung. Es ist richtig, daß bereits vor Beginn des Kongresses die Herausgeber der »Iskra« eine dunkle Ahnung der Meinungsverschiedenheiten hatten, die sich zusammenbrauten. Mehr im Scherz hatten sie sich gegenseitig als »hart« oder »weich« bezeichnet. Über Lenins Härte konnte es keinen Zweifel geben. »Das ist der Stoff, aus dem Robespierre war«, sagte einmal Plechanow über seinen Schüler, der jetzt so unverkennbar und ohne Rücksicht auf die Ansprüche und Vorrechte der Alten Garde den Anspruch auf die Führerrolle erhob. Ebenso unbestritten war die »Weichheit« Martows. Aber bisher hatte man in diesen Differenzen nur die Unterschiede ihrer persönlichen Haltung gesehen, die im Temperament wurzeln, was bei jeder Gruppe, die für ein gemeinsames Ziel arbeitet, ganz natürlich ist. Bisher hatten sich diese Temperamentsunterschiede noch nicht zu einer klaren politischen Gegnerschaft entwickelt. Auf dem Kongreß waren die Protagonisten dieses Kampfes selber erstaunt und entsetzt über die Leidenschaft, die sich in ihre Erörterungen einschlich. Sie hatten den Eindruck, daß sie sich von ihrem Temperament weiter fortreißen ließen, als man dies mit kühler Überlegung gutheißen konnte. Sie trösteten sich mit dem Gedanken, daß auf jeden Regen Sonnenschein folgen müsse; sie meinten, dies sei ein kleiner Riß in dem Gebäude ihrer Einigkeit, den man mühelos verkleistern könne. In der Sache selbst unterlag Lenin: Seine Fassung des Paragraphen 1 der Parteistatuten wurde verworfen. Der Vorschlag Martows wurde mit 28 gegen 23 Stimmen angenommen. Lenin nahm seine Niederlage gelassen auf. Er sagte: »Ich glaube nicht, daß unsere Meinungsverschiedenheiten so wichtig sind, um daraus eine Frage zu machen, die über Sein und Nichtsein der Partei entscheidet. Diese eine kleine Bestimmung in der

Satzung wird uns nicht zugrunde gehen lassen.«[5] Alle, die hier auf der Bühne standen, schienen vor ihren eigenen Rollen zurückzuschrecken und den Prolog des Dramas mit seinem Epilog zu verwechseln.

Ein zweiter Zusammenstoß ereignete sich am Ende des Kongresses, als die Delegierten die führenden Körperschaften der Partei und das Redaktionskomitee der »Iskra« wählen sollten. Wider Erwarten wurden Lenins Kandidaten gewählt; Martow fiel mit seinen Vorschlägen durch. Die Wahl war mehr oder weniger zufällig. Einige Vertreter der »weichen« Richtung waren bereits vor den Schlußabstimmungen abgereist, so daß nur zwei Drittel der ursprünglichen Delegierten ihre Stimme abgaben. Lenins Kandidaten wurden mit einer Mehrheit von nur zwei Stimmen gewählt (19 gegen 17 mit 3 Enthaltungen). Lenin bestand darauf, daß diese Abstimmung verbindlich sei, wozu er der Form nach berechtigt war.

Aber die »Minderheit« wollte sich nicht geschlagen geben. Seitdem bezeichnet man die Anhänger Lenins als die Männer der Mehrheit, das heißt als *Bolschewiki*. So kam das Wort Bolschewismus mit seiner kosmopolitischen Endsilbe -mus, das nicht zu seiner russischen Wurzel paßt, in den politischen Wortschatz. Martows Anhänger waren die Minderheit, die *Menschewiki*. Der neue »ismus« drückte keine grundsätzliche Meinungsverschiedenheit, sondern nur die zufällige Zahlenarithmetik einer einzigen Abstimmung aus und schien dazu bestimmt, eine oberflächliche und vorübergehende Meinungsverschiedenheit zu kennzeichnen. In Wahrheit war es ein Schnitt, der die Bewegung vom Kopf bis zum Fuß spaltete.

Die *Menschewiki* weigerten sich nach dem Kongreß, die Autorität des bolschewistischen Zentralkomitees anzuerkennen, und erklärten seinen Boykott. Lenin bestand auf jedem Buchstaben der Entscheidung, wie sie der Kongreß getroffen hatte. Er sagte, daß die Mehrheit, die seine Kandidaten gewählt habe, gültig sei und das Zentralkomitee die oberste Autorität in der Partei darstelle. Der Boykott der Menschewisten sei ein unzulässiger Akt individualistischer Eigenbrötelei, ein Anarchismus, der nicht geduldet werden dürfe. Hieraus entwickelte sich ein neuer Streit, in dem die Meinungen mit noch größerer Schärfe aufeinanderprallten. Der Streit ging jetzt um die Natur und Struktur der Partei. Die Menschewisten protestierten gegen den »Belagerungszustand«, den Lenin über die Partei verhängt habe, und gegen die Ideen, nach denen er die Partei formen wollte. Sie warfen ihm vor, er versuche den Sozialismus in die Enge einer leblosen Kasernenhofdisziplin zu pressen. Das Feld, auf dem sich diese Meinungsverschiedenheiten abspielten, wurde immer weiter. Trotzdem dauerte es Jahre, bis sich Lenin über alle Konsequenzen dieser Entwicklung völlig klar war.

Soviel stand allerdings bald fest: In den Meinungsverschiedenheiten über Organisationsfragen spiegelten sich bereits verschiedene Ansichten über kapitale Fragen der Revolution. Die Menschewisten sahen in der Partei eine breite, mehr oder weniger lockere Organisation, um die Arbeiterklasse und die sozialistische Intelligenz zusammenzuführen und sich letzten Endes mit diesen beiden Elementen zu identifizieren. Dieser Gedanke ging davon aus, daß der Sozialismus dem Proletariat von Natur aus so nahe liege, daß das gesamte Proletariat als die natürliche und endgültige sozialdemokratische Partei anzusehen sei. In Lenins Augen war dies naive Selbsttäuschung. Er sah in der Arbeiterklasse einen riesigen, heterogenen Menschenhaufen, der durch Herkunft und Ziele geteilt und durch widerstrebende Interessen gespalten sei. Er glaubte nicht, daß alle Gruppen des Proletariats zu dem gleichen hohen Stand sozialistischer Einsicht gebracht werden können. Es gebe Schichten, die tief in Unwissenheit und Aberglauben steckten. Wenn die Partei das ganze Proletariat oder auch nur seinen größeren Teil in ihren Bereich einbeziehen wolle, dann würde sie ebenso heterogen werden wie das Proletariat selbst; sie würde die Schwäche des Proletariats ebenso in sich aufnehmen wie seine Stärke, seine Unwissenheit ebenso wie seine Sehnsucht zum Sozialismus, seine Rückständigkeiten ebenso wie seine fortschrittlichsten Ambitionen. Die Partei würde ein träges Abbild der Arbeiterklasse werden, anstatt ihr Inspirator, Führer und Organisator zu sein.[6] In Lenins Augen war es geradezu kindisch, sich darauf zu verlassen, daß die Arbeiter von sich aus zum Sozialismus stoßen. Wenn sie sich allein überlassen blieben, würden sie nicht weiter streben als zu rein gewerkschaftlichen Organisationen, die sich durchaus mit der kapitalistischen Ordnung vereinbaren ließen. Unter Berufung auf Karl Kautsky, die anerkannte Autorität in allen Fragen des Marxismus, behauptete Lenin unbeirrt, der Sozialismus sei in die Arbeiterbewegung von außen hineingetragen worden, und zwar durch Männer der bürgerlichen Intelligenz, wie Marx, Engels und andere. Daraus ergebe sich, daß es zwecklos sei, sich auf den »angeborenen« Sozialismus der Massen zu verlassen. Die Partei müsse eine ausgesuchte Gemeinschaft sein, in der nur die aufgeklärtesten und mutigsten Teile der Arbeiterschaft zusammengeschlossen sind. Die Partei müsse die Avantgarde der Arbeiterschaft sein, die vor entschlossenen und disziplinierten Aktionen nicht zurückschrecken dürfe. In den Ohren der Menschewisten klang dies wie eine Rückkehr zu den Ansichten und Methoden des Blanquismus, der Lehre des Führers der Pariser Kommune, der überzeugt war, der einzige Weg zur Revolution sei der einer direkten Aktion einer kleinen, verschwörerischen Minderheit, die den Willen der Mehrheit mißachtet. Der Blanquismus war allen Marxisten zum Greuel geworden. Lenin wehrte sich heftig gegen diesen Vorwurf. Er sagte, seiner Meinung nach könne die Revolution nur dann siegen, wenn sie gewünscht und unterstützt werde durch die Mehrheit des Volkes. Darin unterschied er sich von Blanqui. Aber die Mehrheit müsse durch eine aktive und straff organisierte Minderheit geführt werden. Hierin unterschied sich Lenin von den Menschewisten und den Sozialisten Westeuropas, die sich, wie Kautsky und Rosa Luxemburg, auf die Seite der Menschewisten stellten.

Die Menschewisten suchten in der Geschichte nach weiteren Analogien und klagten — vor allem Trotzki, der zunächst ihr gewichtigster Sprecher war — Lenin als »Jakobiner« an. Lenin wehrte sich nicht gegen diesen Vergleich. Er nahm ihn sogar mit einem gewissen Stolz an und bemerkte nur, er sei ein proletarischer Sozialist, während die Jakobiner die Partei der unteren Mittelklasse und des Kleinbürgertums gewesen seien. Aber waren denn die Jakobiner nicht trotz allem die Männer gewesen, die die Französische Revolution gemacht hatten? War es nicht widersinnig, daß Revolutionäre den Titel »Jakobiner« als eine Beleidigung oder Verunglimpfung empfinden sollten? Er stellte fest, daß seine Kritiker in der Partei die Girondisten seiner Zeit seien, Nachahmer jener ängstlichen Kompromißler, die von der Revolution erst einmal weggefegt werden mußten, ehe sie sich zu der Höhe ihrer jakobinischen Bestimmung erheben konnte.[7] An diesem Punkt schien die Geschichte über die Debatte hinwegzuschreiten, die in Flugschriften und obskuren Zeitschriften der einander sich befehdenden Gruppen geführt wurde. Trotzki beeilte sich, Lenin daran zu erinnern, daß die Geschichte des Jakobinertums mit dem Sieg der Revolution nicht zu Ende war. Das Ende bestand vielmehr darin, daß die Jakobiner sich gegenseitig abschlachteten. Im Jahr 1903 schrieb Trotzki: »Die Jakobiner hacken den Menschen die Köpfe ab. Wir wollen den Geist der Menschen mit sozialistischen Gedanken erleuchten. (...) Wenn die Bolschewisten Politik nach dem Vorbild der Jakobiner machen wollen, dann wird es so weit kommen, daß die ganze internationale proletarische Bewegung vor ein Revolutionstribunal geschleppt wird, unter der Anklage, sie mache Kompromisse mit den politisch Andersdenkenden. Der Löwenkopf von Karl Marx wäre dann der erste, der auf der Guillotine fallen müßte.« In Lenins Ohr klang dies wie leere und bombastische Rhetorik. Spekulationen über die Möglichkeiten einer Entwicklung, die erst in der nachrevolutionären Periode einsetzen würde, machten auf ihn keinerlei Eindruck. Sein scharfer Geist und sein dynamischer Wille waren vollständig auf die nächstliegende Aufgabe konzentriert, nämlich der Revolution den Weg zu bereiten und die Waffen für den revolutionären Kampf zu schärfen. Er hatte für die Organisation der Partei einen festen Plan. Trotzki und die Menschewisten hatten diesem Plan nichts entgegenzusetzen. Die Partei nach ihrer Vorstellung würde niemals imstande sein, die Revolution zu verwirklichen.

Im Laufe des folgenden Jahres, das heißt im Jahre 1904, spürte man in ganz Rußland die ersten Stöße des kommenden politischen Erdbebens. Im Krieg gegen Japan, der im Februar begonnen hatte, mußte die zaristische Regierung die ersten Niederlagen einstecken. Angesichts dieser Ereignisse faßte die liberale Opposition Mut und begann in aller Öffentlichkeit zu fordern, daß mit der Autokratie Schluß gemacht und eine konstitutionelle Monarchie in Rußland geschaffen werde. Wie sollten die Sozialdemokraten sich verhalten? Die Menschewisten waren der

Meinung, man müsse die Aktion des liberalen Bürgertums gegen die Autokratie unterstützen, denn in einer »bourgeoisen« (das heißt antifeudalen, aber nicht antikapitalistischen) Revolution müsse die Mittelklasse irgendwie die Führungsrolle übernehmen. Lenin lehnte jede Verbindung mit der liberalen Mittelklasse ab, er war auch nicht bereit, ihr eine Führungsrolle zuzuerkennen. Man solle sich über die Liberalen keiner Täuschung hingeben, die jetzt gerade etwas Mut gefaßt hätten. Er sah voraus, daß ihr Widerstand gegen die Autokratie weder von Dauer noch von entscheidender Wirkung sein könne, denn sie fürchteten die Revolution ebensosehr wie der Zarismus. Die Arbeiterklasse, das heißt die Sozialdemokratie, habe die Führung zu übernehmen, auch wenn das Ergebnis dieser Revolution noch nicht der Sozialismus sein werde.[8] In diesem Stadium der Diskussion wurden alle Fragen der Taktik und sogar der Prinzipien in den großen Schmelztiegel geworfen. Der Riß ging immer tiefer, die Kluft wurde immer breiter, die Verbitterung immer größer.

Lenin hatte auf dem Zweiten Parteikongreß die erste Runde gewonnen, aber es dauerte nicht lange, da verlor er die zweite. Er hielt mit solch fanatischer Verbissenheit an seinen Ansichten fest und bekämpfte seine Gegner in so rücksichtsloser Weise, daß ihm seine Verbündeten, ja sogar seine nächsten Freunde nicht mehr länger folgen wollten. Die menschewistischen Rebellen weigerten sich, einen »Canossagang« zu machen und fuhren fort, das bolschewistische Zentralkomitee und den Redaktionsstab der »Iskra« zu boykottieren. Plechanow, der auf dem Kongreß noch auf Lenins Seite stand, war eifrig darauf bedacht, den Menschewisten entgegenzukommen. Das auf diese Weise boykottierte Zentralkomitee fühlte sich in seiner Rolle selber nicht wohl und weigerte sich, seine fiktive Autorität den zaudernden Parteimitgliedern aufzuzwingen. So war Lenin fast ganz allein. Er trat aus dem Redaktionsstab der »Iskra« zurück und überließ die Zeitung den Menschewisten. Damit gab er einen großen Teil seines Anfangserfolges preis, denn fast alle Fäden der Untergrundbewegung in Rußland liefen im Redaktionsbüro der »Iskra« zusammen. Unmittelbar nach dem Kongreß war Lenin nämlich in einer sehr starken Stellung gewesen. Doch er hatte es versäumt, seine Chance auszunützen. Aber er ließ sich durch diese Isolierung nicht abschrecken. Im Gegenteil, seine Kräfte schienen sich zu vervielfältigen, und er fand immer neue taktische Mittel und Wege, obwohl er ganz allein stand, von seinen Freunden verlassen, von seinen Gegnern verspottet. Er verlegte jetzt das Schwergewicht des Kampfes in die Untergrundbewegung in Rußland. Er rief die lokalen Parteikomitees zum Kampf gegen die Menschewisten und gegen jene Bolschewisten auf, die zu Kompromissen mit dem gemäßigten Flügel bereit waren.

Während die Kolonien russischer Emigranten in Westeuropa sich in diese neue Kontroverse vertieften, wurde Dshugaschwili-Koba von Gefängnis zu Gefängnis geschleppt, bis er endlich im November 1903 nach Nowaja Uda deportiert wurde. Man weiß nicht, ob er noch von der Spaltung in den Reihen der Partei hörte, ehe der Transport der Verbannten, von Gendarmen scharf bewacht, von der sonnigen Küste des Schwarzen Meeres die lange und trübselige Reise in den sibirischen Winter hinein antrat. Es dauerte mehr als einen ganzen Monat, ehe Koba in Nowaja Uda eintraf. Der Transport blieb während der Reise oft tagelang liegen, um auf verschiedenen Stationen neue Deportierte zu übernehmen. Je weiter gen Osten die Reise ging, desto mehr fühlten die Verbannten die Zeichen des bevorstehenden Krieges gegen die Japaner. Die Atmosphäre war voll fieberhafter Spannung, und es war für Koba unmöglich, sich mit dem Gedanken abzufinden, daß er jetzt drei lange Jahre von der Politik abgeschnitten sein sollte. Kaum war er an seinem Bestimmungsort angekommen, begann er Pläne für seine Flucht zu schmieden. In dem allgemeinen Durcheinander, das am Vorabend des Krieges in Sibirien herrschte, war die Aufmerksamkeit der Behörden im mandschurischen Grenzgebiet von den Deportierten und ihren Angelegenheiten etwas abgelenkt. So gelang es der Untergrundbewegung, die Flucht der Verbannten in großem Stil zu organisieren. Am 5. Januar 1904 begann Koba seine Rückreise nach dem Westen quer durch die schneeverwehten Ebenen, in denen heute das große Industriezentrum von Kusnezk liegt, damals eine öde, leblose Wildnis. Ein Kleinbauer brachte ihn in einem Schlitten nach Westen, dem Ural zu. Er erlitt Erfrierungen, aber er brachte es fertig, Ende Januar oder Anfang Februar wieder im Kaukasus aufzutauchen. Inzwischen waren die Berichte über den Verlauf des Parteikongresses auch dorthin durchgesickert. Drei kaukasische Delegierte, die in London Seite an Seite mit Lenin gesessen hatten, waren nach Hause zurückgekehrt. In ihren Berichten wurde natürlich der Standpunkt der Bolschewisten in günstigem Licht dargestellt. Auch Leonid Krassin, der spätere Sowjetdiplomat, war Lenins Anhänger. Sein Einfluß im Kaukasus war sehr groß. Er war ein hochbefähigter Ingenieur, der in der Industrie wichtige Verwaltungsposten bekleidete und deshalb der Untergrundbewegung heimliche, aber um so wertvollere Dienste leisten konnte. Kurz vor der Rückkehr Kobas aus Sibirien besuchte Leo Kamenjew, einer der jüngsten Gefährten und geschicktesten Agenten Lenins, den Kaukasus. Aber der Vorsprung, den der Bolschewismus im Kaukasus hatte, ging rasch wieder verloren. Schließlich war es Krassin selber, der die Kompromißler unter den Bolschewisten gegen Lenin mobilisierte. Er wollte unter allen Umständen vermeiden, daß die Spaltung in der Partei die junge Organisation zu Fall brachte und führte deshalb seine tägliche Arbeit so weiter, als ob nichts geschehen wäre. Lenin war höchst erbittert, als er erfahren mußte, daß Krassin die große und leistungsfähige Geheimdruckerei in Baku, in der die »Iskra« nachgedruckt wurde, den Menschewisten überließ, die damit das Blatt in ihre Hand bekamen. Auch in den Reihen der Menschewisten tobte der Streit zwischen den Unerbittlichen und den Kompromißlern.

Als Koba zurückkam, traf er auf eine ungeklärte und hin und her schwankende Zahl von politischen Gruppen und Grüppchen. Die Umrisse der Diskussion waren durch die aufregenden Probleme der Parteispaltung verwischt. Seine erste Haltung dem Bolschewismus gegenüber konnte nur eine unbestimmte sein. Viele Jahre später behaupteten seine amtlichen Biographen, er habe mit der Hellsichtigkeit eines politischen Apostels sich bereits vor seiner Deportation nach Sibirien auf Lenins Seite gestellt. Die Richtigkeit dieser Darstellung wird von Trotzki bestritten, der behauptet, Koba sei zunächst Menschewist gewesen.[9] Tatsächlich gibt es weder einen Anhaltspunkt dafür, daß Stalin jemals Menschewist war, noch dafür, daß er sich unmittelbar nach der Spaltung für die Bolschewisten erklärte. Wahrscheinlich zögerte er zunächst, sich einer der beiden Gruppen anzuschließen; er versuchte, sich ein Bild von den tatsächlichen Vorgängen und Zusammenhängen zu machen, wobei er die Wahrheit aus einem Wust widersprechender Nachrichten herausfinden mußte. Sein Zaudern, wenn man diesen Ausdruck für seine Haltung überhaupt benützen darf, dauerte aber nicht lange. Wenige Monate nach seiner Flucht aus Sibirien entschloß er sich, die Sache Lenins zu der seinen zu machen. Gegen Ende des Jahres 1904 agitierte er bereits mit allem Eifer für den Bolschewismus.

Seine erste Stellungnahme zu der Parteispaltung legte er in einem Artikel »Die Klasse der Proletarier und die Partei der Proletarier« nieder. Dieser auf georgisch geschriebene Aufsatz erschien am Neujahrstag 1905 in der Zeitschrift »Proletariatis Brdzola« (Der Kampf des Proletariats).[10] Diese Zeitschrift, die etwa alle vier Monate erschien, war an die Stelle der »Brdzola« getreten, bei der Stalin drei Jahre zuvor seine journalistische Laufbahn begonnen hatte. Der Artikel war eine Zusammenfassung von Lenins berühmter Broschüre »Ein Schritt vorwärts, zwei Schritte zurück«. Stalin bezeichnet hier die Partei als »die militante Gruppe der Führer«. Infolgedessen muß die Partei zahlenmäßig kleiner sein als das Proletariat. Sie muß das Proletariat an Selbstbewußtsein und Erfahrung überragen und muß in sich fester zusammengeschlossen sein als irgendeine andere Gruppe der Arbeiterschaft. »Klar ist ferner auch, daß die Partei, die es sich zum Ziel gesteckt hat, das *kämpfende* Proletariat zu führen, keine zufällige Anhäufung von Einzelgängern darstellen darf, sondern eine geschlossene zentralisierte *Organisation* sein muß.«[11] »Die *Einheit* der programmatischen, taktischen und organisatorischen Ansichten ist der Boden, auf dem unsere Partei sich aufbaut. Nur die *Einheit* dieser Ansichten kann die Parteimitglieder zu *einer* zentralisierten Partei zusammenschließen. Zerfällt die Einheit der Ansichten, so zerfällt auch die Partei.«[12] Es genüge nicht, daß jemand die Ansichten der Partei sich zu eigen macht, ohne etwas Positives für sie zu leisten. Es gebe Schwätzer in Hülle und Fülle, die bereit seien, jedes Programm anzunehmen. Die Schlachten der Arbeiterklasse könnten aber auch nicht durch Einzelgänger gewonnen werden. »Bis zum heutigen Tage ähnelte unsere Partei einer gastfreundlichen patriarchalischen Familie, die bereit war, alle Sympathisierenden aufzunehmen. Nachdem unsere Partei aber zu einer zentralisierten Organisation geworden ist, hat sie das patriarchalische Gepräge abgestreift und ist restlos einer *Festung* gleichgeworden, deren Tore sich nur Würdigen öffnen.«[13] Wie ganz anders war diese Festung als die sozialistischen Bankettsäle, die den Menschewisten so sehr gefielen. Koba übernahm den Gedankengang und selbst die Ausdrücke von Lenin. Nur in einem Punkt war er originell, nämlich in dem Nachdruck, den er auf die Notwendigkeit einer absoluten Übereinstimmung der Ansichten innerhalb der Partei legte. Diesen Gedanken finden wir bereits in seinen ersten Schriften. Er war sich bewußt, daß er mit dieser Forderung weiter ging als Lenin. Aber er war überzeugt, daß er damit nur die notwendige und unvermeidliche Konsequenz aus Lenins Ansichten zog. Über die Menschewisten sagte er: »In Martows Formulierung ist, wie wir wissen, nur von der Annahme des Programms die Rede, von der Taktik und der Organisation aber kein Wort, während für die Einheit der Partei die Einheit der organisatorischen und taktischen Ansichten in demselben Maße notwendig ist wie die Einheit ihrer programmatischen Ansichten. Man wird uns sagen, auch in der Formulierung des Genossen Lenin werde hiervon nicht gesprochen. Richtig! Aber in der Formulierung des Genossen Lenin ist es ja auch nicht notwendig, darüber zu sprechen! Ist es nicht von selbst klar, daß derjenige, der in einer der Parteiorganisationen arbeitet, also auch gemeinsam mit der Partei kämpft und sich der Parteidisziplin fügt, keiner anderen Taktik und keinen anderen Organisationsprinzipien folgen kann als der Taktik der Partei und den Organisationsprinzipien der Partei?«[14]

Dem Autor entging es dabei, daß man Mitglied einer Partei sein, ihre Grundsätze und ihre Disziplin annehmen und dennoch in den zweitrangigen Fragen der Taktik und der Organisation seine eigene Meinung haben kann. Kobas Ideal roch bereits nach jener »monolithischen« Orthodoxie, die sich der Bolschewismus nach seinem Sieg zulegte, und zwar nicht zuletzt unter Kobas persönlichem Einfluß. Aber dieser »Monolithismus« war einstweilen eine Frage der ferneren Zukunft. Nicht einmal Lenin glaubte, daß der Riß unheilbar sei. Er hoffte immer noch, die beiden Gruppen würden sich eines Tages wieder verschmelzen, und er glaubte, daß in dem weiten Rahmen der Partei genug Raum sei für verschiedene Schattierungen der Meinung, wenn nur die verbindenden Faktoren, das heißt die Einheit der Grundsätze, die Zentralisation und die Disziplin, die sich jedes Parteimitglied selbst auferlegen mußte, stark genug wären, um das Ganze zusammenzuhalten.

Im Sommer 1904 wurde Lenins junger Gehilfe, Kamenjew, in Moskau aus dem Gefängnis entlassen und kehrte auf direktem Wege nach Tiflis zurück. Kamenjew hatte mehr gesehen und gelernt als Koba, obwohl er drei Jahre jünger war. Er hatte an der Moskauer Universität eine revolutionäre Tätigkeit entfaltet, hatte Reisen nach Genf, Paris und London unternommen, unter Lenins persönlicher Anleitung gearbeitet und mit den andern »Leuchten« der »Iskra« debattiert. Es konnte nicht ausbleiben, daß er auf Koba Einfluß gewann. Seine Aufgabe war es, eine Bezirkskonferenz der kaukasischen Bolschewisten vorzubereiten. Ähnliche regionale Konferenzen sollten in Nord- und Südrußland stattfinden. Aus uns unbekannten Gründen nahm Koba an dieser kaukasischen Konferenz, die im November tagte, nicht teil. Aus den drei Bezirkskonferenzen wurde ein Allrussisches Bolschewistisches Büro gewählt, an dessen Spitze der spätere Präsident der Sowjetunion, Alexei Rykow, und der spätere Volkskommissar des Auswärtigen, Maxim Litwinow, traten. Dieses Büro war das Gegengewicht, das Lenin dem schwankenden Zentralkomitee entgegenstellen wollte. Jetzt konnte er darauf pochen, daß seine unversöhnliche Haltung gegenüber den Menschewisten von der ganzen russischen Untergrundbewegung gedeckt werde. Er schlug die Einberufung eines neuen Kongresses vor, um der ungeklärten Situation ein Ende zu bereiten. Die bolschewistischen Kompromißler nahmen den Vorschlag an. Koba beteiligte sich lebhaft an der Agitation für die Abhaltung des Kongresses. Damit waren das Ende dieses und der Beginn des nächsten Jahres ausgefüllt.

Man kann die Motive leicht verstehen, die Koba zum Bolschewismus hinzogen. Nach Temperament und Charakter gehörte er zu den »Harten« unter den Revolutionären. Weichheit gehört in keiner Form zu dem Bild seines Wesens. Die Ideen Lenins waren ganz von selbst die seinen. Sie waren scharf geschnitten und kantig, ganz so, wie er es liebte. Davon abgesehen, hatte eine Seite des Leninismus bereits in diesen frühen Tagen eine beruhigende Wirkung auf seine eigenen intellektuellen und emotionalen Spannungen. Die Rolle, die er und Männer seinesgleichen spielten, schien bei den Menschewisten nicht genügend geachtet, sogar absichtlich verkleinert zu werden, wogegen der Bolschewismus sie auf das höchste lobte und würdigte. Nach Lenins Vorstellungen ist der professionelle Revolutionär, der von der Polizei gehetzte Agitator und Organisator, der in Armut lebt und seine ganze Zeit seiner politischen Aufgabe widmet, das »Salz der Erde«. Er ist es, der immer aufs neue die wahren sozialistischen Ideen in die Arbeiterbewegung bringt, die sich von selbst bildet. Die Revolution brauchte Männer wie Koba in den lokalen Parteileitungen. Man kann sich leicht vorstellen, wieviel Selbstvertrauen und Stolz diese Theorie Lenins Koba gab, er, der in der Gesellschaft keinerlei anerkannte Stellung mehr hatte und der nicht einmal in der Untergrundbewegung eine nach außen hin blendende Rolle spielen durfte. Für diese innere Belastung muß er eine psychologische Rechtfertigung und Rationalisierung seines Handelns geradezu gesucht haben. Hier hatte er die Theorie in der Hand, die ihn und seinesgleichen sogar zum wichtigsten Element einer Organisation machte, die sich scharf von dem allgemeinen Chaos abhob. Im Spiegel der Ideen Lenins sah er sich selbst als Atlas, auf dessen starken Schultern die Zukunft des Menschengeschlechts ruht.

Die Untergrundbewegung begann jetzt ihre Reihen zu ordnen, eine Hierarchie und eine Bürokratie zu entwickeln. Weder die Menschewisten noch die Bolschewisten konnten ohne sie auskommen. Diese Hierarchie unterschied sich in keiner Weise von dem bürokratischen Apparat, den sich jede normale und höchst ehrenwerte politische Partei in Westeuropa aufbaute. In mancher Hinsicht war sie sogar dem westlichen Vorbild überlegen, nämlich im Idealismus, in der Hingabe an die Sache und sogar an Fachwissen. In dem menschewistischen Schema der Partei gab es für eine derartige Hierarchie allerdings keinen Raum.

Wenn nicht in der Praxis, so war doch sicherlich in der Theorie die menschewistische Partei mit jedem auf gleichem Fuß, mit jedem streikenden Arbeiter und mit jedem sozialistischen Intellektuellen. Martow war ein reiner Ideologe, ein Gelehrter, aber kein Chef einer Hierarchie. Lenin war das genaue Gegenteil. Sicherlich stand er als Ideologe und Propagandist keinem seiner Rivalen nach, aber er war bereits in jenen ersten Jahren zugleich das Haupt einer revolutionären Verwaltung. Er empfand seine Stellung so und handelte demgemäß ohne Zaudern und ohne Hemmung. Er bestimmte den Rahmen dieser Verwaltung und verherrlichte ihre Tätigkeit als eines der wichtigsten Mittel zur Erreichung des großen Zieles.[15] In der willigen Bereitschaft, mit der Koba sich Lenin anschloß, steckte also auch ein Zug unbewußter Dankbarkeit für eine moralische Rechtfertigung, die in Kobas Augen einer Beförderung gleichkam.

Während die sozialistische Untergrundbewegung durch interne Meinungsverschiedenheiten zerrissen und gelähmt war und wütend gegeneinander polemisierte, entging es beinahe ihrer Aufmerksamkeit, daß der Ausbruch der ersten russischen Revolution unmittelbar vor der Tür stand. Die Bolschewisten beschäftigten sich mit der Vorbereitung eines neuen Kongresses, der im April 1905 in London stattfinden sollte. Lenin, der sich von der »Iskra« zurückgezogen hatte, war nach Genf gegangen, wo es ihm schließlich gelang, eine neue Zeitschrift unter dem Namen »Wperjod« (Vorwärts) herauszugeben. Die Menschewisten ließen verlauten, daß sie diesen Kongreß boykottieren und statt dessen eine Konferenz ihrer eigenen Anhänger einberufen wollten. Zu dieser Zeit endete der russisch-japanische Krieg mit dem Fall von Port Arthur und der endgültigen Niederlage der Russen. Am 9. Januar 1905 (nach altrussischem Kalender) bewegte sich eine große Arbeiterdemonstration unter Führung des orthodoxen Priesters Gapon zum Winterpalais, um dem Zaren eine Bittschrift zu übergeben. Die Demonstration hatte friedliche Absichten. Die Teilnehmer glaubten an den Zaren; ihr Unwillen ging gegen dessen schlechte Ratgeber, die, so glaubte man, dem Zaren die Wahrheit über die Nöte und Sorgen des Volkes verheimlichten. Der Ton der Bittschrift war schüchtern, beinahe wehleidig. Der loyale Charakter der Demonstration war dadurch besonders unterstrichen, daß die Demonstranten zahlreiche Kirchenikonen und Bilder des Zaren mit sich führten. Aber die Truppen des Zaren eröffneten das Feuer. Die auf friedliche Demonstranten abgegebenen Salven wurden das Signal für die Revolution. Streiks breiteten sich sofort über das ganze Reich aus. Der Großfürst Sergius, einer der Führer der Hofkamarilla, wurde von den Revolutionären ermordet. Kaum war die erste Streikwelle im Abebben, da brachen in verschiedenen Provinzen Bauernaufstände aus. Das Fieber verbreitete sich bis in die Randgebiete des Reiches. Ein Streik in Lodz entwickelte sich zu einem bewaffneten Aufstand, der die Stadt eine Woche lang in Atem hielt. Auf den Plätzen und Straßen von Warschau und Odessa baute man Barrikaden. Im Hafen von Odessa schloß sich die Mannschaft des Kreuzers Potemkin der Revolution an. In einigen Städten wählten die Streikenden »Räte der Arbeiterdelegierten«. Das waren die ersten Sowjets, die sich aus dem Durch- und Gegeneinander einer turbulenten Volksbewegung bildeten. Der Zar, dessen Selbstvertrauen ins Wanken geraten war, entschloß sich zu einer Konzession an die Volksmeinung und versprach die Berufung einer beratenden Volksversammlung, der Duma, in der allerdings die Arbeiterschaft keine Vertretung haben sollte. Alle Oppositionsparteien, von den Liberalen bis zu den Bolschewisten, protestierten gegen diesen *Ukas*. Im Oktober brachen in Moskau und St. Petersburg Generalstreiks aus, die sich über das ganze Reich ausbreiteten. Die Eisenbahnen stellten den Betrieb ein. Die Streikenden in St. Petersburg wählten einen »Rat der Arbeiterdelegierten«, den Petersburger Sowjet, der bald das Zentrum der Revolution werden sollte. Während einer allerdings nur kurzen Zeit war der Petersburger Sowjet ein wirksamer Konkurrent der amtlichen Staatsverwaltung. Seine Befehle und Verordnungen erhoben Anspruch auf allgemeine Gültigkeit. Der Sowjet rief zu einem Steuerstreik auf. Daraufhin wurden alle seine Mitglieder, mitsamt ihrem Vorsitzenden, dem jungen Leo Trotzki, verhaftet. Die Antwort darauf war eine neue Streikwelle, die im Dezember in einem Aufstand in Moskau ihren Höhepunkt fand. Dies war zugleich der Höhepunkt der ersten russischen Revolution. Die Erhebung wurde niederschlagen, und damit begann die Revolution zu verebben. Sie versuchte zwar immer wieder, das Haupt zu erheben, aber jeder neue Versuch war schwächer als der vorausgegangene, bis schließlich ihre Kraft ganz erschöpft war. Im Jahr 1906 und sogar einem Teil des Jahres 1907 war die Gärung immerhin noch so stark, daß nur wenige der politischen Führer sich über ihr baldiges Ende im klaren waren. Fast alle Sozialisten bildeten sich ein, es werde ein zweiter Akt folgen, der die Entscheidung bringen werde. Der Zar, der allmählich sein Selbstvertrauen wiederfand, widerrief die halbliberalen Konzessionen, die er im ersten Schrecken gemacht hatte. Der Staatsstreich vom 3. Juni 1907 bedeutete das Ende der Revolution. An diesem Tag trieb der neue Premierminister Stolypin die »Zweite Duma« auseinander und ließ fünfundfünfzig ihrer Abgeordneten verhaften. Es waren lauter Sozialdemokraten.

In späteren Jahren pflegte Lenin die Revolution von 1905 als die »Generalprobe« der Erhebung von 1917 zu bezeichnen. Man wird deshalb fragen dürfen, wie die Hauptakteure des Jahres 1917 im Jahre 1905 ihre Rollen spielten? Die Antwort auf diese Frage ist überraschend. Die meisten der Hauptakteure von 1917 traten 1905 überhaupt nicht auf die Bühne. Lenin, der zukünftige Hauptdarsteller, begnügte sich mit der Rolle eines Souffleurs, saß aber von der Bühne so weit entfernt, daß die, die wirklich das Stück spielten, kaum seine Stimme vernehmen konnten. Als die Flut der Revolution anschwoll, blieb er in seinem Verbannungsort in Genf. Erst Ende Oktober 1905, das heißt zehn lange Monate nach der Prozession zum Winterpalais an jenem Blutsonntag im Januar, verließ er die Schweiz. Als er endlich in St. Petersburg ankam, war der Generalstreik bereits wieder abgeblasen, am weiteren Ablauf der Ereignisse vermochte er nichts mehr zu ändern, die Revolution strebte ihrem nächsten, letzten und hoffnungslosen Höhepunkt, dem Aufstand in Moskau, zu. Der große Architekt der Revolution hatte dazu nicht mehr viel beizutragen.

Weshalb kehrte Lenin in diesen entscheidungsreichen Monaten nicht nach Rußland zurück? Er durfte als sicher annehmen, daß die zaristische Polizei sich ihm auf die Fersen setzen werde, wenn er nach Hause zurückkehrte, und als er im November schließlich nach St. Petersburg kam, hatte er sofort den Beweis für die Richtigkeit dieser Vermutung. Aber das konnte für einen Mann wie Lenin kein Grund sein, in der Schweiz zu bleiben. Er wußte genau, was er für die Revolution bedeutete, und er mußte sich über die Wichtigkeit seiner Aufgabe im klaren sein, die er nur erfüllen konnte, wenn er sich in nächster Nähe der Ereignisse befand. Als er endlich kam, dirigierte er seine Anhänger von einem geheimen Versteck aus. Dasselbe hätte er auch schon sofort nach Ausbruch der Revolution tun können. Erkannte er zunächst nicht die volle Bedeutung der Ereignisse, die er so lange erwartet und vorausgesagt hatte? Man weiß es nicht, aber sicherlich war er sich über die Bedeutung des Zeitfaktors in einem revolutionären Ablauf nicht klar. Er muß der Meinung gewesen sein, der Prozeß werde sich auf einen sehr viel längeren Zeitraum verteilen; er sah den Höhepunkt noch nicht als nahe bevorstehend, und er wußte nicht, daß der Wechsel von der Flut zur Ebbe so plötzlich und so abrupt sein werde, wie es tatsächlich dann der Fall war. In diesem Irrtum beharrte er sogar noch, als die Wasser der Flut sich bereits wieder verliefen.

Er verwandte seine Zeit zunächst auf die Ausarbeitung einer revolutionären Taktik; er wollte sie seinen Anhängern begreiflich machen, denn er meinte, sie die Kunst des Aufstands erst lehren zu müssen und so weiter. Er experimentierte noch in seinem Laboratorium der Revolutionspolitik, als die Revolution, ohne auf seine Resultate zu warten, an seine Tür klopfte. Der Wissenschaftler der Revolution geriet mit dem revolutionären Praktiker in Konflikt. Auf der einen Seite entging es ihm nicht, daß die Revolution in Rußland eine spontane Bewegung war, die durch zufällige Impulse vorwärts getrieben wurde, die aber ungeordnet, formlos und ohne Führung blieb. Er mißtraute solchen spontanen Bewegungen. Er wollte die Partei so weit vorbereiten, daß sie die Führung übernehmen konnte. Dafür war es seiner Meinung nach notwendig, daß sie sich zunächst von allen menschewistischen Konzeptionen freimachte. Aber selbst mit solchen Zielsetzungen hätte er auf den Gang der Ereignisse einen wirksameren Einfluß nehmen können, wenn er aus seiner Versenkung in der Schweiz bereits am Anfang des entscheidenden Jahres aufgetaucht wäre. Der junge Trotzki war der einzige

Emigrant, der sich, sobald er nur konnte, auf das Schlachtfeld stürzte. Er wurde der Hauptführer der ersten Revolution. Als Lenin den Boden Rußlands betrat, war Trotzki im Begriff, Präsident des St. Petersburger Sowjets zu werden. Lenin wird nach 1905 mehr als einmal über die Gelegenheiten nachgedacht haben, die er im Jahre 1905 verpaßte. Als sich die Gelegenheit zum zweitenmal bot, war er fest entschlossen, seinen Fehler nicht zu wiederholen. Im Jahre 1917 zögerte er keinen Augenblick, seine Reise durch das kaiserliche Deutschland zu machen, das damals mit Rußland im Krieg stand, nur um zu einem möglichst frühen Zeitpunkt der zweiten Revolution in der russischen Hauptstadt auftreten zu können.

Wenn Lenin seine Rolle bei der »Generalprobe« nicht richtig spielte, so stand er damit nicht allein. Kein einziger der maßgebenden menschewistischen Führer und der (geringeren »Leuchten«) des Bolschewismus hat damals seine Stunde erkannt. Die große Flut von 1905 brauste vorüber und ließ Plechanow, Martow, Axelrod und andere wie auf Felsklippen Gestrandete zurück. Abgesehen von Trotzki waren die Führer der Revolution von 1905 Aktivisten ohne Rang und Namen, die durch den Enthusiasmus oder durch den Unwillen des Volkes nach vorne geschoben wurden. Sie besaßen wenig Übung in diesem revolutionären Geschäft und waren weit davon entfernt, die Technik der Revolution zu beherrschen. Trotzki spielte ungefähr die Rolle, die er im Jahre 1917 als Präsident des St. Petersburger Sowjets wieder spielen sollte. Aber nichts beleuchtet den Unterschied zwischen den Ereignissen von 1905 und 1917 deutlicher als eben Trotzkis Rollen. In der ersten Revolution drückte er den Ereignissen den Stempel seiner Persönlichkeit auf als ein Mann, der so gut wie allein stand. Im Jahre 1917 waren seine außergewöhnlichen persönlichen Fähigkeiten gestützt durch die feste Macht der bolschewistischen Partei, der er inzwischen beigetreten war. Im Jahre 1905 vergeudete er sich in einem Feuerwerk brillanter Reden und einigermaßen theatralischen Gesten revolutionären Trotzes, die keine unmittelbare und praktische Wirkung hatten, obwohl sie die Einbildungskraft der Massen ansprachen und dadurch die Sache der Revolution förderten. Als die Kosaken und Gendarmen den Petersburger Sowjet während einer Sitzung umstellten, befahl Trotzki den Abgeordneten, die Waffen trugen, die Schlösser ihrer Revolver zu zerschlagen und sich zu ergeben, denn bewaffneter Widerstand sei aussichtslos. Seine große Rede vor dem zaristischen Kriegsgericht, in der er die Revolution verherrlichte und das Recht auf bewaffneten Widerstand proklamierte, blieb in den Köpfen vieler Arbeiter haften und bildete einen Teil der Saat, aus der die zweite Revolution aufging. Aber in all dem steckte immer noch viel von einem geistvollen Amateur, was beim Trotzki des Jahres 1917 nicht mehr zu finden war. Weit davon entfernt, die Schlösser seiner Waffen in einem symbolischen Akt zu zerschlagen, stellte sich der St. Petersburger Sowjet unter Trotzkis Führung an die Spitze der siegreichen Oktoberrevolution.

Welche Rolle spielte nun Koba-Dshugaschwili in diesem Jahr voll revolutionärer Tollheit? Im nationalen Rahmen spielte er in dieser ganzen Zeit überhaupt keine Rolle. Er war nur einer der vielen lokalen Führer. Der Kaukasus war jedoch für die Revolution ein wichtiges Zentrum. Er war nur eine ferngelegene Provinz, und trotzdem wurde von hier mehr als einmal dem ganzen Reich ein Beispiel gegeben. Der Kaukasus war auch der Teil Rußlands, der sich zuletzt geschlagen gab, als die Gegenrevolution einsetzte und das übrige Rußland in die frühere Apathie zurückfiel. Im Dezember 1904, also bereits einige Wochen vor dem Blutsonntag in St. Petersburg, brach ein verbissener und lange dauernder Streik auf den Ölfeldern von Baku aus, der durch eine Tarifabsprache zwischen den Unternehmern und den Arbeitern sein Ende fand. Dies war das erste Tarifabkommen, das zwischen Unternehmern und Arbeitern in Rußland zustande kam. Die Industriellen waren gezwungen, mit einem Komitee zu verhandeln, das aus Personen bestand, die mehr oder weniger außerhalb der bürgerlichen Rechtsordnung standen, den geheimen Führern der Streikbewegung. Diese Vorfälle in Baku waren in gewissem Sinne das wirkliche Vorspiel der Revolution. Koba bereiste, als der Streik begann, die Provinz und hielt Versammlungen ab gegen die Menschewisten, Anarchisten, Föderalisten, Armenischen Daschnaks (halb Nationalisten und halb Sozialisten) und andere. Er brach sofort seine Reise ab und eilte nach Baku zurück. Er kann den Streik nicht persönlich dirigiert haben, denn er blieb nur wenige Tage in der Stadt. Aber sein Rat hatte bei den Führern des Streiks sicherlich Gewicht. Hier in Baku und auf seiner Rundreise durch die Provinz, wo die für den Krieg ausgehobenen Rekruten gegen den Krieg protestierten, gewann er ein starkes Vorgefühl für die Dinge, die kommen sollten.

Sein Ohr, so nahe dem Heimatboden, hat das erste Grollen der Revolution nicht überhört. Bereits am 8. Januar 1905, also am Vorabend des Blutsonntags von St. Petersburg, erließ der kaukasische Landesverband der sozialdemokratischen Partei eine Proklamation mit dem Titel »Arbeiter des Kaukasus, es ist Zeit, Rache zu nehmen!«[16]. Der Verfasser dieses Aufrufs war Koba. Er versicherte, die zaristische Autokratie sei im Begriff, ihre Hauptstütze, die bis jetzt immer zuverlässige Armee, zu verlieren, von der er erwartete, daß sie sich gegen die Regierung wenden würde. Aber er überschätzte die Stärke dieser Tendenz. Einer der Gründe, die es dem Zarismus ermöglichten, den Schock der ersten Revolution zu überstehen, lag eben in der Zuverlässigkeit der Armee. Im allgemeinen waren die Truppen ohne weiteres bereit, sich gegen streikende Arbeiter einsetzen zu lassen. Von zehn Soldaten waren acht oder neun Bauernsöhne, und diese Tatsache spiegelte sich in der Haltung der ganzen Armee wider. Die Landbevölkerung stand nicht mit ihrem Herzen hinter der Revolution. Kobas Irrtum findet seine Erklärung in den besonderen Verhältnissen im Kaukasus. In seiner georgischen Heimat ging es den Bauern sehr viel schlechter als im übrigen Rußland. Der Landhunger war dort sehr viel größer, und im Kaukasus waren deshalb Bauernaufstände und Revolten der Armee viel häufiger als in jedem anderen Teil Rußlands.

Auch in anderer Hinsicht neigte Koba dazu, die Widerstände, die sich dem Zarismus in den Weg stellten, zu überschätzen. Er glaubte voraussagen zu dürfen, die Regierung werde schon bald bankrott sein, weil sie ihren Kredit in Westeuropa verliere. Das war nicht der Fall. Die französischen Börsen geizten nicht mit Anleihen, die es dem Zaren gestatteten, seine zerrütteten Finanzen wieder einigermaßen in Ordnung zu bringen. Koba warnte seine Leser, der Zarismus »wechsele seine Haut wie eine Schlange«; er werde in seiner Angst die Knute zur Seite legen und dem Volk einige Zuckerbrötchen offerieren, aber »die Stunde ist gekommen, in der der Zarismus zerstört werden kann, und wir *werden* ihn zerstören. Rußland ist wie ein geladenes Geschütz, eine gefüllte Petarde, die bei der geringsten Erschütterung in die Luft gehen wird. Laßt uns deshalb die Hände reichen und uns um die Parteikomitees scharen. Wir dürfen nicht einen Augenblick vergessen, daß uns nur die Parteikomitees auf unserem Weg in das Gelobte Land, wie man eine sozialistische Welt nennen darf, leuchten können. Die Partei, die uns die Augen geöffnet und uns unsere Feinde gezeigt hat, die uns als eine Furcht gebietende Armee organisiert und in die Schlacht geführt hat, die Partei, die uns niemals im Stich ließ, weder in frohen noch in traurigen Zeiten, die immer an unserer Spitze marschierte, ist die Russische Sozialdemokratische Arbeiterpartei.« Wie sehr lebte in dem harten Parteifunktionär doch noch der Ex-Kleriker fort! Er sah ein Volk, das durch die Wüste in das Gelobte Land des Sozialismus wanderte, und die Partei zog voran wie die biblische Feuersäule, die den Weg erleuchtet. Wer sollte sonst das Volk leiten können »in frohen und in traurigen Zeiten«, wenn nicht die Priester und Leviten der Parteiorganisation? Die Proklamation endete mit dem Ruf »Nieder mit der zaristischen Autokratie! Lang lebe die Verfassunggebende Versammlung des Volkes! Lang lebe die Demokratische Republik! Lang lebe die Russische Sozialdemokratische Arbeiterpartei!«

Um der drohenden Revolutionsgefahr zu begegnen, ließ das zaristische Innenministerium die »Schwarzen Hundert« auf die Sozialisten aller Schattierungen, auf Liberale und Juden los. In Baku traten die »Schwarzen Hundert« bald nach dem Streik der Erdölarbeiter in Aktion. Wenn im übrigen russischen Reich die Juden die Sündenböcke waren, auf die der Zarismus die allgemeine Unzufriedenheit ablenkte, so mußten im Kaukasus die Armenier diese Rolle spielen. Im Kaukasus schwelte der rassische und religiöse Streit zwischen Armeniern und Türken immer fort; er wurde wach gehalten durch die Wut über die Abschlachtung von Armeniern jenseits der türkischen Grenze sowie den Haß, den man der armenischen Mittelklasse in Rußland selber entgegenbrachte. Nichts war leichter für die »Schwarzen Hundert«, als den mohammedanischen Mob zu einem Armeniermassaker aufzuhetzen und damit den Kaukasus in blutige Stammesfehden zu verwickeln. Sergius Allilujew, der Schwiegervater Stalins, gibt in seinen Erinnerungen eine drastische Schilderung dieser widerwärtigen Unruhen:

»Die Staatsbehörden, aktiv unterstützt von der städtischen und Landespolizei sowie von den Mitgliedern der ›Schwarzen Hundert‹, zu denen Beamte aller Dienststellen und Grade gehörten, bewaffneten das Gesindel der ›Russischen Volksunion‹. Zuerst hetzten sie türkische und armenische Kinder gegeneinander. Dann gerieten die Eltern aneinander, die sich für ihre verletzten Kinder einsetzten, und es kam zu ernsthaften Ausschreitungen. Die ›Schwarzen Hundert‹ erschossen aus dem Hinterhalt Türken und Armenier und setzten ihre Häuser in Brand. Durch Tricks dieser und anderer Art schürten die Behörden die Fehde und erreichten damit ihr Ziel. Im August begannen die Türken und Armenier sich gegenseitig abzuschlachten. Die Stadt tönte wider vom Gewehrfeuer. Die armenischen Läden wurden geplündert, dann kamen ihre Häuser an die Reihe. Auf der Straße und auf den Gehwegen lagen Leichen. Überall konnte man das Jammern und Klagen der Verwundeten hören. Soldaten und Polizisten, die Zeugen dieser Vorfälle waren, standen dabei, ohne einzugreifen und schauten sich das Massaker ruhig an. Dann steckten die ›Schwarzen Hundert‹ die Fabriken und die Ölfelder in Brand und verbreiteten sofort das Gerücht, diese Brandstiftungen seien das Werk streikender Arbeiter. Unter dem Stichwort ›Kampf den Brandstiftern‹ verfolgten diese Banditen und Meuchelmörder unsere führenden Parteimitglieder. Unser Leben wurde zur Hölle. Der Brand in den Ölfeldern wurde immer bedrohlicher. Um uns tobte das rasende Element, die furchtgebietende, wilde und unbezähmbare Feuersbrunst. Überall herrschten Tod und Zerstörung.«[17]

Während mehrerer Monate ging so im Kaukasus die Revolution in den Rassenkämpfen der Vielvölkerstädte unter; sie schien fast besiegt oder wenigstens stillzustehen. Koba schrieb Flugblatt um Flugblatt; er warnte die Arbeiterklasse vor diesem verheerenden Bruderkrieg und rief zu internationaler Solidarität auf. Er pries und verherrlichte die kurzen Augenblicke, in denen Türken, Armenier, Perser und Russen brüderlich vereint von den

Kirchen zu den Moscheen und dann zu den Friedhöfen zogen, »um sich dort gegenseitige Liebe zu schwören«.[18] Er beschwor die Partei, solche Kundgebungen zu begünstigen, und forderte immer wieder Übereinkommen mit allen anderen Parteien und Gruppen, die zu gemeinsamen Maßnahmen gegen die Massaker und Pogrome bereit seien.

Aber gleichzeitig ging die Kontroverse zwischen Menschewisten und Bolschewisten in alter Schärfe weiter. Im Mai veröffentlichte Koba eine Streitschrift unter dem Titel »Kurze Darlegung der Meinungsverschiedenheiten in der Partei«[19], in der er nochmals alle Argumente Lenins wiederholte. Von sich aus steuerte er die bekannten Bilder über das Gelobte Land des Sozialismus bei. Diese Flugschrift läßt ebenso wie seine anderen Zeitungsartikel keinen Zweifel darüber, daß Stalin ein unerbittlicher Leninist war. In der kaukasischen Untergrundbewegung bildeten die Bolschewisten nur eine kleine Minderheit (Kobas georgische Heimat war die stärkste Festung des Menschewismus). Und selbst innerhalb dieser Minderheit vertrat er mit seinen Anschauungen über die Rolle der Parteielite nur die Ansicht einer ganz kleinen Gruppe, da die meisten bolschewistischen Führer im Kaukasus eine Verständigung mit den Menschewisten suchten. Diese Tätigkeit Kobas mußte auch Lenin auffallen. Lenin hatte immer den Verdacht gehegt, daß sein Standpunkt im Kaukasus nicht mit der notwendigen Energie und Überzeugungskraft vertreten werde. Er war angenehm überrascht, als ihm Maxim Litwinow über Kobas Broschüre berichtete, die in russischer, georgischer und armenischer Sprache erschienen war. Nadeschda Krupskaja, Lenins Frau und Sekretärin, erbat sich ein Exemplar dieser Broschüre und eines georgisch geschriebenen Flugblatts, worin Koba die Anschauungen Lenins vertreten hatte. Das war der erste, unbestreitbare, allerdings indirekte Kontakt zwischen Lenin und seinem späteren Nachfolger. Man mag bezweifeln, ob Koba in diesem Stadium seiner Entwicklung die Aufmerksamkeit Lenins erregt hätte, wenn die prominenteren Bolschewisten im Kaukasus die Sache Lenins williger unterstützt hätten. Es ist für Lenin charakteristisch, daß er immer, wenn er den Eindruck hatte, daß er sich auf die anderen bolschewistischen Führer nicht verlassen konnte, direkte

Verbindung mit Parteifunktionären zweiten Grades und schließlich mit gewöhnlichen Parteimitgliedern suchte, die eher bereit waren, ihn zu unterstützen. Ihnen ließ er dann seine volle Gunst zuteil werden, weihte sie in seine Geheimnisse ein und beförderte sie auf höhere Ränge in der Parteihierarchie. Dieses erste Zeichen freundschaftlicher Aufmerksamkeit Lenins wird für Koba eine Entschädigung für die Enttäuschungen gewesen sein, die er an Ort und Stelle erleben mußte. Der Stil seiner Polemik gegen die lokalen menschewistischen Mandarine wurde immer fanatischer und bitterer. Darin drückte sich das gekränkte Gefühl aus, von seinen Genossen verlassen und isoliert zu sein, aber auch das steigende Selbstbewußtsein, das daher kam, daß er jetzt wußte, er ging in Lenins Fußstapfen. Das Gefühl der Vereinsamung muß um so größer gewesen sein, als er gerade in dieser Zeit seine zwei besten Freunde verlor, die ihn auch in geistiger Hinsicht beeinflußt und geführt hatten. Wenn Zulukidse und Kezchoweli am Leben geblieben wären, dann wären sie, die Führer der Minderheit der *Messame Dassy,* wahrscheinlich ebenso eifrige und erfolgreiche Bolschewisten geworden wie Koba. Aber Kezchoweli wurde in der Metekhifestung, dem gefürchteten Gefängnis von Tiflis, erschossen, und Zulukidse erlag der Tuberkulose.

Koba achtete genau auf seinen Meister, der immer neue Varianten revolutionärer Technik entwickelte. Schon bei der Konferenz in London im April hatte Lenin die Frage des bewaffneten Aufstandes zur Debatte gestellt.[20] Nach Genf zurückgekehrt, vertiefte er sich in die Einzelheiten dieses Problems. Er sagte, der Zarismus werde nie freiwillig abdanken, er müsse deshalb durch einen bewaffneten Aufstand gestürzt werden. Das war eine Binsenweisheit, über die sich alle Sozialisten einig waren. Aber viele von ihnen konnten sich den bewaffneten Aufstand nur als eine spontane Volkserhebung vorstellen, als eines jener elementaren Phänomene der Revolution, die sich von selbst einstellen, die man ebensowenig vorbereiten und planen könne wie Aufgang und Untergang der Sonne. Für diese revolutionäre Romantik hatte Lenin nur Ausdrücke der Verachtung. Der Aufstand, sagte er, sei eine Kunst, die man lernen könne und die man üben müsse. Er hämmerte der Partei immer wieder den Satz ins Gedächtnis, daß der Aufstand nur dann erfolgreich sein könne, wenn er immer in der Offensive sei. Die Defensive sei sein Tod. In diesem Satz sah Lenin eine der Grundthesen der Revolution, wie er sie sich dachte. Er drang deshalb in seine Anhänger, sie sollten besondere bewaffnete Abteilungen der Partei aufstellen.

Koba nahm diese Gedanken in der Zeitschrift »Proletariatis Brdzola« in folgender Weise auf:

»Viele unserer Organisationen haben diese Frage bereits praktisch gelöst, indem sie einen Teil ihrer Kräfte und Mittel für die Bewaffnung des Proletariats bereitstellten. Unser Kampf gegen die Alleinherrschaft ist jetzt in eine Periode eingetreten, wo die Bewaffnung von allen als notwendig anerkannt wird. Aber allein das Bewußtsein von der Notwendigkeit der Bewaffnung ist ja nicht ausreichend — *der Partei muß die praktische Aufgabe direkt und klar gestellt werden.* Deshalb müssen unsere Komitees überall im Lande schon jetzt sofort beginnen mit der Bewaffnung des Volkes, mit der Schaffung spezieller Gruppen, die dies in die Wege leiten sollen, mit der Organisierung von örtlichen Gruppen zur Beschaffung von Waffen, mit der Organisierung von Werkstätten zur Herstellung verschiedener Sprengstoffe, mit der Ausarbeitung eines Plans für die Besetzung der staatlichen und privaten Waffenlager und Arsenale (...). Wir meinen, daß fraktionelle Streitigkeiten die Vereinigung aller sozialdemokratischen Kräfte auf diesem Boden am allerwenigsten behindern dürfen.«[21]

Koba übersetzte Lenins Weisungen nicht nur ins Georgische, sondern er setzte sie auch in die Tat um. Er nahm am Aufbau und an der Leitung der lokalen militärischen Organisation der Partei tätigen Anteil. Diese verfügte über ein gut entwickeltes geheimes Laboratorium für die Herstellung von Sprengmitteln, das von Krassin eingerichtet worden war. Man muß zugeben, daß Lenins Gedanke einer zentral geplanten und gelenkten Erhebung in der ersten Revolution nicht verwirklicht werden konnte. Aber trotzdem traten im Laufe des Jahres 1905 die Stoßtrupps der Partei bei den vielen zusammenhanglosen Revolten in Tätigkeit. Im Kaukasus widersetzten sie sich den »Schwarzen Hundert«, beschützten die Arbeiterviertel gegen die Rassenkämpfe und hielten mit den Partisanen auf dem Lande Verbindung. Die Rolle, die Koba dabei spielte, war nicht die eines kämpfenden Offiziers, aber er organisierte, verwaltete und inspirierte.

Dieser neue Zweig der Partei mußte besonders geheim organisiert werden. Die Hierarchie und die Mitglieder dieser Gruppen wurden in einen noch dichteren Schleier der Geheimarbeit gehüllt als der Rest der Partei. Die Beziehungen zwischen der technischen Abteilung und den andern Zweigen der Organisation wurden auf das unerläßlich notwendige Maß beschränkt.

Zur Zeit des Höhepunkts der Revolution waren die Reihen der Partei durch den Beitritt neuer und unerfahrener Mitglieder erheblich angewachsen. Als der Druck des zaristischen Terrors etwas nachließ, milderte auch die Partei ihre Vorschriften und Maßnahmen zur Geheimhaltung. Vor 1905 wurden im allgemeinen die Parteikomitees, die Exekutivorgane und die Funktionäre durch ein übergeordnetes Komitee so bestellt, wie es diesem richtig erscheinen mochte. Damals wurde die Partei von oben nach unten gebaut. Die gewöhnlichen Parteimitglieder wußten nicht einmal, wer die Mitglieder der verschiedenen Führungsstellen waren. Während der ersten Revolution wurde mit dieser Methode gebrochen. Die Komitees wurden jetzt der demokratischen Kontrolle durch die Gesamtheit der Parteimitglieder unterworfen. An Stelle der Ernennung der Parteikomitees von *oben* trat jetzt die Wahl von *unten*.[22]

Dieses demokratische Prinzip konnte aber in der technischen, das heißt militärischen Organisation keinen Raum finden. Ein erheblicher Teil der Tätigkeit, die Koba während der ersten Revolution und vor allem in ihrer Schlußphase ausübte, vollzog sich innerhalb dieses innersten und ganz geheimen Kreises der Partei, der dem Einblick und der Kontrolle der gewöhnlichen Mitglieder entzogen war.

Wenn die bewaffnete Erhebung Erfolg hatte, dann mußte der nächste Schritt die Bildung einer Provisorischen Revolutionären Regierung sein. Die Frage, wie diese Regierung auszusehen habe und welche Aufgaben ihr zufallen sollten, war das nächste Thema, mit dem sich Koba beschäftigte. Auch hier folgte er den Richtlinien Lenins. Rußland war nicht reif für den Sozialismus, und deshalb würde auch die Provisorische Revolutionäre Regierung keine »Diktatur des Proletariats« sein. Es würde aber auch keine parlamentarische Regierung sein, weil es unmöglich wäre, mitten in der Revolution eine solche Regierung zu bilden. Lenin umschrieb die Provisorische Regierung als »eine demokratische Diktatur der Arbeiter und Bauern«. Diese umständliche und höchst widerspruchsvolle Formel wurde niemals eindeutig kommentiert und erklärt, weder durch ihren Autor noch durch seine Schüler. Trotzdem bildete sie die Grundlage der bolschewistischen Propaganda in den Jahren zwischen 1905 und 1917. Diese gewollte oder ungewollte Unklarheit führte denn auch im Jahr 1917 zu einer der schwersten Krisen in der Geschichte des Bolschewismus, die an sich schon so reich an inneren Kontroversen und Krisen ist.

Der Provisorischen Revolutionären Regierung, wie sie Koba sah, waren folgende Aufgaben gestellt: Sie müsse »die dunklen Kräfte« der Gegenrevolution entwaffnen; sie würde im Bürgerkrieg die Führung übernehmen und eine Verfassunggebende Nationalversammlung berufen, die in allgemeinen Wahlen gewählt werden sollte. In der Zeit zwischen der Bildung der Provisorischen Regierung, die für ihre Machtausübung keine verfassungsmäßige Grundlage haben würde, und der Einberufung der Verfassunggebenden Versammlung müßte die Provisorische Regierung die Durchführung einer Anzahl radikaler Reformen dekretieren, von denen allerdings keine über die Grenzen hinausgreifen sollte, die einer bürgerlichen Demokratie gezogen sind. Diese Reformen würden folgende Maßnahmen einschließen: Proklamation der Presse- und Versammlungsfreiheit, Abschaffung aller indirekten Steuern, Einführung einer stark gestaffelten Gewinn- und einer Erbschaftssteuer, Schaffung revolutionärer Bauernkomitees zur Inangriffnahme der Bodenreform, Trennung von Staat und Kirche, Einführung des Achtstundentags, von Sozialunterstützungen, Arbeitsämtern und ähnliches mehr. Im ganzen genommen ist dieses Programm sehr viel gemäßigter als etwa das vierzig Jahre später durch die britische Labourregierung angenommene. In Rußland freilich, zu Beginn unseres Jahrhunderts und nur vierzig Jahre nach der Bauernbefreiung, bedeutete es einen radikalen Umsturz der bestehenden Verhältnisse.[23]

Wie alle Bolschewisten war auch Koba der Meinung, daß dieses Programm nur auf Grund eines Bündnisses der sozialistischen Arbeiterklasse mit der individualistisch denkenden Bauernschaft verwirklicht werden könne, denn die durch das liberale Bürgertum vertretene Stadtbevölkerung werde die Revolution nicht unterstützen. Es war ihm klar, daß auf weite Sicht die Arbeiterschaft und die Bauern verschiedene Ziele ansteuern würden und daß ihre Interessen und ihre Politik eines Tages zusammenstoßen müßten. Aber dieser Zusammenstoß würde sich erst dann ereignen, wenn die Sozialisten den Versuch machen würden, den Kapitalismus zu stürzen. Dies aber sei nicht die Aufgabe der Revolution in Rußland. Die »demokratische Diktatur des Proletariats und der Bauern« müsse wirklich demokratisch sein, denn in ihrem Programm stecke nicht ein Quentlein eines reinen Sozialismus. Eine Diktatur müsse es geben, weil schon die Erreichung eines so begrenzten Zieles, wie es der Sturz des *ancien régime* ist, nur mit gewaltsamen Maßnahmen erfolgen und nur von einer Diktatur durchgeführt werden könne. Diese Diktatur müsse auf dem Bündnis zweier Klassen beruhen, und dies müßte auch zur Folge haben, daß die Vertreter dieser beiden Klassen in der Regierung vertreten seien. Daraus ergebe sich weiter, daß die Sozialdemokratische Partei in die Regierung eintreten müsse, um dort die Interessen der Arbeiterklasse wahrzunehmen und so die »Hegemonie des Proletariats« sicherzustellen. Mit andern Worten, die Sozialisten würden der oder den Bauernparteien, die zwangsweise weniger fortschrittlich, weniger klarsehend und weniger entschlossen seien als die Partei des Proletariats, zu Führern werden.

Die Menschewisten hielten an ihrer Meinung fest, daß in dieser Revolution die liberale Mittelklasse tonangebend sein müsse. Hieraus zogen sie den Schluß, daß die Sozialdemokratische Partei nicht in der Provisorischen Revolutionären Regierung vertreten sein dürfe; denn es könne nicht die Aufgabe der Sozialisten sein, eine nichtsozialistische Verwaltung einzurichten. In jenen Jahren war es tatsächlich so, daß die überwältigende Mehrheit der Sozialisten in der ganzen Welt, ja sogar die gemäßigten, die Beteiligung der Sozialisten an einer Koalitionsregierung als unzulässigen Opportunismus betrachteten, wenn nicht gar als einen direkten Verrat am Sozialismus. Als der französische Sozialist Millerand den Posten eines Ministers in einem bürgerlichen Kabinett annahm, schloß er sich damit automatisch aus den Reihen des Sozialismus aus. Die Menschewisten beschuldigten nun Lenin des »Millerandismus« und behaupteten, Lenins Bereitschaft, sich an einer nichtsozialistischen Regierung zu beteiligen, komme beinahe reinem Opportunismus gleich. Koba hielt dem entgegen, daß die Menschewisten zwei ganz verschiedene Arten einer Regierung miteinander verwechselten. Eine Provisorische Regierung, die aus einer Revolution hervorgehe und deshalb gezwungen sei, ein radikales Reformprogramm durchzuführen, sei etwas ganz anderes als eine gewöhnliche Staatsverwaltung, die ihre Aufgabe immer nur in der Erhaltung einer bestehenden Ordnung sehe. »Was ist ein Ministerkabinett?« fragte er. Seine Antwort lautete: »Das Resultat des Bestehens einer ständigen Regierung. Und was ist eine Provisorische Revolutionäre Regierung? — Das Resultat der Vernichtung der ständigen Regierung. Das erstere vollzieht die geltenden Gesetze mit Hilfe des stehenden Heeres. Die zweite schafft die geltenden Gesetze ab und legalisiert an ihrer Stelle mit Hilfe des aufständischen Volkes den Willen der Revolution. (...) Sonderbar, daß die Menschewiki das Abc der Revolution vergessen haben.«[24] In Kobas Augen war Lenin alles andere als ein gefälliger Ministeranwärter, ein verächtlicher Millerand.

Die Menschewisten hatten noch einen andern Einwand gegen das Programm Lenins, und hier traf ihre Kritik mit ernsthaften Befürchtungen zusammen. Sie glaubten, daß sich Lenin über den konstitutionellen Staat in Wirklichkeit lustig mache. Denn nach seiner Formel sollte die Provisorische Revolutionäre Regierung noch vor der Bildung einer Verfassunggebenden Versammlung eine ganze Anzahl tiefgreifender Reformen dekretieren. Die Kritiker sagten voraus, und darin gaben ihnen die Ereignisse des Jahres 1918 völlig recht, daß die Verfassunggebende Versammlung sich entweder mit den so geschaffenen Tatsachen abzufinden habe oder von der diktatorischen Regierung nach Hause gejagt werde. In Kobas Augen waren solche konstitutionellen Gewissensbedenken schlechthin lächerlich. Er konnte nicht einsehen, weshalb die Verfassunggebende Versammlung sich den Reformen widersetzen sollte, die von der Provisorischen Regierung während des Verfassungsinterregnums dekretiert würden: Diese Reformen sollten zwar radikal demokratisch, aber in keiner Weise sozialistisch sein. Sie müßten deshalb die Unterstützung der überwiegenden Mehrheit des Volkes finden. Man könne sich doch unmöglich darüber streiten, ob es notwendig sei, daß die Provisorische Revolutionäre Regierung die Reformen bis zum Zusammentritt der Verfassunggebenden Versammlung verschiebe oder nicht, denn es sei doch so klar wie der Tag, daß infolge des unvermeidlichen Bürgerkriegs nicht sofort Wahlen stattfinden könnten. In dieser Zeit werde aber die Provisorische Regierung durch die Haltung des Landes gezwungen sein, den Bauern Land zu geben, den Achtstundentag zu dekretieren und so weiter. Wenn die Revolution sich selber erhalten wolle, so bleibe ihr gar kein anderer Weg übrig, als der, den Lenin vorgezeichnet habe. »Riecht denn dies Räsonnement (der Menschewisten) nicht nach flachem Liberalismus? Und ist es nicht seltsam, sie aus dem Munde eines Revolutionärs zu hören? Alles dies erinnert doch an den Fall des zum Tode Verurteilten, dem der Kopf abgeschlagen werden sollte, und der darum bat, einen Pickel an seinem Hals nicht zu berühren.«[25]

Bolschewisten und Menschewisten hatten damals über das Ziel der Revolution noch die gleichen Anschauungen. Das Ergebnis der Revolution konnte nur eine »bürgerliche Demokratie« sein, nicht mehr. Aber in Fragen der Taktik waren sie verschiedener Meinung. Die Menschewisten paßten sich dem beschränkten strategischen Ziel an, während die hemmungslose revolutionäre Taktik Lenins sich mit einem solchen Ziel nicht vereinigen ließ. Es fiel den Bolschewisten nicht schwer zu beweisen, daß die »bürgerlich-demokratische Orthodoxie«, der die Menschewisten anhingen, diese letzten Endes zwingen müsse, auf die Revolution überhaupt zu verzichten. Den Menschewisten fiel es noch leichter zu beweisen, daß die bolschewistische Konzeption einen Widerspruch in sich selbst barg. Die Kritik, die beide Teile vorzubringen hatten, war gleich wirkungsvoll und in logischer Hinsicht vollkommen unangreifbar. Die Beweisführung der Menschewisten war zweifellos durchschlagender, aber in ihr steckte ein bedenklicher Unterton einer quietistischen Resignation, der der Partei schlecht bekommen mußte, wenn sie erst einmal in die Wirbel der Revolution hineingerissen würde. Lenins Beweisführung war weniger geradlinig; in den etwas vereinfachten Zusammenfassungen Kobas klang sie sogar zuweilen beinahe zusammenhanglos, aber im Ton war sie voll des revolutionären Willens zur Macht. Einige der Kritiker Lenins sahen voraus, daß er schließlich gezwungen sein werde, seine Strategie und Taktik auf einen gemeinsamen Nenner zu bringen. Er würde entweder auf seine taktischen Methoden verzichten oder aus dem Rahmen einer nur demokratischen, nichtsozialistischen Revolution ausbrechen und ein sozialistisches Experiment durchführen müssen. Lenin sagte, ein solches Experiment wäre in Rußland eine reine Donquichotterie. Der Sozialist, der bereits im Jahr 1905 die Meinung vertrat, die Revolution, wenn sie sich durchsetze, werde gar keine andere Wahl haben, als den Weg der Diktatur des Proletariats und des Sozialismus zu gehen, war Trotzki, dessen Prognose von Menschewisten und Bolschewisten als das Hirngespinst eines Nachtwandlers abgetan wurde.[26] Bei der »Hauptprobe« war Trotzki der einzige der Akteure, der sich in den entscheidenden Augenblicken des Jahres 1905 auf der Bühne zeigte, er war auch der einzige, der bei der Hauptvorstellung die gleiche Rolle übernahm wie bei der Generalprobe. Insoweit unterschied sich Koba nicht von der Mehrzahl der bolschewistischen Führer, die alle miteinander damals andere Gedanken verfolgten als Trotzki.

Im Oktober verkündete der Zar einen neuen *Ukas,* in dem er die Gewährung verfassungsmäßiger Rechte versprach. Die Liberalen triumphierten. Sie hofften, es werde ihnen gelingen, den Zarismus in eine konstitutionelle Monarchie zu verwandeln, und sie sahen in der Duma, dem neugewählten Parlament, das Instrument für diese Verwandlung. Die meisten Menschewisten und auch einige Bolschewisten waren der Meinung, man müsse sich an den Wahlen beteiligen. Zugegeben, das Wahlrecht war noch nicht allgemein, die Arbeiterklasse würde in der Duma nur schwach vertreten sein, so daß in ihr die gemäßigten Liberalen die Mehrheit haben würden. Für die Menschewisten war dies nicht von entscheidender Bedeutung. In der Französischen Revolution war auch eine gemäßigte Nationalversammlung durch die Volksbewegung immer weiter vorangetrieben worden, bis sie schließlich der radikalen *Convention Nationale* weichen mußte. In Rußland würde der Gang der Ereignisse nicht anders sein. Die Duma würde weggefegt und durch einen Nationalkonvent ersetzt werden. Koba wollte sich dieser Auffassung nicht anschließen. Er verlangte, daß die Sozialisten die Wahlen boykottieren sollten, da jede Wahl »am Vorabend einer allrussischen Volkserhebung« nur dazu dienen könne, die Aufmerksamkeit des Volkes von der direkten revolutionären Aktion abzulenken. In einem Aufruf, den er im Namen des Parteikomitees von Tiflis schrieb, führte er aus: »Das Proletariat wird von der Regierung nicht kleine Zugeständnisse fordern, es wird von ihr nicht die Aufhebung des ›Ausnahmezustands‹ und die Einstellung der ›Exekutionen‹ in einigen Städten und Dörfern fordern (...). Wer von der Regierung Zugeständnisse fordert, der glaubt nicht an den Tod der Regierung — das Proletariat aber lebt und webt in diesem Glauben. (...) Nur auf den Knochen der Unterdrücker kann die Volksfreiheit errichtet werden, nur mit dem Blut der Unterdrücker kann der Boden für die Selbstherrschaft des Volkes gedüngt werden!«[27] Lenin drückte manchmal ein Auge über solche Ausdrücke zu, die für ihn eine Manifestation des Volkszorns waren, eine russische Übersetzung des französischen *les aristos aux poteaux!*, die »Aristokraten an den Galgen!«. Er selber verfiel nie in diese Sprache. Dafür war er ein Mann von viel zu gutem Geschmack. Im Mund Kobas, des Sohnes von Leibeigenen, hatten solche Worte einen natürlichen Klang. In einer andern Proklamation forderte er zu einem »erbarmungslosen Kampf gegen die liberalen Volksfeinde« auf, weil die Liberalen mit dem Zarismus ein Abkommen geschlossen hätten. Von hier war es kein weiter Weg mehr zu ähnlichen Anklagen gegen die Menschewisten, obwohl Menschewisten und Bolschewisten damals noch in einer Partei zusammengeschlossen waren. Er rief aus: »Entweder sind die Liberalen Menschewisten geworden oder die kaukasischen Menschewisten haben sich in Liberale verwandelt.«

Der *Ukas* des Zaren rief einen Sturm von Protesten hervor. Mit dieser halben Lösung konnte sich die Opposition nicht zufriedengeben. Sie war ein so deutliches Zeichen der Schwäche, daß immer neue Forderungen aufkommen mußten. Auf die Proteste folgten Generalstreiks und örtliche Aufstände. Zwei Monate, nachdem der Zar seine halbliberale Geste gemacht hatte, berichtete der Chef der Polizei im Kaukasus an seinen Vorgesetzten in St. Petersburg folgendes: »Die Provinz Kutaïs befindet sich in einer kritischen Lage (...). Die Aufständischen haben die Gendarmerie entwaffnet, haben sich in den Besitz der westlichen Eisenbahnlinie gesetzt, verkaufen Fahrkarten auf eigene Rechnung und haben einen Ordnungsdienst eingerichtet. Ich erhalte keine Berichte aus Kutaïs mehr. Die Gendarmerie hat die Straßenposten räumen müssen und ist in Tiflis zusammengezogen. Die Kuriere, die Meldungen überbringen sollen, werden von den Revolutionären durchsucht, die Dokumente werden ihnen abgenommen. Die Lage ist unhaltbar geworden (...). Der Vizeregent hatte einen Nervenzusammenbruch. Trotzdem sehe ich die Lage noch nicht als hoffnungslos an. Der Graf nimmt an Besprechungen von Wichtigkeit teil, ist aber immer noch sehr schwach. Wenn möglich, werde ich Einzelheiten durch die Post schicken, andernfalls durch Kurier.«[28]

Die Parteien tauchten jetzt aus dem Untergrund auf. Sozialistische Zeitungen wurden öffentlich gedruckt und verkauft. In St. Petersburg gaben Krassin und Litwinow »Nowaja Shisn« (Neues Leben) heraus, Trotzki schrieb in »Natschalo« (Der Anfang). Dieses Blatt war übrigens die brillanteste journalistische Leistung während der ersten Revolution mit einer Auflage von ungefähr einer halben Million. In Tiflis redigierten Koba-Dshugaschwili und S. Schaumjan[29] zusammen eine bolschewistische Tageszeitung unter dem weniger programmatischen Titel »Kawkaskij Rabotschij Listok« (Kaukasisches Arbeiterblatt). Das Blatt hatte nur ein kurzes Leben. Es wurde, sobald die Aufstände nachzulassen begannen, ebenso wie die anderen, durch die Polizei unterdrückt. Damals teilte Koba seine Zeit zwischen der Redaktion der legal erscheinenden Zeitung und den halb geheimen sozialdemokratischen Komitees, die für die Stadt Tiflis und die Kaukasusprovinz in Aktion getreten waren. Daneben kümmerte er sich um die geheime militärische Organisation der Partei. Zwischen diesen so verschiedenartigen Tätigkeiten fand er die

Zeit zur Vorbereitung des vierten Kongresses der Kaukasischen Bolschewisten, bei dem er selbst zum Delegierten für den Nationalkongreß der Partei gewählt wurde, den Lenin zum erstenmal in Rußland selber abhalten wollte. Dieser Kongreß fand allerdings nur in der finnischen Stadt Tammerfors statt. Finnland genoß Autonomie und damit größere Freiheiten als das übrige russische Reich, und die Delegierten fühlten sich deshalb in Finnland sicherer.

Dies war das erstemal, daß Koba aus dem halbasiatischen Kaukasus in das europäische Rußland und damit von der hinteren Front in Tiflis zu einer wirklich nationalen Versammlung kam. In Tammerfors traf er zum erstenmal Lenin. Jahre später beschrieb er mit der für ihn charakteristischen lebendigen Holzschnittechnik den Eindruck, den der Meister dort auf ihn machte: »Ich hoffte, den Bergadler unserer Partei, also einen großen Mann, nicht nur einen politisch, sondern, wenn Sie wollen, auch physisch großen Mann zu erblicken, denn in meiner Phantasie erschien Lenin als Riese, stattlich und von hohem Wuchs. Wie groß war aber meine Enttäuschung, als ich einen ganz gewöhnlichen, kaum mittelgroßen Mann erblickte, der sich durch nichts, buchstäblich durch gar nichts von gewöhnlichen Sterblichen unterschied. (...) Es gilt als ausgemacht, daß ein ›großer Mann‹ sich gewöhnlich zu den Versammlungen verspätet, so daß die Versammlungsteilnehmer klopfenden Herzens auf sein Erscheinen warten, wobei vor dem Erscheinen des ›großen Mannes‹ ein Raunen durch die Reihen der Versammlungsteilnehmer geht: ›Psst (...) Ruhe (...) er kommt!‹ Diese Zeremonie schien mir nicht überflüssig, denn sie imponiert, flößt Achtung ein. Wie groß war aber meine Enttäuschung, als ich erfuhr, daß Lenin schon vor den Delegierten zur Versammlung gekommen war und in irgendeiner Ecke schlicht und einfach ein Gespräch führte, ein ganz gewöhnliches Gespräch mit ganz gewöhnlichen Konferenzdelegierten. Ich verhehle nicht, daß mir dies damals als eine gewisse Verletzung gewisser notwendiger Regeln erschien.«[30]

Durch nichts kann die engstirnige Auffassung Kobas von damals besser gekennzeichnet werden. Der Nachkomme der Leibeigenen mochte gelernt haben, die elementaren marxistischen Formeln zu gebrauchen und über die Technik der Revolution zu diskutieren. Aber er war immer noch erstaunt zu sehen, daß der Führer dieser Revolution so gar nichts von einem großen Herrn an sich hatte. Der Ex-Seminarist, der die Kirche verlassen hatte, stellte sich Lenin immer noch als einen Hohepriester oder Mandarin des Sozialismus vor.

Seine Blicke hingen an Lenin, er horchte begierig auf seine Rede und merkte sich jede Bewegung und Geste des Meisters. Es gab noch genug an dem Mann, das den Delegierten von Tiflis tief beeindrucken mußte: die alles entwaffnende Logik seiner Rede, seine politische Furchtlosigkeit, der weite geschichtliche Horizont, vor dem er seine Ansichten aufbaute, die Feinheit und Einfachheit seiner Schlußfolgerungen und nicht zuletzt sein klarer, einfacher, gesunder Menschenverstand. Die Delegierten waren in gehobener Stimmung nach Tammerfors gekommen, berauscht von der Hoffnung, daß es jetzt möglich sein müsse, den Zarismus zu stürzen, und diese Hoffnung wurde durch die eben eintreffenden Nachrichten über den Beginn des Aufstandes in Moskau noch genährt.[31] Selbst Lenin ließ sich von dem allgemeinen Enthusiasmus hinreißen. Es gab Szenen, die aus einer Komödie genommen zu sein schienen, wie die, wenn die Delegierten in den Sitzungspausen mit Lenin an der Spitze in den Wald zogen, um sich im Revolverschießen zu üben. Aber Lenins kühle Berechnung und Voraussicht ließ sich trotzdem nicht zum Schweigen bringen. Bei der Eröffnung des Kongresses stellte er den Antrag, die Delegierten sollten trotz allem, was sich in diesen »Tagen der Freiheit« ereignete, doch lieber Decknamen anstatt ihre wirklichen Namen führen. Er sagte, die *Ochrana* sei noch nicht geschlagen, und es sei deshalb zu früh, jetzt schon offen aufzutreten. Koba nahm den Namen Iwanowitsch an. Seine Rolle bei der Konferenz war ebenso bescheiden und anspruchslos wie sein Deckname. Zwischen ihm und Lenin knüpfte sich keine nähere Bekanntschaft, geschweige eine persönliche Freundschaft. Dafür begegneten ihm andere Persönlichkeiten, die später eine Rolle spielen sollten: Losowski, der spätere Vorsitzende der Roten Gewerkschaftsinternationale (Profintern) und amtlicher Sprecher der Sowjetregierung während des deutsch-russischen Krieges von 1941 bis 1945; Jaroslawski, später Präsident der Gottlosenliga; Borodin, der genau zwanzig Jahre später Stalins Sonderbotschafter und militärischer Berater bei General Tschiangkaischek wurde; Nadeschda Krupskaja, Lenins Frau, und einige andere.

Es muß eine große Überraschung für Koba gewesen sein, als er auf der Konferenz hörte, daß der Hauptpunkt der Tagesordnung der Verschmelzung zwischen Bolschewisten und Menschewisten galt. Die beiden Gruppen waren durch die Ereignisse einander wieder näher gebracht worden. Die Neigung zum Zusammenschluß war in Zentralrußland stärker als im Kaukasus, wo die Spaltung schon deshalb keine große praktische Bedeutung hatte, weil die Bolschewisten an sich wenig Einfluß auf das Volk hatten. Beide Gruppen fühlten, daß sie sich durch ihre Gegensätze selber schwächten; sie waren deshalb ernstlich darauf bedacht, dieser Lage ein Ende zu bereiten. Losowski schlug in Tammerfors rundheraus vor, die örtlichen Organisationen sollten sich sofort und ohne weiteres verschmelzen, ohne erst eine formale Einigung zwischen den Parteihäuptern abzuwarten. Der Antrag wurde angenommen. Gleichzeitig mit den Bolschewisten hielten auch die Menschewisten eine Konferenz ab und nahmen eine ähnliche Entschließung zugunsten des Zusammenschlusses an. Auf beide Konferenzen sollten Verhandlungen der Parteiführer in St. Petersburg folgen.

Das nächste Thema, das in Tammerfors zur Debatte stand, waren die Wahlen zur Duma. Sollten die Sozialisten daran teilnehmen oder nicht? Bei der Konferenz der kaukasischen Bolschewisten hatte sich Koba für den Boykott der Wahl ausgesprochen. Der Platz der Arbeiterklasse sei auf den Barrikaden und nicht an den Wahlurnen. Zu Kobas größtem Erstaunen sprach sich Lenin in Tammerfors für die Beteiligung an der Wahl aus, oder richtiger an einer ihrer Etappen; denn die Wahlen waren indirekt.

Der Boykott erschien Lenin zu negativ und zudem zwecklos. Die Antithese zwischen Barrikaden und Wahlurnen war ihm zu primitiv, um damit Politik machen zu können. Die Ansicht der Menschewisten, daß eine gemäßigte Duma unter dem Druck der Volksbewegung durch einen radikalen Nationalkonvent ersetzt werden würde, hatte schon etwas für sich. Lenin glaubte an den Grundsatz: »*Les absents ont toujours tort*«.

Der gewöhnliche Parlamentarismus mit seinen schönen Reden, seinen Kompromissen und seinem Feilschen lockte ihn sicherlich nicht, aber er wollte nicht einsehen, weshalb nicht die Sache der Revolution auch auf einer parlamentarischen Plattform vertreten werden könne. In späteren Jahren pflegte er zu sagen, man könne die Revolution auch vor einem Misthaufen oder in einem Schweinestall predigen, warum also nicht auch in dem Schweinestall einer zaristischen Duma? Den meisten Delegierten in Tammerfors, vor allem den Aktivisten aus der Untergrundbewegung, die unter dem frischen Eindruck der Streiks und der in ihnen sich enthüllenden Macht des Volkes nach Tammerfors gekommen waren, erschienen die Darlegungen Lenins als der reine menschewistische Opportunismus. Zusammen mit anderen Delegierten aus der Provinz opponierte Koba energisch gegen die Vorschläge des Meisters. Es ging ihm wohl wie vielen andern, die dachten, der große Führer habe, wie so viele Emigranten, den Kontakt mit dem Leben im Zarenreich verloren und unterschätze die Bedeutung und Größe der Vorgänge in Rußland. Sie, die Aktivisten der Partei, hatten die Revolution nicht in den Bibliotheken von Genf, London oder Paris studiert, sondern in den Elendsvierteln von Moskau, Kasan und Baku. Sie wußten das besser. Lenin war durch die unerwartete Stärke der Opposition erschüttert. Er fragte sich, ob die Aktivisten nicht vielleicht doch recht hätten und kündigte im Scherz an, »er ziehe sich aus seiner Stellung in guter Ordnung zurück«. Koba-Iwanowitsch wurde in die Kommission gewählt, die eine Resolution zu dieser Frage vorbereiten sollte. Das war sein erster Erfolg auf einem nationalen Parteikongreß. Daß er diesen Erfolg gegen Lenin errang, mußte sein Selbstbewußtsein nur noch mehr steigern.[32]

Die Konferenz endete am Neujahrsabend dieses so ereignisreichen Jahres. Nach einem Bericht der Geheimen Staatspolizei, die einen Agenten unter den Delegierten hatte, trafen sich am Tag nach der Konferenz »das Sozialdemokratische Zentralkomitee und eine Anzahl von Delegierten, Bolschewisten und Menschewisten, im Haus Nr. 9 des Sagorodnyi Prospekts in St. Petersburg, um Fragen der Parteifusion zu besprechen.« In dem Bericht wird Iwanowitsch, der Delegierte aus Tiflis, als Teilnehmer an dieser Besprechung erwähnt. Koba war dort Zeuge einer merkwürdigen Szene. Lenin und Martow sprachen über laufende Angelegenheiten in einem höchst versöhnlichen Ton. Martow ging sogar so weit, daß er jetzt Lenins berühmten Paragraph 1 der Parteistatuten annahm, der seinerzeit die Spaltung verursacht hatte. Es schien, als würde Lenin triumphieren. Die Sozialdemokratie schien sich endlich wieder zu vereinigen, und zwar auf der Basis, die er, Lenin, vorgezeichnet hatte.

Aber in den ersten Tagen des Januars 1906, als Koba nach Tiflis zurückreiste, begann die Flut der Revolution bereits zu verebben. Der Aufstand in Moskau war niedergeschlagen. In Georgien glimmte der Aufstand nur noch unter der Asche. Der Vizeregent, der sich inzwischen von seinem Nervenzusammenbruch erholt hatte, befahl, daß die »Kaukasische Arbeiterzeitung« ihr Erscheinen einzustellen habe. Aber der Umschwung der Lage vollzog sich nur schrittweise. Die Führer der Partei erkannten die Rückschläge der Revolution nicht in ihrer ganzen Bedeutung und hielten sie für das natürliche Auf und Ab einer Fieberkurve. In einer Broschüre »Zwei Zusammenstöße« gab Koba einen Überblick über die Ereignisse des Jahres vom St. Petersburger Blutsonntag bis zum Zusammenbruch des Aufstandes in Moskau.[33] Der Aufstand sei mißglückt, weil man sich in der Defensive gehalten habe, anstatt, wie es geboten gewesen wäre, unentwegt anzugreifen. Die Führung habe versagt. Daran trage die Spaltung innerhalb der Sozialdemokratischen Partei die Schuld. Die Ereignisse hätten gezeigt, wie wichtig es sei, einig zu sein. Es sei nur zu hoffen, daß diese unerläßliche Einigkeit schon bald hergestellt werde.

Aber die Einigkeit, diese heilende Medizin, wurde reichlich spät verabreicht. Man wußte auch nicht, ob der Inhalt dem entsprach, was die Aufschrift der Flasche ankündigte. Die Menschewisten, die sich in den letzten Monaten des Jahres durch die Strömung zum Radikalismus hatten fortreißen lassen, fielen jetzt in ihre frühere, gemäßigte, fast schüchterne Haltung zurück. Die Bolschewisten wollten sich gegen die Risiken einer Verschmelzung sichern und bildeten ein geheimes Kaukasisches Bolschewistisches Büro, das eine Art Partei innerhalb der Partei werden sollte. Nach solchen Vorbereitungen entsandten die beiden Gruppen ihre Delegierten zu dem vierten Parteikongreß, der im April des Jahres 1906 in Stockholm zusammentreten und die Fusion verwirklichen sollte. Der Kaukasus war durch elf Delegierte vertreten, zehn Menschewisten und einen Bolschewisten. Der Bolschewist war Koba-Iwanowitsch.

Es war das erstemal, daß Koba ins Ausland reiste. Aber er hatte nicht viel Zeit, sich das Leben in Schweden anzusehen. Der Kongreß zog sich hin, eine lange Sitzung folgte der anderen. Es gab endlose Debatten und viel leeres Gerede. Koba griff mehrmals im Sinne Lenins in die Diskussion ein. Aber in dem Hauptpunkt, in der Frage der Agrarreform, vertrat er eine selbständige Anschauung.[34] Die Menschewisten forderten die Enteignung der Großgrundbesitzer und die Übertragung des Grund und Bodens in kommunalen Gemeinbesitz. Lenin war für die Nationalisierung, das heißt, die Übertragung in Staatsbesitz. Wie üblich sahen die Menschewisten die zukünftige russische Republik unter der Herrschaft der liberalen Mittelklasse und wollten aus diesem Grund die volksnahe Gemeindeverwaltung gegen die Zentralgewalt stärken. Lenin, der von seiner »Demokratischen Diktatur der Arbeiter und Bauern« ausging, wollte das Eigentumsrecht am gesamten Grund und Boden an die Zentralregierung übergehen lassen. Koba-Iwanowitsch mißbilligte beides, sowohl die Nationalisierung als den kommunalen Gemeinbesitz. Die Agrarreform, für die er sich einsetzte, bestand ganz einfach in der Verteilung der großen Güter an die Bauern. Bereits vor dem Kongreß hatte er seine Ansichten über die Agrarreform in der georgischen Zeitschrift »Elwa« (Der Sturm) zum Ausdruck gebracht.[35] Gegen Lenins Nationalisierungspolitik hatte er zwei Einwände vorzubringen. Der eine klang, als sei er bei den Menschewisten entlehnt, der andere war nur für ihn persönlich charakteristisch. Er ging davon aus, daß die zukünftige Regierung eine bürgerliche Regierung sein werde. Es wäre ein großer Irrtum, wenn man eine solche Regierung dadurch stärken wollte, daß man ihr die Verfügungsgewalt über den Boden in die Hand gebe. Koba machte keinen Versuch, diese These mit der »Demokratischen Diktatur der Arbeiter und Bauern« in Einklang zu bringen, die er selber propagierte. Aber sein Haupteinwand war der, daß man die Bauern weder mit der Nationalisierung noch mit der Kommunalisierung des Bodens befriedigen könne. Er, der Revolutionär, in dessen Adern das Blut der Bauern floß, hatte mehr als alle andern Verständnis für den Heißhunger des russischen Bauern nach Land. Er schrieb: »Die Bauern sehen in ihren Träumen das Land der Großgrundbesitzer als ihr persönliches Eigentum.« Die Landverteilung wurde von den meisten Sozialisten als eine reaktionäre Konzession an den Individualismus der Bauern gebrandmarkt. Lenin donnerte gegen die »Aktivisten innerhalb der Partei«, die sich bei den rückständigen Bauern lieb Kind machen wollten und die in völliger Verkennung der sozialistischen Prinzipien skrupellos den Landhunger der Bauern anreizten. Iwanowitsch erwiderte darauf, er könne nicht leugnen, daß die Agrarreform, wie er sie sehe, den Kapitalismus auf dem Lande stärken müsse. Doch eben auf dieses Ziel steuere die Revolution nach allgemeiner Übereinstimmung hin. Kleinbäuerlicher Besitz und ländlicher Kapitalismus seien doch unzweifelhaft der nächste Schritt weg vom Feudalismus. Da die Menschewisten auf dem Kongreß die Mehrheit hatten, stimmte Lenin schließlich mit der bauernfreundlichen Gruppe innerhalb seiner eigenen Fraktion, in der Hoffnung, die Menschewisten so in die Minderheit bringen zu können. Aber er machte trotzdem aus seiner Verstimmung gegen die engstirnigen »Realisten« vom Schlage Kobas kein Hehl.

Der Zwischenfall war ein beachtliches, allerdings fernes Vorspiel der Agrarrevolution, wie sie sich in Rußland im Jahre 1917 abspielte, aber auch bereits ein Vorspiel der Bodenreform, die unter dem Schutz der Roten Armee in Osteuropa und in Ostdeutschland im Jahr 1945 durchgeführt wurde. Im Jahr 1917 teilten die Bolschewisten das Land tatsächlich zwischen den Bauern auf, obwohl es in der Theorie in Staatseigentum überführt wurde. Im Jahr 1945 wurden die Güter der preußischen Junker und der polnischen und ungarischen Magnaten an die Bauern verteilt, diesmal ohne die theoretische Verkleidung einer Nationalisierung des Bodens. Auf dem Kongreß in Stockholm im Jahr 1906 sah Iwanowitsch klarer als Lenin den Weg voraus, den Agrarrevolutionen gehen. Das hinderte allerdings Stalin nicht, im Jahr 1929/30 den »ländlichen Kapitalismus«, den er selbst befürwortet hatte, rücksichtslos zu zerschlagen und Kolchosen an die Stelle bäuerlichen Privatbesitzes zu setzen. Vierzig Jahre später, im Jahr 1946, versuchte Iwanowitsch-Stalin die Kontroverse zu erklären, die er in Stockholm mit Lenin gehabt hatte. In dem Vorwort zu seinen »Gesammelten Werken«[36] übte er Selbstkritik und meinte, seine damalige Haltung resultiere aus der engstirnigen Betrachtungsweise und dem Mangel an theoretischen Erkenntnissen auf seiten der Parteiaktivisten, zu denen er einst gehört hatte. »Wir, die ›Praktiki‹, konnten damals nicht verstehen, daß Lenin bereits über den Horizont der russischen Revolution hinaussah und bereits an die übernächste Phase dachte, in der sie vom Bürgerlich-Demokratischen ins Sozialistische vordringen würde.« Er, Stalin, habe damals geglaubt, diese beiden Entwicklungsphasen würden durch eine lange Periode kapitalistischer Entwicklung voneinander getrennt sein, denn er habe sich damals nicht vorstellen können, wie eine sozialistische Revolution in einem Lande möglich sein solle, in dem die Arbeiterklasse noch nicht die Mehrheit der Bevölkerung bildete. Ein merkwürdiges Geständnis! Nach diesem Grundsatz hätte Rußland bis auf den heutigen Tag ein kapitalistisches Land bleiben müssen. Dieses Geständnis gestattet einen Seitenblick auf die komplizierte Evolution des Bolschewismus, aber auch auf die scharfen Kurswechsel der Führer der Revolution, die, von den Ereignissen getrieben, ihn vornehmen mußten, um das Schiff in Fahrt zu halten.

Nach seiner Rückkehr von Stockholm berichtete Iwanowitsch in einer besonderen Flugschrift, die mit »Kamerad K.« gezeichnet war, über den Verlauf des »Einigungskongresses«. In seinen Augen hatte der Kongreß versagt. Seine Resolutionen spiegelten den Opportunismus der menschewistischen Mehrheit wider. Kein Wunder, daß die Liberalen über den Verlauf dieses Kongresses jubilierten.[37]

Unter den vielen Resolutionen des Stockholmer Kongresses gab es eine, die sich auf die geheime Tätigkeit bezog, die Koba in seiner »Technischen Abteilung« ausübte. Der Kongreß schloß sich einem menschewistischen Antrag an und verurteilte die Überfälle der Stoßtrupps auf Banken, Geldtransporte und Regierungstruppen. Lenin, der immer noch der Meinung war, die Revolution sei in voller Entwicklung nach oben, hielt diese Überfälle für ein ausgezeichnetes Mittel, um die Stoßtrupps für die Aufgaben auszubilden, die ihnen im Falle eines allgemeinen bewaffneten Aufstandes zufallen würden. Er widersetzte sich deshalb hartnäckig diesem Antrag. Die Menschewisten waren nicht in ihrem Element gewesen, solange das Pandämonium der Revolten und Aufstände fortdauerte. Schneller als die Bolschewisten hatten sie erkannt, daß die Revolution bereits im Rückzug begriffen war, obwohl es noch niemanden gab, der diese Tatsache offen einzugestehen wagte. Plechanow schloß seinen Rückblick auf die Dezemberrevolte mit den Worten: »Wir hätten nie zu den Waffen greifen sollen.« Für Lenin war dies die reinste Gotteslästerung, er dachte nicht daran, die »Tollheiten« des Jahres 1905 zu bereuen. Es gab immer noch viele Menschewisten, die es nicht wagten, sich die Kritik Plechanows zu eigen zu machen, aber seine Worte waren dennoch ein deutlicher Ausdruck der Stimmung, die sich in diesen Kreisen auszubreiten begann.

Der Streit über die Stoßtrupps stand in einem größeren Rahmen. Wenn der Dezemberaufstand als schwerer Fehler anzusehen war, dann waren die Überfälle der Partisanen ein viel größerer Fehler. Wenn aber die Revolution noch in voller Entwicklung war, dann fiel den Stoßtrupps eine entscheidende Rolle zu. Der Stockholmer Kongreß verurteilte den Partisanenkrieg grundsätzlich, konnte sich aber trotzdem nicht entschließen, eine formelle Verurteilung auszusprechen.[38] Der Kongreß verbot alle Überfälle, ausgenommen die Besetzung von Waffenlagern und Arsenalen. Die »Technischen Abteilungen« taten in der Folgezeit alles Erdenkliche, um dieses Loch im Grundsatz nach Möglichkeit auszuweiten und fuhren fort, Angriff um Angriff gegen hohe zaristische Beamte, Banken, Geldtransporte und auch gegen Arsenale zu führen. Dies war vielleicht das dunkelste, aber auch romantischste Kapitel der ersten Revolution. Es war überreich an dramatischen Zwischenfällen und kühnen Heldentaten. Seine Helden war furchtlose Idealisten, Heilige und Abenteurer aller Schattierungen. Es gab unter ihnen aber auch Provokateure und Gangster, die unter dem Banner der Revolution ihrem Gewerbe nachzugehen gedachten. Es war nicht leicht, die einen von den anderen zu unterscheiden und in jedem einzelnen Fall die persönlichen Motive klarzustellen. In Westeuropa hat man über diese Vorgänge lange Zeit so gesprochen und geschrieben, als sei diese Episode der russischen Geschichte etwas typisch Russisches, worin sich die Geheimnisse der slawischen Seele offenbarten. Je nach ihrer persönlichen Einstellung bekundeten die westeuropäischen Beobachter und Kritiker ihre Bewunderung oder auch ihren Abscheu angesichts dieser Terrorakte, obwohl im allgemeinen die Sympathie des liberalen Europas auf der Seite der »unbeugsamen Kämpfer gegen die Tyrannei des Zarismus« stand. Aber sowohl die, welche diese Taten priesen, als auch die, welche sie verdammten, sahen sie in so weiter und fremder Ferne, daß sie nie auf den Gedanken kamen, solche Dinge könnten sich einmal auch in der zivilisierten Welt Westeuropas abspielen. Unglücklicherweise, vielleicht auch glücklicherweise, ist jedoch Westeuropa diese fremdartige und unwahrscheinliche Erfahrung nicht erspart geblieben, nämlich als die Woge der nazistischen Eroberung über Europa hinwegging. Was die verschiedenen Widerstandsbewegungen, der *Maquis* und die Guerillas in Frankreich und Italien, in Belgien und Norwegen taten, war genau das gleiche, was die Russen vierzig Jahre früher getan hatten, nur mit dem Unterschied, daß die europäische Widerstandsbewegung sich in einem viel größeren Rahmen abspielte, besser finanziert, dazu noch viel terroristischer war und mit Menschenleben weniger geizte als ihr russisches Vorbild. Die russischen Revolutionäre betrachteten sich im Kriegszustand mit ihrer eigenen Landesregierung. In dieser Auffassung fanden sie die moralische Berechtigung für ihr Handeln. Genau wie in dem von den Nazis besetzten Europa war ein heroischer und idealistischer Kern von zweifelhaften Elementen umgeben. In beiden Fällen kommen die gleichen Typen vor: Kämpfer, Idealisten, Abenteurer, Helden und Gangster, sie sind in beiden Bewegungen etwa im gleichen Verhältnis vorhanden und viele der einst so berühmten Rätsel der russischen Seele finden wir jetzt in höchst überraschender Weise auch in französischen, italienischen, belgischen und dänischen Seelen wieder.

Trotz der moralischen Berechtigung, die sich die Revolutionäre für die besondere Art ihres Widerstands zurechtgelegt hatten, fühlten sich viele Bolschewisten bei diesem Tun doch einigermaßen unwohl. Der Kleinkrieg der Guerillas konnte in einer echten Revolution nur eine untergeordnete Rolle spielen, genau so, wie vierzig Jahre später die Partisanen in dem von den regulären Truppen geführten Krieg nur eine Nebenaufgabe zu erfüllen hatten. Die »reguläre Armee«, der die bolschewistischen Stoßtruppen sich nach Lenins Meinung unterzuordnen hatten, war das ganze aufständische russische Volk. Ohne eine solche allgemeine Erhebung, sich selbst überlassen und isoliert, mußte der Terrorismus unweigerlich zu einem hoffnungslosen und demoralisierenden Abenteuer ausarten. Logischerweise hätte man deshalb annehmen müssen, Lenin werde den Partisanenkrieg abblasen und die Stoßtrupps spätestens dann entwaffnen, sobald ihm klar wurde, daß das Abebben der Revolution nicht nur ein vorübergehender Stillstand war, sondern noch Jahre bis zum Heranbranden der nächsten revolutionären Flut verstreichen würden. Lenin klammerte sich noch während des ganzen Jahres 1906 an die Hoffnung, die Revolution habe ihre Kraft noch nicht vertan. Das mag der Grund für die Hartnäckigkeit sein, mit der er sich für seine Partisanengruppen einsetzte, auch dann noch, als das Zentralkomitee der vereinigten Partei, in dem die Menschewisten das Übergewicht hatten, die Entwaffnung dieser militärischen Organisation der Partei forderte.

Aber hier verbargen sich noch andere Probleme. Der Mißerfolg der Revolution von 1905 brachte alle revolutionären Gruppen, auch die Bolschewisten, in große finanzielle Schwierigkeiten. Im Jahr 1905 war die Mitgliederzahl der Partei sprunghaft angewachsen, die Einkünfte aus den Mitgliedsbeiträgen waren entsprechend gestiegen. Zahlreiche Besitzende, die mit der Partei sympathisierten, hatten ihr erhebliche Stiftungen gemacht. Als aber in den Jahren 1907 und 1908 die Gegenrevolution einsetzte, schrumpften die Mitgliederzahlen noch rascher zusammen als sie zuvor angewachsen waren. Die Mitläufer wandten sich von der besiegten Revolution ab, und so blieb die Partei ohne die Mittel, die für die Erhaltung ihres inzwischen gewaltig aufgeblähten Verwaltungsapparats notwendig gewesen wären. Lenin, der eigentliche Kopf der revolutionären Verwaltung, war der letzte, der zugeben wollte, daß dieser Apparat nur aus Mangel an finanziellen Mitteln wieder abgebaut werden müsse. Er dachte, wenn die Revolution diesmal geschlagen sei, so müsse man eben die nächste Erhebung vorbereiten, und er war deshalb entschlossen, sich die Mittel zu verschaffen, die er brauchte. Wer konnte dieses Geld besser beschaffen als die Partisanengruppen? Sie boten die Möglichkeit, die Partei über das grimme Zwischenspiel der Gegenrevolution hinüberzubringen und sie eines Tages wieder mit fliegenden Fahnen zu einer zweiten Revolution antreten zu lassen. Er pflegte oft zu sagen, ein Revolutionär müsse auch mit dem Bauch im Dreck kriechen können, wenn es für die Erreichung des Zieles notwendig sei. Jetzt befahl er den Partisanengruppen im Schmutz zu kriechen, um der Revolution die Mittel zu verschaffen, die sie brauchte. Das moralische Risiko, das damit verbunden war, stand ihm deutlich vor Augen, und gerade aus diesem Grund machte er den Vorschlag, die Partisanen unter die strengste Parteiaufsicht zu stellen, damit sie von zweifelhaften und unzuverlässigen Elementen freigehalten werden könnten.[39]

Der Kaukasus war das Hauptbetätigungsfeld der Partisanengruppen. Zunächst umgab sie der Schleier des romantischen Geheimnisses, der nur zu gut in ein Land paßte, in dem der edle Räuber eine so gefeierte Figur der nationalen Überlieferung war. Im Kaukasus wurden in den Jahren zwischen 1905 und 1908 insgesamt 1150 Terrorakte verübt.[40] Der berühmteste Überfall auf einen Geldtransport (damals sagte man »Expropriation«) fand am 23. Juni 1907 auf einem der Hauptplätze von Tiflis statt. Die Szene eines anderen Anschlags dieser Art war der Dampfer »Nikolaus I.« im Hafen von Baku. Der Überfall in Tiflis brachte eine Viertelmillion Rubel ein, die pflichtgemäß in die bolschewistischen Kassen im Ausland abgeliefert wurden. Aber da den Attentätern fast nur Rubelnoten von sehr hohem Nennwert in die Hand gefallen waren, war es nicht einfach, diese Noten bei ausländischen Banken einzutauschen, die über die Herkunft des Geldes unterrichtet worden waren. Mehrere führende Bolschewisten, darunter der spätere Volkskommissar des Äußeren, Maxim Litwinow, wurden in westeuropäischen Städten verhaftet, als sie diese Noten zu wechseln versuchten. Die ganze russische und auch die europäische Presse war durch diesen Anschlag in

Aufregung versetzt. Die Menschewisten machten Lenin die heftigsten Vorwürfe und brachten den Fall vor ein Parteigericht, dessen Vorsitzender der spätere Chef und Rivale von Maxim Litwinow, Tschitscherin, war, der damals noch dem menschewistischen Flügel angehörte. Trotzki griff Lenin in der sozialdemokratischen deutschen Presse an und lenkte die Aufmerksamkeit der Sozialistischen Internationale auf das, was er die Gefahr der Zersetzung und Demoralisation des russischen Sozialismus nannte.[41]

Die Rolle Kobas bei diesen Vorfällen ist nie vollkommen aufgeklärt worden. Sie war sicherlich nicht zu unterschätzen. Er war eine Art Verbindungsoffizier zwischen dem Kaukasischen Bolschewistischen Büro und den Partisanen. In dieser Eigenschaft nahm er an Terrorakten nie persönlich teil. Aber er hatte die Pläne der Stoßtrupps entweder zu billigen oder abzulehnen, hatte den Partisanen Ratschläge zu geben, bei größeren Operationen die Versorgung mit Waffen, Munition, Sprengmitteln usw. sicherzustellen und über die Durchführung der Aktion aus der Ferne zu wachen. Die zaristische Polizei, die natürlich hinter den Terroristen her war, kam nie auf den Gedanken, Koba könne mit ihnen in Verbindung stehen. Seine Verstellungskunst war so vollkommen, daß seine Rolle selbst der Partei verborgen blieb. Die beiden Führer der Partisanengruppen, die eine beinahe legendäre Berühmtheit genossen, waren seine Schüler und Gesellen, Ter Petrossian (Kamo geheißen) und Kote Zinzadse, beide groß und warmherzig, romantisch, erfindungsreich, beide unermüdliche Revolutionäre, die auch unter der Tortur der *Ochrana,* der sie schließlich in die Hände gefallen waren, keines ihrer Geheimnisse verrieten.[42] Koba hatte ein feines Auge für diese Helfershelfer, er wußte, daß er beiden grenzenlos vertrauen konnte. Mit ihnen, den Sichersten der Sichersten, stand er in engstem Kontakt. Trotzdem scheinen die kaukasischen Menschewisten eine Ahnung von Kobas eigentlicher Rolle gehabt zu haben, denn sie versuchten, ihn unter der Beschuldigung einer Mißachtung des Parteiverbots gegen Überfälle und Terrorakte vor ein Parteigericht zu bringen. Es gelang ihm aber irgendwie, dieses Verfahren abzubiegen. Darauf verlegte er das Feld seiner Tätigkeit von Tiflis nach Baku.

Hier in der Stadt des Erdöls waren die Bolschewisten stärker als in Tiflis, und hier konnte er, als Vorsitzender des Parteikomitees von Baku, seinen Widersachern kühner trotzen. Da man in ihm den Drahtzieher hinter den Terroristengruppen vermutete, sank sein Ansehen bei seinen politischen Gegnern, das nie hoch gewesen war, vollends auf den Nullpunkt. Die vertrauten Schimpfworte »Narr« und »Zersetzer« wurden ihm jetzt mit unfehlbarer Regelmäßigkeit an den Kopf geworfen. Koba kümmerte sich nicht viel um sein Ansehen bei seinen politischen Widersachern, er wußte, daß er bei seinem Tun mit dem Beifall Lenins rechnen durfte. Mochten ihn die lokalen Menschewisten ruhig mit Ausstoßung aus der wiedervereinten Partei bedrohen. In seinen Augen war diese Einigkeit ohnehin nur halbe Wirklichkeit. Er kümmerte sich auch nicht um die bedauerlichen Folgen dieser Terroraktionen für die politische Atmosphäre im Kaukasus. In den Augen vieler war die Revolution nicht viel mehr als eine gewöhnliche Straßenräuberei. Die Behörden wurden durch die Überfälle zu grausamen Vergeltungsmaßnahmen getrieben, die das Volk mit Angst und Furcht erfüllten. Der allgemeine Haß gegen den Zarismus wurde genährt, aber auch die allgemeine Gleichgültigkeit gegenüber politischen Fragen griff immer weiter um sich. Das war es gerade, was die Gegenrevolution zu ihrem Gelingen brauchte. Die Terroristen hatten eine Taktik, die rücksichtslos Menschenleben und Energien aufs Spiel setzte. In seinen Erinnerungen gibt S. Allilujew ein düsteres Gemälde von dieser Vergeudung, die mit dem Heldentum getrieben wurde. Diese Schilderung liest sich wie eine Anklageschrift gegen die politische Führung, die hinter den Terrorgruppen stand und die, wenigstens innerhalb eines lokalen Bereichs, in den Händen von Koba lag, der später Allilujews Schwiegersohn werden sollte.[43] All die schwierigen Probleme, mit denen sich die europäische Widerstandsbewegung im Zweiten Weltkrieg auseinanderzusetzen hatte, stellten sich bereits in jenen frühen Tagen den russischen Sozialisten. Wenn man die Art und Weise studiert, mit der man, vierzig Jahre später, diese Probleme löste, so wird es einem schwerfallen, hier ein Urteil zu fällen. Man wird die Führer des russischen Terrorismus weder kritiklos verherrlichen noch wird man sie verurteilen können, wenn sie unter dem Zwang der Ereignisse und inmitten von tausend Schwierigkeiten ihre waghalsigen und gefährlichen Entschlüsse faßten.

Die Bolschewisten waren nicht die einzigen, die im Kaukasus den Partisanenkrieg führten und »Expropriationen« vornahmen. Die armenischen Föderalisten, eine sehr viel gemäßigtere Gruppe, taten das gleiche, und sogar die georgischen Menschewisten, die sich in Worten so eifrig von den Überfällen der Bolschewisten zu distanzieren wußten, waren keineswegs abgeneigt, auch selber solche Überfälle zu organisieren oder mit den Bolschewisten die Beute zu teilen. In Polen war es mehr der rechte als der linke Flügel der sozialdemokratischen Partei, der sich in den Methoden des revolutionären Terrorismus spezialisierte. Der gefeiertste Terrorist Polens war der spätere Marschall und Diktator des Landes, Pilsudski. Einer der Hauptgehilfen Pilsudskis bei der Organisation dieser Aktionen war Arciszewski, der im Jahr 1945 Premierminister der polnischen Exilregierung in London wurde. Koba und Pilsudski schienen damals also den gleichen Weg zu gehen. Aber ihre Methoden, mehr noch, ihre Motive waren verschieden. Pilsudskis Leitmotiv war ein romantischer Nationalismus, der nur mit einer dünnen Schicht Sozialismus verdeckt war. Ihm schwebte die Erinnerung an die oft eines Don Quichotte würdigen Aufstände des ritterlichen polnischen Adels im achtzehnten und neunzehnten Jahrhundert als Beispiel vor, er sah sich selber am Ende einer langen Reihe polnischer Nationalhelden stehen, der Kosciuszko, Mieroslawski, und wie sie alle hießen. In seinen Berechnungen spielte die Aussicht auf eine sozialistische Revolution, wenn überhaupt, so nur eine untergeordnete Rolle. Er war allen Ernstes der Meinung, er könne Polen durch einen Guerillakrieg von der russischen Herrschaft befreien. Koba hatte keine Illusionen solcher Art. Seine Terrorgruppen waren ihm nur Werkzeug, und nicht einmal das wichtigste, für das Zustandekommen einer großen, vom Volk getragenen Revolution.

 Daraus erklärt sich auch der Unterschied, mit dem die beiden Männer ihre frühen Heldentaten darstellten, nachdem sie sich zum Herrscher ihrer Völker aufgeschwungen hatten. In dem von Pilsudski regierten Polen wurde ein amtlicher Kult mit ihnen getrieben. Die Jahrestage jedes größeren Terrorakts wurden mit feierlichem Pomp gefeiert. Jede Einzelheit, die mit einer der Aktionen Pilsudskis zusammenhing, wurde aus der Vergessenheit hervorgeholt und in ungezählten Aufsätzen und Büchern geschildert, wobei manche dieser Einzelheiten von gefälligen Geschichtsschreibern auch *post factum* erfunden wurden.

Ganz anders in Rußland. Hier herrschte amtliches Schweigen über die Tätigkeit Stalins in der aktiven Widerstandsbewegung. Seine offiziellen Biographen vermieden jede Anspielung auf diese Vorgänge, Stalin selber hat mit keinem Wort die über diese Phase seiner Karriere kursierenden Gerüchte bestätigt oder verneint. Nicht einmal die sehr ins einzelne gehenden biographischen Notizen, die als Anhang seinen »Gesammelten Werken« angefügt sind und in denen er persönlich seine Tätigkeit während der ersten Revolution Monat für Monat und Woche für Woche darstellt, erwähnen seine Tätigkeit in der terroristischen Widerstandsbewegung ein einziges Mal. Alles, was wir darüber wissen, stammt entweder aus Mitteilungen seiner Gegner oder wurde von Leuten erzählt, die lange vor seinem Aufstieg zur absoluten Macht seine Untergebenen gewesen waren. Im Rahmen der leninistischen Tradition war seine Verbindung mit den kaukasischen Terrorgruppen nicht respektabel genug, um ins volle Licht der Geschichte gerückt werden zu können. Das kam so etwas wie einer Abweichung oder einem Fehltritt in Stalins und damit auch in Lenins Laufbahn gleich. Es scheint erwiesen zu sein, daß Koba bei seinen ersten halbmilitärischen Unternehmungen eine rücksichtslose, Verluste nicht scheuende Art der Kampfführung entwickelte, ein Zug seines Wesens, der erst nach Jahren und dann in einer geradezu gigantischen Weise durchbrach.

Im Mai 1907 reiste Koba, wieder unter dem Decknamen Iwanowitsch, nach London, um dort an dem nächsten Parteikongreß teilzunehmen. Die Gültigkeit seines Mandats wurde von den Menschewisten bestritten. Trotzdem wurde er schließlich zum Kongreß zugelassen, aber nur als Gastdelegierter. Seine Heimatprovinz war in solchem Maße zu einer »Festung« des Menschewismus geworden, daß es für ihn nicht leicht war, von einer anerkannten kaukasischen Parteiorganisation ein Mandat zur Teilnahme an dem Kongreß zu erhalten. Er mochte sich mit dem Gedanken trösten, daß in andern Teilen Rußlands, in St. Petersburg, Moskau und sonstwo, die Bolschewisten in der Überzahl waren.[45] Es gelang den Bolschewisten diesmal sogar, auf dem Kongreß eine kleine Mehrheit zu erzielen und den Entschließungen und Resolutionen ihren Stempel aufzudrücken. Die Frage des aktiven Widerstands und der Terrorakte kam zwangsläufig erneut zur Debatte. Martow überhäufte Lenin mit Vorwürfen, der es diesmal vorzog, nicht zurückzuschlagen. Die Opposition gegen die Terrormaßnahmen hatte sich inzwischen bis in die Reihen der Bolschewisten ausgedehnt. Die meisten Anhänger Lenins wünschten, daß mit diesen Methoden jetzt wirklich Schluß gemacht werde. In dieser Frage folgte der Kongreß ohne viele Einwände den Menschewisten, die einen Beschluß durchbrachten, in dem alle bewaffneten Überfälle und Expropriationen unmißverständlich verurteilt wurden. Während des ganzen Kongresses verhielt sich Koba-Iwanowitsch vorsichtigerweise still und schwieg. Es ist denkbar, daß Lenin selber ihm geraten hatte, sich nicht zu exponieren. Lenin enthielt sich diesmal bei der Abstimmung über das Verbot der terroristischen Aktionen der Stimme, obwohl viele Delegierte ihn bedrängten, die Hand zu heben. Er war zweifelsohne entschlossen, gegen das Verbot zu verstoßen und einige weitere Expropriationen vornehmen zu lassen. Im übrigen waren die Debatten höchst wirklichkeitsfern, denn Menschewisten und Bolschewisten prophezeiten immer noch eine »neue revolutionäre Explosion« als unmittelbar bevorstehend, obwohl die Menschewisten ihre Politik bereits an die Bedingungen der nachrevolutionären Ära anpaßten.[46]

Nach seiner Rückkehr nach Baku schilderte Koba-Iwanowitsch den Verlauf des Kongresses in der neuen illegalen Zeitschrift »Bakinskij Proletarij« (Der Proletarier von Baku).[47] Er führte hier aus, daß der Bolschewismus die Forderungen der fortschrittlichen Arbeiter Zentralrußlands verfechte, die hauptsächlich in der Schwerindustrie tätig seien. Das Übergewicht der Menschewisten in seiner eigenen Heimat erklärte er mit »dem rückständigen und kleinlich-bourgeoisen Charakter dieser Provinz«. Die Menschewisten kritisierten den Parteiapparat der Bolschewisten, aber auf dem Kongreß habe es sich gezeigt, daß auf menschewistischer Seite noch mehr Parteifunktionäre und noch weniger Arbeiter erschienen waren als in der Partei Lenins. Außerdem gebe es nur wenige echte Russen unter den gemäßigten Sozialisten, die meisten von ihnen seien Georgier oder Juden, während die überwältigende Mehrheit der Bolschewisten reine Russen seien. Unter den Bolschewisten konnte man den Scherz hören, »die Menschewisten seien die Partei der Juden, die Bolschewisten seien die echten Russen; es wäre also an der Zeit, ein Pogrom in der Partei zu veranstalten«. Man wird in diesem etwas plumpen Scherz keine antisemitische Äußerung sehen dürfen, denn es gab niemanden, der mehr als Koba jede Äußerung des Rassenhasses verurteilte. Aber der Scherz war immerhin so zweideutig, daß er in den Ohren vieler Sozialisten einen Mißklang hervorrufen mußte.

IV. Kapitel

Aus Koba wird Stalin

Die Gegenrevolution triumphiert (1907 bis 1912) – »Liquidatoren« und »Boykotteure« – Stalins Arbeit in Baku (1907 bis 1910) – Gefangenschaft und Deportation nach Solwytschegodsk – Flucht und Rückkehr nach Baku (1909) – Stalin gegen die Führer der Emigranten, einschließlich Lenin. Er wirft ihnen »Verständnislosigkeit für die russische Wirklichkeit« vor – Stalin verbirgt sich bei tatarischen Erdölarbeitern – Seine Mitarbeit in der russischen sozialistischen Presse – Zweite Verschickung nach Solwytschegodsk (1910 bis 1911) und Ende seiner Tätigkeit im Kaukasus – Endgültige Spaltung zwischen Bolschewisten und Menschewisten – Stalin wird Mitglied des Bolschewistischen Zentralkomitees und gibt die erste Nummer der »Prawda« heraus (April 1912) – Stalins Anteil an den Wahlen zur vierten Duma – Reise nach Krakau und Wien – »Das Nationalitätenproplem und die Sozialdemokratie« – Stalin trifft Trotzki und Bucharin in Wien – Bei der Rückreise nach Rußland fällt er in die Hand eines Provokateurs und wird verhaftet – Verbannung in das subpolare Sibirien (1913 bis 1917) – Der Erste Weltkrieg – Lenins »revolutionärer Defätismus« – Stalins Untätigkeit während des Krieges

»Eine Ära der Gegenrevolution hat begonnen, sie wird etwa zwanzig Jahre dauern, es sei denn, daß die Fundamente des Zarismus in dieser Zeit durch einen größeren Krieg ins Wanken kommen.«[1] Mit diesen Worten nahm Lenin von einem seiner Freunde Abschied, als er sich im Dezember 1907 entschlossen hatte, nach Genf zurückzukehren. Der Terror der Stolypin-Regierung, des »Regimes vom 3. Juni«, tobte über das Land hinweg. Selbst in seinem Versteck in Finnland war Lenin nicht länger sicher. Neun Jahre später konnte er es nicht glauben, daß die Revolution so nahe sei. Im Januar 1917, also wenige Wochen vor dem Sturz des Zaren und wenige Monate, bevor er selber die Macht in Rußland übernahm, hielt er vor jungen schweizerischen Sozialdemokraten eine Gedächtnisrede aus Anlaß des Jahrestags der ersten russischen Revolution. Er schloß mit der Versicherung, daß, wenn auch seine eigene Generation die zweite

Revolution nicht mehr sehen werde, es doch sicher sei, daß sie, die Jungen, ihren Triumph miterleben würden.[2] Die Pause zwischen dem Ende der ersten und dem Beginn der zweiten Revolution dauerte in der Tat nicht einmal zehn Jahre, und nur die erste Hälfte dieser Zeit kann als die Ära der Gegenrevolution verstanden werden. Um 1912 war ein neuer Aufschwung der revolutionären Bewegung festzustellen.

Aber gegen Ende des Jahres 1907 schien Lenins Pessimismus nur zu begründet. Das Zarentum stand wieder fest auf seinen Füßen. Die Arbeiterklasse war niedergeschlagen und hatte ihre Illusionen abgeschrieben. Als die Revolution ihrem Höhepunkt zutrieb, hatten mehr als zwei Millionen Arbeiter gestreikt, und die meisten dieser Streiks hatten ausgesprochen politische Ziele verfolgt. Im Jahr 1908 traten 174000 Arbeiter in den Ausstand, 1909 waren es noch 64000 und 1910 nur noch 46000. Die beschränkte Rede-, Versammlungs- und Pressefreiheit wurde größtenteils wieder beseitigt. Die Gruppen der Widerstandsbewegung waren erschöpft und demoralisiert. Die Niederlage ließ in den Reihen der Parteimitglieder und Mitläufer Zynismus und Skepsis aufkommen. Die so schwungvollen Söhne der Intelligenz schworen ihrem Radikalismus wieder ab und suchten den Rückweg in die respektierliche bürgerliche Gesellschaft. Die literarische Bohème, die am Rande der Untergrundbewegung ihren Träumereien gelebt hatte, verlor sich jetzt in einen haltlosen Mystizismus, in Sexualismus oder hing der *l'art pour l'art* nach. Die Geheimorganisationen glichen Luftballons, denen die Luft entweicht. Was von ihnen noch übrig blieb, war von Provokateuren durchsetzt, die der *Ochrana* aus erster Hand Informationen über den Mitgliederstand und die Tätigkeit der verschiedenen Gruppen gaben. Die Agenten der *Ochrana* fanden sogar den Weg in die führenden Zentren der verschiedenen Gruppen und taten alles Erdenkliche, um die inneren Zwistigkeiten zwischen diesen zu schüren und so die Untergrundbewegung in einen Morast verräterischer Intrigen zu ziehen, die in den eigenen Reihen Furcht und Verdacht verbreiteten.

Eine typische Reaktion auf solche Verhältnisse war die allgemeine Abneigung gegen die geheime Parteiarbeit. Die menschewistischen Theoretiker machten aus dieser Abneigung sogar einen politischen Grundsatz; sie verlangten die Einstellung der Untergrundtätigkeit und die Preisgabe alter Gebräuche. Sie wollten eine gewöhnliche Oppositionspartei werden und offen für ihre Ziele arbeiten, und zwar innerhalb der Grenzen, die durch das Gesetz gezogen waren, genauso wie es die westeuropäischen sozialdemokratischen Parteien taten. Lenin bezeichnete diese Politiker, die Prediger der »Umwertung der Werte«, als »Liquidatoren«, als Totengräber der Partei. Seiner Meinung nach mußte der Maulwurf der Revolution trotz der korrupten Verhältnisse in den geheimen Parteiorganisationen fortfahren, unter der Erde zu graben. In jenen Tagen blickten sowohl Bolschewisten als Menschewisten noch mit bewundernder Hochachtung auf den westeuropäischen und besonders auf den deutschen Sozialismus, mit seinem machtvollen politischen und gewerkschaftlichen Apparat, auf seine lebensstarke und volkstümliche Presse, seine eindrucksvollen Wahlfeldzüge und seine Vertretung in den Parlamenten. Je größer die Enttäuschung über den Zerfall der Untergrundbewegung in Rußland wurde, desto stärker wurde der Wunsch, den russischen Sozialismus zu europäisieren.

Aber das war unmöglich, denn die ganze Struktur der russischen Gesellschaft war durch und durch uneuropäisch. Das Zarentum war immer noch eine halbasiatische Autokratie. Zugegeben, daß es nicht einmal dem »Regime des 3. Juni« gelang, alle Errungenschaften der ersten Revolution wieder zu kassieren. Nachdem die heftigste Terrorwelle verebbt war, zeigte es sich, daß es hier und da immer noch kleine Inselchen der Freiheit gab. Die Oppositionsparteien begannen wieder mit der Veröffentlichung von Zeitschriften, die allerdings von einer übelwollenden und strengen Zensur überwacht waren. Sie konnten ihre Überzeugung nur in verwässerter Form wiedergeben und mußten, wenn sie ihre Meinung sagen wollten, zu Äsopischen Fabeln und allerlei Anspielungen ihre Zuflucht nehmen. Fast alle diese Zeitschriften und Zeitungen hatten nur ein kurzes Leben. Beim geringsten Anlaß traf sie die Faust der *Ochrana*. Dasselbe galt für die wenigen legalen Gewerkschaftsorganisationen sowie für die links gerichteten Klubs und Vereine, die sich vorwiegend Erziehungsaufgaben widmeten. Die Lage in den Scheinparlamenten war nicht besser. Alle vier Dumas, die zwischen den beiden Revolutionen gewählt worden waren, wurden durch den Zaren willkürlich aufgelöst; in keiner erfreuten sich die sozialdemokratischen Abgeordneten des Schutzes der parlamentarischen Immunität. Die meisten dieser Abgeordneten verbrachten ihre Legislaturperiode in sibirischen Verbannungsorten. Wer unter solchen Verhältnissen den Versuch hätte machen wollen, dem russischen politischen Organismus eine Art europäischer Arbeiterpartei aufzupfropfen, der hätte ebensogut am Nordpol tropische Früchte züchten können. Einige der menschewistischen Führer waren zwar geneigt, die Geheimorganisation zu erhalten, ihr Hauptziel ging aber dahin, einen Großteil der Parteiarbeit in eine gesetzlich zulässige Tätigkeit zu verwandeln. Nur Plechanow, obwohl er in vieler Hinsicht der gemäßigtste unter den Menschewisten war, schätzte die Bedeutung der Untergrundarbeit nach wie vor gleich ein. Dies bildete die Grundlage für die letzte politische Allianz zwischen Lenin und Plechanow, die erst beim Beginn des Ersten Weltkriegs in die Brüche ging.

Mit dem Blick auf diese Zeit schrieb Lenin viele Jahre später: »Revolutionäre Parteien müssen stets zulernen. Sie haben gelernt, anzugreifen. Jetzt gilt es zu begreifen, daß diese Wissenschaft ergänzt werden muß durch die Wissenschaft, wie man sich richtig zurückzieht. Es gilt zu begreifen (...), daß man nicht siegen kann, wenn man nicht gelernt hat, richtig anzugreifen und sich richtig zurückzuziehen. Von allen geschlagenen oppositionellen und revolutionären Parteien haben sich die Bolschewiki in größter Ordnung zurückgezogen (...).«[3] Einige von Lenins Genossen und Gefolgsmännern weigerten sich freilich, die Kunst des »geordneten Rückzugs« zu erlernen. Lenin wollte durch diese Taktik aussichtslose Zusammenstöße mit der Autokratie vermeiden und die revolutionären Kräfte schonen. Er verteidigte die Untergrundbewegung gegen die »Liquidatoren«, aber er wollte, daß die Partei nicht nur die geheimen Formen der Aktion, sondern auch die gesetzlich zulässigen offenen Möglichkeiten benützte. Bereits bevor die Gegenrevolution einsetzte, hatte er den Gedanken des Boykotts der Parlamentswahlen aufgegeben, und als er sah, daß seine Gefolgsleute auf diesem Boykott beharrten, zögerte er nicht, in dieser besonderen Frage mit den Menschewisten zu stimmen, und zwar gegen den Widerspruch seiner gesamten Fraktion, nur um den Sozialismus an die Wahlurne zu bringen.[4] Er bestand auch darauf, daß seine Anhänger solche Bücher, Zeitschriften und Broschüren veröffentlichten, die von der Zensur genehmigt waren, und daß sie im Rahmen der gesetzlich gestatteten Gewerkschaften und kulturellen Organisationen arbeiteten. Nur so würde die Partei in der Lage sein, ihre Gedanken an ein Publikum heranzutragen, das viel zu groß war, um allein durch die Geheimorganisationen erfaßt zu werden. Diese offene Propaganda, bei der natürlich viele Dinge ungesagt blieben, mußte deshalb durch eine um so wirkungsvollere geheime Propaganda unterstützt werden. Die Geheimkomitees sollten alle diese Formen der Tätigkeit leiten und überwachen, gleichgültig, ob sie sich im legalen Rahmen oder in der Untergrundbewegung abspielten. Die Menschewisten hatten keine Lust mehr, in die Untergrundbewegung zurückzukehren. Bei den Bolschewisten zögerte man, ans Tageslicht zu treten. Die Bolschewisten waren in den Jahren 1907 und 1908 vorwiegend vom Gedanken des »Boykotts« fasziniert. Lunatscharski, Bogdanow, Krassin, Maxim Gorki, kurz die besten Schriftsteller, Propagandisten und Organisatoren des Bolschewismus standen in der vordersten Reihe der »ultralinken« Richtung.

Inhalt und Form der sozialistischen Aktion standen somit erneut zur Erörterung. Die, welche auch nur mit halbem Herzen der Untergrundbewegung den Rücken kehrten, waren bis zu einem gewissen Grad für einen Ausgleich mit der bestehenden Ordnung. Es wäre z. B. unmöglich gewesen, den Sturz des Zarentums in Publikationen zu fordern, die durch die zaristische Zensur gehen mußten. Lenin folgerte daraus, daß diejenigen, welche forderten, daß sich die Partei auf den gesetzlich zulässigen Rahmen beschränke, praktisch aufhörten, Republikaner zu sein. Die Menschewisten sahen immer noch und mehr denn je in den Liberalen der Mittelklasse die berufenen Führer der Opposition und setzten deshalb mit diesen ihre Hoffnung auf die schrittweise Umwandlung des Zarismus in eine konstitutionelle Monarchie. In Lenins Augen waren solche Hoffnungen leere, eines Sozialisten unwürdige Hirngespinste. Auf der anderen Seite waren die »Boykotteure« für ihn die Sektierer und nicht die

Praktiker der Revolution. Dadurch, daß sie aus der Untergrundtätigkeit einen Fetisch machten und sich damit die weiteren Möglichkeiten einer Aktion in der Öffentlichkeit gänzlich entgehen ließen, liefen sie Gefahr, die Revolution zur Wirkungslosigkeit zu verurteilen. Auch sie waren »Liquidatoren«, allerdings von der anderen Seite her.[5]

In der Pause zwischen den beiden Revolutionen wurde aus Koba Stalin, und der verhältnismäßig unbekannte Aktivist der georgischen Untergrundbewegung wurde zu einem der nationalen Führer des Bolschewismus. Sein Aufstieg ist in hohem Maß erstaunlich, denn von den zehn Jahren zwischen 1907 und 1917 verbrachte er beinahe sieben Jahre in Gefängnissen, auf dem Weg nach Sibirien, in sibirischen Verbannungsorten und auf der Flucht aus der Verschickung. Seine politischen Schriften aus dieser Zeit, die man besonders sorgfältig zusammentrug, füllen nur einen dünnen Band seiner »Gesammelten Werke«. Und der nachsichtigste Leser dieses Bandes kann in ihm kaum ein einziges Beispiel einer wirklichen intellektuellen oder politischen Erleuchtung finden. Der Mann, der im Jahr 1917 aus Sibirien nach St. Petersburg zurückeilte, um die Führung der Bolschewisten bis zur Rückkehr Lenins aus der Schweiz zu übernehmen, war kaum über das Niveau hinausgewachsen, auf dem der junge Schriftsteller gestanden hatte, der einst einmal in »Brzdola« seine politischen Essays veröffentlichte. Die Erklärung für diesen erstaunlichen Aufstieg liegt nicht so sehr in der literarischen oder journalistischen Begabung des Mannes, sondern in seiner praktischen Tätigkeit.

Während Lenin und die anderen Führer des Bolschewismus ihre Zelte wieder in Westeuropa aufschlugen, blieb Stalin in Baku. Er war keiner der Führer, die die Partei im Ausland brauchte; man konnte ihn deshalb ruhig innerhalb des Machtbereichs der *Ochrana* lassen. Er galt auch nicht als einer der qualifizierten Aktivisten, die man zum Zweck ihrer revolutionären Weiterbildung an eine der revolutionären Trainingsschulen ins Ausland schickte. In Lenins Personalregistern war vermerkt, daß er sich um seine eigene Weiterbildung selber kümmern könne. Mit Ausnahme von zwei kurzen Reisen nach Krakau und Wien, verbrachte er diese ganzen Jahre in Rußland, versteckt in der Untergrundbewegung, erdrückt vom Tagewerk eines Aktivisten der Revolution, das den stürmischen, aufpeitschenden Reiz des ersten Revolutionsjahres völlig eingebüßt hatte. Das wurde für ihn der Prüfstein seiner Stärke, es offenbarte sich aber auch eine große Schwäche. Der Blick auf den weiten internationalen Horizont, der sich vor den emigrierten Führern der Partei ausbreitete, war ihm verschlossen. Wie jeder Bolschewist war natürlich auch er ein international eingestellter Mensch, obwohl sein Internationalismus mehr eine dogmatische Angelegenheit als eine lebendige Erfahrung war. Sein Wirkungsfeld war die Provinz. Er kannte die blutigen Streitigkeiten zwischen den kaukasischen Stämmen und Nationalitäten, in denen sich die Tollheiten eines egoistischen Nationalismus auslebten. Seinem Internationalismus fehlte aber das intime Verständnis für die großen europäischen Entwicklungstendenzen, das Gefühl für die Schattierungen des schimmernden Regenbogens, den wir europäische Zivilisation nennen. Aber er zog dafür seine Kraft aus dem Boden seiner Heimat. In ihr wurzelte er, zuerst nach Geburt und Erziehung und jetzt durch die politische Aufgabe, die ihm hier zugefallen war.

Am 25. Oktober 1907 wurde er zum Mitglied des Komitees in Baku gewählt: »Drei Jahre revolutionärer Arbeit unter den Arbeitern der Erdölindustrie stählten mich als Kämpfer und einen der Leiter der praktischen Arbeit am Ort. Im Umgang mit so fortgeschrittenen Bakuer Arbeitern wie Wazek, Saratowez, Fioletow und anderen einerseits und im Sturm schwerster Konflikte zwischen Arbeitern und Erdölindustriellen andererseits erfuhr ich zum erstenmal, was es heißt, große Arbeitermassen zu führen. Dort, in Baku, erhielt ich somit meine zweite revolutionäre Feuertaufe.«[6] In Baku berührten sich Europa und Asien noch inniger als in Tiflis. Die rasch sich ausbreitende Erdölindustrie brachte europäische Methoden der technischen und wirtschaftlichen Organisation ins Land. Der Transithandel mit Persien war dagegen rein orientalisch. 48 Prozent der in Baku beschäftigten Arbeiter waren Russen und Armenier. 42 Prozent waren Perser, Lesginen und Tataren. Die meisten Perser kamen als Saisonarbeiter nach Baku. Zehn Prozent waren Türken. Es war ein mehr als kühner Gedanke, alle diese Gruppen von Rassen, Nationalitäten und Religionen, die alle ihren besonderen Sitten und Gebräuchen anhingen, in den Rahmen einer einzigen marxistischen Organisation einbauen zu wollen. Die Russen waren die qualifizierten Arbeiter, die Pioniere moderner Lebensformen. Die Moslems kamen als ungelernte Hilfsarbeiter, ein armes und elendes Proletariat. Die Tataren übten noch an ihrem Feiertag *Schakhessy-Wakhessy* Selbstgeißelung. Die Blutrache war dort beinahe noch ebenso Gesetz wie in der arabischen Wüste. In dem mohammedanischen Viertel von Baku lebte jede Familie ihr streng abgeschlossenes, nach innen gekehrtes Leben. Dort spürte man nichts von der fieberhaften Neugier nach den Vorgängen der Welt, der man in den russischen und armenischen Siedlungen begegnen konnte. Aus diesem Grund eignete sich das mohammedanische Viertel besonders für die geheime Parteiarbeit. Dort hatten die Bolschewisten ihre Geheimdruckerei, dort verbarg sich Koba unter dem Namen Gayoz Nischaradse vor der Polizei.

Aber die atomisierte Masse der mohammedanischen Arbeiter war alles andere als ein bequemes Feld für politische Propaganda und Organisation. Das asiatische Element spiegelte sich nicht nur in der Zusammensetzung der Arbeiterklasse wider. Es färbte auch auf die Politik der Erdölgesellschaften ab, obwohl deren Aktionäre fast ausschließlich Europäer waren. Das Lohnsystem in Baku war eine merkwürdige Mischung von Naturallohn und Bakschisch oder »Beschkesch«, wie Koba in seinen Artikeln zu sagen pflegte. Dieses raffinierte Ausbeutungssystem, das man in Europa nur in den frühesten Zeiten der industriellen Revolution gekannt hatte, und all die kleinen Übervorteilungen, die man mit orientalischer Schlauheit sich ausdachte, sollten die »Belohnung« des Arbeiters in den Ölfeldern sein. Das Lohnsystem in den mechanischen Werkstätten, in denen russische und armenische Arbeiter beschäftigt waren, war mehr den europäischen Verhältnissen angeglichen. Aber dadurch waren die Arbeiter in zwei Kategorien geteilt, und die Gewerkschafter hatten es nicht leicht, die Forderungen dieser beiden Gruppen unter einen Hut zu bringen. Die Lohnbevorschussung in der Form von Kreditgewährung in Ladengeschäften, die von der Unternehmerfirma betrieben wurden, machte die Arbeiter schließlich von dem Unternehmer so abhängig, daß die Caspian Oil Company es sich im Jahr 1909 leisten konnte, den Arbeitern die Eheschließung ohne vorherige Genehmigung der Firma zu verbieten. Kein Wunder, daß die Arbeitskonflikte vor diesem Hintergrund, trotz der Verschiedenheit und Rückständigkeit der Arbeiterbevölkerung, immer wieder eine akute und explosive Form annahmen.

Wir sprachen schon davon, daß Ende 1904 revolutionäre Unruhen in Baku eine Art Vorspiel zu dem Blutsonntag in St. Petersburg gewesen waren. Dann allerdings ging das politische Leben in blutigen Rassenkämpfen unter. Gegen Ende des Jahres 1907 flackerte das Feuer in Baku erneut auf, nachdem im übrigen Rußland die Gärung sich ziemlich beruhigt hatte. Die Untergrundbewegung war in Baku nicht so schnell wie im übrigen Rußland auseinandergefallen. Am 22. September fanden die Vorwahlen zur Duma statt, bei denen jede Wählerklasse ihre Vertreter gesondert zu wählen hatte. Die Kurie der Arbeiter gab ihre Stimmen für eine bolschewistische Vertretung ab, und Koba verfaßte die »Instruktion der Arbeiter von Baku für ihre Abgeordneten«.[7] Er sagte, der Abgeordnete müsse ein Mitglied der Partei sein und habe die Weisungen und Befehle des Zentralkomitees auszuführen. Er dürfe seine Aufgabe nicht als die eines Gesetzgebers auffassen. Er solle in der Duma offen zum Ausdruck bringen, daß es keine fortschrittliche Gesetzgebung und keine friedliche Reform geben könne, solange Rußland von einem Zaren regiert werde. Auch als Abgeordneter solle er ein Agitator der Revolution bleiben. Diese Instruktion diente als Modell für die parlamentarische Taktik der Bolschewisten.

Nach der Wahl wandte sich Koba wieder den Arbeitskonflikten in der Erdölindustrie zu. Die dort beschäftigten Arbeiter gehörten einer Gewerkschaft an, die unter bolschewistischem Einfluß stand, während die Arbeiter in den mechanischen Werkstätten besonders organisiert waren und dem menschewistischen Flügel zuneigten. Koba forderte, daß die Ölindustriellen über Tarifverträge mit den Delegierten der gesamten Belegschaft verhandeln sollten. Es dürfe nicht geschehen, daß der eine Berufszweig auf Kosten des andern durch die Unternehmer bevorzugt würde. Das ganze Lohnsystem sei zu ändern. Die Arbeiter wollten kein Bakschisch, sondern eine europäische Art der Lohnberechnung. Sie setzten sich für europäische Methoden ein und lehnten die asiatischen Praktiken der Unternehmer ab. In der Zeitschrift »Gudok« (Das Signal), dem legalen Organ der bolschewistischen Gewerkschaften, legte er diese Gedanken in einer Reihe kurzer Artikel dar, die mit K. Cato gezeichnet waren.[8] Nachdem die Unternehmer sich bereit erklärt hatten, mit den Vertretern der gesamten Belegschaft zu verhandeln, rief er die »50 000 Arbeiter Bakus« auf, ihre Delegierten zu wählen. Die Behörden gewährten für die Beratungen der Delegierten Versammlungsfreiheit. Dies war ein Erfolg der Bolschewisten, denn die Menschewisten waren der Meinung gewesen, man solle die Verhandlungen mit den Ölgesellschaften ohne vorherige Bedingungen beginnen. Die Sozialrevolutionäre und die armenischen *Daschnaks* wollten die Verhandlungen vollständig boykottieren.

Die Konferenz dieser Delegierten tagte mehrere Monate, debattierte jeden einzelnen Punkt in den Tarifverträgen, kontrollierte die Streiks und gab ihren politischen Meinungen Ausdruck. »Während überall in Rußland die finsterste Reaktion herrschte, trat in Baku ein wirkliches Arbeiterparlament zusammen«, schrieb später Sergo Ordshonikidse, der spätere Volkskommissar für Schwerindustrie, damals einer der nächsten Freunde Kobas. Baku trotzte kühn und mutig dem System des 3. Juni. Lenin verfolgte diese Ereignisse mit melancholischer Bewunderung. »Das sind unsere letzten Mohikaner des politischen Massenstreiks.«[9] Er wußte wohl, daß Baku nicht die Kraft haben würde, das übrige Rußland zu neuer Tätigkeit aufzustacheln. Im Kaukasus kämpfte die Revolution ihr letztes Rückzugsgefecht. Aber die bolschewistischen Führer in Baku, die in dieser Schlacht die Arbeiter kommandierten, erregten Lenins Aufmerksamkeit. Wer waren diese Männer, die der immer mehr um sich greifenden Apathie und Resignation zum Trotz noch die Kraft hatten, zu handeln? Nun, da gab es jenen Koba-Iwanowitsch, den er in Tammerfors gesehen hatte, in Stockholm und in London, den Mann, der mit den Terroristengruppen etwas zu tun gehabt hatte und dessen richtiger Name noch nicht einmal in Lenins geheimer Kartei stand; dann gab es Ordshonikidse, Woroschilow (Sekretär der Gewerkschaft der Erdölarbeiter, später Marschall der Roten Armee), die Brüder Jenukidse, von denen einer später Vizepräsident der Sowjetunion wurde, Spandarian, Dshaparidse und Schaumjan, dem wir als Kommissar von Baku wieder begegnen werden. Das tödliche Schweigen im übrigen Rußland war wie eine Wand, die das Echo des »Signals« aus Baku mit ungewöhnlicher Lautstärke zurückwarf. Kobas Deckname wurde Lenin noch aus einem anderen Grund vertraut. Er schrieb jetzt nicht mehr in seiner georgischen Muttersprache. Es gab wenig Georgier in Baku. Russisch war in den dortigen Verhältnissen das natürliche Bindeglied zwischen den vielen Sprachen und Dialekten und damit ein einigender Faktor. »Gudok« und der illegale »Bakinskij Proletarij«, der von Koba herausgegeben wurde oder an dessen Herausgabe er doch angeblich beteiligt war, erschienen in russischer Sprache. Diese Zeitungen wurden regelmäßig in das bolschewistische Hauptquartier im Ausland verschickt, wo Lenin jeden Artikel und jede Zeile, die seine Anhänger schrieben, sorgfältig durchforschte. Koba schrieb nicht häufig, und seine Artikel waren keine intellektuellen Höchstleistungen, dafür sprachen aus ihnen eine wahrhaft fanatische Hingabe für die Sache des Bolschewismus und ein gewisser geschäftsmäßiger, praktischer Ton, den Lenin sehr schätzte. So kam Koba, als er von Tiflis in die Ölfelder an der persischen Grenze ging, aus den Nebenkanälen seiner engeren Heimat in den vollen Strom der nationalen Politik.

Acht oder neun Monate hatte das Komitee in Baku gearbeitet, viele Streiks waren in dieser Zeit in den Ölfeldern ausgetragen worden, da wurden Koba-Nischaradse und sein Freund Sergo Ordshonikidse von der *Ochrana* ergriffen und im Bailow-Gefängnis festgesetzt. Die langen Monate, in denen sie auf den Verschickungsbefehl zu warten hatten, verbrachten sie mit Gefängnispolitik, mit Debatten unter den Mitgefangenen, die den verschiedensten politischen Richtungen anhingen; man tauschte geheime Botschaften und Druckschriften mit den Genossen aus, die sich in Freiheit befanden, schrieb Beiträge für illegale Zeitschriften und schmuggelte sie aus dem Gefängnis, und was dergleichen nützlicher Zeitvertreib mehr sein mochte. Die Diskussionen zwischen den Anhängern der verschiedenen Fraktionen waren oft erbittert, und die geschlagene Partei grollte noch lange. Von den beiden Sprechern der bolschewistischen Gefangenen war Koba kühl, rücksichtslos und selbstbeherrscht, Ordshonikidse reizbar, überquellend und immer bereit, von der sachlichen Erörterung auf Händel abzukommen. Diese Diskussionen waren durch das Mißtrauen und den Verdacht der Gefangenen untereinander vergiftet, denn die *Ochrana* hatte ihre Agenten sogar in den Gefängniszellen sitzen. Immer wieder war der Verdacht der Gefangenen rege, immer wieder meinten sie, eine Spur verfolgen zu müssen; es kam sogar vor, daß sie jemanden, auf dem ein Verdacht lastete, ermordeten, denn das ungeschriebene Recht der Untergrundbewegung gestattete nicht nur, sondern verlangte sogar die Tötung der Provokateure als ein Mittel der Selbstverteidigung. Es mag vorgekommen sein, daß harmlose Menschen das Pech hatten, einen solchen Verdacht auf sich zu ziehen, und unschuldige Opfer solcher Verfolgungen wurden. Für die Gefangenen waren diese Vorgänge auch ein Entspannungsmittel für schwere Nervenbelastungen, zuweilen aber auch nur der Vorwand zur Austragung persönlicher Streitigkeiten. Jede Gruppe war rasch bei der Hand, in den Reihen ihrer Gegner einen Provokateur zu entdecken, wogegen sie nur zögernd und ungern verdächtige Personen in ihren eigenen Reihen demaskierte. Memoirenschreiber, die mit Koba eine Zelle im Bailow-Gefängnis teilten und ihm nicht wohlgesonnen waren, haben einige Geschichten zu erzählen gewußt, in denen Koba als der Mann dargestellt wird, der andere hinterhältig zu solchen Hetzjagden aufreizte und damit ganz unschuldige Menschen, die er nicht leiden konnte, zu Schaden brachte.[10] Es ist unmöglich zu sagen, was an diesen Geschichten Wahrheit und was Erfindung ist. Ähnliche Geschichten werden fast über alle Aktivisten der Untergrundbewegung erzählt. Sie zeigen jedenfalls, wie in diesen Tagen die Luft mit gegenseitigem Mißtrauen vergiftet war.

    Das Gefängnis in Baku unterschied sich auch noch in anderer Hinsicht von dem Gefängnis in Batum, in dem Koba einige Jahre zuvor gelebt hatte und in dem es verhältnismäßig ruhig, beinahe gemütlich zugegangen war. Verurteilte, die auf die Vollstreckung der Todesstrafe warteten, wurden oft mit anderen Gefangenen zusammen eingesperrt. Die Hinrichtungen erfolgten auf dem Hof des Gefängnisses. Man kann sich denken, daß die Nerven bis zum Zerreißen gespannt waren, wenn die Männer sehen mußten, wie ihre Kameraden, mit denen sie vielleicht eben noch diskutiert hatten, zum Galgen geführt wurden. Wenn man einem Augenzeugen glauben darf, dann konnte Koba in Augenblicken einer solch unerträglichen Spannung ruhig einschlafen und damit seine Kameraden in höchstes Erstaunen über seine eisernen Nerven versetzen. Ein andermal ließ er sich nicht in seinen vergeblichen Bemühungen, die Tücken der deutschen Grammatik zu meistern, stören. Der Schmutz und die menschliche Erniedrigung in diesem Gefängnis hinderten ihn nicht, die Konflikte in der Erdölindustrie zu überwachen und eine Fortsetzungsfolge von Kommentaren für den »Gudok« und den »Bakinskij Proletarij« zu schreiben.

Aber der Ton seiner Artikel war jetzt nicht mehr so vertrauensvoll. Er warnte seine Genossen vor dem Generalstreik. »Als die dem Augenblick angemessene zweckmäßige Form des Rückzugs darf nur der Streik bei den einzelnen Firmen anerkannt werden.«[11] Er warnte die Arbeiter vor der Versuchung des »ökonomischen Terrors«, vor Verzweiflungsakten, vor Attentaten einzelner Arbeiter auf ihre Arbeitgeber oder auf die Direktoren der Werke, Vorfälle, die sich im Kaukasus immer mehr häuften, und die der organisierten Arbeiterschaft zur Last gelegt wurden. Als aber die lokale liberale Zeitung, das Organ der Ölmagnaten, anfing, den sozialistischen Gewerkschaftern moralische Vorhaltungen zu machen und sie wegen der »ökonomischen Terrorakte« beschimpfte, denen sie angeblich gleichgültig gegenüberstanden, antwortete Koba mit einer erzürnten Philippika über die unerträgliche Lage des Proletariats in den Erdölbetrieben, aus der sich die Verzweiflung und damit auch die Gewaltakte ohne weiteres erklärten. Er machte sich über einen Vorschlag der Menschewisten lustig, der darauf abzielte, die Sozialisten zu einer gewissen Zusammenarbeit mit der Autorität bei den Vorkehrungen gegen Terrorakte zu bewegen. Koba kam zu dem Schluß, daß die organisierte Arbeiterschaft mit ihren eigenen Mitteln und in ihrem eigenen Interesse der Entwicklung zum Terrorismus entgegenwirken müsse, daß aber die Attentäter unter keinen Umständen den Behörden angezeigt werden dürften. Daß er sich durch den selbstgerechten Liberalismus der Ölmagnaten nicht beeindrucken ließ, versteht sich von selber.

Im November kam der Befehl zur Verschickung nach einem Dorf namens Solwytschegodsk, wo er zwei Jahre lang unter Polizeiaufsicht bleiben sollte. Solwytschegodsk war im vierzehnten Jahrhundert durch russische Kaufleute als ein Zentrum für den Salz- und Pelzhandel gegründet worden. Es liegt im nördlichen Teil der Provinz Wologda, also noch im europäischen Rußland. Das Klima ist dort weniger rauh als in den nordsibirischen Verbannungsorten. Die Deportation Kobas war also milde ausgefallen. Es war ihm immer noch möglich gewesen, seine Rolle so zu spielen, daß er der *Ochrana* verhältnismäßig ungefährlich erschien. Er war auch nie auf frischer Tat ertappt worden. Während der Reise von Wologda nach Solwytschegodsk erkrankte er schwer an Typhus, aber Ende Februar 1909 erreichte er sein Ziel. Nach vier Monaten war er bereits wieder entwischt. Er reiste über St. Petersburg in den Kaukasus. In St. Petersburg kam er bei seinem späteren Schwiegervater Allilujew unter, der ihn mit der geheimen Parteiorganisation in Verbindung brachte. Man gab ihm einen neuen gefälschten Paß, und im Juli erschien er wieder in Baku als Zachar Gregorian Melikianz. Bei der Parteileitung in St. Petersburg muß man ihn freudig aufgenommen haben, denn der Ruhm der »unbezwingbaren Festung Baku« war bei den aktiven Parteimitgliedern ein lebendiger Begriff. Damals wurde er auch zum kaukasischen Korrespondenten für die im Ausland erscheinenden Parteizeitungen bestellt, allerdings nur in informeller Weise. In dieser Tätigkeit konnte er die Aufmerksamkeit Lenins noch mehr als bisher auf sich lenken.

Auf seinem Weg nach Baku wird er reichlich Gelegenheit gehabt haben, über die unerfreulichen Dinge nachzudenken, die er in St. Petersburg gehört und gesehen hatte. Die Parteiorganisation, die dort im Jahr 1907 noch 8000 Mitglieder gezählt hatte, war auf ganze 300 zurückgegangen. Die Parteileitung machte nicht den Eindruck, als ob hier noch viel Kraft und Wille zu Hause wären. Begierig hatte Koba nach Nachrichten aus dem Kaukasus gefragt, aber man hatte ihm keine Antwort geben können! Die Verbindung zwischen St. Petersburg und den emigrierten Parteiführern war ganz lose. Die Auflagen der illegalen Zeitungen waren minimal. Es hätte ihn gereizt, bei der Parteileitung in St. Petersburg selber mit Hand anzulegen.

Als er nach anderthalbjähriger Gefangenschaft heimkam, mußte er die Entdeckung machen, daß auch die »Festung Baku« nicht mehr in der Verfassung war, wie er sie verlassen hatte. Auch hier war der Mitgliederstand auf ein paar hundert zurückgegangen. Es gab noch zwei- bis dreihundert Bolschewisten und etwa hundert Menschewisten. Die Zahl der Gewerkschaftsmitglieder war nicht viel größer. Die kulturellen Klubs (»Wissenschaft« und »Wissen ist Macht«) gaben nur noch wenige Lebenszeichen von sich. In den Ölfeldern war die Arbeitszeit von acht auf zwölf Stunden erhöht worden, und obwohl die Absatzverhältnisse damals günstiger als je zuvor waren, zogen die Arbeiter keinen Vorteil aus ihrer Stellung, die sie sich bei den letzten Lohnverhandlungen erobert hatten. Die Parteiorganisation hatte das tatarische Proletariat fallengelassen. Flugblätter und Informationen in tatarischer Sprache gab es nicht mehr. In der Parteikasse herrschte tiefste Ebbe. In dem Jahr der Verbannung Kobas war nicht eine einzige Nummer des »Bakinskij Proletarij« erschienen. Im allgemeinen waren die Verhältnisse hier immer noch besser als an andern Plätzen, aber von der so stolzen und selbstbewußten »Festung Baku« war nicht mehr viel übrig geblieben.

Koba-Melikianz ließ sich in einem Versteck innerhalb des Balachlana-Ölfelds nieder. Die erste Aufgabe, an die er sich machte, war die Reorganisation des »Bakinskij Proletarij«. Bereits drei Wochen nach seiner Rückkehr erschien wieder eine Nummer mit einem unsignierten Leitartikel, der die Überschrift trug: »Die Parteikrise und unsere Aufgaben«.[12] Er gab eine ungeschminkte Schilderung der Lage. Sie war kritisch genug. Kobas Analyse war mit dem Blick auf das Parteihauptquartier im Ausland wie auch auf den Leser zu Hause geschrieben. »Die Partei hat keine Wurzeln in der Masse der Arbeiter.« Diese bittere Feststellung begründete er mit einigen Informationen, die er aus der Hauptstadt mitgebracht hatte. »Petersburg weiß nicht, was im Kaukasus geschieht, der Kaukasus weiß nicht, was im Ural geschieht usw., jeder Winkel führt sein besonderes Leben. Streng gesprochen gibt es faktisch jene einheitliche, ein gemeinsames Leben führende Partei schon nicht mehr, von der wir in den Jahren 1905, 1906 und 1907 mit Stolz gesprochen haben. Wir erleben die abscheulichste Handwerkelei. Die bestehenden Auslandsorgane — der ›Proletari‹ und der ›Golos‹ einerseits, der ›Sozialdemokrat‹ andererseits — verbinden die über Rußland zerstreuten Organisationen nicht und können sie nicht verbinden, sie können ihnen kein einheitliches Parteileben geben. Der Gedanke wäre ja auch seltsam, daß die Auslandsorgane, die der russischen Wirklichkeit fernstehen, die Arbeit der Partei, die das Stadium des Zirkelwesens schon längst hinter sich hat, einheitlich zusammenfassen könnten.«[13] Der letzte Teil dieser Feststellung traf allerdings daneben. Der Autor hatte selber nachgewiesen, daß die Untergrundbewegung nicht stärker war als in den Tagen, als die alte »Iskra« kleine Gruppen wagemutiger Propagandisten zu einer Partei vereinte. Aus Koba sprach die Ungeduld des Revolutionärs, der immer in der Heimat geblieben und mit den Führern der Emigration unzufrieden war, die »kein Verständnis für die russische Wirklichkeit haben«. Dieser Nadelstich galt auch Lenin. Man habe, so fuhr er fort, verschiedene Mittel vorgeschlagen, um diesem Übel abzuhelfen, wie zum Beispiel die Auflösung der Untergrundbewegung oder die Übertragung aller Funktionen in der Untergrundbewegung an gewöhnliche Arbeiter. Die erste Maßnahme wäre gleichbedeutend mit der Liquidierung der Partei überhaupt, die zweite würde wenig bessern, es sei denn, daß man die ganze bisherige Organisation ändern wollte, auch ihre alten Methoden und die ausschließliche Führung vom Ausland her. Das Wort »Führung« setzte er bezeichnenderweise in Anführungszeichen.

In den Schlußfolgerungen war Koba jedoch erheblich vorsichtiger, denn er forderte nicht, daß die Parteiführung nach Rußland verlegt werde. Was er jedoch haben wollte, das war eine in Rußland selbst erscheinende Parteizeitung, die in lebendigem Kontakt mit dem Leben in Rußland stehen müßte, und um die sich die zerstreuten Gruppen der Parteiorganisation zusammenschließen könnten. Es sei die Aufgabe des Zentralkomitees, ein solches Blatt zu schaffen und zu kontrollieren. »Dem Zentralkomitee fällt die Aufgabe zu, die Parteiarbeit zu leiten. Diese Aufgabe wird heute nur sehr unvollkommen geleistet (...).« Man lebte damals noch im Zustand der nur zur Hälfte geglückten Wiedervereinigung der beiden sozialistischen Fraktionen. Das Zentralkomitee war durch den ständigen Gegensatz zwischen Menschewisten und Bolschewisten gelähmt. Diesen Punkt berührte Koba nicht. Er machte dem Zentralkomitee im ganzen den Vorwurf, es habe »kein Verständnis für die russische Wirklichkeit«. Sein Gedanke eines nationalen Publikationsorgans war ein konkreter Vorschlag, aber es dauerte noch weitere drei Jahre, bis die »Prawda« in St. Petersburg erscheinen konnte. Koba war einer ihrer Herausgeber. Der Redakteur des »Bakinskij Proletarij« bot sich zwischen den Zeilen ganz unverkennbar als Kandidat für einen Posten in der St. Petersburger Parteileitung an. In einer Zwischenbemerkung unterstrich er, daß im Gegensatz zu vielen andern Gruppen der Partei Baku die Stelle sei, »wo man bis zum heutigen Tage den Kontakt mit den Massen erhalten habe«.

In derselben Nummer des »Bakinskij Proletarij« veröffentlichte er eine von ihm selber verfaßte Resolution des Parteikomitees von Baku über die Differenzen zwischen den Bolschewistenführern in der Emigration. In dieser Resolution wird Lenin offen vorgeworfen, er »veruneinige« die Partei wegen Meinungsverschiedenheiten, denen nur eine beschränkte Bedeutung zugemessen werden dürfe.[14] Damals schied sich der Gründer des Bolschewismus von den Radikalen und Boykotteuren, das heißt, dem Philosophen und Wirtschaftswissenschaftler Bogdanow, dem Schriftsteller Lunatscharski, dem Feuilletonisten Manuilski und einigen andern. Die Radikalen warfen Lenin vor, er verrate den Bolschewismus. Sie behaupteten insbesondere, Lenins Forderung, die Tätigkeit in der Untergrundbewegung mit einer legalen Tätigkeit in der Öffentlichkeit zu verbinden, sei in Wirklichkeit nichts anderes als eine Aufforderung zur Verwässerung der Prinzipien und zur Führung einer blutleeren, wachsweichen menschewistischen Propaganda.

Diese Differenzen über taktische Fragen wurden zu allem noch durch einen philosophischen Disput kompliziert. Die Radikalen stellten einige Sätze der marxistischen Philosophie in Zweifel und machten den Versuch, den dialektischen Materialismus im Licht der neokantiaschen oder empirio-kritischen Philosophie zu revidieren. Lenin selber zog sich für einige Zeit von seiner Tagesarbeit zurück und vergrub sich, sehr zum Leidwesen seiner Schüler, in den Pariser Bibliotheken, um sein philosophisches Magnum Opus »Materialismus und Empiriokritizismus« zu schreiben, in dem er die Neokantianer, die Gottsucher und all die andern Zweifler an der marxistischen Philosophie bloßstellen wollte.[15] Seine Gegner gründeten Konkurrenzschulen zur Ausbildung von Aktivisten der Partei, die damit in diese philosophischen Auseinandersetzungen hineingezogen wurden. Lenins Schule befand sich in Longjumeau bei Paris. Die Radikalen und die »Gottsucher«, die von Maxim Gorki unterstützt und gefördert wurden, predigten ihre Lehre auf der Insel Capri. Beide Schulen waren eifrig bemüht, sich gegenseitig Schüler und Geldstiftungen abzujagen. Die Arbeiter, die unter großen Schwierigkeiten aus Rußland nach Europa kamen und danach dürsteten, praktische Politik, Volkswirtschaftslehre und die Technik der Arbeit in der Untergrundbewegung zu lernen, mußten einen langwierigen philosophischen Lehrgang über sich ergehen lassen; man forderte von ihnen, sie sollten zwischen zwei Erkenntnistheorien eine Wahl treffen und sich für oder gegen die Ausstoßung derer entscheiden, die in diesen Fragen eine andere Ansicht vertraten, obwohl diese angeblichen Ketzer in den wichtigeren Fragen der Parteitaktik durchaus der gleichen Meinung sein konnten wie sie selber.

Der Vorsitzende des bolschewistischen Komitees von Baku, der sich bei den Tataren der Ölfelder von Balachlana verborgen hielt, hatte keinerlei Verständnis für die philosophischen Dispute, die zwischen Longjumeau und Capri geführt wurden. Die Verständnislosigkeit der Emigranten für die russische Wirklichkeit mußte angesichts dieser Vorgänge in seinen Augen die Grenze erreicht haben, wo man sich wirklich fragen mußte, ob diese Männer überhaupt noch bei Verstand waren. Das Komitee in Baku sollte ihnen die Meinung offen sagen und damit versuchen, sie wieder zu sich selbst zu bringen. Die von Koba verfaßte Resolution billigte Lenins taktische und politische Haltung gegenüber den Radikalen, tadelte aber die durch Lenin veranlaßte Ausstoßung von Bogdanow, dem aber der Vorwurf mangelnder

Parteidisziplin nicht erspart blieb. Da die verschiedenen Gruppen und Grüppchen der Partei in allen großen und wirklich entscheidenden Fragen der gleichen Meinung seien, sollten sie gefälligst zusammenarbeiten, und Lenin sollte nicht länger die Rechte der Minderheit mit Füßen treten. Baku weigerte sich ganz entschieden, in dem Disput zwischen Longjumeau und Capri für die eine oder andere Seite Stellung zu nehmen. Über diese Streitfragen sei man in Baku nicht genügend unterrichtet. Lenin nahm den Tadel zur Kenntnis. In seiner Zeitschrift machte er einen ruhigen und freundlichen Versuch, seinem kaukasischen Kritiker zu erklären, daß er keineswegs gegen Phantome kämpfe, daß er vielmehr gezwungen war, die Radikalen auszustoßen und zwar nur deshalb, weil sie sich weigerten, sich der Parteidisziplin unterzuordnen.[16]

Koba hatte versucht, das Parteihauptquartier in der Emigration unter Druck zu setzen. Aber er war sorgfältig darauf bedacht, seine Beziehungen zu Lenin nicht zu belasten. Im November und Dezember 1909 schrieb er unter dem Titel »Briefe aus dem Kaukasus« eine Artikelserie für den »Sozialdemokrat«, der in Paris und Genf durch das vereinigte bolschewistisch-menschewistische Zentralkomitee veröffentlicht wurde. Das Redaktionskomitee bestand aus Lenin, Sinowjew, Kamenjew, Martow und Dan. In diesen »Briefen« gab Koba einen wohlfundierten Überblick über die Lage im Kaukasus. Der Verfasser prüfte die Lage der Erdölindustrie, die Lokalverwaltung, die Gewerkschaften, die Beziehungen zwischen den verschiedenen Nationalitäten im Kaukasus, die sozialistische Arbeit in der Untergrundbewegung und im gesetzlich zugelassenen Rahmen, die Gegensätze zwischen Tiflis und Baku, und zwar alles in einem geschäftsmäßigen, sachlichen und deshalb auch gänzlich unpathetischen Stil. Einige der Briefe, in denen er an den kaukasischen Menschewisten und an deren Führer, Noah Jordania, scharfe Kritik übte, stießen auf Einwände von Martow und Dan und wurden deshalb in die Spalte »Diskussionsecke« verwiesen, in der solche strittigen Fragen behandelt wurden. Einer der Briefe wurde überhaupt nicht abgedruckt. Der Korrespondent aus dem Kaukasus enthüllte sich als ein verbissener Anhänger Lenins. Hier machte er nicht die geringste Andeutung, daß er selber es gewesen war, der durch das Parteikomitee von Baku und durch den Artikel im »Bakinskij Proletarij« Lenin eine Warnung hatte erteilen lassen, allerdings ohne daß er dabei seinen eigenen Namen genannt hätte. Lenin war über die Hilfeleistung dieses Korrespondenten aus dem Kaukasus hochbefriedigt. Er war immer bestrebt, sich in die geistige Stimmung seiner Anhänger in Rußland hineinzudenken und machte sich deshalb auch den Gedanken der Schaffung eines operativen Stabes der Parteileitung in Rußland zu eigen, für den er sich nachdrücklich bei den widerstrebenden Menschewisten verwandte. Inzwischen drängte Baku weiter. In einer zweiten Resolution, die Koba zu Beginn des Jahres 1910 verfaßte, forderte Baku »die Verlegung des Führungsstabes, der die praktische Arbeit leistet, nach Rußland«. Die Forderung war folgendermaßen begründet: »Der Zustand der Niedergeschlagenheit und Erstarrung, der eine Zeitlang die Triebkräfte der russischen Revolution erfaßt hatte, beginnt zu weichen.«[17] Mit dieser Prophezeiung begann der erste Satz dieser Resolution. Hier erwies sich Koba, wie bereits bei einer oder zwei früheren Gelegenheiten, als ein scharfsinnigerer Beurteiler der Lage als die Emigrantenführer, obwohl man zugeben muß, daß eben zu dieser Zeit Leo Trotzki in Wien die Lage genauso beurteilte. Das Parteikomitee in Baku, das hierin anscheinend in enger Verbindung mit Lenin arbeitete, forderte jetzt auch die endgültige Ausstoßung der »Liquidatoren« aus der Partei und eine Verschmelzung der Bolschewisten mit den menschewistischen Gruppen, die sich, wie Plechanow, für die Arbeit der Untergrundbewegung einsetzten.

Im März, mitten in den Vorbereitungen für einen neuen Generalstreik in der Erdölindustrie, wurde Koba-Melikianz wieder einmal verhaftet. An dem Tag, als ihn die Polizei abführte, veröffentlichte die illegale Druckerei seinen Aufruf zu Ehren des Arbeiters August Bebel, des berühmten, damals siebzigjährigen Führers der deutschen Sozialdemokraten, »dessen Worte die gekrönten Häupter Europas zittern lassen«. Acht Monate hatte Koba intensiv gearbeitet, und jetzt hatte er wieder sechs Monate im Gefängnis zu warten, bis der nächste administrative Verschickungsbefehl für ihn eintraf. Auch diesmal fiel er milde aus. Er sollte den Rest seiner ersten Verbannungszeit in Solwytschegodsk abbüßen. Hiernach sollte es ihm für weitere fünf Jahre verboten sein, sich im Kaukasus oder in einer der Großstädte Rußlands niederzulassen. Es folgte die bereits vertraute Reise im Gefangenenwagen in den fernen Norden. Diesmal saß Koba seine neun Monate ab, bis zum Ende seiner Verbannungszeit am 27. Juni 1910, ohne einen Fluchtversuch zu machen. Und diesmal sagte er auch dem Kaukasus endgültig Lebewohl. Später machte er noch gelegentlich kurze Reisen in seine Heimat, aber nur, um im Auftrag des Zentralkomitees die Ortsgruppen der Partei zu inspizieren. Das kaukasische Kapitel seines Lebens war zu Ende.

Kobas Ahnung, daß die revolutionäre Bewegung sich bald wieder beleben werde, sollte sich rasch bewahrheiten. Mit Straßendemonstrationen beim Begräbnis von Leo Tolstoi fing es an. Das war im Jahr 1910. Einen wirklichen Auftrieb erhielt aber die Bewegung erst 1912, als die russische Arbeiterschaft durch Streiks, die sich über das ganze Reich ausbreiteten, gegen die Erschießung mehrerer hundert Arbeiter in den Goldgruben von Lena in Sibirien protestierte. Gleichzeitig ging die mühsam geflickte Einheit der sozialdemokratischen Partei vollends und endgültig in die Brüche. Im Januar 1912 berief Lenin eine Konferenz der Bolschewisten und der wenigen Plechanow-Anhänger nach Prag, um dort seine Gruppe als eine unabhängige Partei zu konstituieren, oder richtiger gesagt, um den ausschließlichen Führungsanspruch seiner Gruppe innerhalb der Sozialdemokratischen Partei zu proklamieren. Das bedeutete den endgültigen Bruch mit der Mehrheit der Menschewisten. Wie der Kongreß in Brüssel im Jahr 1903, so tagte man auch in Prag in einem Volkshaus. Die tschechischen Sozialdemokraten boten ihren russischen Kollegen Gastfreundschaft. Auf dieser Konferenz in Prag setzte Lenin Kobas Namen auf die Liste der Kandidaten, die er den Delegierten für die Wahl des Zentralkomitees vorschlug. Aber Koba wurde nicht gewählt. Sein Name besagte damals wenig oder nichts in den Ohren der allermeisten Delegierten, die sich gegenseitig meist aus den verschiedenen Emigrantenkolonien im Ausland kannten. Ordshonikidse, Kobas früherer Mitarbeiter, sein hitzköpfiger Mitgefangener von Baku, wurde gewählt, wahrscheinlich, weil er direkten Weges aus Lenins Schule in Longjumeau kam, wo er damals ausgebildet wurde. Aber Lenin ließ seine Absicht nicht fallen. Nach den Parteistatuten konnte das Zentralkomitee weitere Mitglieder kooptieren. Auf Lenins Drängen machte das Zentralkomitee von diesem Recht zu Kobas Gunsten Gebrauch. Die andern Mitglieder des Zentralkomitees waren Lenin, Sinowjew, Ordshonikidse und der russifizierte Pole Malinowski. Malinowski war ein Provokateur und Geheimagent der *Ochrana*.

Wie ist Lenins Interesse an Koba zu erklären? Als Lenin in Prag die Partei neu organisierte, lag ihm viel daran, für sich selbst möglichst großen Spielraum zu erhalten. Er schnitt die Verbindungen mit den Menschewisten ab, die für ihn nur Fesseln gewesen waren. Er wollte nicht länger durch Kompromisse und durch das Gerede über die Einigkeit in der Partei gezwungen sein, seine eigene revolutionäre Propaganda und sein Programm durch Rücksichten auf die Menschewisten einzuengen. Jetzt wollte er seine eigene Organisation so formen, wie es ihm paßte. In den verschiedenen Spaltungen, die dem Prager Kongreß vorangingen, hatte er sich von einigen seiner befähigtesten Mitarbeiter trennen müssen. Als er sich entschloß, alle Brücken hinter sich abzubrechen, blieben ihm nur wenige der bedeutenderen Genossen zur Seite: Trotzki stand damals an der Spitze einer etwas wurmstichigen Koalition, bestehend aus dem rechten menschewistischen Flügel, radikalen Bolschewisten, Antimenschewisten und Antibolschewisten, »Liquidatoren«, »Gottsuchern« und einfachen Trotzkisten. Er entfesselte einen wütenden journalistischen Kampf gegen den Leninismus. Sinowjew und Kamenjew waren Lenins nächste Gehilfen, aber selbst Kamenjew, bekanntlich Trotzkis Schwager, war nicht ganz linientreu. Lenin wandte der Emigrantenintelligenz den Rücken. Er suchte für sein neues Zentralkomitee Aktivisten aus der Untergrundbewegung Rußlands. Dieses Komitee richtete, kaum gewählt, ein russisches Büro ein, das in Rußland selber die Tätigkeiten der Partei lenken und leiten sollte. Es bestand aus vier Mitgliedern: Koba, Ordshonikidse, Spandarian und einem gewissen Goloschtschokin. Die drei ersten waren Mitglieder des Parteikomitees von Baku gewesen. So wurde die kaukasische Gruppe zum Eckpfeiler der bolschewistischen Organisation; sie spielte eine Rolle, die weit über die eigentliche Bedeutung des Kaukasus hinausging. Das Ansehen, das sich Baku durch die Streiks und Demonstrationen in den Jahren 1908 erworben hatte, war immer noch sehr groß, vielleicht sogar — selbst in Lenins Augen — übertrieben groß. Die Aufgabe, die sich Lenin jetzt stellte, erforderte seiner Meinung nach Männer mit raschem Auffassungsvermögen, mit Zähigkeit und einem scharfen Geist, kurz Männer wie die Führer der Aufstände in Baku. In den Akten der Krupskaja war der Deckname für die Gruppe in Baku »Die Pferde«. Jetzt schirrte Lenin seine Pferde an.[18]

Kobas Beförderung kam trotzdem nicht so ganz plötzlich. Lenin wird von dem einen oder anderen kaukasischen Aktivisten, der ins Ausland kam, ein anerkennendes Wort über ihn gehört haben. In der Schule von Longjumeau machte Ordshonikidse für ihn Propaganda und pries ihn als den starken Mann im Parteikomitee in Baku. Der Kandidat selber unterließ es nicht, einige wohlberechnete, aber diskrete Schritte zu tun, die seiner Beförderung dienlich sein sollten. Während seiner Verbannung stand er in Verbindung mit führenden Parteigenossen im Ausland, die bei der Parteileitung ein gutes Wort für ihn einlegen konnten. Er bemühte sich, diesen Kreisen gegenüber so gefällig wie möglich zu erscheinen. In einem Brief, den er aus Solwytschegodsk an das damalige Mitglied des Zentralkomitees, Simeon Schwarz, schrieb, regte er nochmals die Schaffung einer Parteizentrale in Rußland selber an, für die er indirekt seine eigenen Dienste anbot. Der Ton dieses Briefes war äußerst unterwürfig gegenüber dem Zentralkomitee der Emigration, voll von Ergebenheit für Lenin und voll Zorn gegen dessen Gegner (»Lenin ist ein Mann mit dem scharfen Instinkt des russischen Bauern. Er weiß sehr genau, wo die Krebse im Winter stecken«). Dieser Brief dürfte Lenin nicht unbekannt geblieben sein; er hatte also allen Grund zur Annahme, daß sein Bewunderer aus dem Kaukasus, der sich so unverkennbar um eine Beförderung bemühte, ein gehorsamer Vollstrecker seiner Ideen sein werde.[19]

Ende Juni 1911 hatte Koba seine Verbannungszeit abgesessen. Da es ihm verboten war, sich in einer Großstadt niederzulassen, ging er nach Wologda, von wo aus St. Petersburg und Moskau gleich leicht zu erreichen waren. Nach zwei Monaten schlüpfte er nach St. Petersburg hinüber und klopfte wieder an die Türe von Allilujew. Das Haus war von Spionen der *Ochrana* überwacht, aber Koba wurde trotz der Warnungen ungeduldig und wollte die Vorsicht und das Mißtrauen nicht zu weit getrieben wissen. Der Zufall wollte es, daß ausgerechnet an diesem Tag Premierminister Stolypin in Kiew durch einen *agent provocateur* der *Ochrana* ermordet wurde, dem sein Gewissen keine Ruhe ließ und der sich durch das Attentat in den Augen der Untergrundbewegung rehabilitieren wollte. Die *Ochrana* war in größter Aufregung und ließ alle irgendwie verdächtig erscheinenden Personen verhaften. So fiel auch Koba, der damals wieder einen neuen Decknamen führte (Tschishikow), in die Hände der Polizei.[20] Wieder kam er für einige Monate ins Gefängnis und wurde dann für weitere drei Jahre nach Wologda verbannt.

Während dieser Ereignisse versammelten sich die Delegierten für den Kongreß in Prag. Über die Ergebnisse dieses Kongresses hörte Koba erst im Februar 1912 Näheres, als Ordshonikidse, jetzt Mitglied und Emissär des neugewählten Zentralkomitees, ihn in Wologda aufsuchte. In einem Brief an Lenin schrieb er: »Ich habe Iwanowitsch besucht und alles Erforderliche mit ihm besprochen. Er war außerordentlich erfreut über den Verlauf der Dinge. Die Nachrichten, die ich ihm brachte, machten auf ihn den allerbesten Eindruck.«[21] Gegen den endgültigen Bruch Lenins mit den Menschewisten hatte Koba natürlich nichts einzuwenden. Von allen grundsätzlichen Erwägungen abgesehen, mußte die Tatsache, daß seine eigene Beförderung mit diesem Bruch in direktem Zusammenhang stand, aus ihm einen Verfechter der Politik machen, die Lenin verfolgen wollte. Sein nächster Gedanke war, wie er aus Wologda entweichen könnte, um seine Tätigkeit in der Hauptstadt des Reiches aufzunehmen. Während er diese Flucht vorbereitete, schrieb er eine Proklamation, in der er den russischen Sozialisten die Vorgänge auf dem Prager Kongreß darlegte. Unter dieses Papier setzte er die Unterschrift: »Das Zentralkomitee der Russischen Sozialdemokratischen Arbeiterpartei«. Hier sprach er zum erstenmal im Namen der nationalen bolschewistischen Führungsgruppe.[22] Der Aufruf wurde in 6000 Exemplaren in den wichtigsten Industriestädten verbreitet. Die bürgerliche Presse Rußlands nahm von diesen

Vorgängen kaum Notiz. Aber Koba stand jetzt auf dem Sprungbrett zur Macht. Fünf Jahre später, nach der Abdankung des Zaren, kehrte er aus Sibirien zurück und übernahm, weil er auf Grund seiner Ernennung im Jahr 1912 das dienstälteste Mitglied des Zentralkomitees war, die Führung der Bolschewisten bis zum Eintreffen Lenins in St. Petersburg.

Es wäre nun aber gänzlich verkehrt, anzunehmen, Koba sei bereits an diesem Punkte seiner Laufbahn der zweite Mann nach Lenin gewesen. Hier irren seine amtlichen Biographen. So war es keineswegs. Im Führungsstab der Bolschewisten fand ein ständiger Wechsel statt. Es gab damals noch keine feste Parteihierarchie. Nur Lenin hatte als Zentralfigur seinen festen Platz, aber seine Autorität beruhte auf seiner überragenden geistigen und politischen Fähigkeit und nicht etwa auf einem formalen Anspruch, aus dem heraus er den Gehorsam und die Loyalität seiner Anhänger hätte fordern können. Die Satellitensterne, die um das helle Gestirn Lenin kreisten, wurden bald angezogen, bald abgestoßen und änderten demgemäß höchst willkürlich ihren Standort und ihre Zahl. Immer wieder erloschen alte Sterne und neue leuchteten auf. Nicht wenige Männer, die in der Parteihierarchie eine ähnliche Stellung innehatten wie Koba, sind völlig in Vergessenheit geraten. Nur im Licht der späteren Ereignisse wird deshalb seine Beförderung im Jahr 1912 bedeutsam. Denn ihm gelang es — im Unterschied zu den anderen — sich zu halten. Seine Berufung ins Zentralkomitee war damals ein durchaus gewöhnlicher Vorgang der Verteilung von Parteifunktionen. Er war um so weniger auffallend, als der Neuankömmling sich bisher weder auf theoretischem Gebiet noch als führende politische Persönlichkeit einen Namen gemacht hatte. Er war als der starke Arm des Zentralkomitees gedacht, nicht als sein Kopf und auch nicht als sein Herz.

Das Beiläufige, ja Zufällige in dieser Wendung von Kobas Karriere wurde durch die Unzulänglichkeit seiner Tätigkeit während der fünf Jahre zwischen seiner Beförderung und der zweiten Revolution noch betont. Nur im ersten Jahr kam er den Pflichten eines Mitglieds des Zentralkomitees nach; die nächsten vier verbrachte er im subpolaren Sibirien. Und sogar von diesem einen kurzen Jahr war er fünf Monate an der Ausübung seines

Amtes verhindert, weil diese Zeit wieder einmal mit Gefängnis, Deportation und Flucht ausgefüllt war. Seine eigentliche politische Tätigkeit erstreckte sich also über sieben Monate, wovon er allerdings nur fünf zusammenhängend arbeiten konnte. Das reichte gerade aus, um den neuen Aufgabenbereich zu erkunden, die übrigen Führer der Partei kennenzulernen und vielleicht die eigene Position zu festigen, nicht aber, um Erfahrungen zu sammeln und sein Ansehen entscheidend zu verbessern.

Die kurze Zeit, die er jetzt vor sich hatte, war von einer unermüdlichen Tätigkeit erfüllt. Von Wologda reiste er zunächst in den Süden, um die kaukasischen Bolschewisten für die Beschlüsse des Prager Kongresses zu gewinnen. Vom Kaukasus eilte er nach Moskau zurück, um sich mit Ordshonikidse über die Eindrücke zu besprechen, die die verschiedenen Punkte der »neuen Linie« Lenins auf ihn und die kaukasischen Genossen gemacht hatten. Mitte April war er wieder in St. Petersburg, um sich an der Vorbereitung der Demonstration zu beteiligen, die am 1. Mai fällig war. Wieder kam seine unvermeidliche Proklamation zum 1. Mai, die zwar vom Zentralkomitee unterzeichnet war, aber dennoch die unverkennbaren Züge des ehemaligen Seminaristen von Tiflis trug. »Immer breiter schwillt der Ozean der Arbeiterbewegung an und erfaßt neue Länder und Staaten von Europa und Amerika bis nach Asien, Afrika und Australien (...). In hohen Wellen steigt das Meer des proletarischen Zorns, und immer drohender greift es die schwankenden Zwingburgen des Kapitalismus an (...). Wir ehren das goldene Kalb nicht! (...) Das ist es, was die klassenbewußten Arbeiter aller Länder am heutigen Tage verkünden. Überzeugt von ihrem Siege, schreiten sie ruhig und stark auf dem Weg in das verheißene Land stolz vorwärts (...).«[23]

Während dieses kurzen Aufenthaltes in St. Petersburg — er dauerte nur zwölf Tage bis zur nächsten Verhaftung — nahm Koba Verbindung mit den bolschewistischen Duma-Abgeordneten auf, deren Haltung er im Namen des Zentralkomitees kontrollieren sollte. Er gab in diesen Tagen mit neuem Schwung drei Nummern der Zeitschrift »Swjesda« (Der Stern) heraus, wobei er fast alle Spalten mit seinen eigenen Aufsätzen füllte. Daneben bereitete er das Erscheinen der ersten Nummer der »Prawda«

vor. Am 22. April 1912 erschien die erste Ausgabe dieses Blattes mit einem Leitartikel aus der Feder Kobas.[24] Die Reaktion der Arbeiter auf Lenins endgültigen Bruch mit den Menschewisten war keineswegs günstig gewesen. Koba bediente sich deshalb einer milden und vorsichtigen Sprache. Er versicherte den Lesern, daß die »Prawda« nicht die Absicht habe, die Meinungsverschiedenheiten zwischen den sozialistischen Richtungen aufzublähen. »Wir glauben, daß eine starke und heißblütige Bewegung ohne Kontroversen undenkbar ist. Volle Gleichheit der Meinungen gibt es nur auf dem Kirchhof.« Es gebe viele Punkte, die die Arbeiterbewegung in ihren verschiedenen Schattierungen mehr einigen als trennen. Die »Prawda« würde deshalb immer die sozialistische Einigkeit im Klassenkampf fordern. »Einigkeit um jeden Preis!« An anderer Stelle heißt es: »In dem Maß, in dem wir gegen unsere Feinde unerbittlich sein müssen, müssen wir untereinander Zugeständnisse machen. Kampf den Feinden der Arbeiterbewegung! Also, innerhalb der Bewegung: Friede und freundschaftliche Zusammenarbeit!« Dies stand auf der ersten Seite der ersten Ausgabe der Zeitung zu lesen, die späterhin durch ihre stalinistische Linientreue bekannt wurde. Am selben Tag, an dem diese Zeilen gedruckt wurden, wurde der Autor in ein Gefängnis in St. Petersburg eingeliefert. Nach drei Monaten Wartens kam wieder der übliche Verbannungsbefehl, diesmal nach der Provinz Narym in Westsibirien. Es dauerte nur zwei Monate, da entwich Koba aus Narym und tauchte gerade zur rechten Zeit in St. Petersburg auf, um den Wahlkampf seiner Partei bei den Wahlen zur vierten Duma zu leiten.

Dieser Wahlkampf vollzog sich in verschiedenen Stufen innerhalb der Wahlkurie der Arbeiter. Zuerst mußten die Vertreter der Fabriken und Werkstätten gewählt werden, diese wählten die Wahlmänner und diese erst hatten die Duma-Abgeordneten zu bestimmen. Die Regierung kassierte das Ergebnis des ersten Wahlgangs in einigen der größten Fabrikbetriebe. Koba rief den Exekutivausschuß der Petersburger Bolschewisten zusammen und veranlaßte die Ausrufung eines Proteststreiks. Die Regierung widerrief daraufhin ihre Entscheidung. In allen Phasen dieser Wahl machten sich Bolschewisten und Menschewisten gegenseitig die Arbeiterstimmen streitig. Die Versammlung der Arbeiterwahlmänner in St. Petersburg nahm eine »Instruktion für die Arbeiterabgeordneten« an[25], die Koba verfaßt hatte, und zwar ziemlich wortgetreu nach der Instruktion, die er bereits in Baku für die Abgeordneten der dritten Duma geschrieben hatte: Dem Arbeiterabgeordneten wird es zur Pflicht gemacht, sich in aller Offenheit für die Forderungen der Arbeiterschaft einzusetzen (auf der Grundlage des ungekürzten Programms von 1905); er soll immer der Sprecher der Revolution sein und »sich nicht an dem leeren gesetzgeberischen Spiel einer zaristischen Duma beteiligen«. Lenin, der den Wahlkampf von Krakau aus inspirierte und überwachte, war über diese unmißverständlich eindeutige Instruktion begeistert und freute sich über den Erfolg Kobas. In der Wahlkurie der Arbeiter hatten die Bolschewisten die Überhand. Schließlich wurden dreizehn sozialdemokratische Abgeordnete gewählt, davon sieben Menschewisten und sechs Bolschewisten. Aber alle bolschewistischen Abgeordneten stammten aus den Arbeiterkurien, während die Menschewisten in der Hauptsache aus Wahlkreisen des bürgerlichen Mittelstandes gewählt wurden. Lenin zog daraus den Schluß, daß die Arbeiterklasse den Bolschewismus in seinem ersten offenen Wettbewerb mit dem gemäßigten Flügel unterstützte. In seinen Aufsätzen in der »Prawda« und im »Sozialdemokrat« setzte Koba dem Optimismus Lenins einen leichten Dämpfer auf. Er meinte, das radikale Programm der Bolschewisten spreche zwar die Arbeitermassen an, aber für die offene Spaltung innerhalb der russischen Sozialdemokratie hätten sie trotzdem kein Verständnis.

Unmittelbar nach der Wahl, nämlich im November 1912, kam Koba für einige Tage nach Krakau, wo das Zentralkomitee die durch die Wahlen entstandene Lage überprüfen wollte. Lenin forderte mit allem Nachdruck, daß sich die bolschewistischen Abgeordneten in der Duma von den Menschewisten ganz offen absondern sollten. Er vertraute darauf, daß die Arbeiterschaft die Notwendigkeit dieser Spaltung schließlich doch einsehen werde; aber er wollte selbst dann einen klaren Trennungsstrich zwischen Bolschewisten und Menschewisten ziehen, wenn diese Maßnahme unpopulär bleiben sollte. Als Koba nach St. Petersburg zurückgekehrt war, schliff er die scharfen Kanten der Politik Lenins einigermaßen ab. Die bolschewistischen Abgeordneten waren nicht geneigt, der Duma das Schauspiel einer innersozialistischen Spaltung zu geben, über die sich die äußerste Rechte, die in der Duma die Mehrheit hatte, natürlich nur gefreut hätte. Lenin war höchst unwillig, als er entdeckte, daß sogar die »Prawda« vor der Spaltung zurückschreckte. Er wird sich gefragt haben, ob der Kaukasier, den er selber in die inneren Kreise der Partei gebracht hatte, ihn bereits jetzt im Stich lasse? Trotzki beschreibt diesen Zwischenfall in seiner Stalin-Biographie als eines der hinterhältigen Komplotte Kobas gegen seinen Meister.[26] Es ist nicht wahrscheinlich, daß Lenin die Dinge in diesem Licht sah. Für ihn war es eine unangenehme, aber vorübergehende Meinungsverschiedenheit, die er in der feinen und taktvollen Art, die ihm eigen war, zu beseitigen gedachte. Er berief zu diesem Zweck eine gemeinsame Konferenz des Zentralkomitees und der sechs bolschewistischen Duma-Abgeordneten nach Krakau. Er wollte bei diesem Anlaß den Herausgeberstab der »Prawda« überprüfen, ohne daß Koba dadurch verletzt würde.

Ende Dezember 1912 verließ Koba Rußland für sechs Wochen. Das war sein längster Auslandsaufenthalt in seinem ganzen Leben. Was in dieser kurzen Zeit geschah, war von größter Bedeutung für seine weitere Zukunft. Die Meinungsverschiedenheiten waren rasch und schmerzlos beigelegt und hinterließen zwischen dem Meister und dem Schüler keinerlei Verstimmung. Es gelang Lenin, die sechs Abgeordneten zu veranlassen, sich von ihren menschewistischen Kollegen zu trennen. Er tadelte den kompromißlerischen Ton der »Prawda« und schickte in aller Ruhe einen Mann mit Namen Jakob Swerdlow nach St. Petersburg, um die Leitung der Zeitung zu übernehmen. Swerdlow (der spätere Präsident der Sowjetunion) beherrschte den Redaktionsstab, bei dem sich damals ein junger Student namens Skrjabin-Molotow befand, vom ersten Augenblick an und brachte die »Prawda« in kürzester Zeit auf den gewünschten Kurs. Lenin versüßte die Pille, die er Koba hatte verabreichen müssen, indem er ihm einige wichtige Aufträge in Krakau und in Wien gab.

Sicherlich hatte Lenin damals den Wunsch, seinen Schützling näher kennenzulernen. Wie war sein geistiger Hintergrund? Wie tief war er im Marxismus verwurzelt? Wo lag seine Stärke und wo seine Schwäche? Lenin war ein großer Menschenkenner und hatte eine wahrhaft sokratische Art, sich an Menschen heranzutasten. Zunächst wird er Koba über alle möglichen und unmöglichen Dinge befragt haben: über den Verlauf der Wahl in St. Petersburg, über die Verhältnisse in der Untergrundbewegung, über die Rassen und Nationalitäten im Kaukasus und über anderes mehr. Die Prüfung wird nicht besonders pedantisch gewesen sein. Der Meister wird bald gesehen haben, wo die Grenzen seines Kandidaten lagen. Aber er muß mit dem Ergebnis zufrieden gewesen sein. Der junge Mann — Koba war damals dreiunddreißig — war kein selbständiger Denker, aber er hatte einen offenen Sinn, war klug und über die Fragen wohl unterrichtet, die für die Parteipraxis von Bedeutung waren. Er war zum Beispiel außerordentlich gut im Bild über alle Fragen, die den Nationalitätenkampf im Kaukasus betrafen. Die Gespräche der beiden Männer konzentrierten sich bald auf diesen Punkt. Lenin hatte seine eigenen Gedanken über dieses Thema, aber Koba, der hier aus seiner reichen Erfahrung schöpfte, konnte den allgemeinen Gedanken des Meisters Form und Farbe geben. Im Laufe einer solchen Unterhaltung machte Lenin den Vorschlag, Koba solle eine Untersuchung über dieses Thema für »Proswechtschenije« (Die Aufklärung), also für das streng wissenschaftlich-soziologische Organ der Partei schreiben.

Der Vorschlag war schmeichelhaft. Bisher hatte Koba nie gewagt, auf das Gebiet reiner Theorie vorzudringen. Aber das Nationalitätenproblem mußte doch von einem weiteren Gesichtspunkt aus betrachtet werden als vom Standpunkt der kaukasischen Rassenkämpfe. In Krakau, der mittelalterlichen Hauptstadt Polens, in der Stadt polnischer Könige und Dichter, konnte man die nationalen Ansprüche der Polen unmöglich übersehen. Nur einen Steinwurf weit von Lenins Wohnung entfernt schulte damals Pilsudski die Führungskräfte für seine Legion, mit der er den Aufstand gegen die Russen zu eröffnen gedachte. Lenin sagte: »Die Polen hassen die Russen, und nicht ohne Grund. Wir dürfen die Kraft ihres nationalen Gefühls nicht übersehen. Wir werden sie bei unserer Revolution recht vorsichtig behandeln müssen, wir müssen ihnen sogar gestatten, sich von Rußland zu trennen, wenn es nicht anders gehen sollte.«[27] Dann gab es die höchst komplizierten Beziehungen zwischen den verschiedenen Rassen und Nationalitäten in der habsburgischen Monarchie: Ungarn, Deutsche, Tschechen, Südslawen. Die österreichischen Sozialisten hatten ein Programm für die Behandlung der Nationalitätenfrage aufgestellt. Es wäre sicher interessant, einen Vergleich zwischen der Nationalitätenpolitik der russischen und der österreichischen Sozialdemokratie zu ziehen. Lenin brachte wahrscheinlich ganz diskret und — ohne die Eigenliebe seines Schützlings zu verletzen — Koba den Kern, die Hauptargumente und die Schlußfolgerungen des Essays nahe. Um diese Untersuchung machen zu können, sollte er für einige Wochen nach Wien gehen.

Hier, in der Hauptstadt des habsburgischen Reiches, wo sich so viele Nationalitäten begegneten, würde er die besten Anregungen für seine Arbeit finden. Ein Beauftragter des Zentralkomitees mußte sowieso nach Wien geschickt werden, um dort gewisse technische Fragen zu besprechen, die Drucklegung von Parteibeschlüssen zu überwachen und die Kurierpost der Partei zwischen Krakau und Paris abzufertigen. Koba konnte, wenn er hinfuhr, zwei Fliegen mit einem Schlage treffen. Dies ist der Ursprung der Untersuchung über die »Nationalitätenfrage und die Sozialdemokratie«, die unter dem Namen K. Stalin (der Mann aus Stahl) erschien. Auf Grund des Rufes, den sich Stalin mit dieser Arbeit als Sachverständiger in Nationalitätenfragen erwarb, wurde er fünf Jahre später im Kabinett Lenins Volkskommissar für Nationalitätenfragen.

Als die Abgeordneten und die Mitglieder des Zentralkomitees wieder aus Krakau abreisten, blieb Koba einige Wochen bei Lenin. Wenn er so zu Lenins Füßen saß, wird er über die Nadelstiche nachgedacht haben, die er den Emigranten versetzt hatte, weil sie »kein Verständnis für die russische Wirklichkeit haben«. Was für ein Mensch war dieser Lenin? Der Schüler wird auch den Meister geprüft haben. Es war offenbar gar nicht so, daß Lenin kein Verständnis für die Wirklichkeit hatte. Er hatte einen erstaunlich sicheren Blick für Tatsachen und für die wesentlichen Züge der Verhältnisse in Rußland. Sein Wissen über die Arbeit der Untergrundbewegung mußte den hartgesottensten Bolschewisten, den Rußland hervorgebracht hatte, in größtes Erstaunen versetzen. Seine Art und Weise, mit Menschen umzugehen, war unübertrefflich. Er war etwas über vierzig Jahre alt. Sein Urteil, das tief in der Erfahrung wurzelte, und seine Willenskraft waren die Kennzeichen einer gereiften und wohlausgeglichenen Persönlichkeit. Er war der unbestrittene Herr der revolutionären Verwaltung; unter all den vielen glänzenden Namen der Führerschicht der russischen Sozialdemokratie gab es keinen Rivalen für ihn. Wahrscheinlich hat dieser Zug in Lenins Wesen auf Koba einen besonders nachhaltigen Eindruck gemacht. Weshalb vergeudete dieser Mann der Aktion so oft seine Zeit mit theoretischen Diskussionen und mit doktrinären Haarspaltereien? Wie kam dieser geborene Führer einer Revolutionsarmee dazu, eine fruchtlose und bittere Kontroverse mit den Philosophen in Capri zu führen?

Wie alle bolschewistischen Aktivisten war auch Koba-Stalin tief genug in die marxistische Denkweise eingedrungen, um die politischen Auswirkungen eines philosophischen Disputs würdigen zu können. Für den Marxisten Koba war die Welt durch und durch monistisch. Wissenschaft, Philosophie, Soziologie, Politik und Taktik waren fest in ein einziges Ideensystem verwoben. Aber dennoch war das Interesse, das ein Aktivist vom Typ Stalins an den philosophischen und theoretischen Fragen haben konnte, beschränkt. Leute seines Schlages nahmen gewisse, grundlegende Thesen der marxistischen Philosophie so an, wie sie ihnen in einer populären Darstellung der Lehre verständlich gemacht worden waren. Dies deckte ihren intellektuellen und politischen Bedarf. Diese Formeln schienen ihnen wundervolle Schlüssel für die kompliziertesten Probleme zu sein, und nichts kann für halbgebildete Menschen wertvoller sein. Die Halbgebildeten, aus denen der Sozialismus einen Teil seiner mittleren Führungsschicht rekrutierte, sahen im Marxismus eine Art arbeitssparende Denkmaschine, die leicht zu bedienen und fabelhaft wirksam war. Man brauchte nur auf einen Knopf zu drücken, um mit einer Idee fertig zu werden; tauchte eine andere Idee auf, so gab es dafür einen andern Knopf. Wer solche arbeitssparenden Apparate benützt, macht sich selten Gedanken über die schwierigen wissenschaftlichen Untersuchungen, die der

Konstrukteur einer solchen Maschinerie hatte leisten müssen. Solche Menschen vergessen auch nur allzu leicht, daß eine sachliche und scheinbar unpraktische Forschungsarbeit eines Tages Ergebnisse zeitigen kann, die den ganzen Apparat dann leicht veraltet erscheinen lassen. Die Männer, die jene Denkmaschine des Marxismus benützten, behandelten ihren Apparat in dieser etwas engen, rein zweckbestimmten Art. Im Gegensatz zu vielen seiner Anhänger war Lenin immer ein kritischer Forscher im Laboratorium der Ideen. Seine Entdeckungen dienten letzten Endes immer einem politischen Zweck, und niemals konnten sie ihn in seinen marxistischen Überzeugungen wankend machen. Er tat diese Forschungsarbeit mit offenem und unvoreingenommenem Sinn. Hatte er den Eindruck, daß er eine wesentliche Lücke in seinem Wissen ausfüllen müsse, dann zögerte er nicht, sich für ein ganzes Jahr von der praktischen Politik loszusagen und sich im British Museum oder in der Bibliothèque Nationale in Paris zu vergraben, um dort eine Menge neuen Materials in sich aufzunehmen, ehe er sich über eine umstrittene Frage zu äußern wagte. Die Männer, die nur den marxistischen Denkapparat benützten — und zu ihnen gehörte auch Stalin — wurden dann ungeduldig mit dem Forscher und Denker. Dem Gelehrten in Lenins Wesen war ihr Drängen gleichgültig, dem Parteiführer nicht. Auf der andern Seite bändigten die Schüler ihre Ungeduld mit dem Theoretiker, weil sie ein grenzenloses Vertrauen in den Parteiführer hatten. Sicherlich stand zwischen dem Schüler Koba und dem Meister Lenin, als sie sich in Krakau aussprachen, eine geistige Schranke. Lenin wollte diese Schranke durchbrechen, indem er seinen Schützling ermunterte, sich mit einem größeren theoretischen Problem auseinanderzusetzen. Lenin war nicht nur ein Denker und nicht nur ein Parteiführer. Er war ein einfühsamer Lehrer, der die harten Verhältnisse wohl zu würdigen wußte, in denen sein Schüler aufgewachsen war und die seine Art geformt hatten. Durch das Unfertige in Kobas geistiger Erscheinung ließ sich Lenin nicht abhalten, ihm eine Möglichkeit zu geben, seine besten Eigenschaften ins Licht zu stellen.

In der zweiten Januarhälfte des Jahres 1913 reiste Koba nach Wien. Er blieb dort ungefähr vier Wochen. In dieser Zeit schrieb er seine Untersuchung über die nationalen Minderheiten, einige Zeitungsartikel und Proklamationen; daneben sorgte er für die technische Verbindung zwischen den verschiedenen bolschewistischen Zentren. In Wien begegnete er einigen wichtigen Emigranten. So Nikolai Bucharin, dem späteren Vorsitzenden der Kommunistischen Internationale, Alexander Trojanowski, später Botschafter der Sowjetunion in Washington, und Leo Trotzki.[28] Bucharin, erst Anfang zwanzig, war bereits im Begriff, sich als talentierter und gelehrter Schriftsteller einen Namen zu machen. Damals arbeitete er an seiner Kritik der Mehrwerttheorie, die von der Wiener Volkswirtschaftsschule und insbesondere von Professor Böhm-Bawerk vertreten wurde. Der junge Bucharin muß dem etwas unbeholfenen Kaukasier, der sich mit seinen spärlichen deutschen Sprachkenntnissen in Wien allein kaum hätte zurechtfinden können, als Fremdenführer gedient haben. Er verschaffte ihm wahrscheinlich die Bücher und Zitate, die er für seine Arbeit brauchte. Bucharin wich in wesentlichen Fragen der marxistischen Theorie und Politik von Lenin ab, insbesondere auch in der Frage der nationalen Minderheiten. Lenin setzte sich für das Selbstbestimmungsrecht der Minderheiten ein und verstand dieses Recht so, daß es den Polen, Ukrainern, Letten und so weiter möglich sein sollte, sich vom russischen Reich zu trennen und sich als selbständige Staaten zu konstituieren. Bucharin bekämpfte diese Ansicht. Er sah in ihr nur ein überflüssiges Zugeständnis an einen polnischen, ukrainischen und sonstigen Nationalismus. Er war der Meinung, daß die Revolution alle bestehenden nationalen Grenzen niederreißen werde. Bucharins Ansichten finden sich in Stalins Untersuchung nicht wieder. Sie war durch und durch leninistisch. Trotzdem scheinen die beiden Männer freundschaftlich geschieden zu sein. Ihre Begegnung in Wien war das Vorspiel der engen Zusammenarbeit zehn Jahre später, die freilich damit ein Ende nahm, daß Stalin Bucharin vernichtete.

Weder Trotzki noch Stalin haben jemals etwas über ihr Zusammentreffen in Wien geschrieben. Trotzki machte nur eine Bemerkung über Stalins »gelbe Augen und seinen feindseligen Blick«, wobei man sich über diese »Feindseligkeit« nicht zu wundern braucht. Schon vor Jahren, als Trotzki seine Angriffe gegen die bolschewistischen Terroristengruppen richtete, war er Stalin, ohne es zu wissen, auf die Füße getreten. Dieser alte Grimm war nicht vergessen. Ein neuer kam dazu. Trotzki führte damals mit größter Schärfe einen Kampf gegen Lenins Bruch mit den Menschewisten. Die Vorstellungen, die Trotzki über die Revolution hatte, trennten ihn sowohl von den Bolschewisten als auch von den Menschewisten. Er teilte weder die Neigungen der Menschewisten zum bürgerlichen Liberalismus noch die Meinung Lenins, daß die Revolution in ihrem Wesen nicht sozialistisch sein könne. Im Gegensatz zu beiden predigte er die Diktatur des Proletariats in Rußland und sagte voraus, daß die Revolution von ihren antifeudalen Zielen sofort in ein antikapitalistisches Stadium übergehen werde, oder richtiger gesagt, daß diese beiden Phasen sich in der Praxis überschneiden würden. Da aber Rußland »noch nicht reif für den Sozialismus sei«, liege seine Rettung in einer europäischen Erhebung. Die Revolution in Rußland würde die Revolution im übrigen Europa in Bewegung bringen, das für eine Umwandlung im sozialistischen Sinne bereit sei. Dies ist, auf wenige Worte gebracht, der Sinn seiner Theorie von der »permanenten Revolution«, die ihn in mancher Hinsicht noch weiter links stellte als die Bolschewisten und Menschewisten. Bei der Kontroverse innerhalb der Partei stand jedoch Trotzki insofern zwischen den beiden Fraktionen, als er die Einigkeit aller sozialistischen Parteien forderte. Seine polemischen Blitze richteten sich damals fast ausschließlich gegen Lenin, weil Lenin offen den Gedanken der Einigkeit innerhalb der Partei aufgab und damit die Partei mit allem Vorbedacht spaltete. Trotzki griff die Prager Konferenz als »eine betrügerische Usurpation« an. Aber gerade dieser »Usurpation« verdankte Stalin seinen Aufstieg in der bolschewistischen Parteihierarchie.

Es waren nicht allein diese grundsätzlichen Fragen, die bereits damals die späteren Rivalen trennten. Zum zweitenmal griff Trotzki, ohne es zu wissen, die Stellung Stalins in der Untergrundbewegung hart an. Wie in einer griechischen Tragödie wurde, lange bevor das eigentliche Drama begann, der Knoten des Verhängnisses durch allerlei zufällige, aber schicksalhafte Ereignisse geknüpft. Stalin war Chefredakteur der bolschewistischen »Prawda« in St. Petersburg. Trotzki feuerte ganze Breitseiten gegen den »Separatismus« Lenins in der anderen »Prawda«, die er selber in Wien herausgab. Während der letzten Duma-Wahlen hatte Trotzki ganze Nummern des Blattes der menschewistischen »Liquidatoren« in St. Petersburg mit seinen Artikeln gefüllt. In einem Aufsatz über das Wahlergebnis hatte Stalin, kurz bevor er die Reise nach Wien antrat, in seiner Petersburger »Prawda« geschrieben: Die Bewegung sei in der Praxis über den kindischen Plan Trotzkis hinweggeschritten, der das vereinen wollte, was unvereinbar sei. »Aus einem Prediger der phantastischen Einheit wird Trotzki zu einem Kommis der ›Liquidatoren‹. (...) Trotzki hat alles Erdenkliche getan, daß wir zwei miteinander konkurrierende Zeitungen, zwei konkurrierende Plattformen, zwei einander ablehnende Konferenzen bekamen — und jetzt singt uns dieser Athlet mit den falschen Muskeln selber Lieder über die Einheit!«[29] In ähnlichem Ton schrieb er im »Sozialdemokrat« vom 12. Januar 1913 einen Aufsatz[30], der erste übrigens, der mit »Stalin« gezeichnet ist: »Man sagt, Trotzki habe mit seiner Propaganda für Einigkeit eine neue Strömung in die Angelegenheiten der ›Liquidatoren‹ hineingebracht. Nichts davon ist wahr. Trotz aller seiner heroischen Anstrengungen und trotz seiner fürchterlichen Angeberei ist er gar nichts anderes als ein ganz gewöhnlicher Preisboxer mit falschen Muskeln, denn nach fünf Jahren seines Bemühens hat er niemanden und nichts einigen können als eben die ›Liquidatoren‹.« Fünf Jahre später sollten freilich die Bolschewisten Trotzki als den zweiten Mann der Revolution neben Lenin umjubeln, den Schöpfer der Roten Armee und den Mann, der den Bürgerkrieg gewann. Aber der Spott über den »Preisboxer mit falschen Muskeln« blieb in Stalins Sinn haften. Der Ausdruck war ziemlich rauh, aber er erfaßte ganz deutlich den schwachen Punkt bei Trotzki, der im taktischen Spiel und im Manövrieren lag, und gerade das war Stalins Stärke. Trotzki wird seinerseits das unbekannte Mitglied aus Lenins neuem Zentralkomitee mit neugierigem Interesse beobachtet haben. Der scharfe Denker und Ästhet Trotzki wird wahrscheinlich nicht besonders beeindruckt gewesen sein von dem ungepflegten Mann, der das Russische nur mühsam und mit einem georgischen Akzent sprach und der zu einer Diskussion kaum jemals einen anregenden neuen Gedanken beizusteuern hatte.

Wenn er mit ihm sprach, wird er in ihm sicherlich den klugen Sinn für praktische Gegebenheiten und den unbeugsamen Geist, der ihn sonst auszeichnete, übersehen haben. »Was für komische und gewöhnliche Leute Lenin jetzt zu sich heranzieht«, wird er gemurmelt haben. Kurz darauf schrieb er an Tschcheldse, den Fraktionsführer der Menschewisten in der Duma (derselbe, der einst in Batum, im Jahr 1901, Koba als »Narren« und »Spalter« gebrandmarkt hatte): »Als sinnlose Täuschung erscheint das schmutzige Cliquen-Gezänk, das der Meister in diesen Dingen, Lenin, entfacht, dieser professionelle Ausbeuter des Rückständigen in der russischen Arbeiterbewegung (...).«[31] In den Augen Trotzkis wird Stalin ein lebendiges Beispiel dieser Rückständigkeit gewesen sein.

Mitte Februar befand sich Stalin bereits wieder auf der Heimreise. Er war in gehobener Stimmung. Seine Arbeit über die nationalen Minderheiten hatte die begeisterte Zustimmung Lenins gefunden. Wahrscheinlich hat der Parteichef die stilistischen und logischen Fehler berichtigt, von denen das Originalmanuskript Stalins voll gewesen sein dürfte. Aber er mußte das große Geschick bewundern, mit dem sein Schüler die vielen Mosaiksteinchen des osteuropäischen Nationalitätenproblems erfaßte, ordnete und zu allem hin mit einem einleuchtenden und klaren bolschewistischen Programm überdeckte. In einem Brief an Gorki[32] spricht Lenin voll Stolz über die Arbeit seines Schützlings, seines »prächtigen Georgiers«. Die Verstimmung über die früheren Meinungsverschiedenheiten war jetzt ganz verschwunden, und Lenin war nur zu glücklich, zu sehen, daß sein Schützling sich die Sporen eines sozialistischen Theoretikers verdient hatte.

Seit langem hatte Koba diesen Ehrgeiz im geheimen gehegt. Da er keine Möglichkeit hatte, ihn zu leben, hatte er seine Enttäuschung hinter der Fassade eines Mannes verborgen, dem die Aktion alles, die Theorie nichts bedeutet. Jetzt konnte er diese Verkleidung fallenlassen. Der Rang, den er in der Partei innehatte, war jetzt durch eine wissenschaftliche Leistung untermauert.

Am 23. Februar, eine Woche nach seiner Rückkehr nach Petrograd, wurde seine Tätigkeit erneut durch die politische Polizei unterbrochen. Diesmal kostete ihn seine Verhaftung vier volle Jahre in der Verbannung. Die Begleitumstände dieses neuen Verschwindens waren wahrhaft grotesk. Er wurde durch seinen Kollegen im Zentralkomitee, den bolschewistischen Abgeordneten für Moskau, Malinowski, der *Ochrana* angezeigt. Dieser bezahlte *agent provocateur* hatte jede Einzelheit über die Konferenz in Krakau an den Chef der Geheimen Staatspolizei, Bjelezki, berichtet, der diese Informationen an den Innenminister Makarow weitergab. So waren die Fangnetze bereits ausgelegt, als die Teilnehmer der Konferenz nach Rußland zurückkehrten. Am Tag seiner Verhaftung besuchte Stalin eine harmlose musikalische Matinee, die von den Bolschewisten mit Genehmigung der Polizei veranstaltet wurde, eine jener zahlreichen, durchaus gesetzlichen kulturellen Tätigkeiten, mittels derer die Partei den Kontakt zu den Sympathisanten aufrechterhielt. Stalin, der keine Ahnung hatte, was gespielt wurde, erkundigte sich sogar zuvor bei Malinowski, ob es bedenklich sei, wenn er bei der Veranstaltung erscheine. Natürlich beruhigte ihn der *agent provocateur* und benachrichtigte eilends die Polizei. Stalins Genossen witterten Gefahr und versuchten, ihn aus der Falle herauszubringen, indem sie ihn in einen Frauenmantel steckten. Aber die Spione der *Ochrana* ließen sich nicht täuschen. Die List mißglückte, und Stalin war wieder einmal verhaftet.[33]

Lenin war über diese Nachricht bekümmert; er hoffte nur, bald etwas für eine Flucht Stalins tun zu können. Mit der Organisation der Flucht wurde kein anderer betraut als ausgerechnet Malinowski. Er war nicht nur Mitglied des Zentralkomitees, sondern gehörte auch einer kleinen Gruppe an, die die Aufgabe hatte, Provokateure und Polizeiagenten in den Reihen der Partei zu liquidieren und die Flucht wichtiger Parteigenossen aus dem Gefängnis oder aus der Verbannung zu organisieren. Lenin, Krupskaja und Malinowski hatten einen besonderen Code für die Qualifikationen der Aktivisten in der Untergrundbewegung, Decknamen für sie und ähnliches vereinbart. So gab Lenin der »Nummer Drei« den Auftrag, den »Wassilii« zu befreien. Aber »Nummer Drei« war Malinowski, und dieser sorgte nur dafür, daß die Polizei in der Provinz Turuchansk in Nordsibirien auf »Wassilii« (Stalin) besonders scharf aufpaßte und ihn immer weiter nach Norden in die polare Tundra verschleppte.[34] Lenin war in Verzweiflung, denn seine wichtigsten Emissäre, darunter auch Jakob Swerdlow, der Chefredakteur der »Prawda«, verschwanden auf ähnliche Weise. Er wollte aber keinen Verdacht auf Malinowski kommen lassen, obwohl die Menschewisten häufig Andeutungen in dieser Richtung gemacht hatten. Malinowski legte später sein Mandat in der Duma nieder, weil der neue Chef der *Ochrana* einen Skandal fürchtete. Der liberale Präsident der Duma, Rodsjanko, wußte Bescheid, unterließ es aber, die Duma zu unterrichten. Aber auch noch nach Malinowskis Rücktritt weigerte sich Lenin beharrlich, an dessen Zuverlässigkeit zu zweifeln, und stieß ihn nur deshalb aus der Partei aus, weil er sich der Parteidisziplin nicht unterordnete. Erst im Jahr 1917, als die Archive der *Ochrana* entdeckt wurden, kam auch diese bizarre Geschichte ans Tageslicht.[35]

Ein Jahr nach seiner Verhaftung, im März 1914, wurde Stalin in das Dorf Kureika, am Unterlauf des Jenissei gebracht. Etwa 10000 russische und einheimische Siedler waren hier über ein Land von der Größe Bayerns verteilt. Sie lebten in winzigen Dorfsiedlungen, die durch die oft bis zu hundert Kilometer breite Wildnis getrennt waren. Der Winter dauert dort acht oder neun Monate, der kurze Sommer ist dafür heiß und trocken. Im Sommer lebten die eingeborenen Ostjaken in ihren Rentierzelten, im Winter verzogen sie sich in Behausungen, die halb Hütte, halb unterirdische Höhle waren. Der gefrorene Boden erzeugte keine Nahrungsmittel. Die Ostjaken nährten sich von der Jagd und vom Fischfang und hielten sich mit Pelzen und Wodka warm. Erst unter den Fünfjahresplänen war es ihnen möglich, ihren Lebensstandard durch die Einführung des Benzinmotors und durch moderne landwirtschaftliche Methoden zu verbessern. Zur Zeit der Verbannung Stalins war das Land eine trostlose Wildnis.

Die Gesundheit des Mannes, der im heißen Kaukasus aufgewachsen war, zeigte sich dieser Belastung gewachsen. Die Einsamkeit und die Untätigkeit wurden durch Bücher und durch Zeitungen erträglich gemacht, die ihm seine Genossen schickten

und die ein wandernder Postbote, der alle paar Monate einmal des Weges zog, ins Haus brachte. Zunächst waren die beiden Herausgeber der »Prawda«, Swerdlow und Stalin, im selben Raum untergebracht. Swerdlow beschreibt ihr gemeinsames Leben mit folgenden Worten:
»Wir sind zu zweit. Mit mir ist der Georgier Dshugaschwili, ein alter Bekannter, mit dem ich schon während einer anderen Verbannung zusammen war. Er ist ein guter Junge, aber viel zu sehr Individualist im alltäglichen Leben, während ich für ein Mindestmaß von Ordnung bin. Deshalb bin ich manchmal gereizt (...). Viel schlimmer ist das Zusammensein mit der Familie unseres Hausbesitzers. Unser Zimmer grenzt an das ihrige und hat keinen eigenen Eingang. Sie haben Kinder. Natürlich halten die sich stundenlang bei uns auf. Manchmal fallen sie uns zur Last. Dann sind da die Erwachsenen aus dem Dorf. Sie kommen, setzen sich, schweigen eine halbe Stunde lang, dann stehen sie plötzlich auf: ›So, jetzt muß ich gehen, auf Wiedersehen!‹ Kaum ist der eine weg, kommt ein anderer, und dieselbe Sache beginnt von vorn. Sie kommen haargenau zur Abendstunde, der besten Zeit fürs Studium (...). Es gibt überhaupt kein Petroleum. Wir benützen Kerzen (...).«[36]
Die beiden Männer vertrugen sich offenbar nicht miteinander. Swerdlow wurde bald darauf in ein anderes Dorf gebracht, und Stalin blieb allein, fischend, jagend und lesend. Das dauerte einige Jahre. Anfangs befaßte er sich mit Fluchtplänen, aber er mußte den Gedanken aufgeben, weil seine Bewachung immer schärfer wurde. Als der Krieg ausbrach, ließ er den Gedanken endgültig fahren. In Rußland herrschte überall Standrecht, und die Verbannten hielten es deshalb für sicherer, zu bleiben, wo sie waren. Zunächst setzte Stalin seine Studien über die Nationalitätenfrage fort, schrieb darüber auch eine zweite Arbeit und schickte diese durch Vermittlung des unersetzlichen Allilujew, der immer noch in Petrograd lebte, an Lenin.[37] Sie wurde nie veröffentlicht. Entweder ging sie auf dem Weg verloren oder sie gefiel Lenin nicht. Dann schrieb er während der ganzen Zeit seiner Verbannung in Kureika fast nichts mehr. In seinen »Gesammelten Werken« klafft eine Lücke von Februar 1913 bis März 1917, die die Herausgeber damit erklärten, daß die Schriften Sta-

lins aus dieser Periode »bis auf den heutigen Tag noch nicht aufgefunden worden sind«.³⁸ Da Stalin durch die Revolution in seinem Verbannungsort befreit wurde und seine Arbeiten nicht durch die *Ochrana* vernichtet werden konnten, klingt diese Erklärung nicht ganz glaubhaft. Wahrscheinlicher ist es, daß er während seiner Abtrennung vom tätigen Leben überhaupt nicht mehr zur Feder griff. Er war der Praktiker der Revolution und kein Schriftsteller.

In dieser leeren Einsamkeit von Kureika erreichte ihn die Kunde vom Ausbruch des Ersten Weltkrieges. Das Ereignis kam nicht wie ein Blitz aus heiterem Himmel und dennoch konsternierte es die Sozialisten in Rußland nicht weniger als in Europa. In den Jahren vor dem Krieg hatten alle sozialistischen Kongresse beredte antimilitaristische Aufrufe an die Arbeiter der Welt verfaßt, aber wenige der sozialistischen Führer glaubten, daß der Krieg so nahe sein könnte. In den beiden letzten Jahren vor dem Krieg schrieb Lenin, der sich mit den Auseinandersetzungen innerhalb der Partei befaßte, kaum einen Satz, aus dem man schließen kann, daß er mit einem bevorstehenden Krieg rechnete. Als aber der Krieg ausbrach, war er über das Verhalten der europäischen Sozialdemokraten bestürzt. Als er in der Schweizer Presse las, daß die sozialdemokratischen Abgeordneten im Deutschen Reichstag sich für den Krieg des Kaisers stark machten, wollte er seinen Augen nicht trauen und hielt die Nachricht zunächst für eine Falschmeldung, die der deutsche Generalstab erfunden hatte, um die arbeitenden Massen zu beschwindeln.³⁹ So fest und so einfach war sein Glaube an die Kraft der internationalen Sozialdemokratie gewesen. Er war für einige Zeit so niedergeschmettert, daß er daran dachte, sich von der Politik zurückzuziehen. Er faßte sich aber wieder und beschloß, dem Krieg den Krieg zu erklären. Er war kein Pazifist. Seine Antwort auf den Krieg hieß Revolution. Er stellte die Trusts, die Kartelle, die Banken als die wirklich Schuldigen am Krieg an den Pranger, wetterte gegen den vaterländischen Burgfrieden, den die Sozialdemokraten in den meisten Ländern, die in den Krieg verwickelt waren, predigten, und erfand das Schlagwort, »der imperialistische Krieg muß durch den Bürgerkrieg abgelöst werden«. Ohne Rücksicht auf die Beschuldigung, er trage zur Niederlage seines eigenen Landes bei, wenn er in einem solchen Augenblick die Revolution propagiere, erklärte er ohne Umschweife, er sei ein revolutionärer Defätist. Wenn in diesem Krieg das Zarentum besiegt werde, so sei dies das kleinste der Übel. Wenn dadurch die Revolution beschleunigt werde, so könne man sich sogar nichts Besseres wünschen. Schließlich hatten doch alle Oppositionsparteien, die Liberalen eingeschlossen, im russisch-japanischen Krieg vor zehn Jahren eine defätistische Haltung eingenommen. Er ging jetzt einen Schritt weiter und versagte sich jeder Gemeinschaft mit Sozialisten, die nicht in dieser Frage der gleichen Meinung waren wie er selber. Es könne keine Einigkeit geben mit jenen Arbeiterführern, die als gemeine Knechte den Generalstäben Europas das Kanonenfutter lieferten. In seinen Augen waren sie alle Verräter am Sozialismus. Jede Verbindung mit ihnen war Verrat. Die Zweite Sozialistische Internationale war tot und begraben. Es blieb nichts anderes übrig, als völlig neu zu beginnen und die Dritte Internationale von den Fundamenten auf neu zu bauen.

Wie so oft zuvor war Lenin auch diesmal seinen Freunden und Genossen weit voraus. Damit soll nicht gesagt sein, daß diese sich ausnahmslos von dem Chauvinismus der Kriegszeit fortreißen ließen. Sie blieben ihren antimilitaristischen Überzeugungen treu und opponierten gegen den Krieg. Aber es sah so aus, als habe Lenin seinen Fall in gefährlicher Weise überspitzt. Seine Freunde in Rußland waren bestürzt, als sie sahen, wie Lenin und Sinowjew ihre defätistischen Ansichten in ihren Schriften herausstellten, die sie in aller Ruhe in der Schweiz veröffentlichen konnten. Zur gleichen Zeit predigte Trotzki in Paris das Schlagwort »Weder Sieg noch Niederlage, sondern Revolution«. Vielen Bolschewisten klang diese Formel vernünftiger. Sie waren auch verwirrt durch Lenins Forderung, man müsse mit der Zweiten Internationale brechen, in der sie immer die Verkörperung aller sozialistischen Hoffnungen und Träume gesehen hatten. Zwischen den Sozialisten, die den Krieg unterstützten (den Sozialpatrioten oder Vaterlandsverteidigern), und denen, die radikal gegen den Krieg waren, lag das ganze weite Feld einer unentschlossenen und schwankenden sozialistischen Meinung. Die Heldentaten der Sozialpatrioten widerstrebten ihr, aber sie scheuten dennoch vor einer unwiderruflichen Spaltung zurück. Die meisten bolschewistischen Führer in Rußland wollten sich dem Standpunkt Lenins nicht blindlings anschließen, weil sie sich nicht von der großen Masse der Unentschlossenen absetzen wollten. Bei Kriegsbeginn steckte die Zarenregierung die bolschewistischen Abgeordneten ins Gefängnis und erhob gegen sie Anklage wegen Landesverrats. Selbst Kamenjew, der seit der Deportation Stalins die bolschewistische Politik bestimmte und auch die Herausgeberschaft der »Prawda« übernommen hatte, erschien auf der Anklagebank. Die Staatsanwaltschaft benützte Lenins defätistische Kundgebungen als Beweismaterial gegen die Angeklagten. Damals trennten sich Kamenjew und einige andere Abgeordnete von Lenin, sei es, weil sie wirklich seinen Defätismus nicht billigten, sei es, weil sie die Schläge der Anklage auf diese Weise zu parieren meinten. Trotzdem wurden die Abgeordneten, unter ihnen auch Kamenjew, nach Sibirien in Siedlungen in der Provinz Jenissei deportiert. Ihre Ankunft dort gab Anlaß zu unklaren und böswilligen Auseinandersetzungen unter den Verbannten. Die Anhänger Lenins, die Defätisten, erhoben gegen die Neuankömmlinge den Vorwurf, sie hätten die wichtigsten politischen Prinzipien preisgegeben und sich vor dem zaristischen Gerichtshof unwürdig aufgeführt. Die Verbannten pflegten oft Hunderte von Kilometern in Hunde- oder Rentierschlitten zu reisen, um an einer solchen Aussprache teilzunehmen. Auch Stalin nahm an einigen dieser Versammlungen teil. Was er dort sprach und auf welche Seite er sich stellte, ist nicht bekanntgeworden. Seine amtlichen Biographen versichern, er sei der Hauptsprecher der revolutionären Defätisten gewesen. Der Kanon der stalinistischen Orthodoxie gestattet es nicht, zuzugeben, daß ihr Held in irgendeiner Frage anderer Ansicht gewesen sein könnte als Lenin. Die antistalinistischen Biographen bemühen sich natürlich, das Gegenteil zu beweisen. Wahrscheinlich hielt sich Stalin abseits; das war jedenfalls auch die Haltung, die er im Jahr 1917 sofort nach seiner Rückkehr nach Petrograd einnahm.

    Er nahm sich die Kontroverse wahrscheinlich nicht sehr zu Herzen. Er war viele tausend Kilometer vom Schauplatz der politischen Ereignisse entfernt. Über Grundsätze zu brüten, die doch nicht in die Tat umgesetzt werden konnten, war nicht seine Lieblingsbeschäftigung. Die Verbannten, die nicht ohne diese vertraute Tätigkeit sein konnten, und diejenigen, die sich mehr auf theoretische Überlegungen konzentrierten, waren in lebhafter Bewegung, diskutierten und schrieben Abhandlungen während der drei langen arktischen Winter. Stalin zog sich mehr und mehr zurück, bis er sich schließlich wie ein Einsiedler von allem und allen abschloß.

Über Stalins Privatleben kann fast nichts gesagt werden, obwohl er sich zu dieser Zeit bereits der Mitte seines dreißigsten Lebensjahres näherte. Er selber wollte auch später nie Einzelheiten darüber verlauten lassen. Abgesehen davon ließ das Leben eines revolutionären Aktivisten nur wenig Raum für ein privates Leben. In seiner Jugend war er mit Jekaterina Swanidse verheiratet, der Schwester eines seiner sozialistischen Schulfreunde vom Seminar in Tiflis. Sie starb während der ersten Revolution und hinterließ ihm einen Sohn, der von seinen Großeltern im Kaukasus erzogen wurde. Stalin verheiratete sich erst im Jahr 1918 zum zweitenmal. Aber schon vor dieser Zeit verband ihn eine enge Freundschaft mit der Familie seines späteren Schwiegervaters Sergo Allilujew. Die Allilujews sorgten für ihn. Sie schickten ihm auch Lebensmittelpakete, Kleider und Bücher in die Verbannung.

In seiner Einsamkeit am Jenissei blieben Stalin bittere Stunden nicht erspart. Die Sache, der er sich gewidmet hatte, schien zusammenzubrechen. Wenn er auf die vielen Jahre zurückblickte, die er in der Untergrundbewegung gearbeitet hatte, so konnte er in ihnen wenig Befriedigung finden. Sein Privatleben war leer und voll von Enttäuschungen. In einem Brief an Olga Jewgejewna Allilujewa, seine spätere Schwiegermutter, gab er einmal diesem Gefühl des Verlassenseins Ausdruck. Dies ist, wie schon im Vorwort erwähnt, der einzige uns bekannte Privatbrief Stalins über ein nichtpolitisches Thema. Er dankte in diesem Brief den Allilujews für ihre Pakete und bat sie, kein Geld mehr für ihn auszugeben, da sie es selbst nötiger brauchten. Er bat nur, ihm bunte Ansichtspostkarten zu schicken, denn am Jenissei, wo er leben mußte, biete die Natur in ihrer trostlosen Eintönigkeit dem Auge nichts als die schneebedeckte Endlosigkeit der gefrorenen Tundra. »In diesem fluchwürdigen Lande befällt mich ein trauriges Heimweh nach einem Stück Natur und sei es auch nur auf dem Papier.«[40]

V. Kapitel

1917
Das Jahr der Entscheidung

Stalin untauglich für den Kriegsdienst – Die Februarrevolution – Arbeiter- und Soldatenräte – Stalin und Kamenjew kehren am 12. März nach Petrograd zurück und verdrängen die von Molotow und Schljapnikow geführte bolschewistische Linksgruppe – Lenin kehrt am 3. April zurück. Seine Aprilthesen – Krise in der bolschewistischen Partei – Stalin revidiert seine Stellung und tritt auf Lenins Seite – Als Mitglied des Zentralkomitees widmet er sich der Organisation der Partei – Das Auf und Ab der Revolution – Stalins Rolle während der »Julitage« – Stalin rät Lenin, sich zu verstecken, und leitet den sechsten Parteikongreß – Trotzki schließt sich den Bolschewisten an – Der Kornilow-Aufstand – Die Bolschewisten erringen die Mehrheit in den Sowjets – Lenins Plan eines bewaffneten Aufstands – Spaltung des Zentralkomitees – Das erste Politbüro wird am 10. Oktober gewählt – Stalins Haltung bei der Auseinandersetzung zwischen den Anhängern und den Gegnern des bewaffneten Aufstands – Die Oktoberrevolution – Trotzkis führende Rolle bei der Erhebung – Stalin hält sich vom Parteibüro fern – Seine Tätigkeit im Redaktionsstab der »Prawda« – Angriff gegen Maxim Gorki: »Die Revolution versteht weder ihre Toten zu bemitleiden noch sie zu Grabe zu tragen«

Gegen Ende des Jahres 1916 war die Kraft des Zarentums gebrochen. Die Elite der russischen Männer lag nutzlos im Schmutz unübersehbarer Fronten; in dieser Situation rief man sogar die politischen Verbannten in Sibirien zu den Fahnen. In den letzten Tagen des Jahres verließ Stalin die Siedlung Kureika und reiste nach Krasnojarsk, wo er sich bei einer militärischen Musterungskommission vorstellen mußte. Wegen einer Bewegungsbehinderung des linken Arms, an der er seit seiner Kindheit litt, wurde der spätere Generalissimus der Roten Armee für wehrdienstuntauglich befunden.[1] Im Februar erhielt er die Erlaubnis, den Rest seiner Verbannungszeit in der Nähe von Krasnojarsk zu verbringen. Aber das waren bereits die letzten Wochen unter zaristischer Regierung.

Eine Woche später brach die alte Ordnung in Rußland mit lautem Krach zusammen. Am Jahrestag des Blutsonntags von 1905 hatten in St. Petersburg Streiks und Demonstrationen stattgefunden, die zu einer spontanen Volkserhebung führten. Die Truppen gingen auf die Seite des Volkes über. Jetzt war die Revolution da. Sie ging vom Volk selber aus. Aber sie war durch eine Palastrevolution unterstützt und gefördert worden, in der ein Teil der Hofkamarilla, die liberalen Parteiführer der Mittelklasse und die britische Botschaft zusammen gegen den Zaren Stellung nahmen, in der Hoffnung, sein Sturz werde in Rußland den Einfluß der deutschfreundlichen Hofkreise ausschalten und eine energischere Kriegführung gegen Deutschland möglich machen. Am 2. März dankte der Zar zugunsten seines Bruders, des Großfürsten Michael, ab. Einen Tag später verzichtete auch der Großfürst auf den Thron. Die Minister des Zaren wurden verhaftet. Der liberale Monarchist Fürst Lwow bildete eine Provisorische Regierung mit Professor Miljukow als Außenminister und dem linksstehenden früheren Abgeordneten Kerenski als Justizminister. Die verfassungsmäßige Grundlage dieser Regierung war zweifelhaft: Sie wurde auf Initiative einiger Abgeordneter der letzten Duma gebildet, des allgemein diskreditierten Scheinparlaments, das zudem noch durch den Zaren aufgelöst worden war. Aber trotzdem war die Provisorische Regierung zunächst von der allgemeinen Volksbegeisterung getragen. Sie wurde auch bereitwillig durch den Petrograder Arbeiter- und Soldatenrat (Sowjet) unterstützt, der einige Tage vor der Abdankung des Zaren gebildet worden war.

Die Mitglieder des Sowjets wurden in Fabriken, Werkstätten und später auch in den Kasernen der in der Hauptstadt stehenden Regimenter gewählt. In ähnlicher Weise bildeten sich Sowjets in allen größeren Städten Rußlands und später auch auf dem Land. Nach der Art, wie sie gewählt wurden, waren darin der Adel und das zahlenmäßig an sich schwache Bürgertum nicht vertreten. Es waren Volksparlamente *par excellence,* aus denen die Oberschicht zwangsläufig ausgeschlossen war. Solange es keine parlamentarischen Einrichtungen gab, waren sie die breiteste Repräsentation des russischen Volkes, die im Augenblick möglich war. Die Abgeordneten für die Sowjets waren nicht für eine bestimmte Zeit gewählt. Die Wähler hatten jederzeit das Recht, sie durch andere Vertreter abzulösen. Die Zusammensetzung der Sowjets änderte sich deshalb häufig durch Nachwahlen, so daß sie ein sehr empfindliches Spiegelbild der schwankenden Volksstimmung wurden. Darin lag aber zugleich auch die Quelle ihrer einzigartigen moralischen Kraft. Die Sowjets waren nicht nur eine halbparlamentarische Vertretung der unteren Klassen, sie hatten auch tatsächlich die Exekutive inne, mit der sich die diskreditierte normale Staatsverwaltung nicht mehr messen konnte. Die Weisungen der Sowjets gingen in die Fabriken, in die Eisenbahndepots, in die Postämter und zu den Regimentern. Vom ersten Augenblick ihres Bestehens an konnte die Provisorische Regierung keine einzige wichtige Entscheidung treffen, es sei denn, daß sie von den Führern des Petrograder Sowjets gebilligt und gutgeheißen war. So war die Regierung faktisch der Gefangene der Sowjets, obwohl weder der Sowjet noch die Regierung sich hierüber klar waren. Der bald verborgene, bald offene Konflikt zwischen beiden Körperschaften sollte den ganzen weiteren Verlauf der Revolution bestimmen. Inzwischen freute sich das Volk über den Wonnemond der neuen revolutionären Zeit. Die bevorstehenden Konflikte waren noch nicht erkennbar. Für den Augenblick war alles zufrieden und glücklich. Man hatte die Freiheit gewonnen, wenn auch inmitten der Schrecken des Krieges.

Aus Sibirien kehrten die Gefangenen und Verbannten in größeren oder kleineren Gruppen zurück. Sie wurden auf allen Stationen ihrer Reise stürmisch gefeiert. Aus einer Stadt in Sibirien telegraphierten Stalin, Kamenjew und der frühere Abgeordnete der Duma, Muranow, ihre »brüderlichen Grüße« an Lenin in die Schweiz. Die alten Zwistigkeiten waren vergessen, alle drei dachten nur daran, ihren Meister in den ersten Stunden ihrer wiedergewonnenen Freiheit zu grüßen. Am 12. März trafen Stalin und seine Genossen in Petrograd ein, wo sie als die rangältesten Parteiführer empfangen wurden. Die Emigrantenführer waren noch nicht nach Hause gekommen. In Petrograd hatte ein vorläufiges Büro des Zentralkomitees die bolschewistische Organisation während der Februarrevolution geleitet. Es bestand aus drei jungen Männern, Wjatscheslaw Skrjabin-Molotow,

Mitarbeiter der »Prawda« in der Vorkriegszeit, Alexander Schljapnikow und Peter Saluzki, beide energische Arbeiter, die ihre Bildung dem eigenen Streben verdankten. Diese drei besaßen aber nicht genügend politisches Wissen und Erfahrung, um eine klare Politik formulieren zu können, die auch mit den nicht vorauszusehenden Möglichkeiten der Revolution rechnete. Die Partei war in einem Zustand der Verwirrung. Die Bolschewisten des rechten und des linken Parteiflügels bekämpften sich gegenseitig, keine der beiden Gruppen besaß einen Führer, der die ganze Partei hätte mitreißen können. Die drei vertraten den linken Flügel unter den Bolschewisten. Sie waren unzufrieden mit der Zusammensetzung der Regierung des Fürsten Lwow, in der der bürgerliche Liberalismus die Oberhand hatte, aber auch mit der gemäßigten Politik der Sowjets, in denen die Menschewisten, die Agrarsozialisten und die Sozialrevolutionäre die Mehrheit besaßen. Die drei Bolschewisten opponierten gegen die offen zugegebene Absicht der Regierung, den »Krieg bis zum siegreichen Ende weiterzuführen«, sie prangerten aber auch die Menschewisten als »Vaterlandsverteidiger« an.[2] Die von Molotow redigierte »Prawda« forderte den sofortigen Rücktritt des Fürsten Lwow und die Übertragung aller Gewalt an die Sowjets. Ein rechter Flügel der Bolschewisten unter der Führung von Wojtinski wollte Fürst Lwow und die »Fürsprecher der Verteidigung« unterstützen und forderte den Zusammenschluß von Bolschewisten und Menschewisten zu einer einzigen Partei. Durch die Rückkehr Kamenjews erhielt diese Rechtsgruppe neuen Auftrieb. Stalin blieb zunächst beiden Gruppen gleichermaßen fern, um vorsichtig seinen Weg abzutasten und die Kluft zwischen beiden zu überbrücken.

Da er das dienstälteste Mitglied des 1912 bestellten Zentralkomitees war, setzte er das Petrograder Trio ab und übernahm zusammen mit Kamenjew die Redaktion der »Prawda«.[3] Damit hatte er für ungefähr drei Wochen, das heißt bis zur Rückkehr Lenins aus der Schweiz am 3. April, praktisch die Parteiführung inne. Da er eine Politik des goldenen Mittelwegs suchte, erschien er beiden Gruppen der Partei mehr oder weniger annehmbar. Für die Massen der Arbeiter besagte sein Name nichts, aber das galt für die meisten Aktivisten der Untergrundbewegung, die gezwungen gewesen waren, ihren Schutz in der Anonymität zu suchen. Gerade diese Anonymität war für sie in persönlicher und politischer Hinsicht ein Gewinn. Sie war der Beweis langer, selbstloser Arbeit im Dienst der Partei. Als er kurz nach seiner Ankunft in Petrograd auf einer Sitzung des Exekutivausschusses des Sowjets als bolschewistischer Delegierter erschien, fand er nur wenige persönliche Bekannte, nämlich ein paar Georgier, die, wie Tschcheïdse, bereits eine führende Rolle in der Hauptstadt spielten. Für den Rest der Mitglieder des Sowjets war er ein unbekannter Soldat der Revolution.

Der Wechsel in der Führung der Bolschewisten wurde auch nach außen bemerkbar. Sowohl im Sowjet von Petrograd als auch in der »Prawda« schlugen die Bolschewisten jetzt einen versöhnlicheren Ton an. Die von Stalin verfaßten Aufsätze standen zwar ein gutes Stück weiter links als die Beiträge von Kamenjew, aber sie waren doch im ganzen sehr viel gemäßigter als das, was Molotow geschrieben hatte. Zwei Tage nach seiner Rückkehr veröffentlichte er eine kurze Untersuchung über die Aufgaben der Sowjets. Die Sowjets stellten, nach Ansicht Stalins, eine Verbindung zwischen zwei Klassen dar, nämlich zwischen den Arbeitern und den Bauern, die er — darin blieb er also der alten bolschewistischen Vorstellung treu — als die Garanten des endgültigen Sieges der Revolution betrachtete. Aber die Verbindung zwischen diesen beiden Klassen war noch nicht eng genug. Die Aufgabe bestehe jetzt darin, »die Sowjets zu festigen (...), sie untereinander zu verbinden, mit dem zentralen Sowjet der Arbeiter und Sowjetdeputierten als einem Organ der revolutionären Macht des Volkes an der Spitze«.[4] Hier nahm Stalin ganz unverkennbar das Schlagwort vorweg, das nach Lenins Rückkehr die Politik der Bolschewisten bestimmte: »Alle Macht den Sowjets.« Diese Forderung schien gleichbedeutend zu sein mit einer konsequenten Opposition gegen die Regierung des Fürsten Lwow. Stalin begnügte sich jedoch mit der Aufstellung eines positiven Programms und unterließ es, die negativen Folgerungen daraus zu ziehen. Er faßte das Programm der Revolution in wenigen Worten zusammen: »Boden für die Bauern, Arbeitsschutz für die Arbeiter, die demokratische Republik für alle Bürger Rußlands!«[5] Mit anderen Worten: Die Revolution sollte immer noch antifeudal, aber nicht antikapitalistisch sein. Ihr Ziel war ein bürgerlich-demokratischer, kein sozialistischer Staat.

Auch in seinem nächsten Artikel »Über den Krieg« vermischte er in ähnlicher Weise eine radikale Haltung in grundsätzlichen Fragen mit einer gewissen Unbestimmtheit in den praktischen Schlußfolgerungen. Der Krieg sei seinem Wesen nach imperialistisch. Daran ändere auch der Sturz des Zaren nichts. »Wir sind zutiefst davon überzeugt, daß der Gang der Ereignisse in Rußland die ganze Verlogenheit des maßlosen Geschreis ›Die Freiheit ist in Gefahr‹ zeigen wird: Der ›patriotische‹ Rauch wird sich verziehen, und die Menschen werden den wahren Drang der russischen Imperialisten nach den (...) Meerengen, nach Persien (...) mit eigenen Augen erkennen.«[6] Das war ein Satz aus Lenins Werk. Aber »vor allem steht es außer Zweifel, daß die bloße Losung ›Nieder mit dem Krieg‹ als praktischer Weg absolut untauglich ist, da sie (...) nichts bietet und nichts bieten kann.« Mit einigen Vorbehalten billigte dann Stalin das halb pazifistische und halb kampfbereite Manifest des Petrograder Sowjets an die Völker der Welt, aber er zweifelte daran, daß dieser Appell allen Arbeitern in den kriegführenden Staaten zu Ohren kommen werde. Arbeiter, Bauern und Soldaten müßten die Provisorische Regierung so unter Druck setzen, daß sie sich zur sofortigen Einleitung von Friedensverhandlungen bequemen müsse. Dies klang beinahe wie eine Forderung auf Abschluß eines Sonderfriedens mit Deutschland. Aber bereits im nächsten Satz bedrängte der Verfasser die Provisorische Regierung, offen und vor aller Welt den Versuch zu machen, »alle kriegführenden Mächte zur unverzüglichen Aufnahme von Friedensverhandlungen auf der Grundlage der Anerkennung des Selbstbestimmungsrechts der Nationen zu bewegen«. Dieses Argument war auf der antiimperialistischen Seite genau ausgewogen, aber es beruhte doch schließlich auf dem Grundgedanken, daß die »Vaterlandsverteidiger«, die Menschewisten und sogar die Liberalen in gutem Glauben handelten, eine Unterstellung, über die Lenin bald nur ein verächtliches und zorniges Lachen haben sollte.

Einige Tage später schrieb Stalin einen Kommentar zu den von dem Außenminister Miljukow verkündeten Kriegszielen

Rußlands: »Die Leser wissen aus der gestrigen Nummer der ›Prawda‹, daß es sich hier um imperialistische Ziele handelt: die Annexion Konstantinopels, die Annexion Armeniens, die Aufteilung Österreichs und der Türkei, die Annexion Nordpersiens. Die russischen Soldaten vergießen also auf den Schlachtfeldern ihr Blut nicht um der ›Verteidigung des Vaterlands‹ willen, nicht ›für die Freiheit‹, wie die schmutzige bürgerliche Presse uns versichert — sondern für die Annexion fremder Gebiete zugunsten eines Häufleins von Imperialisten.«[7] Der der Linken angehörende Justizminister Kerenski hatte erklärt, daß Miljukow nicht die Ansichten der Regierung, sondern seine privaten Meinungen wiedergebe. »Entweder ist Kerenskis Mitteilung falsch (...) oder Kerenski hat recht, und dann gibt es für Herrn Miljukow keinen Platz in der Provisorischen Regierung — er muß zurücktreten.«[8] (Der Verfasser dieser Zeilen wird sicherlich nicht mit der Möglichkeit gerechnet haben, daß er ungefähr dreißig Jahre später selber einige der Kriegsziele Miljukows aufnehmen würde und daß dann Miljukow auf seinem Sterbelager in Paris seinem damaligen Kritiker Beifall spenden würde.)

In einem Aufsatz, den er eine Woche nach seiner Rückkehr aus Sibirien schrieb, schlich sich ein Ton ernster Besorgnis über die Aussichten der Revolution ein. Jetzt hatte er den latenten Konflikt zwischen der Provisorischen Regierung und den Sowjets ganz begriffen. Die Revolution hatte ihre hauptsächlichste Stütze in der Hauptstadt und hier wiederum im Sowjet von Petrograd. Die Provisorische Regierung dagegen hatte ihre Anhänger in den Provinzen. Dieser Dualismus der Macht konnte nicht lang andauern. Die Provisorische Regierung vertrat das gemäßigte Bürgertum, das über die Exzesse der Revolution bereits entsetzt war, als die Revolution noch nicht einmal richtig angefangen hatte. Eine solche Regierung würde der Schutzschild für eine feudal-bourgeoise Gegenrevolution werden. Die Revolution müsse die Provinzen gewinnen. Die Arbeiter müßten als Rote Garden bewaffnet werden. Das Heer stehe zwischen der Revolution und der Gegenrevolution, aber wenn es einmal ernst werden sollte, könnten sich die Sowjets nicht auf die Truppen verlassen, die ständig von einem Ort zum andern verlegt werden. Letzten Endes müßte die Revolution durch eine Verfassunggebende Versammlung sanktioniert werden, die in ihrer Zusammensetzung radikaler sein werde als die Provisorische Regierung.

Ende März fand eine allrussische Konferenz der Bolschewisten in Petrograd statt, die erste Versammlung dieser Art seit der Abdankung des Zaren. Man tagte in einem luxuriösen Palais der Favoritin des Zaren und Primaballerina am Hof, Kschesinskaja, das von den Bolschewisten beschlagnahmt und als Hauptquartier eingerichtet worden war. Die Stimmung auf der Konferenz war unklar und niedergeschlagen.[9] Die Delegierten bemühten sich, aus dem bolschewistischen Revolutionsschema, das Lenin bereits vor dem Krieg verkündet hatte, eine praktische Politik abzuleiten. Aber dieser Plan schien von der Geschichte bereits überholt. Die Ereignisse, so wie sie sich den Abgeordneten darstellten, ließen sich in dieses Schema nicht hineinzwängen. Man war immer davon ausgegangen, daß die Revolution demokratisch, aber nicht sozialistisch sein werde, und daß das Ergebnis nur eine demokratische Republik der Arbeiter und Bauern, nicht aber eine Diktatur des Proletariats sein könne. Jedermann klammerte sich damals an diese Voraussetzung. Das ging sogar so weit, daß einem Delegierten, der halb im Scherz die Gültigkeit dieses Axioms zu bezweifeln wagte, von dem Vorsitzenden sofort das Wort entzogen wurde. Man war weiter davon ausgegangen, daß die liberale Mittelklasse durch dick und dünn mit dem Zaren gehen und daß deshalb die Arbeiterklasse in der demokratischen Erhebung die Führung übernehmen werde. Infolgedessen müßte die Provisorische Revolutionäre Regierung eine Koalitionsregierung der Parteien der Arbeiter und Bauern sein, in der die revolutionären Marxisten nicht das große Wort führen könnten. Weit gefehlt! Die liberalen Adelskreise und die bürgerliche Mittelklasse sagten sich vom Zaren los und machten sich zu Verfechtern der Republik. Die Vorstellung, die sich die Menschewisten über den Verlauf der Revolution gemacht hatten, schien also der Wirklichkeit näher zu kommen. Welche Rolle sollten jetzt die proletarischen Sozialisten spielen? Sollten sie in Opposition gegen die liberale Regierung gehen und die Interessen des Industrieproletariats verfechten, so wie es die Menschewisten seit 1905 immer vorausgesehen hatten? Aber die Geschichte hatte auch der menschewistischen Konzeption ihr Schnippchen geschlagen, denn die Menschewisten dachten jetzt an eine Koalition mit den Liberalen der Mittelklasse. Die gemäßigten Bolschewisten forderten nachdrücklich, daß die Partei die Regierung des Fürsten Lwow unterstützen solle. Den radikalen Kreisen der Partei, die im Geist eines plebejischen Extremismus dachten, schien dies ganz unvorstellbar zu sein. Sie argumentierten, die antifeudale Revolution sei noch keineswegs gewonnen, und wenn auch der Zar für seine Person verschwunden sei, so herrsche dennoch die Klasse der adligen Großgrundbesitzer über das bäuerliche Rußland. Fürst Lwow werde nicht im Traum daran denken, seine eigenen Standesgenossen zugunsten der Bauern zu enteignen. Allein die Arbeiterklasse und die Sowjets könnten eine wirkliche Agrarreform durchführen. Wenn so verfahren werde, dann müßten allerdings die Industriearbeiter die größte Last der Revolution tragen, während die Bauern die Nutznießer sein würden. Die Arbeiter würden sich wahrscheinlich nicht besonders für eine Politik begeistern, bei der man von ihnen verlange, daß sie die Geschäfte der Bauern erledigten. Die Logik erfordere, daß die Gewinnchancen für die Arbeiter genauso hoch sein müßten wie für die Bauern. Deshalb müsse die Forderung einer Sozialisierung der Industrie mit der Forderung einer Zerschlagung des Großgrundbesitzes verbunden werden. Die Revolution dürfe nicht nur antifeudal, sie müsse gleichzeitig antikapitalistisch sein. Aber damit hätte man ja den alten Lehrsatz über Bord werfen müssen, daß in Rußland keine sozialistische Revolution ausgelöst werden könne. Keiner der Schüler Lenins hatte den Mut, eine solch drastische Revision in den Grundlagen der Parteidoktrin zu verantworten. Sie redeten sich immer mehr in die Sackgasse einer ausgesprochen antifeudalen Revolution hinein, in der die gemäßigten Bolschewisten keinen Raum für einen Radikalismus sahen, in der aber auch die Radikalen mit ihrem revolutionären Elan nichts anzufangen wußten.

Fast eine Woche lang präsidierte Stalin über dieser Ideenverwirrung mit vorsichtiger, aber auch ratloser Schläue. Als dem Hauptsprecher des alten Zentralkomitees kam es ihm weniger darauf an, diesen grundsätzlichen Widerstreit der Meinungen zu lösen, als darauf, eine Formel zu finden, mit der dieser Konflikt vertuscht werden könnte. Er wollte vor allem der drohenden Spaltung der Partei vorbeugen. In seinen Ausführungen über die zwei Regierungen, das heißt die Regierung des Fürsten Lwow und die Regierung der Sowjets, sagte er unter anderem: »Zwischen beiden gibt es Reibungen und Kampf. Das wird nicht zu ändern sein. Die Rollen sind jetzt verteilt. Der Sowjet der Arbeiter und Soldaten hat in der Tat die Initiative zu einer revolutionären Umgestaltung unserer Verhältnisse ergriffen. Der Sowjet ist der revolutionäre Führer des aufständischen Volkes, ein Organ, das die Provisorische Regierung unter seine Kontrolle nehmen muß. Auf der andern Seite hat die Provisorische Regierung sich angemaßt, die Errungenschaften des revolutionären Volkes zu sichern. Der Sowjet mobilisiert die Kräfte und übt die Kontrolle aus, während die Provisorische Regierung vorgibt, die Eroberungen des Volkes zu befestigen und im Grunde nur hemmt und Verwirrung stiftet. Eine solche Lage hat Vorteile und Nachteile. Es läge nicht in unserem Interesse, wenn wir jetzt die Ereignisse mit Gewalt vorwärtstreiben und uns damit in Widerspruch zu den bürgerlichen Schichten setzen wollten, die uns in der Zukunft unzweifelhaft im Stiche lassen werden. Wir müssen Zeit gewinnen und die Absplitterung dieser Schichten abbremsen, damit wir uns für den Kampf gegen die Provisorische Regierung rüsten können (...).«[10]

Je nach den Einwänden, auf die er stieß, verlegte er das Schwergewicht seiner Argumente bald nach der einen, bald nach der andern Seite, schlug das eine Mal eine bedingte Unterstützung der Regierung vor, um ihr dann wieder jede Unterstützung zu versagen, oder er suchte einen Ausweg darin, daß er die Auffassung vertrat, es komme gar nicht so sehr darauf an, ob man die Regierung unterstütze oder nicht, sondern vielmehr darauf, ob die Regierung die revolutionäre Initiative des Sowjets unterstütze.

Aus den Vorschlägen zur Verschmelzung mit den Menschewisten ergab sich ein neuer Dreifrontenstreit. Es gab eine Gruppe, die sich für die Verschmelzung ohne alle Garantien und Vorbehalte aussprach. Molotow lehnte im Namen der Radikalen den Zusammenschluß ab. Er betonte vor allem, daß eine Einigung nur zwischen solchen Gruppen möglich sei, die ein eindeutiges Antikriegsprogramm unterschrieben. Stalin wollte Verhandlungen über den Zusammenschluß sofort auf der Grundlage der »Beschlüsse von Kiental und Zimmerwald« eingeleitet wissen, das heißt auf der Basis der Beschlüsse, die auf den internationalen Konferenzen der Sozialdemokratie in der Schweiz gefaßt worden waren, in denen aber Lenin jeden revolutionären Geist vermißte. Stalin schob Molotows Einwände beiseite. »Es hat keinen Zweck, den Ereignissen davonzulaufen und sich Sorgen über spätere Meinungsverschiedenheiten zu machen. Es gibt kein Parteileben ohne Meinungsverschiedenheiten. Wir werden mit kleineren Meinungsverschiedenheiten innerhalb der Partei schon fertig werden.«[11] Aber er beruhigte die Linke mit der Versicherung, daß solche Verhandlungen mit aller Vorsicht geführt werden sollten und daß ihr Ergebnis die Partei nicht verpflichten würde. Tatsächlich begann man sofort mit den Menschewisten Verhandlungen zu führen, die erst nach Lenins Eintreffen unterbrochen wurden.

Sobald Lenin in Petrograd eingetroffen war, zog sich Stalin in die Kulissen oder hinter die Szene zurück. Die wenigen Wochen, in denen er das Steuer geführt hatte, genügten ihm, um sich eben einmal zu zeigen. Er war ein Mann der Partei, er war mit der Partei, aber er ging ihr nicht voran. Er hielt sich von den beiden extremen Gruppen fern und suchte eine mittlere Linie, auch wenn er damit auf Zeitgewinn spielte und die Gegensätze zu vertuschen suchte. Er führte die Partei, indem er der stärkeren Richtung nachgab und sich in einem undurchsichtigen Gewebe von Phrasen ausdrückte. Er wollte nicht den Versuch machen, Neues zu formen. Eine solche Führung kann jede normale Partei, die in einer gegebenen Ordnung sich betätigt, flott erhalten. Aber das war nicht die Führung, mit der die bolschewistische Partei eine neue Revolution durchstehen konnte.

Am 3. April kehrte Lenin nach seiner berühmten Reise in dem »plombierten Zug« quer durch Deutschland nach Petrograd zurück.[12] Bei seiner Ankunft wurde er von Massen von Arbeitern, Matrosen und Soldaten begrüßt. Von der Eisenbahnstation fuhr er in einem Triumphzug von Militärlastwagen durch die Hauptstraßen der Stadt.[13] Er vermochte kaum seine Ungeduld über die vielen gutgemeinten, geschwätzigen Willkommensreden zu meistern, die er über sich ergehen lassen mußte. Er brannte darauf, mit seinen Genossen und Freunden zusammenzutreffen.

Sein Denken und Wollen waren nur auf den Handstreich gerichtet, den er zunächst innerhalb seiner eigenen Partei durchführen mußte, ehe diese in der Lage sein konnte, eine neue Revolution ins Land zu tragen. Er hatte sich kaum von der unerwarteten Begrüßung erholt, da brachte er in aller Hast und im Telegrammstil seine zehn Thesen zu Papier. In diesen Thesen steckte sein ganzes Glaubensbekenntnis, sein neuer Revolutionsplan, die neue Verfassung des Bolschewismus. Er legte sie bereits am Tag nach seiner Ankunft der bolschewistischen Parteikonferenz vor.

Seine Parteifreunde waren im Begriff, sich mit den Menschewisten zu einer Konferenz zu treffen, auf der der Zusammenschluß der beiden Gruppen besprochen werden sollte. Da konfrontierte sie Lenin schließlich mit seinen zehn Thesen[14]: Er begann seine Darlegungen mit einem unwirschen Ausfall gegen das politische Idyll, das er angetroffen hatte. Er sagte, er habe auf seiner Reise nach Rußland gedacht, er werde gleich bei seiner Ankunft direkten Weges vom Bahnhof in die Peter-Pauls-Festung, das gefürchtete Gefängnis für politische Häftlinge, überführt werden. Statt dessen werde er von den Feinden und Verrätern des Sozialismus an der Bahn jubelnd empfangen. Hier könne etwas nicht stimmen. »Der vaterländische Krieg« sei in Rußland ebenso in Mode wie in andern Ländern. Die Bourgeoisie und die Menschewisten betrögen das Proletariat. »Das Eigenartige in Rußland ist der ungeheuer rasche Übergang von der brutalen Gewalt zum abgefeimtesten Betrug«, durch den man den Massen einreden wolle, die Kriegsziele ihrer Herrscher seien gerecht. Die Bolschewisten müßten sich von jeder Berührung mit den ganzen und halben Vaterlandsverteidigern fernhalten. Ihre Aufgabe bestehe in der Schaffung der Diktatur des Proletariats. Im Februar habe die Arbeiterklasse die Macht fast völlig in der Hand gehabt, aber da sie nicht wußte, was sie mit der Macht anfangen solle, habe sie sie der Bourgeoisie überlassen. »Selbst unter unseren Bolschewisten finden wir diese Vertrauensseligkeit gegenüber der Regierung. Das ist nur durch den Revolutionsrausch zu erklären. Das ist der Untergang des Sozialismus.

Ihr, Genossen, vertraut der Regierung. Wenn die Dinge so liegen, so trennen sich unsere Wege. Dann bleibe ich lieber in der Minderheit. Ein Liebknecht ist mir mehr wert als 110 *Oboronzen* vom Schlage Steklows und Tschcheïdses. Wenn ihr mit Liebknecht sympathisiert, aber den *Oboronzen* auch nur den kleinen Finger reicht, so wird das Verrat am internationalen Sozialismus sein.«

So sehr Lenin sonst darauf bedacht war, niemanden persönlich zu kränken, und so sehr er sonst immer bestrebt war, seinen irregeleiteten Schülern die Möglichkeit zu geben, selbst den Rückweg auf die rechte Bahn zu finden, diesmal griff er die »Prawda« ohne Erbarmen an. »Die ›Prawda‹ verlangt von der Regierung, daß sie auf Annexionen verzichte. Von einer Regierung der Kapitalisten zu fordern, sie solle auf Annexionen verzichten, ist Unsinn (...). Es ist an der Zeit, den Fehler zuzugeben. Genug der Begrüßungen, Resolutionen, es ist Zeit, sachlich zu werden.« Die revolutionären Phrasen der Menschewisten sollen nur dem revolutionären Volk schmeicheln. Er verlange nicht, daß die Bolschewisten sofort die Macht an sich reißen, da sie sich in den Sowjets noch in der Minderheit befänden. Solange sie noch nicht die Mehrheit hätten, müßten sie den Massen, die bis jetzt den Menschewisten vertrauen, mit aller Geduld ihre Ansichten erklären, so lang, bis die Mehrheit des arbeitenden Volkes von der Notwendigkeit einer neuen Revolution überzeugt sei. Die Bolschewisten sollten vor das Volk hintreten und ihm sagen, daß sie nicht für eine »parlamentarische Republik, sondern für eine Sowjetrepublik kämpfen, für die Abschaffung der Polizei, für die Abschaffung des stehenden Heeres und für die Beseitigung der Bürokratie. Die Bauern brauchen Land (...) sie werden euch nicht erst um eure Erlaubnis bitten (...) wir werden das Land nehmen, und der Großgrundbesitzer wird nie mehr in die Lage kommen, es zurückzunehmen«. Aber das war noch nicht alles. Die Revolution sei in ihre sozialistische Phase eingetreten. Alle Banken sollten in eine einzige Staatsbank fusioniert und von den Sowjets kontrolliert werden. Die Industrie könne nicht sofort sozialisiert werden, aber die Produktion und die Verteilung müsse unter die Kontrolle der Arbeiter gestellt werden. Es sei höchste Zeit, das veraltete Parteiprogramm zu ändern. Die Partei brauche sogar einen neuen Namen. »Persönlich beantrage ich, den Namen der Partei zu ändern und sie Kommunistische Partei zu nennen. (...) Die Mehrzahl der offiziellen Sozialdemokraten hat den Sozialismus verraten und verkauft. (...) Ihr fürchtet, alten Erinnerungen untreu zu werden. Um aber die Wäsche zu wechseln, muß man das schmutzige Hemd ablegen und ein reines anziehen.« Dieser letzte Satz deutete bereits auf die Gründung einer neuen, der Dritten Internationale hin. Er faßte seine Ausführungen in einer Warnung zusammen: Wenn die Genossen ihm nicht folgen wollten — er werde nicht weich werden. Er werde lieber allein bleiben, wie Liebknecht in Deutschland, und gegen sie kämpfen in dem sicheren Bewußtsein, daß die Zukunft ihm gehöre.

Ein nichtbolschewistischer Schriftsteller, der zufällig an dieser Konferenz teilnahm, schilderte später die Wirkung von Lenins Worten: »Nie werde ich diese Rede vergessen, die wie ein Gewitter über die Versammlung hereinbrach und nicht nur mich erschütterte und verwirrte, der ich ein Andersgläubiger unter den Zuhörern war, sondern auch die Gläubigen, alle, ohne Ausnahme. Ich versichere, daß niemand im Saal auf etwas Derartiges gefaßt war. Es war, als seien alle Elemente losgelassen, als steige der Dämon der Zerstörung aus seinen Abgründen auf, der Dämon, der keine Grenzen kennt und keine Zweifel, keine Schwierigkeiten und keine Bedenken. Es war, als brause es durch die Festsäle der Kschesinskaja über die Köpfe der verhexten Genossen weg.«[16]

An den folgenden Tagen setzte Lenin seinen Gewaltstreich fort. Kamenjew, Kalinin und einige andere widerstanden ihm, entwickelten ihre eigenen Formeln und Pläne und beriefen sich auf Lenins oft genug wiederholte These, daß Rußland für den Sozialismus nicht reif sei. Er schlug zurück mit bitteren Angriffen gegen die »alten Bolschewisten, die mehr als einmal eine traurige Rolle in der Geschichte unserer Partei gespielt haben, weil sie unbeweglich und konservativ an alten Formeln kleben, die sie auswendig gelernt haben, anstatt sie im Lichte neuer Erfahrungen immer wieder kritisch zu überholen«. Er gab zu, daß Rußland, wenn man es aus seinem Zusammenhang mit dem übrigen Europa herauslöse, für den Sozialismus nicht reif sei. Aber mit ganz Europa sei es so. Rußlands Mission bestehe darin, der europäischen Revolution den Weg zu ebnen. Dies sei Trotzkismus, nicht Leninismus, murmelten die Leninisten, die sich hier wieder an gewisse alte Diskussionen erinnerten. Nach einigen Tagen heftigster Debatten war die Mehrheit der Konferenz für Lenin gewonnen. Eine Gruppe Bolschewisten, die äußerste Rechte, trat geschlossen aus der Partei aus. Sie sagten sich mit hämischen Bemerkungen von ihrem bisherigen Führer los, der ein anarchistischer Konspirateur, ein neuer Bakunin sei. Dagegen zeigten sich die radikalen Gruppen, für die Molotow und Schjapnikow gesprochen hatten, ohne einen besonderen Eindruck hinterlassen zu haben, recht zugänglich. Sie fanden in Lenins Thesen eine systematische Rationalisierung für ihre eigenen Tendenzen. Der Rahmen der rein demokratischen Revolution (aus dem sie selber auszubrechen sich nicht getraut hatten, weil er durch die Parteidoktrin festgelegt war) von dem sie dunkel empfanden, daß er ihren revolutionären Drang ungebührlich einenge, war jetzt durch den Schöpfer dieser Doktrin selber zerschlagen worden.

Lenins *Coup* hatte in der Partei deshalb einen so erstaunlich großen Erfolg, weil er einem psychologischen Bedürfnis der Partei selber entsprach. Er gab den zaudernden und desorientierten Männern neuen Schwung und neue Ziele. Den Gegnern erschien dieser Umschwung so wild und plötzlich, daß er schon aus diesem Grund in ihren Augen zum Mißerfolg verurteilt schien. Kamenjew, Kalinin und die andern blieben fest; sie deuteten an, Lenin habe durch seine lange Abwesenheit die Verbindung mit der russischen Wirklichkeit verloren, und gaben der Hoffnung Ausdruck, die Partei werde sich früher oder später dem Einfluß dieses neuen Leninismus entziehen und den Rückweg zu einer vorsichtigeren und weniger abenteuerlichen Politik finden. Während dieses ganzen Revolutionsjahrs und besonders am Vorabend des Oktoberaufstands, gefährdete diese Auseinandersetzung zwischen dem alten und dem neuen Leninismus mit ihren Spannungen die Einigkeit der Parteiführer; und diese Kontroverse brach aufs neue aus, als nach Lenins Tod der Streit um seine Nachfolge begann. Aber vom April an war der Bolschewismus neu orientiert. Es begann der steile und gefährliche Anstieg zur zweiten Revolution.

Die Schärfe der Argumente Lenins und seine Schmähreden trieben Stalin in ein Schweigen des Selbstschutzes. Es war nicht das erstemal, daß sein vorsichtiges Wesen sich von einem waghalsigen Schritt des Meisters nicht mitreißen ließ. Aber er konnte nicht den Verdacht aufbringen, Lenin handle leichtfertig oder wie ein Don Quichotte. Dazu kannte er ihn bereits zu gut. Wenn es ihm auch nicht immer leicht fiel, dem Flug der kühnen politischen Phantasie des Meisters zu folgen, so hatte er doch einen festen Glauben an Lenins Realismus entwickelt. Wenn Lenin dafür war, so konnte das unmöglich leere Phantasie sein, mußte er sich wohl gesagt haben. Er ließ Lenins Hohn wegen der Redaktion der »Prawda« über sich ergehen, obwohl es für sein Selbstgefühl ein schwerer Schlag gewesen sein mußte, von Lenin so auf die Finger geklopft zu werden, nachdem er eben noch die Rolle des Parteiführers gespielt hatte. Da er aber entschlossen war, den Tadel ohne Erwiderung einzustecken, traf ihn Lenins Kritik auch wiederum nicht allzu schwer. Immerhin, er stand nicht mit Kamenjew in den Reihen derer, die offen die Verständigung mit den Menschewisten forderten. Er stand zwischen den Verständigungspolitikern und den Radikalen und hatte sich dabei so wenig festgelegt, daß er jetzt in diesem Punkt Lenins Thesen annehmen konnte, ohne das Gesicht zu verlieren. Sein unentschlossenes Schwanken war der Ausdruck der Schwierigkeiten gewesen, mit denen er selber nicht fertig geworden war. Er muß es als eine Erleichterung empfunden haben, daß er jetzt davon befreit war. Lenin war auch nichts daran gelegen, daß die interimistischen Führer der Partei gedemütigt würden, nachdem sie den Widerstand gegen ihn aufgegeben hatten. Stalin blieb Herausgeber der »Prawda«, und Lenin half ihm. Es vergingen keine zehn Tage, seitdem Lenin seine zehn Thesen verkündet hatte, da beeilte sich Stalin, in der »Prawda« seine Solidarität mit Lenin zu unterstreichen.

In dem Leitartikel »Den Boden den Bauern«, den er mit seinem Namen zeichnete, verwarf er das, was er eben noch gefordert und verteidigt hatte.[16] Der Landwirtschaftsminister Schingarjew hatte den Bauern verboten, die Äcker der Großgrundbesitzer, die aus Angst vor einem Bauernaufstand in die Städte geflohen waren und ihre Güter verlassen hatten, unter den Pflug zu nehmen. Der Minister beschwor die Bauern, Geduld zu haben und zu warten, bis die Verfassunggebende Nationalversammlung die Bodenreform gesetzlich geregelt habe. »Da jedoch unbekannt ist, wann die Konstituierende Versammlung einberufen wird, weil die Einberufung der Konstituierenden Versammlung von der Provisorischen Regierung hinausgezögert wird, so ergibt sich, daß in Wirklichkeit der Boden unbebaut bleiben soll, die Grundbesitzer auf ihrem Boden, die Bauern ohne Boden und Rußland, die Arbeiter, Bauern und Soldaten ohne genügend Brot bleiben werden.« Stalin forderte die Bauern auf, ihr Recht selbst die in Hände zu nehmen, »Bauernkomitees zu bilden und das Land in einer organisierten Form zu bebauen, ohne lange auf die Erlaubnis dazu zu warten«. Auf die reaktionären Minister, »die Knüppel in die Speichen des Rades der Revolution schieben«, brauchten sie wirklich keine Rücksicht zu nehmen. Noch vor wenigen Tagen hatte er die Ansicht vertreten, die Bolschewisten sollten die Ereignisse nicht überstürzen, weil das die fortschrittlichen Elemente unter den bürgerlichen Parteien gegen sie aufbringen werde. Nun brandmarkte er genau die gleiche Auffassung als »reaktionären Utopismus«. »Der Siegeszug der russischen Revolution wird diese Politik als überflüssigen Plunder hinwegfegen, der nur den Feinden der Revolution genehm und von Vorteil ist.«

Noch vor wenigen Tagen hatte er seine Zweifel darüber geäußert, ob die Arbeiter Westeuropas sich durch eine Antikriegspropaganda beeindrucken lassen würden. Jetzt behauptete er steif und fest (in der Proklamation zum 1. Mai, die er im Namen des Zentralkomitees schrieb), »daß unter dem Donnergrollen der russischen Revolution sich auch die Arbeiter des Westens aus ihrem Schlaf erheben (...). Den kapitalistischen Räubern brennt der Boden unter den Füßen, denn von neuem steigt über Europa das rote Banner der Internationale empor.«[17] Verschwunden waren die Hoffnungen auf eine Vereinigung mit den gemäßigten Sozialisten, denn diese waren jetzt »der Revolution müde geworden«. »Wer die Revolution anhalten will, wird unweigerlich zurückbleiben, und wer zurückbleibt, wird keinen Pardon erhalten; die Revolution wird ihn in das Lager der Gegenrevolution schleudern.«

Ende April wählte ein neuer Allrussischer Kongreß der Bolschewisten ein neues Zentralkomitee, bestehend aus neun Mitgliedern. Unter ihnen befanden sich Lenin, Sinowjew, Kamenjew, Stalin und Swerdlow. Dies war das erstemal, daß Stalin mit großer Stimmenmehrheit und in einer direkten und offenen Wahl in eine Führungsstellung in der Partei gewählt wurde. Für die Parteifunktionäre war er jetzt eine bekannte Persönlichkeit, für die Außenstehenden besagte sein Name allerdings kaum etwas. Bei diesem Kongreß war er Berichterstatter für die Nationalitätenfrage. Die Provisorische Regierung war eben in einen Konflikt mit den Finnen verwickelt, die sich von Rußland loslösen wollten. »Es ist undenkbar«, sagte Stalin, »daß wir uns mit dem gewaltsamen Festhalten irgendeines Volkes im Rahmen eines einheitlichen Staates einverstanden erklären.« Wenn wir das täten, dann »würden wir nur die Politik des Zarismus fortsetzen«.[18] Er, der Georgier, wünsche nicht die Trennung des Kaukasus von Rußland, aber wenn die Völker des Kaukasus dies wollten, dann habe niemand das Recht, sie zurückzuhalten. Als der Pole Felix Dsershinski, später Begründer der sowjetischen Polizei, den Einwand machte, die nationalen Ansprüche der verschiedenen Nationalitäten seien reaktionär, erwiderte ihm Stalin: »Ist denn nicht der Kampf der Iren gegen die Engländer revolutionär?« Er betonte, daß das Problem von außerordentlicher Bedeutung sei, denn in ihm stecke die Frage der Zukunft aller Kolonialvölker. Wenn man die nationalen Ansprüche dieser Völker unterstütze, so schlage man damit eine Brücke zwischen »Ost und West« und gebe der sozialistischen Revolution in Europa einen starken Rückhalt in Asien. Der Herausgeber der »Prawda« bekräftigte mit diesem Referat sein Ansehen als maßgeblicher Sachverständiger der Partei in Nationalitätenfragen.

Die Chancen des Bolschewismus begannen zu steigen. Die 133 Delegierten auf dieser Konferenz vertraten ungefähr 76 000 Parteimitglieder[19] (in den Tagen der Februarrevolution belief sich diese Zahl höchstens auf 30 000). Aber auch so war es immer noch ein kleines Häuflein, das bei einer normalen parlamentarischen Wahl die Waage nicht nach seiner Seite hätte ausschlagen lassen. Aber der soziale und politische Einfluß wurde in diesem Revolutionsjahr auch anders gewogen und gewertet. Die »Handvoll« Bolschewisten waren wohlorganisierte und disziplinierte Männer, die in Schlüsselpositionen standen und von dort aus einen entscheidenden Einfluß auf die Industrie, das Verkehrswesen, die Armee und nicht zuletzt auf die Sowjets ausübten. Die meisten von ihnen waren Delegierte von Fabriken und Regimentern, die einen immer größeren Einfluß auf die Masse der Arbeiter und Soldaten gewannen. Sie waren »die Avantgarde der Revolution«, hinter der ein ganzes Volk zum Kampf antrat. In jedem Sowjet handelten die Bolschewisten als ein geschlossener Körper. Als in den nächsten Nachwahlen ihre Zahl weiter stieg, wuchs ihr tatsächliches Gewicht sogar noch rascher als ihre Zahl. Die Partei mußte jetzt jemanden haben, der sich um diese große Masse von Agitatoren, Betriebsdelegierten und Mitgliedern der Sowjets kümmerte. Es mußte jemand gefunden werden, der Tag für Tag die Verbindung mit ihnen hielt, ihnen die Entscheidungen des Zentralkomitees übermittelte, sie anwies, wie sie in den Sowjets abzustimmen hatten und wie sie sich den andern Parteien gegenüber verhalten sollten. Diese schwierige Arbeit wurde von Stalin und Swerdlow übernommen. Das Chaos im Verkehrswesen und die Tatsache, daß in Petrograd der Brennpunkt der Revolution war, machte es den Mitgliedern des Zentralkomitees unmöglich, die Gruppen der Partei in der Provinz regelmäßig zu bearbeiten. Von Zeit zu Zeit kamen Delegierte aus der Provinz in die Hauptstadt, um an allrussischen Tagungen der Sowjets, an Versammlungen der Soldatenräte, der Gewerkschaften und Bauern teilzunehmen. Die beiden Hauptorganisatoren der Partei benützten solche Anlässe, um entweder im Palais Kschesinskaja, wo die Parteileitung tagte, oder im Taurischen Palais, dem ursprünglichen Sitz des Petrograder Sowjets, die Delegierten kennenzulernen und zu instruieren. Während Lenin, Sinowjew und Kamenjew auf die Rednertribüne gingen und ihre Schlachten in Reden und Resolutionen schlugen, wirkten Stalin und Swerdlow als die unermüdlichen und unsichtbaren Führer der bolschewistischen Gruppen in den Versammlungen und sorgten dafür, daß das Gros der Partei in Übereinstimmung mit den Parteiführern handelte und abstimmte. Der zähe und erfindungsreiche Organisator, dem Lenin eine so wichtige Aufgabe in seinem Revolutionsplan anvertraut hatte, mußte sich jetzt bewähren, aber nicht mehr im engen Bereich einer Untergrundbewegung, sondern mitten in einer offenen und immer höher wogenden Volksbewegung. Aber trotzdem spielte er seine Rolle so anonym und bescheiden, wie er es immer getan hatte. Die Popularität und der Ruhm, die von der Revolution den großen Volkstribunen und Meistern der Redekunst so rasch und verschwenderisch geschenkt wurden, blieben ihm versagt.

In diesen Tagen erstand dem Bolschewismus in der Person von Leo Trotzki ein neuer Führer. Sein persönlicher Mut, sein politischer Elan, seine brillanten Reden stellten bald die andern, wahrlich auch befähigten Führer, die von der Rednertribüne des Petrograder Sowjets zum Volk sprachen, in den Schatten. Trotzki kehrte einen Monat nach Lenin direkten Weges aus einem kanadischen Internierungslager nach Rußland zurück. Es lag ihm viel daran, seinen alten Streit mit dem Begründer des Bolschewismus beizulegen und mit ihm zusammenzuarbeiten.[20] Der Krieg hatte auch Trotzkis Ansichten teilweise verändert. Den lang gehegten Ehrgeiz, Bolschewisten und Menschewisten zusammenzuführen, gab er jetzt auf. Er hatte gehofft, die Menschewisten würden unter dem Zwang der Revolution einen Ruck nach links tun und die Bolschewisten würden sich von dem frei machen, was Trotzki als ihre typische, sektiererische Engstirnigkeit bezeichnete.

Jetzt mußte er feststellen, daß die Menschewisten nach rechts abgedrängt worden waren und die Verteidigung des Vaterlandes zu ihrem Anliegen gemacht hatten. Die Bolschewisten schienen ihm dagegen aufgeschlossener zu sein, seitdem sie aus der Untergrundbewegung aufgetaucht waren. Er war jetzt bereit zuzugeben, daß in der Auseinandersetzung über die Natur einer revolutionären Partei, über ihre Struktur und ihre Disziplin nicht er, sondern Lenin recht gehabt hatte. Trotzki tröstete sich mit dem Gedanken, daß der Gründer des Bolschewismus in seinen Aprilthesen sich die Ansicht zu eigen gemacht hatte, die er, Trotzki, schon so lange vertrat, daß nämlich das Ziel der russischen Revolution die Diktatur des Proletariats sein müsse, und es war wirklich nicht von ungefähr, daß die alten Bolschewisten die Stirn darüber runzelten, was sie Lenins »unerwartete, trotzkistische Abweichung« nannten.

Trotzki leitete in Petrograd eine kleine Gruppe hochbegabter und einflußreicher Sozialisten, die sich als »Meshrayonzy« (Männer aller Bezirke) bezeichneten. Sie traten im Juli der bolschewistischen Partei bei. Zu dieser Gruppe gehörten Männer wie Lunatscharski, der spätere Volkskommissar für Volksaufklärung, Pokrowski, der große Historiker, Rjasanow, der Biograph von Karl Marx, und die späteren Sowjetdiplomaten Manuilski, Joffe, Karachan, Jurenjew und andere mehr. Schon ehe sie sich formell der Kommunistischen Partei anschlossen, arbeiteten Trotzki und einige seiner Freunde mit Lenin zusammen und sprachen innerhalb und außerhalb des Sowjets häufig für die Bolschewisten. So tauchte eine ganze Plejade großer und begeisterter Volkstribunen, wie sie die Welt seit den Tagen von Danton, Robespierre und Saint-Just nicht mehr erlebt hatte, im revolutionären Rampenlicht auf, indes Stalin seine Arbeit weiter im Zwielicht der Kulisse leistete.

Im Mai und Juni stieg das Fieber der Revolution in Petrograd immer mehr an. Die Wahlen zum Stadtrat enthüllten in der Hauptstadt die Schwäche von Miljukows Konstitutionellen Demokraten (Kadetten), die bisher in der Regierung das Heft in der Hand gehabt hatten. Die Hälfte der Stimmen fiel den gemäßigten Sozialisten zu, denen die beiden extremen Parteien, die Kadetten und die Bolschewisten, als einflußreiche Minderheiten gegenüberstanden. Die bisher vorwiegend von Kadetten besetzte Regierung wich jetzt einer Koalitionsregierung zwischen Kadetten, Menschewisten und Sozialrevolutionären. Als aber die Regierung den Versuch machte, dem Sturm zu trotzen, zeigte es sich, daß ihre Kraft beschränkt war. Die Bolschewisten beherrschten die Industrievororte von Petrograd. Die Armee forderte immer lauter Frieden, indes die westlichen Alliierten Rußlands beim russischen Oberkommando darauf drängten, eine große Offensive gegen die Deutschen zu beginnen. Die Bolschewisten traten der neuen Regierungskoalition mit grimmiger Feindschaft entgegen. Sie entwickelten in ihrer Opposition so viel taktische Erfindungsgabe und Feinheit, daß ihr Lohn nicht lange ausbleiben konnte. Zunächst gingen sie nicht auf den Sturz der gesamten Regierung aus, denn sie wußten wohl, daß die arbeitenden Klassen sich einstweilen noch durch die Tatsache beeindrucken ließen, daß die Sozialdemokraten zum erstenmal in der russischen Geschichte in einer Regierung saßen. Aber sie waren auch mißtrauisch gegen die der bürgerlichen Mittelschicht entstammenden Kadetten, die in der Regierungskoalition den Ton angaben. Lenin verhandelte deshalb mit den gemäßigten Sozialisten, um sie zum Austritt aus der Koalition zu bewegen und eine eigene Regierung zu bilden, die sich ausschließlich auf die Sowjets stützen sollte. In den roten Vororten der Hauptstadt waren bolschewistische Agitatoren eifrig bestrebt, den Massen zwei einfache Schlagworte ins Bewußtsein zu hämmern: »Nieder mit den zehn kapitalistischen Ministern!« und »Alle Macht den Sowjets!«. Das erste Schlagwort stachelte den Verdacht gegen die Kadetten auf, der in den Reihen der Anhänger der Bolschewisten wie der Menschewisten bereits weit verbreitet war. Die Forderung, alle Gewalt den Sowjets zu übertragen, bedeutete, die gemäßigten Sozialisten sollten allein die Macht übernehmen, denn sie hatten in den Sowjets die Mehrheit. Dieses Schlagwort sprach auch die einfachen menschewistischen Arbeiter an. Im Mai und Juni wurden Zehntausende von menschewistischen Arbeitern zum Bolschewismus bekehrt. Am 18. Juni marschierten eine halbe Million Arbeiter und Soldaten in einem Demonstrationszug durch die Straßen von Petrograd. Er war, wenigstens der Form nach, von den menschewistischen Führern des Sowjets organisiert. Aber die große Masse der Demonstranten führte Plakate und Banner mit sich, die fast ausschließlich die Schlagworte der Bolschewisten verkündeten. Damals tagte gerade der erste Allrussische Kongreß der Sowjets, und die Delegierten aus der Provinz, unter denen die Bolschewisten nur mit einem knappen Sechstel vertreten waren, mußten durch diese Manifestation des bolschewistischen Einflusses in der Hauptstadt tief beeindruckt sein.[21]

Auf diesem Kongreß der Sowjets ereignete sich ein bezeichnender Zwischenfall. Als einer der sozialistischen Minister mit großer Beredsamkeit die Notwendigkeit einer Regierung auf breiter Basis darlegte, um damit die Politik der Menschewisten in der Koalition zu rechtfertigen, wobei er sich des Arguments bediente, daß keine Partei allein mit dem Chaos und dem Zerfall fertig werden könne, die der Krieg mit sich gebracht habe, da unterbrach ihn Lenin aus den Reihen der Zuhörer heraus mit der kurzen, scharf formulierten Erklärung, daß seine Partei bereit sei, die gesamte Macht zu übernehmen.[22] Lenins Worte hatten einen Heiterkeitserfolg. Aber die Massendemonstrationen, die an diesem Tag stattfanden, verliehen ihnen einen tödlichen Ernst.

Tatsächlich waren die Bolschewisten noch nicht zur Übernahme der Macht gerüstet. Sie betrachteten nach wie vor die Sowjets als die legitime Quelle der revolutionären Macht. Solange seine Partei in den Sowjets nicht die Mehrheit hatte, lehnte Lenin jeden Versuch einer Machtergreifung ab. Aber er hatte es nicht leicht, um die ungeduldigen, halbanarchistischen Arbeiter, Matrosen und Soldaten, die sich über seine betont vorsichtige Taktik ärgerten, an der Leine zu halten. Er begriff, daß sein Plan durch den ungleichmäßigen Rhythmus und durch die innere Stoßkraft der Revolution in Gefahr kam. Während seine Politik den Arbeitern in der Provinz noch zu gewagt vorkam, begann in der Hauptstadt bereits eine starke Gruppe der Garnison und des Proletariats auch den Bolschewisten zu mißtrauen, denen man übertriebene Zurückhaltung oder Mangel an revolutionärem Mut vorwarf. Stalin mußte in der »Prawda« die roten Vorstädte vor anarchistischen und halbanarchistischen Agitatoren warnen, die die Arbeiter vorschnell auf die Straße bringen wollten. So schwankte in den kommenden Monaten der Bolschewismus gefährlich zwischen der Gefahr, die Revolution zu lange hinzuhalten, und dem Risiko, sich zu früh auf eine Aktion einzulassen.

Die schwierige Lage der Partei wurde dadurch verschärft, daß die Gegenrevolution sich zu einem Schlag rüstete. Monarchistische Generale, patriotische Offiziersverbände, heimkehrende Kriegsteilnehmer und die Mittelklasse, die hinter den Kadetten stand, begriffen die tiefe Bedeutung der Juni-Demonstrationen und faßten den Entschluß, die steigende Flut des Bolschewismus durch einen Gewaltstreich zurückzuwerfen. Die Führer der gemäßigten Sozialisten waren eingeschüchtert und spielten wohl auch im stillen mit dem Gedanken, daß sie auf diesem Weg ihre Rivalen auf dem linken Flügel loswerden könnten, denen sie selber immer hilfloser gegenüberstanden. Lenin und seine Freunde waren entschlossen, sich durch nichts zu einem verfrühten Losschlagen bewegen zu lassen. Sie waren ziemlich sicher davon überzeugt, daß sie, auf die proletarischen Massen der Hauptstadt gestützt, hier die Macht sofort an sich reißen könnten. Sie sahen aber auch ein, daß sie sich gegen den Widerstand des übrigen Landes nicht würden halten können.[23] Sie sahen auch, daß jede größere Demonstration in den Straßen von Petrograd jeden Augenblick zu Straßenkämpfen ausarten konnte. Die Arbeiter waren bewaffnet. Die Soldaten waren nicht bereit, an Demonstrationen teilzunehmen, wenn sie nicht ihre Waffen mit sich führten. Jede unbewaffnete Demonstration wäre eine Zielscheibe für die Banden der Gegenrevolution gewesen. Das Zentralkomitee der Bolschewistischen Partei verbot daher alle Demonstrationen. Es war jedoch nicht möglich, dieses Verbot in die Tat umzusetzen, denn die revolutionäre Stimmung in den Vororten und in den Kasernen ließ sich nicht mehr unter Kontrolle halten. Dies war der Hintergrund für die ernste Krise in den »Julitagen«, in denen Stalin eine merkwürdige Rolle spielte und die einen schweren, allerdings nur vorübergehenden Rückschlag für die Bolschewisten brachte.

Eine lebendige und offenbar wahrheitsgetreue Darstellung dieser Ereignisse gab Stalin selber vor dem sechsten Parteikongreß, der wenige Wochen nach diesen Ereignissen zusammentrat.[24] Am Nachmittag des 3. Juli erschien die Delegation eines Regiments in einer Sitzung des Petrograder Parteivorstands und erklärte, sie und andere Regimenter würden noch am gleichen Abend losschlagen. Sie hätten Beauftragte in die andern Kasernen und in die Fabriken geschickt, um diese aufzufordern, sich an dem Aufstand zu beteiligen. Wolodarski, der Vorsitzende des Petrograder Parteiausschusses, erinnerte die Soldaten mit strengen Worten daran, daß die Partei von ihnen als ihren Mitgliedern erwarte, daß sie das von der Partei vorgeschriebene Demonstrationsverbot achteten. Hierauf fand eine Sitzung des Zentralkomitees, des Petrograder Parteiausschusses und der bolschewistischen militärischen Organisation statt, die das Verbot für Demonstrationen bekräftigten und Agitatoren in die Kasernen und Fabriken sandten, die für die Beachtung des Verbots sorgen sollten. Zur gleichen Zeit schickte das Zentralkomitee Stalin in den Exekutivausschuß des Sowjets, in dem die Menschewisten die Mehrheit hatten, um dort über die Lage Bericht zu erstatten. Stalin führte diese Mission zwei Stunden nach dem Beginn dieser Ereignisse aus. Aber die Lawine hatte sich bereits in Bewegung gesetzt. Gegen Abend versammelten sich vor dem Gebäude, in dem das Petrograder Parteikomitee seine Geschäftsräume hatte, Massen von Arbeitern und Delegationen der Regimenter, voll bewaffnet und unter fliegenden Fahnen. Bolschewistische Sprecher redeten den Massen gut zu, sie sollten sich zerstreuen und nach Hause gehen. Sie wurden niedergeschrien. Die tobenden Elemente der Revolution gingen über sie hinweg. Sie schlugen dann vor, die Demonstranten sollten zum Taurischen Palais marschieren, in dem der Sowjet tagte, und ihre Wünsche dort dem Exekutivausschuß des Sowjets vortragen. Unter den Klängen der »Marseillaise« setzte sich die Demonstration in Bewegung. Während der ganzen Nacht war das Taurische Palais von den Massen belagert, die vergeblich eine Antwort auf ihre Hauptforderung verlangten. Sie wollten nicht mehr und nicht weniger, als daß die Führer des Sowjets die Provisorische Regierung absetzen und selber die Macht übernehmen sollten.

Die Menschewisten und Sozialrevolutionäre spielten auf Zeit, denn sie erwarteten, daß ihnen bald loyale Regierungstruppen zu Hilfe kommen würden. Bis dahin hatten sich bei den Aufmärschen und bei der Demonstration selber keine Zwischenfälle ereignet, aber mit jeder Stunde stieg die Spannung, und eine Explosion schien unvermeidlich. Der Landwirtschaftsminister Tschernow wurde von der Menge erkannt und durch eine Gruppe Rowdies »in Schutzhaft genommen«. Der Minister, der selbst ein alter Revolutionär war, verdankte es nur dem entschlossenen Eingreifen und der Geistesgegenwart Trotzkis, daß ihm kein Leid geschah und daß er wieder freigelassen wurde.[25] Lange nach Mitternacht redete Sinowjew immer noch unermüdlich mit seiner schrillen Stimme vom Balkon des Taurischen Palais auf die Massen ein, um das Unmögliche möglich zu machen. Die Menge sollte nach Hause gehen, aber sie sollte ihren revolutionären Elan deshalb nicht ersticken, im Gegenteil, sie sollte ihn lebendig erhalten. Das bolschewistische Zentralkomitee tagte in Permanenz und suchte einen Ausweg aus diesem verhängnisvollen Dilemma. Schließlich wurde beschlossen, die

Partei solle sich an der Demonstration beteiligen, aber nur, um sie in geordnete und friedliche Kanäle zu leiten. Die Gefahr war groß, daß ihr dies nicht gelingen würde, daß ein Straßenkampf entbrennen und dann das ganze Unternehmen zu einem Mißerfolg würde, der das Schwergewicht der Entwicklung auf die Seite der Gegenrevolution verschieben konnte. Wenn die Dinge in diese Richtung liefen, so war die Wahrscheinlichkeit der Niederlage nicht von der Hand zu weisen, und die Bolschewisten wußten nur zu gut, was für sie auf dem Spiel stand. Die andere Möglichkeit war die, sich von den Demonstranten zu distanzieren und die Ereignisse ihren Lauf nehmen zu lassen. Einen solchen Gleichmut konnte aber die Partei der Revolution unmöglich aufbringen. Wenn man die Massen sich selber, ihrer Leidenschaft und ihrer Ungeduld überließ, dann würden sie unweigerlich in die Falle des Bürgerkriegs laufen. Sie würden es den Bolschewisten niemals vergeben, wenn sie in einer solchen Krise im Stich gelassen würden. Die Bolschewisten konnten sich unmöglich in den Augen der gleichen Menschen diskreditieren, deren Vertrauen und Hilfe die Voraussetzung für ihren endgültigen Sieg waren. An den folgenden Tagen wiederholten sich die Demonstrationen. Sie nahmen an Zahl und Heftigkeit zu, es gab bereits Zusammenstöße und blutige Zwischenfälle. Aber die schlimmsten Befürchtungen der Bolschewisten erfüllten sich nicht. Die Zusammenstöße lösten den Bürgerkrieg nicht aus. Die Bewegung verlor ihre Stoßkraft und verebbte langsam. Gleichzeitig setzte eine Gegenbewegung ein, die rasch an Gewicht gewann. Sehr zur Beruhigung der oberen und mittleren Klassen traten jetzt bewaffnete Gruppen der Rechtsparteien in Tätigkeit. Das Parteibüro der Bolschewisten und die Redaktion der »Prawda« wurden überfallen und demoliert. Mitten in diese Unruhe kam zu allem Überfluß auch noch die Kunde von dem Zusammenbruch der russischen Offensive an der Front. Man schob die Schuld an dieser Niederlage den Bolschewisten in die Schuhe. Die Agitatoren der Rechten prangerten Lenin und seine Genossen als deutsche Spione an. Eine populäre Zeitung veröffentlichte zur Stützung dieser Behauptung gefälschte Dokumente. In den roten Vororten wurden Regierungstruppen zu Strafexpeditionen eingesetzt.

Während dieser »Julitage« verhandelte Stalin im Namen des Zentralkomitees mit dem Exekutivausschuß des Sowjets. Er tat alles, um die wildgewordenen Elemente unter Kontrolle zu bringen. Seine erste Maßnahme war, den Exekutivausschuß des Sowjets über den Beschluß der Bolschewisten, der sich gegen die Demonstration richtete, zu informieren. Kaum war dies geschehen, da erfuhr Stalin, daß dieser Beschluß bereits wieder zurückgenommen worden war. Jetzt mußte er wahrscheinlich den Mitgliedern des Sowjets diese veränderte Haltung mitteilen und eine Erklärung für sie finden. In den führenden Kreisen des Sowjets hatte man offenbar zu Stalin Vertrauen und glaubte an seinen guten Willen, denn später, als die Regierung Haftbefehle gegen die meisten Bolschewistenführer erließ, wurde er, obwohl er Mitglied des Zentralkomitees war, nicht belästigt. Ihm fiel auch die Aufgabe zu, den letzten Schritt zur Beilegung des Aufstandes zu tun, er mußte die Rebellen in der Peter-Pauls-Festung zur Übergabe bewegen. Stalin begab sich in Begleitung eines menschewistischen Mitglieds des Exekutivausschusses des Sowjets in die Festung, die auf einer Insel gegenüber dem Sitz der bolschewistischen Parteileitung lag, und zwar ausgerechnet in dem Moment, als das Hauptquartier der Bolschewisten durch Regierungstruppen besetzt wurde. In der Festung lagen robuste Matrosen aus Kronstadt, eine Maschinengewehrabteilung, die den Anstoß zu dem Aufstand gegeben hatte, und rote Arbeitergarden, die nicht daran dachten, sich zu ergeben, sondern ganz im Gegenteil sich auf eine lange, blutige Belagerung einrichteten. Man kann sich vorstellen, wie delikat und schwierig der Auftrag war, den Stalin ausführen sollte. Er konnte sich auf eine amtliche Erklärung berufen, daß die Rebellen keinen Strafmaßnahmen ausgesetzt werden würden. Aber sie wollten nicht kapitulieren. Schließlich bewog sie Stalin in seiner geschickten Weise, sich dem Exekutivrat des Sowjets zu ergeben. Diese Lösung erschien ihnen ehrenvoller als eine Kapitulation vor der Regierung. So war das Blutbad vermieden worden.[26]

Der Rückschlag, den die Bolschewisten einstecken mußten, war nur vorübergehend, wie die weiteren Ereignisse bald zeigen sollten. Unmittelbar nach den Julitagen waren alle Parteien eifrig bestrebt, die »Niederlage der Bolschewisten« maßlos zu übertreiben. Sogar die meisten bolschewistischen Parteiführer, unter ihnen auch Lenin, überschätzten das Ausmaß des Rückschlags.[27] Man begann die Bolschewisten zu denunzieren. Gegen Lenin und Sinowjew wurde die Anklage erhoben, sie seien Spione im deutschen Sold. Die gemäßigten Sozialdemokraten wußten sehr wohl, daß diese Anschuldigung falsch war, aber ihre Verstimmung gegen die Bolschewisten saß so tief, daß sie es nicht über sich bringen konnten, Lenin und dessen Genossen in Schutz zu nehmen. Viele unter ihnen konnten den Verdacht nicht loswerden, daß Lenin in den »Julitagen« wirklich den Versuch gemacht hatte, die Macht an sich zu reißen.

Im Zentralkomitee wurde die Frage erörtert, ob Lenin und Sinowjew sich den Behörden stellen oder wieder in der Untergrundbewegung untertauchen sollten. Beide waren unschlüssig. Sie sagten sich, wenn sie sich einem gerichtlichen Verfahren entzögen, würde dies in den Augen der schlecht unterrichteten öffentlichen Meinung als eine Bestätigung dafür angesehen werden, daß die Anklage einen realen Hintergrund habe. Lunatscharski und Kamenjew teilten zunächst diese Meinung. Stalin dagegen riet ihnen, sich zu verstecken. Es wäre reiner Wahnsinn, sagte er, von einem Gericht der Provisorischen Regierung eine gerechte Urteilsfindung zu erwarten. Die antibolschewistische Hysterie sei so maßlos, daß jeder Offizier oder Fähnrich, der die »deutschen Spione« ins Gefängnis oder vom Gefängnis zum Gerichtsgebäude eskortieren müsse, es als seine patriotische Pflicht ansehen werde, die beiden auf dem Weg zu ermorden. Lenin zögerte immer noch, dem Rat Stalins zu folgen. Stalin wandte sich darauf an den Exekutivausschuß des Sowjets und erklärte dort, daß Lenin bereit sei, sich dem Gericht zu stellen, wenn der Exekutivausschuß das Leben und die persönliche Sicherheit des bolschewistischen Führers gegen rechtswidrige Gewaltakte zu schützen wisse. Die Menschewisten und die Sozialrevolutionäre sahen sich außerstande, eine solche Verantwortung zu übernehmen, und so faßten schließlich Lenin und Sinowjew den Entschluß, sich zu verstecken.

Am 8. Juli verschwand Lenin von der Bildfläche. Er wird sich vielleicht an Robespierre erinnert haben, der noch kurz vor seiner Erhebung zur Macht verfolgt wurde und Zuflucht bei einem jakobinischen Zimmermann suchte. Lenins »Zimmermann« war der Arbeiter Allilujew, Stalins alter Freund. In dessen Haus hielt sich Lenin einige Tage lang auf.[28] Am 11. Juli begleiteten Stalin und Allilujew Lenin durch die dunklen Straßen der Stadt zum Seebahnhof, von wo aus er zunächst in ein kleines Dorf in der Nähe von Petrograd und dann nach Finnland reiste. Von diesem Augenblick an blieb er bis zum Ausbruch der Oktoberrevolution unsichtbar, was ihn freilich nicht hinderte, die Strategie, sogar die Taktik der Partei durch Flugschriften, Zeitungsartikel und Briefe zu leiten, mit denen er das Zentralkomitee überschüttete. Sinowjew verschwand zugleich mit Lenin. Einige Tage später wurde Kamenjew verhaftet. Nicht anders erging es Trotzki, der sich öffentlich mit Lenin solidarisch erklärt hatte, Lunatscharski und andern. Die großen Volkstribunen waren damit zerstreut. In diesem kritischen Augenblick trat Stalin erneut in den Vordergrund, um die Führung der Partei zu übernehmen. Die relative Anonymität, in der er sich bisher bewegt hatte, kam ihm jetzt zustatten. Sein Name war zu unbekannt, um den Widerspruch und den Haß hervorzurufen, mit dem die anderen bolschewistischen Parteiführer bei der öffentlichen Meinung damals zu rechnen hatten.

Kurz nach Lenins Abreise veröffentlichte er unter seinem vollen Namen (K. Stalin, Mitglied des Zentralkomitees, usw.) einen Aufruf an die Partei, die zwar geschlagen, aber noch lange nicht der Auflösung verfallen war. Er führte den Titel: »Schließt die Reihen!«.[29] Stalin versicherte, daß während der »Julitage« die Bolschewisten durch die Ereignisse überrascht wurden, daß die Gegenrevolution seitdem zum Angriff übergegangen sei und daß die »Versöhnungssüchtigen« sich mit einer schweren Verantwortung belasteten. Die Offensive der Gegenrevolution sei noch lange nicht zu Ende, »vom Angriff auf die Bolschewiki gehen sie bereits zum Angriff auf alle Parteien der Sowjets und auf die Sowjets selbst über«. Stalin sagte den Ausbruch einer neuen politischen Krise voraus. »Für die kommenden Schlachten gerüstet zu sein (...), das ist heute die Aufgabe (...). Das erste Gebot: Fallt nicht auf die Provokationen der Konterrevolutionäre herein, wappnet euch mit Ausdauer und Selbstbeherrschung, schont eure Kräfte für den kommenden Kampf (...). Das zweite

Gebot: Schart euch noch enger um unsere Partei (...), ermuntert die Schwachen, sammelt die Zurückbleibenden, klärt die Unwissenden auf.« Die gleichen Anweisungen gab er der Stadtkonferenz der Bolschewisten, die vor den Juliereignissen begonnen hatte und die jetzt halb geheim weitergeführt wurde. Die Konferenz erließ einen von Stalin verfaßten Aufruf in einem Stil, der wieder die uns bereits bekannte Mischung von revolutionärem Pathos und orientalischer, sakraler Rhetorik zeigt.

»Diese Herrschaften spekulieren allem Anschein nach darauf, unsere Reihen aufzubrechen, Zweifel und Verwirrung unter uns zu säen, Mißtrauen gegen unsere Führer zu entfachen. Diese Elenden! Sie wissen nicht, daß die Namen unserer Führer dem Herzen der Arbeiterklasse noch nie so teuer und nah gewesen sind wie jetzt, wo das frech gewordene bürgerliche Pack sie mit Schmutz bewirft! Diese käuflichen Seelen! Sie ahnen nicht, daß, je gröber die Verleumdungen der bürgerlichen Söldlinge sind, um so stärker die Liebe der Arbeiter zu den Führern, um so grenzenloser ihr Vertrauen zu ihnen ist (...). Das Schandmal ehrloser Verleumder sei euer Lohn. Empfangt dieses Schandmal von den 32 000 organisierten Arbeitern Petrograds, die uns gewählt haben, und tragt es bis ins Grab (...). Ihr aber, ihr Herren Kapitalisten und Gutsbesitzer, Bankiers und Spekulanten, Popen und Spitzel (...), zu früh feiert ihr den Sieg, zu früh geht ihr daran, die Große Russische Revolution zu begraben. Die Revolution lebt, und ihr werdet sie noch zu spüren bekommen, ihr Herren Totengräber.«[30]

Die Bolschewisten erholten sich rasch von dem Schlag. Ende Juli konnten sie bereits halb im geheimen einen nationalen Kongreß abhalten, bei dem 240 000 Parteimitglieder, das heißt dreimal mehr als im April vertreten waren. Stalin und Bucharin waren die wichtigsten Sprecher des Zentralkomitees. Der Höhepunkt des Kongresses war eine Debatte zwischen Stalin, Bucharin und Preobraschenski über das Wesen der bevorstehenden Revolution. Diese Debatte war zum Teil das Echo auf die Thesen, die Lenin im April verkündet hatte, zum Teil war sie eine Vorschau auf die viel dramatischeren Auseinandersetzungen der kommenden Jahre. Stalin brachte eine Resolution ein, in der es hieß: »Es wird dann die Aufgabe dieser revolutionären Klassen sein, alle Kräfte anzuspannen, um die Staatsmacht in die eigenen Hände zu nehmen und sie im Bunde mit dem revolutionären Proletariat der fortgeschrittenen Länder in den Dienst des Friedens und der sozialistischen Umgestaltung der Gesellschaft zu stellen.«[31] Preobrashenski, ein junger marxistischer Wirtschaftstheoretiker, schlug eine andere Fassung des Schlußsatzes der Resolution vor: »(...) sie in den Dienst des Friedens und — beim Vorhandensein einer proletarischen Revolution im Westen — in den Dienst des Sozialismus zu stellen.« In beiden Fassungen war man von einem Bündnis zwischen der russischen Revolution und dem westeuropäischen Proletariat ausgegangen, das als selbstverständlich vorausgesetzt wurde. Nach Preobrashenskis Meinung könne jedoch Rußland nur dann einen sozialistischen Umbau seiner Gesellschaftsordnung durchführen, wenn auch in Europa die Revolution sich durchgesetzt habe. Sei das nicht der Fall, dann könne die Revolution nur den Frieden bringen (und wahrscheinlich die Konsolidierung der demokratischen Ordnung). Bucharin definierte die Ziele der Revolution ungefähr in gleicher Weise. Stalin wollte nicht einsehen, weshalb Rußland nicht mit dem sozialistischen Neubau einen Anfang machen könne, ganz ohne Rücksicht darauf, ob im Westen die Revolution komme oder nicht. »Die Möglichkeit ist nicht ausgeschlossen«, entgegnete er Preobrashenski, »daß gerade Rußland das Land sein wird, das den Weg zum Sozialismus bahnt (...). Die Basis unserer Revolution ist breiter als in Westeuropa, wo das Proletariat ganz allein der Bourgeoisie von Angesicht zu Angesicht gegenübersteht. Bei uns dagegen werden die Arbeiter von den ärmsten Schichten der Bauernschaft unterstützt (...). Der Staatsapparat funktioniert in Deutschland ungleich besser als der unvollkommene Apparat unserer Bourgeoisie. (...) Man muß die überlebte Vorstellung fallen lassen, daß nur Europa uns den Weg weisen könne. Es gibt einen dogmatischen Marxismus und einen schöpferischen Marxismus. Ich stehe auf dem Boden des letzteren.«[32]

So paradox es klingen mag, in diesem Augenblick schien Stalin die Auffassungen Trotzkis sich zu eigen machen zu wollen. Denn auch Trotzki vertrat die Auffassung, daß Rußland mit der sozialistischen Revolution beginnen werde. Stalin vertrat damals noch nicht die Theorie des »Sozialismus in einem Lande«, das heißt, daß Rußland aus sich selber heraus und von der übrigen Welt isoliert das Gebäude des Sozialismus vollenden könne. Erst sieben oder acht Jahre später bekannte er sich zusammen mit Bucharin und gegen Trotzki zu dieser Formel. Aber schon damals lag in seinen Worten ein sehr viel stärkerer Nachdruck auf der sozialistischen Mission Rußlands als bei Trotzki oder auch bei Lenin. In den Schriften Lenins und Trotzkis, die aus diesen Tagen stammen, läßt sich dieser Gedanke auch schon finden, aber er ist doch überschattet von ihrer nachdrücklichen Feststellung, daß das Schicksal des Sozialismus letzten Endes von dem Erfolg oder Mißerfolg einer proletarischen Revolution in Westeuropa abhänge. Rußland könne und werde mit dem Aufbau einer sozialistischen Ordnung vor den anderen fortschrittlichen Völkern beginnen, aber Rußland könne damit aus eigener Kraft nicht sehr weit kommen. Dies war die These von Lenin und Trotzki. Stalin übernahm die erste Hälfte des Satzes, aber nicht die zweite. In seinen Worten steckte der ihm angeborene, allerdings nur halbbewußte Glaube an die revolutionäre Autarkie Rußlands. Im Juli und August 1917 ahnte freilich niemand, daß in diesen bedeutungsvollen Sätzen der Keim der späteren großen Spaltung steckte.

Es ist beinahe wie eine Ironie des Schicksals, daß gerade auf diesem Kongreß, bei dem Stalin den Vorsitz führte, die Trotzki-Gruppe ihre formelle Verschmelzung mit den Bolschewisten vollzog und Trotzki, der damals noch im Gefängnis saß, zum Mitglied des neuen Zentralkomitees gewählt wurde. Die übrigen Mitglieder waren: Lenin, Stalin, Kamenjew, Sinowjew, Swerdlow, Rykow, Bucharin, Nogin, Uritzki, Miljutin, Frau Kollontai, Artem, Krestinski, Dsershinski, Joffe, Sokolnikow, Smilga, Bubnow, Muralow, Schaumjan und Bersin. Der Kongreß ehrte die von der Regierung verfolgten Parteiführer, indem er Lenin, Trotzki, Sinowjew, Lunatscharski, Kamenjew und Frau Kollontai zu »Ehrenpräsidenten« des Kongresses wählte.

Der Mann, der die Partei in Abwesenheit ihrer eigentlichen Köpfe leitete, brachte in dieser Zeit keine großen Ideen hervor. In seinen Reden vermißte man den Schwung origineller Gedanken. Seine Worte waren trocken, es fehlte ihnen das Feuer. Aber als der Mann, der mitten in der Schlacht sich mit vollem Bewußtsein in die Bresche geworfen hatte, genoß er das allgemeine Vertrauen. Seine Festigkeit und seine Zuverlässigkeit genügten, um jeden Ansatz einer Panik in den Reihen der Parteigefolgschaft zu ersticken. Während er seinen Bericht vor dem Kongreß erstattete, trafen Nachrichten über die Verfolgung der Bolschewisten in verschiedenen Städten, darunter auch in Zarizyn, dem späteren Stalingrad, ein. Man erfuhr, daß über verschiedene Provinzen des Landes der Ausnahmezustand verhängt war. Der Kongreß ließ sich dadurch nicht erschüttern. Wie einst Koba in den alten Tagen in Baku, als die erste Revolution verebbte, so war Stalin auch diesmal in der Lage, dem Sturm zu trotzen.

Als nach dem Kongreß die gefangenen Parteiführer, zuerst Kamenjew, dann Trotzki, Lunatscharski und die anderen allmählich auf freien Fuß gesetzt wurden, zog sich Stalin wieder in das Zwielicht der Kulisse zurück.

Ende August wurde die Hauptstadt durch den Aufstand General Kornilows in Aufregung versetzt, der als Oberbefehlshaber der Truppen gegen die Provisorische Regierung meuterte. Diese Revolte gab den Bolschewisten recht, die unentwegt vor der drohenden Gegenrevolution gewarnt hatten. Der tiefere Ursprung dieses Putsches ist nie recht aufgehellt worden. Ministerpräsident Kerenski hatte mit den Bolschewisten endgültig abrechnen wollen und deshalb General Kornilow ersucht, zuverlässige Truppen in Richtung Hauptstadt in Marsch zu setzen. Dem General genügte der Plan der Unterdrückung des Bolschewismus nicht, er wollte ganze Arbeit leisten und das Land von den Sowjets, den gemäßigten Sozialisten und nicht zuletzt von Kerenski selber befreien. Von übertriebenem Selbstvertrauen und der Bedeutung der Mission, die er sich selber zugedacht hatte, erfüllt, sah er in sich bereits den »Retter der Gesellschaft«. Er machte aus seiner Absicht kein Hehl, kündigte der Regierung die Treue auf, übergab Riga den Deutschen und setzte seine Truppen in Richtung auf Petrograd in Marsch.

Die Regierung, die Sowjets, die Menschewisten, die Sozialrevolutionäre und ihre Parteikomitees und Exekutivausschüsse waren in heller Panik. Es war unmöglich, den Putsch des Generals abzuwehren, wenn nicht die Bolschewisten Hand mit anlegten. Zu diesem Zweck mußte man die Arbeiter bewaffnen, die auf Lenins Seite standen, die Sowjets neu beleben und die Roten Garden wieder aufstellen, die man in den »Julitagen« aufgelöst hatte. Kerenski selber bat die Bolschewisten, sie möchten die Matrosen von Kronstadt, die während des Juliaufstandes eine so wichtige Rolle gespielt hatten, veranlassen, die »Revolution zu schützen«. Die Bolschewisten stellten ihre eigenen Beschwerden und Verstimmungen zurück, entsprachen dem an sie ergangenen Ruf und fochten in den ersten Reihen gegen Kornilow. Die Gegenrevolution tat gerade das, was sie nicht hätte tun dürfen: Sie trieb alle sozialistischen Parteien in einer Einheitsfront zusammen, und daran scheiterte sie. Die Bolschewisten waren dagegen sorgfältig darauf bedacht, keinen ähnlichen Fehler zu begehen. Als die Matrosen von Kronstadt Trotzki in seinem Gefängnis besuchten und ihn um seinen Rat fragten, ob es vielleicht nicht richtiger wäre, sofort gegen Kornilow und gegen Kerenski gleichzeitig loszuschlagen, gab er ihnen den Rat, einen nach dem andern aufs Korn zu nehmen. Einige Tage später war der Kornilow-Putsch zusammengebrochen.

Diese mißglückte Gegenrevolution gab den Bolschewisten den Auftrieb, den sie für ihren letzten Sprung auf der Bahn zur Macht brauchten. Als die Krise zu Ende war, waren es die Bolschewisten, die den Ruhm für sich in Anspruch nehmen konnten, die Revolution mit der größten Entschlossenheit, wenn nicht gar überhaupt als einzige von allen Parteien verteidigt zu haben. Als der Putsch des Generals Kornilow zusammengebrochen war, forderte Lenin die Menschewisten und die Sozialrevolutionäre unverblümt auf, die Koalition mit den Kadetten zu kündigen, die doch nur die Spießgesellen Kornilows seien. Sie sollten die Zügel der Regierung in ihre eigene Hand nehmen und diese Regierung allein und ausschließlich auf die Sowjets aufbauen. Er versprach ihnen, daß die Bolschewisten, wenn sie seinem Rat folgten, die Rolle einer legalen und verfassungsmäßigen Opposition innerhalb der Sowjets spielen würden. Sollten aber die Menschewisten und Sozialrevolutionäre diesen Rat verwerfen, dann würden sie sich in den Augen der arbeitenden Klasse ein für allemal und unheilbar diskreditieren.[33] Bei der Armee wurden die Bolschewisten im gleichen Maß dadurch populär, daß sie in immer lauteren Tönen die Forderung nach Beendigung des Krieges und der Landverteilung an die Bauern erhoben. Der ebenso einfache wie prägnante Stil der bolschewistischen Propaganda kommt beispielsweise sehr eindringlich in Stalins unsigniertem Leitartikel im »Rabotschij« vom 31. August zum Ausdruck — dabei waren Stalins Schriften ein relativ unbedeutender Teil der bolschewistischen Propaganda:

»Die Konterrevolution der Gutsbesitzer und Kapitalisten ist niedergeworfen, aber noch nicht endgültig besiegt.

Die Kornilowschen Generäle sind geschlagen, aber der Triumph der Revolution ist noch nicht gesichert. Weshalb?

Weil die Paktierer mit den Feinden verhandeln, anstatt gegen sie einen schonungslosen Kampf zu führen.

Weil die ›Vaterlandsverteidiger‹ mit den Gutsbesitzern und Kapitalisten paktieren, anstatt mit ihnen zu brechen.

Weil die Regierung sie in die Ministerien beruft, anstatt sie als außerhalb des Gesetzes stehend zu erklären.

Im Süden Rußlands organisiert General Kaledin einen Aufstand gegen die Revolution, sein Freund aber, der General Alexejew, wird zum Chef des Generalstabs ernannt.

In der Hauptstadt Rußlands unterstützt die Partei Miljukows offen die Konterrevolution, Vertreter dieser Partei aber, die Maklakow und Kischkin, werden in die Ministerien berufen.

Es ist an der Zeit, mit diesem verbrecherischen Treiben gegen die Revolution Schluß zu machen!

Es ist an der Zeit, entschlossen und ein für allemal zu erklären, daß man mit Feinden kämpfen und nicht paktieren muß!

Gegen die Gutsbesitzer und Kapitalisten, gegen die Generäle und Bankiers, für die Interessen der Völker Rußlands, für Frieden, für Freiheit, für Boden! — das ist unsere Losung.

Bruch mit der Bourgeoisie und den Gutsbesitzern — das ist die erste Aufgabe.

Schaffung einer Arbeiter- und Bauernregierung — das ist die zweite Aufgabe.«[34]

Wenige Tage nach der Verhaftung General Kornilows ereignete sich im Petrograder Sowjet ein bedeutsamer Vorfall. Auf Grund der letzten Nachwahlen besaßen jetzt die Bolschewisten dort die Mehrheit. Ähnliche Veränderungen vollzogen sich in den Sowjets von Moskau und in andern Städten. Trotzki, der aus dem Gefängnis entlassen worden war, wurde zum Präsidenten des Petrograder Sowjets gewählt, also mit dem Posten betraut, den er bereits im Jahr 1905 bekleidet hatte. Auf sein Betreiben stellte der Petrograder Sowjet bei der Zentralexekutive der Sowjets, in der immer noch die gemäßigten Sozialisten die Mehrheit hatten, den Antrag auf Einberufung des zweiten Allrussischen Sowjetkongresses. Diesem sollte alle Macht übertragen werden. Diese Resolution war logischerweise das Vorspiel einer revolutionären Erhebung. Solange die Menschewisten und die Sozialrevolutionäre die Mehrheit hatten, konnte der Schlachtruf der Bolschewisten »Alle Macht den Sowjets!« keine unmittelbaren, praktischen Folgen haben. Das Schlagwort bedeutete, daß die Mehrheit in den Sowjets, damals also die Menschewisten und die Sozialrevolutionäre, die Staatsgewalt in ihre Hand nehmen sollte. Es hing von der Mehrheit ab, ob sie diesen Kurs einschlagen wollte oder nicht. Jetzt aber hatte der Ruf »Alle Macht den Sowjets!« einen anderen Klang. Er bedeutete Macht für die Bolschewisten, die Repräsentanten der neuen Mehrheit. Was würde aber geschehen, wenn die Provisorische Regierung sich weigerte, dieser Forderung nachzugeben, d. h. sich selbst zugunsten der Sowjets abzusetzen? Diese Frage mußte notwendigerweise gestellt werden. Trat dieser Fall ein, dann standen die Sowjets unter einem politischen Zwang, sie mußten ihre Forderung gegen die Provisorische Regierung durchsetzen, sie stürzen und damit dem Dualismus der Macht ein Ende bereiten. Dies aber war nur auf dem Weg einer Volkserhebung zu schaffen.

Mitte September hatte Lenin die Konsequenzen aus der Lage gezogen und seinen Entschluß gefaßt. Er forderte das Zentralkomitee auf, die Vorbereitungen für einen Aufstand zu treffen.[35] Da er an den Sitzungen nicht persönlich teilnehmen konnte, verkehrte er mit seinen Genossen auf brieflichem Weg. Diese Briefe sind ebenso erhalten wie fragmentarische Sitzungsprotokolle des Zentralkomitees. Sie bieten einen einzigartigen Einblick in die Vorbereitungszeit der Erhebung und vor allem in die Kontroversen zwischen den bolschewistischen Führern, die diesem Ereignis vorangingen und die zuweilen wahrhaft dramatische Formen annahmen. Die Briefe Lenins wurden durch einen Kurier im Haus von Sergo Allilujew abgeliefert, in dem Lenin sich in den »Julitagen« verborgen gehalten hatte und in das auch Stalin bald nach Lenins Abreise übergesiedelt war. Stalin hatte den Auftrag, die Verbindung zwischen Lenin und dem Zentralkomitee sicherzustellen. Am 15. September brachte er in die Sitzung des Komitees zwei von Lenin verfaßte Denkschriften mit: »Die Bolschewisten müssen die Macht ergreifen« und »Marxismus und Aufstand«. Lenin schrieb unter anderem folgendes: »Um an den Aufstand marxistisch heranzugehen, d. h. ihn als eine Kunst zu betrachten, müssen wir zugleich, ohne eine Minute zu verlieren, einen Stab der aufständischen Abteilungen organisieren, die Kräfte verteilen, die zuverlässigen Regimenter an den wichtigsten Punkten einsetzen, das Alexandra-Theater umzingeln (wo gerade die sogenannte Demokratische Versammlung tagte), die Peter-Pauls-Festung besetzen, den Generalstab und die Regierung verhaften (...), müssen schlagartig das Telegrafenamt und die Telefonzentrale besetzen, unseren Führungsstab bei der Telefonzentrale unterbringen, mit ihm alle Fabriken, alle Regimenter, alle Punkte des bewaffneten Kampfes usw. telefonisch verbinden.«[37]

Dieser erste Plan der Erhebung hatte mit dem tatsächlichen Ablauf der Ereignisse wenig gemein. Lenin bekümmerte sich nicht um die politischen Fragen, die mit dem Aufstand zusammenhingen; er fragte auch nicht, welche Stelle die Autorität besitze, die Erhebung zu proklamieren. Er war zu weit vom Schauplatz entfernt, um einen wirksamen Plan ausarbeiten zu können. Im Licht der Ereignisse, die sich tatsächlich abspielten, sieht Lenins erste Skizze wie ein etwas naives Essay zu einem Abenteurerstreich aus. Trotzki, Stalin und die andern Mitglieder des Zentralkomitees konnten nur die Schultern zucken, als ihnen dieser Text vorgelesen wurde. Lenin wollte aber in seiner Arbeit nur einen Versuch und eine Anregung sehen. Er wollte seine Genossen vor allem überzeugen, daß dringend etwas geschehen müsse, er wollte sie vor dem dilettantenhaften Vertrauen auf eine »spontane Volkserhebung« warnen und ihnen recht eindrucksvoll vor Augen führen, daß eine solche Erhebung als eine Kunst verstanden werden müsse. Er hoffte, sie auf diese Weise zu sofortigem Handeln zu bewegen. Die Meinung des Zentralkomitees war geteilt. Trotzki stimmte mit Lenin darin überein, daß eilig etwas geschehen müsse, entwickelte aber einen eigenen Plan, der sowohl in seinen politischen als auch in seinen militärischen Aspekten sorgfältiger durchdacht war. Ihm widerstrebte der Gedanke, das die bolschewistische Partei allein die Verantwortung für die Erhebung übernehmen solle. Er wollte einen Teil davon auf die Sowjets abwälzen, deren Autorität in den Augen der Arbeiter zweifellos höher stand als die der Partei. Diese politische und psychologische Überlegung bestimmte den Zeitpunkt für die Erhebung. Der Allrussische Kongreß der Sowjets sollte in den letzten Tagen des Oktobers zusammentreten. Auf diese Weise würde der Aufstand mit dem Kongreß zusammenfallen.

In strategischer Hinsicht war Trotzki mit Lenin einig. In der Frage der taktischen Durchführung war er aber anderer Meinung. Kamenjew und Sinowjew waren sogar gegen den strategischen Grundgedanken. Als in der Sitzung vom 15. September Lenins erste Briefe über die Vorbereitung des Aufstands verlesen wurden, war Kamenjew so besorgt, die Partei könne sich mit der von Lenin geplanten Aktion kompromittieren, daß er vorschlug, die Briefe zu verbrennen. Sechs Mitglieder des Komitees stimmten für diese Lösung. Stalin dagegen beantragte, die Briefe den wichtigsten Organisationen zur Stellungnahme zuzuleiten, woraus zu entnehmen ist, daß er den Vorschlag Lenins unterstützte. Jede Erörterung der Frage in einem größeren Rahmen hätte die Partei gezwungen, von der Überlegung zur Aktion überzugehen. Trotzki war der Meinung, Stalin habe mit diesem Vorschlag der Einbeziehung der Parteiorganisationen in der Provinz diese Pläne torpedieren wollen, denn die Genossen in der Provinz waren noch viel vorsichtiger als das Zentralkomitee.[38] Mag dem sein, wie dem wolle, der Antrag Stalins wurde abgelehnt.

In den folgenden Wochen ging die Diskussion zwischen Anhängern und Gegnern des Aufstandes innerhalb des Zentralkomitees, aber auch in den niedrigeren Zirkeln der Parteifunktionäre weiter. Bald darauf ergab sich für die Bolschewisten eine Gelegenheit, ihre Stärke zu prüfen. Die Regierung berief das sogenannte Vorparlament ein. Kerenski machte damit einen von den Ereignissen längst überholten, schwachen Versuch, sein Regime durch eine repräsentative Körperschaft zu stützen, die er gegen die Sowjets ausspielen wollte. Das Vorparlament war aber nur als beratende Körperschaft gedacht. Die Mitglieder wurden durch die Regierung ernannt. Sollten die Bolschewisten die ihnen angebotenen Sitze annehmen und im Vorparlament mitarbeiten, oder sollten sie diesen Plan boykottieren? Diese Frage deckte sich nicht ganz mit der Frage der Zweckmäßigkeit einer bewaffneten Erhebung, aber sie hing dennoch mit ihr irgendwie zusammen. Die entschlossenen Anhänger des Aufstandes waren der Ansicht, daß sie in einem solchen Pseudoparlament nichts zu suchen hätten, dessen Tage sowieso gezählt sein würden. Diejenigen, die an Lenins Plan nicht so recht heranwollten, waren für die Beteiligung am Vorparlament. Die Frage wurde bei einer allrussischen Parteikonferenz, bei der Trotzki und Stalin für den Boykott sprachen, zur Abstimmung vorgelegt. Dies war einer der wenigen Anlässe, wo die beiden späteren Rivalen der gleichen Ansicht waren. Aber Kamenjew und Rykow, die für die Teilnahme am Vorparlament waren, brachten die Mehrheit der Konferenz auf ihre Seite. So kam es, daß noch einen Monat vor dem Aufstand die Partei, die ihn anführen sollte, eine Haltung einnahm, die Lenin grimmig als eine »Abweichung von dem proletarischen und revolutionären Weg« geißelte.[39]

Inzwischen versank das Land immer tiefer in die militärische Niederlage und in das Chaos. Die Regierung und der Generalstab erwogen vorübergehend die Räumung von Petrograd und die Verlegung des Regierungssitzes nach Moskau. Dieses Gerücht brachte frischen Wind in die Segel der Bolschewisten, denn der Plan wurde als ein gegenrevolutionäres Komplott gedeutet. Man sagte, die Regierung wolle die rote Hauptstadt dem Feind übergeben, um damit die Revolution zu enthaupten. Diese Aussicht brachte den Petrograder Sowjet auf die Beine; er erklärte sich dazu berufen, die Verantwortung für die Verteidigung der Stadt selbst zu übernehmen. Je näher die Bolschewisten der Macht kamen, die sie erstrebten, desto mehr waren sie von ihrer radikalen Kriegsgegnerschaft zu einer Haltung übergegangen, die beinahe schon der der »Landesverteidiger« nahekam. Jetzt riefen sie zur Verteidigung von Petrograd als der Hauptstadt der Revolution, nicht etwa als der Hauptstadt des

Reiches, auf. Die traditionelle Verteidigungsbereitschaft der gemäßigten Sozialisten deckte sich so für einen Augenblick mit der neuen Verteidigungsbereitschaft der Bolschewisten. Auf diese Weise wurde der Entschluß des Sowjets, die Verantwortung für die Verteidigung von Petrograd zu übernehmen, von allen Parteien gutgeheißen, die in ihm vertreten waren.

Durch diesen Beschluß hob der Sowjet seine Stellung und sein Ansehen so sehr, daß er eines Tages die Provisorische Regierung überspielen konnte. Trotzki, der als Präsident des Sowjets dessen gesamte Tätigkeit leitete, brachte es fertig, dieses entscheidende Vorspiel der Revolution so darzustellen, als handle es sich um eine Maßnahme, die durch die nationalen Bedürfnisse der Republik erforderlich werde. Auf diese Weise beanspruchte der Sowjet zuerst grundsätzlich, dann aber auch tatsächlich das Recht, über die Bewegung von Truppen in der Hauptstadt und in den umliegenden Provinzen zu entscheiden. Damit unterstellte er sich die militärischen Befehlshaber und deren Stäbe. Das im Volk allgemein verbreitete Mißtrauen gegen das Offizierskorps, das seit dem Kornilow-Putsch besonders groß geworden war, stärkte die Sowjets für alle etwa kommenden Konflikte. Das Organ, das sich mit der Bearbeitung dieser Angelegenheiten befaßte, war das Militärische Revolutionskomitee, das durch den Exekutivausschuß des Sowjets am 13. Oktober bestellt wurde.[40] Der Präsident des Sowjets war *ex officio* Vorsitzender dieses Ausschusses, der seiner Natur nach der Generalstab der kommenden Erhebung war.

Merkwürdig an dieser ganzen Entwicklung war, daß dieses Organ des bewaffneten Aufstandes keine heimliche, aus eigener Machtvollkommenheit zusammengetretene Gruppe oder Clique von Verschwörern, sondern eine Behörde war, die ganz offen von einer so breiten, repräsentativen Vertretung, wie es der Sowjet war, gewählt wurde. Die Verschwörung war sozusagen in die Legalität des Sowjets gekleidet, wodurch die Opposition der gemäßigten Sozialisten zur Hälfte ausgeschaltet war. Die Menschewisten und Sozialrevolutionäre im Sowjet waren entsetzte und ratlose Zuschauer dessen, was sich vor aller Augen vorbereitete. Sie waren aber auch durch ihre Tatenlosigkeit für die kommenden Ereignisse mitverantwortlich geworden. In

Trotzkis Händen liefen jetzt alle Fäden der Verschwörung zusammen. Er brachte es fertig, dem Aufruhr das Ansehen einer defensiven Operation zu geben, die einer Gegenrevolution vorbeugen oder entgegenwirken sollte. Durch diese Kriegslist brachte Trotzki die zaudernden Kreise der Arbeiterschaft und die ganze Garnison auf die Seite der Aufständischen. Damit soll nicht gesagt sein, daß der defensive Charakter der Erhebung nur ein willkürlich erfundener Vorwand war. Die Regierung und die hinter ihr stehenden monarchistischen Generäle und Politiker der Rechten rüsteten sich zu einem Gegenschlag. Am Vorabend des Aufstands erklärte Kerenski das militärische Revolutionskomitee für vogelfrei, erließ neue Steckbriefe gegen die bolschewistischen Führer, versuchte regierungstreue Truppen zu mobilisieren und die bolschewistische Presse zu unterdrücken. Aber in dem Rennen zwischen Revolution und Gegenrevolution hatte die Revolution eine lange Anlaufzeit. Sie wurde noch dadurch verlängert, daß die Führer des Aufstandes mit aller List und Schlauheit bis zum Schluß nach außen hin den rein defensiven Charakter ihrer Vorbereitungen zu wahren wußten.

Während nun Trotzki auf diese Weise im Sowjet einen Punkt nach dem andern für sich gewann, bemühte sich Lenin von seinem Versteck aus, den Widerstand Sinowjews und Kamenjews im Zentralkomitee zu brechen. Es gelang ihm, seine Genossen von der Notwendigkeit eines Austritts aus Kerenskis Vorparlament zu überzeugen, genauso wie Trotzki und Stalin dies geraten hatten. Am 7. Oktober hörte das Vorparlament das Grollen des kommenden Gewitters in Trotzkis stolzer und wie ein Blitz einschlagender Erklärung über den Austritt der Bolschewisten aus »diesem Rat der gegenrevolutionären Gefälligkeiten« und in seinem Ruf: »Petrograd ist in Gefahr! Die Revolution ist in Gefahr! Das Volk ist in Gefahr!« Unter diesen Worten verließen die Bolschewisten die Versammlung.[41] Am 8. Oktober kehrte Lenin insgeheim von Finnland nach Petrograd zurück. Zwei Tage später faßte das Zentralkomitee einen endgültigen Beschluß. Sinowjew und Kamenjew wandten sich mit bewegten Worten an die Versammlung: »Vor der Geschichte, vor dem internationalen Proletariat, vor der russischen Revolution und vor der russischen Arbeiterklasse beschwören wir euch: Wir haben nicht das Recht, die ganze Zukunft auf die einzige Karte des bewaffneten Aufstandes zu setzen.« Sie forderten das Zentralkomitee auf, das Zusammentreten der Verfassunggebenden Versammlung abzuwarten, die die Regierung jetzt einzuberufen versprach und von der sie meinten hoffen zu dürfen, daß in ihr die Radikalen eine überwältigende Mehrheit haben würden. Der neue Staat, der aus der Revolution entstehen sollte, war in ihren Augen eine Mischung zwischen einer Sowjetrepublik und einer parlamentarischen Demokratie. Sie warnten die Genossen davor, daß Lenins Politik den endgültigen Zusammenbruch der Revolution zur Folge haben könne.»Es gibt historische Situationen, in denen eine unterdrückte Klasse begreifen muß, daß es besser ist, sich in die Niederlage zu stürzen, anstatt kampflos klein beizugeben. Aber befindet sich heute die russische Arbeiterklasse in einer solch verzweifelten Lage? Nein! Tausendmal Nein!!!«[42] Sie opponierten gegen den Aufstand aus zwei Gründen, von denen der eine durch die Ereignisse nur zu bald widerlegt wurde, während der andere sich in der ferneren Zukunft als begründet erweisen sollte. Sie meinten, die Fürsprecher des bewaffneten Aufstandes überschätzten ihre eigene Stärke, achteten die Widerstandskraft der Provisorischen Regierung zu gering und folgten auch nur einem Wunschtraum, wenn sie mit dem Ausbruch der proletarischen Revolution in Westeuropa als einem nahe bevorstehenden, sicheren Ereignis rechneten.

Lenin schob alle diese Bedenken ungeduldig zur Seite. Die Verfassunggebende Versammlung? Wie oft schon hatte die Regierung ihren Zusammentritt angekündigt. Wer konnte wissen, ob sie dies nicht noch öfter tun werde? Wenn man den bewaffneten Aufstand vertagte, dann gäbe man den kornilowitischen Generälen Zeit zur Durchführung ihres Putsches und zur Schaffung einer Militärdiktatur. Lenin hielt die pessimistischen Berechnungen seiner Gegner über das beiderseitige Kräfteverhältnis nur für einen Rat der Verzagtheit. Die Bolschewisten hatten die Mehrheit des arbeitenden Volkes in Rußland hinter sich. Wer wollte daran zweifeln, daß das »ganze proletarische Europa« auf ihrer Seite stünde?[43] Von den zwölf Mitgliedern des Zentralkomitees, die an dieser Sitzung teilnahmen, stimmten zehn, darunter Stalin, für den Aufstand. Zwei, nämlich Kamenjew und

Sinowjew, stimmten dagegen. Nach dieser Abstimmung wurde ein Politbüro gewählt, das nach dem Vorschlag Dsershinskis »in der nächsten Zeit für die politische Führung zuständig sein sollte«. Mitglieder waren Lenin, Sinowjew, Kamenjew, Trotzki, Stalin, Sokolnikow und Bubnow.[44] So wurde das Politbüro der Kommunistischen Partei, das später turmhoch über Staat, Partei und Revolution stehen sollte, ins Leben gerufen. In derselben Sitzung wurde als Tag des Aufstandes der 20. Oktober bestimmt.

Das Politbüro konnte die ihm zugewiesene Aufgabe nicht erfüllen. Sinowjew und Kamenjew weigerten sich, dem Beschluß über die Auslösung des bewaffneten Aufstandes zu folgen und taten, was in ihrer Macht stand, um ihn rückgängig zu machen. Lenin, der an der Sitzung des 10. Oktober verkleidet teilgenommen hatte (er trug sogar eine Perücke), kehrte in sein Versteck zurück und konnte sich so an den von Tag zu Tag notwendiger werdenden Maßnahmen nicht beteiligen. Er konzentrierte seine ganze, geradezu verzweifelte Energie darauf, das »schamlose Schwanken« und die »unbegreifliche Geistesverwirrung und Angst« der beiden Männer zu überwinden, die bisher seine besten Freunde und Schüler gewesen waren.[45] Trotzki war im Sowjet und im Militärischen Revolutionskomitee vollauf beschäftigt und konnte sich nicht viel um die Vorgänge im Zentralkomitee der Partei kümmern. Abgesehen davon, gefielen ihm die Pläne, die Lenin für den Aufstand entworfen hatte, nicht. Lenin hatte seinen ersten Gedanken einer Erhebung in Petrograd aufgegeben und schlug jetzt vor, den ersten Streich in Moskau zu tun. Dann dachte er wieder daran, den Aufstand in Helsinki beginnen zu lassen, von wo aus dann die Offensive gegen Petrograd gewagt werden sollte.[46]

Trotzki konnte nur die Schultern zucken angesichts solcher »Ratschläge eines Außenstehenden«, wie Lenin selbst sie nannte. Stalin dachte nicht anders. Später gab er einmal, nicht ohne einen ironischen Unterton, einen Überblick über die verschiedenen Varianten des Aufstandes, die Lenin sich ausgedacht hatte. »Es schien uns, daß wir Praktiker auf unserem Wege alle Schluchten, Gruben und Schlaglöcher besser sehen könnten. Iljitsch (Lenin) aber ist groß, er fürchtet weder Gruben noch Schlaglöcher noch

Schluchten auf seinem Wege, er fürchtet keine Gefahren und sagt: ›Erhebe dich und geh direkt aufs Ziel los!‹ Wir Praktiker waren jedoch der Ansicht, daß es damals unvorteilhaft war, so zu handeln, daß man diese Hindernisse umgehen müsse, um dann den Stier bei den Hörnern zu packen. Und trotz aller Forderungen Iljitschs hörten wir nicht auf ihn.«[47] Abgesehen von den rein militärischen Schwächen, hatten alle Pläne Lenins einen Hauptfehler: Sie zielten darauf ab, die politische Basis einzuengen, den Aufstand ohne die Billigung durch die Sowjets auszulösen und damit zu einer ausschließlichen Angelegenheit der bolschewistischen Partei zu machen, was Trotzki als eine breite Volksbewegung aufzuziehen gedachte. Lenins Pläne hatten keinerlei defensive Verkleidung mehr. Ihr rein offensiver Charakter war so wenig verhüllt, daß sie sogar in den Augen derer, die den Erfolg der Revolution von ganzem Herzen wünschten, als Provokation erscheinen mußten.

Auf einer Versammlung des Zentralkomitees am 16. Oktober, an der auch prominente Parteimitglieder teilnahmen, die dem Komitee nicht angehörten, wurde der Beschluß zugunsten des Aufstandes nochmals bekräftigt. Am Morgen dieses Tages brachten Sinowjew und Kamenjew den Streit mit Lenin vor die Öffentlichkeit, indem sie in Maxim Gorkis Zeitschrift »Nowaja Shisn« (Das Neue Leben) die zwischen den Menschewisten und den Bolschewisten stehenden Kreise vor dem geplanten Aufstand warnten. Lenin war über diese Indiskretion außer sich und griff seine beiden Kollegen als »Streikbrecher« und »Verräter an der Revolution« auf das schärfste an. Er forderte sogar ihre sofortige Ausstoßung aus der Partei.[48] Diese Maßregelung erschien den andern Mitgliedern des Komitees zu streng. Stalin veröffentlichte den Angriff Lenins gegen die beiden in der bolschewistischen Zeitung, milderte aber die Wirkung durch einen versöhnlich gehaltenen Kommentar, in dem er die Kluft zwischen den beiden einander entgegenstehenden Meinungen zu überbrücken versuchte.[49] Bei der Sitzung des Zentralkomitees am 16. Oktober hatte er selber gegen Kamenjew und Sinowjew Stellung genommen. Er sagte: »Was Kamenjew und Sinowjew vorschlagen, führt objektiv dazu, daß es der Konterrevolution ermöglicht wird, sich vorzubereiten und zu organisieren. Wir würden endlos zurückweichen und die Revolution verlieren (...). Mehr Glauben an die Sache tut not (...). Es gibt zwei Linien: Die eine Linie hält Kurs auf den Sieg der Revolution und blickt nach Europa, die andere glaubt nicht an die Revolution und rechnet darauf, lediglich Opposition zu sein. Der Petrograder Sowjet hat bereits den Weg des Aufstandes beschritten.«[50]

Dieser letzte Satz wollte besagen, daß das Zentralkomitee seine Zeit nutzlos vertue, während der Sowjet unter Trotzkis Führung bereits zur Aktion übergegangen sei. Weshalb stellte sich aber Stalin schützend vor seine beiden Kollegen, die ganz unverkennbar einen Knüppel in die Speichen der Revolution schoben? Wollte er in berechtigter Sorge eine Spaltung der Partei in diesem Augenblick verhindern? Oder wurde er unter dem Eindruck der Warnrufe, die Kamenjew und Sinowjew ausstießen, selber unschlüssig? Oder wollte er, wie Trotzki versichert, sich nur in zynischer Weise für den Fall eines Mißlingens der Unternehmung rückversichern, ohne die Reihen der Aufständischen offen zu verlassen? Auf der nächsten Sitzung des Zentralkomitees sprach Stalin nochmals nachdrücklich für Kamenjew, als dieser seinen Rücktritt von seinem Posten im Zentralkomitee anbot. Der Rücktritt wurde angenommen. So erklärte auch Stalin, der sich wegen seines Kommentars Lenins Vorwürfe zugezogen hatte, er sei bereit, sein Amt niederzulegen. Dieses Angebot wurde nicht berücksichtigt, denn das Zentralkomitee konnte offenbar nicht wünschen, den Chefredakteur des Parteiorgans in die Arme der Gegner des Aufstandes zu treiben. Man verzieh ihm seine journalistische Entgleisung, und Stalin bemühte sich daraufhin zu beweisen, daß er mit den Protagonisten des Aufstandes derselben Meinung sei. Er stellte den Antrag, daß die beiden entschlossensten Führer der zum Aufstand bereiten Mehrheit, nämlich Lenin und Trotzki, zu Sprechern der Partei auf dem bevorstehenden Allrussischen Sowjetkongreß bestellt würden, der der Kongreß der Revolution werden sollte.[51]

Die menschewistische Exekutive des Sowjetkongresses schob den Zusammentritt der Versammlung um weitere fünf Tage, das heißt bis zum 25. Oktober hinaus. In diesen wenigen Tagen mußten die schwierigen Vorbereitungen für den Aufstand zu Ende geführt werden. Am 21. Oktober fand eine Konferenz der

Komitees der in Petrograd liegenden Regimenter statt. Sie erkannten das Militärische Revolutionskomitee als den einzigen Vorgesetzten der Garnison an und beschlossen, keinen Befehl zu befolgen, der nicht von Trotzki, dessen Stellvertretern Antonow-Owsejenko, Podwojski oder von ausdrücklich hierzu ermächtigten Kommissaren gegengezeichnet war. Am 23. Oktober ernannte das Militärische Revolutionskomitee seine Kommissare bei fast allen militärischen Einheiten, die in der Hauptstadt und ihrer Umgebung lagen, und stellte damit den Verbindungsapparat zu den Truppen her, über die es jetzt praktisch das Kommando hatte. Befehle des militärischen Oberkommandos, die Verlegungen von Truppen im Garnisonsbereich anordneten, blieben unbeachtet. Abteilungen, die Befehl erhielten, aus der Stadt abzumarschieren, rührten sich nicht von der Stelle. Offiziere, die sich der Befehlsgewalt des Sowjets nicht unterordnen wollten, wurden abgesetzt und nicht wenige von ihnen verhaftet.

Endlich, am 24. Oktober, entschloß sich die Regierung zum Gegenschlag und schuf gerade damit den Vorwand für den Aufstand. Regierungstruppen besetzten die Redaktion der Zeitung, die von Stalin herausgegeben wurde. Die Druckerei wurde geschlossen und versiegelt. Eine Delegation der Arbeiter dieses Druckereibetriebs erschien bei dem Militärischen Revolutionskomitee und bat um die Entsendung von Truppen, unter deren Schutz die Zeitung gedruckt werden könne. Dies geschah. »Ein Stückchen amtlichen Siegellacks an der Tür der bolschewistischen Redaktion als Kriegsmaßnahme ist wenig. Aber welch ein vortreffliches Kampfsignal!«[52] So schrieb später der Mann, der den Aufstand führte. Der Kampf ging sofort um die Besetzung von Brücken, Eisenbahnstationen, Postämtern und um andere strategische Punkte. Sie wurden alle durch die von Trotzki befehligten Truppen besetzt, ohne daß ein Schuß fiel. Ein wirkliches Gefecht entwickelte sich nur, als die Aufständischen das Winterpalais, den Sitz der Provisorischen Regierung nehmen wollten. Aber auch diese Operation, die von Antonow-Owsejenko, später Sowjetbotschafter in Warschau und bei der rotspanischen Regierung, geleitet wurde, hatte ihre erheiternden Seiten. So beschoß zum Beispiel der Kreuzer »Aurora« das Palais mit blinder Munition. Die Provisorische Regierung war politisch völlig isoliert. Die Aufständischen waren so stark, daß sie die Regierung ohne weitere Umstände zur Seite schieben konnten. Als am 25. Oktober der zweite Allrussische Kongreß der Sowjets zusammentrat, war der Aufstand so gut wie durchgeführt, und die bolschewistische Mehrheit des Kongresses zögerte nicht, das Geschehene zu sanktionieren.[53]

In den Tagen des Aufstandes befand sich Stalin nicht unter den ersten Akteuren des Dramas. Noch mehr als sonst hielt er sich im Halbdunkel, und diese Tatsache hat seinen amtlichen Biographen schweres Kopfzerbrechen verursacht. Sie gibt vielleicht auch eine Erklärung für die Äußerung Trotzkis: »Je höher die Wogen der Ereignisse schlugen, desto geringer war der Anteil, den Stalin an ihnen nahm.« Schuld daran war die geringe Durchschlagskraft des Zentralkomitees, auf das Stalin größeren Einfluß hatte als auf die Vorgänge außerhalb dieser führenden Parteiinstanz. Bei der kritischen Sitzung des Zentralkomitees am 16. Oktober wurden Stalin und vier andere Mitglieder des Komitees, nämlich Swerdlow, Bubnow, Dsershinski und Uritzki als Delegierte der Partei in das Militärische Revolutionskomitee des Sowjets entsandt. Wenn man dem Vorsitzenden dieses Komitees, Trotzki, glauben darf, dann war der Beitrag, den Stalin zu der Arbeit dieses Organs der Revolution zu leisten wußte, gleich Null.[54] Man kann die Glaubwürdigkeit dieser Behauptung Trotzkis anzweifeln, weil er Stalin gegenüber mehr als voreingenommen war. Aber dann müßte es möglich sein, in dem Stoß von Dokumenten über den Aufstand wenigstens einige wenige zu finden, die eine direkte Verbindung Stalins mit den Vorgängen, die sich jetzt abspielten, beweisen könnten. Nichts dergleichen ist bisher bekannt geworden.

Sobald Stalin die uneingeschränkte Macht in Rußland verkörperte, wurde der Name Trotzki mit aller Sorgfalt aus allen amtlichen Darstellungen der Revolution getilgt. Man hörte von ihm nur als dem »Verräter« und »Saboteur« des Aufstandes. Alle amtlichen Geschichts- und Schulbücher sprachen nur von der führenden Rolle Lenins und Stalins und schoben die Taten und Worte Trotzkis, die sich nicht einfach unterdrücken ließen, dem anonymen Militärischen Revolutionskomitee zu. Aber trotz allen guten Willens und trotz des löblichen Eifers haben die amtlichen Sowjethistoriker es nicht vermocht, an die Stellen, an denen sie den Namen Trotzkis ausradierten, den Namen Stalins zu setzen. Nicht einmal die höchst voreingenommene »Geschichte des Bürgerkriegs in der UdSSR«, die Stalin selber zusammen mit Shdanow, Woroschilow, Molotow, Gorki und Kirow herausgab, enthält ein einziges Dokument oder eine einzige Tatsache zur Bestätigung der unbewiesenen Behauptung über Stalins beherrschende Rolle im Militärischen Revolutionskomitee, es sei denn, daß man die recht billigen und unverkennbar verfälschten Darstellungen eines Swaroga und Wladimirski zu historischen Dokumenten stempeln will. Diese Gemälde sind viele Jahre nach den Ereignissen entstanden. Sie zeigen einen gutaussehenden, waghalsigen Stalin, einen wahren Teufelskerl, wie er den Aufständischen Befehle gibt. Die von Stalin selber verfaßten biographischen Notizen zu diesem Punkt sind ebenfalls unergiebig.[55] Merkwürdigerweise nahm er nicht einmal an der Sitzung des Zentralkomitees teil, die am Morgen des folgenschweren Tages stattfand. »Nicht, daß er feige gewesen wäre. Es gibt keinen Grund, ihn persönlicher Feigheit zu bezichtigen. Wohl aber war er politisch unzuverlässig. Der vorsichtige Kulissenschieber wollte im entscheidenden Moment beiseite bleiben. Er wollte abwarten und den Ausgang des Aufstands kennen, bevor er sich auf eine Position festlegte. Im Falle einer Niederlage hätte er dann Lenin und Trotzki und ihren Gefährten sagen können: ›Das ist eure Schuld!‹ Man muß sich die glühende Stimmung jener Tage klar vor Augen führen, um solch kalte Zurückhaltung oder, wenn man will, Perfidie, richtig zu werten.«[56]

Die Erklärung, die Trotzki gibt, ist nicht ohne innere Widersprüche. Die »Hinterhältigkeit«, die er seinem Rivalen zur Last legen will, hätte auch einen starken Unterton von Feigheit haben müssen. Gegen diesen Vorwurf hat ihn Trotzki, wie wir gesehen haben, selber in Schutz genommen. Man kann aber Trotzkis Darstellung auch aus einem andern Grund nicht billigen: Tatsächlich hat sich Stalin bereits am 10. Oktober politisch engagiert, als das Zentralkomitee den ersten Beschluß über den Aufstand faßte. Damals stimmte er mit Lenin und Trotzki. Am

16. Oktober redete und stimmte er erneut für den Aufstand, diesmal nicht in dem kleinen Gremium des Zentralkomitees, sondern in einer sehr viel größeren Konferenz, an der die Delegierten der Petrograder Parteiorganisation, der militärischen Verbände der Partei, der Gewerkschaften, des Petrograder Sowjets, aber auch Delegierte von Fabrikkomitees, Delegierte der Eisenbahnarbeiter und so weiter teilnahmen. Ein »vorsichtiger Planer, der im kritischen Augenblick sich am Rande der Ereignisse hält«, wäre damals schwerlich unter den Augen einer solchen Versammlung so energisch auf Lenins Seite getreten. Man findet keine überzeugende Erklärung für Stalins Zurückhaltung oder Untätigkeit in dem Hauptquartier des Aufstandes. Die Tatsache, daß er sich so verhielt, ist merkwürdig, aber nicht abzustreiten.

Die Stelle, an der er während der kritischen Periode unleugbar seine Pflicht tat, war das Redaktionsbüro des »Rabotschij Putj« (Der Weg des Arbeiters). Unter diesem Titel erschien damals die »Prawda«. Dort sprach er als die Stimme der Partei, meistens in nicht signierten Leitartikeln. Er rief dort aus Gründen, die ohne weiteres einleuchten, nicht offen zum Aufstand auf. Wie Trotzki im Sowjet, so gab auch Stalin in seiner Zeitung einer ihrem Wesen nach offensiven Politik ein defensives Aussehen. Das war die vorsichtige Tarnung des Aufstands. Am 10. Oktober, noch ehe das Zentralkomitee seinen ersten Beschluß über den Aufstand gefaßt hatte, schrieb er: »Die erste Verschwörung der Kornilowschen Konterrevolution wurde vereitelt. Aber die Konterrevolution wurde nicht zerschlagen (...). Die zweite Verschwörung der Kornilowschen Konterrevolution, die jetzt vorbereitet wird, muß restlos zerschmettert werden, um die Revolution für lange Zeit gegen jede Gefahr zu sichern (...). Die Sowjets und die Komitees müssen alle Maßnahmen treffen, um die zweite Aktion der Konterrevolution mit der ganzen Macht der großen Revolution zunichte zu machen.«[57] Drei Tage später wurde er noch deutlicher: »Der Augenblick ist gekommen, wo die Losung ›Alle Macht den Sowjets!‹ endlich verwirklicht werden muß.« Noch am Morgen des Aufstandes faßte er den Ablauf der Ereignisse wie folgt zusammen: »Nach dem Sieg der Februarrevolution blieb die Macht in den Händen der Gutsbesitzer und Kapitalisten, der Bankiers und Spekulanten, der Wucherer und Marodeure. Hierin liegt der verhängnisvolle Fehler der Arbeiter und Soldaten (...). Dieser Fehler muß unverzüglich korrigiert werden.«[58] Als wollte er Lenins Worte nachsprechen und auf die Opposition von Kamenjew und Sinowjew anspielen: »Der Augenblick ist gekommen, wo weiteres Zögern die ganze Revolution mit dem Untergang bedroht (...). Die gegenwärtige Regierung, die nicht vom Volk gewählt wurde und die dem Volke nicht verantwortlich ist, muß durch eine vom Volk anerkannte, von Vertretern der Arbeiter, Soldaten und Bauern gewählte und diesen Vertretern verantwortliche Regierung ersetzt werden.« Vierzehn Jahre später schilderte Trotzki die Stimmung der Aufständischen mit folgenden Worten: »Alle, die an dem Aufstand mitwirkten, vom ersten bis zum letzten, waren unbedingt davon überzeugt, daß der Sieg ohne Verluste gewonnen werde.«[59] In diesem Glauben lag die Stärke, aber auch die Achillesferse des Aufstands. Die Worte, die Stalin wenige Stunden vor dem Ausbruch der Revolte schrieb, atmeten eben diesen Geist. »Wenn ihr alle einmütig und entschlossen vorgeht, wird es niemand wagen, sich dem Willen des Volkes zu widersetzen. Je stärker, organisierter und machtvoller ihr auftretet, um so friedlicher wird die alte Regierung einer neuen Platz machen.«[60]

Wahrscheinlich findet man das getreueste Spiegelbild der Stimmung und der Gefühle, die Stalin am Vorabend des großen Ereignisses bewegten, in einem Aufsatz, in dem er sich mit den vielen Fragen auseinandersetzte, die ihm von allen Seiten gestellt worden waren. In diesen Fragen steckte mancherlei, der Versuch, Gewißheit über die bolschewistischen Absichten zu gewinnen, aber auch bange Sorge, was aus diesen Plänen in der Wirklichkeit werden möge. Stalins Antwort ist das Meisterwerk eines Mannes, der einer klaren Stellungnahme ausweicht:

»Unsere Antwort: Was die Bourgeoisie und ihren ›Apparat‹ betrifft: Mit ihnen werden wir uns gesondert unterhalten. Was die Agenten und Söldlinge der Bourgeoisie betrifft: Sie verweisen wir an die Spionageabwehr — dort können sie sich ›unterrichten‹ und auch ihrerseits die zuständigen Herrschaften über Tag und Stunde der Aktion unterrichten, deren Marschroute die Provokateure vom ›Djen‹ schon festgelegt haben (...). Solchen ›Helden‹ (gemäßigte Sozialisten), die sich auf die Seite der Regierung Kischkin-Kerenski gegen die Arbeiter, Soldaten und Bauern gestellt haben, geben wir keine Rechenschaft. Aber wir werden dafür sorgen, daß sie, diese Helden des Streikbruchs, sich vor dem Sowjetkongreß verantworten.«[61]

Sein schärfster Angriff war gegen Maxim Gorki, den berühmten Schriftsteller und Revolutionär, gerichtet, der so viele Jahre mit Lenin sympathisiert hatte und den Stalin selber eines Tages als den Propheten einer neuen Zivilisation salben sollte. Gorkis Zeitung, dasselbe Blatt, in dem Sinowjew und Kamenjew gegen den Aufstand geschrieben hatten, hatte Lenin und dessen Gefährten aufgefordert, »die Karten auf den Tisch zu legen«. Gorki selber griff die Bolschewisten in einem Aufsatz an, der den Titel führte: »Ich kann nicht länger schweigen«. Er hatte diesen Titel einer zarenfeindlichen Schrift Tolstois entlehnt. Stalin antwortete mit dem grimmigen Zorn der Verachtung:

»Was die Neurastheniker von der ›Nowaja Shisn‹ (das Blatt Gorkis) betrifft, so wissen wir nicht recht, was sie eigentlich von uns wollen. Wenn sie den ›Tag‹ des Aufstands erfahren wollen, um im voraus die Kräfte der erschrockenen Intellektuellen zur rechtzeitigen Flucht, sagen wir nach Finnland, zu mobilisieren, so können wir sie dafür nur loben, denn wir sind ›überhaupt‹ für die Mobilisierung der Kräfte. Wenn sie jedoch nach dem ›Tag‹ des Aufstands fragen, um ihre ›eisernen‹ Nerven zu beruhigen, so versichern wir ihnen, daß, selbst wenn der ›Tag‹ des Aufstands festgesetzt wäre und die Bolschewiki ihnen den Termin ›ins Ohr‹ geflüstert hätten, es unseren Neurasthenikern darum doch nicht um einen Deut ›leichter‹ ums Herz wäre: Es gäbe nur neue ›Fragen‹, Hysterie usw.«[62]

Auch andere führende Bolschewisten waren damals über Gorkis Haltung schwer enttäuscht. Aber niemand griff ihn und seine Anhänger so persönlich und mit solch giftiger Schärfe an, die ihm Feigheit, Verrat und ähnliches mehr unterstellte. Noch ungerechter und noch härter war die folgende Bemerkung Stalins:

»Erklärt sich nicht daraus auch Gorkis ›Man darf nicht schweigen‹? Unglaublich, aber wahr. Sie saßen still und schwiegen, als die Gutsherren und deren Speichellecker die Bauern zur Verzweiflung und zu Hungerrevolten trieben. Sie saßen still und schwiegen, als die Kapitalisten und ihre Handlanger den Arbeitern Aussperrung und Arbeitslosigkeit in ganz Rußland bereiteten (...). Nun aber, wo sich der Petrograder Sowjet, diese Avantgarde der Revolution, zum Schutze der betrogenen Arbeiter und Bauern erhoben hat, da ›können sie nicht länger schweigen‹! Und das erste Wort, das sie finden, ist ein Vorwurf nicht gegen die Konterrevolution, nein, sondern gegen dieselbe Revolution, von der sie zwar bei einer Tasse Tee schwärmen, die sie aber in den verantwortungsschweren Stunden wie die Pest fliehen!«[63]

Der Angriff erreichte seine volle Schärfe in den folgenden prägnanten Sätzen:

»Die russische Revolution hat nicht wenig Autoritäten gestürzt. Ihre Stärke kommt unter anderem darin zum Ausdruck, daß sie sich nie vor ›großen Namen‹ gebeugt hat, sie stellte diese in ihren Dienst oder stieß sie ins Nichts hinab, wenn sie nicht bei ihr lernen wollten. Ihrer, der von der Revolution nachher beiseite geworfenen ›großen Namen‹, gibt es eine ganze Schar. Plechanow, Kropotkin, Breschkowskaja, Sasulitsch und überhaupt alle jene alten Revolutionäre, an denen nur das bemerkenswert ist, daß sie eben alt sind. Wir fürchten, die Lorbeeren dieser ›Säulen‹ lassen Gorki nicht schlafen. Wir fürchten, es zieht Gorki, zum Sterben gern, zu ihnen, ins Archiv (...). Die Revolution versteht weder ihre Toten zu bemitleiden noch sie zu Grabe zu tragen.«

Für den Mann, der diese Zeilen schrieb, für den Sohn georgischer Leibeigener und für den bolschewistischen Funktionär war die Revolution mehr als nur die Durchsetzung der Forderungen der unterdrückten Klassen. Sie war auch der Triumph des unbekannten, unauffälligen Komiteemanns über die »großen Namen« des russischen Sozialismus. Er war an keine Tradition gebunden, ihn fesselte nichts an die Vergangenheit, nicht einmal an die sozialistische Vergangenheit. Hierin unterschied er sich von den andern Häuptern der Partei, vor allem von Lenin selber, der auch in der größten Hitze des Gefechts es nie über sich gebracht hätte, von seinem früheren Lehrer Plechanow zu sagen, er sei nur deshalb bemerkenswert, weil er alt sei. Es ist nicht schwierig, hinter diesen hemmungslosen Ausfällen die lang verhaltene Enttäuschung des Mannes zu entdecken, dessen besondere Begabung auf einem Gebiet lag, auf dem er sich nicht das

Ansehen eines »großen Namens« erwerben konnte, selbst dann noch nicht, als er der Macht bereits zum Greifen nahe war. Die Revolution hatte einige Namen »ins Nichts gestoßen«, dafür schuf sie sich neue, deren Stern noch heller glänzte und die in die Herzen und Sinne des Volkes eingingen.

Die späteren Ereignisse sollten Stalins Worten den Charakter eines unbewußten oder auch halbbewußten Angriffs gegen diese neuen Namen verleihen. Damals zeigte die Revolution der Welt nur das eine ihrer vielen Gesichter. Sie strahlte vor Begeisterung und edlem Hoffen. Das andere Gesicht, das Gesicht des Ungeheuers, das seine eigenen Kinder frißt, war noch verborgen. Aber es scheint, als ob Stalin bereits damals diesem anderen Gesicht gehuldigt hätte. »Die Revolution versteht weder ihre Toten zu bemitleiden noch sie zu Grabe zu tragen.« Welch ein Geleitwort für die großen Säuberungen, die er zwanzig Jahre später durchführen sollte!

VI. Kapitel

Stalin im Bürgerkrieg

Einleitung: Das Dilemma der Revolution – Stalin wird Kommissar für Nationalitätenfragen – Lenins erste Regierung – Koalition zwischen Bolschewisten und linken Sozialrevolutionären – Stalin proklamiert in Helsinki die Unabhängigkeit Finnlands – Seine Ansichten über das Selbstbestimmungsrecht der kleinen Völker – Sein Entwurf zur ersten Sowjetverfassung, 1918 – Der Friede von Brest-Litowsk (3. März 1918) – Stalin stimmt mit Lenin für den Frieden und bekämpft die linken Bolschewisten, die einen »Revolutionskrieg« gegen Deutschland führen wollen – Terror und Gegenterror – Stalin führt Friedensverhandlungen mit der ukrainischen »Rada« in Kursk (Mai 1918) – Der Bürgerkrieg breitet sich aus – Stalins Mission in Zarizyn (Stalingrad) im Juni 1918 – Er unterstützt Woroschilow und Budjonny gegen Trotzki – Der Ursprung der großen Fehde – Stalin fordert souveräne Vollmachten für die Südfront – Lenin versucht, Stalin und Trotzki zu versöhnen – Widersprechende Berichte über die Verteidigung von Zarizyn – Stalin wird nach Moskau zurückbeordert (Oktober 1918) – Seine Reaktion auf die revolutionären Bewegungen des Jahres 1918 in Europa: »Aus dem Osten kommt das Licht« – Stalin verteidigt Petrograd, Mai 1919 – Trotzki und Stalin werden mit dem Orden der »Roten Fahne« ausgezeichnet – Stalin als Verwaltungsbeamter – Seine Rolle im russisch-polnischen Krieg des Jahres 1920 – Der Aufstand von Kronstadt und die Neue Ökonomische Politik (1921) – Das Einparteiensystem und das Verbot der bolschewistischen Oppositionsgruppen – Stalins Einfluß steigt mit dem der bolschewistischen Parteifunktionäre

Die Oktoberrevolution war ein ruhiges, unblutiges Ereignis gewesen. Nun aber begannen ein grausamer Bürgerkrieg und die Intervention der ausländischen Mächte. Damit waren die nächsten drei Jahre ausgefüllt. Der neue revolutionäre Staat bildete sich weniger unter dem Einfluß der Ideen, die von den Bolschewisten bei ihrer Machtergreifung gepredigt worden waren, als unter den harten Bedingungen des Bürgerkriegs. Die Ereignisse zwangen die Partei, Ansprüche, Hoffnungen und Illusionen aufzugeben, um den Rahmen der Revolution zu retten. In diesem Prozeß unterlagen die Partei, ihre Führer und Anhänger einer tiefgreifenden geistigen und politischen Wandlung.

Einen Teil dieser Wandlungen haben alle Revolutionen, die die Geschichte kennt, durchgemacht. Jede große Revolution beginnt mit einem elementaren Ausbruch der Volkswut, mit Ungeduld, Zorn und Hoffnung. Sie endet in der Ermattung, Erschöpfung und Enttäuschung des revolutionären Volkes. In der ersten Phase wird immer jene Partei ihre Rivalen überflügeln, die der Stimmung des Volkes am getreulichsten Ausdruck gibt, das Vertrauen der Massen besitzt und damit die Macht erobert. Aber auch die revolutionärste Partei ist in den Augen des radikalsten Volksteils manchmal nicht radikal genug. Sie wird durch die steigende Flut der Volksbewegung vorwärts getrieben, sie muß alle Hindernisse niederlegen, die sich ihr in den Weg stellen, und den Kampf gegen alle konservativen Kräfte führen. Dann aber kommt unvermeidlich die große Prüfung des Bürgerkriegs. Zu diesem Zeitpunkt marschiert die Partei der Revolution noch Seite an Seite mit der Mehrheit des Volkes. Sie ist sich ihrer Einheit mit dem Volk und der tiefen Übereinstimmung zwischen ihren eigenen Zielen und den Wünschen und Hoffnungen des Volkes genau bewußt. Sie kann die Massen des Volkes zu immer größeren Anstrengungen und Opfern aufrufen; und sie ist des Widerhalls sicher. In dieser heroischen Phase der Revolution ist die Partei der Revolution im wahrsten Sinn demokratisch, selbst dann, wenn sie ihre Feinde mit diktatorischer Rücksichtslosigkeit behandelt und keine verfassungsmäßigen Spielregeln befolgt. Die Führer der Revolution vertrauen stillschweigend der Gefolgschaft, die sie im Volk haben, und ihre Politik beruht eben auf diesem Vertrauen. Sie sind bereit, ja sogar eifrig darauf bedacht, ihre Politik offen zu erörtern und sich dem Urteil der öffentlichen Meinung unterzuordnen. Sie erheben den Anspruch darauf, die Massen zu führen, aber sie lassen sich auch selber führen.

Dieses glückliche Verhältnis zwischen der Partei der Revolution — mag es sich um britische Independenten, französische Jakobiner oder russische Bolschewisten handeln — und der Masse des Volkes dauert nicht lange. Es überlebt kaum jemals den Bürgerkrieg. Viele der ergebensten und energischsten Verteidiger der neuen Ordnung gehen im Bürgerkrieg zugrunde. An ihrer Stelle erheben sich andere aus einer bescheidenen und anspruchslosen Stellung zur Macht, oft sogar zu besonders einflußreicher Bedeutung. Die Partei der Revolution geht triumphierend aus dem Bürgerkrieg hervor, mit ungeheurem Stolz und Selbstvertrauen, jedoch innerlich müde und entnervt. Die Müdigkeit des Volkes aber ist noch größer. Das Land, durch den Bürgerkrieg und die Einmischung fremder Mächte verwüstet, ist in ein Elend abgesunken, das noch schlimmer sein kann als jenes, das zum Aufstand führte. Im Jahr 1920 litt Rußland schlimmeren Hunger und größere Entbehrungen als im Jahr 1917. Die Rücksichtslosigkeiten der neuen Herren, so sehr sie auch durch die allgemeinen Verhältnisse und durch das Streben nach Selbsterhaltung begründet sein mögen, müssen eine Gegenwirkung hervorrufen. Diese Gegenwirkung ist gerade bei denen am stärksten, die früher die Partei auf den Weg trieben, der Rücksichtslosigkeiten und Gewalttätigkeiten unvermeidlich machte.

Damit beginnt der Niedergang der Revolution. Die Führer können ihre Versprechungen nicht halten. Die alte Ordnung ist zerstört; es wird ihnen unmöglich, für die täglichen Bedürfnisse des Volkes zu sorgen. Niemand wird leugnen wollen, daß die Revolution die Grundlage für eine bessere Gesellschaftsordnung und für einen Fortschritt schuf, der in einer nicht zu fernen Zukunft sichtbar werden wird. Dies wird in den Augen der Nachwelt die Rechtfertigung der Revolution sein. Aber ihre Früchte reifen langsam, und das, was zunächst zählt, ist allein und ausschließlich das Elend der ersten nachrevolutionären Jahre. In ihrem Schatten gewinnt der neue Staat seine Form, und zwar eine Form, die eine tiefe Spaltung zwischen der Partei der Revolution und dem Volk erkennbar werden läßt. Das ist die große Tragödie jeder revolutionären Partei. Wenn sie sich ihr Verhalten von der Stimmung des Volkes vorschreiben lassen wollte, so müßte sie am Tag nach ihrem Sieg Selbstmord begehen oder mindestens von der Macht abtreten. Aber keine revolutionäre Regierung kann nach einem siegreich geführten Bürgerkrieg abdanken, denn die einzig wirklichen Prätendenten auf die Macht sind immer noch die nicht zu unterschätzenden Reste der geschlagenen

Gegenrevolution. Abdanken käme einem Selbstmord gleich und damit einer Preisgabe aller Errungenschaften der Revolution, die zwar die Gesellschaft umgeformt haben, sich aber noch nicht konsolidieren konnten. Der politische Mechanismus eines Regimes, das alle Leidenschaften der Revolution und der Gegenrevolution entfesselte, kennt nicht die Einrichtungen einer stabilen parlamentarischen Ordnung, durch deren Drehtür die Regierungen mehr oder weniger höflich kommen und gehen, ohne daß sie sich gegenseitig die Köpfe einschlagen. Die Partei der Revolution kann sich nicht zurückziehen. Sie ist dahin, wo sie steht, getrieben worden, weil sie dem Willen desselben Volkes gehorchte, von dem sie jetzt verlassen wird. Sie wird weiter fortfahren, das zu tun, was sie als ihre Pflicht betrachtet, ohne noch häufig auf die Stimme des Volkes zu hören. Am Ende wird sie diese Stimme ersticken.

Zunächst ist sich die Partei der Revolution über das, was ihr in der neuen Phase bevorsteht, alles andere als klar. Sie ist zur Macht gekommen als eine Regierung des Volkes, durch das Volk und für das Volk. Jetzt verliert sie mindestens eines dieser ehrenvollen Attribute, sie hört auf, die Regierung »durch das Volk« zu sein. Die Partei wird sich noch der Hoffnung hingeben, daß die Kluft zwischen ihr und dem Lande nur vorübergehend sei, daß es ihr, wenn sie nur in der einen oder der anderen Richtung sich ehrlich bemühe, wieder möglich sein müsse, die Einbildungskraft des Volkes neu zu beleben und damit den Anschluß an die entschwundene heroische Vergangenheit zu gewinnen. Aber die Kluft wird immer breiter und tiefer. Die neuen Herrscher nehmen die Unsitten einer autokratischen Regierung an, und diese ihre Gebräuche gewinnen immer mehr Gewalt über sie selbst. Was einmal so hoffnungsvoll eine große, vom heißen Herzen des Volkes getragene Tat war, degeneriert immer mehr zu einer engen und kalten Autokratie. In dieser Übergangszeit spaltet sich die Partei der Revolution in die, die den neuen Kurs zu verantworten oder sich mit diesem abgefunden haben, und die, die hierzu nicht bereit sind. Einige ihrer Führer stoßen Alarmrufe aus wegen der Trennung, die sich zwischen Volk und Revolution vollzogen hat. Andere verteidigen die Haltung der Partei, indem sie darauf hinweisen, daß diese Trennung jetzt nicht zu ändern ist. Die verantwortlichen Führer wollen diese Trennung nicht als Tatsache anerkennen, denn wenn sie das täten, würden sie die Kluft zwischen den Herrschern und den Beherrschten nur noch vertiefen. Wieder andere behaupten, die Revolution sei verraten worden. In ihren Augen ist die Regierung »durch das Volk« das Wesen der Revolution, denn ohne diese Voraussetzung könne es auch keine Regierung »für das Volk« geben. Die Herrschenden finden eine Rechtfertigung für ihr Verhalten in der Überzeugung, daß alles, was sie tun, letzten Endes den Interessen der breiten Masse des Volkes dienlich ist. Im großen und ganzen nützen sie auch ihre Macht zur Konsolidierung der meisten ökonomischen und sozialen Errungenschaften der Revolution aus. Von beiden Seiten gibt es Angriffe und Beschuldigungen, die Köpfe der Revolutionsführer beginnen zu rollen, und die Macht des nachrevolutionären Staates erhebt sich turmhoch über die von ihm beherrschte Gesellschaft.

In diesem groben Schema einer revolutionären Entwicklung mag manches allzusehr vereinfacht, gewisse Tendenzen auch miteinander vermischt erscheinen. Die historische Wahrheit besteht weniger in groben Verallgemeinerungen als in der mannigfachen Abfolge von Ereignissen, die in jeder Revolution anders verläuft. Einige Züge, die in einer bestimmten Revolution nur undeutlich hervortreten, zeigen sich um so klarer und deutlicher in einer anderen. So haben sich zum Beispiel die Vorgänge, durch die das französische Jakobinertum innerhalb weniger Monate verzehrt und vernichtet wurde, im Bolschewismus nur langsam entwickelt und Jahrzehnte in Anspruch genommen. Auch die Ergebnisse waren in mancher Hinsicht verschieden. Was aber in unserem Zusammenhang wichtig erscheint, ist die allgemeine Tendenz der Entwicklung, und diese war in allen Revolutionen, die wir bisher kennen, im wesentlichen die gleiche. Im Rahmen dieses größeren Zusammenhangs wird man die Wandlungen des siegreichen Bolschewismus und damit auch das persönliche Schicksal Stalins am besten verstehen können.

Wenige haben den Übergang vom Dunkel, von Armut und Verfolgung zu Macht und Weltruhm so plötzlich und so unvermittelt erlebt wie die Führer des Bolschewismus, die zu Herrschern

Rußlands wurden. Wenige Augenblicke, nachdem Lenin seine Verkleidung, seine Perücke und seine große Brille abgelegt und seine Freunde in der Nacht, die dem Aufstand folgte, im Smolny-Institut wiedergetroffen hatte, gestand er scherzend, daß es ihm angesichts dieser Wandlung schwindle. Ein ähnliches Gefühl muß Stalin gehabt haben, als er am 26. Oktober 1917 hörte, wie Kamenjew vor dem Kongreß des Sowjets die Namen der Männer verlas, die der ersten Sowjetregierung, das heißt dem ersten Rat der Volkskommissare, angehörten. Auf dieser Liste erschien auch der Name Joseph Wissarionowitsch Dshugaschwili-Stalin — als »Vorsitzender des Kommissariats für Nationalitätenfragen«.

Die Regierung, deren Mitglied er nun war, wurde von allen nichtbolschewistischen Parteien boykottiert. Von ihren fünfzehn Mitgliedern waren elf Intellektuelle und nur vier Arbeiter. Lenin war Premierminister, Trotzki Kommissar für Auswärtige Angelegenheiten, Rykow hatte das Ressort des Innern, Miljutin das Landwirtschafts- und Schljapnikow das Arbeitsministerium. Armee und Flotte waren drei Männern anvertraut, nämlich Antonow-Owsejenko, Revolutionär und früherer zaristischer Offizier, Krylenko, ehemaliger Seekadett und Rechtsanwalt, und Dybenko, ein großer, halbgebildeter, grober, aber gutherziger Matrose, der sich als revolutionärer Führer bei der Ostseeflotte ausgezeichnet hatte. Der ehemalige »Gottsucher« und Wissenschaftler Lunatscharski war für die Volkserziehung verantwortlich. Die neue Regierung wollte zunächst mit all den herkömmlichen Gebräuchen und Umständlichkeiten einer Staatsverwaltung radikal Schluß machen. Diese Neigung zu demonstrativen Neuerungen zeigte sich schon in ihrem Namen und darin, daß sie den Titel »Minister« durch »Volkskommissar« ersetzte. Jedes Volkskommissariat wurde durch ein Komitee oder Kollegium geleitet, dessen Vorsitzender der Kommissar war. In dieser Regierungsorganisation spiegelte sich ihr demokratischer Radikalismus wider. Man kann nicht sagen, daß diese erste Gruppe von Kommissaren die »rücksichtslose Entschlossenheit« und den »fanatischen Eifer« verkörperte, die später mit dem Begriff des Bolschewismus als wesentlich verbunden wurden. Im Gegenteil, die »Weichherzigkeit« der meisten Kommissare brachte die Regierung in eine Reihe tragikomischer Situationen. Nur zwei oder drei charakteristische Ereignisse mögen hier erwähnt werden:

Als der bolschewistische Aufruhr in Moskau noch in vollem Gang war, wurde das Gerücht verbreitet, der Kreml sei im Verlauf der Kämpfe zerstört worden. Der Volkskommissar für Erziehungswesen, Lunatscharski, trat sofort von seinem Posten zurück und protestierte gegen den »Vandalismus der Roten Garden«. »Genossen«, rief er in einer Proklamation aus, »was sich in Moskau abspielt, ist ein schreckliches, nicht wiedergutzumachendes Unglück (...). Das Volk hat in seinem Kampf um die Macht unsere herrliche Hauptstadt verwüstet (...). Es ist unsagbar schwierig, in diesen Tagen wilden Kampfes, in der Verwüstung des Krieges, Volkskommissar für Erziehung zu sein (...). Auch der ungebildetste Mensch muß aufwachen und begreifen, welch eine Quelle der Freude, der Kraft und der Weisheit die Kunst ist.«[1] Das Gerücht erwies sich als maßlos übertrieben, aber Lenin hatte trotzdem große Mühe, seinen empfindsamen Kommissar zum Verbleiben im Amt zu bewegen.

Vom ersten Tag ihres Bestehens an wurde die Regierung von den Beamten boykottiert; sie weigerten sich, den Befehlen der neuen Herren Folge zu leisten. Ein Augenzeuge berichtet, daß Frau Alexandra Kollontai, die zum Kommissar für Volkswohlfahrt ernannt worden war, in ihrem Ministerium mit einem Streik begrüßt wurde, von dem sich nur etwa vierzig Beamte ausschlossen. Die von der Armenfürsorge der großen Städte Betreuten mußten in die allergrößte Not geraten. Delegationen von halbverhungerten Krüppeln und Waisen mit blaugefrorenen Gesichtern belagerten das Ministerium. Tränenüberströmt ließ Frau Kollontai die Streikenden verhaften, doch nur bis sie ihr die Schlüssel des Gebäudes und der Kasse ausgeliefert hatten.[2] Damals brach die Revolution die Sabotage ihrer Feinde noch mit Bitten und mit Tränen.

Trotz Lenins Protest war eine der ersten Verordnungen des Rates der Volkskommissare die Abschaffung der Todesstrafe. Der Kosakengeneral Krasnow, der auf Petrograd marschiert war, um die Bolschewisten zu stürzen und die Sowjets zu verjagen, war von den Roten Garden gefangengenommen und auf

Ehrenwort freigelassen worden, nachdem er sich verpflichtet hatte, den Kampf nicht wieder aufzunehmen. Später kommandierte Krasnow eine der Weißen Armeen in Südrußland. Es dauerte geraume Zeit, bis die Revolution unter den grausamen Eindrücken des Bürgerkriegs ihre Tränen abgewischt und aufgehört hatte, den Versprechungen ihrer Feinde Glauben zu schenken; bis sie gelernt hatte, mit jener fanatischen Entschlossenheit zu handeln, die ihr neue und abstoßende Züge verlieh, denen sie aber ihr Überleben zu verdanken hatte. Wir werden bald den »Mann aus Stahl« in den Reihen derer finden, die der Revolution ihren sensiblen — oder sentimentalen — Idealismus abgewöhnten.

In seinem eigenen Amt konnte Stalin nicht auf die Sabotage einer vorhandenen Beamtenschaft stoßen, denn es gab bisher keine besondere Behörde, die sich mit den Fragen der nichtrussischen Nationalitäten befaßt hätte. Er mußte sein Kommissariat ganz von unten aufbauen. Zunächst bestand der ganze Apparat seines Ministeriums aus einem Tisch in einem Saal des Smolny-Instituts, auf dem mit Reißnägeln ein Stück Pappe mit der klangvollen Aufschrift »Volkskommissariat für Nationalitäten« befestigt war. Später beschaffte er sich eine würdigere Unterkunft für sein Kommissariat, um die es aber bei dem Kommissar für Quartierangelegenheiten einen heftigen, allerdings auch reichlich komischen Kampf zu führen galt. Dann versammelte er einen Stab von Mitarbeitern — Georgier, Polen, Ukrainer und Juden — um sich, der alle Fragen, die in dieser Behörde anliefen, sachverständig behandeln sollte.[3]

Kaum hatte er diese seine Arbeit begonnen, da wurde der erste Rat der Volkskommissare bereits wieder aufgelöst. Der rechte Flügel der Partei, die früheren Gegner des Aufstandes, die in der Regierung zahlreich vertreten waren, arbeiteten hinter den Kulissen für eine Verständigung mit den Menschewisten und Sozialrevolutionären. Sie verlangten, daß die Partei die Macht mit den gemäßigten Sozialisten teile. Diese Forderung wurde unterstützt von Rykow, dem Volkskommissar des Innern, Miljutin, dem Volkskommissar für Landwirtschaft, Nogin, dem Volkskommissar für Handel und Industrie, von Lunatscharski, Kamenjew (der inzwischen zum Präsidenten der Republik gewählt worden war) und von Sinowjew. Alle diese Kommissare legten ihre Ämter nieder und zwangen auf diese Weise Lenin, Verhandlungen mit den anderen Parteien aufzunehmen.[4] Der Verständigungsversuch mißlang, weil die Menschewisten darauf bestanden, daß Lenin und Trotzki, die beiden Männer, die den Aufstand inspiriert hatten, nicht Mitglieder einer Koalitionsregierung sein dürften. Das bolschewistische Zentralkomitee zögerte einen Augenblick angesichts dieser Bedingung, aber die Mehrzahl sah in ihr einen Versuch, »die bolschewistische Partei zu enthaupten« und lehnte deshalb ab. Stalin stimmte gegen den Ausschluß von Lenin und Trotzki und für den Abbruch der Verhandlungen mit den Menschewisten. Die Folge waren einige weitere Rücktritte in der Regierung und im Zentralkomitee, die nur deshalb nicht weitere Ausmaße annahmen, weil den betreffenden Ministern der Ausschluß aus der Partei angedroht wurde. Lenin, Trotzki und Stalin waren die ersten, die eine diesbezügliche Entschließung unterschrieben. Das Ergebnis der Krise war nichtsdestoweniger die Bildung einer neuen Regierung, an der sich der linke Flügel der Sozialrevolutionäre beteiligte. Diese Gruppe war die einzige, die bereit war, mit Lenin und Trotzki zusammenzuarbeiten, weil sie ihr eigentliches Ziel, die Agrarrevolution, zu erreichen hoffte.

Man wird die schwierige Rolle, die Stalin in der Sowjetregierung von Anfang an zu spielen hatte, kaum verstehen können, wenn man sich nicht darüber klar ist, welche Wirkung die »Weichheit« der meisten bolschewistischen Führer auf Lenin hatte. Ihr fortgesetztes Schwanken erfüllte ihn mit Unruhe und Sorge. Er sah, daß seine Regierung beinahe unüberwindlichen Schwierigkeiten gegenüberstand: dem Chaos im Innern, der Lähmung des Wirtschaftslebens, der unvermeidlichen Gegenrevolution und der Erbschaft, die der Krieg hinterlassen hatte. Er schaute sich um und fragte sich, welchen seiner Genossen in der Regierung und im Zentralkomitee er so trauen könne, um aus ihnen einen Mitarbeiterstab zu bilden, der bei den zu erwartenden Schwierigkeiten die erforderlichen raschen und entschlossenen Aktionen durchzuführen imstande wäre. Er dachte dabei nicht so sehr an ein diktatorisches Triumvirat als an eine Art inneren Kabinettsrat. Bald nach der Revolution hatte das bolschewistische Zentralkomitee einen Exekutivausschuß von vier Mitgliedern gewählt: Lenin, Stalin, Trotzki und Swerdlow. Nach der Bildung der Koalitionsregierung zwischen Bolschewisten und Sozialrevolutionären übertrug die Regierung wichtige und dringende Aufgaben an einen aus fünf Kommissaren bestehenden inneren Kabinettsrat. Es waren dies drei Bolschewisten und zwei Sozialrevolutionäre. Die drei Bolschewisten waren Lenin, Trotzki und Stalin.[5]

Wir haben gesehen, wie Stalin im Jahr 1912 Mitglied des Zentralkomitees der bolschewistischen Partei wurde. Lenin war damals mit den meisten seiner prominenten Genossen zerfallen (von denen allerdings einige im Jahr 1917 wieder zur Partei stießen). Die Auswahl der neuen bolschewistischen Hierarchie war durch den freiwilligen oder erzwungenen Austritt der bisherigen Mitglieder des Zentralkomitees notwendig geworden. Damals ersetzte Lenin die der Intellektuellengruppe angehörenden Parteihäupter durch Aktivisten der Untergrundbewegung, wobei er hauptsächlich auf die Komiteemitglieder in Baku zurückgriff. Nun vollzog sich ein ähnlicher Vorgang. Die Beförderung Stalins war auch jetzt in erster Linie die Folge der Meinungsverschiedenheiten Lenins mit so vielen anderen Mitgliedern des Zentralkomitees. Diese Andersdenkenden traten diesmal allerdings nicht aus der Partei aus, sie wurden auch nicht ausgestoßen und gewannen sogar später ihren Einfluß in dem inneren Kreis des Bolschewismus wieder. Einstweilen aber wurden sie in die Reserve gedrängt. Das bedeutet nicht, daß Stalin von allen Zweifeln und Schwankungen der gemäßigteren Parteiführer frei gewesen wäre. Auch er hatte Augenblicke, in denen er zögerte, wie am Vorabend der Oktoberrevolution. Aber er war seinem Wesen nach ein Satellit Lenins und bewegte sich stets auf dessen Bahn. Es kam wiederholt vor, daß sein eigenes Urteil und sein politischer Instinkt ihn in die Versuchung brachten, sich von Lenin zu entfernen, und bei einigen wichtigen Anlässen war sein Urteil sogar richtiger als das seines Meisters.

Aber wenigstens in den ersten Jahren nach der Revolution war Lenins Anziehungskraft so stark, daß Stalin diesen Bannkreis nicht verließ. Lenin war sich darüber klar, und er war nicht abgeneigt, aus diesem Verhältnis seinen vollen Nutzen zu ziehen.

In Fragen der Ideologie und der Parteigrundsätze hätte er wahrscheinlich die Ansichten fast jedes anderen Mitglieds des Zentralkomitees ernster genommen als die Stalins, aber in den Alltagsgeschäften der Regierung mit ihrer weitgespannten Verwaltungsarbeit schätzte er wahrscheinlich die Hilfe Stalins höher ein als die der anderen. Lenin hatte sicher nicht das geringste mit Don Quichotte gemein, aber er war froh, einen Sancho Pansa zu haben. An Lenins Seite verbrachte Stalin im militärischen Hauptquartier in Petrograd die Nacht vom 27. zum 28. Oktober und wachte mit ihm zusammen über die Maßnahmen, die ergriffen werden mußten, um den Vormarsch General Krasnows auf die Hauptstadt aufzuhalten. Er war auch einige Tage später wieder an Lenins Seite, als dieser dem Oberkommandierenden, General Duchonin, den Befehl gab, der deutschen Obersten Heeresleitung ein Waffenstillstandsangebot zu machen und den russischen Truppen den Befehl zur Einstellung des Feuers zu geben. Stalin war auch dabei, als General Duchonin, der sich weigerte, diesen Befehl auszuführen, von Lenin auf der Stelle entlassen und durch Krylenko ersetzt wurde. Hier beginnt Stalins Tätigkeit auf militärischem Gebiet, die im Verlaufe des Bürgerkrieges an Umfang und Bedeutung immer mehr wachsen sollte.

Als Volkskommissar für Nationalitätenfragen trat Stalin zum erstenmal auf dem Kongreß der finnischen Sozialdemokraten öffentlich in Erscheinung. Das war in Helsinki, drei Wochen nach dem bolschewistischen Staatsstreich. Für die Finnen war dies ein unerwartetes und nie vergessenes Ereignis. Der Vertreter der neuen russischen Regierung proklamierte die Unabhängigkeit des Landes. Die schrittweise Eingliederung Finnlands in das russische Reich hatte unter Zar Alexander I. kurz nach den napoleonischen Kriegen begonnen. Kerenskis demokratische Regierung, die sich als legitimen Erben des Zarenreiches betrachtete, bestand auf ihren Souveränitätsrechten in Finnland, selbst dann noch, als ihre eigene Souveränität in Rußland zu einem Anspruch geworden war, hinter dem keine reale Macht mehr stand. Jetzt sollte ein altes Unrecht gutgemacht werden. Die Szene auf dem Kongreß in Helsinki war um so ungewöhnlicher, als der Mann, der im Namen der russischen Regierung diesen feierlichen Akt historischer Gerechtigkeit vollzog, selber kein Russe, sondern ein Angehöriger einer anderen kleinen Nation war, die genauso wie die Finnen unter der zaristischen Gewaltherrschaft gelitten hatte. Der etwas bombastische Text seiner Rede kontrastierte merkwürdig mit der phlegmatischen und wenig wirkungsvollen Art seines Vortrags. Der Redner murmelte beinahe seine russischen Sätze, die er mit ausgesprochen fremdländischem Akzent vortrug. Aber gerade dadurch erhielt die Veranstaltung, die so jeden Pomps entkleidet war, einen Klang tiefer Ehrlichkeit. »Volle Freiheit für das finnische Volk wie auch für die anderen Völker Rußlands, ihr Leben selbst zu gestalten! Ein freiwilliges und ehrliches Bündnis des finnischen Volkes mit dem russischen Volk! Keine Bevormundung, keine Beaufsichtigung des finnischen Volkes von oben! Das sind die Grundsätze der Politik des Rates der Volkskommissare.«[6] So lautete die Botschaft des neuen Rußland, die der Sohn des georgischen Landes im Süden den freien Bürgern Finnlands im Norden brachte. Am 18. Dezember 1917 erließ die Sowjetregierung ein Dekret über die Unabhängigkeit Finnlands; es trug die Unterschrift von Lenin und Stalin.

Dieser großherzige Entschluß lag auf der Linie des Programms, das Stalin im Jahr 1913 in seiner Abhandlung über »Die Nationalitätenfrage und der Marxismus« entworfen hatte. In dieser Schrift hatte er sich zum Vorkämpfer des Selbstbestimmungsrechts der vom Zarismus unterdrückten Völker gemacht, und er verstand diesen Grundsatz in dem Sinne, daß jedes unterdrückte Volk die Freiheit haben müsse, sich von Rußland zu trennen und einen unabhängigen Staat zu bilden. Der Sozialismus hatte sicherlich nicht die Absicht, einen nationalistischen Separatismus und die Bildung zahlreicher kleiner Staaten zu begünstigen, die aus eigener Kraft nicht leben konnten. Sein letztes Ziel war eine sozialistische, das heißt, eine internationale Gesellschaft. In den Augen der Sozialisten bedeutete der wirkliche soziale und wirtschaftliche Fortschritt auch die Niederlegung der die Völker trennenden Grenzen. Aber Stalin ging von dem Gedanken aus, daß eine internationale sozialistische Gemeinschaft nur durch ein freiwilliges Übereinkommen der Völker geschaffen werden könne, die dieser Gemeinschaft angehören wollten.

Eine freiwillige Übereinkunft könne es aber logischerweise nur dann geben, wenn die Völker zuvor ihre volle Handlungs- und Entschlußfreiheit gewonnen haben. Lenin selber machte sich mit einem witzigen Vergleich zwischen dieser Freiheit und der Freiheit in Scheidungsangelegenheiten, die die Sozialisten anstrebten, zum Anwalt dieser Ansicht: »Wir haben sicher nicht die Absicht, die Frauen aufzufordern, sich von ihren Männern scheiden zu lassen, aber wir wollen ihnen das Recht dazu geben.« So setzten sich die Bolschewisten auch für das Recht aller nichtrussischen Völker ein, sich von Rußland zu trennen, ohne damit zu separatistischen Bestrebungen ermuntern zu wollen. Eine Woche nach der Revolution, am 2. November, wurden diese Grundsätze in der »Erklärung der Rechte der Völker Rußlands« zusammengefaßt. Diese Deklaration, die von Lenin und Stalin verfaßt war, ist eines jener Dokumente, mit denen die Bolschewisten der Welt zeigen wollten, was sie unter den Prinzipien der Revolution verstanden. Es heißt dort: »Der Rat der Volkskommissare hat beschlossen, die folgenden Grundsätze zur Richtlinie seines Handelns zu machen: 1. Gleichheit und volle Souveränität der Völker Rußlands. 2. Selbstbestimmungsrecht der Völker Rußlands. Dieses geht so weit, daß sie sich von Rußland trennen und unabhängige Staaten bilden können. 3. Abschaffung aller nationalen und national-religiösen Privilegien und Beschränkungen. 4. Freie Entwicklung der nationalen Minderheiten und ethnographischen Gruppen im russischen Staatsgebiet.«[7]

Die bolschewistischen Führer hofften, die nichtrussischen Völker des Reiches würden dem russischen Beispiel folgen und in ihren Gebieten Revolution machen. Sie hofften weiter, daß diese Völker, die nun das Recht der Selbstbestimmung und damit auch das Recht der Sezession erlangt hatten, sich schließlich doch mit Rußland wieder in einer freien Union der sozialistischen Völker zusammenfinden würden. Aber das Recht der Finnen, Ukrainer, Balten und so weiter, sich von Rußland zu trennen, wurde nicht von der Staats- und Gesellschaftsordnung abhängig gemacht, die sie sich geben würden. Am 22. Dezember 1917 führte Stalin vor dem Zentralexekutivausschuß der Sowjets, dem das Gesetz über die Unabhängigkeit Finnlands zur Beschlußfassung vorlag, folgendes aus: »Wenn wir uns in das Bild, wie Finnland seine Unabhängigkeit erhalten hat, etwas aufmerksamer vertiefen, dann sehen wir, daß der Rat der Volkskommissare, ohne es zu wollen, faktisch nicht dem Volke, nicht den Vertretern des Proletariats Finnlands die Freiheit gegeben hat, sondern der finnischen Bourgeoisie, die durch ein sonderbares Zusammentreffen von Umständen die Macht an sich gerissen und die Unabhängigkeit aus den Händen der Sozialisten Rußlands erhalten hat (...). Wir sehen darin die Tragödie des finnischen Proletariats, können aber nicht umhin festzustellen, daß die finnischen Sozialdemokraten nur infolge ihrer Unentschlossenheit und unbegreiflichen Feigheit keine entschlossenen Schritte unternommen haben, um selbst die Macht zu ergreifen und ihre Unabhängigkeit den Händen der finnischen Bourgeoisie zu entreißen. Man kann über den Rat der Volkskommissare schimpfen, man kann Kritik an ihm üben, aber es wird sich kein Mensch finden, der behaupten könnte, der Rat der Volkskommissare erfülle sein Versprechen nicht, denn es gibt auf der Welt keine Macht, die den Rat der Volkskommissare zwingen könnte, von seinem Versprechen abzurücken. Das haben wir durch die Tatsache bewiesen, daß wir völlig unvoreingenommen an die Forderung der finnischen Bourgeoisie, Finnland die Unabhängigkeit zu gewähren, herantraten (...).«[8]

Tatsächlich wurde diese Politik von verschiedenen Seiten getadelt. Die antibolschewistischen Parteien erhoben laute Hilferufe angesichts dieses »Ausverkaufs Rußlands«. Sogar Bolschewisten, wie Bucharin und Dsershinski, sahen in Stalins Politik eine zwecklose Konzession an den bürgerlichen Nationalismus der kleinen Völker, die nur zu Lasten der russischen Revolution gehe. Aber Stalin, der von Lenin völlig gedeckt wurde, ließ sich nicht von seinem Vorhaben abbringen.

Es dauerte freilich nicht lange, bis es klar wurde, daß auch hier Theorie und Praxis sich schlecht vereinen ließen. In allen Grenzgebieten schossen nationale Regierungen wie Pilze aus dem Boden. Alle diese Regierungen waren antibolschewistisch und alle forderten die vollkommene Trennung von Rußland. Man nahm Lenin und Stalin beim Wort. Die Ukraine wurde zur härtesten Streitfrage. Ihre neugebildete provisorische Regierung, die sogenannte *Rada,* verwickelte sich in einen Konflikt mit den Sowjets. Ataman Petljura, der »Oberbefehlshaber der Ukrainischen Wehrmacht«, erließ einen Befehl, wonach alle ukrainischen Verbände die Front verlassen und nach der Ukraine zurückkehren sollten. In den Augen der Bolschewisten wurde damit das Selbstbestimmungsrecht zur Posse. In einer amtlichen Erklärung zeigte Stalin den Hintergrund des Konflikts auf, der jetzt einsetzte.[9] Die Bolschewisten gaben zu, daß jede Nation das Recht habe, ihre eigene Armee aufzustellen; aber sie seien einstweilen nicht in der Lage, die Truppen an der Front so umzugruppieren, daß man der ukrainischen Forderung Genüge tun könne. Sie hätten selber den lebhaftesten Wunsch, den Krieg zu beendigen und mit Deutschland Frieden zu schließen; sie hätten bereits eine kurzfristige Waffenruhe vereinbart und seien im Begriff, in Brest-Litowsk Friedensverhandlungen zu beginnen. Aber sie könnten jetzt unmöglich die Armee in Stücke zerfallen lassen, die Fronten umgruppieren und das ganze Verkehrssystem blockieren, solange der Frieden noch nicht perfekt sei. In der alten zaristischen Armee hatte es keine Truppenteile gegeben, die nur aus Angehörigen bestimmter Nationalitäten bestanden. Wenn man jetzt die Angehörigen der verschiedenen Nationalitäten aus den Truppenverbänden herausziehen wollte, dann würde man die Revolution angesichts des deutschen Heeres entwaffnen, das immer noch den Befehlen seines Kaisers gehorchte. Hier stand man also in einem Dilemma zwischen den Ansprüchen der nationalistischen Ukraine und den Interessen der russischen Revolution.

Das gleiche Dilemma erschien in verschiedenen Formen wieder. Im Süden stellte der Kosakengeneral Kaledin eine gegenrevolutionäre Armee auf und begann den Bürgerkrieg. Die Sowjetregierung wollte eiligst Truppen nach dem Süden schicken, wo die Bergbaugebiete des Donezbeckens mit ihrer roten Arbeiterschaft durch die Offensive Kaledins bedroht waren. Aber die Ukraine trennte Nord- und Südrußland wie ein Keil. Die ukrainische *Rada* verweigerte den roten Truppen den Durchmarsch durch ukrainisches Gebiet. Sollten sich jetzt die Sowjets dem Beschluß der *Rada* beugen, nur um das Selbstbestimmungsrecht der Ukraine nicht zu Schaden kommen zu lassen, auch wenn damit Südrußland den Weißen Armeen preisgegeben wurde? Aber das war noch nicht alles. Die Revolution gewann auch in der Ukraine an Boden, und es kam zu Kämpfen zwischen den ukrainischen Sowjets und der *Rada*. Die *Rada* versuchte die Sowjets mit Waffengewalt aufzulösen. Sollte das rote Petrograd zuschauen und nichts tun, während das rote Kiew und Charkow durch die Gegenrevolution, die sich dort breitmachte, überflutet wurden?

Der Volkskommissar für Nationalitätenfragen zögerte nicht lange. Er legte die kritische Situation vor dem dritten Allrussischen Sowjetkongreß, der im Januar 1918 zusammengetreten war, offen dar, und setzte sich für eine Revision seiner eigenen Nationalitätenpolitik ein. Er sagte: »All dies weist auf die Notwendigkeit hin, das Prinzip der Selbstbestimmung nicht als das Recht der Bourgeoisie, sondern als Recht der werktätigen Massen der jeweiligen Nation auf Selbstbestimmung auszulegen. Das Prinzip der Selbstbestimmung muß ein Mittel im Kampf für den Sozialismus sein und den Prinzipien des Sozialismus untergeordnet werden.«[10] Als Sprecher der Menschewisten kritisierte Martow den Volkskommissar für Nationalitätenfragen. Weshalb, so fragte er, haben die Bolschewisten der finnischen Bourgeoisie die Freiheit gegeben, die sie den Ukrainern verweigern? Weshalb wolle Stalin die ukrainischen Sowjets direkt unterstützen, während Trotzki, der in Brest-Litowsk über den Frieden verhandelte, für Polen und die andern durch die Deutschen besetzten Grenzprovinzen nur Volksabstimmungen forderte? Stalin antwortete, zwischen seiner und Trotzkis Auffassung bestehe kein Unterschied. In Polen gebe es jedoch keine Sowjets, ebensowenig in den andern Grenzgebieten, und die Bolschewisten hätten nicht die Absicht, solche zu »erfinden« oder mit künstlichen Mitteln zu schaffen. Aber in der Ukraine gebe es Sowjets, und die Bolschewisten könnten unmöglich wieder in den »bürgerlichen Parlamentarismus« zurückfallen. Der Kongreß stimmte dem Volkskommissar für Nationalitätenfragen zu.

Eine weitere Revision des Prinzips der Erklärung vom 2. November war in einem etwas skizzenhaften Entwurf zu einer Verfassung des Sowjetstaats enthalten, den Stalin dem gleichen Kongreß vorlegte. Der Entwurf sprach sich für eine föderalistische Organisation der Sowjets aus.[11] In seiner in Krakau verfaßten Abhandlung über die Nationalitätenfrage hatte sich Stalin, dem Beispiel Lenins folgend, gegen den Föderalismus ausgesprochen. Er hatte damals behauptet, die unterdrückten Völker könnten sich alle von Rußland trennen, wenn sie das zu tun wünschten. Wenn sie aber ein Teil Rußlands bleiben wollten, dann müßten sie auch die zentralistische Form des neuen Staates annehmen, denn eine moderne Wirtschaft verlange ein hohes Maß von zentral gesteuerter Macht; außerdem sei es politisch unerwünscht, Grenzen zwischen den verschiedenen Nationalitäten innerhalb eines Staates zu errichten. Dies war Stalins Ansicht im Jahr 1913 gewesen. Zu Beginn des Jahres 1918 wurde ihm klar, daß die Sowjets nicht die Loslösung aller kleinen Nationen dulden konnten. So schien jetzt eine föderative Verfassung am besten geeignet, ein Gleichgewicht zwischen den Bedürfnissen des bolschewistischen Rußland und den Forderungen der kleinen Nationen herzustellen.

Aber die Zeit, in der eine wirkliche Verfassung geschaffen werden konnte, war noch nicht gekommen. Die Sowjetregierung war noch nicht Herr im eigenen Haus. Eben jetzt war sie gezwungen, einen neuen Staatsstreich durchzuführen, wenn sie die Macht nicht verlieren wollte. In den ersten Januartagen wurde die Verfassunggebende Versammlung auseinandergetrieben, weil sie sich geweigert hatte, den revolutionären Maßnahmen ihre Zustimmung zu geben. Diese waren: das Aufsichtsrecht der Arbeiter über die Betriebe, die Nationalisierung der Banken, die Enteignung der Großgrundbesitzer und der Appell zur sofortigen Eröffnung von Friedensverhandlungen, den Trotzki an alle kriegführenden Mächte gerichtet hatte. Die Versammlung war auf Grund eines Wahlgesetzes gewählt worden, das noch aus der Ära Kerenski stammte. Sie war wahrscheinlich kein Ausdruck mehr für den Stimmungsumschwung, der sich im ganzen Lande am Vorabend der Oktoberrevolution vollzogen hatte. Die Auflösung der Versammlung bereitete keinerlei Schwierigkeiten. Es wäre ihr unmöglich gewesen, auch nur einen kleinen Teil des Volkes zu ihrer Verteidigung um sich zu scharen. Aber mit dieser Maßnahme rissen die Bolschewisten und die Sozialrevolutionäre den ersten Trieb einer demokratischen parlamentarischen Demokratie, der auf russischem Boden gewachsen war, mitsamt den Wurzeln aus dem Boden. Die Sowjets blieben so die einzige repräsentative Vertretung und die einzige Stelle, bei der die Staatsgewalt ruhte.

Eine noch schwerere Krise entwickelte sich wegen der Frage Krieg oder Frieden. Die Bolschewisten hatten gehofft, die Revolution werde sich wie ein Lauffeuer über ganz Europa ausbreiten und damit das Ende der Feindseligkeiten bringen. Nichts dergleichen ereignete sich. Trotz allen »Fraternisierens« zwischen den deutschen und den russischen Schützengräben hatte die Armee des Kaisers bislang nichts oder nur wenig von ihrer Schlagkraft verloren, und die Bolschewisten hatten sich sehr getäuscht, wenn sie geglaubt hatten, sie könnten durch solche Anbiederungsversuche den Deutschen die Revolution beibringen. Großbritannien, Frankreich und Italien, die durch den Kriegseintritt der Vereinigten Staaten mit neuem Mut erfüllt wurden, dachten nicht an Friedensgespräche. Rußland aber konnte den Kampf nicht länger fortsetzen. Seine Verluste waren ungeheuer, die Ausrüstung und die Bewaffnung seiner Truppen mehr als erbärmlich. Die neue Regierung hatte sich dem Volk gegenüber verpflichtet, den Krieg sofort zu beenden. Das Urteil über sie hing von der Einhaltung dieser Verpflichtung ab. Die Agrarreform ließ die Front endgültig zusammenbrechen. Die russischen Bauern liefen aus den Schützengräben weg und eilten nach Hause, um sich an der Aufteilung der Güter ihrer bisherigen Grundherren zu beteiligen. Lenin pflegte zu sagen: »Sie stimmten für den Frieden (...) mit den Füßen.« Den Sowjets blieb also gar nichts anderes übrig, als um einen Sonderfrieden zu bitten.

Dieser Friede war aber nur zu den Bedingungen der Deutschen zu haben. Darunter befand sich die Annexion von Polen, der baltischen Staaten und der Ukraine in dieser oder jener Form durch Deutschland, also etwa der Länder, die die deutschen Truppen ohnehin besetzt hielten. Für die Bolschewisten war das nicht einfach, hatten sie sich doch verpflichtet, nur einen »Frieden ohne Annexionen und Entschädigungen« zu schließen. Das war eines der wichtigsten und wirkungsvollsten Schlagworte ihrer Agitatoren gewesen. Sie waren sogar weiter gegangen und hatten wiederholt erklärt, sie würden nur mit einer revolutionären deutschen Regierung Frieden schließen, aber nie mit den Knechten des Kaisers. Wiederum kamen die Ideale mit der harten Wirklichkeit in einen unversöhnlichen Konflikt. Lenin tat sein Bestes, um seinen Kollegen die vollkommene Hoffnungslosigkeit der Lage klarzumachen und sie zur Annahme des Friedens zu bewegen. Er sagte, sie müßten sich dem Zwang des deutschen Imperialismus beugen, wenn sie die junge, noch nicht konsolidierte Republik retten wollten. Die Revolution in Deutschland und in der übrigen Welt sei verzögert worden; ihr Keim aber würde erstickt werden, wenn in der Zwischenzeit die russische Revolution unter dem Druck der deutschen Waffen zusammenbrechen müsse. Die Sowjets müßten überleben, auch wenn dies nur um den Preis einer Erniedrigung und einer scheinbaren Preisgabe ihrer Prinzipien zu erreichen sei. Wenn die Sowjets überlebten, so werde diese Tatsache später das Proletariat Europas zur Revolution ermutigen. Der Boden, den man jetzt preisgeben müsse, sei nicht für Zeit und Ewigkeit verloren. Die Ruhepause, die man sich für einen teuren Preis erkaufe, werde der Vorbereitung der Revanche dienen.

Lenin fand zunächst nur taube Ohren. Die überwiegende Mehrheit seiner Genossen und der Sympathisanten war für die Fortsetzung des »revolutionären Krieges gegen das imperialistische Deutschland«. An der Spitze der Kriegspartei oder der »linken Kommunisten«, wie sie künftig heißen sollten, stand Bucharin. Er sagte, durch einen Frieden mit Rußland bekomme der Kaiser die Hände für die Bekämpfung der Revolution in Deutschland frei, die eben jetzt beginne. Die russische Revolution würde sich selber entehren, wenn sie, nur um ihre eigene Haut zu sichern, den deutschen und den internationalen Sozialismus betröge und sich damit abfinde, daß die Hohenzollern fremde Länder annektierten.

Und selbst wenn die Sozialisten in dem ungleichen Kampf untergingen, so wären Niederlage und Vernichtung immer noch besser als ein Leben der Schande und des Verrats. Sie würden durch ihr Beispiel andere veranlassen, den Kampf wieder aufzunehmen oder fortzusetzen. So habe sich auch ein halbes Jahrhundert zuvor das heroische Beispiel der Pariser Kommune ausgewirkt. Lenin aber wolle den einzigen Daseinszweck des Lebens opfern, um nur weiterleben zu können.

Trotzki, der die Friedensverhandlungen in Brest-Litowsk führte, schloß sich keiner der beiden Gruppen an. Er war mit Lenin der Meinung, daß die Sowjets nicht in der Lage seien, einen revolutionären Krieg zu führen, aber er stimmte auch Bucharin zu, wenn dieser sagte, die Bolschewisten würden sich entehren, wenn sie die Friedensbedingungen annähmen. In Brest-Litowsk zog er die Verhandlungen in die Länge, in der Hoffnung, in Deutschland werde sich endlich die Revolution rühren. Er ließ vor den entsetzten und verärgerten deutschen und österreichischen Generalen und Diplomaten das glänzendste Feuerwerk seiner revolutionären Redekunst hochgehen, mit dem er die Schlechtigkeit des deutschen Diktats beweisen wollte und das Gewissen der deutschen Arbeiterklasse aufzurütteln hoffte. Aber die Ernte seiner revolutionären Propaganda brauchte ihre Zeit zur Reife. Bis es soweit war, konnte man nicht warten; das Dilemma zwischen Tod und Leben verlangte eine Lösung. Trotzki überzeugte das Zentralkomitee, daß es den bereits gefaßten Beschluß zugunsten des revolutionären Krieges wieder zurücknehmen und seine eigene Formel annehmen müsse. Diese hieß: »Weder Krieg noch Frieden.« Die Ereignisse sollten freilich bald zeigen, daß diese Formel nichts weiter war als ein Versuch, sich um die Wirklichkeit herumzudrücken. Die Sowjets mußten sich für den Krieg oder für den Frieden entscheiden. Keines von beiden zu wählen, das mochte eine Geste sein, die dem Propagandisten und dem Journalisten anstand, dem Staatsmann und dem Politiker aber nicht.

Wo stand Stalin in dieser dramatischen Auseinandersetzung? Er ließ sich durch die Ermahnungen der linken Kommunisten und durch ihre Predigten über die revolutionäre Moral nicht erschüttern. Die Forderung, daß die russische Revolution sich für eine europäische Revolution opfern solle, war ihm völlig fremd, obwohl es sogar Lenin mit all seinem Realismus schwerfiel, diesen Gedanken einfach beiseite zu schieben. Für den Mann, der fast sein ganzes tätiges Leben in Baku und Tiflis verbracht hatte, war eine europäische Revolution ein zu verschwommener Begriff. Sie lag ihm auch räumlich viel zu fern, als daß sie seine Überlegungen über Dinge hätte beeinflussen können, bei denen es um Tod und Leben der Sowjetrepublik ging, das heißt der Republik, deren schwache, aber trotzdem greifbare Wirklichkeit er selber mitgeschaffen hatte. Er ließ sich auch durch Trotzkis Haltung nicht beeindrucken. Er konnte nur die Schultern zucken und mitleidig über den Gedanken lächeln, daß Trotzki mit seinen Reden, die er in Brest-Litowsk für das deutsche Proletariat hielt, das Kräfteverhältnis an den Fronten in irgendeiner Weise verschieben könne. Er stimmte mit Lenin und dessen kleinem Anhang für den Frieden. Lenin machte die linken Kommunisten lächerlich, die nach seiner Darstellung sagten: »Wir setzen auf die internationale sozialistische Bewegung und deshalb dürfen wir jede Dummheit begehen.« Er verglich Bucharin und seine Genossen mit dem polnischen Adeligen, der »in wundervoller Pose stirbt, das Schwert an der Seite und mit dem Rufe: ›Frieden ist Schmach, Krieg ist Ehre!‹ Diese da vertreten den Standpunkt des polnischen Aristokraten. Ich spreche für den russischen Bauern«,[12] sagte er. Wer hatte diese Sprache besser verstehen können als der Sohn georgischer Bauern?

In den Debatten, die in den beiden folgenden Monaten im Zentralkomitee, in der Regierung, auf dem vierten Kongreß der Sowjets und dem siebten Parteikongreß tobten, trat Stalin nicht besonders hervor. Es war eigentlich immer so, bei allen großen Auseinandersetzungen, bei den Wortgefechten über Ideen innerhalb der Partei hielt er sich zu Lenins Lebzeiten immer im Hintergrund. Aber bei einer Sitzung des Zentralkomitees sagte er genug, um zu zeigen, in welche Richtung seine Absichten gingen: »Genosse Stalin ist der Ansicht, daß wir durch die Annahme der Losung des revolutionären Krieges dem Imperialismus in die Hände arbeiten. Die Stellungnahme Trotzkis kann unmöglich als ein Standpunkt bezeichnet werden. Es gibt keine revolutionäre Bewegung im Westen, es sind keine Tatsachen vorhanden, die von einer revolutionären Bewegung sprächen, diese besteht nur in der Potenz; nun wohl, aber auf Potenzen allein können wir uns in unserer Praxis nicht verlassen. Wenn die Deutschen eine Offensive einleiten, dann wird das bei uns die Konterrevolution stärken (...). Im Oktober sprachen wir vom heiligen Krieg gegen den Imperialismus, weil man uns mitgeteilt hatte, allein schon das Wort ›Frieden‹ würde die Revolution im Westen auslösen. Das hat sich jedoch nicht bestätigt.«[13] Wenngleich Stalin für Lenin stimmte, so war dennoch ein leichter Unterschied in den Argumenten der beiden Männer. Lenin hatte, wie üblich, die gegebenen Tatsachen, aber auch die Möglichkeiten einer voraussichtlichen Entwicklung im Auge und sprach deshalb von der Verzögerung der revolutionären Entwicklung im Westen. Stalin hielt sich an die Tatsachen und ließ die Möglichkeiten beiseite. »Es gibt keine revolutionäre Bewegung im Westen.« Er fügte zwar hinzu, daß »eine Annahme von Trotzkis Formel ›weder Krieg noch Frieden‹ die Voraussetzungen für eine revolutionäre Entwicklung im Westen sogar noch verschlechtern« würde, womit er zu erkennen gab, daß er sich über diese Seite der Frage ebenfalls Gedanken machte. Aber im ganzen Zug seiner Darlegung war dies kaum mehr als ein beiläufiger Tribut an die konventionelle bolschewistische Redeweise. Das wirkliche Gewicht seiner Beweisführung lag darin, daß er das Vorhandensein einer revolutionären Bewegung im Westen in Abrede stellte, sowie in seiner bitteren Bemerkung über die Illusionen, die man sich noch im Oktober gemacht habe und die jetzt wie Seifenblasen zerplatzt seien.

Erst nach stürmischen Auseinandersetzungen, die zeitweise die Partei in Stücke zu brechen drohten, nach einer Aufkündigung des Waffenstillstands und einem neuen raschen Vormarsch der deutschen Truppen, die beinahe bis zu den Vororten von Petrograd vordrangen, nach der Unterzeichnung eines Separatfriedens zwischen der deutschen Regierung und der ukrainischen *Rada,* nach einer schonungslosen Demonstration der militärischen Wehrlosigkeit der Sowjets und nach all den vielen eindringlichen Warnrufen Lenins stellte sich schließlich die Mehrheit des Zentralkomitees und der Mitgliedschaft der Partei auf die Seite derer, die sich für den Abschluß des Friedens eingesetzt hatten. Am 3. März 1918 unterzeichnete Sokolnikow, der an Stelle von Trotzki die Führung der sowjetischen Friedensdelegation übernommen hatte, den Frieden von Brest-Litowsk. Lenin versuchte nicht, den Vorgang zu beschönigen. Niemand sprach deutlicher als er über die »Schändlichkeit« dieses Friedensdokuments. Er verglich den Frieden von Brest-Litowsk mit dem erniedrigenden und ungerechten Frieden von Tilsit, den Napoleon im Jahr 1807 dem besiegten Preußen aufgezwungen hatte, und der fortschrittliche preußische Staatsmänner veranlaßte, eine Staatsreform durchzuführen, durch die der Sieg Preußens im letzten, entscheidenden Waffengang vorbereitet wurde.[14] Lenin sah einen revolutionären Krieg in naher Zukunft voraus. Das Jahr war noch nicht zu Ende, als die preußische und die habsburgische Monarchie in Trümmern lagen. Eine gänzlich umgestaltete deutsche Armee räumte die Ukraine. So war der Friede von Brest-Litowsk ganz von selber hinfällig geworden.

Die Auseinandersetzung über den Frieden von Brest-Litowsk hatte mannigfache Folgen. Die linken Kommunisten grollten weiter. Sie waren zwar in dieser besonderen Frage überstimmt und geschlagen worden, aber sie waren trotzdem für die allgemeine Stimmung in der Partei nach wie vor von Bedeutung. Die ideologische Grundlage war verwischt, man fühlte sich unbehaglich wegen der Kompromisse, die man hatte schließen müssen, und wegen des Opportunismus, in den die siegreiche Revolution getrieben worden war, was noch öfters geschehen konnte. Die linken Kommunisten repräsentierten die bedenkenlose, utopische Treue zu den Grundsätzen der ersten Stunde, die kompromißlose Reinheit des revolutionären Glaubens. Mit dieser Haltung hatten sie sich in der Frage des Friedensschlusses nicht durchsetzen können. Aber bei der nächsten Gelegenheit würden sie sich wieder melden. Die linke Opposition änderte ständig ihre Form und Ausdrucksweise, sogar ihre Sprecher, und würde so für lange Zeit ein störendes und unruhiges Element in der bolschewistischen Ideenwelt bleiben.

Eine direkte Folge des Friedens von Brest-Litowsk war der Bruch der Sozialrevolutionäre mit den Bolschewisten. Die Koalition zerfiel, und die Sozialrevolutionäre traten im März aus der Regierung aus. Ihre Motive stimmten teilweise mit denen der linken Bolschewisten überein. Zum Teil folgten sie rein nationalistischen Beweggründen. So kam es, daß von diesem Zeitpunkt an die gesamte Macht in den Händen einer einzigen Partei lag. Die Einparteienregierung war vorher nie ein Programmpunkt der Bolschewisten gewesen. Aber die Dinge entwickelten sich so, daß die Bolschewisten die Alleinherren des Landes werden mußten, aus dem einfachen Grund, weil alle ihre Verbündeten sich weigerten, die Verantwortung für den Frieden von Brest-Litowsk mitzutragen. Obwohl sie jetzt allein regierten, wollten sie ihre Opposition noch nicht unterdrücken, mit Ausnahme der extremen Rechten, die den Bürgerkrieg begonnen hatte. Erst im Juni 1918, als der Bürgerkrieg seinen Höhepunkt erreichte, wurden die Menschewisten und die Sozialrevolutionäre vorübergehend verboten, weil einige ihrer Mitglieder sich auf die Seite der Weißen geschlagen hatten. Den Menschewisten wurde aber bereits im November des gleichen Jahres wieder gestattet, eine öffentliche politische Tätigkeit zu entfalten, nachdem sie sich verpflichtet hatten, im Rahmen des Sowjetregimes die Rolle einer loyalen Opposition zu spielen.

Aber schon im Juli verschuldeten die Sozialrevolutionäre den ersten Ausbruch des bolschewistischen Terrors. Um den Frieden zu sabotieren und um die Bolschewisten erneut in den Krieg gegen die Deutschen zu treiben, ermordete Jakob Blumkin, ein Mitglied des linken Flügels der Sozialrevolutionären Partei, den deutschen Botschafter, Graf Mirbach. Gleichzeitig brachen an verschiedenen Orten von den Sozialrevolutionären organisierte Aufstände aus; so auch in Moskau, wohin die Regierung gleich nach dem Friedensschluß ihren Amtssitz verlegt hatte.[15] Am 30. August wurden auf Lenin und zwei andere bolschewistische Parteiführer Attentate verübt, wobei Lenin verwundet wurde, während Uritzki und Wolodarski ums Leben kamen. Die Täter waren Sozialrevolutionäre. Trotzki entging mit knapper Not einem Attentatsversuch. Die Bolschewisten antworteten mit Massenrepressalien, die von der Regierung offen angeordnet wurden. Ihre Verteidigung war genauso mörderisch wie die Anschläge, denen sie ausgesetzt waren. Den Geist dieser Tage zeigt am deutlichsten ein Telegramm, das Stalin aus Zarizyn (dem späteren Stalingrad), wo er als politischer Kommissar tätig war, an Swerdlow sandte. Es heißt dort: »Der Kriegsrat des Nordkaukasischen Militärbezirks hat von dem verbrecherischen Anschlag bourgeoiser Mietlinge auf das Leben des größten Revolutionärs der Welt, des erprobten Führers und Lehrers des Proletariats, des Genossen Lenin, Kenntnis erhalten und beantwortet dieses gemeine, hinterhältige Attentat mit der Organisierung des offenen, systematischen Massenterrors gegen die Bourgeoisie und ihre Agenten.«[16] Dieses Telegramm trägt die Unterschrift von Stalin und Woroschilow, dem Oberkommandierenden der Armee in Zarizyn. Die *Tscheka,* die Vorläuferin der OGPU, die unter der Leitung des Polen Dsershinski stand, begann eine fieberhafte Tätigkeit, bei der sie auch nicht vor Geiselmorden zurückschreckte. Die Sozialrevolutionäre Partei, die für die Attentate und Mordanschläge verantwortlich war, wurde selbstverständlich verboten. Solche Leidenschaften wurden durch den Frieden von Brest-Litowsk entfesselt, und solcher Art waren seine düsteren Folgen. Stalin hielt Wort auf seinem Posten in Zarizyn. Der rote Terror in dieser Stadt wurde ebenso sprichwörtlich, wie die Greuel, die der junge Jakobiner Fouché in Lyon fast einhundertdreißig Jahre früher begangen hatte. Terror und Gegenterror wuchsen unerbittlich in einer verhängnisvollen und immer steiler aufsteigenden Kurve.

Der Friede von Brest-Litowsk hatte auch noch andere, weniger wichtige Folgen. Sie betrafen die Stellung der verschiedenen bolschewistischen Führer. Der persönliche Kredit Lenins war ungeheuer gestiegen. Mit undogmatischer Logik und mit dem Mut der Überzeugung hatte er der herrschenden Parteimeinung getrotzt. Seine ungewöhnliche Kraft der Überredung hatte die Mehrheit der Partei auf seine Seite gezogen. Die Partei, das Land und die, die während der Oktoberrevolution von ihm wenig gesehen und gehört hatten, konnten sich jetzt eine Vorstellung von seiner wirklichen Größe, seiner Geisteskraft und seiner Charakterstärke machen. Während dieser Krise fand auch Sinowjew, der »Deserteur und Streikbrecher« der Oktobertage, zu ihm zurück, und Lenin beeilte sich, den alten Streit ebenso rasch zu vergessen, wie er ihn seinerzeit rücksichtslos durchgekämpft hatte. Dafür trat der Stern Trotzkis für einige Zeit in den Schatten. Er hatte die Schwächen seines Wesens enthüllt, den Mangel an Wirklichkeitssinn, die Neigung, Lösungen in Formeln zu suchen und den Hang zu theatralischen Gesten in Lagen, wo solche Künste nichts galten. Aber der Rückschlag, den er jetzt erlebte, war dennoch nicht ernster Natur. Er war und blieb der zweite Mann nach Lenin. Er trat als Kommissar für Auswärtige

Angelegenheiten zurück und gab sein Amt an Tschitscherin ab. Dafür übernahm er jetzt den Posten des Kriegskommissars. An dieser neuen Stelle erwarb er sich als Gründer und Organisator der Roten Armee bald neuen Ruhm. Aber bei den Parteiführern war die Haltung, die er in Brest-Litowsk eingenommen hatte, deshalb nicht vergessen. Sie wurde ihm mehrere Jahre später in dem bitteren Streit um die Nachfolge Lenins zum Verhängnis.

Auch Stalins Stellung gewann an Bedeutung, obwohl nach dem Auseinanderfallen der Koalitionsregierung das bolschewistische Triumvirat im inneren Kabinettsrat wegfiel. Da Stalin sich nicht öffentlich für den Frieden eingesetzt hatte, gewann er zwar nicht an Popularität, aber er wurde für Lenin immer unentbehrlicher im Kampf gegen die »Ritter der romantischen Phrase« und gegen die ultrarevolutionären Utopisten. »Benützt die Ruhepause!«, »Schließt euch in straffer Disziplin zusammen und organisiert euch!«, das waren jetzt die Weisungen Lenins an seine Genossen. Er war überzeugt, daß er sich in diesem neuen, prosaischen Bestreben auf den Volkskommissar für Nationalitätenfragen verlassen konnte.

Der Preis für die Ruhepause war noch nicht voll bezahlt. Die Republik mußte immer noch fürchten, der Krieg mit Deutschland könne wieder aufleben. Der Friedensvertrag mußte ausgeführt werden, Artikel um Artikel, und einer war demütigender als der andere. Einer dieser Paragraphen bestimmte die Abtrennung der Ukraine von Rußland. Im Hinblick darauf legte Stalin am 2. April 1918, also sofort nach der Unterzeichnung des Friedensvertrags, der Sowjetregierung nahe, unverzüglich Friedensverhandlungen mit der ukrainischen *Rada* aufzunehmen, mit der sich die Sowjetregierung damals noch im Kriegszustand befand.[17] Der Rat der Volkskommissare konnte sich fast einen Monat lang zu keinem Entschluß aufschwingen. Der Grund für sein Zögern war folgender: Kurz vor der Unterzeichnung des Vertrags hatten die Bolschewisten einen Putsch in der Ukraine durchgeführt und eine ihnen genehme Regierung gebildet, die der *Rada* feindlich gegenüberstand. Stalin hatte die amtliche Verbindung mit den ukrainischen Sowjets aufrechterhalten und sie angewiesen, eine eigene Delegation nach Brest-Litowsk zu entsenden. Der Antrag, den er jetzt stellte, lief praktisch darauf hinaus, daß der Rat der Volkskommissare die ukrainischen Sowjets zugunsten der *Rada* desavouieren sollte. Dies schien den Volkskommissaren über das Maß der zulässigen Zweckmäßigkeitserwägungen hinauszugehen, und so wurde der Entschluß vier Wochen lang immer wieder vertagt. In dieser Zeit hatte die deutsche Oberste Heeresleitung die Besetzung der Ukraine durch deutsche Truppen angeordnet. Am 27. April bequemten sich endlich die Volkskommissare, Verhandlungen mit der *Rada* zu führen, und ernannten Stalin zum Chef der Sowjetdelegation, die mit den ukrainischen Unterhändlern in Kursk zusammentreffen sollte. Kaum hatten die Verhandlungen begonnen, da traf die Nachricht ein, daß der deutsche Militärbefehlshaber die *Rada,* die eine sehr gemäßigte sozialistische Linie verfolgte, abgesetzt und an ihre Stelle eine Marionettenregierung unter dem monarchistischen Hetman Skoropadski ins Leben gerufen hatte. Jetzt besetzten die deutschen Truppen außer der Ukraine auch noch die rein russischen Industriegebiete am Schwarzen Meer, Taganrog und Rostow am Don, sowie die Halbinsel Krim.

Die Einstellung der Feindseligkeiten an der ukrainischen Front, die Lenin und Stalin am 5. Mai anordneten, konnte die Lage nicht mehr retten. Stalin kehrte von Kursk nach Moskau zurück, um der Regierung Bericht zu erstatten. Jetzt erhob sich die Frage, ob die Bolschewisten mit der Marionettenregierung Skoropadskis verhandeln sollten, die in der Ukraine denkbar unpopulär war. Stalin hatte keine Skrupel. In einem Interview, das er der »Iswestija« gab, erklärte er: »Im allgemeinen hat sich der Umsturz in der Ukraine bis jetzt nicht negativ auf die Friedensverhandlungen ausgewirkt. Im Gegenteil, man kann annehmen, daß der Umsturz in der Ukraine die Möglichkeit des Friedensschlusses zwischen der Sowjetmacht und der ukrainischen Regierung nicht ausschließt.«[18]

Durch die Ereignisse sei nur die vollkommene Hohlheit und Nutzlosigkeit der *Rada* erwiesen worden, die versucht habe, zwischen dem deutschen Imperialismus und der Sowjetunion einen mittleren Kurs zu steuern. Stalin erklärte ausdrücklich, Skoropadski sei zwar ein offener Gegenrevolutionär und eine Puppe in der Hand der Deutschen, aber unter Umständen ein zuverlässigerer Partner für Friedensverhandlungen als die *Rada.*

Man sieht, er machte rasche Fortschritte in der Schule des Zweckmäßigen.

Da alle westlichen Grenzprovinzen Rußlands durch deutsche Truppen besetzt waren, hatte Stalin als Kommissar für Nationalitätenfragen so gut wie nichts mehr zu tun. Dies galt sogar für seine kaukasische Heimat. Die Deutschen besetzten Georgien, ohne daß die georgische menschewistische Regierung dagegen Einspruch erhob. Türkische Truppen rückten in Batum ein. Die Ereignisse im Kaukasus bestärkten Stalin in seiner Überzeugung, daß die kleinen Nationen zwischen dem Hammer des deutschen Militarismus und dem Amboß des Bolschewismus nicht in der Lage seien, auch nur den Schein einer Unabhängigkeit aufrechtzuerhalten. Die Bolschewisten gaben ihnen das Recht der Selbstbestimmung, dafür fiel eine Nation nach der anderen dem deutschen Imperialismus zum Opfer. Stalin wandte eine Zeitlang seine Aufmerksamkeit den unzivilisierten, rückständigen Stämmen im Osten Rußlands, besonders im Grenzgebiet zwischen Europa und Asien zu. Es war in vieler Hinsicht leichter, diese Rassen und Stämme in den Rahmen des Sowjetstaates einzufügen, als die fortschrittlicheren Nationen am Westrand des russischen Reiches zu bolschewisieren. Aber auch hier gab es nicht geringe Schwierigkeiten. Die politischen Ansprüche der Tataren, Baschkiren und Turkmenen waren höchst primitiv. Bei ihnen gab es keine separatistischen Tendenzen. Dennoch war es eine ungeheure Aufgabe, ihre vorkapitalistische, oft sogar vorfeudalistische und nomadenhafte Lebensweise den marxistischen und kommunistischen Methoden der Zentralregierung anzupassen. Einen ersten Versuch, diese Probleme zu lösen, machte Stalin, als er Mitte Mai 1918 die Republik der Tataren und Baschkiren ins Leben rief, die als Teilstaat in die Föderation der russischen Sowjetrepubliken aufgenommen wurde.

Kaum hatte er diese Arbeit in Angriff genommen, da mußte er sie wieder liegenlassen, denn neue Gefahren zogen sich um die Sowjets zusammen. Im Frühjahr und im Sommer 1918 hatten die Armeen der Weißen große Erfolge erzielt. Das Gebiet, in dem die Sowjets etwas zu sagen hatten, war zeitweise auf den kleinen Bereich des alten Großfürstentums Moskau beschränkt. Im

Osten machten die tschechischen Legionäre, die ehemalige Kriegsgefangene waren, mit den Weißen Garden gemeinsame Sache und besetzten in einem blitzartigen Vormarsch binnen weniger Wochen alle strategisch und wirtschaftlich wichtigen Punkte in Sibirien, im Ural und sogar an der mittleren Wolga. Die neugebildete Republik der Tataren und Baschkiren war für die Sowjets bereits verloren. Im August eroberten die Weißen die Stadt Kasan, von der aus sie Moskau unmittelbar bedrohten. Im Süden versuchte General Krasnow mit seinen Kosaken nach Norden vorzustoßen und sie mit den weißen Truppen in Kasan zu vereinigen. Bei diesem Vormarsch unterbrachen die Kosaken Krasnows die Eisenbahnverbindung zwischen Zarizyn und Moskau. So sah sich die Hauptstadt der Sowjets von ihrer Kornkammer im Nordkaukasus abgeschnitten, die nach dem Verlust der Ukraine und Sibiriens ihre einzige Ernährungsbasis war. Die Brotration für die Arbeiter in Moskau und Petrograd mußte auf ungefähr hundert Gramm pro Tag herabgesetzt werden. Gleichzeitig begannen die Truppen der Alliierten, die noch immer in Kämpfe gegen die Deutschen an der Westfront verwickelt waren, auch gegen die Bolschewisten in Aktion zu treten. Amerikanische Einheiten gingen in Wladiwostok an Land. Die Briten besetzten Archangelsk im Norden und Baku im Süden. Zu dieser Zeit, als die militärische Macht der Sowjets auf ihrem tiefsten Punkt angekommen war, versuchten die Sozialrevolutionäre ihren Putsch und begingen die Attentate gegen Lenin und die andern bolschewistischen Parteiführer, die wir oben erwähnten.

 In diesem Augenblick der höchsten Gefahr verließen alle Mitglieder der Sowjetregierung Moskau und eilten an die unsichersten Abschnitte der Front. Lenin leitete vom Kreml aus, von einigen technischen Beratern unterstützt, den ganzen großen Kampf, wobei er mit den Genossen an der Front fortwährend in Verbindung stand. Zwei Männer wurden von ihm auf die gefährdetsten Posten gestellt.

 Um die Hauptstadt Moskau von der Bedrohung durch die Weißen zu retten, machte sich Trotzki in seinem zu legendärer Berühmtheit gelangten Panzerzug auf die Fahrt nach Swashsk, in der Nähe von Kasan. Stalin, von einer Leibgarde fast in Bataillonsstärke begleitet, begab sich nach Zarizyn an der Wolga, um Moskau gegen die drohende Aushungerung zu schützen. Er sollte die Getreidetransporte aus dem Nordkaukasus nach Moskau sicherstellen. Sein Auftrag war ein rein ziviler und sollte nicht zu viel Zeit in Anspruch nehmen. Stalin sollte sich dann weiter in den Süden nach Baku begeben. Aber Umstände, die er nicht voraussehen konnte, verlängerten seinen Aufenthalt in Zarizyn, und je länger er sich dort aufhielt, desto tiefer wurde er in die Probleme des Bürgerkriegs in Südrußland und damit in einen Streit mit Trotzki verwickelt, so daß schließlich die Reise an die untere Wolga zum großen Wendepunkt in seiner Laufbahn wurde.

Am 7. Juni traf er in Zarizyn ein. Bereits am Tag darauf berichtete er Lenin telegraphisch über seine ersten Eindrücke[19]: Er hatte im Wolgagebiet »wüste Zustände und Schleichhandel« angetroffen, und seine erste Maßnahme war die Einführung der Lebensmittelrationierung und der Preiskontrolle in Zarizyn. Der Sowjetbeamte, der für die Überwachung des Handels verantwortlich war, mußte verhaftet werden. »Übermitteln Sie Schmidt (dem Kommissar für Arbeitsfragen), er solle keine Gauner mehr schicken.« Das war die Sprache eines energischen Administrators, der gern zu Kontroll- und Strafmaßnahmen griff, die, so wie die Verhältnisse nun einmal lagen, nicht unbegründet sein mochten. Er mißbilligte das ultrademokratische Chaos, das die Revolution übriggelassen hatte: »Durch all den Eifer der Unzahl von Kollegien und Revolutionskomitees ist der Eisenbahnverkehr völlig zerrüttet.«

Als die Bolschewisten die alten Direktoren in der Industrie und die führenden Beamten der Staatsverwaltung abgesetzt hatten, gedachten sie zunächst den Parteikomitees deren Aufgaben zu übertragen. Jetzt mußten sie dieses ultrademokratische, aber gänzlich leistungsunfähige System wieder verschrotten und an dessen Stelle eine Leitung von Wirtschaft und Verwaltung durch verantwortliche Einzelpersönlichkeiten schaffen. Die linken Kommunisten opponierten mit allem Nachdruck gegen diesen Wechsel. Stalin ließ keinen Zweifel darüber aufkommen, wo er stand. Er bestellte Kommissare, die dem Chaos im Verkehrswesen abhelfen sollten.

Als er einen Monat in Zarizyn war, forderte er für sich besondere Vollmachten, um in die militärische Führung an der Südfront eingreifen zu können; denn die Lebensmittelversorgung Moskaus war durch die Truppenbewegungen der Kosaken unter General Krassnow vor allem eine militärische Angelegenheit geworden. Als ihm Lenin über den Ausbruch des sozialrevolutionären Putsches berichtete, antwortete Stalin: »Es wird alles getan werden, um eventuellen Überraschungen vorzubeugen. Seien Sie gewiß, daß unsere Hand nicht zittern wird (...).«[20] Die Eisenbahnverbindung zwischen Zarizyn und den landwirtschaftlichen Gebieten im nördlichen Kaukasus sei immer noch nicht wiederhergestellt. »Ich treibe alle an und schimpfe mit allen, die es verdienen; ich hoffe, daß wir die Wiederherstellung bald erreicht haben. Sie können überzeugt sein, daß wir niemanden schonen werden, weder uns noch andere, aber Getreide werden wir trotz allem liefern.« In seinen Telegrammen mischte sich praktische Sachlichkeit mit einer Vorliebe für Ausdrücke, aus denen sich seine rücksichtslose Entschlossenheit herauslesen ließ.

In dem Telegramm, in dem er um besondere Vollmachten auf militärischem Gebiet bat, steckt der erste Hinweis auf seinen Streit mit Trotzki. Es enthält folgende Bemerkung: »Wenn unsere militärischen ›Spezialisten‹ (Schuster!) nicht geschlafen und gefaulenzt hätten, wäre die Linie nicht unterbrochen worden, und wenn die Linie wiederhergestellt wird, dann nicht dank, sondern trotz des Militärs.«[21] Das war der Punkt, an dem die berühmte Zarizynkontroverse begann.

Bereits einige Monate zuvor, als die alte Armee vollständig auseinandergelaufen war, hatte Trotzki begonnen, eine Rote Armee aufzustellen, zunächst mit Freiwilligen, dann mit Arbeitern und Bauern, die für den Wehrdienst ausgehoben wurden. Das neue Heer besaß kein Offizierskorps; deshalb übertrug Trotzki Kommandostellen in den neugebildeten Divisionen und Regimentern an Offiziere der alten zaristischen Armee. Da aber die politische Zuverlässigkeit dieser Offiziere keineswegs über jeden Zweifel erhaben war, stellte er diesen Offizieren Kommunisten als politische Kommissare zur Seite. Die »Militärspezialisten« sollten die Truppe ausbilden, sie auch im Kampf führen, die

Kommissare sollten über die Haltung der Offiziere wachen, wo Gefahr bestand Verrat verhindern und die Truppe in kommunistischem Sinne erziehen. Jeder Befehl mußte vom Kommandeur und vom zuständigen Kommissar unterzeichnet werden. Beide waren für die Verstärkung der Disziplin verantwortlich. Die Führer der Partei standen zunächst diesem ebenso kühnen wie neuen Versuch mit allen Vorbehalten gegenüber. Die linken Kommunisten opponierten auf das schärfste. Lenins Zweifel wurden erst beruhigt, als er von Trotzki hörte, daß er bereits 40 000 »Spezialisten« in die Rote Armee eingestellt habe und daß der ganze militärische Apparat der Republik zusammenbrechen müsse, wenn er gezwungen würde, diese Männer wieder zu entlassen. Der Versuch erschien ihm verwegen, aber genial. So stellte er das Gewicht seines Einflusses auf die Seite Trotzkis. Er sagte, man müsse den Sozialismus auch mit Ziegelsteinen bauen, die aus dem Zusammenbruch der alten Ordnung übriggeblieben seien; anders könne man überhaupt nicht bauen.[22]

Man konnte kaum anders verfahren, aber das Experiment verlief nicht reibungslos. Fälle, in denen alte Offiziere Verrat übten, waren nicht selten. Sie waren um so häufiger, je schlechter die militärischen Aussichten der Sowjets in den Augen dieser Offiziere standen. Als der Bürgerkrieg seinen Höhepunkt erreichte, gingen Kommandeure von Regimentern, Divisionen, ja von Armeen zu den Weißen über, manchmal sogar mitsamt ihren Truppen. Jeder neue Verrat stärkte die Stellung der Gegner Trotzkis und Lenins. Auf allen Stufen der militärischen Befehlsgebung herrschte Verdacht und Mißtrauen. Das fing in der Schreibstube der Kompanie an und reichte hinauf bis zum Generalstab, an dessen Spitze Trotzki den zaristischen Oberst Vazetis gestellt hatte. Die Beziehungen zwischen den Offizieren und ihren beigeordneten Kommissaren waren verbittert, weil die Kommissare ihrem Mißtrauen oft in grober, ungehobelter Weise Ausdruck gaben, womit sie den Stolz und das Ehrgefühl der Offiziere verletzten. Aber dieses Problem war nur die eine Seite einer sehr viel tiefer gehenden Auseinandersetzung. Trotzki hatte die Aufgabe übernommen, eine Unzahl von selbständigen Partisanengruppen und roten Garden zu einer einheitlichen Armee zusammenzufügen, die ein wirksames Oberkommando, eine geordnete Verwaltung und vor allem ein brauchbares Nachschubsystem haben mußte. Diese Wandlung paßte vielen Partisanenführern nicht, die sich im Bürgerkrieg ausgezeichnet hatten und sich nun nicht konservativen Offizieren unterordnen wollten, gegen die sie eine unüberwindliche Abneigung hatten. Die linken Kommunisten, die solche Fragen immer zuerst von der theoretischen Seite aus betrachteten, opponierten grundsätzlich gegen die Schaffung einer militärischen Zentralgewalt. Sie erinnerten Lenin und Trotzki immer wieder an die heiligen Versprechen, die sie vor der Machtergreifung gemacht hatten. Damals hieß es, die Sowjets würden sofort das stehende Heer (und die politische Polizei) abschaffen, und zwar ein für allemal. An dessen Stelle sollte eine Volksmiliz treten. Aber wie bei so vielen Zusagen, die die Bolschewisten vor der Oktoberrevolution gemacht hatten, blieben sie auch mit der Einlösung dieses Versprechens im Rückstand.

Zarizyn wurde das Zentrum des Widerstands gegen die neue Heerespolitik. Der Kommandeur der Zehnten Armee, die in Zarizyn ihren Befehlsstand hatte, war Klim Woroschilow, jener Arbeiter, der zehn Jahre zuvor Stalins Kollege in dem bolschewistischen Komitee in Baku und Vorsitzender der Gewerkschaft der Erdölarbeiter gewesen war. Im Krieg hatte es Woroschilow bis zum Unteroffizier gebracht. Ein anderer Befehlshaber in diesem Sektor war Budjonny, ein ehemaliger Hauptfeldwebel der Kavallerie, der sich während des Bürgerkriegs als Partisanenführer einen Namen gemacht hatte. Politischer Kommissar der Zehnten Armee war Ordshonikidse. So war Stalin, als er in Zarizyn eintraf, sofort in einem Kreis alter Freunde, die durch die Erinnerungen an gemeinsam durchkämpfte alte Zeiten verbunden waren. Es war beinahe so, als wäre das ganze alte Parteikomitee von Baku geschlossen nach Zarizyn ins Hauptquartier der Zehnten Armee verlegt worden. Schon diese Tatsache mußte Stalin für die »Zarizyn-Gruppe« einnehmen, selbst wenn er ihre Unternehmungen mit kritischem Auge beobachtete.

Die Zarizyn-Gruppe wollte sich nicht der Befehlsgewalt des Oberkommandierenden an der Südfront, Sytin, unterwerfen, der zaristischer Offizier gewesen war. Klagen über Widersetzlichkeiten Woroschilows gingen immer wieder von dem Oberkommando der Südfront an den Generalstab und vom Generalstab an Trotzki. Dieser ließ einen Hagelschauer von Ermahnungen, Weisungen, Drohungen, Befehlen und Vorwürfen auf das Hauptquartier in Zarizyn niederprasseln. Aber die »Knaben«, wie Trotzki die Zarizyn-Gruppe titulierte[23], konnten auf Fälle verweisen, in denen »Spezialisten« Verrat geübt hatten, und wurden damit gegenüber dem General Sytin nur noch aufsässiger.

Es mag zunächst erstaunlich erscheinen, daß Stalin sich so entschieden auf die Seite dieser Oppositionsgruppe schlug, selbst wenn man seine alte Freundschaft mit Woroschilow in Rechnung stellt. In der Regierung und im Zentralkomitee hatte er sich immer und bei jeder Gelegenheit für die Autorität der Zentralbehörde eingesetzt und straffe Disziplin der nachgeordneten Stellen gefordert. Die Eigenschaft, wegen der er besonders geschätzt wurde, war eben seine Fähigkeit, durch harte Maßregeln undisziplinierte, anarchistische Elemente zum Gehorsam zu zwingen. Was mochte ihn bewogen haben, die Gehorsamsverweigerung der Zarizyn-Gruppe zu decken? Wahrscheinlich schlug eine vertraute Saite in der Brust des Volkskommissars aus georgischem Bauernstamm an, als er sah, wie sehr die Zarizyn-Gruppe als echte Plebejer der alten Parteiintelligenz und dem Landadel, aus dem Trotzkis Offiziere stammten, mißtraute. Es war aber auch nicht so, daß bei diesem Streit das Recht ausschließlich auf der einen und das Unrecht ausschließlich auf der anderen Seite gewesen wäre. So drang Budjonny unentwegt, aber vergeblich in das Oberkommando, die Bildung starker roter Kavallerieverbände vorzunehmen, die er geschlossen oder sogar als eine besondere Armee einsetzen wollte. Die phantasievollen Vorschläge des alten Kavalleriefeldwebels wurden von den militärischen Spezialisten in ähnlicher Weise zur Seite geschoben, wie bei Beginn des Zweiten Weltkrieges andere Sachverständige die Pläne für den Einsatz geschlossener Panzereinheiten abtaten. Auch Trotzki wollte zunächst von Budjonnys Kavalleriekorps nichts wissen. Er fürchtete, eine solche Kavallerietruppe müsse in der Hauptsache aus Kosaken bestehen, den geborenen Reitern Rußlands, die aber aus ihrer Feindschaft gegen die neue Regierung kein Hehl machten. Später erließ Trotzki seinen berühmten

Tagesbefehl »Proletarier, auf's Pferd!«, mit dem er die Anregung Budjonnys übernahm; er ergab auch die Grundlage für die romantischste Legende des Bürgerkriegs, der Legende von der Roten Reiterei und ihrem Führer Budjonny.[24] Inzwischen machte in Zarizyn der alte Feldwebel seiner Enttäuschung und seinem Groll gegen den Generalstab und den Kriegskommissar Luft. Er fand in Stalin einen willigen und aufmerksamen Zuhörer.

Der Hauptgrund, weshalb Stalin sich schützend vor die Zarizyn-Gruppe stellte, lag aber darin, daß seine Rivalität zu Trotzki jetzt mehr und mehr hervortrat. Mehrere Jahre lang merkte die Öffentlichkeit davon nichts, denn diese Feindschaft wucherte und verschärfte sich hinter den geschlossenen Türen des Politbüros. Aber selbst dort mußten sich die beiden Gegner unter dem wachsamen Auge Lenins zurückhalten, so daß auch den Eingeweihten die Schärfe und Bitterkeit dieses Konflikts zunächst verborgen blieb. Und doch war es gerade die Zusammensetzung der Regierung vor dem Zusammenbruch der Koalition mit den Sozialrevolutionären, die zu dieser Rivalität fast herausforderte. Im inneren Kabinettsrat waren die Bolschewisten durch Lenin, Trotzki und Stalin vertreten. Stalin war der Jüngste in diesem Trio. Die beiden älteren Mitglieder waren dem Volk bekannt und wurden vom Volk verehrt. Ihre Namen bedeuteten viel, fast alles. Man nannte die Regierung allgemein die Regierung »Lenin-Trotzki«. Die Partei selber wurde in Rußland und darüber hinaus in der ganzen Welt von Freund und Feind als die Partei Lenins und Trotzkis bezeichnet. Wenn die beiden Männer auf Kongressen und Versammlungen erschienen, so wurden sie mit frenetischem Beifall begrüßt. Die Begeisterung der jungen Republik konzentrierte sich spontan auf die beiden Führer, deren Ansehen durch keine amtliche Propaganda aufpoliert zu werden brauchte. Das jüngste Mitglied in dem Triumvirat blieb unbekannt. Der Unterschied zwischen der Machtstellung, die Stalin innehatte, und dem Ansehen, das er nach außen genoß, hätte auch einen weniger ehrgeizigen und stolzen Mann verbittern müssen. Diese Lage mußte für Stalin auf die Dauer unerträglich sein. Trotz seiner außerordentlichen Laufbahn hatte er seit seiner Jugendzeit niemals Gelegenheit gehabt, sein Geltungsbedürfnis zu befriedigen. Der Minderwertigkeitskomplex, der an ihm nagte, war gerade durch seinen Aufstieg verschärft worden, den er fast immer nur günstigen Zufällen zu verdanken gehabt hatte, was ihm wohl selber klar war. Lenins Überlegenheit schmerzte ihn nicht. Sie war für ihn eine unumstößliche Tatsache, genauso unabänderlich wie der Altersunterschied, der die beiden trennte. Aber Trotzkis Aufstieg mußte ihn reizen. Der Mann war genauso alt wie er selber. Noch vor wenigen Jahren hatte Stalin, von Lenin von ganzem Herzen unterstützt, Trotzki auf das schärfste angreifen dürfen, als den »Preisboxer mit den falschen Muskeln«, »den wortgewandten Schauspieler«, den »elenden Kumpan der menschewistischen Liquidatoren«. Es lag eine unerquickliche Ironie in der Tatsache, daß er jetzt so hoffnungslos von Trotzki in den Schatten gestellt wurde. Er mußte mit ansehen, wie Trotzki als der große Vorkämpfer der Revolution gefeiert wurde; er mußte die rhetorischen Deklamationen mit anhören, die den begeisterten Beifall der bolschewistischen Massen hervorriefen. Diese Verbitterung wird noch gewachsen sein, als nach dem Bruch mit den Sozialrevolutionären die Regierung umgebildet und das Trio Lenin, Trotzki, Stalin aufgelöst wurde. Stalins Einfluß auf die Regierung schwand auf diese Weise ebenso rasch und aus rein zufälligen Gründen, wie er vorher sich gefestigt hatte, während die Stellung Trotzkis als Kriegskommissar immer mehr an Bedeutung gewann. Als der Bürgerkrieg immer größere Wichtigkeit erlangte, stand Trotzki tatsächlich am Hebel der ganzen revolutionären Regierungsmaschinerie. Die Saat des Neides und der Mißgunst ging in Zarizyn auf.

So war der Ursprung der heftigsten und folgenschwersten Fehde der russischen Geschichte eigentlich nichtssagend und unbedeutend. Man kann es sich kaum vorstellen, daß solche Ereignisse ihren Ursprung in kleinlicher Verstimmung und im Neid haben sollen. Aber so ist es. Diese Tatsache läßt sich nicht leugnen. In den späteren Stadien des Konflikts zwischen Stalin und Trotzki haben selbstverständlich bedeutendere Motive politischer und ideologischer Art mitgespielt. Persönliche Rivalitäten allein hätten kaum die Dimensionen des großen Dramas annehmen können, in dessen Verlauf das ganze Leben der Sowjetrepublik und der Kommunistischen Internationale umgemodelt werden mußte. Aber in ihrem Beginn war diese Rivalität eine rein persönliche Angelegenheit, und deshalb war sie kleinlich. Zunächst war nichts Außerordentliches oder Ungewöhnliches daran. Sie unterschied sich in keiner Weise von den persönlichen Eifersüchteleien und Reibereien, die man in allen Ländern und zu allen Zeiten zwischen den Führern ein- und derselben Partei finden kann und die beliebten Stoff für Klatsch in der Tagespresse liefern.

Keiner Bemühung gelingt es, in der Laufbahn der beiden Männer wirklich bedeutende Prinzipienfragen zu finden, an denen der Kriegskommissar und der Kommissar für Nationalitätenfragen sich hätten scheiden müssen (selbst in dem Streit über die Fragen der Roten Armee stellte sich Stalin schließlich offen auf Trotzkis, oder richtiger auf Lenins Seite, der Trotzki deckte). Sie arbeiteten beide in ihrem Bereich und auf ihre Weise für die gleiche Sache. Beide setzten ihre sehr verschiedenen Fähigkeiten und Energien ein, um die Revolution vor drohenden Gefahren zu schützen. Und es war schließlich nur menschlich, allzu menschlich, daß beide bei der Erfüllung ihrer revolutionären Mission sich nicht von menschlichem Ehrgeiz und von ihren Leidenschaften freimachen konnten.

Stalin stand mit seiner ablehnenden Haltung gegenüber Trotzki nicht allein. Die alten Aktivisten der Untergrundbewegung, Lenins Berufsrevolutionäre und Propagandisten waren von einem ausgeprägten Korpsgeist erfüllt. Viele von ihnen sahen in Trotzki den »Eindringling«. Die überragende Stellung, die er so plötzlich in der Partei einnahm, beleidigte irgendwie ihre kollektiven Gefühle. Keine festorganisierte Gruppe liebt es, wenn plötzlich in ihren Reihen ein brillanter Außenseiter auftaucht, die Herzen der Gefolgschaft im Sturm gewinnt und sich hoch über die alten Mitglieder erhebt. Es ist nicht zu leugnen, daß die Bolschewisten Trotzki, als er im Jahr 1917 zu ihnen stieß, mit offenen Armen aufnahmen. Aber damals kämpfte die Partei um die Macht. Trotzki gesellte sich in jenen Julitagen zu ihr, als sie auf allen Seiten von ihren Feinden eingekreist war und niemand voraussagen konnte, ob der nächste Schritt sie an die Macht bringen oder wieder in die Dunkelheit einer Untergrundbewegung zurückwerfen würde. Als damals ein Mann von Trotzkis Bedeutung sich offen auf die Seite der Bolschewisten stellte, war dies eine mächtige Stärkung für das vorübergehend schwankende Selbstvertrauen der Partei. Die Gefahren des Bürgerkriegs veranlaßten die Bolschewisten, sich eng um Trotzki zu scharen, denn wenn ihre Zukunft überhaupt von dem Erfolg oder Mißerfolg eines einzelnen Mannes abhing, dann war dieser Mann sicherlich der Kriegskommissar. Diese Verhältnisse zwangen damals die Mehrzahl der Parteifunktionäre zur Ruhe. Aber es gab unter ihnen mehr als genug alte Mitglieder der Parteikomitees, die in solch persönlichen Fehden von geringerer Bedeutung reiche Erfahrungen gesammelt hatten; sie ließen sich mit Leichtigkeit gegen Trotzki mobilisieren, besonders wenn neue Beschwerden und Meinungsverschiedenheiten alte unerfreuliche Erinnerungen wieder weckten.

Die Lebensmitteltransporte aus dem Kaukasus trafen in Moskau wieder ein, genau wie Stalin es versprochen hatte. Der Rat der Volkskommissare war dem Mann, den er nach Zarizyn geschickt hatte, zu größtem Dank verpflichtet. Nachdem Stalin auf seine erste und ziemlich schüchterne Bitte um Übertragung erweiterter militärischer Vollmachten zunächst keine Antwort erhalten hatte, wiederholte er jetzt seinen Antrag in einem ungeduldigen Telegramm an Lenin mit dem Datum des 10. Juli 1918. Diese Botschaft, die erst im Jahr 1947 zum erstenmal veröffentlicht wurde, enthielt einen scharfen Angriff auf Trotzki, der zwischen den Zeilen auch ein Vorwurf gegen Lenin war. Wenn Trotzki fortfahre, hieß es in diesem Telegramm, Leute nach dem nördlichen Kaukasus und in das Dongebiet zu schicken, die das Land und die Menschen nicht kennen, »dann kann man mit Sicherheit sagen, daß bei uns in einem Monat im Nordkaukasus alles zusammenbricht und wir dieses Gebiet endgültig verlieren werden. Mit Trotzki geht dasselbe vor sich, wie seinerzeit mit Antonow. Hämmern Sie ihm ein, daß ohne Wissen der örtlichen Funktionäre keine Ernennungen vorgenommen werden dürfen (...). Um die Sache fördern zu können, brauche ich militärische Vollmachten. Ich habe schon darüber geschrieben, aber keine Antwort erhalten. Nun gut. Dann werde ich eben selbst, ohne Förmlichkeiten, diejenigen Armeebefehlshaber und Kommissare absetzen, die die Sache zugrunde richten. Das gebietet mir die Sache, und das Fehlen eines Papierchens von Trotzki wird mich natürlich nicht davon abhalten.«[25] Im Rahmen der ihm gegebenen Zuständigkeit hatte Stalin mit den rein militärischen Angelegenheiten nichts zu tun, und insofern überschritt er seine Befugnisse. Seine Forderung, daß das Oberkommando ohne seine und Woroschilows Zustimmung keine militärischen Befehlsstellen besetzen dürfe, ging ebenfalls weit über seinen Auftrag hinaus. Aber die Fragen der Lebensmittelversorgung und der militärischen Operationen hingen ihrem Wesen nach eng zusammen. Stalin hielt sich als Mitglied der Regierung und als einer der obersten Führer der Partei für befugt so zu handeln, wie er es tat, ganz gleichgültig, wie sein Verhältnis zur Roten Armee selber sein mochte. Trotzki dagegen bestand darauf, daß Stalin, solange er dem Befehlshaber der Armee in Zarizyn zugeteilt war, sich allen Weisungen des militärischen Oberkommandos beugen müsse. Er dürfe keinesfalls seine Stellung in der Regierung und im Zentralkomitee dazu benutzen, um der militärischen Führung entgegenzuwirken.[26] Trotzkis Standpunkt mochte formal richtig sein, in psychologischer Hinsicht war er falsch. Stalin hatte nämlich ein ausgesprochenes Gefühl für seine Stellung und Bedeutung innerhalb der Parteihierarchie. Er wollte vor seinen alten Freunden nicht das Gesicht verlieren. Lenin mag sich über den Ton von Stalins Telegrammen seine besonderen Gedanken gemacht haben, er war jedenfalls sorgfältig darauf bedacht, kein Öl ins Feuer zu gießen. Er wußte die Arbeit beider Männer zu schätzen, obwohl er an jeden einen anderen Maßstab anlegte, und wollte die Reibungsflächen zwischen beiden beseitigen.

Ohne Trotzki die ausfälligsten Telegramme Stalins zu zeigen und ohne Stalin die ganze Kritik Trotzkis zur Kenntnis zu bringen, versuchte er, den einen zu dämpfen und den andern zu beruhigen. Trotzki war schließlich damit einverstanden, daß Stalin die außerordentlichen Vollmachten übertragen wurden, um die er sich beworben hatte. Auf der andern Seite konnte Trotzki nicht daran zweifeln, daß Lenin jede Maßnahme zur Stärkung der Autorität des Oberbefehlshabers der Roten Armee unterstützen würde.

Es wäre ermüdend, den Streit von Zarizyn in allen seinen Einzelheiten zu verfolgen. Der Kompromiß, den Lenin vorgeschlagen hatte, beseitigte die Reibungspunkte nicht. Über den direkten Draht zwischen Moskau und Zarizyn gingen weiter Befehle, Drohungen, Beschwerden und Ermahnungen hin und her. Auf einen der Befehle Trotzkis schrieb Stalin die Randbemerkung: »Nicht beachten.«[27] Im September trieb Woroschilow die Weißen Garden über den Don zurück. Stalin meldete diesen Erfolg den Volkskommissaren: »Der Feind ist in die Flucht geschlagen und über den Don zurückgeworfen worden. Die Lage Zarizyns ist stabil. Die Offensive geht weiter.«[28] Kurz darauf machte Stalin einen Besuch in Moskau, und Lenin und Stalin schickten eine gemeinsame Botschaft: »Übermitteln Sie dem heldenhaften Kommando und allen revolutionären Truppen der Zarizyner Front (...) unseren brüderlichen Gruß.« Der hoffnungsvolle Ton dieser Botschaften ermangelte freilich etwas des realen Hintergrunds, denn es dauerte nicht lange, da war Zarizyn aufs neue von den Weißen Garden eingeschlossen. Stalin war nach Moskau gekommen, um sich zu den fortgesetzten Beschwerden Trotzkis zu äußern. »Ich bestehe kategorisch auf der Abberufung Stalins«, hatte Trotzki an Lenin gedrahtet. »An der Zarizyner Front stehen die Dinge trotz überreichlicher Kräfte schlecht. Woroschilow ist fähig, ein Regiment zu führen, nicht aber eine Armee von 50000 Mann. Ich werde ihn aber auf dem Kommando der Zehnten Armee in Zarizyn belassen unter der Bedingung, daß er sich dem Befehl des Kommandanten der Südarmee, Sytin, unterstellt. Bis jetzt hat Zarizyn nicht einmal einen Rapport über die Operationen in Koslow eingesandt. Ich habe verlangt, daß Rapporte über die Erkundungen und Operationen zweimal täglich eingesandt werden. Wenn das morgen nicht geschieht, werde ich Woroschilow und Minin vor das Kriegsgericht bringen, und mein Beschluß wird als Armeebefehl veröffentlicht werden.«[29] Trotzki wiederholte diese Drohung im Laufe einer mündlichen Aussprache mit Woroschilow, der daraufhin nachgab.

Trotzkis geringe Meinung von den Fähigkeiten des späteren Kriegskommissars und Oberbefehlshabers der Roten Armee wurde in späteren Jahren von den meisten Generälen der Roten Armee geteilt. Dieses Urteil fand seine Bestätigung im Jahr 1941, als Woroschilow und Budjonny im Krieg gegen die Deutschen völlig versagten. Wir kommen später darauf zurück. Als damals Stalin seine Haltung vor dem Revolutionären Kriegsrat verteidigen sollte, rückte er vorsichtigerweise von der »Zarizyner Opposition« ab und suchte sich wenigstens äußerlich mit Trotzki zu verständigen. Am 11. Oktober 1918, kurz bevor die Weißen Garden die Stadt aufs neue einschlossen, wurde Stalin nach Zarizyn zurückgesandt. Einige Tage später wurden die Belagerer erneut zurückgeworfen. Diesmal endgültig.

Dieser Sieg bei Zarizyn gab später Veranlassung zu einem endlosen Streit, wem das Verdienst an diesem Erfolg zukomme. Nach Trotzkis Darstellung, die übrigens von den meisten Sowjetgenerälen in den großen Reinigungsprozessen der dreißiger Jahre gestützt wurde, fällt der Lorbeer dem Oberkommandeur der Südfront zu, dessen Truppen den Ring um Zarizyn von außen her brachen. Stalin, Woroschilow und Budjonny nahmen den Ruhm ausschließlich für sich in Anspruch. Es ist dies eine jener nutzlosen militärischen Streitereien, die man nicht lösen kann und die auch die Mühe nicht lohnen, daß man sie löst. Sie erhalten ihre Bedeutung nur durch den politischen Rahmen, in dem sie sich abspielten.

Im Kreml hatte man für die Ansprüche der Zarizyn-Gruppe taube Ohren. Das muß aus der Tatsache geschlossen werden, daß unmittelbar nach der Aufhebung der Belagerung von Zarizyn Lenin dem Drängen Trotzkis nachgab; er berief Stalin von der Südfront zurück, so daß Trotzki freie Hand gegenüber Woroschilow hatte. Die Zarizyn-Gruppe wärmte den alten Streit nach Jahren nochmals auf, denn ihre Ansprüche sind ein Bestandteil der militärischen Stalin-Legende und deshalb ein wichtiger, allerdings nicht entscheidender Punkt in dem sehr viel größeren Anspruch Stalins auf die oberste Macht im Staat. Ungefähr fünf Jahre nach diesen Ereignissen wurde Zarizyn in Stalingrad umbenannt. Als Stalin sich im Jahr 1942 anschickte, die entscheidende Schlacht des Zweiten Weltkriegs an den Zugangsstraßen nach Stalingrad und in der Stadt selber zu schlagen, da wird er sich nicht nur von den strategischen Gegebenheiten des Augenblicks haben beeindrucken lassen. Es mag ihn etwas getrieben haben, was man als Zarizyn-Komplex bezeichnen könnte. Er verteidigte hier vor der Geschichte seine erste

Legende. Er schuf damit eine zweite, die allerdings der Wirklichkeit viel näher kam als die erste.

Als der Sommer 1918 zu Ende ging, war die Gefahr, die Moskau vom Osten her drohte, gebannt. Solange diese Gefahr bestand, hatte der Generalstab der Roten Armee die Südfront als eine Nebenfront behandelt. Im Oktober wurden die tschechischen Legionäre über den Ural zurückgeworfen, und Trotzki konnte jetzt seine ganze Aufmerksamkeit dem Süden zuwenden, ohne befürchten zu müssen, daß man ihm in seine militärischen Planungen hineinreden werde. Jetzt war die Südfront für die beiden Rivalen zu klein geworden. Einer von beiden hatte zu weichen. Stalin ging. Lenin tat alles, um ihm diese Pille zu versüßen. Er schickte den Präsidenten der Republik, Swerdlow, aus, um Stalin in einem Sonderzug mit allen dazugehörenden Ehrungen nach Moskau zurückzubringen. Diese Episode ist für Lenins Art der Menschenbehandlung charakteristisch. Er hatte ein waches Auge für die menschlichen Schwächen Stalins, und er war sorgfältig darauf bedacht, sein Geltungsbedürfnis und seine Eigenliebe nicht zu verletzen. Trotzki war das genaue Gegenteil. Er unterschätzte seinen Gegner, trug dem Ehrgeiz, der diesen erfüllte, nicht Rechnung und kränkte ihn beinahe bei jedem Schritt, den er tat. Das ergab sich mehr aus Trotzkis Temperament als aus Vorbedacht. Auf der Fahrt nach Moskau begegnete der Zug mit Swerdlow und Stalin dem Zug Trotzkis, der nach Zarizyn fuhr. Swerdlows diplomatischen Bemühungen gelang es, eine Begegnung zwischen den beiden Männern in Trotzkis Wagen zustande zu bringen. Trotzki behauptet, Stalin sei weich geworden und habe ihn gefragt: »Wollen Sie sie wirklich alle absetzen? Es sind brave Jungens!« Trotzkis Antwort war scharf und von oben herab. »Diese braven Jungens werden die Revolution zugrunde richten, die nicht die Möglichkeit hat, solange zu warten, bis sie groß genug geworden sind (...).«[30] Bald darauf wurde Woroschilow von Zarizyn in die Ukraine versetzt. Stalin kam in der Hauptstadt kurz vor der Feier des ersten Jahrestages der Revolution an. Er schrieb für die »Prawda« eine kurze, trockene Übersicht über die Ereignisse der letzten Jahre:

»Vom Anfang bis zum Ende wurde die Revolution durch das Zentralkomitee der Partei inspiriert, an dessen Spitze der Genosse Lenin steht. Lenin hielt sich damals in Petrograd in einer Wohnung auf dem Wiborgschen Ufer versteckt. Am Abend des 24. wurde er in das Smolny-Institut gerufen, um die Leitung der Bewegung zu übernehmen. Die gesamte praktische Arbeit, die mit der Organisation der Erhebung zusammenhing, stand unter der direkten Leitung des Genossen Trotzki, des Präsidenten des Petrograder Sowjets. Man muß deutlich feststellen, daß die Partei zuerst und vor allem dem Genossen Trotzki dafür Dank schuldet, daß die Garnison so rasch auf die Seite des Sowjets überging, aber auch für die wirkungsvolle Art und Weise, mit der er die Arbeiten des Militärischen Revolutionskomitees leitete.«[31]

Dreißig Jahre nach der Niederschrift klang diese Würdigung der Rolle Trotzkis in der Revolution durch Stalin wie ein großes Lob. Die Stelle wurde in Stalins »Gesammelten Werken«, die im Jahr 1947 veröffentlicht wurden, unterdrückt. In den letzten zwanzig Jahren hat kein einziger sowjetischer Schriftsteller oder Historiker den Mut gehabt, sie zu zitieren. So ketzerisch und gefährlich erschienen Stalins eigene Worte später. Als sie geschrieben wurden, empfand sie kaum jemand als eine Verherrlichung Trotzkis. Es war ein sehr feiner Versuch, Trotzkis Rolle zu verkleinern und ihn, nicht ganz in Übereinstimmung mit den Tatsachen, als den Mann darzustellen, der — sicherlich sehr geschickt — die Idee Lenins ausführte. Das war die äußerste Grenze dessen, was sich Stalin damals leisten konnte, um seinen Groll loszuwerden. Er konnte damals seinen Gegner nur mit einem Dorn verletzen, den er in einem Blumenstrauß verborgen hatte.

Wenige Tage nach dem ersten Jahrestag der russischen Revolution standen auch Deutschland und Österreich in Flammen. Die Revolution war endlich auch dort ausgebrochen. Der Erste Weltkrieg war zu Ende. Die Throne der Hohenzollern und der Habsburger stürzten. In Berlin, München, Warschau und Riga bildeten sich Arbeiter- und Soldatenräte nach dem Muster der Sowjets. In den besiegten Ländern übernahmen die Sozialdemokraten die Macht. Die Bolschewisten waren festen Glaubens, daß dieser Prozeß in einer europäischen, wenn nicht gar in einer weltweiten »Oktoberrevolution« seinen Abschluß finden würde und daß die Regierungen der gemäßigten Sozialisten bald, sogar sehr bald, von den Sozialisten der radikalen Linken gestürzt würden, genauso wie Kerenski in Rußland gestürzt worden war. Nach ein paar Wochen oder Monaten würde die russische Revolution aus ihrer Isolierung befreit sein, und dann wäre die Grundlage für eine internationale sozialistische Welt gegeben. Die fortgeschrittenen, industrialisierten und zivilisierten Länder des Westens würden diese gigantische Bewegung anführen, das »rückständige, halbasiatische Rußland« ins Schlepptau nehmen und auf eine höhere Stufe der Zivilisation heben. Von diesem Zauber berauscht, beobachteten die bolschewistischen Führer, einer wie der andere, in Hoffnung und Spannung den Ablauf der Ereignisse im Westen. Diejenigen unter ihnen, die, wie Lenin, Trotzki, Kamenjew, Lunatscharski, Sinowjew, Frau Kollontai, Bucharin und andere, viele Jahre ihres Lebens in der Emigration in Westeuropa verbracht hatten, lauschten sorgsam auf die Kunde von drüben und deuteten die Ereignisse ihrem eigenen Volk. Die Augen Rußlands waren auf den Westen gerichtet.

Im neunzehnten Jahrhundert war das geistige und politische Leben Rußlands durch zwei Richtungen gekennzeichnet gewesen, die »Westler« und die Slawophilen. Die einen wollten Rußland europäisieren, während die anderen glaubten, Rußlands besondere Aufgabe bestehe in einer eigenen zivilisatorischen Entwicklung, die von der westeuropäischen verschieden oder ihr sogar ausgesprochen entgegengesetzt sein würde. Der russische Marxismus war zunächst nur der Ableger einer europäischen Gedankenrichtung. Im Bolschewismus verschmolzen diese beiden Tendenzen. Noch im Jahr 1913, als eine Revolution in China die Republik proklamierte, schrieb Lenin über »Das rückständige Europa und das fortschrittliche Asien«.[32] Er sah in dem Drang zur Revolution und zum Sozialismus den fortschrittlichsten Zug der modernen Entwicklung und entwarf damals ein Bild der westlichen Welt, die er als rückständig bezeichnete, weil sie imperialistisch und konservativ war, während er im Osten, wo sich eine große soziale Umwälzung vollzog, den Fortschritt erblickte. Man kann wohl sagen, daß er mit dieser Analyse die östliche, das heißt die slawophile Richtung, sich zu eigen machte, obwohl sein Osten, ganz im Gegensatz zu den

Slawophilen, nicht auf Rußland und nicht auf die slawischen Völker beschränkt war. Lenin bezog in seinen Osten auch die farbigen Völker, insbesondere die erwachenden Kolonialvölker ein. Aber Lenin blieb doch in vieler Hinsicht ein »Westler«. Für ihn bestand der Fortschritt in der Annahme des Marxismus, einer Mischung aus deutscher Philosophie, englischen Wirtschaftstheorien und französischem Sozialismus durch den Osten. Außerdem glaubte er nicht, daß der Osten je in der Lage sein könne, sich aus eigener Kraft zu emanzipieren. Dank seiner Industrialisierung und seiner fortgeschrittenen Organisation sei der Westen dazu bestimmt, den Osten zu führen, sobald er einmal den imperialistischen Kapitalismus abgeschüttelt habe. Je nach den Verhältnissen trat bald diese, bald jene Richtung in Lenins Gedankenwelt in den Vordergrund. Jetzt, als die Morgenröte der Revolution sich über Europa zu erheben schien, gewann das westliche Element in ihm die Vorherrschaft. In diesen Tagen wurde die Kommunistische Internationale in aller Eile gegründet, die außer den Bolschewisten den äußersten linken Flügel des westeuropäischen Sozialismus in sich aufnehmen sollte.

Wie reagierte Stalin auf diese neue Lage? Zu den Ereignissen im Westen hatte er nur wenig zu sagen. Auf diesem Gebiet kannten sich die Emigrantenführer aus, die den Westen selbst erlebt hatten und die auf Grund langer Erfahrung und genauen Studiums seiner Probleme sprechen konnten. Der Beitrag Stalins zu dieser Auseinandersetzung bestand bezeichnenderweise aus zwei Zeitungsartikeln unter den Titeln »Vergeßt den Osten nicht« und »Aus dem Osten kommt das Licht«.[33] Der Mann, der unter russischen, tatarischen und persischen Ölarbeitern und georgischen Bauern im Grenzland zwischen Europa und Asien lebte, machte sich die östliche Richtung des Bolschewismus durch und durch zu eigen. Diese Tatsache ist um so bemerkenswerter, als die beiden Richtungen nicht sehr ausgeprägt waren. Keiner der Parteiführer, Stalin am wenigsten, war sich damals dessen bewußt, daß hier die Wurzel kommender Mißstimmungen steckte. Wenn man behaupten wollte, daß sich Stalin damals auf Grund vorbedachter Überlegungen für das östliche Element im Wesen des Bolschewismus entschlossen habe, dann würde man damit die historischen Tatsachen gründlich mißdeuten. Er folgte seiner gefühlsmäßigen Neigung. Er war sogar der Meinung: »Dort im Westen müssen früher als anderwärts die Ketten des Imperialismus zerbrechen, die in Europa geschmiedet wurden und die ganze Welt würgen.«[34] Aber diese Bemerkung über die Bedeutung des Westens für die Revolution, so klar sie auch formuliert war, erschöpfte seinen Gedankengang doch nicht. Er beabsichtigte, damit seiner Warnung »Vergeßt den Osten nicht!« Nachdruck zu verleihen. In seinen Worten steckte sogar so etwas wie politische Eifersucht gegen den Westen, der jetzt die allgemeine Aufmerksamkeit auf sich lenkte. »In einem solchen Moment verschwindet der entlegene Osten mit seiner Hunderte von Millionen zählenden, durch den Imperialismus unterdrückten Bevölkerung wie ›von selbst‹ aus dem Blickfeld und gerät in Vergessenheit.« Er verwies auf eine Konferenz kommunistischer Mohammedaner, die in Persien, Indien und in China dem Kommunismus den Weg bereiten wollten, und schloß daran die Bemerkung: »Denn ein für allemal muß man sich den Leitsatz zu eigen machen, wer den Triumph des Sozialismus will, darf den Osten nicht vergessen.« Das war für ihn eine unumstößliche Wahrheit. In dem anderen Artikel[35], der die neuerlichen Erfolge des Bolschewismus in der Ukraine behandelte, faßte er seine Meinung in die Worte zusammen: »Aus dem Osten kommt das Licht! Der Westen mit seinen imperialistischen Kannibalen hat sich in einen Herd der Finsternis und der Sklaverei verwandelt. Die Aufgabe besteht darin, diesen Herd zum Glück und zur Freude der Werktätigen aller Länder zu zerschlagen.« Das war das Bekenntnis des Parteifunktionärs aus Baku, der jetzt im Kreml saß. Im Rahmen der offiziellen bolschewistischen Planung war der Nachdruck, den er auf die Bedeutung des Ostens legte, unzweifelhaft zulässig und am Platz, und sein antiwestlicher Ton war so allgemein, daß er keinen Widerspruch hervorrief. Jedenfalls stand das Bild des revolutionären, sozialistischen Westens viel undeutlicher vor seinen Augen als jener andere Westen, in dem er den »Herd der Finsternis und der Sklaverei« sah. Das sozialistische Europa sollte vor seinem Blick mehr und mehr verschwimmen. Während der anglo-französischen Intervention in Rußland schob Stalin den Widerstand in England gegen den Interventionskrieg als einen ganz gewöhnlichen Trick beiseite, durch den in Wirklichkeit die feindselige Stimmung gegen Sowjetrußland nur noch gesteigert werden sollte. Dieser angebliche Trick hatte aber doch immerhin zur Folge, daß die britischen Hafenarbeiter sich während des russisch-polnischen Krieges im Jahr 1920 weigerten, Munition nach Polen zu verladen.

Es ist interessant, diese Feststellung Stalins mit dem Tagesbefehl Nummer 158 der Roten Armee und Flotte zu vergleichen, den Trotzki am 24. Oktober 1919 erließ. Es war zur Zeit, als General Judenitsch auf Petrograd marschierte und die antibritische Stimmung in Rußland ihren Höhepunkt erreicht hatte.

»Rote Kämpfer! An allen Fronten begegnet ihr der feindlichen Hinterlist der Engländer. Die konterrevolutionären Truppen schießen auf euch aus englischen Geschützen. In den Lagern von Schenkursk und Onega, an der Süd- und der Westfront findet ihr Kriegsmunition englischer Herkunft. Die von euch gemachten Gefangenen tragen englische Ausrüstung. Die Frauen und Kinder von Archangelsk und Astrachan werden ermordet und verkrüppelt von englischen Fliegern mit Hilfe des englischen Dynamits. Englische Schiffe beschießen unsere Ufer (...). Aber auch jetzt, im Augenblick der erbittertsten Kämpfe gegen den Mietling Englands, Judenitsch, fordere ich von euch: vergeßt niemals, daß es nicht nur ein England gibt. Neben dem England der Profite, der Gewalt, der Bestechung, der Blutgier existiert das England der Arbeit, der geistigen Macht, der großen Ideale, der internationalen Solidarität. Gegen uns kämpft das England der Börse, das niedrige und ehrlose England. Das werktätige England, sein Volk, ist mit uns.«[36]

Wie verschieden waren doch die Töne und Akzente, die damals in der Stimme des Bolschewismus laut wurden. Zunächst waren die östlichen Töne durch die westlichen ganz überlagert, aber dennoch waren es die östlichen, denen die Zukunft gehörte.

Der Bürgerkrieg erreichte 1919 seinen Höhepunkt. Das war der Zeitpunkt, in dem die Interventionstruppen der Westmächte ihre lebhafteste Tätigkeit entfalteten. Zu Beginn des Jahres stießen die weißen Truppen des Admirals Koltschak aufs neue aus Sibirien vor und besetzten Perm. Kaum war Koltschak zurückgeschlagen, da begann Denikin im Süden seine Offensive, eroberte Kiew und Kursk und stieß gegen Moskau vor. Fast zur gleichen Zeit, im Mai, marschierte Judenitsch gegen Petrograd in der Hoffnung, er könne die Stadt mit Hilfe der fünften Kolonne nehmen, die sich beim Garnisonskommando eingenistet hatte. Stalin übernahm die Verteidigung der ehemaligen Hauptstadt. Er deckte die Verschwörung auf, leitete die militärischen Operationen und rettete die Stadt für die Sowjets.

Im Oktober unternahm Judenitsch einen zweiten Angriff auf Petrograd und drang bis in die Vororte vor. Diesmal war es Trotzki, der die Stadt für die Sowjets hielt.

Im Oktober war die Lage besonders gefährlich, weil Moskau und Petrograd gleichzeitig von den Weißen Garden bedroht waren. Hinter den Weißen stand die starke Unterstützung der Engländer und der Franzosen. Admiral Koltschak, der sich zum Diktator von Rußland proklamierte, wurde von dem Alliierten Obersten Rat in Paris offiziell anerkannt. Denikin wurde von den Alliierten Flottenstreitkräften unterstützt, die in das Schwarze Meer eingelaufen waren. Französische Truppen besetzten Odessa. Eine britische Flotte half Judenitsch im Finnischen Meerbusen; in England war Churchill und in Frankreich Clémenceau der entschlossenste Fürsprecher der bewaffneten Intervention.

Aber weder die weißen Generäle, von denen jeder allein und ausschließlich der Retter Rußlands werden wollte, noch die Westmächte konnten ihre Aktionen aufeinander abstimmen, und so gelang es den Bolschewisten, einen nach dem anderen zu erledigen. Im November 1919 zogen sich die Weißen Armeen ungeordnet auf allen Fronten zurück. Die Revolution hatte den Bürgerkrieg damit so gut wie gewonnen. Der letzte Akt, der Feldzug gegen General Wrangel im Süden, der im Anschluß an den russisch-polnischen Krieg im Jahr 1920 geführt werden mußte, war im Vergleich mit den früheren Feldzügen nur noch von geringer Bedeutung. Im November feierte das rote Moskau seinen Sieg, und Trotzki und Stalin wurden mit dem Orden der Roten Fahne ausgezeichnet.

Während des ganzen Bürgerkrieges und bis zum Jahr 1925 blieb Trotzki an der Spitze der Roten Armee. Er wurde als der

Vater des Sieges gefeiert. Stalin erhielt zwar auch den höchsten Orden, den die Sowjetunion zu vergeben hatte, aber am Ende des Bürgerkrieges war er nicht populärer als am Anfang. In den vielen Geschichten und Erinnerungen, die von Teilnehmern am Bürgerkrieg geschrieben wurden, wird sein Name kaum jemals erwähnt. Aber es wäre falsch, allein aus dieser Tatsache über die Rolle, die Stalin wirklich spielte, Schlüsse zu ziehen. Im Spiegel der geheimen militärischen Korrespondenz jener Tage, von der ein kleiner Teil durch Stalin selber, ein anderer durch Trotzki veröffentlicht wurde, erscheint seine Rolle doch viel bedeutender als in den Schriften, die zu der Zeit veröffentlicht wurden, als Trotzki noch am Ruder war. Sie war aber bei weitem nicht so bedeutend und beherrschend, wie sie in der amtlichen Geschichtsschreibung der stalinistischen Zeit dargestellt wird.

Über die strategischen Auseinandersetzungen jener Tage ist ein ganzer Berg von Literatur geschrieben worden; in der Hauptsache, um die Legendenbildung um einige der Parteiführer zu fördern, die den Anspruch auf die Nachfolge Lenins erhoben. Selbstverständlich war kein einziger von ihnen unfehlbar gewesen. Jeder hatte bei gewissen Anlässen ein richtiges Urteil gehabt, bei anderen dagegen schwere Fehler begangen. Trotzkis Kriegsführung gegen Koltschak war vorsichtig bis zur Schwäche. Als Koltschaks Truppen durch ihre Niederlage gänzlich demoralisiert waren, weigerte sich Trotzki, sie über den Ural hinaus zu verfolgen, und nur auf das Drängen Stalins und anderer Parteiführer nahm die Rote Armee die Verfolgung auf und säuberte den größten Teil des asiatischen Rußland von den Weißen Garden. Auf der anderen Seite bewiesen die Ereignisse, daß Trotzkis Feldzugsplan gegen Denikin in allen seinen Phasen geradezu brillant war. Er befürwortete eine Offensive, die von dem Bergbaugebiet am Donez ausgehen sollte, dessen Bevölkerung mit der Roten Armee sympathisierte. Der Generalstab, der von Lenin und Stalin unterstützt wurde, wollte sich lieber im Dongebiet schlagen, das von konterrevolutionären Kosaken besiedelt war. Wie in der Oktoberrevolution, so hatte auch jetzt Trotzki das schärfere Auge für die Zusammenhänge zwischen den sozialen und militärischen Faktoren im Bürgerkrieg. Sein Plan wurde von seinen Kollegen abgelehnt, bis Denikins Vorstoß gegen Orel sie zwang, ihre Haltung zu ändern. Auch als Judenitsch zum zweitenmal auf Petrograd marschierte, überschätzte Lenin die Stärke des Angreifers. Um auf jeden Fall sicherzustellen, daß Moskau mit genügend starken Truppen verteidigt werde, war er bereit, Petrograd zu räumen. Aber Trotzki und Stalin widersetzten sich verbissen diesem Vorschlag, und die Ereignisse gaben den beiden am Ende recht. In diesen Auseinandersetzungen spiegelten sich nicht, wie man vielleicht annehmen möchte, entgegengesetzte politische oder strategische Grundsätze wider. Man war sich einfach nicht darüber einig, was aus rein militärischen Erwägungen heraus zweckmäßig sein mochte.

Stalins geheime Telegramme und Berichte von den verschiedenen Frontabschnitten lassen ihn in einem ganz anderen Licht erscheinen als seine öffentlichen Reden und Zeitungsartikel. Der Unterschied im Stil ist höchst bemerkenswert. Auf der Rednertribüne und in der Presse wurden alle Schwächen Stalins offenkundig.

Seine Sprache ließ eine erstaunliche Beschränktheit der Einbildungskraft erkennen, wie sie selbst bei Politikern selten vorkommt. Er schrieb schwerfällig, trocken, farblos. Trotzki bezeichnete Stalins Stil als einschläfernd. Seine Argumente wiederholte er bis zum Unerträglichen, walzte sie aus und putzte sie mit Bemerkungen auf, die manchmal den logischen Gedankengang störten. Seine Bilder und Vergleiche paßten selten; glücklicherweise gab es ihrer nur wenige. In allen seinen Schriften, die sich auf zwanzig Jahre verteilten, findet man ein Dutzend, die sich immer wiederholen. In den folgenden dreißig Jahren sollten sie nicht viel zahlreicher werden. Wenn er einmal einen Vergleich entdeckt hatte, dann kaute er auf ihm herum und wiederholte ihn immer und immer wieder mit einer Eintönigkeit, die zeigte, daß sein geistiger Horizont nicht sehr weit gespannt war. Wenn er einer Massenversammlung gegenüberstand, so konnte er weder in sich selber noch bei seinen Zuhörern einen zündenden Funken anschlagen. Das war mehr als eine litarische oder rednerische Schwäche. Dieser Mann fühlte sich unwohl, wenn er den Eindruck hatte, daß die Aufmerksamkeit der Masse auf ihn konzentriert war, mit dem Ergebnis, daß seine Stimme unsicher wurde und sich nicht frei von ihm lösen konnte. In der Art seines Benehmens und in seinem Stil lag etwas Steifes und Künstliches; er machte den Eindruck eines gehemmten Schauspielers, der nicht die geringste Wirkung auf das Publikum hat.

Aber welch ein anderer Mann spricht aus seinen vertraulichen Telegrammen! Ihr Stil ist klar und scharf, knapp und präzise. Hier spricht ein großer Verwaltungskünstler, der von allen Hemmungen frei war, die er dann empfand, wenn er öffentlich auftreten sollte. Hier gibt es keine Spur von ermüdenden Wiederholungen, bizarren Widersprüchen und einer mißratenen Bildersprache. Hier berichtet ein kühler Beobachter, ein Mann, der an gefährlichen Stellen nach dem Rechten sieht, in einer geraden und geschäftsmäßigen Sprache über seine Feststellungen. Man kann ihn beinahe an der Arbeit sehen. Kaum ist er an seinem Bestimmungsort angekommen, da wirft er einen kühlen und illusionslosen Blick auf die Szene, auf die schwachen Stellen im Räderwerk der militärischen Maschinerie, auf das Durch- und Gegeneinander der Kommandostellen der Parteikomitees, der örtlichen Sowjets und so weiter. So bildet er sich seine erste Meinung und berichtet darüber nach Moskau. Dann beginnt er seine Umgebung »zu treiben und zu schelten«, setzt seine Untersuchungen fort, findet neue Mängel und Unterlassungen an der Front oder bei höheren Befehlsstellen. Dann bildet er eine kleine, zuverlässige Gruppe von Männern, von denen er das Gefühl hat, daß er ihnen trauen kann. Diese befördert er, andere entläßt er, wieder andere stellt er vor ein Kriegsgericht, er sorgt für Nachschub und Ersatz und berichtet nach Moskau. Aber am Ende beinahe jedes seiner Telegramme ist ein Seitenhieb auf Trotzki zu finden.

Das ist ungefähr das Schema der Telegramme, die er von Perm, von Petrograd, von Smolensk, von Serpuchow und von anderen Plätzen schickte und die, wenn auch nur im Auszug, in eine Geschichte des Bürgerkriegs, aber nicht in eine Biographie gehören. Die interessanteste seiner Inspektionsreisen ist vielleicht die zu Beginn des Jahres 1919 nach Perm. Er begab sich dorthin mit Felix Dsershinski, dem Chef der neugebildeten politischen Polizei, um die Gründe des neuerlichen Zusammenbruches der Dritten Armee zu erforschen.

In diesem, von Stalin geschriebenen Bericht heißt es: »Unserer Meinung nach liegt das nicht nur an der Schwäche der Organe der III. Armee und des rückwärtigen Frontgebiets, sondern auch 1. am Obersten Stab und an den Militärkommissariaten der Gebiete, die offenkundig unzuverlässige Truppen aufstellen und an die Front schicken, 2. am Allrussischen Büro der Kommissare, das den im Hinterland aufgestellten Truppenteilen grüne Jungen zuteilt, aber keine Kommissare, 3. am Revolutionären Kriegsrat der Republik, der mit seinen sogenannten Direktiven und Befehlen die Führung der Front und der Armeen desorganisiert.«[37]

»Es ist vollkommen klar, daß derartige halbweißgardistische Reserven, soweit sie vom Zentrum geschickt wurden (unterwegs lief gewöhnlich schon die Hälfte von ihnen auseinander), für die Dritte Armee keine wesentliche Hilfe sein konnten. Und dabei gingen die Erschöpfung und Zerrüttung der Truppen der Dritten Armee beim Rückzug so weit, daß die Soldaten sich in ganzen Gruppen in den Schnee warfen und die Kommissare baten, ihnen den Gnadenschuß zu geben: ›Wir können uns nicht mehr auf den Beinen halten, geschweige denn gehen, wir sind kaputt, macht Schluß mit uns, Genossen.‹

Dem Krieg ohne Reserven muß ein Ende gemacht werden (...). Aber Reserven können nur dann von Nutzen sein, wenn das alte System der Mobilmachung und der Einberufungen, das sich der Oberste Stab zu eigen gemacht hat, von Grund aus geändert und der Oberste Stab selbst in seiner Zusammensetzung erneuert wird.«[38] (Das war ein Angriff gegen Trotzkis Schützling, den Oberbefehlshaber Vazetis. Dieser wurde bald darauf durch einen Schützling Stalins, Kamenjew, ersetzt, der übrigens wie sein Vorgänger alter zaristischer Stabsoffizier war.)

»Die weitere, gründlichere Untersuchung hat gezeigt, daß in den Deputiertensowjets unzuverlässige Leute sitzen, daß die ›Komitees der Dorfarmut‹ sich in den Händen von Kulaken befinden, daß die Parteiorganisationen schwach, unzuverlässig und vom Zentrum isoliert sind, daß die Parteiarbeit vernachlässigt wird; dabei sind die örtlichen Funktionäre bemüht, die allgemeine Schwäche der Partei- und Sowjetinstitutionen durch eine verstärkte Arbeit der Außerordentlichen Kommissionen (chekas) auszugleichen, die angesichts des allgemeinen Zerfalls der

Partei- und Sowjetarbeit zu den einzigen Vertretern der Sowjetmacht in der Provinz geworden sind (...). Eine sachkundig geleitete Partei- und Sowjetpresse hätte die Gebrechen unserer Institutionen rechtzeitig aufdecken können, aber die Permer und Wjatkaer Partei- und Sowjetpresse zeichnet sich weder durch sachkundige Gestaltung der Arbeit noch durch Verständnis für die nächsten Aufgaben der Sowjetmacht aus (man findet darin nichts als hohle Phrasen über die ›soziale Weltrevolution‹) (...). Genügt nicht schon die Tatsache, daß von den 4766 Funktionären und Mitarbeitern der sowjetischen Institutionen der Stadt Wjatka 4467 die gleichen Posten unter dem Zarismus in der Semstwoverwaltung des Gouvernements innehatten (...).«[39]

Stalins zahlreiche technische und politische Anregungen für eine Reform gipfelten in dem Vorschlag zur Schaffung eines besonderen Kommissariats, das alle anderen Verwaltungszweige kontrollieren und überwachen sollte. Dieser Vorschlag wurde bald darauf angenommen und Stalin an die Spitze des neuen Volkskommissariats gestellt.

Lenin studierte diese Depeschen mit kritischen Augen. Er nahm die Vorwürfe gegen Trotzki mit allem Vorbehalt auf. Als Trotzki, der ständigen Angriffe müde, seinen Posten zur Verfügung stellte, beschloß das Politbüro einstimmig und feierlich, ihn zu bitten, er möge im Amt bleiben. Stalin, der hintenherum Trotzkis Entlassung gefordert hatte, stimmte übrigens auch für diesen Beschluß. Stalins Ruf als ungewöhnlich geschickter Verwaltungsbeamter nahm durch seine zahlreichen Inspektionsreisen ständig zu.

Als kurze Zeit nach seiner Ernennung zum Volkskommissar der Arbeiter- und Bauerninspektion ein prominentes Parteimitglied Lenin gegenüber die Anhäufung so vieler wichtiger Tätigkeiten in Stalins Hand kritisierte, sagte Lenin: »Wir müssen jemand haben, an den sich die Vertreter der einzelnen Nationalitäten wenden können (...). Wo kann ein solcher Mann gefunden werden? Ich glaube nicht, daß Preobrashenski uns jemand anderen zeigen kann als Stalin. Genauso ist es mit der Arbeiter- und Bauerninspektion. Das ist eine ungeheuere Aufgabe, mit der kann nur ein Mann fertig werden, der große Autorität genießt.«[40]

Auf die Feldzüge gegen Denikin und Judenitsch folgte der russisch-polnische Krieg; Stalin war zu dieser Zeit politischer Kommissar am südlichen Frontabschnitt. Im Mai 1920 stieß eine polnische Armee unter Marschall Pilsudski in die Ukraine vor und eroberte Kiew. Pilsudski sollte sich seines Sieges nicht lange erfreuen. Seine Armee begegnete bei ihren Operationen einem unüberwindlichen Hindernis, nämlich der Feindschaft der ukrainischen Bauern, die befürchteten, die Polen würden, wenn sie siegten, die Herrschaft des polnischen Landadels über die ukrainischen Bauern wiederherstellen. Im Juni räumten die Polen Kiew, hart verfolgt von Tuchatschewski im Norden und Jegorow und Budjonny im Süden. In einer Blitzoffensive erreichte die Rote Armee den Bug, der ungefähr die Volkstumsgrenze zwischen Polen und der Ukraine bildet. Sollte man den Bug überschreiten, die Offensive in rein polnisches Gebiet tragen und den Versuch machen, Warschau zu nehmen? Die Frage wurde im Politbüro heftig diskutiert. Lenin war für die Fortsetzung der Offensive, während Trotzki den Polen ein Friedensangebot machen wollte. Stalin stand zuerst auf Trotzkis Seite, schloß sich aber dann Lenins Auffassung an.

Der Einsatz bei diesem Spiel war groß. Lenin hoffte, der Einmarsch der Roten Armee in Polen werde die polnische Arbeiterklasse zur Revolution anspornen. Aber sein Hauptziel war nicht Polen, sondern Deutschland, in dem damals die Revolution gärte. Er wollte die Verbindung zwischen der russischen und der deutschen Revolution herstellen. Er spielte jetzt mit dem Gedanken, daß der Kommunismus im Westen, der noch nicht stark genug war, um die Macht aus eigener Kraft zu ergreifen, durch den Vormarsch der Roten Armee entscheidend gestärkt werden könne. Diese Auffassung war neu und stand im schärfsten Widerspruch zu den Warnungen, die er früher selber ausgesprochen hatte. Er war bisher nie der Meinung gewesen, daß man die Revolution auf den Spitzen der Bajonette ins Ausland tragen könne. In seiner veränderten Haltung drückte sich die Enttäuschung der Bolschewisten über die Isolierung aus, in die sie geraten waren. Man wollte jetzt den Versuch wagen, diese Isolierung zu durchbrechen. Lenin wurde von Sinowjew und Kamenjew unterstützt, die, genau wie im Jahr 1917, wenig Hoffnung für den Kommunismus in Rußland hatten, es sei denn, daß er durch eine Revolution in Westeuropa gestützt werde. Diesen Plänen lag eine grobe Unterschätzung der Widerstandskraft des polnischen Volkes zugrunde, auch der polnischen Arbeiterklasse, die damals im Wonnemond der neugewonnenen nationalen Unabhängigkeit lebte. Die Sowjetführer täuschten sich gründlich, wenn sie glaubten, daß die polnischen Arbeiter sich gegen eine sowjetische Invasion nicht zur Wehr setzen würden.

Trotzki und Stalin hatten eine richtigere Einschätzung der Haltung des polnischen Volkes. Sie widersprachen deshalb dem Gerede von dem Marsch auf Warschau. Noch bevor Kiew von der Roten Armee zurückerobert wurde, wies Stalin in der »Prawda« warnend darauf hin, daß das Hinterland der polnischen Kriegsführung günstig sei. Insofern unterscheide sich dieser Feldzug grundsätzlich von den Feldzügen gegen Koltschak und Denikin; »Zum Unterschied vom Hinterland Koltschaks und Denikins ist das Hinterland der polnischen Truppen gleichartig und in nationaler Hinsicht geschlossen. Daher seine Einheit und Festigkeit. Die in ihm vorherrschende Stimmung, das ›Heimatgefühl‹, (...) schafft in den Truppen nationale Geschlossenheit und Festigkeit (...). Wenn die polnischen Truppen im eigentlichen Polen operieren würden, so wäre der Kampf gegen sie zweifellos schwierig.«[41]

Er wiederholte diese Warnung in ganz unmißverständlicher Deutlichkeit nach dem Beginn der russischen Offensive: »Aber es wäre eine unziemliche Überheblichkeit, wollte man annehmen, daß die Polen im großen und ganzen schon erledigt seien, daß uns nur noch der ›Marsch nach Warschau‹ bevorstehe. Eine derartige Überheblichkeit, die die Energie unserer Funktionäre unterhöhlt und zu einer für die Sache schädlichen Selbstzufriedenheit führt, ist nicht allein deswegen unangebracht, weil Polen über Reserven verfügt, die es zweifellos an die Front werfen wird, weil Polen nicht allein dasteht, weil hinter Polen die Entente steht, die es voll und ganz gegen Rußland unterstützt (...).«[42] Nach allen diesen besonnenen Warnungen stimmte er schließlich aber doch mit den »selbstgefälligen« Fürsprechern der Offensive. Trotzki, der Pole Dsershinski und Radek (der bekannte polnisch-deutsche Revolutionär und Publizist) sprachen sich bis zuletzt gegen den Offensivplan aus, wurden aber überstimmt. Wie schon so manches Mal ließ sich Stalin von der Stimme seines Herrn beeinflussen, diesmal gegen seine eigene bessere Einsicht.

Stalin kehrte am 12. Juli, als auf der ganzen Front der unaufhaltsame Vormarsch begann, in sein Hauptquartier an der Südfront zurück. Binnen wenigen Wochen stand die Armee Tuchatschewskis in den Vororten von Warschau. Aber die rückwärtigen Verbindungen der Roten Armee waren gefährlich lang geworden, die Truppen waren erschöpft, die Reserven aufgebraucht. Jetzt begann Pilsudski, von dem französischen General Weygand beraten, eine Gegenoffensive gegen Tuchatschewskis Südflanke. Das Sowjetische Oberkommando befahl den Befehlshabern der Südarmee, Budjonny und Jegorow, nach Norden, in Richtung Warschau, einzuschwenken, um die Gegenoffensive Pilsudskis zum Stehen zu bringen. Aber die Generäle der Südfront hatten ihre eigenen Ziele im Kopf. Sie wollten Lemberg besetzen, wenn Tuchatschewski in Warschau einziehen würde. Genau wie in Zarizyn kümmerte sich Stalin auch hier nicht um die Befehle, die ihm von oben gegeben wurden, sondern ermunterte Jegorow und Budjonny zur Fortsetzung ihres Vorstoßes auf Lemberg. Da schlug das Pendel plötzlich zurück. Die Polen gewannen die berühmte Schlacht an der Weichsel. Zu dieser Zeit hatten sich Stalin, Jegorow und Budjonny eines Besseren besonnen und eilten Tuchatschewski zu Hilfe. Es war zu spät. Die Rote Armee befand sich bereits in ungeordnetem Rückzug nach Osten.

Jetzt folgte die unvermeidliche Erörterung der Schuldfrage. Trotzki und Tuchatschewski machten dem Kommando der Südfront schwere Vorwürfe, weil es nicht beizeiten seinen Vormarsch auf Lemberg in Richtung Warschau abgebrochen hatte. Stalin antwortete mit seinem uns bereits bekannten Argument, der Generalstab habe es versäumt, hinter der kämpfenden Front die nötigen Reserven bereitzuhalten. Alle diese von beiden Seiten vorgebrachten Vorhaltungen waren leider nur zu wohl begründet.

Der tiefste Grund des Mißerfolges lag aber in Wahrheit nicht bei den Fehlern, die man während der Offensive selber begangen hatte, als vielmehr in dem Entschluß, einen Vorstoß tief nach Polen hinein zu wagen.[43]

Nach dem polnischen Krieg und nach dem Abschluß eines raschen Feldzugs gegen Baron Wrangel, dessen Weiße Garden aus der Krim vertrieben und am Isthmus von Perekop ins Meer geworfen wurden, kehrte endlich der Friede in Rußland ein. Die Sowjetmacht war nun gestärkt, die herrschende Partei saß fest im Sattel, und die Parteiführer schmückten sich mit ihren Lorbeeren. Aber das Land lag verwüstet, die Bevölkerung litt Hunger und Krankheit.

Immer wieder war die herrschende Partei durch die Macht der Verhältnisse gezwungen worden, ihren eigenen Absichten zuwider zu handeln, sich zu widersprechen und über das Ziel hinauszuschießen. Die Bolschewisten hatten sich feierlich zur Abschaffung der Polizei und des stehenden Heeres verpflichtet. Statt dessen wurde die politische Polizei, das »Schwert der Revolution«, wie Stalin aus Perm schrieb, in vielen Provinzen der »einzige Vertreter der Sowjetmacht im Lande«. Zunächst versuchten es die Bolschewisten ihren Gegnern gegenüber mit Toleranz. Bei den Kongressen der Sowjets und der Gewerkschaften sprachen Menschewisten, Sozialrevolutionäre, Syndikalisten und Anarchisten eine offene Sprache und kritisierten die Regierung aufs Schärfste. Es gab damals noch in beschränktem, aber dennoch beachtlichem Rahmen eine Freiheit der öffentlichen Meinungsäußerung. Die herrschende Partei selber führte in ihrem Kreise angeregte Diskussionen, bei denen sich neue Ideen bildeten und keine Autorität der Kritik entging. Die Mitglieder der Partei hatten alle Freiheit, Gruppen und Fraktionen zu bilden, um ihre besonderen Ansichten innerhalb der Partei zu vertreten. Zwischen diesen Gruppen und Fraktionen gab es eine scharfe Trennungslinie. Je nach den Ereignissen und den Problemen, die sich erhoben, wechselten die Anhänger der verschiedenen Gruppen herüber und hinüber. Dieser freiheitliche Geist der Revolution überlebte auch den Höhepunkt des Bürgerkriegs und war noch bis ins Jahr 1920 hinein lebendig. Er begann erst in den letzten Phasen des Kampfes zu schwinden, als der Sieg bereits eine sichere Sache war. Jetzt erst fing man an, die Oppositionsparteien zu verbieten, und sogar innerhalb der herrschenden Partei selber wurden jetzt der freien Meinungsäußerung durch Verbote und Strafandrohungen Grenzen gesetzt.

Der tiefere Grund für diese anscheinend paradoxe Entwicklung liegt darin, daß sich die wirklich ernsten Gefahren für das bolschewistische Regime erst zeigten, als der letzte Schuß im Bürgerkrieg bereits abgefeuert war. Die Revolution hatte ihre Feinde zerschmettert, sie hatte aber auch die meisten ihrer Anhänger verloren. Um die hungernden Städte zu ernähren und um die Verpflegung der Armeen zu gewährleisten, requirierte die Regierung rücksichtslos Nahrungsmittel bei den Bauern. In der Hitze des Bürgerkriegs wurde aus der Requisition, die sich in geordneten Formen hätte vollziehen müssen, nur zu leicht nackte Plünderung. Die gleichen Bauern, denen die Revolution in den Jahren 1918 und 1919 ihren Sieg zu danken gehabt hatte, nahmen 1920 der Regierung gegenüber eine feindselige Haltung ein. Sie taten das um so entschlossener und deutlicher, als sie gewahr wurden, daß die Herrschaft der Großgrundbesitzer und der weißen Generäle endgültig und für immer gebrochen war. Überall im Lande brachen Bauernunruhen aus. Dabei war sich das Regime nicht einmal der Unterstützung durch die Industriearbeiterschaft sicher, die bisher der tätigste Helfer des Bolschewismus gewesen war. In ihrem Namen wurde die Diktatur ausgeübt. Aber ihre Reihen waren bedenklich dünn geworden. Die eifrigsten und gläubigsten unter ihnen waren zugrunde gegangen. Die Überlebenden waren müde und hungrig, durch Arbeitslosigkeit und Inflation, bei der die Kaufkraft des Rubels auf den Nullpunkt sank, zur Verzweiflung getrieben. Die Arbeitsleistung der Industrie betrug kaum noch ein Fünftel der normalen Produktion.[44] Die Stahlproduktion war auf fünf Prozent der Vorkriegsproduktion zurückgegangen. In den Fabriken und Werkstätten, die durch irgendein Wunder noch arbeiteten, erhielten die Arbeiter Naturallohn und mußten dann ihre Zeit und Energie damit vertun, daß sie versuchten, die Waren, mit denen sie entlohnt wurden, gegen Lebensmittel einzutauschen. Die Arbeiterschaft wurde so im wahrsten Sinn des Wortes deklassiert, sie wurde aus einer geregelten industriellen Umgebung herausgerissen und in das demoralisierende Chaos des Schwarzmarktes geworfen. Die »Diktatur des Proletariats« war jetzt mehr oder weniger konsolidiert; aber im Laufe dieses Prozesses war das Proletariat als klassenbewußter Faktor und als organisierende Kraft verschwunden.

Um die Industrie wieder in Gang zu bringen, führte die Regierung Schritt für Schritt eine Militarisierung der Arbeit durch. Zunächst wurden die Armeen, die sich von den Kämpfen ausruhten, zu lebenswichtigen Arbeiten, zum Holzfällen und für den Transport von Kohle und Lebensmitteln eingesetzt. Die Armee wurde zu einem »Arbeitsheer« umgebaut. Dies war Trotzkis Gedanke gewesen. Stalin, der damals politischer Kommissar an der ukrainischen Front war, wurde Vorsitzender des ukrainischen Rats der »Arbeiterarmee«. Später wurde dieses Verfahren weiter ausgebaut, zugleich aber auch umgekehrt. Man setzte jetzt nicht nur Soldaten für industrielle Zwecke ein, sondern rekrutierte Industriearbeiter für bestimmte Arbeitsaufgaben, genauso als ob sie Soldaten wären. Im Jahr 1920 setzte sich Trotzki vor dem Jahreskongreß der Gewerkschaften für die Militarisierung der Arbeit ein.[45] Ungeachtet des Widerspruchs der Menschewisten, erklärten sich die Gewerkschaften bereit, bei dieser Militarisierung mitzuwirken. So übernahm ausgerechnet die Partei, die die Abschaffung des stehenden Heeres versprochen hatte, die Einordnung des arbeitenden Volkes in ein Arbeiterheer.

Während des Bürgerkriegs blieb der Regierung wohl nicht viel anderes übrig, als so zu verfahren. Dann aber machten die Herrscher des Landes aus der Not eine Tugend. Sie stellten dem Volk ihre Pläne nicht als eine Notstandsmaßnahme, sondern als den echten Sozialismus dar, als einen neuen Lebensstil, als die höhere Zivilisationsform der sowjetisierten Gesellschaft. Das war die große Illusion des sogenannten Kriegskommunismus. Während Lenin und Trotzki behaupteten, die Arbeitsdienstpflicht mit militärischen Organisationsformen sei eine unvermeidliche Erscheinungsform des Sozialismus, pries Bucharin die galoppierende Inflation und Geldentwertung als den Vorgeschmack einer wirklich kommunistischen, das heißt geldlosen Wirtschaft.[46] Diese Vorstellungen standen in scharfem Gegensatz zu der vorsichtigen Art, mit der sich die Bolschewisten nach der Revolution an die Verstaatlichung der Großindustrie herangemacht hatten. Damals waren sie sich bewußt, wie kompliziert die Umwandlung der halbfeudalen russischen Verhältnisse in eine sozialistische Wirtschaft war. Während des Bürgerkriegs aber scheint die herrschende Partei ihren ursprünglichen Wirklichkeitssinn gegen eine verbissene und eines Don Quichotte würdige Leidenschaft für utopische Pläne eingetauscht zu haben. Karl Radek sagte, die Bolschewisten hatten es sich in den Kopf gesetzt, mit dem Gewehr in der Hand quer über alle Hindernisse hinweg in das Gelobte Land einer vollkommen klassenlosen Gesellschaft einzubrechen. Bei all dem gewöhnten sie sich an einen militärischen Befehlston und blieben bei dieser schlechten Angewohnheit, als sie sich einem wirtschaftlichen und sozialen Chaos gegenübersahen, das sich allerdings in keiner Weise mit militärischen Befehlen in Ordnung bringen ließ.

Das Land ließ diese Ereignisse über sich ergehen und wartete ab. Aber im Mai 1921, eben in den Tagen, als der zehnte Parteikongreß sich versammelte, brach in Kronstadt ein Aufstand aus. Nach Lenins Worten »war das ein Blitz, der die Wirklichkeit besser beleuchtete als alles andere«.[47] Es lag eine bittere Ironie in der Tatsache, daß der Ort dieser Erhebung ausgerechnet Kronstadt war, die Stadt, die im Jahr 1917 der stärkste Stützpunkt der Bolschewisten gewesen war. Jetzt stand dort alles zusammen: Heimliche Anhänger der Weißen Garden, Anarchisten, sogar echte Bolschewisten kämpften gemeinsam gegen die Rote Armee, die unter dem Befehl Tuchatschewskis über das Eis der Finnischen Bucht vordrang, um den Aufstand niederzuschlagen. Man kann sich eine Vorstellung machen, welche Aufregung dieser Aufstand in den Kreisen der Parteihäupter hervorrief, wenn man hört, daß der Parteikongreß beim Eintreffen dieser Schreckenskunde sofort seine Sitzungen abbrach und die meisten Delegierten nach Kronstadt sandte, damit sie sich am Sturm auf die Stadt beteiligten. Der Bürgerkrieg war an kritischen Augenblicken nicht arm gewesen, aber eine solche Panik hatte man nie zuvor erlebt.[48]

Die Aufständischen in Kronstadt verlangten, daß die bolschewistische Partei mit ihrer Diktatur Schluß mache und daß eine wirkliche Regierung durch die Sowjets wiederhergestellt werde, so wie dies die Bolschewisten ursprünglich versprochen hätten. Sie forderten ferner, daß die wirtschaftlichen und politischen Unterdrückungsmaßnahmen aufhörten. Die Führer des Aufstandes waren zum Teil Anarchisten, zum anderen linke Kommunisten. Ihre Schlagworte waren den Slogans der Bolschewisten aus den frühen Tagen der Revolution entlehnt. Die Meuterei von Kronstadt trug also ein linksradikales Gepräge. Trotzdem weckte sie neue Hoffnungen bei der geschlagenen Konterrevolution. Die Diktatur hatte einen Punkt erreicht, wie man ihn auch aus der Geschichte anderer Revolutionen kennt, in deren Verlauf in gleicher Weise die Rechte und die Linke, Konservative und Revolutionäre in eine gemeinsame erbitterte Opposition traten, nachdem die Anhänger des *ancien régime* geschlagen worden waren. Für einen Augenblick mag vor Lenins geistigem Auge das Bild gestanden haben, wie Robespierre unter dem einstimmigen Jubel des Pariser Pöbels und der Aristokratie auf dem Schinderkarren zur Guillotine gefahren wurde.

Der Aufstand wurde niedergeschlagen. Lenin zog aus diesem Ereignis die Folgerung: »Wir sind zu weit gegangen. (...) Wir hatten keine tragfähige Basis. (...) Die Massen haben das gefühlt, was uns selber nicht klar bewußt war, daß nämlich der direkte Übergang zu sozialistischen Formen, zur rein sozialistischen Güterverteilung über unsere Kraft ging. Wenn wir nicht imstande wären, uns zurückzuziehen und uns auf einfachere Aufgaben zu beschränken, dann könnte uns ein böses Unheil drohen.«[49] So wurde jetzt das System des Kriegskommunismus aufgegeben und durch die sogenannte »Neue Ökonomische Politik« ersetzt. Diese Wirtschaftspolitik, die unter der Bezeichnung NEP (Nowaja Ekonomitscheskaja Politika) bekannt wurde, schuf eine »gemischte Wirtschaft«. Die großen Industriewerke und die Verkehrseinrichtungen[50] blieben in Staatshand. In der kleinen und mittleren Industrie wurde das Privatunternehmertum wieder zugelassen, desgleichen im Binnenhandel. Ausländische Konzerne wurden aufgefordert, ihre Tätigkeit in Rußland wiederaufzunehmen, sogar im Bereich der Großindustrie. Die Requisition von Lebensmitteln auf dem Lande wurde eingestellt und durch normale Besteuerung der Landwirtschaft abgelöst, die zuerst in natura, dann in Geld erhoben wurde. Später wurde auch der Rubel stabilisiert. Das erste Ziel dieser durchgreifenden Umstellung war die Wiederingangsetzung der Industrie, die fast ganz in Trümmer gegangen war, aber auch die Wiederbelebung des Austausches von Industrieprodukten gegen Lebensmittel und Rohstoffe; mit anderen Worten, man war bestrebt, mit Hilfe des Privatkapitals die Wirtschaft wieder in Gang zu bringen. Der Staat behielt sich außer dem Eigentum an der Großindustrie die Kontrolle über die gesamte Wirtschaft vor.

In diesem System mußte der sozialisierte Sektor der Wirtschaft mit dem privaten Sektor auf kommerzieller Basis konkurrieren. Man hoffte, der sozialisierte Wirtschaftsteil werde sich Schritt für Schritt ausdehnen und die private Wirtschaft werde im gleichen Verhältnis zusammenschrumpfen. Der Endsieg des Sozialismus war also, nach Lenins Ansicht, wenn nicht sicher, so doch wahrscheinlich, denn die Großindustrie hatte vor den kleinen Betrieben einen Vorsprung und wurde durch die Wirtschaftspolitik der Regierung vorsichtig aber unverkennbar begünstigt. Im wesentlichen sollte sich die Konkurrenz aber doch in friedlichen Formen und nach kaufmännischen Grundsätzen auswirken. Der Sozialismus sollte in einem wirtschaftlichen Wettbewerb seine Stärke erweisen.[51] Es war nur zu natürlich, daß in diesem Programm einige heikle Punkte offen oder ungeklärt blieben. Die Auseinandersetzung über diese ungeklärten Punkte bildete einen Bestandteil des Kampfes um die Macht, der nach Lenins Tod aufflammte. Stalin hatte zu der ursprünglichen Konzeption der NEP keinen Beitrag geleistet. Sie war das ausschließliche Werk Lenins. Auch bei ihrer Durchführung ergaben sich keine wesentlichen Meinungsverschiedenheiten. Die Reform erfolgte unter den zwingenden Eindrücken der Meuterei von Kronstadt und fast ohne vorausgehende Debatten.

Ungefähr zur gleichen Zeit vollzog sich, allerdings weniger auffallend, ein Vorgang auf dem eigentlichen politischen Gebiet, über dessen Folgen sich seine Urheber wahrscheinlich nicht klar waren. Während die wirtschaftliche Diktatur in radikaler Weise gelockert wurde, zog man die Zügel der politischen Diktatur fester an. In den letzten Monaten des Bürgerkriegs waren die Oppositionsparteien der Menschewisten und der Sozialrevolutionäre endgültig verboten worden. Der nächste Schritt bestand darin, daß man jetzt auch alle Oppositionsgruppen innerhalb der Partei selbst verbot. Ohne es zu wissen, beinahe im Dunkel tappend, kam der Bolschewismus so bis an die Schwelle jener Ordnung, die man heute als den totalitären Staat bezeichnet. Wir müssen hier einen Augenblick verweilen, um nochmals das Bild des Bolschewismus zu betrachten und die Antriebe und Motive seiner Führer zu analysieren, wenn wir einen Schlüssel des Verständnisses für die weitere Evolution der Sowjets, aber auch für den späteren Aufstieg Stalins zur Macht gewinnen wollen.

Das Verbot der Oppositionsgruppen innerhalb der herrschenden Partei wurde vom zehnten Parteikongreß im Anschluß an eine bewegte Auseinandersetzung über die Rolle der Gewerkschaften im Sowjetsystem ausgesprochen. Aus dieser Debatte, die am Vorabend des Aufstandes von Kronstadt einsetzte, schälten sich drei oder vier Gesichtspunkte heraus. Die Arbeiteropposition, die von Frau Alexandra Kollontai und dem früheren Volkskommissar für Arbeit, Schljapnikow, angeführt wurde, erstrebte eine syndikalistische Staatsordnung, das heißt, die ganze Macht über die Wirtschaft sollte den Gewerkschaften übertragen werden. Merkwürdigerweise standen die Gewerkschaftsführer Tomski und Rudsutak nicht auf seiten der Führer der Arbeiteropposition. In ihr drückten sich nicht die Vorstellungen der Gewerkschaftsführung, sondern die Unzufriedenheit aus, die sich bei der Masse der Parteimitglieder wegen der Wirtschaftsdiktatur der Partei ausbreitete. Die Opposition kritisierte die wachsende Wirtschaftsbürokratie und die rücksichtslose Art, mit der man die Rechte und Interessen der Arbeiterschaft überging. Schljapnikow und Frau Kollontai behaupteten, die Gewerkschaften als die direkten Vertreter der Arbeiterklasse müßten die Verantwortung für die Planung und Lenkung der Volkswirtschaft übernehmen. Sie sollten also zu einem Gegengewicht gegen das Politbüro und die Regierung gemacht werden, die beide von den gleichen Persönlichkeiten beherrscht seien.[52]

Eine andere Gruppe von Unzufriedenen, die »Demokratischen Zentralisten«, griffen einige dieser Punkte auf und machten der Regierung vor allem wegen des von ihr entwickelten

»bürokratischen Zentralismus« Vorhaltungen.[53] Diese Gruppe forderte Handlungsfreiheit innerhalb der Sowjets und der Partei. Sie war in mancher Hinsicht der Vorläufer der einflußreicheren Opposition der späteren Jahre.

Der radikale Flügel des »bürokratischen Zentralismus« war auf dem Kongreß durch Trotzki und dessen Anhang vertreten, die die Gewerkschaften ganz in den Apparat der Regierung einbauen wollten. Trotzki sagte, die Gewerkschaften hätten ihre alte Aufgabe überlebt. Der Staat sei ein Arbeiterstaat. Die Regierung stelle deshalb logischerweise und ihrem Wesen nach die Vertretung der allgemeinen und gemeinsamen Interessen des Proletariats dar, habe also nicht die besonderen Interessen bestimmter Arbeitergruppen wahrzunehmen, wie das bisher die Gewerkschaften taten. Die Forderungen einzelner Arbeitergruppen dürften dem gemeinsamen und allgemeinen Interesse nicht entgegenstehen. Die Gewerkschaften sollten mit der Regierung bei der Inkraftsetzung ihres Wirtschaftsprogramms zusammenarbeiten, anstatt einzelne Fachgruppen oder individuelle Arbeiterinteressen der Regierung gegenüber zu vertreten. Während Schljapnikow und Frau Kollontai verlangten, daß der Staat und die Partei ihre wirtschaftlichen Kompetenzen auf die Gewerkschaften übertragen, forderte Trotzki, daß diese ihre Unabhängigkeit aufgeben und vor dem Staat und der Partei kapitulieren sollten.[54]

Lenin, der zwölf Mitglieder des Zentralkomitees, auch Stalin auf seiner Seite hatte, suchte einen Mittelweg. Er lehnte Trotzkis und Bucharins Forderung, die Gewerkschaften in der Staatsverwaltung aufgehen zu lassen, ab. Er hielt es nicht für ganz richtig, wenn man die Sowjets als einen Staat der Arbeiter bezeichnete. Im Sowjetstaat seien zwei Klassen vertreten, nämlich Arbeiter und Bauern; außerdem leide er an einer »bürokratischen Deformation«. Mit allen seinen dialektischen Künsten bemühte sich Lenin darzulegen, daß die Arbeiter den Staat zu schützen hätten, sich aber gleichzeitig auch wiederum gegen den Staat schützen müßten, und ihr Mittel hierfür seien eben die Gewerkschaften, die infolgedessen der Regierung gegenüber ein gewisses Maß von Unabhängigkeit besitzen müßten. Außerdem müßten die Arbeiter den Gewerkschaften gegenüber einigermaßen unabhängig sein, es sollte ihnen freigestellt bleiben, ob sie in eine Gewerkschaft eintreten wollten oder nicht.

Der Hauptkampf wurde freilich nicht zwischen Lenin und Trotzki ausgetragen. Beide machten gemeinsame Sache gegen die Arbeiteropposition und die Gruppe der Demokratischen Zentralisten, denn von dieser Seite schien die Staatsgewalt am meisten bedroht zu sein. Lenin empfand diese Drohung als sehr ernst, und das erklärt die ungewöhnliche Schärfe seiner Angriffe gegen die »Anarcho-Syndikalisten«, wie er seine Gegner nannte. In ihren Worten, gar nicht zu reden von ihren Taten, wollte er »eine direkte politische Gefahr für die Zukunft der proletarischen Diktatur« sehen.[55] Dies war der Anlaß zu dem Verbot der oppositionellen Gruppen innerhalb der Partei. Was Lenin bei der Arbeiteropposition so gefährlich erschien, das waren nicht so sehr ihre besonderen Ansichten in der Gewerkschaftsfrage als der dahinterstehende Wunsch, der Partei eine bescheidenere Rolle zuzuweisen, als sie sie bisher gespielt hatte. Lenin selber machte mit halbem Herzen einen Versuch, das Verbot der Oppositionsgruppen zu mildern. Die Parteimitglieder sollten das Recht behalten, abweichende Meinungen in einem Diskussionsblatt der Partei bekanntzumachen. Einige der Hauptwortführer der Opposition wurden auch wieder in das Zentralkomitee gewählt. Aber er selbst entkleidete schließlich diese liberale Geste wieder ihres Wertes, indem er den Kongreß zu der Feststellung veranlaßte, daß die »Verbreitung anarcho-syndikalistischer Ideen unvereinbar sei mit der Mitgliedschaft in der russischen Kommunistischen Partei«.[56] Der Kongreß ermächtigte das Zentralkomitee, aus der Partei auch solche Funktionäre auszuschließen, die vom Kongreß selber gewählt worden waren. Das war ein schwerer Schlag ins Gesicht der Wortführer der Arbeiteropposition, die soeben wiedergewählt worden waren. Die drei befähigten, gebildeten und unabhängigen Parteisekretäre Krestinski, Serebrjakow und Preobrashenski, die eine gewisse Neigung oder wenigstens Nachsicht gegenüber der Opposition an den Tag gelegt hatten, wurden ihrer Ämter enthoben und durch »zuverlässige« Parteimitglieder, wie Molotow und Jaroslawski, ersetzt. Die neuen Sekretäre waren alle enge Freunde Stalins. Trotzki stimmte für das Verbot der Opposition, ohne zu ahnen, daß es eines Tages für seine eigene Opposition zur Todesfalle werden sollte.

Der Gedanke, daß der Sowjetstaat ein Einparteienstaat sein müsse, stand ursprünglich keineswegs auf dem bolschewistischen Programm. Noch weniger hatte man jemals daran gedacht, daß nur eine einzige Partei zugelassen werden solle. Trotzki schrieb später: »Die Oppositionsparteien wurden eine nach der anderen verboten. In dieser Maßnahme, die deutlich dem Geist der Sowjetdemokratie widersprach, sahen die Führer des Bolschewismus nicht ein Prinzip, sondern einen episodischen Akt der Selbstverteidigung.«[57] Für eine Partei, die in ihrer bisherigen Entwicklung die inneren Auseinandersetzungen in einer kaum zu übertreffenden freien und ungehemmten Weise zugelassen hatte, war das Verbot der inneren Oppositionsgruppen eine drastische Abweichung von den Gewohnheiten, die man in einer langen Vergangenheit entwickelt hatte. Jetzt hatte die Partei gegen ihre eigene Natur zu kämpfen, sie kam in Widerspruch mit sich selber, just in dem Augenblick, als sie sich selber zu stärken suchte.

So stand am Ende des Bürgerkriegs der Bolschewismus im Konflikt mit den Klassen, die ihm zur Macht verholfen hatten. Die Menschewisten, Sozialrevolutionäre und Anarchisten machten sich zu Sprechern der Unzufriedenheit der Bauern und Arbeiter, und ihre Kritik an den Bolschewisten war jetzt ebenso überzeugend und wirkungsvoll, wie sie in den Jahren zwischen 1917 und 1919 wirkungslos gewesen war. Hätte man den Mechanismus der Sowjetdemokratie funktionieren lassen, hätte man freie Wahlen für die Sowjets durchgeführt und diesen gestattet, die Regierung frei zu bilden, dann hätten sie aller Wahrscheinlichkeit nach die Bolschewisten aus der Regierung gefegt und die Macht wieder in die Hände der Parteien gelegt, denen sie kurz zuvor den Rücken gekehrt hatten. Die Bolschewisten waren entschlossen, dies zu verhindern. Ihrer Anschauung nach war die Revolution nur dann gesichert, wenn die Partei der Revolution an der Macht blieb. Alle Erfahrungen, die sie in der jüngsten Vergangenheit gemacht hatten, sprachen für diese Ansicht. Die Revolution hatte gesiegt, trotz und gegen alle Zweifel, alles Zaudern, ja gegen die Obstruktionspolitik der Menschewisten und Sozialrevolutionäre. Die gemäßigten Sozialisten hatten nicht den Mut und die Nerven, um den Bürgerkrieg führen zu können. Wenn sie jetzt zur Macht kämen, so wäre dies, nach Ansicht der Bolschewisten, nur ein Zwischenspiel, das mit der Rückkehr der Weißen Garden und mit der Restauration des *ancien régime* sein Ende nehmen würde. Es war nicht zu leugnen, daß die müden und erschöpften Massen jetzt bereit gewesen wären, die Menschewisten und Anarchisten zu unterstützen; aber durfte man den Massen gestatten, die Errungenschaften der Revolution zu gefährden? Sollte man den Sowjets ihre Handlungsfreiheit zurückgeben, wenn man schon vorher fast sicher war, daß sie diese Freiheit nur dazu benützen würden, um sich selber zu schädigen? Das war eine Situation, in der nach Dantes Worten das Volk rief: »Tod ist uns das Leben! Leben ist uns der Tod!«

Aber die meisten bolschewistischen Parteiführer verschlossen diesem Ruf ihr Ohr. Während man die Wortführer der allgemeinen Unzufriedenheit entfernte oder zum Schweigen brachte, wucherte die Unzufriedenheit im Volk weiter. Es war unmöglich, die widerstreitenden Interessen der verschiedenen Klassen, besonders der Bauern, dadurch gegenstandslos zu machen, daß man ihren Sprechern das Wort entzog. Die Folge war, daß sich in der herrschenden Partei, die jetzt als einsamer Sieger auf dem politischen Schlachtfeld übrigblieb, ein Gefühl der Enttäuschung und der Unzufriedenheit breitmachte. Bald war es diese, bald jene Gruppe in der Partei, die den bereits bekannten Klagen und Beschwerden Ausdruck gab. Die Spaltung, die durch das ganze Land ging, drohte die Partei selbst zu spalten, die deshalb mit eisernen Klammern zusammengehalten werden mußte. Das lebendige Gefühl der Partei mußte künstlich abgestumpft, ihr Blick verschleiert und ihr Gehör taub gemacht werden, damit sie gegen unerwünschte Einflüsse immun blieb. Alle diese Maßnahmen mochten im Zusammenhang mit der Politik der NEP noch dringender erscheinen. Kapitalistischen Gruppen und Interessen wurde es jetzt gestattet, im wirtschaftlichen Bereich wieder Fuß zu fassen. Aber es gab keine Partei mehr, die sie auf dem eigentlich politischen Gebiet hätte vertreten können. Was war natürlicher, als daß sie Mittel und Wege suchten, um ihre Meinung zum Ausdruck zu bringen? Das konnte nur mitten in der einzigen politischen Partei geschehen, die am Leben geblieben war. Die Partei konnte daher nur vor einem Zerfall in eine Anzahl sich gegenseitig befehdender Gruppen bewahrt werden, wenn man sie vollständig isolierte.

Die Aufgabe, die der Bolschewismus sich stellte, war nicht weit von der Quadratur des Zirkels entfernt. Um die Errungenschaften der Revolution zu retten, mußte man den natürlichen Rhythmus des politischen Lebens unterdrücken. Indem die Partei dies tat, verkrüppelte sie sich selber an Geist und Körper. Von nun an mußte sich jedes Parteimitglied fürchten, eine Ansicht zu vertreten, die bei genauerer Prüfung den »Druck einer fremden Klasse« widerspiegeln mochte. Nur noch die oberste Parteiinstanz war in der Lage zu entscheiden, welche Meinung bolschewistisch und proletarisch war und welche nicht. Ideologische Fragen wurden immer mehr zu einem Mysterium, in das nicht mehr einzudringen war. Das Politbüro wurde zum alleinigen Schrein der revolutionären Weisheit. Die meisten Parteiführer verloren so mehr und mehr die Fühlung mit dem, was ihre Anhänger dachten, denn der Strom der Ideen floß nur noch in einer einzigen Richtung, vom Politbüro nach unten. Die Partei verwandelte sich auf diese Weise in einen bürokratischen Apparat. Es muß zugegeben werden, daß die Sorge um die Rettung der Revolution den Bolschewismus zwang, den Weg einzuschlagen, für den sich der zehnte Parteikongreß entschied, aber es ist ebenso sicher, daß er auf diesem Weg immer mehr sein eigentliches und ursprüngliches Wesen verlor. Um die Errungenschaften der Revolution zu retten, hörte die Partei auf, eine freie Gemeinschaft unabhängiger, kritisch denkender und mutiger Revolutionäre zu sein. Die Masse der Parteimitglieder wurde der immer mächtiger werdenden Parteimaschine unterworfen. Die Partei sah damals keine andere Lösung. Die Leute am Schalthebel dieser Maschine, die am besten mit diesem Apparat vertraut waren, die nach Herkunft und Temperament diesem neuen bürokratischen Wesen am nächsten standen, wurden ganz von selber die Führer der neuen Ära. Der Verwaltungsbeamte begann jetzt den Ideologen zur Seite zu schieben, in den Komitees verdrängten der Bürokrat und der Parteifunktionär den Idealisten. Wer konnte durch diese Entwicklung mehr gefördert werden und wer hatte ein größeres Interesse daran, diese Entwicklung seinerseits zu fördern als Stalin, ein Komiteemann, wie er im Buch stand?

Diese Tendenz der Entwicklung wurde erst allmählich deutlich. Sie verlief schrittweise, auch in widerspruchsvollen Zickzackkurven. Es dauerte eine ganze Zeit, bis sie das Beharrungsvermögen überwand und sich von der Tradition freigemacht hatte. Auch ging die Scheidung zwischen den Verwaltungsbürokraten und den Idealisten nicht hart und schnell vor sich. Es gab auch unter den Verwaltungsfunktionären Idealisten, und die Ideologen unterwarfen sich zunächst willig den Bürokraten oder wetteiferten sogar mit ihnen in der Durchführung der neuen Parteidisziplin. So konnte es geschehen, daß der Ideologe Trotzki bei der Auseinandersetzung über die Gewerkschaften mit seiner Unterstützung der Ansprüche der Parteibürokratie so übers Ziel schoß, daß sich sogar die hartgesottensten Bürokraten über ihn entsetzten. Die Folge war, daß er weiter an Popularität verlor. In Lenin waren die beiden Tendenzen in beinahe vollkommener Art ausgeglichen. Deshalb war er in geradezu idealer Weise dazu befähigt, die Umorientierung der Partei auf das neue Ziel hin durchzuführen. Für den Augenblick gelang es ihm also, dank seiner großen moralischen Autorität, die widerstrebenden Tendenzen zu einem vorübergehenden und brüchigen Kompromiß zu zwingen, zu einem Kompromiß freilich, der nach seinem Tod unvermeidlich zusammenbrechen mußte. Aber noch zu seinen Lebzeiten wuchs das Gewicht des bürokratischen Funktionärsapparates fast unmerklich von Monat zu Monat. Im gleichen Maß stieg dort die Bedeutung Stalins.

VII. Kapitel

Der Generalsekretär

Machtanhäufung in Stalins Hand – Seine Rolle als Volkskommissar der Arbeiter- und Bauerninspektion – Seine Stellung im Politbüro – Stalin wird Generalsekretär des Politbüros (3. April 1922) – Die Aufgaben des Generalsekretariats in der Zentralkontrollkommission – Stalin leitet die ersten »Säuberungen« – Lenins Krankheit – Stalins Konflikt mit den georgischen Bolschewisten, die sich den Weisungen Moskaus nicht beugen wollen – Der großrussische Chauvinismus kommt wieder zu Wort – Stalins Verfassung von 1924 – Sein Konflikt mit Lenin – Lenins Testament – Lenin greift Stalin wegen seiner Tätigkeit als Kommissar der Arbeiter- und Bauerninspektion an (Januar und Februar 1923) – Stalins Erfolg auf dem zwölften Parteikongreß – Das Triumvirat: Sinowjew, Kamenjew und Stalin – Die Kontroverse des Jahres 1923 – Der Kampf zwischen den Triumvirn und Trotzki – Der Ursprung des Leninkults – Lenins Tod (21. Januar 1924) – Stalins Treueid auf Lenin – Lenins Testament, das die Absetzung Stalins empfiehlt, wird bei einer Sitzung des Zentralkomitees verlesen (Mai 1924) – Sinowjew rettet Stalin – Stalins Profil Mitte der zwanziger Jahre – Seine Taktik gegenüber seinen Gegnern und seinen Partnern – Die »Literaturdebatte« im Herbst 1924 – Stalin verteidigt Sinowjew und Kamenjew gegen Trotzki – Stalin gegen »den Sozialismus in einem Lande« (Frühjahr 1924) – Im Herbst ändert er seine Haltung – Trotzkis »Permanente Revolution« – Der psychologische Hintergrund der »Revolution in einem Lande«

Es gibt kaum eine wichtige geschichtliche Entwicklung, die sich so unauffällig vollzog und von den Zeitgenossen in ihren Auswirkungen so wenig erkannt wurde, wie die gewaltige Machtanhäufung in Stalins Hand. Sie vollzog sich, als Lenin noch lebte. Bereits zwei Jahre nach dem Ende des Bürgerkrieges stand die russische Gesellschaft weitgehend unter Stalins Herrschaft, ohne daß sie auch nur den Namen ihres Herrschers kannte. Noch erstaunlicher ist die Tatsache, daß es immer ausgerechnet seine Gegner waren, die für ihn stimmten und ihn in seine Machtpositionen einsetzten. In seinen späteren Kämpfen mit seinen Rivalen tut sich die Szene einer finsteren Tragödie auf. Aber der Kampf begann erst, als Stalin alle Hebel der Macht fest in der Hand hatte und seine Gegner, die nun langsam die Lage durchschauten, versuchten, ihn seiner beherrschenden Stellung zu entheben. Aber es war zu spät. Er ließ sich nicht mehr verdrängen.

Drei der Ämter, die er unmittelbar nach dem Bürgerkrieg in seiner Hand vereinigte, waren von entscheidender Wichtigkeit. Es waren dies das Volkskommissariat für Nationalitätenfragen, das Volkskommissariat der Arbeiter- und Bauerninspektion und seine Mitgliedschaft im Politbüro.

Als Kommissar für Nationalitätenfragen hatte er die Angelegenheiten beinahe der Hälfte der Bevölkerung der Russischen Föderativen Sozialistischen Sowjetrepublik zu bearbeiten. So hieß jetzt der Staat, der an die Stelle des alten Rußland getreten war. Fünfundsechzig Millionen von seinen einhundertvierzig Millionen Einwohnern gehörten nichtrussischen Völkern an. Unter ihnen fand man jede Stufe der kulturellen Entwicklung, von den beinahe europäischen Lebensformen der Ukrainer bis zu dem primitiven, ganz asiatischen Stammesleben der turkmenischen Hirtenvölker. Weißrussen, Kirgisen, Usbeken, Aserbeidshaner, Tataren, Armenier, Georgier, Tadschiken, Burjäten, Kasachen, Jakuten und andere Völker, für die wir kaum einen Namen wissen, befanden sich in den verschiedensten Entwicklungsstufen von der primitiven Familienhorde bis zur differenzierten Gesellschaft. Der Bolschewismus war eifrig bestrebt, alle diese Völker in seinen Bann zu ziehen und bei ihnen die Erinnerung an die Zeit der zaristischen Unterdrückung auszulöschen. Er bot allen Autonomie und Selbstverwaltung an. Bei nur wenigen dieser Volksgruppen gab es so etwas wie ein Nationalgefühl. Es gab unter ihnen Völker, die noch nicht das Mindestmaß von Bildung besaßen, das notwendig gewesen wäre, um sich selber zu regieren. Für die Behandlung ihrer Angelegenheiten brauchten sie Hilfe und Rat von außen, also vom Kommissariat für Nationalitätenfragen. Den meisten waren die theoretischen Probleme des Kommunismus ebenso fern wie Einsteins Relativitätstheorie den Khanen von Buchara. In ihren Ländern verstand man unter der Revolution die Befreiung primitiver Gesellschaften von der Herrschaft ihrer Emire, Khane und Mullahs und die Einführung fortschrittlicher europäischer Gebräuche.

Abgesehen von der Ukraine, die von einer sich unabhängig fühlenden Regierung unter Christian Rakowski verwaltet wurde, hatte das Kommissariat für Nationalitätenfragen vor allem mit den unendlichen asiatischen Grenzbezirken Rußlands zu tun, die geistig wie materiell regungslos dahinlebten. Unter den bolschewistischen Parteiführern, die den größten Teil ihrer Mannesjahre in Europa verlebt hatten, hätte man keinen finden können, der für die Leitung dieses Kommissariats so geeignet gewesen wäre wie Stalin. Er kannte die Sitten und Gebräuche seiner Schutzbefohlenen aus eigener Erfahrung und wurde darin von niemandem übertroffen. Er verstand es besser als irgend jemand, die komplizierten Probleme der Stammespolitik zu behandeln, in denen Blutrache und orientalische Intrigen eine ebenso große Rolle spielten wie echtes Streben nach modernen Lebensformen. Seine Haltung war jene Mischung von Geduld, patriarchalischer Festigkeit und orientalischer List, die für eine solche Aufgabe nun einmal notwendig waren. Das Politbüro vertraute ihm und griff in seine Angelegenheiten nicht ein.

So wurden die asiatischen und halbasiatischen Randgebiete Stalins erste und unbestrittene Domäne. Unmittelbar nach der Revolution, als die unruhigen und radikalen Städte des europäischen Rußland, in erster Linie Petrograd und Moskau, die Geschicke der Nation bestimmten, machte sich das Gewicht dieser Randbezirke kaum bemerkbar. Als aber die Revolution verebbte, meldeten sich diese rückständigen Gebiete um so lauter zum Wort. Sie machten sich in wirtschaftlichen, politischen und kulturellen Dingen auf tausenderlei Weise bemerkbar. Ihr geistiges Klima wurde sogar in gewissem Sinn für die gesamte Entwicklung entscheidend. Es war von großer Bedeutung, daß in dieser Atmosphäre so viel Orientalisches zu finden war. Stalin, der so sehr dazu befähigt war, im Namen des russischen Kommunismus zu den Völkern der östlichen Grenzgebiete zu sprechen, war auch der Mann, der am ehesten seine Partei orientalischen Einflüssen unterwerfen konnte. Während der Jahre, in denen er das Kommissariat leitete, vertiefte er seine Verbindungen mit den bolschewistischen Führern in den Grenzgebieten, auf deren

Treue und Ergebenheit er immer rechnen konnte und von denen mancher später in seiner engeren Umgebung im Kreml zu finden war.

Auf Sinowjews Vorschlag wurde er im Jahr 1919 zum Kommissar der Arbeiter- und Bauerninspektion bestellt.[1] Die *Rabkrin,* wie dieses Kommissariat genannt wurde, sollte die Staatsverwaltung von oben bis unten überwachen, um die beiden Hauptfehler, Unfähigkeit und Korruption, auszurotten, die sich auf die sowjetische Staatsverwaltung von ihren zaristischen Vorgängern vererbt hatten. Das Kommissariat mußte den strengen, aber auch aufgeklärten Kontrolleur für die gesamte brüchige und auseinanderklaffende Regierungsmaschine spielen, Amtsmißbrauch und Verwaltungsleerlauf aufspüren und eine Elite von zuverlässigen Beamten für jeden Zweig der Staatsverwaltung ausbilden. Das Kommissariat verfügte über Gruppen von Arbeitern und Bauern, die zu jeder Zeit in die Dienststellen aller Verwaltungszweige geschickt werden konnten, um die Arbeit, die dort geleistet wurde, zu überwachen. *Rabkrin*-Leute nahmen regelmäßig an Besprechungen innerhalb des Kommissariats und sogar an den Tagungen des Rates der Volkskommissare teil. Beabsichtigt war zunächst nur die Heranbildung einer zuverlässigen und brauchbaren Beamtenschaft, aber am Ende war die *Rabkrin* so entwickelt, daß ihr Auge auf jedem Rädchen der Verwaltungsmaschine ruhte.[2]

Dieses eigenartige System der Beaufsichtigung war eine Lieblingsidee Lenins. Er war über die Unfähigkeit und Unzuverlässigkeit der Zivilverwaltung entsetzt und meinte, man könne diesen Mißständen durch eine scharfe und rücksichtslose Aufsicht von oben her vorbeugen. Diese Aufgabe hatte er dem Kommissariat zugedacht. Wenn er Stalin auf diesen Posten stellte, so mag man daraus ersehen, wie groß sein Vertrauen zu diesem Mann war, denn das Inspektorat war eine Art Überregierung, die nach Lenins Vorstellungen völlig unbürokratisch sein sollte.

Es zeigte sich allerdings, daß Lenins Kur ebenso schlecht war wie die Krankheit. Lenin betonte des öfteren, daß die Mängel der russischen Staatsverwaltung nur die Folge des erschreckend niedrigen Bildungsstandes des Landes und seiner materiellen und geistigen Verelendung seien. Sie könnten nur schrittweise behoben werden, und man werde dazu mindestens ein Menschenleben brauchen. Die *Rabkrin* hätte ein Kommissariat von Engeln sein müssen, wenn sie sich über die dunklen Niederungen der russischen Bürokratie hätte erheben sollen, ganz davon zu schweigen, daß sie andere hätte emporheben können. Lenin glaubte an die angeborenen Tugenden der Arbeiterklasse, und aus diesem für ihn so bezeichnenden Glauben heraus rief er die Arbeiter gegen seine eigene Bürokratie ins Feld. Aber die Mühle des Beamtentums machte auch aus Arbeitern Bürokraten. Später mußte Lenin die schmerzliche Erfahrung machen, daß seine Arbeiter- und Bauerninspektion nur zu einer weiteren Quelle des Durcheinanders, der Korruption und der bürokratischen Intrigen wurde. Am Ende war die *Rabkrin* eine inoffizielle Polizei zur Überwachung der Zivilverwaltung. Aber wir wollen unserer Geschichte nicht vorgreifen. Es genügt hier festzustellen, daß Stalin als Leiter des Inspektorats die Aufsicht über die gesamte Staatsverwaltung, ihre Tätigkeit und ihr Personal in seine Hand bekam. Damit war er allen anderen Volkskommissaren weit voraus.

Seine nächste wichtige Stellung lag im Politbüro. Während des Bürgerkriegs bestand das Politbüro nur aus fünf Männern: Lenin, Trotzki, Stalin, Kamenjew und Bucharin. Seit dem Bruch zwischen Bolschewisten und Sozialrevolutionären lag hier die wirkliche Regierung des Landes. Lenin war der anerkannte Führer sowohl der Regierung als auch der Partei. Trotzki war für die Führung des Bürgerkriegs verantwortlich. Kamenjew war Lenins Stellvertreter und übte in dieser Eigenschaft die verschiedensten Funktionen aus. Bucharin leitete Presse und Propaganda. In Stalins Händen lag die Führung der Partei mit all den Aufgaben, die Tag für Tag an sie herantraten. Im Politbüro wurden die wichtigsten politischen Entscheidungen getroffen. Eine andere Regierungsstelle, die ebenso wie das Politbüro vom Zentralkomitee gewählt wurde, war das Organisationsbüro (Orgbüro). Dort wurden die Angelegenheiten der Parteifunktionäre bearbeitet, die vom Orgbüro nach dessen freiem Ermessen eingestellt wurden, ihre Dienstanweisungen erhielten und, je nach den Erfordernissen des Bürgerkrieges, auf die verschiedenen Posten in der Armee und der Zivilverwaltung verteilt wurden. Vom Beginn des Jahres 1919 an war Stalin der einzige Verbindungsmann zwischen dem Politbüro und dem Orgbüro. Er sorgte für die Übereinstimmung zwischen der Politik und der Organisation, das heißt, er dirigierte die Kräfte der Partei nach den Anweisungen des Politbüros. Mehr als jeder andere seiner Kollegen war er so über die täglichen Reibereien in der Partei und über ihren Hintertreppenklatsch unterrichtet.

Schon an diesem Punkt seiner Entwicklung übte er eine gewaltige Macht aus. Sie wuchs noch mehr, als er am 3. April 1922 zum Generalsekretär des Zentralkomitees ernannt wurde. Der elfte Parteikongreß hatte in diesem Jahr ein neues und erweitertes Zentralkomitee gewählt und diesem neue Satzungen gegeben. Die führenden Dienststellen der Partei wurden auf diese Weise sehr viel gewichtiger, als dies für ihren Unterbau zuträglich war. Man schuf das Amt des Generalsekretärs mit der Aufgabe, die Arbeit der immer zahlreicher werdenden und sich gegenseitig überschneidenden Parteiämter zu koordinieren. Trotzki will wissen, daß sich Lenin in dem engeren Kreis seiner Vertrauten über die Kandidatur Stalins abfällig geäußert habe. »Dieser Koch wird uns nur scharfe Speisen anrichten.«[3] Aber seine Zweifel scheinen jedenfalls nicht sehr schwerwiegend gewesen zu sein, denn er war es schließlich selber, der die Kandidatur dieses Koches unterstützte. Molotow und Kuibyschew wurden zu Stalins Mitarbeitern bestellt. Der erstere war bereits einmal Parteisekretär gewesen. Die Ernennung wurde in der russischen Presse ohne besonderes Drum und Dran als ein kleines Ereignis im inneren Leben der Partei gemeldet.

Bald darauf begann sich in der obersten Parteispitze ein latenter Dualismus zu entwickeln. Die sieben Männer, die jetzt das Politbüro bildeten (zu den fünf älteren waren Sinowjew und Tomski hinzugewählt worden), verkörperten das Gehirn und den Geist des Bolschewismus. In den Büros des Generalsekretärs steckte aber die reale Macht der Verwaltung und Leitung. Der Form nach war das Generalsekretariat dem illustren und hochgestellten Politbüro untergeordnet. In Wirklichkeit wurde das Politbüro von dem Sekretariat derart abhängig, daß es ohne diese Stütze hilflos in der Luft hing. Das Sekretariat bereitete die Tagesordnung für die Sitzungen des Politbüros vor, lieferte die

Unterlagen für jeden Punkt, der zur Debatte stand, und übermittelte die Entscheidungen des Politbüros an die untergeordneten Stellen. Das Generalsekretariat stand in täglicher Verbindung mit vielen tausend Parteifunktionären in der Hauptstadt und in den Provinzen und war für deren Ernennungen, Beförderungen und Entlassungen verantwortlich. Es konnte also bis zu einem gewissen Grad die Ansichten des Politbüros über jede Frage, die zur Debatte stand, bereits vor der Erörterung beeinflussen und die praktische Durchführung der Entscheidungen des Politbüros je nach Belieben des Generalsekretärs verzögern oder beschleunigen. Es gibt in jeder Regierungsmaschinerie solche Amtsstellen, sie werden aber selten zur unabhängigen Autorität. Wenn sie in anderen Verhältnissen im allgemeinen keine Möglichkeit finden, ihre Richtlinien zu überschreiten, so kommt das daher, weil dort die Macht über das ganze Regierungssystem hinweg gleichmäßig verteilt ist, weil diese Stellen unter einer wirksamen Aufsicht stehen und manchmal auch, weil sie mit untadeligen Beamten besetzt sind. Die Konzentration der Macht bei der bolschewistischen Führungsgruppe, das Fehlen jeder wirksamen Beaufsichtigung und nicht zuletzt der persönliche Ehrgeiz des Generalsekretärs, all das trug dazu bei, daß das Generalsekretariat bereits einige Monate nach seiner Schaffung ein außerordentliches Gewicht erlangte.

Dieses Bild wäre unvollständig, wenn wir nicht eine andere Einrichtung erwähnten, die in den bolschewistischen Angelegenheiten große Bedeutung erlangte. Dies war die Zentralkontrollkommission. Ihr Verhältnis zur Partei ähnelte der Stellung des Kommissariats der Arbeiter- und Bauerninspektion gegenüber dem staatlichen Verwaltungsapparat: Sie wachte über die Parteimoral. Sie war im Jahr 1921 auf dem zehnten Parteikongreß geschaffen worden, und zwar auf Antrag der Arbeiteropposition, mit der im übrigen der Kongreß damals scharf ins Zeug gegangen war. Die Hauptaufgabe dieser Kommission bestand in der Durchführung der Säuberungen. Auch diese wurden auf Antrag der Opposition durch den zehnten Parteikongreß eingeführt. Man wollte von Zeit zu Zeit die Partei von Karrieremachern säubern, die sich in großer Zahl breitgemacht hatten; man wollte auch die Kommunisten entfernen, die eine bedenkliche

Vorliebe für bürgerliche Lebensformen entwickelten, desgleichen die Kommissare, denen ihre Machtstellung zu Kopf gestiegen war. Lenin gefiel dieser Gedanke, denn er glaubte, seinen Genossen damit ein zu großes Abweichen vom puritanischen Lebensstil unmöglich machen zu können.[4] Aber er richtete die Säuberungsaktionen auch gegen »Anarcho-Syndikalisten«, Zauderer, Zweifler und Dissidenten, also gerade gegen die Kreise, die diese neue Einrichtung erfunden hatten.

Diese Säuberungsaktionen waren ursprünglich ganz verschieden von denen der späteren Jahre. Sie hatten mit einem gerichtlichen Verfahren zunächst nichts gemein. Sie wurden von den örtlichen Kontrollkommissionen der Partei vor einem offenen Bürgerforum durchgeführt, zu dem Bolschewisten und Nichtbolschewisten freien Zutritt hatten. Die Führung jedes einzelnen Parteimitglieds, vom einflußreichsten bis zum niedrigsten, wurde in der Öffentlichkeit einer strengen Untersuchung unterworfen. Jeder Mann und jede Frau im Publikum konnte aufstehen und Zeugnis ablegen. Der Bolschewist, dessen Leumund als ungenügend befunden wurde, wurde getadelt oder auch in besonders schweren Fällen aus der Partei ausgestoßen. Andere Strafen als diese konnte die Kontrollkommission nicht verhängen. Der Grundgedanke, der hinter diesen Säuberungsaktionen steckte, wäre eines Don Quichotte würdig gewesen. Das Volk sollte die Möglichkeit haben, von Zeit zu Zeit seinen Herrschern eines mit der Peitsche überzuziehen.

Da aber die herrschende Partei glaubte, daß sie sich in wichtigen politischen Fragen keiner Kontrolle durch das Volk zu unterwerfen habe, war diese Einrichtung zur Erneuerung der Volkskontrolle von Anfang an zur Wirkungslosigkeit verurteilt. Sie machten das bereits bekannte Dilemma der Partei sichtbar: Ihre wachsende Isolierung vom Volk und ihren sehnlichen Wunsch, die Verbundenheit mit dem Volk zu behalten. Dies ist das ungelöste Problem, das den Experimenten zugrunde lag, die Lenin in den letzten beiden Jahren seiner politischen Tätigkeit mit seiner Partei anstellte. Die Säuberungen sollten ein Ersatz für echte Wahlen sein. Man glaubte, auf diese Weise korrupte Parteimitglieder entfernen zu können, ohne der Partei die Regierungsgewalt zu entziehen.[5]

Die Zentralkontrollkommission in Moskau wurde bald zur obersten Berufungsinstanz für die Opfer der Säuberungsaktionen im ganzen Lande. Sie sollte ursprünglich vom Zentralkomitee und vom Politbüro völlig unabhängig sein. Später war sie dem Zentralkomitee ungefähr gleichgestellt, und die beiden Körperschaften tagten auch gemeinsam. Das Generalsekretariat war das Verbindungsglied zwischen beiden, und so wurde, wenn auch ganz inoffiziell, Stalin der Leiter der Säuberungsaktionen.

Lenin, Kamenjew, Sinowjew und in geringerem Maß auch Trotzki, hatten Stalins Kandidatur zu allen diesen Posten unterstützt. Seine Aufgaben waren nicht solcher Art, daß sie die ihres eigenen Wertes sich nur zu sehr bewußten Intellektuellen des Politbüros hatten reizen können. Ihr glänzendes Wissen in Fragen der Parteidoktrin, ihr Geschick in der Kunst der politischen Analyse hätten in der Arbeiter- und Bauerninspektion oder im Generalsekretariat kaum ein lohnendes Betätigungsfeld gefunden. Was man dort brauchte, war eine ungewöhnliche Fähigkeit zu harter und phantasieloser Arbeit und ein geduldiges und beharrliches Interesse für die kleinsten Organisationsfragen. So mißgönnte keiner seiner Kollegen Stalin diese Posten. Solange Lenin die Zügel der Regierung führte, betrachtete man ihn nur als Lenins Gehilfen; im übrigen waren sie alle bereit, sich Lenins Führung unterzuordnen. Weder sie noch Lenin wurden sich rechtzeitig darüber klar, daß sich bei all dem ein feiner Wandel vollzog, durch den Stalin Schritt für Schritt aus der Rolle eines Gehilfen Lenins in die des zweiten Mannes im Staat hinüberglitt.

Weniger als zwei Monate nach Stalins Ernennung zum Generalsekretär entglitten Lenins Händen die Zügel der Regierung. Ende Mai 1922 erlitt er infolge fortgeschrittener Arterienverkalkung einen ersten Schlaganfall. Er konnte kaum mehr sprechen, als man ihn aus dem Kreml in ein Landhaus nahe bei Moskau brachte. Es dauerte bis zum Herbst, ehe er soweit erholt war, daß er sich wieder in seine Amtsräume begeben konnte. Aber auch jetzt noch war er nicht voll arbeitsfähig. Als der Herbst zu Ende ging, traf ihn ein zweiter Schlag. Wieder mußte er seine Tätigkeit einstellen. Als der Winter zu Ende war, kam der dritte Schlaganfall, der ihn endgültig von der politischen Bühne entfernte. Das war im März 1923. Sein Körper rang noch bis zum 21. Januar 1924 mit dem Tod. Man wird die Folgen der Krankheit Lenins auf die Führung der bolschewistischen Partei kaum übertreiben können. Diese ganze Konstellation von Sternen hörte mit einem Schlag auf, das Licht ihrer Zentralsonne widerzuspiegeln und sich in den gewohnten Umlaufbahnen zu bewegen. Lenins Schüler und Satelliten (Trotzki allein gehörte zu keiner dieser beiden Gruppen) begannen jetzt eigene und selbständige Bahnen zu suchen. Zug um Zug schüttelten sie nun die Eigenschaft ab, die ihnen zur zweiten und besseren Natur geworden war: die Bereitschaft zur Nachahmung und zur Nachfolge des Meisters. Die negative Seite des überwältigenden und ständigen Einflusses auf seine Umgebung wurde nun erst offenbar. Es gibt hierfür keinen eindrucksvolleren Beweis als die von Trotzki bezeugte Tatsache, daß Sinowjew und Kamenjew in der Zeit, in der sie bei Lenin in die Lehre gingen, sich sogar die Handschrift ihres Meisters angewöhnt hatten. Jetzt sollten sie diese Handschrift weiter gebrauchen, aber ohne die Inspiration durch seine Ideen.

In gewissem Sinn war Stalin von Lenin weniger abhängig gewesen als seine Genossen. Seine geistigen Bedürfnisse waren beschränkter als die ihren. Ihm lag mehr an dem praktischen Gebrauch des Handwerkszeugs, das Lenin lieferte, als an der Mitarbeit in dem leninistischen Gedankenlaboratorium. Sein eigenes Verhalten wurde von nun an durch die Stimmungen, Bedürfnisse und Ansprüche des großen politischen Verwaltungsapparates bestimmt, den er leiten und überwachen sollte. Seine politische Philosophie schmolz auf die Sicherstellung der Vorherrschaft des von ihm gesteuerten Verwaltungsapparates durch die einfachsten und zweckmäßigsten Mittel zusammen. In einem Regime, das seinen diktatorischen Charakter nicht zu verbergen braucht, ist die Unterdrückung sehr häufig die einfachste und zweckmäßigste Art des Handelns. Das Politbüro mochte durch das Abtreten Lenins in Verwirrung gestürzt worden sein. Im Generalsekretariat geschah nichts dergleichen. Im Gegenteil! Da man nicht länger auf den wachsamen und scharfblickenden Aufseher Rücksicht zu nehmen brauchte, konnte man jetzt sogar mit noch größerer Festigkeit und noch größerem Selbstvertrauen handeln. Nicht anders war es bei der Arbeiter- und Bauerninspektion. Beide, das Generalsekretariat und die Inspektion, zogen sich den Tadel Trotzkis zu, der die Inspektion sogar ganz auflösen wollte.[6] Aber dieser Vorschlag verwirrte nur die Mitglieder des Politbüros, denn diese Einrichtung hatte sich, mochte sie arbeiten wie sie wollte, der uneingeschränkten Billigung Lenins erfreut. Auch die Kritik, die Trotzki am Generalsekretariat übte, blieb ohne Wirkung. Der Generalsekretär wußte jede Maßnahme gegen unzufriedene Bolschewisten mit den Paragraphen der Parteistatuten zu begründen, die auf Lenins Anregung und mit Unterstützung Trotzkis durch den zehnten und elften Parteikongreß beschlossen worden waren. Stalin war immer sorgfältig darauf bedacht, alle seine Maßnahmen als die unvermeidliche Folge von Entscheidungen darzustellen, die bei früheren Anlässen im gemeinsamen Einvernehmen beschlossen worden waren. In seinen Büros beschäftigte er Freunde, Genossen und Gefolgsleute, die Männer aus Baku und aus Zarizyn. Wer durch Stalin entlassen wurde und darüber unzufrieden war, beschwerte sich beim Politbüro, wo Trotzki sich bereitwillig des Falles annahm. Stalin seinerseits berief sich auf die gemeinsam verabredete Abgrenzung der Zuständigkeiten. Im Politbüro sollten große politische Fragen entschieden werden, die grundsätzliche Bedeutung hatten. Das Generalsekretariat und das Orgbüro sollten sich mit den Personalangelegenheiten der Partei befassen. Das Politbüro langweile sich nur über Trotzkis nörgelnde Kritik.

Der schwerste Vorwurf, der gegen Stalin erhoben wurde, richtete sich gegen die Maßnahmen, die er in seiner georgischen Heimat durchführte. Wir müssen auf das nicht sehr erfreuliche Vorspiel zu diesen Vorgängen kurz eingehen. Bis Februar 1921 hatte Georgien eine menschewistische Regierung, obwohl der Rest des Kaukasus mehr und mehr unter bolschewistischen Einfluß geraten war. In Moskau drückte man über das menschewistische Regime in Tiflis einigermaßen die Augen zu, obwohl die Tatsache, daß in Tiflis die alten Gegner aus der Zeit des *Messame Dassy,* Jordania und Ramischwili, regierten, Stalin ein Dorn im Auge sein mußte. Das Politbüro setzte auf Zeit und war der Meinung, daß sich in einem sowjetisierten Kaukasus eine menschewistische Regierung ohnehin nicht lang halten könne, denn Tiflis lebte von den Nahrungsmitteln und dem Erdöl des Kaukasus. Tatsächlich verlor auch die menschewistische Regierung mehr und mehr an Popularität. Im Februar 1921 rückten Verbände der Roten Armee aus dem nördlichen Kaukasus in Georgien ein und vertrieben die menschewistische Regierung.

Man wird zugeben müssen, daß der georgische Patriotismus der Menschewisten nicht ganz echt war. Sie hatten weder unter der Zarenherrschaft noch unter Kerenski sich für die Unabhängigkeit des Landes eingesetzt. Damals erstrebten sie nur ein gewisses Maß lokaler Autonomie innerhalb eines föderalistischen Rußland. Unter Kerenski waren die Menschewisten erbitterte Gegner der Sezession irgendeines Grenzgebietes gewesen, mochte es sich nun um Finnland oder um Georgien handeln. Der Patriotismus, den sie jetzt auf neu aufgebügelt hatten, war nur ein Teil ihres Widerstandes gegen den Bolschewismus. Trotzdem paßte dem georgischen Bergvolk der Einmarsch der Roten Armee nicht. Stalin, der drei Jahre vorher den Finnen »Keine Bevormundung, keine Aufsicht von oben über das finnische Volk!« versprochen hatte, gab jetzt die Befehle für die militärische Besetzung Georgiens. Sein alter Freund, Sergo Ordshonikidse, war politischer Kommissar der Besatzungstruppen. Dem Kriegskommissariat waren die Vorbereitungen für diesen Feldzug bis zum letzten Augenblick verheimlicht worden; sie hatten aber dann doch noch die Zustimmung Lenins und des Politbüros gefunden. Man hatte ihnen von einem kommunistischen Aufstand erzählt; die Rote Armee habe nur die Aufgabe, der Waage den letzten Ausschlag zu Gunsten der Roten zu geben, deren Sieg sicher sei, aber doch nur unnötige Opfer kosten werde, wenn sie ganz auf sich selbst gestellt wären. Tatsächlich war eine kommunistische Revolte in Tiflis ausgebrochen, aber das Volk stand nicht so einmütig hinter dieser Bewegung, daß sie sich siegreich hätte durchsetzen können.[7]

Kaum hatte Stalin seinem Rachebedürfnis an seinen menschewistischen Landsleuten Genüge getan, da verwickelte er sich in einen Streit mit den Bolschewisten in Tiflis. Einige Monate nach der Besetzung begab er sich persönlich nach Tiflis, um die Arbeiten des kaukasischen Parteikomitees zu leiten. Im Herbst 1921 befürwortete er mit Lenins Zustimmung den Plan der Schaffung einer Föderation der kaukasischen Sowjetrepubliken.[8] Aber dieser Gedanke wurde in Tiflis mit geringem Enthusiasmus begrüßt. Die georgischen Bolschewisten wollten, daß ihr Land eine selbständige Sowjetrepublik bleibe, lose an die Allrussische Föderation angeschlossen. Sie waren nicht bereit, auf ihre Souveränitätsansprüche zugunsten einer viel kleineren und regionalen kaukasischen Föderation zu verzichten.

Es ist sehr schwer festzustellen, auf welcher Seite bei dieser Auseinandersetzung Recht und Unrecht waren. Der Kaukasus war durch die blutigen Fehden zwischen Georgiern, Armeniern und Tataren zerrissen; aber alle waren, wenn auch in verschiedenem Grad, den Russen gegenüber feindlich eingestellt. Kosaken, Tschetschenzen, Osseten und andere kleinere Bergstämme massakrierten sich gegenseitig ohne Erbarmen. Diesen Zuständen wollte Stalin durch eine Umsiedlung dieser Völkerschaften ein Ende bereiten, ein Verfahren, das er ein Vierteljahrhundert später in gigantischem Ausmaß bei Ukrainern, Polen, Deutschen und anderen Nationalitäten tatsächlich anwandte.[9] Es ist durchaus möglich, daß die georgischen Bolschewistenführer Budu Mdiwani und Philip Macharadse, die sich dem Gedanken einer kaukasischen Föderation widersetzten, vom »Lokalpatriotismus« infiziert waren. Wahrscheinlicher ist es, daß sie das Gefühl hatten, eine kaukasische Föderation könne in einer von blutigen Stammesfehden vergifteten Atmosphäre nicht funktionieren. Es mag auch sein, daß sie mehr als nur den Schein einer nationalen Unabhängigkeit erhalten wollten, weil in den drei Jahren menschewistischer Regierung die alte, halbverschüttete Sehnsucht des georgischen Volkes nach staatlichem Eigenleben wieder zum Leben erwacht und zu einem das ganze Volk durchdringenden Gefühl geworden war. Dieses Gefühl war durch den Einmarsch der Roten Armee verletzt worden. Es wurde aufs neue durch die Diktate verletzt, die vom Volkskommissariat für Nationalitätenfragen in Moskau ausgingen, aber auch durch die Tätigkeit russischer Agenten der Geheimen Staatspolizei, die nach Tiflis geschickt worden waren, um mit den dortigen Menschewisten »aufzuräumen«. Einige georgische Bolschewisten protestierten gegen die Verfolgung der Menschewisten, in denen sie immer noch trotz aller Meinungsverschiedenheiten und trotz der Verfolgungen, denen sie selber unter der menschewistischen Herrschaft ausgesetzt gewesen waren, die alten Genossen sahen.

Diese neuen politischen Tendenzen verstärkten die alte Furcht der Georgier vor einer Herrschaft der Russen. Daran änderte nichts, daß der Mann, der jetzt diese Politik vertrat, selber ein Georgier war und daß er bei den Massenversammlungen in Tiflis die Sprache des Landes redete. Aus ihm sprach, auch wenn er georgisch redete, die Stimme Moskaus. Die Tatsache, daß in dem Würdenträger aus dem Kreml der alte Dshugaschwili steckte, machte die Dinge sogar nur noch schlimmer. Jeder andere Emissär der Zentralregierung hätte die lokalen Streitigkeiten und Zänkereien mit einem gewissen inneren Abstand beurteilt. Stalin steckte bald bis zu den Ohren in den lokalen Leidenschaften. Jetzt fühlte er wieder den Schmerz und die Enttäuschung jener fernen Tage, als er, der wirkliche und ehrliche Radikale, durch die kleinbürgerliche Mehrheit der *Messame Dassy* beinahe aus Tiflis vertrieben wurde. Während er, Dshugaschwili, einige hundert Meter von dem Priesterseminar entfernt residierend, alte Rechnungen beglich, forderte er gleichzeitig für sich den Gehorsam, der einem Stalin geschuldet wurde. Aber man folgte ihm nicht.

Am 6. Juli 1921 hielt er vor einer Versammlung von Parteimitgliedern in Tiflis eine Rede[10], in der er seine Gegner scharf angriff. Er schilderte die schwierige wirtschaftliche Lage, in der ein isoliertes Georgien sich befinden würde, und pries die Vorteile einer engen Zusammenarbeit mit dem übrigen Kaukasus. Georgien werde umsonst Öl von Baku erhalten. Rußland werde den kaukasischen Republiken eine Anleihe in Höhe von mehreren Millionen Goldrubeln gewähren. Nachdem er mit solchen Geschenken gelockt hatte, ging er zum Angriff auf den Lokalpatriotismus über. Er sagte, er sei entsetzt zu sehen, wie der Lokalchauvinismus im Kaukasus ins Kraut geschossen sei. Er stellte ihm ein etwas geschöntes Bild der »brüderlichen Solidarität« gegenüber, die in den Jahren seiner Tätigkeit hier die Arbeiterklasse des Kaukasus erfüllt habe. Die nächste und wichtigste Aufgabe der georgischen Kommunisten sei der »erbarmungslose Kampf gegen den lokalen Nationalismus«. Man müsse die Reste des

Nationalismus »mit einem glühenden Eisen ausbrennen«, man müsse »der Hydra des Nationalismus die Köpfe abhacken«. Die Partei solle ihre Reihen säubern und alle Lokalpatrioten ausschließen. Man solle vor einer solchen Säuberungsaktion nicht zurückschrecken. Die russische Mutterpartei habe auch nur 700 000 Mitglieder. Sie könnte leicht sieben Millionen haben, wenn es ihr auf die Zahl anstatt auf die Qualität ankäme. Nur dank der Qualität ihrer Mitglieder sei die russische bolschewistische Partei imstande gewesen, die Revolution durchzuführen und dem Ansturm der Imperialisten der Welt Widerstand zu leisten. Hier habe man das Beispiel, dem die Georgier nacheifern sollten.

Vom lokalen, georgischen Standpunkt aus waren Stalins Schläge gegen den Nationalismus, auch wenn sie reichlich weit gingen, wahrscheinlich wohl begründet und am Platz. Man hätte sie auch eingesteckt, wenn sie von einem lokalen Führer ausgeteilt worden wären. Aber da aus Stalin die Stimme Moskaus sprach, klang in dem, was er sagte, für die Ohren seiner Zuhörer ein Unterton von »Großrussischem Chauvinismus« mit. In den Tagen des Zarismus waren alle Angelegenheiten der Grenzvölker zentral in Petersburg geregelt worden. Man fragte sich, ob die Revolution in dieser Hinsicht wirklich etwas Neues gebracht habe. Die Georgier hatten dabei noch mehr Grund zum Skeptizismus, ja sogar zum Zynismus als irgendein andere Volk. Stalins augenblickliche Predigten über ihren verderbten Egoismus bestärkten sie nur noch in diesem Zynismus. Wie hätte es in Dublin gewirkt, wenn ein britischer Kabinettsminister eine Versammlung, die reichlich Erfahrung mit dem britischen Imperialismus hatte, wegen der Hydra des irischen Nationalismus getadelt hätte? Auch wenn dieser Minister irischer Abstammung gewesen wäre, auch wenn er im Namen einer revolutionären britischen Regierung gesprochen und die Auflösung des britischen Reiches proklamiert hätte, so hätten seine Worte dennoch in den Ohren seiner Hörer irgendwie unecht geklungen, besonders, wenn er kurz nach einer neuen Besetzung Irlands durch britische Truppen gesprochen hätte. Das war ungefähr die Wirkung der Äußerungen Stalins in Tiflis. Er ließ sich dadurch nicht beeindrucken, sondern befahl Ordshonikidse, die Partei von den

Gegnern der Föderation, von den »Lokalpatrioten« und von denen zu säubern, die noch Nachsicht mit den Menschewisten hätten. Dazu bedürfe er keiner Gewaltmaßnahmen. Es genüge, wenn man einige »Lokalpatrioten« aus der Partei entferne und die Versammlungen mit Leuten vollpacke, die bereit wären, sich Ordshonikidses Führung unterzuordnen. Die Zauderer und Zweifler würden sich ganz von selber in Reih und Glied stellen, wenn sie hörten, daß das Politbüro sich einstimmig für den Föderationsplan ausgesprochen habe. Das traf genau zu.[11] Mdiwani und Macharadse, die Führer der bolschewistischen Opposition, wurden schließlich bei jeder Konferenz und Versammlung überstimmt. Als sie so nicht mehr mitreden konnten, fingen sie an, gegen den »Großrussischen Chauvinismus« des Kommissars für Nationalitätenfragen Sturm zu laufen. Es ist sehr bemerkenswert, daß die Entwicklung den ehemaligen georgischen Sozialdemokraten Dshugaschwili so weit geführt hatte, daß er jetzt als Vertreter eines »Großrussischen Chauvinismus« angesehen werden konnte. Das war noch mehr als der Vorgang, der aus dem Korsen Bonaparte den Begründer eines französischen Kaiserreiches oder aus dem Österreicher Hitler den Führer des aggressivsten deutschen Nationalismus werden ließ. Die Korsen hatten kaum Beschwerden gegen die Franzosen. Napoleons Vater war sogar Anhänger der »französischen Partei« in Korsika gewesen. Der Pangermanismus hatte in Österreich immer einen großen Einfluß ausgeübt und war nur durch die dynastischen Interessen der untergehenden habsburgischen Monarchie in Schach gehalten worden. In Georgien gab es keine Spur panrussischer Gefühle. So etwas konnte es dort nicht geben. Die Abneigung gegen die Russen war allgemein, wenn auch nicht so stark, wie beispielsweise in Polen. Stalin war nur über den Bolschewismus der Adoptivsohn Rußlands geworden, und der Bolschewismus hatte Männer wie ihn nicht zuletzt durch seine internationale Haltung, besonders durch seine verständnisvolle Einstellung zu den unterdrückten Nationalitäten angelockt. Gegen Stalin wurde seitdem immer wieder der Vorwurf erhoben, er habe sich zum russischen Nationalisten gewandelt. Das war er aber nie, weder damals noch in späteren Jahren, sicher nicht in dem Sinn, daß in ihm die Gefühle und Vorurteile eines herkömmlichen Nationalismus lebendig gewesen wären. Er vertrat nur den Grundsatz des Zentralismus, dem wir auch in allen modernen Revolutionen begegnen. Diesem Grundsatz gab er übertriebenen und brutalen Ausdruck. Wie immer jedoch seine Motive gewesen sein mögen, die praktische Wirkung seines Auftretens war so, als ob er ein echter russischer Chauvinist gewesen wäre.

Es liegen Beweise dafür vor, daß dieser paradoxe Zustand gelegentlich für ihn eine merkwürdige, keineswegs unangenehme Empfindung mit sich brachte. Wer hatte nicht schon einen naturalisierten Engländer getroffen, dessen Selbstbewußtsein gestärkt wird, wenn er sagen kann: »Wir Engländer« oder noch schöner »Wir, das britische Empire«? Aus einer solchen Stimmung heraus sagte Stalin in einer Proklamation an die mohammedanischen Kommunisten, daß die nationalen Gefühle in Rußland niemals eine ernst zu nehmende Sache gewesen seien. »Als ehemals herrschende Nation haben die Russen im allgemeinen, die russischen Kommunisten im besonderen, keine nationale Unterdrückung erlebt; sie hatten eigentlich, von gewissen Stimmungen des ›Großmachtchauvinismus‹ abgesehen, mit nationalistischen Tendenzen in ihrer Mitte nichts zu tun und brauchten darum solche Tendenzen nicht oder fast nicht zu überwinden.«[12] Das war eine höchst erstaunliche Feststellung. Viele Bolschewisten werden den Kopf geschüttelt haben, als sie diese Worte in der »Prawda« lasen. Stalin hat sie auch nie wiederholt. Daß die Russen in neuerer Zeit nicht jene Art eines empfindlichen Nationalismus kannten, der durch fremde Unterdrückung erzeugt wird, ist richtig. Bei ihnen gab es aber jene andere Art des Nationalismus, der andere Völker raffiniert und rücksichtslos unterdrückt, und diese Art des Nationalismus ist die gefährlichste. Lenin warnte seine Genossen vor dieser Gefahr, er ermahnte sie, auch gegenüber übertriebenen Ansprüchen solcher Völker, die bisher unterdrückt worden waren, geduldig und nachsichtig zu sein, denn die Erinnerung an die zaristische Herrschaft könne nur langsam vergessen werden. Der Hauptfeind, den die russischen Kommunisten bekämpfen müßten, sei der großrussische Chauvinismus, während die Genossen in den Grenzprovinzen dem gärenden Lokalpatriotismus entgegenwirken müßten. Es war nicht einfach, diese großherzigen Anregungen Lenins mit seiner Forderung nach Schaffung einer zentralistischen Regierung zu vereinen, für die er sich immer und entschieden einsetzte. Diese beiden, von Lenin propagierten politischen Tendenzen, mußten eines Tages miteinander in Konflikt kommen. Nur ein sehr feinfühliger und umsichtiger Verwaltungskünstler hätte sich zwischen beiden Extremen durchjonglieren können. Stalin verirrte sich in Richtung eines überbetonten Zentralismus.

In diesem Irrtum, wenn man das Wort für seine Haltung gebrauchen darf, drücken sich die allgemeine Ideenwelt, die Stimmung und die Bestrebungen der russischen Beamtenschaft aus, wie sie nach der Revolution um- und neugeformt worden war. Die Tendenz wies mehr und mehr auf eine Zentralisierung in der Regierung und sogar auf die Wiederherstellung eines »großen und unteilbaren Rußland« hin. Die Kommunisten setzten sich für den Zentralismus wegen der mit ihm verbundenen wirtschaftlichen und verwaltungsmäßigen Vorteile ein. Aber die Kommunisten waren, nach Lenins eigenen Worten, nur »ein Tropfen im Ozean«.[13] Sie hatten »eine große, umfassende Agrarrevolution mit einer Kühnheit durchgeführt, wie sie die Geschichte keines anderen Volkes kennt, aber es fehlte ihnen die Einbildungskraft, um gleichzeitig auch nur zehn Prozent der Reformen durchführen zu können, die in der Routinearbeit der Verwaltung notwendig gewesen wären«.[14] Die Revolution konnte sich nur dadurch vor dem Chaos retten, daß sie auf die Dienste der alten zaristischen Bürokratie zurückgriff, die, so mangelhaft sie auch war, die Exrevolutionäre an Kenntnis und Erfahrung auf dem Gebiet der Verwaltungsroutine weit übertraf.[15] Nach der Proklamation der NEP boten konservative und nationalistische Beamte den neuen Herrschern ihre Dienste an. Sie wurden mit offenen Armen aufgenommen. Sogar unter den weißrussischen Emigranten lebte die Hoffnung auf, daß »Mütterchen Rußland« zu sich selber zurückfinden werde. Professor Ustrjalow, ein ehemaliges Mitglied der Regierung des Admirals Koltschak, erdachte für diese Hoffnung sogar ein politisches Programm. Ustrjalow legte seinen Anhängern nahe, sich mit dem Sowjetregime auszusöhnen und innerhalb des Regimes für dessen Evolution zu arbeiten, die über die NEP den Rückweg zum Kapitalismus und Nationalismus finden werde. Schon zu Beginn der zwanziger Jahre bildeten die alten zaristischen Beamten bereits ein starkes Element in der neuen sowjetischen Staatsverwaltung. Dieses Element war besonders stark in den oberen Rängen, für die man dringend eine sachverständige Beamtenschaft brauchte. Das Verhältnis zwischen Kommunisten und früheren zaristischen Beamten war gespannt. Die Kommunisten betrachteten ihre neuen Anhänger mit Mißtrauen und heimlichem Respekt. Diese Anhänger schulten die Bolschewisten aus einem Gefühl heraus, in dem sich Furcht und Verachtung mit vaterländischem Pflichtgefühl mischten. Es gab mehr als genug Konflikte zwischen beiden, und zeitweise nahmen sie sogar brutale Formen an, aber beide Gruppen übten einen steten und elementaren Einfluß aufeinander aus. Für die alten Beamten war nichts natürlicher, als daß sie direkt und indirekt in ihrer neuen Umgebung den Gedanken des »großen und unteilbaren Rußland« unterstützten. Hier fanden sie vor ihrem eigenen konservativen Gewissen die Rechtfertigung dafür, daß sie sich der Revolution beugten. Vorfälle, wie der Einmarsch der Roten Armee in Georgien und der Anschluß anderer Randprovinzen, begrüßten sie als ihren eigenen ideologischen Triumph. Die echten Leninisten billigten solche Akte als Eroberungen für die Revolution, nicht für Rußland. In ihren Augen war Rußland immer nur das Vorfeld, der erste Stützpunkt der Weltrevolution. Die Interessen Rußlands mußten deshalb den wichtigeren Interessen einer übernationalen Strategie des militanten Sozialismus untergeordnet werden. Für den Augenblick fielen die Grenzen Rußlands allerdings mit denen des sieghaften Sozialismus zusammen. Die Leninisten waren immer noch der Ansicht, daß der Sozialismus gleiche Rechte für alle Nationalitäten bedeute. Es war ihnen aber auch klar, daß die Zusammenfassung der meisten, wenn nicht aller Teile des alten Zarenreiches unter der Sowjetfahne den Interessen des Sozialismus dienlich sei. Hier verwischte sich die Grenze, die den Leninismus vom Ustrjalowismus trennte. Zwischen beiden gab es noch genug Raum für Meinungsverschiedenheiten. Der neue, halb künstliche und halb echte Nationalismus schlich sich in die politische Gedankenwelt der Partei ein, wie Stalin bald selber zugeben mußte.[16] Mehr als jeder andere

Parteiführer stand er in diesem amalgamierten Beamtentum, und mehr als sie alle wurde er ein Teil dieses Apparats. Er registrierte dessen widerspruchsvolle Strömungen mit der Empfindlichkeit eines Seismographen. In der georgischen Frage vereinte sich seine persönliche Neigung und sein eigenes Vorurteil mit einem sehr viel umfassenderen, unpersönlichen Druck, der sich jetzt überall im Staat bemerkbar machte.

Im Sommer 1922 wurde sein Kommissariat in einen neuen Konflikt hineingezogen, der sich diesmal in der Ukraine abspielte. Auch die ukrainische Regierung beschwerte sich wegen Stalins Einmischung in ihre eigenen Angelegenheiten. Ihre Führer, Rakowski, ein einflußreicher Abkömmling einer aristokratischen, aber revolutionären Familie bulgarisch-rumänischer Herkunft, und Skrypnik, ein alter bolschewistischer Kämpfer, hielten sich an den Geist und den Buchstaben der Versprechungen, die den Republiken in den Grenzgebieten hinsichtlich ihrer Unabhängigkeit von der Partei gemacht worden waren. Sie forderten, daß diese Versprechen eingehalten würden; dabei waren Stalins Eingriffe in Kiew und Charkow bei weitem nicht so drastisch wie die in Tiflis. Die Ukrainer reichten den Georgiern die Hand und beschlossen, Stalin bei den bevorstehenden Debatten über die Verfassungsreform anzugreifen.

Es wäre aber verkehrt, wenn man die Bedeutung dieser Konflikte übertreiben wollte. Stalins Tätigkeit hatte auch ihre guten Seiten. Er arbeitete mit großem Fleiß und Entschlossenheit an der Lösung einer der schwierigsten Fragen, die die Revolution von ihrem zaristischen Vorgänger geerbt hatte. Wir erinnern uns, daß er im Jahr 1918 die autonome Republik der Baschkiren ins Leben rief. Im Frühjahr 1920 wurde eine autonome Tatarenrepublik gegründet. Im Oktober desselben Jahres erhielten die Kirgisen ihre Selbstverwaltung. Nach dem Bürgerkrieg wurde die Republik Daghestan gegründet, in der eine ganze Anzahl von Stämmen zusammengefaßt wurde, die nicht weniger als sechzig verschiedene Sprachen und Mundarten sprechen. Die Karelier, Jakuten und andere Völker folgten dem Beispiel und schufen sich eigene Verwaltungen. Keine einzige dieser Republiken konnte wirklich unabhängig sein. Aber alle genossen ein hohes Maß an Selbstbestimmung und innerer Freiheit. Unter der Anleitung durch das Kommissariat Stalins wurden ihnen einige der Segnungen der modernen Zivilisation zuteil. Mitten in der furchtbaren materiellen Not dieser Zeiten half das Kommissariat bei der Einrichtung von Tausenden von Schulen in Gebieten, in denen es zuvor nur ein paar Dutzend gegeben hatte. Pläne für Bewässerungsanlagen und für die Ausnützung der Wasserkraft wurden ausgearbeitet. Tatarisch wurde eine dem Russischen gleichgestellte Amtssprache. Den Russen wurde verboten, sich in der Kirgisensteppe anzusiedeln, die ausschließlich für die Besiedlung durch die eingeborenen Nomaden reserviert blieb. Eine fortschrittliche Gesetzgebung befreite die asiatische Frau von den Fesseln patriarchalischer Stammestyrannei. Diese Unternehmungen, die zunächst in einem bescheidenen Rahmen erprobt wurden, wiesen den Weg, auf dem sich die Bestrebungen kommender Jahre bewegen mußten; und selbst in diesen bescheidenen Anfängen steckte ein Elan und ein ehrliches Streben nach Fortschritt, das auf viele Gegner des Bolschewismus seinen Eindruck nicht verfehlte.

Im Sommer 1922, kurz nachdem Lenin seinen ersten Schlaganfall erlitten hatte, begann man im Politbüro mit der Erörterung einer Verfassungsreform, deren Ziel die Regelung des Verhältnisses zwischen Rußland und den Republiken in den Randgebieten sein sollte. Die Pläne zu dieser Reform gingen im wesentlichen von Stalin aus. In der zweiten Hälfte des Jahres 1922 entwickelte er die Grundgedanken der neuen Verfassung. Seine Ideen waren, kurz gesagt, die folgenden: die Föderation der Sowjetrepubliken sollte durch eine Union der Republiken ersetzt werden. Die Union sollte aus vier regionalen Einheiten bestehen, nämlich aus Rußland, Transkaukasien, der Ukraine und Weißrußland[17] (eben im Zusammenhang mit diesem Plan drängte er die Georgier zum Anschluß an die transkaukasische Föderation). Er wollte nicht, daß die Union direkt aus den ihr angeschlossenen Republiken gebildet werde. Er bestand darauf, daß zwischen der allgemeinen zentralen Verwaltung und den einzelnen Republiken Zwischenglieder eingebaut würden. Er ging von dem Gedanken aus, daß die Zentralaufsicht wirkungsvoller sein könne, wenn sie über die vier obengenannten großen Kanäle geleitet werde, als wenn sie sich in eine unabsehbare Zahl direkter Verbindungen zwischen Moskau und den lokalen Verwaltungen auflöse. Die Kommissariate sollten in drei Klassen eingeteilt werden: a) Militärische Angelegenheiten, Außenpolitik, Außenhandel, Verkehrswesen und Nachrichtenmittel. Sie sollten allein und ausschließlich zur Zuständigkeit der Moskauer Regierung gehören. Die Regierungen der einzelnen Republiken sollten also keine Kommissariate besitzen, die sich mit diesen Angelegenheiten beschäftigten. b) In der zweiten Klasse befanden sich die Verwaltung der Finanzen, der Wirtschaft, der Ernährung und der Arbeit sowie die Arbeiter- und Bauerninspektion. Diese sollten nicht von der Zentralregierung abhängen, sollten aber von Moskau aus weitgehend koordiniert werden. c) Die Verwaltung des Innern, Rechtspflege, Erziehung und Volksbildung gehörten in die dritte Klasse und sollten von den Provinzialregierungen völlig selbständig bearbeitet werden. Träger der obersten souveränen Gewalt sollte der Unionskongreß der Sowjets sein. Wenn der Kongreß nicht tagte, sollten seine Aufgaben durch ein Zentralexekutivkomitee wahrgenommen werden. Dieses sollte aus zwei Kammern bestehen: dem Obersten Rat und dem Rat der Nationalitäten. Alle Volksgruppen sollten mit der gleichen Zahl von Delegierten im Rat der Nationalitäten vertreten sein. Das Zentralexekutivkomitee sollte den Rat der Volkskommissare, die eigentliche Regierung, ernennen.

Als Lenin sich nach seiner ersten Erkrankung zu erholen begann, wurde ihm dieser Entwurf vorgelegt. Er stimmte zu. Aufs neue setzte das Politbüro die Georgier unter Druck, um sie zum Anschluß an die kaukasische Föderation zu bewegen. Die Georgier widersprachen den Moskauer Plänen, nach denen sie die Führung ihrer auswärtigen Beziehungen an die Zentralregierung hatten abgeben sollen und weigerten sich, ihr eigenes Kommissariat für Auswärtige Angelegenheiten aufzulösen. Der Form nach beließ der Plan Stalins den Republiken weitgehende Autonomie. Sie sollten ihre inneren Angelegenheiten nach eigenem Ermessen regeln; auch die Aufrechterhaltung von Ruhe und Ordnung und damit die Polizei blieb ihnen vorbehalten. Die Polizei hatte unter den obwaltenden Umständen weitaus die größten Kompetenzen. Aber die Praxis der Moskauer Regierung stand bereits in schreiendem Gegensatz zu der Reform, die sie selber vorbereitete.[18] Diese Tatsache gab den Anlaß zu einem Konflikt zwischen Lenin und Stalin, der ersten und letzten wirklich scharfen Auseinandersetzung zwischen den beiden im Laufe einer so langen und freundschaftlichen Verbindung.

In der zweiten Hälfte dieses Jahres erholte sich Lenin langsam auf dem Lande. Stalin stattete ihm mehrere Besuche ab und unterrichtete ihn über die laufenden Angelegenheiten. Die Eindrücke, die er von einem dieser Besuche mitnahm, legte er in einem Artikel in der »Prawda« nieder, der von hingebungsvoller Liebe zu dem kranken Führer überfloß und aus dem die Partei entnehmen konnte, daß Lenin schon bald wieder zu seiner Arbeit zurückkehren werde. Wahrscheinlich bildeten die Diskussionen im Politbüro, die Angriffe Trotzkis gegen die Arbeiter- und Bauerninspektion, der neue Verfassungsentwurf und die Opposition in Georgien und in der Ukraine den Hauptinhalt der Gespräche zwischen den beiden Männern. Lenin nahm offenbar Stalins Version über die Ereignisse an, denn er deckte den Generalsekretär in jeder Weise. Auch noch im Oktober, als er in sein Amt zurückkehrte, blieb er bei dieser Haltung und tat sein möglichstes, um die Stellung des Generalsekretärs zu stützen. Den Georgiern ließ er eine ärgerliche Ermahnung zukommen, er verwarf die Kritik an der Inspektion und war bereit, Stalins Verfassungsentwurf vor dem zehnten Sowjetkongreß im Dezember persönlich zu vertreten. Das Vertrauen zu seinem Mitarbeiter, das Lenin immer gehegt hatte, war also damals offenbar unerschüttert.

Aber im November oder zu Beginn des Dezember muß sich etwas ereignet haben, was dieses Vertrauen in nicht wiedergutzumachender Weise erschütterte. Aller Wahrscheinlichkeit nach war an diesem radikalen Umschwung in dem Verhältnis Lenins zu Stalin nicht ein einzelner Zwischenfall schuld, sondern mehrere, zeitlich zusammenfallende Vorgänge. Die Führer der georgischen Opposition antworteten auf Lenins Vorwürfe mit einer eingehenden Darlegung ihres Standpunkts, was Lenin Anlaß zum Nachdenken gab. Zur gleichen Zeit kehrte eine Untersuchungskommission, an deren Spitze der Chef der politischen Polizei, Dsershinski, stand, aus Georgien zurück. Er hielt Lenin über seine Feststellungen Vortrag. Von ihm erfuhr er einiges über das brutale Vorgehen Ordshonikidses. Lenin geriet darüber außer sich und verlangte, daß sein früherer Schüler in der Parteischule in Longjumeau seines Amtes enthoben und aus der Partei ausgestoßen werde. Aber er wollte sich nicht ausschließlich auf den Bericht Dsershinskis verlassen. Der Chef der politischen Polizei war ein persönlich durch und durch integrer Mann, von großem Idealismus, aber auch ein Fanatiker, der leicht Verwirrung stiften konnte. Er hatte sich in seinem Übereifer in die Arbeit anderer Regierungsstellen eingemischt und war deshalb von Lenin bereits auf einem Parteikongreß öffentlich getadelt worden.[19] Er verteidigte bei Lenin die Politik Stalins in Georgien, und Lenin gab deshalb seinen Privatsekretären den Auftrag, ihm einen eingehenden Bericht über die Vorgänge in Georgien vorzulegen.

Aber es war nicht nur die georgische Angelegenheit, die Lenin beunruhigte. Nachdem er wieder in sein Amt zurückgekehrt war, hatte er das undeutliche, aber untrügliche Gefühl, daß die ganze Atmosphäre um ihn eine andere geworden war. Die Reibereien in der Verwaltungsmaschinerie hatten sich in den Monaten seiner Abwesenheit noch verstärkt. Es wurde immer schwieriger, erschöpfende und rasche Antworten auf bestimmte Anfragen zu erhalten. Lenin hörte Klagen über die Rücksichtslosigkeiten von Beamten in gewissen Dienststellen, über Verwaltungsleerlauf in anderen und über Mißbräuche der Amtsgewalt in dritten. Seine eigenen Anweisungen und Befehle blieben häufig an Stellen hängen, die nicht festzustellen waren, ohne jemals an die Stelle zu kommen, für die sie bestimmt waren. Er hatte das Gefühl, daß hinter seinem Rücken etwas gespielt wurde, das er nicht durchschauen konnte. Schon vor seiner Erkrankung hatte er der Partei gegenüber kein Hehl daraus gemacht, daß er den peinlichen Eindruck habe, als bewege sich die gesamte Verwaltungsmaschinerie in einer Richtung, die von der völlig verschieden sei, die er, der Mann am Steuer, im Auge habe. Dieser Eindruck verstärkte sich jetzt bei ihm. Als er den Spuren dieses Wechsels nachzugehen versuchte, führte ihn die Fährte direkten Weges in die Diensträume des Generalsekretariats. So erschienen ihm Georgien, die Meinungsverschiedenheiten im

Politbüro, die Beschwerden gegen Stalin allmählich in einem etwas anderen Licht. Mitte Dezember erlitt Lenin seinen zweiten Schlaganfall. Nach einer Woche war er soweit erholt, daß er wieder diktieren konnte. Aber er wußte, daß ihn der Tod diesmal gestreift hatte. Am 25. Dezember diktierte er seinem Sekretär ein Memorandum, das sein letzter Wille sein sollte. Er begann seine Darlegungen mit dem Ausdruck der Befürchtung, der Bolschewismus könne sich spalten. »Unsere Partei basiert auf zwei Klassen«, den Arbeitern und den Bauern, und »wenn zwischen diesen beiden Klassen keine Einigkeit besteht, dann ist der Zerfall der Partei unvermeidlich (...)«. In diesem Fall könnte die Spaltung durch keine Maßnahme mehr verhindert werden. Aber diese Gefahr sei »fern und zudem unwahrscheinlich«.[20] Die augenblicklichen Meinungsverschiedenheiten im Politbüro waren nach Lenins Auffassung nicht der Ausdruck für einen grundlegenden Zwiespalt zwischen den beiden Klassen. Trotzdem rechnete er mit der Gefahr »einer Spaltung in naher Zukunft«. An dieser Stelle bricht Lenin die marxistische und soziologische Linie seiner Überlegungen plötzlich und unvermittelt ab, er deutet nicht einmal an, was der soziale Hintergrund der Meinungsverschiedenheiten im Politbüro sein könnte. Statt dessen gibt er eine kurze, äußerst vorsichtige Beurteilung seiner möglichen Nachfolger, als wenn er damit andeuten wollte, daß ihre Meinungsverschiedenheiten ihre Quelle nur in persönlichen Reibereien haben, die freilich in der Zukunft größere Bedeutung erlangen könnten. Er unterließ es nicht, auf Stalin und Trotzki als die beiden hauptsächlichsten Antagonisten hinzuweisen, die er »als die zwei fähigsten Führer im derzeitigen Zentralkomitee« bezeichnete. Diese Ansicht setzte beinahe alle Kollegen und Schüler Lenins in Erstaunen, als sie zum erstenmal davon hörten. Trotzki blickte voll Verachtung auf seinen Rivalen herab, er behandelte ihn bis zu seinen letzten Lebenstagen als eine »unbedeutende Mittelmäßigkeit«. Auch die andern Mitglieder des Politbüros hatten sich dieses Urteil Lenins wohl zu eigen gemacht, denn jeder von ihnen fühlte sich geistig dem Generalsekretär überlegen. Lenin selber war sich ganz klar, welcher von den beiden Rivalen der befähigtere war. »Persönlich ist (...) der Genosse Trotzki (...) unzweifelhaft der fähigste Mann in dem derzeitigen Zentralkomitee.« Aber Lenin war keineswegs sicher, daß Trotzkis größere Gaben ihm seinen Aufstieg verbürgen würden. Das ganze Testament ist durchdrungen vom Zweifel über den Ausgang dieses Kampfes und der Sorge, wie man ihm Einhalt gebieten könnte, ehe es zu spät sei.

»Seitdem Genosse Stalin Generalsekretär geworden ist, vereinigt er in seiner Hand eine ungeheure Macht, und ich bin nicht davon überzeugt, daß er diese Macht immer mit der gebotenen Vorsicht zu nützen wissen wird.« Hier war jedes Wort sorgfältig abgewogen. Lenin gab dem Unbehagen und dem Mißtrauen Ausdruck, das sich in ihm bereits vor seinem köperlichen Zusammenbruch angesammelt hatte. Aber er hatte nicht das Gefühl, daß dieses Unbehagen so durch Tatsachen begründet sei, daß er ohne Umschweife ein Verdammungsurteil aussprechen könne. Wenn man das Bild, das er von Trotzki zeichnet, mit dem vergleicht, das er von Stalin gibt, so steht er Trotzki eher kritischer gegenüber, trotz der Anerkennung, die er seinen größeren Fähigkeiten zollt. Lenin erinnerte an einen neueren Vorgang in Trotzkis »Kampf gegen das Zentralkomitee«, bei dem Trotzki »ein viel zu weit gehendes Selbstvertrauen und die Neigung an den Tag legte, sich viel zu sehr von der rein verwaltungsmäßigen Seite einer Frage beeindrucken zu lassen«. Wenn die Partei nur auf Grund dieser Bemerkungen zwischen den »beiden befähigtsten Männern« hätte wählen sollen, dann hatte sich die Waage wahrscheinlich leicht zu Stalins Gunsten gesenkt. Die Schwächen Trotzkis waren mit viel größerem Nachdruck betont. Lenin deutete auch an, daß Trotzki eine Neigung habe, sich dem Zentralkomitee zu widersetzen — ein schwerer Fehler für den Führer einer Partei, die mit Disziplin und Gruppenarbeit entstanden war und die allen »individualistischen« Neigungen tief mißtraute. Lenin war sorgfältig darauf bedacht, keinem der beiden Rivalen böse Absichten zu unterstellen. Aber sie könnten »ganz unschuldigerweise den Anlaß zu einer Spaltung geben. Wenn unsere Partei nicht Maßnahmen ergreift, um eine solche Spaltung zu verhindern, dann kann sie von heute auf morgen da sein«.

Über die anderen Parteihäupter hatte er weniger zu sagen. Er erinnerte seine Genossen daran, daß die Opposition Sinowjews und Kamenjews gegen die Oktoberrevolution im Jahr 1917 »nicht ganz zufällig« gewesen sei. Dies war ein diskreter, aber dennoch deutlicher Ausdruck für seine Überzeugung, daß die beiden, die seine nächsten Schüler gewesen waren, es an revolutionärer Entschlußkraft und an Charakterstärke fehlen ließen. Aber »diese Episode im Oktober 1917 sollte man gegen die beiden ebensowenig vorbringen, wie den Nichtbolschewismus Trotzkis gegen Trotzki«. Mit anderen Worten, die Partei solle die alten Schwächen nicht vergessen, aber man solle sie gegen Sinowjew und Kamenjew nicht ausspielen. Der Hinweis auf Trotzkis nichtbolschewistische Vergangenheit zeigt jedenfalls, daß diese nicht vergessen war. Das Testament schloß mit kurzen Bemerkungen über die jüngeren Parteiführer: Bucharin (»der größte und wertvollste Theoretiker«, der »Liebling der ganzen Partei«, in dem aber leider »ein etwas scholastischer Zug steckt«), und Pjatakow (»sehr befähigt, nur kann man sich in ernsten politischen Fragen nicht auf ihn verlassen«).

Für einen letzten Willen und für ein Testament Lenins waren diese Bemerkungen in geradezu enttäuschender Weise unscharf. Die Warnung vor dem Schisma innerhalb der Partei paßte nicht zu der vollkommenen Ratlosigkeit, die Lenin da bekundete, wo er praktische Anweisungen hatte geben sollen. Der einzige Rat, den er gab, war der, die »Zahl der Mitglieder des Zentralkomitees auf 50 oder 100 zu erhöhen«. Dieser Vorschlag war, wie die Entwicklung zeigte, ohne jede praktische Bedeutung. Entgegen den Erwartungen Lenins ging die Macht des Politbüros und des Generalsekretariats in dem erweiterten Zentralkomitee nicht zurück, im Gegenteil, sie wurde nur noch größer.

Während Lenin über seinen letzten Willen nachdachte, leitete Stalin die Arbeiten des zehnten Allrussischen Sowjetkongresses, der sich grundsätzlich für die Verfassungsreform aussprach. Der Kongreß feierte sogar die Reform als einen entscheidenden »Schritt auf dem Wege zur Vereinigung der Werktätigen der ganzen Welt zur Sozialistischen Weltrepublik der Sowjets«. Drei Tage später, am 30. Dezember, pries Stalin auf dem Gründungskongreß der Sowjets der Union der Sozialistischen Sowjetrepubliken (UdSSR) die Reform als eine Leistung, die ebenso wichtig sei wie der Aufbau der Roten Armee im Bürgerkrieg. Dies war natürlich eine Übertreibung, die besagen sollte: »Ich habe nicht weniger erreicht als Trotzki.« Er fuhr fort: »Aber der heutige Tag, Genossen, ist nicht nur ein Tag der Bilanz, er ist zugleich ein Tag des Triumphs des neuen Rußlands über das alte Rußland, über jenes Rußland, das der Gendarm Europas und der Henker Asiens gewesen war (...). Möge dieser Unionskongreß all denen, die das Erkenntnisvermögen noch nicht eingebüßt haben, den Beweis liefern, daß die Kommunisten ebensogut Neues aufzubauen verstehen, wie sie das Alte zu zerstören verstehen.«[22]

Lenin, der in diesen Tagen einige seiner letzten machtvollen Essays schrieb, nahm von jeder öffentlichen Stellungnahme zu diesem so hoch gefeierten Ereignis Abstand. Am 30. Dezember, also an dem Tag, an dem der Kongreß der Sowjets der UdSSR eröffnet wurde, diktierte er Niederschriften über den Konflikt in Georgien:

»Ich habe den Eindruck, daß die Hast und die impulsive Art, mit der Stalin Verwaltungsfragen behandelt, hier eine verhängnisvolle Rolle gespielt haben, aber auch seine Gehässigkeit gegen einen notorischen »Sozialchauvinismus« war daran beteiligt. Im allgemeinen spielt Gehässigkeit in der Politik die denkbar schlechteste Rolle. Ich fürchte auch, daß Dsershinski (...) sich durch eine ultrarussische Haltung auszeichnete (es ist bekannt, daß russifizierte Menschen fremder Nationalität in der Bekundung ihrer echt russischen Haltung immer über das Ziel hinausschießen) (...). Man muß einen Unterschied machen zwischen dem Nationalismus der Völker, die andere unterdrücken, und dem Nationalismus der unterdrückten Völker (...). Wir müssen Stalin und Dsershinski für die echt großrussische und nationalistische Aktion politisch verantwortlich machen.«[23]

Im Laufe von fünf Tagen, nachdem Lenin seinen letzten Willen zu Papier gebracht hatte, war also sein Verdacht, daß Stalin schuldig sei, bereits zur sicheren Gewißheit geworden. Jetzt ging er von vorsichtiger Kritik zu offenen Anklagen über. Es ist möglich, daß er in diesen fünf Tagen Besucher empfing, die aus den Provinzen zu dem Kongreß nach Moskau gekommen waren; es ist auch möglich, daß seine Sekretäre ihm in dieser Zeit ihre Ausarbeitung über die georgische Frage vorgelegt hatten oder daß er selber einen unerfreulichen Zusammenstoß mit dem

Generalsekretär hatte. Es ist ebenso denkbar, daß alle diese Faktoren zusammengewirkt haben. Für uns mag hier genügen, daß Lenins Ansicht nun gefestigt war und er nochmals über sein Testament nachdachte. Am 4. Januar 1923 diktierte er eine Nachschrift zu dem Testament, aus welcher der Grimm eines Mannes spricht, der das Gefühl hat, von seinem nächsten Mitarbeiter getäuscht worden zu sein:

»Stalin ist zu schroff, und dieser Fehler (...) ist in dem Amt des Generalsekretärs untragbar. Deshalb schlage ich den Genossen vor, einen Weg zu suchen, auf dem Stalin von diesem Posten entfernt werden kann, und einen Nachfolger für ihn zu ernennen (...), der geduldiger, loyaler, höflicher, aufmerksamer den Genossen gegenüber und weniger launenhaft ist und so weiter. Diese Umstände mögen als unbedeutende Nebensachen erscheinen, aber ich denke, wenn man eine Spaltung verhindern will und wenn man die Beziehungen zwischen Stalin und Trotzki im Auge hat, die ich oben näher dargestellt habe, dann ist das keine Kleinigkeit, oder es ist eine solche Kleinigkeit, die entscheidende Bedeutung erlangen kann.«[24]

Außer Lenins Ehefrau, der Krupskaja, und seinen Sekretären wußte niemand etwas von diesem Testament. Lenin fürchtete, gänzlich gelähmt zu werden oder plötzlich zu sterben. Deshalb beeilte er sich, die Vorwürfe, die er gegen Stalin zu erheben, und den Rat, den er der Partei zu geben hatte, schriftlich festzuhalten. Bald darauf besserte sich seine Gesundheit wieder. Er machte sich jetzt daran, den Generalsekretär anzugreifen, zunächst vorsichtig, dann aber mit immer größerem Nachdruck. Ein Teil der Schilderung dieses Zwischenfalls beruht auf den späteren Enthüllungen Trotzkis, deren Glaubwürdigkeit von manchem Skeptiker in Frage gestellt werden kann. Aber der wesentliche Teil dieser Geschichte beruht auf dem, was Lenin selber in der »Prawda« schrieb. Diese Aufsätze sind in allen Ausgaben der Werke Lenins zu lesen. Sie passen nicht nur genau mit Trotzkis Enthüllungen zusammen, sondern bekräftigen sie. Jedenfalls ist seitdem keine andere Darstellung dieser Vorgänge von Stalin selber oder von einem seiner Apologeten veröffentlicht worden.

Am 25. Januar 1923 veröffentlichte die »Prawda« Lenins ersten kritischen Artikel, der sich mit der Arbeiter- und Bauerninspektion befaßte. Er war noch mild im Ton und hinsichtlich der praktischen Folgen, die aus ihm zu ziehen waren, reichlich unklar.[25] In der ersten Februarwoche[26] diktierte Lenin seinen Artikel »Besser weniger, aber besser«, der einen vernichtenden Angriff auf Stalin als Kommissar der Arbeiter- und Bauerninspektion darstellte. Dieser Aufsatz, der letzte, den Lenin für die »Prawda« schrieb, erschien erst am 4. März im Druck, also vier Wochen, nachdem er geschrieben worden war. Offenbar waren in dieser Zeit durch Stalin oder durch dessen Freunde vergebliche Versuche gemacht worden, Lenin von der Veröffentlichung dieses Angriffs abzubringen.

»Wir wollen offen sagen«, das waren Lenins Worte, »daß das Volkskommissariat der Arbeiter- und Bauerninspektion nicht das geringste Ansehen genießt. Jedermann weiß, daß es eine schlechter organisierte Einrichtung als unsere Arbeiter- und Bauerninspektion nicht geben kann und daß unter solchen Verhältnissen von diesem Kommissariat auch nichts Gutes erhofft werden darf.«[27] Stalins Name war kein einziges Mal erwähnt, aber es war ganz unverkennbar, daß der Stoß auf ihn persönlich gezielt war, denn seit vier Jahren, also seit der Schaffung der Inspektion, stand Stalin an der Spitze dieser Behörde. Lenin fuhr fort: »Was nützt es, ein Volkskommissariat zu schaffen, das die Dinge schleifen läßt, das nicht das geringste Vertrauen genießt und dessen Arbeiten ohne jedes Gewicht sind? (...) Unsere Hauptaufgabe (...) besteht darin, hier grundlegend Wandel zu schaffen. Wir müssen uns ernsthaft an die Arbeit machen, wir müssen etwas durch und durch Vorbildliches schaffen, das allgemeine Achtung gewinnt, und zwar auf Grund von Leistungen und nicht nur auf Grund eines Ranges und eines Titels.« Lenins Ausführungen über die guten Eigenschaften, die in einem verbesserten Kommissariat zu finden sein müßten, waren gleichzeitig Betrachtungen über die Schwächen und Fehler dieses Amtes unter der Leitung Stalins. »Wir wollen hoffen, daß die neue Arbeiter- und Bauerninspektion frei sein wird von leerem Formelkram und lächerlicher Angeberei (...), womit nur der Bürokratie in den Sowjets und bei der Partei in die Hand gearbeitet wird. Nebenbei mag gesagt sein, daß es Bürokraten nicht nur in den Büros der Sowjets, sondern auch in unserer Partei gibt. Das

Fehlen zivilisierter Umgangsformen ist der Ursprung des Übels. Unsere Leute treiben zu großzügig und zu frivol das, was sie ›proletarische Kultur‹ nennen. Für den Anfang wären wir mit einer echten bürgerlichen Kultur ganz zufrieden, und es würde uns in diesem Falle genügen, wenn wir mit den roheren Formen der vorbourgeoisen Kultur, das heißt mit der bürokratischen Kultur und der Kultur der Leibeigenen und so weiter nichts zu tun haben müßten. In allen kulturellen Angelegenheiten sind Hast und durchgreifende Maßnahmen das denkbar Schlechteste.« Kein Zweifel, das Kommissariat, das von dem Nachkommen georgischer Leibeigener verwaltet wurde und die ganze Verwaltung zu überprüfen hatte, lebte noch in Kulturformen der Bürokratie und der Leibeigenschaft.

Das war der erste Schlag, den Lenin Stalin in aller Öffentlichkeit versetzte. Aber hinter den Kulissen bereitete er den letzten und entscheidenden Angriff vor, den er auf dem zwölften, für April einberufenen Parteikongreß führen wollte. Jetzt verständigte er sich sogar mit Trotzki über ein gemeinsames Vorgehen. Am 5. März, also am Tag, nachdem schließlich die »Prawda« Lenins Angriff gegen Stalins Kommissariat gebracht hatte, hatte er eine scharfe Auseinandersetzung mit Stalin. Hierauf diktierte er einen kurzen Brief an Stalin, in dem er ihm mitteilte, daß er alle persönlichen Beziehungen zu ihm »abbreche«. Am nächsten Tag, am 6. März, schickte er ein Telegramm an die Führer der Opposition in Georgien, in dem er versprach, er werde ihren Fall auf dem Kongreß persönlich in die Hand nehmen. »Ich bin bei euch mit meinem ganzen Herzen. Ich bin außer mir über die Anmaßung von Ordshonikidse und über das Zusammenspiel zwischen Stalin und Dsershinski.«[28] Daraufhin setzte er sich erneut mit Trotzki in Verbindung, um seine eigene Taktik in der georgischen Angelegenheit mit der Trotzkis abzustimmen und instruierte Kamenjew, der in diesen Tagen mit einer besonderen Untersuchungskommission nach Tiflis abreisen sollte. Aber mitten in dieser angespannten Tätigkeit, am 9. März, erlitt er den dritten Schlaganfall, von dem er sich nicht mehr erholen sollte.

Stalin hatte keine genaue Kenntnis von dem, was Lenin plante. Aber er spürte die Gefahr. Er kannte seinen furchtbaren Gegner zu genau, um nicht zu begreifen, daß jetzt seine ganze Laufbahn auf dem Spiel stand. Er konnte deshalb die Nachricht von Lenins Rückfall nur mit gemischten Gefühlen aufnehmen. Das ist das mindeste, was man sagen kann.[29] Die Tatsache, daß Lenin nicht mehr in der Lage war, ihn vor dem Parteikongreß anzuklagen, befreite ihn sofort von dem größten Teil seiner Verlegenheit. Er mußte immer noch mit einem Angriff von Trotzkis Seite rechnen, der wohl ein gefährlicher Kritiker sein, sich aber ebensogut wieder als »Preisboxer mit falschen Muskeln« zeigen konnte. Stalin bemühte sich, Trotzki einzulullen. In der Sitzung des Politbüros, in der die Vorbereitung des Parteikongresses besprochen wurde, des ersten Kongresses in der Geschichte der Partei, der nicht von Lenin persönlich präsidiert wurde, schlug Stalin Trotzki als Hauptberichterstatter vor, der zu dem Kongreß im Namen des Zentralkomitees sprechen sollte.[30]

Die Szene, die sich hier abspielte, war, so wie sie von Trotzki dargestellt wird, eine Komödie, bei der es schwer zu sagen ist, welcher der beiden Rivalen die unaufrichtigere Rolle spielte. Trotzki lehnte es ab, die Rolle zu übernehmen, die bisher immer Lenin gespielt hatte, um nicht in der Öffentlichkeit den Eindruck zu erwecken, er erhebe bereits zu Lenins Lebzeiten Anspruch auf seine Nachfolge. Diese Besorgnis war bei ihm sicherlich ernst. Aber dann machte er den Vorschlag, daß Stalin in seiner Eigenschaft als Generalsekretär *ex officio* an Lenins Stelle handeln solle. Stalin war vorsichtig genug, dieses Angebot dankend abzulehnen. Schließlich übernahm Sinowjew den ebenso ehrenvollen wie riskanten Auftrag.

In der Zwischenzeit trug Stalin eine bescheidene, herzliche und natürliche Ergebenheit Lenin gegenüber zur Schau. Diese Pose schützte ihn gegen einen Teil der Angriffe, die gegen ihn in Vorbereitung waren. Einige Tage nach Lenins neuem Schlaganfall veröffentlichte er einen Aufsatz »Zur Frage der Strategie und Taktik der Russischen Kommunisten«, der voll von ehrerbietigen Hinweisen auf den kranken Parteiführer war. Es hieß darin: »Der vorliegende Artikel muß als eine gedrängte und schematische Darlegung der Grundansichten des Genossen Lenin betrachtet werden.«[31] Selbst wenn die Kunde von ihrem scharfen Zusammenstoß aus dem Kreml herausgesickert wäre, so hätten doch die meisten Menschen sie nicht geglaubt. Er fuhr auch fort,

Trotzki unbestimmte Angebote zu machen. Bei den Sitzungen des Politbüros zeigte er sich nachgiebig und versöhnlich und war rasch bereit, jede Änderung zu den Anträgen anzunehmen, die er für den Kongreß vorbereitete. Er beeilte sich geradezu, bei jeder Gelegenheit seinen Kritikern Höflichkeiten zu sagen. So kam es, daß schließlich sogar sein Antrag über die Nationalitätenpolitik mehr im Stil Trotzkis als in seinem eigenen formuliert war. Der Schwerpunkt lag in einem Tadel an die Adresse der Sowjetbeamten in den Zentralstellen und in den Provinzen, die in chauvinistischer Weise die Union der Sowjetrepubliken so mißverstünden, als sei diese eine Neuauflage des »großen und unteilbaren« Rußland. Ein Zusatzantrag sah sogar die Möglichkeit einer Revision seiner berühmten Verfassungsreform vor. Es wurde hier zum Ausdruck gebracht, daß man den unabhängigen Republiken auch ihre eigene uneingeschränkte Regierung solange belassen könne, bis die russische Bürokratie es gelernt habe, die Bedürfnisse und Forderungen der noch unentwickelten Nationalitäten in echt proletarischem und brüderlichem Geist zu berücksichtigen.[32] Auf der andern Seite erreichte Stalin eine Verurteilung des »Lokalpatriotismus« und gewann damit das Schlupfloch, durch das er der Kritik an seiner eigenen Politik entwischen konnte.

Friedrich der Große sagte einmal, er habe eine Vereinbarung mit seinem Volk geschlossen, die diesem die Freiheit gebe zu sagen, was es wolle. Er sei aber genauso frei zu handeln, wie es ihm beliebe. Solange Stalin handeln konnte, wie es ihm beliebte, war er in diesem Forum gern bereit, so zu reden, wie es Trotzki gefiel. Nachdem Stalin so viele Zugeständnisse gemacht hatte, beschloß das Politbüro die Memoranden und Bemerkungen Lenins über die georgische Frage dem Kongreß nicht vorzulegen, da es nicht klar sei, welchen Gebrauch Lenin selber von diesen Ausarbeitungen habe machen wollen. Dies war der erste taktische Erfolg, den Stalin in dem Konflikt für sich buchen konnte. Sein nächster Erfolg bestand darin, daß Trotzki davon Abstand nahm, den Generalsekretär auf dem Kongreß offen anzugreifen, wie es geplant gewesen war (nur ein einziges Mitglied des Politbüros, Bucharin, setzte sich offen für die Opposition in Georgien und in der Ukraine ein). Trotzki ließ sich Zeit, in der Hoffnung, Lenin werde sich wieder erholen; er glaubte, daß ihr gemeinsamer Vorstoß wirkungsvoller sein werde, als wenn er allein vorgehe. Dadurch gewann Stalin genügend Spielraum zum Handeln.

Ungefähr zu dieser Zeit bildete sich innerhalb des Politbüros ein neues Triumvirat bestehend aus Stalin, Sinowjew und Kamenjew. Diese drei Männer wurden durch den Wunsch zusammengeführt, Trotzki unter allen Umständen daran zu hindern, daß er die Führung der Partei an sich reiße. Keiner dieser drei hätte sich allein mit Trotzki messen können. Zusammen aber bildeten sie eine starke Kombination von Talent und Einfluß. Sinowjew war der Politiker, der Redner, der Demagoge, der die Massen ansprach. Kamenjew war der Stratege der Gruppe, ihr solider Kopf, wohl geschult in allen Fragen der Parteidoktrin, ein Faktor, der in dem Schlußkampf um die Macht von entscheidender Bedeutung sein mußte. Stalin war der Taktiker des Trios und dessen starke organisierende Hand. Die drei Männer beherrschten zusammen eigentlich die ganze Partei und damit auch die Regierung. Kamenjew war als Lenins Stellvertreter Präsident des Moskauer Sowjets. Sinowjew war Vorsitzender des Sowjets von Petrograd, das bald Leningrad heißen sollte. Stalin hatte die meisten Provinzen an der Hand. Sinowjew war außerdem Vorsitzender der Kommunistischen Internationale, deren moralischer Einfluß in Rußland damals so groß war, daß jeder, der nach der Macht strebte, darauf bedacht sein mußte, Sinowjew auf seiner Seite zu haben.

Und nicht zuletzt verkörperten diese drei Männer die ganze Tradition und Geschichte der Partei. Seit der Spaltung der sozialdemokratischen Partei hatten sie immer, ohne zu wanken, auf der Seite der Bolschewisten gestanden, und sie waren die Senioren in der Führung. Von den übrigen Mitgliedern des Politbüros waren, wenn man Trotzki außer Betracht läßt, Bucharin sehr viel jünger, und Tomski, der Gewerkschaftsführer, gehörte nicht zu den alten Kämpfern. Er war vor kurzem zur Partei gestoßen. Mit dem höheren Parteidienstalter war auch der Glorienschein der heroischen Kampfzeit verbunden, dazu kam die Auszeichnung, die in einer niemals wankenden Ergebenheit für die Sache des

Bolschewismus lag. Diese drei Männer weigerten sich jetzt, dem »Ex-Menschewisten« Trotzki zu folgen, der, obwohl er erst seit fünf Jahren der Partei angehörte, jetzt allgemein als der gegebene Nachfolger Lenins betrachtet wurde. Dieses Motiv war das einzige, das sie zusammenführte und sie zu gemeinsamem Handeln zwang. Da alle andern Mitglieder des Politbüros eigene Wege gingen, stellten die Triumvirn ganz von selbst eine Mehrheit dar. Ihre Anträge und Vorschläge, über die sie sich im allgemeinen vor jeder Sitzung des Politbüros einigten, wurden unweigerlich angenommen. Den andern Mitgliedern waren dann durch die Disziplin des Politbüros Hände und Füße gebunden. Wenn sie auch nur den Versuch gemacht hätten, die Auseinandersetzungen innerhalb des Politbüros in die Öffentlichkeit zu tragen, so wäre das als ein schwerer Akt der Illoyalität erschienen.

Nachdem die Szene so vorbereitet war, brauchte sich Stalin vor dem Kongreß kaum mehr zu fürchten. Gegen ihn standen nur noch zweitrangige Gegner, die es nicht fertigbrachten, die Masse der Delegierten auf ihre Seite zu ziehen. Die politische Stellung vieler Delegierter hing bereits von der Gunst oder Mißgunst des Generalsekretärs ab. Das Maß dieser Abhängigkeit wurde von Stalin selber angedeutet, als er vor dem Kongreß über die Arbeit der Personalabteilung des Generalsekretariats berichtete. Seine Ausführungen warfen ein Licht auf die Art und Weise, wie die Partei ihre Aufsicht über alle Gebiete des öffentlichen Lebens sicherstellte. Im Jahr zuvor waren nur 27 Prozent der regionalen Führer der Gewerkschaften Parteimitglieder gewesen. Jetzt waren bereits 57 Prozent von ihnen Kommunisten. Der Anteil der Kommunisten an der Verwaltung der Konsumgenossenschaften war von 5 Prozent auf 50 Prozent und in den Befehlsstellen der Roten Armee von 16 Prozent auf 24 Prozent gestiegen. Genauso war das Bild in allen andern Einrichtungen, die Stalin als die »Transmissionsriemen« bezeichnete, die Partei und Volk verbinden. Keine einzige öffentliche Einrichtung war aus diesem System der Transmissionsriemen ausgelassen.[33]

Um ihren Apparat in Ordnung zu halten, führte die Personalabteilung genaue Akten mit detaillierten Berichten über die Parteimitglieder in Schlüsselstellungen. Nach den ersten Säuberungen hatte die Partei 400 000 Mitglieder und ungefähr 20 000

Funktionäre.[34] Bisher hatte die Personalabteilung Akten über die obere und mittlere Schicht der Funktionäre angelegt, auch über 1300 Personen, die in der Wirtschaft leitende Stellungen innehatten. Stalin konnte mitteilen, daß diese Erhebungen immer noch weitergingen. In den Personalakten waren die berufliche Eignung und besonderen Fähigkeiten jedes einzelnen Mitglieds, seine politische Zuverlässigkeit und seine allgemein menschliche und moralische Haltung vermerkt. Jeder Vorwurf, der gegen ein Mitglied laut wurde, war sorgfältig registriert. Stalin sagte: »Nachdem die richtige politische Linie festgelegt ist, gilt es, die Funktionäre so auszulesen, daß die Posten von Menschen bekleidet werden, die es verstehen, die Direktiven zu verwirklichen (...). Andernfalls verliert die Politik ihren Sinn und verwandelt sich in leeres Geschwätz.«[35] Da das Personalamt bei jeder Beamtenernennung mitzuwirken oder sie selbst vorzunehmen hatte, war ein Netzwerk von Zweigstellen über das ganze Land verteilt. Das Amt war befugt, die dienstliche Tätigkeit und den Wohnort von Parteimitgliedern mit sofortiger Wirkung zu ändern. Sie konnten aus der Hauptstadt ebenso in die Einöden Sibiriens geschickt werden wie an eine Botschaft im Ausland, um an einer solchen Stelle einen Auftrag zu übernehmen. Auch wenn die Position an sich ganz ehrenvoll war, konnte darin bereits eine Bestrafung für ein Mitglied stecken, das nicht allen Anforderungen entsprach. Es gab wenige Personen, mochten sie auch noch so große Verdienste vorzuweisen haben, die ganz sicher waren, daß, wenn je ihre politische Haltung dem Generalsekretariat mißfiel, nicht irgendein Fehltritt in der Vergangenheit gegen sie ausgekramt und öffentlich vorgebracht werden würde. Aber damals war dies noch nicht zur allgemeinen Praxis geworden.

Der Generalsekretär war auch für die Ernennung von hohen Parteifunktionären in den Provinzen verantwortlich. Über dieses Thema ließ er sich mit beinahe sakramentaler Trauer aus. Er sagte dem Kongreß, daß es jetzt höchste Zeit sei, daß die Parteiorganisationen in der Provinz ihre Parteisekretäre selber wählen, anstatt sie sich von oben zuweisen zu lassen. Leider sei der Mangel an geeigneten Persönlichkeiten für solche Posten so groß, daß die lokalen Parteiorganisationen immer wieder das Generalsekretariat mit der Bitte behelligten, es möge solche Funktionäre aus der Zentrale schicken: »Parteiführer heranzubilden ist sehr schwer, dazu braucht man Jahre, fünf bis zehn Jahre, mehr als zehn Jahre. Es ist viel leichter, mit Hilfe der Kavallerie des Genossen Budjonny dieses oder jenes Land zu erobern, als zwei, drei Führer aus der Basis heranzubilden, Menschen, die in Zukunft wahre Führer des Landes werden können.«[36] Er stellte sich schützend vor die Parteikomitees in der Provinz, die in der Presse so oft angegriffen und lächerlich gemacht würden. Er sprach für die ganze Phalanx seiner Sekretäre, er entschuldigte sogar ihre gelegentlichen Streitereien und Intrigen. Das alles habe seine guten und schlechten Seiten, aber im ganzen trage es mit bei, »zusammenhängende Kerntrupps von Funktionären« zu bilden. Mit andern Worten, die Parteikomitees in der Provinz waren nur Miniaturausgaben des Politbüros, mit ihren eigenen kleinen Triumviraten und Duumviraten und ihren Oppositionsgruppen.

Auf dem Kongreß mußte Stalin in Beantwortung einer Kritik zum erstenmal öffentlich zugeben, daß ein Triumvirat bestehe, und er fügte sofort hinzu, daß es gegen jede Opposition solidarisch sei. Er sagte wörtlich: »Ossinski (...) hat Genossen Stalin gelobt, hat Kamenjew gelobt und Sinowjew einen Fußtritt versetzt, da er glaubte, einstweilen genüge es, den einen zu beseitigen, dann würden auch die andern an die Reihe kommen. Er hat Kurs genommen auf die Zersetzung des Kerns, der sich in Jahren der Arbeit innerhalb des ZK gebildet hat, wenn er allen Ernstes beabsichtigt, solche Attacken (...) zu unternehmen, so muß ich ihm warnend erklären, daß er auf eine Mauer stoßen wird, an der er sich, fürchte ich, den Schädel einrennen wird.«[37] Einem andern seiner Kritiker, Lutowinow (der bald darauf Selbstmord begehen sollte), der mehr Freiheit der Meinungsäußerung innerhalb der Partei forderte, sagte Stalin, die Partei sei kein Debattierklub. »Die uns umringenden imperialistischen Wölfe schlummern nicht (...). Die Frage in Versammlungen von 20 000 Zellen beraten heißt doch, sie an die große Glocke hängen.«[38] Und das müsse unweigerlich zum Fiasko führen. Langen und allgemeinen Beifall erntete er bei den Worten: »Ich muß sagen, daß ich schon lange nicht einen so geschlossen dastehenden, von *einer* Idee beseelten Parteitag gesehen habe. Ich bedauere, daß Genosse Lenin nicht hier ist. Wäre er hier, so könnte er sagen: ›25 Jahre lang habe ich die Partei gehegt und gepflegt, habe sie groß und mächtig gemacht‹.«[39] Bei keinem andern Kongreß zuvor hatte Stalin mit ähnlichem Selbstbewußtsein gesprochen.

Die Unzufriedenen, die Führerlosen und die Hilflosen waren auf diesem Kongreß die Geschlagenen. Drei Monate später, im August 1923, wurde das Politbüro durch den plötzlichen Ausbruch von Streiks in der Industrie in Alarm versetzt. Seit der Proklamation der NEP im Jahr 1921 hatte sich die sowjetrussische Wirtschaft allmählich erholt. Aber dieser Prozeß war langsam und schmerzhaft. Die Industrie war immer noch nicht in der Lage, die notwendigsten Bedürfnisse des Landes zu decken. Es gelang ihr nicht, die Waren auf das Land zu schaffen, welche die Bauern anreizen konnten, ihre Lebensmittel auf den Markt zu bringen. Niedrige Löhne, Arbeitslosigkeit und Unterernährung trieben die Arbeiterklasse zur Verzweiflung. Da die Gewerkschaften sich weigerten, die Forderungen der Arbeiter der Regierung gegenüber zu vertreten, schuf sich die Unzufriedenheit in »inoffiziellen« Streiks Luft. Die Nervosität drang auch in die Reihen der Partei ein. Man entdeckte Geheimgruppen unter den Mitgliederorganisationen. Einige dieser Gruppen waren zur Hälfte menschewistisch, andere waren ganz und gar bolschewistisch, versammelten aber bei sich die Reste der Opposition, die im Jahr 1921 in Acht und Bann getan worden war, und neue Unzufriedene. Sie forderten vor allem größere Freiheit der Meinungsäußerung in der Partei. Einige dieser Abtrünnigen wurden aus der Partei ausgestoßen, andere wurden ins Gefängnis gesteckt. Das waren die ersten Ansätze der Bildung einer geheimen Opposition innerhalb der bolschewistischen Partei. Bisher hatten diese geheimen Gruppen ohne Zusammenhalt gehandelt. Es fehlte ihnen auch die gemeinsame Führung. Die Triumvirn mußten befürchten, daß sich ihre Rivalen in der Parteileitung mit den Unzufriedenen in den Reihen der Parteimitglieder zusammentun könnten.[40]

Sie reagierten auf diese Krisensymptome in einer Weise, der die einheitliche Linie fehlte. Sie legten dem Zentralkomitee einen Antrag vor, in dem es als nötig bezeichnet wurde, daß für die

Parteimitglieder die Demokratie und die freie Meinungsäußerung wieder hergestellt werde. Auf der andern Seite setzten sie die politische Partei gegen die geheimen Oppositionsgruppen in Bewegung. Die Polizei mußte die Entdeckung machen, daß die Bolschewisten sich oft weigerten, beim Aufspüren der Oppositionsgruppen mitzuhelfen. Dsershinski verlangte deshalb vom Politbüro Vollmachten für die Polizei, damit diese auch gegen solche Bolschewisten vorgehen könne, die die erwünschte Mitarbeit verweigerten. An diesem Punkt trat der Kampf zwischen Trotzki und den Triumvirn in eine neue Phase. Ohne sich eindeutig darüber auszusprechen, ob er sich für den Vorschlag Dsershinskis einsetze oder nicht, griff Trotzki das Triumvirat direkt an. Was jetzt vorgefallen sei, sagte er, sei kennzeichnend für die Geistesverfassung der Partei, für das tiefe Gefühl der Enttäuschung und für das Mißtrauen ihrer Führung gegenüber. Sogar mitten im Bürgerkrieg seien »nicht mehr als 10 Prozent der Ernennungen zu Parteiposten, die heute durch das Generalsekretariat vorgenommen würden, von oben herab dekretiert worden. Es ist jetzt die Regel, die Parteisekretäre von oben zu bestellen.« Er gab zu, daß ein Kern Demagogie in der Forderung einer Arbeiterdemokratie stecke, »denn eine voll entwickelte Arbeiterdemokratie ist mit der Diktatur unvereinbar«. Die Disziplin, die man im Bürgerkrieg habe üben müssen, müsse jetzt »einer lebensvollen und freien Verantwortlichkeit innerhalb der Partei weichen«. Das Gegenteil von dem geschehe. »Die Bürokratisierung des Parteiapparats nimmt unvorstellbare Ausmaße an. Die sich daraus ergebende Kritik und Unzufriedenheit dürfen nicht offen zur Sprache kommen und werden in eine Untergrundbewegung getrieben. Sie nehmen damit unkontrollierbare und gefährliche Formen an.«[41]

Die Triumvirn gingen den von Trotzki aufgeworfenen Fragen aus dem Weg und beschuldigten ihn, er sei übelwollend, habe persönlich ehrgeizige Ziele, vernachlässige seine Pflichten in der Regierung und dergleichen mehr. Sie warfen ihm vor, er wolle Lenins Nachfolger werden.[42]

Dieser Angriff ging sicherlich nicht ganz daneben, denn der Kampf um die Nachfolge Lenins entwickelte sich ganz von selber aus der gegebenen Lage. Aber diese Beschuldigung sowie alles andere, was man gegen Trotzki vorbringen konnte, gingen an dem Kernpunkt vorbei. Die Parteikrise, wie sie Trotzki diagnostiziert hatte, war eine Tatsache. Mitten in diesem Hin und Her veröffentlichten 46 prominente Kommunisten eine Erklärung, deren Hauptpunkte sich mit der Kritik Trotzkis deckten.[43] Unter den Unterschriften fanden sich die Namen von Pjatakow, einem der fähigsten Führer der jungen Generation, den Lenin auch in seinem Testament erwähnt hatte, Preobrashenski und Serebrjakow, zwei ehemaligen Mitgliedern des Politbüros, Antonow-Owsejenko, dem militärischen Führer der Oktoberrevolution, von Smirnow, Ossinski, Bubnow, Sapronow, Muralow, Drobnis und anderen, alles Parteiführer, die sich im Bürgerkrieg ausgezeichnet hatten, Männer von Geist und Charakter. Einige von ihnen hatten bei früheren Anlässen gegen Lenin und Trotzki opponiert und dem Mißbehagen Ausdruck gegeben, das übrigens von vielen Parteimitgliedern geteilt wurde, als die Führungskreise darangingen, die Grundsätze der Zweckmäßigkeit zu opfern. Im Grunde machten sie sich nur zu Sprechern einer allgemeinen Besorgnis, die im gleichen Maß wuchs, wie die Partei sich mehr und mehr von einigen ihrer grundlegenden Prinzipien entfernte. Es ist nicht sicher, ob Trotzki diese Demonstration der Unzufriedenheit angestiftet hatte. Einstweilen führte er seine Auseinandersetzung mit den Triumvirn hinter den verschlossenen Türen des Politbüros. Die Partei draußen mußte den Eindruck haben, daß er immer mit ganzem Herzen hinter der amtlichen Parteipolitik stand. So hatte er sich in Wirklichkeit zwischen zwei Stühle gesetzt: Er mußte die Verantwortung für eine Politik mittragen, gegen die er in Wirklichkeit anging, und er hatte es versäumt, beizeiten die Kreise um sich zu versammeln, die ihn hätten unterstützen können.

Im November war die Aufregung über die Parteikrise so groß, daß die Triumvirn sich entschlossen, einen Antrag einzubringen, der eine demokratische Parteireform vorsah. Wie in der georgischen Frage, so war Stalin auch diesmal Trotzki gegenüber in seinen Worten zu jedem nur denkbaren Zugeständnis bereit. Der Antrag wurde von dem Politbüro einstimmig angenommen. Trotzki hatte keine andere Wahl, als ebenfalls mit »Ja« zu stimmen. Am 7. November, dem sechsten Jahrestag der Revolution, kündigte Sinowjew amtlich an, man werde jetzt in aller Öffentlichkeit die Fragen diskutieren, die den Bolschewisten Sorgen und Kopfzerbrechen bereiteten. Der Belagerungszustand innerhalb der Partei schien damit aufgehoben.

Aber dem war nicht so. Der Stand der Dinge, gegen den die Opposition sich erhob, war nicht nur eine Folge des Ehrgeizes oder des bösen Willens Stalins und der Triumvirn. Er hatte tiefere Wurzeln. Die Revolution hatte sich dadurch am Leben erhalten, daß sie sich zu ihrem Schutz eine massive politische Maschine gebaut hatte. Die Gleichgültigkeit, um nicht zu sagen die Feindseligkeit der Massen, veranlaßte die Partei, immer mehr durch Zwang und immer weniger durch Überredung zu regieren.

Wer hatte mit Sicherheit sagen können, daß jetzt die Zeit gekommen sei, all dies umzustoßen, die politische Maschinerie in ihrer Tätigkeit einzuschränken oder sie gar vollständig zu verschrotten, um sich nur noch auf die gesunde Urteilskraft des Volkes zu verlassen? Wer konnte mit Gewißheit sagen, daß man damit nicht die Errungenschaften der Revolution wieder aufs Spiel setze? Wenn man eine Arbeiterdemokratie haben wollte, bedeutete das auch, daß man den Menschewisten und Sozialrevolutionären gestatten wolle, zurückzukommen? Die meisten Kritiker Stalins, auch Trotzki, waren der Meinung, daß das Verbot der menschewistischen Partei beibehalten werden müsse. Sie waren der Ansicht, die Zeit sei noch nicht gekommen, den Belagerungszustand innerhalb der Republik aufzuheben; sie wollten ihn nur innerhalb der kommunistischen Partei aufheben. Aber konnte die Partei eine Insel der Freiheit sein in einer Gesellschaft, die wohl oder übel einer Diktatur unterworfen werden mußte? Abgesehen davon hatte der große und weitverzweigte Apparat der Diktatur jetzt ein begründetes Interesse daran, sich selber zu erhalten. Man konnte sogar behaupten, es liege im wohlverstandenen Interesse der Revolution, daß so verfahren werde. Auf beiden Seiten sah man das Dilemma. Aber während die eine Seite, nämlich die Opposition, der Meinung war, in diesem Dilemma ein Zeichen der Schwäche erkennen zu müssen, sah die andere Seite in ihm ein Zeichen ihrer Stärke.

Trotzki forderte demgemäß nur eine beschränkte Reform, die von oben dekretiert werden sollte, eine Art von administrativem Liberalismus. Er hatte sich bisher sorgfältig gehütet, in dieser Frage an die Öffentlichkeit zu gehen, auch nicht an die kommunistische Öffentlichkeit, um sie gegen die Parteispitze aufzubringen. Aber er empfand das Bedürfnis, den Streit vor ein größeres Forum zu bringen. Die amtliche Ankündigung einer öffentlichen Aussprache gab ihm dazu Gelegenheit. Er benützte sie, um sich über die Parteispitze an die öffentliche Meinung zu wenden, und er tat dies sogar mit ihrer ausdrücklichen Billigung. Seine Haltung war nicht ganz konsequent, mag es nun wirklich so gewesen sein, oder mochte es nur so scheinen. Jedenfalls war sie durch tiefere Überlegungen beeinflußt. Er glaubte, es müsse möglich sein, eine Art Gleichgewicht zwischen Diktatur und Freiheit zu finden, man müsse die Diktatur einschränken und die Freiheit ausweiten, man müsse auch umgekehrt verfahren können, je nachdem die Verhältnisse dies verlangen würden. Er lebte in der Hoffnung, daß, wenn sich Rußland erst einmal wirtschaftlich erholt und der Sozialismus weitere Fortschritte gemacht habe, es dem Regime möglich sein müsse, sich weniger auf die Anwendung von Zwangsmitteln als auf die freiwillige Unterstützung und Mitarbeit des ganzen Volkes zu verlassen. Die Revolution müsse in der Lage sein, sich zu verjüngen, wieder das zu werden, was sie einmal gewesen war. Die Spaltung zwischen der Revolution und dem Volk war seiner Meinung nach nur eine vorübergehende Erscheinung. Die Triumvirn, vor allem Stalin selber, waren in dieser Hinsicht weniger hoffnungsvoll.

Hier stoßen wir auf die Wurzel der meisten Konflikte zwischen Trotzkismus und Stalinismus. Beide betonten ihre Loyalität dem Marxismus gegenüber, und es liegt keine Veranlassung vor, an der Aufrichtigkeit dieser Versicherung zu zweifeln. Für beide Fraktionen war die Treue zum Marxismus und Leninismus genauso selbstverständlich wie für Katholiken und Protestanten das Gefühl der Zugehörigkeit zum Christentum. In beiden Fällen handelt es sich um ein Glaubensbekenntnis, das keineswegs einen Schlüssel zum Verständnis dieser erbitterten Feindschaft liefert. Trotzkis Haltung lag ein vorsichtiger, aber doch sehr realer revolutionärer Optimismus zugrunde. Er glaubte, wenn nur die Parteiführer die rechte Politik verfolgten, dann würden ihnen auch die arbeitenden Massen ihre Unterstützung nicht versagen. Dieser Glaube ist ein wesentlicher Bestandteil der marxistischen Philosophie. Öffentlich hat Stalin diesem Glauben nie widersprochen. Aber in den Grundzügen seiner Politik machte sich immer wieder ein tiefes Mißtrauen in die Volkstümlichkeit des Sozialismus bemerkbar, und mehr als das: eine ausgesprochen pessimistische Haltung gegenüber dem Menschen und der Gesellschaft. Letztlich setzt der revolutionäre Optimist seine Hoffnung darauf, daß er eine echte und natürliche Wirkung auf das Volk hat. Er wird von dieser Hoffnung unter keinen Umständen lassen. Der Pessimist, der an der Macht ist, mißtraut denen, über die er herrscht. Der kommunistische Pessimist behandelt seine eigene Doktrin wie ein esoterisches Wissen. Er glaubt nicht, daß die arbeitenden Massen wirklich in der Lage sind, sich diese Doktrin zu eigen zu machen, es sei denn, daß man sie ihnen, grob gesprochen, mit dem Löffel in den Hals stopft. Sowohl die Optimisten wie auch die Pessimisten des Kommunismus sind aber überzeugt, daß ihre Lehre das einzige Mittel gegen die Übel der kapitalistischen Gesellschaft ist. Aber während der Optimist hofft, daß der Patient früher oder später — wahrscheinlich sogar früher denn später — so weit ist, daß er von sich aus nach der Medizin verlangen wird, will der Pessimist die Kur ohne große Rücksicht auf die Wünsche des Kranken durchführen. Aber vielleicht führt uns diese Abschweifung zu weit vom Wege unserer Geschichte ab.

Wenige Wochen, nachdem Sinowjew die allgemeine Diskussion eröffnet hatte, sprach Stalin zu den Kommunisten von Krassnaja Presnja, einem Arbeiterviertel in Moskau, über die Bedeutung des »Neuen Kurses.«[44] Er gab offen zu, daß sich die Partei in einem Gärungszustand befinde und daß sie die Fühlung mit der öffentlichen Meinung des Landes verloren habe. Die Schuld dafür gab er den untersten lokalen Parteiorganisationen, die es sich abgewöhnt hätten, wichtige Fragen gemeinsam zu erörtern; sie wählten nicht einmal mehr ihre Funktionäre selbst, sondern ließen sie sich von oben schicken. Er sagte: »Im Jahre 1917 bildeten wir uns ein, daß wir eine Gemeinde, eine Gesellschaft der arbeitenden Menschen schaffen könnten, daß wir mit der Bürokratie Schluß machen könnten (...). Das ist ein Ideal, von dessen Verwirklichung wir noch sehr weit entfernt sind (...). Was wir brauchen, um den Staat von seinen bürokratischen Elementen zu befreien (...), sind ein höherer Lebensstandard in der Bevölkerung, vollkommen gesicherte, in jeder Hinsicht friedliche Verhältnisse, so daß eine große stehende Armee überflüssig wird (...), die auf alle andern Regierungseinrichtungen irgendwie abfärbt.«[45] Die Mängel dieses Zustandes könnten nur zum Teil durch den »Neuen Kurs« behoben werden. Aber es wäre unklug, wenn die Partei nun alle Hoffnung nur auf die Freiheit setzen wollte. Sie müsse zu dem Wahlsystem zurückkehren, aber bei diesen Wahlen müsse es trotzdem gewisse Einschränkungen geben. Freiheit der Meinungsäußerung müsse es geben, aber in gewissen Grenzen. Daran lasse sich aus guten Gründen nichts ändern.

Die Geschichte, die Stalin hier erzählte, hatte ihren Stachel in folgendem Nachsatz: Es gebe einige Kritiker des jetzigen Zustandes, die sich auf Trotzki berufen. Er, Stalin, wisse wirklich nicht, was sie dazu berechtige. Er kenne Trotzki (und hier wurde sein Ton fast ehrfürchtig) als den Mann, der immer darauf bestanden habe, daß die Partei kein Debattierklub sei, daß es ohne Disziplin keine Aktion geben könne. So erweckte er bei seinen Hörern den Eindruck, als stehe Trotzki hinter der Politik des Generalsekretariats. Im Licht des vorausgegangenen Briefwechsels zwischen Trotzki und den Triumvirn war diese Andeutung nichts als eine Herausforderung Trotzkis zu einer öffentlichen Debatte.

Drei Tage später, am 5. Dezember, antwortete ihm Trotzki mit einem offenen Brief[46] an die Kommunisten von Krassnaja Presnja: Er ging von dem letzten Beschluß des Politbüros aus und warnte die Masse der Parteimitglieder mit allem Nachdruck vor der Gefahr, daß diese Entschließungen ein totes Stück Papier blieben, wenn die Partei als solche die Parteiführer nicht überwache und unter Druck halte. »Einige Genossen mit konservativen Neigungen (er nannte keine Namen) scheinen die Bedeutung des Parteiapparates zu überschätzen und dafür das Eigenleben der Partei zu gering zu achten. Sie nehmen den Beschlüssen des Politbüros gegenüber eine kritische Haltung ein. Sie behaupten, das Zentralkomitee habe sich eine unmöglich zu lösende Aufgabe vorgenommen, die Resolution werde nur unerfüllbare Illusionen erwecken und zu negativen Ergebnissen führen.« Dieser Ansicht stimme er, Trotzki, nicht bei. Er glaube vielmehr, es sei allerhöchste Zeit, daß die Partei die Initiative und das Recht auf Selbstbestimmung wieder an sich bringe, deren sie sich zugunsten der Parteimaschine entledigt habe. »Die Partei muß sich ihren Apparat unterordnen, ohne daß sie dabei auch nur einen Augenblick aufhört, eine zentral geleitete Organisation zu sein.« Sie müsse von ihrem Recht Gebrauch machen und kritisch ihre Meinung sagen »ohne Furcht und ohne Voreingenommenheit. Vor allem wäre es jetzt notwendig, aus den Parteistellungen alle diejenigen zu entfernen, die bei dem ersten Ton der Kritik, des Einwandes, des Protestes, von dem betreffenden Parteimitglied das Parteibuch einfordern wollen, um Strafmaßnahmen gegen ihn zu ergreifen. Damit sollte der ›Neue Kurs‹ beginnen. Im Parteiapparat sollte jeder fühlen, von oben bis nach unten, daß niemand es länger wagen darf, die Partei zu terrorisieren.« Trotzki wandte sich an die Jugend, und indem er mit dem Finger unmißverständlich auf die Triumvirn, die »alte Garde« des Bolschewismus zeigte, warnte er die Partei davor, daß nicht selten »alte Kämpfer« der Revolution zu Bürokraten geworden seien. So sei es den Häuptern der revisionistischen Sozialdemokratie in Europa ergangen. Dasselbe könne den Bolschewisten zustoßen. Aus diesem Brief konnte die Öffentlichkeit den ersten Hinweis auf die Kluft entnehmen, die sich im Politbüro aufgetan hatte.

Die Triumvirn nahmen die Herausforderung sofort an. Sinowjew, impulsiv wie immer, forderte, daß Trotzki sofort verhaftet werde.

Stalin, vorsichtiger und der großen und unbestrittenen Popularität Trotzkis eingedenk, widersetzte sich einer solchen Maßnahme. Merkwürdigerweise war er an dieser Stelle des Dramas, und auch noch später, sorgfältig darauf bedacht, immer als der gemäßigte, der verständnisvollste und versöhnlichste der Triumvirn zu erscheinen. Seine Kritik an Trotzki war weniger verletzend als die Sinowjews und Kamenjews. Er wußte, daß die Partei eine Herabsetzung Trotzkis nicht ohne weiteres hinnehmen würde, und überließ es seinen Partnern, auf die unfeinste Art Schmutz zu werfen, wodurch nicht nur Trotzkis Ansehen, sondern auch ihr eigenes leiden mußte. Er konzentrierte sich auf eine diskretere Form der Tätigkeit. Er ließ die Parteimaschine spielen. Immer darauf bedacht, die Spielregeln des Parteilebens zu achten, war er auch jetzt bestrebt, eine formelle Verurteilung der Opposition durch ein gesamtrussisches kommunistisches Gremium zu erreichen. Es erschien ihm noch zu gefährlich, die Frage vor einen gewählten Parteikongreß zu bringen. Deshalb ließ er beschließen, eine nationale Konferenz einzuberufen, auf der die örtlichen Parteiorganisationen durch ihre Parteisekretäre, Funktionäre und die vom Generalsekretariat ernannten Parteibeamten vertreten sein sollten. Er durfte damit rechnen, daß eine solche Versammlung bestrebt sein werde, den Triumvirn gefällig zu sein. Es war auch nicht daran zu zweifeln, daß ihr Schiedsspruch gegen Trotzki auf den Rest der Partei Eindruck machen werde. Die Konferenz wurde für Januar 1924 einberufen.

Jetzt, es war Ende Dezember geworden, beteiligte sich Stalin selber an dem Schießen und feuerte gleich eine ganze Salve ab, die vor allem gegen die radikale Opposition und erst in zweiter Linie gegen Trotzki gerichtet war. Seine Beweisführung strotzte zwar von Fehlern und logischen Sprüngen, aber sie war trotzdem höchst wirkungsvoll, weil sie die inneren Halbheiten und Vorbehalte der Opposition ins rechte Licht rückte. Er fragte, ob die Opposition wolle, daß die Grundsätze Lenins, der die Fraktionen und Gruppen innerhalb der Partei verboten wissen wollte, beachtet werden sollen oder nicht. Ja oder Nein? Und gerade an diesem Punkt konnte die Opposition nicht mit einem einfachen Ja oder Nein antworten. Trotzki widersprach sich hier selber. Er wollte, daß die Grundsätze Lenins, die er selber mit unterschrieben hatte, in Kraft bleiben, aber er behauptete, daß mit ihnen Mißbrauch getrieben werde. Auf diese schwache Stelle konzentrierte Stalin seinen Angriff. Trotzki sah sich zum Rückzug gezwungen, er kam ins Schwanken, mußte eine Position nach der andern räumen, um dann, als es zu spät war, als seine Anhänger bereits verwirrt und entnervt waren, zu versuchen, das verlorene Terrain wiederzugewinnen.

Im Verlauf dieser Debatte wurde, während Lenin auf dem Sterbebett lag, der Leninkult ins Leben gerufen. Wenn jemand direkt oder indirekt forderte, daß eine von Lenin inspirierte Maßnahme aufgehoben werde, so war das von nun an ein unverzeihlicher Verstoß gegen ein ungeschriebenes Gesetz des kommunistischen Verhaltens. Als Preobraschenski erklärte, die Partei habe den heißen Wunsch, die leninistische Freiheit der Meinungsäußerung wieder zu erhalten, deren sie sich vor 1920 bei der Auseinandersetzung über Brest-Litowsk erfreut hatte, erwiderte Stalin mit der trockenen Feststellung, daß die Sitten und Gebräuche jener Zeit kaum der Nachahmung wert seien. Hatten denn damals Preobraschenski und seinesgleichen, nämlich die linken Kommunisten, nicht die Absicht gehabt, Lenins Regierung zu stürzen und sich selber an seine Stelle zu setzen? Das entsprach mindestens teilweise der Wahrheit. Der Schlag saß. Aber zu der Zeit, als man sich über die Brest-Litowsker Frage stritt, und sogar noch später, wäre es niemand in den Sinn gekommen, in einem solchen Plan etwas Tadelnswertes zu finden. Die linken Kommunisten, die damals gegen den Friedensschluß mit Deutschland gewesen waren, hatten vorübergehend die Mehrheit im Zentralkomitee gehabt. Es war deshalb damals ganz selbstverständlich für sie, daß sie sich Gedanken darüber machten, ob sie nicht selber die Regierung und die Verantwortung für die Fortführung des Krieges übernehmen sollten, die Lenin ablehnte.[47] Dies hinderte aber weder die linken Kommunisten noch Lenin daran, nach der Krise um Brest-Litowsk wieder zusammenzuarbeiten. Aber jetzt, im Jahr 1923, sah diese Episode von 1918 wie eine finstere Verschwörung oder wie ein gotteslästerlicher Akt aus. Stalin warnte die Partei dringend vor denen, die eine Rückkehr zu solch verhängnisvollen Methoden befürworten.

Aus der Sicht des Leninkults war die Stellung Trotzkis äußerst schwach. Er hatte die Partei vor der Gefahr einer »Degeneration« der alten bolschewistischen Garde gewarnt und er hatte in diesem Zusammenhang in der ersten Person Pluralis gesprochen »Wir, die alten Bolschewisten.«[48] Dieser Ausdruck war insofern gerechtfertigt, als neunzig Prozent der damaligen Kommunisten der Partei erst nach der Oktoberrevolution beigetreten waren.

»Ich muß aber Trotzki vor Trotzki in Schutz nehmen«, sagte Stalin sarkastisch, »denn aus begreiflichen Gründen kann und soll er nicht die Verantwortung für eine eventuelle Entartung der Hauptkader der alten bolschewistischen Garde tragen.«[49] (Er habe ja nicht dazugehört.) Diese Degeneration der alten Bolschewisten bestehe aber nur in Trotzkis Einbildung. Es gebe Elemente der Zersetzung in der Partei; dies seien menschewistische Elemente, die sich zwar der Partei angeschlossen hätten, aber mit ihrem Geist nichts gemein hätten. Es war ganz klar, wohin dieser Stoß zielte. Niemand brauchte eine Erklärung.

Diese Debatte mit all ihren Abschweifungen und Übertreibungen war nur der eine Teil der Vorbereitung für den großen Coup, der auf der bevorstehenden Konferenz geführt werden sollte. Inzwischen schwächte das Generalsekretariat die Opposition, indem es ihre Führer zerstreute. Trotzki, der leidend und zudem durch die inneren Vorbehalte, die er vor sich selber machte, gehemmt war, entwickelte keine große Tätigkeit. Man entdeckte plötzlich, daß Rakowski dringend bei der sowjetischen Botschaft in London benötigt werde; im Februar 1924 sollten ja die diplomatischen Beziehungen zwischen Großbritannien und der Sowjetunion aufgenommen werden. Krestinski wurde mit einem diplomatischen Auftrag nach Deutschland, Joffe nach China geschickt.

Die Opposition konnte gegen diese Ernennungen nicht protestieren, die durch die besonderen Verdienste dieser Männer gerechtfertigt waren. Aber die neu ernannten Diplomaten konnten sich nicht länger in die inneren Angelegenheiten der Partei einmischen. Die Ukraine war der Hauptstützpunkt der Opposition gewesen, solange Rakowski dort als Premierminister gewirkt hatte. Das Generalsekretariat schickte jetzt den ehemaligen Lederarbeiter Lasar Kaganowitsch, einen harten Verwaltungsmann, dorthin, um das Wespennest zu säubern. In Moskau wurden Trotzkis Artikel und Broschüren aus dem Handel zurückgezogen, so daß die noch unentschlossenen und zögernden Parteimitglieder keine Möglichkeit hatten, sich mit dem Standpunkt der beiden streitenden Gruppen vertraut zu machen. Die Funktionäre in der Provinz waren genauestens darüber unterrichtet, was die Triumvirn wünschten. So konnte es über den Verlauf der Konferenz von Anfang an kaum einen Zweifel geben.

Bei der Konferenz trug Stalin seinen Standpunkt sehr viel unverblümter vor, als er das bisher getan hatte. »Ich will nur eins sagen: Eine voll entfaltete, vollständige Demokratie wird es jedenfalls nicht geben.« Man solle nicht vergessen, daß es Zeiten gäbe, »in denen es unmöglich und sinnlos ist, sie zu verwirklichen«[50], sogar in den engen Grenzen der Partei. Wirtschaftlichen Wohlstand, militärische Sicherheit und eine intellektuell hochentwickelte Mitgliederschaft, das seien die Voraussetzungen, unter denen eine Arbeiterdemokratie funktionieren könne. Diese Voraussetzungen seien aber nicht gegeben. Wenn die Partei auch nicht demokratisch sei, so dürfe man doch nicht behaupten, sie sei bürokratisch. Hier war seine Beweisführung etwas verworren. Das Bild der Organisation, die nach seiner Darstellung weder demokratisch noch bürokratisch war, war etwas verzeichnet. Aber die Stärke seiner Argumente lag eben in ihrer Unklarheit; sie war darauf abgestellt, die zögernden Gemüter zu gewinnen. Dann verlas er die Liste der »Sechs Irrtümer« Trotzkis. Trotzki hatte für den Beschluß des Politbüros über den »Neuen Kurs« gestimmt und hatte dann an dem Politbüro Kritik geübt; er stelle sich damit über seine Genossen und spiele sich als ein Übermensch auf. Er habe niemals klar und deutlich gesagt, ob er auf der Seite des Zentralkomitees oder auf der Seite der Oppositon stehe. Trotzki, ein »Patriarch unter den Bürokraten«, reize die Partei gegen den Parteiapparat und die Jugend gegen die Partei auf. Er habe sich zum Sprecher der kleinbürgerlichen Intelligenz gemacht, während sich die übrigen Parteiführer für das Proletariat einsetzten. Er habe die Regierungsform der Partei dafür verantwortlich gemacht, daß sich in ihr geheime Fraktionen und Gruppen gebildet haben, wogegen doch jeder Marxist wissen sollte, daß sich in solch verschiedenen Gruppen immer nur verschiedene Klasseninteressen ausdrücken. Die Partei müsse aus einem Guß sein, eine Partei aus Stahl, eine monolithische Partei. Zweihunderttausend Arbeiter sollten »direkt von der Werkbank« sofort in die Partei neu aufgenommen werden; das würde in die Partei einen gesunden, proletarischen Zug bringen, der frei wäre von dem kleinlichen bürgerlichen Individualismus. Das sei es, was die Männer forderten, die man mit Recht als Leninisten bezeichne. Schließlich hatte Stalin auch noch eine Sensation zur Hand, indem er einen bisher unbekannten Absatz aus dem Resolutionsentwurf Lenins für den zehnten Parteikongreß vorlas, der es dem Zentralkomitee gestattete, sogar seine eigenen Mitglieder, die sich der Mitarbeit in Fraktionen schuldig machten, aus der Partei auszustoßen. Er forderte den Kongreß auf, diese Klausel zu bestätigen. Alle seine Vorschläge wurden angenommen. Die Konferenz verurteilte die Opposition als eine »kleinbürgerliche Abweichung vom Leninismus«.

Drei Tage später, am 21. Januar 1924, starb Lenin. Trotz der Not und der Enttäuschungen der letzten Jahre wurde er vom Volk betrauert wie wenige in der Geschichte bekannte Volksführer betrauert wurden. Im Herzen des Volkes war Lenins Name immer noch gleichbedeutend mit dem großen Versprechen der Revolution, mit einer Gesellschaft gleicher und freier Menschen. Aber die Massen des trauernden Volkes richteten die Augen mit ausgesprochenem Unbehagen auf die Schüler des großen Toten. Wer von ihnen würde Lenins Platz am Steuer des Staatsschiffes einnehmen? Trotz der Streitereien der letzten Zeit und trotz der Exkommunizierungen dachten immer noch viele an Trotzki. Aber er war an Lenins Bahre nicht zu erblicken, an der die Massen vorbeizogen, um den toten Führer, der vor seinem Volke feierlich aufgebahrt lag, zum letztenmal zu grüßen. Man sah Trotzki auch nicht bei den zahlreichen Gedenkfeiern. Er war zu einer Kur in den Kaukasus gefahren; wenn man seiner Darstellung Glauben schenken darf, so konnte er nicht zu der Beisetzung Lenins nach Moskau zurückkehren, weil Stalin ihm ein falsches Datum mitgeteilt hatte. Man wird sagen, daß dies eine Kleinigkeit ist, die auf den Waagschalen der Geschichte nicht viel wiegt.[51]

Aber die Tatsache bleibt bestehen, daß in diesen Tagen die Triumvirn und nicht Trotzki auf die Einbildungskraft der Massen wirkten, die von den langwierigen und zeremoniellen Bestattungsfeiern beeindruckt waren. Eine geschickte Inszenierung hatte alle Scheinwerfer auf die Triumvirn gerichtet, als diese symbolisch an die leergewordene Stelle traten. Stalins eigene »biographische Chronik«[52] erzählt die Geschichte mit bezeichnender Genauigkeit, Tag um Tag, fast Stunde um Stunde:

21. Januar, 18.50 Uhr. Lenin stirbt in Gorki. 21.30 Uhr. Stalin und andere Mitglieder des Politbüros treffen in Gorki ein.

22. Januar. Stalin beteiligt sich an der Herausgabe des Manifests »An alle Arbeiter der UdSSR«. Er sendet Botschaften an die Parteiorganisationen in der Provinz und fordert sie auf, dem toten Führer die Treue zu halten.

23. Januar, 9.00 Uhr. Stalin und andere Parteiführer tragen den Sarg mit der Leiche aus Lenins Haus in Gorki. 13.30 Uhr. Stalin und seine Freunde tragen den Sarg vom Palewzkibahnhof bis zum Gewerkschaftshaus in Moskau, wo Lenin für die nächsten vier Tage aufgebahrt wird. 18.10 Uhr. Stalin hält Totenwache an der Bahre.

25. Januar. Stalin erläßt einen Aufruf an die Partei, Andenken an Lenin für das neugegründete Lenin-Institut zu sammeln.

26. Januar, 20.24 Uhr. Stalin verliest auf dem zweiten Kongreß der Sowjets den Treueid auf Lenin.

27. Januar, 8.00 Uhr. Stalin übernimmt seinen Platz in der Ehrenwache an Lenins Bahre. 8.30 Uhr. Stalin tritt an das Kopfende der Bahre. 9.00 Uhr. Stalin und andere tragen den Sarg aus dem Gewerkschaftshaus. 16.00 Uhr. Ende der Totenparade auf dem Roten Platz. Stalin und andere tragen den Sarg in die Gruft des späteren Mausoleums.

28. Januar. Stalin hält die Rede bei der Gedenkfeier.

Dieses Zeremoniell war ganz und gar nicht in der Art und im Stil Lenins, dessen Einfachheit und Abneigung für jede Art von Pomp beinahe sprichwörtlich waren. Diese Feierlichkeiten sollten die Einbildungskraft eines primitiven, halb orientalischen Volkes anregen und es in jene übersteigerte Begeisterung versetzen, die für den Leninkult notwendig war. Das gilt auch für das Mausoleum auf dem Roten Platz, in dem trotz des Protests seiner Witwe und des Unwillens vieler bolschewistischer Intellektueller Lenins einbalsamierter Körper aufgebahrt worden war. Für unzählige Bauern, deren religiöse Gefühle durch die Revolution unterdrückt worden waren, wurde das Mausoleum bald zum Wallfahrtsort, ein höchst merkwürdiges Mekka eines atheistischen Glaubens, der auch seinen Propheten und seine Heiligen brauchte, sein Heiliges Grab und seine Ikonen. Wie einst das Christentum bei seinem Eindringen in heidnische Länder Elemente des Heidenglaubens und heidnische Riten aufnahm und sie mit seiner eigenen Ideenwelt vermischte, so nahm auch jetzt der Marxismus, ein Produkt westlicher Philosophie, Elemente der byzantinischen Tradition auf, die in Rußland tiefe Wurzeln geschlagen hatten, ja sogar Elemente des griechisch-orthodoxen Kirchenstils. Dieser Prozeß war nicht zu vermeiden. Die Formeln des reinen Marxismus konnten die Gehirne revolutionärer Intellektueller erfüllen, besonders derer, die in der Emigration in Westeuropa gelebt hatten. Als aber die Lehre nach Rußland verpflanzt worden war und das Bild eines großen Volkes umzuformen begann, da mußte sie sich, ob sie wollte oder nicht, der besonderen geistigen Art dieses Volkes, seinen Traditionen, seinen Sitten und Gebräuchen anpassen. Dieser Prozeß war ganz unbemerkt bereits seit einiger Zeit in Gang gekommen. Niemand sah dies klarer und niemandem war dies peinlicher als Lenin. Sein Tod bedeutete einen Markstein in dieser Entwicklung. Er befreite viele der Genossen Lenins von den Fesseln des reinen Marxismus. Sein Tod zeigte plötzlich, wie weit die Anpassung der Doktrin an die Umwelt, in die sie verpflanzt worden war, schon fortgeschritten war.

Es war wohl natürlich, daß der Mann unter den Triumvirn, der seine Jugend in einem griechisch-orthodoxen Priesterseminar verbracht hatte, einer der wichtigsten Exponenten dieser Wandlung wurde, daß gerade er ihr den deutlichsten Ausdruck geben mußte. Der Eid auf Lenin, den er auf dem zweiten Sowjetkongreß verlas, ist bis zum heutigen Tag die vollste und sprechendste Enthüllung seines eigenen geistigen Wesens. Hier ist der Stil des Kommunistischen Manifests sehr merkwürdig mit dem eines orthodoxen Gebetbuches vermischt, und die marxistische Terminologie wechselt mit alten slawischen Wortformen ab. Ihre revolutionären Beschwörungen klingen wie eine Litanei, die für einen Kirchenchor geschrieben worden ist:

»Genossen! Wir Kommunisten sind Menschen von besonderem Schlag. Wir sind aus besonderem Stoff gemacht (...). Es gibt nichts Höheres als den Namen eines Mitglieds der Partei, deren

Gründer und Führer Genosse Lenin ist. Nicht jedem ist es gegeben, Mitglied dieser Partei zu sein. Nicht jedem ist es gegeben, die Unbilden und Stürme zu bestehen, die mit der Mitgliedschaft in dieser Partei verbunden sind. Die Söhne der Arbeiterklasse, die Söhne der Not und des Kampfes, die Söhne unsagbarer Entbehrungen und heroischer Anstrengungen — sie vor allem sollen Mitglieder dieser Partei sein (...).

Als Genosse Lenin von uns schied, hinterließ er uns das Vermächtnis, den erhabenen Namen eines Mitglieds der Partei hochzuhalten und in Reinheit zu bewahren. Wir schwören Dir, Genosse Lenin, daß wir dieses Dein Gebot in Ehren erfüllen werden (...).

Als Genosse Lenin von uns schied, hinterließ er uns das Vermächtnis, die Einheit unserer Partei wie unseren Augapfel zu hüten. Wir schwören Dir, Genosse Lenin, daß wir auch dieses Dein Gebot in Ehren erfüllen werden (...).

Als Genosse Lenin von uns schied, hinterließ er uns das Vermächtnis, die Diktatur des Proletariats zu schützen und zu festigen. Wir schwören Dir, Genosse Lenin, daß wir unsere Kräfte nicht schonen werden, um auch dieses Dein Gebot in Ehren zu erfüllen (...).

Als Genosse Lenin von uns schied, hinterließ er uns das Vermächtnis, mit allen Kräften das Bündnis der Arbeiter und Bauern zu festigen. Wir schwören Dir, Genosse Lenin, daß wir auch dieses Dein Gebot in Ehren erfüllen werden (...).

Als Genosse Lenin von uns schied, hinterließ er uns das Vermächtnis, die Union der Republiken zu festigen und zu erweitern. Wir schwören Dir, Genosse Lenin, daß wir auch dieses Dein Gebot in Ehren erfüllen werden (...).

Als Genosse Lenin von uns schied, hinterließ er uns das Vermächtnis, den Grundsätzen der Kommunistischen Internationale die Treue zu bewahren. Wir schwören Dir, Genosse Lenin, daß wir unser Leben nicht schonen werden, um den Bund der Werktätigen der ganzen Welt, die Kommunistische Internationale, zu festigen und zu erweitern!«[53]

Wenn man sich an das erinnert, was kurz zuvor zwischen Lenin und Stalin vorgefallen war, wird man versucht sein anzunehmen, dieser halb mystische Eid sei ein Meisterstück der Heuchelei. Aber dieser Schluß wäre allzu einfach, obwohl man nicht daran zweifeln kann, daß in Stalins exaltiertem Abschiedsgruß eine Spur Unehrlichkeit steckte. Es gibt aber keinen Zweifel, daß Stalin ganz ehrlich von dem Glauben durchdrungen war, er habe das Recht, in sich selber den rechtgläubigen Schüler Lenins zu sehen. Zwanzig Jahre lang hatte er der bolschewistischen Partei angehört. Zehn Jahre lang war er Mitglied von Lenins Zentralkomitee gewesen, und mehr als die Hälfte dieser Zeit, sechs schwere und stürmische Jahre lang, hatte er unmittelbar unter Lenin gedient, mit all seiner Kraft und treuer Ergebenheit. Sollte ihr kurzer, heftiger Konflikt diese lange, enge Verbindung vergessen machen? Stalin fühlte sich berechtigt, an seinen Krach mit Lenin als an eine unangenehme Episode, an ein Mißverständnis zu denken, das, wenn Lenin nur am Leben geblieben wäre, zwischen ihnen beiden rasch zur beiderseitigen Zufriedenheit ausgeglichen worden wäre. Er war sicherlich fest davon überzeugt, daß seine Haltung gegenüber den Hauptsätzen der Lehre, die Lenin den Seinen hinterlassen hatte, über jeden Vorwurf und Tadel erhaben sei. Es ist mehr als wahrscheinlich, daß er es gar nicht merkte, daß der Leninkult und im besonderen sein halb religiöser Eid auf Lenin wie eine Verhöhnung des wirklichen Lenin wirkten.[54]

Damals hielt Stalin Vorlesungen vor der kommunistischen Jugend und den Studenten der Swerdlow-Universität, an der die Partei ihre intellektuelle Elite schulte.[55] Er erklärte dort den Leninismus so, wie er ihn verstand. Was er zu diesem Thema zu sagen hatte, war so wenig originell und so flach, daß es sich kaum lohnt, eine Zusammenfassung seiner Darlegungen hier wiederzugeben. Was neu bei ihm war, das war die Form. Er erklärte die Lehre Lenins, die im wesentlichen soziologisch und experimentell war, als eine Folge strenger Regeln, als eine Patentstrategie und als eine taktische Verhaltensvorschrift für die Erlösung der Menschheit. All das war mit der Genauigkeit eines Buchhalters registriert und numeriert. Er kodifizierte und formalisierte den Leninismus in einem Stile unechter Vereinfachung und Durchsichtigkeit, der viele Menschen anzieht, denen eine gründliche soziologische Schulung fehlt. Jeden Satz, den er formulierte, belegte er mit einem Zitat aus Lenins Werken, das zuweilen ganz belanglos, zuweilen aus dem Zusammenhang gerissen war, genauso, wie ein mittelalterlicher Scholastiker seine Spekulationen mit Sätzen der Heiligen Schrift belegt hätte. Zugegeben, auch Lenin hatte zuweilen seine Darstellung mit fast zu vielen Marxzitaten gespickt. Aber Stalin brachte diese Manieriertheit zu solch absurder Vollkommenheit, daß er das bekannte Wort des Archimedes so hätte abwandeln können: »Gebt mir einen Satz von Lenin, und ich werde die Erde aus den Angeln heben.«

Zu dieser Zeit war der einzige Text Lenins, der die Erde unter Stalins Füßen hätte wanken machen können, sein Testament, der Partei und Stalin selber noch unbekannt. Erst im Mai, also vier Monate nach Lenins Tod, wurde es in einer Plenarsitzung des Zentralkomitees verlesen, das einen Beschluß darüber fassen sollte, ob dieses Schriftstück auf dem bevorstehenden Parteikongreß bekanntgemacht werden solle oder nicht. Ein Augenzeuge beschreibt die Szene: »Peinliche Verlegenheit lag lähmend über der ganzen Versammlung. Stalin, der auf einer der Bänke der Präsidententribüne saß, fühlte sich klein und erbärmlich. Ich sah ihn aufmerksam an. Trotz seiner Selbstbeherrschung und einer erzwungenen Ruhe konnte man auf seinem Gesicht deutlich erkennen, daß er vor der Entscheidung seines Geschicks stand.« In der Atmosphäre des Leninkults jener Tage mußte es beinahe gotteslästerlich erscheinen, den letzten Willen des Toten zu mißachten. An diesem für ihn so kritischen Punkt wurde Stalin durch Sinowjew gerettet: »Genossen«, rief er, »der letzte Wille Iljitschs, jedes Wort von Iljitsch gilt ohne Zweifel in unseren Augen als Gesetz. Mehr als einmal haben wir gelobt, alles auszuführen, was der sterbende Iljitsch uns zu tun empfahl. Ihr wißt genau, daß wir dieses Versprechen auch halten werden (...) *(die Anwesenden senkten die Blicke. Sie konnten einem so ausgekochten Schauspieler nicht ins Gesicht sehen)*. In einem Punkte aber sind wir so glücklich festzustellen, daß sich die Befürchtungen Iljitschs nicht bestätigt haben. Ich meine hinsichtlich unseres Generalsekretärs. Ihr seid alle Zeugen unserer gemeinsamen Arbeit in den letzten Monaten gewesen. Ebenso wie ich habt ihr mit Genugtuung festgestellt, daß die Befürchtungen Iljitschs nicht eingetroffen sind.«[56] Dann sprach Kamenjew, der das Zentralkomitee beschwor, man solle Stalin im Amt lassen. Wenn man aber so verfahren wolle, dann könne man natürlich auch das Testament Lenins nicht bekanntgeben. Frau Krupskaja protestierte gegen die Unterdrückung des Testaments ihres Mannes. Sie hatte keinen Erfolg. Trotzki, der an der Sitzung teilnahm, war zu stolz, um bei einer Frage einzugreifen, die zugleich seine eigene Stellung in der Partei betraf. Er schwieg und beschränkte sich darauf, durch Gesten und durch sein Mienenspiel seinen Abscheu vor dieser Szene zum Ausdruck zu bringen. Sinowjew schlug schließlich vor, man solle das Testament nicht veröffentlichen, sondern es nur vertraulich einer Anzahl ausgesuchter Delegierter zur Kenntnis bringen. Dieser Antrag wurde mit vierzig gegen zehn Stimmen angenommen. Jetzt konnte Stalin den kalten Schweiß von seiner Stirne wischen. Er saß wieder im Sattel, fest und für immer.

Die Solidarität der Triumvirn bewährte sich in dieser Prüfung, weil sowohl Kamenjew als auch Sinowjew sich einbildeten, sie hätten von Stalin nichts zu befürchten, während sie vor Trotzki Angst hatten. Sinowjew, damals Vorsitzender der Kommunistischen Internationale, war der älteste und der populärste unter den Triumvirn. Kamenjew wußte, daß er geistig seinen beiden Partnern weit überlegen war. Beide sahen in Stalin nur einen Helfer. Obwohl sie sich zuweilen unsicher fühlen mußten, wenn sie auf die Verschlagenheit im Wesen dieses Mannes stießen, so kamen sie doch nie auf den Gedanken, er trage den Ehrgeiz in sich, der alleinige Nachfolger Lenins zu werden. Auch die Partei im ganzen kam nie auf einen solchen Verdacht. Dagegen war es nicht schwierig, das Mißtrauen der Partei gegen Trotzki zu wecken.

Die Agenten des Triumvirats flüsterten, Trotzki sei der kommende Danton, und wenn nicht das, so um so sicherer der Bonaparte der russischen Revolution. Diese Flüsterpropaganda blieb nicht ohne Wirkung. Die Partei hatte, solange sie bestand, immer Vergleiche zwischen dem Weg der Französischen Revolution und dem ihrigen gezogen. Man gab jederzeit zu, daß sich die Geschichte wiederholen könne und daß deshalb auch in Rußland ein Direktorium oder ein einzelner Usurpator über die Revolution an die Macht gelangen könne. Man nahm es als historisch erwiesen an, daß dieser russische Usurpator, genauso wie sein französisches Vorbild, eine glänzende Persönlichkeit sein müsse, umstrahlt vom Waffenruhm gewonnener Schlachten. Die Maske eines Bonaparte schien für Trotzki nur zu gut zu passen. Sie hätte, mit Ausnahme von Stalin, vielleicht sogar jedem gestanden. Und eben hierin lag Stalins Stärke.

Gerade das, was unter andern Verhältnissen für einen Mann, der zur Macht strebt, eine Belastung gewesen wäre, seine Mittelmäßigkeit, seine dunkle Herkunft, war Stalins stärkste Trumpfkarte. Die Partei war dazu erzogen worden, dem bürgerlichen Individualismus zu mißtrauen und nach Kollektivismus zu streben. Keiner der Parteiführer war so frei von Individualismus und ein solcher Repräsentant des Kollektivismus wie Stalin. Das Erstaunlichste an dem Generalsekretär war, daß er nichts an sich hatte, was Erstaunen hätte wecken können. Seine beinahe unpersönliche Persönlichkeit schien die ideale Verkörperung der anonymen Kräfte der Partei und der Klasse zu sein. Nach außen hin trug er eine Bescheidenheit zur Schau, die kaum zu überbieten war. Bei ihm hatte jeder kleine Parteifunktionär und jedes Parteimitglied leichteren Zugang als bei den andern Parteiführern. Er pflegte sorgfältig seine Verbindungen mit Leuten, von denen er annehmen durfte, daß sie seinem Ruf förderlich oder schädlich sein könnten, das heißt mit den Parteisekretären in der Provinz, mit populären satirischen Schriftstellern und mit Besuchern aus dem Ausland. Selber schweigsam, war er unübertroffen in der Kunst, anderen geduldig zuzuhören. Man konnte ihn oft in der Ecke eines Treppenhauses sehen, wie er an seiner Pfeife zog und dabei unbeweglich, eine Stunde oder zwei, einem aufgeregten Besucher zuhörte, nur selten dessen Redestrom mit einer kurzen Frage unterbrechend. Wer ihn so sah, mußte ihn für einen Mann halten, der von jeglicher Selbstgefälligkeit frei ist. Sein Gesprächspartner, glücklich seine Probleme sich einmal vom Herzen reden zu dürfen, bemerkte selten, daß er bei dieser Unterhaltung über das, was Stalin selber dachte, so gut wie nichts erfahren hatte. Sein Privatsekretär sagte einmal: »Stalin vertraut keinem Menschen seine innersten Gedanken an. Höchst selten teilt er selbst seiner nächsten Umgebung seine Ideen und Eindrücke mit. Er besitzt im hohen Grade die Gabe zu schweigen und steht damit gewiß einzig da in einem Lande, wo jeder zu viel redet.«[57]

Auch sein Privatleben war über jeden Verdacht und vollends über jeden Vorwurf erhaben.»Dieser leidenschaftliche Politiker«, sagte Bajanow, »hat keine anderen Laster. Er liebt weder Geld noch Vergnügungen, noch Sport, noch Frauen (...), Frauen, die Schwäche der starken Männer, Frauen — außer seiner eigenen — existieren nicht für ihn.«[58] Etwa um die Mitte des Bürgerkrieges verheiratete er sich zum zweitenmal. Seine Frau, Nadeschda Allilujewa, war die Tochter jenes Arbeiters, bei dem Lenin in den Julitagen des Jahres 1917 Unterschlupf gesucht hatte. Sie war zwanzig Jahre jünger als Stalin. Nach der Revolution war sie Lenins Sektretärin gewesen und wurde von ihm im Jahr 1919 nach Zarizyn geschickt. Dort begannen der Kommissar und die junge Kommunistin einander zu lieben. Jetzt hatten sie eine kleine Wohnung in dem Teil des Kremls, in dem zur Zarenzeit die Bediensteten untergebracht gewesen waren. Nadeschda Allilujewa studierte ernsthaft und fleißig an einer technischen Hochschule in Moskau. Das Bild der Einfachheit, ja der sparsamen Bescheidenheit, wie es das Privatleben des Generalsekretärs bot, mußte ihn in den Augen der damals so puritanisch gesinnten Partei empfehlen, besonders in einer Zeit, in der man anfing, sich wegen der ersten Zeichen der Korruption und des losen Lebens hinter der Kremlmauer Sorgen zu machen.

Stalin machte damals auch nicht den Eindruck, als sei er intoleranter, als dies einem bolschewistischen Führer zustehe. Wir sahen, er war in seinen Angriffen gegen die Opposition weniger heftig als die beiden andern Triumvirn. In seinen Reden klang im allgemeinen der Ton eines gutherzigen und beruhigenden, vielleicht etwas billigen Optimismus durch, der so gut mit der immer größer werdenden Selbstgefälligkeit der Partei zusammenpaßte. Wenn im Politbüro Fragen der großen Politik diskutiert wurden, dann schien er niemals seine Meinung seinen Genossen aufdrängen zu wollen. Er beobachtete sorgfältig den Verlauf der Debatte, um zu sehen, aus welcher Richtung der Wind wehte, und stimmte dann jeweils mit der Mehrheit. Auf diese Weise war er immer der Mehrheit angenehm. Bei Parteiversammlungen war er der Mann, der gegen niemand einen Groll oder ein Vorurteil hatte, ein innerlich freier Leninist, ein Gralshüter der Lehre, der nur dann an jemandem Kritik übte, wenn es um die große Sache ging. Sogar wenn er hinter den verschlossenen Türen des Politbüros sprach, erweckte er den gleichen Eindruck. Noch mitten in seiner Auseinandersetzung mit Trotzki schilderte ihn dieser einem ihm nahestehenden Besucher aus dem Ausland »als einen braven und ehrlichen Revolutionär.«[59] Einige Beschreibungen von Szenen im Politbüro geben uns ein lebhaftes Bild von Stalin, der guten Seele: »Als ich zum erstenmal einer Sitzung im Politbüro beiwohnte«, schreibt Bajanow, »war der Kampf zwischen dem Triumvirat und Trotzki bereits entfesselt. Trotzki trat als erster ein; die andern hatten sich beim Konspirieren verspätet (...). Darauf erschien Sinowjew. Er ging an Trotzki vorüber. Beide taten, als sähen sie sich nicht. Als Kamenjew den Saal betrat, wechselte er mit Trotzki einen kurzen Gruß. Schließlich kam, als letzter, Stalin. Er näherte sich dem Tische, an dem Trotzki saß, von der andern Seite, begrüßte ihn sehr freundschaftlich und drückte ihm über den Tisch hinweg kraftvoll die Hand.«[60]

Während einer anderen Sitzung, es war im Herbst 1923, schlug einer der Triumvirn vor, Stalin solle als Kontrolleur in das Kriegskommissariat eintreten, an dessen Spitze Trotzki stand. Trotzki, den dieser Antrag ärgerte, erklärte, er trete von seinem Amt zurück; er bitte, von allen seinen Funktionen in Rußland enthoben zu werden und um die Erlaubnis, nach Deutschland gehen zu dürfen, wo damals eine kommunistische Erhebung bevorzustehen schien. Dort wolle er für die Revolution kämpfen. Sinowjew ließ sich das nicht zweimal sagen und forderte für sich das gleiche. Stalin machte der Szene ein Ende, indem er erklärte, die Partei könne unmöglich auf die Dienste zweier so wichtiger und beliebter Führer verzichten.[61]

Stalin ordnete seine Karten mit allem Bedacht und wartete auf das Ausspielen. Die Opposition war zwar durch den dreizehnten Parteikongreß im Mai 1924 verurteilt worden, aber sie war trotzdem immer noch ein Faktor, mit dem er rechnen mußte. Auch die Haltung der Kommunistischen Internationale durfte nicht aus den Augen verloren werden. Die Führer der kommunistischen Parteien in Europa, die Deutschen, Polen und Franzosen hatten entweder gegen die Diskreditierung Trotzkis protestiert oder versucht, die beiden streitenden Parteien zu versöhnen.

Sinowjew hatte genug hinter der Szene zu arbeiten, um diese Nebengeräusche zum Schweigen zu bringen. Auf seiner Seite stand in der Komintern das große Ansehen der russischen Kommunistischen Partei, der einzigen, die eine Revolution siegreich durchgeführt hatte, der Mythos der Oktoberrevolution, dem die ganze Welt sich erschloß und von dem nur wenige Kommunisten sich abzusetzen gewagt hatten. Auf der andern Seite verfügte er aber auch über die Kasse der Komintern, zu der die russische Partei weitaus den größten Beitrag leistete und von der viele der kommunistischen Parteien in Europa abhingen. Es mag uns genügen zu wissen, daß es den Triumvirn nach der Ausstoßung oder Absetzung vieler kommunistischer Führer nur mit allen verfügbaren Druckmitteln gelang, auf dem fünften Kongreß der Kommunistischen Internationale, der im Juni und Juli 1924 in Moskau tagte, eine Erklärung gegen die Parteiopposition in Rußland zustande zu bringen. Stalin, der sich bisher von der Komintern ferngehalten hatte, empfing die polnische Delegation und tadelte sie heftig wegen ihrer trotzkistischen Voreingenommenheit.[62]

Stalins Vorsicht hatte ihren Grund nicht zuletzt darin, daß die Triumvirn selber uneinig waren. Erst ein Jahr später, also im Laufe des Jahres 1925, zerstritten sie sich endgültig, aber schon jetzt machten sich in ihren persönlichen Beziehungen gewisse Eifersüchteleien bemerkbar. Sinowjew und Kamenjew konnte es nicht entgehen, daß Stalin die Parteimaschine immer fester in seine Hand nahm und daß er sie an der Kontrolle über diesen Apparat nicht teilhaben ließ. Stalin aber war eifersüchtig auf die beiden, weil sie ihm in den theoretischen Fragen der Parteidoktrin überlegen waren. Kurz nach der Verurteilung Trotzkis wagte Stalin in der Öffentlichkeit einen ersten Angriff gegen Kamenjew, dem er Unzuverlässigkeit in einer Frage der Parteidoktrin vorwarf. Der Streitpunkt war nicht sehr erheblich.[63] Jeder der Triumvirn hatte allen Grund zur Annahme, daß bei einem Bruch zwischen ihnen, einer der drei mit Trotzki zusammen gegen die beiden andern gemeinsame Sache machen werde. Sinowjew und Kamenjew, die sich später noch einmal mit Trotzki verbünden sollten, ließen sich damals von diesem Motiv nicht leiten. Aber in den Überlegungen Stalins spielte es wohl eine Rolle, denn er war ein weit besserer Taktiker als die beiden andern. Und schließlich wartete er, bis sein Gegner die Fehler machen würde, die er in seiner Lage unweigerlich machen mußte. Trotzki hatte sich dem Leninkult gebeugt, obwohl er seinem scharfen, logischen Geist und seinem europäischen Geschmack innerlich widerstrebte. Die Uniform eines Leninschülers war ihm irgendwie zu eng. Aber die Leninmystik war bereits so allgemein verbreitet, daß niemand, der bei einer kommunistischen Versammlung Beifall finden wollte, es wagen durfte, diese Tendenz zu übersehen, geschweige denn sie anzugreifen. So mußte Trotzki auf einem Feld kämpfen, auf dem er sich nicht wohl fühlen konnte. Die Triumvirn schleuderten ihm alte antitrotzkistische Zitate aus Lenins Werken ins Gesicht und, was noch viel schlimmer war, die Ausfälle gegen Lenin, die er sich vor zwölf und fünfzehn Jahren geleistet hatte. Eine Sammlung solcher Zitate erweckte in den Vorstellungen junger Kommunisten das Bild eines Trotzki, der an allen entscheidenden Stellen Lenin übelwollenden Widerstand in den Weg legte, von der Spaltung im Jahr 1903 bis zu Brest-Litowsk und bis zur Frage der Stellung der Gewerkschaften. Im Licht des leninistischen Dogmas war Trotzki ein Gerichteter.

Hätte Trotzki das Dogma verwerfen wollen, dann hätte er gegen die Partei die nichtkommunistische öffentliche Meinung auf den Plan rufen müssen. Das war nun das einzige, von dem Stalin wußte, daß Trotzki nicht so handeln würde. Außerhalb der Partei vermischte sich eine fluktuierende revolutionäre Enttäuschung mit ausgesprochen gegenrevolutionären Strömungen. Seitdem die herrschende Partei Trotzki zum Ziel ihrer Angriffe gemacht hatte, war es ganz unvermeidlich, daß er jetzt die unechte Sympathie vieler Menschen auf sich zog, die ihn bisher gehaßt hatten. Wenn er sich in den Straßen Moskaus zeigte, wurde er spontan von Menschenansammlungen begrüßt, in denen idealistische Kommunisten sich Seite an Seite mit Menschewisten, Sozialrevolutionären und der neuen Bourgeoisie der NEP drängten, die alle aus den verschiedensten Gründen auf einen Umschwung hofften.[64] Weil er zauderte, solch verschiedenartige Elemente zu seiner Unterstützung um sich zu scharen, war er bei jeder Bewegung, die er machte, furchtsam und zögernd. Er konnte seinen Widerstand gegen die Triumvirn, die sich mit der Partei identifizierten, nicht aufgeben, aber trotz seiner Opposition lag er immer vor der Partei auf den Knien. Jede seiner Handlungen war daher eine Bekundung seiner Schwäche. Stalin konnte in aller Ruhe abwarten, bis sein Gegner sich durch eine Folge solcher Demonstrationen selber ruiniert haben würde.

Hier wurde auch der Knoten geknüpft, der erst zwölf oder dreizehn Jahre später in den tragischen großen Säuberungsprozessen zerschnitten wurde. Hier liegt der wichtigste Schlüssel zum Verständnis dieser Prozesse. Während des Kongresses im Mai 1924 war Trotzki, der einer unbeugsamen Phalanx feindseliger Parteisekretäre gegenüberstand, nahe dran, vor seinen Gegnern zu kapitulieren und der Opposition abzuschwören: Krupskaja, Radek und andere ermahnten die Gegner zum Frieden. Aber Sinowjew ließ sich nicht dazu überreden. Er verlangte, daß Trotzki sich nicht nur in seinen Taten, sondern auch in seinen Gedanken unterwerfen, daß er zugeben solle, in seiner Kritik gefehlt zu haben. Dies ist in der Geschichte des Bolschewismus der erste Fall, in dem ein Parteimitglied einstweilen noch in unbestimmter Weise des »Gewissensverbrechens« beschuldigt wurde, eine Anklage, wie sie sonst nur bei Theologen zu finden ist. Der Grund für diese Forderung hatte freilich einen real taktischen, keinen theologischen Hintergrund. Wenn Trotzki sich nur der Parteidisziplin unterwerfen würde, ohne gleichzeitig seinen Irrtümern abzuschwören, dann mußte er weiterhin den Triumvirn als ein höchst gefährlicher Feind erscheinen. Sinowjew fügte deshalb der Formel für Trotzkis Unterwerfung eine Klausel bei, die dieser unmöglich annehmen konnte. Er wollte ihn zwingen, den ungleichen Kampf weiterzukämpfen. So wurde die erste Anklage wegen eines »Gewissensverbrechens« gegen die Grundsätze der Partei ausgerechnet von dem Mann ausgedacht, der zwölf Jahre später unter den erschütterndsten Selbstbezichtigungen wegen der von ihm begangenen »Gewissensverbrechen« in den Tod ging. Stalin hatte, wenigstens nach außen, mit all dem nichts zu tun. Er sagte wiederholt, die einzige Friedensbedingung, die er zu stellen habe, sei die, daß Trotzki seine Angriffe einstelle. Wiederholt machte er eine Geste, die so zu verstehen war, als wolle er dem Gegner die Hand der Versöhnung reichen. Aus Trotzkis Antwort an Sinowjew sprach die ganze Tragödie, die später Sinowjew und Kamenjew noch viel grausamer als Trotzki überwältigen sollte:

»Die Partei«, sagte Trotzki, »hat letzten Endes immer recht, denn die Partei ist das einzige historische Instrument des Proletariats zur Lösung seiner wichtigsten Aufgaben. Ich sagte bereits, daß es nichts Leichteres gibt, als vor den Reihen der eigenen Partei einen Fehler einzugestehen, nichts Leichteres, als zu sagen: All meine Kritik, meine Erklärungen, meine Warnungen, meine Proteste, all das war ein einziger großer Irrtum. Ich aber, Genossen, ich kann das nicht aussprechen, weil ich nicht so gedacht habe. Ich weiß, man soll der Partei gegenüber nicht recht haben wollen. Man kann nur recht haben mit der Partei und durch die Partei, denn die Geschichte hat keinen andern Weg gewiesen zur Verwirklichung dessen, was recht ist. Die Engländer sagen: ›Recht oder Unrecht — mein Vaterland‹. Mit wieviel größerer historischer Berechtigung können wir sagen: ›Recht oder Unrecht in besonderen Einzelfragen — es ist meine Partei‹.«[65]

Diese Worte aus dem Mund des Führers der Opposition ähneln weniger den Worten eines vaterlandsliebenden Engländers als denen eines mittelalterlichen Ketzers, der seine Ketzerei bekennt, reumütig und doch verstockt in seiner Überzeugung, ein Mensch, der außerhalb der Kirche keine Rettung sieht, aber auch nicht mehr innerhalb der Kirche. Stalin ging nach dieser Erklärung Trotzkis mit einer sarkastischen Bemerkung zur Tagesordnung über. Er sagte, die Partei erhebe keinen Anspruch auf Unfehlbarkeit.

Der nächste Akt in dem Kampf war der sogenannte »Literaturstreit«, der im Herbst desselben Jahres ausbrach. Trotzki eröffnete ihn mit seinem Buch »Die Lehren des Oktober«, durch das die Polemik auf neue Gebiete ausgedehnt wurde, die auf den ersten Augenschein mit den Problemen, auf die sich die Auseinandersetzung bisher konzentriert hatte, nichts zu tun hatten. Das Buch war eine Untersuchung über den Ablauf der Revolution und über die Rolle einer entschlossenen Führung. Der Sinn seiner Darlegung war, daß eine »revolutionäre Situation« eine flüchtige Gelegenheit ist, welche die revolutionäre Partei unweigerlich verpaßt, wenn sie sie nicht erkennt oder wenn sie zögert, diese Gelegenheit beim Schopf zu fassen. Eine Revolution kann nicht willkürlich in Szene gesetzt werden, sie ist das Ergebnis eines langen und verhältnismäßig langsamen Verfalls einer alten Ordnung. Dies ist die »objektive« Seite der Revolution. Sobald aber einmal diese Zersetzung einen entscheidenden Punkt erreicht hat, dann beginnt die Rolle des »subjektiven« Faktors. Darunter versteht Trotzki die revolutionäre Führung. Die revolutionäre Lage ist ihrer Natur nach dynamisch, ihre Kurve steigt und fällt in raschem Wechsel. Der Klassenkampf geht aus dem Stellungskrieg zu einem blitzartig geführten Bewegungskrieg über, bei dem alles von der Initiative und der raschen Entschlußkraft des Generalstabs der Revolution abhängt. Aber selbst die revolutionärste Partei leidet an einem konservativen Phlegma. Ihr rechter Flügel denkt und handelt nicht, wie es der Augenblick erfordert. An der entscheidenden Stelle und im entscheidenden Moment schreckt er vor der Aktion zurück, er übersieht die Bedeutung des Zeitfaktors und hofft, die Gelegenheit, die sich vielleicht nur einmal in hundert Jahren bietet, werde immerzu gegeben sein. Um diese These mit den Erfahrungen des Jahres 1917 zu belegen, erinnerte Trotzki seine Leser mit aller Deutlichkeit an die scharfen Meinungsverschiedenheiten, die damals zwischen Lenin, Sinowjew und Kamenjew am Vorabend der Oktoberrevolution bestanden.

Trotzkis Buch mochte als eine sachliche, beinahe akademische Untersuchung über die Lehren der neueren Geschichte erscheinen. Aber für die überwältigende Mehrheit der Parteimitglieder, die erst nach der Revolution zum Bolschewismus gestoßen waren, klang diese Darstellung der Ereignisse von 1917 wie eine sensationelle, beinahe anstößige Indiskretion. Trotzki brandmarkte die beiden älteren Mitglieder der »Troika«, die damals Sprecher des rechten Flügels gewesen waren, mit Lenins Worten als »Streikbrecher der Revolution«. Im Vorwort seines Buches knüpfte er die Verbindung mit der Gegenwart und verglich die bolschewistische Strategie des Jahres 1917 mit dem, was die Kommunisten in Deutschland im Jahr 1923 taten, mitten in dem Durcheinander, das durch den französischen Einmarsch ins

Ruhrgebiet hervorgerufen worden war.[66] Trotzki behauptete, daß im Herbst 1923 Deutschland für die Revolution reif gewesen wäre, aber die Revolutionäre in Deutschland hätten ihre Stunde verpaßt, weil sie genauso zögernd und furchtsam waren wie Sinowjew und Kamenjew im Jahr 1917. Sein Angriff schien gegen die Führer der KPD gerichtet zu sein. Aber in Wirklichkeit war er auf die Triumvirn gezielt, besonders auf Sinowjew, der als Präsident der Komintern die Politik der deutschen Bruderpartei hätte beeinflussen sollen.

Die Triumvirn parierten den Schlag. Sie entwickelten ihre eigene Version der Geschichte der Revolution, in der sie ihr Zögern und Zaudern und ihre Meinungsverschiedenheiten mit Lenin als ganz unwichtig darstellten, oder diese Tatsachen überhaupt leugneten. Dafür taten sie alles nur Denkbare, um Trotzkis Rolle im Jahr 1917 herunterzuspielen. Dies war der erste Fall in jener langen Reihe merkwürdiger »Revisionen« und »Korrekturen«, die schließlich aus der Geschichte der Revolution einen beinahe unleserlichen Palimpsest machten, in dem ungezählte, einander widersprechende Berichte übereinander geschrieben sind. Aus den Archiven grub man alles aus, was Trotzki über Lenin und über Lenins Anhänger vor 1917 gesagt und geschrieben hatte. Darunter waren sehr eindrucksvolle Schimpfworte, die man jetzt noch einmal eifrig veröffentlichte. Die große Masse der Parteimitglieder wandte sich angewidert von diesem Schauspiel ab, das so gar nichts zu tun zu haben schien mit der Not des Landes und mit den konstruktiven Aufgaben, denen die Regierung sich widmen sollte. Viele dachten, daß die Parteiführer eine unverantwortliche Schaustellung ihrer eigenen Verantwortungslosigkeit gaben.

Stalin war der einzige, dessen Ansehen dabei nicht zu Schaden kam. Mochten die von Trotzki vertretenen Ansichten noch so richtig sein, der Vorwurf blieb an ihm haften, er habe mit diesem Gezänk über längst vergangene Dinge angefangen.[67] Auch die endlose Wiederholung von Einzelheiten aus seiner antibolschewistischen Vergangenheit blieb nicht ohne Wirkung. Auf der andern Seite hatten seine ätzenden Erinnerungen an Sinowjews und Kamenjews Verhalten im Jahr 1917 die Folge, daß beide kompromittiert wurden. Gegen Stalin konnte Trotzki wenig oder nichts sagen, nur einige versteckte Seitenhiebe, denn alles, was Stalin im Jahr 1917 gesagt und getan hatte, war anonym oder in der bei ihm üblichen schwer faßbaren Weise geschehen. So half Trotzki, ganz ohne es zu wollen, Stalin jetzt, sich über Sinowjew und Kamenjew zu erheben. Diese beiden brauchten jetzt dringend ein für sie günstiges Zeugnis vom Generalsekretär, denn er allein konnte als offenbar unbefangener Beobachter und Zeuge dieser Vorgänge sprechen. So geschah es. Im November 1924 legte Stalin öffentlich Zeugnis für die leninistische Rechtschaffenheit seiner beiden Partner ab.[68] Er stellte fest, daß Sinowjew und Kamenjew immer gute Leninisten und gute Bolschewisten waren. Ihre Meinungsverschiedenheiten mit der Parteileitung seien nur vorübergehender Natur gewesen. Er selber habe vor Lenins Rückkehr im Jahr 1917 einige Fehler gemacht. Aber nur ein Mann, der in der Partei stehe, ohne ihr wirklich zuzugehören, und der die Partei mit den übelwollenden Augen des Außenseiters betrachtete, könne jetzt diese alten Meinungsverschiedenheiten noch einmal durchhecheln und so viel Lärm um sie machen. Was Trotzki selber betreffe, so habe er in der Oktoberrevolution keine besondere Rolle gespielt. Man müsse zugeben, daß er »sich gut geschlagen habe«, aber nur als der Exponent des Zentralkomitees, und beiläufig: Die linken Sozialrevolutionäre, die sich später gegen die Revolution verschworen, hatten sich damals auch ganz gut geschlagen. Die wirkliche Führung der revolutionären Erhebung habe in der Hand eines Parteizentrums gelegen, dem Trotzki nicht einmal angehört habe.

Dies war Stalins erster persönlicher Beitrag zu der »Revision« der Geschichte, über den jeder den Kopf schütteln mußte, der sich an den wirklichen Verlauf des Aufstandes noch erinnerte.[69] Aber im ganzen gesehen klang die Erklärung, die Stalin gab, glaubhaft, indes Trotzkis Darstellung, in der die Parteiführung als lahmer Verein bezeichnet wurde, der durch Lenin immer wieder zum Handeln aufgepeitscht werden mußte, die Eigenliebe der Partei schwer verletzen mußte. Selbst Lenins Witwe, Nadeschda Krupskaja, die doch die wirklichen Zusammenhänge sehr genau kannte, ließ sich schließlich überreden, mit einer würdigen Verteidigung der beiden intimsten Schüler ihres Man-

nes an die Öffentlichkeit zu treten. Ihr Zeugnis war für die große Masse der Parteimitglieder entscheidend.[70]
Der »Literaturstreit« zog sich noch geraume Zeit hin. Stalin veröffentlichte eine Sammlung der Zeitungsartikel, die er im Jahr 1917 geschrieben hatte und stellte dieser Sammlung ein erläuterndes Vorwort voran. Aber dann verlagerte sich die Debatte wieder auf die laufenden Angelegenheiten. Sie bekam neue, bedeutende Untertöne, die ihren vollsten Ausdruck in Stalins Theorie vom »Sozialismus in einem Lande« fanden.

Stalin formulierte seine Gedanken über den »Sozialismus in einem Lande« zum erstenmal im Herbst 1924. Der Glaube an den »Sozialismus in einem Lande« wurde bald darauf der wichtigste Prüfstein der Loyalität gegenüber Partei und Staat. In den nächsten zehn oder fünfzehn Jahren konnte niemand, der in dieser Prüfung versagte, der Verdammung und der Bestrafung entgehen. Wenn man nun aber das Vorwort zu diesem Glaubensartikel Nummer Eins des stalinistischen Bekenntnisses liest, so ist man erstaunt zu sehen, daß Stalin diese folgenschwere These ganz zufällig entwickelte, mehr als ein Diskussionsthema in der Literaturdebatte. Mehrere Monate lang, genau bis zum Sommer des nächstfolgenden Jahres, dachte keiner von Stalins Rivalen, weder die beiden andern Mitglieder der Troika noch Trotzki, diese These sei es wert, sich mit ihr zu beschäftigen. Stalin selber hatte keine festgefügte Meinung dazu. In seiner Broschüre »Die Grundlagen des Leninismus«, die er im Frühjahr 1924 veröffentlichte, stellte er mit allem Nachdruck fest, daß das Proletariat zwar in einem bestimmten Lande die Macht an sich reißen könne, daß es aber keine sozialistische Wirtschaft in diesem einen Lande schaffen könne:
»Aber der Sturz der Macht der Bourgeoisie (das sind Stalins eigene Worte) und die Begründung der Macht des Proletariats in einem bestimmten Lande bedeuteten noch nicht, daß der Sieg des Sozialismus völlig verbürgt ist. Die wichtigste Aufgabe des Sozialismus, die Organisation der sozialistischen Produktion, ist noch nicht gelöst. Kann diese Aufgabe gelöst, kann der Endsieg des Sozialismus in einem bestimmten Lande gesichert werden, ohne die gemeinsamen Anstrengungen der Proletarier in ande-

ren fortgeschrittenen Ländern? Nein, das kann nicht geschehen! Die Kräfte eines bestimmten Landes mögen ausreichen, um die Bourgeoisie zu stürzen. Dies ist durch die Geschichte der russischen Revolution erwiesen. Für den Endsieg des Sozialismus, für die Organisation der sozialistischen Produktion, reichen die Anstrengungen eines Landes, besonders eines vorwiegend agrarischen Landes, wie Rußland es ist, nicht aus. Hierfür müssen sich die Proletarier verschiedener fortgeschrittener Länder gemeinsam einsetzen.«[71] In seinen »Problemen des Leninismus«, die Stalin im Laufe desselben Jahres veröffentlichte, korrigierte er sich jedoch selber und versicherte genau das Gegenteil. Er zog die erste Auflage der »Grundlagen des Leninismus«, aus dem Buchhandel zurück und leugnete die Urheberschaft an diesem als apokryph bezeichneten Buch. Wahrscheinlich war er sich zunächst gar nicht über die Bedeutung klar, die seine Theorie vom »Sozialismus in einem Lande« unter den neuen Verhältnissen gewinnen sollte. Er kam zu dieser Formel, tastend und im Dunkel tappend, als wenn er einen neuen Kontinent anlaufen würde, indes er, Kolumbus gleich, der Meinung war, er segele nach ganz anderen Küsten.

Sein nächstes Ziel war, Trotzki zu diskreditieren. Er wollte zum hundertsten Male beweisen, daß Trotzki kein Leninist sei. Als die Triumvirn in Trotzkis Vergangenheit stöberten, gruben sie auch seine Theorie von der »Permanenten Revolution« aus, die er im Jahr 1905 formuliert hatte. Sofort starteten sie eine Polemik gegen diese Lehre, und im Zuge dieser Auseinandersetzung entdeckte Stalin seine Formel. Da sein »Sozialismus in einem Lande« eine Antwort auf Trotzkis »Permanente Revolution« sein sollte, lohnt es sich vielleicht, die beiden Formeln in der Wirkung aufeinander darzustellen.

Trotzki hatte seine Theorie bei Karl Marx entlehnt und auf die russische Revolution übertragen.[72] Er sprach von der Permanenz der Revolution in doppeltem Sinn. Die Revolution, die er voraussagte, würde zwangsläufig durch die Verhältnisse von ihrer ersten, antifeudalen (bourgeoisen) Phase in ihre antikapitalistische (sozialistische) Phase weitergetrieben werden. Entgegen der damals allgemein verbreiteten marxistischen Ansicht würden nicht die fortgeschrittenen Länder des Westens, sondern das rückständige Rußland sich zuerst auf den Weg zum Sozialismus begeben. Aber Rußland würde auf diesem Weg allein nicht weit kommen. Die Revolution könne nicht an den nationalen Grenzen haltmachen. Sie müsse von ihrer nationalen in ihre internationale Phase übergehen. Dies wäre dann der zweite Akt ihrer »Permanenz«. Unter dem Zwang, der von Rußland ausgehe, werde dann auch der Westen revolutioniert. Erst zu diesem Zeitpunkt könne dann der Sozialismus auf einer breiten internationalen Basis verwirklicht werden. Der menschliche Fortschritt sei, so sagte Trotzki, jetzt nicht nur durch die kapitalistische Wirtschaft, sondern auch durch das Bestehen von Nationalstaaten gehemmt. Das letzte Ziel der revolutionären Umgestaltung der Welt könne nur die »Eine Welt«, die Welt des Sozialismus sein. In dieser Vorausschau steckte freilich eine beunruhigende Fragestellung. Was wird geschehen, fragte sich Trotzki bereits im Jahr 1906, wenn die Revolution sich aus Rußland nicht nach dem übrigen Europa ausbreitet? Seine unerbittliche Antwort lautete, daß dann das revolutionäre Rußland einem konservativen Europa erliegen werde, oder es müsse in der wirtschaftlich und kulturell rückständigen russischen Umgebung verrosten.

Wir erinnern uns, daß bis 1917 diese Theorie Trotzkis sein persönlichster Beitrag zum Marxismus war, den die Bolschewisten ebenso ablehnten wie die Menschewisten. Gelegentlich skizzierte auch Lenin mit groben Strichen ein Bild der Zukunft, das von Trotzkis Analyse nicht so verschieden war. Aber im ganzen stand doch Lenins Politik fest auf die Annahme begründet, die Revolution in Rußland werde sich auf ihre antifeudalen Ziele beschränken müssen. Deshalb hatte Lenin die »Permanenz« der Revolution abgelehnt. Trotzdem glaubte auch er, die Revolution in Rußland werde eine sozialistische Revolution in Westeuropa auslösen, und dann, aber auch nur dann werde Rußland mit Hilfe der fortgeschrittenen Völker seinen Weg zum reinen Sozialismus gehen können.[73] Was Lenin leugnete, das war nicht so sehr der internationale Charakter der Revolution, sondern Rußlands Berufung und Befähigung, früher als Westeuropa eine rein sozialistische Ordnung zu schaffen. Lenin machte Trotzki den Vorwurf, er »übersehe« den russischen Bauern, denn nur, wenn man die Zähigkeit verkenne, mit der dieser am Privateigentum hänge, könne man annehmen, daß ein Agrarland wie Rußland aus eigener Kraft und ganz für sich allein von der bürgerlichen zur sozialistischen Revolution vorzudringen vermöge.

Man erinnert sich, daß Lenin im Jahr 1917 seine Meinung änderte. Die Theorie von der »Permanenten Revolution« wurde von Lenins Partei in allen wesentlichen Zügen übernommen, abgesehen von den etwas zu gelehrten Ausdrücken. Die Revolution ging tatsächlich von ihrer antifeudalen Phase sofort in ihre antikapitalistische über. Bis zuletzt warteten Lenin und seine Anhänger darauf, daß sie sich nun auch über die Grenzen Rußlands hinaus ausdehne. In Erwartung dieser Ereignisse sahen sie ihr eigenes Land als eine belagerte Festung an, die allerdings groß und mächtig genug war, um diese Zeit zu überstehen. Sie waren der Ansicht, daß ein bedeutender Fortschritt erzielt werden könne, wenn man jetzt das Leben innerhalb dieser Festung nach sozialistischen Grundsätzen organisiere. Lenin und durch ihn Trotzki spornten ihre Genossen zu dieser Aufgabe an und verwiesen mit Nachdruck auf die Möglichkeiten eines sozialistischen Experiments, die sich für sie daraus ergaben. Aber Lenin konnte sich letzten Endes eine sozialistische Gesellschaft nur in einem internationalen Rahmen vorstellen. Wir hörten, daß auch Stalin noch im Jahr 1924 in diesem Sinn schrieb: »Für den Endsieg des Sozialismus, für die Organisation einer sozialistischen Produktion genügen die Anstrengungen eines bestimmten Landes nicht, jedenfalls nicht die Anstrengungen eines vorwiegend agrarischen Landes, wie es Rußland ist.« Jetzt aber stellte er sich auf den entgegengesetzten Standpunkt, daß Rußland für sich allein in der Lage sei, eine durch und durch organisierte sozialistische Wirtschaft aufzubauen. Bisher war man allgemein der Meinung gewesen, daß eine sozialistische Wirtschaft nur eine Wirtschaft der vollkommenen Bedarfsbefriedigung, eine Wirtschaft des Überflusses sein dürfe. Hierfür sei eine hochentwickelte Industrie notwendig, die in der Lage sein müsse, einen hohen Lebensstandard für das ganze Volk zu gewährleisten. Die Frage war deshalb am Platz, ob ein Land wie Rußland, dessen Industrie zerschlagen war und in Scherben lag, diesen Sozialismus verwirklichen könne. Stalin wies auf die großen Möglichkeiten

Rußlands hin, auf seinen unbeschränkten Raum und auf seine Bodenschätze. Wenn eine proletarische Regierung die Industrie und das Bankwesen kontrolliere und die natürlichen Reserven des Landes entwickele, dann müsse sie auch den sozialistischen Bau fertigstellen können. In diesem Bestreben werde die Sowjetregierung von der großen Masse des Volkes, auch von den Bauern, unterstützt werden.

Dies ist der Kern der Formel, die Stalin vortrug. Sie war ebenso einfach wie einleuchtend. Jeder konnte sie verstehen. Stalin proklamierte die Selbstgenügsamkeit der russischen Revolution. Er ging dabei mancher Frage aus dem Weg und machte keinen Versuch, sich mit den Einwänden auseinanderzusetzen, die von seinen Kritikern eines Tages erhoben werden mußten. Die ersten und wichtigsten Bedenken waren, daß die Mehrzahl der Bauern, die am Privateigentum nun einmal hingen, dem Kollektivismus sicherlich den hartnäckigsten Widerstand entgegensetzen würden. Er schob dieses Argument kurzerhand beiseite mit der Bemerkung, dies sei eine ketzerische Auffassung, eine Verleumdung der Bauernschaft. Er befaßte sich auch keineswegs ernsthaft mit dem andern Einwand, daß der Sozialismus nur auf der Grundlage einer hochentwickelten Industrie denkbar sei, wie man sie in den fortschrittlichen Ländern der westlichen Welt finde. Stalins Kritiker meinten, der Sozialismus könne nur dann den Kapitalismus schlagen, wenn er eine höhere Produktivität der Arbeit und einen höheren Lebensstandard als der Kapitalismus schaffen könne. Davon ausgehend, warf man Stalin vor, der Sozialismus werde sich auf die Dauer nicht halten können, wenn in Rußland die Produktion und der Lebensstandard lange Zeit niedriger blieben als in den kapitalistischen Ländern. Stalin versuchte auch nicht die Voraussage zu widerlegen, daß in einer Wirtschaft des Mangels, wie sie ein auf sich selber gestelltes Rußland haben müsse, unvermeidlich zwischen verschiedenen sozialen Gruppen neue und scharf ins Auge fallende Unterschiede, also eine große materielle Ungleichheit entstehen werde.

Stalins Überlegungen hatten schwache Punkte, die allerdings nur von den theoretisch sehr gut ausgebildeten Parteimitgliedern bemerkt wurden. Die politische Wirkung seiner Formel wurde dadurch aber nicht beeinträchtigt. Sie enthielt auf jeden Fall einen klaren und positiven Vorschlag: »Wir können«, sagte er, »auf unseren eigenen Füßen stehen, wir werden den Bau des Sozialismus in Angriff nehmen und auch vollenden.« Dieser Satz war für Zwecke der Polemik und der Praxis gleichermaßen geeignet. Er stand zu Trotzkis Konzeption in klarem Widerspruch. Aber Stalin entwickelte aus verschiedenen Gründen seine These nicht in dieser einfachen und deutlichen Form. Er umgab sie mit einem Buschwerk von allen möglichen Vorbehalten und Einschränkungen. Einer der Vorbehalte war, daß der Sieg des Sozialismus in Rußland so lang nicht als gesichert angesehen werden könne, als die kapitalistische Umwelt Rußland mit bewaffneter Intervention bedrohe. Der Sozialismus in einem einzigen Staat könne nicht, wie seine Kritiker dächten, mit billigen Verbrauchsgütern niedergeschlagen werden, die in benachbarten kapitalistischen Ländern produziert würden, wohl aber könne er der Gewalt der Waffen unterliegen. In den nächsten Jahren warnte Stalin immer wieder vor dieser Gefahr und schien damit die realen Voraussetzungen für seine These selber zu untergraben. Außerdem sprach er immer wieder, allerdings mit mehr und mehr nachlassendem Vertrauen, von seinem Glauben an eine nahe bevorstehende internationale Revolution. In der ersten Hälfte seiner These proklamierte er die Selbstgenügsamkeit des russischen Sozialismus, in der zweiten gab er sie wieder preis.

Dieser ideologische Disput, der mit so großer Leidenschaft geführt wurde, hatte aber auch noch andere merkwürdige Seiten. Als sich die Kontroverse verschärfte, unterstellte Stalin seinen Gegnern die Ansicht, es sei nicht möglich, den Sozialismus in Rußland zu verwirklichen. So verschob er die Diskussion auf ein neues Feld. Auf der einen Seite standen jetzt die an die »schöpferischen Kräfte« der Revolution Gläubigen, auf der andern aber die »Panikmacher« und die »Pessimisten«. Nun war das Problem sicherlich viel zu kompliziert, als daß man es auf solche allzu primitiven Begriffe hätte bringen können. Stalins Kritiker waren sicherlich über solche Vorwürfe erhaben. Sagten sie doch selber bei jeder Gelegenheit, daß es nötig und möglich sei, die russische Wirtschaft nach sozialistischen Plänen zu entwickeln. Vor allem Trotzki hatte seit dem Ende des Bürgerkriegs das Politbüro immer und immer wieder gedrängt, Verwaltungseinrichtungen für eine Wirtschaftsplanung zu schaffen, und er war es gewesen, der bereits in jener frühen Zeit die meisten Gedanken skizzierte, die später im Fünfjahresplan wieder vorkamen.

Wer dieser Kontroverse objektiv und wissenschaftlich nachgeht, wird immer wieder das unangenehme Gefühl haben, daß ihr eigentliches Ziel gar nicht zu erfassen ist. Eine Zeitlang erregte sie maßlose Leidenschaften und Bitterkeiten, um sich dann plötzlich in nichts aufzulösen. Wenn man alle polemischen Verdrehungen und alle persönlichen Beschuldigungen beiseite läßt, dann wird der aufmerksame Beobachter finden, daß die ganze Debatte letzten Endes auf eine recht bizarre Belanglosigkeit hinausläuft. Es handelte sich gar nicht um die Frage, ob der Sozialismus verwirklicht werden könne oder verwirklicht werden solle, sondern nur um die Frage, ob diese Arbeit in einem bestimmten, von der Umwelt isolierten Staat zu einem Abschluß gebracht werden könne. Die Gegner, die sich so bitter bekämpften, stritten im übertragenen Sinn nicht etwa darüber, ob es möglich oder zweckmäßig sei, ein Gebäude zu errichten, das sie sich alle wünschten. Sie waren auch nicht wegen des Materials uneinig, mit dem gebaut werden solle, nicht einmal über den Bauplan. Der einzige Streitpunkt war der, ob das Gebäude ein endgültiges Dach oder ein Notdach erhalten solle, das die Möglichkeit gibt, später einen weiteren Stock aufzusetzen. Stalin wollte ein richtiges Dach haben, seine Gegner ein Notdach.[74] Dabei waren die streitenden Parteien sogar darin einig, daß es noch sehr, sehr lange dauern werde, bis man überhaupt an die Eindachung des Baus denken könne. Niemand glaubte, daß der klassenlose Sozialismus in einer oder zwei Generationen verwirklicht werden könne. Keiner der Gegner, die sich so bitter bekriegten, hatte also Aussicht, den Tag zu erleben, an dem die Dachbalken gelegt werden konnten. Beide Seiten stimmten auch darin völlig überein, daß feindselige, von außen wirkende Kräfte den Bau in jedem Stadium der Arbeit zum Einsturz bringen könnten. Sie sahen am Horizont stets die Wetterwolken eines Krieges, der sich um Rußland zusammenzog. Und letzten Endes waren Stalin und seine Gegner auch darin völlig einig, daß, noch bevor man das

Dach wirklich werde errichten können, das Problem, über das sie sich jetzt befehdeten, längst nicht mehr existiere; denn zwangsläufig werde der Tag kommen müssen, an dem das sozialistische Rußland durch die Revolution im Westen aus seiner Isolierung befreit würde.

So mag es widersinnig erscheinen, daß die Gegner, die doch Männer der Praxis waren, dieses Problem zur Diskussion stellten und schon gar in dieser Form. Sie hätten nach ihrer eigenen Beweisführung noch einen sehr, sehr langen Weg zusammengehen und es den scholastischen Theoretikern überlassen können, diese Meinungsverschiedenheiten durchzudreschen. War also der ganze Streit nichts anderes als eine künstliche Vernebelung, hinter der sich ein rein persönliches Machtstreben verbarg? Man wird nicht leugnen wollen, daß der persönliche Ehrgeiz eine wichtige Rolle spielte. Aber der Historiker, der die ganze Frage auf diesen höchst einfachen und bequemen Nenner bringen wollte, würde doch einen schweren Fehler begehen. Er müßte dann immer noch eine Erklärung dafür finden, wie es geschehen konnte, daß über der Streitfrage »Sozialismus in einem Lande« die bolschewistische Partei von oben bis unten gespalten wurde, daß diese Frage für eine ganze russische Generation die Frage auf Tod und Leben wurde, und wie es möglich war, daß sich nach ihr das Bild einer großen Nation für ein Vierteljahrhundert formte? Eine andere Erklärung, die oft wiederholt wurde, ist die, daß durch die These vom »Sozialismus in einem Lande« das Mißtrauen der auswärtigen Mächte eingeschläfert werden sollte, die durch die »subversive« Tätigkeit ihrer von Moskau aus geleiteten kommunistischen Parteien alarmiert waren. Diese Erklärung geht noch mehr daneben. Als Stalin seine These verkündete, war sein Name im Ausland noch so gut wie unbekannt, und selbst in späteren Jahren hinderte ihn dieser angebliche Wunsch, das Mißtrauen im Ausland einzuschläfern, nicht daran, Erklärungen über die Aufgabe des Kommunismus in Europa abzugeben, die manchem Konservativen im Ausland eine Gänsehaut über den Rücken jagten.

Bei wichtigen ideologischen Auseinandersetzungen kann man nicht selten die Feststellung machen, daß die streitenden Parteien fest an gewisse gemeinsame Prinzipien gebunden sind, die bei ihrer Kontroverse nicht in Zweifel gezogen werden dürfen. In solchen Fällen findet man den tieferen Sinn des Streites nicht in der wörtlichen Bedeutung der Sätze, die sich die beiden Gegner gegenseitig vorhalten, und vollends nicht in der geflissentlichen Wiederholung der »gemeinsamen« Prinzipien, sondern in den feinen, oft unmerklichen Veränderungen im Ton und im Nachdruck, mit dem sie ihre Argumente vorbringen. Die Erklärung findet sich auch in der Geistesverfassung und in der Stimmung der Umwelt, in der die streitenden Gegner stehen und an die sie sich wenden. Letzten Endes wurzelt die ideologische Kontroverse in Stimmungen, die den Verstärker bilden, durch den die anscheinend minimalen Unterschiede in den Formeln der beiden Parteien erst die Spannungen erhalten, aus denen die Funken sprühen. Eine Versammlung, die einer solchen Auseinandersetzung lauscht, ist nicht im geringsten von dem Bekenntnis zu den gemeinsamen Grundsätzen beeindruckt. Dies ist ein Bestandteil der bekannten und deshalb uninteressanten Liturgie. Aber die halbversteckten Anspielungen und Unterstellungen, die eine Seite der andern an den Kopf wirft, das sind die Dinge, die dem Publikum in den Ohren klingen. Es nimmt gierig alle Untertöne und alle unausgesprochenen Folgerungen in sich auf. Ein solches Publikum lernt sehr rasch, in jeder Formel den operativen Inhalt zu sehen und diesen von den Vorbehalten und Ausreden zu trennen, in die er eingewickelt wird.

Der Kern von Stalins These, also das, was wirklich neu und aufreizend an ihr war, bestand in der Versicherung, daß die russische Revolution sich selber genügen könne. Alles andere waren nur Wiederholungen längst bekannter bolschewistischer Gemeinplätze, von denen die einen sinnlos, die anderen nur hinderlich geworden waren. Alle mußten aber endlos wiederholt werden, denn das gehörte nun einmal zum guten Ton ideologischer Ehrbarkeit. Durch das, was in Stalins These neu war, wurde die Partei zu einer radikalen Umstellung in ihrer Haltung gezwungen. Aber diese Umstellung wurde so vollzogen, daß der Eindruck erweckt wurde, als sei von keiner Umstellung die Rede, im Gegenteil, als sei sie die geradlinige Fortsetzung einer orthodoxen Parteilinie. Man begegnet dieser Methode in der Geschichte mancher anderen politischen oder religiösen Idee. Aber wir wollen den Leser nicht tiefer in den Dschungel dieser Schlacht um Parteidogmen locken. Es genügt festzustellen, daß Stalin sein möglichstes tat, um seine Formel in den Rahmen der Doktrin einzupassen, die er von Lenin geerbt hatte. Aber wichtiger als diese ideologischen Feinheiten ist die Tatsache, daß jetzt, im siebenten und achten Jahr der Revolution, ein großer Teil der Partei, wenn nicht gar die Mehrheit, das undeutliche, aber dennoch entschiedene Gefühl hatte, daß es notwendig geworden sei, den ideologischen Hintergrund der Partei zu überprüfen und erforderlichenfalls zu revidieren. Dieser Eindruck war mehr gefühlsmäßig als erkenntnismäßig bedingt und die, die ihm Raum gaben, hatten keineswegs die Absicht, mit der bolschewistischen Orthodoxie zu brechen. Keine revolutionäre Partei kann sieben Jahre lang am Ruder bleiben, ohne daß sich in ihrem Bild tiefgreifende Veränderungen vollziehen. Die Bolschewisten hatten sich jetzt daran gewöhnt, einen großen Staat zu beherrschen, der nicht weniger als den sechsten Teil der Erde umfaßte. Mehr und mehr erwarben sie jenes Selbstvertrauen und das Gefühl eigener Bedeutung, das sich ganz von selber bei Menschen einstellt, die Privilegien genießen und die mit der Ausübung der Macht im Staat verbundene Verantwortung zu tragen haben. Die Ideen und Vorstellungen, die für die Bolschewisten charakteristisch gewesen waren, solange sie ihre Tätigkeit als Untergrundbewegung ausübten, paßten nicht länger zu der Stellung, in der sie sich jetzt befanden. Sie brauchten eine Idee oder wenigstens ein Schlagwort, in dem sich das neu erworbene Selbstvertrauen ausdrücken konnte. Sie gewannen es in dem Begriff »Sozialismus in einem Lande«. Durch diese Idee wurden sie von dem Gedanken befreit, sie seien von dem abhängig, was sich in den übrigen fünf Sechsteln der Welt ereignete, auf die sie keinen direkten Einfluß ausüben konnten. Sie gab ihnen die beruhigende theoretische Überzeugung, daß, abgesehen von einem Krieg, nichts eintreten werde, durch das ihre Herrschaft über Rußland ins Wanken gebracht werden könne. Die Bauern, die am Privateigentum hingen, die industrielle Schwäche des Landes, die niedrige Produktivität und der noch niedrigere Lebensstandard, all das bedeutete jetzt keine Gefahr mehr. Das *ancien régime* konnte nicht wiederkommen. Wer wie Trotzki und später

Sinowjew und Kamenjew immer nur Gefahren für die Revolution sah, der beleidigte das Selbstbewußtsein der Partei. Unter dieser psychologischen Haltung, die für die oberen Parteispitzen charakteristisch war, gab es aber noch eine sehr viel breitere Unterströmung: Die Partei und die arbeitenden Massen waren des endlosen Wartens auf die internationale Revolution müde geworden, das so lange das tägliche Brot des Bolschewismus gewesen war. Diese Hoffnung war 1917, 1918 und 1920 enttäuscht worden. Sie tauchte nochmals im Jahr 1923 auf, als in Deutschland die Inflation und der passive Widerstand im Ruhrgebiet die Voraussetzung für eine revolutionäre Erhebung zu schaffen schienen. Als diese Hoffnung sich ebenfalls verflüchtigte, wurde das russische Volk des Hoffens und Wartens müde. »Die Arbeiterklasse Europas läßt uns fallen. Sie horcht auf ihre sozialdemokratischen Führer und bangt, sie könnte der Fleischtöpfe des Kapitalismus verlustig gehen«, das war ungefähr der Kommentar politisch denkender russischer Arbeiter zu den Nachrichten, die aus Europa kamen. Es war ein gallebitterer Gedanke, aber er war von Trotzkis »Permanenter Revolution« nicht zu trennen, daß trotz allem das Schicksal des russischen Kommunismus letzten Endes von dem Sieg oder der Niederlage des Kommunismus im Ausland abhängen solle. Das übliche Gerede vom »rückständigen Rußland« und vom »fortschrittlichen Europa« mußte mit der Zeit die nationale Eigenliebe des russischen Volkes verletzen, auch wenn die Redner der Partei solche Darlegungen mit umfangreichen Statistiken über die russische Armut und den Reichtum des Westens zu erklären wußten. Der Durchschnittsbolschewist wünschte nichts mehr, als diese Gedanken aus seinem Kopf verbannen zu können. Stalin erfüllte ihm diesen Wunsch.

Was Stalin in seiner Botschaft an die Partei sagen wollte, war ungefähr folgendes: Selbstredend schauen wir nach einer internationalen Revolution aus. Selbstredend sind wir in der Schule des Marxismus erzogen, und wir wissen, daß in der modernen Welt soziale und politische Kämpfe ihrer Natur nach internationale Formen annehmen müssen. Selbstredend glauben wir nach wie vor, daß der Sieg des Proletariats auch im Westen nahe bevorsteht, und unsere Ehre verpflichtet uns, alles Mögliche zu tun, um diese Entwicklung zu beschleunigen. Aber (und dies war ein sehr großes, ein sehr eindrucksvolles Aber) wir wollen uns trotzdem über diese internationale Revolution nicht zuviel graue Haare wachsen lassen. Selbst wenn sie auf unbestimmte Zeit vertagt werden müßte, selbst wenn sie überhaupt nie stattfinden sollte, wir in diesem russischen Lande sind durchaus imstande, bei uns eine vollkommen klassenlose Gesellschaft zu entwickeln. Wir wollen uns deshalb auf unsere große konstruktive Aufgabe beschränken. Wer euch sagt, daß dies Utopie sei, daß ich aus einem engstirnigen Nationalismus heraus rede, ist entweder selber ein Abenteurer oder ein kleinmütiger Sozialdemokrat. Wir Russen, mit unseren verachteten Muschiks, wir haben bereits mehr für den Sozialismus getan als alle andern Völker der Erde zusammengenommen, und wenn wir mit unsern Muschiks allein bleiben, so werden wir dennoch den Rest allein fertigbringen.[75]

Wenn man Stalins Lehre vom »Sozialismus in einem Lande« von allen ihren terminologischen Prätentionen und von ihrer pseudodialektischen Gründlichkeit befreit, dann ist sie einfach, gesund und ein hervorragendes Diskussionsthema. Für Stalin bedeutete sie mehr: Jetzt wurde er wirklich aus eigener Kraft der führende Theoretiker der Partei. Jetzt war er mehr als der Generalsekretär, der Zauberer des Parteiapparats; er war jetzt auch der Urheber eines neuen Dogmas. Das war die größte Überraschung für die alten, gebildeten Theoretiker des Bolschewismus. Wenn sonst bei einer Parteiversammlung Stalin sich in eine theoretische Darlegung eingelassen hatte, dann wurde er von Rjasanow, dem alten marxistischen Gelehrten, mit dem halb belustigten, halb unwilligen Zuruf unterbrochen: »Halt ein, Koba, blamiere dich nicht! Jeder weiß, daß die Theorie nicht dein Feld ist!« Aber alle diese in der Theorie so wohlbeschlagenen Marxisten konnten es nicht verhindern, daß die Lehre vom »Sozialismus in einem Lande« der Glaube der Nation wurde. So abwegig sie zu sein schien, Stalins Neuerung hatte ihre Bedeutung und ihre Daseinsberechtigung. Man kann Doktrinen im allgemeinen in zwei Klassen einteilen: solche, die aus einer langen geistigen Bewegung heraus erwachsen sind und weit in eine ungewisse Zukunft hineingreifen; und die andern, die weder tief in Ideen wurzeln noch in ihrem Gehalt besonders originell sind, dafür aber einer mächtigen, bisher nicht formulierten Richtung der öffentlichen Meinung oder dem Volksempfinden adäquaten Ausdruck geben. Stalins Lehre vom »Sozialismus in einem Lande« gehört offenbar zu der zweiten Gruppe.

Die russische Gesellschaft der zwanziger Jahre hatte eine wahrhaft tragische Sehnsucht nach stabilen Verhältnissen, was nach den jüngsten Erfahrungen nur zu sehr verständlich war. Für kein Land war von der Zukunft viel Stabilität zu erhoffen, für Rußland am allerwenigsten. Der Wunsch nach einer langen, möglichst langen Ruhepause, in der keine gefährlichen Experimente mehr zu machen waren, wurde das Leitmotiv der russischen Politik. Der »Sozialismus in einem Lande«, wie er bis zum Ende der zwanziger Jahre verstanden wurde, schien die Erfüllung dieser Hoffnung in sich zu bergen. Auf der andern Seite lag allein schon in den Worten »Permanente Revolution« und damit auch in der Person Trotzkis die nachdrückliche Warnung an eine erschöpfte Generation, daß es für die Dauer seines Lebens keinen Frieden und keine Ruhe mehr erhoffen dürfe. Die Warnung erwies sich als nur zu wohlbegründet, aber nicht so, wie Trotzki es sich gedacht hatte. Einen Ausweg aus diesem Dilemma gab es freilich nicht.

In seiner Argumentation gegen Trotzki wandte sich Stalin unmittelbar an die Furcht vor neuen Wagnissen und neuen Ungewißheiten, die so viele Bolschewisten ergriffen hatte. Er schilderte Trotzki als einen Abenteurer, der immer und gewohnheitsmäßig mit dem Gedanken einer Revolution spielt. Der Vorwurf war unbegründet. Das braucht nicht erst im einzelnen bewiesen zu werden. In all den vielen kritischen Augenblicken der Jahre 1905, 1917 und 1920 hatte sich Trotzki als der ernsthafteste Stratege der Revolution bewährt, der sich von leichtsinnigen Abenteuern sehr wohl fernzuhalten verstand. Er hat seiner Partei auch nie nahegelegt, in einem fremden Land einen Putsch zu versuchen, was man von Stalin nicht behaupten könnte.[76] Trotzki war fest davon überzeugt, daß der westeuropäische Kommunismus aus seiner eigenen inneren Antriebskraft heraus und im normalen Ablauf des Klassenkampfes den Sieg erringen werde. Hierbei könne der Anstoß oder die Hilfe von außen, so bedeutend dieser

Faktor zu gewissen Zeiten auch werden mochte, doch nur eine untergeordnete Rolle spielen. Stalin war bei seiner Beurteilung der Aussichten des Kommunismus im Westen skeptischer, und dieser sein Skeptizismus wuchs im Laufe der nächsten Jahre immer mehr. Mag dem sein, wie dem wolle, das Beiwort »Abenteurer« blieb an dem Theoretiker der »Permanenten Revolution« hängen. Stalin ging einen Schritt weiter und bezichtigte Trotzki, er sei ein Terrorist von der Art, die Lenin angeblich immer verabscheut habe. Auch diese Anklage war unfair, vor allem aus dem Mund Stalins. Trotzki war im Bürgerkrieg vor der Anwendung terroristischer Mittel nicht zurückgeschreckt, aber man kann von ihm sagen, daß er daran ebensowenig Freude hatte wie ein Arzt an dem Blut, das er bei einer Operation fließen sieht. Aber unter den Umständen, die wir eben geschildert haben, war dieser Vorwurf von einer undeutlichen, aber dennoch unmißverständlichen Eindringlichkeit. Die Menschen, die sich vor der Fortsetzung des Terrors fürchteten, mußten glauben, der Mann, der gegen Trotzki den Vorwurf des Terrorismus erhob, sei für seine Person liberaler gesonnen.[77]

Der bemerkenswerteste Zug an Stalin war zu jener Zeit seine einzigartige Hellhörigkeit für alle diese psychologischen Unterströmungen in und um die Partei. Er lauschte auf die unausgesprochenen Hoffnungen und auf die stille Sehnsucht des Volkes, zu dessen Sprecher er sich zu machen verstand. Hierin unterschied er sich grundsätzlich von den beiden andern Triumvirn. Als die Kontroverse über die »Permanente Revolution« begann, handelten alle drei in engstem Einvernehmen. Als sie zu Ende war, standen sie sich diametral gegenüber. Sinowjew und Kamenjew gaben später zu, daß sie die Kampagne gestartet hatten, um Trotzki mit alten Zitaten aus Lenins Schriften zu diskreditieren, in denen sich der Gründer der Partei gegen die »Permanente Revolution« ausgesprochen hatte. Innerlich hatten sie jedoch keine Einwände gegen die Grundzüge von Trotzkis Lehre zu erheben, die längst zum alltäglichen Gedankengut der Partei gehörten. Ihre Angriffe gegen Trotzki waren deshalb unaufrichtig und unecht. Es war nur ein wesenloses Gezänk über längst vergessene Episoden aus der Zeit der Emigration und aus vorrevolutionären Tagen. Sie dachten gar nicht daran, Trotzki eine eigene positive Idee entgegenzusetzen. Bei Stalin war dies ganz anders. Auch bei ihm hatte es mit dem Kampf gegen ideologische Schattenbilder begonnen, aber er entwickelte seine Auseinandersetzung mit Trotzki zu einem echten ideologischen Problem. Der Punkt, um den man sich stritt, wurde zu einem wirklichen Programmpunkt. Er empfand mit der Zeit einen echten Haß gegen die Ansichten seines Gegners, und damit hatte er ein greifbares Ziel, gegen das er angehen konnte. Er wußte genau, welche seiner Argumente bei den Parteifunktionären und Arbeitern das stärkste Echo fanden. Diese Schallwand, die seine Ideen zu ihm zurückwarf, war für ihn die Stimme Gottes. Das Echo auf den »Sozialismus in einem Lande« war viel stärker, als er es erwartet hatte. Wie so oft bei Menschen, die eine neue Idee entwickeln, war auch sein Geist von dieser Idee besessen. Er durfte dies um so mehr tun, als sie unsichtbaren Strömungen eines großen Teiles der öffentlichen Meinung entsprach.

Sinowjew und Kamenjew wurden der Veränderung, die sich bei ihrem Partner vollzogen hatte, lange Zeit nicht gewahr. Sie schüttelten die Köpfe über die merkwürdige Zähigkeit, mit der er die Möglichkeit eines vollentwickelten Sozialismus in einem einzigen Lande verfocht. Sie meinten, das sei nur ein Knüppel, mit dem ihr intellektuell unterlegener Partner auf Trotzki herumschlagen wollte; und sie gaben sich nicht die Mühe, diese Waffe genauer zu untersuchen. Sie erhoben auch keinen Einwand, als Stalin im März und April 1925 sich von dem vierzehnten Parteikongreß seine These in aller Form sanktionieren ließ. Erst im Herbst, fast ein Jahr, nachdem Stalin seine These entwickelt hatte, wachten sie auf, erkannten, was hier auf dem Spiel stand und begannen, an Stalin Kritik zu üben, weil er den traditionellen Bolschewismus zugunsten eines Nationalkommunismus preisgegeben habe. Trotzki griff das Dogma erst im Jahr 1926 an, also zu einer Zeit, als es bereits in weitesten Kreisen als solches angenommen war.

Die praktischen Auswirkungen der Lehre Stalins waren einstweilen noch nicht zu erkennen. Der Bolschewismus hatte nun einen sehr wichtigen Punkt seiner nachrevolutionären Entwicklung erreicht, aber der Wechsel machte sich zunächst mehr auf ideellem als auf praktischem Gebiet bemerkbar. Die großen Linien dieses Wechsels können, wie folgt, skizziert werden: Bisher hatte der Bolschewismus Rußland als ein Randgebiet der modernen Zivilisation betrachtet. In diesem Randgebiet hatte die Revolution eingesetzt, hier hatte der Sozialismus seine praktischen Pioniere gefunden, von hier gingen die Anstöße zu revolutionären Veränderungen im Westen und im Osten aus. In der weltumspannenden Umschichtung der Gesellschaftsordnung war Rußland die Stelle, von der die machtvollsten Antriebe ausgegangen waren. Aber Westeuropa war und blieb das wirkliche Zentrum der modernen Zivilisation. Die alten Bolschewisten waren immer der Meinung gewesen, daß hier, das heißt in Westeuropa, im Zentrum und nicht an der Peripherie der Zivilisation, die Formen des neuen sozialen Lebens geschmiedet werden müssen. Bei dem ganzen Prozeß sollten also zwei Komponenten wirksam werden: Der erste Antrieb sollte von Rußland auf den Westen, der zweite vom Westen auf Rußland wirken.

In Stalins Deutung war Rußland nicht länger ein Randgebiet der modernen Zivilisation. Im eigenen russischen Bereich sollten die Formen einer neuen Gesellschaft gefunden und ausgearbeitet werden. Rußland habe die Berufung, das Zentrum einer neuen Zivilisation zu werden, die in jeder Hinsicht der absterbenden kapitalistischen Ordnung überlegen ist. Der Kapitalismus habe sich in Westeuropa festgesetzt und suche sich dort mit sehr viel Widerstandskraft zu verteidigen. In dieser Konzeption der kommenden Entwicklung drückt sich unzweifelhaft die Enttäuschung des russischen Kommunismus über seine Isolierung aus, aber diese Isolierung wurde jetzt mit lockenden Zukunftsaussichten vergoldet. Erschöpft und enttäuscht zog sich das bolschewistische Rußland jetzt in sein nationales Schneckenhaus zurück und tröstete seine müden Augen mit der Aussicht auf den »Sozialismus in einem Lande«.

VIII. Kapitel

Die große Wende

Stalin, der Mann des goldenen Mittelwegs – Trotzkis Niederlage und das Ende des Triumvirats (1925) – Die Bildung eines rechten Flügels, geführt von Bucharin, Rykow und Tomski – Stalin unterstützt eine bauernfreundliche Politik – Widersprechende Ansichten über den Weltkapitalismus – Sinowjew und Kamenjew wenden sich gegen Stalin (1925) und vereinigen sich mit Trotzki (1926) – Der Fall Frunse – Stalin verteidigt Bucharin und Rykow gegen Sinowjew und Kamenjew – Sein Sieg auf dem vierzehnten Parteikongreß (1925) – »Ein leninistisches Zentralkomitee steht fest auf Stalins Seite« – Sinowjews und Kamenjews Enthüllungen über Stalin – Trotzkis »Clémenceau-Erklärung« – Der fünfzehnte Parteikongreß stößt Trotzki und seine Anhänger aus der Partei aus – Sinowjew und Kamenjew kapitulieren vor Stalin – Stalin gegen Bucharin, Rykow und Tomski (1928 bis 1930) – Die Bauern drohen die Städte auszuhungern – Stalin ordnet die Kollektivierung der Bauernhöfe an – Das Politbüro weist Trotzki aus Rußland aus (1929) – Die Führer des rechten Flügels beugen sich – »Stalin ist der Lenin unserer Tage« – Stalin befiehlt die Offensive gegen die Kulaken (Ende 1929) und verkündet seinen Plan, Rußland zu einer industriellen Großmacht zu entwickeln (Juni 1930) – Verwirrung und faktischer Bürgerkrieg auf dem Lande – Die allgemeine Lage der Sowjetunion unter dem ersten Fünfjahresplan (1929 bis 1932) – Stalin und Cromwell – Stalin appelliert an das Nationalgefühl – Politische Gärung in Stalins Umgebung – Nadeschda Allilujewa, Stalins Ehefrau, begeht Selbstmord (November 1932) – Stalins Sozialpolitik – Arbeitspolitik, Zwangsarbeit und Kampf gegen die Gleichmacherei – Die Erfolge der Industrialisierung – Die »primitive Anhäufung« des »Sozialismus in einem Lande«

Im Jahr 1929, fünf Jahre nach Lenins Tod, erlebte Rußland seine zweite Revolution, die diesmal allein und ausschließlich von Stalin geleitet wurde. Sie war in ihren Zielsetzungen und Auswirkungen auf das Leben von 160 Millionen Menschen viel radikaler und umwälzender, als es die erste Revolution gewesen war.

Ihr Ergebnis war die rapide Industrialisierung Rußlands. Sie zwang mehr als hundert Millionen Bauern, ihre kleinen, primitiven Bauernhöfe aufzugeben und sich in Kolchosen zusammenzuschließen. Sie entwand dem Muschik rücksichtslos den Holzpflug seiner Vorväter und zwang ihn, das Steuerrad eines modernen Traktors in die Hand zu nehmen. Sie trieb Millionen von russischen Analphabeten in die Schulen und lehrte sie lesen und schreiben. In geistiger Hinsicht trennte sie das europäische Rußland vom übrigen Europa und brachte das asiatische Rußland Europa näher. Die Erfolge dieser Revolution sind gewaltig. Aber ebenso gewaltig ist der Preis, der für diese Erfolge bezahlt wurde. Er bestand in dem vollkommenen Verlust jeder geistigen und politischen Freiheit für das Leben einer ganzen Generation. Man kann sich die ungeheuren Ausmaße und die Vielfältigkeit dieses Umsturzes kaum vorstellen, für den es in der Geschichte der Menschheit kaum ein Beispiel gibt. Selbst wenn man berücksichtigt, daß jede Zeit mit ihren eigenen Maßstäben gemessen werden will, muß man doch feststellen, daß die beiden größten Gestalter Rußlands, Iwan der Schreckliche und Peter der Große, und alle großen Reformer anderer Völker und Zeiten neben der gigantischen Gestalt des Generalsekretärs wie Zwerge wirken.

Aber der Mantel des Riesen hängt lose über Stalins Schultern. Es besteht ein erschreckendes Mißverhältnis zwischen der Größe der zweiten Revolution und der Statur des Mannes, der sie durchführte. Die Revolution von 1917 hatte solch einen Unterschied nicht gekannt. Damals schienen die Führer der Revolution den großen Ereignissen ebenbürtig zu sein, diesmal aber reflektierte das Geschehen seine Größe auf den Führer. Lenin und Trotzki sahen ihre Revolution voraus und bereiteten sie lange Jahre vor, ehe sie zum Ausbruch kam. Der Boden Rußlands war mit ihren Ideen befruchtet. Sie hatten den Samen gesät, aus dem die große Ernte des Jahres 1917 eingebracht wurde. Nicht so Stalin. Die Ideen der zweiten Revolution stammten nicht von ihm. Er sah sie weder voraus, noch bereitete er ihr den Weg. Und dennoch war er es, und zwar er allein, der sie verwirklichte. Zunächst wurde er durch drohende Gefahren, fast gegen seinen Willen, in dieses gewaltige Unternehmen hineingestoßen. Seine ersten Schritte waren tastend, er fürchtete sich vor dem, was ihm bevorstand. Dann aber, durch die Kraft seines eigenen Tuns fortgerissen, griff er mit Riesenschritten aus. Er hielt nicht an und ruhte nicht. Hinter ihm schleppte sich der endlose Zug der Millionen Russen mit müden und blutenden Füßen her, eine ganze Generation, die sich aufgemacht hatte, den »Sozialismus in einem Lande« zu suchen. Seine Gestalt wuchs in ihren Augen zu mythischer Größe. Aber wenn man ihn aus der Nähe sah, dann war er immer, was er gewesen war, ein Mann von durchschnittlicher Statur und mittelmäßigen Ideen. Nur die Fäuste und Füße paßten nicht zu ihm. Es waren die Fäuste und Füße eines Riesen.

Wir sind mit unserer Erzählung von Stalins Leben in die Jahre 1925 und 1926 gekommen. Seit dieser Zeit haben Stalins kommunistische Gegner diesen Mann als den Führer einer antirevolutionären Reaktion geschildert, während die meisten Antikommunisten in ihm bis heute das Schreckgespenst des Kommunismus verkörpert sehen. Anders die Bolschewisten der zwanziger Jahre. Für sie war er ganz einfach der Mann des goldenen Mittelwegs. Er hatte eine instinktive Abneigung gegen die radikalen Ansichten, die damals um die Gunst der Partei warben. Seine Aufgabe war immer, eine Formel zu finden, auf die sich die beiden Extreme einigen konnten. Den Massen der zaudernden Parteimitglieder klangen seine Worte als der natürliche und gesunde Menschenverstand. Sie unterwarfen sich seiner Führung in der Hoffnung, er werde die Partei ruhig und sicher auf diesem mittleren Kurs steuern; sie hofften, das Motto »safety first« werde immer sein Leitstern sein und bleiben. Man kann sagen, daß er so etwas wie der Baldwin, der Chamberlain, der Harding oder der Hoover des Bolschewismus war, wenn man diese Namen für einen Vergleich mit der bolschewistischen Welt heranziehen darf.

Es war weder Stalins Verdienst noch seine Schuld, daß es ihm nie gelang, diesen mittleren Kurs durchzuhalten, daß er immer wieder gezwungen wurde, die gefährlichsten Abenteuer da zu begehen, wo er Sicherheit hätte suchen wollen. Im allgemeinen lehnen Revolutionen den goldenen Mittelweg und den gesunden Menschenverstand ab. Wer in einer Revolution diesen Weg zu gehen versucht, der wird bald zu seinem Schrecken gewahr, daß sich die Erde unter seinen Füßen auftut. Stalin wurde immer wieder gezwungen, die kühnsten Sprünge bald nach dieser, bald nach jener Seite des Weges zu machen. Wir werden bei ihm immer wieder feststellen können, daß er bald viel weiter rechts steht als seine Kritiker vom rechten Flügel, bald viel weiter links als seine linken Kritiker. Diese sich immer wiederholenden Stellungswechsel sind wie verzweifelte Versuche eines Mannes, der den goldenen Mittelweg während eines Erdbebens weitergehen und sein Gleichgewicht nicht verlieren will. Wunderbar, aber doch kaum zu glauben ist es, daß dieser Mann sein Gleichgewicht behalten konnte. So mancher andere politische Führer wäre bereits beim ersten Sprung gestürzt und hätte sich den Hals gebrochen!

Und nun etwas anderes! Dieser Mann, der immer so sehr darauf bedacht zu sein schien, widerstrebende bolschewistische Meinungen miteinander zu versöhnen, war kein Mann der Kompromisse. Abgesehen davon, daß diese Meinungen ihrer Natur nach unversöhnlich waren, war er von Natur kein Vermittler. Das einzige, was er mit einem Mann des Kompromisses gemein haben mochte, war sein eingefleischtes Mißtrauen gegen alle Extreme. Aber ihm fehlte die Weichheit im Umgang mit Menschen, der Schmelz der Überredungskunst und das echte Bedürfnis, zwischen entgegengesetzten Meinungen Brücken zu schlagen. Ihm fehlten alle Voraussetzungen des berufsmäßigen Friedensmachers. Temperamentsmäßig war er Kompromissen abhold, und dieser innere Konflikt zwischen Verstand und Temperament erklärt teilweise sein Verhalten. Er erschien vor der Partei mit Formeln, die er bei den Bolschewisten des rechten und des linken Flügels zusammengeborgt hatte. Das waren merkwürdige Kompromißformeln: Er wollte mit ihnen nicht die Extreme zusammenbringen, er wollte sie in die Luft sprengen, sie zerstören. Er vermittelte nicht zwischen denen, die rechts oder links von ihm standen, sondern er vernichtete sie. Er verkörperte eine Diktatur des goldenen Mittelwegs über all die unruhigen Ideen und Doktrinen, die in der nachrevolutionären Gesellschaft auftauchten, die Diktatur des goldenen Mittelwegs, die selber dem goldenen Mittelweg nicht treu bleiben konnte.

Wir verließen Stalin, als er das Dogma des »Sozialismus in einem Lande« verkündete. Wir wollen jetzt einen raschen Blick auf das werfen, was er in dem Kampf um die Nachfolge Lenins tat. Im Januar 1925 gelang es ihm endlich, Trotzki zum Rücktritt vom Posten des Kriegskommissars zu veranlassen. Als Chef der Streitkräfte hatte Trotzki immer noch eine hohe Trumpfkarte in seinem Spiel. Hätte er sich zu einem militärischen Staatsstreich entschlossen, so hätte er vielleicht die Triumvirn noch stürzen können. Aber er legte sein Amt nieder, ohne auch nur den geringsten Versuch zu machen, die Armee, die er geschaffen und sieben Jahre lang geführt hatte, zu seinem Schutz um sich zu versammeln. Er sah nach wie vor in der Partei, gleichgültig von wem sie geführt sein mochte, den legitimen Sprecher der Arbeiterklasse. Hätte er die Armee gegen die Partei ins Feld geführt, so hätte er sich zwangsläufig zum Verfechter von Klasseninteressen gemacht, die denen der Arbeiterklasse feindselig gegenüberstanden. Er hatte sich das genau überlegt. Er hätte damit den Pfad des Bonapartismus betreten. Das konnte und wollte er nicht. Nachdem er sein Amt als Kriegskommissar niedergelegt hatte, widmete er seine Energie und sein Talent kleineren Aufgaben in der Wirtschaftsverwaltung, die ihm Stalin anwies. Er blieb weiterhin Mitglied des Politbüros, aber länger als ein Jahr hielt er sich von jeder öffentlichen Auseinandersetzung fern.

Nachdem Trotzki so von der Bildfläche abgetreten war, riß das Band, das die Triumvirn bisher zusammengehalten hatte. Bis zum letzten Augenblick forderte Sinowjew schärfere Maßregeln gegen Trotzki, sogar seine Internierung. Stalin wirkte dem mit einer öffentlichen Erklärung entgegen, in der er sagte, daß es ganz »unvorstellbar« wäre, Trotzki aus der Parteiführung zu entfernen.[1] Bald darauf tat er den ersten Schritt, um das Triumvirat zu zerbrechen. Er lehnte es ab, sich mit seinen Partnern zu beraten und über Maßnahmen zu verständigen, die er dem Politbüro jeweils vorschlagen wollte. Er war in jeder Hinsicht der unbestrittene Herr der Partei, wenn auch Kamenjew nach wie vor einen festen Halt in der Parteiorganisation von Moskau hatte, während Sinowjew die Parteigenossen in Leningrad führte. Aber so groß auch die Stellung Stalins in der Partei war, er konnte sich doch nur auf verfassungsmäßigen Bahnen als ihr Führer bestätigen, nämlich als Sprecher der Mehrheit des Politbüros. Die Evolution der Partei in totalitärem Sinn war noch nicht so weit fortgeschritten, daß es möglich gewesen wäre, ihre Mitglieder der unverhüllten Diktatur eines einzigen Parteichefs zu unterwerfen. Damals pflegte Stalin ein ums andere Mal zu wiederholen, daß kein einziger Schüler Lenins würdig sei, dessen Mantel zu tragen, und daß nur eine in Lenins Geist zusammenarbeitende Gruppe den Führungsanspruch erheben könne.[2] Diese Gruppe war im Politbüro organisiert, und der Wille des Politbüros bildete sich nach der Verfassung durch Mehrheitsbeschlüsse. Im Jahr 1925 bestand diese Körperschaft aus sieben Mitgliedern: Stalin, Sinowjew, Kamenjew, Trotzki, Bucharin, Rykow und Tomski. Als Stalin dem Triumvirat ein Ende gesetzt hatte, war er völlig auf die Unterstützung durch Bucharin, Rykow und Tomski angewiesen.

Diese Umgruppierung fiel zeitlich mit der Bildung eines neuen rechten Flügels in der Partei und im Politbüro zusammen. Dieser Prozeß begann in der ersten Hälfte des Jahres 1925 und war gegen Ende desselben Jahres zu seinem Abschluß gelangt. Bucharin, Rykow und Tomski waren die Hauptsprecher der neuen Richtung, während Sinowjew und Kamenjew den linken Flügel repräsentierten. Diese neue Konstellation hatte wenig oder nichts mit früheren Gruppierungen ähnlicher Art zu tun. Solange Lenin lebte, hatte Bucharin fast immer die linken Kommunisten angeführt, während Sinowjew und Kamenjew, vor allem in den Tagen der Oktoberrevolution, für die gemäßigte Richtung eingetreten waren. Zu Lenins Zeiten waren die Trennungslinien zwischen den verschiedenen Fraktionen weder starr noch scharf gezogen. Auf einer stets sich wandelnden politischen Szene bildeten sich Gruppen, die sich ebenso rasch wieder auflösten; sie tauschten ihre Mitglieder, je nachdem die Verhältnisse, die Probleme und die Haltung des einzelnen sich änderten. Wer gestern links stand, konnte heute gemäßigt sein und umgekehrt. Es gab damals kaum Sinn für eine innere Verbundenheit mit Gruppen, Zirkeln oder Cliquen. Die Gruppierung, die sich jetzt vollzog, war ganz anderer Art. Sie hatte ihre scharf abgezirkelten Streitpunkte und genaue Trennungslinien; sie trug alle Zeichen von etwas Endgültigem an sich. Die Linke und die

Rechte traten mit gegensätzlichen Programmen auf, mit widerstreitenden Schlagworten, die sich auf das ganze, weite Gebiet der bolschewistischen Politik und Staatsführung erstreckten. Stalin gehörte weder zur einen noch zur anderen Gruppe. Er war aus taktischen Gründen gezwungen, den Sprechern des rechten Flügels die Hand zu reichen, weil er im Politbüro von ihren Stimmen abhing. Innerlich fühlte er sich den Männern der neuen Rechten näher als seinen bisherigen Partnern. Bucharin, Rykow und Tomski nahmen Stalins These vom »Sozialismus in einem Lande« an, während Sinowjew und Kamenjew sie bekämpften. Man wird sogar in Bucharin den Mann sehen dürfen, der diese Theorie zusammen mit Stalin ausarbeitete. Bucharin lieferte die theoretischen Argumente und gab der neuen Lehre die wissenschaftliche Verfeinerung, die der mehr oder weniger groben Ausfertigung Stalins fehlte.[3] Auch temperamentmäßig stand Stalin den Führern des rechten Flügels näher. Sinowjew und Kamenjew waren vor allem Ideologen. Das gilt unzweifelhaft auch für Bucharin. Dafür waren Rykow und Tomski, genau wie Stalin, Männer der Praxis und der Verwaltung. Rykow war Präsident des Rates der Volkskommissare, also der Regierungschef. Tomski war der Führer der Gewerkschaften. Beide leiteten riesige Verwaltungsapparate mit bemerkenswerter Umsicht, mit einem starken, vielleicht nicht sehr weitblickenden Sinn für Realitäten und mit einer über jeden Zweifel erhabenen persönlichen Lauterkeit. Sie sprachen die gleiche Sprache wie Stalin, die Sprache der praktischen Verwaltung. Trotzdem fühlte sich Stalin in diesem neuen Bündnis nicht ganz sicher. Als der einzige Mann des Mittelwegs im Politbüro war er bis zu einem gewissen Grad der Gefangene seiner Verbündeten. Er benützte die erste Gelegenheit, die sich bot, um seine Stellung zu verstärken. Nach dem vierzehnten Parteikongreß im Dezember 1925 wurden Molotow, Woroschilow und Kalinin ins Politbüro gewählt. Sie bildeten das eigentliche stalinistische Zentrum, obwohl Woroschilow und Kalinin, mehr als es Stalin lieb war, von der Rechten angezogen wurden. Molotow war ein schwerfälliger Denker, alles andere als leicht beweglich, aber ein Mann von unendlicher Geduld und eine Arbeitskraft ersten Ranges. Er folgte Stalin wie ein getreuer Schatten. Seitdem er ihm im Jahr 1913 bei der Herausgabe der ersten Nummer der »Prawda« geholfen hatte. Stalin übte auf ihn jene geheime Anziehungskraft aus, die schlaue und rücksichtslose Menschen so oft auf andere ausüben, denen eben diese Eigenschaften mangeln.

Die neue Kontroverse ging um die Weiterführung der NEP Unter der NEP hatte das Land eine »gemischte Wirtschaft« erhalten. Die im Staatsbesitz befindlichen Industrien bildeten den »sozialistischen Sektor«. Im Handel und in der Kleinindustrie überwog das private Unternehmertum. In der Landwirtschaft gab es nur Privatunternehmer. Man war immer noch der Meinung, daß der Sozialismus nur durch eine schrittweise Ausdehnung des sozialistischen Sektors im Konkurrenzkampf mit dem privaten verwirklicht werden könne. Es erhob sich nun die Frage, in welchen Grenzen diese Konkurrenz erlaubt werden könne und welcher Art sie sein solle. Es bestand Einvernehmen darüber, daß im Interesse des ganzen Landes ein gewisses Maß von Harmonie und Zusammenarbeit zwischen beiden Sektoren bestehen müsse. Die sozialisierte Industrie konnte nicht arbeiten, ohne Rohstoffe und Lebensmittel von den privatwirtschaftlich betriebenen Bauernhöfen zu kaufen und ohne einen Teil ihrer Produktion auf dem Land abzusetzen. Die Güterverteilung hing vom Privathandel ab. Aber aus dem wirtschaftlichen Wettbewerb zwischen den beiden Sektoren der Wirtschaft entwickelte sich auch ein gewisser Antagonismus. Die Bauern verlangten ein größeres Angebot billiger Verbrauchsgüter, wollten aber für ihre eigenen Produkte möglichst hohe Preise erzielen. Die Industrie, die nur ganz langsam wieder anlief, produzierte wenig und zu hohen Preisen. Sie verlangte dafür billige Lebensmittel und billige Rohstoffe. Grob gesprochen, legte die Bucharin-Gruppe mehr Nachdruck auf eine harmonische Zusammenarbeit zwischen den verschiedenen Sektoren der nationalen Wirtschaft, während Sinowjew und Kamenjew mehr den Interessenkonflikt betonten.

Das Problem löste sich von selber in zwei Teilfragen auf: Welches Tempo sollte bei der Industrialisierung Rußlands eingehalten werden, und wie sollte sich die Regierung gegenüber der privaten Landwirtschaft verhalten? Die linken Bolschewisten sahen eine Gefahr für den Sozialismus darin, daß die Industrie sich zu langsam erholte, und drängten deshalb auf eine möglichst rasche Industrialisierung. Der rechte Flügel war der Meinung, dem Sozialismus drohe keine Gefahr mehr, auch wenn die Industrialisierung nur langsame Fortschritte mache. »Sie kann im Schneckentempo vorrücken«, sagte Bucharin einmal.[4] Die Industrialisierung, die nach der Ansicht aller notwendig war und kommen mußte, erforderte große Kapitalinvestitionen. Diese Beträge mußten durch das Privatunternehmertum und durch die Landwirtschaft aufgebracht werden. Bucharin fürchtete, die Privatinitiative werde durch solche Kapitalabzüge entmutigt werden, und damit werde das an sich schon schwankende wirtschaftliche Gleichgewicht vollends gestört. Der linke Flügel behauptete, die Bauern und die Händler hielten die Waren ohnedies zurück; sie würden nur veranlaßt werden, mehr Lebensmittel und mehr Rohstoffe zu verkaufen, wenn mehr und billigere Verbrauchsgüter auf den Markt kämen.

Während man sich in der Parteileitung über diese Fragen unterhielt, forderten die Bauern noch mehr Zugeständnisse, als sie bereits unter der NEP erhalten hatten. Sie verlangten eine Senkung der landwirtschaftlichen Steuern. Die größeren Bauern forderten die Abschaffung der Beschränkung für die Einstellung landwirtschaftlicher Arbeiter. Da der Verkauf von Grund und Boden untersagt war, forderten sie das Recht, landwirtschaftlich genutzten Boden langfristig verpachten, Kapital in der Landwirtschaft ungehindert investieren zu dürfen, und ähnliches mehr. Die Partei behauptete, sie sei mit den armen und mittleren Bauern verbunden, aber nicht mit den Großbauern, den sogenannten Kulaken.[5] Aber in der Praxis hatte sie auch mit den Großbauern eine Politik der Verständigung zu treiben, denn diese weigerten sich nur zu oft, die Städte mit Lebensmitteln zu beliefern, wobei sie auch die Kleinbauern beredeten, sich diesem Verfahren anzuschließen. Um die Mitte der zwanziger Jahre verkauften die russischen Bauern in die Städte nur ein Drittel der Lebensmittel, die sie vor dem Krieg auf den Markt gebracht hatten.

Im Sommer 1924 brach in Georgien ein Bauernaufstand aus. Er war zum Teil eine etwas späte Reaktion des beleidigten georgischen Nationalgefühls auf den Einmarsch der Roten Armee im

Jahr 1921. Es standen aber auch wirtschaftliche Beschwerden dahinter. Stalin berief die Sekretäre der ländlichen kommunistischen Organisationen ein und machte sie warnend darauf aufmerksam, daß »das, was in Georgien passiert sei, sich in ganz Rußland wiederholen könne«.[6] Er schloß aus dem Vorfall, daß die Partei die Verbindung mit den Bauern verloren habe. Man müsse dem Muschik mit mehr Aufmerksamkeit und Vertrauen entgegenkommen, als dies bisher geschehen sei.

Aber eine Vertrauenserklärung an die Adresse der Muschiks genügte nicht. Das Politbüro konnte sich über den nächsten Schritt, der zu tun war, nur schwer schlüssig werden. Bei der Erörterung des Problems ergab sich zunächst keine klare Scheidung der Meinungen. Sinowjew drängte darauf, den Bauern einen größeren und wirklichen Anteil an der Arbeit der Sowjets einzuräumen. Trotzki war der Meinung, daß man ihnen einen wirtschaftlichen Anreiz zu intensiverer Arbeit geben müsse. Der Konflikt verschärfte sich erst, als Bucharin, Rykow und Tomski eine ausgesprochen bauernfreundliche Politik befürworteten. Sie meinten, die Regierung müsse die Entwicklung leistungsfähiger und blühender Bauernhöfe begünstigen, die an die Städte Lebensmittel liefern könnten, denn der kleine und der mittlere Bauer produziere nur noch für den Eigenbedarf. Wenn man diesen Weg eingeschlagen hätte, so wäre die logische Folge gewesen, daß die Partei ihre feindselige Haltung gegen die Großbauern hätte revidieren müssen. Bucharin war der Ansicht, daß dies keine Gefahr für den Sozialismus bedeute, solange die Regierung die Industrie, das Verkehrswesen und die Banken, die »Kommandostellen« der Wirtschaft des Landes, kontrolliere. Bucharin glaubte ferner, daß am Ende der Kulak mehr oder weniger schmerzlos durch die sozialistische Wirtschaft amalgamiert werde, obwohl dann das Tempo der Entwicklung zum Sozialismus durch den langsamsten, also durch den agrarischen Sektor bestimmt werden würde. Bucharin forderte die Bauern offen auf, sie »sollten sich bereichern«.

Stalin hörte sich diese Debatten im Politbüro ruhig an und enthielt sich zunächst einer eigenen Stellungnahme. Er neigte dazu, sich die Politik der probäuerlichen Gruppe zu eigen zu machen, weil sie ihm aus praktischen Gründen die zweckmäßigste zu sein schien. Aber er machte dennoch gewisse innere Vorbehalte, besonders als die Gruppe des rechten Flügels offen die Verständigung mit den Großbauern propagierte. Er bemühte sich, seine Partner im Politbüro zu größerer Zurückhaltung zu bewegen, und mißbilligte Bucharins Appell an die bäuerliche »Bourgeoisie«. Als er sich endlich zum Kern der Frage äußerte, nahm er von beiden Meinungen etwas an, ohne sich für die eine oder die andere Seite festzulegen. In der Praxis erschien ihm der von Bucharin vorgeschlagene Kurs vertretbar zu sein, aber er war sorgfältig darauf bedacht, nicht zu weit von der bolschewistischen Orthodoxie abzuweichen.

Im April 1925 tagte eine Parteikonferenz, die das Fazit aus den bisherigen Debatten zog.[7] Die Landwirtschaftssteuern wurden gesenkt, die Beschränkungen hinsichtlich der Landverpachtung, der Beschäftigung von Landarbeitern und der Ansammlung von Kapital weitgehend aufgehoben. Die bauernfreundliche Gruppe konnte einen ersten Punkt für sich buchen. Sie setzte sich für diesen Kurs ein, nicht etwa, weil sie an sich eine Landwirtschaft auf kapitalistischer Grundlage begünstigte, sondern weil sie in ihr den entscheidenden Faktor sah, der es gestatten würde, die Lebensmittelversorgung der Städte zu verbessern.

Gleichzeitig mit diesem Umschwung in der Innenpolitik setzte sich auch eine andere Auffassung der internationalen Lage durch. Stalin und Bucharin machten der Partei klar, daß in Europa die Epoche der revolutionären Spannungen zu Ende gehe und daß der ausländische Kapitalismus sich stabilisiert habe. Deshalb müsse man mit einer Isolierung Sowjetrußlands für lange Jahre rechnen. Die Sprecher des rechten Parteiflügels sagten für die kapitalistischen Länder eine Periode der Stabilität und der Wohlfahrt voraus, die vielleicht ähnliche Formen und Ausmaße annehmen könne wie in den Jahren vor 1914. Stalin untersuchte sorgfältig alle Möglichkeiten, die diese Stabilität der kapitalistischen Ordnung wieder gefährden könnten, aber der allgemeine Tenor seiner Darlegungen ließ ebenfalls die Schlußfolgerung zu, daß die kapitalistische Welt sich vom Krieg erholt habe und daß die Aussichten auf eine neue revolutionäre Krise im Ausland auf die ferne Zukunft vertagt werden müßten.[9] Wenn man rückschauend die Ereignisse betrachtet, so wird man diese Voraussage, wenige Jahre vor der großen Wirtschaftskrise des Jahres 1929, höchst erstaunlich finden. Sie bildet ein merkwürdiges Gegenstück zu der Lehre vom »Sozialismus in einem Lande« und zu der beinahe »revisionistischen« Tendenz der Politik der Sowjets zu jener Zeit.

Gegen diesen sowjetischen Revisionismus erhoben sich Sinowjew und Kamenjew. Sie griffen die bauernfreundliche Politik an und behaupteten, je stärker die Großbauern würden, desto leichter werde es für sie sein, der Stadtbevölkerung den Brotkorb noch höher zu hängen und immer mehr Konzessionen von der Regierung zu erpressen. Mit andern Worten, man mache es ihnen auf diese Weise immer leichter, die Sowjetherrschaft zu unterminieren und für die Wiederherstellung einer kapitalistischen Ordnung zu wirken. Die Regierung hätte die Steuern für die kleinen und mittleren Bauern senken, aber für die Großbauern erhöhen sollen. Das Land sei durch eine chronische Ernährungskrise bedroht. Vor der Revolution habe es in Rußland 16 Millionen Bauernhöfe gegeben, jetzt habe man 24 oder 25 Millionen. Die Regierung solle große landwirtschaftliche Betriebe schaffen, die Getreide für den Markt produzieren. Das aber müßten große Kolchosen sein, keine Großgüter der Kulaken.

Die linken Bolschewisten hatten nicht die Absicht, die Bauern mit Gewalt in die Kollektivierung des ländlichen Grundbesitzes zu treiben. Der Übergang von der privaten zur kollektiven Landwirtschaft sollte sich Schritt um Schritt vollziehen, und zwar mit der Zustimmung der Bauern selber. Die Massen der armen Bauern würden sich gern in Kolchosen zusammenschließen, wenn die Regierung ihnen die nötigen Lockmittel zeigen würde, Traktoren, Düngemittel, Saatgut und so weiter. Aber diese Lockmittel könne man nur dann bieten, wenn die Industrie sich entwickle. Außerdem müsse man die Muschiks lehren, mit Maschinen umzugehen. Die Neuordnung der landwirtschaftlichen Produktion werde demgemäß sicherlich sehr lange Zeit in Anspruch nehmen, aber, so folgerte die Linke, die Regierung müsse zum mindesten einen entschlossenen Anfang mit dieser Reform machen.

Die linken Bolschewisten waren nicht bereit, sich die Ansichten Stalins und Bucharins über die Stabilisierung des Kapitalismus im Ausland zu eigen zu machen. Sie beriefen sich auf Lenin, der bewiesen habe, daß der Erste Weltkrieg der Beginn einer allgemeinen Krise der kapitalistischen Ordnung sei. Man sei in die Epoche einer weltweiten revolutionären Umbildung der Gesellschaft eingetreten. Ebbe und Flut in den kommunistischen Unternehmungen des Auslands änderten nichts am grundsätzlich revolutionären Charakter der Zeit. Die linken Bolschewisten verwiesen auf die Revolution in China, die eben begonnen hatte, und auf das erste Grollen einer schweren sozialen Krise in Großbritannien.

Im Herbst 1925 griff diese Debatte vom Politbüro auf die Presse und die öffentlichen Versammlungen über. Sinowjew gab seine Untersuchung »Die Philosophie einer Epoche« und sein Buch über den Leninismus heraus. Im Oktober legten die Führer des linken Flügels dem Zentralkomitee ein Memorandum vor, in dem sie eine freie Aussprache über alle strittigen Punkte forderten. Dieses Memorandum, das an ältere, ähnliche Interventionen Trotzkis erinnerte, trug die Unterschriften von Sinowjew, Kamenjew, Frau Krupskaja und Sokolnikow, der damals Volkskommissar für Finanzen war.

Der eigentliche Streit tobte zwischen den beiden extremen Flügeln. Stalin hatte keine einzige eigene Idee beizutragen. Er schaute leicht mißtrauisch auf diese kühnen Pläne einer Industrialisierung und Kollektivierung und kritisierte seine früheren Partner als Anhänger einer »Superindustrialisierung«, obwohl ihre Pläne beinahe schüchtern waren im Vergleich mit dem, was er selber ein paar Jahre später betrieb. Er warf ihnen vor, sie würden das Bündnis zwischen Arbeitern und Bauern zerstören, obwohl die von der Linken vorgeschlagenen Maßnahmen gegen die Muschiks, mit der Kollektivierung der Landwirtschaft in den Jahren 1929 und 1930 verglichen, äußerst mild waren. Der Kurs, den der rechte Flügel im Politbüro vorschlug, schien ihm sehr viel sicherer, und außerdem erhoffte er sich größere Vorteile.[10]

Er bemühte sich, vor der Partei als der Vertreter eines mittleren Kurses zu erscheinen. Er sprach für den Muschik, das heißt für die kleinen und mittleren Bauern, wandte sich aber gleichzeitig gegen die Kulaken. Er warf Sinowjew und Kamenjew vor, daß sie Feindschaft nicht gegen die Kulaken, sondern gegen die mittleren Bauern predigten. Er brandmarkte seine beiden alten Freunde als »Überindustrialisierer«, was ihn aber nicht abhielt, in das Programm, das er dem fünfzehnten Parteikongreß vorlegte, ein Industrialisierungsprogramm aufzunehmen. In den folgenden drei Jahren, also bis zum Herbst 1928, war die Industrialisierung praktisch auf Eis gelegt, während das Programm des rechten Flügels durchgeführt wurde. Aber Stalins verschwommene Vermittlungsformeln erfüllten ihren Zweck. Die Politik des rechten Flügels wurde durch sie sanktioniert, und das beruhigte die Kreise, die sich für den linken Flügel entschieden hätten, wenn sie zwischen rechts und links eine eindeutige Wahl hätten treffen müssen.

Zu dieser Zeit zog Stalin seinen Nutzen aus der Tatsache, daß Trotzki und die beiden Ex-Triumvirn sich nicht entschließen konnten, sich gegen ihn zu verbünden, obgleich sie jetzt in vielen Punkten einer Ansicht waren. Aus dieser günstigen Stellung heraus beobachtete er seine Widersacher, die halben und versteckten Angebote, die sie sich machten, ihre Eifersüchteleien und ihre Verstimmungen. Um die Verwirrung in ihren Reihen zu vergrößern, gab er sich den Anschein, als wolle er Trotzki entgegenkommen. Die Agenten des Generalsekretariats erinnerten die Anhänger Trotzkis mit eifrigem Bedacht daran, daß es Sinowjew und nicht Stalin gewesen sei, der die Schärfe in den Kampf gegen sie hineingetragen habe. In seinem Buch »Probleme des Leninismus«, das im Januar 1926 erschien, richtete Stalin die ganze Wucht seiner Polemik gegen Sinowjew und Kamenjew. Nicht eine einzige unfreundliche Bemerkung gegen Trotzki war in dieser Veröffentlichung zu finden. Einige der führenden Trotzkisten, wie Antonow-Owsejenko und Radek, drangen in ihre Freunde, sie sollten sich mit Stalin verständigen. Andere wünschten dafür dem Generalsekretär und seinen ehemaligen Partnern die Pest an den Hals. Mratschkowski, einer von Trotzkis nächsten Freunden, sagte über die Gefahren jeder Koalition höchst lakonisch: »Stalin wird betrügen, und Sinowjew wird davonlaufen«.[11] Auf der andern Seite waren die Anhänger Sinowjews aus ideologischen Gründen in einer Weise gegen Trotzki voreingenommen, daß es ihnen wie eine Ironie der Geschichte vorkam, wenn sie jetzt viele der von Trotzki vertretenen Thesen selber in den Mund nehmen sollten. Inzwischen traf die Hand Stalins die neuen Dissidenten ebenso hart wie einst ihre Vorgänger. Die Anhänger Sinowjews wurden aus allen maßgeblichen Stellungen entfernt. Die Arbeiter erinnerten sich, daß einige ihren Arbeitsplatz verloren hatten, weil sie für die Opposition gestimmt hatten. Sie kompromittierten sich diesmal nicht mehr. Es gab nur zu viel Arbeitslosigkeit unter der NEP. Es hätte mehr als Mut bedeutet, wenn man unter solchen Umständen ein Risiko hätte auf sich nehmen wollen. Die Zweifler und die Zauderer aber folgten den Ermahnungen Stalins, der immer wieder »eiserne Disziplin« forderte.

In diesen Novembertagen des Jahres 1925 ereignete sich ein merkwürdiger Zwischenfall, der zeigte, wie sehr die Partei bereit war, sogar auf die absonderlichsten Forderungen einzugehen, die ihr unter dem Vorzeichen der »eisernen Disziplin« präsentiert wurden. Frunse, der Nachfolger Trotzkis als Kriegskommissar, erkrankte. Einige seiner Ärzte rieten ihm zu einem operativen Eingriff, während andere fürchteten, er sei zu schwach und werde eine Operation nicht überleben. Das Politbüro regelte diese Frage, indem es dem Kriegskommissar befahl, sich der Operation zu unterziehen. Frunse gehorchte widerstrebend. Er starb auf dem Operationstisch. Trotzki behauptete später, Stalin habe gefällige Ärzte gefunden, die sich dem Politbüro gegenüber für die Operation aussprachen. Damit habe er ein Todesurteil gegen Frunse vollstreckt, der auf Sinowjews Seite stand.[12] Es ist schwer, der Wahrheit auf den Grund zu kommen. Unbestreitbar und höchst bezeichnend ist aber die Tatsache, daß das Politbüro sich das Recht anmaßte, über eine Angelegenheit von so ausgesprochen privater und persönlicher Art zu entscheiden. Jeder Bolschewist, mochte er Oberkommandierender der Roten Armee oder Parteisekretär in der Provinz sein, gehörte jetzt mit Leib und Leben der Partei. Er hatte außerhalb der Partei kein Leben und keinen Willen mehr. Selbst die intimsten Seiten seines Privatlebens unterlagen der Aufsicht seiner Vorgesetzten. Überflüssig zu betonen, daß, wo ein Frunse sich beugen mußte, auch ein Durchschnittsparteimitglied nicht wagen durfte, seinen eigenen Willen zur Geltung zu bringen. Wenn die Partei ein lebendiger Körper war, so lag sie jetzt unter dem Messer eines unerbittlichen Chirurgen, des Generalsekretärs.

Unter solchen Umständen war es nicht weiter erstaunlich, daß Stalin auf dem vierzehnten Parteikongreß über seine früheren Partner den Sieg davontrug, obwohl es Sinowjew gelungen war, die Delegierten von Leningrad für einen äußerst dramatischen Zwischenfall zu mobilisieren. Er und Kamenjew protestierten auf das heftigste gegen die Herrschaft des Generalsekretärs und machten einen allerdings reichlich verspäteten Versuch, das Testament Lenins den Genossen zur Kenntnis zu bringen. Jetzt brachte Stalin alle die Vorwürfe und Anklagen gegen die beiden vor, gegen die er sie noch ein Jahr zuvor in Schutz genommen hatte, als Trotzki seine Angriffe gegen sie richtete. Jetzt waren sie auch in Stalins Mund die »Deserteure«, die »Streikbrecher« der Oktoberrevolution. Denn jetzt stand Stalin auf der Seite seiner neuen Partner Bucharin, Rykow und Tomski, genauso wie er früher hinter Sinowjew und Kamenjew gestanden hatte, als er sagte, es sei ein grotesker Gedanke, annehmen zu wollen, man könne die Partei ohne die Hilfe dieser beiden Männer führen.[13] Er erzählte, wie ihn dieselben Männer, die ihn jetzt kritisierten, immer und immer wieder gebeten hatten, er solle um alles in der Welt im Amt bleiben, und wie oft er daran gedacht habe, sein Amt niederzulegen. Jetzt brachen die Leningrader los: »Dann danke doch jetzt ab!« Sie wurden übertönt von den unwilligen Stimmen der Mehrheit, von einem donnernden Applaus für Stalin und das »um Stalin gescharte leninistische Zentralkomitee«. Damals wurde dieser so bezeichnende Ausdruck zum erstenmal gebraucht. Dem Namen nach war die Partei noch von einer Gruppe, nämlich dem »Leninistischen Zentralkomitee« geleitet, aber diese Gruppe war bereits »um Stalin geschart«. Verfassungsmäßig hatte der Generalsekretär keinen höheren Status als anderen Mitglieder des Zentralkomitees. Jetzt wurde er als der *primus inter pares* anerkannt. In der Theorie blieb dies seine Stellung noch für viele Jahre, nachdem das Zentralkomitee schon längst zu einem reinen Schattendasein herabgesunken war.

Nach dem Kongreß war sein nächster Schritt der, daß er die Opposition aus ihrem Stützpunkt in Leningrad vertrieb. Die

Stimme der »Stadt Lenins« hatte ein viel zu großes Gewicht, als daß er es ihr hätte gestatten dürfen, für die Opposition zu sprechen. Der Mann, der die Aufgabe erhielt, Sinowjew aus Leningrad zu vertreiben, war Sergej Kirow, dessen Ermordung im Jahr 1934 die Terrorwelle der dreißiger Jahre auslöste.[14] Er war zuvor Parteisekretär in Baku, eines der kleineren Lichter unter den Bolschewisten, aber ein energischer Organisator und ein befähigter Redner. Mit weitgehenden Vollmachten versehen, appellierte er an die Disziplin der Leningrader und erreichte damit rasch sein Ziel, wenigstens äußerlich. Die Stadt sympathisierte weiter mit der Opposition, aber sie unterwarf sich den Befehlen des Generalsekretärs.

Erst nachdem sie geschlagen waren, verbanden sich Sinowjew und Kamenjew endlich mit Trotzki. Das war im Frühjahr 1926. Inzwischen hatte Trotzki seine Stellung dadurch noch weiter untergraben, daß er seine Freunde im Ausland verleugnete, die Lenins Testament veröffentlicht hatten. Er ging sogar so weit — immer im Namen der Parteidisziplin —, daß er erklärte, das Testament sei eine Fälschung. Die Verbindung zwischen den beiden Oppositionsgruppen stellte unter solchen Umständen nicht mehr dar, als die Vertauung zweier Wracks, von denen das eine vom andern ins Schlepptau genommen wurde.

Stalin quittierte die Nachricht von dem Bündnis seiner Gegner mit der sarkastischen Bemerkung: »Ach sieh, nun haben sie sich gegenseitig amnestiert!« Er brauchte nicht mehr zu tun, als seine Rivalen lächerlich zu machen, und dies gelang ihm nur zu gut, indem er einfach alles das wiederholte, was sie vor nicht gar zu langer Zeit übereinander selbst gesagt und geschrieben hatten.[15] Dafür erfuhr jetzt die Partei durch Sinowjew und Kamenjew die geheimen Einzelheiten des Komplotts, das beide zusammen mit Stalin gegen Trotzki geschmiedet hatten. Diese Enthüllungen konnten den moralischen Kredit der beiden Intriganten nicht steigern. Dem Volk, das daran gewöhnt worden war, sich unter dem Politbüro einen Sammelplatz aller Tugenden, besonders der selbstlosen Hingabe an die Revolution, vorzustellen, mußten diese Geschichten völlig unglaublich klingen. Wenn Sinowjew und Kamenjew jetzt eine Drehung um ihre eigene Achse vollziehen mußten, so trug dies nicht dazu bei, ihre

Glaubwürdigkeit zu erhöhen. Die Geheimnisse, die sie jetzt Trotzki und dessen engeren Freunden anvertrauten, waren allerdings im höchsten Maße aufregend. Sie deuteten Trotzki an, daß sein Leben direkt bedroht sei, und gestanden, daß sie, als sie mit Stalin brachen, zuvor ihr Testament gemacht hatten. Sie entwarfen ein Bild des Generalsekretärs, das ihn als einen hinterhältigen, rachsüchtigen Sadisten erscheinen lassen mußte, als einen Menschen, der von Eitelkeit und Machthunger besessen ist. Aber sie konnten es freilich nicht erklären, weshalb und wie sie mit einem so lasterhaften Mann drei volle Jahre hatten eng zusammenarbeiten können. Der panische Schrecken, der sich in solchen Äußerungen ausdrückte, hinderte sie aber auch wieder nicht, sich den wildesten Hoffnungen auf ihren eigenen unvermeidlichen Endsieg hinzugeben. Kamenjew sagte zu Trotzki: »Sie brauchen nur mit Sinowjew auf einer Tribüne zu erscheinen, und die Partei wird ihr wahres Zentralkomitee entdecken.«[16]

Es dauerte nicht lange, da machte Stalin einen dicken Strich durch diese selbstgefälligen Spekulationen. Er wußte genau, daß auch die vereinigte Opposition zwangsläufig solche Skrupel haben würde, die schon die Niederlage Trotzkis veranlaßt hatten. Er wußte, daß die drei es wieder nicht über sich gewinnen würden, den Streit über die Partei hinaus in die Öffentlichkeit zu tragen. Die Opposition würde auch nicht im Traum daran denken, sich als eine selbständige Partei zu konstituieren. Denn auch diese Opposition stand zu dem Axiom, daß es im Sowjetstaat nur eine einzige Partei geben könne, denn wenn zwei Parteien sich um die Gunst der Massen bemühen würden, dann müßte eine von ihnen das Geschäft der Gegenrevolution verrichten. Aber die Logik der Dinge trieb die Opposition in die Rolle einer besonderen Partei. Jeder Schritt, den sie in dieser Richtung tun mußten, erfüllte ihre Führer mit schweren Gewissenskonflikten.

Sie nahmen ihn zurück, bereuten ihn, um dann den nächsten Schritt zu tun, den sie in gleicher Weise zurücknahmen und ebenso bereuten. Ein solches Verhalten mußte in den Augen der meisten Bolschewisten als unehrlich und unaufrichtig erscheinen. Es konnte nicht ausbleiben, daß die Anhänger der Opposition auf diese Weise zunehmend entmutigt wurden.

Der heikelste Punkt war die Opposition in der Roten Armee. Nach Frunses Tod war Woroschilow zum Kriegskommissar bestellt worden. Es war, als sollte die Zarizyn-Gruppe endlich Rache an Trotzki nehmen dürfen.[17] Aber Laschewitsch, Sinowjews Freund und Anhänger, war immer noch Stellvertreter Woroschilows. Im Gegensatz zu der Opposition des Jahres 1924 begann die neue Opposition, wenn auch nach langem Zögern, den Kampf um die Macht in Staat und Partei in die Rote Armee hineinzutragen. Im Juli 1926 enthüllte Stalin vor dem Zentralkomitee die Machenschaften Laschewitschs, dem er die Organisation halb geheimer Gruppen in der Armee vorwarf, die mit der Opposition sympathisierten. Das war ein verheerender Schlag für die Opposition. Laschewitsch wurde seines militärischen Kommandos enthoben und aus dem Zentralkomitee ausgestoßen. Sein Protektor Sinowjew verlor seinen Sitz im Politbüro.

Das war das erste Mal, daß Stalin seinen Gegnern mit der Ausstoßung aus der Partei drohte. Um dieser Gefahr zu entgehen, wichen sie angsterfüllt zurück. Am 4. Oktober unterschrieben Trotzki, Sinowjew, Kamenjew, Pjatakow, Sokolnikow und einige andere eine Erklärung, in der sie sich des Verstoßes gegen die Parteistatuten schuldig bekannten und sich verpflichteten, ihre »Partei innerhalb der Partei« wieder aufzulösen. Sie verleugneten auch die Extremisten in ihren Reihen, die von Schljapnikow und Medwedjew, den Oppositionsführern des Jahres 1921, repräsentiert wurden. Aber nachdem sie so ihren Verstoß gegen die Parteidisziplin eingestanden hatten, gaben Trotzki und seine Genossen mit bemerkenswerter Festigkeit ihrer politischen Kritik an Stalin und Bucharin erneuten Ausdruck.

Nun war es wiederum an Stalin zu handeln. Ende Oktober 1926 verstieß er Trotzki aus dem Politbüro. Damit war der letzte Vertreter der Opposition dort verschwunden. Er setzte Sinowjew als Präsidenten der Kommunistischen Internationale ab und erhob gegen ihn Anklage vor dem Exekutivkomitee der Internationale, das die Amtsenthebung bestätigte. Eine russische Parteikonferenz billigte die Veränderungen im Politbüro, sie entsprach auch den Bitten von Schljapnikow und Medwedjew um Wiederaufnahme in die Partei, nachdem auch diese ein umständliches Reuebekenntnis abgelegt hatten. So wurde ein Modell für die späteren Ausschlüsse aus der Partei, für die Reuebekenntnisse und für die Wiederaufnahmen in die Partei geschaffen.

Auf diese Ereignisse folgte in der ersten Hälfte des Jahres 1927 ein fauler Waffenstillstand, der letzte vor der endgültigen Lösung des Konflikts. Im Sommer flammte der Streit wieder auf, und zwar im Zusammenhang mit gewissen kritischen Ereignissen in der Außenpolitik des Sowjetstaates. Am 12. Mai 1927 durchsuchte die britische Polizei die Räume der russischen Handelsvertretung in London, und zwei Wochen später brach die Londoner Regierung die diplomatischen Beziehungen mit Moskau ab. Am 7. Juni wurde der Sowjetgesandte in Warschau, Wojkow, von einem russischen Emigranten ermordet. Etwa zur gleichen Zeit nahm General Tschiangkaischek gegen die chinesischen Kommunisten Stellung, die ihn so lange unterstützt hatten und die auch in der Kuomintang vertreten gewesen waren. Die Opposition hatte Stalin wegen der Unterstützung, die er Tschiangkaischek angedeihen ließ, schon immer kritisiert. Stalin hatte ihn irrtümlicherweise für einen russischen und chinesischen Kommunisten gehalten. Die Schwenkung, die Tschiangkaischek jetzt vollzog, brachte ihn in eine nicht geringe Verlegenheit. Das gleiche galt für den Zusammenbruch des Abkommens zwischen den britischen und den sowjetischen Gewerkschaften, das Stalin ebenfalls gegen die Opposition verteidigt hatte.[18] In dieser, mit der Furcht vor einem möglichen Krieg geladenen Spannung, veröffentlichten 83 Führer der Opposition eine beredte Erklärung, in der sie Stalin und Bucharin für alle diese Fehlschläge verantwortlich machten.

Im Laufe dieser Debatte — es war im Sommer 1927 — veröffentlichte Trotzki seine »Clémenceau-Erklärung«. In ihr ist der Schlüssel zu so vielen Vorfällen zu finden, die sich zehn Jahre später ereigneten, als der Zweite Weltkrieg seine Schatten vorauswarf. Das Üble an Trotzkis Erklärung war die Versicherung, die Opposition werde, falls Rußland in einen Krieg verwickelt werde, gegenüber der herrschenden Gruppe eine ähnliche Haltung einnehmen wie Clémenceau gegenüber der Regierung Caillaux-Malvy in der Krise des Jahres 1917. (Clémenceau hatte damals die Regierung beschuldigt, sie leiste nichts und sei dem Defätismus verfallen. Darauf riß er selber die Macht an sich und führte den Krieg gegen Deutschland bis zum siegreichen Ende). Mit andern Worten, Trotzki beschuldigte Stalin, Rykow, Bucharin und Woroschilow, sie hätten es an der nötigen Voraussicht, an Durchschlagskraft und Entschlossenheit fehlen lassen. Er kündigte an, daß er, falls die Lage kritisch werden sollte, auf einen Sturz der Regierung hinwirken werde, um so das Land zusammenzuschließen und seine Mittel für die Landesverteidigung nutzbar zu machen.[19] In jedem andern Regierungssystem, das auf dem Spiel zwischen Regierung und Opposition beruht, hätte man in einer solchen Erklärung nichts Außergewöhnliches, geschweige etwas Unzulässiges gefunden. So hat zum Beispiel Churchill am Vorabend des Zweiten Weltkriegs die »Clémenceau-Taktik« in Großbritannien mit Erfolg angewandt. Aber in einem Regime, das gar keine Alternative zu der an der Macht befindlichen Regierung zuließ, hatte die Erklärung Trotzkis einen hochverräterischen Beigeschmack. Das Generalsekretariat antwortete ihm mit Gegenerklärungen, in denen von der »antisowjetischen Einheitsfront von Chamberlain bis Trotzki« die Rede war.

Die Opposition war von jetzt an praktisch geächtet, wenn auch Trotzki und Sinowjew nach ihrer Entfernung aus dem Politbüro noch Mitglieder des Zentralkomitees bleiben durften. Das Generalsekretariat untersagte die Veröffentlichung des Memorandums, das die beiden für den nächsten Parteikongreß vorbereitet hatten. Mitglieder der Opposition druckten und verbreiteten diesen Text im geheimen. Zur Strafe wurden die Führer der Opposition nun auch aus dem Zentralkomitee ausgestoßen. Bei der offiziellen Feier des zehnten Jahrestages der Oktoberrevolution, am 7. November 1927, führten Trotzki und Sinowjew ihre Anhänger in einer gesonderten Demonstration durch die Straßen von Moskau und Leningrad. Obwohl diese Demonstrationen einen friedlichen Anstrich hatten und die Fahnen und Spruchbänder der Demonstranten sich nicht direkt gegen die herrschende Gruppe wandten, brachte dieser Zwischenfall den Kampf zur Entscheidung. Trotzki und Sinowjew wurden sofort aus der Kommunistischen Partei ausgestoßen. Im Dezember erklärte der fünfzehnte Parteikongreß, daß »die Zugehörigkeit zur Opposition und die Propagierung ihrer Ansichten mit der

Zugehörigkeit zur Kommunistischen Partei unvereinbar seien«.[20] Kamenjew und Rakowski versuchten, für die Opposition ein gutes Wort einzulegen, aber sie konnten bei dem fortgesetzten hysterischen und intoleranten Tumult, der unter den Delegierten ausbrach, nicht zu Wort kommen. Stalin rief schließlich: »Genug, Genossen! Diesem Spiel muß ein Ende gemacht werden. (...) Verlogener, pharisäischer, verbrecherischer und verderbter als Kamenjew hat bisher kein Führer der Opposition von dieser Tribüne gesprochen.«[21] Der Kongreß verlangte daraufhin von den Führern der Opposition einen sofortigen Widerruf ihrer Ansichten und ein Reuebekenntnis. Um diesen Preis sollte es ihnen gestattet werden, in der Partei zu bleiben. Vergeblich versuchten Kamenjew und Rakowski den Nachweis zu führen, daß ein solches Verfahren der Tradition des Bolschewismus widerspreche. Wenn sie sich beugten, so würden sie sich selber entehren, ohne dadurch die Achtung der andern Parteimitglieder zu gewinnen.[22] Am 18. Dezember stieß der Kongreß 75 führende Mitglieder der Opposition aus der Partei aus, durch die die Zahl der vielen andern vermehrt wurde, die bereits ausgestoßen oder ins Gefängnis gesteckt worden waren.

Am Tag darauf spaltete sich die Opposition. Die Trotzkisten weigerten sich, der Forderung des Kongresses nachzukommen. Trotzki wurde nach Alma Ata, Rakowski nach Astrachan deportiert. Sinowjew, Kamenjew und ihre Anhänger gaben eine feierliche Erklärung ab, in der sie ihre Ansichten widerriefen. Durch diesen Abfall war die Opposition mindestens ebenso geschlagen wie durch die Maßnahmen, die Stalin gegen sie ergriffen hatte. Aber damit nahm die Demütigung derer, die kapituliert hatten, erst ihren Anfang. Der Kongreß weigerte sich, ihre bedingungslose Kapitulation anzunehmen, und überließ die Entscheidung über ihre Wiederzulassung zur Partei dem Generalsekretariat. So war Stalins Triumph über seine früheren Mitstreiter noch vollständiger als sein Sieg über Trotzki.

Die nun folgende Geschichte ähnelt in vielen Punkten so haargenau der, die wir bereits erzählt haben, daß es sich kaum mehr lohnt, in allen Einzelheiten auf sie einzugehen. Stalins Zusammenarbeit mit Bucharin, Rykow und Tomski brach bald nach der Niederlage ihrer gemeinsamen Gegner zusammen, genauso wie das Triumvirat nach Trotzkis Abdankung auseinandergefallen war. Wenn auch die sozialen und politischen Hintergründe dieser neuen Phase in vieler Hinsicht andere waren, so waren doch die persönlichen Ambitionen der wichtigsten Akteure, ihre Befürchtungen und ihre Hintergedanken, ihre zu spät einsetzenden Bemühungen nach einer neuen Gruppierung und so weiter, fast genau gleich.

Es ist erstaunlich, wie sehr Stalin von seinen Gegnern immer noch unterschätzt wurde, sowohl von den alten wie von den neuen, und wie rasch sie immer wieder ihres Irrtums belehrt wurden. Nach dem fünfzehnten Parteikongreß sagte die Opposition voraus, daß nun, nach der Entfernung der linken Gruppe, die Führung der Partei von Stalin auf Bucharin, Rykow und Tomski übergehen werde.[23] Trotzki warnte die Partei unablässig vor einem entscheidenden »Ruck nach rechts«, der mit einer Wiederherstellung des Kapitalismus sein Ende nehmen könnte. Bucharin, Rykow und Tomski selber waren der Meinung, daß sie die Partei gewonnen hätten. Das Politbüro, das nach dem Kongreß gewählt wurde, schien so zusammengesetzt zu sein, daß man ihre Vorherrschaft für gesichert ansehen durfte. Es bestand aus neun Mitgliedern. Stalin konnte auf vier Stimmen rechnen, nämlich auf seine eigene, auf Molotow und auf die beiden neu hinzugewählten Mitglieder Kuibyschew und Rudsutak. Bucharin, Rykow und Tomski glaubten, die Stimmen von Woroschilow und Kalinin gehörten ihnen. Aber als es ernst wurde, stellten sich Woroschilow und Kalinin hinter Stalin. Bucharin sagte später: »Stalin muß auf diese beiden einen besonderen Einfluß ausgeübt haben, von dem ich nichts wußte.«[24] Die stellvertretenden Mitglieder des Politbüros, Kirow, Kaganowitsch, Andrejew, Mikojan und die anderen waren alle, mit Ausnahme von Uglanow, Anhänger Stalins. Im Vertrauen auf diese Mehrheit begann Stalin wiederum die Anhänger von Bucharin aus den einflußreichen Verwaltungsposten zu entfernen, desgleichen aus dem Parteiapparat, ohne sich einstweilen in einen offenen Kampf mit seinen neuen Gegnern im Politbüro einzulassen.

Der Kampf gegen die Rechtsopposition setzte auf dem Hintergrund einer schweren sozialen Krise ein, die sich genau so entwickelte, wie Trotzki und Sinowjew es vorausgesagt hatten. Kaum eine Woche war seit dem Kongreß vergangen, der die beiden Oppositionsführer verurteilt hatte, als sich die Städte Rußlands durch eine Hungersnot bedroht sahen. Die Getreidekäufe der Regierung bei den Bauern blieben im Januar 1928 um zwei Millionen Tonnen hinter dem Minimum zurück, das für eine einigermaßen ausreichende Ernährung der Stadtbevölkerung notwendig gewesen wäre.[25] Das Politbüro ordnete »Notstandsmaßnahmen« an, die nach Stalins eigenen Worten durch »Willkürakte der Verwaltung, Verstöße gegen die Revolutionsgesetze, durch Überfälle auf Bauernhöfe und durch ungesetzliche Haussuchungen« gekennzeichnet waren.[26] Im Gegensatz zu allen seinen bisherigen Erklärungen stellte sich Stalin jetzt auf den Standpunkt, daß die Kulaken das Getreide zurückhielten und dadurch die Sowjetwirtschaft aus den Fugen brächten. Im Juni wurden neue Zwangsmaßnahmen angekündigt, und im Juli rief Stalin die Partei zu »energischem Vorgehen gegen die Kulaken« auf.[27] Dieser Aufforderung folgten die Bolschewisten auf dem Lande keineswegs willig, denn in den vergangenen drei Jahren hatte man ihnen unentwegt eingehämmert, wie wichtig das »Bündnis mit den Bauern« sei. Man hatte sie außerdem gelehrt, daß die Feindschaft gegen den Muschik das sicherste Kennzeichen trotzkistischer Häresie sei. In den Monaten März, April, Mai und Juni führte das Generalsekretariat ein »Großreinemachen« innerhalb der Partei durch, in dessen Verlauf alle Funktionäre ihrer Posten enthoben wurden, die sich bei der Durchführung der Notstandsmaßnahmen nachlässig gezeigt hatten.

Hinter den verschlossenen Türen des Politbüros versuchten Bucharin, Rykow und Tomski vergebens, den neuen Kurs anzuhalten und die Opfer der Säuberungen zu schützen. Aber sie hüteten sich, die Diskussion über diese Fragen vor die Öffentlichkeit zu bringen. In den Augen des Landes waren sie also für die Notstandsmaßnahmen und alles, was damit in der Praxis zusammenhing, voll verantwortlich. Stalin zog den größtmöglichen Nutzen aus dieser Diskretion und versicherte der Partei, daß die Notstandsmaßnahmen und die Parteisäuberung vom Politbüro einstimmig beschlossen worden seien. »Es gibt im Politbüro keinen rechten Flügel«, sagte er im Oktober.[28] Einen Monat später wiederholte er: »Wir im Politbüro sind einig und werden bis zum Ende einig bleiben.«[29] Bei einer Plenarsitzung des Zentralkomitees beschränkte er sich auf einen Angriff gegen einen der Schützlinge Bucharins, den neuen Volkskommissar für Finanzen, Frumkin, der behauptet hatte, »das Land, mit Ausnahme eines kleinen Teils der ärmeren Bauern, steht gegen uns« und »die große Masse der Bauern befindet sich in bitterer Not und Verzweiflung«.[30] Erst im April 1929, also ein volles Jahr, nachdem der Streit begonnen hatte, bezeichnete Stalin in einer öffentlichen Auslassung Bucharin als den Führer der Rechtsopposition.

Die früheren Oppositionsgruppen hatten sich mit Stalin wenigstens herumgebalgt, ehe sie sich geschlagen geben mußten. Die Bucharin-Gruppe war schon nicht mehr in der Lage, die Herausforderung Stalins anzunehmen. Bei Beginn der Kontroverse, es war im Juli 1928, suchte Bucharin bei Kamenjew Hilfe, genauso wie Kamenjew und Sinowjew einst bei Trotzki Rückendeckung gesucht hatten. In beiden Fällen waren die »Enthüllungen«, die Stalins bisherige Partner zu machen hatten, genau die gleichen, und sie waren in der gleichen Panikstimmung, die durch unbestimmte Hoffnungen durchbrochen wurde, abgegeben worden. Sinowjew und Kamenjew hatten behauptet, ihr und Trotzkis Leben sei in Gefahr. »Er wird uns erwürgen«, flüsterte jetzt Bucharin in seiner Angst Kamenjew ins Ohr.[31] »Er ist ein gewissenloser Intrigant, der nur seinem hemmungslosen Machtwillen lebt. Wenn es ihm paßt, dann ändert er seine Überzeugung, um sich seines Gegners zu entledigen. Wir glauben, daß der Kurs, den Stalin verfolgt, für die Revolution verheerend sein wird. Er wird uns in den Abgrund führen. Was uns von Stalin trennt, geht viel tiefer als die Meinungsverschiedenheiten, die wir mit dir haben.« Um Kamenjews Vertrauen zu gewinnen, zählte er ihm die Organisationen und die wichtigsten Persönlichkeiten auf, die eine Opposition decken würden. Aber im selben Atemzug beschwor er seinen Gesprächspartner, er dürfe um alles in der Welt über die Unterhaltung, die sie soeben gehabt hatten, keinen Ton verlauten lassen, denn sie seien beide von der politischen Polizei scharf überwacht. Er trennte sich von Kamenjew mit Worten des Abscheus vor dem Dschingis-Khan im Generalsekretariat. Trotzki und die beiden andern Ex-Triumvirn hatten sich zu spät gegen Stalin zusammengefunden. Für Bucharin und Kamenjew war es schon zu spät, auch nur den Versuch zu machen, sich die Hand zu reichen.

Ein Grund für diesen dramatischen Zustand der Dinge lag natürlich darin, daß Stalin das ganze politische Leben des Landes zunehmend stärker unter Druck setzte. Die Niederlage einer Oppositionsgruppe nach der andern verengte ganz von selber das Gebiet, auf dem noch eine freie Meinungsäußerung möglich war. Die Führer jeder neuen Opposition konnten unmöglich mehr Ellbogenfreiheit für sich selber in Anspruch nehmen, als sie früher zusammen mit Stalin ihren damaligen gemeinsamen Gegnern zugestanden hatten. Nach jeder dieser Auseinandersetzungen war es so, daß Handlungen oder Worte, gegen die vorher niemand etwas einzuwenden gehabt hätte, als unverzeihliche Verstöße angesehen wurden. Stalin hätte Trotzki wegen dessen »Clémenceau-Erklärung« nicht aus der Partei ausstoßen können, obwohl in dieser Erklärung die Drohung steckte, die Regierung stürzen zu wollen. Im Jahr 1927 konnten nur ganz formale Verstöße gegen die Parteidisziplin, der Druck und die Verbreitung geheimer Flugschriften und wilde Straßendemonstrationen — lauter Verstöße, zu denen Stalin seine Gegner provozierte — die Begründung zu Vergeltungsmaßregeln gegen die Opposition abgeben. Ein Jahr später war bereits eine im Flüsterton geführte Unterhaltung zwischen einem Mitglied des Politbüros und einem reumütigen Führer der Opposition, wie zum Beispiel die Unterhaltung zwischen Bucharin und Kamenjew, die wir oben wiedergegeben haben, ein schweres Vergehen, für das Bucharin unter Tränen vor dem Politbüro um Verzeihung bitten mußte.[32] Wer sich nicht unterwerfen wollte, der mußte sich aus der Partei ausstoßen lassen, und ein solches Scherbengericht war doppelt untragbar, weil der »Übeltäter« sein Urteil nicht etwa aus der Hand eines Klassenfeindes, sondern aus der eines Kampfgenossen entgegennehmen mußte, mit dem er gemeinsam die Revolution gemacht hatte. Der »Übeltäter« konnte sich nicht zur Wehr setzen. Er hatte zu schweigen. Nicht einmal als Prophet in der Wüste hätte er noch seine Stimme erheben können.

Es war höchst paradox, daß die Opposition um so schwächer wurde, je mehr Anhänger sie gewann. Bucharin suchte einmal den Grund hierfür in einem Gespräch mit Kamenjew festzuhalten: »Was uns von Stalin trennt, geht sehr viel tiefer als die Meinungsverschiedenheiten, die wir mit dir haben.« Bucharin dachte an die Art, wie Stalin sich durchsetzte, an seinen Despotismus, seine Skrupellosigkeit, seine Mißachtung der öffentlichen Meinung und an die tiefe Verachtung, die er für die intellektuelle Elite der Partei hegte. In diesem Punkt waren sich alle Oppositionsgruppen, die alten wie die neuen, einig. Aber das genügte nicht, um aus ihnen einen festverbundenen Block zu machen. Im Gegenteil! Stalins letzter Frontwechsel, seine Preisgabe der bauernfreundlichen Politik, machte die Verwirrung in den Reihen seiner Gegner vollkommen. Er stahl Trotzkis Zunder. Agenten des Generalsekretärs suchten jetzt viele der verbannten Führer der alten Opposition auf und lockten sie wieder in die Herde zurück. Sie sagten, Stalin habe sich doch jetzt die Ideen zu eigen gemacht, über die man zuvor gestritten habe. »Er schlägt jetzt nach dem Kulaken und ist im Begriff Rußland zu industrialisieren. Er verwickelt sich in einen Kampf mit Bucharin, Rykow und Tomski, das sind Eure Gegner und auch Stalins wirkliche Gegner. Weshalb wollt Ihr in der politischen Wüste leben, während Eure Erfahrung und Eure Talente jetzt von der Partei so bitter nötig gebraucht werden? Ihr sagt, Ihr verlangt eine offene Rehabilitierung. Wie könnt Ihr verlangen, daß die Parteiführung sich in einem so kritischen Augenblick selber ins Unrecht setzt, wo es jetzt doch vor allem darauf ankommt, ihr Prestige intakt zu erhalten? Persönlicher Stolz ist keine Tugend für den Bolschewisten. Im übrigen wißt Ihr genau, daß Ihr gegen die Disziplin verstoßen habt. Was die Partei von Euch verlangt, das ist nur wenig, eine kleine Formalität, Ihr braucht nur der Haltung abzuschwören, die Ihr in einem Zeitpunkt eingenommen habt, der doch nun schon der Vergangenheit angehört. Tut Ihr das, so wird Euch die Partei die Möglichkeit geben, wieder in Ehre und Ansehen für die Revolution zu arbeiten.«

Trotzki und Rakowski wollten nicht bereuen. Sie gaben keinen Schritt nach. Sinowjew, Radek, Pjatakow, Sokolnikow, Smilga und ein ganzer Schwarm anderer ließen sich verlocken. In den

Jahren 1928 und 1929 kamen immer wieder neue Transporte reumütiger Oppositioneller aus ihren Verbannungsorten in Sibirien nach Moskau zurück. Diese Bekehrten bildeten sich ein, Stalins plötzliche Wendung nach links werde ihnen wieder Auftrieb geben, und sie könnten so in absehbarer Zeit wieder Einfluß auf die Partei gewinnen. Aber bei Licht besehen, verleugneten sie nur ihre Freunde, die die Verbannung und das Gefängnis einem undurchsichtigen und würdelosen taktischen Spiel vorzogen. Während Stalin auf diese Weise seine Schläge gegen die neue Opposition führte, durfte er mit dem mindestens vorübergehenden Wohlwollen vieler Anhänger der alten Opposition rechnen. Einige von ihnen, die sich ihren Mißerfolg allzu sehr zu Herzen genommen hatten, warnten jetzt Bucharin und dessen Anhang, sich in einen gänzlich aussichtslosen Konflikt hineinzustürzen. Die bauernfreundliche Gruppe war vorsichtig und spielte auf Zeit. Sie war der Meinung, Stalin werde das Land in solche Verwirrung bringen, daß sein Rücktritt eines Tages ganz von selber kommen müsse. Es komme nur darauf an, daß man in der Stunde der Entscheidung bereit sei, die Zügel in die Hand zu nehmen, die Stalin unweigerlich entgleiten müßten.

Tatsächlich häuften sich Ende 1928 die Anzeichen, aus denen man schließen durfte, daß eine solche Krise unmittelbar bevorstehe. Aber Stalin durchschaute die Hoffnungen und taktischen Schlauheiten seiner Gegner. Er wußte sehr wohl, daß sein gefährlichster Gegenspieler nach wie vor Trotzki war, der sich durch seine feste, unbeugsame Haltung jetzt bei Freund und Feind erneut Achtung erwarb. Am 18. Januar 1929 forderte Stalin vom Politbüro die Ausweisung Trotzkis aus der Sowjetunion. Der Antrag wurde trotz Bucharins Protest angenommen. Dieser Zwischenfall zeigt, wie der Konflikt nun Stufe um Stufe seinem blutigen Höhepunkt zutrieb. Im Jahr 1929 hätte es Stalin noch nicht wagen können, Trotzki in Rußland ins Gefängnis zu stecken. Sieben Jahre später zögerte er nicht, ihn ebenso zum Tode zu verurteilen wie die ganze Alte Garde der Bolschewisten.

Nachdem auf diese Weise Trotzki endgültig von der russischen Schaubühne entfernt war, hatte Stalin Eile, sich seiner Gegner des rechten Flügels zu entledigen. Rykow wurde seines Amtes als Premierminister der Sowjetregierung enthoben, das er einmal an Lenins Stelle übernommen hatte. Tomski mußte von der Gewerkschaftsführung zurücktreten, weil er seinen Einfluß auf die Gewerkschaften gegen die Industrialisierungspläne geltend gemacht hatte. Bucharin verlor seinen Posten als Präsident der Kommunistischen Internationale, den er als Sinowjews Nachfolger übernommen hatte. Außerdem wurde er aus dem Politbüro entfernt. Aber ehe das Jahr 1929 zu Ende ging, widerriefen Bucharin, Rykow und Tomski ihre Irrtümer und erkauften sich um diesen Preis einige Jahre Aufschub.

Jetzt stand Stalin auf der Höhe seiner Macht. Der Kampf war zu Ende. Alle seine Rivalen waren beseitigt. Kein Mitglied des Politbüros würde nochmals daran denken, ihm seine Stellung streitig zu machen. Als das Jahr zu Ende ging, feierte Moskau Stalins fünfzigsten Geburtstag, als ob er ein bedeutendes geschichtliches Ereignis gewesen wäre. Aus jedem Winkel Rußlands kamen die Tribute für den Führer. Jeder Parteisekretär im Lande hielt eine maßlos übertriebene und geschmacklose Festrede über Stalins Tugenden. Die Mauern von Moskau waren mit großen Plakaten bedeckt, die sein Bild zeigten. Statuen und Büsten Stalins in allen Größen und in jedem Material füllten die öffentlichen Plätze, die Säle öffentlicher Gebäude und die Schaufenster bis hinunter zum kleinsten Friseur. Die Propagandisten schrien sich heiser: »Stalin ist der Lenin unserer Tage!« Unter den Älteren gab es einige, die sich noch an Lenins fünfzigsten Geburtstag erinnerten. Es war eine kleine, bescheidene Feier gewesen, an der Lenin nur widerstrebend teilgenommen hatte und nur, um seinen Bewunderern Vorwürfe zu machen, daß sie immer mehr Schwächen für äußere Schaustellungen und für Zeremoniell entwickelten. Unverkennbar vermischte sich jetzt der neue Stalinkult mit dem alten Leninkult. Er überschattete ihn sogar. Wenn Stalin sich bei zeremoniellen Veranstaltungen auf dem Dach des Lenin-Mausoleums am Roten Platz zeigte, dann schien Lenins monumentales Grabmal nur das Piedestal für seinen Nachfolger zu sein.

Der Historiker, der davon ausgeht, daß Stalin in dieser Auseinandersetzung mit Bucharin, Rykow und Tomski nur ehrgeizige Ziele verfolgte, hätte es leicht, ein uneingeschränktes Verdammungsurteil über Stalin zu fällen. So einfach liegt der Fall aber nicht. Seine persönlichen Bestrebungen waren nicht die einzigen und nicht einmal die wichtigsten Einsätze in diesem Spiel um die politische Macht. In diesen aufregenden Monaten der Jahre 1928 und 1929 stand das Schicksal Rußlands auf des Messers Schneide.

Äußerlich betrachtet, war das Vorspiel der Tragödie höchst undramatisch, beinahe nichtssagend und gleichgültig. Die Bauern hatten ein paar Millionen Tonnen Getreide zu wenig abgeliefert. Dies fehlte für die Versorgung der Städte. Aber so prosaisch der Anlaß war, er enthielt den Kern zu einem echten Drama. Als die Bauern sich weigerten, ihr Getreide zu verkaufen, hatten sie damit kein bestimmtes politisches Ziel vor Augen. Sie wollten nicht etwa die Sowjets stürzen, obwohl einige politisch denkende Großbauern auf einen solchen Ausgang hofften. Die Masse der Bauern wurde zu dieser besonderen Art der »Wirtschaftssabotage« durch ganz bestimmte wirtschaftliche Umstände getrieben. Die meisten Kleinbauern produzierten nicht mehr, als sie für den Eigenbedarf brauchten. So rächte sich nach zehn Jahren die Agrarrevolution, die man im Jahr 1917 verursacht hatte. Durch die Aufteilung der großen Güter in kleine Grundstücke hatte man die Bauern veranlaßt, die Bolschewisten im Bürgerkrieg zu unterstützen. Aber in der Folgezeit ging die Produktivität der Landwirtschaft oder richtiger gesagt, ihre Fähigkeit, die Stadtbevölkerung zu ernähren, immer mehr zurück. Die Großbauern forderten ihrerseits hohe Preise, die für die Stadtbevölkerung nicht erschwinglich waren, und außerdem immer mehr Zugeständnisse in Richtung einer kapitalistischen Landwirtschaft. So stand Stalin einem äußerst komplizierten Problem gegenüber. Gab er den Bauern weiter nach, so entfremdete er sich die Arbeiterbevölkerung, die hinter der Regierung stand, seitdem es um das Jahr 1927 herum gelungen war, die Industrie wieder auf ihren Vorkriegsstand zu bringen. Weigerte man sich, den Bauern nachzugeben, so konnte das Hungersnot und Unruhen in den Städten zur Folge haben. Das Problem verlangte nach einer radikalen Lösung. Hätte die Regierung den Rat Sinowjews und Trotzkis früher befolgt und rechtzeitig begonnen, die Großbauern an die Leine zu nehmen und die Kollektivierung der Kleinbauern zu fördern, dann wäre es vielleicht jetzt nicht nötig gewesen, zu solch drastischen Maßnahmen zu greifen, um die Versorgung der Städte mit Brotgetreide zu sichern. So aber, wie die Dinge jetzt standen, mußte Stalin unter dem Druck von Verhältnissen handeln, die stärker waren als er. Da er auf diese Ereignisse weder innerlich noch äußerlich vorbereitet war, trieben sie ihn auf eine Bahn, auf der die Entwicklung ein Tempo annahm, das sich nicht mehr kontrollieren ließ.

Die unüberlegte, rein pragmatische Art und Weise, in der sich Stalin in die zweite Revolution einlassen mußte, wäre ganz und gar unwahrscheinlich und unglaubwürdig, hätte Stalin nicht seine Ansichten aus den Jahren 1924 bis 1929 schriftlich festgehalten. Bis zum letzten Augenblick schrak er vor dieser Umwälzung zurück, und er hatte nicht einmal eine klare Vorstellung von den gewaltigen Ausmaßen, die eine zweite Revolution annehmen mußte. In diesem Irrtum war er nicht allein. Es gab keine einzige Gruppe, Fraktion oder Clique unter den Bolschewisten, die an eine solch rasche und radikale Industrialisierung oder an eine solch durchgreifende, alle bestehenden Ordnungen umstürzende Kollektivierung der Landwirtschaft gedacht hätte, wie sie jetzt durch Stalin in Angriff genommen wurde. Selbst auf dem äußersten linken Flügel der Bolschewisten stellte man sich unter der Kollektivierung der Landwirtschaft eine milde, schrittweise sich entwickelnde Reform vor. Der einzige, der eine »zweite Revolution« in der Landwirtschaft gefordert hatte, war Jurij Larin, ein Wirtschaftstheoretiker zweiten Grades, ehemals Menschewist rechter Färbung. Er schrieb über dieses Thema bereits im Jahr 1925. Stalin hatte damals diesen Gedanken als gänzlich abwegig abgetan. »Er donnerte damals gegen die Bolschewisten, die im Schüren des Klassenkampfs auf dem Dorfe die grundlegende Aufgabe der Partei sahen.«[33] »Das ist leeres Geschwätz, (...) ein Nachleiern alter menschewistischer Lieder aus dem alten menschewistischen Liederschatz.«[34] Als ihm die Studenten der Swerdlow-Universität die verfängliche Frage stellten: »Wie soll man den Kampf gegen das Kulakentum führen, ohne den Klassenkampf zu schüren?«, antwortete er in einem Ton, der jeden Widerspruch ausschloß, daß die Partei kein Interesse daran habe, auf dem Lande den Klassenkampf zu entfachen und daß deshalb die Fragestellung vollkommen danebengehe.[35]

Sogar noch drei Jahre später, im Mai 1928, als die Notstandsmaßnahmen gegen die Kulaken bereits in vollem Gang waren, erklärte er mit Nachdruck, »daß es ein Narrenstreich wäre, die Kulaken zu expropriieren«.[36] Er glaubte, man werde damit auskommen, wenn man in den nächsten Jahren einen kleinen Teil der Landwirtschaft kollektiviere. Der erste Fünfjahresplan, der Ende 1928 angenommen wurde, sah bis zum Jahr 1933 die Kollektivierung von höchstens 20 Prozent der Bauernhöfe vor. Noch im Frühjahr 1929, zu einer Zeit, als Stalin bereits die Bucharin-Gruppe offen beschuldigte, den Kapitalismus in der Landwirtschaft zu begünstigen, vertrat er den Standpunkt, daß »die private Landwirtschaft auch in Zukunft eine vorherrschende Rolle bei der Versorgung des Landes mit Lebensmitteln und Rohstoffen spielen werde«.[37]

Einige Monate später war die »allgemeine« Kollektivierung in vollem Gang. Die private Landwirtschaft war zum Tod verurteilt. Und ehe noch das Jahr zu Ende war, erklärte Stalin: »Es ist uns gelungen, die große Masse der Bauern in zahlreichen Bezirken von den alten kapitalistischen Wegen abzubringen.«[38] Das Politbüro ging bereits damals davon aus, daß die staatlichen und kollektiv bewirtschafteten Großgüter in der Lage sein würden, die Hälfte des Lebensmittelbedarfs für die Städte zu liefern. Und in den letzten Tagen des Jahres erließ Stalin aus dem Kreml den drohenden Befehl zum »Generalangriff gegen die Kulaken«. »Wir müssen die Kulaken zerschlagen, wir müssen sie als Klasse ausrotten. (...) Wenn wir uns nicht dieses Ziel setzen, dann ist die Offensive nichts als leere Deklamation, Getue und inhaltsloser Lärm. (...) Wir müssen die Kulaken so hart treffen, daß sie sich niemals mehr werden aufrappeln können.«[39] Jetzt dachte er nicht mehr daran, daß er die Enteignung der Großbauern noch vor kurzem als eine Tollheit bezeichnet hatte. Jetzt erklärte er: »Können wir die Enteignung der Kulaken zulassen? Eine lächerliche Frage. (...) Wer wird schon darüber jammern, wenn ein Geköpfter noch ein Haar verliert. (...) Wir müssen den Widerstand dieser Klasse in offener Schlacht brechen.«[40] Eine kurze Zusammenfassung von Stalins wichtigsten Äußerungen zur

Frage der Industrialisierung zeigt ähnliche Widersprüche. Um die Mitte der zwanziger Jahre hatte die russische Industrie ihren Vorkriegsstand erreicht. Sie vermehrte ihre Produktion von Jahr zu Jahr um etwa 20 bis 30 Prozent.[41] Im Politbüro erörterte man die Frage, in welchem Tempo die Produktion weiter gesteigert werden könne, wenn erst einmal die vorhandenen Fabriken und Werke mit voller Kapazität arbeiteten. Man war sich allgemein darüber einig, daß von diesem Zeitpunkt ab der Rhythmus der jährlichen Produktionssteigerung nachlassen müsse. Sinowjew, Trotzki und Kamenjew waren der Meinung, daß man den Ertrag jährlich um etwas weniger als 20 Prozent über den des jeweiligen Vorjahres bringen könne. Stalin tat sie als »Superindustrialisierer« ab. Als seine Gegner den Plan für den Bau des Großkraftwerks von Dnjeprostroj propagierten, schob er diesen Gedanken mit der kurzen Bemerkung beiseite, der Bau des Kraftwerks am Dnjepr sei genau so, als wenn ein russischer Muschik sich statt einer Kuh ein Grammophon kaufen wollte.[42] In dem Bericht, den er 1927 dem fünfzehnten Parteikongreß erstattete, drückte sich Stalin über die industrielle Entwicklung Rußlands durchweg befriedigt aus, aber er entlehnte bereits ein Blatt aus dem Programm der Opposition und deutete an, daß in den kommenden Jahren die industrielle Produktion von Jahr zu Jahr um 15 Prozent gesteigert werden solle.

Ein Jahr später war er mit der Lage der russischen Industrie nicht mehr zufrieden. Er entdeckte jetzt, daß der Zustand der meisten russischen Fabriken und Industriebetriebe »unter aller Kritik« sei.[43] Jetzt machte er sich zum Fürsprecher einer rascheren Industrialisierung. Er knüpfte an einen Gedanken an, der vielen seiner Hörer wohl vertraut war, indem er sagte: »Als Peter der Große mit den fortgeschrittenen Ländern des Westens in Verbindung kam, baute er in fieberhafter Hast Fabriken und Werkstätten, um seine Armeen ausrüsten zu können. Aber keine der damaligen Klassen (...) war imstande, das Problem zu lösen, das in der Überwindung der Rückständigkeit des Landes bestand.«[44] Jetzt freilich hatte die neue Struktur der Gesellschaft unvergleichlich bessere Voraussetzungen für eine Industrialisierung geschaffen. Aber Stalins Pläne blieben immer noch recht gemäßigt. Bei einer Plenarsitzung des Zentralkomitees hatte er sich mit dem Volkskommissar für Finanzen, Frumkin, auseinanderzusetzen, der nicht mehr als 650 Millionen Rubel für Kapitalinvestitionen freigeben wollte. Der Oberste Wirtschaftsrat wollte 825 Millionen investieren. Stalin setzte sich für den höheren Betrag ein.[45]

Tatsächlich wurden im folgenden Jahr, dem ersten des Fünfjahresplans, nicht weniger als 1300 Millionen Rubel investiert, also annähernd 500 Millionen mehr, als Stalin selber gefordert hatte. Dieser radikale und entscheidende Umschwung in Richtung auf die Industrialisierung des Landes setzte sich um die Mitte des Jahres 1929 durch, als die Zuweisungen für Kapitalinvestitionen mit einem Schlag auf 3400 Millionen Rubel erhöht wurden, fünfmal so viel, als der Volkskommissar für Finanzen hatte flüssig machen wollen, und viermal so viel, als Stalin selber gefordert hatte. Bald darauf geriet das Politbüro in einen wahren Taumel der Industrialisierung. Im Juni 1930 war der sechzehnte Parteikongreß sprachlos, als er von Stalin hörte: »Wir stehen jetzt unmittelbar vor der Umwandlung des agrarischen Rußland in ein Industrieland.«[46] Stalin sagte gleichzeitig voraus, daß in vielen Industriezweigen das Soll des Fünfjahresplans bereits in drei oder sogar bereits in zweieinhalb Jahren erfüllt sein werde, und teilte mit, daß im laufenden Jahr die Industrie ihre Produktion um nicht weniger als 50 Prozent zu steigern habe, eine Forderung, die nun wirklich in den Bereich einer »Superindustrialisierung« fiel, wie sie sich nur die kühnste Phantasie ausdenken konnte.[47]

Stalin war von nun an völlig von der Idee besessen, daß er das Wunder einer Umgestaltung der ganzen russischen Wirtschaft durch einen Gewaltakt bewerkstelligen könne. Er schien zur Hälfte in der Wirklichkeit, zur Hälfte in einer Traumwelt zu leben, in der es nur Statistiken und Tabellen, industrielle Befehle und Anweisungen gab, eine Welt, in der kein Ziel für ihn und seine Partei unerreichbar war. Er prägte damals das Wort, daß es keine Festung gebe, die die Bolschewiken nicht im Sturm nehmen könnten. Dieses Schlagwort wurde jahrelang von jedem Parteiredner und Artikelschreiber wiederholt; man konnte es auf Bannern lesen, die bei Demonstrationen mitgeführt wurden, und auf Plakaten in den Straßen und Gassen des Landes.

Die folgenden Zahlen sind eine eindrucksvolle Illustration für den fieberhaften Charakter seines Bemühens. Eisen und Stahl bilden die Grundlage jeder industriellen Produktion. Im Jahr 1928 erzeugte Rußland nur dreieinhalb Millionen Tonnen Roheisen. Ende 1933 sollte die Produktion durch den ersten Fünfjahresplan zehn Millionen Tonnen betragen. Stalin, der nicht damit zufrieden war, daß er die Zeit für die Erfüllung des Fünfjahresplans um ein oder sogar zwei Jahre gekürzt hatte, erklärte vor dem sechzehnten Parteikongreß: »Zehn Millionen Tonnen Roheisen, das genügt nicht. (...) Wir müssen, koste es, was es wolle, im Jahre 1932 siebzehn Millionen produzieren.«[48] Er griff die Wirtschaftler und Fabrikdirektoren, die befürchteten, die Erreichung eines so hoch gesteckten Zieles sei nicht möglich, als »Opportunisten des rechten Flügels« und als »Abbruchspezialisten« an, obwohl ihre Einwände nur zu wohl begründet waren. Denn als Hitlers Armeen 1941 in Rußland einmarschierten, erreichte die russische Roheisenproduktion eben das Volumen, das sie nach Stalins Befehlen bereits zehn Jahre früher hätte erreichen sollen.[49]

Wir haben gesehen, wie Stalin in den Jahren 1928 und 1929 durch die chronische Angst vor einer Hungersnot in die Kollektivierung der Landwirtschaft hineingetrieben wurde. Einige seiner Gegner waren der Meinung, man könne der Gefahr auch durch Getreideeinfuhren begegnen. Aber es fehlten die Devisen zum Ankauf von Getreide; die Regierung hatte keine Aussicht auf Erlangung ausländischer Kredite, denn der seit der Revolution über Rußland verhängte Finanzboykott war immer noch wirksam. Abgesehen davon, konnte man die wenigen ausländischen Zahlungsmittel, die der Sowjetregierung zur Verfügung standen, nicht für den Ankauf von Lebensmitteln im Ausland verwenden, ohne damit alle Pläne auf eine noch so bescheidene Entwicklung der Industrie über ihr damaliges Niveau hinaus aufzugeben oder zurückzustellen. Wenn aber die Industrie nicht mehr produzierte als bisher, so mußte das zu einer noch schärferen Ernährungskrise und damit zu einer noch gefährlicheren Spannung zwischen Stadt und Land mit allen ihren unberechenbaren Auswirkungen führen.

In dieser Lage schien die Plünderung der Scheunen der Großbauern und die Beschlagnahme versteckter Lebensmittellager der nächste Ausweg zu sein, der schließlich auch nicht weniger inhuman war als die Aushungerung, mit der das Land der Stadt drohte. Aber die Verwaltung war nicht in der Lage, diese Aufgabe zu meistern. Dazu half ihr auch der Beistand der Polizei und der Partei nichts. Die russischen Bauern hatten eine seltene Fähigkeit, sich um Vorschriften zu drücken und sich Kontrollmaßnahmen zu entziehen, die ihnen von einer mehr oder weniger landfremden Verwaltung in den Städten vorgeschrieben wurden. Solche Vorschriften und Kontrollen können nur dann wirksam werden, wenn sie von einem Teil der Landbevölkerung selber an Ort und Stelle durchgeführt werden. Deshalb rief Stalin die armen Bauern gegen die Großbauern auf. Er konnte aber nicht mit leeren Händen zu ihnen kommen. Er mußte ihnen eine greifbare Belohnung für ihre Hilfe anbieten. Welcher Lohn konnte für den armen Muschik, den Besitzer einer kleinen Landparzelle, der seinen Boden mit dem Holzpflug (socha) bearbeitete, der kein Pferd und keine Kuh besaß, der hilflos dem Kulaken und dem Dorfwucherer preisgegeben war, verlockender sein als eine Kolchose, die von der Regierung mit landwirtschaftlichem Gerät, mit dem Vieh der Kulaken und mit Traktoren ausgestattet werden sollte?

Es ist nicht bekannt, wie viele von den 25 Millionen russischer Bauern dieser ärmsten Klasse angehörten. Die Angaben schwanken zwischen 5 und 8 Millionen; man kann aber als sicher annehmen, daß mindestens 5 Millionen Kleinbauern mit dem primitiven Holzpflug arbeiteten.[50] Am anderen Ende der Skala standen 1,5 oder vielleicht auch 2 Millionen Großbauern. Dazwischen gab es 15 bis 18 Millionen »mittlere Bauern«. So konnte man damit rechnen, daß nur eine Minorität der Bauern, allerdings eine zahlenmäßig nicht unerhebliche, mit ganzem Herzen die »große Wandlung« begrüßen und mitmachen würde. Hätte Stalin seinen Reformplan auf die Zusammenlegung des Kleinstbesitzes und auf eine gemäßigte Neuverteilung des Besitzes zwischen den ärmsten und den reichsten Schichten der russischen Bauern beschränkt, so wäre es wahrscheinlich nicht zu jenen blutigen Zusammenstößen gekommen, in die diese Reformpläne schließlich ausarteten. Hätte man die Kolchosen mit Werkzeugen und Maschinen ausgerüstet, hätte man ihnen Regierungskredite und technische Berater gegeben und hätte es sich dann gezeigt, daß die Lebenshaltung der Kolchosbauern wirklich besser wurde, dann hätten sich aller Wahrscheinlichkeit nach auch die mittleren Bauern, die an der Grenze der Armut ebenfalls ein elendes Dasein führten, von diesem Experiment anlocken lassen.

In der Mitte des Jahres 1929 wurde Stalin durch die Wucht der Bewegung, die er initiiert hatte, mitgerissen. Der Beginn der Kollektivierung war ein unbestreitbarer Erfolg. Als die Berichte über den günstigen Fortgang der Maßnahmen sich auf den Schreibtischen des Generalsekretariats häuften, begann Stalin die Kollektivierung weiter zu treiben, als er ursprünglich im Sinn gehabt hatte. Jetzt wurden Tausende und aber Tausende von Agenten aufs Land geschickt mit dem Auftrag, »die Kulaken als Klasse zu liquidieren« und die Massen der unentschlossenen mittleren Bauern in die Kollektivierung zu treiben. Der Geist der Aufträge, die diesen Agenten gegeben wurden, läßt sich aus einer Ansprache ahnen, die Stalin im Dezember 1929 an die Parteifunktionäre in den Landbezirken hielt.[51] Er benützte die härtesten Ausdrücke, um die Bedenken der Zuhörer zu zerstreuen, die der Meinung sein mochten, daß eine Revolution das Recht habe, mit einer Handvoll Ausbeuter rücksichtslos zu verfahren, aber nicht mit Millionen kleiner Grundbesitzer. Stalin zitierte mit unmißverständlicher Ironie die nachfolgenden Sätze von Engels: »Wir stehen entschieden auf der Seite der kleinen Bauern. Wir wollen alles mögliche tun, um ihr Los erträglicher zu gestalten und ihnen den Übergang zu kooperativen Lebensformen zu erleichtern, wenn sie diesen Schritt tun wollen. Wenn sie sich aber noch nicht zu diesem Schritt entschließen können, so werden wir ihnen Zeit genug geben, um auf ihrem eigenen Stückchen Land über diese Frage nachzudenken.« Engels »übertriebene Vorsicht«, fuhr Stalin fort, passe für die Verhältnisse in Westeuropa, sie passe ganz und gar nicht nach Rußland. Man könne dem kleinen Bauern keine Zeit lassen, auf seinem eigenen Stückchen Erde über die Vorteile der Kollektivierung nachzudenken. Dann wurde er deutlicher. Es genüge nicht, den Kulaken zu enteignen. Es sei lächerlich, anzunehmen, man könne den Kulaken gestatten, daß sie sich nach ihrer Enteignung einer Kolchose anschließen. Die Bolschewisten, die solcher Meinung seien, irrten sich gründlichst. Stalin unterließ es freilich, seinen Zuhörern zu sagen, was mit den zwei Millionen Kulaken, die mit ihren Familien acht oder zehn Millionen der russischen Bevölkerung ausmachten, geschehen sollte, wenn sie von ihrem Besitz vertrieben waren und wenn man ihnen gleichzeitig verwehrte, sich einer Kolchose anzuschließen.

Es dauerte nicht lange, da wurde das russische Land zur Hölle. Der größte Teil der Bauern setzte der Regierung verzweifelten Widerstand entgegen. So wurde aus der Kollektivierung eine militärische Aktion, ein grausamer Bürgerkrieg. Dörfer, die sich nicht fügten, wurden mit Maschinengewehren umstellt und zur Übergabe gezwungen. Die Kulaken wurden massenweise in unbewohnte Bezirke Sibiriens deportiert. Ihre Häuser, Scheunen, lebendes und totes Inventar wurde den Kolchosen übergeben. Stalin selber bezifferte den Wert dieses Eigentums auf mehr als 400 Millionen Rubel.[52] Die meisten Bauern beschlossen, so wenig wie möglich von ihrem Privateigentum in die Kolchosen einzubringen, die sie sich als staatliche Kornfabriken vorstellten, in denen sie selber als Fabrikarbeiter zu arbeiten hätten. In ihrer Verzweiflung schlachteten sie ihr Vieh ab, zertrümmerten ihr Gerät und verbrannten das Getreide. Das war der große Aufstand des russischen Muschik. Erst drei Jahre später, im Januar 1934, teilte Stalin einige Ergebnisse dieser Aktion mit. Im Jahr 1929 hatte es in Rußland 34 Millionen Pferde gegeben. Im Jahr 1933 waren nur noch 16,6 Millionen übrig. 18 Millionen Pferde waren geschlachtet worden. Es waren weiter geschlachtet worden: 30 Millionen Stück Großvieh und annähernd 100 Millionen oder ungefähr zwei Drittel aller Schafe und Ziegen.[53] Weite Landstriche blieben unbebaut. In den Städten und in den reichsten landwirtschaftlichen Gebieten der Schwarzen Erde der Ukraine herrschte Hungersnot.

Dieser Gewaltstreich, den Stalin in der Landwirtschaft durchgeführt hatte, zwang ihn, in der Industrie mit ähnlichen Methoden durchzugreifen. Denn die sofortige Mechanisierung der Landwirtschaft wurde jetzt eine Frage auf Leben und Tod. Der

Großgrundbesitz verlangt eine viel höher entwickelte technische Grundlage als der bäuerliche Kleinbetrieb, besonders der vorsintflutlich bewirtschaftete kleine russische Bauernhof. Der Traktor mußte jetzt sofort das Pferd ersetzen. Ehe das große Abschlachten des Viehbestandes begonnen hatte, waren die Wirtschaftssachverständigen der Meinung gewesen, daß man die Kollektivierungspläne nur durchführen könne, wenn man mindestens eine Viertelmillion Traktoren und eine ungeheure Masse landwirtschaftlichen Geräts einsatzbereit habe. Als der Umsturz in der Landwirtschaft begann, gab es in ganz Rußland 7000 Traktoren. Durch eine übermenschliche Anstrengung der Industrie gelang es Stalin im Laufe des Jahres 1929, weitere 30000 Traktoren aus den Fabriken herauszuholen.[54] Aber das war ein Tropfen auf den heißen Stein. Ohne Maschinen und ohne landwirtschaftliche Sachverständige war eine sachgemäße Organisation und eine zweckmäßige Einteilung der landwirtschaftlichen Arbeit kaum möglich. Viele Kolchosen drohten schon kurz nach ihrer Gründung wieder zu zerfallen. Es war also ein zwingendes Gebot, daß die Industrie in der denkbar kürzesten Frist gewaltige Massen von Maschinen ausstieß und daß die Erdölquellen Millionen Tonnen Treibstoff dazu lieferten. Das Land mußte elektrifiziert, neue Kraftwerke mußten aus dem Boden gestampft werden, und nicht zuletzt mußten ja auch die Millionen Bauern für die neuen landwirtschaftlichen Maschinen angelernt werden. Aber die Fabriken, die dieses Gerät und diese Maschinen hätten herstellen sollen, gab es nicht. Die Produktion von Kohle, Stahl, Erdöl und anderem Material war zum Verzweifeln gering. Und die Männer, die dem Muschik, der nicht einmal lesen und schreiben konnte, das Traktorfahren hätten beibringen sollen, waren nicht vorhanden.

Das ganze Experiment schien also die Ausgeburt einer unvorstellbaren Geistesverwirrung zu sein, bei der alle Regeln der Logik und alle Grundsätze der Wirtschaftstheorie und -praxis auf den Kopf gestellt waren. Es war, als hätte die ganze Nation plötzlich ihre Häuser und Hütten zerstört, die, so alt und baufällig sie auch sein mochten, doch wenigstens Wirklichkeit waren, und sich vorgenommen, mit Hab und Gut, mit Weib und Kind in ein Phantasieschloß einzuziehen, von dem einstweilen nichts vorhanden war als die Andeutung eines Baugerüsts. Es war, als habe dieses wahnsinnig gewordene Volk plötzlich begriffen, daß man zum Bau eines neuen Hauses Ziegel braucht, aber nur, um zu finden, daß kein Lehm und kein Stroh für diese Ziegel da sind. Es war, als renne dieses Volk, hungernd, schmutzig, vor Kälte zitternd und vom Fieber geschüttelt, verzweifelt durcheinander, um Stroh, Ziegel und Steine zu suchen, damit die Bauleute und Maurer den Bau des Hauses beginnen könnten, das so viel geräumiger und gesünder sein sollte als die elenden Behausungen, die es soeben in wilder Hast verlassen und zerstört hatte. Man bedenke, daß dieses Volk 160 Millionen Menschen zählte, daß es verhext, getrieben, gepeitscht in diese surrealistische Unternehmung hineingeführt wurde von einem ganz gewöhnlichen, prosaischen, ziemlich besonnen und nüchtern denkenden Mann, dessen Geist plötzlich von einer halb wirklichen, halb schlafwandlerischen Vision besessen war, von einem Mann, der sich zum obersten Richter und zum obersten Architekten machte und sich in die Rolle eines »Superpharaos« hineinlebte. So ungefähr war dieses unvorstellbare Bild des russischen Lebens, ein Leben voll Qual und voll Hoffnung, voll von Pathos und Groteske. Und der Thron des Pharaos war Stalins Platz in diesem Bild. Nur waren es nicht nutzlose Pyramiden, zu deren Bau er sein Volk antrieb.

Stalin sah sich selbst allerdings nicht als modernen Pharao, sondern eher als neuen Moses, der ein erwähltes Volk durch die Wüste führt. Denn die Phantasie dieses atheistischen Diktators war voll von biblischen Bildern und Symbolen. Unter den wenigen Bildern und Vergleichen, die sich in seinen so eintönigen und hohl klingenden Schriften finden, kommt der Satz von dem »Zug ins Gelobte Land des Sozialismus« weitaus am häufigsten vor, auch schon zu der Zeit, als er nur einige wenige »Komiteemänner« in Tiflis und Baku anzuführen hatte. Wieviel wirklichkeitsnäher mußte ihm dieser Satz jetzt in den Ohren geklungen haben. Zwischen Stalin und Cromwell, zwischen den Bolschewisten und den Puritanern Englands liegen Jahrhunderte. Abgründe trennen die Charaktere dieser Völker und Zeiten, und dennoch hätte das, was Macaulay über Cromwell und seine Männer schrieb, auch über Stalin geschrieben sein können.

»Diese merkwürdigen Menschen waren vor allem fanatische Republikaner. Als sie ihr Land versklavten, handelten sie in dem Wahn, es zu befreien. Die Bibel, die ihr ein und alles war, lieferte ihnen Vorbilder, die sie immer vor Augen hatten. Man konnte nicht leugnen, daß ein unwissendes und undankbares Volk über seine Befreier murrte. Aber so hatte auch ein anderes erwähltes Volk gegen seinen Führer gemurrt, der es auf leidvollen und steinigen Wegen aus der Knechtschaft in Ägypten in das Land geleitete, in dem Milch und Honig fließen. Moses hatte seine Brüder gerettet, obgleich sie sich nicht retten lassen wollten. Er war auch nicht davor zurückgeschreckt, ein furchtbares Exempel an denen zu statuieren, die, ihre Freiheit verschmähend, ihr Herz an die Fleischtöpfe, die Herren und die Götzen Ägyptens gehängt hatten.«

Als Stalin sein Programm dem Volk entwickelte, forderte er von ihm Leiden und Entbehrungen, für die er keine überzeugende wirtschaftliche Erklärung zur Hand hatte, wie sie nur eine dringende wirtschaftliche Notlage ihm hätte geben können. Er mußte die Phantasie des russischen Volkes mit höheren Dingen reizen. So kam er dazu, daß er jetzt das erstemal nicht nur an die sozialistischen, sondern auch an die patriotischen Gefühle des russischen Volkes appellierte. Dieser doppelte Appell wurzelte in der Lehre von dem »Sozialismus in einem Lande«. Aber bislang hatte er sich gehütet, den nationalen Stolz und den nationalistischen Ehrgeiz aufzustacheln. Die Feindschaft der Bolschewisten gegen diese Art von Gefühlen war dem Volk nur zu deutlich bewußt. Solang Stalin die Kritik seiner Rivalen zu fürchten hatte, konnte er sich nicht offen von diesen fest eingefahrenen Gedankenbahnen seiner eigenen Partei entfernen. Es ist auch nicht sicher, ob diese nationalistische Gedankenrichtung in diesen frühen Jahren in seinem eigenen Geist bereits feste Formen angenommen hatte. Sei dem, wie ihm wolle, dieser neue Ton kam mit elementarer Gewalt in der berühmten Rede zum Durchbruch, die er im Februar 1931 vor Funktionären der Wirtschaft hielt. Er wandte sich mit immer neuen Argumenten gegen alle, die einem langsameren Tempo der Industrialisierung das Wort redeten. Er setzte die internationalen und die nationalen Motive auseinander, die seiner Politik zugrunde lagen. Ohne die

Industrialisierung könne es keinen Sozialismus geben, und die Sowjetregierung sei in den Augen des Proletariats der ganzen Welt nach Ehre und Gewissen verpflichtet, den Bau des Sozialismus auszuführen und zu vollenden. Diese internationalen Verpflichtungen wögen, so sagte Stalin, noch schwerer als die nationalen. Aber er sprach über die internationalen und sozialistischen Aspekte des Problems in so leblosen Klischees, daß jeder Hörer fühlen mußte, wie wenig das Herz des Redners dabei war. Doch wie begann er vor Erregung zu zittern, wie nahm seine Rede Farbe an, als er sich den nationalen, den rein russischen Gründen zuwandte, die für seine Politik sprachen.

»Nein Genossen! (...) Es darf nicht sein! Wir dürfen nicht nachlassen. Im Gegenteil, wir müssen eilen, wir müssen mit aller Kraft und mit allen Mitteln unsere Unternehmung vorwärts treiben. Das ist unsere Pflicht gegenüber den Arbeitern und Bauern der UdSSR. Das ist aber auch unsere Pflicht gegenüber den arbeitenden Klassen der ganzen Welt.

Wer jetzt nicht ausschreitet, der bleibt zurück. Wer zurückbleibt, der gibt sich geschlagen. Wir wollen uns nicht geschlagen geben. Nein! Das wollen wir nicht. Die Geschichte lehrt uns, daß das alte Rußland immer besiegt wurde, weil es rückständig war. Das alte Rußland wurde von Tatarenkhans besiegt, es wurde besiegt von türkischen Beys, von feudalen Adeligen Schwedens, es wurde geschlagen von polnisch-litauischen Pans, es wurde geschlagen von französischen und englischen Kapitalisten, von japanischen Baronen, Rußland wurde immer und von allen besiegt. Weshalb? Weil es rückständig war. Es war rückständig in militärischer Hinsicht, es war kulturell rückständig, es war politisch rückständig, es war industriell rückständig, und es war landwirtschaftlich rückständig. Rußland wurde besiegt, weil es sich lohnte, es zu besiegen, und weil die Sieger keine Strafe zu befürchten hatten. Ihr erinnert euch an die Verse des Dichters aus der Zeit vor der Revolution: ›Arm bist du, Mütterchen Rußland, aber du bist voll des Überflusses. Mächtig bist du, aber du bist hilflos, Mütterchen Rußland.‹ (...) Wir hängen fünfzig oder hundert Jahre hinter den fortschrittlichen Völkern der Erde zurück. Wir müssen das in zehn Jahren nachholen. Entweder tun wir das, oder man wird uns zerschmettern.«[55]

Stalins Aufruf zur Industrialisierung feuerte zunächst die Phantasie der Arbeitermassen in den Städten an. Die junge Generation hatte lang in der Hoffnung gelebt, Rußland könne ein zweites Amerika werden, ein sozialistisches Amerika. Die Pläne für Dnjeprostroj und Magnitogorsk und für eine ganze Zahl anderer ultramoderner, mammutartiger Industriekombinate ließen vor den Augen der jungen Generation das Bild einer neuen Zivilisation entstehen, in der der Mensch die Maschine seinem Willen untertan macht, anstatt sich wie bisher der Maschine und dem Besitzer derselben beugen zu müssen. Ungezählte junge Arbeiter, besonders Angehörige des Komsomol, gingen freiwillig als Pioniere in die Wildnis Sibiriens und Turkestans. Sie begrüßten heißen Herzens das Bild einer neuen Welt, auch wenn diese Welt auf ihrem Rücken aufgebaut werden mußte. Weniger idealistisch gesonnene Menschen begrüßten die Industrialisierung, weil sie der Arbeitslosigkeit ein Ende machte, die den russischen Arbeiter während der ganzen Periode der NEP bedrängt hatte.

Hier wurde Stalin noch einmal durch die Kraft der Bewegung mitgerissen, bis er sich in einer Weise übersteigerte, wie es ein erfahrener Wirtschaftskenner niemals gewagt hätte. Aber so merkwürdig das auch erscheinen mag: Stalin war damals in wirtschaftlichen Dingen völlig unerfahren. Er hatte nie eine wirtschaftswissenschaftliche Ausbildung genossen, obwohl der Marxismus ihm ein leichteres Verstehen ökonomischer Tatsachen ermöglichte, als dies sonst bei einem Durchschnittspolitiker der Fall sein mag. Unter Lenin war sein Anteil an der Ausbildung der wirtschaftspolitischen Linien des Bolschewismus ebenso unbedeutend, wie seine Tätigkeit in der Staatsverwaltung groß gewesen war. In jenen Jahren war Rußland in wirtschaftlicher Hinsicht noch so rückständig, daß es auch kaum eine Möglichkeit für bedeutende Maßnahmen gab. In den späteren Jahren war er vollauf damit beschäftigt, den bolschewistischen Parteiapparat gegen seine Rivalen auf seine Seite zu bringen. So löste er eine zweite Revolution aus, ohne sich darüber klar zu sein, wie weit die Hilfsmittel des Landes und die Geduld seines Volkes ohne verheerende Folgen angespannt werden konnten. Seine bisherige Tätigkeit hatte in ihm ein übertriebenes Vertrauen auf eine straff organisierte und rücksichtslos durchgreifende Verwaltung geweckt. War er nicht mit seinen einst so mächtigen Rivalen nur deshalb fertig geworden, weil er es verstanden hatte, diese Macht der Verwaltung gegen sie auszuspielen? War es ihm nicht gelungen, einer Partei Zügel anzulegen, die früher völlig unbezähmbar schien? Hatte er nicht aus der bolschewistischen Partei einen Haufen von verängstigten und knieweichen Männern gemacht, die nur darauf bedacht waren, seinen Weisungen zu folgen? Weshalb sollte es ihm nicht möglich sein, mit den unorganisierten, zerstreuten Massen der Muschiks so fertig zu werden, wie es ihm für seine Pläne paßte? Weshalb sollte er nicht imstande sein, die Fabrikdirektoren zu zwingen, die Mengen von Kohle und Stahl und die Anzahl von landwirtschaftlichen Maschinen herzustellen, die er in seinen Plänen festgelegt hatte? Das war alles zu schaffen, vorausgesetzt, daß alle diese Menschen von ihm und vom Politbüro unter ständigem, hartem Druck gehalten würden. Niemand konnte besser als er Untergebene unter Druck setzen; niemand konnte besser als er dafür sorgen, daß ein solcher von oben kommender Druck bis in die untersten Stellen der Verwaltung weitergegeben wurde. Er war bei diesem Unternehmen der Meister der Einschüchterung, der Meister des Zwangs, aber auch der Meister des schmeichelnden Zuredens.

Als er merkte, wohin letzten Endes die rücksichtslosen Maßnahmen führen mußten, die er auf dem Lande eingeleitet hatte, beeilte er sich, die Bauern wieder zu beruhigen, jedenfalls aber ihren Haß von sich auf andere abzulenken. Am 2. März 1930 erließ er eine Proklamation, durch die er zwei Fliegen mit einer Klappe zu schlagen hoffte.

Sie trug den Titel »Kopfschwindel vom Erfolg«.[56] Für das, was sich inzwischen ereignet hatte, machte er den Übereifer der Beamten verantwortlich. Er stellte fest, daß bereits die Hälfte aller Bauerngüter kollektiviert sei, daß man aber in vielen Fällen Gewalt angewandt habe; es gebe unter den Kolchosen nicht wenige, die so nicht lebensfähig waren. Es waren noch nicht drei Monate vergangen, seit er seine Agenten aufs Land geschickt hatte mit dem Auftrag, den kleinen Bauern keine Zeit mehr zu lassen, »auf ihren kleinen Höfen über die Vor- und Nachteile der Kollektivierung nachzugrübeln«. Damals hatte er selber das Signal für eine zwangsweise Kollektivierung der Landwirtschaft gegeben, das niemand hatte mißverstehen können. Jetzt tat er so, als seien seine Anweisungen mißverstanden worden. »Kolchosen können nicht mit Gewalt auf die Beine gebracht werden. Wer das versuchen wollte, wäre ein Narr und zudem ein Reaktionär.« Er nahm sich die »Opportunisten«, die »Dickschädel«, die »Randalierer der linken Opposition«, die »Angsthasen und Philister«, jene Leute vor, »die nur mit Daumenschrauben überzeugen können«, und gebot, daß nunmehr mit den »Exzessen« Schluß gemacht werde. Das Politbüro und das Zentralkomitee waren sprachlos, als sie sahen, daß Stalin sich jetzt auf einmal wieder zum Beschützer der Muschiks aufwarf. Er hatte sich über diesen Frontwechsel mit niemandem vorher besprochen. Er hatte um das Vertrauen der Landbevölkerung über die Köpfe der Männer hinweg geworben, die bisher seine Aufträge ausgeführt hatten und die er jetzt vor dem Volk als die Hauptschuldigen hinstellte. Sogar das Zentralkomitee, das in diesen Tagen wirklich nicht mehr sehr widerstandsfähig war, protestierte gegen den Versuch, aus ihm den Blitzableiter für die allgemeine Mißstimmung im Volk machen zu wollen. Daraufhin veröffentlichte Stalin eine zweite Erklärung, in der es hieß, daß der Befehl zur Einstellung der Gewaltmaßnahmen nicht seine persönliche Meinung, sondern die des gesamten Zentralkomitees darstelle.[57]

Wie nun immer die tatsächlichen Zusammenhänge gewesen sein mögen, er bremste mit dieser Erklärung die Kollektivierungsaktion gewaltig ab. In den nächsten drei Jahren wurden nur noch 10 Prozent der übriggebliebenen privaten Bauernhöfe zusammengelegt, so daß am Ende des ersten Fünfjahresplans sechs Zehntel aller Bauernhöfe in kollektiver Bewirtschaftung waren. Auch der Charakter der Kolchosen änderte sich jetzt. Zunächst war beinahe das gesamte Eigentum des Bauern zum Kollektiveigentum erklärt worden, und die Bauern sollten für ihre Arbeit im Kollektiv wie Fabrikarbeiter bezahlt werden. Zu Beginn und um die Mitte der dreißiger Jahre wurden eine Anzahl sogenannter »Stalin-Reformen« durchgeführt, durch die dem bäuerlichen Individualismus bedeutende Zugeständnisse gemacht wurden. Die Kolchose sollte eine Genossenschaft *(artel)* werden, keine kommunistische Gemeinschaft. Die Kolchosbauern wurden an dem Reingewinn des Betriebs beteiligt. Sie durften auch ein kleines Stück Land privat bewirtschaften, Geflügel und etwas Vieh halten. Im Laufe der Zeit entwickelte sich eine neue soziale Schichtung: Es gab reiche und arme Kolchosen und in jeder Kolchose reiche und arme Bauern. Der Staat begünstigte die reichen Kolchosen. Stalin befahl die Auflösung der meisten Staatsgüter *(Sowchosen)* und schenkte den Kolchosen mehr als 16 Millionen Hektar Boden aus Staatsbesitz.[58] So entstand ein neues, allerdings nicht sehr stabiles Gleichgewicht zwischen dem privaten und dem kollektiven Interesse. Der Regierung war es dadurch möglich, langsamer und beinahe den gesamten bäuerlichen Grundbesitz zu kollektivieren, ohne nochmals auf einen so erbitterten Widerstand zu stoßen. Die kostspieligen und blutigen Erfahrungen der Jahre 1929 und 1930 waren also wenigstens nicht ganz umsonst gemacht worden. Gegen Ende der dreißiger Jahre erreichte die neue soziale Struktur Rußlands ein beachtliches Maß von Festigkeit, das umso bemerkenswerter ist, wenn man bedenkt, wie brüchig die Fundamente dieser Ordnung zu Beginn dieses Jahrzehnts noch gewesen waren.

Das Auf und Ab der industriellen Revolution war nicht weniger stoßweise und heftig. Wir erinnern uns, daß Stalin im Jahr 1930 verlangt hatte, die Kohle- und Stahlproduktion innerhalb eines Jahres um ungefähr die Hälfte zu steigern. Die tatsächliche Steigerung der Produktion betrug aber, wie er im Jahr darauf selber zugeben mußte, nur 6 bis 10 Prozent.[59] Die viel zu langsame Entwicklung im Bergbau lähmte die eisenschaffende und die eisenverarbeitende Industrie. Stalin drängte unentwegt auf die Erschließung neuer Kohlen- und Eisenerzgruben im Ural und in Sibirien, wobei er sich allerdings um die tatsächlichen Schwierigkeiten keinen Deut kümmerte. »In Magnitogorsk war ich in ein richtiges Schlachtfeld geraten«, schrieb ein Amerikaner, der die ersten Jahre dort mitangesehen und miterlebt hat. »Das war ein Krieg an der Eisen- und Stahlfront. Zehntausende arbeiteten unter den größten Entbehrungen am Bau von Hochöfen, und darunter waren viele, die diese Arbeit willig, mehr noch, mit grenzenlosem Enthusiasmus taten. Dieser Enthusiasmus steckte auch mich schon an dem Tage an, als ich in Magnitogorsk eintraf. Ich glaube allerdings, daß die russischen Verluste an Menschenleben bei dieser Schlacht der eisenschaffenden Industrie nicht geringer waren als die der Franzosen bei der Schlacht an der Marne.«[60]

Die Verluste an Menschenleben, Energie und Material waren ungeheuerlich. Wenn auch die Ziele des Fünfjahresplans nicht voll erreicht wurden, so war dennoch das Ergebnis dieser Bemühungen nicht weniger ungeheuerlich. Stalin forderte niemals wieder, von der Zeit des Krieges gegen Hitler abgesehen, solche Leistungen wie die, zu denen er das russische Volk beim Beginn des ersten Fünfjahresplans angetrieben hatte. Im zweiten Fünfjahresplan war eine jährliche Steigerung der industriellen Produktion um 13 bis 14 Prozent vorgesehen. Der letzte, zugleich der bescheidenste dieser Pläne, der in den Jahren 1932 bis 1937 durchgeführt wurde, brachte die endgültige Konsolidierung der russischen Industrie nach dieser umwälzenden Revolution.[61]

Nur ein absoluter Herrscher, ein Mann ohne Nerven und Gefühle, konnte in dieser unvorstellbaren Unternehmung trotz aller fast unüberwindlichen Schwierigkeiten durchhalten. In der Maske unbeweglicher Ruhe, die Stalin in jenen Jahren zur Schau trug, liegt etwas Unbegreifliches. Hinter dieser Maske müssen ihn Spannung und Angst gequält haben. Aber nur ein einziges Mal drohte er zusammenzubrechen. Im Jahr 1932 war eine Enttäuschung und eine Widerwärtigkeit durch die andere abgelöst worden. Er verschloß sich in seinen vier Wänden. Sein Ansehen in der Öffentlichkeit war auf einen Tiefpunkt gesunken. Er beobachtete aufmerksam die Wogen der Unzufriedenheit, die an die hohen Kreml-Mauern brandeten. Es konnte ihm nicht verborgen bleiben, daß aus den Augen seiner geschlagenen Gegner eine Hoffnung blitzte, die sich mit verhaltener Angst mischte. Bucharin, Rykow, Tomski, Sinowjew und Kamenjew blieben nur deshalb untätig, weil die Gefahren, die den Bolschewismus bedrohten, jetzt für alle seine Schattierungen und Fraktionen gleich ernst geworden waren. Die alte Spaltung zwischen dem rechten und dem linken Flügel war dem allgemeinen Wunsch nach einer Änderung der herrschenden Verhältnisse gewichen, und dieser Wunsch begann sich sogar bei den hartgesottensten Anhängern Stalins einzuschleichen. In seiner nächsten Umgebung wurden Denkschriften herumgereicht, in denen dargelegt wurde, daß es jetzt allmählich höchste Zeit werde, den Generalsekretär abzusetzen. Sie trugen die Unterschrift von Syrzow und Lominadse, zweier Männer, die Stalin bei seinem Kampf gegen Trotzki und Bucharin die größten Dienste geleistet hatten. Syrzow hatte sogar den Platz von Rykow als Premierminister der Russischen Sozialistischen Sowjetrepublik einnehmen dürfen.[62] Eine ähnliche Denkschrift ging unter dem Namen von Rjutin um, der damals Chef des Propagandaamtes war. Es gab noch andere. Diese Männer wurden wegen Hochverrats angeklagt und zu Gefängnisstrafen verurteilt. Genau gesagt hatten sie gar keine Umsturzpläne geschmiedet. Sie hatten nur auf die Mitglieder des Zentralkomitees eingeredet, sie sollten Stalin in verfassungsmäßigen Formen absetzen, und Stalin hat tatsächlich niemals dem Zentralkomitee das Recht bestritten, den Generalsekretär, den es gewählt hatte, auch wieder abzusetzen. Auch in der Ukraine schwelte die Unzufriedenheit einer geheimen Opposition. Stalin entsandte einen seiner Vertrauten, Postyschew, nach Kiew, um eine Säuberung der ukrainischen Regierung durchzuführen, die vermutlich aus den ergebensten Stalinisten bestand. Im Laufe dieser Säuberungsaktion beging Skrypnik, der ukrainische Volkskommissar für Volkserziehung, Selbstmord. Er war einer der ältesten Veteranen der bolschewistischen Garde.

Als diese Entwicklung ihren Höhepunkt erreichte, spielte sich in des Diktators eigenem Haus eine erschütternde Tragödie ab. Seine eigene Frau, Nadja Allilujewa, die Tochter des Arbeiters Allilujew, die ihrem sehr viel älteren Gatten blindlings ergeben gewesen war, begann an der Weisheit und Richtigkeit seiner politischen Entscheidungen zu zweifeln. Eines Abends, es war im November 1932, waren Stalin und seine Frau bei Woroschilow zu Gast. Es waren noch andere Mitglieder des Politbüros anwesend, zwischen denen sich eine Unterhaltung über politische Fragen entwickelte. Nadeschda Allilujewa machte aus ihren Gedanken über die Hungersnot, die Unzufriedenheit im Lande und die verheerenden Folgen des Terrors auf die Parteimoral kein Hehl. Stalins Nerven waren bis zum äußersten gespannt. Vor seinen Freunden machte er seiner Frau eine Szene, in deren Verlauf er sie mit einer Flut gemeiner Ausdrücke überschüttete. Nadja Allilujewa verließ Woroschilows Haus. In derselben Nacht machte sie ihrem Leben ein Ende.[63]

Die Zeitungen sprachen von einem plötzlichen und allzufrühen Tod (dies berichtet V. Serge, ein ehemaliger französischer Kommunist, der diese Jahre in Rußland verlebte). Die Eingeweihten erzählten, daß die junge Frau wegen der Hungersnot und des Terrors sich in schwersten Gewissensnöten befand, weil sie sich ihres eigenen bequemen Lebens im Kreml schämte und weil sie die Bilder des Generalsekretärs nicht mehr sehen konnte, mit denen man ganze Häuserwände an den Hauptstraßen überklebt hatte. Sie war schwermütig geworden.

Dies war also der Mann aus Stahl, der »Stalin«, wie er sich selber zu nennen beliebte. Da stand er — Auge in Auge mit einer Toten. Es war zu dieser Zeit, daß er sich eines Tages im Politbüro erhob, um seinen Rücktritt anzubieten. »Vielleicht bin ich wirklich ein Hindernis für die Einigkeit in der Partei geworden. Wenn dem so ist, Genossen, so bin ich bereit zu verschwinden (...).« Die Mitglieder des Politbüros, dessen rechter Flügel bereits der Säuberung zum Opfer gefallen war, schauten einander mit verlegenen Mienen an. Wer von ihnen würde jetzt den Mut haben aufzustehen, um zu sagen: »Jawohl, alter Mann, so ist es. Du solltest gehen. Du kannst für dich selbst nichts Besseres tun.« Wer würde den Mut haben, so zu sprechen? Wenn einer das gesagt hätte, ohne daß sofort die Mehrheit der Versammlung hinter ihn trat, der hätte wahrhaftig viel riskiert. Keiner rührte sich. (...) Schließlich ergriff Molotow das Wort und sagte: »Schluß damit! Schluß! Du hast das Vertrauen der Partei.« Damit war dieser Zwischenfall zu Ende.[64]

Dies scheint der einzige Augenblick gewesen zu sein, in dem Stalins Selbstvertrauen wankend wurde. Nach einigen Wochen hartnäckigen Schweigens richtete er im Januar 1934 wieder eine Ansprache an die Vollversammlung des Zentralkomitees. Seine Rede war zwar im Ton noch apologetisch, aber sie bewies, daß er sein Selbstvertrauen wiedergewonnen hatte. »Die Partei hat das Land aufgepeitscht und es zum Handeln angespornt. Wir mußten dem Land die Sporen geben. (...) Es war um hundert Jahre in der Entwicklung zurück und stand einer mörderischen Gefahr gegenüber.«[65] Er gab tatsächlich zu, daß der erste Fünfjahresplan nicht erfüllt wurde, erklärte das aber damit, daß die Industrie plötzlich auf Munitionsfabrikation umgestellt werden mußte, weil im Fernen Osten mit dem Ausbruch eines Krieges zu rechnen gewesen sei. Damals eroberten die Japaner die Mandschurei. Es ist zweifelhaft, ob Stalin wirklich an die Möglichkeit eines japanischen Angriffs auf die Sowjetrepublik dachte und er die Gefahr so ernst nahm, daß er deshalb seine industrielle Planung über den Haufen warf. Wie dem auch sei, kurz vor Hitlers Machtergreifung versicherte er dem Land, daß die Kriegsgefahr gebannt sei und daß man das Tempo der Industrialisierung programmgemäß fortsetzen könne. Die Aufgabe, die Rußland in den nächsten Jahren gestellt sei, sei die Konsolidierung der gemachten Gewinne und die Entwicklung einer eigenen industriellen Technik.

Einige Tage später stand er schon wieder auf der Rednertribüne, um die Gefahren an die Wand zu malen, die nach wie vor in dem Agrarproblem steckten. Er setzte die Partei mit der Feststellung in Erstaunen, daß die Kolchosen unter Umständen für das Regime eine noch viel größere Gefahr darstellen könnten als die private Landwirtschaft. In den Tagen von einst sei die Bauernschaft zerstreut und isoliert gewesen. Man hatte sie nur schwer in Bewegung bringen können. Damals habe ihr die Fähigkeit zum politischen Zusammenschluß gefehlt. Seit der Kollektivierung seien die Bauern in Gruppen organisiert. Sie könnten die Sowjetregierung unterstützen, sich aber ebensogut auch gegen sie wenden, wobei ihre Tätigkeit wirkungsvoller sein würde als die einer unorganisierten, privaten Bauernschaft. Um eine scharfe Aufsicht der Partei über die Kolchosen zu gewährleisten, wurden jetzt die »Politischen Abteilungen auf dem Lande«[66] eingerichtet. Mit dieser Maßnahme wurde auch eine andere beunruhigende Frage geregelt. Ein Jahr später berichtete Stalin auf dem siebzehnten Parteikongreß, daß zwei Millionen Bauern, die nie zuvor einen Motor angefaßt hatten, zu Traktorfahrern ausgebildet worden seien; ungefähr die gleiche Anzahl Männer und Frauen sei für die Verwaltungsgeschäfte eines Kolchos ausgebildet worden, und 110 000 Ingenieure und Landwirtschaftssachverständige seien aufs Land geschickt worden. Es gebe jetzt in ganz Rußland nur noch zehn Prozent Analphabeten.[67] Auch diese sogenannte »kulturelle Revolution« war in fieberhafter Hast durchgeführt worden. Infolgedessen war sie auch höchst oberflächlich ausgefallen. Aber trotzdem bedeutete sie einen der wichtigsten Wendepunkte in der Entwicklung des russischen Volkes, dem damit ein neues Ziel gesetzt wurde.

Eine Schilderung der Rolle Stalins in dieser zweiten Revolution wäre unvollständig, wollten wir nicht auch die neue Sozialpolitik erwähnen, auf die Stalin vielleicht einen größeren persönlichen Einfluß hatte als auf die anderen Seiten der »Großen Wandlung«. Auf diesem Gebiet werden die Licht- und Schattenseiten seiner Politik besonders deutlich sichtbar. Gegen Ende des Jahres 1929 sprach er von einer neuen Arbeitspolitik in so dunklen und unbestimmten Ausdrücken, daß die Bedeutung dieser Erklärung fast allgemein übersehen wurde.[68] Unter der NEP hatte man die arbeitsrechtlichen Verhältnisse mehr oder weniger sich selber überlassen: Die Arbeiter konnten dort Beschäftigung suchen, wo es ihnen paßte, wobei allerdings die große Arbeitslosigkeit dieses Recht mehr oder weniger illusorisch machte. Auch die Unternehmer konnten ihre Arbeiter anstellen und entlassen, wie es ihnen gefiel. Die rasche Industrialisierung schuf plötzlich eine große Nachfrage nach Arbeitskräften, und damit war es mit den Nachlässigkeiten zu Ende. Das war das, was Stalin als »das Ende des spontanen Arbeitsmarktes« bezeichnete, und der Beginn dessen, was man in Deutschland den »gelenkten Arbeitseinsatz« nannte. Die Formen dieser Lenkung waren sehr verschieden. Die Werksdirektoren konnten zum Beispiel Verträge mit Kolchosen schließen und diese verpflichten, eine bestimmte Anzahl Männer und Frauen in die Fabriken in die Stadt zu schicken. Dies war sozusagen das Grundverfahren. Die Frage mag offenbleiben, ob man dieses Verfahren als »Arbeitszwang« bezeichnen kann. In den ersten Phasen der Entwicklung wurde ein unverhüllter Zwang ausgeübt. Kolchosmitgliedern, die wegen mangelhafter Leistungen aus einer Kolchose ausgestoßen wurden, waren Arbeitslose, und die wirtschaftliche Not zwang sie, sich als Hilfsarbeiter in Fabriken zu verdingen. Wenn er aber einmal in der Stadt war, konnte der proletarisierte Bauer die

Arbeitsstätte nach Belieben wechseln. Stalin wollte durch behördliches Eingreifen die industrielle Reservearmee schaffen, die sich in den meisten anderen Ländern von selber dadurch gebildet hatte, daß verarmte Bauern in die Stadt zogen. Zwangsarbeit im eigentlichen Sinn des Wortes wurde über Bauern verhängt, die sich mit Gewalt der Kollektivierung ihrer Höfe widersetzt hatten. Sie wurden wie gewöhnliche Verbrecher behandelt und zu Freiheitsstrafen verurteilt. Hier spielte die Geschichte einen ihrer übelsten und düstersten Streiche. In den ersten Jahren ihres Bestehens hatte die Sowjetregierung eine Reform des Strafvollzugs durchgeführt, die von humanitären Motiven getragen war und die in der Gefangensetzung von Verbrechern nicht so sehr ein Mittel der Bestrafung, als der Umerziehung sah. Man sorgte damals dafür, daß Strafgefangene mit nützlicher Arbeit beschäftigt wurden. Sie standen unter dem Schutz der Gewerkschaften, ihre Gefangenenarbeit mußte nach den Tariflöhnen der Industrie bezahlt werden. Als nun die Zahl der widerspenstigen Bauern zunahm, wurden sie in riesenhaften Strafarbeitslagern zusammengepfercht und zu Kanal- und Eisenbahnbauten, zum Holzfällen und dergleichen eingesetzt. Das Elend und die Hungersnot in den beginnenden dreißiger Jahren ließen alle Rücksichten für den Schutz dieser Arbeitshäftlinge zurücktreten. Die Umerziehung degenerierte zur Sklavenarbeit, bei der mit Menschenleben ein unvorstellbarer Raubbau getrieben wurde. Sie ist einer der dunkelsten Punkte im Bild der zweiten Revolution des Bolschewismus.

Wenn Stalin damals behauptete, daß in Sowjetrußland »die Arbeit, die früher eine verhaßte und drückende Last gewesen sei, sich zu etwas gewandelt habe, das durch Ruhm, Ansehen und Heldentum gekennzeichnet« sei, so mußten seine Worte den Insassen der Zwangsarbeitslager wie reiner Hohn in den Ohren klingen. Für die glücklicheren Arbeiter, denen die Industrialisierung soziale Vorteile brachte, mochten sie freilich etwas anderes bedeutet haben. Die Fabrikarbeit und die technische Leistung wurden jetzt in nie gekannter Weise mit Glanz und Gloria umgeben, um dadurch die jüngere Generation für diese Art des Berufslebens zu gewinnen. In Presse, Theater, Film und Radio wurden »die Helden der Arbeitsfront« verherrlicht, wie man in anderen Ländern mit Filmstars und Generalen einen öffentlichen Kult zu treiben pflegte. Die Tore technischer Hochschulen aller Grade öffneten sich jetzt für den Arbeiter, der von der Werkbank kam, und diese technischen Bildungsanstalten vermehrten sich unglaublich schnell. Stalin ermahnte immer wieder die Bolschewiken: »Wir selber müssen Fachleute und Meister in unserem Geschäft werden«[69], oder »Keine herrschende Klasse ist je ohne die Intelligenz ausgekommen«.[70] In den dreißiger Jahren wuchs die Zahl der Vertreter dieser neuen Intelligenz so stark, daß Stalin schließlich von ihr als einer sozialen Gruppe sprach, die den Arbeitern und Bauern, den zwei Klassen der russischen Gesellschaft, gleichgestellt, wenn nicht übergeordnet sei. Die kulturellen und politischen Charakterzüge dieser neuen Intelligenz waren von denen der alten Intelligenz ganz und gar verschieden, die einst in der Zarenzeit die Flamme der Revolution entfachten und die Republik der Arbeiter und Bauern in den ersten Jahren ihres Bestehens auf neue Wege geleitet hatte. Diese neue Intelligenz sollte den politischen Ehrgeiz anspornen. Es fehlte ihr die geistige Feinheit und der ästhetische Sinn ihrer Vorgänger. Für die Angelegenheiten der übrigen Welt interessierte sie sich nur in beschränktem Maß oder überhaupt nicht. Der Gedanke einer echten Schicksalsgemeinschaft zwischen Sowjetrußland und der übrigen Welt lag ihr fern. Ihr Interesse konzentrierte sich auf Maschinen und technische Erfindungen, auf kühne Pläne zur Entwicklung rückständiger Landesteile, auf Posten in der Verwaltung und auf die Kunst industrieller Betriebsführung. Aber auf diesen Gebieten zeigte die neue russische Intelligenz zuweilen auch ein solches Maß von Ahnungslosigkeit, daß ausländische Sachverständige oft nur über sie lachen konnten. Immerhin waren mit einer gewissen Naivität ein ungewöhnlicher Lerneifer, Klugheit und Aufgeschlossenheit für neue Ideen verbunden, kurz alles das, was den echten Pionier ausmacht. Dies war die Generation, die Stalin an die neuen Grenzen schickte, die er dem Leben und der Zukunft des Sowjetvolkes erschloß.

Zur gleichen Zeit verblich der Glanz der alten Intelligenz. Stalin mißtraute ihrem kritischen Sinn und der kosmopolitischen und internationalen Haltung vieler ihrer Mitglieder. Die alten Techniker und Direktoren der Industrie standen seinen Plänen mit kühler Skepsis, oft sogar mit unverhüllter Feindschaft gegenüber. Einige von ihnen schlossen sich der einen oder der andern Oppositionsgruppe an. Einige ließen sich von ihrer defätistischen Haltung nicht abbringen und sich zum Widerstand gegen die Wirtschaftspläne, ja sogar zur Sabotage verleiten. Anfänglich bekundete Stalin den Technikern und Werksdirektoren der älteren Generation gegenüber jenen Respekt, der so häufig den Proletarier kennzeichnet, der neu in das Getriebe einer Staatsverwaltung gerät. Als aber sein Selbstvertrauen wuchs und er sich immer häufiger persönlich mit Wirtschaftstheoretikern, Statistikern und Fabrikdirektoren auseinanderzusetzen hatte, die entweder zu sehr an ihren Gewohnheiten hingen oder zu nüchtern und zu phantasielos waren, um mit der industriellen Revolution Schritt halten zu können, schlug Stalins Respekt diesen Männern gegenüber rasch ins Gegenteil um. Er beschimpfte und demütigte sie. Verstöße oder Verbrechen, die von einigen wenigen begangen wurden, genügten für ihn, um ihnen allen abgrundtief zu mißtrauen. Schauprozesse gegen »Schädlinge und Saboteure der Industrie«, bei denen Wissenschaftler und Akademiker, wie Professor Ramsin, mit ihren Mitarbeitern auf der Anklagebank saßen, erfüllten Arbeiter und Vorarbeiter mit Mißtrauen gegen ihre Direktoren und Ingenieure. Das Ergebnis war für die Industrie verheerend. Man konnte keine neue technische Intelligenz heranbilden, wenn nicht die alte Intelligenz dabei mit Hand anlegte. Schließlich war man so weit gekommen, daß Stalin selber die alte Intelligenz vor der neuen schützen mußte. Seine Reden über dieses Thema waren voll von Widersprüchen, in denen sich seine eigenen Zwangsvorstellungen, sein Schwanken und seine meistens zu späten Versuche, eine verfahrene Situation zu retten, nur zu deutlich ausdrückten.

Der wichtigste Aspekt seiner Sozialpolitik war sein Kampf gegen die schematische Gleichmacherei. Er bestand auf der Notwendigkeit einer differenzierten Lohnskala, weil er dadurch die Leistung und die Fähigkeit des einzelnen zu steigern hoffte.[71] Er versicherte immer wieder, daß die echten Marxisten keine Gleichmacher im gewöhnlichen Sinn des Wortes seien, und er fand eine Stütze für seine Anschauung in dem bekannten Satz von Karl Marx, daß auch in einer klassenlosen Gesellschaft die

Arbeiter vor allem nach ihrer Leistung und nicht nach ihren Bedürfnissen bezahlt werden müssen. Aber nichtsdestoweniger ging durch den Bolschewismus eine starke Tendenz zur Gleichmacherei. So durfte zum Beispiel zu Lenins Zeiten kein Mitglied der herrschenden Partei, auch nicht die höchsten Parteifunktionäre, mehr verdienen als ein gelernter Arbeiter. Es wird kaum zu bestreiten sein, daß die Bedürfnisse der Industrialisierung mit diesem asketischen Lebensideal nicht in Einklang zu bringen waren, denn es wollte sich niemand um besondere technische Kenntnisse bemühen, wenn ihm nicht ein materieller Lohn dafür winkte. Das galt für Techniker und Fabrikdirektoren genauso wie für die Arbeiter. Es ist aber ebenso wahr, daß im Laufe der dreißiger Jahre die Differenzierung der Löhne und Gehälter in einer Weise durchgeführt wurde, die mit dem Geist und vollends mit dem Buchstaben des Marxismus nicht mehr zu vereinbaren war. So tat sich zwischen den Massen der ungelernten, unterbezahlten Arbeiter und der privilegierten Arbeiteraristokratie und der Bürokratie eine breite Kluft auf, von der man sagen kann, daß sie die kulturelle und technische Entwicklung des ganzen Volkes ebenso behinderte wie früher die Gleichmacherei.

Die Sozialpolitik Stalins gab seinen Gegnern, besonders den emigrierten Trotzkisten, den Vorwand, Stalin als den Führer einer neuen privilegierten Klasse anzugreifen. Es ist richtig, daß er sich mit großer Entschlossenheit für die Ungleichheit der Arbeitseinkommen einsetzte. Dieser Gedanke scheint ihn bereits lange vor der »Großen Wandlung« beschäftigt zu haben, denn bereits im Jahr 1925 hatte er den vierzehnten Parteikongreß mit etwas rätselhaften Ausdrücken gewarnt: »Man darf nicht mit der Phrase von der Gleichheit spielen, da dies ein Spiel mit dem Feuer ist.«[72] In späteren Jahren sprach er gegen die Gleichmacher mit einer Schärfe und einem Haß, der zu erkennen gab, daß er hier den wichtigsten, aber auch den verwundbarsten Teil seiner Politik verteidigte. Dieser Punkt war deshalb so empfindlich, weil die hochbezahlten und privilegierten Wirtschaftskader ganz von selbst zu Hauptstützen des stalinistischen Regimes wurden. Ihr wohlverstandenes Interesse verband sich von nun an mit dem seinen. Stalin selber fühlte, daß seine persönliche Herrschaft um so gesicherter sei, je mehr er sich auf eine festgebaute Hierarchie der Interessen und des Einflusses verlassen könne. Aber hier lag auch sein schwacher Punkt, denn nichts ist so gefährlich wie der Aufbau einer neuen Hierarchie auf einem Boden, der eben erst durch den gewaltigen Pflug einer sozialen Revolution umgegraben worden ist. Die Revolution setzt die latenten Gleichheitsforderungen in Bewegung, die in jedem Volk zu finden sind. Der kritische Augenblick in dieser Entwicklung kommt dann, wenn die Führer dieser Revolution sehen, daß sie dieses Gleichheitsstreben nicht befriedigen können, daß sie es sogar unterdrücken müssen. Sie müssen von nun an ein Geschäft verrichten, dessentwegen sie von ihren Gegnern als Totengräber der Revolution geschmäht werden können.[73] Aber sie sind in ihren Gewissensentscheidungen so wenig frei, und ihre Nerven sind durch die Doppelrolle, die sie spielen müssen, so gereizt, daß sie sich mit den übelsten Temperamentsausbrüchen auf die Opfer ihres »Betruges« stürzen. Daher kommt es, daß sowohl Cromwell als auch Robespierre und schließlich Stalin mit so außergewöhnlicher Heftigkeit gegen die »Gleichmacher« ihrer Zeit zu Feld zogen.

Es dauerte bis zur Mitte der dreißiger Jahre, ehe die Früchte der zweiten Revolution zu reifen begannen. Als das Jahrzehnt zu Ende ging, war die industrielle Produktion Rußlands der deutschen ebenbürtig geworden. Aber die Leistungsfähigkeit und die Organisation waren in Rußland trotzdem immer noch sehr viel geringer. Dasselbe gilt für den Lebensstandard der Bevölkerung. Aber der Ausstoß der Bergwerke, der Grundindustrien und der verarbeitenden Industrie näherte sich mengenmäßig dem Niveau des leistungsfähigsten und diszipliniertesten Volkes Europas. Um zu diesem Ziel zu kommen, hatte das deutsche Volk während zweier Generationen und länger mit Hilfe ausländischer Kapitalinvestitionen angestrengt gearbeitet. Die anderen europäischen Völker, zu denen das russische Volk noch einige Jahre zuvor bewundernd aufgeblickt hatte, lagen nun schon weit zurück.[74] Die industrielle Revolution breitete sich von West- und Zentralrußland in die fernsten Gebiete der sibirischen Wildnis aus. Auch die Kolchosen begannen jetzt Erträge abzuwerfen. Gegen Ende der dreißiger Jahre war die Getreideernte um dreißig bis vierzig Millionen Tonnen höher als in den Jahren der privaten Landwirtschaft. Die Industrie war jetzt auch in der Lage, der Landwirtschaft die Traktoren, Erntemaschinen und anderes Gerät zu liefern, das sie benötigte, um ihre Mechanisierung bis zur höchsten Stufe durchzuführen. Der Welt fiel die »Große Wandlung« in Rußland zunächst nicht weiter auf, sie verkannte auch völlig die Verschiebung der allgemeinen Machtverhältnisse, die sich aus ihr ergaben. Die eklatanten Mißerfolge des ersten Fünfjahresplans verleiteten ausländische Beobachter zu einer höchst skeptischen Bewertung der Aussichten des zweiten und dritten Planes. Die düsteren und blutigen Schauspiele der großen Säuberungen mußten nach außen hin den Eindruck erwecken, als stehe es mit dem Sowjetstaat in wirtschaftlicher und politischer Hinsicht gleich schlecht. Unzweifelhaft gab es schwache Punkte. Sie waren sogar vielleicht ernster als sie uns in der Rückschau erscheinen mögen. Aber die positiven Seiten dieser Entwicklung waren, im ganzen gesehen, doch sehr viel stärker, als man es in den dreißiger Jahren zugeben wollte.

Die Leistung war großartig, selbst wenn man sie nur mit dem Maßstab russischer nationaler Ansprüche mißt. Hier wurde die Grundlage zur neuen Großmachtstellung Rußlands gelegt, so — man darf den Vergleich wagen — wie Cromwells Navigationsakte die Grundlage für die britische Seeherrschaft schufen. Wer die politischen Schicksale der Völker an den Erfolgen ihres nationalen Ehrgeizes und Prestiges mißt, der muß Stalin einen ersten Platz unter den Herrschern zuerkennen, die im Laufe der Geschichte Rußland groß gemacht haben. Unter diesen Eindrücken fingen jetzt auch viele russische Emigranten an, in Stalin einen nationalen Heros zu sehen. Aber die Bedeutung der zweiten Revolution geht weit über das hinaus, was sie für Rußland oder vorwiegend für Rußland war. Für die Welt war sie der erste Versuch einer Planwirtschaft gigantischen Ausmaßes. Es war das erstemal, daß eine Regierung die Planung und Regulierung des Wirtschaftslebens eines ganzen Landes auf sich nahm und es verstand, durch die verstaatlichte Industrie ein einzigartiges Anwachsen des nationalen Reichtums zu erzielen. Man wird zugeben, daß Stalin diese Idee nicht erfunden hat. Er entlehnte dabei so viel von marxistischen Wirtschaftstheoretikern und

Philosophen, auch von seinen Gegnern, daß man ihn in vieler Hinsicht als einen ausgesprochenen Plagiator bezeichnen könnte. Aber er war der erste, der eine abstrakte Idee zur praktischen Aufgabe einer Regierung machte. Es ist sicherlich richtig, daß der erste bedeutende Versuch einer praktischen Planwirtschaft von der deutschen Regierung und dem deutschen Generalstab während des Ersten Weltkriegs unternommen wurde; und es ist auch richtig, daß Lenin gerade auf diesen Vorgang als einen Vorläufer späterer Experimente in seinen Schriften wiederholt hingewiesen hat.[75] Aber bei Stalins Planwirtschaft handelte es sich nicht um einen nur kriegsbedingten Versuch, sondern um eine Form der wirtschaftlichen Organisation für den Frieden. Und das war neu. Bisher hatten die Regierungen solange Planwirtschaft betrieben, wie sie Kriegsmaterial brauchten. Unter den Fünfjahresplänen Stalins wurden ebenfalls Geschütze, Panzer und Flugzeuge in großen Massen hergestellt; aber die wirkliche Bedeutung dieser Pläne bestand nicht darin, daß sie die Voraussetzungen für eine Bewaffnung Rußlands schufen, sondern darin, daß auf diese Weise die ganze russische Gesellschaft modernisiert und umgeformt wurde.

Wir sahen, von welchen Torheiten und Grausamkeiten Stalins »Große Wandlung« begleitet wurde. Sie erinnern an ähnliche Erscheinungen der industriellen Revolution Englands, wie sie Karl Marx im »Kapital« schilderte. Die Analogien sind ebenso zahlreich wie verblüffend. Im Schlußkapitel des ersten Bandes seines Werkes beschreibt Karl Marx die »primitive Anhäufung« des Kapitals als den ersten gewaltsamen Prozeß, durch den eine bestimmte Gesellschaftsklasse die Produktionsmittel an sich reißt, während gleichzeitig andere Klassen um ihren Grund und Boden und damit um ihre Existenzgrundlage gebracht und auf den Stand von Lohnarbeitern der Industrie herabgedrückt werden. Karl Marx schildert die »Arrondierungen« und »Landbereinigungen«, durch die der Landadel und die Industrieherren die britische *Yeomanry,* die »unabhängige Bauernschaft« enteigneten.[76] Eine Parallele zu diesen englischen »Arrondierungen« findet sich in dem Sowjetgesetz, das Stalin dem sechzehnten Parteikongreß vorlegte und das den Kolchosen die Möglichkeit gab, Land »einzubeziehen« oder »abzurunden«, so daß die Kolchose eine geschlossene Bodenfläche darstellen könne. Auf diese Weise wurden die bisherigen privaten Eigentümer entweder gezwungen, sich den Kolchosen anzuschließen, oder sie wurden, wenn sie das nicht wollten, enteignet.[77] Karl Marx schildert die »blutige Disziplin«, mit der die freien Bauern Englands zu Lohnarbeitern gemacht wurden, und er charakterisiert diesen Vorgang als »schmutzige Haupt- und Staatsaktion, die mit dem Exploitationsgrad der Arbeit die Akkumulation des Kapitals polizeilich steigert«.[78] Diese Worte können auf vieles angewandt werden, was durch Stalin veranlaßt wurde. Karl Marx faßt seine Schilderung der englischen Verhältnisse am Beginn des neunzehnten Jahrhunderts mit den Worten zusammen: »Das Kapital tritt in die Welt, vom Kopf bis zum Fuß aus jeder Pore Blut und Schmutz schweißend.« Genauso trat »der Sozialismus in einem Lande« in die Welt.

Aber trotz Blut und Schmutz bedeutete die industrielle Revolution Englands — Karl Marx hat das nie bestritten — einen gewaltigen Fortschritt in der Geschichte der Menschheit. Sie eröffnete eine neue und keineswegs hoffnungslose Epoche der europäischen Zivilisation. Stalins industrielle Revolution kann das gleiche Verdienst für sich in Anspruch nehmen. Man wirft ihr vor, sie habe Grausamkeiten begangen, die man früheren Jahrhunderten habe zugute halten können, für die es aber in unserer Zeit schlechterdings keine Entschuldigung mehr gebe. Dieser Gesichtspunkt ist sicher richtig, aber doch nur innerhalb bestimmter Grenzen. Rußland war in seiner historischen Entwicklung um ein Jahrhundert zurück. In England war die Leibeigenschaft bereits seit dem Ende des vierzehnten Jahrhunderts verschwunden. Stalins Eltern waren noch Leibeigene gewesen. Mit den Maßstäben der britischen Geschichte gemessen, trafen in Rußland das vierzehnte und das zwanzigste Jahrhundert aufeinander. Der Mann, in dem sie sich begegneten, heißt Stalin. Der Historiker wird deshalb nicht besonders überrascht sein, wenn er in seinem Bild einige Züge wiederfindet, die sonst nur den Tyrannen vergangener Jahrhunderte eigen waren. Aber auch im irrationalsten und erschütterndsten Abschnitt seiner industriellen Revolution konnte sich Stalin immer noch zugute halten, daß sein System wenigstens von einer grausamen Verirrung frei blieb, die sich bei den fortgeschrittensten Nationen der westlichen Welt austobte. Er sagte einmal in den Jahren der großen Depression der Weltwirtschaft in den dreißiger Jahren: »Der Kapitalist hält es für ganz natürlich, daß in der Depression die ›überflüssigen‹ Güter zerstört und ›nicht absetzbare‹ landwirtschaftliche Produkte verbrannt werden, nur um die Preise und die Profite hochzuhalten. In der UdSSR würden wir Menschen, die ein solches Verbrechen begehen, in ein Narrenhaus stecken.«[79]

Aus all dem ist leicht zu ersehen, wie weit sich Stalin von dem entfernte, was man bisher als die orthodoxe Richtung sozialistischen und marxistischen Denkens anzusehen gewohnt gewesen war. Mit der neuen Gesellschaft, wie sie sich die Sozialisten aller Schattierungen vorgestellt hatten, hatte Stalins Sozialismus nur zwei Punkte gemein, nämlich die Überführung des Eigentums an den Produktionsmitteln in den Besitz des Staates und die Wirtschaftsplanung. Stalins Sozialismus unterschied sich von dem, was wir den klassischen Sozialismus nennen, dadurch, daß er einige Teile der Gesellschaft degradierte, vor allem aber dadurch, daß er mitten in der Armut, die der Revolution von ihren Vorgängern vererbt worden war, schroffe soziale Ungleichheiten entstehen ließ. Aber der Unterschied zwischen dem Stalinismus und dem traditionellen Sozialismus liegt noch tiefer. Gräbt man die Wurzel dieser Verschiedenheiten aus, so findet man eine gänzlich entgegengesetzte Vorstellung von der Bedeutung der Gewaltanwendung bei der Umformung der Gesellschaft.

Der Marxismus war, so wie er sich entwickelt hatte, ein illegitimer und rebellischer Sohn des Liberalismus des neunzehnten Jahrhunderts. Er haßte seine Eltern, aber er hatte dennoch viele Züge mit ihnen gemein. Die Philosophen des »laissez faire, laissez passer« hatten die Gewaltanwendung zur Verfolgung politischer Ziele in Acht und Bann erklärt; sie waren davon überzeugt, daß diese Methode im sozialen Leben keine fortschrittliche Aufgabe mehr haben könne. Im Gegensatz zum Liberalismus verwies der Marxismus mit Nachdruck auf die historischen Tatsachen, bei denen — wie zum Beispiel in der französischen oder der englischen Revolution, im amerikanischen Unabhängigkeits- und im Bürgerkrieg — die Gewaltanwendung zu einem Element des Fortschritts der Völker und der Klassen wurde. Aber die Marxisten waren immer der Meinung, daß das Gebiet, auf dem durch Gewaltanwendung das Gesicht der Gesellschaft geändert werden kann, im allgemeinen ziemlich beschränkt ist. Sie glaubten, daß die Schicksale der Völker vor allem und in erster Linie durch grundlegende wirtschaftliche und soziale Prozesse geformt werden und daß, an der Bedeutung dieser Vorgänge gemessen, die Gewaltanwendung immer nur eine sekundäre Rolle spielen könne. So sehr das Idealbild, das sich die Marxisten und die Liberalen von der menschlichen Gesellschaft machten, voneinander verschieden war, so sehr teilten die beiden Richtungen jene grundsätzlich optimistische Auffassung über die Zukunft der modernen Zivilisation, die für das geistige Gesamtbild des neunzehnten Jahrhunderts so kennzeichnend war. Beide Richtungen waren fest davon überzeugt, daß der Fortschritt die moderne Menschheit mehr oder weniger automatisch zu einer Idealform der menschlichen Gesellschaft führe. Marx und Engels hatten in diesem Punkt die gleiche Anschauung. Sie drückt sich in dem berühmten Satz aus, daß die Gewalt die Hebamme sei, die jede alte Gesellschaft brauche, wenn sie eine neue zur Welt bringen wolle. Die Hebamme hilft, wenn die Zeit dazu gekommen ist, dem Kind, den Mutterleib zu verlassen. Mehr kann sie nicht tun. Stalins Vorstellung über die Rolle der Gewalt drückte sich mehr in seinen Taten als in seinen Worten aus. Sie war in der Luft eines totalitären zwanzigsten Jahrhunderts entstanden. Stalin hätte den alten Aphorismus von Karl Marx so abwandeln können: »Die Gewalt ist nicht mehr die Hebamme, sie ist jetzt die Mutter der neuen Gesellschaft geworden.«

IX. Kapitel

Die Götter dürsten

Einleitung: Bolschewismus und Jakobinertum – Stalin überwacht Trotzkis Tätigkeit im Ausland – Trotzkis Einfluß in Rußland – Zwei Generationen bolschewistischer Opposition – Stalin schwankt zwischen Unterdrückung und liberalen Gesten (1934) – Die Ermordung Kirows (Dezember 1934) und das Ende der liberalen Entspannung – Sinowjew und Kamenjew widerrufen aufs neue – Stalin schickt Shdanow nach Leningrad, um die Stadt zu »säubern« – Bucharins und Radeks Anteil an der Stalin-Verfassung des Jahres 1936 – Eine Abschweifung über Stalin und den »Großinquisitor« Dostojewskis – Das Politbüro – Stalins literarische und kulturelle Einflüsse – Seine Freundschaft mit Maxim Gor̓ki – Die Säuberungsprozesse (1936 bis 1938) – Die Angeklagten und die Anklagen – Weshalb bezichtigen sich die Angeklagten selber? – Der Ablauf der Schauprozesse – Die Verschwörung Tuchatschewskis – Stalin verkündet die neue Verfassung (November 1936) – Das Ende der Säuberungen (Anfang 1939) und ihre Folgen – Die Ermordung Trotzkis (Mexiko, August 1940)

Um die Mitte der dreißiger Jahre beginnt das düsterste Kapitel in Stalins Laufbahn, das durch die lange Reihe von Säuberungsprozessen gekennzeichnet ist, in denen fast die ganze alte Garde des Bolschewismus unterging. Man hat diese Periode oft mit den letzten Monaten der jakobinischen Revolution verglichen, als in Frankreich die Guillotine herrschte. Die Ähnlichkeiten waren in vieler Hinsicht so naheliegend, daß einige der Hauptakteure in diesem Trauerspiel und mit ihnen viele Zuschauer die Verschiedenheiten dieser beiden Vorgänge übersahen. In Stalins wie in Robespierres »Herrschaft des Terrors« steckte der gleiche finstere Unterton; man findet hier wie dort die gleichen schwarzen Flecken pathologischer Grausamkeit, und man steht in beiden Fällen vor dem mythologischen Bild einer Revolution, die ihre eigenen Kinder frißt, ein Bild, von dem man sich immer wieder mit Entsetzen abwendet. Bis zu einem gewissen Punkt war sogar die Abfolge der Ereignisse in beiden Fällen die gleiche. Robespierre warf zuerst die von Hébert und Clootz geführte jakobinische Linke zu Boden und zwar mit Hilfe des rechten Flügels der Jakobiner unter Danton. Dann vernichtete er Danton und dessen Anhang und sicherte so seiner eigenen Fraktion, der jakobinischen Mitte, für kurze Zeit die unbestrittene Alleinherrschaft. Auch Stalin war der Führer einer bolschewistischen Mittelgruppe. Wir sahen, wie er zunächst unter tätiger Mithilfe des rechten Flügels den linken Flügel der Partei vernichtete, um sich alsdann gegen den rechten Flügel zu wenden und schließlich als triumphierender Führer seiner Fraktion die ganze Macht im Staat in seiner Hand zu vereinigen.

Aber auch die Unterschiede sind nicht weniger eindrucksvoll. Die Jakobiner schlachteten sich bereits in einem frühen Stadium der revolutionären Entwicklung gegenseitig ab. Die Zeiträume zwischen den verschiedenen Phasen der Französischen Revolution, zwischen ihren Höhepunkten und ihren Tiefpunkten waren außerordentlich kurz, alle ihre Phasen schienen durch die gleiche blinde, aber ursprüngliche Leidenschaft beherrscht zu sein. Zu Beginn des Jahres 1793 standen die Jakobiner und die Girondisten in einer Front gegen den König. Zehn Monate später, am 31. Oktober, wurden die Führer der Girondisten auf das Schafott geschleppt. Dann kam das »Fest der Vernunft«, der Höhepunkt des Jakobinertums. Kaum vier Monate waren vergangen, da rollten im März 1794 die Köpfe der Jakobiner. Vierzehn Tage später zeigte der Henker das blutige Haupt Dantons der gaffenden Menge. Die absolute Diktatur Robespierres dauerte keine vier Monate, nämlich bis zum 27. Juli (9. Thermidor) 1794. Gegen dieses Tempo der Ereignisse, die sich mit hektischer Besessenheit überstürzten, gab es keine Hilfe, keine menschliche Vernunft, keine Selbstdisziplin, keinen Willen zur Selbsterhaltung. Führer und Geführte, die politischen Gruppen und die einzelnen, sie alle schienen eine historische Aufgabe zu erfüllen, die in der Auflösung des feudalen Frankreich bestand, um sich dann im Delirium selber zu vernichten.

In der russischen Revolution verliefen die Ereignisse sehr viel anders. Das bolschewistische Regime hatte zwanzig Jahre bestanden, ohne jemals Zeichen einer Geistesverwirrung zu zeigen, die an die französischen Jakobiner erinnert hätte. Sicherlich fehlte es in den Jahren 1918 bis 1921 während des Bürgerkriegs nicht an Akten nackten Terrors. Aber dieser Terror war noch als Kriegsmaßnahme gegen eine bewaffnete und kämpfende Gegenrevolution zu verstehen. Die Methoden und Ziele dieses Terrors ergaben sich aus der besonderen Eigenart des Bürgerkriegs. Im Gegensatz zu den Jakobinern schleppten die Bolschewisten ihre eigenen Girondisten nicht auf das Schafott. Die bedeutendsten Führer der menschewistischen Partei konnten entweder ungestört ins Ausland reisen, so zum Beispiel Martow, Dan und Abramowitsch, oder sie wurden aus Rußland ausgewiesen, nachdem ihre Partei verboten worden war. Eine kleine Zahl der Menschewisten, die in Rußland geblieben waren, wurde eingesperrt, aber die meisten, die sich mit ihrer Niederlage abfanden, dienten später als loyale Beamte in der Sowjetverwaltung oder sogar an führenden Stellen im bolschewistischen Parteiapparat.

Man hätte deshalb erwarten dürfen, daß die russischen Jakobiner, nachdem sie sich nicht einmal am Leben ihrer girondistischen Gegner vergriffen hatten, auch nicht im Blut ihrer eigenen Führer waten würden. Zu Beginn der dreißiger Jahre erzählte man sich immer noch, die Führer der bolschewistischen Partei hätten beim Ausbruch der Revolution einen geheimen und feierlichen Eid abgelegt, daß sie, komme, was kommen möge, niemals gegeneinander die Guillotine in Bewegung setzen würden. Mochte das wahr sein oder nicht, so viel steht fest, daß Stalin über die schrecklichen Vorgänge in der Französischen Revolution nachgegrübelt hat und daß diese Erinnerungen ihn mehrere Jahre lang davon abhielten, zu dem letzten und schärfsten Mittel, der Todesstrafe, zu greifen. Er sprach mehr als einmal darüber. Als Sinowjew und Kamenjew Zwangsmaßnahmen gegen Trotzki forderten, sagte er: »Wir waren mit Sinowjew und Kamenjew nicht einverstanden, da wir wußten, daß die Politik des Absägens große Gefahren für die Partei in sich birgt, daß die Methode des Absägens, des Aderlassens — und sie forderten Blut — gefährlich und ansteckend ist: Heute hat man den einen abgesägt, morgen kommt der andere, übermorgen ein dritter dran, und was bleibt dann von der Partei?«[1] Er schien damit sagen zu wollen, daß die Revolution des zwanzigsten Jahrhunderts ihre Kinder zu den höchsten Leistungen anspornen kann, sie brauche sie aber nicht aufzufressen. Im Jahr 1929 entschloß er sich, Trotzki aus Rußland auszuweisen. Damals wäre es noch ein unvorstellbarer Gedanke gewesen, daß man einen Mann wie Trotzki ins Gefängnis gesteckt, gar nicht davon zu reden, daß man ihn an die Wand gestellt und erschossen hätte. Das kam erst nach Jahren, zu einer Zeit, als man den Eindruck haben mußte, die Lava der Revolution sei bereits erkaltet und erstarrt. Diese Tatsache läßt nicht weniger als die Geständnisse und Selbstbezichtigungen der Rivalen Stalins — die so ganz anders waren als das stolze und trotzige Verhalten der Jakobiner vor dem Revolutionstribunal — Stalins Säuberungsprozesse noch mysteriöser erscheinen als Robespierres Verfahren gegen die jakobinische Opposition.

Die Französische Revolution war ein spontaner Vorgang. Die Parteien und Fraktionen bildeten sich erst im Verlauf der Erhebung. Sie hatten keine festgefügten Programme und keine klaren Ideen. Sie waren ein Bestandteil des reißenden Stromes der Revolution, aus dem ihre Politik und ihre Schlagwörter mit der Bewegung von Phase zu Phase organisch entstanden. Die Stärke der Jakobiner lag in ihrem festen Willen, die feudale Gesellschaftsordnung Frankreichs zu zerschlagen. Ihre Schwäche lag darin, daß sie unfähig waren, der französischen Gesellschaft eine neue und positive Organisationsform zu geben.

Robespierre brachte Frankreich die Utopie sozialer Gleichheit, die auf dem kleinbürgerlichen Besitz beruhen sollte, wogegen Frankreich nur bereit war, die feudale Ungleichheit gegen die bürgerliche Ungleichheit einzutauschen. Robespierre wollte aus ganz Frankreich eine tugendhafte Gemeinschaft der unteren Mittelklasse machen, deshalb schickte er seine bürgerlichen, aber auch seine proletarischen Gegner in den Tod. Frankreich brach aus dem Prokrustesbett aus, in das Robespierre das Land hatte einpressen wollen. Das französische Volk befreite sich von seinem utopischen Diktator, der ihm die Fesseln des Feudalsystems abgenommen hatte, und sicherte sich selbst dadurch Genesung und Fortschritt im Rahmen einer bürgerlichen Gesellschaft. Das Stehvermögen des Jakobinertums war deshalb so gering, weil keine der jakobinischen Gruppen eine reale und positive Vorstellung von den sozialen Nöten und Möglichkeiten der Nation besaß.

Die Widerstandskraft des Bolschewismus war unendlich viel größer. Er war nicht erst durch die revolutionäre Strömung geschaffen worden; im Gegenteil, Lenins Partei trat in die Revolution ein als ein festgefügter Körper, der entschlossen war, die spontan ausgebrochene Bewegung in die Hand zu nehmen und mit den eigenen Ideen zu meistern. Die großen Linien des bolschewistischen Programms lagen bereits viele Jahre vor 1917 fest. Auch als die revolutionäre Flut zu verebben begann, hatte diese Partei, wenn sie auch durch innere Meinungsverschiedenheiten zerrissen war, der Nation immer noch ein konstruktives Programm sozialer Entwicklung zu bieten. Zwanzig Jahre lang schützte der Bolschewismus sich durch seinen Rationalismus gegen die irrationalen Strömungen und Tendenzen, die in jedem Despotismus stecken, der sich aus einer Revolution heraus entwickeln will. Zwanzig Jahre lang widerstand der Bolschewismus den Göttern, die nach Blut dürsten. Als er aber schließlich diesen finsteren Mächten erlag, da war seine Erniedrigung noch schrecklicher als die der Jakobiner. Sie war schrecklicher, aber nicht so vollständig. Im Gegensatz zu Robespierre hatte Stalin den Weg zur Guillotine nicht anzutreten, die er selber in Bewegung gesetzt hatte.

Als Trotzki aus Rußland ausgewiesen war, wird Stalin einen Seufzer der Erleichterung ausgestoßen haben. Auch von seinem sibirischen Verbannungsort aus stand Trotzki mit seinen Anhängern, die nicht kapituliert hatten, in Verbindung. Wäre er in Rußland geblieben, so hätte er inmitten der Unzufriedenheit und Verstimmung des ersten Fünfjahresplans eine ernst zu nehmende Opposition inspirieren können. Stalin hatte von der türkischen Regierung das Einverständnis erlangt, Trotzki nach der türkischen Insel Prinkipo deportieren zu dürfen. Er hoffte, Trotzki werde dort, von aller Welt abgeschnitten, zur Untätigkeit verurteilt sein. Aber der Verbannte fuhr fort, mit der Waffe zu kämpfen, die ihm geblieben war, mit seiner Feder. Von Prinkipo aus verbreitete er eine kleine periodische Zeitschrift unter dem Titel »Bulletin der Opposition« *(Bulleten Opposizij)*, dessen Spalten er mit fortlaufenden Kommentaren zur sowjetischen und kommunistischen Politik füllte. Diese unscheinbare Veröffentlichung übte einen nicht zu unterschätzenden Einfluß auf Sowjetbeamte aus, die als Diplomaten oder aus anderen Gründen Gelegenheit hatten, ins Ausland zu reisen. Sie lasen das Blatt und brachten es nicht selten in ihrem Gepäck versteckt nach Hause, um es ihren Freunden zugänglich zu machen. Stalin selber las jede einzelne Nummer mit großer Aufmerksamkeit.[2] Diese Zeitschrift war über die Vorgänge in Rußland genau informiert, und Trotzki war kein Kritiker, den man übersehen und überhören konnte. Nicht wenige Maßnahmen, die Stalin selber traf, können vielleicht auf Anregungen zurückgegangen sein, die zum erstenmal in dem »Bulletin« Trotzkis gemacht wurden.[3] Schließlich wurde Stalin durch das Bulletin besser als durch die Berichte seiner politischen Polizei über die Stimmung im Lager der Opposition und über deren Hoffnungen unterrichtet.

Er unterschätzte keineswegs den Einfluß, den Trotzki plötzlich vom Ausland her ausübte. Er erinnerte sich, daß Lenins »Iskra« (Der Funke) äußerlich auch nicht imposanter gewesen war als Trotzkis »Bulletin« und daß es trotzdem der »Iskra« gelungen war, die »Flamme der Revolution zu schüren«. Trotzki mochte jetzt Reform, nicht Revolution predigen: Dieser Unterschied bestand.

Im Gegensatz zu den Druckschriften, die einst in den bolschewistischen Geheimdruckereien hergestellt wurden, kamen Trotzkis Blätter wahrscheinlich nie in die Häuser der russischen Arbeiter, aber sie wurden dafür um so bedenkenloser unter den hohen Sowjetbeamten und den einflußreichen Parteimitgliedern verbreitet, von denen viele unter Trotzki gedient hatten und durch Gefühle persönlicher Anhänglichkeit mit ihm verbunden waren. Kurz nach seiner Verbannung besuchte ihn sogar Blumkin[4], einer der Chefs der politischen Polizei, auf einer Reise, die er ins Ausland unternahm. Stalin war entschlossen, mit diesen Kontakten Schluß zu machen. Blumkin wurde erschossen. Die andern sollten damit eingeschüchtert werden. Es ist dies wahrscheinlich der erste Fall, bei dem ein Bolschewist seine Sympathie für die Opposition mit dem Leben zu bezahlen hatte. Bald darauf wurde Trotzki und allen seinen Familienmitgliedern die sowjetische Staatsangehörigkeit aberkannt. Das gab die legale Grundlage, um in Zukunft jeden, der mit dem Schöpfer der

Roten Armee Beziehungen unterhielt, wegen »Verbindungen mit einem ausländischen Konspirator« unter Anklage stellen zu können.

Trotzdem übte Trotzki aus der Ferne nach wie vor einen gewissen Einfluß aus, besonders während der beiden kritischen Jahre 1932/33. Auf der Höhe der Krise, fast zur selben Zeit, als Stalins Ehefrau Selbstmord beging, veröffentlichte Trotzkis »Bulletin« einen detaillierten Überblick über die wirtschaftliche Lage Rußlands, der eine Menge statistischer Angaben enthielt, wie sie nur einem Mitglied der Sowjetregierung zugänglich sein konnten.[5] Der anonyme Aufsatz schloß mit den Worten: »Da die derzeitige Führung offenbar nicht mehr in der Lage ist, einen Ausweg aus der hoffnungslos verfahrenen wirtschaftlichen und politischen Situation zu finden, greift in der Partei die Überzeugung immer mehr um sich, daß in der Parteiführung ein grundlegender Wechsel vorgenommen werden muß.« Der Verfasser dieser Übersicht war I. N. Smirnow, der Mann, der Koltschak besiegt hatte, ein Anhänger Trotzkis, der sich »unterworfen« hatte und der daraufhin wieder in sein Amt eingesetzt worden war. Trotzki protestierte gegen die Aberkennung der sowjetrussischen Staatsangehörigkeit und erinnerte seine früheren Kollegen wieder einmal an den Rat Lenins, der sich in dessen Testament findet, nämlich Stalin »zu entfernen«.

Die Opposition in Rußland horchte auf, aber sie rührte sich nicht. Die Parteiführer, die aus ihrer Verbannung in Sibirien zurückgekehrt waren, nachdem sie vor Stalin kapituliert hatten, konnten ihre Sorgen über die Politik Stalins nicht unterdrücken, aber sie konnten nicht offen gegen ihn auftreten. Jedenfalls taten sie es nicht. Trotzki, der Stalin keinen Vorwurf und keine Kritik ersparte, schwankte selbst in seinen Folgerungen. Im Herbst 1932 schrieb er:»Im jetzigen Augenblick würde eine Störung des bürokratischen Gleichgewichts (damit meinte er Stalins Herrschaft) in der UdSSR aller Wahrscheinlichkeit nach nur der Konterrevolution in die Hände arbeiten.«[6] Damit gab er der Opposition den Rat, sich einstweilen nur auf theoretische Propaganda zu beschränken. Bei einem anderen Anlaß aber stellte er die Behauptung auf, »daß es sich bereits in nächster Zukunft zeigen werde, daß die rechte und die linke Opposition nicht geschlagen und nicht vernichtet sind, daß vielmehr allein sie eine politische und reale Kraft sind«.[7] Im Laufe des Jahres 1932 wurden Sinowjew, Kamenjew und viele andere erneut nach Sibirien verbannt und zum zweitenmal aus der Partei ausgestoßen. Sinowjew sagte damals: »Es war der größte politische Fehler meines Lebens, daß ich mich im Jahre 1927 von Trotzki trennte.«[8] Smirnow, der Verfasser der Enthüllungen in Trotzkis »Bulletin«, wurde verhaftet. Desgleichen Rjutin, der Chef des Propagandaamts, bei dem sich die Mißvergnügten getroffen hatten, und Uglanow, der Sekretär der Kommunistischen Partei in Moskau. Rykow, Tomski und Bucharin verleugneten ihre Anhänger, die Verbindung mit der linken Opposition gesucht hatten, und schworen eigenen Ansichten ab. Aber bereits nach einigen Monaten, im Mai 1933, erhielten Sinowjew und Kamenjew, nachdem sie erneut widerrufen und bereut hatten, die Erlaubnis, aus ihrem Verbannungsort zurückzukehren. »Wie Gogols Revisor sammelt Stalin tote Seelen, weil er keine lebenden finden kann«, schrieb Trotzki im Hinblick auf diese neuen Unterwerfungen.[9] Aber dennoch erfüllten die Deportationen und die Unterwerfungen der Verbannten den Zweck, der Stalin vorschwebte. Durch die Deportationen wurde die Opposition terrorisiert, durch die Reuebekenntnisse wurde sie verwirrt. Immerhin war Trotzkis Ironie nicht unbegründet. Die Unzufriedenheit innerhalb der Partei drohte zu explodieren. In den Jahren 1932 und 1933 waren Hunderttausende von Parteimitgliedern ausgestoßen worden. Bei der Jugendorganisation, dem Komsomol, war es nicht anders. Wichtiger jedoch war die Tatsache, daß die Unzufriedenheit jetzt neue Ausdrucksmittel fand. Es standen jetzt bereits zwei Generationen in der Opposition, aber zwischen den Vätern und den Söhnen tat sich eine Kluft auf, die derjenigen nicht unähnlich war, die im neunzehnten Jahrhundert die russische Intelligenz gespalten hatte.

Die alten Männer der Opposition waren nicht allein geschlagen, sondern auch geistig gebrochen. Sogar der unbeugsame Rakowski, einstmals Premierminister der Ukraine und Botschafter in London und Paris, der länger als alle anderen in der Verbannung und im Gefängnis ausgehalten hatte, unterwarf sich jetzt und kehrte im Jahr 1934 nach Moskau zurück. Wie alle anderen Reumütigen unterzeichnete er eine Erklärung, in der sich Schmeicheleien an Stalins Adresse mit Selbstbezichtigungen die Waage hielten. Das Wesentliche in allen diesen Loyalitätserklärungen war immer die Versicherung, daß Stalins politische Führung die einzig mögliche sei und daß alle Vorschläge der Opposition für einen anderen Kurs unweigerlich hätten ins Verhängnis führen müssen. Die »Kapitulierer« gestanden noch nicht ein, daß sie die Wiederherstellung des Kapitalismus betrieben hätten. Ein solches Geständnis wurde damals noch nicht von ihnen gefordert. Der Schwerpunkt ihrer Selbstbezichtigungen lag einstweilen nur darin, daß ihre Politik, wenn man sie verfolgt hätte, gegen ihre besten Absichten das Land der Gefahr einer kapitalistischen Restauration ausgesetzt hätte.

Wenn die Oppositionellen sich auf eine solche Selbstkritik einließen, so war das nicht nur den harten Schlägen zuzuschreiben, die ihnen Stalin versetzte. Allein die Tatsache, daß sie nachgaben, beweist, daß sie politisch abgekämpft waren oder daß es ihnen mit ihrer Opposition nie wirklich Ernst gewesen war. Schon ihr Lebensalter mochte dafür sprechen, daß sie müde und matt geworden waren. Die meisten »Kapitulierer« hatten dreißig oder vierzig Jahre lang ohne Unterlaß gekämpft, meistens in der Untergrundbewegung. Ihre Unentschlossenheit wuchs in gleichem Maß, wie sie feststellen mußten, daß das, was Stalin neu schuf, nicht ohne schwere Schäden für die Revolution wieder beseitigt werden konnte. Was sie über die Methoden dachten, mit denen er seine Ziele verfolgte, hatte dieser Tatsache gegenüber weniger Gewicht. Seine Methoden mochten sie mit Abscheu erfüllen, aber sie hatten dennoch das Empfinden, daß sie alle, Stalinisten und Antistalinisten, im gleichen Boot saßen. Ihre Selbsterniedrigung war das Lösegeld, das sie dem Kapitän des Schiffes zu entrichten hatten, um weiter mitfahren zu dürfen. Ihre Reue war deshalb weder ganz ehrlich noch ganz unehrlich. Wenn sie aus ihren Verbannungsorten zurückkehrten, pflegten sie ihre früheren politischen Freundschaften und Beziehungen weiter, aber sie hüteten sich, den Eindruck zu erwecken, als agitierten sie gegen Stalin. Um die Mitte der dreißiger Jahre standen die meisten von ihnen mit den Mitgliedern des neuen Politbüros wieder in persönlichen Verbindungen. Einige der Büßer, vor allem Bucharin, Rykow, Pjatakow, Radek und andere, waren entweder nahe Berater Stalins oder Mitglieder der Sowjetregierung. Hätten sie damals Stalin oder seine nächsten Vertrauten ermorden wollen, so hätten sie dazu oft genug Gelegenheit gehabt.

Einer von Trotzkis Gewährsleuten in Rußland beschrieb die Stimmung des Jahres 1933 wie folgt: »Jeder spricht davon, daß Stalin isoliert sei, daß er allgemein gehaßt werde. (...) Aber man fügt oft hinzu: ›Hätten wir nicht diesen (wir unterdrücken hier den Ausdruck, den man für ihn benützt) gehabt, so wäre längst alles in Stücke zerfallen. Er ist es, der alles zusammenhält.‹«[10] Wenn die Väter der Opposition unter sich waren, dann murrten sie, seufzten und redeten sich ihre Sorgen von der Seele. Dann nannten sie Stalin den Dschingis Khan des Politbüros, den Asiaten, den neuen Iwan den Schrecklichen. Dieses Gemurre und diese Schimpfworte wurden natürlich sofort Stalin berichtet, der überall seine Späher hatte. Er wußte also, was er von den Gefühlen seiner tief gedemütigten Gegner zu halten hatte, aber auch von dem, was sie in der Öffentlichkeit zu seinem Lob sagten. Bei all dem verließ er sich darauf, daß sie nicht über diese temperamentvolle Bekundung ihrer politischen Ohnmacht hinausgehen würden.

Die Veteranen der Opposition machten sich vielleicht unbestimmte Hoffnungen über ihre Zukunft. Sie meinten, nach dem zweiten oder spätestens nach dem dritten Fünfjahresplan werde das Land wirtschaftlich und politisch zufriedengestellt sein. Dann werde auch der scharfe Ton des stalinistischen Regimes nicht mehr nötig sein, auf jeden Fall werde er dann nicht mehr geduldet werden. Bis dahin wollten sie auf Zeit setzen. Deshalb hielten sie auch ihre jüngeren und ungeduldigeren Anhänger zurück. Sogar Trotzki, der gegen die »feigen Kapitulierer« wetterte, schrieb im März 1933: »Innerhalb und außerhalb der Partei hört man jetzt immer häufiger das Schlagwort ›Fort mit Stalin‹. Die Gründe (...) brauchen hier nicht im einzelnen dargelegt zu werden. Trotzdem halten wir diese Parole für falsch. Die Frage geht nicht um Stalins Person, sondern um seine Fraktion. (...) Es ist absolut sicher, daß das bonapartistische Regime eines Führers, der von den Massen zwangsweise angebetet wird, zu seinem

Ende kommen wird, denn es ist die schamloseste Verdrehung der Idee, die in einer revolutionären Partei steckt. Was uns interessiert, ist nicht die Verbannung einzelner Personen, sondern der Sturz des Systems.«[11] Trotzki bot sogar Stalin seine Zusammenarbeit gegen die Gefahr einer Konterrevolution an, die sich in der kritischen Periode ergeben müßte, in der das Regime liberalisiert werden würde.

Diese abwartende Haltung der Veteranen der Partei konnte die unzufriedenen Elemente unter den Jüngeren nicht begeistern. Es war natürlich und unvermeidlich, daß die Jungen auf die erstickende Atmosphäre der Diktatur heftiger reagierten als die müde gewordenen Väter. Die junge Generation konnte sicherlich nicht da weitermachen, wo die alte aufhören würde, mit Reuebekenntnissen und mit Selbsterniedrigung — ein Schauspiel, bei dessen Anblick es der Jugend übel wurde. Sie sah immer noch mit einem gewissen Respekt zu den »großen alten Männern« des Bolschewismus auf, sie hoffte, sie könne die Alten rehabilitieren und wieder an die Macht bringen. Die Söhne fühlten wohl, daß die Väter ihnen an Wissen und politischer Erfahrung überlegen waren, sie übernahmen von ihnen auch ihren Hauptgedanken: »Zurück zum reinen Leninismus!«, mochte daraus werden, was da wolle. Aber in der Wahl der Mittel stimmten sie mit den Alten nicht überein. In ihren jungen Jahren hatten sich die alten Bolschewisten den Terrorakten gegen zaristische Satrapen widersetzt, die von Sozialrevolutionären und *Narodniki* ausgeführt wurden. Als Marxisten hatten sie ihre ganze Hoffnung auf das Wachsen einer gegen den Zarismus gerichteten Massenbewegung gesetzt. Sie waren dieser politischen Tradition treu geblieben und hofften, daß auch jetzt eine Änderung in der Haltung der arbeitenden Klassen, nicht aber die Verschwörung einiger weniger hinter dem Rücken des Volkes zu einer Reform des Stalinismus führen werde. Die Söhne kannten solche Hemmungen nicht. Sie erkannten deutlicher als die Väter, daß jetzt die Industriearbeiterschaft in der Hauptsache aus unwissenden Bauern bestand, denen jedes Klassenbewußtsein fehlte. Vor kurzem erst waren sie vom Land mehr oder weniger zwangsweise in die Städte gebracht worden. Von Bereitschaft zu einer politischen Aktion war bei ihnen so gut wie nichts zu spüren. Wenn die Reform durch eine politische Aktion dieser arbeitenden Klassen erreicht werden sollte, dann wäre das Land verurteilt, die Herrschaft Stalins noch für viele Jahre zu ertragen. Aber mit dieser Aussicht wollten sich gerade die tätigsten und energischsten unter den jungen Oppositionellen nicht abfinden. In der Schule und in den Zellen des Komsomol hatten sie die Geschichte jener einsamen Revolutionäre Rußlands gelernt, die im neunzehnten Jahrhundert, von keiner Klasse der russischen Gesellschaft unterstützt, die Autokratie mit Bomben und Revolvern angegriffen hatten. War nicht Lenins Bruder unter den Verschwörern gewesen, die einen Anschlag auf das Leben des Zaren Alexander III. versucht hatten? In den Schulbüchern waren diese Märtyrer mit dem Heiligenschein des romantischen Helden geschmückt. So schien es, als legten die geheiligten Schatten der Toten jetzt aufs neue den Revolver und die Handgranate in die Hände einiger ungeduldiger antistalinistischer Komsomolzen.

Gleichzeitig mit dieser Spaltung innerhalb der Opposition ergaben sich neue Differenzen im Politbüro. Seine neuen Mitglieder waren alle von Stalin persönlich ausgesucht, sie hatten also die Pflicht, den bestehenden Zustand zu schützen und zu verteidigen, nur waren sie sich über die Mittel und Wege nicht einig. Einige unter ihnen forderten, Stalin solle seiner Autokratie einen etwas liberaleren Anstrich geben, wogegen andere sich für einen harten Kurs einsetzten. Anscheinend gehörten Kirow, Woroschilow, Rudsutak und Kalinin zu den »Liberalen«. Woroschilow machte sich mit Recht über die Wirkung der Kollektivierung der Landwirtschaft auf die Moral der Armee Gedanken. Der Oberbefehlshaber im Fernen Osten, General Blücher, lehnte die Verantwortung für den Schutz der fernöstlichen Grenze ab, wenn in den Grenzbezirken die Kollektivierung durchgeführt werde.[12] Woroschilow unterstützte Blüchers Standpunkt im Politbüro und erreichte es auch, daß die Bauern im Fernen Osten nicht in Kolchosen gepreßt wurden. Kirow, der nach Leningrad geschickt worden war, um dort die Anhänger Sinowjews zu bändigen, mußte wohl oder übel über die verhaltene Unruhe in der Stadt berichten, die am meisten europäisch, zugleich aber auch die revolutionärste Stadt Rußlands war. Er plädierte bei Stalin für

Milde gegenüber der Opposition, und in seinem eigentlichen Wirkungsbereich tat er, was er konnte, um der politischen Polizei Zügel anzulegen.[13] Rudsutak, damals stellvertretender Ministerpräsident und Führer der Gewerkschaften, machte seinen Einfluß in der gleichen Richtung geltend. Die Männer, die am lautesten für den scharfen Kurs sprachen, waren Molotow und Kaganowitsch.

Die Ergebenheit aller dieser Männer Stalin gegenüber war über jeden Zweifel erhaben. Sie waren die Führer seiner Prätorianergarde. Das Volk, das sie bei allen Demonstrationen immer hinter Stalin stehen sah, hatte keine Ahnung von der Auseinandersetzung, die jetzt im Politbüro entstand. Stalin beobachtete sie in aller Ruhe. Zu befürchten hatte er nichts. Die Genossen, die ihm widersprachen, appellierten an seine Weisheit und warteten auf seine Entscheidung, und er gab bald dieser, bald jener Gruppe Recht.

Während des Jahres 1934 schwankte er zwischen verstärktem Druck und liberalen Gesten hin und her. Im Frühjahr erließ er eine beschränkte Amnestie für die rebellischen Kulaken. Aber im Juni unterschrieb er ein Dekret, durch das die Sippenhaftung der Familie für jede staatsgefährdende Handlung eines Familienmitglieds proklamiert wurde. Wer es unterließ, einen illoyalen Verwandten der Polizei anzuzeigen, machte sich von nun an schwer strafbar. Einen Monat später wurde die GPU aufgelöst und durch das Kommissariat für Innere Angelegenheiten ersetzt. Die Befugnisse der politischen Polizei wurden eingeschränkt, und der Generalstaatsanwalt erhielt das Recht, die Tätigkeit der politischen Polizei zu überwachen und gegen gesetzeswidrige Handlungen der Polizei ein Veto einzulegen. Bald darauf wurde ein ehemals menschewistischer Rechtsanwalt, Andrei Wyschinski, zum Generalstaatsanwalt ernannt. Die Führer der Opposition durften wieder bei öffentlichen Versammlungen sprechen, auch in der Presse schreiben, sofern sie nicht die bestehende Ordnung kritisierten. Man erhoffte sich noch weitere liberale Maßnahmen. Man diskutierte bereits im Politbüro die Frage einer Verfassungsreform, und die maßgeblichen Führer der Opposition wurden aufgefordert, an den Vorarbeiten für diese neue Verfassung mitzuarbeiten.

Diese halbliberale Ruhepause wurde mit einem Schlag unterbrochen, als am 1. Dezember 1934 ein junger oppositioneller Kommunist mit Namen Nikolajew in Leningrad ein Attentat auf Sergei Kirow verübte, bei dem dieser getötet wurde. Stalin selber eilte nach Leningrad und vernahm viele Stunden lang den Attentäter. Er stellte dabei fest, daß dieser zu einer kleinen Gruppe junger Kommunisten gehörte, die über die Atmosphäre der Unterdrückung im Lande erbittert waren und sich Gedanken über die Zulässigkeit des revolutionären Terrors machten. Stalin erfuhr, daß sich eine solche Stimmung unter der Jugend ziemlich weit verbreitet hatte, daß sich Nikolajew und seine Freunde als Anhänger Sinowjews fühlten, mit dem sie allerdings weder direkt noch indirekt Fühlung gehabt hatten. Wahrscheinlich machte Stalin auch die Entdeckung, daß es Kirows liberale Haltung den Attentätern möglich gemacht hatte, Zugang zu seinem Büro im Smolny-Institut zu erhalten, denn Kirow wollte von der politischen Polizei nicht bewacht sein. Dabei hatte die politische Polizei in Leningrad von dem geplanten Attentat Wind bekommen, ohne es zu verhindern. Stalin zog aus all dem den Schluß, daß die Zeit für halbliberale Zugeständnisse jetzt vorbei sei.[14] Sein Sieg über die Opposition war noch bei weitem nicht so vollkommen, wie er es gewünscht hatte. Es war ihm nur gelungen, die Unzufriedenen von der Oberfläche in den Untergrund des politischen Lebens zu vertreiben. Nun wollte er tiefer graben und härter zuschlagen.

Was sich jetzt abspielte, folgte einem Muster, das man aus der Geschichte der russischen Autokratie nur zu genau kannte. Während der Zarenzeit hatte es fast in jeder Generation einen Kriegszustand zwischen Gendarmerie und Halbliberalen in der Umgebung des Zaren gegeben, der ungefähr der Kluft entsprach, die sich innerhalb der bolschewistischen Opposition zwischen den gemäßigten Vätern und den radikalen Söhnen zeigte. Auch in den Zeiten der Entspannung, in denen sich das autokratische Regime einer verhältnismäßigen Milde befleißigte, waren diese liberalen Anwandlungen nie weitgehend genug, um die Opposition zufriedenzustellen; sie waren gerade mild genug, um die Revolutionäre zum Schlag gegen die Autokratie zu reizen. Die gemäßigten Väter suchten vergeblich der Jugend begreiflich zu machen, daß sie geduldig darauf warten müsse, bis die Zaren weitere Konzessionen machen würden. Jeder neue Anschlag der Revolutionäre hatte immer die gleiche Wirkung. Die Halbliberalen in der herrschenden Schicht wurden geschlagen, und die Gendarmerie übernahm die unumschränkte Kontrolle. Ihr genügte es aber nicht, die Revolutionäre zu unterdrücken. Die gemäßigte Opposition wurde für die Taten der radikalen Jugend verantwortlich gemacht. Die Liberalen protestierten und beschuldigten die Autokratie, die keine offene und legale Opposition zulasse und durch diese Unterlassung die moralische Verantwortung für die Exzesse der Jugend zu tragen habe. So war zum Beispiel die Regierungszeit Alexanders I. voll von halbliberalen Reformen. Die Erhebung der Dekabristen im Jahr 1825 war das Vorspiel der Regierung Nikolaus I., des eisernen Zaren, des Zaren der Gendarmen. Der halbliberale Alexander II. wurde von revolutionären Verschwörern ermordet. Sein Nachfolger, Alexander III., unterdrückte sie mit eiserner Faust. Der letzte Zar schwankte zwischen beiden Tendenzen hin und her. Unter Stalin traten diese traditionellen Züge des politischen Kampfes in Rußland noch schärfer hervor, weil sie durch die Spannungen, die sich in einer unkonsolidierten, nachrevolutionären Gesellschaft finden, noch vertieft wurden.

Nikolajew und seine Gesinnungsgenossen wurden hingerichtet. Das Verfahren gegen sie fand unter Ausschluß der Öffentlichkeit statt nach einem ad hoc geschaffenen Gesetz, das den Attentätern den Beistand eines Verteidigers und das Recht auf Berufung versagte. Stalin wollte ihnen nicht gestatten, daß sie die Anklagebank als eine Plattform benützten, von der aus sie ihre Angriffe gegen das System und seine Herrscher in die Welt hinausrufen konnten. Sie sollten ihre Ansichten für sich behalten. Damit war Stalin aber noch nicht zufrieden. Wie die alte zaristische Gendarmerie, die die liberalen Väter für die Taten der radikalen Söhne verantwortlich zu machen pflegte, so belastete er Sinowjew und Kamenjew mit der Verantwortung für den Mord an Kirow. Auch der Prozeß gegen diese beiden wurde im geheimen verhandelt. Sie leugneten jede Verbindung mit dem Attentäter. Sie verurteilten die Übeltat und gaben auch zu, daß die jungen Terroristen durch die Kritik beeinflußt sein könnten, die sie selber an Stalin geübt hatten; aber sie vertraten dabei die Auffassung, daß Stalin dadurch, daß er eine offene Kritik verbot, die Komsomolzen zu Verzweiflungsakten getrieben habe. Sinowjew wurde zu zehn, und Kamenjew zu fünf Jahren Zwangsarbeit verurteilt. Stalin hatte nicht das geringste Interesse daran, die beiden alten Bolschewisten im Gefängnis zu halten. Er hätte sie so nur zu Märtyrern und in gewissem Sinn zu Prätendenten auf die Macht gemacht. Sein Hauptziel war, von ihnen ein Schuldbekenntnis zu erzwingen, durch das sie mit eigener Hand den Glorienschein des Märtyrers zerstören sollten, der sich um ihr Haupt legte.

Was jetzt folgte, war ein groteskes Feilschen um die Formel eines Reuebekenntnisses zwischen Stalins Dienststellen im Kreml und den Gefängniszellen in der Lubjanka, in denen die beiden gefangen saßen. Stalin war bereit, öffentlich zu erklären, daß die Gefangenen in keiner Verbindung mit den Attentätern gestanden hatten, aber er forderte als Gegenleistung ein Geständnis, daß sie sich die Wiederherstellung des Kapitalismus zum Ziel gesetzt hatten. Die Gefangenen weigerten sich, ein solches Bekenntnis abzulegen. Dann griff Stalin den Punkt heraus, den sie bereits zugegeben hatten, daß nämlich die Terroristen sich durch die alte Propaganda der Opposition hatten beeinflussen lassen.[15] Durch Drohungen oder unter dem Zwang seiner Argumente veranlaßte Stalin schließlich Sinowjew, eine Erklärung folgenden Inhalts öffentlich abzugeben: »Die frühere Tätigkeit der früheren Opposition mußte unter dem Zwang objektiver Umstände die Degeneration dieser Verbrecher fördern.« Damit meinte er die Männer, die das Attentat gegen Kirow begangen hatten. In diesen Worten mischte sich Aufrichtigkeit mit diplomatischer Schlauheit. Die Verurteilung des Attentats war aufrichtig. Stalin konnte diese Erklärung von Sinowjew erhalten, weil dieser selber der terroristischen Tendenz entgegenwirken wollte. Aber Sinowjew legte Wert darauf, zu erklären, daß er nur eine indirekte moralische Verantwortung auf sich nehmen könne, denn nach seinen Worten konnte nur die »frühere Tätigkeit der früheren Opposition« diese terroristische Tendenz beeinflußt haben. In dieser Formel steckt aber auch ein Vorwurf gegen Stalin, denn Sinowjew stellte fest, daß der Terrorismus

»durch objektive Umstände« gefördert worden sei, das heißt durch die Atmosphäre der Unterdrückung, die auf dem Lande lastete. Zu diesem Zeitpunkt waren also Sinowjew und Kamenjew nicht bereit, sich selber noch weiter zu beschuldigen. Stalin ließ die Dinge einstweilen auf sich beruhen. Für die Öffentlichkeit hatten diese feinen Definitionen, mit denen Sinowjew sein Geständnis verklausulierte, nichts zu besagen. Was zählte, war allein das Geständnis. So taten die Führer der Opposition einen weiteren Schritt auf dem abschüssigen Weg, der sie zu den großen Säuberungsprozessen hinführte.

Der Mord an Kirow alarmierte Stalin. Waren vielleicht die Verschwörer auch schon in seine eigenen Amtsräume eingedrungen? Im Frühjahr 1935 wurden ungefähr 40 Männer aus seiner nächsten Umgebung unter Ausschluß der Öffentlichkeit verurteilt. Zwei von ihnen wurden hingerichtet. Die übrigen erhielten Gefängnisstrafen in unterschiedlicher Höhe. Dieser Prozeß wurde in der Presse mit keinem Wort erwähnt.[16] Jetzt setzte eine fieberhafte Jagd nach Terroristen in allen Zweigen der Partei und beim Komsomol ein. Stalin ging davon aus, daß es nicht genüge, die Gegner zu treffen. Er wollte das ganze Umfeld vernichten, in dem sie aufgewachsen waren. Er verwünschte Leningrad, dessen *genius loci* ihm seit mehr als zehn Jahren zu trotzen schien. Andrei Shdanow wurde an Stelle von Kirow zum Gouverneur von Leningrad ernannt. Shdanow war ein junger, befähigter und rücksichtsloser Mann, der den Komsomol von unsicheren Elementen gesäubert hatte. Während der Auseinandersetzung mit den Gewerkschaften hatte er durch heftige Angriffe gegen Tomski die Aufmerksamkeit auf sich zu lenken verstanden. Stalin konnte sich auf ihn verlassen. Er würde das Wespennest in Leningrad ausräuchern. Im Frühjahr 1935 wurden Zehntausende von verdächtigen Bolschewisten und Komsomolzen mitsamt ihren Familien von Leningrad nach Nordsibirien deportiert. Sogenannte »Kirow-Mörder« wurden in Massen auch aus andern Städten deportiert und füllten die Gefängnisse und Konzentrationslager.

Die Behandlung der politischen Gefangenen wurde jetzt radikal geändert. Bisher waren sie ungefähr so wie in der Zarenzeit behandelt worden. Die »Politischen« hatten gewisse Privilegien im Strafvollzug genossen, sie hatten im Gefängnis Gelegenheit gehabt zu studieren, ja sogar politische Propaganda zu treiben. Denkschriften der Opposition, Broschüren und Zeitschriften waren beinahe ungehindert zwischen den verschiedenen Gefängnissen ausgetauscht und sogar gelegentlich bis ins Ausland geschmuggelt worden. Stalin war selber lange genug politischer Gefangener gewesen, um genau zu wissen, daß in der Zarenzeit die Gefängnisse wahre Hochschulen der Revolution gewesen waren. Die Ereignisse der allerletzten Zeit warnten ihn vor den hier schlummernden Gefahren. Von nun an wurden in den Gefängnissen und an den Verbannungsorten jede politische Diskussion und jede politische Betätigung rücksichtslos und radikal unterdrückt, und die Männer der Opposition wurden jetzt durch Unterernährung und Zwangsarbeit auf eine so elende, geradezu tierische Existenz heruntergedrückt, daß sie nicht mehr in der Lage waren, nachzudenken und ihre Ansichten zu formulieren.[17]

Während Stalin so die Hoffnungen auf eine liberale Reform enttäuschte, behauptete er immer noch, diesen Bestrebungen entgegenkommen zu wollen. Er bot dem Volk eine Diät an, in der Terror und Illusionen durcheinandergekocht waren. Er handelte dabei mit aller Schlauheit, denn hätte er das Volk nur mit Terror gefüttert, so hätte das eine Revolte der Verzweiflung hervorrufen können, der auch die stärkste politische Polizei nicht mehr gewachsen gewesen wäre. Auch durch volkstümliche Illusionen wäre eine Regierung wie die Stalins nicht geschützt gewesen, wenn ihr nicht der Terror mit seinen Drohungen zur Seite gestanden hätte. Zwei Monate nach Kirows Ermordung wurde am 6. Februar 1935 von dem siebten Kongreß der Sowjets ein Beschluß gefaßt, in dem die Ausarbeitung einer neuen Verfassung vorgesehen war. Gleichzeitig wurde ein Ausschuß eingesetzt, der einen Vorschlag hierfür ausarbeiten sollte. Diese Kommission, die unter Stalins Vorsitz tagte, hatte unter ihren Mitgliedern Männer wie Bucharin, Radek und Sokolnikow sowie den späteren Staatsanwalt der großen Schauprozesse, Wyschinski. Im Laufe der nächsten anderthalb Jahre trat dieser Ausschuß häufig unter Stalins Vorsitz zusammen. Bucharin und Radek hatten den Hauptanteil an dem Verfassungsentwurf, über den sie auch häufig in den Spalten der »Prawda« und »Iswestija« schrieben. Die Verfassung wurde bereits vom nächsten Kongreß der Sowjets im November 1936 angenommen, einige Monate nach der Hinrichtung von Sinowjew und Kamenjew. Sie führte den Namen »Stalin-Verfassung« und wurde als die »demokratischste Verfassung der Welt« ausgegeben.

Als wir die Lage vor und nach der Ermordung Kirows schilderten, hatten wir auf gewisse politische Verhältnisse hinzuweisen, die für die Zarenzeit charakteristisch gewesen waren. Vielleicht wird man einwenden, daß dieser Vergleich weit hergeholt sei, da eine tiefe Kluft das bolschewistische Rußland vom Zarenreich trennt. Es war jedoch kein geringerer als Lenin, der zuerst diesen Vergleich gezogen hat. In einer der letzten Reden erinnerte er seine Genossen an Vorgänge der Geschichte, bei denen ein Eroberervolk eine niedrigere Kultur besaß als das unterworfene. In diesen Fällen habe immer die besiegte Nation dem Sieger ihre Zivilisation aufgezwungen. Etwas Ähnliches, sagte Lenin, könnte sich auch im Klassenkampf ereignen. Die Bolschewisten hatten die adligen Grundbesitzer, die Kapitalisten und die zaristische Bürokratie überwunden. »Ihre Kultur (das heißt die Kultur der besiegten Klasse) ist erbärmlich niedrig und bedeutungslos. Aber«, sagte Lenin, »so erbärmlich und niedrig sie auch sein mag, sie ist immer noch höher als die unserer verantwortlichen kommunistischen Verwaltungsbeamten«.[18]

Lenin sah damals nur den Anfang der Entwicklung, während das geschlagene zaristische Rußland seine eigenen Lebensformen und Methoden dem siegreichen Bolschewismus aufzwang. So nahm die Vergangenheit grausam Rache an einer Generation, die heroische Anstrengungen gemacht hatte, um von ihrer Vergangenheit loszukommen. Ihre Rache erreichte den Höhepunkt im Verlauf der zweiten Revolution. Dieses Paradoxon der russischen Geschichte war in der Person Stalins verkörpert. Mehr als irgendein anderer war er der »verantwortliche kommunistische Verwaltungsbeamte«, dessen »Kultur« noch tiefer stand als die der alten Herrscher Rußlands und der deshalb der Versuchung erlag, die Sitten und Gebräuche der alten Herrscher unbewußt nachzuahmen. Dieser unvermeidliche historische Prozeß spiegelte sich in der politischen Physiognomie Stalins deutlich wider. Charakterzüge nicht nur eines, nein vieler großer Zaren wurden in dem Bild des georgischen Bolschewisten wieder lebendig, der jetzt von ihrem Kreml aus das Reich beherrschte. Zuweilen zeigt er eine verblüffende Familienähnlichkeit mit dem eisernen Zaren, Nikolaus I. Und dann möchte man meinen, er sei der direkte Nachkomme Peters des Großen. Baute er nicht das industrielle Rußland ganz so, wie einst Peter der Große sein St. Petersburg gebaut hatte, im Morast und auf dem Rücken derer, die an diesem Werk arbeiteten? In den Jahren des Zweiten Weltkriegs nahm er zuweilen das Gesicht Alexanders I. an und ahmte dessen Gesten nach. Und jetzt, in der Periode der großen Säuberungsprozesse, in denen er seine Gegner liquidierte, glich er Iwan dem Schrecklichen, der gegen seine Bojaren tobt. Seine politische Polizei, die in den Industrieunternehmen ebenso Herr war wie in den Gefängnissen, war der *Opritschnina* nicht unähnlich, jener Prätorianergarde aus dem kleinen Landadel, mit deren Hilfe Iwan sich zur Macht emporgearbeitet hatte. In seiner Auseinandersetzung mit Trotzki wird man das leise Echo des heftigen Streites nachklingen hören, den Iwan der Schreckliche mit dem Prinzen Kurbski, dem Führer der rebellischen Bojaren, durchfocht. Wie einst im sechzehnten Jahrhundert, so betete auch jetzt das Volk von Moskau schreckerfüllt, der neue Tag möge ohne eine neue Hinrichtung vorbeigehen. In dieser Rache der Geschichte am russischen Volk schien nicht die jüngste, sondern eine ferne Vergangenheit die vorwärts strebende Nation zu jagen und das Übergewicht zu gewinnen. Was jetzt an die Oberfläche kam, war der wilde Geist der ersten Zaren, die mit Methoden von Pionieren, die den Urwald roden, ihr Reich bauten, und nicht der milde, liberalere Geist des späten, untergehenden Zarentums. Die Grausamkeit, mit der die Vergangenheit die Gegenwart unterdrückte, entsprach der Entschlossenheit, mit der die Revolution sich gegen die Vergangenheit gestemmt hatte.

In Stalin vereinigten sich in seltsamer Weise revolutionäre Züge, hauptsächlich solche, die er von Lenin ererbt hatte, mit traditionellen Zügen des russischen Wesens. Diese Verbindung machte aus ihm die Persönlichkeit unseres Zeitalters, die am wenigsten zu fassen und am schwersten zu begreifen ist. Die Vergangenheit wurde in ihm durch die Revolution nicht ausgelöscht. Im Gegenteil, die Vergangenheit drückte durch ihn der neuen sozialen Wirklichkeit ihren Stempel auf. Wie Cromwell als Lord-Protektor und Napoleon als Kaiser, so blieb auch Stalin Hüter und Treuhänder der Revolution. Er konsolidierte die nationalen Errungenschaften und baute sie weiter aus. Er »formte den Sozialismus«, und sogar seine Gegner, die ihn wegen seiner autokratischen Herrschaft angriffen, mußten zugeben, daß die meisten seiner wirtschaftlichen Reformen für den Sozialismus unerläßlich waren. So wirkte sich die Rache der Vergangenheit nicht so sehr in seinem sozialen Programm als in der Technik seiner Regierung aus. Hier nahm die »niedrige und elende Tradition des Zarismus« überhand.

Die Technik seiner Machtausübung zeigte Stalins Verachtung für die Gesellschaft, aber auch seine grundsätzlich pessimistische Einstellung zum Menschen überhaupt. Der Sozialismus mußte in Rußland mehr durch Zwang als durch Überredung gebaut werden. Selbst da, wo er es mit einer Art Überredung versuchte, verfiel er nur allzu leicht auf propagandistischen Tamtam und vernachlässigte die überzeugende Beweisführung. Mit anderen Worten, er arbeitete mit dem ganzen vielfältigen Apparat von Kniffen und Tricks, mit denen Autokraten aller Zeiten und Völker ihre Untertanen zu beherrschen wußten. Die Revolution hatte das Vertrauen in das Volk, das heißt in die arbeitenden Klassen, zu ihrem Leitmotiv proklamiert und die politische Täuschung zu einem Mittel der Unterdrückung der Klassen gestempelt. So konnte es nicht ausbleiben, daß die Rache der Vergangenheit einen gewaltigen ideellen Konflikt auslöste, eine wirkliche geistige Krise, die schließlich dazu führte, daß der Kommunismus unserer Zeit sein Gesicht völlig veränderte. Dies war das Nachspiel des so lange geführten Kampfes zwischen einer Staatsgewalt, die nur durch Eingriffe von oben die Gesellschaft zu formen wußte, und einer Gesellschaft, die Freiheit und Selbstbestimmung forderte.

Dieser Konflikt ist übrigens keine Eigentümlichkeit der russischen Revolution. Er erscheint in jeder Revolution und sogar in jedem religiösen Glauben. Er bildet das Kernstück jener tiefgründigen, düsteren und leidenschaftlichen Auseinandersetzung zwischen dem Großinquisitor und Christus in Dostojewskis »Brüder Karamasow«. Wie Dostojewskis Großinquisitor so stellt Stalin die Kirche dar, die gegen das Evangelium revoltiert. Christus, so argumentiert der Großinquisitor, baute seine Lehre auf den Glauben an den Menschen, auf den Traum des Menschen von Freiheit und auf die Fähigkeit des stolzen und mutigen Menschen, in Freiheit zu leben. Deshalb hatte er die Versuchungen des Satans von sich gewiesen, er hatte sich geweigert, den Menschen dadurch zu bekehren, daß er sich an dessen Sklaveninstinkte wandte. Aber die Christen haben sich des Vertrauens Christi nicht würdig gezeigt. Als Christus wieder auf der Erde erscheint, wendet sich der Großinquisitor mit folgenden Worten an ihn: »Wir haben dein Werk vervollkommnet, wir haben es auf das Wunder, das Mysterium und auf das Gebot gebaut. (...) Und die Menschen sind glücklich, daß sie jetzt wieder geleitet werden wie eine Herde und daß endlich aus ihrem Herzen das schreckliche Geschenk der Freiheit wieder entfernt wurde, das ihnen so viele Qualen verursacht hat. Haben wir nicht recht getan, daß wir also gelehrt und gehandelt haben? Sprich! Oh gewiß, wir liebten den Menschen, als wir demütig dienend seine Ohnmacht erkannten, wir liebten ihn, als wir ihm die Last abnahmen, als wir seiner schwachen Natur sogar gestatteten, zu sündigen, vorausgesetzt, daß er mit unserer Erlaubnis sündigt. Weshalb bist du wiedergekommen, um unser Tun zu hindern?«

»Ich sage dir«, so fährt der Großinquisitor fort, »noch am heutigen Tag wirst du sehen, wie diese Herde auf einen Befehl von mir sich danach drängen wird, glühende Kohlen zu dem Scheiterhaufen zu schleppen, auf dem ich dich verbrennen werde, weil du wiedergekommen bist, um uns zu hindern. Denn wenn es jemals jemanden gegeben hat, der unser Feuer verdient, dann bist du es. Morgen werde ich dich verbrennen.« In der Gefängniszelle des Großinquisitors »nähert sich Christus dem Greis und küßt gütig die blutleeren Lippen des Neunzigjährigen«, als wenn er sich selber damit abgefunden hätte, daß seine Kirche der Freiheit und der Menschenwürde in eine Kirche des Wunders, des Mysteriums und des Gebots verwandelt wurde.

Fast jeder Glaube hat seine Wandlung durchmachen müssen. Der Bolschewismus ist dem nicht entgangen. Hätte Stalin sich über seine esoterische Philosophie aussprechen wollen, so hätte er offen sagen können, daß es für Rußland unumgänglich notwendig gewesen sei, die Ereignisse des Oktobers zu berichtigen und die Revolution von ihrem ursprünglichen Glauben an den Proletarier, an seine Freiheit, seinen Fortschritt und seine Solidarität zu säubern. »Allein der Auserwählte, der Starke handelt in diesem Glauben, aber der Mensch ist schwach und bettelt um Brot und um das Gebot von oben.« So hätte Stalin sprechen können, die Worte des Großinquisitors abwandelnd. Er hätte grimmig und enttäuscht den Gründern des Sozialismus in die Augen sehen und sie fragen können: »Weshalb seid ihr gekommen, mich zu stören?«

Stalin wußte, daß die alte Generation der Revolutionäre zwar matt und erniedrigt war, er wußte aber auch, daß sich diese Männer, von ganz wenigen Ausnahmen abgesehen, niemals ehrlich und von ganzem Herzen zum Wunder, zum Mysterium und zum Gebot von oben bekehren konnten. Er wußte, daß sie in ihm immer den Fälscher der heiligsten Prinzipien und den Usurpator sehen würden. Er liquidierte die »Gesellschaft der Alten Bolschewisten«, die »Gesellschaft ehemaliger politischer Gefangener« und die »Kommunistische Akademie«, das heißt die drei Einrichtungen, in denen der Geist des alten Bolschewismus seinen letzten Schlupfwinkel gefunden hatte. Diese Maßnahmen ließen den Weg erkennen, den er zurückgelegt hatte, seit er im Namen der Alten Garde des Bolschewismus den Kampf gegen den »Ex-Menschewisten« Trotzki eröffnete. Jetzt wandte er sich an die junge Generation, natürlich nicht an die drängenden und ungeduldigen Geister, sondern an die eingeschüchterten und dennoch so wichtigen Massen, die zwar lernen und sozial vorwärtskommen wollten, aber nur noch wenig oder gar nichts mehr von den frühen Ideen des Bolschewismus wußten, und die auch gar nicht mehr den Wunsch hatten, sich darüber Gedanken zu machen. Diese junge Generation hatte, solange sie Zeuge der Ereignisse gewesen war, in den Führern der Oppositionsgruppen immer nur Männer gesehen, die sich entweder unter der Peitsche duckten oder andere peitschten. Seit ihren frühen Kindertagen war diese Jugend erzogen worden, zu einem Stalin aufzublicken, der auf einer Wolke des Geheimnisvollen und der Autorität thronte. Er war längst nicht mehr der Mann, zu dem jeder Zugang hatte, nicht mehr der Hilfsbereite, an den jeder Parteisekretär sich wenden konnte, wie er es in den frühen zwanziger Jahren gewesen war. Jetzt konnte man ihn nicht mehr sehen, wie er auf einem Treppenabsatz in einem Parteibüro stundenlang fremde Beschwerden hörte. Jetzt erschien er nur noch bei seltenen Anlässen vor der Öffentlichkeit, umgeben von einem großen Gefolge, das Höflingen gleich in gemessenem Abstand und nach einer sorgfältig ausgeklügelten Rangordnung hinter ihm herschritt. Jetzt sprach er nur noch selten zur Menge. Und jedes Wort, das er jetzt sprach, war ein Meilenstein auf dem Weg der Geschichte. Seine Botschaften, die sich durch nichts von den Befehlen eines Autokraten unterschieden, hatten für jeden einzelnen im Volk praktische Bedeutung. Seine Person stand in weiter Ferne, aber sein Einfluß war allgegenwärtig. Dieser Kontrast verlieh seinem Bild, besonders in den Augen der jüngeren Generation, etwas von jener furchterregenden Erhabenheit, mit der die Herrscher des Orients auf ihre Völker wirken.

Das Gefolge, das ihn umgab, war selbstverständlich sein Politbüro. Es war *sein* Politbüro im wahrsten Sinn des Wortes, denn es bestand nur aus Männern, die er selber ausgesucht hatte und die sich einen guten Parteiführer genau so vorstellten wie er selber. Bereits im Jahr 1925 schrieb er über den »neuen Typus« des Parteiführers, er solle kein Wissenschaftler und kein Gelehrter sein, er solle mit dem toten Gewicht sozialdemokratischer Gepflogenheiten nicht belastet sein, man solle ihn fürchten, aber auch achten.[19] Molotow, Kaganowitsch, Woroschilow, Kuibyshew, Kossior, Rudsutak, Mikojan, Andrejew waren Männer, die dieser Forderung fast vollkommen entsprachen. Sie waren fast alle erfahrene Verwaltungsbeamte und von großer Hingabe für ihre Aufgabe erfüllt. Keiner wußte etwas vom Ausland. Sie waren, wie Stalin selber, Bolschewisten russischer Prägung.[20] Die meisten von ihnen waren kleine Leute, die durch Stalin groß geworden waren. Als aber die Jahre vergingen, wuchs mit der Verantwortung, die sie zu tragen hatten, auch ihre Erfahrung und ihr Wissen. Das Politbüro war in gewissem Sinn eine Hochschule der Regierungskunst. Alle Angelegenheiten des Landes, von den größten Entscheidungen der Außen- und der Innenpolitik bis hinunter zu den kleinsten Belangen von Provinzverwaltungsstellen, wurden in dieser Körperschaft erörtert, die beinahe ohne Unterlaß tagte. Das Politbüro hatte bei den zahllosen Streitigkeiten zwischen verschiedenen Verwaltungsstellen das letzte Wort zu sprechen. Stalin aber hatte das letzte Wort im Politbüro. Er führte nicht immer den Vorsitz. Meistens hörte er sich schweigend die Darlegungen an und entschied über die meisten Fragen, die zur Debatte standen, mit einem plebejischen Sarkasmus, einem Sprichwort, einer halbjovialen, aber doch vielsagenden Drohung oder mit einer brüsken Geste seiner Ungeduld. Die wenigen Männer, die im Laufe vieler Jahre über die wichtigsten Probleme persönliche Entscheidungen zu treffen hatten, die diesen oder jenen Industriezweig, diesen oder jenen Sektor der Landwirtschaft betrafen, die Fragen der Volkserziehung ebenso regelten wie die Entscheidung über bestimmte Waffen für die Armee und anderes mehr; diese Männer erwarben mit der Zeit eine enorme Kenntnis technischen Wissens auf den verschiedensten Gebieten, wie sie Verwaltungsbeamte in einem weniger zentralisierten Regierungsapparat kaum jemals hätten gewinnen können. Kein Wunder, daß die ausländischen Staatsmänner und Generäle, die mit Stalin während des Zweiten Weltkrieges in persönliche Berührung kamen, von dem sicheren Griff tief beeindruckt waren, mit dem er alle technischen Details seiner gigantischen Kriegsmaschine erfaßte und meisterte.

Aber eine solche überzentralisierte Regierungsmethode hatte zwangsläufig auch ihre Kehrseiten. Sie züchtete bei den nachgeordneten Verwaltungszweigen eine geradezu groteske Angst vor eigener Initiative und Verantwortung, machte jeden Beamten zu einem Zahnrädchen einer großen Maschine und brachte oft genug diese ganze Maschine zum Stillstand oder ließ — was noch schlimmer war — die Maschine aus sturem Beharrungsvermögen in eine falsche Richtung weiterlaufen, weil der Mann auf dem Kommandostand nicht rechtzeitig daran dachte, auf einen anderen Knopf zu drücken. So war schließlich der ganze Verwaltungsapparat gekennzeichnet durch maßlosen Leerlauf und durch ein Maß bürokratischer Heuchelei, daß eine Plejade satirischer und humoristischer Schriftsteller hier ihre Themen hätte finden können, wenn nicht, wie es leider der Fall war, auch die satirischen Schriftsteller sich die Verantwortungsfreudigkeit aus Angst abgewöhnt hätten.

Nicht damit zufrieden, seinen Willen in allen politischen Fragen zum Gesetz zu machen, erhob Stalin jetzt auch den Anspruch darauf, der geistige Führer seines Zeitalters zu sein. Er tat dies wohl zum Teil aus jener Eigenliebe heraus, die sich gekränkt und verletzt gefühlt hatte, weil die intellektuelle Elite Rußlands von ihm kaum Notiz genommen hatte, ehe er sie unter seine Vormundschaft nahm. Und selbst dann noch hatten sie seine Äußerungen zu wissenschaftlichen, philosophischen und künstlerischen Fragen ironisch kommentiert. Als er jede ketzerische Meinung auf dem Gebiet der Politik und der Wirtschaft zum Schweigen gebracht hatte, mußte er die Entdeckung machen, daß die philosophischen und literarischen Zeitschriften von ketzerischen Anspielungen voll waren. So wurde es für ihn auch aus politischen Gründen unvermeidlich, sich auf dieses Gebiet zu wagen. Der Marxismus hatte sowieso den Abstand zwischen Politik, Philosophie und Literatur verkleinert. Stalin übertrieb die marxistische Ansicht über das Ineinandergreifen von Wissenschaft, Geschichte und Kunst so sehr, daß sie zu bloßen Handlangern der Politik herabgewürdigt wurden. Sooft er jetzt eine neue wirtschaftliche oder politische Direktive ausgab, hatten die Historiker, die Philosophen, die Dichter und Schriftsteller zu überprüfen, ob ihre letzten Publikationen nicht mit dem letzten Wort des Führers in Widerspruch standen.

Dabei schnitten die Historiker am schlechtesten ab. Bereits im Jahr 1931 erteilte er ihnen in seinem berühmten Brief an den Herausgeber der »Proletarskaja Revoluzija« einen scharfen Verweis. Diese Zeitschrift, die vor allem die Geschichte der Revolution behandelte, hatte in ihre Spalten allerlei »trotzkistische Konterbande« einschleichen lassen. Die neueste Geschichte mußte jetzt umgeschrieben werden, und zwar so, daß die Gegner Stalins in dem Licht erschienen, das Stalin paßte. Dies geschah. Als aber der Kampf gegen die Opposition immer heftiger wurde, genügten die Geschichtsauffassungen, die vom Generalsekretariat ausgegeben wurden, nicht mehr, um die Rivalen des Generalsekretärs so tief ins Nichts zu stoßen, wie sie es verdienten. Deshalb mußte eine neue Version nach der andern geschrieben werden. Und wie aus Gründen politischer Zweckmäßigkeit die nähere Vergangenheit mit einer neuen Brille gesehen werden mußte, so mußte auch die Geschichte des alten Rußland neu geschrieben werden. Trotzki hatte immer einen starken Einfluß auf die Literaturkritik ausgeübt, nicht auf Grund seiner amtlichen Stellung, sondern weil er selber ein Kritiker von Format war. Jetzt mußte die ganze trotzkistische Schule ausgejätet werden. Die Philosophen hatten marxistische Dialektik anhand von Plechanows Schriften gelehrt, die Lenin trotz der politischen Meinungsverschiedenheiten, die beide Männer gegeneinander auszutragen hatten, immer hoch in Ehren gehalten hatte. Stalin ließ die Professoren der philosophischen Fakultäten in sein Amtszimmer kommen und kanzelte sie wegen ihres »verrotteten Liberalismus« ab. Der älteste und angesehenste Philosoph der russischen Universitäten, Professor Deborin, und viele seiner Schüler wurden von ihren Lehrstühlen entfernt. Sie durften auch nicht länger in Zeitschriften schreiben. Beispiele für diese Herrschaft des Stockes über die Feder könnten in beliebiger Zahl gegeben werden. Am Ende verherrlichten Literaturkritiker, Historiker und Philosophen den »geliebten Führer« als den größten Literaturkritiker, Geschichtsschreiber und Wissenschaftler ihrer Zeit, ja aller Zeiten. Disraeli schmeichelte einmal der Königin Victoria mit den Worten: »Eure Majestät sind das Haupt unserer Schriftsteller.« Aber weder Macaulay noch Carlyle mußten deshalb im Stile der Königin Victoria schreiben. Nachdem aber einmal Stalin zum »Haupt unserer Schriftsteller« proklamiert worden war, war es Pflicht jedes sowjetischen Schriftstellers, »wie Stalin zu schreiben«.

Was nun folgte, war ein dunkles Blatt in den Annalen der russischen Literatur: Stalins persönlicher Stil wurde, so wie er nun einmal war, zum nationalrussischen Stil. Es war schon ein gewagtes Unterfangen, wenn ein Publizist oder Essayist einen Abschnitt schrieb, in dem nicht ein wörtliches Stalin-Zitat vorkam. Der Verfasser war darüber hinaus sorgfältig darauf bedacht, daß sich seine eigenen Sätze im Stil und im Wortschatz so eng als nur möglich an das Stalin-Zitat anschlossen. So breitete sich über die russische Presse und über die meisten Zeitschriften des Landes eine stumpfe Eintönigkeit aus. Sogar das gesprochene Wort wurde in unvorstellbaren Ausmaßen »stalinisiert«, jedenfalls wenn die Menschen über Politik und ideologische Probleme sprachen. Es war, als sei ein ganzes Volk in seinem Wahn zu Bauchrednern geworden.

Dieser ungewöhnliche Zustand, der den Stil des Herrschers zum herrschenden Stil der Nation werden ließ, wäre vielleicht noch zu ertragen gewesen, wenn der Herrscher selber literarisches Talent besessen hätte. So aber degenerierte der russische Stil zu einem Jargon, dessen Kennzeichen steife, verbohrte Wiederholung und plebejische Formlosigkeit waren, die sich mit pseudowissenschaftlichen Prätentionen mischten und in die sich ungehemmt grammatikalische und logische Schnitzer schlichen. Seit Stalin die Macht an sich gerissen hatte, wurde sein Stil sogar noch formloser als zuvor. Der Kontrast zwischen der gewaltigen dramatischen Rolle dieses Mannes und dem flachen, schwerfälligen Fluß seiner Reden und Schriften, den er nur selten durch ein Zitat aus einer volkstümlichen russischen Satire oder durch einen groben Scherz auflockerte, war in höchstem Maß erstaunlich. Hier ist ein Muster seines Stils, das wir ganz zufällig herausgegriffen haben. Es stammt aus den letzten Absätzen seiner Rede vor dem siebzehnten Parteikongreß:

»Unsere Partei weiß allein, wohin unsere Sache dirigiert werden muß, und sie führt diese unsere Sache erfolgreich vorwärts. Wem verdankt unsere Partei ihre Überlegenheit? Der Tatsache, daß sie eine marxistische Partei ist, eine leninistische Partei. Sie verdankt sie der Tatsache, daß sie in ihrer Arbeit durch die Grundsätze von Marx, Engels und Lenin geleitet ist. Es kann keinen Zweifel darüber geben, daß wir, solange wir diesen Grundsätzen treu bleiben, daß wir, solange wir diesem Kompaß folgen, in unserer Arbeit Erfolge erzielen werden.

Man sagt, in einigen Ländern des Westens sei der Marxismus bereits zerstört. Man sagt, er sei zerstört durch eine Richtung des bürgerlichen Nationalismus, der als Faschismus bekannt ist. Das ist selbstredend Unsinn. Nur Menschen, die kein historisches Wissen haben, können eine solche Behauptung aufstellen. Der Marxismus ist der wissenschaftliche Ausdruck der fundamentalen Interessen der Arbeiterklasse. Wenn der Marxismus zerstört werden soll, so muß auch die Arbeiterklasse zerstört werden. Und es ist unmöglich, die Arbeiterklasse zu zerstören. Mehr als achtzig Jahre sind vergangen, seitdem der Marxismus in die Arena trat. In dieser Zeit haben Dutzende und Hunderte von bürgerlichen Regierungen versucht, den Marxismus zu zerstören. Wie aber war das Ergebnis? Bürgerliche Regierungen kamen und gingen, aber der Marxismus steht immer noch (stürmischer Beifall). Außerdem hat der Marxismus auf dem sechsten Teil der Erde einen vollkommenen Sieg errungen, er hat ihn sogar in dem Land errungen, von dem Marx geglaubt hatte, daß er hier vollkommen zerstört sei (stürmischer Beifall). Es kann nicht als ein Zufall angesehen werden, daß das Land, in dem der Marxismus jetzt völlig triumphiert, das einzige Land auf der Welt ist, in dem es keine Krisen und keine Arbeitslosigkeit gibt, während in allen Ländern, die faschistischen Länder eingeschlossen, jetzt bereits seit vier Jahren Krisen und Arbeitslosigkeit herrschen. Nein, Genossen! das ist kein Zufall (lang anhaltender Beifall).

Jawohl, Genossen, wir verdanken unsern Erfolg der Tatsache, daß wir gearbeitet und gekämpft haben unter den Bannern von Marx, Engels und Lenin. Und deshalb, eine zweite Schlußfolgerung: Wir müssen bis zum Ende dem großen Banner von Marx, Engels und Lenin treu bleiben (Beifall).«[21]

Der Geschichtsforscher wird fragen, wie es möglich sein konnte, daß ein Volk, das einmal Tolstoi, Dostojewski, Tschechow, Plechanow, Lenin und Trotzki als geistige Führer gehabt hatte, es zulassen konnte, daß das Licht in seiner Sprache und in seiner Literatur so völlig verdunkelt wurde. Er wird vielleicht zwischen dieser Tatsache und dem erstaunlichen Niedergang einer anderen Literatur in den Jahren der Revolution, des Kaiserreichs und der Restauration Vergleiche ziehen wollen, die einmal der Welt Voltaire, Rousseau und die Enzyklopädisten geschenkt hatte. In Frankreich wie in Rußland folgte auf eine Zeit äußerster Anstrengung der geistigen Energie und des literarischen Talents eine Epoche der Lethargie und der Erschlaffung. Aber man wird die kulturelle Bedeutung des Stalinismus nicht allein an seinen verwüstenden Wirkungen in den Bereichen der Literatur und der Kunst messen dürfen. Man sollte darüber die Wechselwirkung zwischen den konstruktiven und destruktiven Einflüssen nicht aus den Augen verlieren, die von Stalin ausgingen. Während er das geistige Leben der Intelligenz erbarmungslos niederdrückte und verflachte, brachte er doch, wie wir bereits festzustellen Gelegenheit hatten, einen großen Teil der bislang unzivilisierten Menschheit die Grundlagen der Zivilisation. Unter seiner Herrschaft verlor die russische Kultur an Tiefe, gewann aber dafür an Breite. Man wird vielleicht die Prophezeiung wagen dürfen, daß diese Ausdehnung der Zivilisation in die Breite eines Tages in Rußland durch eine Phase intensiver Entwicklung abgelöst werden wird, eine Phase, von der eine kommende Generation erleichterten Herzens zurückblicken wird auf die barbarischen Possen der stalinistischen Ära. Dann wird man vielleicht auch finden, daß der Stil Stalins sich in hohem Maß an die Aufgaben eines Herrschers angepaßt hatte, der selber kein sehr hohes Bildungsniveau besaß und dem die Aufgabe zugefallen war, den russischen Bauern und eine aus Bauern rekrutierte Bürokratie aus ihrer anarchischen Armut und geistigen Dunkelheit herauszuschleusen.

Wir kommen demselben Problem von einer andern Seite aus näher, wenn wir sagen, in kultureller Hinsicht hatte all das nichts anderes zu bedeuten, als daß das europäische Rußland zugunsten der rückständigen asiatischen und halbasiatischen Randgebiete zurücktreten mußte. Der Standard des europäischen Rußland wurde gedrückt, dafür wurde das Niveau des asiatischen Rußland gehoben. Die Intelligenz von Leningrad und Moskau, die sich einst durch ihre geistige Unabhängigkeit ausgezeichnet und in ihren Bestrebungen ihre westeuropäischen Gegenspieler oft an Ernst und Elan übertroffen hatte, mußte jetzt viele ihrer hochgezüchteten Aspirationen aufgeben, um auf halbem Weg den jüngeren und unwissenderen Brüdern zu begegnen, die scharenweise aus der Kirgisen- und Baschkirensteppe in die Universitäten strömten. Unter einem Führer, der selber aus dem Grenzland zwischen Europa und Asien gekommen war, hatte sich das europäische Rußland weitgehend an das asiatische Rußland zu assimilieren, indes das asiatische Rußland einen gewaltigen Schritt auf dem Weg seiner Europäisierung nach vorne tun durfte. Diese gegenseitige Anpassung war unvermeidlich. Sie trug auch Früchte. Aber sie wurde nur zu oft bis zu einem Punkt getrieben, an dem die Nation geistig verarmte. Merkwürdig genug, derselbe Stalin, der im Rahmen einer kollektivierten Wirtschaft die Ungleichheit und die soziale Differenzierung förderte, war in allen geistigen Dingen ein rücksichtsloser und tyrannischer Gleichmacher vielleicht nicht einmal aus einer vorbedachten Absicht heraus — er war in seiner Art und in seinen eigenen Augen immer ein Förderer von Kunst und Wissenschaft —, sondern weil er ein angeborenes Mißtrauen gegen geistige und künstlerische Originalität in sich trug. Denn in all dem fühlte er irgendwie das Unorthodoxe, das Individualistische und damit das Ketzerische.

Sogar die russische Lyrik und der russische Roman verloren ihren Glanz. Jahrelang riefen die offiziellen Literaturhistoriker: »Wir brauchen einen Sowjet-Tolstoi!« Aber der Sowjet-Tolstoi kam nicht, vielleicht weil das Leben noch viel zu sehr im Fluß war, als daß ein Schriftsteller sich epischem Kunstschaffen hätte in Ruhe hingeben können, vielleicht aber auch, weil ein Tolstoi in einer Atmosphäre nicht wachsen konnte, in der es ihm verboten war, zu rufen: »Ich kann nicht schweigen.« Die beiden bedeutendsten Dichter des zeitgenössischen Rußland, Jessenin und Majakowski, begingen Selbstmord. Einige der besten Schriftsteller hüllten sich in Schweigen, andere wurden zum Schweigen gezwungen. Wie ein Überrest aus alter herrlicher Zeit lebte Maxim Gorki noch bis in die erste Hälfte der dreißiger Jahre hinein. Er wurde gefeiert als der Patriarch der proletarischen Kultur und als enger Freund Stalins. Aber in dieser Freundschaft sind sich schwerlich die Seelen dieser beiden Männer begegnet. Stalin brauchte jemand, der seine geistige und moralische Autorität decken konnte, der selber eine anerkannte Autorität war. Gorki war in den Jahren der Untergrundbewegung mit Lenin eng befreundet gewesen. Stalin hielt es für klug, neben vielen anderen Attributen und Titeln auch diese Freundschaft zu erben. Gorki hatte sich aber auch mehr als einmal mit Lenin bitterlich zerstritten, der von dem Dichter Dinge hören mußte, die ihm von keinem Politiker hätten gesagt werden dürfen. Der alte Schriftsteller war gefühlsmäßig dem Bolschewismus verbunden, er mochte auch Gewissensbisse wegen seiner früheren Angriffe auf

Lenin empfinden, und so hatte er sich entschlossen, mit Lenins Nachfolger nicht zu streiten, der jedenfalls nicht gesonnen gewesen wäre, Meinungsverschiedenheit zu dulden. Gelegentlich versuchte Gorki, auf Stalin einen mäßigenden Einfluß auszuüben und sich schützend vor einen alten Bolschewisten oder einen Schriftsteller zu stellen, der vom rechten Wege abgewichen war. Er machte sogar den Versuch, eine Versöhnung zwischen Stalin und Kamenjew herbeizuführen. Am Ende mußte er davon Abstand nehmen. Er starb im Jahr 1936. Mit ihm starb die lange Reihe der großen russischen Schriftsteller der vorrevolutionären Epoche dahin.

Nach Gorkis Tod — es war zur Zeit, als die Säuberungsprozesse gerade ihren Höhepunkt erreichten — waren zwei Dichter in Moskau hoch gefeiert. Es waren der Kasache Dshambul Dshabaijew und der Kaukasier Lesgin Suleiman Stalski. Sie waren die letzten Vertreter orientalischer Barden, aus ihren Völkern erwachsen und in dieser Stammeskultur wurzelnd, beide des Lesens und Schreibens unkundig, beide an die neunzig Jahre alt, Männer mit langen Bärten, romantische Erscheinungen, Dichter von Volksballaden, späte Nachfahren Homers. Von den Bergen und Steppen ihrer Heimat waren sie nach Moskau gekommen, um zur Harfe Stalins Ruhm vor dem Mausoleum Lenins zu singen.

Die Anpassung des europäischen an das asiatische Rußland hatte aber auch zur Folge, daß sich ganz Rußland in geistiger Hinsicht von Europa absetzte und isolierte. Der Grund lag nur zum Teil in dem Antagonismus zwischen Kommunismus und Kapitalismus. Das hätte nicht so sein müssen, denn in den zwanziger Jahren, als diese ideologische Kluft ebenso tief war wie später, stand Rußland allen fortschrittlichen Strömungen der europäischen Kunst und des europäischen Denkens weit offen gegenüber. Die Isolierung war Folge des besonderen geistigen Klimas, das sich in den dreißiger Jahren in Rußland verbreitete. Sie erlebte ihren Höhepunkt während der großen Säuberungen.

Nach den Prozessen und Deportationen, die auf die Ermordung Kirows folgten, schien das Regime aufs neue die Zügel zu lockern. In der zweiten Hälfte des Jahres 1935 und in der ersten

Hälfte des Jahres 1936 war die Aufmerksamkeit der Nation durch die Erfolge des zweiten Fünfjahresplanes und durch die bevorstehende Verfassungsreform in Anspruch genommen. Man sah jetzt Stalin mehr als bisher wieder im Scheinwerferlicht der Öffentlichkeit, lächelnd, von Stachanow-Arbeitern, erfolgreichen Kolchosbauern und deren Frauen umgeben, die ihm alle für das »neue und frohe Leben« dankten, das er ihnen geschenkt hatte. Er erschien bei den verschiedensten volkstümlichen Veranstaltungen, verteilte Preise an Sportler und Athleten, ließ sich von Kindern Blumensträuße überreichen und in allen möglichen idyllischen Szenen photographieren. Alles sprach dafür, daß jetzt eine lange Periode politischer Milde und Nachsicht angebrochen sei. Von den früheren Oppositionsführern saßen Sinowjew, Kamenjew und Smirnow im Gefängnis in Werchne-Uralsk, aber sie durften hoffen, daß sie früher oder später erneut amnestiert würden. Bucharin, Radek und Sokolnikow arbeiteten mit Stalin in der Verfassungskommission an einem Tisch. Bucharin war sogar Herausgeber der »Iswestija«, und Radek war der wichtigste journalistische Sprecher für die Außenpolitik des Kremls. Pjatakow war Volkskommissar für die Schwerindustrie, ihr eigentlicher Inspirator und Organisator. Rykow, der einmal Premierminister der Sowjetregierung gewesen war, war jetzt Volkskommissar für Post- und Telegraphenwesen. Rakowski, Krestinski, Karachan, Raskolnikow, Antonow-Owsejenko, Rosenholz, Jurenjew, Bogomolow und viele, viele andere, die schon des längeren ihren Frieden mit Stalin geschlossen hatten, wirkten im Ausland als Botschafter, Diplomaten in besonderer Mission oder als Chef der russischen Handelsvertretungen. Sogar in Georgien schien den alten Gegnern Stalins, die gegen ihn zu Lenins Zeiten gekämpft hatten, verziehen worden zu sein. Ihr wichtigster Führer, Budu Mdiwani, war wieder in Amt und Würden als stellvertretender Premierminister der Georgischen Regierung.

Die Beziehungen zwischen Stalin und den Armeeführern schienen ganz normal zu sein. Im Jahr 1936 wurde die Rote Armee umorganisiert. War sie bisher in der Hauptsache eine Territorialarmee gewesen, so wurde sie jetzt zu einem stehenden Heer nach westeuropäischem Muster. Die alte Manneszucht aus der vorrevolutionären Zeit wurde wieder eingeführt, und mit ihr kamen auch die alten Dienstgrade für die Offiziere wieder. Fünf der militärischen Führer, Tuchatschewski, Jegorow, Blücher, Woroschilow und Budjonny wurden zu Marschällen der Roten Armee ernannt. Aber in den niederen Rängen der Partei und der Staatsverwaltung ging die Säuberungsaktion unentwegt weiter. Gegen Ende des Jahres 1935 waren die »Prawda« und die »Iswestija« voll von Berichten aus fast allen russischen und ukrainischen Städten über die Aufdeckung geheimer Oppositionszellen. Die Presse berichtete auch über Widersetzlichkeiten in der Arbeiterschaft, wo die Antreiberei des Stachanow-Systems auf Widerstand stieß. Die unentwegte Forderung auf Steigerung der individuellen Leistung und die damit zusammenhängende Entlohnung nach einer erfüllten oder nicht erfüllten Arbeitsnorm waren alles andere als populär. Gelegentlich konnte man lesen, daß die Arbeiterschaft eines Betriebs ihre Stachanow-Arbeiter verprügelte, ja sogar ums Leben brachte und die Maschinen zertrümmerte. Bauern, die frisch vom Land in die Industrie gekommen waren, beschädigten oder ruinierten ihre Werkzeuge und Maschinen, weil sie nicht mit ihnen umgehen konnten. Wenn eine Maschine nicht lief, so konnte ein ungeduldiger Muschik auch auf den Gedanken kommen, ihr durch einen Schlag mit dem Hammer oder der Axt nachhelfen zu wollen. So waren Zwischenfälle in der Industrie an der Tagesordnung. Dies war die »Sabotage«, durch die russische Rückständigkeit, Unbildung und Verzweiflung die erzwungene industrielle Revolution lahmlegten. Aber damals hatte kein Mensch daran gedacht, Pjatakow, der seit Jahren der Hauptorganisator der Industrie war, für solche Fälle angeblicher Sabotage verantwortlich zu machen, geschweige einen Führer der früheren Oppositionsgruppen.

In einem Kommentar zu den Berichten der »Prawda« und »Iswestija«, aus denen zu ersehen war, daß die Ausstoßung von Trotzkisten und Sinowjewisten unentwegt weiterging, schrieb Trotzki, der damals Stalins Dritter Internationale eine Vierte Internationale entgegenstellen wollte, folgendes: »Man kann mit Sicherheit sagen, daß trotz dreizehn Jahren Verfolgung, Verleumdung, unerhörter Verdorbenheit und Grausamkeit, trotz aller Kapitulationen und trotz aller Fälle von Fahnenflucht aus den Reihen der Opposition, die noch folgenschwerer sind als die Verfolgung selber, die Vierte Internationale bereits heute in der UdSSR ihren stärksten Rückhalt und ihren zahlenmäßig größten Anhang besitzt.«[22] Diese Behauptung Trotzkis war sicherlich zu einem guten Teil eitle und selbstgefällige Übertreibung, denn in den sieben Jahren seines Lebens im Exil hatte er so gut wie jeden persönlichen Kontakt mit Rußland verloren.[23] Trotzdem blieb der Trotzkismus eine Realität und eine mächtige politische Strömung in Rußland. Und solche Erklärungen Trotzkis mußten natürlich den bereits wachen Verdacht Stalins weiter verschärfen. Als er diesen Passus las, wird er sich gesagt haben: »Abwarten, mein Lieber!« Sechs Monate später erstarrte die Welt vor Schrecken und Bestürzung über den Prozeß gegen Sinowjew und Kamenjew.

Wir können hier die lange Serie der politischen Schauprozesse nicht in allen Einzelheiten beschreiben. Uns interessiert hier nur die Rolle, die Stalin selber dabei spielte, und von welchen Motiven er sich hierbei leiten ließ. Persönlich erschien er kein einziges Mal im Gerichtssaal. Der Mann, der angeblich das Opfer so vieler und so weit verbreiteter Verschwörungen gegen sein und anderer Leben sein sollte, erschien nicht einmal im Zeugenstand. Aber während des ganzen düsteren Schauspiels war seine Gegenwart zu spüren. Man wußte, er saß im Souffleurkasten. Nein, mehr noch als Souffleur war er der unsichtbare Verfasser, der Dramaturg und der Produktionsleiter des Stückes.

In der endlosen Reihe der Prozesse, die bald öffentlich, bald geheim geführt wurden, sind vier von größter Bedeutung. Es sind dies: Der »Prozeß der Sechzehn« (Sinowjew, Kamenjew, Smirnow, Mratschkowski und andere) im August 1936; der »Prozeß der Siebzehn« (Pjatakow, Radek, Sokolnikow, Muralow, Serebrjakow und andere) im Januar 1937; der unter Ausschluß der Öffentlichkeit geführte Prozeß gegen Marschall Tuchatschewski und eine Gruppe der obersten Generäle der Roten Armee im Juni 1937 und schließlich der »Prozeß der Einundzwanzig« (Rykow, Bucharin, Krestinski, Radek, Jagoda und andere) im März 1938. Im Laufe dieser Prozesse erschienen auf der Anklagebank alle die Männer, die einst das Politbüro Lenins gebildet hatten, mit Ausnahme von Stalin selber und von Trotzki. Der letztere war der Hauptangeklagte. Unter den Angeklagten befanden sich ein früherer Premierminister der Sowjetregierung, mehrere stellvertretende Premierminister, zwei ehemalige Präsidenten der Kommunistischen Internationale, der Präsident der Gewerkschaften (Tomski, er brachte sich in der Untersuchungshaft um), der Chef des Generalstabs der Roten Armee, der Oberste Politische Kommissar der Roten Armee, die Oberbefehlshaber fast aller Militärbezirke, beinahe alle Sowjetbotschafter in Europa und Asien und nicht zuletzt die beiden Chefs der politischen Polizei: Jagoda, der das Beweismaterial für den Prozeß gegen Sinowjew und Kamenjew beschafft hatte, und Jeshow, der die gleiche Arbeit für alle anderen Prozesse geleistet hatte, die seinem eigenen vorausgingen. Alle Angeklagten wurden beschuldigt, sie hätten beabsichtigt, Stalin und die anderen Mitglieder des Politbüros zu ermorden, den Kapitalismus wiederherzustellen, die militärische und wirtschaftliche Macht des Landes zu zerschlagen und russische Arbeiter in Massen zu vergiften oder auf anderem Weg zu beseitigen. Alle Angeklagten wurden beschuldigt, seit den ersten Tagen der Revolution für den britischen, französischen, japanischen und deutschen Spionagedienst gearbeitet zu haben; sie hätten geheime Abmachungen mit den Nazis getroffen, in denen die Zerstückelung der Sowjetunion und die Abtretung großer sowjetischer Gebietsteile an Deutschland und Japan vorgesehen gewesen seien.[24] Wenn diese Anklagen, die von Prozeß zu Prozeß immer massiver wurden, richtig gewesen wären, so hätte niemand etwas für die Erhaltung und das Fortbestehen der Sowjetunion geben können. Die Angeklagten hatten sich bis in die obersten Stellen der Sowjetverwaltung eingeschlichen, und trotzdem brachten es die angeblichen Terroristen nur fertig, einen einzigen von Stalins Würdenträgern, Kirow, zu ermorden. Im Laufe der Prozesse entdeckte die Staatsanwaltschaft, daß noch gegen zwei weitere Persönlichkeiten Mordanschläge geplant waren, gegen Kuibyshew, den Leiter des Staatlichen Planungsamtes, und gegen Maxim Gorki.[25] Diese Unterstellungen unterstrichen noch mehr das schreiende Mißverhältnis zwischen dem weitreichenden Charakter der Verschwörung und ihren wahrhaft bescheidenen

Ergebnissen. Es war, als hätte man die ganze Kraft des Niagarafalls für den Antrieb eines Kinderschiffchens verwendet.

Das Unwahrscheinliche all dessen wurde durch das gespenstische Verhalten der Angeklagten noch unwirklicher, wenigstens in den Fällen, in denen die Verhandlungen öffentlich geführt wurden. Gegen viele der maßgeblichen Persönlichkeiten, vor allem gegen sämtliche Generäle der Roten Armee, aber auch gegen viele Politiker wurde unter Ausschluß der Öffentlichkeit verhandelt. Viele wurden ohne Urteilsspruch hingerichtet, weil sie nicht bereit waren, Verbrechen zuzugestehen und zu bereuen, deren sie sich nicht schuldig bekennen konnten. Aber alle die Unglücklichen, die im Scheinwerferlicht der Öffentlichkeit auftreten mußten, erschienen in Sack und Asche, gestanden laut ihre Sünden, nannten sich selber Söhne des Teufels und priesen *de profundis* den Übermenschen, der sie in den Staub trat. Eine verängstigte und in Unwissenheit gehaltene Nation stimmte in den Refrain ein, in dem der Generalstaatsanwalt Wyschinski unweigerlich seine Anklage zusammenfaßte: »Knallt die tollen Hunde nieder«. Die Geständnisse der Angeklagten waren die einzige Grundlage des Verfahrens und der Urteile. Nicht ein einziges Beweismittel wurde vorgelegt, das durch die Mittel einer normalen Strafprozeßführung hätte geprüft werden können. In den wenigen Fällen, in denen die Angeklagten die besonderen Umstände darstellten, unter denen ihre angeblichen Zusammenkünfte mit Trotzki im Ausland stattfanden, trat sofort zutage, daß ihre Selbstbezichtigungen falsch waren. Das Hotel in Kopenhagen, in dem Holtzman, David und Berman-Jurin sich mit Trotzki getroffen haben wollten, bestand schon viele Jahre vor dieser angeblichen Zusammenkunft nicht mehr.

Die Behörden eines Flugplatzes bei Oslo, wo Pjatakow in einem deutschen Flugzeug gelandet sein wollte, um Trotzki zu treffen, konnten nachweisen, daß in der angegebenen Zeit (und sogar mehrere Monate vorher und nachher) überhaupt kein ausländisches Flugzeug dort gelandet war. Trotzki und sein Sohn konnten beweisen, daß es technisch völlig ausgeschlossen war, daß sie sich zu den von der Anklage angegebenen Zeiten an bestimmten Orten befunden haben konnten. Einige dieser Aussagen Trotzkis waren von dem damaligen französischen Ministerpräsidenten Edouard Herriot beglaubigt, von dem bekannt ist, daß er stalinfreundlich war.[26]

Wenn man sich an die Geschichte des Kampfes innerhalb der bolschewistischen Partei erinnert, so erscheinen die Widerrufe und Selbstbezichtigungen der Angeklagten nicht einmal so überraschend, wie sie es wohl in einem anderen Milieu gewesen wären. Sie kamen keineswegs wie ein Blitz aus heiterem Himmel. Seit der Mitte der zwanziger Jahre war der Widerruf zu einer rituellen Handlung geworden, zu einer Routinemaßnahme, in der die seelisch gebrochenen Männer der Opposition allmählich sogar eine gewisse Übung erlangten. Sie fingen damit an, daß sie Verstöße gegen die Parteidisziplin eingestanden, und sie endeten mit dem Geständnis von wahrhaft apokalyptischen Sünden. Dazwischen liegt ein weiter Weg mit vielen Abstufungen, den sie langsam durchschritten, fast schlafwandlerisch, kaum ahnend, wohin ihre Schritte sie führen würden. Sooft sie einen Widerruf aussprachen, gestanden sie eine Sünde mehr ein, die jedesmal etwas schwerer war als die, welche sie das letztemal auf sich genommen hatten. Selbstredend hofften sie jedesmal, das werde das letzte Opfer sein, das sie der Partei und ihrer eigenen Rettung bringen müßten. Es ist fraglich, ob sie wenigstens am Ende dieses Leidenswegs klar sahen, daß das, was sie jetzt erwartete, die endgültige physische Vernichtung war.

Sie waren nie mit dem unlösbaren Konflikt fertig geworden, der darin lag, daß sie Stalins Regierungsmethoden verabscheuten, aber sich gleichzeitig durch und durch mit dem sozialistischen Regime solidarisch fühlten, das durch Stalins Herrschaft verkörpert war. Aber dieses Gefühl allein kann ihre Haltung nicht erklären. Auch Trotzki mühte sich in seinem Exil mit diesem Problem ab, ohne das Knie zu beugen. Sie waren das Opfer ihrer eigenen Skrupel und Reue, aber sie waren auch durch Stalins Terror gebrochen. Die Behauptung, sie seien hypnotisiert worden oder man habe ihnen irgendwelche mysteriösen Drogen eingegeben, wird man wohl als unglaubwürdig zur Seite schieben dürfen. Es kann aber keinen Zweifel darüber geben, daß sie einer körperlichen und seelischen Tortur unterworfen wurden, wie man sie in Rußland — und anderswo — bei Verhören »dritten Grades« anwendet. Wir haben außerdem gesehen, daß die politische Polizei die Familienangehörigen der Angeklagten als Geiseln verhaften konnte; man ließ sie dann vor den Angeklagten im Zeugenstand erscheinen. Niemand, mag er noch so unbeugsam und noch so bereit sein, sein eigenes Leben für eine Sache hinzugeben, die er als gerecht betrachtet, wird es über sich bringen, seine Eltern, seine Frau und seine Kinder in der gleichen Weise zu opfern. Sicherlich hofften die Angeklagten, daß sie durch ihr Geständnis wenigstens das Leben ihrer Familien retten konnten. Vielleicht haben sie auch den Schimmer einer Hoffnung für die Rettung ihres eigenen Lebens gesehen. Nach der Ermordung Kirows war den Terroristen das Recht auf Berufung versagt worden. Aber wenige Tage vor der Eröffnung des Prozesses gegen Sinowjew und Kamenjew wurde das Recht auf Berufung wiederhergestellt, als wenn man den Angeklagten den Schimmer einer Hoffnung bis zum Ende hätte belassen wollen. Einige wenige unter den Angeklagten, vor allem Rakowski und Radek, wurden nicht vor die Gewehrläufe gestellt. Wenn es nur einem gelang, dem Tod zu entgehen, so mochten zehn oder zwanzig andere die Hoffnung hegen, es könne auch ihnen gelingen. Sie waren unzweifelhaft der Meinung, daß unter ihren Selbstbezichtigungen, die so absurd erschienen und so unverkennbar unter Zwang abgegeben waren, ihr persönlicher Ruf in der Folge nicht hätte zu leiden brauchen (ähnliches konnte man in den Konzentrationslagern der Nazis erleben, wo die Häftlinge gedrillt wurden auszurufen: »Ich bin ein Schweinehund!« oder sich in einer Weise selber zu beschimpfen und zu erniedrigen, die kein vernünftiger Mensch für wahr hätte halten können). So mögen Zwang und persönliche Erwägungen in all den vielen Fällen verschieden gewesen sein, die manchen einstmals bedeutenden Mann veranlaßten, an Stalin mit dem schrecklichen Ruf vorbeizuziehen: »Ave, Caesar, morituri te salutant.«

Aber wozu brauchte Stalin dieses fürchterlich abstoßende Schauspiel? Man sagte, er habe die Männer der Alten Garde als Sündenböcke für seine wirtschaftlichen Mißerfolge in den Tod geschickt. Darin mag ein Körnchen Wahrheit stecken, aber auch nicht mehr. Zu dieser Zeit erlebte Rußland gerade in den Jahren der Schauprozesse einen höchst bemerkenswerten wirtschaftlichen Aufschwung. Stalin hätte auch sicherlich nicht gleich eine ganze Herde von Sündenböcken gebraucht, und wenn er sie gebraucht hätte, so hätte der erwünschte Zweck auch mit Gefängnisstrafen erreicht werden können, so wie das bei den vorausgehenden Prozessen gegen die sogenannte Industriepartei und die Menschewisten der Fall gewesen war. Einige der Personen, die bei diesen früheren Prozessen verurteilt worden waren, tauchten in den vierziger Jahren wieder auf, wurden berühmte Männer und Inhaber hoher Ehrämter (so zum Beispiel Professor Ramsin). Stalin hatte ein sehr viel realeres und tiefer gehendes Motiv. Er wollte die Männer vernichten, die unter bestimmten Verhältnissen eine Regierung bilden konnten, um ihn abzulösen. Vielleicht sogar mehrere Regierungen. Es ist natürlich unmöglich, diese These aus Stalins Reden und Schriften nach Kapiteln und Wortlaut zu belegen. Aber diese Annahme findet ihre Bekräftigung in allem, was sich vorher ereignete, in der ganzen Abwicklung der Schauprozesse und in ihren Folgen. Er hatte schon immer jeden Versuch einer Regierungsumwandlung, ja den bloßen Gedanken an einen solchen Versuch mit Hochverrat und Gegenrevolution gleichgesetzt. Die direkte und nicht abzuleugnende Folge der Säuberungsprozesse war die Vernichtung aller politischen Zentren, von denen aus unter gewissen Umständen ein solcher Versuch hätte gemacht werden können.

Nun bleibt allerdings die Frage offen, weshalb er gerade das Jahr 1936 zur Verwirklichung dieser Absichten wählte. Erwägungen, die in der russischen Innenpolitik wurzeln, geben uns kaum einen brauchbaren Schlüssel zur Lösung dieses Rätsels. Die Unzufriedenheit im Land mag weit verbreitet gewesen sein, aber sie war viel zu zusammenhanglos, um eine unmittelbare Gefahr für Stalins Stellung bedeuten zu können. Die Opposition war in Stücke zerschlagen, in den Staub getreten, zu keiner Aktion fähig. Nur ein plötzlicher Schock, eine konvulsive Unordnung, die den ganzen staatlichen Machtapparat gleichzeitig lahmlegte, hätte es der Opposition vielleicht noch möglich gemacht, ihre zersplitterten und demoralisierten Truppen wieder zu sammeln. Und eine Gefahr dieser Art zeigte sich in der Tat damals am Horizont. Sie kam von außen. Die ersten großen Prozesse gegen Sinowjew und Kamenjew fanden einige Monate nach dem Einmarsch der Truppen Hitlers ins Rheinland statt. Der letzte Prozeß, der gegen Rykow und Bucharin, hatte als Begleitmusik das Trompetengeschmetter, das die Besetzung Österreichs durch die Nazis ankündigte. Der deutsche Imperialismus war wieder bewaffnet und erprobte seine Stärke. Die Maßnahmen, die Stalin auf außenpolitischem Gebiet traf, um dieser Gefahr zu begegnen, werden wir in dem nächsten Kapitel betrachten. Aber so viel darf hier schon gesagt werden: Stalin war sich darüber klar, daß der Krieg eines Tages kommen werde. Er überlegte den Weg, den er gehen könne: entweder Verständigung mit Hitler oder Krieg gegen Hitler. Einen dritten Weg gab es nicht. Im Jahr 1936 waren die Aussichten für eine Verständigung sehr dürftig. Die Verständigungspolitik der Westmächte gegenüber Hitler erfüllte ihn mit einer bösen Vorahnung. Er hegte den Verdacht, daß die Westmächte nicht nur die Augen über der Remilitarisierung Deutschlands zudrücken, sondern den neu erstandenen deutschen Militarismus gegen Rußland vorschicken wollten.

Die Aussichten für einen Krieg, bei dem die Sowjetunion Deutschland allein gegenüberstehen würde, waren sehr düster. Im Ersten Weltkrieg hatte die deutsche Militärmacht, obwohl sie auf zwei Fronten verteilt war, Rußland einen vernichtenden Schlag zu versetzen und den Zaren zu stürzen vermocht.[27] Der Schatten des letzten Zaren mag Stalin damals öfter beunruhigt haben, wenn er Hitlers Kriegsvorbereitungen überdachte. Man kann sich eine Unterhaltung zwischen dem lebenden Mann und dem Geist des Toten ausdenken: »Dein Ende ist nahe«, flüstert der Geist, »du hast im Chaos eines Krieges meinen Thron gestürzt. Das Chaos eines neuen Krieges wird jetzt dich verschlingen.« Der Mann antwortet: »Du bist ein gestürzter Zar, und du hast nichts aus deinem Sturz gelernt. Du bist ja gar nicht dem Krieg allein erlegen, sondern der bolschewistischen Partei. Zugegeben, wir nützten die Lage, wie sie durch den Krieg entstanden war, zu unseren Gunsten aus, aber...« Da unterbricht ihn der Geist: »Bist du denn so sicher, daß es nicht auch jetzt eine Opposition gibt, die sich den Krieg zunutze machen wird? Erinnere dich doch an das Durcheinander in Petrograd, als die Nachricht eintraf, die Deutschen stehen schon in Riga. Was wird geschehen, wenn die Deutschen wieder in Riga stehen oder gar in Kiew, im Kaukasus und in den Vororten von Moskau?« »Oh nein«, ruft Stalin, »ich sage dir, du hattest die furchtbare bolschewistische Partei gegen dich, ich aber habe Trotzki in die Verbannung geschickt und alle meine anderen Rivalen niedergeworfen.« Da bricht der Geist in ein höhnisches Lachen aus: »Habe ich dich nicht auch in den Jahren 1914 bis 1917 nach Sibirien deportiert, und lebten damals nicht auch Lenin und Trotzki in der Verbannung?«

In der schwersten Krise des Krieges hatten die Führer der Opposition, wenn sie damals noch am Leben gewesen wären, sich doch vielleicht zu einer Aktion verleiten lassen; sie hätten mit Recht oder Unrecht der Überzeugung sein können, daß Stalin den Krieg schlecht und unzweckmäßig geführt und darüber das Land ins Verderben gerissen habe. Und vor dem Krieg hätten sie sich aller Wahrscheinlichkeit nach seinem Pakt mit Hitler widersetzt. Hatte nicht Trotzki selber in seiner berühmten »Clémenceau-Erklärung« ein solches Vorgehen gegen Stalin bereits angekündigt? Man stelle sich vor, was geschehen wäre, wenn die Führer der Opposition die furchtbaren Niederlagen der Roten Armee in den Jahren 1941 und 1942 erlebt hätten, wenn sie gesehen hätten, wie Hitler vor den Toren Moskaus stand, wie Millionen russischer Soldaten in deutsche Gefangenschaft gerieten, wenn sie Zeuge der gefährlichen Vertrauenskrise im russischen Volk im Herbst 1941 gewesen wären, als das Schicksal der Sowjetunion an einem Faden hing und Stalins moralische Stellung auf dem tiefsten Punkt war. Es ist sehr wohl möglich, daß sie in einer solchen Lage den Versuch gemacht hätten, Stalin zu stürzen. Stalin war entschlossen, die Dinge nicht so weit kommen zu lassen.

Die Anklagen, die er auf seine Gegner häufte, waren — darüber ist kein Wort zu verlieren — schamlose Erfindungen. Aber sie beruhten auf einer pervertierten »psychologischen Wahrheit«, auf einer grotesk brutalen und alles umkehrenden Vorwegnahme möglicher Entwicklungen. Vielleicht dachte er folgendermaßen: Sie werden mich in eine Krise stürzen wollen. Ich werde ihnen zuvorkommen und sie wegen des Versuches bereits jetzt anklagen. Sie bilden sich sicherlich ein, sie könnten den

Krieg besser führen als ich. Das ist absurd. Ein Regierungswechsel würde die Widerstandskraft Rußlands lähmen. Wenn sie mich stürzen und selber zur Macht kommen, so werden sie gezwungen sein, mit Hitler Frieden zu schließen und vielleicht sogar Gebietsabtretungen zustimmen, genauso wie wir es in Brest-Litowsk taten.[28] Ich werde sie deshalb anklagen, daß sie bereits jetzt verräterische Verbindungen mit Deutschland und Japan aufgenommen und sowjetisches Staatsgebiet an diese beiden Staaten abgetreten haben. Wenn Stalin die Alte Garde abschlachten wollte, so konnte die Anklage nicht schwer genug sein. Wenn er sie gerichtet hätte, nur weil sie seine Gegner waren, weil sie gegen ihn konspirierten, weil sie ihn stürzen wollten, so hätte es wahrscheinlich weite Kreise in Rußland gegeben, die in den Hingerichteten die Märtyrer einer guten Sache gesehen hätten. Sie mußten als Verräter sterben, als Verbrecher, die Taten planten, die kein vernünftiges Hirn sich hätte ausdenken können, sie mußten sterben als die Führer einer teuflischen Fünften Kolonne. Nur wenn so verfahren wurde, durfte Stalin hoffen, daß ihr Tod keine gefährlichen Auswirkungen haben werde. Im Gegenteil, dann würde man zu ihm aufblicken als dem Retter des Vaterlands, vor allem die junge und schlecht unterrichtete Generation. Man braucht nicht notwendigerweise anzunehmen, daß er aus nackter Grausamkeit und Machtgier handelte. Man wird es ihm vielleicht zugute halten müssen, daß ihn die ehrliche Überzeugung leitete, er tue das im Interesse der Revolution und er allein sei in der Lage, dieses Interesse richtig zu verstehen. Aber diese Gutschrift auf seinem moralischen Konto ist nur von zweifelhaftem Wert.

Es war unvermeidlich, daß der Gedanke einer Verschwörung, der ihn in seinen Träumen verfolgte, in der Orgie der Säuberungsprozesse schließlich Fleisch und Blut annahm. Als die endlose Schraube des Terrors sich immer rascher drehte, fühlte sich kaum jemand mehr sicher, der eine wichtige Stellung innehatte. Einige dieser Männer versuchten, das furchtbare Perpetuum mobile zum Stehen zu bringen. Dieser Versuch ging nicht von den hilf- und wehrlosen Führern der alten Opposition aus, sondern von Männern, an die sich der Verdacht bisher noch nicht herangewagt hatte, von Männern, deren moralisches Rückgrat noch nicht durch endlose Widerrufe und Reuebekenntnisse gebrochen war und die noch die Hand an einigen Hebeln des staatlichen Machtapparats hatten. Die Reaktion gegen den Terror setzte in Stalins nächster Umgebung bald nach den Prozessen gegen Radek, Pjatakow und Sokolnikow zu Beginn des Jahres 1937 ein. Zunächst erhob sich ein Streit zwischen Stalin und Ordshonikidse, dem alten Bolschewisten, der an Stalins Seite in das Gefängnis von Baku geschickt worden war, der ihn im Jahr 1912 für die Wahl ins Zentralkomitee vorgeschlagen hatte und der ihm zehn Jahre später geholfen hatte, das menschewistische Georgien zu unterwerfen — der Mann, der ihm mit blindem Eifer in seinem Kampf gegen alle Oppositionsgruppen beigestanden war. Ordshonikidse reagierte scharf ablehnend auf die Absicht, Pjatakow, seinen Stellvertreter im Volkskommissariat, und viele Industrieführer zu opfern. Dieser Konflikt endete damit, daß Ordshonikidse plötzlich unter Umständen aus dem Leben schied, über die niemals Klarheit geschaffen wurde. Dann wandte sich Rudsutak, bisher einer der ersten in der Reihe der getreuen Stalinisten, stellvertretender Ministerpräsident und Führer der Gewerkschaften, gegen Stalin.

Aber die wirkliche und echte Verschwörung begann, als die Generäle der Roten Armee, Tuchatschewski und seine Freunde, einzugreifen beschlossen. Es ist nicht sicher, ob Politiker wie Rudsutak und Meshlauk (ebenfalls stellvertretender Premierminister und eine führende Persönlichkeit in der stalinistischen Partei) mit den Soldaten gemeinsame Sache machten. Die genauen Umstände der Verschwörung Tuchatschewskis und des Zusammenbruchs dieser Aktion sind bis heute nicht bekanntgeworden. Aber alle nichtstalinistischen Darlegungen dieser Affäre sind in folgendem einig: es ist richtig, daß die Generäle einen Staatsstreich planten. Sie taten das aber aus eigenem Entschluß und auf eigene Initiative und nicht in Verbindung mit einer fremden Macht.[29] Der Hauptakt sollte eine Palastrevolution im Kreml sein, bei der Stalin ermordet werden sollte. Außerhalb des Kremls sollte ein entscheidender militärischer Schlag erfolgen. Unter anderem war die Besetzung des Hauptquartiers der GPU vorgesehen. Tuchatschewski war die treibende Kraft dieser Verschwörung. Er war ein Mann von außergewöhnlicher militärischer Begabung, der große Organisator, der die Rote Armee modernisiert hatte. Er strahlte im Glanz seiner Siege im Bürgerkrieg und war der erklärte Liebling der Roten Armee. Er war von allen Männern jener Zeit, Soldaten und Zivilisten, der einzige, der in vieler Hinsicht dem jungen Bonaparte ähnelte, und er wäre auch der Mann dazu gewesen, die Rolle des Ersten Konsuls in der russischen Republik zu spielen. Der erste Politische Kommissar der Roten Armee, Gamarnik, war in das Komplott eingeweiht. Er beging Selbstmord. General Jakir, der Ortskommandant von Leningrad, war seiner Truppen sicher. Die Generäle Uborewitsch, der Oberbefehlshaber des westlichen Militärbezirks, Kork, der Kommandeur der Militärakademie in Moskau, Primakow, der Stellvertreter Budjonnys in der Kavallerieinspektion und einige andere Generäle waren im Komplott. Noch am 1. Mai 1937 stand Tuchatschewski an Stalins Seite auf dem Mausoleum Lenins, um die große Truppenparade abzunehmen. Elf Tage später war er seines Postens enthoben. Am 12. Juni wurde bekanntgegeben, daß Tuchatschewski und seine Mitverschworenen hingerichtet worden waren. Angeblich wurde die Verschwörung durch die politische Polizei aufgedeckt. Die Verschworenen zeigten keine Reue und machten keine Geständnisse. Bei seiner Verhaftung wurde Tuchatschewski verwundet und auf einer Tragbahre vor Stalin gebracht. Nach einem langen und heftigen Wortwechsel mit Stalin wurde der Marschall der Roten Armee ins Gefängnis zurückgeschafft. Sein Todesurteil wurde — wenigstens der Form nach — von den anderen vier Marschällen, Woroschilow, Budjonny, Blücher und Jegorow, unterzeichnet. Die beiden letztgenannten fielen bald darauf selber der Säuberung zum Opfer.[30]

Auch die genaueste Darstellung der Schauprozesse könnte nur eine sehr mangelhafte Vorstellung ihrer Folgen vermitteln. Die große Masse der Säuberungen war unter Ausschluß der Öffentlichkeit durchgeführt worden, meistens ohne ein Geständnis der Opfer und ohne irgendein gerichtliches Verfahren. In einem Kommentar zu den unvorstellbaren Moskauer Prozessen schrieb Trotzki: »Stalin ist wie ein Mann, der seinen Durst mit Meerwasser stillen muß.«[31] Er sandte Tausende in den Tod, Zehntausende oder Hunderttausende in Gefängnisse und Konzentrationslager. Das lag in der Natur seines Unterfangens. Er wollte die Menschen vernichten, die in der Lage sein mochten, eine andere Regierung zu bilden. Aber alle diese Männer standen seit vielen Jahren an wichtigen Stellen des öffentlichen Lebens, sie hatten Verwaltungsbeamte und Offiziere ausgebildet und befördert. Jeder hatte seinen Kreis von Anhängern. Stalin mußte fürchten, daß seinen Opfern Rächer aus den Reihen ihrer Anhänger erwachsen würden. Nachdem er die erste Gruppe von Politikern vernichtet hatte, die in der Lage hätte sein können, eine Gegenregierung auf die Beine zu stellen, mußte er auch die zweite, die dritte, die vierte und alle nachfolgenden Gruppen treffen. Alle Parteifunktionäre, die ihren Aufstieg Rykow, Sinowjew, Bucharin und Kamenjew verdankten, alle Diplomaten, die von Rakowski oder Sokolnikow befördert worden waren, alle Offiziere, in deren Personalakten der Militärakademie eine günstige Beurteilung durch Tuchatschewski zu finden war, die Fabrikleiter, die mit Pjatakow zusammengearbeitet hatten, sie alle waren gefährlich, verdächtig und deshalb zu vernichten. Emigrierte Kommunisten aus dem Deutschland Hitlers, dem Polen Pilsudskis, aus dem Ungarn Horthys, die in der Vergangenheit mit irgendeinem der Angeklagten oder mit einer mißliebigen Gruppe oder Clique in der bolschewistischen Partei in Verbindung gestanden hatten, gerieten automatisch mit in das Netz.[32] Die Gesamtzahl der Opfer wird wahrscheinlich niemals bekanntwerden. Aus gewissen Quellen verlautet, daß in der Roten Armee allein 20 000 Offiziere oder 25 Prozent des gesamten Offizierskorps verhaftet und einige Tausend erschossen wurden.[33] Das ganze Staatsgebäude schien zu wanken.

Mitten in diesem politischen Erdbeben, im November 1936, verkündete Stalin in einer Ansprache vor dem achten Sowjetkongreß die neue Verfassung.[34] Er zog einen Schleier von liberalen Phrasen und Versprechungen vor die Guillotine, die im Hintergrund unablässig weiterarbeitete. Die neue Verfassung sollte Lenins Wahlsystem ersetzen, das ganz offen die Klasse der Industriearbeiterschaft begünstigt hatte. Jetzt sollte allen Klassen, auch der bisher entrechteten Bourgeoisie, das gleiche Wahlrecht gegeben werden. Die bisher indirekten Wahlen sollten durch direkte, die offene Abstimmung durch die geheime Abstimmung ersetzt werden. Nach Stalins Worten war ein solcher Schritt jetzt möglich, weil der Charakter der Gesellschaft sich geändert habe. Die erste Phase der kommunistischen Entwicklung sei durchlaufen, die Arbeiterklasse sei nicht mehr ein Proletariat, die Bauern seien in die sozialistische Wirtschaft eingeordnet, die neue Intelligenz wurzele jetzt fest in der Arbeiterklasse. Er setzte sich mit einem angeblichen Zusatzantrag zu dem Verfassungsentwurf auseinander, dessen Urheber er nicht namentlich nannte, und erklärte, daß die Verfassung den in der Sowjetunion zusammengeschlossenen Republiken das Recht der Sezession zugestehen müsse. Er wandte sich gegen einen anderen Vorschlag, der die Souveränität beim Präsidenten der Republik anstatt bei dem vielköpfigen Präsidium des Obersten Sowjets sehen wollte. Stalin warnte die Versammlung davor, denn ein einzelner Präsident könne immer ein Diktator werden. Jede Möglichkeit einer solchen Entwicklung müsse durch die Verfassung ausgeschlossen werden. Er forderte jetzt sogar für die alten Angehörigen der konterrevolutionären Weißen Armeen und für die Priester das Wahlrecht. Aber was in diesen arabischen Zaubernächten der Demokratie allein reale Wirklichkeit war, das war das Verbot jeder Opposition, das jetzt auch in der Verfassung verankert wurde. »Freiheit für mehrere Parteien kann es nur in einer Gesellschaft geben, in der es Klassen mit widerstreitenden Interessen gibt, die einander unversöhnlich gegenüberstehen. In der UdSSR gibt es nur Raum für eine einzige Partei.«

Eine andere Unternehmung, auf die er sich in dieser Zeit stürzte, war die »Kurze Geschichte der Kommunistischen Partei in der Sowjetunion«, die das erste wirklich genaue und ideologisch zuverlässige Werk auf diesem Gebiet sein sollte. In diesem Buch wurde die ganze Geschichte des Bolschewismus im Licht der Säuberungsprozesse neu geschrieben. Alle älteren Bücher über dieses Thema, auch die, welche von den nächsten Freunden Stalins, wie zum Beispiel von Jaroslawski, verfaßt worden waren, wurden als Fälschungen erklärt und aus dem Verkehr gezogen. Denn sie alle enthielten ein Bild der Partei, das mit den letzten Erkenntnissen nicht übereinstimmte. Das neue Buch, das sofort zur Bibel der Partei erklärt wurde, war von Stalins Privatsekretären nach dessen direkten Anweisungen geschrieben worden. Nur der philosophische Teil, eine oberflächliche Darstellung der marxistischen Dialektik, stammt aus Stalins eigener Feder. Als Souffleur der Schauprozesse war Stalin für die Öffentlichkeit unsichtbar geblieben. Er zog es vor, sich in der Rolle des Philosophen, des Geschichtsschreibers und des Staatsrechtlers zu zeigen.

Solange die Guillotine arbeitete, glaubten viele, sie werde am Ende Stalin selber erwischen. Er vernichtete die Alte Garde der Partei und war doch selber einer von ihr. Auf wen konnte er sich noch verlassen, wenn diese Stütze des bolschewistischen Regimes einmal zusammengestürzt war? Im November 1937 schrieb Trotzki: »Stalin nähert sich jetzt dem Ende seiner tragischen Mission. Je mehr er glaubt, er brauche niemanden mehr, desto näher kommt die Stunde, in der niemand *ihn* mehr brauchen wird. Wenn es der Bürokratie gelingt, die Formen des Eigentums zu ändern, und wenn sich aus ihren Reihen eine neue besitzende Klasse herausbildet, so wird diese neue Klasse der Besitzenden auch neue Führer finden, die keine Verbindung mit der revolutionären Vergangenheit mehr haben und gebildeter sind. Stalin wird für das, was er jetzt vollbringt, kaum ein Wort des Dankes zu hören bekommen. Die offene Gegenrevolution wird ihm die Rechnung zur Bezahlung präsentieren, sie wird ihn sogar sehr wahrscheinlich selber als Trotzkisten auf die Anklagebank schleppen.«[35] Einige Monate später wagte Trotzki eine etwas andere Prophezeiung: »Stalin bereitet seine Krönung auf den Ruinen der Revolution und auf den Leichen der Revolutionäre vor. Wenn Stalin-Bonaparte gekrönt wird, dann ist er für die Arbeiterbewegung tot.«[36] Aber keine dieser Prophezeiungen sollte sich erfüllen, und was Stalins »Krönung« betrifft, so hatte diese bereits vor den großen Prozessen stattgefunden. Was an diesen Prozessen am erstaunlichsten ist — erstaunlich, wenn man ihre Ziele und ihre Vehemenz bedenkt —, das ist die Tatsache, daß sie im äußeren Bild Sowjetrußlands so gut wie gar keinen Eindruck hinterließen. Das Regime schien durch die schweren Axthiebe, die es getroffen hatten, gänzlich unberührt. Genau wie vor den Schauprozessen schien die russische Gesellschaft sich fieberhaft für ihre wirtschaftlichen Ziele zu interessieren und auf der andern Seite einer politischen und moralischen Erschlaffung zu erliegen. Vorher und nachher wurde Stalin als dem »Vater der Völker«, als »unserem geliebten Führer« zugejubelt.

Nachdem Robespierre alle seine Gegner vernichtet hatte, erschien er eines Tages im Konvent, um plötzlich zu sehen, daß er dem Aufstand der Thermidorianer gegenüberstand. Der Konvent war immer noch voll von jener turbulenten Lebendigkeit, von jenem herrischen Trieb zu handeln, der ihn seit seinem Bestehen gekennzeichnet hatte. In einer so disponierten politischen Körperschaft konnten sich noch Männer, die der politische Terror mit dem Mut der Verzweiflung erfüllte, erheben, den Diktator angreifen, ihm seine Sünden ins Gesicht schleudern und ihn stürzen. In Rußland war das anders. Im Laufe der zwei Jahrzehnte seit dem Jahr 1917 waren im politischen Leben der Sowjetunion alle spontanen Triebe abgestorben. Es gab dort keinen Konvent mehr, der den Mut gehabt hätte, »Dekrete gegen die Feinde des Volkes« zu beschließen. Stalin hatte alle Fäden in der Hand, die von seinem Generalsekretariat zu der politischen Polizei, zu den Gefängnissen und zu den Gerichten liefen. Er ließ seine Marionetten tanzen, wie er es brauchte, und diese Fäden waren gegen unvorhergesehene Einmischungen sorgfältig isoliert. Er war nie verpflichtet, für sein Tun vor einer Versammlung Rechenschaft abzulegen, aus der sich noch ein Schrei des Protestes hätte erheben können. Hinter den Thermidorianern, die Robespierre stürzten, stand ein ganzes Volk, das des Terrors müde geworden war. An dieses Volk konnte man in Paris noch appellieren. Aber die Männer, die der Herrschaft Stalins ein Ende setzen wollten, Tuchatschewski und seine Freunde, mußten hinter dem Rücken des Volkes handeln, als eine geheime Gruppe von Verschwörern. Darin lag ihre Schwäche und ihr Verhängnis.

Der tiefere Grund für Stalins endgültigen Triumph ist darin zu suchen, daß er ganz im Gegensatz zu Robespierre der Nation ein positives und neues Programm einer Gesellschaftsordnung vorweisen konnte, das zwar für viele Entbehrung und Leiden bedeutete, das aber gleichzeitig in vielen anderen nie erträumte Hoffnungen weckte. Die zweite Gruppe — und das war die

Mehrheit des Volkes — hatte ein wohlverstandenes eigenes Interesse an der Fortdauer seiner Herrschaft. Das erklärt auch letzten Endes, warum Stalin nach der Abschlachtung der Alten Garde nicht den Boden unter seinen Füßen verlor. Drei Jahre lang hatte er mit eisernem Besen den Staat und die Partei gesäubert. Von der großen Masse der Verwaltungsbeamten und Parteifunktionäre, die im Jahr 1936 in Amt und Würden gewesen waren, blieb im Jahr 1938 nur noch eine kleine Handvoll übrig.[37] Durch die Säuberungen blieben zahllose Stellen auf jedem Gebiet des öffentlichen Lebens unbesetzt. In den fünf Jahren zwischen 1933 und 1938 war ungefähr eine Million Beamte, Techniker, Wirtschaftler und Männer anderer Berufe von den Universitäten abgegangen, für ein Land, dessen wissenschaftlich vorgebildete Schicht bisher nur ein dünner Lack über der Gesellschaft gewesen war, eine ungeheuer große Zahl.[38] Es war diese neue Intelligenz, die jetzt in die freigewordenen Stellen der Staats- und Parteiverwaltung einrückte. Diese neuen Männer waren seit ihrer Jugend im Stalinkult erzogen worden. Sie standen der Alten Garde entweder feindselig oder gleichgültig gegenüber und kümmerten sich nicht weiter um ihr Schicksal. Sie stürzten sich mit enthusiastischem Eifer auf ihre neue Aufgabe und fragten nicht viel nach dem, was sich gerade in Rußland abgespielt hatte. Die Befähigung, die sie mitbrachten, war meistens unter dem Durchschnitt. Sie hatten kaum praktische Erfahrungen sammeln können. Noch einmal mußte die Nation einen hohen Preis dafür bezahlen, daß sie Lehrlinge zu Beamten, Industriedirektoren und Offizieren machte. Ihre Lehrzeit sollte bis weit in den Zweiten Weltkrieg hinein dauern.

Zu Beginn des Jahres 1939 war die Säuberungsaktion zu Ende. Im März teilte Stalin dies dem Parteikongreß mit, der jetzt, nach fünfjähriger Pause, zum erstenmal wieder einberufen worden war. Was hatte sich alles in diesen fünf Jahren ereignet! Die Parteisatzung wurde jetzt in beinahe liberalem Geist umgeändert. Säuberungen, selbst in jener milden Form, wie sie zu Lenins Zeiten stattgefunden hatten, sollten jetzt nicht mehr vorkommen. Stalin sagte: »Wir können mit Sicherheit davon ausgehen, daß wir in Zukunft keine Massensäuberungen mehr brauchen.«[39] Er machte sich über die Ausländer lustig, die meinten, der Sowjetstaat sei durch die Verurteilung von »Spionen, Meuchelmördern und Saboteuren« geschwächt worden. Aber bei diesem Anlaß stellte er sich doch vor seinen Zuhörern die Frage: »Ist es nicht merkwürdig, daß wir erst jetzt, in den Jahren 1937 und 1938, in die Spionage und in die Konspirationen der Trotzkisten und Bucharinisten Einblick erhielten, nachdem doch, wie jedermann weiß, diese Leute seit den ersten Tagen der Oktoberrevolution im Sold fremder Spionagedienste standen und Pläne zu Verschwörungen ausbrüteten? Wie ist es möglich gewesen, daß wir eine so große Gefahr übersehen konnten? Wie können wir dieses Versagen erklären?«[40] Ja, wie kann man dieses Rätsel erklären? Er gab eine Antwort auf diese Frage und meinte, man habe es an der nötigen Wachsamkeit fehlen lassen und habe nicht erkannt, wie wichtig es für den Sowjetstaat sei, eine Gegenspionage zu organisieren. Einer der letzten Akte im Drama der Säuberungsprozesse war die Exekution Jeshows, des Chefs der politischen Polizei, der alle Prozesse organisiert hatte, seitdem er an Jagodas Stelle gesetzt worden war. Jeshows Nachfolger war L. Berija, Stalins Landsmann und einer seiner Biographen, bisher Chef der politischen Polizei in Georgien.

Aber das eigentliche Nachspiel fand nicht in Rußland, sondern in Mexiko statt, wo Trotzki sich nach langer Wanderschaft endlich hatte niederlassen können. Im Jahr 1936 hielt Trotzki sich in Norwegen auf, und Stalin hatte damals auf diplomatischem Weg einen Druck auf die norwegische Regierung auszuüben versucht, damit ihm diese das Asylrecht verwehre. Die Norweger wurden mit wirtschaftlichen Boykottmaßnahmen bedroht, und diese Drohung war schwerwiegend genug, denn Norwegens Wohlstand hing zu einem guten Teil vom Handel mit Rußland ab. Der norwegische Justizminister Trygve Lie war schließlich bereit, Trotzki zu internieren, aber er weigerte sich, ihn des Landes zu verweisen oder gar an die Sowjetregierung auszuliefern. Von Norwegen fuhr Trotzki nach Mexiko und schleuderte nun von dort aus seine Blitze gegen Stalin. Er kommentierte die Säuberungsprozesse von seinem Standpunkt aus und versuchte so, freilich ohne Erfolg, seiner Vierten Internationale Atem und Leben einzuhauchen. Die wiederholten Anschläge auf sein Leben zermürbten ihn allmählich. Alle seine Kinder starben unter geheimnisvollen Umständen, was ihn veranlaßte, Stalin rachsüchtiger Mordtaten zu bezichtigen. Am 20. August 1940, während er an seiner Stalin-Biographie arbeitete, die eine einzige Anklageschrift ist, zertrümmerte ihm ein obskurer Mensch, der sich bei ihm als Parteifreund einzuführen gewußt hatte, mit einem Eispickel den Schädel. So wurde das Urteil vollstreckt, das in Moskau gegen ihn gefällt worden war. Nachdem Stalin den Trotzkismus in Rußland erbarmungslos ausgerottet hatte, errang er jetzt seinen letzten, finsteren Triumph über den Mann, dessen Name neben Lenin die große Hoffnung und die große Illusion der Oktoberrevolution gewesen war. Diese Hoffnungen und Illusionen waren mit Trotzkis Ende dahin. Es liegt ein tragisches Symbol in der Tatsache, daß das Blut Trotzkis über die Blätter verspritzt wurde, auf die er seinen Bericht über die Laufbahn Stalins niederschrieb. Aber im Wirbelwind des Krieges — es war im Sommer 1940 — ging dieser Schlußakt der Moskauer Säuberungsprozesse beinahe unbemerkt über die Bühne.

X. Kapitel

Außenpolitik und Komintern I

Stalin hat keine vorgefaßten außenpolitischen Ideen – Ein dichterisches Moment. Die »Skythen« von Alexander Block – Die Revolution bricht mit dem Imperialismus – Der Bolschewismus gegen den Frieden von Versailles – Der deutsch-russische Vertrag von Rapallo (1922) – Der Zusammenbruch des deutschen Kommunismus im Jahr 1923 – Stalins Rolle in der Komintern – Die Komintern bleibt vorsichtig (1925/26) – Der ultraradikale Umschwung im Jahr 1928 – Stalin über Faschismus und Nazismus – Ein Hinweis auf die kommende Politik: Stalins geheime Rede über die Lage Rußlands im Falle eines neuen Weltkriegs (1925) – Er verurteilt jeden Gedanken an eine Teilung der Macht mit den Großmächten und die Schaffung von Einflußsphären

Außerhalb Rußlands war man allgemein der Ansicht, daß die inneren Kämpfe der bolschewistischen Partei, der Fünfjahresplan und die großen Säuberungen zusammenhanglose Explosionen seien, die mit den Komplotten und Intrigen auf der Bühne der Weltpolitik nichts zu tun hätten. Die Gestalt Stalins war wie ein undeutlicher Schatten, der sich an einem fernen Horizont bewegte. Erst als die Wolken des Zweiten Weltkrieges sich zusammenballten, erkannte man, daß diese Explosionen in Rußland ein wesentlicher, ja entscheidender Teil des großen Dramas waren und daß der Schatten im Hintergrund der Weltpolitik sich als einer der Hauptakteure erweisen könnte. In dem Jahr, das auf München folgte, wurde mit immer größerer Unruhe die Frage laut: »Was wird Rußland tun?« oder, genauer gesagt: »Welche Politik verfolgt Stalin?«

Diese Frage konnte man zum Teil an Hand der Reden Stalins beantworten, auch auf Grund der Thesen und Resolutionen zur Außenpolitik, die auf den Parteikongressen angenommen wurden. Aber diese öffentlichen Bekundungen der politischen Absichten Stalins genügten nicht, um dem Rätsel auf den Grund zu kommen. Stalins Äußerungen waren fast immer eine Anhäufung von trockenen und widerspruchsvollen Formeln, die so zusammengestellt waren, wie es die Bedürfnisse des Augenblicks und die Rücksicht auf die ideologische Rechtgläubigkeit des Bolschewismus geboten erscheinen ließen. In diesem Durcheinander konnte man keine systematische Weiterentwicklung einer bestimmten Idee finden, noch weniger eine bestimmte außenpolitische Doktrin der Sowjetregierung. Noch undurchsichtiger aber war die Stimmung des Volkes, das hinter Stalin stand.

Wenn man zunächst der Haltung des russischen Volkes nachgehen will, so wird man in den amtlichen Berichten der Partei- und Sowjetkongresse kaum einen nützlichen Hinweis, geschweige einen sicheren Schlüssel zum Verständnis finden. Er liegt eher in den Versen des großen Symbolisten und Dichters Alexander Block, des Verfassers eines berühmten mystischen Revolutionsepos »Die Zwölf«. In einer andern Dichtung »Die Skythen«, die ebenfalls in den ersten Tagen der Revolution entstand und auf die russische Intelligenz einen nicht geringen Eindruck machte, entwirft Block ein visionäres Bild der Stellung Rußlands in der Welt. Aus einer wunderbaren Eingebung seines dichterischen Genies enthüllt er die inneren Triebkräfte des russischen Nationalgefühls mit jener intuitiven Klarheit, die es in politischen Formeln nur sehr selten gibt.

Das visionäre Bild, das er zeichnet, umspannt den ganzen Horizont: die prähistorische Ferne, die Gegenwart und die Zukunft. Er zeichnet die atavistischen Triebe und die neuen revolutionären Impulse und verwebt alles in ein einziges, großes geschichtliches Bild. Die Skythen, die in den Steppen Rußlands lebten, verteidigten lange Zeit den griechischen und römischen Westen gegen den Druck asiatischer Hunnen. Dabei waren sie selber durch Invasionen vom Westen her bedroht. Als sie schließlich in dem ungleichen Kampf zwischen Ost und West erlagen, da schlug auch die Stunde der römischen Zivilisation; sie wurde von den Hunnen überrannt. In der Vision des Dichters sind die alten Skythen und die Russen unserer Tage eins. Rußland weiß, daß es im Vergleich zum Westen rückständig ist, aber dennoch ist es stolz auf seine Mission. Es ist ein halb barbarisches, aber starkes Grenzvolk der westlichen Zivilisation. Rußland wird für die Rettung dieser Zivilisation weiterkämpfen, auch wenn es, wie bisher immer, nur den Undank des Westens erntet. Die Oktoberrevolution war der Höhepunkt dieses Kampfes für die westliche Zivilisation. Wird der Westen auf die Botschaft der Oktoberrevolution antworten oder wird er fortfahren, Rußland als den Erbfeind zu betrachten und zu behandeln? Von der Beantwortung dieser Frage hängt die Stellung der modernen Skythen in der Welt ab.

> Millionen — ihr, wir — Schwarm und Schwarm im Wind ...
> Versuchts! Laßt Eure Waffen blitzen!
> Ja, Skythen wir, Asiaten, die wir sind
> Mit gierig — schrägen Augenschlitzen.
> ... Oh, alte Welt.
>
> Oh Rußland — Sphinx! Es triumphiert und trauert
> Ganz überströmt von schwarzem Blut,
> Es schaut dich dringend an, und schaut, und schauert
> Voll Haß und voller Liebesglut.
>
> Denn keiner ist von euch, der also liebt,
> Schon lange nicht, wie unser Blut.
> Vergessen habt ihr, daß es Liebe gibt,
> Die tötet, brennt und wehe tut.
>
> Oh kommt zu uns! Doch naht im Friedenskleide!
> Des Krieges Greuel machten müde.
> Noch ist es Zeit! Die Schwerter in die Scheide!
> Gefährten, werdet unsre Brüder!
>
> Wenn aber nicht — was hätten wir verloren!
> Um Treubruch wissen wir nicht minder!
> Und gellend schlägt an eure Ohren
> Das Fluchen kranker Kindeskinder.
>
> Wir weichen weit zurück in Busch und Binsen,
> Wir huschen fort in hurt'gem Satze ...
> Europa möge kommen und wir grinsen
> Es an mit der Asiatenfratze.

Doch euch sei unser Schutz nie mehr gelobt.
Wir wollen nicht für Schlachten taugen
Und sehen zu, wenn euch der Tod umtobt
Aus unsren schmalgeschlitzten Augen.

Wir halten still. Der Hunne möge handeln,
Die Leichen schänden und im Blute waten,
Die Städte äschern, Dom zum Stalle wandeln
Das Fleisch der weißen Brüder braten.

Zum letztenmal besinnt euch dort im Westen
O kommt zur brüderlichen Feier!
Zum letzten Male lockt zu lichten Festen
Des Friedens die Barbarenleier.[1]

»Konstantinopel muß im Besitz der Mohammedaner bleiben. (...) Wir stellen fest, daß das Abkommen über die Teilung Persiens (das Großbritannien und Rußland im Jahr 1907 geschlossen hatten) null und nichtig ist. (...) Wir stellen fest, daß das Abkommen über die Aufteilung der Türkei (der britisch-russische Geheimvertrag von 1915) und die Annexion von Armenien null und nichtig sind.«[2] So lautete eine der ersten Proklamationen der sowjetischen Außenpolitik. Sie trug die Unterschrift von Lenin und Stalin. Die Bolschewisten hatten die Archive der Zarenregierung geräumt, alle Geheimverträge veröffentlicht, auf alle Rechte aus diesen Verträgen verzichtet, die unwiderrufliche Preisgabe aller imperialistischen Zielsetzungen proklamiert und eine neue Ära offener und ehrlicher Beziehungen zwischen den Völkern angekündigt. Die Revolution konnte nur einen gerechten und demokratischen Frieden »ohne Annexionen und Entschädigungen« unterschreiben. Diesem einzigartigen Akt eines revolutionären Idealismus lag die Hoffnung zugrunde, daß sich bald auch die anderen Völker eine sozialistische Ordnung schaffen und ihre Herrschaft über die Kolonialvölker aufgeben würden. Kein Zweifel, die Bolschewisten waren der Meinung, daß ihr Verzicht auf die Eroberungen der Zarenzeit, auf lange Sicht gesehen, keinen wirklichen Verlust für sie bedeuten würde, denn die materiellen und moralischen Vorteile einer internationalen sozialistischen Ordnung würden die unechten Gewinne reichlich aufwiegen, die bisher aus der Ausbeutung fremder Völker herausgewirtschaftet worden waren. Für den Augenblick war das, was Rußland preisgab, ein empfindlicher Verlust. Aber die Bolschewisten wollten den anderen Völkern ein Beispiel sozialistischer Politik geben. Die Skythen riefen dem Westen zu: »Legt die Waffen nieder, ehe es zu spät ist!«

Selbst während der Jahre des Bürgerkriegs, der Intervention der Alliierten und der Hungersnot verstummte dieser Ruf nicht. Die Komintern lebte zunächst in der Hoffnung, die arbeitenden Klassen des Westens würden aus eigenem Entschluß den Weg zum Sozialismus finden.

Es dauerte freilich nicht lange, da wurden die Führer des Sowjetstaates in eine Lage gebracht, in der sie aus Gründen der Selbstverteidigung zu den herkömmlichen Methoden der Diplomatie ihre Zuflucht nehmen mußten. Sie improvisierten eine politische Theorie, deren Ziel die vorübergehende Wiederherstellung eines europäischen Gleichgewichts war, das ihre Stellung gegenüber der kapitalistischen Welt stärken sollte. Nach dem Frieden von Versailles beherrschten die Sieger, allen voran Frankreich, den europäischen Kontinent. In dem französischen Bündnissystem war den Regierungen von Polen, Rumänien und der Tschechoslowakei eine doppelte Aufgabe zugedacht: Sie sollten ein Schutzwall gegen die revolutionäre Drohung aus dem Osten sein und gleichzeitig einen Druck auf einen wiedererwachenden deutschen Militarismus ausüben. Dieses Bündnissystem wirkte sich zunächst mehr gegen Rußland als gegen Deutschland aus. Die Sowjets suchten gegen diese Bestrebungen ein Gegengewicht zu schaffen. Die Sowjetdiplomatie erreichte dieses Ziel, indem sie eine Front der Besiegten gegen die Sieger aufbaute, also durch ein Bündnis mit Deutschland gegen die Alliierten, besonders gegen Frankreich. Merkwürdigerweise entwickelten sich auch die sowjetisch-britischen Beziehungen trotz aller ideologischen Konflikte in parallellaufender Richtung. Aus verschiedenen Motiven suchten Großbritannien und Rußland von den Randgebieten des Kontinents aus der Beherrschung Europas durch eine einzige Militärmacht einen Riegel vorzuschieben. Dieser Parallelismus findet sich sogar in der Haltung der öffentlichen Meinung beider Länder gegenüber dem Frieden von Versailles. Weder in Rußland noch in England hatte das Wort »Versailles« einen guten Klang. Die Argumente, die J. M. Keynes in seinem Buch »Economic Consequences of the War« entwickelte, sind die gleichen, die sowjetische Wirtschaftstheoretiker in der Sprache des Marxismus vorbrachten. Aber im Gegensatz zu Großbritannien hatte Rußland keine politischen Verpflichtungen gegenüber Frankreich und deshalb auch eine freiere Hand im Spiel um das Gleichgewicht der Mächte. Im Jahr 1922 unterzeichnete Tschitscherin in Rapallo den deutsch-russischen Vertrag. Schon vorher hatte Rußland mit der Türkei freundschaftliche Bande angeknüpft. Auch sie war eines der besiegten Länder.

Die Bolschewisten sahen zunächst in diesen Manövern auf dem Feld der Diplomatie nur vorübergehende und vorläufige Maßnahmen. Sie warteten immer noch auf die revolutionäre Erhebung des Westens. Der wichtigste Hebel ihrer Außenpolitik war die Komintern. Die Diplomatie war ein bescheidener Notbehelf. Das Politbüro gab den Sowjetdiplomaten im Ausland strenge Anweisung, nichts zu tun, was die Tätigkeit der Komintern im Ausland behindern könnte. Die Sowjetbotschafter hatten die Vorschriften, westliche Etikette bewußt zu mißachten und die Sprache revolutionärer Agitatoren zu sprechen. Äußerstenfalls durften sie sich in »kühle, geschäftsmäßige Besprechungen« über wirtschaftliche Fragen mit den kapitalistischen Regierungen einlassen.

Diese Tendenz der russischen Außenpolitik hatte sich bereits durchgesetzt, als Stalin in die Reihe der Triumvirn und damit in den Vordergrund des Geschehens trat. Lenin hatte die sowjetische Außenpolitik mit Tschitscherin, dem damaligen Volkskommissar für Auswärtige Angelegenheiten, mit Kamenjew, Trotzki und mit Tschitscherins Gehilfen Karachan und Litwinow geführt. Sie alle waren ehemalige Emigranten, denen die Verhältnisse in den westlichen Ländern genau bekannt waren. Stalin hatte sich um Fragen der Außenpolitik bisher kaum gekümmert. Nur einmal war er in eine außenpolitische Frage verwickelt worden, als Lord Curzon gegen eine seiner Proklamationen an die Moslems protestierte, in der die Regierung Seiner Britischen

Majestät eine Aufreizung der britischen Kolonialvölker gegen ihre Regierung sehen zu müssen glaubte. Auch in der Komintern spielte Stalin kaum eine Rolle. Als er, in seiner Eigenschaft als einer der Triumvirn, sich auch auf diesem Gebiet betätigen mußte, tat er zunächst nichts, was die Linie der sowjetischen Außenpolitik hätte ändern können. Rußland erntete damals die ersten Früchte des Rapallovertrags und erweiterte den Spielraum im »Cordon Sanitaire«. In den Jahren 1923, 1924 und 1925 nahmen zahlreiche Staaten die diplomatischen Beziehungen mit der Sowjetunion auf und schlossen mit ihr Handelsabkommen. Jedes Anzeichen, aus dem man hätte schließen können, daß die Feindschaft der kapitalistischen Staaten gegen Rußland nachließ, wurde damals in Moskau mit unverhohlener Freude begrüßt. Die Sowjets suchten eine Atempause und erhielten sie.

Diese so hoffnungsvolle Entwicklung auf dem Gebiet der zwischenstaatlichen Beziehungen machte jedoch eine neue Aufgabenverteilung zwischen der Sowjetdiplomatie und der Komintern erforderlich. Die beiden Ziele, die Weltrevolution und normale oder gar freundschaftliche Beziehungen zwischen Rußland und den kapitalistischen Ländern, waren im Grund unvereinbar. Eines von beiden Zielen mußte aufgegeben oder zum mindesten dem andern untergeordnet werden. Die Wahl zwischen beiden Zielen hing von der Antwort auf zwei Fragen ab: »Wie stehen die Aussichten der Weltrevolution?« und »Ist ein wirklicher und stabiler Frieden zwischen den Sowjets und der kapitalistischen Welt möglich?« Dieses Dilemma trat nicht plötzlich auf. Es ergab sich allmählich aus den Veränderungen der internationalen Lage. Man suchte die Lösung nicht in einer endgültigen Entscheidung in dieser oder jener Richtung. Sie kam mit einer ganzen Reihe von Maßnahmen, die zuweilen unmerklich, zuweilen aber auch wahrhaft dramatisch waren.

Nach den vier Jahren, in denen Lenin und Trotzki die Geschicke des Sowjetstaates bestimmt hatten, konnte sich das Politbüro über die Aussichten der Weltrevolution keinen selbstgefälligen Täuschungen mehr hingeben. Aber diese skeptische Haltung war doch immer noch von dem marxistischen Glauben überdeckt, der alle Mitglieder des Politbüros erfüllte, es sei unvermeidlich und absolut sicher, daß der Kapitalismus ebenso durch den Sozialismus abgelöst werde, wie der Kapitalismus einmal den Feudalismus abgelöst hatte. Aber Stalin begnügte sich nicht mit großen historischen Perspektiven, in denen er keine Antwort auf brennende und gegenwärtige Fragen finden konnte. Der Prozeß, in dessen Verlauf in Europa der Feudalismus durch den Kapitalismus verdrängt worden war, hatte Jahrhunderte gedauert. Wie lange würde der Kapitalismus der historischen Entwicklung Widerstand entgegensetzen können? Lenin hatte die Zeit, die dem Kapitalismus in den großen europäischen Ländern noch belassen war, zunächst in Wochen, dann in Monaten und schließlich in Jahren bemessen. Wenn man vorsichtig sein wollte, dann mußte man jetzt bereits mit Jahrzehnten rechnen. All diese Zeit aber würde das Schicksal der Sowjetunion in der Schwebe bleiben. Konnte der Bolschewismus damit rechnen, daß der Friede jahrzehntelang erhalten blieb? Die neuerlichen Erfolge der Sowjetdiplomatie verführten Stalin zunächst zu einer optimistischen Auffassung. So wurden sein Skeptizismus gegenüber den Aussichten der Weltrevolution und sein Vertrauen auf einen langen Waffenstillstand zwischen der Sowjetunion und den kapitalistischen Ländern zu den Voraussetzungen, auf denen er seine Theorie von dem »Sozialismus in einem Lande« aufbaute.

Trotzki weiß uns zu erzählen, mit welcher Verachtung Stalin die Aussichten des Kommunismus im Ausland beiseite schob. Er glaubte nicht daran, daß es der Komintern, auch nicht im Laufe vieler Jahrzehnte, möglich sein werde, die Revolution weiterzutreiben. Lominadse, einer von Stalins nächsten Vertrauten in den zwanziger Jahren, schreibt ihm den Ausspruch zu: »Die Komintern taugt nichts. Sie besteht nur, weil wir sie unterstützen.«[3] Stalin hat später diese Äußerung in Abrede gestellt. Möglicherweise bezog sich Lominadse nur auf eine informelle Äußerung, die während eines Gesprächs im Politbüro gefallen war. Aber die meisten öffentlichen Erklärungen, die Stalin in der Mitte der zwanziger Jahre abgab, waren voll von unmißverständlichen, allerdings vorsichtig formulierten Andeutungen, die in die gleiche Richtung wiesen.[4] Am aufschlußreichsten ist eine Rede, die Stalin am 9. Juni 1925 vor den Studenten der Swerdlow-Universität hielt.⁵ Er sagte, die Politik der Sowjetunion müsse von der Annahme ausgehen, daß sie in den nächsten fünfzehn Jahren keine Stütze in einer Revolution des westeuropäischen Proletariats finden werde. Er führte diesen Gedanken im einzelnen aus und kam zu dem Schluß, daß die Sowjetunion mindestens zwanzig Jahre, das heißt, bis zum Jahr 1945, sich in einer friedlichen Isolierung befinden werde.⁶ Das war nicht etwa eine von verschiedenen Möglichkeiten, auf der er seine Politik aufbauen wollte. Es war die Voraussetzung schlechthin. Die Zuhörer waren fanatische junge Kommunisten, von denen viele Sympathien für die linke Opposition hegten und für die der Gedanke einer so langen Unterbrechung der Weltrevolution eine fast unerträgliche Aussicht sein mußte. Auch die Annahme, daß der Friede so lange erhalten bleiben könne, mußte ihnen unglaubhaft erscheinen. Stalin mußte mit dieser Grundhaltung seiner Zuhörer rechnen und seine Ansichten deshalb mit einer gewissen Vorsicht formulieren. Aber in seinen persönlichen Überlegungen rechnete er schon damals mit einer noch länger dauernden Isolierung Rußlands.

Aus solchen Überlegungen heraus mußte er mehr und mehr die Unterordnung der rein kommunistischen Politik unter die Bedürfnisse der Sowjetdiplomatie fordern. Zu Lenins Zeiten war die Sowjetdiplomatie nur eine Unterabteilung der Komintern gewesen. Dieses Verhältnis mußte jetzt auf den Kopf gestellt werden. Die kommunistischen Parteien, »die Avantgarde der Weltrevolution«, wurden nach Trotzkis Worten zu mehr oder weniger friedlichen »Grenzwächtern der Sowjetunion«. Für Stalin wäre es eine ausgemachte Narretei gewesen, den gegebenen und greifbaren »Sozialismus in einem Lande« für das Traumbild einer Weltrevolution zu opfern. Die Führer des Bolschewismus hatten sich darüber klarzuwerden, wieviel Wirklichkeit in dem »Sozialismus in einem Lande« steckte, und ob der internationale Kommunismus vielleicht nicht doch nur eine Fata Morgana war. Über dieser Frage spaltete sich das Politbüro. Bis zu seinem letzten Atemzug glaubte Trotzki, daß trotz aller Schwächen in dem internationalen Kommunismus mehr Kraft stecke als in dem »Sozialismus in einem Lande«, was auch immer die Sowjetunion in ihrem nationalen Bereich leisten mochte. Die anderen Parteiführer schwankten zwischen Stalin und Trotzki. Sie konnten in dieser kapitalen Frage keine eindeutige Entscheidung treffen. Aber Stalin blieb in der Periode, die zwischen den beiden Weltkriegen lag, fest und unerschütterlich bei dieser Prämisse seiner Politik.

Er befand sich allerdings in einer schwierigen Lage, weil er diese Grundthese seiner Politik nie klar entwickeln durfte. Der Leninismus wurzelte in dem Gedanken, daß die Welt in die Ära der sozialistischen Revolution eingetreten sei. Stalin mußte, ob er wollte oder nicht, dieser immerwährenden Hoffnung der Revolution zu Gefallen reden, und das um so mehr, als er damals seinen Kampf mit der linken Opposition zu führen hatte, die ihm sowieso den Vorwurf machte, er verschleudere das Erbe Lenins. In den ersten Abschnitten dieser innenpolitischen Auseinandersetzung, das heißt in den Jahren 1925 und 1926, konnte er es noch wagen, öffentlich die These zu vertreten, daß in den nächsten zwanzig Jahren mit einer Revolution im Westen nicht zu rechnen sein werde. Später, als er von seinen Gegnern bedrängt wurde, suchte er in zweideutigen Formeln einen Ausweg oder folgte seinen Gegnern und blickte hoffnungsvoll nach nahen revolutionären Umwälzungen aus. Solche Prophezeiungen stellten die äußere Verkleidung seiner Politik dar, den Zuckerguß, ohne den ein großer Teil der Partei seine wirklichen Ideen nie gebilligt hätte. Seine eigentlichen Ansichten mußte er für sich selber behalten. Er besprach sich hierüber höchstens mit seinen nächsten Vertrauten. Aber allen seinen Unternehmungen lag dieser Gedanke des Zweifels an der Chance der Revolution in der nächsten Zukunft zugrunde. Der Widerspruch zwischen diesen beiden Seiten seiner Politik verlieh seinem Verhalten jenen Anstrich der Unehrlichkeit, ja sogar der Doppelzüngigkeit, die seine antibolschewistischen Kritiker veranlaßte, ihn zu beschuldigen, er bereite die Weltrevolution vor, während seine bolschewistischen Kritiker ihm das genaue Gegenteil vorwarfen, daß er nämlich gegen die Weltrevolution arbeite.

Der Zusammenbruch des deutschen Kommunismus im Jahr 1923 war der entscheidende Wendepunkt. Jetzt kristallisierten sich die Ideen, die wir als Stalinismus verstehen müssen. Im

Sommer dieses Jahres wurden im Politbüro und in der Exekutive der Komintern leidenschaftliche Debatten über die deutsche Krise geführt, die durch den Einmarsch der Franzosen in das Ruhrgebiet und durch die galoppierende Abwertung der deutschen Währung entstanden war. Einige der bolschewistischen Führer wollten jetzt den »Deutschen Oktober« als unmittelbar bevorstehend sehen. Heinrich Brandler, der Führer der deutschen Kommunistischen Partei, kam nach Moskau, um sich mit der Exekutive der Komintern über die zu verfolgende Strategie und Taktik zu beraten. Bei dieser Gelegenheit griff Stalin zum erstenmal mit dem ganzen Gewicht seines wachsenden Einflusses in eine wichtige Entscheidung der Komintern ein. Die Auffassung, die er von den Aussichten des Kommunismus in Deutschland hatte, legte er damals in einem Schreiben an Sinowjew und Bucharin nieder. Er machte kein Hehl daraus, daß er von dem deutschen Kommunismus nichts hielt. Er führte alle außergewöhnlichen Umstände auf, die den Bolschewisten in Rußland während der Revolution des Jahres 1917 begünstigt hatten und schloß seine Darlegungen mit den Worten: »Die deutschen Kommunisten haben im gegenwärtigen Augenblick nichts dergleichen. Gewiß, sie haben in ihrer Nachbarschaft die Sowjetunion, was wir nicht hatten, aber was können wir ihnen im gegenwärtigen Augenblick bieten? Wenn die Macht heute in Deutschland sozusagen fallen würde und die deutschen Kommunisten sie aufnähmen, würden sie mit Krach durchfallen.«[7] Er riet dem Politbüro eindringlich, alles zu unterlassen, was irgendwie die kommunistische Aktivität in Deutschland ermuntern könnte, weil sie der Bourgeoisie und den Sozialdemokraten in Deutschland (»heute stehen alle Chancen auf ihrer Seite«) den Vorwand zu einem entscheidenden Schlag gegen den Kommunismus hätte liefern können, der nur eine vollständige Vernichtung der deutschen Kommunistischen Partei hätte zur Folge haben müssen. »Ich bin der Meinung, daß wir die deutschen Kommunisten nicht nur nicht anspornen dürfen, sondern sie vielmehr zurückhalten müssen.« Der Unterschied zwischen den Aussichten der Bolschewisten im Jahr 1917 und denen der deutschen Kommunisten im Jahr 1923 lag — so wie Stalin die Dinge beurteilte — darin, daß hinter den Bolschewisten ein ganzes Volk stand, das Frieden haben wollte, und die ganze russische Bauernschaft, die danach drängte, das Land ihrer Grundherren aufzuteilen. Aus dieser Überlegung ergab sich für ihn die Überzeugung, daß die deutschen Kommunisten weder im Jahr 1923 noch in einer vorauszuberechnenden Zukunft in der Lage sein würden, die Macht in Deutschland zu übernehmen, weil sie nicht auf die Unterstützung der deutschen Bauern rechnen konnten, so wie dies der Bolschewismus hatte tun dürfen. Höchstens eine Niederlage in einem neuen Krieg könnte den deutschen Kommunisten diese Chance geben. Einen Faktor, der für die deutschen Kommunisten hätte wirksam werden können, übersah Stalin, daß nämlich die Industriearbeiterschaft in Deutschland eine viel größere Rolle spielte als in Rußland.[8]

Gegen Ende des Jahres, als das Chaos in Deutschland immer größer wurde, gewannen die Fürsprecher einer revolutionären Aktion in der Komintern Boden und fingen an, die deutschen Kommunisten »anzuspornen«. Stalin hielt jetzt mit seinem Zweifel zurück und blieb im Hintergrund. Mochten sich Trotzki, Sinowjew und Radek, die sich keines Blickes würdigten, nach Belieben bloßstellen. Brandler kehrte nach Deutschland zurück mit einem Stoß von zusammenhanglosen und widersprechenden Instruktionen. Er sollte die Revolution gegen die Sozialdemokraten organisieren und gleichzeitig in die sozialdemokratische Regierung in Sachsen eintreten. Er sollte die Revolution in Sachsen auslösen, aber nicht in der Hauptstadt oder in einem anderen entscheidenden Gebiet — und was dergleichen Widersinn mehr war. Mit solchen Instruktionen hätte jede revolutionäre Partei ihre Chancen verspielen müssen. Das Ergebnis war eine Reihe zusammenhangloser Aufstände und schließlich der eklatante Zusammenbruch. Die Wirkung dieses Mißerfolgs auf Moskau war von größter Bedeutung. Die Isolierung Rußlands war jetzt eine besiegelte und beschlossene Sache.

In den folgenden fünf Jahren blieb das Schicksal der Komintern mehr oder weniger in der Schwebe. Stalin sah in ihr ein für die Weltrevolution im Grunde nutzloses Instrument, konnte aber trotzdem die herrschende Partei Rußlands nicht von ihr trennen. Dazu waren die Bande zwischen der kommunistischen Partei und der Komintern viel zu stark. Auf der anderen Seite war sich die Komintern ihrer Mission klar bewußt. Sie fühlte sich als das Sprachrohr einer Minderheit der europäischen Arbeiterklasse. Aber in dieser Minorität verbanden sich in den Augen der Komintern die Kreise, die man als die idealistischen, aktiven und heißblütigen Teile des westlichen Proletariats ansprechen durfte. Ihre Tätigkeit konnte der Sowjetdiplomatie nur hinderlich werden. Dies war der eine Grund, der Stalin veranlaßte, diese unruhige Organisation unter seine Kontrolle zu bringen. Der andere Grund dafür war der Einfluß, den die Komintern auf die inneren Vorgänge in Rußland zu nehmen vermochte. Damals holten zwar die Führer der europäischen kommunistischen Parteien bei den bolschewistischen Sachverständigen, die den großen Erfolg auf ihrer Seite hatten, noch Rat und Weisungen ein, aber sie sprachen doch mit ihnen als mit ihresgleichen und hielten es für selbstverständlich, daß sie auch in den eigentlich russischen Vorgängen ein Wort mitzureden hätten. Die meisten unter ihnen standen zunächst auf Trotzkis Seite gegen Stalin, wobei sie sich der Unterstützung durch die europäisch eingestellten Bolschewisten erfreuten, die in der ausschließlich russisch orientierten Hierarchie der Parteifunktionäre ebenfalls ihren Gegner sahen. So zwangen innenpolitische wie außenpolitische Erwägungen Stalin, auch auf die Komintern, in der so viele Strömungen, Überlieferungen und Ansichten durcheinander gingen, die gleichen Methoden anzuwenden, mit denen er die Kommunistische Partei der Sowjetunion zu einem »monolithischen« Block umbauen wollte.

Er agierte hinter der Szene und verließ sich auf seine Vertrauensleute, die in dem Exekutivausschuß der Dritten Internationale saßen. Lenin hatte bei jedem Kongreß der Komintern eine Rede gehalten und hatte, obwohl er das offizielle Haupt der Regierung des Sowjetstaates war, die Verantwortung für die Politik der Komintern mitgetragen. Anders Stalin. Obwohl er kein Amt in der Sowjetregierung innehatte und obwohl er aus diesem Grund viel freier gewesen wäre, trat er niemals auf einem Kongreß der Komintern in Erscheinung. Bei zeremoniellen Veranstaltungen saß er schweigend auf der Estrade und ließ sich von der Menge der Delegierten, die aus zahlreichen Länder zu kommen pflegten, zujubeln. Nur die Eingeweihten wußten, daß bei den Kongressen der Komintern die öffentlichen Debatten und Abstimmungen von geringer Bedeutung waren und daß keine Entschließung von Wichtigkeit Gültigkeit hatte, wenn sie nicht von Stalin ausdrücklich gebilligt war. Er hörte mit Verachtung die langen ideologischen Debatten an, in die sich Lenin mit Begeisterung und Feuereifer gestürzt hätte. Stalin hielt die regelmäßigen Kongresse der Komintern für reine Zeitvergeudung. In den vier Jahren, in denen Lenin an der Spitze des Sowjetstaates stand, fanden vier große internationale Kongresse der Komintern mit dem dazugehörigen Apparat statt. In den fünfundzwanzig Jahren, in denen Stalin die Geschicke Rußlands leitete, gab es nur drei Kongresse dieser Art. Der erste, im Jahr 1924, hatte die Verurteilung des Trotzkismus zu indossieren; beim zweiten, im Jahr 1928, wurde der Einfluß Bucharins und der rechten Abweichung ausgeschaltet; der dritte, im Jahr 1935, hatte die Politik der »Volksfront« zu proklamieren. Das Schwergewicht der Komintern ging in dieser Zeit auf ihr Exekutivkomitee über. Genau wie in der russischen Partei gewann jetzt auch in der Komintern der Apparat das absolute Übergewicht über die Bewegung als Ganzes.

Stalin baute diesen Apparat in aller Heimlichkeit und von außen unsichtbar auf. Er verdrängte aus dem Exekutivausschuß die Männer, die noch unabhängig dachten, die Rebellen, die Theoretiker, die radikalen Literaten, kurz alle die Führer, die für den europäischen Kommunismus in der Zeit seines revolutionären Elans wichtig gewesen waren. Sie alle waren in die Rückschläge, die der Kommunismus in Europa in den zwanziger Jahren erlitt, irgendwie verwickelt und deshalb leicht anzugreifen. Stalin unterließ nichts, um sie durch den Hinweis auf ihre »Irrtümer« und »Abweichungen« zu diskreditieren. Die gefühlsmäßige Verbundenheit der europäischen Kommunisten mit der von den Bürgerlichen so sehr geschmähten und gelästerten russischen Revolution war so groß, daß jeder Kommunistenführer zu Hause unakzeptabel wurde, wenn man erfuhr, daß die Autorität der russischen Partei gegen ihn stand. Stalin setzte sich dabei nur selten direkt ein. Die Rügen und Verurteilungen mußten fast immer durch den Exekutivausschuß der Komintern ausgesprochen werden. Dieser Ausschuß wurde bei den internationalen Kongressen der Komintern nach streng demokratischen Spielregeln gewählt. Aber er stand fast immer unter dem beherrschenden Einfluß der russischen Delegation, für die alle Weisungen des Politbüros bindend waren. Und innerhalb des Politbüros dirigierte Stalin die Mehrheit.[9] Solcher Art war der Mechanismus, durch den er die Internationale unter seiner Kontrolle hielt. Die russischen Mitglieder des Exekutivausschusses der Komintern hatten formal keine andereren Rechte als die Delegierten der ausländischen Bruderparteien. Aber ihr moralisches Gewicht gab den Ausschlag. Wo dies nicht genügte, ließ man die verschiedensten Formen des Zwangs spielen, um die Opposition mundtot zu machen. Kommunistenführer im Ausland, die sich widerspenstig zeigten oder sich sonstwie mißliebig machten, wurden mit allen Ehren aufgefordert, in die Leitung der Komintern in Moskau einzutreten. Hier konnte man sie unschwer überwachen und von ihren Anhängern zu Hause trennen. In ihren Heimatparteien wurde gegen sie Stimmung gemacht, ihre Gegner und Rivalen wurden ermutigt und gegen sie mobilisiert. Wenn dann, trotz allem, wobei auch die persönliche Verleumdung eine Rolle spielte, die »Abweichler« ihre Stellung innerhalb ihrer nationalen Partei zu halten wußten, traten die Kassenwarte der Komintern in Aktion und sperrten der betreffenden Partei die Zuschüsse. Diese gröbste Form des Zwanges brauchte freilich nicht sehr oft zur Anwendung gebracht zu werden. Der Mythos, der um die russische Revolution gesponnen worden war, ihre solide und dauerhafte Wirklichkeit, aber auch all die vielen kleinen Legenden, die in dieses große Bild hineingewoben waren, verliehen Stalin seine Macht über die vielen kommunistischen Parteien im Ausland, in deren Reihen die Idealisten, die ehrlich neue Lebensformen suchten, sehr viel zahlreicher waren als die Mitläufer aus Nützlichkeitserwägungen. Aber auch diese waren nur dann bereit, einem Meister zu gehorchen, wenn dieser mit der Autorität der Revolution zu ihnen sprechen konnte. Im Lauf der Jahre gelang es Stalin, die Gäste aus der Fremde nach seinen eigenen Ideen zu drillen. Sie waren bereit und willens, sich für die große Sache einzusetzen, die sie — zu Recht oder Unrecht — in den Sowjets verkörpert sahen. Sie erschienen ihnen in ihrer Leistung so groß und begrifflich so einfach, daß sie den Fehden im Politbüro oder den Strömungen innerhalb der Komintern, ganz zu schweigen von den Manövern der Sowjetdiplomatie, nur geringere Bedeutung beimessen konnten. Leider übersahen sie darüber auch die dunklen Schatten einer damals noch fernen russischen Wirklichkeit.

So mußte es kommen, daß die Komintern nicht nur das Licht der russischen Partei widerstrahlte, sondern auch alles, was innerhalb der Komintern selber sich ereignete. Dies zu wissen ist wichtig, denn jeder Versuch, die Geschichte einer kommunistischen Partei der Welt nur aus ihrer eigenen nationalen Umgebung heraus zu schildern, müßte fehlschlagen. Vom ausschließlich nationalen Gesichtspunkt aus lassen sich unmöglich die häufigen Kurswechsel, das Abtreten alter und das Auftreten neuer Führer, nicht einmal die Veränderungen im organisatorischen Aufbau begreifen. Den tieferen Grund für alle diese Vorgänge muß man meistens in Erwägungen, die im russischen Generalsekretariat angestellt wurden, und gar nicht bei den sozialen Kämpfen, die an Ort und Stelle ausgetragen wurden, suchen. Als die Triumvirn gegen Trotzki kämpften, war der Trotzkismus das Schreckgespenst in der Komintern. Später mußten die Führer der Komintern, die durch Überzeugung oder gefühlsmäßige Haltungen mit dem Präsidenten der Komintern, Sinowjew, verbunden waren, entweder sich von ihm lossagen oder verschwinden. Während der Jahre, in denen Bucharin mit Stalin verbündet war, war er die Leuchte der Komintern. Er proklamierte ihre politischen Richtlinien und suchte sich seine Mitarbeiter unter den ausländischen Kommunisten aus, die mit dem Block der Mitte und mit dem rechten Flügel der bolschewistischen Partei sympathisierten. Als dieser Block zerfiel, wurde die Internationale durch die Walkmühle einer neuen Bolschewisierung getrieben.

Auf diesem Hintergrund mühte sich also Stalin ab, eine Organisation, die er von der Revolution geerbt hatte, so umzubauen, daß sie auch in der langen Zeit brauchbar war, in der seiner Meinung nach der revolutionäre Prozeß stagnieren werde. Die Internationale war im ersten Schwung der Revolution aus einer Spaltung der Sozialistischen Bewegung entstanden und hätte dazu dienen sollen, den revisionistischen Flügel der Sozialdemokratie in allen Ländern zu zerschlagen. Wenn sich Stalin hinsichtlich der Konsolidierung des Kapitalismus seine besonderen Gedanken machte, was konnte ihm da näherliegen als der Plan einer Annäherung zwischen den beiden Flügeln der sozialistischen Bewegung, also zwischen der Zweiten und der Dritten Internationale? Wenn seine Analyse des sozialen Prozesses stimmte, dann konnten die beiden Internationalen für den Augenblick nicht mehr tun, als mit größerer oder geringerer Hartnäckigkeit den besitzenden Klassen Reformen und Zugeständnisse abzuzwingen. Auf dieser Basis müßte, seiner Meinung nach, eine gemeinsame Aktion möglich sein, und eine solche Zusammenarbeit müßte schließlich auch die Kluft wieder schließen, die sich zwischen den beiden Flügeln aufgetan hatte. In diesem Sinn wurden die Geschäfte der Komintern geführt, solange Stalin und Bucharin einander nahestanden. In Rußland blühte die NEP. Die bolschewistische Partei unterstützte im Rahmen einer »gemischten Wirtschaft« die private Landwirtschaft und den Privathandel. Dieser beinahe revisionistische Kurs mußte zur Folge haben, daß auch im Ausland vorsichtig verfahren wurde, selbst wenn dies gegen den Grundgedanken der Komintern verstieß.

Um die Mitte der zwanziger Jahre waren es vor allem zwei Fragen, die Stalins Aufmerksamkeit auf sich zogen: die Revolution in China und die Beziehungen zwischen den russischen und den britischen Gewerkschaften. Die chinesische Revolution schwamm im Kielwasser der russischen Revolution. Sun Yat-sen, der Gründer der Kuomintang, erinnerte seine Anhänger immer wieder daran, wie wichtig es sei, die Freundschaft zwischen den beiden Revolutionen lebendig zu erhalten. Beim Tod von Sun Yat-sen sandte Stalin folgendes Telegramm an die Kuomintang: »Das Zentralkomitee der Kommunistischen Partei Rußlands ist überzeugt, daß die Kuomintang das Banner Sun Yat-sens in dem großen Kampf für die Befreiung vom Imperialismus hochhalten wird, daß es der Kuomintang gelingen wird, dieses Banner in Ehren voranzutragen bis zum vollständigen Sieg über den Imperialismus und seine Agenten in China.«[10] Bei seinen militärischen Operationen standen dem General Tschiangkaischek russische Offiziere als Berater zur Seite. Die chinesischen Kommunisten wurden von Moskau aus angewiesen, sich der Kuomintang, dem »Block der vier Klassen« als ein sie konstituierender Teil anzuschließen, und die Kuomintang selber wurde als assoziiertes Mitglied und mit den Rechten eines solchen in den Exekutivausschuß der Komintern aufgenommen.[11]

Nun erhob sich aber die Frage, was die chinesische Revolution bedeutete? Wo sollten ihre Ziele liegen? Welche Rolle sollten die Kommunisten in ihr spielen? Die treibenden Kräfte der Bewegung waren unverkennbar die nationalen Aspirationen der Chinesen, ihr Wunsch, die Vormundschaft der westlichen Welt ebenso abzuschütteln wie ihren eigenen feudalen Partikularismus. Diese drei Motive wirkten zunächst in gleicher Richtung. Aber unter der Oberfläche gab es soziale Spannungen zwischen den Generälen und den Bauern, den Kaufleuten und den Kulis. Diese Spannungen verschärften sich immer mehr. In den Industrie- und Handelsstädten der chinesischen Küste wurde die Arbeiterklasse zum gewichtigsten politischen Faktor.

Sollte sich hieraus ein »Chinesischer Oktober« entwickeln? Stalin und Bucharin sagten: »Nein«. Trotzki sagte: »Ja«. Wenn man die Vorgänge in China mit russischen Vorgängen vergleichen wolle, so müsse man nach Stalins Ausführungen an das Jahr 1905 anknüpfen. Damals seien die Bolschewisten der Ansicht gewesen, Rußland sei noch nicht reif für den Sozialismus, und deshalb könne das Ziel der Bewegung nur eine bürgerliche Revolution sein. Stalin folgerte daraus, daß auch die Chinesen jetzt nicht mehr erreichen könnten als eine bürgerliche Revolution. Er griff also hier auf den »Alten Bolschewismus« zurück, den Lenin im April 1917 mit solchem Kraftaufwand beseitigt hatte, den er aber niemals vollständig aus den Köpfen einiger seiner Schüler hatte austreiben können. Weil die Aufgabe der chinesischen Revolution sich auf die Schaffung eines geeinten und modernen China beschränken sollte, das vor allem seine nationale Unabhängigkeit gewinnen mußte und das sich zunächst gar nicht um den Sozialismus kümmern sollte, durfte nach Stalins Meinung das Ziel der chinesischen Revolution nicht die Schaffung der Diktatur des Proletariats sein. Im Gegenteil! Die chinesischen

Kommunisten sollten mit den Mittelklassen zusammenarbeiten, aber auch mit den Bauern und sogar mit den fortschrittlichen Generälen der nationalistischen Bewegung. Stalin verlangte, daß die Kommunistische Partei Chinas sich der strikten Disziplin der Kuomintang unterwerfe, von der sie nur eine Fraktion war.[12] Er setzte deshalb die ganze Maschinerie der Sowjetpropaganda für General Tschiangkaischek ein, der von ihr als der unbestrittene Führer der nationalen Renaissance Chinas verherrlicht wurde.

Die Regierung, die sich schließlich aus der chinesischen Revolution herausbilden sollte, mußte nach Stalins Auffassung eine »demokratische Diktatur des Proletariats und der Bauern« sein. Diese Formel, die Lenin bereits im Jahr 1905 erfunden hatte, zeigte, unter welchem Gesichtswinkel Stalin die chinesischen Vorgänge beurteilte. Sie vollzogen sich nach seiner Meinung in einem rückständigen Land, in dem die marxistischen Sozialisten nur einen Kampf gegen den Feudalismus zu kämpfen hatten, und zwar in Reih und Glied mit der revolutionären bürgerlichen Mittelklasse und mit den Bauern.

Die alten, uns bereits wohlbekannten halbscholastischen Disputationen über dieses Thema[13] brachen bald wieder aus. Trotzki griff Stalin wegen des Bündnisses an, das er mit dem General Tschiangkaischek geschlossen hatte, und forderte die chinesischen Kommunisten auf, direkten Weges und ohne weitere Umstände auf die Diktatur des Proletariats loszugehen. Sinowjew und Kamenjew, die persönlich mit der leninistischen Tradition des Jahres 1905 verbunden waren, sprachen sich für die »demokratische Diktatur des Proletariats und der Bauern« aus. Sie kritisierten Stalins Politik, weil er den chinesischen Kommunismus der Führung der Mittelklasse unterordnen wollte. Dieser Disput entwickelte sich in äußerster Schärfe und Bitternis und trug zum endgültigen Zerwürfnis zwischen Stalin und Trotzki ein gutes Teil bei.

Während man sich in Rußland über diese grundsätzliche Frage zerstritt, brach in China der Block der »Vier Klassen« auseinander. Tschiangkaischek war durch das Anwachsen des Kommunismus in China beunruhigt, obwohl er sich über die wirklich maßvolle Politik der chinesischen Kommunisten nicht hätte zu beklagen brauchen. Plötzlich schüttelte der chinesische General die unangenehmen Verbündeten ab. Er schickte seine sowjetischen Militärberater nach Hause und unterdrückte grausam die Kommunisten, die bisher unter ihm gedient hatten. Stalin hatte sich für die Unterstützung Tschiangkaischeks persönlich so sehr eingesetzt, daß durch den Abfall des Chinesen auch seine Stellung für einen Augenblick schwer erschüttert war. Er versuchte, aus dem Zusammenbruch seiner Chinapolitik zu retten, was zu retten war, und wies deshalb die chinesischen Kommunisten an, sich mit dem linken Flügel der Kuomintang zu verbinden, der damals in Hankau eine Gegenregierung gegen Tschiangkaischek gebildet hatte. Aber auch diese Koalition brach bald zusammen. Mochte der Kommunismus noch so sehr seine eigene Natur verleugnen, sich der Mittelklasse anpassen, mit der er sich verbündet hatte, alle Künste der Mäßigung und des Kompromisses üben, seine Symbole und seine Sprache wechsen, er blieb doch, was er war, und verbreitete Schrecken und Furcht bei den Führern und Parteien der bürgerlichen Mitte. Der Kommunismus trug den Fluch oder den Segen seiner Geburt auf der Stirn, er war im Zeichen der Revolution geboren und konnte dieses Stigma nicht ablegen. Diese Herkunft erweckte entweder Schrecken oder Hoffnung, und es gab keinen taktischen Kunstgriff, durch den man dieses Mal hätte verdecken oder gar verschwinden lassen können.

Eine nicht geringere Enttäuschung erwartete Stalin bei seinem zweiten Versuch, eine gemäßigte Politik zu treiben. Dies war der im Mai 1925 gebildete Britisch-Russische Gewerkschaftsrat. Das Politbüro gab sich der Hoffnung hin, die britischen Gewerkschaften würden ihren Einfluß im Sinn einer Verbesserung der damals noch recht gespannten britisch-sowjetischen Beziehungen geltend machen. Tomski, eines der einflußreichsten Mitglieder des damaligen Politbüros, wurde auf Stalins Veranlassung zum Jahreskongreß der britischen Gewerkschaften nach Hull entsandt, um dort eine Botschaft zu verlesen. Stalin hegte die Hoffnung, daß eine Verständigung zwischen den russischen und den britischen Gewerkschaften die Bahn für eine allgemeine Verständigung zwischen den beiden feindlichen Lagern der internationalen Arbeiterbewegung freimachen werde. Zur gleichen Zeit hatte die Profintern, das heißt die Internationale der

Roten Gewerkschaften, eine ähnliche Politik wie die Komintern getrieben und sich von der sogenannten Amsterdamer Internationale losgesagt, in der sich die »revisionistischen« Gewerkschaften des Westens zusammengetan hatten. Der Mißerfolg der Profintern war noch eklatanter als der der Komintern. Moskau war jetzt bereit, seine Niederlage einzugestehen und mit Amsterdam irgendwie Frieden zu schließen. Der Britisch-Russische Gewerkschaftsrat sollte das Sprungbrett für diese größere Unternehmung bilden. Führende Bolschewisten des rechten Flügels wiegten sich damals sogar in der Hoffnung, daß dieses Werk der Versöhnung durch den Zusammenschluß der beiden politischen Internationalen gekrönt werden könne. Stalin, vorsichtig wie immer, sprach sich über so weitgehende Ziele nicht aus. Aber er gab dem von Tomski und Bucharin verfolgten Kurs seine volle Unterstützung und verteidigte die beiden gegen die scharfe Kritik des linken bolschewistischen Flügels.[14]

Die Freundschaft zwischen den britischen und russischen Gewerkschaftsführern ging in dem großen Bergarbeiterstreik des Jahres 1926 in die Brüche. Die russischen Gewerkschafter, denen die linke Opposition zusetzte, konnten es sich nicht nehmen lassen, bei sich bietender Gelegenheit die Zurückhaltung und Mäßigung ihrer britischen Kollegen zu kritisieren. So mild diese Kritik auch sein mochte, sie verärgerte die Briten. Auf der anderen Seite war für die britischen Gewerkschaftsführer, die von der überwiegend konservativen öffentlichen Meinung Englands hart bedrängt wurden, das Bündnis mit den Bolschewisten eine schwere Belastung. Sie weigerten sich deshalb, eine Geldspende anzunehmen, die von russischen Gewerkschaften für die streikenden britischen Bergarbeiter als ein Zeichen ihrer Solidarität gesammelt worden war. Bald darauf wurde der Britisch-Russische Gewerkschaftsrat aufgelöst, und damit entschwand auch die Hoffnung auf eine weitgehende Versöhnung zwischen dem Bolschewismus und den europäischen Reformern in weite Fernen.

So waren alle Erkundungsvorstöße Stalins zu einem Kompromiß ergebnislos geblieben. Ende des Jahres 1923 hatte die Welt die Bolschewisten als Revolutionäre verdammt. Ende 1927 wollte man nicht einmal etwas von ihnen wissen, wenn sie sich um Versöhnung bemühten. Die Komintern hatte nicht nur in China und in Großbritannien, sondern auch in fast allen Ländern Europas Mäßigungsversuche gemacht.[15] Aber überall wurden die Kommunisten von ihren angeblichen Freunden im Stich gelassen oder gar niedergeknüppelt. Die Enttäuschung über die Mißerfolge dieser Verständigungspolitik führte zu einem radikalen Stimmungsumschwung bei den kommunistischen Massen und öffnete den Weg für einen neuen Kurs, der dem bisherigen diametral entgegengesetzt lief. Dieser Stimmungsumschwung war so heftig, daß Stalin, um sein Gesicht zu wahren, den durch grausame Verfolgungen und blutige Verluste bereits stark geschwächten Kommunisten Ende 1927 riet, einen Aufstand in Kanton zu wagen. Dieses Unternehmen war von Anfang an zum Scheitern verurteilt und führte nur zu neuen Massenmorden unter den chinesischen Kommunisten.[16] Bald warf die Komintern das Steuer gänzlich herum und versuchte, die Scharten ihrer mißlungenen Versuche einer gemäßigten Staatskunst durch einen langdauernden Anfall »ultralinker Politik« auszuwetzen. Diese neue ultralinke Politik trieb die deutschen Kommunisten angesichts des erstarkenden Nazismus zu selbstmörderischen Maßnahmen.

Es gab aber auch noch einen anderen Grund für die Umstellung des Kurses der Komintern, der bestimmt noch wichtiger war als die Verstimmungen in den Reihen der Komintern selber. Das war die neue Linie der russischen Kommunistischen Partei in den Jahren 1928 und 1929. Damals unterwarf sich Stalin die rechten Bolschewisten. Es gab keinen einzigen politischen Gedanken, kein Schlagwort, nichts, was von Bucharin, Tomski und Rykow ausging, das jetzt nicht verurteilt und verworfen worden wäre. Das galt für die NEP ebenso wie für die Industrialisierung, Kollektivierung und so weiter. Dieser so folgenschwere »Ruck nach links« innerhalb der russischen Partei wirkte sich ganz automatisch auch auf die Komintern aus, die bislang von Bucharin geführt worden war. Einige ausländische Kommunisten machten den Versuch, Bucharin zu stützen. Das hatte nur zur Folge, daß Stalin seinen Kampf gegen Bucharin auch in die Internationale hineintragen mußte.[17] Er entwarf neue Richtlinien für die Politik der kommunistischen Parteien in Europa, die nach außen hin den Tendenzen in Rußland entsprachen. In Rußland war es jetzt aus und vorbei mit der Zusammenarbeit zwischen Kommunisten und privatwirtschaftlich arbeitenden Bauern. Genauso mußten die kommunistischen Parteien im Ausland die Zusammenarbeit mit anderen Parteien, vor allem mit den Sozialdemokraten aufkündigen.

Die automatische Übertragung jeder Bewegung und jedes Reflexes aus der russischen Partei auf die nichtrussischen kommunistischen Parteien war der Hauptfehler im Leben der Komintern, und dieser Fehler wurde jetzt zur Regel. Aus diesem Grund hatte die Tätigkeit der Komintern oft etwas Unwirkliches an sich. Stalins Ruck nach links war für Rußland eine höchst ernste Angelegenheit. Mehr noch, hier spielte sich ein nationales Drama ab. Die Grundlagen der Gesellschaftsordnung eines großen Volkes wurden völlig umgebaut. Die gesamte Macht dieses Riesenstaates stand hinter jeder Bewegung der Parteilinie und verwandelte Worte in bleibende Tatsachen. Was bedeutete in diesen Umbrüchen und Wandlungen die Politik der Komintern? Nicht viel oder nichts, ein sinnloses Schauspiel. Es schien, als werfe die riesenhafte Gestalt eines Athleten, der in einem wahrhaft homerischen Kampf steht, zwanzig oder dreißig Schatten um sich, von denen jeder die Griffe, das Ringen, die gewaltsamen Bewegungen des lebendigen Körpers nachahmt und dabei so tut, als sei er es, der Himmel und Erde erschüttert. Dieses Bild wurde noch absonderlicher durch die Tatsache, daß die ausländischen Sektionen der Komintern nicht eigentlich Schatten waren. Sie waren halb Körper und halb Schatten. Mit der einen Hälfte ihres Wesens waren sie den Wirklichkeiten des Lebens in ihrem nationalen Bereich verhaftet. Hier versuchten sie, sich für die Forderungen ihrer eigenen arbeitenden Klassen einzusetzen. Mit der andern Hälfte jedoch, mit der Schattenhälfte, nahmen sie an dem hektischen Tanz der Gespenster teil, der um die Gestalt des Generalsekretärs aufgeführt wurde.

Im Dezember 1927, bald nachdem Trotzki, Sinowjew und Kamenjew aus der bolschewistischen Partei ausgestoßen worden waren, überraschte Stalin den fünfzehnten Parteikongreß mit der Feststellung, daß die »Stabilisierungsepoche des Kapitalismus«

zu Ende sei. Er sagte: »Vor zwei Jahren konnte man von einer Periode relativen Gleichgewichts zwischen der Sowjetunion und den kapitalistischen Ländern und von einem friedlichen Nebeneinander beider Systeme sprechen. Jetzt aber weisen alle Anzeichen darauf hin, daß diese Periode des friedlichen Nebeneinander der Vergangenheit angehört. Wir werden mit einer Periode imperialistischer Angriffe gegen die Sowjetunion, zunächst mit der Vorbereitung solcher Angriffe, zu rechnen haben.«[18] Er machte keinen Versuch, seine neue Auffassung mit den früheren Prophezeiungen einer Periode von fünfzehn oder zwanzig Jahren friedlichen Nebeneinanders abzustimmen. Seine neue These wurde schließlich im Sommer 1928 von dem sechsten Kongreß der Komintern als Grundlage einer neuen Politik angenommen. Zur gleichen Zeit überraschte er die ausländischen Delegierten mit der Absetzung Bucharins, die in aller Stille vorgenommen worden war.[19]

Der Kongreß sagte eine katastrophale Wirtschaftskrise in den kapitalistischen Ländern voraus. (Diese Voraussage, die von Stalin gebilligt wurde, erfüllte sich haargenau, als im Jahr darauf in den Vereinigten Staaten die große Depression einsetzte.) Von dieser Voraussetzung ausgehend, wurde eine neue Taktik entwickelt. Man erwartete eine Kette revolutionärer Explosionen. Jetzt sollten die kommunistischen Parteien Westeuropas zum entscheidenden Angriff gegen den Kapitalismus ansetzen. Die reformistischen sozialdemokratischen Parteien, die als Sozialfaschisten gebrandmarkt wurden, galten von nun an als die gefährlichsten Feinde des Kommunismus. Die linken Gruppen der sozialdemokratischen Parteien wurden sogar als das größte Hemmnis der sozialen Revolution angesehen. »Je weiter links, desto gefährlicher«, hieß es damals in Moskau. Jede Zusammenarbeit zwischen kommunistischen und sozialdemokratischen Führern wurde als politische Unzucht verurteilt. Die Komintern musterte ihre Streitkräfte für einen weltumspannenden Kampf und kam zu dem Schluß, sie könne sich ausschließlich auf ihre eigene Kraft verlassen.[20]

Es ist, um es vorsichtig auszudrücken, fraglich, ob Stalin selber mit einem unmittelbar bevorstehenden Ausbruch der revolutionären Vulkane rechnete, die es in der Welt geben mochte und den seine Propagandisten so selbstsicher voraussagten. Seine Vorstellungen von den Verhältnissen in fremden Ländern waren zwar beschränkt, aber doch nicht so mangelhaft, daß er sich die ultrarevolutionären Illusionen des sechsten Kominternkongresses hätte zu eigen machen können. Mit noch größerem Nachdruck als bisher, und als ob er die Trompetenstöße der Komintern absichtlich überhören wollte, machte er jetzt aus dem »Sozialismus in einem Lande« seinen ersten und obersten politischen Glaubensartikel, der nicht nur seine eigene Partei, sondern auch die Komintern verpflichten sollte. Jede Fabrik, die in Rußland neu gebaut wurde, erschien ihm wichtiger als alle Hoffnungen auf die Revolution im Ausland.[21] Die Diplomatie der Sowjets tastete noch vorsichtiger als bisher ihre Möglichkeiten ab und ging bei ihren Bestrebungen von der Annahme aus, daß mit einer langen Isolierung der Sowjetregierung zu rechnen sei. Zwischen den beiden Linien, die Stalin verfolgte, lag unzweifelhaft eine breite Kluft. In Rußland hatte er andere Ziele als in der Komintern. Man kann sich leicht denken, welche dieser beiden Richtungen ihm als die wichtigere erschien.

Die Komintern ließ sich nun auf Scheingefechte ein. Ihr Ultraradikalismus war so unwirklich, daß Stalin ihn wahrscheinlich nur deshalb duldete, weil er all dem Tun der Komintern in diesen Jahren keine praktische Bedeutung mehr beimaß. Wenn er tatsächlich so dachte, so täuschte er sich gründlich, denn der Ultraradikalismus der Komintern hatte schwerwiegende, ausschließlich negative Folgen. Das galt vor allem für Deutschland, das Versuchsgelände der neuen Politik, wo die Arbeiterbewegung durch den raschen Anstieg des Nazismus schwer bedroht war. Die Sozialdemokraten erhofften sich von Hindenburg Hilfe gegen Hitler und weigerten sich, mit den Kommunisten gemeinsame Sache zu machen. Die Kommunisten bildeten sich ein, die Sozialdemokraten seien eine noch größere Gefahr für sie als die Nazis. Daraus ergab sich eine vollkommen widersinnige Spaltung, die die politische Kraft der deutschen Arbeiterklasse lähmte, obwohl sie doch allein imstande gewesen wäre, Hitler den Weg zur Macht zu verlegen. Wir können hier nicht den Zusammenbruch der Weimarer Republik im einzelnen schildern, der damit endete, daß die mächtigste Arbeiterorganisation auf dem Kontinent vor den Braunhemden kapitulierte, ohne einen einzigen Schuß zu tun, ohne einen einzigen Akt wirklichen Widerstandes zu wagen. Es genügt, wenn wir hier an einen Satz erinnern, den man nach dem Zusammenbruch des Jahres 1933 nicht selten im Mund deutscher Linkspolitiker hören konnte: »Ohne Stalin hätten wir auch keinen Hitler.« Wörtlich wird das nicht zu nehmen sein, aber es steckt etwas Wahrheit darin. Die deutschen Linkspolitiker, die nach 1933 der Katzenjammer befiel, waren nur zu schnell bereit, ihr eigenes Versagen zu leugnen und die Ereignisse dem bösen Einfluß Stalins zur Last zu legen. Da aber Stalin die Politik der Komintern inspirierte, muß man ihn auch zum Teil für die Ereignisse verantwortlich machen, die ungewollt Hitlers Triumph ermöglichten.

Aus den Dokumenten der Komintern zu Beginn der dreißiger Jahre und aus Äußerungen Stalins ergibt sich jedenfalls mit absoluter Sicherheit, daß er sich über die Bedeutung und die destruktive Dynamik des Hitlertums völlig im unklaren war.[22] Für ihn war Hitler nur einer von vielen reaktionären Parteiführern, die in der politischen Schaukel nach oben getragen werden, fallen und wieder aufsteigen, ein anderer Brüning, Papen, Baldwin oder Harding. Ausgerechnet er übersah noch gründlicher als andere die totalitären Bestrebungen Hitlers und die Kräfte im Nazismus, die die Verwirklichung dieses Zieles ermöglichten. Bereits im Jahr 1924 formulierte er seine Ansichten über den Faschismus mit folgenden Worten:

»Es trifft nicht zu, daß der Faschismus nur eine Kampforganisation der Bourgeoisie sei. (...) Der Faschismus ist eine Kampforganisation der Bourgeoisie, die sich auf die aktive Unterstützung der Sozialdemokraten stützt. Die Sozialdemokratie ist objektiv der gemäßigte Flügel des Faschismus. Es liegt kein Grund zu der Annahme vor, die Kampforganisation der Bourgeoisie könnte ohne die aktive Unterstützung durch die Sozialdemokratie entscheidende Erfolge in den Kämpfen oder bei der Verwaltung des Landes erzielen.

Diese Organisationen schließen einander nicht aus, sondern ergänzen einander. Das sind nicht Antipoden, sondern Zwillingsbrüder. Der Faschismus ist der nicht ausgestaltete politische Block dieser beiden grundlegenden Organisationen, der unter den Verhältnissen der Nachkriegskrise des Imperialismus entstanden und auf den Kampf gegen die proletarische Revolution berechnet ist.«[23]

Diese Sätze können als der wichtigste Beitrag angesehen werden, den Stalin jemals für das Verständnis des Faschismus und Nazismus geliefert hat. In späteren Jahren wiederholte er diese Ansicht noch ein- oder zweimal in etwas weniger scharfer Weise, jedenfalls aber ohne eine wesentliche Berichtigung.[24] Ganze Schwärme von Kominterntheoretikern und Journalisten kauten den Satz »nicht Antipoden, sondern Zwillingsbrüder« in den folgenden Jahren endlos wieder, ohne jemals eine zusammenhängende Deutung der neuen Kraft zu geben, unter deren Anprall die politische Ordnung Europas zusammenbrach. Selbst nach der Machtergreifung Hitlers sagten die Sprecher Stalins immer noch eine Verständigung zwischen den Sozialdemokraten und den Nationalsozialisten und einen raschen Zusammenbruch der Herrschaft Hitlers voraus, dessen Stelle auf der politischen Bühne bald die Kommunisten einnehmen würden.[25] Als Hitler bereits ein Jahr in Deutschland regierte, sagte Stalin, obwohl er damals die im Nazismus steckende Kriegsgefahr richtig beurteilte, vor dem siebzehnten Parteikongreß: »Die revolutionäre Krise reift weiter, und die Tage des Faschismus sind gezählt.«[26] Das einzige, was er nicht voraussah und was seine Sprecher immer als völlig ausgeschlossen bezeichneten, das war die Tatsache, daß Hitler nicht nur den Kommunismus, sondern auch die Sozialdemokratie vernichtete, daß der Faschismus seinen »Zwillingsbruder« ins Konzentrationslager schickte und ein massives Machtmonopol errichtete. Stalin war nicht der einzige, der sich in dieser Hinsicht täuschte. Das muß man ihm zugute halten. Es gab auch sozialdemokratische Führer in Deutschland, die bis zum letzten Augenblick der Meinung waren, man könne einen modus vivendi mit Hitler finden; und Deutsche, Engländer und Franzosen, die im konservativen Lager standen und trotzdem dem Nationalsozialismus wohlwollten, täuschten sich nicht weniger, wenn sie meinten, Hitler werde sein Spiel nach ihren Spielregeln spielen.

Wer diese Zusammenhänge näher studiert, der wird sich immer aufs neue fragen müssen, wie es nur möglich sein konnte, daß ein Mann wie Stalin so vollkommen falsch urteilte, obwohl er doch alle Informations- und Nachrichtenquellen einer Großmacht, eine weltumspannende internationale politische Organisation wie die Komintern zur Verfügung hatte. Stalin fehlte es in diesen kritischen Monaten an politischer Einsicht und Verantwortungsbewußtsein. Trotzki reagierte von seinem Zufluchtsort auf der Insel Prinkipo aus ganz anders auf die Vorgänge in Deutschland. In Büchern, Broschüren und Zeitungsartikeln gab er damals eine tatsächlich erschöpfende soziologische Deutung des Nationalsozialismus, die bis zum heutigen Tag ihre Gültigkeit behalten hat. Er beobachtete die Entwicklung der nazistischen Bewegung Schritt für Schritt, sagte jede einzelne Phase haargenau voraus und gab sich alle Mühe, die deutschen Linksparteien, die Komintern und die Regierung des Sowjetstaates rechtzeitig vor der Furie der Verwüstung zu warnen, die eines Tages über sie alle hereinbrechen werde. Es war vergeblich. So schrieb er im Jahr 1931:

»Es ist unsere Pflicht, Alarm zu schlagen! Die Kominternführung steuert das deutsche Proletariat in eine ungeheure Katastrophe hinein, deren Hauptstück die Kapitulation der deutschen Arbeiterschaft vor dem Faschismus sein wird. Wenn die Nationalsozialisten zur Macht kommen, so bedeutet das die Ausrottung der Blüte des deutschen Proletariats, die Zerschlagung der Organisationen der Linken, die Vernichtung jedes Selbstvertrauens und jedes Glaubens an eine Zukunft der Linken in Deutschland. Wenn man die scharfen sozialen Spannungen in Deutschland bedenkt, so wird einem vielleicht der höllische Faschismus Italiens als ein Kinderspiel, als ein geradezu humanes Experiment erscheinen im Vergleich zu dem, was der Nationalsozialismus in Deutschland ins Werk setzen wird.«[27]

Zwei Jahre vor Hitlers Machtergreifung stieß Trotzki erneut SOS-Rufe aus:

»Arbeiter, Kommunisten! Bedenkt, wenn der Faschismus in Deutschland zur Macht kommt, so wird er über eure Schädel und Gebeine hinwegwalzen wie ein schrecklicher Panzer. Ihr müßt verzweifelt kämpfen, wenn ihr dieser Gefahr entrinnen wollt. Ihr könnt nur dann siegen, wenn ihr mit den Sozialdemokraten gemeinsam kämpft. Beeilt euch, ihr habt keine Zeit mehr zu verlieren (...).«[28]

In diesen Tagen beschäftigten sich Stalin und die Führer des Sowjetstaates noch mit dem Popanz eines von Frankreich geführten Kreuzzuges gegen die Sowjetunion und übersahen dabei völlig das Erscheinen des wirklichen antisowjetischen Kreuzritters. Noch im Juli 1930 qualifizierte Stalin Frankreich als »hochgradig aggressives und militaristisches Land, das einen Krieg gegen die Sowjetunion vorbereitet«.[29] Trotzki behauptete dagegen: »Keine einzige der ›normalen‹ bourgeoisen und parlamentarischen Regierungen ist in der Lage, einen Krieg gegen die UdSSR zu führen. (...) Nur wenn Hitler zur Macht kommt, wenn es ihm gelingt, die Avantgarde der deutschen Arbeiterschaft zu vernichten, das ganze Proletariat für lange Jahre zu zerschlagen und zu demoralisieren, wird diese faschistische Regierung in Deutschland die einzige Regierung der Welt sein, die einen Krieg gegen die Sowjetunion führen kann. (...) Gewinnt Hitler diesen Krieg, so wird er der Super-Wrangel der Weltbourgeoisie werden.«[30] In Moskau lächelte man mitleidig über die Alarmrufe Trotzkis. Die Führer der Komintern käuten auch weiterhin ihr Schlagwort von den Antipoden und den Zwillingsbrüdern wieder.

Bis zur Machtergreifung Hitlers verfolgte die Sowjetdiplomatie im großen und ganzen die Linie, die in Rapallo abgesteckt worden war. Sie unterstützte das besiegte Deutschland gegen die Sieger von Versailles. Diese Hilfe änderte sich von Zeit zu Zeit nach Form und Intensität, kam aber im ganzen nie den deutschen Ambitionen auf eine gewaltsame Änderung des Friedens von Versailles entgegen. Die Sowjets waren darauf bedacht, aus ihrer Annäherung an Deutschland Nutzen zu ziehen, besonders in der Zeit, als sie von den anderen Großmächten politisch und wirtschaftlich boykottiert wurden. Der Wiederaufbau Rußlands in den zwanziger Jahren wurde durch die Einfuhr deutscher Industriegüter erleichtert. Das Politbüro ermächtigte sogar Trotzki und Tuchatschewski, deutsche Militärspezialisten einzustellen; deutsche Offiziere und Waffentechniker, die in Deutschland brotlos geworden waren, wirkten damals an der Ausbildung der Roten Armee mit. Als Gegenleistung hierfür gestatteten die Russen den deutschen Militärs und Technikern, auf russischem Boden die Versuche zu machen, die sie nach den Bestimmungen des Versailler Vertrags in Deutschland nicht machen durften. An diesen Verabredungen änderte Stalin nichts, auch nach der Machtergreifung Hitlers nicht.[31]

Bei alledem hatten die Beziehungen zwischen Deutschland und der Sowjetregierung nicht den Charakter eines politischen oder gar militärischen Bündnisses. Die Sowjetregierung wollte, wie oben angedeutet, ein Gegengewicht gegen die Vorherrschaft der Entente schaffen und Deutschland daran hindern, sich mit dem Westen gegen Rußland zu verständigen. Wenn die Westmächte Deutschland einmal entgegenkamen, wenn sie zum Beispiel, wie im Dawes-Plan, die deutschen Reparationsleistungen milderten, oder vollends, als sie im Locarno-Vertrag auf der Grundlage des Versailler Vertrags eine politische Annäherung an Deutschland suchten, wurden die Führer der Sowjetpolitik sofort unruhig, weil sie hinter solchen Bewegungen die Bildung einer antisowjetischen Koalition befürchteten. Dann ermunterten sie den deutschen Widerstand gegen die Siegermächte. Über die Dauerhaftigkeit des Systems von Versailles gaben sie sich sicherlich keinen Illusionen hin. Als 1925 der Vertrag von Locarno geschlossen wurde, kommentierte Stalin das Ereignis mit folgenden Worten: »Anzunehmen, das wachsende und vorwärtsschreitende Deutschland werde sich mit dieser Lage abfinden, hieße an Wunder glauben. (...) Wo ist eine Garantie, daß der Versailler Frieden und seine Fortsetzung — Locarno —, die den Verlust Schlesiens, des Danziger Korridors und Danzigs für Deutschland, den Verlust Galiziens und Westwolhyniens für die Ukraine, den Verlust der westlichen Landesteile für Belorußland, den Verlust Wilnas für Litauen usw. legalisieren und juristisch sanktionieren, (...) nicht das gleiche Schicksal erleiden werden wie seinerzeit der deutsch-französische Vertrag, der nach dem Deutsch-Französischen Krieg Elsaß-Lothringen von Frankreich losriß? (...) Locarno trägt den Keim eines neuen Krieges in Europa in sich.«[32] So wies Stalin also bereits im Jahr 1925 auf die Unruheherde hin, aus denen der Zweite Weltkrieg hervorbrechen sollte.

Einige Voraussagen, die Stalin in der Mitte der zwanziger Jahre machte, sind deshalb von so großem Interesse, weil sie, direkt oder indirekt, seine spätere Politik verständlich machen. Er ging immer von der Grundvoraussetzung aus, daß der Friede von 1919 nur ein Waffenstillstand zwischen zwei Kriegen sein könne. Wie alle Bolschewisten war auch er felsenfest davon überzeugt, daß der kapitalistische Wettbewerb um Rohstoffe, Märkte und profitbringende Investitionsmöglichkeiten unvermeidlich zu neuen bewaffneten Auseinandersetzungen führen müsse. Man wußte, abgesehen von dem Zeitpunkt, nur nicht, wie sich die feindlichen Mächte gruppieren würden. Um die Mitte der zwanziger Jahre sagte Trotzki, der damals die Bedeutung des englisch-amerikanischen Gegensatzes maßlos übertrieb, einen englisch-amerikanischen Krieg voraus. Das Politbüro stimmte dieser Auffassung bei, und noch im Jahr 1930 wiederholte Stalin diese These, als er sagte, der Antagonismus zwischen dem Britischen Empire und den USA überschatte alle anderen Gegensätze in Europa.[33] »Der Stern Englands verlöscht, der Stern Amerikas geht auf.« Diese Aussicht erfüllte ihn mit Unruhe, denn er fürchtete, daß die Vereinigten Staaten den brüchigen Kapitalismus in Europa stützen würden, und zwar vor allem durch Anleihen an Deutschland. Dazu kam, daß sich die Vereinigten Staaten bis zum Jahr 1933 beharrlich weigerten, die Sowjetregierung anzuerkennen.

Wie sollte sich die Sowjetunion in einem seiner Natur nach imperialistischen Krieg zwischen großen kapitalistischen Mächten verhalten? Das Politbüro brütete wiederholt über dieser Frage, ohne zu einem eindeutigen Entschluß zu kommen. Der normale Bolschewist mußte beiden Parteien eines Zweiten Weltkriegs die Pest an den Hals wünschen, er mußte den Krieg durch die gleiche Brille sehen, mit der er den ersten betrachtet hatte. Er mußte hoffen, die Arbeiterklasse in den kriegführenden Ländern werde das gleiche tun, was die Arbeiterklasse Rußlands getan hatte, nämlich auf den Krieg mit der Revolution antworten. Daraus ergab sich der Schluß, Rußland habe im Ausland den revolutionären Antimilitarismus zu stützen.

Aber bereits in den Debatten, die über dieses Thema in der Mitte der zwanziger Jahre geführt wurden, nahm Stalin einen abweichenden Standpunkt ein. So einfach sah er die Zukunft nicht. Man kennt die Einzelheiten dieser Debatten noch nicht so, wie es wünschenswert wäre, denn sie fanden unter Ausschluß der Öffentlichkeit im Politbüro statt. Erst im Jahr 1947 veröffentlichte Stalin zum erstenmal den Wortlaut einer Rede, die er bei einer Plenarsitzung des Zentralkomitees im Januar 1925 gehalten hatte und die ein interessantes Licht auf seine damalige Haltung wirft. Bei der Debatte über das Budget der Roten Armee sagte er:

»Die Voraussetzungen für einen Krieg reifen, und der Krieg kann natürlich nicht morgen oder übermorgen, wohl aber in einigen Jahren unvermeidlich werden. (...) Ich bin der Meinung, daß die Kräfte der revolutionären Bewegung im Westen groß sind; sie wachsen und werden wachsen, es kann dazu kommen, daß sie manchenorts die Bourgeoisie zu Boden werfen. Das stimmt. Aber sich zu behaupten, wird für sie sehr schwierig sein. (...) Bei Verwicklungen in den uns umgebenden Ländern wird sich vor uns unbedingt die Frage unserer Armee, ihrer Macht, ihrer Bereitschaft als lebenswichtige Frage erheben. (...) Das bedeutet nicht, daß wir bei einer solchen Situation unbedingt aktiv gegen irgend jemand auftreten müssen. Unser Banner bleibt nach wie vor das Banner des Friedens. Sollte aber der Krieg beginnen, so werden wir nicht untätig zusehen können — wir werden auftreten müssen, aber wir werden als letzte auftreten. Und wir werden auftreten, um das entscheidende Gewicht in die Waagschale zu werfen, ein Gewicht, das ausschlaggebend sein dürfte.«[35]

Diese höchst lehrreiche Feststellung muß im ganzen verstanden werden. Der Satz über die Stärke der revolutionären Kräfte des Westens verhüllte kaum die Zweifel, die Stalin in dieser Hinsicht immer gehegt hatte. Er gab zu, daß diese Kräfte »groß« waren und »immer mehr wuchsen«; an einzelnen Punkten mochten sie sogar ausreichen, um eine bourgeoise Regierung zu stürzen; aber er glaubte nicht, daß sie den einmal gewonnenen Boden auch halten könnten. Für Stalin gab es aber darüber gar keinen Zweifel, daß die bewaffnete Macht der Sowjetunion und nicht die revolutionären Kräfte des Auslands den entscheidenden Faktor in dem zu erwartenden Zweiten Weltkrieg darstellen würden. Sollte die Rote Armee tätig werden und fremden Revolutionen helfen, »ihren Boden zu halten«? Er ging auf diese Frage nicht ein, gab aber deutlich zu erkennen, daß die Sowjetregierung sich nicht dazu verpflichtet fühle. Es wäre ihm lieber, wenn die feindlichen Kräfte des Kapitalismus sich untereinander bis zur Erschöpfung bekriegen wollten, obwohl er sich auch hierüber nicht sehr deutlich ausließ. Jedenfalls dachte er sich die Dinge so, daß die Rote Armee in diesem Kampf ebenso den Ausschlag geben würde wie die Amerikaner im Ersten Weltkrieg. Für den Augenblick glaubte er, sich auf zwei Feststellungen beschränken zu dürfen: einmal liege es im Interesse Rußlands, so lange wie irgend möglich Zuschauer der Ereignisse zu bleiben; zum andern sei die Rote Armee viel wichtiger als alle revolutionären Kräfte des Westens, die es bereits gebe oder noch geben werde. Wie weit er sich über die Auswirkung dieser Feststellungen bereits im Jahr 1925 innerlich völlig klar war, mag dahingestellt bleiben. Vielleicht dachte er nur laut, als er das vor dem Zentralkomitee sagte. Vielleicht dachte er auch nur daran, daß die Sowjetunion abseits von dem englisch-amerikanischen Krieg bleiben müsse, von dem damals in Moskau soviel geredet wurde. Wie dem aber immer gewesen sein mag, dies waren die Grundsätze, nach denen er bei Beginn des Zweiten Weltkriegs handelte.

Ende 1925 gab er nochmals eine Erklärung über Fragen der Außenpolitik ab, die im Rückblick eine besondere Bedeutung gewinnt. Er sprach damals vor den Studenten der Swerdlow-Universität über den Widerstand, den gewisse Diplomaten — er nannte keine Namen — der Außenpolitik der Sowjetunion bereiteten. Die Opposition befürwortete eine Annäherung Rußlands an die Westmächte. Rußland solle die Komintern fallenlassen und die Einflußsphären zurückerobern, die es freiwillig aufgegeben habe. Dies seien anscheinend die Hintergedanken von Sowjetdiplomaten, die den imperialistischen Privilegien nachtrauerten, auf die der Sowjetstaat freiwillig verzichtet hatte. Aber in solchen Hintergedanken steckte auch eine scharfsinnige Ahnung der Methode, nach der Stalin selber vom Jahr 1939 ab seine Außenpolitik führen würde, zuerst im Bund mit Hitler, dann mit Roosevelt und Churchill. Die scharfe Absage, die Stalin damals

solchen ahnungsvollen Anregungen erteilte, enthält eine pikante, ironische Note. Zwanzig Jahre vor der Potsdamer Konferenz, genau im Juni 1925, ließ er sich über Vorschläge zur Schaffung russischer Einflußsphären, wie folgt, aus:
»Das wäre der Weg des Nationalismus und der Entartung, der Weg der vollständigen Liquidierung der internationalen Politik des Proletariats, denn Leute, die von dieser Krankheit befallen sind, betrachten unser Land nicht als Teil eines Ganzen, genannt internationale revolutionäre Bewegung, sondern als Beginn und Ende dieser Bewegung, da sie der Meinung sind, daß den Interessen unseres Landes die Interessen aller anderen Länder zum Opfer gebracht werden müßten. (...) Die Befreiungsbewegung in China unterstützen? Aber wozu? Ist das nicht gefährlich? Wird uns das nicht mit anderen Ländern in Konflikt bringen? Wäre es nicht besser, wenn wir in China zusammen mit den andern ›fortschrittlichen‹ Mächten ›Einflußsphären‹ festlegten und dieses oder jenes von China für uns ergatterten? Das wäre nützlich und auch ungefährlich. (...) Die Befreiungsbewegung in Deutschland unterstützen? Lohnt sich das Risiko? Wäre es nicht besser, sich mit der Entente über den Versailler Vertrag zu einigen und dafür dieses oder jenes als Kompensation für uns einzuhandeln? (...) Freundschaft mit Persien, mit der Türkei, mit Afghanistan halten? Lohnt das Spiel den Einsatz? Wäre es nicht besser, zusammen mit dieser oder jener der Großmächte die ›Einflußsphären‹ wiederherzustellen? (...) Das ist eine nationalistische ›Geistesverfassung‹ neuer Art, die versucht, die Außenpolitik der Oktoberrevolution zu liquidieren.«[36]

Daß es bereits damals in der Sowjetunion wieder Politiker gab, die an die Aufteilung der Welt in Einflußsphären dachten, ist eigentlich noch erstaunlicher als das Urteil, das Stalin über sie fällte. In den zwanziger Jahren war es in der Tat noch etwas verfrüht, sich über solche Möglichkeiten Gedanken zu machen. Rußland hatte nichts zu bieten, was etwa die britische oder französische Regierung hätte veranlassen können, in irgendeinem Gebiet der Erde mit der Sowjetunion Einflußsphären abzustecken. Dies erklärt vielleicht auch die unmißverständliche Schärfe, mit der Stalin diesen Gedanken damals beiseite schob. Er brauchte damals die ideologische Sauberkeit seiner Außenpolitik nicht für nichts und wieder nichts kompromittieren zu lassen. Und noch viele Jahre lang beschränkte er sich in seinen außenpolitischen Bestrebungen auf die Erhaltung des Status quo, soweit dieser Zustand Rußland betraf. Dem sechzehnten Parteikongreß versicherte er: »Wir wollen nicht einen einzigen Quadratmeter fremden Landes, aber wir werden auf keinen Fußbreit unseres eigenen Landes verzichten.«[37] Dies war das Leitmotiv der Außenpolitik Stalins — bis zum Jahr 1939.

XI. Kapitel

Außenpolitik und Komintern II

Stalin schweigt vorsichtig im ersten Jahr der Hitlerherrschaft – Das Streben nach kollektiver Sicherheit (1934 bis 1938) – Stalin empfängt Eden, Benesch und Laval (1935) – Rußland tritt dem Völkerbund bei. Die Komintern proklamiert die Volksfrontpolitik – Weltrevolution: ein tragikomisches Mißverständnis – Stalins Einsatz im spanischen Bürgerkrieg (1936 bis 1938) – Rußlands Isolierung vor und nach München – Stalins Gegenzug – Seine Rede vor dem achtzehnten Parteikongreß (März 1939) – Diplomatisches Manöver in den letzten Monaten vor dem Krieg – Die Vorbereitung des russisch-deutschen Bündnisses – Ribbentrop im Kreml (23. August 1939) – Die Teilung Polens – Der erste russisch-finnische Krieg – Stalin lehnt eine Einladung Hitlers zu einem Besuch in Berlin ab (März 1940) – Stalin ist über den Zusammenbruch Frankreichs erstaunt – Russisch-deutsche Rivalitäten auf dem Balkan – Ein japanischer Sendbote im Kreml – Stalin wird Ministerpräsident der Sowjetregierung (6. Mai 1941) – Sein letzter Verständigungsversuch mit Hitler – Die Bilanz aus Stalins Außenpolitik in den Jahren 1939 bis 1941

Als die Nazis in Deutschland die Macht ergriffen, dachte Stalin zunächst an keine Änderung seiner außenpolitischen Linie. Er wartete ab, ob sich der Nationalsozialismus als dauerhaft erweisen, ob Hitler die Rapallo-Politik seiner Vorgänger fortsetzen oder ob er gemäß den Ideen, die er in seinem Buch »Mein Kampf« niedergelegt hatte, gegen die Sowjetunion eine unversöhnliche Feindschaft bekunden werde. Einstweilen vermied Stalin sorgfältig alles, was nach einer Provokation hätte aussehen können. Die Sowjetunion hatte nicht den kleinen Finger gerührt, als Hitler den deutschen Kommunismus zertrümmerte, und so hätte man wohl annehmen dürfen, daß zwischen den beiden Regierungen die Fortsetzung der freundschaftlichen Beziehungen, die sie so lang schon gepflegt hatten, möglich sei. Immerhin war es nicht ganz einfach, die Vorstellungen über die fortgesetzte Einmischung der Sowjetunion in innerdeutsche Angelegenheiten zu widerlegen.[1] Der Rapallo-Vertrag und der deutsch-russische Neutralitäts- und Freundschaftsvertrag von 1926 waren immer noch in Kraft; sie waren im Jahr 1931 verlängert worden, und diese Verlängerung war im Mai 1933, wenige Monate nach der Machtergreifung Hitlers, ratifiziert worden. Die blutige Unterdrückung der inneren Opposition in Deutschland durch Hitler und die Judenverfolgung trübten die diplomatischen Beziehungen zwischen Moskau und Berlin ebensowenig wie die Beziehungen zwischen London, Paris und Berlin.

Stalin rechnete sicherlich mit der Stärke der bismarckschen Tradition bei den deutschen Diplomaten, die von dem Gedanken geleitet war, daß das Reich sich unter keinen Umständen mit Rußland verfeinden dürfe. Im ersten Jahr der Regierung Adolf Hitlers äußerte sich Stalin in der Öffentlichkeit mit keinem Wort zu den Vorgängen in Deutschland, obwohl er gerade mit diesem Schweigen die aufs höchste beunruhigten Genossen in der Komintern beinahe zur Verzweiflung trieb.[2]

Er brach das Schweigen erst im Januar 1934 beim siebzehnten Parteikongreß. Aber auch hier zog er keine praktische Folgerung aus dem katastrophalen Zusammenbruch der Linken in Europa und gab in allgemeinen Ausdrücken der Illusion Raum, daß der Faschismus »ein Symptom der Schwäche des Kapitalismus« und deshalb nicht von langer Dauer sei. Er erklärte die nationalsozialistische Erhebung als »einen Triumph der Revanche-Idee in Europa« und bemerkte, daß sich in der deutschen Politik eine antirussische Tendenz durchgesetzt habe, die sich von der bismarckschen Tradition entferne. Aber trotzdem gab er sich alle Mühe klarzumachen, daß Rußland mit dem Dritten Reich die gleichen Beziehungen aufrechtzuerhalten wünsche wie mit der Weimarer Republik. Er sagte wörtlich:

»Einige Politiker glauben, die UdSSR habe sich nach Frankreich und Polen hin orientiert. Sie sind der Meinung, wir hätten unsere Opposition gegen den Versailler Vertrag aufgegeben und uns zu Stützen dieses Vertrages gewandelt. Eine solche Frontveränderung erkläre sich aus der Tatsache der Bildung einer faschistischen Regierung in Deutschland. Das ist nicht richtig. Selbstverständlich sind wir von der Bildung einer faschistischen Regierung in Deutschland alles andere als entzückt. Für uns steht hier nicht das Problem des Faschismus im Vordergrund, allein schon aus dem Grunde, weil zum Beispiel der Faschismus in Italien die UdSSR nicht gehindert hat, die besten Beziehungen mit diesem Lande zu unterhalten. Es kann auch keine Rede davon sein, daß wir unsere Grundhaltung gegenüber dem Versailler Vertrag geändert haben. Es ist nicht unsere Sache, die wir die Schande von Brest-Litowsk am eigenen Leibe erfahren haben, das Lob des Vertrags von Versailles zu singen. Wir sind aber nicht dafür zu haben, daß die Welt wegen dieses Vertrages in den Abgrund eines zweiten Krieges gerissen wird.«[3]

Die Verhältnisse bestätigten diese Ahnungen Stalins. Deutschland und Polen schlossen einen Nichtangriffspakt. Stalin mußte sich fragen, ob Hitler nicht etwa den alten polnischen Herrschaftsanspruch auf die Ukraine unterstütze, dessen Hauptexponent immer der Marschall Pilsudski gewesen war. Er war einigermaßen beruhigt, als Polen seinen Nichtangriffspakt mit Rußland verlängerte. Zur gleichen Zeit machte Moskau der Berliner Regierung den Vorschlag eines deutsch-russischen Garantievertrags für die territoriale Integrität und Unabhängigkeit der baltischen Staaten, die eine Art Korridor für jede Armee bildeten, die Rußland angreifen wollte. Hitler, der sich nicht binden wollte, lehnte diesen Vorschlag ab. Von nun an war die Sicherung der Grenzen Rußlands die Hauptsorge Stalins. Der augenblickliche Stand der Dinge war höchst unbefriedigend. Die nördliche Vormarschstraße nach Rußland, die durch die baltischen Staaten führte, lag ungeschützt. Ob ein Angreifer die mittlere Route durch Polen hindurch benützen konnte, hing von der zweifelhaften Haltung der polnischen Regierung ab, und ein Angriff auf Rußlands Südflanke konnte durch die antirussische Haltung einiger Donaustaaten erleichtert werden. Erst im Sommer 1934 hatten sich die Tschechoslowakei, Rumänien und Bulgarien entschlossen, diplomatische Beziehungen mit dem Sowjetstaat aufzunehmen. So stand Stalin, zum erstenmal seit Rapallo, vor der schweren Frage einer grundlegenden Revision der sowjetischen Außenpolitik.

Das diplomatische Spiel, das jetzt zwischen Rußland und den Gegnern Deutschlands im Westen begann und das bis zum Ende der dreißiger Jahre andauerte, ist vielleicht die undurchsichtigste Episode in der modernen europäischen Geschichte. Und Stalins persönliche Rolle ist noch undurchsichtiger als die der anderen Mitspieler. Dabei war dieses Spiel nicht etwa deshalb so sehr kompliziert, weil die beteiligten Regierungen entgegengesetzte Absichten und Ziele verfolgt hätten. Im Gegenteil! Sie waren sich im Grunde beinahe einig, und ihre Absichten waren ebenso einfach wie glaubhaft. Die vielen Pannen und Stockungen ergaben sich vielmehr daraus, daß der eine Partner am Schachbrett immer genau denselben Zug tat wie der andere. Deutschlands künftige Feinde schwankten alle zwischen der gefälligen Illusion, daß der Krieg vermieden werden könne, und der dunklen Ahnung, daß er nicht zu vermeiden sei. Jeder fürchtete sich vor der Isolierung, und jeder war deshalb bestrebt, ein schützendes Bündnissystem um sich zu errichten. Keiner war dabei bereit, bindende militärische Verpflichtungen einzugehen, weil er fürchtete, solche Verpflichtungen könnten die Kriegsgefahr nur vergrößern oder den Krieg näher an die eigenen Grenzen heranbringen. Jede der Großmächte, die später die große Allianz gegen Deutschland bildeten, lebte in der Hoffnung, der Impetus der neu erstandenen deutschen Militärmacht könne in eine Richtung abgelenkt werden, die den eigenen nationalen Interessen nicht schade. Die militärische Schwäche Deutschlands nach dem Versailler Frieden hatte die siegreichen Großmächte zu einer Vernachlässigung ihrer militärischen Rüstung verleitet. Als nun Hitler diese Untätigkeit der andern ausgenutzt und seine Kriegsmaschine neu gebaut hatte, waren diese Mächte zunächst alle in einer schwachen Position. Sie gaben Terrain auf, um Zeit zu gewinnen, und ließen Freunde und Alliierte so lange fallen, bis kein Terrain mehr zu verlieren und keine Zeit mehr zu gewinnen war.

Natürlich konnten die beiden Parteien ihre Figuren nicht gleichzeitig parallel verschieben. In jeder Phase hatte eine Macht den ersten Zug zu tun. Es mußte immer wieder jemanden geben, der den toten Punkt in den Verhandlungen überwand, irgendeiner mußte zuerst einen Bauern opfern. Obwohl auf diese Weise auf beiden Seiten die gleichen schlauen Züge gemacht und mit den gleichen Tricks gearbeitet wurde, tat jeder Partner so, als sei alles Recht zu einem gegebenen Zeitpunkt nur auf seiner Seite, und jeder sah scheel auf den andern, als ob er der böse Mann im

Spiel wäre. Frankreich und England bemühten sich nervös um eine Politik der Verständigung gegenüber Hitler, während Rußland tapfer das Horn der kollektiven Sicherheit blies. Als Großbritannien die schwerste und glorreichste Stunde seiner Geschichte bestand, machte Rußland mit Hitler noch solide politische Tauschgeschäfte. Als man sich dann zur großen Allianz gegen Hitler zusammengeschlossen hatte, war all dies vergeben und vergessen. Als aber der Krieg zu Ende war, fingen die gegenseitigen Vorwürfe sofort aufs neue an.

Im Jahr 1934 begann Stalin sich nach Bündnissen umzusehen, die Rußland schützen sollten. Schrittweise, aber doch unverkennbar schwenkte er aus der Opposition gegen das System von Versailles in die Reihe der Verteidiger dieser Ordnung ein. Im September trat Rußland dem Völkerbund bei. Bisher hatten der Kreml und der Völkerbund sich gegenseitig boykottiert. Für Lenin war die Genfer Einrichtung »eine Räuberhöhle« gewesen. Er sah im Völkerbund nur das Instrument zur Durchsetzung des Vertrags von Versailles, zur Verewigung des kolonialen Imperialismus, der Ausbeutung der Kolonialländer und der Unterdrückung jeder freiheitlichen Bewegung in der ganzen Welt. Stalin selber sagte: »(...) um in den Völkerbund einzutreten, müßte man, wie Genosse Litwinow sich richtig ausgedrückt hat, die Wahl treffen, Hammer oder Amboß zu sein. Nun, wir wollen aber weder Hammer für schwache Völker noch Amboß für Starke sein.«[4]

Aber das deutsche Revanchebedürfnis wurde zu einer größeren Gefahr als der Versailler Vertrag. Litwinow wurde bald der Hauptfürsprecher eines starken Völkerbunds, der in der Lage sein mußte, jeden Aggressionsversuch zu vereiteln oder zu bestrafen. In Stalins neu entdeckter Begeisterung für den Völkerbund klang ein pazifistischer Illusionismus mit. Dasselbe kann man von seinen Bemühungen um die Bildung eines Ostpaktes sagen. Dieser Pakt sollte die Teilnehmerstaaten, Rußland, Deutschland und alle kleinen Staaten Osteuropas zur gegenseitigen und selbstverständlichen Hilfeleistung verpflichten, wenn einer dieser Staaten das Ziel eines militärischen Angriffes würde. Diese russischen Bemühungen um ein »Östliches Locarno«

wurden von dem französischen Außenminister Barthou lebhaft unterstützt. Der Pakt kam nicht zustande, weil sich sowohl Deutschland als auch Polen ihm widersetzten.

Zu Beginn des Jahres 1935 ging Stalin einen Schritt weiter. Als seine Bemühungen um die Schaffung eines osteuropäischen Verteidigungssystems gescheitert waren, dachte er an Bündnisse mit den Westmächten. Im März 1935 stattete Eden Stalin im Kreml einen Besuch ab. Der spätere britische Außenminister war damals noch ein weniger bedeutendes, jüngeres Kabinettsmitglied. Er kam nach Moskau, nachdem er in Prag und Warschau ähnliche Besuche gemacht hatte. Aber fast gleichzeitig reiste eine wichtigere Persönlichkeit im britischen Kabinett, Sir John Simon, zu Hitler nach Berlin. Trotzdem wurde Eden im Kreml mit größter Herzlichkeit empfangen. Das war der erste Besuch eines britischen Kabinettministers in Moskau nach so vielen Jahren der Spannungen und Feindseligkeiten. Das Eis zwischen den beiden Regierungen schien zu schmelzen, und Stalin tat alles, was er konnte, um diesen Frühling in den britisch-sowjetischen Beziehungen zu beschleunigen. Er tauchte aus dem Halbdunkel seines Generalsekretariats auf und präsidierte bei dem Empfang des britischen Gastes. Gegen alle bolschewistische Gewohnheit mußte sogar »God Save the King« gespielt werden. Der Besuch hatte freilich keine praktischen Ergebnisse. Er war auch von britischer Seite aus nicht so gedacht gewesen. Gegen Ende Mai — Hitler hatte eben die allgemeine Wehrpflicht wieder eingeführt — erschienen zwei andere wichtige Besucher in Moskau: Laval und Benesch. Bei diesen Anlässen wurden ein russisch-französisches und ein russisch-tschechoslowakisches Bündnis geschlossen. Sowohl Laval als auch Benesch hatten persönliche Besprechungen mit Stalin. Obwohl Stalin der Form nach kein Mitglied der Sowjetregierung war, wurde doch von jetzt an seine Beteiligung an Verhandlungen mit wichtigen ausländischen Staatsmännern und an offiziellen Empfängen zur Regel und zu einem Bestandteil des normalen diplomatischen Protokolls.

Der Besuch Lavals hatte einen Zwischenfall zur Folge, der größtes Aufsehen verursachte. Als Laval nach Paris zurückgekehrt war, erklärte er, Stalin habe ihn ermächtigt mitzuteilen, er stehe den französischen Bemühungen auf Stärkung der französischen Rüstung mit aller Sympathie gegenüber. Bisher hatten die französischen Kommunisten sich grundsätzlich, wie übrigens auch alle andern Sektionen der Komintern, gegen die Bewilligung von Budgetmitteln für Zwecke der Landesverteidigung ausgesprochen. Die kommunistischen Abgeordneten hatten in den französischen gesetzgebenden Körperschaften grundsätzlich den Haushalt des Kriegsministeriums abgelehnt, und die Parteimitglieder hatten die revolutionäre Propaganda in die französische Armee hineingetragen. Stalins Erklärung klang wie eine Mißbilligung dieser Haltung, und es war beinahe skandalös, daß er diese Feststellung durch den Mund Lavals treffen ließ, der in den Augen der französischen Linksparteien einer ihrer elendesten Renegaten war. Die Kommunisten fuhren trotzdem noch einige Zeit fort, in der französischen Kammer gegen Rüstungskredite zu stimmen. Die antimilitaristische Tradition war im französischen Kommunismus so stark, daß man sie nicht einfach ignorieren konnte. Außerdem hatte Laval gar nicht die Absicht, aus dem eben geschlossenen Bündnisvertrag die gebotenen Folgerungen zu ziehen. Er verzögerte die Ratifikation des Vertrags durch die Kammer immer aufs neue und hinderte den französischen Generalstab an Besprechungen mit dem russischen über die Ausarbeitung gemeinsamer Verteidigungspläne. Die Kommunisten sahen also keinen Anlaß, für die Militärausgaben der Regierung Laval zu stimmen. Aber die Erklärung Stalins ließ einen wichtigen Umschwung in der Politik der Komintern voraussehen.

Dieser Umschwung wurde der Öffentlichkeit auf dem siebten Kongreß der Internationale mitgeteilt, der im selben Jahr stattfand. Jetzt wurden alle Theorien, taktischen Rezepte und Slogans, mit denen man seit 1928 gelebt hatte, vor allem die These, daß der Faschismus und die Sozialdemokratie Zwillingsbrüder seien, aber auch das Verbot der Zusammenarbeit mit den sozialdemokratischen Parteien, und was dergleichen Wahrheiten mehr sein mochten, in aller Gemütsruhe in der »Rumpelkammer« der Komintern verstaut. Die Verteidigung der Demokratie (das Beiwörtchen »bürgerlich« ließ man jetzt diskret beiseite) gegen den Faschismus wurde zur ersten und wichtigsten Aufgabe der Arbeiterbewegung erklärt. Sozialdemokraten und Kommunisten wurden aufgefordert, zusammenzustehen und »Volksfronten« zu bilden, in die alle Parteien und Gruppen der Mittelklasse, Liberale, Radikale, ja sogar Konservative aufgenommen werden sollten, die bereit und willens waren, gegen den Faschismus zu kämpfen (dies war die bisher radikalste Preisgabe nicht nur eines taktischen Verhaltens, sondern eines Grundprinzips der Komintern, denn in den berühmten »einundzwanzig Bedingungen für die Aufnahme in die Komintern«, die Lenin zusammen mit Sinowjew entworfen hatte, war das Verbot einer kommunistischen Koalition mit bürgerlichen Parteien ausdrücklich niedergelegt). Die Kommunisten sollten die Liberalen der Mittelklasse nicht durch unzeitgemäße, radikale Forderungen und durch antikapitalistische Schlagworte »verschnupfen«. Bald nach diesem Kongreß wurden die Kommunisten die eifrigsten und wortgewandtesten Fürsprecher der nationalen Verteidigung in den demokratischen Ländern. Die Komintern setzte diese neue Parteilinie so ernsthaft durch, daß von nun an alle Reste antimilitaristischer und pazifistischer Haltung in den Reihen der Linken als gefährliche Ketzereien verfolgt wurden. Die Kommunisten gingen so weit, daß sie die Männer der traditionellen antideutschen Front — wie Mandel in Frankreich und Churchill in England — als Bundesgenossen begrüßten. Manuilski, das Sprachrohr Stalins in der Komintern, dem es bisher niemand in seinen Deklamationen gegen den Sozialfaschismus hatte gleichtun können, wurde durch Georgi Dimitrow ersetzt, den Helden des Reichstagsbrandprozesses vor dem Reichsgericht in Leipzig. Sein Name wurde jetzt zum Symbol des militanten Antifaschismus gemacht. Stalin bemühte sich, bei jeder Gelegenheit seine persönliche Verbundenheit mit Dimitrow herauszustellen. Der bulgarische Kommunistenführer erschien bei Zeremonien und Paraden regelmäßig an Stalins Seite.

Suchte nun Stalin wirklich das Bündnis mit der bourgeoisen Demokratie des Westens? Wenn man an die Ereignisse des Jahres 1939 denkt, so scheint der Zweifel nicht ganz unbegründet zu sein. Noch im Jahr 1936 schrieb der Chef einer französischen Militärmission in Rußland: «La Russie cherche à rejeter vers l'Ouest un orage qu'elle sent monter vers l'Est. (...) Elle ne veut pas être mêlée au prochain conflit europeen, dans lequel elle aspire à jouer comme les États-Unis l'ont fait en 1918, le rôle d'arbitre dans une Europe qui sera épuisée par une guerre sans merci.«[5] Diese Auffassung wird durch die Rede bestätigt, die Stalin bereits im Jahr 1925 hielt, in der er davon sprach, daß Rußland in einem neuen Krieg sich auf die Rolle des Zuschauers beschränken müsse. Der französische General konnte, als er seinen Bericht schrieb, diese Rede nicht gekannt haben, da sie erst im Jahr 1947 veröffentlicht wurde. Aber, wie dem immer gewesen sein mag, man hat doch den gerechtfertigten Eindruck, daß Stalin in den Jahren 1935 bis 1937 und auch noch später ernsthaft und ehrlich eine Koaliton gegen Hitler auf die Beine bringen wollte. Diese Richtung seiner Politik wurde ihm durch die Umstände vorgeschrieben. Alles schien dafür zu sprechen, daß die alte Linie der Rußlandpolitik Bismarcks in Deutschland endgültig und unwiderruflich verlassen worden war. Auf dem Parteitag der NSDAP in Nürnberg im Jahr 1936 sprach Hitler von der Ukraine und Sibirien als von zum »deutschen Lebensraum« gehörigen Ländern, und zwar in einem so aggressiven und herrischen Ton, daß jede auch nur vorübergehende Verständigung zwischen ihm und Stalin ausgeschlossen zu sein schien. Ein paar Monate später trafen sich die Führer der Achsenmächte und verkündeten der Welt den Abschluß des Antikominternpaktes. Während dieser Zeit ereigneten sich immer neue Zusammenstöße zwischen russischen und japanischen Grenzposten, die teilweise ernsteren Charakters waren. So schien sich das Gewitter über Rußland von Asien und von Europa her zusammenzuziehen. Wenn es schon nicht reine antifaschistische Tugend war, so mußte der Selbsterhaltungstrieb Stalin veranlassen, seine Sicherheit in einem soliden Bündnissystem zu suchen.[6]

Sein ganzes Bemühen richtete sich jetzt darauf, die Westmächte zu überzeugen, daß sie feste Verpflichtungen eingehen müssen, oder sie zumindest in eine Lage hineinzumanövrieren, in der sie solchen Verpflichtungen nicht aus dem Wege gehen konnten. Aber hier erwartete ihn eine Enttäuschung nach der anderen. Der russisch-französische Beistandspakt blieb ein Stück Papier, auch als Laval durch eine Volksfrontregierung der Herren Daladier und Léon Blum abgelöst worden war. Frankreich und England rührten zu allen Provokationen Hitlers nicht einmal den kleinen Finger. Er durfte die allgemeine Wehrpflicht einführen und ungestört in das demilitarisierte Rheinland einrücken. Stalin wird der letzte gewesen sein, der glaubte, daß die Verständigungspolitik des Westens nur die Folge von Schwäche und Kurzsichtigkeit war. Schwäche? Auch zwei oder drei Jahre nach der Wiedereinführung der allgemeinen Wehrpflicht in Deutschland konnte die deutsche Wehrmacht noch nicht als ein ernstzunehmender Gegner gelten. Wie die meisten Staatsmänner jener Zeit sah auch Stalin die französische Armee immer noch im Glanz der Lorbeeren, die sie in den Jahren 1914 bis 1918 gesammelt hatte, und überschätzte ihre Schlagkraft noch bis ins Jahr 1940 hinein, wie wir später feststellen werden. Seine militärischen und diplomatischen Ratgeber werden ihm gesagt haben, daß zu diesem Zeitpunkt die Gegner Hitlers allein schon durch die Drohung mit einem militärischen Vorgehen Hitler mindestens vorübergehend einschüchtern konnten. Darin täuschten sie sich sicherlich nicht. Kurzsichtigkeit? War es denn nicht ganz offenkundig, daß die Koalition zwischen der Schwerindustrie, der Wehrmacht und der NSDAP in Deutschland an mehr dachte als an die Revision der Irrtümer des Versailler Vertrags und daß die imperialistischen Ambitionen Deutschlands mit seiner politischen Macht wachsen würden? Wir wissen heute, daß unter den vielen Faktoren, die jene Verständigungspolitik des Westens mit Hitler bestimmten, auch das Gefühl eigener Schwäche und Kurzsichtigkeit eine Rolle spielte. Aber Stalin konnte es sich offenbar nicht vorstellen, daß bürgerliche und demokratische Staatsmänner so weich in den Knien sein können.

Er vermutete vielmehr, daß die Briten und Franzosen sich mit dem Wiedererstarken des deutschen Militarismus abfinden würden, weil sie die Hoffnung hatten, sie könnten die Stoßkraft dieser deutschen Militärmaschine gegen Rußland ablenken, genauso wie Stalin, wenn er es gekonnt hätte, sie gegen den Westen gelenkt hätte. Aber selbst wenn er der Meinung gewesen wäre, daß der Kurs, den die Diplomatie des Westens steuerte, nur durch mangelnde Einsicht und Charakterschwäche und nicht durch eine antirussische Absicht bestimmt sei, so hätte er sich hierauf allein nicht verlassen können. Er mußte mit der schlechtesten Möglichkeit rechnen. Es war nicht zu leugnen, daß in den herrschenden Kreisen Englands und Frankreichs nach wie vor der Gedanke einer Verbindung mit den Sowjets als etwas Widerwärtiges empfunden wurde, auch wenn die alte Feindschaft aus der Zeit nach 1917 allmählich abgeklungen war. Es war ebenso sicher, daß es im Westen Staatsmänner gab, die im Nationalsozialismus einen willkommenen Damm gegen den Kommunismus sahen, und daß einige unter ihnen sogar mit dem Gedanken liebäugelten, man könne in diesen Damm sogar einen Rammbock einbauen. Und selbst unter denen, die ein Bündnis mit Rußland als unvermeidlich ansahen, mochte es nicht wenige geben, die es für kluge Politik hielten, daß sich die Deutschen zunächst mit den Sowjets anlegten.

Hinter all diesen diplomatischen Manövern, hinter diesen Gesten der Freundschaft, des geflissentlichen Übersehens oder Naserümpfens, lauerte der alte ideologische Gegensatz. Stalin wollte den Verdacht, das Mißtrauen, die Furcht und die Vorurteile des Westens durch eine gemäßigte und nachgiebige Haltung widerlegen. Er wollte die Geister der Vergangenheit bannen, vor allem das große Gespenst der Weltrevolution. Einem seiner ausländischen Besucher, der dieses Thema anschnitt, sagte er: »Wir haben niemals dergleichen Pläne und Absichten gehegt. Das ist ein Mißverständnis.« »Ein tragisches Mißverständnis?« unterbrach ihn der Besucher. »Nein, ein komisches, oder richtiger, ein tragikomisches Mißverständnis«, sagte Stalin.[7] Diese Versicherung war zur Hälfte wahr. Die Bolschewisten hatten nie die Absicht gehabt, eine in Rußland konfektionierte Revolution ins Ausland zu exportieren. Sie waren der Ansicht gewesen, daß jede Revolution auf ihrem eigenen nationalen Boden wachsen müsse. Sie hatten allerdings gehofft, diesem Wachstumsprozeß etwas nachhelfen zu können. Die Bourgeoisie des Westens konnte sich freilich nur schwer zu dem Glauben durchringen, daß all dies ein tragisches oder gar nur ein tragikomisches Mißverständnis gewesen sein sollte.

Das Mißtrauen der Westmächte Stalin gegenüber beruhte aber nicht nur auf fernen Erinnerungen. Auch jetzt konnte Stalin den Geist der Revolution ebensowenig beschwören, wie er es seinem Schatten verbieten konnte, ihm zu folgen. Die Schlagworte, die er für die Volksfront verfaßte, konnten jetzt noch so gemäßigt und »rein demokratisch«, noch so verfassungstreu und patriotisch sein, die revolutionären Möglichkeiten, die in der Volksfront steckten, konnten sie nicht vergessen machen. Ob er wollte oder nicht, er mußte diese Möglichkeiten entwickeln und zu seinem Vorteil nützen. Die Wahlsiege der Volksfront in Frankreich und in Spanien steigerten ganz von selber die antikapitalistische Stimmung und das Vertrauen der Arbeiterklasse, die den Eindruck gewann, daß die Volksfront das Vorspiel zu einer ernsthaften Reform, wenn nicht gar das Vorspiel der Revolution sei. Die französischen und spanischen Kommunistenführer konnten sich von dieser Stimmung im Volk nicht distanzieren. In Frankreich löste ein Streik den anderen ab, man erlebte Massenversammlungen und Demonstrationen von nie gesehener Wucht. Spanien lag in den Wehen des Bürgerkrieges. Ganz Westeuropa war von sozialen Spannungen erfüllt. Wenn auch die Kommunistenführer auf Weisung Moskaus sich oft ehrlich bemühten, diese Bewegung abzubremsen, so konnten sie doch nicht verhindern, daß Furcht die Mittelklasse befiel, die eine heimliche Sympathie für den Faschismus und wachsendes Mißtrauen gegen Rußland weckte. So wurde in einem merkwürdigen dialektischen Prozeß die Volksfront durch die Volksfront geschlagen. Sie hatte es sich zur Aufgabe gemacht, den bürgerlichen Westen mit Sowjetrußland zu versöhnen. Sie verbreiterte nur die Kluft. Sie hatte beabsichtigt, zaudernde Regierungen in eine Koalition mit Rußland hineinzutreiben; in Wirklichkeit vergrößerte sie aber nur die Schwierigkeiten zwischen Ländern, die sich gern mit Rußland für einen bestimmten Zweck verbündet hätten. In den Augen der französischen und englischen Oberschicht wurden der Ruf Litwinows nach kollektiver Sicherheit und seine Appelle an den britischen und französischen Selbsterhaltungstrieb gleichbedeutend mit Sitzstreiks, mit der Forderung nach Einführung der Vierzigstundenwoche, mit Lohnforderungen und all den anderen sozialen Reformen, zu denen die Volksfront die stagnierende französische Wirtschaft zwang.

Wenn die Revolution ihre positiven Ziele erreichen wollte, dann konnte das nur auf dem Weg des Umsturzes geschehen. Wenn sie aber ein negatives Ergebnis, das heißt, eine konterrevolutionäre Reaktion hervorrufen wollte, dann brauchte sie nicht mehr zu tun, als ihren Schatten an die Wand zu malen. Diese Reaktion setzte sich in Frankreich mit erstaunlicher Geschwindigkeit am Vorabend von München durch. Die Volksfront war unverkennbar am Zerfallen, und die russisch-französische Allianz war noch unwirklicher als zuvor. Im März 1938 sagte Litwinow zu einem seiner diplomatischen Kollegen: »Frankreich hat kein Vertrauen zur Sowjetunion und die Sowjetunion keins zu Frankreich.«[8]

Der spanische Bürgerkrieg bedeutete für Stalin ein ähnliches Dilemma. Er mußte wünschen, daß Franco unterliege; nicht nur, weil sich dies aus der von ihm betriebenen antifaschistischen Politik ergab, sondern vor allem, weil ein faschistisches Regime hinter den Pyrenäen die Angst der Franzosen vor Deutschland nur noch steigern mußte. Aber im Bürgerkrieg steckten auch Möglichkeiten einer revolutionären Entwicklung. Es war durchaus denkbar, daß die spanischen Arbeiter, die für die Verteidigung der republikanischen Regierung bewaffnet worden waren, den Versuch machen würden, eine Diktatur des Proletariats zu errichten, mochte diese nun kommunistisch oder anarchokommunistisch sein. Die armen spanischen Bauern, die in ähnlichen Verhältnissen lebten wie im alten feudalen Rußland, mochten auf den Gedanken kommen, eine Agrarreform zu fordern. Wenn aber Spanien seinen »Oktober« erleben würde, so würde der Riß, der durch Westeuropa ging, sich nur noch mehr vertiefen. Und die Aussichten einer politischen Zusammenarbeit zwischen der Sowjetunion und den Westmächten würden noch weiter schwinden. Die Komintern gab deshalb ihrer spanischen Sektion die Weisung, sich auf die Verteidigung der Republik gegen Franco zu beschränken. Die Forderung auf Sozialisierung der Industrie und auf Enteignung der Großgrundbesitzer sollte nicht gestellt werden. Stalin entsandte Litwinow in den »Nichteinmischungsausschuß«, der auf Anregung von Léon Blum hin zusammengetreten war. Es gab sogar eine Zeit, in der die Sowjetunion eine Haltung in der spanischen Angelegenheit einnahm, die vom Standpunkt der Nichteinmischung aus gesehen, mustergültig war.[9]

Aber Stalin konnte bei dieser Haltung nicht verharren. Hitler und Mussolini intervenierten nach Herzenslust in Spanien. Diese Tatsache machte es ihm, dem Führer der Linken, so gut wie unmöglich, tatenlos beiseite zu stehen. Also intervenierte auch er. Auf dem Umweg über die französischen Kommunisten übte er Druck auf die französische Regierung aus, sie solle dem russischen Beispiel folgen. Das mindeste, was er von einer solchen französischen Haltung hoffen konnte, war, daß Hitler und Mussolini die Finger von Spanien ließen. Aber es konnte auch mehr auf dem Spiel stehen. Hätten die Demokratien des Westens in Spanien interveniert, so hätten sie einen großen Schritt in Richtung auf die Übernahme definitiver militärischer Verpflichtungen gegen Deutschland tun müssen. So hätte aus dem Schießplatz Europas in Spanien das erste wirkliche Schlachtfeld des Zweiten Weltkrieges werden können. Aber weil die Westmächte selber das Gefühl hatten, der spanische Bürgerkrieg könne sich zum Vorspiel eines neuen Weltkrieges entwickeln, oder weil sie die Volksfront in ihrem Kampf gegen Franco nicht tatkräftig unterstützen wollten, vielleicht auch aus beiden Gründen, weigerten sich die Westmächte beharrlich, in Spanien aktiv einzugreifen, auch wenn Hitler und Mussolini ihren Vorteil aus dieser Untätigkeit der westlichen Demokratien zogen. Schließlich hatte der verbissene Streit im »Komitee für Nichteinmischung« nur das Ergebnis, daß die Beziehungen zwischen Rußland, Großbritannien und Frankreich vergiftet wurden.

Die Widersprüche, in die sich Stalin so verwickelte, hatten zur Folge, daß er vom Kreml aus einen Bürgerkrieg innerhalb des spanischen Bürgerkriegs führen mußte. Die extremen spanischen Anarchisten und Anarcho-Syndikalisten ärgerten sich über die unrevolutionäre Taktik der Kommunisten. In Katalonien gab es eine halbtrotzkistische Partei, die POUM, die sich nach Kräften bemühte, mehr sozialen Radikalismus in den Kampf hineinzutragen. Stalin übernahm es, diese unorthodoxen Elemente der äußersten Linken zu unterdrücken. Als Voraussetzung für den Verkauf von sowjetischem Kriegsmaterial an die spanische republikanische Regierung forderte er die Entfernung dieser Elemente aus der spanischen Verwaltung. Er schickte nicht nur militärische Instrukteure, sondern auch Agenten seiner politischen Polizei nach Spanien, die alle Erfahrung im Aufstöbern von politischen Häretikern und in der Durchführung von Säuberungsaktionen hatten und die innerhalb der republikanischen Front ihr eigenes Reich des Terrors errichteten. Um das Groteske dieser Unternehmung noch zu unterstreichen, betraute er keinen andern als Antonow-Owsejenko, den Helden von 1917 und alten Anhänger Trotzkis, mit der Durchführung der Säuberung in Katalonien, wo sich der Hauptstützpunkt der Häretiker befand, um Antonow-Owsejenko sofort nach seiner Rückkehr nach Rußland selber in einer Säuberungsaktion aburteilen zu lassen. Stalin wollte unter allen Umständen, daß die Volksfront in Spanien ihr respektierliches republikanisches Gesicht wahren solle, um so jede Möglichkeit von Meinungsverschiedenheiten mit der britischen und französischen Regierung auszuschließen. Aber er rettete niemandes respektierliches Ansehen und säte Feindschaft zwischen allen. Die konservativen Kreise in Westeuropa, die sich für den brudermörderischen Kampf innerhalb der spanischen Linksparteien nicht interessierten und durch die komplizierte Politik Stalins nur verwirrt waren, sahen schließlich in ihm den Mann, der die Revolution schürte, und machten ihm deswegen Vorwürfe.

Ein anderer Grund für den schweren Rückschlag, den die russischen außenpolitischen Aktivitäten vor München erlitten, darf nicht unberücksichtigt bleiben. Es waren die großen Säuberungsaktionen in Moskau. Im Jahr 1936 hatten britische und französische Generäle den russischen Manövern beigewohnt und im ganzen einen günstigen Eindruck von der Technik und der kriegerischen Qualität der Roten Armee mit nach Hause genommen.[10] Die Säuberungsprozesse mußten diesen Eindruck wieder verwischen. Es sah aus, als krache es bedenklich in dem ganzen Gebäude der Sowjets. Mochten die Staatsmänner und Generäle der Westmächte die gegen die Angeklagten vorgebrachten Beschuldigungen für wahr halten oder nicht, sie mußten unter solchen Umständen jedenfalls die Bündnisfähigkeit Rußlands mit einem Fragezeichen versehen. Wenn es wahr war, daß so viel hervorragende Politiker, Verwaltungsbeamte und Offiziere der Roten Armee eine monströse Fünfte Kolonne gebildet hatten, so mußte man sich auch fragen, wie es mit der

Moral in einem Volk bestellt sei, in dem solche ungeheuerlichen Dinge passierten. Wenn aber die Anklagen falsch waren, war dann nicht auch das Regime, das mit solchen Praktiken arbeitete, verdorben und verrottet? Das Problem war, wie wir gesehen haben, nicht so einfach zu lösen; aber damals bot es sich dem Zuschauer nun einmal so und nicht anders dar. Und diese Zuschauer täuschten sich nicht einmal in allen Punkten. Die Säuberungen hatten einen verheerenden Einfluß auf die Rote Armee und auf die Verwaltung des Sowjetstaates überhaupt. Aber diese Wirkung ging doch nicht so tief, daß durch sie eine langsame, kostspielige, aber sichere Reorganisation verhindert worden wäre, obwohl es der schärfsten äußeren Anreize bedurfte, um diesen Erholungsprozeß durchzuführen. Diesen äußeren Anstoß gab schließlich der Überfall Hitlers auf die Sowjetunion.

Als der deutsche Expansionismus in sein explosives Stadium eintrat, war Rußland aus den verschiedensten Gründen auf der internationalen Schaubühne fast vollständig isoliert. Die Münchener Krise unterstrich diese Isolierung und machte sie vollends unerträglich. Während der Krise selber hüllte sich Stalin in eisiges Schweigen, dem man anmerkte, wie unbehaglich es dem Mann im Kreml sein mußte, obwohl er sich in ähnlichen Lagen immer so zu verhalten pflegte. Aber er war beunruhigt und tief erniedrigt. Einige Monate später sagte er: »Man konnte annehmen, daß die Abtretung der sudetendeutschen Gebiete an Deutschland der Preis für einen gegen Rußland zu entfesselnden Krieg sein sollte.«[11] Er konnte sich keinen andern Grund vorstellen, der Chamberlain und Daladier hätte bewegen können, Hitler ganz aus freien Stücken bei der Aufteilung der Tschechoslowakei Hilfsdienste zu leisten. Jetzt war das ganze Geschwätz über kollektive Sicherheit null und nichtig geworden, man hatte sich damit nur lächerlich gemacht. Den Völkerbund und den Rat des Völkerbunds, in dem Rußland jetzt ständiges Mitglied war, hatte man völlig übergangen und ignoriert; die Sowjetregierung war von der britischen Regierung einfach brüskiert worden. Das mochte noch hingehen, denn zwischen den beiden Regierungen bestanden keine bindenden Verpflichtungen. Anders war es mit

Frankreich. Mußte man nicht den Eindruck haben, daß die französische Regierung ihren Bündnisvertrag vor den Augen der ganzen Welt zerrissen habe? Die Bündnisverträge zwischen Rußland und Frankreich, Frankreich und der Tschechoslowakei, Rußland und der Tschechoslowakei waren alle miteinander gekoppelt. Frankreich und Rußland hatten sich gleichermaßen verpflichtet, zur Verteidigung der Tschechoslowakei Krieg zu führen, aber Rußland war nur verpflichtet, zu den Waffen zu greifen, wenn Frankreich dies zuerst tat. Die französische Regierung kümmerte sich nicht um die Interessen ihres russischen Verbündeten, fragte auch nicht danach, ob sie das russische Ehr- und Selbstgefühl verletze, behandelte statt dessen Hitler — ihren künftigen Feind — beinahe wie einen Verbündeten und ihren nominellen Verbündeten Rußland beinahe wie einen Feind. Damit forderte die französische Regierung die russische Regierung geradezu heraus, ihr diese Rechnung eines Tages in gleicher Münze zu begleichen. (»Wir können treulos sein, wenn wir es wollen«, hätte Stalin mit den Worten der »Skythen« sagen können.) Großbritannien hatte keine formellen Verpflichtungen gegenüber der Sowjetunion, auch nicht gegenüber der Tschechoslowakei, da aber Chamberlain noch mehr als Daladier als der Mann anzusehen war, der für das Münchener Abkommen die Verantwortung zu tragen hatte, mußten sich die Sowjets auch durch die Engländer verletzt und zurückgesetzt fühlen.

Mitten in der tschechischen Krise erklärte Litwinow der tschechischen Regierung auf Stalins Weisung, daß die Sowjetunion bereit sei, für die Verteidigung der Tschechoslowakei zu den Waffen zu greifen, aber nur unter der Voraussetzung, daß Frankreich seine Bündnisverpflichtungen erfülle. Die Polen wurden gewarnt, daß sie durch einen Einmarsch in tschechisches Gebiet einen feindseligen Akt gegen Rußland begehen würden. Da aber die französische Regierung den Treubruch beging und die Tschechoslowakei im Stich ließ, war auch Rußland nicht verpflichtet, der Tschechoslowakei bewaffneten Beistand zu leisten. Eines Vertragsbruchs machte sich die russische Regierung auf diese Weise nicht schuldig. Die Polen rückten in die Tschechoslowakei ein, und die Moskauer Regierung teilte in Warschau schließlich trotz allem mit, daß sie diese Maßnahme nicht als eine gegen Rußland gerichtete, feindselige Handlung ansehe. Wiederum erhebt sich die Frage, ob Stalin im Jahr 1938 wirklich bereit war, das zu tun, was er 1939 tatsächlich nicht tat. Hatte er wirklich die Absicht, die Verpflichtung einzuhalten, die Litwinow den Tschechen gegenüber eingegangen war? Hätte sich vielleicht Stalin, wenn die Westmächte damals in den Krieg eingetreten wären, dieser Verpflichtung wieder entzogen? Der Historiker mag über solche Möglichkeiten oder Wahrscheinlichkeiten spekulieren, aber niemand weiß, was Stalin in jenen kritischen Tagen des September 1938 wirklich dachte. Wenn er aber nach seinem tatsächlichen Verhalten beurteilt werden soll, dann kann man ihm keinen Vorwurf machen. Bis zum letzten Augenblick gab er deutlich zu verstehen, daß Rußland bereit sei, Krieg zu führen. Das geschah vielleicht in der Art des tapferen Soldaten, der durch ein im falschen Moment gegebenes Signal »Feuer einstellen« daran gehindert wird, die größten Heldentaten zu begehen. Nur daß in diesem Fall das Schießen noch nicht einmal angefangen hatte. Es ist möglich, daß Stalin vor München anders dachte als nachher. Die Teilung der Tschechoslowakei veränderte das Gleichgewicht der Kräfte in Osteuropa sehr zu Rußlands Ungunsten. Stalin mochte das Risiko 1939 für größer ansehen, als es 1938 gewesen war. 1939 war vielleicht auch sein Verdacht stärker, der Westen werde schließlich doch die Deutschen gegen die Sowjetunion hetzen. Deshalb mochte auch sein Wunsch größer sein, sich gegen den Westen die Hände freizuhalten.

Der unausgesprochene Zweck von München war, die Russen aus Europa herauszuhalten. Nicht nur die großen und scheinbar großen Mächte des Westens hatten den Wunsch, Rußland von der Beteiligung an diesen Vorgängen auszuschließen. Die Regierungen der kleinen osteuropäischen Staaten blickten ebenfalls mit scheelen Augen auf den großen russischen Bären. »Bleib wo du bist, bleib in deiner Höhle!« Kurz vor München und zu einem Zeitpunkt, zu dem die Franzosen und die Sowjets noch über eine gemeinsame militärische Hilfeleistung für die Tschechoslowakei verhandelten, weigerten sich die polnische und die rumänische Regierung kategorisch, den Durchmarsch russischer Truppen in die Tschechoslowakei zu gestatten. Sie versagten der Roten Armee das Durchmarschrecht nicht nur, weil sie sich vor dem

Kommunismus fürchteten. Sie liebäugelten mit Hitler. Ein charakteristischer Zwischenfall — nur einer von vielen — zeigte Stalin, wie man in Warschau und Bukarest wirklich gesonnen war: Kurz vor München flog ein halbes Dutzend russischer Flugzeuge in die Tschechoslowakei. Obwohl bei dem Überfliegen des rumänischen Gebiets alle Vorschriften des Luftverkehrs sorgfältig beachtet wurden, rief dieser Zwischenfall sofort heftige Proteste hervor, zunächst vom polnischen Außenminister, Oberst Beck, dem sich sofort sein rumänischer Kollege anschloß.[12] Nadelstiche und Herausforderungen dieser Art gab es in Mengen. Sie wirkten noch lange Zeit nach.

Bald nach München muß der Gedanke einer neuen Annäherung an Deutschland Stalin wieder beschäftigt haben. Die Hoffnung, München werde eine lange Friedensära einleiten, verflog rasch. Es war klar, daß Hitler jetzt vor allem darauf bedacht war, eine Zersplitterung seiner Kräfte zu vermeiden. Er mußte sich entscheiden, ob er seine Macht gegen den Westen oder gegen den Osten wenden wollte. Dies war der gegebene Augenblick, in dem Stalin versuchen konnte, auf die Entschlüsse Hitlers Einfluß auszuüben. Aber mit solchen Annäherungsversuchen waren auch große Gefahren verbunden: wies Hitler sie zurück, so war Rußland als Führer einer antifaschistischen Koalition schwer kompromittiert und erreichte das Gegenteil von dem, was es erstrebte. Die britische und die französische Regierung hätten eine Ausrede gehabt, wenn sie selber Hitler im Osten freie Hand geben wollten. Was Stalin jetzt beabsichtigte, konnte nur mit ungewöhnlichem taktischen Geschick zu einem guten Ende geführt werden. Er mußte jetzt eine Strecke Wegs mit den Hasen rennen und mit den Hunden jagen; er mußte aber sehr darauf bedacht sein, daß die Hasen nicht merkten, daß er mit den Hunden jagte. Er hätte sich natürlich auf den üblichen diplomatischen Wegen an Hitler heranmachen können. Aber diesen traute er nicht. Der deutsche Botschafter in Moskau, Graf von der Schulenburg, war ein Diplomat aus der alten bismarckschen Schule; er setzte sich für eine deutsch-russische Zusammenarbeit ein, aber gerade deshalb war seine Auffassung nicht typisch für die Haltung des deutschen Auswärtigen Amts, gar nicht zu reden von Hitler selber. Der russische Botschafter in Berlin, Merekalow, war ein Diplomat minderen Ranges, der zu den Männern des Dritten Reiches, die wirklich etwas zu sagen hatten, keinen Zugang fand. Abgesehen davon hätten solche geheimen Transaktionen zu gefährlichen Indiskretionen führen können. So kam Stalin auf den erstaunlich schlauen Gedanken, in einer öffentlichen Erklärung ein verschleiertes, aber immerhin durchsichtiges Angebot zu machen.

Die Gelegenheit dazu gab ihm der achtzehnte Parteikongreß, der nach vierjähriger Pause in den ersten Tagen des März 1939 zusammentrat. In seiner Eigenschaft als Generalsekretär der Partei erstattete Stalin wie üblich den Generalbericht über die inneren und äußeren Vorgange in den vergangenen vier Jahren. Seine Rede war der Höhepunkt des Kongresses, und er konnte sicher sein, daß sie im Ausland die gebührende Aufmerksamkeit finden würde, so daß keine irgendwie bedeutende, an eine ausländische Adresse gerichtete Anspielung überhört werden würde. Auf der anderen Seite mußte ein verhülltes Angebot, das in einem Routinebericht des Generalsekretärs gemacht wurde, viel weniger sensationell wirken als in irgendeinem anderen Zusammenhang. Als Stalin am 10. März 1939 seinen Bericht erstattete, war der Teil, der sich mit der außenpolitischen Lage der Sowjetunion befaßte, ein seltenes Meisterstück der Doppeldeutigkeit. Er sagte: »Ein neuer imperialistischer Krieg ist bereits seit zwei Jahren im Gange. Er erstreckt sich über ein ungeheures Gebiet, von Shanghai bis Gibraltar und hat bereits 500 Millionen Menschen in seinen Bann gezogen.«[13]

Mit dem Ausdruck »imperialistischer Krieg« war vage angedeutet, daß Stalin alle Mächte, die sich an dem kommenden Krieg beteiligen würden, ohne Ausnahme als kapitalistische Mächte ansah, von denen sich Rußland gleichermaßen fernhalten müßte. Er ließ sich weiter über den Zusammenhang zwischen einer neuen Depression der Wirtschaft und dem Krieg aus. Dann aber bezeichnete er Deutschland, Italien und Japan unverblümt als »Angreiferstaaten« und sagte, daß sie bald schon vor einer sie bedrohenden schweren wirtschaftlichen Depression in einen Krieg flüchten müßten. Er ließ sich dann näher über die wirtschaftlichen Hintergründe der internationalen Beziehungen aus und unterstrich die wirtschaftliche und militärische Überlegenheit der Vereinigten Staaten und Großbritanniens. Der Realismus dieser Bemerkung lag nicht nur in einer zutreffenden Einschätzung der Machtmittel dieser beiden Staaten, sondern auch in der stillschweigenden Annahme, daß die Vereinigten Staaten in den Krieg eintreten würden. Die Annahme mußte damals als ziemlich gewagt und als ferne Möglichkeit der zukünftigen Entwicklung erscheinen. Dann folgte ein scharfer Angriff gegen die Verständigungspolitik der Westmächte: »Dieser Krieg wird durch die Angreiferstaaten geführt, die in jeder Hinsicht den Interessen der Nichtangreiferstaaten, das heißt den Interessen Englands, Frankreichs und der Vereinigten Staaten zuwiderhandeln, während die letzteren einen Schritt um den anderen zurückweichen, sich zurückziehen und den Angreiferstaaten eine Konzession nach der anderen machen.« Er analysierte kurz, aber treffend die Motive der Verständigungspolitiker. Dann verwies er auf ihre ständige Furcht vor der Revolution, auf ihre indifferente und schwankende Haltung gegenüber den Angreiferstaaten und deren Opfern und auf ihren geheimen Wunsch, Rußland und Deutschland sollen sich gegenseitig »schwächen und erschöpfen«. Wenn dieser Punkt erreicht sei, wollten sie selber mit frischen Kräften auf der Bühne erscheinen, um den bereits geschwächten Kriegführenden ihre Bedingungen zu diktieren. »Das wäre allzu billig und allzu einfach!«[14]

Bis hierher klang seine Rede trotz aller scharfen Kritik, die in ihr enthalten war, ungefähr wie eine der Reden, mit denen Litwinow seine Forderung nach kollektiver Sicherheit zu untermauern pflegte. Man konnte aus ihr entnehmen, daß Rußland nicht die Absicht habe, sich allein auf einen Kampf mit den Nazis einzulassen, daß es aber bereit sei, sich einer großen antideutschen Koalition anzuschließen. Dann aber machte er plötzlich eine unerwartete Schwenkung und erklärte, es gebe gar keinen »sichtbaren Grund« für einen Konflikt zwischen Rußland und Deutschland. Mit scharfen sarkastischen Ausdrücken machte er sich über die westlichen Freunde des Nazismus lustig, die vergeblich versucht hätten, das Dritte Reich in einen Krieg gegen Rußland zu treiben, und die von den Naziführern so bitter enttäuscht worden seien. Er sagte, die verantwortlichen Naziführer gehörten nicht zu den Verrückten in Deutschland, die von einer

Eroberung der Ukraine träumen. Für Irre habe Rußland genug Zwangsjacken. Er schloß mit einer Aufzählung der Ziele seiner eigenen Außenpolitik, die allerdings schwer auf einen Nenner zu bringen waren. Er wollte, daß Rußland in geregelte Wirtschaftsbeziehungen mit allen fremden Staaten trete, obwohl er soeben mit Nachdruck versichert hatte, die Zeit für den normalen Welthandel sei vorbei, da ein Weltkrieg unmittelbar bevorstehe. Er wünschte, daß Rußland seine Beziehungen zu allen seinen Nachbarn verbessere, solange dies nicht »direkt oder indirekt« dem russischen Interesse zuwiderlaufe. Hier bekannte er sich zu dem Grundsatz des heiligen Egoismus des sozialistischen Staates. Gleichzeitig versprach er allen Opfern der nazistischen Aggression Hilfe. Er legte also alle Eisen ins Feuer. Er plädierte bei Frankreich, England und den Vereinigten Staaten für eine entschlossene Aktion gegenüber den Angreiferstaaten und wetterte gegen die Verständigungspolitik. Er warnte aber dabei auch die Angreiferstaaten, sie sollten Rußland in Ruhe lassen, und deutete für den Fall, daß sie dies tun wollten, an, daß auch er, Stalin, seine eigene Version einer Verständigungspolitik zur Hand habe, sein eigenes München, das nicht schlechter sein werde als das München Chamberlains. In seinen Darlegungen war der antinazistische Grundton scharf und deutlich. Der Versuchsballon einer sowjetisch-deutschen Verständigungspolitik war sorgfältig versteckt. Aber er war da. Es lag ihm offenbar vor allem daran, die Tür zu einem Übereinkommen mit Großbritannien und Frankreich weit offenzuhalten. Die Hintertür, durch die Ribbentrop eines Tages schlüpfen sollte, öffnete er nur einen Spalt. Eine Woche nachdem er diesen Fühler ausgestreckt hatte, gab er Litwinow Anweisung, gegen den Marsch Hitlers nach Prag zu protestieren und zu erklären, daß die Sowjetregierung niemals das Naziprotektorat über Böhmen anerkennen werde.

 Wir können hier nur die wichtigsten Punkte der Entwicklung festhalten, die jetzt einsetzte. Am 18. März, am selben Tag, an dem Litwinow gegen die Besetzung Prags durch die Deutschen protestierte, richtete das britische Foreign Office an die Sowjetregierung die Frage, wie sie sich zu verhalten gedenke, falls Rumänien das Opfer eines Angriffs würde. Moskau schlug die Einberufung einer Konferenz vor, zu der Großbritannien,

Frankreich, Rumänien, Polen, die Türkei und Rußland eingeladen werden sollten. Wäre sie zustande gekommen, so hätte daraus eine antideutsche Konföderation entstehen können, innerhalb der Rußland eine führende Rolle übernommen hätte. Chamberlain weigerte sich, diesen Vorschlag auch nur in Erwägung zu ziehen.[15] Aber wenige Tage darauf teilte er der Welt mit, daß Großbritannien mit Polen einen gegenseitigen Beistandspakt geschlossen habe, auf den prompt britische Erklärungen für die Garantie der Unabhängigkeit und territorialen Integrität von Rumänien und Griechenland folgten. Erst nachdem sich England in dieser Weise, ganz gegen seine sonstige politische Tradition, in Osteuropa engagiert hatte, trat das Foreign Office auch an die stärkste Macht in diesem Teil Europas heran. Am 15. April wurde an die Moskauer Regierung die Frage gerichtet, ob sie bereit sei, die Grenzen von Polen und Rumänien zu garantieren. Dabei sollte es sich um eine »einseitige Garantie« handeln. Der Bär sollte weiterhin in seiner Höhle bleiben, er sollte auch nur herauskommen dürfen, um sich sofort wieder in seinen Schlupfwinkel zurückzuziehen, wenn es den kleinen Nachbarn, die gerade auf seine Hilfe angewiesen waren, so gefallen sollte.

Am 17. April machte die sowjetische Politik gleichzeitig zwei Schachzüge. Moskau weigerte sich, dem britischen Vorschlag zu entsprechen und eine einseitige Garantieerklärung zugunsten Polens und Rumäniens abzugeben. Statt dessen schlugen die Sowjets den Abschluß eines Bündnisvertrags und eines Militärabkommens zwischen Großbritannien, Frankreich und Rußland vor, womit die vertragschließenden Mächte eine Garantie für alle Länder zwischen der Ostsee und dem Schwarzen Meer gegen jeden möglichen Angriff übernehmen sollten. Aber am gleichen Tag machte der sowjetische Botschafter in Berlin, Merekalow, bei einer Besprechung laufender Angelegenheiten im Auswärtigen Amt zum erstenmal eine vorsichtige Andeutung der Möglichkeit einer deutsch-russischen Annäherung. Stalin wartete auf die Wirkung seiner beiden Züge. Das Echo aus Paris und London mußte ihn schwer enttäuschen. Er mußte den Eindruck gewinnen, daß die Westmächte Rußland als einen möglichen Alliierten in Reserve halten, von seiner Hilfe auch gegebenenfalls Gebrauch machen wollten, daß sie es aber darauf anlegten, den Abschluß eines förmlichen Bündnisvertrags zu vermeiden, oder, wenn ein solcher Vertrag nicht zu umgehen wäre, Rußland jeden wirklichen Einfluß auf die Gestaltung der Zukunft dieser Koalition zu versagen. Sie schätzten die militärische Stärke Polens ebenso hoch, wenn nicht höher ein als die Rußlands. Die Staaten zwischen der Ostsee und dem Schwarzen Meer erklärten aufs neue laut und unmißverständlich, daß sie mit ihrem russischen Nachbarn kein Bündnis einzugehen beabsichtigten. Die baltischen Staaten befürchteten, die militärische Bewegungsfreiheit, die Stalin in diesen Gebieten für sich forderte, bedeute eine Bedrohung ihrer Unabhängigkeit. Es sollte sich bald zeigen, daß diese Befürchtung nur zu wohl begründet war. Es ist aber auch richtig, daß es zwingende Gesichtspunkte gab, die für Stalins Forderung sprachen. Man konnte unmöglich von ihm verlangen, das Risiko eines Krieges einzugehen, wenn man ihm nicht gleichzeitig gestattete, das Vorfeld von Leningrad und Moskau zu verteidigen. Die polnische Regierung erklärte, sie brauche das russische Bündnis nicht, denn im Falle eines Krieges werde die ganze polnische Armee so ausschließlich und vollständig durch die Verteidigung des polnischen Territoriums in Anspruch genommen sein, daß sie nicht die Möglichkeit habe, der Roten Armee zu Hilfe zu eilen. Unter Hinweis auf die Einwände der kleinen Nachbarn Rußlands lehnten denn auch die Westmächte die russischen Vorschläge ab. Stalin konnte diese Skrupel nicht ernst nehmen. Er mußte sich sagen, daß die Westmächte, wenn ihnen wirklich an einem Bündnis mit Rußland gelegen gewesen wäre, solche Einwände überwunden oder übergangen hätten. Er mußte unter diesen Umständen den Eindruck gewinnen, daß er von London und Paris nichts als Hindernisse und Kränkungen zu erwarten habe.

Inzwischen schien an dem Haken, den er in der Spree ausgeworfen hatte, etwas anzubeißen. Am 28. April hielt Hitler eine hochtrabende Rede, in der er Polen offen mit Krieg drohte. Aber entgegen seinen sonstigen Gepflogenheiten kam darin nicht eine einzige unfreundliche Bemerkung über Rußland vor. Seine Zeitungen enthielten sich der üblichen antikommunistischen Tiraden. Gegen Ende des Monats durfte Stalin hoffen, daß seine Chancen in Deutschland stiegen, aber er wollte den Bruch mit Frankreich und England noch nicht wagen. Am 3. Mai mußte Litwinow von seinem Posten als Volkskommissar für Auswärtige Angelegenheiten zurücktreten. Litwinow war Jude und der Exponent der Westorientierung in Moskau. An seine Stelle trat Molotow, ein Bolschewist rein russischer Prägung, ein »Arier«, der für die kommenden Verhandlungen mit den Nazis besser geeignet war und dem auch Stalin persönlich mehr Vertrauen schenkte als seinem Vorgänger Litwinow.

Am 19. Mai machte Chamberlain im Unterhaus einige besonders unerfreuliche Bemerkungen über Rußland.[16] Einen Tag später, am 20. Mai, nahm Molotow im Auftrag Stalins Kontakt mit Graf von der Schulenburg auf. Der deutsche Botschafter hatte den Wunsch zur Wiederaufnahme von Handelsvertragsbesprechungen bekundet, die zum Stillstand gekommen waren. Unter Bezugnahme hierauf sagte Molotow, daß zunächst eine »politische Grundlage« für solche Verhandlungen gefunden werden müsse. Der deutsche Botschafter versuchte vergeblich, Molotow zu einer genaueren Präzisierung zu veranlassen, was er sich unter einer solchen »politischen Grundlage« vorstelle. Schulenburg berichtete über die Unterhaltung nach Berlin folgendes: »Herr Molotow hatte sich offenbar vorgenommen, so viel und kein Wort mehr zu sagen.«[17] Offenbar hatte Stalin Molotow angewiesen, »so viel, aber nicht ein Wort mehr zu sagen«.[18] Nachdem Stalin so den ersten Schritt getan hatte, wartete er ab, ob Hitler den zweiten tun würde. Aber auch Hitler wollte sich nicht festlegen. Stalin gestattete jetzt einem untergeordneten Beamten, dem Botschaftsrat der russischen Botschaft in Berlin, Georgi Astachow, im deutschen Auswärtigen Amt eine offenere Sprache zu führen und bedeutungsvolle Bemerkungen fallenzulassen. Wenn diese Versuche zu keinem Ergebnis führten, so konnte Stalin ohne Schwierigkeiten Astachow desavouieren und ihn als Sündenbock in die Wüste schicken. Stalin war sogar so vorsichtig, den Botschafter Merekalow aus Berlin zurückzuberufen und ihn während des ganzen Frühjahrs und des darauf folgenden Sommers nicht auf seinen Posten zurückkehren zu lassen. Diese lange Abwesenheit des Botschafters von seinem

Posten war in doppelter Hinsicht vorteilhaft. Moskau war auf diese Weise weniger mit der Verantwortung für die Eröffnungen zu belasten, die Astachow im deutschen Auswärtigen Amt machte. Auf der anderen Seite wurde die wirkliche Bedeutung dieser Besprechungen durch die Abwesenheit des Botschafters geschickt getarnt.

Ende Juni schienen die Manöver Stalins sowohl in London und Paris als auch in Berlin festgefahren zu sein. In allen Hauptstädten mißtraute man den Sowjets und spielte in gleicher Weise auf Zeit. Aber bei dieser wortlosen, gegenseitigen Nervenprobe schien Hitler als erster die Nerven verlieren zu wollen. Auf Umwegen über den italienischen Außenminister Graf Ciano erfuhr Stalin, daß die Deutschen bereit seien, auf einen pro-russischen Kurs umzuschwenken. Er wußte nicht, daß Ribbentrop seine Botschaft in Moskau ungeduldig drängte, sie solle die Russen veranlassen, ihre Karten auf den Tisch zu legen.

»Wir können auch nicht Molotow und Mikojan durch das Brandenburger Tor heranschleppen«, antwortete die Botschaft, um sich einigermaßen zu entschuldigen.[19] Am 22. Juli, als die Kriegswolken sich bereits dick über Polen zusammenzogen, erklärten die Russen sich endlich bereit, über einen Handelsvertrag zu sprechen, ohne daß zuvor eine politische Basis hierfür geschaffen worden wäre. Drei Tage später entschloß man sich in London und Paris, eine Militärmission nach Moskau zu entsenden. Stalin führte nun das doppelte Spiel in die entscheidende Phase und war weiterhin sorgfältig darauf bedacht, seine Flanken zu sichern. Er hielt nach wie vor die Haupttür für die Briten und die Franzosen offen und beschränkte sich auf Kontakte mit den Deutschen, die über die Hintertreppe liefen. Er beauftragte den wichtigsten militärischen Führer der Roten Armee, den Volkskommissar für Landesverteidigung Woroschilow, die Verhandlungen mit den Militärmissionen der Westmächte zu führen. Die Hauptlast des Kontakts mit den Nazis lag damals immer noch auf Astachows Schultern.

Auch heute, nachdem bereits so viele Dokumente über diese Ereignisse veröffentlicht wurden, ist es immer noch unmöglich, mit Sicherheit zu sagen, welcher Seite seines Spiels Stalin damals die größere Bedeutung beimaß: dem Stück, das auf der Bühne selber gespielt wurde, oder dem feinen Komplott, das er im Halbdunkel der Kulisse spann. Sicher ist, daß, wenn die Westmächte die Absicht gehabt hätten, Stalin in Hitlers Arme zu treiben, sie dies nicht besser hätten tun können, als es geschah. Die englisch-französische Militärmission verschob zunächst ihre Abreise um elf wertvolle Tage. Sie vertrödelte weitere fünf Tage auf der Reise, indem sie mit dem langsamsten Dampfer fuhr, der überhaupt aufzutreiben war. Als sie schließlich in Moskau ankam, waren ihre Vollmachten nicht in Ordnung. Die Regierungen, deren Ministerpräsidenten es nicht als unter ihrer Würde gehalten hatten, auf einen Wink Hitlers nach München zu fliegen, weigerten sich, einen Kabinettsminister nach Moskau zu entsenden, um dort über ein Militärbündnis mit der Sowjetregierung zu verhandeln. Die Offiziere, die militärische Besprechungen hätten führen sollen, hatten einen geringeren Rang als jene, die man zuvor in ähnlicher Mission nach Polen und in die Türkei geschickt hatte.[20] Wenn Stalin das Bündnis wollte, so mußte er sich durch die Behandlung der Westmächte zurückgestoßen fühlen; es schien, als wollten sie ihn mit allem Vorbedacht von seinem Plan wieder abbringen. Wenn er aber die Absicht hatte, sich mit Hitler zu einigen, und mit den Westmächten nur verhandelte, um sich ein moralisches Alibi zu verschaffen und die Schuld für das Scheitern der großen, so lange schon geforderten antideutschen Koalition den Franzosen und den Briten zur Last legen zu können, dann lieferten ihm die letzteren dieses moralische Alibi kostenlos und mit einem geradezu erstaunlichen Eifer.

Im Frühsommer 1939 war Stalin wahrscheinlich noch nicht entschlossen, welchen Weg er gehen wollte. Sein alter Gedanke, daß es für Rußland das beste sei, sich aus dem Krieg herauszuhalten, hatte für ihn sicherlich seine Anziehungskraft noch nicht verloren. Nichts hätte ihm besser zusagen können, als in dem bevorstehenden Krieg zunächst Zuschauer zu bleiben, um sich dann zum Schiedsrichter zwischen den Großmächten aufwerfen zu können. Wenn er diesen Ehrgeiz hatte, so kam er diesem Ziel durch eine Verabredung mit Hitler am nächsten. Ein Bündnis mit den Westmächten hätte Rußland verpflichtet, vom ersten Tag an mitzukämpfen. Wahrscheinlich war es diese Überlegung, die

Stalin veranlaßte, eine Regelung mit seinem Erzfeind zu suchen. Aber war Hitler zu diesem Geschäft zu haben? Einen Monat vor dem Ausbruch der Feindseligkeiten hatte Stalin auf diese Frage immer noch keine Antwort. Bis Ende Juli waren die Dinge nicht über allgemeine Sondierungen hinaus gediehen, das heißt, man war immer noch soweit wie im Frühjahr. Für die Vorbereitung einer deutsch-sowjetischen Verständigung war nichts Konkretes geschehen. In dieser Lage mußte Stalin fürchten, daß es ihm nicht gelingen werde, Rußland aus dem Krieg herauszuhalten, und daß es, vom Westen isoliert, das erste Opfer der deutschen Angriffe sein werde. Zwischen Rußland und Deutschland stand zwar immer noch Polen, gegen das sich die Drohungen Hitlers in erster Linie richteten, und die Westmächte waren verpflichtet, Polen Hilfe zu leisten. Stalin erzählte Churchill später, er habe damals mit der Möglichkeit gerechnet, die Westmächte könnten Polen ebenso fallenlassen wie die Tschechoslowakei. Dann hätten Rußland und Deutschland einander allein gegenübergestanden.[21] Gegen diese Gefahr gab ihm, trotz aller Bedenken, ein Militärbündnis mit den Westmächten die einzige Sicherheit. So sehr er also zu einem Übereinkommen mit Hitler bereit war, hätte er damals wahrscheinlich immer noch lieber der anderen Seite die Hand gereicht, wenn diese sie ihm zuerst geboten und sich offen auf seine Seite gestellt hätte. So wäre er wenigstens die Ungewißheit losgeworden. Er wäre wahrscheinlich der Koalition gegen Hitler beigetreten, wenn die Bedingungen der Westmächte es Rußland gestattet hätten, die Rolle zu spielen, auf die es Anspruch zu haben glaubte. Etwa drei Wochen vor Ribbentrops Besuch in Moskau berichtete Schulenburg nach Berlin: »Mein Gesamteindruck geht dahin, daß die Sowjetregierung gegenwärtig entschlossen ist, mit England-Frankreich abzuschließen, falls diese sämtliche sowjetischen Wünsche erfüllen.«[22]

In der ersten Augusthälfte änderte sich das Bild plötzlich. Hitler begann sich jetzt unmißverständlich um Stalins Freundschaft zu bemühen. Diese Bemühungen wurden von Tag zu Tag dringlicher. Astachow berichtete, man sei im deutschen Auswärtigen Amt ungeduldig und wolle wirklich eine freundschaftliche Regelung mit Rußland. Am 3. August übergab Schulenburg Molotow ein Schreiben Ribbentrops, in dem dieser beinahe dem Antikominternpakt abschwor und versprach, die russischen Interessen in Polen und im Baltikum zu respektieren.²³ Jetzt war Stalin entschlossen zu handeln. Es würde ihm trotz allem möglich sein, sich vom Krieg fernzuhalten. Aber er beeilte sich trotzdem nicht, in die ausgestreckte Hand Hitlers einzuschlagen. Seine Antwort war immer noch:

»Wenn du mich lieben willst, so sag es offen,
Und wenn du denkst, ich sei zu leicht gewonnen,
So will ich zögern, zaudern, ja ich will verneinen
Und du wirst weinen ...«

Molotow schüttelte den Kopf und sagte zu Schulenburg mit ernster Miene, er könne immer noch keine wirkliche Wandlung in der Haltung Deutschlands entdecken. Er lehnte den deutschen Vorschlag ab, in die Präambel des jetzt abschlußreifen deutsch-russischen Handelsabkommens eine politische Freundschaftsklausel aufzunehmen, und machte Schulenburg unmißverständliche Hinweise darauf, daß Deutschland im Begriff stehe, sich einer Angriffshandlung gegen Polen schuldig zu machen.²⁴ Als Ribbentrop, der nun seine Ungeduld wirklich nicht länger zügeln konnte, um eine persönliche Unterredung mit Stalin bat, wurde diese zunächst abgelehnt, und Stalin wies Molotow an, auf das Drängen Schulenburgs mit dem immer gleichen Refrain zu antworten, daß für den Besuch eines Sonderbotschafters Hitlers »lange Vorbereitungen« nötig seien. Stalin, dem Paria unter den Diplomaten, wurde schließlich doch von dem Mann der Hof gemacht, vor dem Europa zitterte.

Der Zeitpunkt, an dem sich Stalin endlich entschloß, »nicht länger zu zaudern und zu zögern«, läßt sich genau feststellen. Es war am 19. August, um 3 Uhr 15 Minuten nachmittags. An diesem Nachmittag hatte Schulenburg wieder einmal bei Molotow angefragt, ob der Zeitpunkt für den Besuch seines Meisters immer noch nicht feststehe. Molotow, durch das Drängen des Botschafters gänzlich unbeeindruckt, hatte wiederum geantwortet, »es sei nicht möglich, auch nur annähernd den Zeitpunkt der Reise zu bestimmen, da sie einer gründlichen Vorbereitung bedürfe«.²⁵ Er beklagte sich, daß Ribbentrop immer noch nichts Konkretes angeboten habe. Um 3 Uhr nachmittags trennte sich Molotow von dem Botschafter und eilte zu Stalin, um ihm über seine Unterhaltung Bericht zu erstatten. Jetzt gab ihm Stalin die Anweisung, Schulenburg sofort zurückzurufen, ihm einen Vertragsentwurf auszuhändigen und ihm zu sagen, er, Stalin, sei bereit, Ribbentrop in ungefähr einer Woche zu empfangen. Um 4 Uhr 30 nachmittags hatte Molotow eine neue Besprechung mit dem deutschen Botschafter. Am folgenden Tag bat Hitler Stalin persönlich, er möge doch seinen Außenminister zwei oder drei Tage früher empfangen.²⁶ Der Krieg stand bevor, und jeder Tag war jetzt wichtig. Stalin war damit einverstanden. Dies ist das erstemal, daß die beiden Männer persönliche Botschaften austauschten. Hitlers Telegramm war großspurig und pompös. Er deklamierte über eine Politik auf lange Sicht, sprach von vergangenen Jahrhunderten und so weiter. Er konnte sich dabei nicht enthalten, hysterische Drohungen gegen Polen auszustoßen, während er sich einbildete, er flüstere staatsmännisch in Stalins Ohr. Er sprach in der ersten Person: »Ich akzeptiere«, »ich begrüße«, »mein Minister«, »dies bedeutet für mich«. Stalins Antwort war korrekt, höflich, beinahe kühl für die Bedeutung des Vorgangs und beinahe unpersönlich: »(...) die Sowjetregierung hat mich beauftragt, Ihnen mitzuteilen, daß sie mit der Ankunft des Herrn von Ribbentrop in Moskau am 23. August einverstanden ist.«²⁷

Im Laufe von zwei Besprechungen, die am 23. August abends und spät in der Nacht stattfanden, einigten sich die beiden Partner über die wichtigsten sie interessierenden Fragen und unterzeichneten einen Nichtangriffspakt und ein »geheimes Zusatzprotokoll«. In dem Pakt verpflichteten sie sich, unbedingte Neutralität zu halten, wenn einer der beiden vertragschließenden Teile in einen Krieg verwickelt werden sollte. Das Dokument enthielt keine Freundschaftsversicherungen, abgesehen von der Verpflichtung, daß beide Regierungen ihre Meinungsverschiedenheiten »auf dem Wege eines freundschaftlichen Meinungsaustausches« regeln würden. Stalin konnte keinen Zweifel darüber haben, daß der Pakt Hitler von dem Schreckgespenst eines Krieges auf zwei Fronten befreite und daß er, Stalin, damit den

Zweiten Weltkrieg entfesselte. Aber deswegen machte er sich keine Gewissensbisse. Er war überzeugt, daß der Krieg so oder so unvermeidlich sei. Hätte er sich mit Hitler nicht geeinigt, so wäre der Krieg jetzt oder etwas später ausgebrochen und dann unter Bedingungen, die für Rußland sehr viel weniger vorteilhaft gewesen wären. Er hatte nicht das Gefühl, ein Brandstifter zu sein. In seinen Augen war es Hitler, der das Kriegsfeuer in der Welt entzündete. Stalin hielt nur den Brand von Rußland ab. Die folgenden Ereignisse zeigten, daß Stalin der Meinung war, die Polen würden länger Widerstand leisten. Aber es war ihm trotzdem klar, daß Polen unterliegen würde und daß die Westmächte gar nicht die Absicht hätten oder sicherlich nicht imstande sein würden, Polen wirksame Hilfe zu leisten.[28] Er erkannte also, daß Deutschland jetzt sein Sprungbrett für einen möglichen Angriff gegen Rußland um einige hundert Kilometer nach Osten vorverlegen würde. Seine Aufgabe, wie er sie sah, bestand jetzt darin, das strategische Risiko zu verkleinern, das sich aus den neuen Verhältnissen ergeben mußte. Er konnte dies nur erreichen, wenn er sich an einer Teilung Polens beteiligte. Diese war in dem »Geheimen Zusatzprotokoll« vorgesehen. So kam es, daß er das sooft wiederholte Motto seiner Ausgangspolitik fallenlassen mußte: »Die Sowjetunion wünscht keinen Quadratmeter fremden Landes zu erwerben.«

Damit begann die Ära der territorialen Expansion Rußlands. Stalins nächstliegendes Motiv war sein Streben nach Sicherheit, das gleiche Streben, das mutatis mutandis im achtzehnten Jahrhundert die Zaren, die sich vor der Ausdehnung des preußischen Militärstaates fürchteten, veranlaßt hatte, sich an den drei polnischen Teilungen zu beteiligen. In dieser vierten Teilung Polens wurde Rußland das Gebiet zugesprochen, das im Westen durch die Flüsse Narew, Weichsel und San begrenzt wird. Seine westlichen Grenzposten sollten in den Vorstädten von Warschau, auf dem Ostufer der Weichsel stehen. In dem Geheimprotokoll wurden Finnland, Estland und Lettland als russische Einflußsphären erklärt, während Litauen auf deutscher Seite bleiben sollte. Rußland erlangte so das Vorfeld für die Verteidigung seiner zweiten Hauptstadt, Leningrad, die bisher gefährlich exponiert war. Im Süden erlangte Rußland das Recht, Bessarabien wieder einzunehmen, und Deutschland erklärte sich politisch am Balkan desinteressiert.[29] Das Geheimprotokoll war in allgemeinen Ausdrücken gehalten, weil, wie Ribbentrop später sagte, die Partner sich noch gegenseitig gründlich mißtrauten und jeder sich vor Indiskretionen und Erpressungsversuchen des anderen fürchtete.[30] Es war nicht näher gesagt, was unter »Einflußsphären« verstanden werden sollte, aber man war sich darüber einig, daß darunter irgendeine Form der Beherrschung, sogar die glatte Annexion verstanden werden konnte. Das Schicksal der Balkanstaaten wurde im einzelnen nicht erörtert. Damals hätte Stalin seinen Willen auch im Balkan durchsetzen können, denn Hitler, nur darauf bedacht, freie Hand zu erhalten, war damals leicht bereit, fremde Länder wegzuschenken. Stalin dagegen handelte nur aus seinem augenblicklichen Sicherheitsbedürfnis heraus, ohne weitergehende expansive Ziele zu verfolgen, und da Deutschland nicht in den Balkan vordrang, machte er auch keine Anstalten, dasselbe zu tun. Eine Ausnahme machte nur das russisch sprechende Bessarabien, dessen Annexion durch Rumänien während der russischen Revolution Moskau niemals anerkannt hatte.

Welcher Art waren nun die Gedanken, die sich Stalin über den Krieg machte? Glaubte er wirklich, daß sein Einvernehmen mit Hitler von Dauer sein werde? Man weiß nicht, ob er schon damals an jenes Ereignis der Geschichte dachte, das er nach 1941 so oft zitierte, das Bündnis und den Krieg zwischen Alexander I. und Napoleon. Aber er handelte, als ob er diesen Vorgang vor Augen gehabt hätte. Er hatte jetzt seinen Frieden von Tilsit geschlossen, obwohl er, im Gegensatz zu seinem gekrönten Vorgänger, seinen Partner nie auf einem Floß inmitten eines Flusses traf. Durch den Frieden von Tilsit gewann Alexander I. eine Atempause von vier Jahren. Er stieß mit Napoleon erst nach einer langen Reihe von Kriegen zusammen, die dieser auf anderen Schlachtfeldern führte. Daß Stalin auf eine Atempause von ähnlich langer Zeitdauer hoffte, ergibt sich beinahe aus jedem Schritt, den er tat, ehe ihn Hitler im Juni 1941 so bitter enttäuschte. Es ist auch sicher, daß er wenig Glauben an den Sieg Hitlers hatte. Sein Ziel war, Zeit zu gewinnen, Zeit und noch einmal Zeit, um seine Wirtschaftspläne zu Ende zu führen und

Rußlands Macht mit allen Mitteln so zu stärken, daß er sie in die Waagschale werfen konnte, wenn die anderen Kriegführenden am Ende ihrer Kräfte sein würden.[31]

Man kann sogar aus seinen Unterhaltungen mit Ribbentrop herauslesen, daß er sich in solchen Gedankenbahnen bewegte. Über diese Unterhaltungen besitzen wir nur Niederschriften Ribbentrops, die nicht sehr ins einzelne gehen und die auch in gewissen Punkten ungenau sein mögen, die aber trotzdem Stalins Anteil an dem Gespräch in einer Weise wiedergeben, die zu seinem Charakterbild zu passen scheint. Aus sowjetischen Quellen ist bisher keine andere Fassung dieser Gespräche veröffentlicht worden, und man darf wohl annehmen, daß die Sowjets sich beeilt hätten, eine flagrante Unrichtigkeit in Ribbentrops Bericht klarzustellen.[32]

Stalin und der Außenminister Hitlers sprachen miteinander in dem salbungsvollen Ton versöhnter Feinde, die bestrebt sind, die Geschichte einer alten Feindschaft unter einer falschen und überbetonten Herzlichkeit zu verbergen. »Sag mir doch, was für einen schmutzigen Streich du mir bei diesem oder jenem Anlaß spielen wolltest. Ich werde dir dann auch ein paar Geschichtchen erzählen, die dich interessieren werden.« Frisch versöhnte Feinde gebärden sich leutselig, trinken und lachen und lassen sich gehen, aber jeder bleibt auf seiner Hut und nimmt sich in acht, auch nur eine einzige wichtige Information von sich zu geben oder einen unpassenden Zug zu tun. Sie versprechen einander nie endende Freundschaftsdienste auch über das Geschäft hinaus, das sie miteinander abschließen, aber keines dieser Versprechen wird jemals gehalten werden.

So ungefähr verlief die freundschaftliche Unterhaltung zwischen Stalin und Ribbentrop. Ribbentrop sagte: »Die Engländer haben fünf Millionen Pfund ausgegeben, um türkische Politiker zu bestechen.« »Ach«, wirft Stalin ein, »sie haben dafür viel mehr ausgegeben, das kann ich Ihnen versichern.« Die Unterhaltung geht auf den Antikominternpakt über. »Nur die Börse in London und kleine englische Kaufleute haben sich darüber aufgeregt«, sagt Stalin und schiebt das Thema beiseite. Ribbentrop wird vertraulich: »Sie wissen, in Berlin sagt man, die Sowjetregierung werde demnächst selber dem Antikominternpakt beitreten.« Scherze wechseln mit Nadelstichen ab. Stalin läßt durchblicken, daß er in Hitler den Angreifer sieht und daß, wenn Hitler den Krieg wolle, das deutsche Volk dennoch den Frieden wünsche. Er äußert sich abfällig über die britische Militärmission in Moskau, die er soeben mit seinem Hitlerpakt überrascht hat. Er amüsiert sich über das Entsetzen und die Demütigung der Engländer. Aber er erzählt Ribbentrop nichts über den Inhalt seiner langen Unterhaltungen mit den Engländern und Franzosen, er verrät ihm keine der militärischen Informationen, die, mochten sie wichtig oder unwichtig sein, zwischen den Militärmissionen ausgetauscht worden waren. Er weist Ribbentrops Neugier mit der Bemerkung ab: »Die britische Militärmission hat der Sowjetregierung niemals gesagt, was sie eigentlich will.« Dann bietet Ribbentrop seine und des Führers Vermittlung für eine Entspannung zwischen Japan und Rußland an, bekommt darauf aber nur zu hören, daß er, Stalin, der Kaukasier, die Asiaten besser kenne als Ribbentrop.[33] (Wir werden bald hören, wie Stalin bei einem anderen Anlaß die für ihn so charakteristische Bemerkung wiederholt: »Ich bin ein Asiate.«) Ribbentrop hat einen weiteren Freundschaftsdienst in der Tasche. Er ist von Hitler angewiesen zu erklären, daß Deutschland an Konstantinopel und an den Dardanellen kein Interesse habe. Aber obwohl über die Türkei gesprochen wird, ist von Konstantinopel und den Meerengen in dem Protokoll mit keinem Wort die Rede, offenbar weil Stalin, entgegen Hitlers Erwartung, für dieses Thema kein Interesse entwickelt. Er nickt nur mit dem Kopf, als Hitlers Abgesandter von der Unzuverlässigkeit der Türken spricht.

Stalin versucht nun, etwas über die militärischen Pläne der Italiener zu erfahren, aber hier wird ihm wenig Aufklärung zuteil. Die Unterhaltung geht dann auf England und Frankreich über. Stalin spricht über die ungenügende militärische Rüstung der Engländer und macht aus seinen anti-englischen Gefühlen kein Hehl. »Wenn England die Welt beherrscht, so dankt es dies nur der Dummheit der anderen Länder, die sich immer wieder von ihm bluffen lassen. Es ist lächerlich, daß ein paar hundert Engländer ganz Indien beherrschen sollen. (...) Aber«, fügte er hinzu, »England wird trotz seiner Schwäche den Krieg mit aller Kraft und Verbissenheit führen«, eine Meinung, die natürlich von dem Außenminister der Nazis nicht geteilt wird.³⁴ Ribbentrop vermag auch nicht, die hohe Meinung zu teilen, die Stalin von der französischen Armee hat. Hier stoßen wir auf die wichtigste Prämisse der Außenpolitik Stalins, aber auch auf den Punkt, an dem er sich am ärgsten täuschte. Er glaubte, England und Frankreich könnten sich lange Zeit gegen Hitler halten. Die militärische Schwäche Englands schätzte er richtig ein, aber er überschätzte die militärische Kraft Frankreichs und den französischen Kampfeswillen; dafür unterschätzte er die militärische Schlagkraft Deutschlands. Er wäre der letzte gewesen zu glauben, daß er bereits am zweiten Jahrestag seines Paktes mit Hitler seinem Volke zurufen mußte: »Tod den deutschen Eindringlingen.«

Bereits in den ersten Tagen des September wurde klar, daß Stalin sich verrechnet hatte. Die Folgen dieser Täuschung waren allerdings noch nicht wesentlich. Er war erstaunt zu sehen, wie rasch der Widerstand der polnischen Wehrmacht zusammenbrach. Als Ribbentrop am 5. September die Russen drängte, in den ihnen zufallenden Teil Polens einzumarschieren, war Stalin noch nicht einmal soweit, daß er der Roten Armee die nötigen Marschbefehle geben konnte.³⁵ Er hatte jetzt Bedenken und fragte sich, ob er richtig gehandelt habe. Er wollte keinen offenen Beitrag zur Niederwerfung Polens leisten und weigerte sich deshalb zu marschieren, ehe der Zusammenbruch Polens endgültig und nicht mehr zu bezweifeln war. Seine nachträglichen Bedenken betrafen den in Moskau verabredeten Verlauf der Demarkationslinie in Polen, die Teile rein polnischen Gebiets in russische Hand gegeben hatte. Es paßte ihm nicht, daß er diese Gebiete jetzt annektieren sollte, denn das wäre eine allzu flagrante Verletzung der Grundsätze gewesen, die von den Bolschewisten vom ersten Tag ihrer Machtergreifung an immer und immer wieder verkündet worden waren. Er zog es deshalb vor, die Demarkationslinie weiter nach Osten zu verlegen, nämlich von der Weichsel an den Bug, so daß nur solche Gebiete auf russischer Seite blieben, die eine überwiegend ukrainische und weißrussische Bevölkerung haben. Die Vereinigung dieser Gebiete mit der Ukraine und Weißrußland konnte politisch begründet werden.³⁶ Wenn die

Rote Armee die polnische Grenze überschritt, so kam sie jetzt nicht als Eroberer Polens, sondern als Befreier der Ukrainer und Weißrussen, der »Blutsbrüder«, wie er sie jetzt nannte. Er hatte sich wohl von der nazistischen Rassenlehre seiner deutschen Verbündeten anstecken lassen. Während Stalin zögerte, übte Ribbentrop einen erpresserischen Druck auf ihn aus, indem er ihm sagte, in Ostpolen sei ein »politisches Vakuum« entstanden, in dem sich auch »neue Staaten« bilden könnten.[37] Diese neuen Staaten könnten nach der Lage der Dinge nur unter den Einfluß antisowjetisch eingestellter ukrainischer Nationalisten kommen. Hitler erhob auch Einwände gegen ein von Stalin vorgeschlagenes Kommuniqué, in dem zum Ausdruck gebracht werden sollte, daß die Rote Armee die polnische Grenze überschritten habe, um die Ukrainer und Weißrussen vor den Nazis zu schützen. Als Stalin feststellen mußte, daß die Wehrmacht ihre Operationen bereits nach Ostpolen ausdehnte, wurde er unruhig und verlangte von dem deutschen Botschafter in Moskau eine verbindliche Zusage, daß die deutschen Truppen aus diesen Gebieten wieder zurückgenommen würden.[38] Er erwog jetzt kurz die Möglichkeit der Schaffung eines Rumpfpolens, ließ aber diesen Gedanken wieder fallen und gab schließlich der Roten Armee ihre Marschbefehle.

Ende September erschien Ribbentrop zum zweitenmal im Kreml. Man feierte bis tief in die Nacht, und der Außenminister Hitlers bekam Stalins Bedenken zu hören. Man verhandelte von neuem. Deutschland sollte alle Gebiete behalten, die innerhalb der polnischen Volkstumsgrenzen liegen, dafür würde Litauen der russischen Interessensphäre zugeschlagen.

Unter dem Eindruck von Hitlers Blitzsieg in Polen verlor Stalin einen Großteil seines Selbstvertrauens. Die Tatsache, daß im Westen kein wirklicher Krieg geführt wurde, beunruhigte ihn nicht weniger. Schossen die Franzosen und die Engländer vielleicht deshalb nicht, weil sie Hitler zu einem Angriff gegen Rußland ermutigen wollten? Jetzt war die Reihe an ihm, Hitler mit beflissenem Eifer Freundschaftsdienste anzubieten. Jetzt wurde der Nichtangriffspakt durch einen Freundschaftsvertrag ergänzt, in dem erklärt wurde, es sei ausschließlich die Aufgabe Deutschlands und Rußlands, in Polen »Ruhe und Ordnung wiederherzustellen« und »den dort lebenden Völkern ein ihrer völkischen Eigenart entsprechendes friedliches Dasein zu sichern«.[39] Den Westmächten wurde das Recht abgesprochen, den Deutschen und Russen ihre Eroberungen streitig zu machen. Die kühle Reserve Stalins war, wie man sieht, zu Ende. Er übernahm jetzt vor der ganzen Welt die Mitverantwortung für die Schrecken der Naziherrschaft in Polen. Jetzt war er nicht mehr nur der Geschäftspartner Hitlers, jetzt wurde er sein Spießgeselle. In einem besonderen Geheimprotokoll verpflichteten sich die beiden Regierungen, jede polnische Propaganda für die Wiederherstellung eines unabhängigen polnischen Staates zu unterdrücken.[40] Die Krönung solchen Tuns war eine gemeinsame Erklärung, in der die sofortige Wiederherstellung eines Friedenszustandes gefordert und in der die Verantwortung für die Fortdauer des Krieges allein den Briten und Franzosen zur Last gelegt wurde.[41] Als Stalin sich an dieser sogenannten »Friedensoffensive« Hitlers beteiligte, übertraf er alles, was er bisher an Heuchelei geleistet hatte. Denn niemand mußte jetzt so sehr wie er wünschen, daß der Krieg weitergehe. Hätten die Westmächte jetzt einen Waffenstillstand mit Hitler geschlossen und sich mit der Eroberung Polens durch Deutschland abgefunden, so hätte Hitler aller Wahrscheinlichkeit nach im Sommer 1940 Rußland angegriffen.

So spielte Stalin mit Hitler bis zum Juni 1941 Verstecken. Je mehr er Hitler mißtraute, je mehr er einen Angriff fürchtete, desto lauter und aufdringlicher wurden seine Freundschaftsbeteuerungen. Schien es aber, als seien die Streitkräfte Hitlers fern der russischen Grenze verwickelt, wurden seine Reden weniger freundschaftlich, und seine Haltung versteifte sich unverkennbar. Jeder der beiden Partner hatte zu nehmen und zu geben. Stalin wollte bei dem Geschäft natürlich so wenig als möglich geben und soviel als möglich nehmen. Rußland sollte Deutschland mit Getreide und Rohstoffen versorgen und dafür Maschinen und Werkzeuge erhalten. Kaum war der Pakt geschlossen, da schickte Stalin seine Militärmissionen nach Deutschland. Mit welcher Gier diese Missionen im ersten Schwung der neuen Freundschaft ihre Nasen in die deutschen Rüstungsbetriebe steckten, kann man aus den Beschwerden über ihre »übertriebene Neugier« sehen, die Göring, Keitel und Raeder bereits Anfang Oktober 1939 vorzubringen hatten.[42] Bald darauf beklagten sich die deutschen Wirtschaftsführer darüber, daß die Russen zu viele Werkzeugmaschinen für die Herstellung von Artilleriebedarf und zu viel anderes Kriegsmaterial forderten.

Kaum war der polnische Feldzug zu Ende, da begann Stalin, unruhige und besorgte Blicke auf das Niemandsland zu richten, das jetzt zwischen Rußland und Deutschland lag. Tatsächlich hatten die baltischen Staaten seit August aufgehört, Niemandsland zu sein. Bereits im September und Oktober gab es in Estland, Lettland und Litauen russische Garnisonen. Aber die drei Länder besaßen noch ihre bisherigen Regierungsformen und Regierungen. Stalin tat so, als habe er keine weiteren Absichten, als sich strategische Basen zu schaffen. Jetzt gab er auch zum erstenmal eine vorübergehende Unruhe über das Schicksal des Balkans zu erkennen, der das wirkliche Niemandsland war. Im Oktober schlug Molotow den Bulgaren den Abschluß eines Bündnisvertrags vor. Die Bulgaren lehnten ab, und Stalin ließ den Gedanken darauf wieder fallen. Seine Aufmerksamkeit wurde jetzt ausschließlich durch den Konflikt mit Finnland in Anspruch genommen, der sich alles andere als programmgemäß abwickelte. Finnland hatte sich geweigert, den Sowjets strategische Basen zu überlassen, die diese für die Verteidigung von Leningrad benötigten. Die Finnen waren überhaupt nicht damit einverstanden, daß sie in die sowjetische Einflußsphäre einbezogen werden sollten.

Am 30. November 1939 brach der russisch-finnische Krieg aus. Es war einer jener maliziösen Streiche, die manchmal die Geschichte ihren Helden zu spielen pflegt, daß ausgerechnet Stalin, der Mann, der in der ersten Woche der Oktoberrevolution die Unabhängigkeit Finnlands proklamiert hatte, jetzt aus militärischen Gründen gegen Finnland einen Krieg vom Zaun brechen mußte. Die Finnen verteidigten sich mit Zähnen und Klauen. Der Krieg brachte ihnen zunächst bedeutende Erfolge. Sie verdankten diese dem Klima des Landes und zum Teil der Schwäche der russischen Führung, wo sich jetzt die Säuberungen der letzten Jahre bemerkbar machten. Rußlands Ansehen und sein Ruf als Handelspartner erlitten zunächst eine schwere

Einbuße. Das Abenteuer schien böse Folgen zu haben. England und Frankreich machten aus ihrer Sympathie für Finnland kein Hehl. Beide Regierungen versprachen den Finnen amtlich militärische Hilfe. In beiden Ländern wurden Freiwillige für Finnland aufgeboten, und während an der Maginot-Linie und am deutschen Westwall verdächtige Ruhe herrschte, teilte die französische Regierung mit, daß sie im Mittleren Osten gegenüber der so sehr verwundbaren russischen Kaukasusfront eine starke Armee unter General Weygand stehen habe. Am 14. Dezember wurde die Sowjetunion aus dem Völkerbund ausgestoßen, der sich dem Dritten Reich und dem faschistischen Italien gegenüber immer so nachsichtig gezeigt hatte. Stalin mußte sich fragen, ob nicht vielleicht die Westmächte anstatt mit Deutschland mit Rußland Krieg führen wollten. Das Spiel, das er in Finnland spielte, war einen so hohen Einsatz gewiß nicht wert, aber Stalin war jetzt so tief in dieses Unternehmen verstrickt, daß er nicht mehr zurück konnte. In dieser ungewissen Stimmung feierte er im Dezember 1939 seinen sechzigsten Geburtstag. Er benutzte den Anlaß, um Hitler seiner Freundschaft in einer Weise zu versichern, die ebenso lächerlich wie unwürdig war. Als Antwort auf Hitlers Geburtstagswünsche telegraphierte er nach Berlin: »Die Freundschaft der Völker Deutschlands und der Sowjetunion, die mit Blut zementiert ist, hat alle Aussicht, eine feste und dauernde Freundschaft zu werden.«[43] Was hätte wohl Stalin später dafür gegeben, wenn er dieses Telegramm hätte aus den Akten verschwinden lassen können!

Im März 1940 war der finnische Krieg zu Ende. Das Ansehen der Roten Armee war einigermaßen wiederhergestellt. Hitler bereitete sich für die Invasion Westeuropas vor. Die Furcht vor einem russischen »Dolchstoß in den Rücken« war wahrscheinlich immer noch ein Gegenstand heimlicher Sorgen für ihn. So wechselten die beiden wieder ihre Rollen. Am 28. März drahtete Ribbentrop seinem Botschafter in Moskau: »Der Führer würde sich nicht nur besonders freuen, Herrn Stalin in Berlin zu begrüßen, er würde auch für einen seiner Stellung und Bedeutung entsprechenden Empfang Sorge tragen und ihm alle in Betracht kommenden Ehren erweisen.«[44] Aber Stalin hatte es nicht eilig, diese Ehren einzuheimsen und als ein zweiter Duce Seite an Seite mit Hitler deutsche Truppenparaden an sich vorbeidefilieren zu lassen. Auch Molotow ließ sich mit der Annahme einer Einladung reichlich Zeit. Graf Schulenburg versüßte die Pille für den Führer und erklärte Stalins Zurückhaltung mit seinen »Hemmungen, in einer ihm fremden Umgebung aufzutreten«.[45]

Es dauerte nicht lange, da trat das Ereignis ein, das Stalin den größten Schock versetzte: der Zusammenbruch des französischen Heeres und der Rückzug der Engländer vom europäischen Festland. Damit waren auch Stalins strategische Berechnungen gegenstandslos geworden.[46] Da er sich fürchtete, mit Hitler allein in Europa übrig zu bleiben, verriegelte er ohne Zögern im Baltikum den Zugang nach Rußland. Er mißtraute den Regierungen der baltischen Staaten, die aus ideologischen Gründen mehr nach Berlin als nach Moskau blickten, und schickte Shdanow nach Estland, Wyschinski nach Lettland und Dekanossow nach Litauen mit dem Befehl, die Regierungen dieser Länder zu stürzen und eine neue, von den Kommunisten beherrschte Verwaltung aufzubauen sowie darüber hinaus die Einbeziehung der drei Republiken in die Sowjetunion vorzubereiten.

Damit nahm Stalin einen neuen und bedeutsamen Richtungswechsel in seiner Außenpolitik vor. Seine ersten Maßnahmen im Baltikum waren auf die Gewinnung strategischer Stützpunkte beschränkt gewesen, und hierfür mochten in der Tat allein strategische Erwägungen maßgebend gewesen sein. Er hatte zunächst offenbar nicht die Absicht, sich in die inneren Verhältnisse dieser Länder einzumischen. Die Furcht vor kommenden Gefahren, die durch den Zusammenbruch Frankreichs aufs höchste gesteigert war, veranlaßte ihn jetzt, in den drei kleinen Ländern Revolutionen in Szene zu setzen. Jetzt wich er zum erstenmal von der ihm so teuren Theorie vom »Sozialismus in einem Lande« ab, von der Lehre also, die er unentwegt einer ganzen Generation russischer Menschen eingeimpft hatte. Er gab diese Theorie genauso unvermutet und aus reinen Zweckmäßigkeitsgründen wieder auf, wie er sie einst erfunden hatte. Aber was er jetzt tat, war doch himmelweit von dem verschieden, was die alten Bolschewisten sich unter der Ausbreitung der Revolution vorgestellt hatten. Er trug die Revolution ins Ausland auf den Spitzen russischer Bajonette, richtiger gesagt, er schleppte sie mit den Raupenketten seiner Panzer ins Land. Wahrscheinlich unterstützten die Arbeiter im Baltikum die Sozialisierung der Industrie, die Stalin angeordnet hatte; aber das entscheidende Moment war nicht etwa der Wille des Volkes, sondern die bewaffnete Macht Rußlands. Die alten Bolschewisten hatten sich unter einer Revolution immer eine von breiten Volksmassen getragene Bewegung vorgestellt, das Werk der arbeitenden Massen, die durch eine kommunistische Partei organisiert und geführt werden. Jetzt übernahm die Rote Armee die Aufgabe einer solchen Partei. Die Revolution im Baltikum war ein rein mechanisches Nebenprodukt der großen Politik der europäischen Mächte.

Ein Umsturz in dieser Form wäre in einem großen oder auch nur mittelgroßen Land kaum denkbar gewesen, dessen sozialer Organismus von seinem eigenen Herzblut gespeist wird. Die kleinen Republiken mit ihren kostspieligen, operettenartigen Polizeiregimen wurden von ihrem großen östlichen Nachbarn ohne weiteres überfahren. Ihre Existenz verdankten sie zum Teil der Schwäche Rußlands im Jahr 1918 und später der Großzügigkeit der bolschewistischen Regierung. Das Rußland Stalins war weder schwach noch großzügig, und so trat Stalin an der Küste der Ostsee als der Mann auf, der alte russische Besitzungen wieder an sich nimmt, als ein Staatsmann, der auf einen Teil des zaristischen Erbes Ansprüche geltend macht. Diese Rolle spielte er im Jahr 1940 zum erstenmal in den Augen der Welt. Noch im September 1939 schreckte er vor dem Gedanken zurück, einen Teil des ethnographischen Bereichs des polnischen Staates annektieren zu sollen, der auch einmal zum Zarenreich gehört hatte. Damals hatte er sich mit den Gebieten begnügt, auf die Rußland volkstumsmäßig einen mindestens ebenso begründeten Anspruch geltend machen konnte wie Polen. Jetzt aber annektierte er die baltischen Gebiete, auf die Rußland niemals einen ethnographischen Anspruch erhoben hatte und auch nicht erheben konnte. Stalin konnte sich dabei allerdings nicht offen auf Ansprüche aus den zaristischen Archiven beziehen. Das gestattete ihm die bolschewistische Rechtgläubigkeit nicht. Sie verbot es ihm aber auch, offen zuzugeben, daß er sich aus strategischen Gründen über die Rechte kleiner und schwacher Nachbarn hinwegsetzte, denn, mit leninistischen Maßstäben gemessen, wäre das reiner Imperialismus gewesen. Um unter solchen Umständen wenigstens den Schein zu wahren, fälschte er den Volkswillen und inszenierte Plebiszite, in denen die Esten, Letten und Litauer baten, der Sowjetunion angeschlossen zu werden. Stalins Handlungsweise war nicht tadelnswerter als die anderer Großmächte, die strategische Stützpunkte besetzt hielten oder zu erwerben trachteten. Aber Stalins Vorgehen gegenüber den baltischen Staaten mußte deshalb so verabscheuungswürdig erscheinen, weil es in schreiendem Gegensatz zu den Grundsätzen stand, zu denen er sich immer bekannt hatte, und weil er zu solch groben Tricks griff, um diesen Widerspruch zu verdecken.[47]

Während des Sommers wartete er gespannt darauf, wie Hitler auf die Sowjetisierung der baltischen Staaten reagieren würde. Im großen ganzen gab sich Hitler mit seinem eigenen Anteil an dem Geschäft zufrieden und intervenierte nicht. Er legte Stalin auch keine Schwierigkeiten in den Weg, als dieser Bessarabien und die nördliche Bukowina von Rumänien lostrennte. So weit ging die reibungslose Zusammenarbeit zwischen beiden Mächten. Aber nicht weiter.

Als der Sommer 1940 zu Ende ging und die Schlacht über England tobte, wurden die Wege Stalins noch verschlungener als bisher. Er stand den Siegen Hitlers, so weitgreifend sie waren, immer noch skeptisch gegenüber. Aber es war nicht zu verkennen, daß er mit der Möglichkeit einer britischen Kapitulation rechnete. Jedenfalls tat er nach außen hin alles, um bei Hitler den Eindruck zu erwecken, er sei von Hitlers Endsieg so gut wie überzeugt, und Rußland sei bereit, sich in die »Neue Ordnung« der Nazis zu fügen.

Molotow, der natürlich genau wußte, daß alle seine Worte sofort Hitler gemeldet wurden, sagte kurz nach der Kapitulation Frankreichs dem italienischen Botschafter in Moskau, die Sowjetregierung halte den Krieg für praktisch beendet, die Interessen Rußlands lägen jetzt in der Hauptsache im Balkan, wo es seinen Einfluß auf Bulgarien ausdehnen und den Türken die Alleinherrschaft über die Meerengen entwinden wolle. Es war nach diesen Worten unverkennbar, daß Stalin seinen Beuteanteil an Hitlers »Endsieg« anmeldete. Tatsächlich fürchtete er sich davor, von den Deutschen im Süden eingekreist zu werden. Hitler aber sah in diesen russischen Bestrebungen den Versuch, Deutschland über den Balkan einkreisen zu wollen. So war das zweite Jahr der sogenannten Freundschaft durch einen Wettlauf um günstige Positionen im Balkan ausgefüllt.

Während Stalin in dieser Weise Hitler gegenüber seinen Glauben an einen raschen Kriegsausgang bekundete, waren seine diplomatischen Vertreter und Agenten im Ausland überall sorgsam darauf bedacht, jede Regung des Widerstands gegen die »Neue Ordnung« zu unterstützen. Die Zeitungen in Moskau, die bisher nur unfreundliche Bemerkungen über die Alliierten gebracht hatten, fingen jetzt an, die Schlacht über England mit einem für England sympathischen Unterton darzustellen und sogar die französischen Patrioten in ihrem Widerstand gegen die Unterdrücker ihres Vaterlandes zu ermutigen. Schon vorher hatte das deutsche Auswärtige Amt in Moskau gegen die antinazistische Propaganda der russischen Gesandtin in Schweden, Frau Kollontai, protestieren müssen.[48]

Aber solche Seitensprünge wurden nur heimlich, jedenfalls durch solche russischen Beamten und Agenten ausgeführt, die Stalin unschwer desavouieren konnte. Der offizielle Ton war immer noch die Freundschaft mit Deutschland. Stalin gab sich jedenfalls alle Mühe, bei Hitler nicht den Eindruck aufkommen zu lassen, als suche er eine Freundschaft mit Großbritannien, dem einzigen Feind Hitlers, der noch kämpfte. Auf der andern Seite hatte er allen Grund, mit England Kontakt zu halten. Anfang Juli 1940 empfing er den neuen britischen Botschafter, Sir Stafford Cripps, eine Ehre, die bisher, von Ribbentrop abgesehen, noch keinem ausländischen Diplomaten gewährt worden war. Der neue Botschafter hatte sich immer um eine russisch-englische Freundschaft bemüht. Daß gerade er nach Moskau gesandt wurde, war ein deutlicher Beweis dafür, daß Winston Churchill nach wie vor auf gute Beziehungen mit der Sowjetunion Wert legte. Für Stalin war es ebenso schwierig, diese Geste zu erwidern, wie sie zu übersehen. Er hörte sich die Ausführungen des britischen Botschafters über die Gefahren an, die der deutsche Imperialismus auch für die Sowjetunion bedeute. Stalin war sich selber dieser Gefahren nur zu wohl bewußt. Er wird aufgehorcht haben, als ihm Sir Stafford Cripps sagte, daß nach britischer Ansicht Rußland allein und ausschließlich berufen sei, den Status quo auf dem Balkan zu verbürgen, und daß keine Macht Rußland Vorwürfe machen könne, wenn es für die Gewährleistung seiner Interessen an den Meerengen und im Schwarzen Meer selber sorge. Trotzdem legte Stalin die Karten nicht auf den Tisch. Er erklärte, er könne nicht finden, daß Rußland irgendwie durch Deutschland bedroht sei, und überging auch die Andeutung, daß Rußland ausschließliche Rechte im Balkan habe; er gab aber zu, daß die Sowjetregierung den Wunsch habe, die Meerengen-Frage geregelt zu sehen. Er war sorgfältig darauf bedacht, kein Wort fallenzulassen, das sein britischer Besucher als eine Sympathiebekundung für Großbritannien verstehen konnte; er ging deshalb auch den Problemen eher aus dem Weg, allerdings in einer nicht unfreundlichen Weise. Es war ihm klar, daß die britische Regierung den Wunsch haben mußte, zwischen der deutschen und der sowjetischen Regierung Unfrieden zu stiften, und daß ein einziges unvorsichtiges Wort aus seinem Mund, das in die britischen Zeitungen gelangte, den Konflikt zwischen ihm und Hitler beschleunigen könnte. Er ging so weit in seiner Vorsicht, daß er Molotow anwies, dem Grafen von der Schulenburg eine korrigierte Niederschrift über seine Unterhaltung mit dem britischen Botschafter auszuhändigen. In der den Deutschen übergebenen Fassung waren gewisse Äußerungen Stalins schärfer dargestellt, als sie tatsächlich gefallen waren. Auch waren allerlei schmeichelhafte Bemerkungen über die »führenden deutschen Staatsmänner« eingestreut, die er Sir Stafford Cripps gegenüber nicht getan hatte.[49]

Die Schlacht über England war noch nicht zu Ende, als der Zwiespalt zwischen Rußland und Deutschland wegen des Niemandslandes auf dem Balkan offen ausbrach. Ohne sich zuvor mit dem Kreml zu besprechen, zog Hitler eine neue Grenze zwischen Ungarn und Rumänien. Er gab auch Rumänien eine Garantie für diese neuen Grenzen und damit indirekt eine Grenzgarantie gegen Rußland.

In Rumänien und in Finnland intervenierten deutsche Truppen. Als Molotow gegen diesen Bruch der bestehenden Verabredungen protestierte, erhielt er die Antwort, die Wehrmacht sei in diese beiden Länder eingerückt, um einer Bedrohung durch England vorzubeugen. Im Niemandsland wurden die Reibungsflächen immer zahlreicher. Ost- und Südosteuropa wurden für Stalin und Hitler zu eng, und Hitler war der erste, der sagte, »pack dich fort und laß mir den Platz«.

Als Hitler seinen Kampf gegen Großbritannien nach einem Unentschieden abbrach, konnte er nicht länger der Macht der Roten Armee im Osten gleichgültig gegenüberstehen. Jetzt war der Friede zwischen Deutschland und Rußland nur dann gesichert, wenn Stalin bereit war, im deutschen Lager zu bleiben, mit anderen Worten, wenn er bereit war, ein Satellit Hitlers zu werden. Hitler machte auch einen Versuch, Stalin an diese Rolle heranzuführen, die er ihm natürlich in den schönsten Farben schilderte. Am 13. Oktober 1940 schrieb Ribbentrop an Stalin: »Sehr verehrter Herr Stalin! (...) Es scheint die historische Aufgabe der vier Mächte der Sowjetunion, Italiens, Japans und Deutschlands zu sein, ihre Politik auf längste Sicht zu ordnen und durch Abgrenzung ihrer Interessen nach säkularen Maßstäben die zukünftige Entwicklung ihrer Völker in die richtigen Bahnen zu lenken.«[50] Die Einladung zu einem Besuch in Berlin, die Stalin bereits einmal abgewiesen hatte, wurde diesmal nicht wiederholt. Statt dessen wurde Molotow gebeten, nach Berlin zu kommen. Ribbentrop sollte versuchen, einen Termin für eine neue Besprechung mit Stalin im Kreml festzulegen. Ribbentrop, der davon ausging, daß die Sowjets den Vorschlag eines Viermächtepaktes annehmen würden, teilte Stalin mit, er sei jederzeit bereit, zu diesem großen Anlaß mit italienischen und japanischen Vertretern nach Moskau zu kommen.

Auf die lange und bombastische Botschaft Ribbentrops antwortete Stalin kurz, trocken und erst nach einer Woche des Überlegens.[51] Er war nicht »grundsätzlich« gegen die Vorschläge, die Ribbentrop ihm machte, aber er wollte sich nicht treiben lassen. Er war bereit, Molotow nach Berlin zu entsenden oder Ribbentrop in Moskau zu empfangen, aber die »gemeinsame Beratung einiger Fragen unter Beteiligung von Japan und Italien« bedürfte — es war wieder die bekannte Ausrede — »einer vorherigen Prüfung«.[52] Aus den Nachrichten, die über die Besprechungen Molotows in Berlin vorliegen, kann man unschwer erkennen, welche Instruktionen ihm Stalin für diese Reise mit auf den Weg gegeben hatte. Molotow sollte sich alles aufmerksam anhören, zu allen Vorschlägen, die die Deutschen machen würden, freundliche Miene machen, keine neuen Verpflichtungen eingehen, aber in allen Balkanfragen hart bleiben.

Was Molotow von seiner Reise nach Berlin mitbrachte, war etwa folgendes: Hitler hatte ihm persönlich seinen Vorschlag auf Abschluß eines Viermächtepaktes wiederholt, unverkennbar in der Meinung, dieser Schreckschuß werde genügen, um den britischen Widerstand vollends zu brechen. Rußland sollte mit einem Stück des britischen Weltreiches belohnt werden, das Hitler als »einen gigantischen Weltstaat mit vierzig Millionen Quadratkilometer Bodenfläche im Bankrott« bezeichnete. Die vier Mächte, die den »bankrotten Weltstaat« unter sich aufteilen sollten, müßten aber ihre eigenen Streitigkeiten endgültig bereinigen. Der Führer war der Ansicht, daß die Interessen Deutschlands, Rußlands, Japans und Italiens insofern gleichgelagert seien, als sie alle ausschließlich in südliche Richtung zielten. Deutschland und Italien würden ihre Kolonialreiche in Afrika aufbauen, Japan sollte das südliche Asien behalten, und Rußland solle sich in Richtung Indien ausdehnen. Molotow hatte sich nach Kräften bemüht, die Unterhaltung von den verführerischen Bildern, die Hitler ihm entwarf, auf kleinere Probleme zurückzuschrauben, die Rußland näherlagen. Ihm wäre ein einziger Balkanspatz in der Hand lieber gewesen als alle orientalischen Tauben auf dem Dach des britischen Weltreichs. Er bemühte sich nach Kräften, Hitler zu einer Abgrenzung der deutschen und russischen Interessensphären in Südosteuropa zu bewegen. Aber damit hatte er kein Glück.

Der Schritt, den Stalin jetzt tat, hatte die schwersten Folgen. Er kam einer Ablehnung der Vorschläge Hitlers gleich. Der Form nach erklärte er sich mit dem Abschluß des Viermächtepaktes einverstanden, forderte aber, daß Hitler zuvor seine Truppen aus Finnland zurückziehe, daß er Bulgarien als einen Teil der russischen Einflußsphäre anerkenne, daß er Rußland helfe, von den Türken langfristige Pachtverträge für die Anlage von Stützpunkten in den Dardanellen zu erhalten, und dergleichen mehr. Hitler konnte diese Forderungen nur dann befriedigen, wenn er den Gedanken, Rußland eines Tages anzugreifen, ein für allemal aufgegeben hätte und wenn er sich selber nicht mehr vor einem russischen Angriff fürchtete. Beides war nicht der Fall. So ließ man den Plan eines Viermächteabkommens wieder fallen. Er wurde nie mehr erwähnt. Drei Wochen nachdem er diese Antwort Stalins erhalten hatte, gab Hitler seinen Generälen Weisung, die Feldzugspläne gegen Rußland vorzubereiten. Das war der »Plan Barbarossa«.

In den ersten Monaten des Jahres 1941 wurde Rußland aus dem Balkan verdrängt. Der Kreml machte aus seiner Verärgerung kein Hehl. Im Januar stellte man in Moskau fest, daß man über den Einmarsch deutscher Truppen nach Bulgarien nicht rechtzeitig befragt worden sei und daß die Sowjetregierung jedenfalls zu dieser Maßnahme ihre Zustimmung nicht gegeben habe. Im März wurde dieser Protest in schärferen Tönen wiederholt. Jedes Zeichen des Widerstands gegen Hitler wurde jetzt ermutigt. Der jugoslawische Botschafter in Moskau, Gavrilowitsch, wurde im Kreml »wie ein Bruder empfangen. In aller Vertraulichkeit diskutierte er dort, spann Komplotte und unterzeichnete Abkommen. Stalin ließ sich sogar mit ihm zusammen photographieren und besprach die freundschaftlichen Absichten der Sowjetregierung Jugoslawien gegenüber mit ihm eine ganze Nacht lang. ›Und wenn die Deutschen sich ärgern und euch angreifen?‹ fragte der jugoslawische Diplomat, ganz erstaunt über die Schnelligkeit, mit der die Dinge sich geregelt hatten. ›Sie sollen nur kommen!‹ antwortete Stalin, unbewegt und heiter«.[53] Am 4. April 1941 schloß Rußland einen Freundschaftspakt mit Jugoslawien, und Molotow sagte dem deutschen Botschafter, die Sowjetregierung erwarte, daß Deutschland mit den Südslawen Frieden halten werde. Die Antwort kam prompt. Zwei Tage später mußte ihm Graf von der Schulenburg eröffnen, daß die Wehrmacht im Begriff stehe, Jugoslawien und Griechenland anzugreifen.

Nur in einem einzigen Fall gelang es Stalin noch, Hitler einen Streich zu spielen, ehe sie sich als offene Gegner entgegentraten. Am 13. April 1941 empfing Stalin den japanischen Außenminister Matsuoka und verhandelte mit ihm über den Abschluß eines Neutralitätsabkommens. Dieser Pakt befreite Rußland von der

Gefahr, auf zwei Fronten gleichzeitig Krieg führen zu müssen; er gab zugleich Japan völlig freie Hand für einen Krieg im Pazifik. Matsuoka kehrte eben aus Berlin zurück, wo ihm Hitler und Ribbentrop allgemeine Andeutungen über einen bevorstehenden deutschen Angriff auf Rußland gemacht hatten. Sie hatten ihn deshalb auch bedrängt, keinen Pakt mit Moskau zu schließen. Aber sowohl Rußland als auch Japan hatten einen Zweifrontenkrieg zu fürchten, und diese Furcht war für beide Mächte stärker als ideologisch bedingte Sympathien und Antipathien.

Matsuoka war zweimal in Moskau, das erstemal im März und das zweitemal im April 1941. Beide Male zeigte sich Stalin ungewöhnlich animiert und redselig. Er sagte zu seinem Besucher: »Wir beide sind Asiaten.« Er wiederholte dieses Motiv sogar mehrere Male. Das war einerseits ein gewöhnlicher diplomatischer Kniff. Andererseits wollte sich Stalin mit seiner Herkunft brüsten. Seitdem er der erste Mann im Sowjetreich geworden war, hatte man das asiatische Element im russischen Wesen unterstrichen. Er trieb jetzt diese Tendenz auf die Spitze. Es war, als wollte er die Russen daran erinnern, daß sie das wertvolle Gut des Friedens nur ihm, dem Mann dankten, der in den Grenzgebieten zwischen Rußland und Asien groß geworden war. Er war stolz darauf, es machte ihm geradezu Freude, diese asiatische Seite Rußlands dem Gast aus Japan vorzuführen. Beide waren Meister in der Kunst, ihre Mienen zu beherrschen, ihr Herz zu verbergen und den Dolch im Gewand zu verstecken. Matsuoka, ein Abkömmling einer großen feudalen Familie, führte sich bei Stalin als ein »moralischer Kommunist« ein. Stalin hörte sich die Geschichten von den Heldentaten, die Matsuokas Vorfahren vollbracht hatten, geduldig an; er widersprach auch nicht seiner Versicherung, daß Japan in China nicht gegen die Chinesen, sondern gegen den angelsächsischen Liberalismus kämpfe, der dem japanischen »moralischen Kommunismus« den Hals abdrehen wolle.[54] Von der politischen Philosophie wandten sie sich konkreten Verhandlungen über Konzessionen in der Nordhälfte der Insel Sachalin zu. Das Feilschen war hart, recht nach orientalischer Art, und Stalin rang die Hände darüber, daß Matsuoka, die herzlose Kreatur, ihn ganz und gar übervorteilen wolle.

Stalin verfolgte mit dieser asiatischen Aufmachung noch ein anderes Ziel. Er hatte soeben feststellen müssen, daß trotz all seiner Bemühungen Deutschland sich zum alleinigen Herrn des Balkans gemacht hatte und daß in Europa nicht ein Quadratmeter Land mehr für den russischen Expansionismus übrig geblieben war. Er mußte sich mit diesem Rückschlag irgendwie abfinden. Sechs Monate waren verflossen, seit er Molotow nach Berlin geschickt hatte, um sich mit Hitler über die sowjetischen Interessen in Europa zu streiten. Jetzt versuchte er auf dem Umweg über den Japaner bei Hitler den Eindruck zu erwecken, als habe er, Stalin, den Streit aufgegeben, als sei er bereit, dem Rat zu folgen, den Hitler Molotow gegeben hatte, und sich auf die Früchte zu beschränken, die sich in Asien ernten ließen. Am 18. April, an dem Tag, als Matsuoka aus Moskau abreiste, machte er sogar eine weitausholende Geste, um Hitler nachdrücklich auf seine neue Haltung aufmerksam zu machen. Ganz unerwartet tauchte er aus seiner Abgeschiedenheit auf, um den japanischen Minister auf dem Bahnhof zu verabschieden. Vor den Augen einer großen Versammlung ausländischer Zeitungsleute und erstaunter Diplomaten umarmte er den »asiatischen Genossen«; dann, so berichtet Schulenburg, »suchte Stalin offenbar nach mir, kam, als er mich entdeckt hatte, auf mich zu, legte mir den Arm um die Schulter und sagte: ›Wir müssen Freunde bleiben, und dafür müssen Sie jetzt alles tun!‹ Etwas später wandte sich Herr Stalin an den stellvertretenden deutschen Militärattaché Oberst Krebs, vergewisserte sich zunächst, ob er ein Deutscher sei, und sagte ihm dann: ›Wir werden mit euch Freunde bleiben — auf jeden Fall!‹«[55] Hitler und Ribbentrop konnte der Sinn dieser Manifestation kaum entgehen. Sie mußten der Meinung sein, daß Stalin auf die Vorschläge vom vergangenen November zurückkommen wolle und daß er jetzt bereit sei, darüber auch zu verhandeln.

Zu spät! In den Wochen, die jetzt kamen, befeuerten sich Moskau und Berlin gegenseitig mit Protestnoten wegen Grenzzwischenfällen. Deutsche Flugzeuge flogen über russisches Gebiet, und russische Flugzeuge flogen über deutsches Gebiet. Beide machten Erkundungsflüge. Etwa 150 deutsche Divisionen standen an der russischen Grenze. Ihnen stand eine etwas größere

Zahl russischer Divisionen gegenüber. In diesen Tagen, es war gegen Ende April, erhielt Stalin aus London eine Nachricht, die Churchill in seiner Rede vom 22. Juni erwähnen sollte und mit der er ihm den bevorstehenden deutschen Angriff mitteilte. Diese Warnung war so genau, daß in ihr sogar das Datum des wahrscheinlichen deutschen Angriffs angegeben war. Es war der 22. Juni, derselbe Tag, an dem Napoleon seinen Feldzug eröffnet hatte.[56]

In Moskau gab es zwei Männer, die sich weigerten, diese Warnung ernst zu nehmen, nämlich Stalin und der Graf von der Schulenburg. Daß der deutsche Botschafter sich täuschte, läßt sich verstehen. Er stand in seiner bismarckschen Tradition und lebte in der Hoffnung, daß die Reibereien zwischen Rußland und Deutschland nicht zum Krieg führen würden. In den letzten Apriltagen fuhr er zu Hitler, um sich für den Frieden einzusetzen, genauso wie einst ein anderer Botschafter, Caulaincourt, 130 Jahre zuvor bei Napoleon gegen den russischen Feldzug gesprochen hatte. Schulenburg brachte ein russisches Angebot für die Lieferung von fünf Millionen Tonnen Getreide im Jahr 1942 mit. Er bemühte sich, Hitler begreiflich zu machen, daß die Konzentration russischer Truppen an der Grenze aus dem »bekannten russischen Drang nach 300prozentiger Sicherheit« zu verstehen sei: »Ich erwiderte, wenn wir für irgendeinen Zweck eine deutsche Division entsenden würden, entsendeten sie für den gleichen Zweck zehn Divisionen, um ganz sicher zu gehen. Ich könne nicht glauben, daß Rußland jemals Deutschland angreifen würde.«[57] Aber Hitler ließ sich nicht beeindrucken.

Daß auch Stalin der Meinung gewesen sein sollte, der Friede zwischen Rußland und Deutschland könne erhalten bleiben, ist freilich kaum zu glauben. Aber sein Verhalten in diesen kritischen Wochen zwingt zu diesem Schluß. Er beging jetzt einen jener Fehltritte, wie sie manchmal von übervorsichtigen Menschen getan zu werden pflegen. Er wollte auf keines der bösen Vorzeichen hören und verließ sich darauf, daß er mit seinem taktischen Geschick und seiner politischen Wendigkeit die Situation retten werde.

Am 6. Mai wurde Moskau durch die Nachricht überrascht, daß Stalin das Amt des Ministerpräsidenten der Sowjetregierung übernommen habe. Was mochte ihn veranlassen, zum ersten und einzigen Mal seit 1923 das Generalsekretariat zu verlassen, um eine direkte Regierungsverantwortung zu übernehmen? Kein Zweifel, schwere Entscheidungen standen bevor. Was würde geschehen? Die Truppenparade am 1. Mai war das Schauspiel einer ungewöhnlichen Machtanhäufung gewesen. Am Tag vor seiner Ernennung hatte Stalin militärischen Übungen der Kriegsakademie beigewohnt und eine lange Ansprache an die Fähnriche gehalten, die jetzt zu Offizieren befördert wurden. In dieser Rede, deren Wortlaut nicht veröffentlicht wurde, pries er den Wert und die Bedeutung der Roten Armee. Stand Krieg bevor? Hitlers Feinde lauschten mit verhaltenem Atem auf die nächsten Nachrichten aus Moskau. Sie wurden enttäuscht. Stalin stellte die Gerüchte starker Truppenkonzentrationen an der russisch-deutschen Grenze in Abrede, er nahm sogar diplomatische Beziehungen mit der prodeutschen persischen Regierung auf, die er bisher anzuerkennen sich geweigert hatte. Und, das Erstaunlichste von allem, er ließ den belgischen, norwegischen und jugoslawischen Gesandten in Moskau ihre Pässe zustellen, weil diese Regierungen aufgehört hätten zu bestehen. Diese letzte Maßnahme und vor allem die Begründung, die für sie gegeben wurde, sollte offenbar Hitler beruhigen. Es ist schwer zu sagen, was an dieser Maßregel erstaunlicher war, die Skrupellosigkeit oder die Kurzsichtigkeit. Aber während er sich auf diese Weise bemühte, das Vertrauen Hitlers wiederzugewinnen, mußte er auch fürchten, daß er sein eigenes russisches Volk mit solchen Maßnahmen zur Schwäche und zum Defätismus erziehe. Der Entschluß, die drei Gesandtschaften zu schließen, wurde deshalb dem russischen Volk und der Roten Armee geheimgehalten. Dann wartete er einen ganzen Monat, ob Hitler ein Zeichen seiner Zufriedenheit von sich geben würde. Es kam nichts.

So machte er einen letzten und beinahe tragikomischen Versuch. Am 14. Juni, genau eine Woche, ehe der deutsche Angriff losbrach, ließ er durch die amtliche russische Nachrichtenagentur eine Erklärung verbreiten, in der er, entgegen jedem diplomatischen Brauch, den britischen Botschafter in Moskau heftig angreifen ließ, weil dieser Gerüchte über »einen nahe bevorstehenden Krieg zwischen der UdSSR und Deutschland« verbreite.

Durch diese Erklärung, an der Stalins Handschrift unschwer zu erkennen war, wurden alle Gerüchte dementiert, daß Deutschland territoriale oder wirtschaftliche Forderungen an Rußland gestellt, daß Rußland diese Forderungen abgelehnt habe und daß deshalb die beiden Länder zum Krieg gegeneinander rüsteten. Im Widerspruch zu einigen geheimen Noten, die Molotow an Ribbentrop gerichtet hatte, stellte Stalin jetzt fest, daß »Deutschland seine Vereinbarungen mit Rußland unentwegt erfüllt« habe. Wenn er auch die Tatsache nicht länger ableugnen konnte, daß an beiden Seiten der Grenze große Truppenteile standen, so erklärte er doch alle Gerüchte, daß die deutschen und russischen Truppen im Begriff seien, gegeneinander die Feindseligkeiten zu eröffnen, als »erlogen und provokatorisch«.[58]

Man wird — selbst in den diplomatischen Akten des Zweiten Weltkriegs — kaum ein anderes ähnlich pathetisches Dokument finden. Stalin lobte hier vor den Augen und Ohren der ganzen Welt die deutsche Regierung, die sich zwei Wochen später als der Todfeind Rußlands entpuppen sollte, und schwärzte die Regierungen an, die zwei Wochen später die einzigen Verbündeten Rußlands waren. Und trotz allem war diese bizarre Erklärung nicht einmal ganz falsch. Stalin sagte, Deutschland habe keine Forderungen an Rußland gestellt. Das war richtig. Er wartete anscheinend darauf, daß Hitler solche Forderungen stellen würde, um mit ihm darüber zu verhandeln. Den deutschen Angriffen auf Österreich, die Tschechoslowakei und Polen waren jedesmal offene Forderungen und laute Drohungen vorausgegangen. Stalin war anscheinend der Meinung, Hitler werde wiederum so verfahren. Und weil er diese Gefahrensignale nicht sah, glaubte er auch nicht an die Gefahr selber. Durch seine Erklärung forderte er Hitler in jener versteckten Sprache auf, für die dieser in München ein so scharfes Ohr gehabt hatte, zu sagen, was er wolle, um dann über seine Forderungen verhandeln zu können. Hitler hatte diesmal taube Ohren.

Aber weshalb schwärzte Stalin noch in diesem Moment die Engländer an? Er glaubte, und darin täuschte er sich sicherlich nicht, daß die Briten ein Interesse daran hätten, seine Pläne für eine Verständigung mit Hitler im letzten Augenblick zu verhindern. Er war über die Indiskretion des britischen Botschafters oder das, was er dafür hielt, außer sich. Aber auch, wenn die Briten in dieser Angelegenheit völlig selbstlos gehandelt hätten, so hätten sie wahrscheinlich trotzdem seinen Unwillen hervorgerufen. Die bloße Sturmwarnung schien ihm das Herannahen des Gewitters zu beschleunigen. Er konnte es sich auf der anderen Seite ruhig leisten, die britische Empfindsamkeit zu verletzen. Nun, nachdem Großbritannien ein Jahr allein gegen Deutschland ausgehalten hatte, konnte er sicher sein, daß er sich um die britische Freundschaft gar nicht erst bemühen müsse. Sollte es zum Krieg kommen, so ergab sich eine russisch-britische Allianz ganz von selber. Dann würde Vergangenes rasch vergessen sein.

Kaum eine von Stalins Taten ist so leidenschaftlich diskutiert worden wie sein Pakt mit Hitler in den Jahren 1939 bis 1941. Seine Kritiker sagen, wenn schon sein früheres Verhalten wenig politische Moral gezeigt hatte, so sei er jetzt noch tiefer in die Abgründe des Verrats hinabgestiegen. Seine Apologeten halten dem entgegen, daß, wenn auch sein Weg gewunden und verschlungen gewesen sei, er doch aus Gründen der politischen Zweckmäßigkeit gehandelt habe und auch so habe handeln dürfen. Er habe nie das letzte Ziel aus dem Auge verloren und habe niemals seine Grundsätze verleugnet.

Kurz nach dem Ausbruch der Feindseligkeiten beeilte sich Stalin, selbst etwas zu seiner Entschuldigung vorzubringen. In einer Rede, die er am 3. Juli 1941 hielt, sagte er: »Man wird sich fragen, wie es möglich sein konnte, daß die Sowjetregierung einen Nichtangriffspakt mit einem solch hinterhältigen Volk, mit solchen Verbrechern wie Hitler und Ribbentrop schließen konnte? Hat die Sowjetregierung hier einen Fehler begangen?« Stalin verneinte diese Frage und unterstrich die Vorteile, die sich aus dieser Politik ergeben hätten. »Wir sicherten unserem Lande für anderthalb Jahre den Frieden und erhielten auf diese Weise die Möglichkeit, uns militärisch vorzubereiten.«[59] Aber abgesehen von diesem Zeitgewinn hatte die Sowjetunion aus dieser Politik auch einigen Ländergewinn eingeheimst, nämlich das strategische Vorfeld, das sie für ihre Verteidigung so dringend brauchte. Der moralische Gewinn bestand darin, daß es den Völkern der Sowjetunion klar wurde, Deutschland sei der Angreifer, während die Sowjetregierung ihrer Friedenspolitik bis zum Ende treugeblieben war. Von diesen drei Punkten — Zeitgewinn, Raumgewinn und moralischer Gewinn — war der letzte der wichtigste. Die russische Geschichte zeigt, daß der russische Soldat sich immer dann am besten schlug, wenn er sein Vaterland zu verteidigen hatte. Darin unterschied er sich wesentlich vom deutschen Soldaten. Die Überzeugung, daß er für das Bestehen Rußlands kämpfen müsse und daß dieser Kampf ihm von außen aufgezwungen sei, weckte im russischen Soldaten seine besten Eigenschaften. Der strategische Wert der territorialen Erwerbungen, die Stalin im Schatten seiner Pakte mit Hitler gemacht hatte, war problematischer. Das Vorfeld in den baltischen Staaten und in den ehemals polnischen Ostgebieten ging bereits wenige Tage nach dem Beginn der Feindseligkeiten verloren. Dabei war der Erwerb dieser Positionen, unter moralischen Gesichtspunkten betrachtet, eine höchst häßliche Angelegenheit gewesen. Die betroffenen Völker waren tief verletzt, besonders infolge der Massendeportation »unzuverlässiger« Polen, Litauer, Letten und Esten ins Innere Rußlands; mit einem Wort: der strategische Wert dieser Außenposten war minimal, sie gingen rasch verloren, und die politischen Nachteile dieser Gebietserwerbungen waren so groß, daß — wenn man Vor- und Nachteile gegeneinander abwog — man nur alle diese Unternehmungen Stalins als kostspielige und schädliche Fehlschläge bewerten konnte.

Auch der Zeitgewinn war nicht viel günstiger zu bewerten. Es ist sicher richtig, daß Stalin die zweiundzwanzig Monate Atempause benützte, um die russische Industrie intensiv zu entwickeln und die Rote Armee nach den neuesten militärischen Erfahrungen zu trainieren. Aber auch Hitler hatte diese zweiundzwanzig Monate zu nutzen gewußt. Von der Furcht vor einem Zweifrontenkrieg befreit, hatte er fast ganz Europa unterwerfen können; es war ihm gelungen, die wirtschaftlichen Rohstoffe und die Arbeitskraft von einem Dutzend fremder Länder der deutschen Kriegsrüstung nutzbar zu machen. So groß und wichtig die Bereitstellung von Kriegsmaterial im weitesten Sinn und die Schaffung neuer Rüstungswerke in Rußland auch sein mochten, die Stalin in den Jahren 1939 bis 1941 bewirkte, so hielten sie doch keinem Vergleich mit dem Machtzuwachs stand, den Hitler in derselben Zeit für sich buchen konnte.⁶⁰ In den drei harten Kriegsjahren, die jetzt folgten, stand die Rote Armee auf dem Festland den Streitkräften Hitlers fast allein gegenüber. Rußland verlor große und wertvolle Gebiete. Die russische Wehrmacht hatte mehr zu bluten, als irgendeine andere Armee jemals geblutet hat, und die russische Kriegsführung blickte angsterfüllt und immer aufs neue enttäuscht nach dem Zeitpunkt aus, an dem endlich eine zweite Front im Westen gegen die Deutschen aufgebaut werden würde. Diese zweite Front hätte es in den Jahren 1939 und 1940 sofort geben können, vielleicht sogar noch später, wenn nur Stalin zu Beginn des Krieges das Gewicht der Macht Rußlands in die Waagschale geworfen hätte.

Es ist auch nicht richtig, daß er die Atempause so gründlich ausnützte, wie er es hätte tun müssen. Er hoffte bis zum letzten Augenblick, den Krieg vermeiden zu können. Er übersah alle Anzeichen, aus denen er hätte erkennen müssen, daß der Krieg unvermeidlich und unmittelbar bevorstand. Er versäumte es, die Schlagkraft seiner Armee so zu vergrößern, daß sie der deutschen Wehrmacht nach ihren großen Siegen zu Beginn des Krieges hätte Einhalt gebieten können. Als Hitler angriff, war die Mobilisierung der Roten Armee erst zur Hälfte durchgeführt. Im Juni 1941 war die Zahl der Divisionen, die Rußland und Deutschland im Feld stehen hatten, ungefähr die gleiche. Aber nur ein Teil der russischen Divisionen war so vorbereitet, daß sie sich mit dem kriegserfahrenen und bestens ausgerüsteten Gegner messen konnten, dessen Selbstvertrauen durch eine lange Reihe glänzender Siege mächtig gewachsen war. Die Rote Armee hätte aber den deutschen Truppen zahlenmäßig weit überlegen sein können.⁶¹ Das politische Spiel Stalins war so kompliziert, daß er dadurch militärisch ins Hintertreffen geriet. Er hatte mit größtem Unbehagen 170 Divisionen mobilisiert und im Grenzgebiet bereitgestellt; er war aber immer noch zu vertrauensselig oder zu sehr darauf bedacht gewesen, Hitler nicht zu »provozieren«, als daß er die Mobilisierung im erforderlichen Ausmaß hätte durchführen lassen. Das bezeugt er uns selber. In seiner Rede am 3. Juli 1941 sagte er zu diesem Thema, es sei eine

Tatsache, daß die deutschen Truppen bereits voll mobilisiert seien, denn Deutschland stehe bereits im Krieg (...), sie seien in jeder Hinsicht aktionsbereit und warteten nur auf den Befehl zum Losschlagen, wogegen die sowjetischen Truppen erst mobilisiert und an die Grenze gebracht werden müßten.[62] Damit gab Stalin selber zu, daß er in den letzten Wochen vor dem Ausbruch der Feindseligkeiten kostbare Zeit vergeudet hatte. Sein Argument, er habe durch den Pakt mit Hitler Zeit gewonnen, verlor damit einen Großteil seines Wertes. Die Tatsache, daß das faschistische Deutschland plötzlich und hinterhältig den bestehenden Nichtangriffspakt verletzte, sei von nicht geringer Bedeutung. Er wollte damit der Welt sagen, daß er in seiner gutgläubigen Treuherzigkeit durch die »verdorbene Falschheit und durch eine abgrundtiefe Unehrlichkeit« der Deutschen getäuscht worden sei.

Wenn man also versucht, aus diesen merkwürdigen zweiundzwanzig Monaten die Bilanz zu ziehen, so kann man unmöglich die Tatsache übersehen, daß die Komintern, ohne es zu wollen, Hitler einen enormen Dienst erwiesen hat. Kaum hatten Molotow und Ribbentrop ihre Unterschriften unter den Pakt vom August 1939 gesetzt, als die Komintern ihren Kreuzzug gegen Hitler abblies, zu dem ihre Herolde alle Regierungen und Völker so lange aufgerufen hatten. Die ganze Strategie und Taktik des Kampfes gegen den Faschismus, all die sorgfältig ausgearbeiteten Argumente und Schlagworte wurden zum alten Eisen geworfen. Die Marionetten des russischen Generalsekretärs in Europa nahmen eine neutrale Haltung ein, die ihnen niemand glauben konnte. Jetzt hieß es, daß in beiden feindlichen Lagern imperialistische Ziele verfolgt würden und daß die Kommunisten deshalb keine Wahl zu treffen hätten. Die arbeitenden Klassen wurden aufgerufen, sich dem Krieg zu widersetzen und für den Frieden zu kämpfen. In ihrem Wortlaut glichen diese Aufrufe ungefähr jener Politik des revolutionären Defätismus, die Lenin im Ersten Weltkrieg verfolgt hatte. Aber dieser Schein trügt. In Lenins Antikriegsparole steckte ein integrer und fester revolutionärer Kern, während die Politik der Komintern angesichts des Zweiten Weltkriegs nur auf die gegebenen Zweckmäßigkeiten der Diplomatie Stalins abgestellt und genauso verschlungen und undurchsichtig war wie diese Politik selber. Es gab Zeiten, in denen die Antikriegsparole einen unverkennbar prodeutschen Unterton hatte, so zum Beispiel im Oktober 1939, als aus der Komintern das Echo auf Molotows und Ribbentrops Forderung nach allgemeinen Friedensverhandlungen kam und Frankreich und Großbritannien für die Fortdauer des Krieges verantwortlich gemacht wurden. Die Wirkung dieser Politik war, besonders in Frankreich, ausgesprochen defätistisch, aber in keiner Weise revolutionär. Der Defätismus, der bereits die Spitze der französischen Gesellschaft aufgeweicht hatte, wurde auf diese Weise auch noch durch eine von unten kommende, angeblich vom Volk selber ausgehende defätistische Strömung ergänzt. Erst als der Schaden angerichtet war und als Moskau, durch Hitlers Siege beunruhigt, den Widerstand gegen die deutsche Besatzungsmacht zu ermutigen begann, bezogen die französischen Kommunisten einen neuen Standpunkt. Weniger deutlich zu erkennen, aber von nicht geringerer Bedeutung, war die Wirkung des Ribbentrop-Molotow-Pakts auf die antifaschistischen Kreise in Deutschland. Die dort herrschende Verwirrung wurde noch gesteigert, das Gefühl der Niederlage vertieft, mit dem Ergebnis, daß nicht wenige Gegner Hitlers sich mit dessen Kriegspolitik abfanden. Es wäre naiv anzunehmen, Stalin habe über die Ergebnisse »seiner Freundschaft« mit Hitler nicht Bescheid gewußt. Er war sicherlich der Meinung, die Vorteile dieser Politik würden auf weite Sicht so groß sein, daß man vorübergehende Nachteile dafür unbedenklich in Kauf nehmen könne. Sein praktisch denkender Geist rechnete mit konkreten strategischen Konzeptionen, mit militärischen Stützpunkten, mit Flußgrenzen, mit Vorsprüngen und Einbuchtungen der Grenze, die beseitigt werden müßten, mit all den Elementen der klassischen Landesverteidigungskunst, deren Wert durch die moderne militärische Technik sehr verringert worden war. Die Bedeutung gewisser Stimmungen wollte er nicht in Rechnung stellen. Die Gefühle der französischen und deutschen Arbeiterklasse oder die nationalen Empfindungen der Polen, Finnen und baltischen Völker schob er mit leichter Hand beiseite. Die Vernachlässigung all dieser Stimmungen rächte sich bitter an Rußland und tut es zum Teil noch bis zum heutigen Tag. Hier übersah Stalin die Bedeutung der ideellen Faktoren in großen politischen Prozessen, und hierin steckte der schwache Punkt seines starken, aber horizontmäßig begrenzten Realismus.

Wenn wir alles gesagt haben, was zu Stalins Rechenfehlern, falschen Kalkülen und grundlegenden Irrtümern bei der Bewertung politischer Vorgänge gesagt werden muß, so wäre es dennoch verkehrt, ihm alle diese Fehler ausschließlich persönlich zur Last legen zu wollen. Hinter seiner Politik stand eine starke volkstümliche Strömung, eben jene Strömung, die Alexander Block so prophetisch vorausgeahnt hatte:

> Doch euch sei unser Schutz nie mehr gelobt.
> Wir wollen nicht für Schlachten taugen (...)

In diesen Versen aus den »Skythen«, die der bolschewistische Dichter an den Westen richtete, findet die Stimmung des russischen Volkes im Jahr 1939 ihren sprechendsten Ausdruck. Die Massen Rußlands waren nach langen Jahren harter Arbeit im Dienst des wirtschaftlichen Wiederaufbaus müde geworden; sie maßen den Ergebnissen ihrer Arbeit eine vielleicht übertriebene Bedeutung bei; sie waren durch die Feindseligkeit oder bestenfalls durch die gleichgültige und lasche Haltung des Auslands gegenüber dem großen Versuch eines sozialistischen Aufbaus verletzt; sie fühlten sich isoliert, in ihren idealistischen Zielen verkannt und betrogen. Dieses Volk war mit Stalin ganz und gar einverstanden, der »stille saß, als die wilden Hunnen die Toten plünderten«, und der auch dann noch an seinem Frieden mit den Nazis festhielt, als diese bereits die Gaskammern von Auschwitz und Maidanek bauten, »um das Fleisch der weißen Brüder zu rösten«.

In dieser Haltung erschöpften sich die Gefühle des russischen Volkes nicht. Darunter lag eine weitverbreitete Unsicherheit, die aus dem Bewußtsein begangener Irrtümer stammte. Die bolschewistische Partei hatte an ihrem Schuldbewußtsein zu tragen. Die Rote Armee fühlte sich erniedrigt und gedemütigt. Aber stärker als all das zusammen war wahrscheinlich der Wunsch des Volkes, dem Krieg zu entgehen, der als ein unausweichliches Schicksal über ihm hing.

XII. Kapitel

Der Generalissimus

Stalins Verhalten nach Hitlers Angriff – Seine Rede vom 3. Juli 1941 – Sein Einfluß auf die Kriegsführung – Er rettet Moskau und befiehlt die erste russische Gegenoffensive (Dezember 1941) – »Sieg 1942« – Furcht und Mißtrauen unter den Alliierten – »Dies ist kein Krieg der Klassen« – Die zweite Front – Churchill besucht Stalin im August 1942 – Stalingrad – Renaissance des Traditionalismus und Nationalismus in Rußland – Stalin sucht einen Ausgleich zwischen Leninismus und russischem Traditionalismus – Auflösung der Komintern und Wiederherstellung der Griechisch-Orthodoxen Kirche – Politbüro und Generalstab – Stalin und Hitler als militärische Führer – Stalin und seine Marschälle

Am 22. Juni 1941 mußte Molotow dem russischen Volk die schlimme Nachricht mitteilen, daß die Deutschen angegriffen hatten. Stalin trat nicht ins Rampenlicht. Es war, als habe er angesichts dieses verheerenden Zusammenbruchs seiner Hoffnungen die Haltung verloren. Fast vierzehn Tage lang sprach er kein Wort in der Öffentlichkeit. Wahrscheinlich wollte er den Ausgang der ersten Schlachten abwarten, er wollte wissen, wie die Haltung der britischen und der amerikanischen Regierung sein werde, und er wollte vor allem wissen, wie das russische Volk selber reagiere. Er schloß sich mit seinen Generälen ein und diskutierte mit ihnen über Fragen der Strategie, über die Mobilisierung von Heer und Wirtschaft und über Fragen der praktischen Kriegsführung. Er teilte die ungeheure Front in drei Abschnitte. Der Nordabschnitt wurde Woroschilow, der Mittelabschnitt Timoschenko und der Südabschnitt Budjonny unterstellt. Stalin selber übernahm die Funktion des Oberbefehlshabers der sowjetischen Streitkräfte. Sein Stabschef war General Schaposchnikow, der bereits vor der Oktoberrevolution Generalstabsdienste getan hatte und der den Ruf eines hervorragenden Militärtheoretikers, eines unermüdlichen Arbeiters, aber eines nicht gerade einfallsreichen Strategen genoß. Die oberste Leitung aller Kriegsanstrengungen des Landes wurde in einem Obersten Verteidigungsrat zusammengefaßt, der aus fünf Mitgliedern bestand, nämlich aus Stalin, Molotow, Woroschilow, Berija und Malenkow. Molotow hatte die Außenpolitik zu führen. Berija war für die innenpolitischen Vorgänge verantwortlich. Woroschilow sollte die Verbindung zwischen der Führung der Roten Armee und den zivilen Behörden herstellen. Malenkow, einer von Stalins nächsten Mitarbeitern im Generalsekretariat, vertrat die Partei. Stalin führte den Vorsitz.

Trotz all seiner Fehlkalkulationen war Stalin für die Gefahr, die jetzt über ihn hereinbrach, nicht unvorbereitet. Er hatte sein Land gründlich aufgerüstet und die Rote Armee neu organisiert. Sein praktischer Sinn war nie bei einem bestimmten strategischen Dogma stehengeblieben. Er hatte die Rote Armee nie in einem falschen Sicherheitsgefühl gewiegt. Es gab keine russische Variante einer Maginot-Linie, kein statisches Verteidigungssystem wie das, welches die französische Armee im Jahr 1940 zugrunde gehen ließ. Stalin konnte sich auf die Weite und Tiefe des russischen Raumes und auf die Vorteile verlassen, die sich für die Kriegsführung aus den harten russischen Wintern ergeben mußten. Es gab niemand, der ihm seine Führung streitig machen konnte. Er vereinigte in seiner Hand die gesamte staatliche, militärische und wirtschaftliche Führung. Er war das, was andere moderne Strategen immer nur als einen Wunschtraum vor Augen hatten.

Diesen Vorteilen standen freilich auch schwere Nachteile gegenüber. Die Rote Armee mußte ihre erste Feuertaufe bestehen. Niemand wußte, wie es mit ihrer Kampfmoral bestellt sein würde. Es waren noch nicht zehn Jahre vergangen, seit die Bauern gegen die Kollektivierung revoltiert hatten. Noch lebendiger war die Erinnerung an die großen Säuberungsaktionen. Die ersten Berichte von den Fronten ergaben ein widerspruchsvolles und verworrenes Bild. An einzelnen Stellen waren ganze Divisionen zusammengebrochen und hatten sich im Chaos aufgelöst. Die endlosen Züge russischer Gefangener, die nach Westen marschierten, gaben eine äußerst beunruhigende Vorstellung vom Kampfeswillen der Roten Armee. An anderen Stellen der Front konnte es vorkommen, daß Einheiten, die von den Deutschen umzingelt und abgeschnitten waren, hartnäckig weiterkämpften, um so den Vormarsch des Feindes zu verlangsamen. Manche Truppen, die dem überstarken Druck weichen mußten, traten den geordneten Rückzug an und erhielten so ihre Kampfkraft für kommende Schlachten. Aber an der ganzen Front drangen die Armeen Hitlers unaufhaltsam vor. Hinter der sowjetischen Front begannen, durch wilde unkontrollierbare Gerüchte verbreitet, die Verwirrung und die Panik ihr verhängnisvolles Werk der Zersetzung.

Endlich, am 3. Juli 1941, brach Stalin sein Schweigen und übernahm damit wieder die Führung seines ratlosen Volkes. In einer Rundfunkansprache gab er zu, daß die Sowjetunion »in großer Gefahr sei«. Seine Stimme klang schwerfällig, zögernd, farblos. Seine Worte waren, wie üblich, mühsam geformt und trocken. Es gab darin keinen einzigen mitreißenden Satz, der wie Churchills »Blut, Not, Schweiß und Tränen« die Menschen hätte durchdringen können. Der Stil seiner Rede war nicht nur dem Drama, das sich abspielte, gänzlich unangemessen, sondern sogar dem sachlichen Inhalt seiner Darlegungen, seinen Ermahnungen und Anweisungen, aus denen ein unbezwingbarer Siegeswille sprach.

Er begann mit der Feststellung: »Obwohl die besten Divisionen und Luftwaffeneinheiten des Gegners bereits zerschlagen und von ihrem Schicksal auf den Schlachtfeldern ereilt worden sind, setzt der Feind seinen Vormarsch fort.«[1] Er konnte es nicht über sich bringen, dem Volk die bittere Wahrheit zu sagen, ohne dieser Wahrheit eine phantastisch optimistische und durchaus unrichtige Behauptung vorauszuschicken.[2] Er fuhr dann fort mit jener Erklärung seines Paktes mit Hitler, die wir bereits kennen, und fügte hinzu, daß Hitler den Vorteil eines Überraschungsangriffs auf seiner Seite habe, daß ihm dies aber nicht lange helfen werde. Dann schilderte er die Ziele und Absichten des Feindes in einer betont einfachen Sprache, die den russischen Bauern ansprechen mußte. »Unser Feind ist grausam. Er kennt kein Erbarmen. Er ist aufgebrochen, um das Land zu erobern, das ihr mit eurem Schweiß getränkt habt, er will uns unser Getreide und unser Öl nehmen, das ihr erarbeitet habt. Er ist ausgezogen, um die Herrschaft eurer Großgrundbesitzer wiederherzustellen, er will den Zaren wieder auf den Thron setzen (...), er will die Völker der Sowjetunion germanisieren, er will euch zu Sklaven der deutschen Fürsten und Barone machen. (...) In diesem Kampf geht es um Leben oder Tod. Das Sowjetvolk muß jeden Gedanken an Zugeständnisse aufgeben. Dem Feinde darf kein Pardon gegeben werden. (...) In unseren Reihen gibt es keinen Raum für Schwächlinge und für Feiglinge, für Panikmacher und für Deserteure.«[3] Stalin forderte Rücksichtslosigkeit und nochmals Rücksichtslosigkeit dem Eindringling gegenüber. Auch das Chaos und die Panik, die im Hinterland auszubrechen drohten, könne man nur mit Rücksichtslosigkeit meistern. Und dann erhob er jene Schrecken verbreitende Forderung, die »Erde zu versengen, ehe sie dem Feind in die Hände falle«.

»Überall da, wo wir zum Rückzug gezwungen sind (...), muß alles rollende Material zurückgezogen werden. Dem Feind darf keine einzige Lokomotive, kein einziger Eisenbahnwaggon in die Hand fallen, kein Pfund Mehl und keine Kanne Benzin. Die Kolchosbauern müssen ihr Vieh wegtreiben und ihre Getreidevorräte den Behörden zum Abtransport hinter der Front zur Verfügung stellen. Alles irgendwie wertvolle bewegliche Eigentum, einschließlich Metalle, Getreide und Treibstoffe, das nicht abtransportiert werden kann, ist restlos zu vernichten. (...) In Gebieten, die vom Feinde besetzt sind, müssen Partisanengruppen zu Pferde und zu Fuß gebildet werden. Organisierte Sabotagegruppen müssen gegen den Feind kämpfen, überall Kleinkrieg führen, Brücken in die Luft sprengen, Straßen unterminieren, Telephonanlagen und Telegraphenlinien zerstören, Wälder, Warenlager und Transportmittel in Brand stecken. In den besetzten Gebieten müssen Verhältnisse geschaffen werden, die für den Feind und für seine Komplizen unerträglich sind. Der Feind muß bei jedem Schritt, den er tut, gejagt und vernichtet werden. Alles, was er unternimmt, muß sabotiert werden.«[4]

Es war, als sei das Rußland des Jahres 1812 wiedererstanden und melde sich durch Stalins Mund zu Wort. Tatsächlich erinnerte er in seiner Rede auch an den Sieg Rußlands über Napoleon. Er sagte, Hitler sei auch nicht unüberwindlicher, als Napoleon es gewesen sei. Er erwähnte »mit Dankbarkeit« historische Äußerungen des britischen Premierministers Churchill, der Rußland Hilfe versprochen habe, und die Erklärung der Regierung der Vereinigten Staaten.[5] Wie im Jahr 1812 kämpfe Rußland auch jetzt einen »nationalen und patriotischen Krieg«, der zugleich ein Kampf für die Freiheit aller Völker sei. Er schloß seine Ausführungen, indem er das Volk aufforderte, »sich um die Partei Lenins und Stalins zu scharen«.[6] Diese ungewöhnliche Anspielung auf sich selber in dritter Person brachte in seine Rede eine gewisse Ungereimtheit, in jene Rede, die zugleich so groß und so flach, so unbezähmbar und doch so wenig aufrüttelnd war.

Rußland mußte Raum abgeben, um Zeit zu gewinnen. Der Raum, der abgegeben wurde, sollte für den Feind wertlos gemacht werden. Der Preis dieser Maßnahme war erschreckend hoch. Er wurde mit größter Rücksichtslosigkeit gefordert. Nach allen Irrtümern und falschen politischen Kalkulationen, die Stalin sich hatte zuschulden kommen lassen, war dies die einzige Möglichkeit, dem Eroberer Europas in den Weg zu treten. Er setzte ihm einen stärkeren Willen entgegen. Ist es richtig, daß er, wie behauptet wurde, niemals sein Selbstvertrauen verlor, nicht für einen einzigen Augenblick? Wenn man einige gelegentliche Äußerungen berücksichtigt, die Stalin in jenen kritischen Monaten fallenließ, dann mag man daran zweifeln. In seiner Rede vom 3. Juli sprach er nicht nur von der Niederlage Napoleons in Rußland. Er erinnerte auch an das Schicksal des Kaisers Wilhelm II., dem auch der Ruf der Unüberwindlichkeit vorausging und der schließlich dennoch »durch die englisch-französischen Armeen« geschlagen wurde. Stalin sprach nicht davon, daß das kaiserliche Heer Rußland geschlagen hatte, ehe es auf der Westfront sich selber geschlagen geben mußte. Aber man konnte erkennen, daß Stalins Gedanken von Napoleon zum Kaiser und vom Kaiser zu Napoleon gingen. Er mußte mit der Möglichkeit rechnen, daß Hitler ebensoviel erreichen könne wie der Kaiser. Solche Gedanken müssen ihn bewegt haben, als er sich am 30. Juli mit Harry Hopkins, dem Botschafter des Präsidenten Roosevelt, unterhielt. Er gab zu, daß er persönlich nicht an einen Angriff Hitlers geglaubt hatte. Er sagte ferner, der Krieg werde schwer und vielleicht von langer Dauer sein; er gab zu, daß sich 75 Prozent seiner Kriegsindustrie in der Gegend von Moskau, Leningrad und

Charkow, also in Gegenden befänden, die bald schon vom Feind bedroht seien. Es liege ihm daran, daß der Präsident der Vereinigten Staaten wisse, daß »er, Stalin, es begrüßen würde, wenn amerikanische Truppen an irgendeinem Teil der russischen Front erschienen, und zwar unter dem uneingeschränkten Kommando der amerikanischen Armee«.[7] Dies ist eine der aufschlußreichsten Äußerungen Stalins, die von Memoirenschreibern des Zweiten Weltkriegs festgehalten wurden. Während des ganzen Krieges weigerte sich Stalin beharrlich, irgendwelche fremden Truppen an die russische Front zu lassen, die nicht seinem Befehl unterstellt waren. Er hielt ausländische Beobachter von der Front fern. Von der Regel, daß nicht einmal alliierten Flugzeugen das Überfliegen russischen Gebiets gestattet wurde, gab es nur wenige Ausnahmen. Was konnte ihn in jenen allerersten Kriegswochen veranlassen, so eifrig amerikanische Truppen in jedem Sektor der russischen Front unter ausschließlich amerikanischem Kommando willkommen zu heißen? Das war im Juli 1941, also zu einem Zeitpunkt, als die Vereinigten Staaten noch nicht einmal in den Krieg eingetreten waren; ein solcher Vorschlag mußte damals ganz und gar unwirklich erscheinen. Man kann nur annehmen, daß er diese Äußerung in einem Augenblick tat, als sein Selbstvertrauen wankte, als er vielleicht sogar bereits der Verzweiflung nahe war. Daraus hätte man ihm nicht einmal einen Vorwurf machen dürfen. Denn als Stalin mit Hopkins sprach, waren die Truppen Hitlers binnen vier Wochen mehr als 600 Kilometer tief in russisches Gebiet vorgedrungen. Im Norden hatte die Schlacht bei Smolensk begonnen. Im Süden begann der Rückzug der Truppen Budjonnys. Im September wurde Budjonny am Dnjepr vernichtend geschlagen. Damals konnten zwei andere Besucher, Harriman und Beaverbrook, bei Stalin unverkennbare Zeichen der Niedergeschlagenheit feststellen. Stalin fragte seine Gäste, ob die Briten nicht einige ihrer Truppen in die Ukraine schicken könnten?[8] Im Herbst, als die Deutschen sich Moskau näherten, machte er Sir Stafford Cripps gegenüber aus seinen Besorgnissen kein Hehl. Er sagte dem britischen Botschafter, Moskau werde bis zum äußersten verteidigt werden, aber er hielt den Fall der Stadt für möglich. Er sagte, wenn Moskau falle, dann müsse die Rote Armee ganz Rußland westlich der Wolga aufgeben. Er glaubte, daß auch in diesem Fall die Sowjets in der Lage sein würden, den Krieg weiterzuführen, aber es würde viele Jahre dauern, ehe sie wieder über die Wolga nach Westen vordringen könnten.

Kurz nach Kriegsende machte Stalin ein indirektes Eingeständnis. Am 24. Mai 1945, als er den Sieg im Kreml feierte, erhob er sein Glas auf das Wohl des russischen Volkes. Er sagte: »Unsere Regierung hat nicht wenige Irrtümer begangen. In den Jahren 1941 und 1942 war die Lage zuweilen verzweifelt, als unsere Armeen sich zurückzogen, weil uns einfach nichts anderes mehr übrig blieb. Ein anderes Volk als das russische hätte damals seiner Regierung gesagt: ›Ihr habt unser Vertrauen getäuscht. Fort mit euch! Wir werden uns eine andere Regierung nehmen, und diese Regierung wird mit den Deutschen Frieden schließen.‹ Das russische Volk ist diesen Weg nicht gegangen. Wir danken dir, du Volk von Rußland, für dein großes Vertrauen.«[9] In den ersten Monaten des Krieges muß der Zweifel an Stalin genagt haben, auch wenn er der Welt nur die Maske des Mannes aus Stahl zeigte.

Er trug seine eiserne Maske mit bewundernswerter Seelenstärke, als ein Meister der Selbstbeherrschung. Vielleicht war diese Maske seine stärkste Waffe. Sie gab seinem Siegeswillen einen heroischen, beinahe übermenschlichen Anstrich. In Rußland fehlten die Elemente der Schwäche sicherlich nicht. Das geringste Zeichen der Unsicherheit und des Schwankens bei dem Mann, in dessen Hand die Nation halb gezwungen, halb freiwillig ihr Schicksal gelegt hatte, hätte diese Anzeichen der Schwäche so anwachsen lassen, daß verheerende Folgen nicht hätten ausbleiben können. Stalin wußte natürlich, daß Zögern und Schwäche für ihn noch viel mehr als für jeden andern Gegner Hitlers gleichbedeutend sein mußte mit einem ruhmlosen Ende. Das Gebot der Selbsterhaltung zwang ihn, so zu handeln, wie er handelte. Damals war, mehr als jemals zuvor, sein persönliches Interesse mit dem Interesse des ganzen Volkes gleichbedeutend. Hier liegt zugleich der stärkste und der schwächste Punkt einer totalitären Ordnung: In gewissen Augenblicken scheint das ganze Schicksal eines großen Volkes davon abzuhängen, ob sein Diktator die Nerven behält oder verliert, denn sein Zusammenbruch oder sein Verschwinden würde ein Vakuum schaffen, das niemand ausfüllen könnte.

Viele der alliierten Besucher, die während der Kriegsjahre im Kreml vorsprachen, zeigten sich immer wieder aufs neue davon beeindruckt, daß Stalin sooft in großen wie kleinen, in militärischen, politischen wie diplomatischen Fragen die letzte Entscheidung persönlich fällte. Er war sein eigener Oberbefehlshaber, sein eigener Kriegsminister, sein eigener Generalquartiermeister, sein eigener Außenminister, sogar sein eigener Protokollchef. Die *Stawka,* das Hauptquartier der Roten Armee, befand sich in seinen Amtsräumen im Kreml. Von seinem Schreibtisch aus stand er in direkter Verbindung mit den Befehlshabern an den verschiedenen Frontabschnitten; von hier aus überwachte und leitete er die militärischen Operationen an der Front. Von diesem Schreibtisch aus führte er gleichzeitig eine andere gewaltige Aktion durch, nämlich die Verlagerung von 1360 Fabriken und Werkstätten aus Westrußland und der Ukraine in den Ural und nach Sibirien. Diese Verlagerung betraf nicht nur Maschinen und industrielle Einrichtungen, sondern Millionen von Arbeitern mitsamt ihren Familien. Dazwischen verhandelte er mit Ausländern, wie zum Beispiel mit Beaverbrook und Harriman, über Aluminiumlieferungen, über das Kaliber von Geschützen, Gewehren und Flugabwehrgeschützen, die durch die westlichen Alliierten an Rußland geliefert werden sollten. Er empfing Partisanenführer, die aus den von den Deutschen besetzten Gebieten zu ihm kamen und mit ihm Aktionen besprachen, die Hunderte von Kilometern hinter den feindlichen Linien durchgeführt werden sollten. Als die Schlacht um Moskau im Dezember 1941 auf ihrem Höhepunkt stand, als man in den Straßen Moskaus den Donner der Geschütze Hitlers wie die Vorboten kommenden Unheils grollen hörte, da hatte er noch Zeit, mit dem polnischen General Sikorski, der zwecks Abschlusses eines polnisch-russischen Bündnisses nach Moskau gekommen war, ein fein gesponnenes diplomatisches Spiel zu spielen. Je länger der Krieg dauerte, desto mehr schwoll die Zahl der Besucher, der Gesandten und Sonderbotschafter aus allen Teilen der Welt an. Er besprach sich mit ihnen meistens spät in der Nacht oder in den frühen Morgenstunden. Nach einem

Tagewerk, das angefüllt war mit dem Studium militärischer Berichte, mit operativen Entscheidungen, mit wirtschaftlichen Anweisungen und diplomatischem Streit, beugte er sich im Morgengrauen des neuen Tages bereits wieder über die letzten Telegramme von der Front oder über einen vertraulichen Bericht über die Stimmung im Land, den ihm das Volkskommissariat für Innere Angelegenheiten, NKWD, vorlegte. Der Bericht des NKWD mochte wohl auch detaillierte Mitteilungen darüber enthalten, was der Chef der britischen Militärmission in Moskau am Tag zuvor über Rußland, über die Verbündeten und über deren Pläne, über Stalin in der vertraulichen Zurückgezogenheit seines Amtszimmers gesagt hatte, denn der Sitz der britischen Militärmission »war verseucht mit wohlverborgenen Mikrophonen, die jedes Wort, das hier gesprochen wurde, nach außen mitteilten«.[10] So verbrachte er einen Tag nach dem andern, während der vier Jahre des Krieges, eine unvorstellbare Leistung der Geduld, der Standhaftigkeit und der Wachsamkeit, beinahe allgegenwärtig, beinahe allwissend.

Im Oktober begann Hitler in aller Form den Angriff auf Moskau, »die größte Offensive der Geschichte«. Leningrad war eingeschlossen und belagert. Beinahe die ganze Ukraine und die Küste des Asowschen Meeres waren in die Hände der Wehrmacht gefallen. Budjonnys Armeen waren in alle Winde zerstreut. Allein in der Schlacht am Dnjepr machten die Deutschen eine halbe Million Gefangene. Daraufhin setzte Stalin sowohl Woroschilow als auch Budjonny ab. Die Männer von Zarizyn, die »Herren Unteroffiziere«, wie sie einst Trotzki zu nennen beliebte, waren den Anforderungen eines modernen, mechanisierten Krieges nicht gewachsen. An ihre Stelle traten bald neue Namen wie Schukow, Wassiljewski und Rokossowski.

Im November unternahmen die Deutschen eine verzweifelte Anstrengung, den Ring um Moskau zu schließen. Ihre Vorhuten standen zwischen vierzig und sechzig Kilometer vor Moskau. An einem Punkt hatten sie sich sogar bis auf zehn Kilometer an den Stadtrand herangearbeitet. Alle Volkskommissariate und Regierungsstellen wurden jetzt nach Kuibyschew an der Wolga verlegt. In Moskau verbrannten die Behörden ihre Archive, die nicht abtransportiert werden konnten. Am 6. November, dem Jahrestag der Revolution, versammelte sich der Moskauer Sowjet zu der üblichen Jahresfeier. Sie fand diesmal unter der Erde statt, nämlich in der Majakowski-Station der Untergrundbahn. Stalin sprach zu der Versammlung in ruhigen Worten, aber er mußte die alarmierende Feststellung machen, daß die russischen Truppen »mehrfach den Deutschen an Panzern unterlegen gewesen seien«.[11]

Am folgenden Tag stand er auf dem Dach des Lenin-Mausoleums, um einen Vorbeimarsch von Truppen und Freiwilligendivisionen der Volksarmee abzunehmen, die direkt vom Roten Platz zur Front in den Außenbezirken der Hauptstadt abrückten. Er bemühte sich, bei diesen Soldaten die Erinnerungen an den Bürgerkrieg wachzurufen, »als drei Viertel unseres Landes sich in der Hand der feindlichen Interventionsmächte befanden«, als die junge Sowjetrepublik weder Waffen noch Alliierte besaß. »Der Feind ist nicht so stark, wie ihn einige verängstigte Intellektuelle darstellen. Der Teufel ist nie so furchtbar, wie man ihn an die Wand malt. (...) Deutschland kann eine solche Belastung nicht lange ertragen. Noch ein paar Monate, noch ein halbes Jahr, vielleicht noch ein ganzes Jahr, dann wird das Hitlerdeutschland unter der Last seiner Verbrechen zusammenbrechen.« Er schloß seine Rede mit einer in seinem Mund ganz fremdartigen und unerwarteten Beschwörung der Geister der Heiligen und Krieger des kaiserlichen Rußland: »Laßt die großen Bilder unserer großen Vorfahren Alexander Newski, Dimitrij Donskoj, Kusma Minin, Dimitrij Poscharski, Alexander Suworow und Michael Kutusow vor eurem inneren Auge aufleben. Sie sollen eure Führer in diesem Kriege sein.«[12] Dies war das erstemal in seinem Leben, daß er die Schatten der Vergangenheit lebendig werden ließ, die von der Revolution für alle Zeiten mit Verachtung geschlagen und aus dem Bewußtsein des russischen Volkes verbannt zu sein schienen. Er schloß: »Möge das Banner des großen Lenin euch zum Siege führen!«

Die Nachricht, daß die Behörden die Stadt verlassen, versetzte die Bevölkerung Moskaus in Angst und Schrecken. Dies war — psychologisch gesehen — der Moment der größten Gefahr. Wenn eine Regierung im Krieg ihre Hauptstadt preisgibt, so untergräbt sie damit immer den moralischen Widerstandswillen des kämpfenden Volkes und gibt den zentrifugalen Kräften neue Auftriebe. So geschah es in Frankreich im Jahr 1940. Die aus ihrem traditionellen Sitz vertriebene Regierung wurde verwundbar wie eine Schnecke ohne Gehäuse. Je zentralistischer eine Regierung ist, desto mehr hängt ihre Stabilität und ihr Ansehen von den gewohnten Zeichen ihrer Macht ab, die fast alle in der Hauptstadt konzentriert sind. Als die Regierung Moskau räumte, folgten sofort Plünderungen und Unruhen. Das Volk war der Meinung, die Stadt werde aufgegeben. Die Massen stürmten die Lebensmittelgeschäfte. Parteimitglieder verbrannten ihre Mitgliedskarten und Parteiabzeichen. Antikommunistische Elemente bereiteten sich vor, alte Rechnungen mit den Kommunisten zu begleichen, um dadurch die Sympathie des fremden Eindringlings zu gewinnen. An vielen Plätzen zwischen der Front und der Wolga zeigten sich Symptome einer anarchischen Auflösung der staatlichen Ordnung.

Augenzeugen, die diese Tage in Moskau erlebten, erzählten später, wie hoch die Bedeutung der Tatsache zu werten war, daß Stalin nicht mit den andern Regierungsmitgliedern die Stadt verließ. Dadurch wurde die Stimmung in Moskau wieder beruhigt, denn man sah, daß der in Stalin verkörperte Siegeswille nicht gebrochen war. Durch sein Verbleiben im Kreml forderte er in dieser entscheidenden Stunde das Schicksal heraus. Jetzt schien es, als sei das Schicksal der ganzen Welt in die Schalen einer Waage geworfen, die an den Türmen der alten Festung aufgehängt war. Für Stalin wie für Hitler wurde der Kreml zum Symbol ihres Kampfes. Stalin weigerte sich, seine Mauern zu verlassen, während Hitler einen Tagesbefehl an seine Truppen erließ, den Kreml »in die Luft zu sprengen, um den Sturz des Bolschewismus anzukündigen«.[13] Auf dem Hintergrund des Kreml wuchs Stalins Bild zu seiner ganzen Größe. Sein Bild verschmolz mit dem der alten Zarenburg und allen ihren geschichtlichen Erinnerungen. Es war, als ob er sich nicht mehr davon trennen könne. Seine Macht beruhte zum Teil in seiner Volksferne. Hätte er den Kreml verlassen, so hätte er auf diesen Zauber verzichtet. Das Volk hätte in ihm einen Diktator auf der Flucht gesehen. Damit soll nicht gesagt sein, daß es ihm nicht auch möglich gewesen wäre, seine Truppen von irgendeinem Zufluchtsort aus zu befehligen. Jedenfalls erschien ihm der Gedanke, Moskau zu verlassen, so unerträglich und so demütigend, daß er vor diesem Schritt bis zum Ende zurückscheute.

So blieb er aus freien Stücken und aus wohlüberlegtem Entschluß während des ganzen Krieges im Kreml »eingemauert«. Es scheint, daß er nicht ein einziges Mal einen persönlichen Kontakt mit der kämpfenden Truppe an der Front herzustellen versuchte. Während des Bürgerkriegs war Trotzki in seinem berühmten Panzerzug von einem Ende der Front zum anderen geeilt, er hatte, oft unter feindlichem Feuer, vorgeschobene Stellungen besichtigt, um sich ein persönliches Bild von den dort getroffenen taktischen Maßnahmen zu machen. Churchill mischte sich unter seine Soldaten in der libyschen Wüste und an der Küste der Normandie, um sie mit seinen Scherzen, mit feierlichen Reden, mit seinen komischen Hüten, seinen Zigarren, die Finger zum Victory-Zeichen gespreizt, aufzumuntern. Hitler verbrachte einen großen Teil des Krieges in seinem vorgeschobenen Hauptquartier im Feld. Die physische Wirklichkeit des Krieges lockte Stalin nicht an. Er baute auch nicht auf die Wirkung eines persönlichen Kontakts mit den Truppen. Und trotzdem gibt es keinen Zweifel, daß er ihr wirklicher Oberbefehlshaber war. Er beschränkte sich nicht nur auf abstrakte strategische Entscheidungen, wie sie jeder zivile Politiker fällen kann. Er studierte mit großem Eifer alle technischen Fragen der modernen Kriegsführung bis zu den kleinsten Einzelheiten, ohne dabei jemals zum Dilettanten zu werden. Er sah im Krieg in erster Linie eine Material- und Versorgungsfrage. Neun Zehntel seiner Aufgaben bestanden in der Bereitstellung von Menschen und Material, in ihrer Verteilung an die richtigen Stellen der Front, ihrer rechtzeitigen Heranführung, in der Sammlung einer strategischen Reserve, die entscheidend in den Kampf eingreifen konnte und zwar dort und zu dem Zeitpunkt, an dem man sie wirklich brauchte.

Ende 1941 schien aber die Lage, gerade von solchen Gesichtspunkten aus gesehen, völlig hoffnungslos. Der Leiter der staatlichen Planungskommission, N. Wosnessenski, schildert sie mit folgenden Worten: »In dem Gebiet, das die Deutschen bis November 1941 besetzt hatten, wohnten ungefähr 40 Prozent der Gesamtbevölkerung der Sowjetunion. Ungefähr 65 Prozent der gesamten Vorkriegskohlenförderung kam aus diesen Gebieten, ferner 68 Prozent des Roheisens, 58 Prozent der gesamten Stahlerzeugung, 60 Prozent des Aluminiums, 38 Prozent des Brotgetreides, 84 Prozent des Zuckers, 41 Prozent der Gleise der UdSSR lagen in dem besetzten Gebiet.«[14] Vom Juni bis November sank die gesamte industrielle Produktion um mehr als die Hälfte, die Stahlproduktion um mehr als zwei Drittel. Die Kugellagerproduktion, die für alle modernen Maschinen so unentbehrlich ist, betrug nicht einmal mehr fünf Prozent der Friedensleistung. Zu diesem Zeitpunkt waren die sprichwörtlichen »unerschöpflichen Reserven Rußlands« nur noch eine Legende. Die materiellen Ressourcen der Sowjets waren unendlich viel geringer als die der Deutschen. Nicht einmal ihre Arbeitskraft war erheblich größer. Sie war jedenfalls geringer als die Arbeitskraft Deutschlands und seiner Satellitenvölker zusammengenommen. Wenn Rußland im ersten Jahr des Krieges überhaupt Widerstand leisten konnte, so war das nur der Triumph des Willens und der Entschlossenheit, der Triumph jenes Geistes, der junge Kommunisten an den Stadträndern von Moskau mit dem Ruf sterben ließ: »Hinter uns liegt Moskau, kein Raum mehr für Rückzug!«[15]

Am 8. Dezember teilte Hitler mit, daß er alle Kampfhandlungen wegen des Winters abgebrochen habe. Zweimal hatten seine Truppen zum Sturm auf Moskau angesetzt. Zweimal waren sie zurückgeschlagen worden. Jetzt kam der Winter und lähmte ihre Tätigkeit, ein strenger Winter, der auch noch mehrere Wochen früher als üblich begonnen hatte. Hitler wußte nicht, daß zwei Tage, ehe er selber das Ende des Feldzugs des Jahres 1941 ankündigte, Stalin den Befehl zu einer Gegenoffensive ausgegeben hatte. Das war am 6. Dezember 1941.

In späteren Jahren haben die Russen viel über die Gründe nachgedacht, die für ihren Rückzug in den Jahren 1941 und 1942 maßgeblich gewesen sein mochten. Unmittelbar nach dem Ausbruch der Feindseligkeiten erklärte Stalin den russischen Rückzug mit dem Vorsprung, den Hitler infolge seines überraschenden Angriffes vor den Sowjets hatte. Im Jahr 1946 gab er eine etwas andere Erklärung für diese Vorgänge. Damals deutete er an, daß er mit allem Vorbedacht die Deutschen in das Innere Rußlands gelockt habe, um sie dort um so besser vernichten zu können. In einem Brief an den Kriegshistoriker Oberst E. Rasin berief er sich auf zwei historische Beispiele, die seine Überlegungen bestimmt hätten. Er schrieb: »Bereits die alten Parther kannten diese Art der Gegenoffensive, als sie den römischen Heerführer Crassus in das Innere ihres Landes lockten, um dann eine vernichtende Gegenoffensive gegen ihn zu führen. Auch unser genialer Heerführer Kutusow wußte das sehr wohl, als er Napoleon durch eine wohlvorbereitete Gegenoffensive vernichtete.«[16] Diese zweite Deutung sollte einer allzu gründlichen Nachforschung über die Ursachen der Niederlagen der Jahre 1941 und 1942 vorbeugen, die dem Ansehen Stalins nur abträglich sein konnte. Es gibt gar keinen Zweifel, daß die Russen sich bei Kriegsbeginn vor dem unwiderstehlichen deutschen Druck zurückziehen mußten, ob sie wollten oder nicht, und daß die Preisgabe der wirtschaftlich wichtigsten Gebiete Rußlands keineswegs einem vorbedachten strategischen Plan entsprechen konnte. Stalin lockte nicht wie einst Kutusow den Feind nach Moskau in eine Falle. Moskau war jetzt die Hauptstadt, 1812 war die Hauptstadt St. Petersburg. Im Jahr 1812 schwächte der Raumverlust die russische Kampfkraft nicht, um so weniger, als der Vormarsch Napoleons sich auf einer einzigen Vormarschstraße in Richtung Moskau vollzog. Für eine moderne Kriegsführung wäre ein vorbedachter Rückzug solchen Ausmaßes und mit solchen Folgen, wie ihn die Russen in den Jahren 1941 und 1942 unternehmen mußten, ein reiner Wahnsinnsstreich, wenn nicht noch Schlimmeres gewesen.

Trotzdem schließen die beiden Erklärungen, die Stalin für seine Kriegsführung gab, einander nicht völlig aus. Als er gezwungen war, weite Teile des russischen Staatsgebiets aufzugeben, entschloß er sich, aus dieser schlimmen Situation das Beste herauszuholen. Er sammelte neue Kräfte, vermied entscheidende Schlachten, bemühte sich, den Ring um eingekesselte russische Heeresteile zu sprengen. Er wollte mit Geduld den Augenblick abwarten, an dem die Armeen Hitlers sich so übernommen haben würden, daß er gegen ihre offenen Flanken und langen rückwärtigen Verbindungslinien vorgehen konnte. Mit simpler orientalischer Klugheit setzte er darauf, daß Hitler in seinem Größenwahn einen falschen Zug machen werde. Tatsächlich war Hitler durch die lange Reihe seiner großen Siege vom Erfolg so berauscht und von seiner Unüberwindlichkeit so überzeugt, daß er nach dem mißglückten Vorstoß auf Moskau nicht einmal die einfachsten Vorsichtsmaßregeln traf, die auch ein mittelmäßiger General für unerläßlich gehalten hätte. Anstatt seine Armeen auf sichere Verteidigungspositionen zurückzuziehen, ließ er sie vor den Mauern von Moskau in Winterquartiere gehen und versäumte es, sie mit Winterkleidung zu versorgen. Er wollte nicht einsehen, daß der russische Winter und der Schmutz des Tauwetters seine Kriegsmaschinen lahmlegen würden, wogegen der russische Soldat sich mit den Unbilden des Winters besser als irgendein anderer Soldat der Welt abzufinden wußte. Stalin, dessen militärische Fehler bisher durch übertriebene Vorsicht und Bedächtigkeit entstanden waren, hatte einen scharfen Blick für den Mangel an Vorsicht in den Maßnahmen Hitlers, und darauf baute er seine Pläne. Auf diese Weise rettete er Moskau, mehr noch, er zwang die Deutschen zu einem verlustreichen Rückzug, zum ersten, den sie in diesem Krieg anzutreten hatten.

Nach den ersten Erfolgen der russischen Armeen breitete sich eine Welle des Vertrauens über das Land aus. Die Truppen erkannten plötzlich, daß ihnen ein Erfolg beschieden war, wie ihn bisher keine der alliierten Armeen den Deutschen gegenüber erzielt hatte. Einige Wochen lang schien es, als wolle die Wehrmacht unter den ununterbrochenen Angriffen regulärer russischer Truppen an der Front und unter den pausenlos geführten Überfällen der Partisanen im Hinterland den Weg der »Großen Armee« Napoleons gehen und sich in den Schneewüsten Rußlands auflösen. Dieser Fall trat allerdings nicht ein. Aber der russische Soldat, der den Feind nun auch einmal besiegt sah, gewann die Zuversicht, daß es ihm möglich sein werde, ihn nochmals zu schlagen.

Stalin tat, was er konnte, um diese neue Stimmung zu stärken und rief zum »Sieg 1942« auf. Beim Beginn der Feindseligkeiten hatte er Harry L. Hopkins gesagt, er rechne mit einem langen und verlustreichen Krieg, der drei oder vier Jahre dauern könne. Was veranlaßte ihn jetzt, dieses neue Motto auszugeben? Seine

Aussichten waren unzweifelhaft gestiegen, nicht nur wegen der russischen Siege in der Winterschlacht, sondern vor allem infolge des Eintritts der Vereinigten Staaten in den Krieg. Er wird sich darüber klar gewesen sein, daß der Erfolg seiner Offensive bei Moskau in erster Linie dem »General Winter« zu danken war. Er wußte sicherlich auch, daß es lange Zeit dauern würde, bis die Amerikaner ihre ungeheure Wirtschaftsmacht für die Kriegsanstrengung wirklich nutzbar machen konnten. Er sah auch, daß die britischen Truppen sich vom Schlag ihrer Niederlage auf dem Kontinent noch nicht erholt hatten. Nur ein »Wunder« hätte im Jahr 1942 ein Ende des Krieges bringen können, aber war nicht vielleicht schon die sieghafte Verteidigung Moskaus dieses »Wunder« gewesen? Es mag sein, daß Stalin ernstlich mit einem baldigen Kriegsende rechnete. Möglicherweise war er sich innerlich klar darüber, daß er auf einen Sieg im Jahr 1942 nicht rechnen konnte. Er wußte aber auch, daß er es nicht wagen durfte, dem russischen Volk sachlich und kaltherzig zu sagen, seine schwere Prüfungszeit werde noch einige Jahre dauern. Die Leiden, die es zu tragen hatte, waren so groß, daß es unmöglich erschien, mit solch brutaler Offenheit zu sprechen.[17]

Die Dauer des Krieges hing offensichtlich in erster Linie von der Haltung der westlichen Alliierten ab. Rußland hatte bereits Abkommen mit Großbritannien und den Vereinigten Staaten geschlossen. Die Amerikaner gewährten ihnen eine Anleihe von einer Milliarde Dollar und versprachen, in ununterbrochenem Fluß Kriegsmaterial nach Rußland zu schaffen. Aber Stalin war sich der Möglichkeit unangenehmer Überraschungen, die der Krieg bringen mochte, wohl bewußt. Die große Koalition der Alliierten war gegen den Willen ihrer Mitglieder zustande gekommen. Die Bande, die sie verknüpften, waren keineswegs fest. Sie konnten unter der Wirkung von Mißerfolgen, Rivalitäten und gegenseitigen Vorwürfen auch wieder brechen. Unter der Oberfläche gab es nach wie vor die alten Gegensätze und Spannungen. Stalin rechnete sicherlich mit der Möglichkeit, daß die Westmächte eines Tages einen Sonderfrieden mit Deutschland schließen und Rußland in der Patsche sitzen lassen könnten. In seinen Augen war der Konflikt zwischen dem kapitalistischen

Faschismus in Deutschland und dem liberalen Kapitalismus in Großbritannien und in den Vereinigten Staaten sehr viel weniger tiefgehend als der weltanschauliche Gegensatz zwischen dem bolschewistischen Rußland einerseits und den beiden unter sich verfeindeten Kapitalistengruppen andererseits. In der Tatsache, daß die britischen Konservativen ihrer Selbsterhaltung wegen gegen Hitler kämpfen mußten, sah er eine Ironie des Schicksals, denn Hitler war doch in Wahrheit das Haupt aller antikommunistischen Kräfte, der wirkliche Führer der europäischen Gegenrevolution. Diese Lage war so paradox, daß man nach Stalins Meinung unmöglich auf ihre unbeschränkte Fortdauer bauen konnte. Wir wissen jetzt auch, daß Churchill und Roosevelt gleichermaßen immer besorgt waren, Rußland könnte einen Sonderfrieden mit Deutschland schließen. Sie fürchteten, die schweren Verluste Rußlands und die verwandten Züge in den beiden totalitären Systemen könnten Stalin nochmals veranlassen, sich mit Hitler zu verständigen, wie er es bereits 1939 getan hatte.[18] Furcht und Mißtrauen gab es also auf beiden Seiten. Sie bildeten den Hintergrund der politischen Kriegführung der nächsten Zeit.

Stalin hütete sich sorgfältig, den Krieg unter dem Banner der proletarischen Revolution zu führen. Er war sich offenbar darüber klar, daß daran die Koalition gescheitert wäre. Er warf deshalb die Anweisungen und Rezepte über Bord, die auf den verschiedenen Kongressen der Komintern für das Verhalten der kommunistischen Parteien im Krieg ausgearbeitet worden waren. Nach diesen Anweisungen sollten die Kommunisten in allen Ländern ihr Streben auf den Sturz der kapitalistischen Ordnung konzentrieren und für diesen Zweck alle Möglichkeiten ausnützen, die der Krieg bieten würde.[19] Das sollte nun nicht länger gelten. Die Kommunisten sollten sich der politischen Führung in den alliierten Ländern unterordnen, sich für die Kriegsanstrengungen dieser Länder einsetzen, weil sie ja damit Rußland helfen würden. In den meisten der durch die Nazis besetzten Länder erkannten die Kommunisten auch in der Widerstandsbewegung die bürgerliche Führung an, so de Gaulle in Frankreich, Benesch in der Tschechoslowakei, Königin Wilhelmine in Holland und so weiter. Nicht einmal in Deutschland, Italien und in den Balkanländern propagierten sie den Sturz des Kapitalismus. Sie forderten die Völker dieser Länder im Namen der Demokratie zum Widerstand gegen ihre Herrscher auf und nicht im Namen der Diktatur des Proletariats (erst gegen Ende des Krieges wurde der Begriff Demokratie im Osten und im Westen zum Gegenstand entgegengesetzter Interpretationen). Jetzt benutzte Moskau gegenüber jedem Volk die Sprache des nationalen Interesses, des patriotischen Gefühls, sogar des nationalen Vorurteils, nicht die des marxistischen Internationalismus. Am Tag, als Hitler Rußland angriff, erklärte Churchill: »Dies ist kein Krieg zwischen den Klassen.« Stalin schien das Echo Churchills zu sein. Er war eifrig darauf bedacht, den Anschein eines einzigen antifaschistischen Interesses und einer einzigen demokratischen Ideologie zu erwecken, die allen Mächten der Koalition gemein seien. Diesem schönen Schein opferte er sogar die Komintern. Im April 1943 ordnete er ihre Auflösung an. Dies war sein politischer Beitrag für den Zusammenhalt der Großen Koalition.

Die Furcht vor einem Separatfrieden war nicht die einzige Sorge Stalins. Kaum weniger ernst, dafür aber um so wirklichkeitsnäher war die Befürchtung, die Westmächte könnten militärisch weiter inaktiv bleiben und zunächst einmal abwarten, bis die Deutschen und die Russen sich gegenseitig erschöpft haben würden. Das war eine sehr ernste Gefahr. Sie wurde Stalin in bedrohlicher Weise gegenwärtig, als in den ersten Tagen des deutsch-russischen Krieges ein britischer Kabinettsminister, Lord Brabazon of Tara, in aller Öffentlichkeit vorschlug, die Alliierten sollten diesen Kurs verfolgen. Lord Brabazon of Tara mußte zwar daraufhin aus der Regierung ausscheiden, und Churchill und Roosevelt sprachen große Worte des Lobes über den Kampf des russischen Volkes und über ihren Verbündeten im Kreml. Aber in den inneren Kreisen der Sowjetregierung blieb diese unvorsichtige Äußerung unvergessen. Stalin war zweifellos der Ansicht, der britische Minister sei nur deshalb desavouiert worden, weil er das aussprach, was seine Ministerkollegen im geheimen dachten. Alles schien für Stalin darauf hinzudeuten: Der oberflächlich verkleisterte Klassengegensatz, die alten Rivalitäten zwischen England und Rußland, in deren Licht Großbritannien immer das »perfide Albion« gewesen war, das den russischen Bauern nur als Kanonenfutter benützte, und nicht zuletzt die Folgen der Politik, die er selber in den Jahren 1939 bis 1941 betrieben hatte und die sich jetzt wie eine Vergeltung an ihm auswirkte. Stalin begann deshalb die Alliierten zu bedrängen, sie sollten sofort gegen Deutschland eine zweite Front auf dem europäischen Festland eröffnen. Er bemühte sich mit allem Nachdruck, eine feste und verbindliche Zusage in dieser Richtung zu erhalten.[20]

Gleichzeitig wandte er seine Aufmerksamkeit einer äußerst diffizilen diplomatischen Frage zu. Durch seine Zusammenarbeit mit Hitler war es ihm gelungen, die Grenzen der Sowjetunion erheblich zu erweitern. Er hatte die soziale Struktur und das politische Gefüge der von ihm annektierten Länder von Grund auf geändert und diesen umstürzenden Maßnahmen dadurch die Krone aufgesetzt, daß er diese Länder verfassungsmäßig der Union der Sowjetrepubliken angeschlossen hatte. Jetzt mußte er sehen, wie er diese Erwerbungen über den Zusammenbruch seines Kompagniegeschäfts mit Hitler hinüberretten konnte. Er forderte deshalb die westlichen Alliierten auf, ihm die Rechtmäßigkeit der Gewinne zu bestätigen, die er bei einem Geschäft gemacht hatte, das die Alliierten als durch und durch rechtswidrig betrachten mußten. Weder Großbritannien noch die Vereinigten Staaten zeigten große Eile, die Einverleibung der baltischen Staaten durch Rußland anzuerkennen. Dabei war das noch nicht einmal die schwierigste Frage. Polen war ein viel ernsteres Problem. Polen war das älteste Mitglied der antideutschen Koalition. Es hatte seine Ostgebiete durch denselben Akt verloren, durch den seine Unterwerfung unter die deutsche Herrschaft vorbereitet wurde. Wenn das Gesicht der Großen Allianz gewahrt werden sollte, so verlangte der bescheidenste politische Anstand, daß Polen jetzt Gerechtigkeit widerfahre, nicht etwa, weil seine Rechtstitel auf die ukrainischen und weißrussischen Gebiete über jeden Zweifel erhaben gewesen wären, sondern nur deshalb, weil es um diese Besitzungen in einer solch brutalen und unanständigen Weise gebracht worden war. Aber Stalin konnte diese Gebiete nicht an Polen zurückgeben, wenn er nicht die Ukrainer verbittern wollte, deren Widerstandswillen gegen die Deutschen er unter allen Umständen lebendig erhalten mußte. Er konnte es auch deshalb nicht tun, weil er dadurch selber die Volksabstimmungen, die er im Jahr 1939 in Ostpolen hatte durchführen lassen und auf die er seinen Anspruch stützte, zu dem erklärt hätte, was sie immer gewesen waren, nämlich zu einem Betrug. Die durch den Beitritt der baltischen Staaten verursachten Änderungen der Sowjetverfassungen wären nachträglich zu einer belanglosen Formsache erklärt worden, und er selbst hätte sein Gesicht verloren.

Er machte deshalb den Polen gegenüber eine Geste, durch die er ihnen, wenn schon nicht in der Sache, so doch wenigstens in der Form Genugtuung zu geben schien. In den ersten Kriegstagen erklärte die Sowjetregierung in allgemeinen Ausdrücken den Molotow-Ribbentrop-Pakt für null und nichtig. General Sikorski, der Chef der polnischen Exilregierung, interpretierte diese Erklärung dahin, daß Rußland sich bereit erklärt habe, die ostpolnischen Gebiete an Polen zurückzugeben. Aber so hatte sich Stalin die Sache nun auch wieder nicht gedacht. Während der Schlacht um Moskau fragte er Anthony Eden, der damals in Moskau weilte, ob die britische Regierung bereit sei, die Grenzen Rußlands so anzuerkennen, wie sie zur Zeit des deutschen Angriffs gegen Rußland gewesen waren. Der britische Außenminister zog es vor, diese Frage offenzulassen.[21] Daraufhin schlug Stalin General Sikorski Verhandlungen vor. Der polnische Ministerpräsident antwortete, daß ihm die polnische Verfassung nicht das Recht gebe, über die Grenzen des Landes zu verhandeln. Daraufhin bezog sich auch Stalin auf seine Verfassung, die es ihm verbiete, irgendeinen Teil sowjetrussischen Gebiets abzutreten.[22] Damit begann eine neue und lange Phase des russisch-polnischen Konflikts, der obendrein durch die Leiden und Entbehrungen der vielen nach Rußland deportierten Polen verschärft wurde.

Um seine drei Ziele zu erreichen — nämlich Garantie gegen einen Sonderfrieden, beschleunigte Organisation der zweiten Front und Anerkennung der Grenzen Rußlands von 1941 durch die Alliierten —, schickte Stalin im Mai 1942 Molotow nach London und Washington. Molotows Mission war nach außen hin ein voller Erfolg. Er unterzeichnete einen sowjetisch-englischen

Bündnisvertrag. Den ersten Vorschlag hierzu hatte Stalin im September 1941 Lord Beaverbrook gemacht. Das Bündnis wurde für zwanzig Jahre abgeschlossen. Die Briten gaben eine öffentliche Erklärung ab, daß die »britische und russische Regierung sich über die Notwendigkeit der Bildung einer zweiten Front in Europa im Laufe des Jahres 1942 einig seien«. Sowohl Churchill als Roosevelt, der erstere allerdings nicht ohne Zögern, gaben Stalin das private Versprechen, daß ihre Truppen im September 1942 über den Ärmelkanal nach Frankreich vorstoßen würden. Nur in einem Punkt erreichte Molotow sein Ziel nicht. Es gelang ihm nicht, die Anerkennung der russischen Grenzen von 1941 zu erwirken. Trotzdem durfte Stalin zufrieden sein. Die Alliierten hatten mit großer Entschlossenheit ihren Willen kundgetan, Deutschland vernichtend zu schlagen, und damit war die Stellung Rußlands erheblich gestärkt. In den ersten Monaten des deutsch-russischen Krieges hatte der Westen keinen besonderen Eindruck von der russischen Kampfkraft gewinnen können. Nach der Schlacht um Moskau wurde das anders. Rußland nahm jetzt einen führenden Platz in der Koalition ein. Das alte antikommunistische Gefühl im Westen wich jetzt einer etwas naiven, aber volkstümlichen Bewunderung für alle russischen Dinge und vor allem für Stalin persönlich. Roosevelt und Churchill sparten nicht mit schmeichelhaften Äußerungen für Stalin. Der Mann, der bisher in den Augen westlicher Menschen so fern, so unbegreiflich, ja fast abstoßend gewesen war, begann jetzt so etwas wie eine volkstümliche und beliebte Figur zu werden.

Dieser Umschwung der öffentlichen Meinung beschränkte sich allerdings nicht nur auf die Länder des Westens. Auch in Rußland fing man an, alte Beschwerden und Vorurteile zu vergessen. Die Propagandisten des Kremls teilten die Welt nicht mehr in Kapitalisten und Proletarier, in Imperialisten und unterdrückte Kolonialvölker, sondern in Faschisten und Demokraten ein. Nicht nur Roosevelt, der Führer des New Deal und Verfechter freundschaftlicher Beziehungen zwischen den Vereinigten Staaten und der Sowjetunion, sondern sogar Churchill, der alte Anführer des Kreuzzugs gegen die Bolschewisten, wurde jetzt in Rußland als Symbol der fortschrittlich gesonnten Menschheit, als Bundesgenosse und Freund gefeiert. Diese Stimmung erreichte einen Höhepunkt, als die Eröffnung der zweiten Front für das Jahr 1942 mitgeteilt wurde. Sie war noch in vollem Schwung, als Stalin im Juli 1942 Churchill einlud, zur Besprechung einer gemeinsamen militärischen Aktion nach Moskau zu kommen.

Churchill traf im August dort ein, aber sein Besuch endete mit einem Mißklang. Er kam, um Stalin die Eröffnung zu machen, daß der englisch-amerikanische Generalstab beschlossen habe, den Gedanken einer Landung in Frankreich vorläufig fallenzulassen und statt dessen eine Invasion in Nordafrika vorzubereiten. Die Unterhaltung zwischen Stalin und Churchill verlief scharfzüngig und stürmisch. Ein halbamtlicher russischer Bericht enthält folgendes Zwiegespräch zwischen den beiden Staatsmännern:

Churchill: Wir haben uns entschlossen (...). Es fällt mir nicht leicht, darüber zu reden, aber (...).

Stalin: Wir haben hier alle starke Nerven, Herr Premierminister.

Churchill: Die Landung in Europa, sie ist in diesem Jahr unmöglich (...).

Stalin: Das will also besagen, daß die britischen und amerikanischen Staatsmänner uns das feierliche Versprechen nicht halten wollen, das sie uns im Frühjahr gegeben haben (...).

Churchill: Wir denken an eine Landung in Sizilien.

Stalin: Das aber wäre eher eine politische als eine militärische Front (...).

Churchill (versichert, daß die Invasion von Westeuropa im Jahr 1943 durchgeführt werden wird).

Stalin: Wo haben wir eine Garantie, daß dieses feierliche Versprechen nicht ebenfalls gebrochen wird?

Molotow: Der britische Premierminister wird uns dann nochmals den Nachweis führen, daß sein Land nicht in der Lage ist, Menschen zu opfern.[23]

Man wird bezweifeln dürfen, daß Stalin sich so scharf und unverblümt ausdrückte. Aber der Inhalt und der Tenor dieser Unterhaltung werden trotzdem ungefähr wahrheitsgetreu wiedergegeben sein, was sich auch anhand von britischen und amerikanischen Quellen beweisen läßt.[24] In einem Memorandum, das Stalin Churchill übergab, wird die Verschiebung der Eröffnung der zweiten Front als »ein moralischer Schlag für die öffentliche Meinung der Sowjetunion bezeichnet, durch den die Pläne der sowjetischen Heeresleitung für die Sommer- und Winteroperationen hinfällig werden«.[25]

Tatsächlich wurde die Lage an der russischen Front aufs neue bedrohlich. Die Deutschen waren in den Kaukasus vorgestoßen und hatten beinahe die Wolga erreicht. Eben jetzt begann die Schlacht um Stalingrad. Der russischen Wehrmacht drohte die Gefahr, vom Öl des Kaukasus abgeschnitten zu werden. Wenn auch Rußland nicht mehr durch einen Knockoutschlag besiegt werden konnte, so hatte Stalin dennoch genug Anlaß, sich vor einem Abnützungskrieg zu fürchten, bei dem seine Panzer, Flugzeuge und Transportmittel durch den Mangel an Brennstoff lahmgelegt werden würden. Dem Kampf um Stalingrad maß er ganz besondere Bedeutung bei. Es war seine Stadt, die Stadt Stalins, das alte Zarizyn. Ihr Verlust mußte auf die Moral des russischen Volkes einen verheerenden Einfluß haben. Kein Wunder, daß er auf die Eröffnungen Churchills mit dem verärgerten Vorwurf antwortete, die Alliierten ließen Rußland fallen. Wie oft hatte er in seinem Leben versichert, daß er nicht die Absicht habe, »die Kastanien für andere aus dem Feuer zu holen«! Jetzt mußte er den Eindruck haben, daß er wirklich in diese unangenehme Situation hineinmanövriert worden sei. In diesem russischen Bericht über Churchills Besuch heißt es schließlich, daß Stalin nach Churchills Abreise gesagt habe: »Jetzt ist alles klar. Ein Feldzug in Afrika und in Italien. Sie wollen einfach nur als erste auf den Balkan kommen. Sie möchten, daß wir uns ausbluten, damit sie uns dann später ihren Willen vorschreiben können (...). Aber daraus wird nichts werden! Die Slawen stehen auf unserer Seite. Sie (die Alliierten) hoffen, daß wir Stalingrad und damit das Sprungbrett für unsere nächste Offensive verlieren.«[26]

Vielleicht ist dieser Bericht rückschauend etwas retuschiert worden. Man mag daran zweifeln, ob Stalin bereits im August 1942 Churchill den Plan eines Vorstoßes auf dem Balkan zutraute, der damals wahrscheinlich noch nicht einmal in Churchills Kopf Gestalt angenommen hatte. Aber die Gründe, die ihm Churchill für die Vertagung der Eröffnung einer zweiten Front angab, vor allem der Mangel an Landungsbooten, werden Stalin schwerlich überzeugt haben. Er war der Meinung, daß die Masse des deutschen Heeres ausschließlich an der russischen Front engagiert sei und Hitler folglich gar nicht die Möglichkeit habe, die Atlantikküste wirksam zu verteidigen.[27]

Churchill sagte später einmal, er sei über das launische Verhalten Stalins erstaunt gewesen. Nachdem der Ärger über die nicht stattfindende zweite Front verraucht war, sei Stalin ganz besonders freundlich zu ihm gewesen, habe mit großer und williger Aufmerksamkeit sich den Plan für die Invasion Nordafrikas angehört und sich über die Maßen darüber gefreut, daß die Briten bereit seien, die deutschen Städte rücksichtslos zu bombardieren. Man wird leicht erkennen, daß dieses »launische Verhalten« einen Gegensatz in Stalins eigener Haltung verbarg: Er konnte seine schlechte Laune wegen der Frage der zweiten Front nicht unterdrücken, aber die Allianz Rußlands mit dem Westen war ihm doch wichtiger als alles andere, und der Gedanke an die Möglichkeit eines Sonderfriedens machte ihm solche Sorgen, daß ihm daran gelegen sein mußte, seinen Gast wieder in gute Stimmung zu versetzen, nachdem der Streit vorüber war. Der Welt konnte über diese schwere Meinungsverschiedenheit natürlich nichts mitgeteilt werden. Man erfuhr aus dem üblichen amtlichen Kommuniqué, daß die Unterhaltung zwischen den beiden Premierministern »in einer Atmosphäre der Herzlichkeit und der vollkommenen Aufrichtigkeit geführt worden sei«. Aber der russische Soldat mußte dennoch das Gefühl haben, daß irgend etwas schief gegangen war, und bei den schweren Leiden und Prüfungen, die ihm auferlegt waren, wurde er den westlichen Alliierten gegenüber immer ungeduldiger, aber auch immer illusionsloser. Es dauerte noch volle zwei Jahre, ehe die Alliierten die zweite Front in Westeuropa eröffneten. Die Enttäuschung, die dadurch im russischen Volk hervorgerufen wurde, wird man schwer in ihrer Bedeutung unterschätzen können. Die Rote Armee kämpfte die Schlacht von Stalingrad mit dem beklemmenden Gefühl, von den Alliierten allein gelassen worden zu sein.

Dem Beginn der Schlacht von Stalingrad war ein schwerer Zusammenbruch der Moral bei der Armee und in der Zivilbevölkerung vorausgegangen. Der Chef der britischen Militärmission in Moskau schreibt darüber: »Im Süden, bei Rostow, scheint die Moral der Russen auf einem Tiefpunkt angekommen zu sein. Es wird kaum mehr ernsthaft gekämpft. Man hört, daß Marschall Stalin diesen Frontabschnitt persönlich besichtigt habe. So viel ist sicher, daß dort eine gründliche Säuberungsaktion durchgeführt wurde. (...) Sie erfüllte bestens ihren Zweck, denn die russische Moral im Süden hat sich seitdem wieder gehoben.«[28] Es wird behauptet, daß Stalin persönlich den Vorsitz bei einem Kriegsgericht geführt habe, vor dem mehrere Generäle wegen Pflichtversäumnis abgeurteilt wurden.[29] Jaroslawski, der Chef der Propagandaabteilung der Partei, griff die Zivilbehörden im Kaukasus heftig an, weil sie es verabsäumt hätten, die Verteidigung ihrer Städte rechtzeitig vorzubereiten. Die deutschen Bemühungen, die Völker und Nationalitäten des Kaukasus gegeneinander auszuspielen und bei ihnen Kollaborateure zu werben, blieben nicht ohne Erfolg. Nach dem Krieg wurde dies auch amtlich zugegeben, als mehrere hunderttausend Tschetschenzen, Inguschen und Krimtataren wegen Zusammenarbeit mit dem Feind strafweise nach Sibirien deportiert wurden. So waren die Aussichten für die Schlacht von Stalingrad nicht gerade günstig. Aber Stalin durfte diese Partie nicht verlieren, nicht nur aus militärischen, sondern vor allem aus persönlichen Gründen. Die Schlacht und die Gegenoffensive, die sich aus ihr entwickelte, dauerten sechs Monate. Sie wurden vom Anfang bis zum Ende durch Stalin persönlich geleitet.

Das Auf und Ab dieses Feldzugs ist, von allen Gesichtspunkten aus gesehen, hochdramatisch. Die Deutschen maßen der Stadt zunächst keine besondere Bedeutung bei. Die Russen begannen erst in der Mitte des Monats Juli ihre Truppen für ihre Verteidigung bereitzustellen. Es gab in der Tat keinen zwingenden militärischen Grund gerade um Stalingrad die größte Schlacht des Zweiten Weltkriegs zu schlagen. Die Deutschen hätten den für die Russen lebenswichtigen Versorgungsweg der Wolga viel einfacher an einem Punkt zwischen Stalingrad und dem Kaspischen Meer unterbrechen können. Hitler ließ sich mehr von psychologischen Gesichtspunkten leiten. Als sich in der zweiten Augusthälfte der Kampf um Stalingrad in seiner Bedeutung genauer abzuzeichnen begann, hatten die Russen dort erhebliche Reserven versammelt. Sie konnten Stalingrad leichter mit Nachschub versorgen als den Kaukasus, weil Stalingrad näher bei ihrer Hauptfront lag. Hitler geriet über diese fortgesetzten Rückschläge in Wut. Der Name der Stadt — »die Stadt Stalins« — war allein schon eine Herausforderung für ihn. Er zog Kräfte von seiner Hauptfront ab, schaffte Reserven heran, setzte sich in den Kopf, Stalingrad zu nehmen, und verlor dort eine Armee.[30] Ein Jahr zuvor hatten Hitler und Stalin ihren Ehrgeiz auf den Kreml konzentriert. Jetzt ging es in ähnlicher Weise um Stalingrad.

Mitte August hatten sich die Russen auf den Kern des Verteidigungsbezirks um Stalingrad zurückgezogen. Stalin sandte Schukow, seinen tüchtigsten General, zusammen mit Wassiljewski, der als Nachfolger von Schaposchnikow Generalstabschef geworden war, und Malenkow an die gefährdete Stelle. Er erließ den berühmten Tagesbefehl an die Garnison von Stalingrad: »Kein Schritt rückwärts!« Dies war mehr als kriegerische Rhetorik, wie man sie oft in der Sprache von Feldherrn findet, deren Truppen zu weichen beginnen. Stalin war auch nicht wie Hitler später, als das Kriegsglück sich endgültig gegen ihn gewandt hatte, von dem Gedanken einer statischen Verteidigung besessen. Im Gegenteil, sinnvolle Rückzüge und Ausweichbewegungen waren bisher die Kennzeichen der »Verteidigung in der Tiefe« gewesen, die Stalin geführt hatte. Es war für ihn wirklich eine Sache von größter Bedeutung, den Vormarsch der Deutschen vor der Stadt zum Halten zu bringen, die seinen Namen trug. Hier stand die ganze Legende seines Lebens auf dem Spiel.

Die Deutschen setzten ihren Vormarsch fort. Aber es ging langsam und kostete schwere Verluste. In der ersten Septemberhälfte kämpfte man an den Stadträndern. In der zweiten Hälfte des Monats tobte der Kampf in den Vororten und im Stadtzentrum. Die Arbeiter in Stalingrad vereinigten sich mit der 62. Armee unter Tschuikow. Unter ihnen gab es Veteranen, die vor 22 Jahren unter Stalin und Woroschilow an der gleichen Stelle gegen die Weißen Garden gefochten hatten. Die Verteidiger wurden schließlich bis zum Wolga-Ufer zurückgedrängt. Alle ihre Rückzugswege waren abgeschnitten, Verstärkungen und Kriegsmaterial konnten nur über den Strom herangebracht werden, der unter schwerem deutschen Feuer lag. Bald setzte Eisgang ein und machte den Bootsverkehr über das Wasser unmöglich. Am 5. Oktober richtete Stalin einen neuen Tagesbefehl an die hart kämpfende Garnison: »Ich verlange von euch, daß ihr alles nur Denkbare tut, um Stalingrad zu halten. (...) Stalingrad darf nicht in die Hand des Feindes fallen. Der Teil der Stadt, der sich bereits in seiner Hand befindet, muß zurückerobert werden.« Vom 27. September bis zum 13. Oktober kämpfte man auf dem Gelände von drei großen Fabriken, der Traktorenfabrik, der Fabrik »Roter Oktober« und in dem Werk »Barrikade«. Vom 14. Oktober bis zum 19. November kämpfte man um einzelne Häuser. Die Eroberung einer einzigen Straße kostete die Deutschen jetzt so viel Blut und Zeit, wie sie bisher für die Eroberung eines ganzen europäischen Landes hatten aufwenden müssen. Mitte November hielten sich die Verteidiger nur noch in einigen isolierten Stellungen am Flußufer. In seinem Tagesbefehl vom 7. November versuchte Stalin, ihnen Mut und Vertrauen zu machen. »Die Zeit wird kommen, in der man in unseren Straßen wieder lachen wird.« Am 19. November, als die Deutschen einen letzten verzweifelten Versuch machten, sich der Stadt zu bemächtigen, befahl er die Gegenoffensive.

Die ersten Pläne dafür hatte er im September entworfen, als die Lage ganz undurchsichtig war. In einem Befehl an Wassiljewski stellte er die Lage wie folgt dar: »Wir kämpfen nur mit einer Hand. Unsere Gegenangriffe bringen nicht die gewünschten Erfolge. Ganze Divisionen gehen zugrunde. Einige Generäle wollen dies, andere jenes tun. Einige vertreten die Ansicht, wir müßten uns darauf beschränken, die Deutschen aus Stalingrad zu vertreiben. Andere wollen uns einreden, wir sollen auf alliierte Hilfe warten. Alle aber schreien nach Reserven.« Stalin vertrat die Ansicht, daß die Krise nur durch eine groß angelegte Gegenoffensive gemeistert werden könne und daß die Zeit für eine solche Offensive jetzt gekommen sei. Er gab Wassiljewski (oder war es Schukow?) den Auftrag, die Operationspläne auszuarbeiten. Stalins Gedanke einer Gegenoffensive beruhte auf den gleichen psychologischen Voraussetzungen und auf der gleichen Beurteilung der Mentalität Hitlers, die dem Plan für die Schlacht von Moskau zugrunde lagen. Aber der strategische Aspekt des Ringens um Stalingrad war sehr viel komplizierter, sehr viel überlegter und damit auch in den Auswirkungen sehr viel nachhaltiger. Wiederum setzte Stalin auf den blinden Übermut seines Gegners. Er ging davon aus, daß Hitler die russischen Kräfte im Süden durch die Operationen des Sommers für völlig geschlagen und desorganisiert, jedenfalls für unfähig zur Entwicklung einer großen Gegenoffensive hielt. Stalin ging weiter davon aus, daß die Deutschen es auch diesmal nicht fertigbringen würden, ihre Truppen aus einer Offensivbewegung heraus für eine wirksame Defensive umzugruppieren. In seinem Tagesbefehl vom 14. Oktober versicherte Hitler seinen Truppen, daß jetzt mit einer russischen Gegenoffensive nicht mehr zu rechnen sei. Den Verteidigern von Stalingrad wies Stalin die Aufgabe zu, die Elite der deutschen Armeen in Südrußland innerhalb des Kessels von Stalingrad festzuhalten. Inzwischen baute er eine strategische Reserve auf. Allen Hilferufen von der Front nach Verstärkung gegenüber zeigte er sich unerbittlich harthörig. Seinem Generalstabschef gab er folgende Weisung: »Laßt sie klagen und schreien, so viel sie wollen, versprecht ihnen keine Reserven. Kein einziges Bataillon aus der Front von Moskau darf ihnen gegeben werden.« Er kopierte also nicht den Hauptfehler Hitlers, der seine Kräfte zersplitterte, indem er seine Reserven planlos zwischen Stalingrad und dem Kaukasus hin- und herschob. Stalin unterstellte die gesamte operative Reserve dem Befehl von Schukow[31], der sie in aller Heimlichkeit auf die drei Armeen aufteilte, die von Norden, Nordwesten und von Süden her auf die Flanken von Stalingrad drückten. Befehlshaber dieser drei Armeen waren Watutin, Rokossowski und Jeremenko. Woronow kommandierte die große Masse der Artillerie, die diese Schlacht entscheiden sollte. Die drei Befehlshaber dieser Abschnitte erhielten Befehl, konzentrische Schläge gegen den Rücken der deutschen Belagerer Stalingrads zu führen und sie von den deutschen Armeen im Westen abzuschneiden. Die ersten Schläge sollten gegen die schwachen Stellen der deutschen

Front geführt werden, an denen rumänische, ungarische und italienische Divisionen eingesetzt waren, die nur mit halbem Herzen kämpften. Dies war ein wesentlicher Punkt der psychologischen und politischen Überlegungen, die dem Offensivplan zugrunde lagen. Am 19. November schlug Watutin im Norden zu. Einen Tag später folgte Rokossowski und schließlich Jeremenko, der von Süden her vorstieß. Vier Tage später waren die deutschen Belagerer von Stalingrad selber belagert.

Jetzt befahl Stalin seinen Generälen, den eingeschlossenen Divisionen des General Paulus keine weitere Aufmerksamkeit zu schenken, sondern alle Schläge auf die außerhalb Stalingrads stehenden deutschen Divisionen zu konzentrieren und diese von der Wolga auf den Don und darüber hinaus zurückzuwerfen. In diesem Augenblick stieß eine deutsche Armeegruppe unter Manstein von Süden her zur Entlastung von Paulus vor. Hitler befahl seiner Luftwaffe, eine Luftbrücke nach Stalingrad zu bauen, über die den eingeschlossenen Divisionen Lebensmittel und Munition zugeführt werden sollte. Stalin warf seine Luftwaffenreserve in die Schlacht und durchschnitt die deutsche Luftbrücke. Als dann seine Generäle sich nicht darüber einigen konnten, ob sie zuerst Paulus oder Manstein fertigmachen sollten, entschied er, daß zuerst Manstein anzugreifen sei. Der Angriff hatte Erfolg. Ende Dezember war die Masse der deutschen Truppen 180 Kilometer von Stalingrad nach Westen zurückgeworfen. Am 1. Februar kapitulierte Paulus mit 23 Generälen und allen ihm verbliebenen Truppen in Stalingrad. Bald darauf wurde der Kaukasus von deutschen Truppen gesäubert. So endete dieser Feldzug, der in jeder Hinsicht so eng mit Stalins Namen verknüpft ist und in dessen Verlauf die Elite der deutschen Wehrmacht zugrunde ging. An den Orten, an denen diese fürchterlichen Schlachten geschlagen wurden, hatte Stalin vor fünfundzwanzig Jahren seine ersten schüchternen Versuche als militärischer Führer gemacht. Jetzt erhob sich hier vor den Augen der Welt seine Gestalt zu beinahe titanischer Größe.[32]

Die Ereignisse der Jahre 1941 und 1942 gaben dem Gesicht Rußlands neue Züge. Stalin hatte oft gesagt, daß der Krieg Rußland die schwerste Prüfung seiner Geschichte und die letzte Rechtfertigung für die Ideen und Grundsätze, die den Sowjetstaat tragen, gebracht habe. Es unterliegt keinem Zweifel, daß das Sowjetsystem diese große Prüfung besser bestand als seine Gegner, ja sogar besser, als einige seiner Bewunderer es zu hoffen gewagt hatten. In dieser großen Krise enthüllte der Sowjetstaat seine innersten Kräfte. Es darf aber dabei nicht übersehen werden, daß der Krieg zur Aufgabe gewisser ideologischer Haltungen zwang, auf denen das System, so wie es sich in den dreißiger Jahren entwickelte, beruhte. Stalin war gezwungen, teils offen, teils verschleiert, politische Zugeständnisse zu machen, um die Risse innerhalb des russischen Volkes zu überdecken und die Einheit der Zielsetzung zu erreichen, die eine unerläßliche Voraussetzung für den Endsieg war.

Zweimal war die innere Widerstandskraft des russischen Volkes bis zum letzten angespannt worden: vor der Schlacht um Moskau und vor der Schlacht um Stalingrad. Einige dieser kritischen Symptome, wie Panik und Fahnenflucht, hätten sich überall und immer in ähnlichen Verhältnissen ergeben können. Andere, wie die Massenkollaboration mit dem Feind in der Ukraine und im Kaukasus, waren das Ergebnis der Klagen und Verstimmungen, die seit den dreißiger Jahren unter der Oberfläche schwelten. Stalin begriff sehr schnell, daß das Land so etwas wie einen Burgfrieden im Inneren brauchte, und er konnte ihn um so leichter verkünden, als er sich mit keinem innenpolitischen Gegner zu verständigen brauchte — sie hatte er alle längst zerschlagen. So brauchte er nicht mehr zu tun, als ein allgemeines Unbehagen zu zerstreuen, ein schwer faßbares Gefühl der Verstimmung, das sich in gewissen Kreisen des Volkes bemerkbar machte. Man kann nicht sagen, ob diese Kreise groß und ernst zu nehmen waren, doch darf man sich nicht der Meinung hingeben, daß die Mehrheit des russischen Volkes ihrer Regierung gegenüber feindselig eingestellt war. Wenn die Lage so gewesen wäre, dann hätten alle Appelle an das Vaterlandsgefühl, alles Bitten und aller Zwang nichts geholfen, und der Sowjetstaat wäre politisch zusammengebrochen, worauf Hitler so sehr gehofft hatte.[33] Die tiefgreifenden Veränderungen, die vor dem Krieg in Rußland vor sich gingen, hatten trotz ihrer dunklen Seiten die moralische Widerstandskraft des russischen Volkes gestärkt. Die

Mehrheit des Volkes hatte eine feste Vorstellung von den wirtschaftlichen und sozialen Fortschritten, die in Rußland verwirklicht worden waren und die es gegen jede von außen kommende Gefahr zu verteidigen galt. Es gab sicherlich eine verbitterte und widerspenstige Minderheit; wenn man sie mit den Maßstäben der Erhebungen in der Vorkriegszeit und an der Größe der Interessen mißt, die sich hier gegenüberstanden, so konnte das keine unbedeutende Minderheit sein. Zwischen den zufriedenen und den unzufriedenen Kreisen gab es eine unentschlossene und schwankende Mittelschicht. Während der Sowjetstaat entscheidende militärische Niederlagen einstecken mußte, hätte die Stimmung im Volke hin- und herschwanken können, sie hätte anschwellen und wieder abklingen, bald in dieser, bald in jener Richtung so heftig ausschlagen können, daß dadurch schließlich das ganze politische Gleichgewicht ins Wanken hätte kommen können. Die Regierung mußte alles nur Mögliche tun, um die Stimmung des Volkes zu stützen. Nur dann konnte sie hoffen, daß das Volk die großen Leistungen vollbringen würde, die von ihm erwartet wurden. Nur dann konnte das Volk zu jener Höhe der nationalen Begeisterung erhoben werden, ohne die alle großen Siege der kommenden Jahre niemals hätten erkämpft werden können.

Vor dem Krieg befaßte sich der staatliche Propagandaapparat vor allem und beinahe ohne Unterlaß mit dem Streit innerhalb der Kommunistischen Partei. Die Nation durfte keinen Augenblick Trotzkismus, Bucharinismus und andere Abweichungen als gefährliche Übel und die »Wachsamkeit« gegenüber den Volksfeinden vergessen. Während des Krieges ließ man dieses Thema diskret fallen. Die Bedrohung durch Hitler war eine so offenkundige Realität, daß die künstlich aufgemachten Verschwörungen der vergangenen Jahre vor ihr in Vergessenheit gerieten. Anhänger der zerschlagenen Oppositionsgruppen, die im Krieg Nützliches leisten konnten, wurden aus den Konzentrationslagern entlassen und erhielten sogar wichtige Posten. Die Schüler Tuchatschewskis, die degradiert und deportiert worden waren, wurden zurückgeholt und arbeiteten in hohen militärischen Rängen. Zu ihnen gehörte nach glaubwürdigen Berichten auch der Sieger von Stalingrad, Rokossowski, ein ehemaliger polnischer Kommunist, der Verbindungsoffizier Tuchatschewskis bei der Komintern gewesen war. Professor Ramsin, das Haupt der sogenannten »Industrie-Partei«, der zu Beginn der dreißiger Jahre des Landesverrats und des Einvernehmens mit einer fremden Macht angeklagt worden war, wurde freigelassen, für seine Verdienste gelobt und mit den höchsten Ehren und Orden ausgezeichnet. Professor Ustrjalow, der einer Umwandlung der Sowjets in eine nationalistisch-bourgeoise Republik offen befürwortet hatte, erschien plötzlich wieder als Mitarbeiter in führenden Moskauer Zeitungen. Dies sind nur einige besonders auffallende Beispiele der Auswirkung des vorläufigen inneren Burgfriedens. Er war deshalb nicht endgültig, weil er nicht auf einem formalen Versöhnungsakt oder auf einer allgemeinen Amnestie beruhte, sondern auf verführerischen Gesten Stalins, die, so klar sie auch für die Betroffenen waren, ihn selber doch zu nichts, am wenigsten zu irgendeinem Eingeständnis begangener Fehler verpflichteten.

Der wichtigste Zug in dieser Entwicklung war jedoch das Wiedererwachen des Nationalismus in einem Ausmaß, wie man es kurz zuvor für völlig unvereinbar mit dem Bolschewismus gehalten hätte. Dieser Aufschwung des Patriotismus war zum Teil ganz spontan. Die Massen des Volkes reagierten auf die Nachrichten, die aus den von den Deutschen besetzten Gebieten bekannt wurden, mit einem Ausbruch von Wut und nationalem Stolz. Die sadistische Mißhandlung ihrer Volksgenossen durch die Nazis und die hitlerische Propaganda über die rassische Minderwertigkeit der Slawen, besonders der Russen, konnten sich nicht anders auswirken. Die Wut und der Stolz wurden gesteigert durch das Gefühl, isoliert zu sein, und dieses Gefühl vertiefte sich immer mehr, je länger die Alliierten die Eröffnung einer zweiten Front in Europa hinausschoben. Dichter, Schriftsteller und Journalisten gaben diesem Gefühl Ausdruck. Rußland fühlte sich, um die Worte von Alexander Tolstoi zu benutzen, »wie ein Atlas, der allein auf seinen Schultern die ganze Last der Welt trägt«. Natürlich blies Stalin dieses nationalistische Gefühl aus politischen Gründen auf. Wir haben gehört, wie er die Geister von Kutusow, Suworow, Minin und Posharski in den ersten Monaten des Krieges beschwor. Ihm folgten ganze Schwärme von Propagandisten, die hemmungslos die Vergangenheit des kaiserlichen Rußland verherrlichten. Dann ergoß sich über das Land eine lange Reihe von Dekreten, Reformen und Gegenreformen, die alle darauf abgestellt waren, diese neue Stimmung zu untermauern.

Das russische Volk brauchte etwas, ein Schlagwort oder eine Idee, was seine Phantasie beleben und seinen Kampfgeist stützen konnte. Während des Bürgerkriegs hatte der Glaube an den internationalen Sozialismus und die Weltrevolution die Rote Armee erfüllt. Später hatte sich bei den bolschewistischen Massen der Gedanke durchgesetzt, daß im Falle eines Angriffs gegen Rußland die Frontlinie nicht zwischen Völkern, sondern zwischen den Klassen jedes einzelnen Volkes verlaufen würde. Dieser Glaube an den revolutionären Internationalismus war allmählich erloschen. Nachdem man viele Jahre lang einen Kult mit dem sich selber genügenden »Sozialismus in einem Lande« getrieben und die Exponenten des Internationalismus in den Säuberungsprozessen ausgemerzt hatte, war von diesem Glauben wirklich nicht mehr viel übrig.[34] Stalins Furcht und Hoffnung galt vor allem dem Erhalt der Koalition zwischen Rußland und den Westmächten. Er konnte also keine Wiederbelebung des alten revolutionären Internationalismus brauchen. Die Folge war eine Übertreibung des nationalistischen Gedankens, und man kann sich leicht denken, daß die Intensität dieser Begeisterung gerade bei der Armee ihren Höhepunkt fand.

Dieser neue Geist bewirkte besonders bei der Roten Armee tiefgreifende Veränderungen. Jetzt wurden Sitten und Gebräuche, Haltungen und Einrichtungen, die in der Roten Armee noch als ein Erbstück aus der Revolution und dem Bürgerkrieg übriggeblieben waren, hinweggeschwemmt. Im Oktober 1942, als die Schlacht von Stalingrad am furchtbarsten tobte, wurde durch ein besonderes Gesetz die Funktion der politischen Kommissare verändert, die bisher die Offiziere der Armee im Auftrag der Kommunistischen Partei überwacht hatten. Der politische Kommissar blieb zwar bestehen, aber er wurde dem militärischen Befehlshaber der betreffenden Einheit unterstellt. Die Maßnahme war aus militärischen Gründen gerechtfertigt; sie ermöglichte die Einheit des Kommandos und hob die Disziplin. Die politischen Folgen dieser Anordnung waren nicht weniger bedeutsam. Sie war das Signal für die Rückkehr zur militärischen Tradition der vorrevolutionären Zeit. Im November 1942 brachte die »Prawda« einen Kommentar zu einem Gesetz, durch das der »sozialistische Wettbewerb« in der Armee abgeschafft wurde. Hier wurde ohne weiteres gesagt, daß der Soldat überhaupt keine sozialistische Verpflichtung habe und daß seine Aufgabe ganz einfach darin bestehe, dem Vaterland so zu dienen, wie ihm seine Vorväter als Soldaten auch gedient hatten. Die Neuordnung der Armee durch Peter den Großen wurde als nachahmenswert empfohlen. Man schuf sogar wieder Garderegimenter und Gardedivisionen, die in ihren Namen die alte Zarenzeit lebendig werden ließen. Man verlieh einen Kutusow- und einen Suworow-Orden. Kosakenformationen, die einst als Symbol der zaristischen Unterdrückung gehaßt und verachtet gewesen waren, wurden von neuem aufgestellt und erwarben sich Glanz und Ruhm. Am Vorabend des fünfundzwanzigsten Jahrestages der Revolution kehrten schließlich die Epauletten als Dienstgradabzeichen der Offiziere zurück, dieselben Achselstücke, die einst die Bolschewisten in einem ihrer ersten Gesetze als Ausdruck des reaktionären Kastengeistes in der Armee abgeschafft hatten. Die militärische Grußpflicht wurde wieder eingeführt und streng gehandhabt. Es entstanden exklusive Offiziersklubs, ja sogar getrennte Kasinos für Linien- und Stabsoffiziere. Stalin wählte für sich selber den Titel Marschall, als ob er diese Richtung unterstreichen und die gesellschaftliche Stellung und die Privilegien des neuen Offizierskorps durch seine persönliche Verbindung mit ihm unterstreichen wollte. Es war sein erster militärischer Titel, den er im Alter von vierundsechzig Jahren, kurz nach der Schlacht von Stalingrad, annahm. Sein Offizierskorps überhäufte er geradezu mit Ehren und Lorbeeren. Allein im Dezember wurden 360 Offiziere zu Generälen befördert, und auch in den folgenden Monaten waren die Spalten der Zeitungen voll von militärischen Ernennungen und Beförderungen. Seinen bedeutendsten Armeeführern hatte er eben den Marschallstab überreicht, und nun beeilte er sich, dem russischen Volk zu zeigen, daß er mit seinem Offizierskorps eins war.

Diese Tendenz zur Rückkehr zu alten, patriotisch gefärbten Einrichtungen beschränkte sich aber nicht nur auf die Armee. Das politische Klima des ganzen Landes war von diesem Frühlingswind durchweht. Stalin war zwar darauf bedacht, sich mit dieser Tendenz nicht allzusehr persönlich zu identifizieren. Dafür hatte er offenbar doch noch zu starke bolschewistische Hemmungen. Aber er deckte die neue Richtung in der ihm eigenen vorsichtigen Art. Während der Schlacht um Moskau machte er folgende Bemerkung über den Nationalsozialismus: »Können die Anhänger Hitlers als Nationalisten bezeichnet werden? Nein, das können sie nicht, denn die Hitleristen sind keine Nationalisten, sondern Imperialisten.«[35] Er fügte hinzu, daß Hitler, solange er nur deutsches Land an sich brachte, einigen Anspruch auf die Bezeichnung eines deutschen Patrioten gehabt habe, daß er aber sich diesen Titel verscherzte, als er nichtdeutsche Länder zu annektieren begann. Im Mund Stalins war dies eine merkwürdige Beweisführung, denn bisher hatten die Bolschewisten und auch Stalin selber ihre Gegner immer als Nationalisten angegriffen, wobei der Begriff Nationalismus von den Lenin-Schülern als ein Schmähwort verwendet wurde. Wenn Stalin jetzt Hitler das Recht absprach, sich als Nationalisten zu bezeichnen, so nahm er damit dem Begriff den Beigeschmack, den er bisher für die Bolschewisten gehabt hatte. Er drehte den Spieß um und sagte: »Wir Russen, nicht unsere Feinde, sind echte Nationalisten.« Seine Propagandisten griffen diesen Gedanken sofort auf und walzten ihn aus. Er selber schwankte unentschieden zwischen dem alten herkömmlichen Internationalismus und dem neu erwachten nationalen Gefühl. So sagte er einmal: »Wenn die Deutschen einen Vernichtungskrieg führen wollen, so sollen sie ihn haben. Von nun an wird es unsere Aufgabe sein, jeden einzelnen Deutschen auszurotten, der als Eindringling den Fuß auf den Boden unseres russischen Vaterlandes setzt.«[36]

Dieser Ausspruch wurde von Hitlers Propaganda ausgenützt, die den deutschen Soldaten einredete, daß die Rote Armee das Leben ihrer Gefangenen nicht schone, eine Aussicht, die den Widerstandswillen der deutschen Soldaten zu wilder Verzweiflung aufpeitschte. Stalin berichtigte später diese Äußerung und bezeichnete die Auslegung, die seinen Worten gegeben wurde, als

»eine freche Lüge und eine sinnlose Verleumdung der Roten Armee«. Er fügte dem hinzu: »Es wäre lächerlich, wenn man Hitlers Clique mit dem deutschen Volk und mit dem deutschen Staat gleichsetzen wollte. Die Geschichte lehrt uns, daß die Hitlers kommen und gehen. Das deutsche Volk und der deutsche Staat aber werden bleiben.«[37] Die russischen Propagandisten übernahmen diese Unterscheidung erst in den letzten Monaten des Krieges. Wie viele ihrer Kollegen in den anderen alliierten Ländern, so hetzten auch sie ihre öffentliche Meinung gegen das deutsche Volk schlechthin auf — und nicht etwa nur gegen die Nazis. Stalins eigene Tagesbefehle schlossen regelmäßig mit dem Satz: »Tod den deutschen Eindringlingen!« Dieser grimmige Refrain, der Tag für Tag wiederholt wurde und als Motto für Gedichte und Zeitungsartikel diente, zeigte nicht nur, wie groß der Zorn des russischen Volkes in diesem Kampf war, er nährte diesen Zorn auch und machte das komplizierte und vielseitige Kriegsgeschäft wieder zu dem, was es einst in alten Zeiten gewesen war, zu einem primitiven Abschlachten von Menschen.

Hitlers barbarische Rassenlehre auf der einen und Stalins vehementer Nationalismus auf der anderen Seite ließen kaum mehr einen Raum übrig, auf dem sich Rußland in einen echten Appell an die Masse des deutschen Heeres hätte wenden können, um so einen Keil zwischen die Nationalsozialisten und den Rest des deutschen Volkes zu treiben. Mit solchen Vorzeichen gab es überhaupt keine Möglichkeit einer politischen Kriegführung mehr, durch die das Ausmaß des schrecklichen Mordens hätte reduziert werden können. Dieses Gefühl der nationalen Sendung gab dem russischen Soldaten Rückhalt und verbot es ihm, weich zu werden. Darin lag seine Stärke. Seine Schwäche aber bestand darin, daß auf diese Weise Rußland für den Sieg den höchsten und furchtbarsten Preis zu zahlen hatte. Es ist wirklich schwer zu sagen, was größer war: das Unglück, daß Rußland eine Führung hatte, die es nicht verstand, den Krieg um den Preis geringerer Zerstörungen und mit weniger Blutvergießen zu gewinnen, oder das Glück, daß diese Führung es verstand, das letzte aus dem russischen Volk an Opfern herauszuholen, als ihr der Lauf der Geschichte (abgesehen von Kapitulation und Unterwerfung) keinen anderen Ausweg mehr gab und bereit war, den ungeheuersten Preis zu zahlen, den je ein Volk bezahlt hat.[38]

Am 4. September 1943 überraschte Stalin die Welt durch die ganz und gar unerwartete Wiederzulassung der griechisch-orthodoxen Kirche, die seit der Revolution mit dem Zarismus gleichgesetzt und deshalb mehr oder weniger gründlich unterdrückt worden war. Stalin empfing den Metropoliten Sergius, das augenblickliche Oberhaupt der Kirche, und nach einer langen und freundschaftlichen Unterhaltung mit dem Kirchenfürsten verfügte er die Wiedereinsetzung des Heiligen Synods. Als Begründung für diese Maßnahme wurde angegeben, daß die Kirche während des Krieges sich voll und ganz für den Sieg eingesetzt und dadurch ihre Treue zum Vaterland unter Beweis gestellt habe. Das war unzweifelhaft richtig, obwohl es ebenso wenig zweifelhaft war, daß in den besetzten Gebieten die Bischöfe und Popen offen mit den Deutschen sympathisierten. Der neue Eifer für die Wiedererweckung alter russischer Traditionen machte die Rehabilitierung der Kirche, die in dem Leben des alten Rußland einen zentralen Platz eingenommen hatte, beinahe unvermeidlich. Der Kirchenglaube hatte auf den russischen Bauern noch lange nicht seine Wirkung verloren, und als sich inmitten der schweren Prüfungen der Kriegszeit das religiöse Gefühl wieder stärker und unmittelbarer zu Wort meldete, da mußte auch die neue Chance, die der Staat jetzt der Kirche gab, dazu beitragen, die Mauer abzubauen, die bisher immer zwischen dem Sowjetstaat und dem kirchlich eingestellten Teil des Volkes bestanden hatte.

Stalin dachte bei alledem wahrscheinlich sogar noch weiter. Im Laufe ihrer Sommeroffensive hatte die Rote Armee den größeren Teil der Ukraine zurückerobert, und Stalin konnte den Tag voraussehen, an dem seine Truppen in den Balkan hinein vordringen würden, in dem der orthodoxe Glaube das religiöse Leben entscheidend beherrschte. Er wird sich wohl gesagt haben, daß der sowjetische Einfluß im Balkan eine orthodoxe Messe wert sei. Schon die Zaren hatten die Kirche zu einem nützlichen Instrument ihrer Politik zu machen gewußt. Wenn Stalin jetzt in ihre Fußstapfen trat, so geschah das aus kühler, sachlicher Berechnung. Daß gerade er, der Zögling eines theologischen Seminars, eine halb echte, halb fiktive Rückkehr der Kirche auf die Bühne des öffentlichen Lebens bewerkstelligte, ist eine jener kleinen Launen der Geschichte, die romantisch gesonnene Geschichtsschreiber mit einem besonderen Sinn unterlegen werden. Politisch interessanter freilich ist die Tatsache, daß die Auflösung der Komintern und die Rehabilitierung der Kirche zeitlich fast zusammenfielen. Der Zusammenhang wurde äußerlich dadurch unterstrichen, daß die Internationale, die Hymne der Arbeiterbewegung der ganzen Welt, die einst ein französischer Kommunarde verfaßt hatte und die bisher auch die Nationalhymne der Sowjetunion gewesen war, jetzt durch eine sowjetische Nationalhymne ausgesprochen patriotischen Charakters abgelöst wurde.[39]

Es paßt in diese Richtung, daß Stalin jetzt auch einer neuen slawophilen Bewegung seine Gunst zuwandte. Der Slawophilismus mit seinem Extrem, dem Panslawismus, war im vorrevolutionären Rußland eine besonders charakteristische Erscheinung gewesen. Die Politik der Zaren hatte auf diesem Instrument nur zu gut zu spielen gewußt. Bald war es die slawophile, bald die panslawistische Tonart, immer aber ging es dabei um den Bestand des ottomanischen und des habsburgischen Reiches. Bulgaren, Serben, Slowenen und Tschechen wurden an ihre rassische Verbundenheit mit dem russischen Reich und Volk erinnert und zum Widerstand gegen die Staatsgewalt aufgestachelt, der sie augenblicklich unterstanden. Es gab noch eine andere Spielart der slawophilen Lehre mit einem revolutionären, zumindest demokratischen Einschlag. Hier wurde die Solidarität des slawischen Bauernvolkes gegenüber der feudalen Aristokratie und dem westlichen Kapitalismus proklamiert. Der russische Marxismus und auch der Bolschewismus hatten die slawophile Richtung in allen ihren Spielarten abgelehnt, weil die Marxisten jeden Appell an die rassische Solidarität verabscheuen. Die slawophile Tendenz, die jetzt zu neuem Leben erweckt wurde, vereinigte in sich die Züge der beiden früheren Formen: Sie war ein Instrument der russischen Politik und betonte gleichzeitig das gemeinsame revolutionäre Interesse, das alle Slawen aneinander bindet.

Stalin unterstützte zwar die neue patriotische Richtung, aber er mußte doch erkennen, daß sich dieser Rückfall in das Allrussentum der Zaren unmöglich mit den modernen Tendenzen des russischen Lebens, die ihre Inspiration aus der Lehre Lenins zogen, vereinbaren ließ. Persönlich konnte er sich mit keiner der beiden Richtungen restlos identifizieren. Die Gestade des leninistischen Rußland lagen weit hinter ihm, aber an den Küsten des »alten Mütterchen« Rußland konnte er auch nicht vor Anker gehen. Er wurde so zu einem Wanderer zwischen zwei Welten. Selbstverständlich war eine offene Erörterung, auch nur eine Aussprache zwischen diesen beiden Richtungen völlig ausgeschlossen, denn das Regime und seine Ideologie mußten »monolithisch« bleiben. Man kann nicht einmal sagen, welche Mitglieder des Politbüros mehr der einen oder anderen Richtung zuneigten, oder ob es solche Nuancierungen im Politbüro überhaupt gab, denn wir wissen über das Geschehen im Politbüro aus dieser Zeit so gut wie nichts. Aber es läßt sich nicht übersehen, daß im Denken und Fühlen des russischen Volkes, ja im Geist Stalins selber, jetzt zwei Tendenzen nebeneinander existierten, die Revolution und die Tradition. Wer seine Kriegsreden sorgfältig liest, kann an der Betonung des einen oder des andern Gedankens, an der bald stärkeren, bald schwächeren ideologischen Färbung unschwer verfolgen, wie bald diese, bald jene Tendenz die Oberhand gewann und die andere Richtung im Schach hielt. Diese Doppelgesichtigkeit Stalins fand in seinem Verhalten bei der Jahresfeier der Revolution im Jahr 1943 einen beredten Ausdruck. Am Vorabend der Feier ließ er sich den Suworow-Orden verleihen. Er erschien wie üblich vor dem Moskauer Sowjet, um dort die herkömmliche Gedenkrede zu halten, aber er tat dies zum erstenmal in der Uniform eines Marschalls der Roten Armee mit vergoldeten Achselstücken, mit Orden auf der Brust, auf denen Diamanten funkelten. Draußen donnerten die Salutschüsse der Artillerie, ein zauberhaftes Feuerwerk stieg in den nächtlichen Himmel zur Feier der Befreiung von Kiew. So stand er vor dem Sowjet wie eine Verkörperung des Rußland von Kutusow und Suworow. Aber in seiner Rede überging er die gefeierten Symbole des kaiserlichen Rußland. Er rief statt dessen die Taten des großen Lenin in das Gedächtnis seiner Zuhörer zurück und verweilte lange bei den sozialistischen Errungenschaften der Revolution. Es war, als wolle er gegen den Kult, der nun schon seit Monaten mit der Roten Armee getrieben wurde, ein Gegengewicht schaffen, als er sagte: »Wie in den Jahren des friedlichen Aufbaus, so ist auch in den Tagen des Krieges die Partei Lenins die führende und leitende Kraft des Sowjetvolkes.«[40]

Stalins ganzes Verhalten und mehr noch die Lage, in der er sich befand, lassen vermuten, daß er darauf bedacht war, eine latente Spannung zwischen der Armee und der Partei zu lösen. Gründe für eine solche Spannung gab es genug. Das erwachende patriotische Gefühl konzentrierte sich in der Armee. Es war nicht unbedingt notwendig, daß Armee und Partei heimlich Intrigen gegeneinander spannen und sich auf einen Machtkampf vorbereiteten. Dafür waren die Bande zwischen beiden einstweilen noch viel zu stark. Die Offiziere waren meist Mitglieder der Partei. Der Druck von außen wirkte sich nach innen in einem Zwang zur Einheit aus. Aber trotzdem war eine gewisse Rivalität nicht zu vermeiden. In Friedenszeiten hatte die Partei eifersüchtig darüber gewacht, daß ihr Primat über alle andern Organisationen unangetastet blieb. Ihre überragende Stellung wurde im Krieg wankend. Das Gewicht, das die Partei verlor, wuchs der Roten Armee zu. Unter dem Zwang der Verhältnisse gewann der Generalstab eine ebenso bedeutende Stellung wie das Politbüro. Das Offizierskorps genoß bald mehr Ansehen — vom äußeren Glanz ganz zu schweigen — als die zivile Hierarchie der Parteisekretäre. Die Partei mußte sich mit diesen Tatsachen abfinden; angenehm kann ihr diese Entwicklung sicherlich nicht gewesen sein.

Hitler, den seine Meinungsverschiedenheiten mit seinen Generälen oft in helle Wut versetzten, sagte einmal einem seiner Vertrauten, er beneide Stalin, der mit seinen widerspenstigen Generälen ganz anders verfahren könne als er.[41] Hier täuschte sich der »böhmische Gefreite« wie mit so vielen seiner »Intuitionen« über Rußland. Wahrscheinlich dachte er an die Liquidierung Tuchatschewskis und seiner Freunde. Doch geschah das nur drei Jahre, nachdem Hitler General von Schleicher durch seine Helfer kaltherzig hatte abknallen lassen. Es ist richtig, daß das Offizierskorps der Roten Armee die einzige Organisation im Sowjetstaat war, auf die Stalin nicht die ganze Gewalt des totalitären Druckes hatte wirksam werden lassen. Er hielt die Rote Armee zweifellos unter seiner genauen Kontrolle, aber er war immer darauf bedacht gewesen, sie nicht zu sehr in die Auseinandersetzungen zu verwickeln, die Partei und Staat erschütterten. Er begünstigte den unpolitischen General, der sich ausschließlich seiner Aufgabe widmete und sich bemühte, aus das Beste herauszuholen, sofern dieser Offizier bei einer Gelegenheit, die sich nicht gar so oft zu wiederholen brauchte, ein Lippenbekenntnis zur Partei ablegte. Von einem General, der in der Vergangenheit, ohne politisch aktiv zu werden, mit der einen oder anderen Oppositionsrichtung sympatisiert hatte, wurde nie gefordert, daß er durch die erniedrigende Prozedur der Selbstbezichtigungen und Reuebekenntnisse hindurchgehe, der sich kein Beamter mit einem ähnlichen Flecken auf der politischen Weste hätte entziehen können. Die Kriegskunst war eine der wenigen politisch wichtigen Tätigkeiten, in denen Stalin selbständiges und überlegtes Denken und damit den Versuch und den Irrtum duldete, ohne ihr die Gebote und Verbote seines pseudodialektischen Katechismus aufzuzwingen. Bis zum Jahr 1937 hatte Tuchatschewski völlig freie Hand in allen seinen strategischen und taktischen Planungen, ja sogar bei der Neuorganisation der Roten Armee.

So entzog sich das Offizierskorps weithin dem geistigen Drill und Zwang, der im Laufe der Jahre das Rückgrat der zivilen Verwaltung gebrochen hatte. Die Säuberungsprozesse des Jahres 1937 brachten auch hier einen schweren Rückschlag. Aber es ist immerhin bezeichnend, daß keiner der Generäle, die auf der Anklagebank erschienen, dazu gebracht werden konnte, die sonst üblichen Geständnisse und Selbstbezichtigungen zu stammeln. Sie alle traten dem Staatsanwalt und dem Henker als Männer gegenüber. Allein diese Tatsache beweist, daß das Offizierskorps sich seine eigene Denkweise bewahrt hatte, innerlich unabhängig war und eine moralische Widerstandskraft besaß, wie man sie in dieser totalitären Ordnung sonst vergeblich gesucht hätte.

In den ersten Monaten des Krieges hatte die Rote Armee teuer dafür zu zahlen, daß ihre Stäbe infolge der großen Reinigungsprozesse in ihrem Selbstvertrauen wankend geworden waren. Stalin verstand diese Warnung. Er war einsichtig genug, um seinen Generälen die notwendige Bewegungsfreiheit zurückzugeben. Er ermutigte sie zu sagen, was sie dachten, und ihre Probleme auf dem Wege des Versuches und des Irrtums zu lösen. Er nahm ihnen die Furcht vor dem Fluch des Herrn, jene Furcht, die auf Hitlers Generälen so schwer lastete. Offiziere, die es an persönlichem Mut und an Wachsamkeit fehlen ließen, wurden hart bestraft. Wer der gestellten Aufgabe nicht gewachsen war, wurde von seinem Posten entfernt, auch wenn er Woroschilow und Budjonny hieß. Wer Initiative entwickelte und etwas leistete, wurde befördert. Hitlers Generäle hatten eine genauere Vorstellung von Stalins Methoden als Hitler selber. Man konnte in ihren Kreisen die Ansicht hören, daß an den wichtigsten Kommandostellen der Roten Armee Männer stehen, die bewiesen hatten, daß sie etwas konnten, die man aber auch nach eigenem besten Ermessen handeln ließ und die sich keiner Gefahr aussetzten, wenn sie ihre Aufgabe in einer Weise lösten, die ihnen richtig zu sein schien.[42]

Dennoch ist es richtig, daß Stalin, genau wie Hitler, persönlich in jeder bedeutenden und auch in vielen zweitrangigen Fragen die letzte Entscheidung traf. Man wird sich fragen, wie er diese beiden Seiten miteinander vereinigen konnte, die ständige Einmischung in die Kriegführung und die Handlungsfreiheit seiner Untergebenen? Der entscheidende Punkt liegt darin, daß er eine besondere Art hatte, seine Entscheidungen zu treffen. Er vergewaltigte seine Generäle nicht, sondern ermunterte sie, ihre eigene Meinung zu sagen. Hitler hatte fast immer eine vorgefaßte Meinung. Zuweilen war das eine brillante Konzeption, zuweilen aber hatte er gänzlich abwegige Einfälle. Diese vorgefaßten Meinungen zwang er einem Brauchitsch, Halder oder Rundstedt auf. In strategischen Fragen war er eben nicht nur ein Dilettant, sondern ein Doktrinär, der niemanden neben sich duldete, wenn er nicht ohne weiteres von der Trefflichkeit seines jeweiligen Dogmas oder Plans überzeugt war. Nicht so Stalin. Er besaß keine strategischen Dogmen, die er andern hätte aufzwingen können oder wollen. Wenn er mit seinen Generälen sprach, hatte er keine fertigen Operationspläne in der Schublade. Er teilte ihnen seine allgemeinen Ideen mit, die auf einer unübertrefflich gründlichen Kenntnis der wirtschaftlichen, politischen und militärischen Seiten der jeweiligen Lage beruhten. Aber darüber hinaus gab er seinen Generälen alle Freiheit, Ansichten zu äußern, Pläne auszuarbeiten, und erst auf dieser Grundlage traf er seine Entscheidungen. So war seine Rolle offenbar mehr die eines kühlen, sachlichen und erfahrenen Schiedsrichters zwischen seinen Generälen. Ergaben sich zwischen ihnen Meinungsverschiedenheiten, so hörte er die Meinungen aller an, die in dieser Frage etwas zu sagen hatten, wog das Für und Wider gegeneinander ab, verglich besondere Erwägungen mit allgemeinen Gesichtspunkten und gab schließlich seine eigene Meinung von sich. Er fällte nie Entscheidungen, durch die sich die Generäle vor den Kopf gestoßen fühlten, er entschied sich im Gegenteil immer nur für einen Gedanken, über den die Generäle selber zuvor bereits nachgedacht hatten. Diese Art der Führung war bei Stalin nichts Neues. Zu Beginn der zwanziger Jahre wurde er durch diese Methode der führende Kopf des Politbüros, indem er immer sorgfältig feststellte, wohin die Meinung der Mehrheit zielte, und diese Ansicht machte er dann zu seiner eigenen. So verfuhr er auch jetzt mit seinen Generälen. Sie waren bereit, seine Inspirationen auf sich wirken zu lassen, weil auch er ihren Gedanken und Anregungen gegenüber aufgeschlossen war. Sein Geist erzeugte nicht, wie Hitler, ein Feuerwerk strategischer Einfälle. Statt dessen förderte seine Arbeitsweise die gemeinsame Überlegung seiner Armeebefehlshaber und damit auch gesündere und natürlichere Beziehungen zwischen den Befehlshabern und ihren Untergebenen, als sie im Oberkommando der Wehrmacht zu Hause waren.[43]

Damit soll nicht gesagt sein, daß Stalin immer der Mehrheit seiner Marschälle folgte. Diese Mehrheit war bis zu einem gewissen Grad sein eigenes Werk. In den Tiefen der Niederlage erneuerte und verjüngte er das Personal der höheren Stäbe in radikaler Weise. Er überging dabei rücksichtslos Ansprüche, die sich auf höheres Dienstalter beriefen. Nur die Leistung an der Front war ausschlaggebend. Fast alle seine später berühmten Marschälle und Generäle hatten bei Kriegsbeginn untergeordnete Posten inne oder waren noch junge Offiziere. Er traf die grundlegende Auswahl für seine neue militärische Elite während der Schlacht um Moskau. Damals hörte man zum erstenmal die Namen Schukow, Wassiljewski, Rokossowski und Woronow. In der Schlacht um Stalingrad wurde diese Auswahl erweitert. Watutin, Jeremenko, Malinowski, Tschuikow, Rotmistrow und andere kamen jetzt zu Ehren und Ansehen. Nach der Schlacht bei Kursk kam diese Entwicklung zum Abschluß. Sie war der Wendepunkt in dem meteorhaften Aufstieg des jungen Tschernjakowski, der in drei Jahren vom Major zum Armeeführer avancierte. Alle diese Männer waren zwischen dreißig und vierzig Jahre alt. Durch Routinearbeiten unverbraucht, hatten sie in der harten Schule der Frontbewährung das gelernt, was sie ihren Feinden ebenbürtig und schließlich sogar überlegen machte.

Die Regenerierung der Roten Armee, ihrer Moral und ihres Generalstabs, war eine der bedeutendsten russischen Leistungen im Krieg. Das Verdienst hierfür kam fast ausschließlich Stalin persönlich zu. Aber die politischen Auswirkungen dieser Entwicklung werden ihm trotz allem nicht ganz behagt haben. Seine Marschälle und Generäle drängten zu weit vor ins Rampenlicht. Bisher hatte Stalin so turmhoch über den Mitgliedern des Politbüros gestanden, daß in den Augen des Volkes keiner von ihnen würdig erschien, auch nur die zweite Stelle nach Stalin einzunehmen. Keiner von ihnen hatte sich eines besonderen Ansehens oder gar der Liebe des Volkes erfreut. Stalin hatte allein auf dem Gipfel der Pyramide gestanden, und erst tief unter ihm waren, ganz unpersönlich, die Gesichter von Molotow, Kaganowitsch, Mikojan, Shdanow und Andrejew erschienen. Das politische Leben des Landes war tief in den Mantel der Anonymität eingehüllt gewesen. Dieser Nebel lüftete sich jetzt mehr und mehr. Neue Namen, an die sich der Ruhm großer Siege knüpfte, waren jetzt auf aller Lippen. Diese neuen Namen stellten ganz von selbst eine neue Macht dar, die zwar in keiner Weise gegen Stalin opponierte, aber trotzdem nicht in seinen politischen Stil paßte. Wir haben gesehen, wie sich die Bolschewisten seit den ersten Tagen der Revolution vor dem Schreckgespenst des Bonapartismus fürchteten. Stalin selbst war seitdem oft als ein neuer

Bonaparte gescholten worden. So mußte er mit einem Gefühl des Unbehagens auf die militärische Legende blicken, die sich um seine Marschälle zu bilden begann.

XIII. Kapitel

Teheran — Jalta — Potsdam

Stalins Politik im Jahr 1943 — Das Vorspiel zur Konferenz von Teheran — Stalin, Churchill und Roosevelt: Vergleiche, Verwandtes und Gegensätzliches — Die Kontroverse über die zweite Front — »Freunde in der Tat, im Geist und im Ziel« — Die »zehn Stöße« des Jahres 1944 — Stalin lehnt eine Vermittlung der Westmächte zwischen Rußland und Polen ab — Abgrenzung der Einflußsphären (Juni bis Oktober 1944) — Stalins Politik in Ost- und Westeuropa — Sein Verhalten während des Aufstands in Warschau im August 1944 — Stalin auf der Konferenz von Jalta (Februar 1945) — Sein Interesse am Krieg gegen Japan — Zwei Tendenzen in seiner Politik — 1815 und 1945. Alexander I. und Stalin: Ähnlichkeiten und Unterschiede — Die Geschichte der Volksdemokratien — Stalins Meinung über den deutschen Kommunismus — Seine Hoffnung auf ein Kondominium der großen Mächte erfüllt sich nicht — Stalin in Potsdam (Juli 1945)

Nach der Sommeroffensive des Jahres 1943, während der die Rote Armee ungefähr zwei Drittel des verlorenen sowjetischen Gebietes zurückerobert hatte, konnte es für Stalin keine Zweifel mehr über den Ausgang des Krieges geben. Zum erstenmal hatte »General Winter« an dem Erfolg keinen Anteil. Die russischen Armeen waren den deutschen trotzdem noch nicht so überlegen, daß sie auf einen raschen Endsieg rechnen konnten. In Teheran gestand Stalin Roosevelt, daß er nur sechzig Divisionen mehr als Hitler im Feld habe. Diese verschob er blitzartig hinter der Front, um an bestimmten Punkten und zu bestimmten Zeiten den Deutschen zahlenmäßig überlegen sein zu können.[1] Auch die Ausrüstung der Roten Armee war damals weder in Qualität noch in Quantität den Deutschen überlegen. Im Jahr 1942 produzierte die russische Industrie, die sich erst langsam von den Nachwirkungen der Auslagerung erholte, nur wenig. Erst im Jahr 1943 begannen die Fabriken, die neu gebaut oder aus dem Westen in den Ural und nach Sibirien verlagert worden waren, Panzer, Flugzeuge und Geschütze in großer Zahl zu liefern. Dieses Material mußte auf schlechten Straßen und wenigen Eisenbahnlinien fast 2000 Kilometer weit zur Front transportiert werden. Das volle Gewicht dieser neuen Waffen machte sich erst in den Schlachten des Jahres 1944 bemerkbar. Auch die Kriegsmateriallieferungen der Westmächte erreichten erst im Jahr 1944 ihren Höhepunkt. Stalin wußte genau, daß er seine Erfolge nur mit einem Teil der Mittel erzielt hatte, die ihm bald zur vollen Verfügung stehen würden. Wenn er auch immer noch sein Volk vor Selbstgefälligkeit und Nachlässigkeit warnte, so sprach jetzt dennoch aus seinen Worten größeres Selbstvertrauen. Jetzt konnte er behaupten, daß die Rote Armee die mächtigste und härteste aller modernen Armeen geworden sei.[2]

Seine Furcht vor einem Sonderfrieden der Westmächte mit Deutschland wird damals nachgelassen, wenn nicht angesichts seiner politischen Pakte und Abmachungen ganz aufgehört haben. Hitler hatte jetzt 80 bis 90 Prozent seiner Landstreitkräfte gegen Rußland eingesetzt, und, mochte kommen, was da wolle, es war klar, daß diese nicht ausreichten, um Rußland zu besiegen.[3] Es wäre sogar denkbar gewesen, daß eine günstige Verkettung der Umstände, bei der die dilettantische und sprunghafte Strategie Hitlers nicht der unwichtigste Faktor gewesen wäre, es Stalin ermöglicht hätte, den Krieg ganz aus eigener Kraft und ohne Mitwirkung der Westmächte zu gewinnen.[4] Er hätte auf eine solche Karte sicherlich nicht gesetzt, aber er wußte, daß seine Verhandlungsposition gegenüber den Alliierten infolge dieser Möglichkeit außerordentlich stark war. Jetzt hatten sie einen Separatfrieden Rußlands mit den Deutschen zu fürchten, und deshalb mußte ihnen mehr noch als Stalin an der Erhaltung der großen Koalition gelegen sein. Er wußte auch, daß sie die Teilnahme Rußlands im Krieg gegen Japan erreichen wollten, dessen Ausgang keineswegs geklärt war. Kaum jemals hat es einen Staatsmann gegeben, der so viel Trümpfe in seiner Hand hatte wie Stalin.

Trotzdem gelang es ihm nicht, die Ziele zu erreichen, die er sich 1941 gesteckt hatte. Die Briten und die Amerikaner hatten die Annexion der baltischen Staaten immer noch nicht anerkannt, ebensowenig die Einverleibung der polnischen Ostmark in die Sowjetunion. Roosevelt und Churchill wollten die Lösung der polnischen Grenzfragen auf den Friedensvertrag verschoben wissen. Stalin hingegen entschloß sich, eine sofortige Entscheidung zu erzwingen. Da die polnische Exilregierung in London die Rückgabe des letzten Fleckchens polnischen Bodens nach dem Stand von 1939 forderte, hatte er das lebhafteste Interesse daran, die Rückkehr dieser Regierung nach Polen zu verhindern. Im Frühjahr 1943 half ihm dabei ein Zwischenfall, der nie ganz aufgeklärt wurde. Die Deutschen teilten der Welt mit, daß sie bei Katyn, in der Nähe von Smolensk, ein Massengrab polnischer Offiziere gefunden hatten, die angeblich von den Russen als Gefangene getötet worden waren. Die Polen in London forderten eine Untersuchung dieser Gräber durch eine neutrale Kommission und ließen dabei durchblicken, daß sie die deutsche Darstellung für richtig hielten.[5] Sie waren über den Verbleib dieser Offiziere seit langem in Sorge, und als General Sikorski im Jahr 1941 Stalin in Moskau besuchte, hatte er sich um Nachrichten über diese Offiziere bemüht, ohne eine befriedigende Auskunft erhalten zu können. Trotzdem war es von den Polen in London zum mindesten politisch unklug, daß sie die deutsche Anklage indirekt unterstützten, besonders deshalb, weil es manche Gründe dafür gab, daß die Deutschen, die das Leben von Millionen Menschen auf dem Gewissen hatten, auch für den Tod dieser Offiziere verantwortlich zu machen waren. Wenn Stalin nach einem Vorwand suchte, um die polnische Exilregierung als nutzlos und wertlos zu brandmarken, so hatte er ihn jetzt an der Hand. Keine der alliierten Regierungen unterstützte die Aktion der Polen; Moskau brach die diplomatischen Beziehungen zu der polnischen Exilregierung ab und machte Anstalten, eine sowjetfreundliche polnische Regierung auf die Beine zu bringen. Damit waren die Alliierten nicht nur über die polnischen Grenzen, sondern auch über die rechtmäßige polnische Regierung uneinig. Stalin war offenbar der Meinung, daß die westlichen Verbündeten sich am Ende den Maßnahmen anschließen müßten, die er selber in Polen durchzuführen gedachte. Er war fest davon überzeugt, daß die russischen Truppen und nicht Engländer und Amerikaner es sein würden, die eines Tages die Deutschen aus Polen vertreiben würden, und daß infolgedessen er und nicht Churchill und Roosevelt den Ton in Warschau angeben würde.

Sein Ehrgeiz stieg im gleichen Maß, wie der Sieg in greifbare Nähe rückte. Es genügte ihm jetzt nicht mehr, das zu sichern, was er auf Grund seines Bündnisses mit Hitler bereits eingeheimst hatte. Jetzt dachte er daran, auch Gewinne zu machen, die ihm bei Hitler nicht möglich gewesen wären. Im Jahr 1940 hatte er die Priorität der russischen Interessen in Bulgarien und Rumänien proklamiert. Diese Forderung brachte er jetzt aufs neue zur Sprache. Die Vorstellungen, die er sich vom kommenden Frieden machte, begannen jetzt Gestalt anzunehmen. Sie griffen die Idee der Einflußsphäre wieder auf, die einige Sowjetdiplomaten in den zwanziger Jahren befürwortet hatten und die er selber damals so entschieden abgewiesen hatte.[6] Es ist heute noch nicht möglich, die Entwicklung dieser Gedanken und Pläne zeitlich genau zu verfolgen. Die Aufteilung Europas in Einflußsphären wurde bei der Konferenz der alliierten Außenminister in Moskau im Oktober 1943 zum erstenmal angeschnitten.[7] Die Erörterung ging nicht ins Detail, und diese Frage blieb schließlich offen. Man darf wohl annehmen, daß Stalin damals bei den Alliierten durch Molotow sondieren ließ, daß man sich aber in den inneren Kreisen der Sowjetregierung über dieses Thema bereits klare Vorstellungen machte.

Zu dieser Zeit, d. h. in der zweiten Hälfte des Jahres 1943, begann Stalin sich auch über die Friedensbedingungen Gedanken zu machen, die Deutschland auferlegt werden sollten. Im Januar 1943 hatte Roosevelt in Casablanca dem politischen Prinzip Ausdruck gegeben, daß es Deutschland nicht gestattet werden solle, über einen Frieden zu verhandeln. Deutschland mußte bedingungslos kapitulieren. Als Roosevelt diesen Satz formulierte, ließ er sich durch Erinnerungen an den amerikanischen Bürgerkrieg beeinflussen, bei dessen Ende die Nordstaaten sich weigerten, mit den Südstaaten über einen Frieden zu verhandeln.[8] Roosevelt legte sich auf diese Forderung, die so schwerwiegende Folgen haben sollte, ohne vorherige Befragung Churchills und Stalins fest. Stalin nahm diese Formel mit gemischten Gefühlen an. Er sah in ihr eine weitere Versicherung, daß die westlichen Alliierten nicht mehr die Absicht hatten, sich mit Deutschland zum Schaden Rußlands zu einigen. Als Roosevelt die Forderung der bedingungslosen Kapitulation Deutschlands erhob, hatte sich die Waage noch nicht so endgültig zugunsten Rußlands gesenkt, daß Stalin auf diese zusätzliche Garantie hatte verzichten dürfen. In seinem Tagesbefehl vom 1. Mai 1943 sprach auch er schließlich von bedingungsloser Übergabe und übernahm damit die Formel Roosevelts. Aber es war ihm klar, daß dieses Programm Roosevelts zunächst die Folge haben mußte, daß der deutsche Widerstand verbissener wurde und daß später die Alliierten die ganze Verantwortung für den Frieden übernehmen mußten. Er machte deshalb den Versuch, auf den amerikanischen Präsidenten im Sinn einer Änderung dieser Politik einzuwirken oder ihn wenigstens zu veranlassen, seine These dadurch abzumildern, daß er die Friedensbedingungen in allgemeinen Zügen festlege. Die Briten erhoben ähnliche Vorstellungen in Washington. Aber Roosevelt ließ sich von seinem Standpunkt nicht mehr abbringen.[9]

Das Schlagwort der bedingungslosen Kapitulation erweckte in allen alliierten Ländern nationalistische Gefühle. Überall gewann der Gedanke Raum, Deutschland müsse so hart bestraft werden, wie Rom einst Karthago bestraft hatte. Noch im September 1944 waren Roosevelt und Churchill der Meinung, Deutschland müsse in ein Agrarland verwandelt und die deutsche Schwerindustrie zerschlagen werden.[10] Stalin verfolgte ähnliche Ideen. Sein Wirtschaftsberater, Professor Warga, der in den zwanziger Jahren an den wirtschaftlichen Klauseln des Vertrags von Versailles eine scharfe Kritik geübt hatte, sprach sich im September 1943 dafür aus, daß Deutschland an die Alliierten schwere Reparationen leisten müsse. Diese Forderung wurde in Rußland um so populärer, je weiter die russischen Heere nach Westen vordrangen und die Entdeckung machen mußten, daß die Deutschen in blinder Zerstörungswut das Land, das sie preisgeben mußten, in eine Wüste verwandelten. Zu dieser Zeit äußerte sich Stalin auch zum erstenmal über die künftigen Grenzen Deutschlands. Im Juli 1943 wies er Maiski an, der sich damals in besonderer Mission in London befand, zu erklären, daß Rußland sich für eine Abtretung von Ostpreußen und Danzig an Polen stark machen werde. Präsident Roosevelt stimmte diesem Vorschlag zu. Wie man sieht, dachte Stalin damals noch nicht an die Abtretung der Gebiete östlich der Oder-Neiße-Linie an

Polen.[11] Durch die Abtretung von Ostpreußen und Danzig sollte Polen eine Entschädigung für seine Ostmark erhalten. Gleichzeitig sollte eine solche Gebietsveränderung Polen für alle Zukunft dem deutschen Rachebedürfnis preisgeben und seine Sicherheit damit völlig vom Schutz Rußlands abhängig machen. So ungefähr waren die Ideen, die sich Stalin über den kommenden Frieden und über die russischen Ansprüche machte, als er im Dezember 1943 mit Roosevelt und Churchill in Teheran zusammentraf.

Die Konferenz von Teheran hat eine merkwürdige Vorgeschichte. Stalin ging einem Zusammentreffen mit seinen Verbündeten solange wie möglich aus dem Weg. Zunächst weigerte er sich, an der Konferenz der Alliierten in Kairo teilzunehmen, mit der Begründung, er könne nicht mit Tschiangkaischek zusammentreffen, ohne die Japaner zu reizen, mit denen er sich damals nicht in Schwierigkeiten einlassen wollte. Er weigerte sich aber auch, Roosevelt allein zu treffen, wie ihm dies von amerikanischer Seite nahegelegt wurde.[12] Im Oktober 1943 kam Cordell Hull zur Außenministerkonferenz nach Moskau und bedrängte Stalin, er solle sich zu einer Zusammenkunft mit Roosevelt und Churchill bereitfinden. Stalin gab schließlich nach, verlangte aber, daß die Konferenz in Teheran stattfinden solle, das damals von russischen und britischen Truppen besetzt war. Er lehnte es hartnäckig ab, sich weiter von Rußland zu entfernen. Als ihm Roosevelt mehrere Vorschläge dieser Art machen ließ, wollte er die Konferenz auf das Frühjahr 1944 verschoben sehen. Er erklärte, zu diesem Zeitpunkt sei er bereit, die beiden alliierten Staatsmänner in dem russischen Stützpunkt Fairbanks in Alaska zu treffen.[13] Er entschuldigte sich damit, daß die militärischen Operationen es ihm nicht möglich machten, sich von Moskau zu entfernen, und daß er bestenfalls an einen Ort reisen werde, von dem aus er in ständiger Verbindung mit seinem Generalstab sein könne. Vielleicht widerstrebte ihm der Gedanke, das sichere Gehege des Kremls zu verlassen, wo er, umgeben von bewährten Leibgarden und persönlichen Mitarbeitern, das volle Gefühl persönlicher Macht und Sicherheit genoß. Vielleicht wollte er auch seine Partner zwingen, nach Rußland zu kommen, wodurch seine bereits mächtig angewachsene Stellung weiter hervorgehoben worden wäre. Er hatte auch politische Gründe für sein ausweichendes Verhalten. Er gab damit seiner Verstimmung Ausdruck, daß die Alliierten es immer noch nicht fertiggebracht hatten, die zweite Front in Europa zu eröffnen. Er benutzte jeden Anlaß, um ihnen zu sagen, daß die alliierten Maßnahmen in Süditalien seiner Ansicht nach in keinem Verhältnis zu den großen Feldzügen stünden, die er selber in Rußland führte. Vielleicht wollte er seine Alliierten auch nicht in seine politischen und militärischen Karten sehen lassen. Schließlich erklärten sich Roosevelt und Churchill bereit, nach Teheran zu kommen.

Man kann sich kaum einen Fall denken, wo Männer von so verschiedenem Temperament, Hintergrund und mit so widerstrebenden Interessen als Verbündete und Partner zusammenkamen, um Entscheidungen von solch folgenschwerer Bedeutung zu treffen. In den drei Männern, die am Konferenztisch einander gegenübersaßen, verkörperten sich ganz verschiedene Welten, Ansichten und Ansprüche. Stalin und Churchill waren in jeder Hinsicht Antipoden, der eine Abkömmling des Herzogs von Marlborough, der andere der Sohn eines Leibeigenen, der eine in *Blenheim Palace* geboren, der andere in einer Elendswohnung, in der es nur einen einzigen Raum gab. Churchill atmete noch das Klima Englands aus der Zeit der Königin Victoria und König Eduards VII., deren imperiales Erbe er mit der ganzen Kraft seines romantischen Temperaments zu wahren gedachte. In Stalin steckte die ganze Strenge des zaristischen und bolschewistischen Rußland, dessen Stürme er in kühler Selbstbeherrschung durchgestanden hatte. Hinter Churchill stand die Erfahrung aus vier Jahrzehnten parlamentarischen Lebens, Stalin hatte sein Leben lang in geheimen Untergrundgruppen und in ebenso geheimen Politbüros gewirkt. Der eine war ein Freund exzentrischer Scherze, ein Meister des Worts und der Farben; der andere war farblos und voll Mißtrauen gegenüber dem Wort an sich. Und schließlich hatte Churchill ein Weltreich zu verlieren, während Stalin entschlossen war, eines zu gewinnen.

Roosevelt stand zwischen beiden, aber sicher näher bei Churchill als bei Stalin. Die Umgebung, in der er aufgewachsen war, die Familie der Großgrundbesitzer und Industriellen, die Einflüsse, die sein Weltbild und seinen Charakter geformt hatten, die Traditionen der Familie Roosevelt in allen ihren Spielarten, die Rechtsanwaltspraxis in New York und das amerikanische Marineministerium, das alles war ganz verschieden von allem, was Stalins Bild geformt hatte. Aber Roosevelts Traditionen waren immerhin jünger und volksverbundener als Churchills, so wie die amerikanische Mittelklasse jünger ist als die britische Hocharistokratie. Dies mochte Roosevelt etwas näher zu Stalin heranführen. Er teilte manchmal Stalins Ungeduld, wenn Churchill ins Reden kam. Aber dennoch freute er sich dieser großen Kunst des britischen Parlamentariers, während Stalin, der Churchills Worten mit Hilfe eines Dolmetschers folgte, sich kühl und ironisch zeigte. Stalin und Churchill verkörperten zwei ganz entgegengesetzte Formen des Klassenbewußtseins. In den Augen beider wird Roosevelt, der Prophet des Fortschritts der bürgerlichen Linken, als ein Mann erschienen sein, der einen unwirklichen Mittelweg suchte, den es in ihren Augen logischerweise gar nicht geben konnte. Stalin hatte sich im Laufe der letzten Jahre in vielem gewandelt, aber dennoch konnte er auch jetzt noch seine Meinung nicht anders ausdrücken als in den Worten des Kommunistischen Manifests: »Die Geschichte jeder menschlichen Gesellschaft war bisher immer die Geschichte des Klassenkampfes.« Churchill hatte den Kern seines politischen Denkens in einem Epigramm zusammengefaßt, das von ihm erfunden zu sein schien, um den marxistischen Satz zu bestreiten: »Die Geschichte des Menschengeschlechts heißt Krieg.«[14] Der Puritaner Roosevelt, der Führer eines Volkes, das bisher die schlimmsten Auswüchse des Klassenkampfes nicht kennengelernt hatte und das die Übel dieses Krieges im eigenen Land nicht erleben mußte, würde wahrscheinlich keiner dieser beiden Verallgemeinerungen zugestimmt haben.

Stalin sah in seinen beiden Partnern die Vertreter der Kapitalistenklasse. Wahrscheinlich maß er ihrem Bekenntnis zur Demokratie geringe Bedeutung bei, selbst dann, wenn er an der Ehrlichkeit dieses Bekenntnisses nicht gezweifelt hätte. In seinen

Augen war das, was man im Westen Demokratie nennt, Lug und Trug, denn was sollte man unter der viel gerühmten Regierung durch das Volk verstehen, wenn sie nichts war als eine Fassade, hinter der sich der gewaltige Mechanismus der sozialen Ausbeutung versteckt, der Apparat für die Produktion des Mehrwerts. Er beobachtete die beiden mit der kühlen Neugier des Wissenschaftlers, der Naturvorgänge registriert und dabei überzeugt ist, daß er das Wesen dieser Vorgänge richtig erkannt hat und deshalb auch imstande ist, mit ziemlicher Wahrscheinlichkeit ihre Reaktionen in bestimmten Verhältnissen vorauszusagen. Hier saßen sie also, zwei lebende Vertreter einer fremden Gesellschaftsordnung, die beiden großen Führer der »andern Welt«. Diese »andere Welt« war jetzt durch eine merkwürdige Verkettung der Umstände in sich gespalten. Der eine Teil war in einem Kampf auf Leben und Tod mit den Sowjets verstrickt, während sich der andere durch ein Bündnis an sie angeschlossen hatte. Die Kluft zwischen diesen Verbündeten mochte überbrückbar sein — und es war sogar sehr wichtig, sie zu überbrücken —, aber sie war deshalb nicht verschwunden, trotz aller Beteuerungen der Freundschaft und der Einigkeit, die man vor den Völkern der Welt proklamieren mochte. Solche Gedanken mochten Stalin bewegen, als er sich zur Reise nach Teheran aufmachte.

Churchills Überlegungen werden nicht sehr viel anders gewesen sein, obwohl er vom entgegengesetzten Standpunkt ausging. Am 22. Juni 1941 hatte Churchill gesagt: »Es hat in den letzten fünfundzwanzig Jahren niemanden gegeben, der sich mit der gleichen Beharrlichkeit wie ich dem Kommunismus widersetzt hat. Ich werde kein Wort zurücknehmen, das ich in dieser Zeit ausgesprochen habe, aber all das schwindet vor dem Schauspiel, das sich jetzt unseren Blicken enthüllt.« Es genügt, einige Aussprüche Churchills über die bolschewistische Revolution zu kennen, die zurückzunehmen er sich weigerte — Worte der Furcht, des Hasses und der Verachtung —, um zu wissen, daß »all dies« unmöglich aus seinem Geist entschwunden sein konnte. Man kann sich aber trotzdem denken, daß es Churchill schwerer fiel als Stalin, seine Haltung dem Partner gegenüber auf eine einfache Formel zu bringen, denn Churchill mußte den bolschewistischen Parteiführer mit den Augen des Historikers, Künstlers und Politikers sehen. Den Politiker beschäftigte die Frage, wie er den Mann taktisch am besten behandeln könne, in dem er einen gefährlichen Verbündeten sehen mußte. Die Einbildungskraft des Historikers war wahrscheinlich angeregt durch die Vorstellung der gewaltigen Veränderungen, die der Nachfolger des »großen Verneiners«, wie Churchill Lenin zu nennen pflegte, über Rußland gebracht hatte. Das Wiederaufleben der Tradition in Rußland mußte bei Churchill den Eindruck erwecken, daß Stalin Churchills Prinzipien auf halbem Weg entgegenkam, daß er im Begriff stand, der revolutionären Gesellschaft so etwas wie eine konservative Gesinnung einzuimpfen. Diese Meinung und das gemeinsame militärische Interesse mochten der Grund für eine ehrliche Sympathie sein, die manchmal in Churchills Worten zum Ausdruck kam. Und der Künstler in Churchill muß fasziniert gewesen sein von dem düsteren Drama des Mannes und seines Lebens, obwohl die lauten Szenen in diesem Schauspiel, seine Schrecken und Greuel ihn mit einer Abneigung erfüllten, die er manchmal kaum verheimlichen konnte.

Während Stalins Haltung gegenüber den beiden Staatsmännern des Westens verstandesmäßig festgelegt war und Churchills Sympathie für das »Kriegspferd Rußlands« sich mit heimlicher Abneigung mischte, scheint Roosevelt dem Phänomen, das ihm jetzt leibhaftig entgegentrat, völlig hilflos gegenübergestanden zu haben. Für ihn war Rußland, und ganz besonders das bolschewistische und stalinistische Rußland, *terra incognita*. Seinen Mitarbeitern gegenüber gab er bescheiden zu: »Ich kann zwar einen guten Franzosen von einem schlechten und einen guten von einem schlechten Italiener unterscheiden, aber nicht einen guten von einem schlechten Russen. Auch erkenne ich einen guten Griechen, wenn ich ihn sehe. Ich verstehe aber die Russen nicht. Ich weiß einfach nicht, wie man an sie herankommt.«[15] Offenbar stand Stalin jenseits all solcher Begriffe von Gut und Böse, wie sie Roosevelt beherrschten.

Die drei Männer hatten sich kaum gesehen, da lud Stalin Roosevelt ein, in der russischen Botschaft zu residieren, weil man in Teheran Attentatsplänen auf die Spur gekommen sei. Stalin selbst zog in eine kleine Villa auf dem Grundstück der Botschaft, um für seine Gäste Platz zu machen. Trotz dieser besorgten Geste blieb Stalin, wie Roosevelt später einmal sagte, »korrekt, steif, feierlich, er lachte nie, es war nichts Menschliches an ihm, an das man sich hätte halten können«. Der Präsident machte einen verzweifelten Versuch, das Eis zu brechen, und er meinte, dies sei ihm gelungen, als er Stalin durch einige Sticheleien gegen Churchill zum Lächeln brachte.[16] Tatsächlich hatte jedes Anzeichen einer Disharmonie zwischen Churchill und Roosevelt, selbst das kleinste, eine beruhigende Wirkung auf Stalin. Es ist durchaus wahrscheinlich, daß Stalin den Präsidenten eingeladen hatte, zu ihm zu ziehen, um einen engeren Kontakt zwischen Churchill und Roosevelt zu erschweren, den er aus taktischen Gründen nicht wünschen konnte.

Wahrscheinlich war Stalin sehr überrascht, als er im Laufe der Debatten die Entdeckung machte, daß es gar nicht so nötig gewesen wäre, zu solch kleinen Mittelchen der Diplomatie zu greifen, denn Roosevelt und Churchill waren in vielen entscheidenden Fragen keineswegs einer Meinung. Die wichtigste dieser Fragen war die der Weiterführung der militärischen Operationen. Dabei ging es um mehr als nur um rein militärische Zweckmäßigkeitsfragen. Von der Behandlung dieser Fragen hing das politische Bild Europas in der Zeit nach dem Krieg weitgehend ab. Churchill unterbreitete der Konferenz seinen Plan für eine Invasion der Alliierten auf dem Balkan, durch den die Landung in Frankreich weiter verzögert worden wäre. Sofort brach die Animosität zwischen Churchill und Stalin, die seit ihrer Zusammenkunft im August 1942 nur geschlummert hatte, mit neuer Schärfe aus. 1942 hatte Stalin den Verdacht gehabt, die Alliierten verzögerten die Eröffnung der zweiten Front, um die Russen und die Deutschen sich im Kampf gegeneinander ausbluten zu lassen. Wahrscheinlich hatte er diesen Verdacht auch noch, als der Sommer des Jahres 1943 zu Ende ging, ohne daß die Alliierten in Frankreich landeten. Jetzt, am Ende des Jahres 1943, brauchte er sich vor dem Zusammenbruch Rußlands nicht mehr zu fürchten. Er konnte wohl auch nicht mehr annehmen, daß Churchill auf diese Karte setzte. Jetzt ging sein Mißtrauen in eine ganz andere Richtung. Er mußte annehmen, daß Churchill mit Rußlands Stärke und nicht mehr mit seiner Schwäche rechne und daß hinter dem Vorschlag einer alliierten Landung auf dem

Balkan die Absicht stecke, einer Besetzung des Balkans durch die Russen zuvorzukommen. Tatsächlich schlug Churchill mit diesem neuen Unternehmen im Mittelmeer die gemeinsame Besetzung des Balkans durch britische, amerikanische und russische Truppen vor.[17]

Stalin setzte diesem Plan hartnäckigen Widerstand entgegen. Er verlangte, daß eine Landung in Frankreich durchgeführt werde. Dabei kamen weder er noch Churchill oder Roosevelt auf die diesen Überlegungen zugrunde liegenden politischen Fragen zu sprechen, obwohl doch jeder der drei nur an sie gedacht haben konnte. Die Debatte ging um das rein militärische und technische Für und Wider einer solchen Unternehmung. Stalin war in der angenehmen Lage, daß die rein militärischen Argumente sehr für seinen Standpunkt sprachen. Churchill wollte an einer Reihe ausgesuchte Stellen an der Mittelmeerküste alliierte Truppen landen: in Norditalien, um die von den Deutschen in Süditalien blockierten alliierten Truppen frei zu bekommen, an der Küste der Adria, um von dort aus mit Hilfe von Titos Partisanen in die Donauebene vorzustoßen und schließlich im Gebiet des Ägäischen Meeres, von wo aus sich die Türkei einem nach Norden vorgeschobenen Angriff anschließen würde. Stalin vertrat die Auffassung, daß diese Operationen keine kriegsentscheidende Wirkung haben konnten und nur die Streitkräfte der Alliierten zersplittern würde. Wenn aber die Alliierten über den Ärmelkanal hinweg angreifen würden, so hatten sie den Vorteil kurzer und sicherer rückwärtiger Verbindungslinien, sie würden auf den Feind einen konzentrierten Druck ausüben, sie würden durch die Befreiung Frankreichs den Deutschen einen moralischen Schlag versetzen, von dem diese sich nicht mehr erholen würden, und schließlich hätten sie so den nächsten und kürzesten Weg ins Ruhrgebiet vor sich, den Kern- und Schlüsselpunkt der industriellen Macht Deutschlands. Stalin entwickelte seine Argumente klar und deutlich, nicht ohne sarkastische Zwischenbemerkungen, die Churchill knurrend und mit zornrotem Gesicht anhörte. Man diskutierte die Frage auf drei Plenarsitzungen und in zwei Privatbesprechungen der Regierungschefs. All die Zeit sprach nur Stalin für die russische Delegation, der außer ihm nur noch Molotow und Woroschilow sowie ein Dolmetscher angehörten. Stalins Argumente setzten sich durch. Die amerikanischen Generalstabschefs stimmten den Russen zu. Sogar einige britische Generäle opponierten gegen Churchill. Roosevelt war zunächst unentschlossen, unterstützte dann aber die Ansicht Stalins. Seine Hauptsorge war, wie der Krieg möglichst bald und mit den geringsten Verlusten für die Invasionsarmee zu gewinnen sei. Wenn man die Dinge von diesem Gesichtspunkt aus betrachtete, war die Invasion an der französischen Küste in der Tat sehr viel aussichtsreicher als jeder Vorstoß im Mittelmeerraum. Roosevelt dachte in seinem praktischen Sinn, unbeschwert von Klassenkampfideen, nur an den nächstliegenden Zweck. Was in der Zeit nach dem Krieg geschehen mochte, beeindruckte ihn einstweilen nicht, wogegen seine britischen Freunde bereits die Gegensätze und Spannungen der Nachkriegszeit vor Augen hatten. Schließlich war er durch die Erklärung beeindruckt, die Stalin sofort zu Beginn der Konferenz abgegeben hatte. Stalin versprach, in den Krieg gegen Japan einzugreifen, sobald er die Kräfte hierfür in Europa frei machen könne. Was immer die Gründe Roosevelts gewesen sein mögen, sein Entschluß entschied über die Frage. Es wurde beschlossen, daß die »Operation Overlord« — das war der Deckname für die Invasion in Frankreich — im Mai 1944 durchgeführt werden sollte.

Dieser Beschluß war einer der größten Erfolge im Leben Stalins. Vielleicht waren nur er und Churchill sich über die Auswirkungen klar. Europa war jetzt militärisch in zwei Operationszonen geteilt, und hinter der militärischen Teilung lauerte die soziale und politische Spaltung. Der alte Traum der russischen Politik, den Balkan unter russischen Einfluß zu bringen, wurde jetzt unter ganz andern Begleitumständen verwirklicht.

Nachdem Stalin diesen großen Erfolg für sich gebucht hatte, wurde er milder und umgänglicher. An der Erörterung über die Durchführung der Invasion in Frankreich nahm er lebhaften Anteil. Er gefiel sich jetzt in der Rolle überlegenen Wohlwollens, des alten kriegserfahrenen Veteranen, der seinen Verbündeten, die sich jetzt zum erstenmal in ein wirklich bedeutendes militärisches Abenteuer einließen, aus dem reichen Schatz seiner kriegerischen Erfahrungen mit den Deutschen manch wertvollen Rat erteilen konnte. Er wies darauf hin, daß es für die Alliierten von entscheidender Wichtigkeit sei, die britischen und amerikanischen Truppen unter einen einheitlichen Oberbefehl zu stellen, und drang in sie, sofort ihren Oberbefehlshaber zu bestimmen. General Dean versichert, daß Stalins Drängen die Wahl beschleunigte, die auf General Eisenhower fiel.[18] Er warnte immer wieder vor Verzögerungen und Unterlassungen, und als Churchill von der Notwendigkeit absoluter Geheimhaltung, von Tarnungs- und Ablenkungsmanövern sprach, enthüllte er einige seiner eigenen Kriegslisten. Er sagte, daß er 5000 Panzerattrappen, 2000 Flugzeugattrappen und ähnliches mehr verwende, um den Feind über seinen jeweiligen Aufmarsch zu täuschen. Am wichtigsten aber war sein Versprechen, in dem Augenblick, in dem die Alliierten in Frankreich landen würden, starke Entlastungsoffensiven durchzuführen.

Die Ablehnung der militärischen Pläne Churchills war nicht der einzige Erfolg Stalins auf dieser Konferenz. Sein zweiter Triumph war eine private Absprache der »Großen Drei« über die künftigen Grenzen Polens. Die Außenminister, die eben in Moskau getagt hatten, waren sich über diesen Streitpunkt nicht einig geworden. Churchill und Roosevelt hatten jetzt den Eindruck, daß man mit einer Verschiebung der Entscheidung dieser Frage bis zum Friedensvertrag den russisch-polnischen Konflikt nicht mehr abfangen konnte. Die Rote Armee näherte sich rasch der polnischen Ostmark. Es gab keinen Zweifel, daß sie diese Gebiete dem Sowjetreich einverleiben würde. Als Churchill sah, daß er diesen Gebietserwerb durch Rußland nicht verhindern konnte, zog er es scheinbar vor, dem Ganzen den Stempel einer alliierten Zustimmung aufzudrücken. Er machte deshalb den Vorschlag, die »Großen Drei« sollten die Curzon-Linie als die Ostgrenze Polens anerkennen. Stalin war mit diesem Vorschlag sofort einverstanden. Abgesehen von kleinen Grenzberichtigungen ließ dieser Grenzverlauf, der nach dem britischen Außenminister benannt ist, der diese Grenze im Jahr 1920 vorgeschlagen hatte, das umstrittene Gebiet ganz in den Händen der Sowjetunion. Roosevelt stimmte dem Vorschlag zu, nachdem er mit dem Versuch, Lemberg für die Polen zu retten, gescheitert war.

Über den Gewinn, den er jetzt einheimste, wird Stalin ironisch gelächelt haben. Mit einiger Neugier wird er Churchills Motive zu ergründen versucht haben. Er hatte Argumente an der Hand, die der britische Premierminister schlecht hätte zurückweisen können. Im Jahr 1941 begrüßten die Alliierten Rußland als ihren Verbündeten mit den Grenzen, die es damals besaß, und die Alliierten konnten unmöglich annehmen, daß Stalin sich jetzt nach einem so schwer erkauften Sieg mit einer Beschränkung seines Staatsgebiets einverstanden erklären würde. Aber die Polen argumentierten genauso. Als Großbritannien seinen Beistandspakt mit Polen schloß, war Polen noch im unbestrittenen Besitz seiner Ostmark. Die Polen konnten also zumindest erwarten, daß die britische Politik nicht die Hand zu einer neuen Teilung Polens bieten werde, um so weniger, als ja Polen schließlich sehr viel länger der Verbündete Englands gewesen war als die Sowjetunion. Der polnische Anspruch hatte freilich wenig Gewicht im Vergleich zu dem fundamentalen Umschwung der politischen und militärischen Gleichgewichtsverhältnisse, die sich soeben an der Ostfront vollzogen. Aber Churchill beugte sich nicht allein der größeren Macht. Er glaubte, den Kommunismus an der Curzon-Linie zum Stehen bringen zu können. Hier wollte er die neue Grenze zwischen den beiden entgegengesetzten politischen und sozialen Systemen ziehen. Er wich vor Stalin zurück, in der Hoffnung, ihn an eine einigermaßen feste politische Verteidigungslinie zu binden. Er meinte, die polnische Exilregierung in London, an deren antikommunistischer Haltung kein Zweifel war, werde sich in den polnischen Gebieten westlich der Curzon-Linie durchsetzen können. Deshalb drängte er Stalin zur Wiederaufnahme der Beziehungen mit dieser Regierung, nachdem die Westmächte den Russen den geforderten Preis mit Ostpolen gezahlt hatten. Churchill war schließlich der Meinung, er werde durch gutes Zureden, und wenn nötig auch durch gelinden Druck, die Polen in London bewegen können, die neue Grenze zu akzeptieren, denn ohne diese Voraussetzung war nicht anzunehmen, daß Stalin sich mit ihnen in ein Gespräch einlassen würde. Stalin ging offenbar von dem Gedanken aus, daß diese Hoffnung Churchills sich nicht erfüllen werde und daß er selber dann freie Hand habe, eine polnische Regierung seiner eigenen Wahl zu unterstützen. Wenn schließlich die Westmächte die Curzon-Linie als polnische Ostgrenze anerkannt hatten, waren sie logischerweise auch gezwungen, die polnische Regierung anzuerkennen, die sich mit dieser Grenze abfinden würde. Bereits vor der Konferenz in Teheran hatte Stalin den in Rußland lebenden polnischen Kommunisten mitgeteilt, daß er die Bildung einer politischen Körperschaft in Polen begrüßen würde, die zwar noch nicht die Rolle einer Nationalregierung zu spielen hätte, aber doch den Emigranten in London das alleinige Recht, für Polen zu sprechen, streitig machen konnte. Ein solches Organ trat tatsächlich einen Monat nach der Konferenz von Teheran unter der Bezeichnung »Polnischer Nationalrat« für das von den Deutschen besetzte Polen ins Leben. Damit war freilich, wie die weiteren Ereignisse zeigen sollten, das komplizierte Spiel um Polen noch nicht zu Ende.

Nachdem die »Großen Drei« sich über die Eröffnung der zweiten Front und über die Curzon-Linie geeinigt hatten, besprachen sie sich inoffiziell über eine Reihe anderer Fragen, auch über die Zukunft Deutschlands. Dieser Meinungsaustausch bewegte sich in allgemeinen Formeln, die so wenig konkret waren, daß keiner der Konferenzteilnehmer einen Vorgeschmack von dem großen Streit, der sich später um diese Frage entwickeln sollte, bekommen konnte. Die drei Regierungschefs schienen sich im allgemeinen darüber einig zu sein, daß Deutschland ein »Karthagischer Friede« auferlegt werden solle, wobei es keinen Zweifel darüber gibt, daß damals Stalin diese harte Forderung mit noch größerem Nachdruck vertrat als seine beiden Partner.

Als die Konferenz zu Ende ging, schienen die Spannungen und Gereiztheiten, die ihren Beginn gekennzeichnet hatten, endgültig zerstreut zu sein. Am 69. Geburtstag Churchills trank Stalin auf das Wohl seines »großen Freundes«. Bei einem anderen feierlichen Anlaß nahm er aus den Händen Churchills einen Ehrensäbel entgegen, den der König von England der Stadt Stalingrad zugedacht hatte. Roosevelt erzählte später, er habe Tränen in Stalins Augen gesehen, als der Generalissimus in einer merkwürdigen Regung romantischer Ritterlichkeit dieses Schwert küßte.[19] Tränen scheinen zu seinem Charakterbild nicht recht passen zu wollen, aber vielleicht war Stalin in diesem Augenblick wirklich überwältigt. Es war in der Tat ein denkwürdiges Ereignis in seiner so bewegten Laufbahn. Wer hätte vorauszusagen gewagt, daß der Tag kommen werde, an dem Seine Britische Majestät eine russische Stadt ehren würde, die den Namen des Sohnes georgischer Leibeigener trägt, den Namen des Mannes, der in den Gefängnissen Bakus gesessen, den man nach Sibirien in die Verbannung geschickt hatte, den Mann, der Lenins Schüler war? Und wer hätte jemals vermutet, daß der Nachfolger des »Großen Neinsagers« zu einer solchen Ehre nicht »Nein« sagen würde?

Am 1. Dezember verließen die drei Regierungschefs Teheran. Vor ihrer Abreise veröffentlichten sie ein Kommuniqué, in dem die vollkommene Übereinstimmung in allen behandelten Fragen festgestellt wurde. Von den erbitterten Kontroversen, die dieser Einigkeit vorausgegangen waren, erfuhr die Welt nichts. Eine solche Indiskretion wäre mitten im Krieg undenkbar gewesen. Die »Großen Drei« stellten feierlich fest: »Wir kamen hierher voll Hoffnung und Entschlossenheit. Wir trennten uns als Freunde in der Tat, im Geist und im Ziel.«

Das Jahr 1944 brachte Stalin einen militärischen Erfolg nach dem anderen. Zu Beginn des Jahres kämpften die Russen noch um die Aufhebung der Belagerung von Leningrad. Als das Jahr zu Ende ging, belagerten sie die deutsche Besatzung von Budapest.

Im Laufe dieses Jahres führte die Rote Armee eine Offensive nach der anderen durch, die als die »zehn Stöße Stalins« bezeichnet werden. Im Sommer landeten die Alliierten in der Normandie. In der Schlacht an der Ostfront waren ungeheure Menschenmassen engagiert. Diese Front reichte vom hohen Norden Europas bis zu seinen Grenzen im Süden, und sie bewegte sich unaufhaltsam nach Westen. Der Verlauf dieser Feldzüge wird durch eine bloße Aufzählung der wichtigsten Vorstöße klar: im Januar wurde Leningrad befreit und die Russen stießen über Nowgorod an die Ostsee vor. Im Februar und März erreichten sie nach dem Fall von Kiew in einem Vorstoß über den Dnjepr den Bug und den Dnjestr. In den ersten Frühlingsmonaten wurde der Kampf in den äußersten Süden verlagert. Die Deutschen verloren die Krim und Odessa. Im Juni, gleichzeitig mit der Landung der Alliierten in Frankreich, wurde das Schwergewicht der russischen Aktionen vom äußersten Südzipfel der Front wieder in den äußersten Norden verschoben. Finnland mußte endgültig aus der Zahl der kriegführenden Nationen ausscheiden. Im Juni und Juli befreite die Rote Armee Witebsk und Minsk und drang bis zum Njemen und zur Weichsel vor. Im Juli und August setzte sie ihren Vormarsch in Südpolen entlang dem Nordrand der Karpaten fort. Im August wurde Rumänien besetzt; durch revolutionäre Erhebungen in Bulgarien und Ungarn unterstützt, drang die Rote Armee dann in diese beiden Staaten ein. Im September und Oktober wurde das Schwergewicht wieder nach Norden verlegt, nach Finnland, Estland und Lettland. Dann ging es wiederum nach Süden, in die Karpaten und darüber hinaus nach Ungarn und in die Slowakei.

Zu Beginn des neuen Jahres war die Rote Armee zahlen- und materialmäßig den Deutschen bereits weit überlegen, und diese Überlegenheit nahm ständig zu. Trotzdem gab sich Stalin nicht der Illusion eines Blitzkrieges hin, wie es Hitler getan hatte. Das ist für ihn in hohem Maße bezeichnend. Er versuchte nie weitausholende Offensiven, die den Feind überrollen und in die Knie zwingen konnten, durch die freilich auch der Angreifer seine Flanken in gefährlicher Weise ausdehnte und schwächte. Auch jetzt, als der Sieg in immer greifbarere Nähe rückte, blieb er vorsichtig. Das ganze Jahr hindurch verschob er den Schwerpunkt des Kampfes vom Norden in den Süden, vorwärts und rückwärts, mit erstaunlicher Genauigkeit, Kraft und Umsicht, einem Boxer gleich, der seinem Gegner einen wohlberechneten Schlag nach dem anderen versetzt, ohne damit zu rechnen, daß er ihn mit einem einzigen Schlag in die Seile schicken könnte. Er hielt Hitler im Ungewissen, zwang ihn, seine Reserven immer wieder an einen anderen Frontabschnitt zu jagen, um dort ein neues Loch zu stopfen. Hitler hatte so immer wieder einer neuen Gefahr vorzubeugen, ein Verfahren, bei dem er seine Kräfte rasch verbrauchte. Die »zehn Stöße Stalins« waren sorgfältig aufeinander abgestimmt und erfolgten mit der Genauigkeit eines Uhrwerks. Sie bewiesen, daß Stalins Generalstab im Planen und im Durchführen gleichermaßen auf der Höhe war. Das war ein anderes Bild, als es der Generalstab der Roten Armee im Jahr 1941 geboten hatte, wo alles nur Unfähigkeit und Verwirrung gewesen war.[20]

Jeder neue Erfolg der russischen Armeen warf neue politische Probleme auf. Ihnen widmete sich Stalin in erster Linie verstärkt und überließ jetzt vertrauensvoll die Führung der militärischen Operationen seinen Marschällen und Generälen. In den ersten Januartagen überschritt die Rote Armee die alte russisch-polnische Grenze, und damit trat die polnische Krise in ein akutes Stadium. Die polnische Regierung in London erklärte, daß sie allein befugt sei, die Gebiete zu verwalten, die jetzt unter die Kontrolle der Russen kamen. Moskau wies diesen Anspruch ebenso deutlich zurück. Der amerikanische Staatssekretär Cordell Hull, dem sehr viel daran gelegen war, diese Auseinandersetzung zwischen den beiden verbündeten Regierungen beizulegen, bot die Vermittlung der amerikanischen Regierung an. Dieses Angebot verstimmte Stalin, denn seit Teheran war er der Meinung, daß die Westmächte kein Recht mehr hätten, ihm seinen Anspruch auf die polnische Ostmark streitig zu machen, und daß sie deshalb auch den Polen nicht mehr gestatten dürften, diese Frage aufzuwerfen. Hier war seiner Ansicht nach nichts mehr zu vermitteln.

Er machte seiner Verstimmung auf merkwürdigen Nebenwegen Luft. In Moskau wurde ein etwas obskurer Bericht veröffentlicht, in dem den Briten der Vorwurf gemacht wurde, sie verhandelten heimlich und hinter dem Rücken der Sowjetregierung mit den Deutschen über einen Sonderfrieden.[21] Diese so bald nach Teheran vorgebrachte Beschuldigung war für die Briten besonders kränkend, da sie eben ein paar Wochen zuvor einen »Friedensfühler« abgewiesen hatten, den Himmler ausgestreckt hatte. Man konnte nicht annehmen, daß dieser Vorgang den Russen unbekannt geblieben wäre.[22] Der Angriff der »Prawda« sollte offenbar die Briten und Amerikaner warnen. Sie sollten den Eindruck gewinnen, daß die Russen selber nach einem Vorwand für Sonderfriedensgespräche suchten. Das war ein Wink mit dem Zaunpfahl. So leise und zaghaft die Drohung auch war, so konnte doch niemand wissen, ob nicht Stalin — je nach den Umständen — bereit wäre, damit Ernst zu machen. Als seine Armeen sich den Grenzen von 1941 näherten, lag es nahe, daß er selbst oder jemand in seiner näheren Umgebung auf den Gedanken kam, ob es nicht besser wäre, jetzt haltzumachen, das schreckliche Gemetzel einzustellen und Frieden zu schließen. Hatte doch auch Kutusow Zar Alexander I. beschworen, die »Große Armee« Napoleons nicht über die Grenzen Rußlands hinaus zu verfolgen und statt dessen den Krieg zu beenden, der doch nur zum Nutzen der »fluchwürdigen britischen Insel« geführt werde, die er, Kutusow, am liebsten in den Wogen des Ozeans versinken sehen würde.[23]

Auf der anderen Seite war Stalin, genau wie einst Alexander I., vom Ehrgeiz verzehrt, seine Truppen triumphierend in die Hauptstadt des Feindes einmarschieren zu sehen, und wie Alexander konnte und wollte er dem Feind keine Atempause mehr gönnen. Man weiß bis heute nicht, ob es im Generalstab oder im Politbüro jemanden gab, der Stalin den Rat Kutusows ins Ohr zu flüstern wagte. Aber es ist durchaus denkbar, daß sein fester Wille, das Dritte Reich zu vernichten, merklich nachgelassen hätte, auf dem Weg eines Sonderfriedens mehr zu gewinnen als durch die Weiterführung des Krieges an der Seite der Alliierten. Die Alliierten mußten immer aufs neue bemüht sein, zu beweisen, daß es keinen Grund zu solchen Überlegungen gab.

Stalin wies die Vermittlung der Westmächte in dem russisch-polnischen Streit zurück, weil in seinen Augen diese Frage in Teheran ein für allemal geregelt worden war. Er versteifte sich zugleich auf den Grundsatz, daß die Alliierten sich in keine Frage einzumischen hatten, die nur Rußland und seine Nachbarn angehe. Osteuropa gehörte zur Einflußsphäre Rußlands.

Zu dieser Zeit, also einige Monate nach der Konferenz von Teheran, nahmen die Pläne für eine Aufteilung Europas in Einflußsphären deutlichere Gestalt an. Der Gedanke hatte bereits vor Teheran in der Luft gelegen. In allen alliierten Ländern hatten Journalisten und Politiker sich Gedanken über ein Kondominium der drei großen alliierten Mächte gemacht, von denen jede in ihrem eigenen Bereich einen vorherrschenden Einfluß ausüben sollte, weil allein die großen Mächte die Kraft und die Macht hätten, den Krieg zu gewinnen und den Frieden zu erhalten. In Teheran besprach Roosevelt mit Stalin einen ähnlichen

Gedanken. »Die vier Polizisten«, das heißt die Vereinigten Staaten, Rußland, Großbritannien und China, sollten die Ordnung in der Welt sicherstellen.[24] Die Gedanken der alliierten Diplomaten wanderten zurück in die Zeiten der Heiligen Allianz, die nach den napoleonischen Kriegen Europa beherrscht hatte, oder auch zu der näherliegenden Erfahrung des Vertrags von Versailles, wo trotz aller demokratischen Verkleidungen die Friedenskonferenz durch die Übereinstimmung der großen Siegermächte bestimmt worden war. Stalins Diplomaten gruben alte Geheimverträge der Westmächte mit den Herrschern des vorrevolutionären Rußlands aus, die dann später durch Lenin veröffentlicht und mit den entsprechenden Kommentaren angeprangert worden waren. Da gab es den englisch-russischen Vertrag von 1907, in dem die beiden Mächte Persien in zwei Einflußsphären aufgeteilt hatten. Da gab es den Vertrag von London aus dem Jahr 1915, in dem die Briten sich damit einverstanden erklärt hatten, daß Rußland Konstantinopel, die Meerengen und Thrakien annektiere und den Balkan praktisch unter seine Vorherrschaft bringe. Die Diplomaten Stalins argumentierten offenbar so: Wenn die Briten damals bereit waren, Rußland für seine sehr viel weniger wirkungsvollen Kriegsanstrengungen in solchem Ausmaß zu belohnen, wie könnten sie dann darüber murren, wenn jetzt das Rußland Stalins für eine sehr viel größere Leistung den gleichen Preis forderte?

Das Konzert der siegreichen Mächte hatte einst seine Existenz der Tatsache zu verdanken, daß die Herrscher dieser Staaten derselben sozialen Klasse angehörten und ähnliche soziale Interessen vertraten. Sie sprachen die gleiche oder wenigstens eine ähnliche Sprache und waren durch gemeinsame Interessen miteinander verbunden. Das Erstaunliche an diesem Versuch war allerdings, daß er von Männern unternommen wurde, deren Interessen auseinanderliefen und die von ganz entgegengesetzten Grundsätzen ausgingen. Noch paradoxer ist die Tatsache, daß der britische Premierminister zugleich ein geschworener Feind des Kommunismus und Fürsprecher dieses Planes war.

Es scheint, daß der erste mehr oder weniger informelle Vorschlag für die Abgrenzung von Interessensphären durch die britische Regierung im Juni 1944 gemacht wurde.[25] Die Briten schlugen vor, Rumänien und Bulgarien als Teil der russischen Zone zu behandeln, wogegen die Briten in Griechenland uneingeschränkt wirken wollten. Stalin stimmte diesem Vorschlag sofort zu. Genau wie im Jahr 1939 war es auch jetzt wieder sein Partner, der den Makel des »Länderverteilens« auf sich nahm. Stalin wollte wissen, ob Churchill unter seiner persönlichen Verantwortung oder im Namen seiner Regierung handle. Würde Roosevelt einem solchen Abkommen seine Zustimmung geben? Roosevelt wich einer klaren Antwort auf diese Frage aus. Er weigerte sich, den Folgen der Politik in die Augen zu sehen, die er selber in Teheran durchgesetzt hatte und durch die jetzt die Rote Armee alleiniger Herr auf dem Balkan wurde, während Churchill die Konsequenz aus seiner Niederlage in Teheran zog und sich bemühte, wenigstens Griechenland dem sowjetischen Einfluß zu entziehen. Aber Roosevelt erhob keinen ausdrücklichen Einwand, und Stalin ging davon aus, daß die Briten und die Vereinigten Staaten durch das Abkommen vom Juni 1944 den größten Teil des Balkans endgültig den Sowjets zugesprochen hatten. Als Churchill und Eden im Oktober 1944 nach Moskau kamen, wurde das Abkommen bestätigt und weiter ausgebaut. In diese Besprechungen schlich sich ein sonderbarer Ton ein, als die beiden Premierminister, von ihren Außenministern assistiert, ihre Anteile an den verschiedenen Balkanstaaten sogar prozentual festlegten. Der amerikanische Botschafter berichtete nach Washington, daß Rußland eine 75- bis 80prozentige Priorität in Bulgarien, Ungarn und Rumänien haben solle, während der britische Anteil auf 20 bis 25 Prozent beschränkt bleiben würde. In Jugoslawien würden die beiden Mächte ihren Einfluß im Verhältnis 50 zu 50 ausüben.[26]

Im Juni 1944 hatte man noch so getan, als sei die Schaffung von Einflußzonen eine rein militärische Angelegenheit ohne politische Bedeutung. Im Oktober machten die beiden Partner aus dem politischen Inhalt ihres Geschäfts kein Geheimnis mehr. Sie einigten sich in einer vertraulichen Absprache darüber folgendermaßen: die Sowjets würden sich nicht einmischen, wenn die Briten es für notwendig hielten, in Griechenland zur Unterdrückung innerer Unruhen mit Waffengewalt vorzugehen; dafür würden die Briten das Recht der Sowjets anerkennen, die

Führung zu übernehmen, wenn es sich darum handelte, die Ordnung in Rumänien aufrechtzuerhalten.[27] Für Stalin konnte es keinen Zweifel darüber geben, welchen »inneren Unruhen« Churchill in Griechenland zuvorkommen wollte. Die Briten waren soeben in Griechenland gelandet und hatten die Entdeckung machen müssen, daß das ganze Land sich in der Hand der kommunistisch beherrschten Partisanen der ELAS befand. Churchill sah den kommenden Bürgerkrieg voraus und bereitete sich auf ihn vor. Stalin erklärte sich also am Schicksal der griechischen Linksparteien uninteressiert. Die Gegenleistung war das Versprechen, daß die Briten nicht in Rumänien intervenieren würden. Churchill erklärte damit ebenso unmißverständlich, daß ihm das Schicksal der Rechtsparteien in Rumänien gleichgültig sei.

Wenn es jemals einen vollkommenen Tauschhandel gegeben hat (man kann wohl sagen, einen vollkommen zynischen Tauschhandel), so war es wohl dieser. Die Folgen in anderen Ländern ließen auch nicht auf sich warten. Es dauerte nicht lange, da überraschten Stalin und Churchill die Welt durch einen ganz neuen Eifer, mit dem der eine die Handlungen des anderen verteidigte, und durch die uneingeschränkte Bewunderung, die der eine dem anderen angedeihen ließ. Kurz nach Churchills Besuch in Moskau sagte Stalin:»Das Überraschende ist nicht etwa, daß zwischen uns Meinungsverschiedenheiten bestehen, sondern daß ihrer so wenige sind und daß sie, wenn wir darüber reden, in jedem einzelnen Falle im Geiste der Einigkeit und Zusammenarbeit gelöst werden konnten. Noch eindrucksvoller sind die Besprechungen, die wir kürzlich in Moskau mit Mr. Churchill und Mr. Eden hatten und die in einer Atmosphäre der Freundschaft und vollkommensten Einigkeit verliefen.«[28] Churchill gab das Kompliment in einer Rede vor dem Unterhaus zurück. Er sagte: »Marschall Stalin und die Führer des Sowjetstaates wünschen ehrlich, in Freundschaft und Gleichberechtigung mit den westlichen Demokratien zusammenzuleben. (...) Ich habe den Eindruck, daß ihnen ihr Wort heilig ist. Ich kenne keine Regierung, die so wie die Sowjetregierung zu ihren Verpflichtungen steht, auch dann, wenn diese Verpflichtungen für sie eine Belastung darstellen. Ich lehne jede Erörterung über den guten Willen der

Sowjetregierung ab.« Churchill hatte allen Grund zu dieser Versicherung, denn als im Dezember 1944 der Bürgerkrieg in Griechenland ausbrach, hatten die russische Presse und der russische Rundfunk nicht ein einziges Wort der Sympathie für die griechischen Partisanen übrig. Dieses »rätselhafte«, beharrliche Schweigen bewies, daß Stalin in der griechischen Angelegenheit seine Hände in Unschuld wusch. Das war der Höhepunkt seiner Freundschaft mit Churchill. »Ein guter Plan, gute Freunde und alles voll froher Erwartung; ein ausgezeichneter Plan, vortreffliche Freunde.«

Man darf sich nun nicht vorstellen, daß dieses Übereinkommen in allen Einzelheiten ausgearbeitet worden wäre, daß also Stalin sich offen mit der Unterdrückung des Kommunismus außerhalb der russischen Interessenzone einverstanden erklärt oder den Entschluß kundgetan hätte, innerhalb seiner Zone den Kommunismus überall zur Macht zu bringen. Vielleicht stellte sich diese Frage in solcher Schärfe damals weder ihm selber noch Churchill. Beide mißtrauten einander zu sehr, um sich klar auf irgend etwas festzulegen. Der Ausdruck »Einflußzone« kam in den amtlichen Dokumenten kaum vor. Man sprach in allgemeinen Andeutungen, in Hinweisen, in Anregungen und Unterstellungen. Fast jede Erklärung über die gemeinsam zu verfolgende Politik enthielt in sakramentaler Feierlichkeit die Klausel der Nichteinmischung in die inneren Verhältnisse fremder Staaten. Aber im Verlauf des Krieges hatten alle Mächte sich tapfer in die inneren Verhältnisse jedes Landes eingemischt, an dem sie militärisch interessiert waren. Die Briten und die Russen hatten gemeinsam in Persien interveniert und die dortige deutschfreundliche Regierung gestürzt. Die Briten hatten in die inneren Verhältnisse Ägyptens und des Irak eingegriffen; die Russen hatten in Polen nicht anders gehandelt, und so geschah es in jedem anderen Land, trotz der feierlichen Verpflichtung der Nichteinmischung in innere Verhältnisse fremder Staaten. Die Amerikaner hatten sich in Frankreich in die Streitigkeiten zwischen Darlan, Giraud und de Gaulle eingeschaltet, in Italien in die Konflikte zwischen König Viktor Emanuel, Badoglio und der Opposition. In anderen Ländern war es nicht anders. Cordell Hull schrieb einmal: »Ich hatte gehofft, Rußland überreden zu können, daß es eine Politik der Zusammenarbeit und der Nichteinmischung verfolge.« Aus diesem Grund war es auch gegen den Pakt von Chapultepek im März 1945, »durch den die Vereinigten Staaten sich verpflichtet haben, unter gewissen Voraussetzungen gemeinsam militärisch bei jedem der Teilnehmerstaaten des Paktes zu intervenieren. Nachdem wir Amerikaner uns diesen neuen Grundsatz der Interventionspolitik zu eigen gemacht haben, hat auch Rußland Gründe genug, um sich in die inneren Verhältnisse seiner Nachbarn einzumischen, und wir haben kaum mehr die Möglichkeit, uns dem zu widersetzen«.[29] Trotz des Widerstandes von Cordell Hull ist der Pakt von Chapultepek ein Kernstück der amerikanischen Politik geworden. Stalin, »der Mann ohne Illusionen«, rechnete mit Sicherheit damit, daß jeder der »Großen Drei« sich in die inneren Angelegenheiten der Länder seiner Einflußsphäre einmischen werde. Diese Einmischung war zum Teil durch militärische Notwendigkeiten diktiert, zum Teil dienten aber auch die militärischen Notwendigkeiten nur als Vorwand für die Einmischung.

Stalin war immer bestrebt zu zeigen, daß er die Hände von den amerikanischen und britischen Einflußsphären ließ. Aber ganz und gar konnte er diese Enthaltsamkeit nicht verwirklichen. In Westeuropa, besonders in Frankreich und Italien, hatten die kommunistischen Parteien, die in der Widerstandsbewegung eine entscheidende Rolle gespielt hatten, im Laufe des Krieges großes Ansehen und nicht geringen Einfluß gewonnen. Die Komintern war zwar aufgelöst, aber Moskau blieb für die französischen und italienischen Kommunisten das Mekka des Kommunismus. So übte Stalin einen gewichtigen und immer mehr wachsenden Einfluß innerhalb der westlichen Welt aus.[30] Bald nach der Befreiung Frankreichs machte er diesen Einfluß in einer Weise geltend, die darauf abzielte, die konservativen Kreise zu beruhigen und das Mißtrauen Churchills und Roosevelts zum Schweigen zu bringen. Es kann keinen Zweifel darüber geben, daß es Stalins persönlichem Einfluß zuzuschreiben ist, wenn die kommunistischen Parteien in Frankreich und Italien eine für ihre Verhältnisse ganz ungewöhnliche und selbstlose Zurückhaltung an den Tag legten. Zum erstenmal in ihrer Geschichte vergaßen sie den Kernsatz des Parteiprogramms, der es ihnen verbietet, mit bürgerlichen Parteien zusammenzuarbeiten. Sie traten in Regierungen einer breiten nationalen Front ein. Obwohl die Kommunisten damals zahlenmäßig die stärksten Parteien in Frankreich und Italien waren, begnügten sie sich mit zweitrangigen Ministerposten, von denen aus sie nicht hoffen konnten, jetzt oder später die ganze Macht in ihre Hand zu bringen, und aus denen sie auch, wie die Ereignisse zeigten, ohne große Anstrengungen durch die bürgerlichen Parteien wieder herausmanövriert werden konnten. Die Armee und die Polizei blieben in der Hand konservativer, in jedem Fall antikommunistischer Gruppen. Westeuropa sollte die Domäne des liberalen Kapitalismus bleiben.

Stalin bekundete diese Einstellung zuweilen so unverblümt, daß es sogar den rosaroten Sozialdemokraten und den meisten gemäßigten Liberalen die Rede verschlug. Dies war besonders im März 1944 der Fall, als er zu einem Zeitpunkt, wo das Abkommen über die Einflußsphären noch nicht einmal perfekt war, die Regierung des Marschalls Badoglio in Italien anerkannte. Die italienischen Linksparteien und die Parteien der Mitte forderten damals laut den Rücktritt Badoglios, des Mannes, der Abessinien erobert hatte und der immer der Handlanger des Königs Viktor Emanuel gewesen war. Stalin stärkte die Stellung Badoglios dieser Opposition gegenüber. Als kurz darauf die italienischen Linksparteien die Abdankung des Königs forderten, der alles Ansehen verloren habe, riet die »Iswestija« den italienischen Kommunisten, die Auseinandersetzung mit der Krone einstweilen auf sich beruhen zu lassen. Später stimmten die Kommunisten in der italienischen Kammer sogar für die Erneuerung der Lateranverträge, die Mussolini mit dem Vatikan geschlossen hatte, und verschafften so, gegen den Widerstand der Sozialdemokraten und Liberalen, dem katholischen Klerus eine beherrschende Stellung im Geistesleben des Landes. In Frankreich stellte sich die kommunistische Partei ohne das leiseste Murren in Reih und Glied hinter General de Gaulle, über dessen diktatorische Ansprüche, antimarxistische Haltung und klerikale Bindungen längst kein Zweifel mehr bestehen konnte.

Stalin sprach sich auch noch nicht klar darüber aus, ob er in den Ländern der russischen Zone die Revolution betreiben lassen wollte oder nicht. Auch dort redeten die kommunistischen Propagandisten zunächst die Sprache des Patriotismus, ja sogar des Klerikalismus. König Michael von Rumänien wurde auf seinem Thron belassen und für seine Teilnahme an dem Staatsstreich, der zum Bruch zwischen Rumänien und Deutschland führte, mit dem höchsten sowjetischen Orden ausgezeichnet. Die Sowjetgeneräle und die lokalen kommunistischen Führer behandelten die griechisch-orthodoxe Geistlichkeit auf dem Balkan mit allem Respekt. In Polen hofierten sie die katholische Kirche. Von einer Sozialisierung der Industrie war keine Rede. Nur die seit langem fällige Agrarreform wurde in Angriff genommen.

Im Frühjahr 1944 machte Stalin einen Versuch, sich mit dem Papst zu verständigen. Dieser Versuch war ebenso unerwartet wie außergewöhnlich und hatte zudem einen komödienhaften Beigeschmack. Am 28. April 1944 empfing er im Kreml einen merkwürdigen Besucher. Es war dies ein römisch-katholischer Priester polnischer Herkunft, der Reverend S. Orlemanski aus Springfield in Massachusetts. Dieser Priester, den sein einfaches, frommes Gemüt ebenso auszeichnete wie eine vollkommene Ahnungslosigkeit auf dem tückischen Boden der hohen Politik, hatte sein friedliches Pfarrhaus in Amerika verlassen und war nach Moskau gekommen, um, wie er meinte, eine große Mission zu erfüllen. Er wollte an zwei »historischen« Versöhnungsaktionen mithelfen. Die eine betraf den Kreml und den Vatikan, die andere Polen und Rußland. Für einige Tage stand der gute Mann im vollen Scheinwerferlicht der Öffentlichkeit. Zum allgemeinen Erstaunen wurde er nicht nur von Stalin empfangen, er hatte sogar zwei Unterredungen mit ihm, die stundenlang dauerten. Orlemanski, der von seinen kirchlichen Oberen keinen Auftrag hatte, handelte ganz aus eigenem Antrieb und war sogar ohne Urlaub von seinem Bischof aus seiner Gemeinde abgereist. Stalin händigte ihm eine feierliche schriftliche, von ihm persönlich unterzeichnete Erklärung aus, in der er, der Herr des Kremls, dem Herrn des Vatikans seine Zusammenarbeit antrug.[31] Was sollte mit diesem Angebot geschehen, das Stalin dem Orlemanski zu treuen Händen übergab? Dieser kehrte mit dem so schwerwiegenden Papier in sein Pfarrhaus in Springfield zurück. Hier erregte er den Unwillen seines Bischofs, der ihm den Vorwurf machte, er habe gegen die kirchliche Disziplin in einer Weise verstoßen, die eigentlich mit seiner Exkommunikation zu beantworten wäre. Der entsetzte Pfarrer hatte einen Nervenzusammenbruch und zog sich in ein Kloster zurück, um dort über seine politischen Seitensprünge reuevoll nachzudenken. Damit kam der große Versuch einer Verständigung zwischen dem Kreml und dem Vatikan zu einem raschen Ende. Der Zwischenfall wirft ein beinahe komisches Licht auf jenen Zug naiven Ungeschicks, dem man in Stalins Verhalten trotz all seiner Schlauheit und gelegentlichen Weitsichtigkeit zuweilen begegnet. Der große Diktator, der so fern von seinem eigenen Volk lebte, zu dem kaum die in Moskau akkreditierten Botschafter Zugang fanden, sozusagen der Dienstälteste unter den »Großen Drei«, die das Schicksal der Welt bestimmten, dieser Mann fand inmitten der größten militärischen Operationen die Zeit, sich mit einem unbekannten Wichtigtuer zu langen Besprechungen einzuschließen, um durch ihn der Welt eine politische Eröffnung von größter Wichtigkeit zu machen. Stalin hätte sich, wenn er es gewollt hätte, dem Papst durch einen maßgeblichen katholischen Politiker nähern können, er hätte sich bei diesem Unterfangen auch der guten Dienste seiner Bundesgenossen bedienen können. Vielleicht lag ihm aber mehr daran, der Öffentlichkeit zu zeigen, wie respektierlich und maßvoll er war, als daß er wirklich den Frieden mit dem Vatikan suchte; aber selbst dann hätte er es nicht nötig gehabt, sich eines politischen Phantasten zu bedienen, womit er für einige Tage doch nichts als einen Heiterkeitserfolg in der Weltöffentlichkeit erreichte. Trotzdem war der Zwischenfall ein charakteristisches Beispiel dafür, daß Stalin in jenen Tagen aus ausschließlich rationalen Gründen versuchte, seiner Politik einen den rechtsgerichteten Kreisen sympathischen Anstrich zu geben.

Das hinderte ihn aber nicht, sich zu dieser Zeit der Zustimmung seiner Alliierten zu zwei — etwas verschwommen formulierten — Grundsätzen zu versichern, nach denen sich das politische Leben in der russischen Einflußsphäre entwickeln sollte. Der eine dieser beiden Grundsätze besagte, daß die Sowjetregierung freie Hand haben solle, gegen nazistische und faschistische

Parteien und Gruppen einzuschreiten, um so in den Nachbarländern Rußlands eine demokratische Ordnung zu schaffen. Der zweite bestimmte, daß die Regierungen dieser Länder »Rußland gegenüber freundlich eingestellt sein müßten«.³² Diese Grundsätze wandte Stalin zunächst auf die Behandlung der polnischen Frage an, die während des ganzen letzten Kriegsjahres die alliierten Diplomaten ununterbrochen beschäftigte. Stalin bemühte sich, den westlichen Alliierten einzureden, sie sollten die polnische Exilregierung in London fallenlassen, weil sie weder demokratisch noch Rußland gegenüber freundlich eingestellt sei. Es war nun allerdings geradezu grotesk, wie Stalin — der Diktator par excellence — anderen Völkern Führungszeugnisse für gutes oder schlechtes demokratisches Verhalten ausstellte. Nicht weniger grotesk waren jedoch die ernsten Mienen und feierlichen Gesten, mit denen die westlichen Alliierten ihre Rollen in diesem eigenartigen Theaterstück spielten, nur um den äußeren Anschein des gemeinsamen demokratischen Interesses zu wahren, das angeblich die »Große Allianz« zusammenhalten sollte. Aber es wäre doch auch wieder falsch, in Stalins Vorgehen nur Unehrlichkeit zu sehen, wenngleich solche Tricks seiner Politik sicherlich anhafteten. Denn es kann keinen Zweifel geben, daß er selber tief davon überzeugt war, all sein Tun sei einem echten demokratischen Ziel förderlich; und in dem vorliegenden Fall konnte er sich mit guten Gründen darauf berufen, daß die polnische Regierung in London eine leicht verstaubte Koalition halbkonservativer Bauernbündler, gemäßigter Sozialdemokraten und überhaupt von Männern sei, denen man beim besten Willen nicht das Prädikat »Demokraten östlicher oder westlicher Färbung« verleihen konnte. Die wichtigsten Verwaltungsstellen waren in der Hand von Anhängern der polnischen Diktatoren Pilsudski und Rydz-Smigly. Noch gewichtiger war die Tatsache, daß die Mitglieder dieser Regierung, mochten sie nun demokratisch oder antidemokratisch orientiert sein, allesamt von jener Russophobie besessen waren, die ein traditionelles Kennzeichen der polnischen Politik war und die durch die leidvollen Erlebnisse der im Jahr 1939 nach Rußland verschleppten Polen neuen Auftrieb erhalten hatte.³³ Es gab eigentlich nur eine »rußlandfreundliche Partei«, nämlich die Kommunisten. Diese antirussische Haltung diente als Vorwand für die Unterstützung, die Stalin sofort nach dem Einmarsch der Roten Armee in Polen dem Nationalpolnischen Befreiungskomitee angedeihen ließ, in dem die Kommunisten und linken Sozialdemokraten einen entscheidenden Einfluß hatten. Ohnehin krankten die Beziehungen Stalins zu den Polen an inneren Widersprüchen, wie man aus der folgenden Episode erkennen kann. Unter seinen polnischen Schützlingen befanden sich auch Männer, die erst nach 1941 aus russischen Gefängnissen und Konzentrationslagern entlassen worden waren. Bei einem Empfang, den Stalin zu Ehren des polnischen Befreiungskomitees gab, wandte er sich an einen polnischen Politiker, der seit langem in der polnischen Sozialdemokratie eine Rolle spielte und der deshalb bereits in der Vorkriegszeit von der polnischen Regierung verfolgt worden war. Stalin fragte ihn: »Wie viele Jahre, Genosse, haben Sie in Konzentrationslagern verlebt?« Es war die typische Frage, die ein alter politischer Häftling an einen Leidensgenossen zu richten pflegte. »Welche Gefängnisse meinen Sie?«, erwiderte der Pole, »die polnischen oder die russischen?« Stalin blieb die Antwort nicht schuldig: »Je rascher wir die russischen Gefängnisse vergessen, desto besser wird es für unsere beiden Völker sein.«

Die Unterstützung, die Stalin dem polnischen Befreiungskomitee angedeihen ließ, brachte Churchill und Roosevelt in eine peinliche Lage. Wenn sie sich an den Grundsatz halten wollten, daß in Polen nur eine russenfreundliche Regierung zu dulden sei, mußten auch sie das Befreiungskomitee anerkennen. Wollten sie es nicht anerkennen, dann mußten sie sich über diesen Grundsatz hinwegsetzen und weiterhin die polnische Exilregierung unterstützen. Sie versuchten, sich zunächst um eine klare Stellungnahme zu drücken und Stalin zu bewegen, mit dem konservativen Bauernführer Stanislaus Mikolajczyk, der seit dem Tod des Generals Sikorski an der Spitze der polnischen Exilregierung stand, Verhandlungen aufzunehmen. Mikolajczyk war einer der wenigen polnischen Emigranten, die bereit waren, über die Curzon-Linie zu reden und sie notfalls auch zu akzeptieren. Ende Juni 1944 reiste Mikolajczyk nach Moskau, mußte aber bei seiner Ankunft die unangenehme Entdeckung machen, daß die sowjetische Regierung kurz zuvor das Komitee von Lublin in aller Form anerkannt hatte. Nachdem Stalin durch diesen radikalen Eingriff eine ihm genehme Regierung in Polen an die Macht gebracht hatte, erklärte er allen Ernstes, daß er nicht die Absicht habe, sich in die inneren Verhältnisse Polens einzumischen, und gab Mikolajczyk den freundschaftlichen Rat, sich mit der Regierung in Lublin zu vertragen.

Mitten in dieses Hin und Her fiel ein tragisches Ereignis, bei dem Stalins persönliche Rolle äußerst undurchsichtig erscheint. Am 1. August 1944 brach in Warschau ein bewaffneter Aufstand gegen die Deutschen aus. Die Aufständischen wurden von Offizieren geführt, die ihre Weisungen von der polnischen Regierung in London erhielten. Die Rote Armee hatte sich eben in raschem Vorstoß bis nahe an Warschau herangeschoben, und die Führer des Aufstandes ließen sich zu der Annahme verleiten, daß die deutschen Truppen im Begriff stünden, Warschau zu räumen. Die Mehrzahl der Aufständischen war von dem Wunsch erfüllt, die Hauptstadt Polens mit eigener Kraft zu befreien. Aber der polnische Befehlshaber beging einen schweren politischen Fehler, indem er die Aktion auslöste, ohne zuvor mit den vordringenden russischen Truppen Kontakt zu suchen und damit seine eigenen Maßnahmen mit denen der Roten Armee zu koordinieren. Der Zufall wollte es sogar, daß der Oberbefehlshaber der sowjetischen Armeen vor Warschau, der Marschall Rokossowski, ein Pole war. Dieses Versäumnis hatte natürlich einen politischen Hintergrund. Die Führer des Aufstandes hofften, sie würden bereits vor Ankunft der Russen Herren der Stadt sein. Für den Fall eines Mißlingens hofften sie wenigstens, auf die Russen einen politischen Druck ausüben zu können. Wenn sie den Russen halfen, die Deutschen zu vertreiben, dann mußten die Russen auch ihre politischen Forderungen berücksichtigen.

Es sollte sich freilich bald erweisen, daß der Zeitpunkt für den Aufstand völlig falsch gelegt war. Es gelang den Deutschen, die Armee Rokossowskis an der Weichsel aufzuhalten und nach Osten zurückzuwerfen. Die deutsche Garnison dachte nicht daran, Warschau zu räumen, sondern richtete ihre ganze Kraft und Wut gegen die Aufständischen. Es entspann sich ein düsterer, verzweifelter Kampf, bei dem sich die Polen mit sagenhaftem Heldenmut schlugen, während die Deutschen sich dadurch rächten, daß sie Straßenzug um Straßenzug und Haus um Haus sprengten oder niederbrannten, bis schließlich vom historischen Stadtkern Warschaus so gut wie nichts mehr übrig war. Die Polen schrien um Hilfe. Mikolajczyk wandte sich an Stalin persönlich. Stalins Verhalten war höchst fragwürdig. Zunächst wollte er die Berichte über den Aufstand nicht glauben und tat sie als leichtfertige Erfindung ab. Dann versprach er zu helfen, was er aber nicht tat. Soweit ließ sich sein Verhalten noch erklären, ohne daß man ihm Hintergedanken zu unterschieben braucht. Es ist möglich, sogar wahrscheinlich, daß Rokossowski, den die Deutschen soeben zurückgeworfen hatten, nicht stark genug war, um Warschau zu Hilfe zu kommen, und daß Stalin, der sich eben an der Südfront, in Rumänien und in den Karpaten in große Offensiven eingelassen hatte, seine strategischen Dispositionen nicht mehr so weit ändern konnte, um dem Aufstand in Warschau, der für ihn ganz unerwartet ausgebrochen war, wirksame Hilfe angedeihen zu lassen. Dann aber tat er etwas, was in den alliierten Ländern Abscheu und Entsetzen hervorrief. Er verweigerte britischen Flugzeugen, die den Aufständischen aus der Luft Waffen und Lebensmittel bringen sollten, die Erlaubnis zur Landung auf Flugplätzen hinter der russischen Front, von denen aus sie nach Ergänzung ihres Brennstoffvorrats zu ihren Ausgangsbasen hätten zurückfliegen können. Damit reduzierte er auch die britische Hilfe für die Aufständischen auf ein Minimum. Erst als es zu spät war, erschienen russische Flugzeuge über der brennenden Stadt, der jetzt nicht mehr zu helfen war. Man wird kaum verstehen, was Stalin durch dieses übelwollende Verhalten zu gewinnen hoffte. Die Tragödie von Warschau verschärfte die antirussischen Gefühle in Polen und gab den Bewunderern Stalins in Westeuropa und Amerika einen schweren Schlag. Nicht einmal das allerzynischste politische Kalkül wird sein Verhalten erklärlich machen. Hier ließ er sich nochmals von dem skrupellosen Haß und jener gefühllosen Härte leiten, für die es aus der Zeit der großen Säuberungsprozesse so viele Beweise gibt.

Als sich Stalin, Churchill und Roosevelt im Februar 1945 in Jalta trafen, war ihnen der Sieg sicher. Wenn er ihnen jetzt noch entgleiten sollte, so konnte das nur die Folge eigener Uneinigkeit sein. Dies war in der Tat der letzte und einzige Hoffnungsschimmer für Hitler. Er vertiefte sich in die Geschichte Friedrichs des Großen, der im Siebenjährigen Krieg wie durch ein Wunder der unvermeidlichen Niederlage entging, weil seine Feinde im letzten Augenblick uneinig wurden. Die drei alliierten Staatsmänner, die darauf brannten, Hitler den letzten Stoß zu versetzen, waren deshalb eifrig bemüht, alle Fragen beiseite zu lassen, über die sie sich nicht einigen konnten.

Stalin war jetzt nicht mehr wie in Teheran der einzige, der große Siege vorweisen konnte. Die Briten und Amerikaner standen am Rhein. Aber die Überlegenheit der Russen war trotzdem unverkennbar. Die Rote Armee hatte die Oder erreicht und bereitete sich zum Angriff auf Berlin vor. Etwa vierzehn Tage vor der Konferenz von Jalta trat ein Ereignis ein, durch das die Überlegenheit der Russen besonders deutlich wurde. Die Deutschen führten in den Ardennen ihre letzte Gegenoffensive, und es sah vorübergehend so aus, als gelänge es ihnen, die britisch-amerikanische Front aufzubrechen. Am 14. Januar erschien der Stellvertreter General Eisenhowers, der britische Luftmarschall Tedder, in Moskau, um Stalin zu bitten, er solle im Osten eine Entlastungsoffensive einleiten, um die Deutschen zu zwingen, Truppen von der Westfront abzuziehen. Stalin versprach, dieser Bitte zu entsprechen. Drei Tage später rückte die Rote Armee in Warschau ein und stieß rasch von der Weichsel zur Oder vor. Als Stalin seine Gäste in der Sommerresidenz der Zaren, in Livadia, nahe Jalta, inmitten der Ruinen und trostlosen Verwüstungen eines Landes begrüßte, in dem vor kurzem schwere Schlachten geschlagen worden waren, hatte er wiederum das stolze Bewußtsein, daß er und Rußland einen großen Beitrag zum Sieg geleistet hatten. Seine Gäste aber hatten alle Veranlassung, sich dankbar und erkenntlich zu erweisen.

Die »Großen Drei« waren damals noch der Meinung, daß es möglich sein müsse, die im Krieg erprobte Einigkeit in die Friedenszeit hinüberzuretten. Sie sahen die Lösung für die Zukunft in einem Kondominium und in einer Aufteilung der Welt in Einflußsphären. Aber je näher das Ende des Krieges heranrückte, desto größer wurden ihre inneren Vorbehalte, ihre Zweifel und ihre Befürchtungen. Jede Seite machte der anderen Zugeständnisse und suchte dafür Garantien für sich selber zu erlangen. Jede Partei war darauf bedacht, in jedes Abkommen, das geschlossen wurde, ein Hintertürchen einzubauen, durch das man — wenn nötig — den eingegangenen Verpflichtungen wieder entwischen konnte. Bei jedem Schritt, der zu tun war, überschnitten sich militärische Erwägungen mit sozialen Interessen und ideologischen Grundsätzen. Vielfach zeichneten sich auf diesem Hintergrund unlösbare Konflikte ab. Doch das Schicksal wollte es, daß die »Großen Drei« eine militärische Notlösung nach der anderen annehmen mußten, die alle letztlich den Keim späterer Meinungsverschiedenheiten und Spannungen in sich trugen.

Der Geist der Konferenz von Jalta spiegelt sich sehr deutlich in einem Dialog zwischen Churchill und Stalin wider. Es ging um die Statuten der Vereinten Nationen. Man debattierte über das Vetorecht, das die großen Mächte im Weltsicherheitsrat für sich in Anspruch nehmen wollten. Stalin, der in diesem Punkt besonders eifrig war, wollte das Vetorecht so formuliert wissen, daß keine Möglichkeit bliebe, es zu umgehen oder abzuschwächen. Churchill sprach in diesem Zusammenhang davon, daß die Vereinten Nationen in der Lage sein müßten, auch gegen eine Großmacht vorzugehen, die etwa den Versuch machen wollte, nach der Weltherrschaft zu streben. Stalin warf hier ein: »Ich darf Herrn Churchill auch darum ersuchen, mir die Großmacht zu nennen, die es darauf abgesehen hätte, die Welt zu beherrschen. Ich weiß, daß Großbritannien die Welt nicht beherrschen will. Damit steht zunächst einmal eine Macht außerhalb des Verdachts. Ich weiß auch, daß die Vereinigten Staaten das nicht wollen; damit verringert sich die Zahl der Mächte, deren Absicht es wäre, die Welt zu beherrschen, um eine weitere.« Churchill unterbrach ihn: »Kann ich antworten?« »Noch einen Augenblick«, fuhr Stalin fort, der seinen Gedanken zu Ende spinnen wollte. »Die Gefahr für die Zukunft liegt in der Möglichkeit von Konflikten unter uns selbst.«[34] Damit enthüllte er die Gedanken, die Churchills Haltung in dieser Frage bestimmten. Offenbar mißtraute Churchill den Russen, und deshalb wollte er dem Statut der Vereinten Nationen eine Form und einen Inhalt geben, mit deren Hilfe die Handlungsfreiheit der Russen möglichst eingeengt wurde. Churchill war es offensichtlich peinlich, daß Stalin in dieser Weise das Kind beim Namen nannte, und sagte, daß, solange sie — die drei Männer — lebten, die den Krieg gemeinsam geführt hätten, es keine Gefahr eines Konfliktes geben könne. Aber würden auch ihre Nachfolger ebenso einig bleiben? Diese Aussicht mochte Stalin wenig beruhigend erscheinen. Er erinnerte seine Gäste an einen wunden Punkt, der die Russen immer noch schmerzte. Im Jahr 1939, während des russisch-finnischen Krieges, hatte der Völkerbund Rußland an den Pranger gestellt und ausgestoßen. Das war derselbe Völkerbund, der es nie gewagt hatte, gegen Hitler auch nur den kleinen Finger zu erheben, und der niemals gegen eine Angreifernation vorgegangen war. — Nein, Rußland wollte nicht Gefahr laufen, in Zukunft nochmals so behandelt zu werden.

Es ist in hohem Maß lehrreich zu sehen, wie sich Stalin in dieser Phase des Krieges mit allem Nachdruck für ein Weltkondominium der »Großen Drei« einsetzte, wie er gegen jeden Versuch, diesen Gedanken abzuschwächen, reagierte, während er gleichzeitig bei jeder Gelegenheit seiner Furcht und seinem Mißtrauen gegen die Mächte Ausdruck gab, die seine Partner in diesem Kondominium hätten werden sollen. Als Churchill und Roosevelt den Vorschlag machten, auch Frankreich an der Kontrolle über das besiegte Deutschland zu beteiligen, erhob er Einwände, weil Frankreich »dem Feind die Tore geöffnet habe«. Immer wieder kam er auf den Standpunkt zurück, daß der Platz, der einer bestimmten Nation in der Friedensordnung eingeräumt werden sollte, in einem Verhältnis zu den Leistungen und Opfern dieses Volkes im Krieg stehen müßte. Dadurch mußte Rußland von diesem Grundsatz mehr als irgendeine andere Nation profitieren, denn kein Volk hatte solche Opfer gebracht wie das russische. Als Churchill ironisch bemerkte, die »Großen Drei« seien anscheinend »ein sehr exklusiver Klub, (...) mit einem Eintrittspreis von mindestens fünf Millionen Soldaten oder entsprechendem Gegenwert«[35], wird Stalin sich nicht ohne Bitterkeit daran erinnert haben, daß der Aufnahmebeitrag Rußlands sehr viel größer war als »nur« fünf Millionen Gefallene. Er widersetzte sich hartnäckig jedem Vorschlag, der den kleinen Staaten die Möglichkeit geben würde, im kommenden Völkerbund ihr Wort gegen die großen Siegermächte in die Waagschale zu werfen. Offenbar fürchtete er, die Großmächte könnten eines Tages die Kleinstaaten gegen Rußland mobilisieren. Gelegentlich verlangte er, daß die Vereinten Nationen eigene Streitkräfte erhielten, vor allem eine internationale Luftwaffe mit Stützpunkten in verschiedenen kleinen Ländern.[36] Dieser Vorschlag, der übrigens von den Vereinigten Staaten abgelehnt wurde, scheint dafür zu sprechen, daß Stalin damals tatsächlich an die Verbundenheit der »Großen Drei« glaubte. Als er aber meinte fürchten zu müssen, Rußland könne in den Vereinten Nationen überstimmt werden, forderte er, daß Weißrußland und die Ukraine als Mitglieder mit eigener Stimme in die Organisation der Vereinten Nationen aufgenommen würden. Dieser Forderung zuliebe veranlaßte er im Februar 1944 eine Revision der Sowjetverfassung, durch die er, wenigstens formell, den wichtigsten Grundsatz der Verfassung, die er selber im Jahr 1936 geschaffen hatte, preisgab. Er ersetzte die Union der Sowjetrepubliken durch eine Art Staatenbund, in dem jeder Mitgliedstaat sein eigenes Außenministerium und seine eigene Armee besitzen kann.[37]

Man wird sich über den Unterschied zwischen diesen ernsten Problemen und schweren Gegensätzen und der Kleinlichkeit und Ärmlichkeit der Mittel, mit denen hier gefeilscht wurde, Gedanken machen. Regierungschefs, Außenminister und Botschafter stritten monatelang über den selbständigen Sitz der Ukraine und Weißrußlands, als ob das Schicksal des Friedens von dieser Frage abhinge. In Jalta erreichte Stalin zwar, was er wollte; aber sogar von seinem eigenen Standpunkt aus war es nicht mehr als die Erfüllung einer Laune, denn als Gegenleistung erklärte er sich damit einverstanden, daß auch die Vereinigten Staaten drei Stimmen erhalten sollten. Sie machten freilich von diesem Recht keinen Gebrauch. Angesichts dieser Erörterungen über die Rolle der kleinen Nationen in der kommenden Friedensordnung muß man es als einen schlechten Scherz bezeichnen, daß die »Großen Drei« in Jalta einen Aufruf an die Neutralen der Welt richteten, Deutschland spätestens bis zum 1. März 1945 den Krieg zu erklären, wenn sie zu der Gründungskonferenz der Vereinten Nationen in San Francisco zugelassen werden wollten. Damals war der Krieg bereits so gut wie gewonnen. Nach dem 1. März würden an der Kasse keine Eintrittskarten mehr abgegeben.

Die verworrene und geradezu aufregende Geschichte der Verhandlungen und Vereinbarungen, der Streitigkeiten und der Gerüchte, die Jalta und Potsdam bestimmten, kann hier nicht im einzelnen, nicht einmal in den gröbsten Zügen, dargestellt werden. Die vielgerühmte Solidarität der »Großen Drei« reichte nur so weit, daß sie ausschließlich dann einen Entschluß fassen und eine Aktion gemeinsam durchführen konnten, wenn es sich um eine größere und dringende Frage militärischer Art handelte. Sobald sie sich aber von dieser Linie entfernten, wurde es für sie immer schwerer, eine gemeinsame Basis zu finden. In Jalta entstanden Pläne für den weiteren Vormarsch der Armeen. Zonen wurden abgeteilt, nach denen Deutschland militärisch besetzt werden sollte. Aber niemand machte einen Versuch, sich die Folgen der Aufteilung Deutschlands in vier Besatzungszonen vorzustellen; die verfassungsmäßigen und wirtschaftlichen Seiten des Problems wurden nur leise gestreift. Die Solidarität der »Großen Drei« beruhte von nun an immer weniger auf gemeinsamen militärischen Interessen in Europa, dafür immer mehr auf der Partnerschaft, die sie für den Krieg gegen Japan herauszubilden bemüht waren. Bereits im Jahr 1943 hatte Stalin versprochen, sich am Krieg gegen die Japaner zu beteiligen. In Jalta verpflichtete er sich, drei Monate nach Beendigung der Feindseligkeiten in Europa Japan anzugreifen. Weder Roosevelt noch Churchill vertrauten damals auf die Versuche mit der Atombombe, die übrigens vor den Russen sorgfältig geheimgehalten wurden. Sie waren auch keineswegs sicher, ob sie Japan ohne russische Hilfe in die Knie zwingen konnten. Deshalb machten sie Stalin nicht nur in Asien, sondern auch in Europa Zugeständnisse, zu denen sie sich unter anderen Verhältnissen schwerlich bereitgefunden hätten.

Worin bestand nun das Interesse Stalins an dem Krieg im Pazifik? Nach dem Bündnisvertrag mit England und dem Abkommen mit den Vereinigten Staaten bestand für Rußland keine Verpflichtung, den Alliierten in Asien zu helfen. Beim russischen Volk war der Krieg gegen Japan alles andere als populär. In den

Augen der Russen war Japan zwar der Verbündete Deutschlands, aber nicht der Feind Rußlands. Man war des Krieges so müde, daß man nicht noch einen weiteren beginnen wollte. Wenn Stalin sich trotzdem in dieses neue Abenteuer einließ, so tat er es, weil er davon überzeugt war, daß das Risiko außerordentlich gering war. Während Roosevelt und Churchill sich einbildeten, sie hätten unter schweren Opfern noch einen langen Krieg im Fernen Osten zu führen, sah Stalin für seine Truppen einen Feldzug von höchstens drei Monaten voraus.[38] Er spielte um einen festen Einsatz. Er forderte, daß Rußland alles das wieder erhalte, was es im Fernen Osten seit dem Frieden von Portsmouth im Jahr 1905, also seit dem Ende des russisch-japanischen Krieges, eingebüßt hatte. In Jalta schloß er ein streng geheimes Abkommen mit Roosevelt, nach dem Rußland nicht nur die ostchinesische Eisenbahn zurückerhalten sollte, die es vor zehn Jahren an die Japaner verkauft hatte, sondern auch die Südhälfte der Insel Sachalin, die Kurilischen Inseln und sogar Port Arthur.[39] Seinem Volk und der Welt stellte Stalin diesen Krieg als die Revanche Rußlands für den Sieg Japans im Jahr 1904/05 dar. In seiner Proklamation aus Anlaß der Kapitulation Japans sagte er: »Die Niederlage der russischen Truppen im Jahre 1904 hinterließ im Herzen des russischen Volkes bittere Erinnerungen. Sie lag wie ein schwarzer Fleck auf unserem Lande. Unser Volk hoffte und glaubte, daß einmal der Tag kommen werde, an dem Japan geschlagen und damit dieser Flecken ausgetilgt werde. Vierzig Jahre lang haben wir, die Männer der älteren Generation, auf diesen Tag gewartet.«[40] Diese Worte Stalins hatten natürlich mit der historischen Wahrheit nicht das geringste zu tun, denn die Männer der älteren Generation, gleichgültig ob Bolschewisten, Menschewisten, ja sogar Liberale, hatten die Niederlage des Zarentums im Jahr 1904 von ganzem Herzen begrüßt. »Ja, die europäische Bourgeoisie hat allen Grund, erschrocken zu sein. Das Proletariat hat allen Grund, sich zu freuen«, mit diesen Sätzen hatte Lenin den Fall von Port Arthur kommentiert. »Die Katastrophe unseres ärgsten Feindes bedeutet nicht nur das Herannahen der russischen Freiheit. Sie kündigt auch einen neuen revolutionären Aufschwung des europäischen Proletariats an.«[41] Damals hatte Stalin selber in diesem Sinn zu den Arbeitern von Tiflis gesprochen, wenn auch der Wortlaut seiner Proklamation »Arbeiter des Kaukasus, es ist Zeit, Rache zu nehmen!«, nicht ganz so eindeutig war.[42] Seine neue Art der Geschichtsbetrachtung, sein neu entdeckter Schmerz über die Erniedrigungen Rußlands in der Vergangenheit paßten trotz allem ausgezeichnet zum Traditionalismus, der ihm als augenblicklicher Rahmen für seine Außenpolitik diente. So erschien er an der Küste des Pazifiks als der Sammler alten russischen Besitzes, als Erbe alter zaristischer Rechte. Es war die gleiche Rolle, in der er an den Küsten der Ostsee aufgetreten war. Mit solchen Motiven begründete er gegenüber Roosevelt und Churchill seinen Anspruch. Alle revolutionären Bestrebungen in Asien wurden ausdrücklich in Abrede gestellt. Er fand sich damit ab, daß die Vereinigten Staaten Japan unter ihre ausschließliche Kontrolle nahmen. In Potsdam ging er sogar noch weiter. Er desavouierte die chinesischen Kommunisten, die damals in Opposition zu Tschiangkaischek standen, und erklärte, daß die Kuomintang die einzige politische Macht sei, die fähig wäre, China zu regieren.[43]

In Stalins Europa- und Asienpolitik begegnen wir immer und überall dem merkwürdigen Neben- und Gegeneinander von traditionalistischen und revolutionären Tendenzen, durch das er seine Verbündeten und seine Feinde gleichermaßen in Erstaunen setzte. Wer war dieser Stalin denn in Wirklichkeit? War er der Architekt einer imperialen Restauration, der gelegentlich revolutionäre Tendenzen zu seinem Vorteil ausnützte, oder war er der Vorkämpfer der kommunistischen Weltrevolution, der sein wirkliches Ziel hinter all dem Hokuspokus der russischen imperialen Tradition versteckte? Britische und amerikanische Staatsmänner dachten viel darüber nach, als sie in die geheimen Beweggründe Stalins einzudringen versuchten. Wenn man die Frage in dieser Weise stellt, so geht man von der Voraussetzung aus, daß bei Stalin nur einer dieser beiden Züge echt und aufrichtig sein konnte, infolgedessen also der andere Verstellung und Heuchelei sein mußte. Aber es ist durchaus möglich, daß beide Züge echt sind. Vielleicht sogar so echt, daß es Stalin zu gewissen Zeiten selber schwergefallen wäre, sich nur mit der einen oder andern Tendenz zu identifizieren. Diese Doppelgesichtigkeit war übrigens sehr viel allgemeiner, als man annehmen möchte. Im Denken und Fühlen des russischen Volkes standen von jeher Tradition und Revolution nebeneinander. Und diese Doppelgesichtigkeit erschien viel zu oft und mit viel zu großer Regelmäßigkeit in jeder Phase von Stalins Tätigkeit, als daß man sie kurzerhand als raffinierte Tarnung oder als gut gespielte Rolle abtun könnte. Man wird allerdings zugeben müssen, daß Stalin unzweifelhaft zu gewissen Zeiten seine wahren Ziele tarnte, um Freund und Feind in die Irre zu führen.

Gegen Ende des Krieges war es völlig unmöglich, diese beiden Tendenzen seiner Politik zu entwirren. Der Traditionalismus stand oft so weit im Vordergrund, daß seine Ansprüche, seine Methoden, sogar seine Gesten und seine Launen lebhaft an Alexander I. am Ende der Napoleonischen Kriege erinnerten. Diese Ähnlichkeit war größtenteils echt; es muß darin aber auch eine Dosis bewußter Nachahmung gesteckt haben. Dies wurde besonders offenkundig, als man Stalin feierlich von dem Krieg als dem »Vaterländischen Krieg« sprechen hörte; unter diesem Begriff war das Epos des Jahres 1812 in die russische Geschichtsschreibung eingegangen. Alexander I. wollte nach der Niederwerfung der »Großen Armee« sein Reich auf Kosten der Verbündeten Rußlands und Englands vergrößern, das heißt auf Kosten Preußens und Österreichs, deren polnische Gebietsteile in einem Königreich Polen zusammengeschlossen werden sollten. Preußen sollte durch Sachsen schadlos gehalten werden. Man braucht hier nur Polen an Stelle von Preußen setzen, um die Politik Stalins zu verstehen. In den Berichten der britischen und amerikanischen Diplomaten über ihre Unterhaltungen mit Stalin kamen oft Sätze vor, die aus den Berichten Castlereaghs über seine Besprechungen mit Alexander I. stammen könnten. So schrieb zum Beispiel der britische Außenminister im Jahr 1815 folgendes:

»Der Kaiser unterstellte, daß es nur seine Lösung für die polnische Frage geben könne, denn er sei ja im Besitz von Polen. Ich bemerkte, dies sei unzweifelhaft richtig; Seine Majestät sei im Besitz Polens, und er möge davon ausgehen, daß niemand weniger als ich geneigt sein könne, ihm diesen Besitz in mißgünstiger Weise streitig zu machen. Aber ich sei überzeugt, daß Seine Majestät sich nicht damit zufriedengeben werde, seine Ansprüche auf eine militärische Eroberung zu gründen, die dem allgemeinen Gefühl Europas zuwiderlaufe.«

Genau wie Alexander wollte auch Stalin den russischen Einfluß auf dem Balkan ausdehnen. Beide wollten den Bosporus unter russische Kontrolle bringen. Die Spannung zwischen Rußland und den westlichen Alliierten war im Jahr 1815 genauso groß wie 1945. Stalin und Alexander ähnelten sich aber auch in der Art ihrer Geheimdiplomatie, in ihrer Taktik, in der Routine, ihre Gegner zu überraschen, im Wechsel zwischen Methoden der eisernen Faust und der versöhnlichen Hand, womit sie im Lager ihrer Verbündeten immer neue Verwirrung und Verlegenheit hervorriefen. Der Außenminister Alexanders I. scheute sich genauso vor eigenen Entscheidungen wie der Außenminister Stalins. Beide lauschten auf die Stimme ihres Herrn, und beide spannten die Geduld ihrer Verbündeten durch ihr ständiges, oft bizarres Ausweichen bis an die Grenze des Erträglichen. Die Klagen der britischen und amerikanischen Unterhändler über die Launenhaftigkeit Stalins fanden ihren besten Ausdruck in den Versen, die Byron über Alexander I. dichtete:

Bald löste er sich zu liberalem Tau,
Bald wird er kalt wie früher Morgenreif

Wie war er edel, als er Polen einen Landtag gab,
Als aber Polen eigenen Willen zeigte,
Wies er es rasch zur Ruhe.

Diese Vergleiche gelten für die großen Fragen genauso wie für die kleinen. Alexander, dem vor allem der Erhalt des russischen Prestiges am Herzen lag, wollte sich in Paris als der große Sieger feiern lassen. Ähnliche Motive bestimmten Stalin, als er Marschall Schukow befahl, eine besondere Zeremonie für die Kapitulation Deutschlands in dem von den Russen besetzten Berlin zu arrangieren, nachdem deutsche Bevollmächtigte bereits in Reims, im britisch-amerikanischen Hauptquartier, das Waffenstillstandsabkommen unterzeichnet hatten.

Ein merkwürdiger Vorfall, der sich auf der Potsdamer Konferenz ereignete, erweckte ähnliche Erinnerungen. Als Stalin in

Potsdam eintraf, gab er der Überzeugung Ausdruck, daß Hitler noch am Leben sei und sich irgendwo im Ausland verborgen halte. Zum Erstaunen der Briten und Amerikaner wiederholte er diese Ansicht einige Tage später mit dem Unterton echter Überzeugung.[44] Es war, als ob ihm die Rückkehr Napoleons von Elba und die Geschichte der Hundert Tage in den Sinn gekommen wäre. Konnte nicht vielleicht auch Hitler ein solches Spiel versuchen? Da das Wiedererscheinen Napoleons das wirksamste und sicherste Mittel war, um auf dem Wiener Kongreß die bereits recht brüchig gewordene Einigkeit unter den Alliierten zu flicken, schien auch Stalin in Potsdam den Geist Hitlers nur zu beschwören, um etwas von jener Einigkeit der Alliierten zu retten, die immer nur von der Gefahr lebte, die sich mit diesem Namen verband.

Aber trotz all dieser Ähnlichkeiten wollte und konnte Stalin kein zweiter Alexander werden. Die Welt hatte sich verändert. Man kann solche Rollen nicht schematisch kopieren. Auch Alexanders Armee war die stärkste auf dem Kontinent, aber sie marschierte nicht in ein so ungeordnetes, zerrissenes und elendes Europa hinein; sie fand nicht wie Stalins Heere ein Vakuum vor. Auf dem Wiener Kongreß hatte der Zar mit einer Opposition zu rechnen, die nicht allein von den Briten ausging. Österreich, Preußen und die Hohe Pforte hatten alle bei der Regelung von Fragen mitzureden, die Zentral-, Ost- und Südosteuropa betrafen. Selbst die Stimme des besiegten Frankreich hatte in dem Rat der Völker bereits wieder großes Gewicht. Im Jahr 1945 war Deutschland militärisch geschlagen und politisch zu Staub zermahlen. Alle übrigen europäischen Festlandstaaten, Sieger oder Besiegte, hatten kaum mehr die Kraft zu atmen. Dank dieses Gegensatzes zwischen dem jetzt entstandenen Vakuum in Europa und der neu auf die Bühne tretenden Großmacht Rußland stand auch die Gestalt Stalins unvergleichlich viel größer am Horizont Europas als die Figur Alexanders. Sie erschien den einen als gewaltige Gefahr, den andern als eine noch größere Hoffnung.

Jetzt dehnte sich der politische Horizont weit über Europa hinaus. Die Welt sah mit Staunen die Polarisation der Macht bei Amerikanern und Russen. Nach abstrakten statistischen Angaben war die Wirtschaftsmacht Rußlands sehr viel geringer als die der Vereinigten Staaten. Weil aber Rußland dem mitteleuropäischen Kriegsschauplatz räumlich sehr viel näher lag, war auch sein Druck sehr viel stärker, als man nach Maßgabe seiner Wirtschaftsmacht zunächst vermutet hätte. Wahrscheinlich nahm Stalin am Ende des Krieges an, daß sich die Amerikaner mehr oder weniger rasch aus Europa zurückziehen würden und daß damit der Kontinent ganz von selber unter die Vorherrschaft Rußlands geraten werde. Aber verlassen konnte er sich darauf nicht, denn Rußland hatte trotz eines nie geahnten Machtzuwachses fürchterliche Verluste in Rechnung zu stellen, die es während des Krieges erlitten hatte. Das war unzweifelhaft ein Schwächefaktor, der ganz von selber der Ausdehnung des russischen Einflusses Grenzen setzte.

Zu all diesen Unterschieden zwischen den Verhältnissen in den Jahren 1815 und 1945 muß nun das revolutionäre Element in Stalins Politik hinzugefügt werden. Erst nach dem Krieg konnte der Bolschewist in Stalin wieder so lebendig werden, daß alle Ähnlichkeiten mit Alexander I. sich verflüchtigten. Zu spüren war der Bolschewist allerdings schon früher, besonders in Jalta und in Potsdam. In den letzten Monaten des Krieges konkretisierte sich der Plan einer Revolution, die in allen Staaten innerhalb des russischen Einflußbereichs durchgeführt werden sollte.

In diesen Ländern wurden der Form nach Koalitionsregierungen mit mehreren Parteien eingesetzt, an denen Kommunisten, Sozialdemokraten, Bauern, Klerikale und sogar halbfaschistische Gruppen teilnahmen. Aber in allen diesen Regierungen hatten die Kommunisten die beiden wichtigsten Ressorts, die Polizei und die Armee. Von diesen Schlüsselstellungen aus brachten sie zunächst das ganze Land und dann ihre Partner in der Regierungskoalition unter ihre Kontrolle, denen man schließlich die Wahl ließ, entweder mit den Kommunisten bei der Durchführung der Revolution zusammenzuarbeiten oder aus der Koalition auszuscheiden. Die Durchführung dieses Planes war für die Kommunisten dadurch erleichtert, daß alle diese Regierungen sich in Waffenstillstandsabkommen oder in besonderen Verträgen verpflichtet hatten, ihre Staatsverwaltung und alle politischen Einrichtungen von Personen zu säubern, die gegen Rußland gearbeitet hatten, also von Nazis, Faschisten, Militaristen und dergleichen. Sie hatten außerdem die Sicherheit der durch ihr Gebiet laufenden rückwärtigen Verbindungen der Roten Armee zu verbürgen. Diese Vereinbarungen, die die volle Zustimmung der Westmächte gefunden hatten, gaben Stalin die Möglichkeit, ohne flagrante Verletzung interalliierter Abkommen einen Prozeß einzuleiten und durchzuführen, in dessen Verlauf in ganz Osteuropa die alten herrschenden Klassen in eine hoffnungslose Situation gestürzt wurden. Sie verloren ihre politische Organisation und wurden vollkommen entmachtet. Diese Klassen waren unzweifelhaft im Kern antidemokratisch orientiert gewesen, sie hatten sich mit den Deutschen kompromittiert und während des Krieges eine antirussische Haltung eingenommen. Die Beseitigung dieser alten herrschenden Klassen bereitete die Bahn für den Aufstieg der kommunistischen Parteien. Den politischen Gruppen, die zwischen beiden Extremen standen und die sich vielleicht noch für eine parlamentarische Regierung hätten einsetzen können, fehlte jeder Rückhalt beim Volk, sie waren zahlenmäßig schwach und hatten keine breitgefächerte Wirkung. Als die Zahl ihrer Anhänger zu wachsen begann — wobei ihnen neue Mitglieder aus den Reihen der bisher herrschenden Gruppen und Parteien zuliefen — mußten sie sich natürlich sofort einer gründlichen Säuberungsaktion unterwerfen. Es ist nicht möglich, festzustellen, wie weit sich Stalin und die örtlichen Kommunisten an die Bestimmungen hielten, die von den westlichen Alliierten gebilligt worden waren, und wo sie diese Vereinbarungen nur als Vorwand benützten, um solche Parteien und Gruppen zu beseitigen, an deren rascher und gründlicher Unterdrückung ihnen gelegen sein mußte. In der Praxis taten sie beides.

Durch eine Reihe von Säuberungsaktionen, die sich bis zum Ende der vierziger Jahre fortsetzten, wurde überall in Osteuropa die Monopolstellung der kommunistischen Parteien untermauert, ohne daß die sowjetische Regierung dabei direkt einzugreifen brauchte. Nur dort, wo wirkliche Hindernisse auftauchten — also vor allem in den ersten Phasen dieser Entwicklung — ließ Stalin die sowjetische Intervention direkt, und dabei auch äußerst wirksam spielen. Als zum Beispiel König Michael von Rumänien sich im Frühjahr 1945 weigerte, seinen Günstling, General Radescu, seines Amtes als Ministerpräsident zu entheben, erschien der spätere sowjetische Außenminister Wyschinski am Hof von Bukarest und befahl dem König, binnen zwei Stunden eine neue Regierung zu bilden. Er brauchte nur damit zu drohen, daß die sowjetische Regierung eine Ablehnung dieses Ansinnens als einen Bruch des Waffenstillstandes ansehen würde, und Groza, ein prokommunistischer Politiker, trat an die Stelle von Radescu. Stalin tat das Nötige, um die Stellung des neuen Ministerpräsidenten zu stärken, indem er ankündigte, daß Siebenbürgen, das Hitler den Ungarn zugesprochen hatte, wieder an Rumänien zurückgegeben werde. Nachdem sich die sowjetische Regierung so in die inneren Vorgänge Rumäniens eingeschaltet hatte, konnte es der rumänischen kommunistischen Partei überlassen werden, die weitere Umformung der Regierung in ihrem Sinn durchzuführen.

So wurde die Welt Zeuge von sozialen Umwälzungen, die sich mit keiner früheren Revolution vergleichen lassen. Am Anfang der russischen Revolution war das Wort. Sie begann mit einer gewaltigen, von unten kommenden volkstümlichen Bewegung. Um sich selber zu schützen, schuf sich die Revolution im zweiten Akt des Dramas den Apparat einer politischen Polizei und stattete diese Polizei mit außerordentlichen Vollmachten aus. Später geriet der neue proletarische Staat in die Abhängigkeit von den Geistern, die er gerufen hatte. Er verwandelte sich in einen Polizeistaat. Die Revolution, die Stalin jetzt in einem halben Dutzend osteuropäischer Staaten durchführte, verlief genau umgekehrt. Ausgangspunkt und erste Grundlage der Revolution war hier immer die Polizei. Von der kommunistischen Partei übernommen oder neu aufgebaut, wurde sie geradezu zum Schöpfer der Revolution. Natürlich erschienen auch die Massen, das sogenannte Volk, auf der Schaubühne dieses Theaters und sagten dort ihre Rollen her. Aber man wußte niemals, was sie wirklich dachten und fühlten, ob sie aus eigenem Antrieb handelten oder ob sie trainiert und für eine Rolle gedrillt waren, die ihnen von dem Schöpfer dieser Revolution, der Polizei, aus dem Souffleurkasten vorgesagt wurde.

Diese Revolution hütete sich, ihre Grundsätze und Ziele von Anfang an zu proklamieren. Ihr Verlauf war eine Reihe von Manövern, Kriegslisten und Tricks, die schließlich im Endeffekt eine revolutionäre Wirkung hatten, die aber an sich kleinlich und bösartig waren. Von diesen Tricks war keiner so schlimm wie die Verfälschung des Volkswillens. Es dauerte nicht lange, bis jeweils 99 Prozent der Wähler für die Regierung stimmen mußten. In Rußland hatten die Bolschewisten ihre eigene Herrschaft zunächst als eine Diktatur des Proletariats definiert. Den Mitgliedern der früher herrschenden und besitzenden Klassen hatte man das aktive Wahlrecht abgesprochen. Man hatte ein Wahlgesetz eingeführt, dessen erklärter Zweck es war, das Übergewicht der Industriearbeiterschaft über die bäuerliche Bevölkerung, die zahlenmäßig die Mehrheit bildete, zu sichern. Aber innerhalb dieser eng gezogenen Grenzen war die Wahl eine echte Wahl. Freunde und Feinde der bolschewistischen Revolution wußten, wo sie standen; und selbst ihre Feinde mußten wenigstens anerkennen, daß die Revolution mit unverhüllter Deutlichkeit ihren Klassencharakter zu erkennen gab. Die Nachfahren der bolschewistischen Revolution in Osteuropa erhoben den Anspruch auf eine sehr viel größere demokratische Ehrbarkeit. Sie wehrten sich nachdrücklich gegen die Unterstellung, daß bei ihnen diktatorisch regiert werde, und verwiesen mit überlegenem Selbstvertrauen und Befriedigung auf die überwältigenden Mehrheiten, die sie bei einer allgemeinen und geheimen Wahl erzielt hatten. Sogar ihre Freunde waren durch dieses Maß an Heuchelei, die solche Ansprüche begründen sollte, beschämt und beunruhigt.

Indem Stalin diese Art von Revolution unterstützte und förderte, erwies er, um Macaulays Verdammungsurteil über einen englischen Staatsmann zu paraphrasieren, den Völkern Osteuropas einen Dienst »von dem man nicht weiß, ob seine moralische Schlechtigkeit oder seine praktische Nützlichkeit größer ist«. Zwischen beiden Weltkriegen waren alle diese Völker in einer politischen Sackgasse festgefahren. Ihre Entwicklung war durch äußerste Armut und geistiges Dunkel bestimmt worden. Sie waren von vorsintflutlichen Cliquen beherrscht, die sich keinen Deut um die materielle und kulturelle Rückständigkeit ihrer Landsleute kümmerten, solange nur ihre eigene privilegierte Stellung unangetastet blieb. Dieser ganze Teil Europas stand nach dem Zweiten Weltkrieg und nach den Erfahrungen, die er mit dem Nazismus gemacht hatte, noch ärmer, noch elender und noch hilfloser da. Es kann sein, daß für diese Völker die einzige Möglichkeit, um aus dieser Sackgasse auszubrechen, eben in einem Gewaltstreich bestand, wie ihn Stalin für sie erdacht hatte. In Polen und in Ungarn erfüllte die von den Kommunisten durchgeführte Agrarreform den Traum vieler Generationen von Intellektuellen und Bauern. Vielleicht war sie in ihren Augen immer noch unvollkommen, aber es war eine Reform. In ganz Osteuropa verstaatlichten die Kommunisten die wichtigsten Industriezweige und verwirklichen mit allem Eifer Pläne für die Industrialisierung des Landes und für die Beseitigung der Arbeitslosigkeit, wie sie das private Unternehmertum dieser Länder, das immer schwach an Kapital, Einfällen und Unternehmungsgeist gewesen war, niemals hätte planen, geschweige denn ausführen können. Mit großem Eifer und ehrlichem Ehrgeiz machten sie sich an die schwierigen Erziehungsfragen, erfüllt vom Bestreben, das gutzumachen, was die bisherigen Herrscher seit Generationen in sträflicher Weise vernachlässigt hatten. Sie taten viel, um die Gegensätze zwischen den einzelnen Nationalitäten auszugleichen und die Zusammenarbeit zwischen den verschiedenen Volksteilen zu fördern. Mit einem Wort, sie erschlossen den Völkern Osteuropas neue Möglichkeiten der Reformen und des Fortschritts. Es war, als habe Rußland seinen Nachbarn etwas von seinem eigenen kühnen Unternehmungsgeist eingeimpft, der sie befähigte, neue Wege und Methoden der sozialen Zusammenarbeit und Organisation zu suchen. Dieser Feststellung darf man vielleicht noch hinzufügen, daß Stalin und seine Männer eine Umwälzung solchen Ausmaßes nicht ohne Terror und ohne eine Kette von Gewaltakten durchführen konnten, daß aber in keinem einzigen Land innerhalb der russischen Einflußsphäre ein wirklicher Bürgerkrieg ausbrach, etwa von der Art, wie er Griechenland verwüstete.

Man muß die Frage stellen, ob Stalin, als er die Einflußsphären aushandelte, bereits die Absicht hatte, die Länder den Kommunisten in die Hand zu spielen. Dachte er bereits in Teheran und Jalta an diese Revolution? War er sich wenigstens in Potsdam über solche Pläne klar? Seine Feinde und seine Lobredner bejahen diese Frage, denn beide vermuten hinter seinem Handeln einen klug ausgedachten, weitsichtig konzipierten Plan. Sieht man aber näher hin, so begegnet man merkwürdigen und auffallenden Widersprüchen, die eher gegen das Vorliegen eines solchen weitausholenden Planes sprechen. Sie legen uns vielmehr den unerwarteten Gedanken nahe, daß Stalin keinen solchen Plan hatte. Einige der auffallendsten Widersprüche sind wert, näher betrachtet zu werden. Wenn Stalin von Anfang an die Absicht hatte, in Warschau eine kommunistische Regierung ans Ruder zu bringen, läßt sich unmöglich verstehen, weshalb er sich so beharrlich weigerte, dem polnischen Standpunkt in der Frage der polnischen Ostgrenzen auch nur das geringste Zugeständnis zu machen. In diesem Fall hätte es doch für ihn gänzlich gleichgültig sein müssen, ob Lemberg, das eine halb polnische, halb ukrainische Stadt ist, von einer kommunistischen Regierung in Kiew oder in Warschau verwaltet würde. Hätte ein solches Zugeständnis nicht die Stellung der Linksparteien in Polen gewaltig gestützt? Nicht anders ist die Situation hinsichtlich Ostdeutschlands.

Hätte Stalin dort von Anfang an die kommunistische Revolution geplant, so hätte er keinerlei Veranlassung gehabt, die deutschen Provinzen östlich der Oder-Neiße-Linie, an deren Erwerb die Polen nicht in ihren kühnsten Träumen zu denken gewagt hatten, zu Polen zu schlagen. Weshalb bestand er auf der Ausweisung der deutschen Bevölkerung aus diesen Gebieten, ein Akt, durch den er das deutsche Volk nicht nur gegenüber den Polen, sondern auch gegenüber Rußland und dem Kommunismus maßlos erbittern mußte? Seine Reparationsansprüche gegen Deutschland, Österreich, Ungarn, Rumänien, Bulgarien und Finnland sind an sich wohl verständlich, wenn man sich an die Verwüstung der Ukraine und anderer Sowjetgebiete erinnert, aber sie mußten dennoch die Stellung der kommunistischen Parteien dieser Länder erheblich belasten. Dieser Gesichtspunkt gilt noch viel mehr für Stalins Forderung nach Liquidierung der deutschen Schwerindustrie. Bereits in Teheran, wenn nicht schon früher, hatte er diese Forderung gestellt, und in Jalta machte er beharrlich den konkreten Vorschlag, 80 Prozent der deutschen Industrie binnen zweier Jahre nach Beendigung der

Feindseligkeiten zu demontieren.[45] Und in Potsdam schraubte er seine Forderungen keineswegs herunter. Er mußte sich doch darüber klar sein, daß dieser Plan, ganz abgesehen davon, daß er undurchführbar und grausam war, die notwendige Folge haben mußte, daß die deutsche Arbeiterklasse in alle vier Winde zerstreut wurde. Sie aber war die einzige Schicht, an die sich der Kommunismus in Deutschland hätte wenden können und die auch bereit gewesen wäre, seinem Ruf zu folgen. In diesen Maßnahmen und Vorschlägen kann nicht einmal die kühnste Phantasie den ersten Schritt und das Sprungbrett einer Revolution sehen. Im Gegenteil! Durch jede dieser Maßnahmen legte Stalin der Revolution die größten Hindernisse in den Weg. All das scheint eher dafür zu sprechen, daß noch bei Kriegsende seine Absichten zumindest widerspruchsvoll waren.

Mikolajczyk weiß über eine merkwürdige Unterhaltung mit Stalin aus dem August 1944 zu berichten. Der polnische Politiker versuchte mit der ihm eigenen Bauernschläue, Stalin zu einer Äußerung über seine Pläne bezüglich Deutschlands zu veranlassen. Er erzählte ihm, daß die deutschen Kriegsgefangenen, die von Polen eingebracht wurden, immer wieder der Hoffnung Ausdruck gaben, daß sich Deutschland nach dem Krieg dem Kommunismus in die Arme werfen werde, um dann als einer der wichtigsten kommunistischen Staaten die Welt weiter beherrschen zu können. Stalin soll darauf nach Mikolajczyks Darstellung empört ausgerufen haben: »Der Kommunismus paßt für die Deutschen wie der Sattel für die Kuh.« Diese verächtliche Bemerkung gab sicherlich die Stimmung, in der er sich damals befand, richtig wieder. Sie stand so vollkommen im Einklang mit seiner ganzen Deutschlandpolitik, sie war so spontan, so ungezwungen, so ganz in der Linie des Mißtrauens, das er, wie wir wissen, schon immer dem westlichen Kommunismus entgegengebracht hatte, sie paßte so vorzüglich zu allem, was er in jenen Tagen gesagt und getan hatte, daß sie unmöglich nur ein taktischer Bluff gegenüber dem Polen gewesen sein konnte.

In seiner Haltung Deutschland gegenüber kam tatsächlich der Konflikt zwischen dem Nationalisten und dem Revolutionär in Stalin am schärfsten zum Ausdruck. Hier wirkte sich das antirevolutionäre Element am längsten aus. Kurz vor Jalta sagte er:

»Es wäre naiv anzunehmen, daß Deutschland auf den Versuch verzichten wird, seine Macht wieder neu zu begründen, um dann einen Revanchekrieg zu führen. (...) Die Geschichte lehrt uns, daß eine kurze Zeit — sagen wir zwanzig oder dreißig Jahre — genügen, um Deutschland die Möglichkeit zu geben, sich von seiner Niederlage zu erholen und seine Machtstellung neu aufzubauen.«[46] In Teheran hatte er mit dem gleichen Argument operiert, nur daß er damals mit einem noch rascheren Wiederaufstieg Deutschlands rechnete.[47] Er wiederholte diese These fast allen ausländischen Besuchern gegenüber, die er im Kreml empfing. Er war geradezu besessen von dem Gedanken einer deutschen Revanche. Wenn er davon sprach, wie notwendig es sei, daß die Alliierten auch nach dem Krieg einig bleiben müssen, dann wies er regelmäßig auf die deutsche Gefahr hin. Mit diesem Argument operierte er auch, als er den Vorschlag machte, die deutsche Industrie zu zerschlagen, die Grenzen Deutschlands neu zu ziehen, Österreich von Deutschland loszulösen und eine prorussische Regierung in Polen einzusetzen, denn »Polen ist der Korridor, durch den die Deutschen nach Rußland marschieren«. In seiner Sorge um die Sicherheit Rußlands Deutschland gegenüber benutzte er eine Sprache, die einst Foch, Clemenceau und Poincaré nach dem Ersten Weltkrieg geführt hatten. Das war die typische Sprache des Konservativen, der die Probleme der Vergangenheit in die Zukunft projiziert und der sich diese Zukunft nur in den Kategorien des Wettbewerbs, des Kampfes und des Krieges zwischen den Völkern vorstellen kann. In seinem Mund war die Warnung vor einer deutschen Revanche »in zwanzig oder dreißig Jahren« gleichbedeutend mit der festen Annahme, daß Deutschland in »zwanzig oder dreißig Jahren« immer noch eine kapitalistische und imperialistische Nation sein werde, denn »der Kommunismus paßt für die Deutschen wie der Sattel für die Kuh«. Hätte er mit der geringsten Möglichkeit einer kommunistischen Revolution in Deutschland gerechnet, so hätte er sich sicherlich nicht zum Fürsprecher eines so harten Friedensdiktats für Deutschland gemacht.

    Hier sprach er im Namen ganz Rußlands. Es ist keine Übertreibung, wenn man sagt, daß das ganze russische Volk hoffte, der Tag des Sieges werde auch der Tag des Gerichts über

Deutschland sein, wobei die Opfer Deutschlands auf dem Richterstuhl sitzen würden. Der Glaube an eine internationale Solidarität und dergleichen Sentimentalitäten waren in Rußland durch die Welle des Nationalismus weggefegt worden; sie sollten jedenfalls dem Feind gegenüber nicht zur Geltung kommen, denn die deutsche Arbeiterklasse hatte nichts getan, um die Aggressionen Hitlers zu verhindern, seine Kriegsmaßnahmen zu sabotieren oder sich gar gegen ihn zu erheben. Es ist richtig, daß dieses nationalistische Gefühl in Rußland durch die offizielle Propaganda mächtig hochgetrieben wurde, nicht zuletzt auch durch Stalins grimmigen und unerbittlichen Satz »Tod den deutschen Eindringlingen«, den er Tag für Tag wiederholt hatte. Ohne solche Nachhilfen hätte sich das nationale Gefühl in Rußland vielleicht nicht ganz zu jener wilden Wut entwickelt, in die es schließlich ausartete. Aber Ursache und Wirkung sind hier sehr schwer auseinanderzuhalten. Auch wenn es keine nationalistische Propaganda in Rußland gegeben hätte, hätten doch die deutschen Greuel, die systematische Abschlachtung von Frauen und Kindern, die Sklavenarbeit und die kaltblütige Verwüstung russischer Städte und Dörfer lauter gesprochen als irgendeine Propaganda. Die russischen Soldaten, die von Stalingrad bis Berlin marschierten, sahen all das täglich mit eigenen Augen, sie marschierten durch ein Land, das die Deutschen zur Einöde gemacht hatten. Als Sieger ließen sie ihre Wut an den Besiegten aus. Sie hielten es für ganz selbstverständlich, daß die Sowjetregierung Rußland mit Hilfe der deutschen Industrie und Arbeit wiederaufbauen und alle Möglichkeiten für einen neuen, von Deutschland ausgehenden Krieg radikal zerstören werde. Als sie schließlich die rote Fahne über den Ruinen des deutschen Reichstags hißten, geschah dies als Symbol des Sieges des revolutionären Rußland über Deutschland und nicht als Triumph der Revolution in Deutschland.

Der aus Furcht geborene Haß Rußlands gegenüber Deutschland wurde freilich zu einer großen politischen Belastung, als der Krieg sich seinem Ende zuneigte. In Deutschland rief er eine panische Furcht hervor und verlängerte den deutschen Widerstand. Hitlers Truppen kämpften deshalb an der Ostfront viel hartnäckiger als im Westen. Dies wurde Stalin schlagend bewiesen, als im März 1945 der Generalfeldmarschall Kesselring, der deutsche Oberbefehlshaber in Italien, mit seiner ganzen Armee vor den Engländern und Amerikanern die Waffen streckte. Stalin war beunruhigt, als er von den Verhandlungen der Briten und Amerikaner mit Kesselring erfuhr. Das war nochmals ein verspäteter Reflex seiner alten Furcht vor einem Separatfrieden zwischen den Westmächten und Deutschland.[48] Bald darauf, im April, ließ er von den nationalistischen Phrasen ab und befahl seinen Propagandisten, seine halbvergessene Formel wieder auszugraben, in der er gesagt hatte: »Die Hitlers kommen und gehen, aber das deutsche Volk und der deutsche Staat bleiben.«[49] Sein Versuch, die Furcht der Deutschen vor den Russen zu besänftigen, kam jedoch zu spät. In den letzten Kriegstagen flohen Massen deutscher Soldaten, von Schuldgefühl und Angst getrieben, zu den Amerikanern und Engländern, nur um der russischen Gefangenschaft zu entgehen, während deutsche Beauftragte sich bei den westlichen Alliierten, nicht bei den Russen, um einen Waffenstillstand bemühten. Diese Manöver erregten das schärfste Mißtrauen Stalins. Er verfolgte sie mit der größten Aufmerksamkeit. Als er schließlich seinem Volk die Kapitulation Deutschlands mitteilen konnte, konnte er seine Überraschung und Beruhigung, daß die Wehrmacht auch vor den Russen kapituliert hatte, kaum verbergen.[50] In den letzten Kriegswochen zeigte es sich, wie abgrundtief die Kluft zwischen Deutschland und Rußland geworden war. Hitler und Stalin hatten diese Kluft gemeinsam gegraben, jeder in seiner Art (der eine hatte mehr, der andere weniger dazu beigetragen), und diese Kluft war nun so tief geworden, daß sie wohl für lange Jahre weder mit den Mitteln der üblichen Diplomatie noch durch eine revolutionäre Politik überbrückt werden konnte.

Aus all dem ersehen wir, daß Stalins Kriegs- und Nachkriegspolitik kaum der Ausdruck eines wohlbedachten Plans, sondern die Folge widersprechender Einflüsse war, die sich im inneren und äußeren Bereich der sowjetischen Politik geltend machten. Wie sooft in der Vergangenheit, waren auch jetzt die Verhältnisse stärker als Stalin. Wir haben einige der innenpolitischen Einflüsse am Werk gesehen. Was die außenpolitischen Einwirkungen betrifft, so erkennt man diese leicht an der langen Reihe von Konflikten und Verhandlungen unter den Alliierten, die die Monate zwischen Jalta und Potsdam ausfüllten, und nicht zuletzt an den scharfen Debatten in Potsdam selber. Die westlichen Alliierten ließen sich durch die Abkommen über die Schaffung von Einflußsphären und durch das Schweigen Stalins angesichts des griechischen Bürgerkriegs nicht abhalten, gegen die sowjetische Einmischung in Rumänien und gegen die Entwicklung in Polen und Jugoslawien zu protestieren. Auch die Meinungsverschiedenheiten über die Organisation der Vereinten Nationen, die bereits die Konferenz in Jalta beschäftigt hatten, kamen sofort wieder hoch. Stalin gab seinem Mißvergnügen dadurch Ausdruck, daß er Roosevelts Einladung, Molotow zu der Gründungsversammlung der Vereinten Nationen nach San Francisco zu entsenden, ablehnte. (Erst nach Roosevelts Tod, am 12. April 1945, erklärte sich Stalin damit einverstanden, daß Molotow durch seine Teilnahme an der Konferenz in San Francisco den Glanz dieser Versammlung erhöhe. Das war als eine freundliche Geste gegenüber dem neuen amerikanischen Präsidenten gedacht.) Damals hatte Stalin unverkennbar den Eindruck, daß seine Verbündeten ihn wieder aus den Stellungen hinauszumanövrieren versuchten, die sie Stalin vorher überlassen hatten. Er schien ehrlich enttäuscht und verbittert, als er Harry L. Hopkins bei dessen letztem Besuch in Moskau sagte: »Zwar sind die Russen ein einfaches Volk (...), aber der Westen hat schon oft den Fehler begangen, sie für Narren zu halten.«[51]

Das Kondominium der »Großen Drei« geriet ins Wanken, ehe es noch feste Formen angenommen hatte. Man wird wahrscheinlich nie mit Sicherheit feststellen können, wer von den Alliierten den ersten Schritt zur Preisgabe dieses Gedankens tat. In diesem Labyrinth widersprechender Berichte und gegenseitiger Anschuldigungen wird sich kaum derjenige ermitteln lassen, der »sein Wort zuerst brach«. Die Bindungen der Alliierten untereinander waren so unbestimmt und enthielten so viele Hintertürchen, daß jeder Teil unter Berufung auf den Wortlaut der Abmachungen sein Verhalten ohne Schwierigkeiten rechtfertigen konnte. Das Wesentliche ist, daß die grundsätzlichen und tiefliegenden Differenzen zwischen den Alliierten zwangsläufig die eine oder die andere Seite oder auch beide dazu führen mußten, die Position zu verlassen, auf der man sich zu gemeinsamem Handeln verpflichtet hatte. Es war eine »Zweckehe« gewesen, bei der jeder der beiden Partner von Anfang an mit dem Gedanken einer baldigen Scheidung spielte, und vom Beginn dieser Ehe an hatte jeder nur daran gedacht, die Scheidung in einem Augenblick und unter Verhältnissen durchzuführen, bei denen er selbst den größtmöglichen Vorteil und den geringsten Nachteil davon gehabt hätte.

Die Vereinbarung über die Einflußsphären, die in gewisser Hinsicht den Partnern recht verlockend erscheinen mochte, war im Grunde so widernatürlich, daß sie Gewissensbisse und Hintergedanken nach sich ziehen mußte. Es war für die Führer des liberalen Kapitalismus ganz unbegreiflich, daß sie den Sowjets so viel Terrain abtreten sollten. Und wenn Churchill und Roosevelt persönlich ihre Bedenken zurückgestellt hatten, so konnten sie sich dennoch nicht über mächtige und einflußreiche Strömungen in der öffentlichen Meinung ihrer Länder hinwegsetzen, die gegenüber jedem politischen Geschäft mit Stalin skeptisch waren, sei es, daß die Konservativen der sozialen Revolution in Osteuropa feindselig gegenüberstanden, sei es, daß die Demokraten eine unüberwindliche Abneigung gegen den Polizeistaat hegten, mit dem sich die Revolution in Osteuropa identifiziert hat. Aber auch große Teile der öffentlichen Meinung in der Sowjetunion mußten diese politischen Geschäfte mit den Westmächten mißtrauisch betrachten, und diese Kreise taten sicher alles mögliche, um auf den verschiedensten Wegen ihre Meinung an den Mann zu bringen. Das beharrliche Schweigen der amtlichen Moskauer Presse über den griechischen Bürgerkrieg und die außerordentliche Zurückhaltung der französischen und italienischen Kommunisten wird manchen Bolschewisten verwundert haben. Aber das waren schließlich Vorgänge, die sich in einem weit abgelegenen Bereich abspielten. Was sich in der Nähe, das heißt in den von der Roten Armee besetzten Ländern zutrug, war sehr viel wirklichkeitsnäher. Es muß für die Besatzungstruppen, zumindest für die politisch geschulten Offiziere und Mannschaften, aber auch für die aktiven Parteimitglieder und Komsomolzen zu Hause ein unerträglicher Gedanke gewesen sein, die kapitalistische Ordnung in den Ländern weiterbestehen zu lassen, die allein durch die Rote Armee von den Nazis befreit worden waren. Und um welchen Preis! Sollten sie, die Kommunisten, die trotz aller traditionalistischen Strömungen der letzten Zeit mit dem Sozialismus und für den Sozialismus groß geworden waren, jetzt in den von ihnen besetzten Gebieten zu Hütern des Kapitalismus werden? Dieser Kapitalismus war es doch gewesen, der Europa in die Hände der Nazis hatte fallen lassen und der, wenn man ihn wieder zu Kräften kommen ließ, Europa zu keiner besseren Zukunft hinführen konnte; denn der Nazismus und Faschismus waren nach kommunistischer Überzeugung keine zufälligen Irrwege der europäischen Geschichte! Im Gegenteil, in ihnen drückte sich für sie die wirkliche Natur der kapitalistischen Gesellschaft in ihrer letzten Entwicklungsphase aus. Wie kamen sie, die Sieger, dazu, eine Ordnung zu konservieren, von der sie niemals etwas anderes als Feindschaft erfahren hatten und von der sie auch in Zukunft nichts anderes als Feindschaft erwarten konnten? Dies wäre nicht allein widernatürlich, es wäre eine schamlose Umkehrung ihres großen »Befreiungskriegs« in sein vollkommenes Gegenteil gewesen.

Stalin konnte solche Strömungen nicht ignorieren. Zunächst gedachte er, ihnen auf halbem Wege entgegenzukommen. Er setzte sich für die Idee der »Volksdemokratie« ein. Die Ordnung, die in den Nachbarländern Rußlands einzuführen war, sollte weder kapitalistisch noch sozialistisch sein. Sie sollte irgendwie zwischen diesen beiden Extremen stehen. Im Licht späterer Ereignisse scheint es, als habe Stalin mit der Idee der Volksdemokratie der Bourgeoisie nur Sand in die Augen streuen wollen, während von Anfang an sein Ziel die Sowjetisierung dieser Länder war. Aber es läßt sich dabei nicht übersehen, daß die kommunistischen Führer eine Zeitlang den Gedanken der Volksdemokratie, der doch von dem Sowjetsystem und der Diktatur des Proletariats weit entfernt war, durchaus ernst nahmen. Auch die führenden sowjetischen Theoretiker erörterten den Gedanken vor der russischen Öffentlichkeit mit aller Gründlichkeit.[52] Man wird sich dabei erinnern, daß Stalin selbst in dem Gedanken erzogen worden war, daß es eine Ordnung geben könne, die weder ganz kapitalistisch noch ganz sozialistisch ist. Dieser Gedanke steckte hinter Lenins Formel der demokratischen Diktatur der Arbeiter und Bauern, an der er bis zum Jahr 1917 festgehalten hatte und die Stalin selbst in den Jahren 1925 bis 1927 wieder aufbrachte, als man über das Wesen der Revolution in China debattierte. Es mag sein, daß diese Idee bei Kriegsende und später aufs neue in ihm erwachte.

Diese Zwischenlösung, mit der er jetzt zu experimentieren suchte, hätte den großen Vorteil gehabt, daß das Kondominium der »Großen Drei«, das ihm so sehr am Herzen lag, erhalten werden konnte. Dies war wohl der Hauptgesichtspunkt, von dem er sich leiten ließ. Aber diese Hoffnung zerbrach. In der Volksdemokratie steckte ein viel zu starker revolutionärer Einschlag, und sie trug viel zu deutlich die Spur ihres Erfinders, als daß die westlichen Demokratien sich unbesehen mit ihr hätten abfinden können. Gerade daraus entstanden all die Reibungen und Spannungen, die Stalin so gerne vermieden hätte. Wieder mußte er auf den Verdacht kommen, daß die Westmächte bestrebt seien, in den Grenzgebieten Rußlands die alten antirussischen Parteien und Gruppen erneut zur Macht zu bringen, und daß sie darüber hinaus bedacht waren, Rußland wieder aus Europa hinauszudrücken. Dieser unangenehme Verdacht mußte sowohl dem russischen Traditionalisten wie dem Bolschewisten naheliegen. Genauso hatten die Westmächte nach den napoleonischen Kriegen Rußland den Einfluß in Europa versagt, den es durch den Krieg in Europa gewonnen hatte. Genauso hatten sie sich nach dem Frieden von San Stefano gegen Rußland zusammengetan, um ihm auf dem Berliner Kongreß im Jahr 1878 die Herrschaft über den Balkan mit vereinten Kräften wieder zu entreißen. Stalin war gewarnt. Sein Ehrgeiz gebot ihm, dafür zu sorgen, daß nicht nochmals nach diesem Rezept verfahren werde. In der Vergangenheit war der Einfluß Rußlands auf die europäischen Dinge immer mehr oder weniger kurzlebig gewesen; auf dem Balkan war er je nach der politischen Konstellation gestiegen und wieder verebbt, denn in der Zarenzeit konnte dieser Einfluß nicht in den sozialen Verhältnissen der Länder verankert werden. Weder die slawophile Bewegung noch die orthodoxe Kirche waren stark genug, um feste und dauerhafte Bindungen herzustellen. Aber diesmal konnte der russische Einfluß, wenn er mit der Revolution Hand in Hand ging, auf soliden Grund gestellt und für lange Zeit gewährleistet werden. Die soziale Struktur Osteuropas mußte dann freilich so umgebaut werden, daß kein diplomatischer Druck und keine politische Intrige daran mehr etwas zu ändern vermochten. Als sich die Meinungsverschiedenheiten zwischen Rußland und den Alliierten häuften und vertieften, neigte Stalin mehr und mehr dazu, seine Versuche mit einem Übergangsregime aufzugeben und die Volksdemokratien zu einer Fassade umzugestalten, hinter der sich das kommunistische Machtmonopol versteckte. Es war klar, daß jeder neue Schritt auf diesem Weg die Spannung zwischen Rußland und seinen westlichen Verbündeten verschärfen mußte.

In Jalta hatte Stalin Churchill aufgefordert, die Macht mit Namen zu nennen, von der er glaube, daß sie nach der Weltherrschaft strebe, und Churchill hatte über die Möglichkeit eines Konflikts gesprochen, der zwischen den Nachfolgern der drei Männer ausbrechen könne, die den Krieg gemeinsam geführt und gewonnen hatten. In Potsdam wurde bereits eine unmißverständlichere Sprache geführt. Als Churchill sich über die Stellung der britischen diplomatischen Vertretung in Bukarest beklagte, schleuderte er Stalin die Worte ins Gesicht: »Ein eiserner Käfig hat sich über sie gesenkt.« Aus dem eisernen Käfig wurde später der eiserne Vorhang, der zum Leitmotiv eines viel größeren Streites werden sollte. »Alles Märchen«, warf Stalin schnippisch ein. Als er wegen seiner Politik in Rumänien, Bulgarien und Jugoslawien angegriffen wurde, ging er seinerseits den Briten zu Leibe und beschuldigte sie, sie trieben in Griechenland eine proroyalistische Politik, ein Punkt über den er, wie wir gesehen haben, sich bislang beharrlich ausgeschwiegen hatte. Als die Briten den Angriff gegen die russische Einmischung in Rumänien abbliesen, ließ auch er sofort die griechische Angelegenheit wieder fallen. Aber die Anlässe für solche Meinungsverschiedenheiten häuften sich von Tag zu Tag. Kurz vor der Potsdamer Konferenz hatte Stalin die Forderung auf Einräumung eines Flottenstützpunkts in den Dardanellen gestellt. Das war ein unerfüllter Traum der Politik aller Zaren. In Potsdam mußte er rasch einsehen, daß es ihm in dieser Frage auch nicht anders ergehen werde als den Zaren, daß seine Verbündeten ihm hier entgegenwirkten und daß es vor allem wiederum die Briten waren, die hier opponierten. An ihnen waren die Zaren gescheitert, an den Briten sollte auch er scheitern. Als man die Frage erörterte, ob und wie das afrikanische Kolonialreich Mussolinis unter die Treuhänderschaft der Alliierten gestellt werden solle, überraschte er seine Partner durch den Antrag, eine der italienischen Kolonien unter sowjetische Treuhänderschaft zu stellen. Churchill, der auf diese Forderung höchst erstaunt reagierte, sagte, es sei ihm neu, daß Rußland einen breiten afrikanischen Küstenstrich erwerben wolle.[53] In dieser Forderung steckte offenkundig eine Bedrohung der britischen Vorherrschaft im Mittelmeer. Es sieht nicht so aus, als ob sich Stalin einbildete, sich wirklich durchsetzen zu können, denn seine Verhandlungsposition war bereits nicht mehr die beste. Aber dennoch legte er mit beiden Forderungen den Keim zu einer neuen Orientkrise, die im neunzehnten Jahrhundert die britisch-russischen Beziehungen oft genug vergiftet hatte.

Der Konflikt zwischen den Alliierten konzentrierte sich keineswegs nur auf Fragen des Nahen Ostens. Das wichtigste Problem, über das sie sich nicht zu einigen vermochten, war Deutschland. Dabei wurzeln die meisten ihrer Divergenzen über Deutschland gerade in dem Punkt, über den sie sich völlig einig waren, nämlich in ihrer Entschlossenheit, Deutschland für viele Jahre militärisch besetzt zu halten. Die Dauer der Besetzung wurde nie festgelegt. Man sprach von zehn, zwanzig, dreißig, ja von vierzig Jahren. Dies genügte, um die Politik der Alliierten in genau entgegengesetzte Richtungen zu weisen. Je länger sie in Deutschland blieben, je mehr sie hier die Aufgaben einer deutschen Regierung selber erfüllten (solange es keine deutsche Regierung gab, mußten sie das tun), desto mehr war jede Besatzungsmacht geneigt, dem von ihr besetzten Teil Deutschlands das Bild ihres eigenen wirtschaftlichen und politischen Lebens aufzudrücken. Für die Offiziere der sowjetischen Militäradministration in Ostdeutschland wäre es völlig widersinnig gewesen, die Wirtschaft in der sowjetischen Besatzungszone nach kapitalistischen Regeln zu führen, genauso wie ihre amerikanischen Gegenspieler unmöglich auf den Gedanken kommen konnten, Westdeutschland nach sozialistischen Grundsätzen zu organisieren. Je länger die alliierten Truppen in Deutschland blieben, desto tiefer drohte die Kluft zu werden, die die Zonen in Deutschland wirtschaftlich und politisch, aber auch militärisch unweigerlich voneinander trennen mußte.

Dabei haben sich die Sieger verpflichtet, die Einheit Deutschlands zu erhalten und daher die deutschen Angelegenheiten gemeinsam zu kontrollieren. Diese Verpflichtung haben sie mit großer Feierlichkeit in Potsdam übernommen. Zu diesem Zweck wurde der Alliierte Kontrollrat für Deutschland eingesetzt, dem theoretisch die Souveränität über ganz Deutschland übertragen wurde. Aber bereits in Potsdam war es klar (oder die Klarsehenden hätten es wenigstens erkennen müssen), daß die Deutschlandpolitik der Alliierten auf ein Tauziehen hinauslaufen würde. Der Osten und der Westen waren gleichermaßen entschlossen, den anderen Partner nicht in die Angelegenheiten der eigenen Besatzungszone hineinreden zu lassen. Stalin stellte seine Partner vor eine vollendete Tatsache, als er das ganze Gebiet östlich der Oder-Neiße-Linie den Polen aushändigte. Der Form nach sollten die Polen dieses Gebiet nur vorläufig verwalten, und Stalin erklärte seinen Verbündeten den Fall auch so. Aber in der Praxis kam die Verwaltung dieses Gebiets durch die Polen einer Annexion gleich. Die Westmächte fanden sich damit stillschweigend ab, als sie sich mit der Vertreibung der gesamten deutschen Bevölkerung dieser Gebiete einverstanden erklärten. Zugegeben, die Westmächte nahmen die vollendete Tatsache mit dem Vorbehalt an, daß die endgültige deutsch-polnische Grenze nur durch den Friedensvertrag festgelegt werden könne, aber da sie die Vertreibung der deutschen Bevölkerung aus diesen Gebieten zuließen, klang dieser Vorbehalt reichlich fiktiv. Stalin mußte aus dem Verhalten seiner Verbündeten den Schluß ziehen, daß sie jetzt begriffen hatten, daß sie in den Angelegenheiten, die Ostdeutschland betrafen, nichts mehr zu sagen hätten. Daß dafür Rußland alle Einflüsse auf die Westsektoren verlor, wurde offenbar, als die Westmächte die von Stalin und Molotow wiederholt vorgetragene Forderung auf Beteiligung an der Ruhrkontrolle kategorisch ablehnten.

Die Teilung Deutschlands wurde durch einen unklaren Kompromiß in der Reparationsfrage noch vertieft. In Jalta suchte Stalin die britische und amerikanische Unterstützung für seinen Reparationsanspruch gegen Deutschland in Höhe von zehn Milliarden Dollar. Er erreichte aber nicht mehr als ein sehr vages Versprechen Roosevelts, man werde diese Zahl als Grundlage für spätere Verhandlungen benützen. In Potsdam weigerten sich die Westmächte, diese Angelegenheit noch einmal zu prüfen. Daran war bis zu einem gewissen Grad die Tatsache schuld, daß die Russen in ihrer Zone bereits angefangen hatten, deutsche Industriewerke zu demontieren und nach Rußland zu verschicken, ohne daß den Briten und Amerikanern ein Einblick in Inhalt und Umfang dieser Operation gewährt worden wäre. Aber diese neue Meinungsverschiedenheit hatte einen noch tieferen Grund. Stalin war nach wie vor der Ansicht, Deutschland müsse ein Vernichtungsfrieden auferlegt werden wie einst Karthago. Aber die Briten, und in bedächtigerer Weise auch die Amerikaner, schreckten bereits vor einer Zerstörung der industriellen Produktionskapazität Deutschlands zurück. Dieser Konflikt wurde hinter einem Abkommen versteckt, das in Potsdam geschlossen wurde. Jede Besatzungsmacht sollte das Recht haben, Industriewerke in ihrer eigenen Zone zu demontieren und damit ihre Ansprüche zu befriedigen.[54] Durch dieses Abkommen erhielt jede Besatzungsmacht, wenn nicht der Form, so doch der Sache nach, das ausschließliche Recht und die alleinige Verantwortung für die Ordnung der wirtschaftlichen und sozialen Verhältnisse in ihrer Zone. Damit wurde die sowjetische Besatzungszone zu einem Gebiet gemacht, auf dem sich Stalins Revolution »von oben« nach Herzenslust betätigen konnte. Sie begann sofort nach der Potsdamer Konferenz. Der erste Akt bestand in der Enteignung der preußischen Großgrundbesitzer, die einst das Rückgrat der deutschen Verwaltung und den Grundstock des deutschen Militarismus gebildet hatten. Mit einem einzigen Federstrich (oder auch nur einem Wink) zerstörte Stalin auf diese Weise die mächtigste Stütze der sozialen Reaktion, gegen die alle deutschen Linksparteien länger als ein Jahrhundert vergeblich angegangen waren. Der zweite Akt bestand in der Nationalisierung zahlreicher Industriezweige in der sowjetischen Besatzungszone. Im dritten Akt wurde die Sozialdemokratische Partei aufgelöst. Diese Maßnahme wurde durch den Zusammenschluß kommunistischer und sozialdemokratischer Organisationen in der »Sozialistischen Einheitspartei« verschleiert.

So wurde das Gebiet der sozialen Revolution von der Oder bis zur Elbe vorgetragen. Es ist nicht das erstemal in der deutschen Geschichte, daß die Elbe verschiedene soziale und politische Systeme trennte. Aber in der Vergangenheit lagen die Stützpunkte der Konservativen östlich der Elbe, während fast alle Antriebe zu reformerischen und revolutionären Bewegungen immer vom Westen her kamen. Der soziale Einfluß der französischen Revolution und der napoleonischen Reformen hatte sich nicht über die Elbe hinaus erstreckt.[55] Als wollte man dieses Versäumnis nachholen, kam jetzt eine andere Revolution vom Osten und durchfegte das Gebiet östlich der Elbe. Aber jetzt trennte dieser Fluß nicht nur zwei Deutschland. Er wurde die Grenze zwischen zwei Welten. Je länger die Staatsmänner dieser beiden Welten darauf beharrten, einander mit ihren Heeren auf beiden Seiten dieses Flusses gegenüberzustehen, desto größer wurde die Wahrscheinlichkeit, daß diese Demarkationslinie eines Tages eine echte militärische Frontlinie bilden würde. Auf der Potsdamer Konferenz enthüllte ein bezeichnender Zwischenfall die kommenden Spannungen und Zwistigkeiten unter den Siegermächten. Am 24. Juli, nach einer Sitzung der »Großen Drei« unterrichtete Präsident Truman Stalin beiläufig über die Entdeckung der Atomwaffe. James F. Byrnes weiß zu erzählen, daß Stalins Antwort darin bestand, daß er sich über diese Erfindung freue und hoffe, daß die Amerikaner von ihr den gebotenen Gebrauch machen werden.[56] Er zeigte sich nicht weiter an der Angelegenheit interessiert, erbat auch keine näheren Aufklärungen, woraus der amerikanische Außenminister schloß, daß Stalin entweder die Bedeutung dieser Mitteilung nicht begriff oder daß er es für indiskret hielt, Auskünfte in einer Angelegenheit zu erbitten, die so streng geheim behandelt wurde. Vielleicht wußte auch der russische Geheimdienst bereits mehr, als Truman und Byrnes ahnten. In diesem Fall wäre Stalins betonte Interesselosigkeit damit zu erklären, daß er durch diese Mitteilung nicht sonderlich überrascht wurde. Es scheint unglaubhaft, daß er die Bedeutung dieser Mitteilung nicht erkannte, denn er hatte immer ein besonders lebhaftes und ins einzelne gehendes

Interesse an der Waffentechnik und an den Forschungen, die sowjetische Wissenschaftler — wie übrigens auch ihre Kollegen in anderen Ländern — schon seit langem auf dem Gebiet der Atomspaltung betrieben. Und hätte er die Bedeutung der Ereignisse nicht sofort erfaßt, so mußte es ihm jedenfalls am Ende der Konferenz klar geworden sein, daß die neue Waffe das Schwergewicht der militärischen Macht mit einem Schlag auf die amerikanische Seite verschob und daß dadurch auch der Konflikt zwischen den Verbündeten einen noch schärferen und dramatischeren Charakter annehmen mußte.

In Jalta hatte Churchill die Bemerkung fallenlassen, daß vielleicht nicht sie, die Männer, die den Krieg geführt und gewonnen hatten, sondern ihre Nachfolger sich über neue Probleme verfeinden könnten. Diese Ahnung nahm bereits in Potsdam Gestalt an. In der ersten Hälfte der Konferenz waren noch zwei der Männer anwesend, die das Kriegstriumvirat gebildet hatten, Stalin und Churchill. In der zweiten Konferenzhälfte wurden Churchill und Eden durch Attlee und Bevin ersetzt, nachdem die britische *Labour Party* bei den Wahlen in England einen fulminanten Sieg errungen hatte. Damit soll nicht gesagt sein, daß das Drama sich anders entwickelt hätte, wenn dieser Personenwechsel nicht eingetreten wäre. Jedenfalls ist festzustellen, daß es nicht lange dauerte, bis sich Churchill zum schärfsten Gegner Stalins entwickelte, und wenn Roosevelt am Leben geblieben wäre, so wäre es auch keinesfalls erwiesen gewesen, daß er für alle Zeiten den Schutzheiligen einer russisch-amerikanischen Freundschaft gespielt hätte, eine Rolle, die man ihm in gewissen Kreisen zugedacht zu haben schien. Trotzdem darf man davon ausgehen, daß dieser Personenwechsel einen unmittelbaren und ungünstigen Einfluß auf den Verlauf der Potsdamer Konferenz ausübte. Daß neue Akteure auftraten, konnte durch eine interalliierte Politik weder provoziert noch verhindert werden. Aber es war doch ein Akt von tiefer symbolischer Bedeutung, daß in der Residenz, die einst Friedrich der Große sich erbauen ließ, und inmitten der Ruinen, die Hitler verschuldet hatte, Stalin der einzige Staatschef der Kriegszeit war, der übrigblieb, den Frieden zu schließen. Die große Allianz begann sich aufzulösen.

XIV. Kapitel

Die Dialektik des Sieges

Grandeur et Misère in Rußlands Sieg – Nationalismus und Revolution in Stalins Politik – Vom »Sozialismus in einem Lande« zum »Sozialismus in einer Zone« – Stalin betreibt die Revolution von oben – Der Eiserne Vorhang, seine Geschichte und seine Bedeutung – Die Wirkung des Westens auf Rußland – Stalin und Schukow – Renaissance des Leninismus – Das Dilemma »Eine oder Zwei Welten« im Atomzeitalter – Allgemeine Würdigung der Rolle Stalins

Am 24. Juni 1945 stand Stalin auf dem Lenin-Mausoleum und nahm die große Siegesparade der Roten Armee ab. Es war der vierte Jahrestag des Überfalls Hitlers auf die Sowjetunion. An Stalins Seite stand Marschall Schukow, sein Stellvertreter, der Sieger von Moskau, Stalingrad und Berlin. Die vorbeimarschierenden Truppen waren von Marschall Rokossowski angeführt. Während die Infanterieregimenter, die Kavallerie und die Tanks über den Roten Platz defilierten, spritzte der Straßenschmutz — es regnete in Strömen — an den unzähligen Bannern und Standarten der Hitlerarmee hoch. Am Mausoleum warf man die Trophäen vor Stalins Füße. Diese allegorische Szene war wunderbar erdacht und doch seltsam vertraut: Denn so hatten Kutuzows Soldaten einst die französischen Standarten und Banner vor Alexanders I. Füße geworfen. Am nächsten Tag empfing Stalin den Dank der Stadt Moskau für die siegreiche Verteidigung im Jahr 1941. Am dritten Tag wurde er zum »Helden der Sowjetunion« proklamiert und erhielt den Titel »Generalissimus«.

Das waren Stunden nie erträumten Triumphes und Ruhmes. Aber selten waren Siegestaumel und Enttäuschung so nahe beieinander gewesen wie im Rußland von 1945; und vielleicht gab es niemals zuvor so viel Größe und Elend in einem Sieg. Stalin stand nun im Brennpunkt der allgemeinen Anerkennung und Dankbarkeit. Diese Gefühle waren spontan und echt und nicht etwa von offiziellen Propagandisten hochgezüchtet. Die abgedroschenen Slogans über die »Errungenschaften der stalinistischen Ära« bekamen einen neuen Sinn, und zwar nicht nur für junge Leute, sondern auch für die Skeptiker und Unzufriedenen der älteren Generation. Die Nation schien bereit, Stalin seine Verbrechen zu vergeben und nur seine Bemühungen zum Wohl Rußlands im Gedächtnis zu behalten. Da nichts so sehr Erfolg nach sich zieht wie Erfolg, erschienen seine Irrtümer und Fehlurteile, sogar die aus den Jahren 1939 bis 1941, vielen nun als Akte einer weisen staatsmännischen Voraussicht. Sogar die Greuel aus den dreißiger Jahren waren in ein neues Licht gerückt: Sie schienen wie heilsame Operationen, denen die Völker der Sowjetunion ihr Überleben verdankten.

Diese Neueinschätzung der Rolle Stalins entsprang aber nicht nur rückblickenden Erwägungen in der Begeisterung des Sieges. Es ist eine nicht zu übersehende Tatsache, daß Rußland den Krieg ohne die vorausgehende Industrialisierung, insbesondere der Ostprovinzen und vor allem Sibiriens, unmöglich hätte gewinnen können. Der Krieg hätte auch nicht ohne die Kollektivierung eines großen Teiles der Landwirtschaft gewonnen werden können. Der Muschik von 1930, der nie zuvor einen Traktor oder eine andere Maschine gesehen oder angefaßt hatte, wäre in einem modernen Krieg von geringem Nutzen gewesen. Die Kolchosen mit ihren über das ganze Reich verteilten Traktorenstationen waren für die Bauern vorbereitende Schulen für die mechanisierte Kriegsführung gewesen.[1] Durch die rapide Hebung des allgemeinen Bildungsstands konnte die Rote Armee auf eine erhebliche Reserve intelligenter Offiziere und Mannschaften zurückgreifen. »Wir sind fünfzig bis hundert Jahre hinter den fortschrittlichen Ländern zurück. Wir müssen diesen Abstand in zehn Jahren aufholen. Entweder gelingt uns das, oder sie werden uns zermalmen« — hatte Stalin genau zehn Jahre vor dem Angriff Hitlers ausgerufen. Diese Worte mußten dem rückblickenden Betrachter als eine großartig erfüllte Prophezeiung erscheinen, durch die das russische Volk zeitgerecht zum Handeln aufgerufen worden war. Und tatsächlich hätte eine Verzögerung der Modernisierung Rußlands um ein paar Jahre zwischen Sieg und Niederlage anders entscheiden können.

Aber dagegen steht der Preis, den die Sowjetunion für den Sieg zu bezahlen hatte. Nach amtlichen Feststellungen gab es in der Roten Armee sieben Millionen Tote, in Wirklichkeit werden es sogar noch mehr gewesen sein. Ungezählte Millionen kehrten als Krüppel nach Hause zurück, die Städte Westrußlands lagen fast ausnahmslos in Trümmern, auf dem Land sah es nicht viel besser aus. Die Industrie war zerstört. Diese Tatsache wird durch nichts schlagender beleuchtet als durch das Überfluten aller Kohlenbergwerke im Donaubecken. Fünfundzwanzig Millionen Menschen hatten ihre Heimat verloren und lebten in Höhlen, in Unterständen aus der Kriegszeit und in Erdhütten, nicht zu reden von den Millionen, die in den Ural und nach Sibirien evakuiert worden waren und unter ähnlich jämmerlichen Verhältnissen dahinvegetierten. Zum Preis dieses Sieges gehörte letzten Endes auch die Erschöpfung eines Volkes, das so viele Jahre im Interesse der Industrialisierung und der Aufrüstung auf die allernotwendigsten Lebensbedürfnisse hatte verzichten müssen.

Die Nation war ermattet, müde und hungrig. Wahrscheinlich erhoffte sie Wunder von ihrem Sieg und von ihrer Regierung. Sie wollte ihre Städte so rasch wie möglich wieder aufgebaut sehen und die Landwirtschaft und Industrie wieder in Gang gebracht haben. Das Volk verlangte mehr Essen, mehr Kleidung, mehr Schulen, mehr Freizeit und Erholung. Aber all das konnte man mit Rußlands eigenen erschöpften und zerrütteten Mitteln nicht erreichen. Elend, durch einen Sieg zuversichtlich gestimmt, war doppelt ungeduldig; und Stalin durfte keine Enttäuschung riskieren. Um den Wiederaufbau zu beschleunigen und den Lebensstandard zu heben, mußte *er* die wirtschaftliche Hilfe anderer Völker in Anspruch nehmen.

In der Theorie standen Stalin dazu drei verschiedene Wege offen. Er hätte seine westlichen Alliierten, vor allem die Vereinigten Staaten, um ihre Unterstützung bitten können. In den besten Tagen des Bündnisses war viel von amerikanischen Anleihen an Rußland und von russisch-amerikanischem Handel die Rede gewesen. Aber als sich später Spannungen und Konflikte ergaben, wurden die Aussichten auf eine wirtschaftliche Zusammenarbeit immer schwächer. Stalin mußte sich irgendwie dagegen sträuben, sein Land in jene relative Abhängigkeit zu bringen, in der sich jeder Schuldner seinem Gläubiger gegenüber befindet. So war also seine Wahl praktisch auf zwei Methoden beschränkt, wobei die eine im wesentlichen nationalistisch, die andere revolutionär bestimmt war. Die nationalistische Lösung bestand darin, daß man den besiegten Nationen Tribute auferlegte, ihre Industrie demontierte und nach Rußland transferierte, daß man aus ihrer laufenden Produktion Reparationen forderte und ihre Arbeitskraft direkt für Rußland beanspruchte. Die revolutionäre Lösung — die langsamer, aber stetiger Früchte zu tragen versprach — sah die Ausweitung der Basis für die Planwirtschaft vor, indem man Rußland und die Länder seines Einflußbereichs wirtschaftlich enger zusammenschloß. Die schrittweise Integration einiger kleiner und mittelgroßer Länder, die industriell durchschnittlich höher entwickelt waren als Rußland vor der großen Industrialisierungswelle der dreißiger Jahre, in das System der Planwirtschaft berechtigte zu der Hoffnung, das Tempo des Wiederaufbaus in Rußland und in den betreffenden Ländern selbst zu beschleunigen. Die Grundbedingung für diese Integration war aber, daß der Kommunismus in diesen Ländern an die Macht kam. Indem Stalin diesen Weg beschritt, gab er stillschweigend zu, daß die produktiven Kräfte der Sowjetunion gegen die nationalen Grenzen revoltierten, um die Lieblingsformulierung Trotzkis zu gebrauchen. Rußland war wirtschaftlich in einem Zustand, daß sein Wiederaufbau und seine weitere Entwicklung nicht mehr aus eigener Kraft gewährleistet waren, oder dieser Aufschwung mußte sehr langsam und unter so großen Opfern vor sich gehen, daß sich die Siegernation mit dem damit verbundenen Elend kaum mehr abfinden würde.

Wir haben gesehen, daß beide politischen Programme, das nationalistische und das revolutionäre, an mehr als einem kritischen Punkt im Gegensatz zueinander standen. Stalin konnte sich aber trotzdem zu keiner eindeutigen Wahl zwischen den beiden entscheiden; er verfolgte beide Richtungen gleichzeitig. Während allerdings die nationalistische im Krieg überwog, gewann die revolutionäre nach dem Krieg die Oberhand.

Diese Entwicklung stellt bestimmt das erstaunlichste Paradoxon in Stalins an Paradoxen ohnehin so reichen politischen Entwicklung dar. Mehr als zwei Jahrzehnte hatte er das Evangelium des »Sozialismus in einem Lande« gepredigt und mit großer Beharrlichkeit, ja Heftigkeit versichert, daß der Sozialismus in Rußland sich selber genügen könne. In der Praxis, wenn auch nicht in der Theorie, hatte er Rußland zur Abkehr von der Weltrevolution gezwungen — oder war es Rußland, das ihm selbst diese Abkehr auferlegte? Und nun schwor er auf der Höhe seines Triumphes wieder in der Praxis seinem eigenen Evangelium ab, wenn auch nicht in der Theorie; er verwarf selbst seinen eigenen Leitsatz von Rußlands Selbstgenügsamkeit und erweckte Rußlands Interesse an der Weltrevolution von neuem. Es schien, als sei der Bolschewismus im Kreis herumgelaufen und jetzt an den Ausgangspunkt zurückgekehrt. So merkwürdig war die Dialektik Stalins, daß sich sein Sieg in einen posthumen Triumph Trotzkis zu verwandeln drohte. Es war, als ob Stalin all seine Mühen und Anstrengungen, all seine Kontroversen und Säuberungsaktionen mit einer unerwarteten Rechtfertigung seines toten Gegners hätte krönen wollen.

Trotzdem würde eine solche Betrachtungsweise nur die halbe Wahrheit darstellen. Zweifelsohne war der Stalin von 1945/46 nicht mehr ganz derselbe, den wir 1925 und 1935 kennengelernt hatten. Die Flut der Ereignisse trieben ihn von dem Standpunkt weg, den er als seinen eigenen beansprucht hatte und der in der Tat typisch für ihn gewesen war. Aber er wurde nicht auf seinen Ausgangspunkt zurückgeworfen, nämlich zu der Konzeption einer Weltrevolution, wie er sie einst mit Lenin und Trotzki geteilt hatte. Er setzte nun an die Stelle seiner Lehre vom »Sozialismus in einem Lande« etwas, was man als »Sozialismus in einer Zone« bezeichnen könnte. In Lenins und Trotzkis Konzeption war die Sozialistische Revolution im wesentlichen ein ständig fortschreitender, in der ganzen Welt wirkender Prozeß gewesen, bei dem auf die Dauer ein Waffenstillstand zwischen den feindlichen Mächten des Kapitalismus und Sozialismus unmöglich war; darin gab es keinen Raum für eine freiwillige Aufteilung der Welt in Einflußsphären zwischen den beiden Systemen. Die Idee eines Kondominiums der Großmächte auf Grund einer solchen Teilung wäre vom Standpunkt der Altbolschewisten aus als Preisgabe jeglichen sozialistischen Prinzips erschienen. In der Konzeption Stalins blieb dieser Prozeß einer Weltrevolution, so weit man aus seiner Politik Rückschlüsse ziehen kann, immer noch weltweit, weil der Gegensatz zwischen Kapitalismus und Sozialismus für ihn genauso zu jeder modernen Zivilisation gehörte wie früher der Streit zwischen Kapitalismus und Feudalismus. Aber diese Auseinandersetzung ist nur mehr im weitesten historischen und philosophischen Sinn fortdauernd; sie wird sich voraussichtlich über viele Generationen erstrecken. In der Wirklichkeit der Tagespolitik jedoch kann eine zeitweilige Unterbrechung dieses Prozesses von größerer praktischer Bedeutung sein als eine anhaltende Kontinuität. Kriegsähnlichen Zusammenstößen zwischen den gegensätzlichen Systemen wird oder kann eine lange Waffenruhe folgen, die vielleicht Jahrzehnte dauert und während welcher der Widerstreit der zwei Systeme den Charakter eines friedlichen Wettbewerbs annimmt. Die Art und Weise dieses Prozesses erlaubt nicht nur Abmachungen und Transaktionen zwischen sozialistischen und kapitalistischen Staaten, sondern setzt solche sogar voraus. Dadurch wird es den sozialistischen Staaten auch möglich, sich an internationalen Abkommen — wie der Schaffung von Einflußsphären — zu beteiligen, durch die der sozialistische Staat die Stellung des Kapitalismus in einem Teil der Welt stärkt, vorausgesetzt, daß ihm als Gegenleistung das Recht verbleibt, seine eigene Stellung in einem anderen Teil der Welt zu befestigen und auszudehnen.

Mit dieser Abweichung im Vorgehen hängt eine andere Frage zusammen, die in den vierziger Jahren in den Vordergrund getreten war. Die alten Bolschewisten sahen im hochindustrialisierten Westen die *terra ferma* des Sozialismus. Rußland hatte mit der Revolution den Anfang gemacht. Der Westen sollte sie fortführen, zur Reife bringen und in einem neuen sozialistischen Geist auf das »rückständige Rußland« zurückwirken. Dieser Plan war nach der neuen stalinistischen Konzeption gänzlich überholt, ja lächerlich geworden, teils, weil der Westen für eine Revolution noch nicht reif war, teils aber auch, weil seine Bedeutung für den Sozialismus infolge des Fortschritts Rußlands um so viel kleiner geworden war, daß man Westeuropa bei einer Aufteilung der Welt ruhig dem Kapitalismus überlassen konnte. Lenin und Trotzki hatten in den Arbeitermassen Deutschlands, Frankreichs und Englands die Träger der Revolution des zwanzigsten Jahrhunderts gesehen. Stalin richtete sein Augenmerk vor allem auf die Revolutionen in Warschau, Bukarest, Belgrad und Prag. Der »Sozialismus in einer Zone«, nämlich in der russischen, wurde für Stalin zum obersten Ziel seiner Strategie für eine ganze historische Epoche.

Noch größer und schwerwiegender aber ist der Unterschied in den revolutionären Methoden. Der frühe Bolschewismus hatte seine Hoffnungen im großen und ganzen in den revolutionären Impuls der internationalen Arbeiterbewegung gesetzt. Er hatte geglaubt, daß die sozialistische Ordnung aus den neuartigen Erfahrungen und dem Kampf der Arbeiterklasse des Auslands geboren werde, daß sie also der echteste und vollkommenste Ausdruck der sozialen und politischen Selbstbestimmung der Massen sein werde. Mit anderen Worten, der frühe Bolschewismus glaubte an die Revolution *von unten,* wie es etwa die Revolution von 1917 gewesen war. Die Revolution, die Stalin nun nach Ost- und Mitteleuropa hineintrug, war in erster Linie eine Revolution *von oben*. Sie wurde durch die in jenen Gebieten herrschende Großmacht beschlossen, ausgelöst und durchgeführt. Obwohl die lokalen kommunistischen Parteien die unmittelbaren Träger und Ausführenden dieser Revolution waren, fiel die entscheidende Rolle der Roten Armee zu, die nach außen im Hintergrund blieb. Damit soll nicht gesagt sein, daß die Arbeiterklasse der betreffenden Länder mit diesem Umsturz nichts zu tun hatte. Keine Revolution kann allein von oben und ohne die willige Mitarbeit breiter Volksschichten durchgeführt werden. Was sich in der russischen Einflußsphäre vollzog, war daher halb Eroberung und halb Revolution. Deshalb wird eine richtige Bewertung dieser Vorgänge so außerordentlich schwierig. Wäre es nur eine militärische Eroberung gewesen, so hätte man den ganzen Vorgang als einen klaren Fall von russischem Imperialismus deuten können. Wäre es eine echte Revolution gewesen, so hätten wenigstens die, die dem Volk das Recht auf Revolution zuerkennen — ein Recht, von dem jedes große Volk im Laufe seiner Geschichte einmal Gebrauch gemacht hat —, keine Gewissensbisse gehabt, sie zu begrüßen und zu billigen. Aber gerade diese Mischung von militärischer Eroberung und Revolution ist das Kennzeichen des »Sozialismus in einer Zone«.

Stalin ist nicht der einzige Staatsmann, der im Laufe der europäischen Geschichte die Revolution von oben propagierte. Er steht in dieser Hinsicht auf einer Linie mit Napoleon und Bismarck, von denen er sich sonst in so vielem unterscheidet. Diese Rolle ergibt sich aus der Parallele von bürgerlicher und sozialistischer Revolution in Europa, die erst seit dem Ende des Zweiten Weltkriegs richtig zu erkennen ist. Im neunzehnten Jahrhundert erlebte Europa, wie die feudale Ordnung außerhalb Frankreichs zusammenbrach und durch eine bürgerliche Ordnung ersetzt wurde. Aber östlich des Rheins wurde der Feudalismus nicht durch eine Reihe spontaner Volkserhebungen nach dem Muster der Französischen Revolution, durch Verzweiflungsausbrüche oder die Volkswut gestürzt — also durch eine Revolution von unten — worauf im Jahr 1794 die Jakobiner gehofft hatten. Der europäische Feudalismus wurde ganz im Gegenteil durch eine Kette von Revolutionen von oben zerstört oder untergraben. Napoleon, der das Jakobinertum zu Hause bezähmte, trug die Revolution in fremde Länder, nach Italien, ins Rheinland und nach Polen, wo er die Leibeigenschaft ganz oder teilweise beseitigte und wo allein schon durch die Einführung des *Code Civil* eine ganze Reihe feudaler Privilegien beseitigt wurden. Ohne es zu wollen, machte er sich damit zum Vollstrecker des politischen Testaments der Jakobiner. Noch paradoxer ist es, daß der konservative Junker Bismarck eine ähnliche Funktion ausübte, als er Deutschland von vielen Überbleibseln des Feudalismus befreite, die bis dahin die Entwicklung des Bürgertums gehemmt hatten. Die zweite Generation nach der Französischen Revolution war Zeuge eines noch viel merkwürdigeren Schauspiels, als der russische Zar selbst die Leibeigenschaft in Rußland und Polen aufhob, wovon nicht lange vorher nur »Jakobiner« geträumt hatten. Der Feudalismus war zu krank, um weiterleben zu können, aber außerhalb Frankreichs waren die Volkskräfte zu schwach, um ihn *von unten* beseitigen zu können, und so wurde er *von oben* weggefegt. Die Wirkung, die Napoleon auf Frankreichs Nachbarländer ausübte, läßt sich ziemlich genau mit der Wirkung Stalins auf die Länder Ost- und Zentraleuropas vergleichen. Die wesentlichen Elemente beider historischer Situationen sind ziemlich genau die gleichen: Die soziale

Ordnung in Osteuropa konnte ebensowenig überleben wie der Feudalismus im Rheinland zur Zeit Napoleons. Aber die revolutionären Kräfte, die sich der veralteten Ordnung widersetzten, waren zu schwach, um sie aus eigener Kraft beseitigen zu können. Deshalb flossen militärische Eroberung und Revolution zu einer zugleich fortschrittlichen und rückschrittlichen Kraft zusammen, die letzten Endes die soziale Struktur der betroffenen Gebiete von Grund aus umwandelte.

Ein anderer dialektischer Widerspruch im siegreichen Stalinismus ist der »Eiserne Vorhang«, das heißt die außerordentlich strenge Absonderung von der Außenwelt, in der Stalin eine ganze sowjetische Generation erziehen ließ. Diese Isolierung war allerdings für das politische und kulturelle Klima des stalinistischen Rußland tatsächlich notwendig gewesen, und Stalin selbst kann man als den maßgeblichen Erfinder des »Eisernen Vorhangs« bezeichnen. Und doch waren die Gründe für die Absonderung und die Elemente, die letztlich zu seiner Verwirklichung geführt hatten, vielfältig und voneinander abweichend; aber gerade diese Kombination machte ihn so undurchdringlich.

Der Hauptgrund mochte in den enttäuschten Hoffnungen auf eine Weltrevolution liegen, die den Bolschewismus in eine Haltung der Selbstverteidigung drängten. Das bolschewistische Rußland kapselte sich selbst von einer feindlichen Welt ab. In dieser Hinsicht handelte Rußland nicht viel anders als das England Cromwells oder das Frankreich der Jakobiner. Die englischen Puritaner lebten in ständigem Mißtrauen und dauernder Angst vor der »französischen Intrige« und vor dem »französischen Gold« die gegen sie arbeiten konnten. Die französischen Jakobiner waren umgekehrt vom Schreckgespenst der »britischen Intrige« und des »britischen Goldes« gejagt. In beiden Fällen hatte das revolutionäre Volk guten Grund zu solchem Mißtrauen. Die feindselige Intrige und das Gold waren nicht nur Erfindungen einer überreizten Phantasie. Wie dem auch sei, in allen diesen Fällen nahmen Verdacht und Abwehrhaltung gegen die feindselige Umwelt jene scharfen Formen an, die nun einmal für jede revolutionäre Bewegung kennzeichnend sind.

Dieses ganze Gedankengefüge wurde im bolschewistischen

Rußland noch durch eine den Russen angeborene Haltung überspitzt. Brauch und Gewohnheit der Nation setzten sich hier wie in so vielem anderen um so leichter und wirkungsvoller durch, als diese mit den wirklichen und offensichtlichen Anforderungen der Nation übereinstimmten. Rußlands jahrhundertelange Abriegelung gegen den Westen war aus militärischen Erwägungen zur Notwendigkeit geworden. Die russischen Ebenen hatten keine natürlichen Grenzen, an denen man Angreifer zum Stehen hätte bringen können. Überdies stand die griechische Orthodoxie dem römischen Katholizismus feindlich gegenüber, und in späteren Zeiten war das autokratische Zarentum ängstlich darauf bedacht, sich gegen das Eindringen liberaler und sozialistischer Ideen aus dem Westen zu verteidigen. Zwar gelang es im 19. Jahrhundert der russischen »Intelligenzija« diesen Wall teilweise zu durchbrechen; aber selbst dieser in bitterem Kampf erzielte Erfolg unterstrich im Grunde nur die Isolierung, in der Rußland tatsächlich lebte. Wenn auch durchlöchert, so bestand die Wand trotzdem weiter. Die bolschewistischen Machthaber Rußlands dachten zunächst daran, sie ganz niederzureißen; dann aber fanden sie es zweckmäßig, sie nicht nur stehen zu lassen, sondern sogar ihre Lücken wieder zu schließen.

Von einer anderen Seite her betrachtet, war der »Eiserne Vorhang« eine Abart des wirtschaftlichen Protektionismus. Mit Ausnahme von England hat keine moderne Großmacht ihre Industrie aufgebaut, ohne sie durch einen Wall von hohen Zolltarifen und eine Menge anderer vorbeugender Maßnahmen gegen die Konkurrenz älterer Industrieländer zu schützen. Durch den Protektionismus abgeschirmt, sind die Vereinigten Staaten und Deutschland zu industriellen Großmächten gereift. Der »Sozialismus in einem Lande« mußte wohl oder übel zum gleichen Mittel greifen. Andere Völker waren bei ihrer industriellen Entwicklung durch ausländische Kapitalinvestitionen oder — wie im Falle der Vereinigten Staaten — durch den geographischen Protektionismus von zwei Ozeanen unterstützt worden. Dem bolschewistischen Rußland fehlten damit vergleichbare Vorteile. Kein ausländisches Kapital half ihm bei der Erschließung seiner natürlichen Reichtümer. Die Sowjetregierung hatte eben erst mit eisernem Willen die Industrialisierung des Landes begonnen, als ein neuer und diesmal totaler Krieg drohte. Sie mußte also einen großen Teil ihrer Mittel für die militärische Aufrüstung abzweigen. Das machte die industrielle Revolution in Rußland sehr viel schwieriger und mühseliger, als sie es sonst gewesen wäre, und das verlieh auch dem russischen Protektionismus seine außerordentliche Strenge und Härte.

Die Folgen davon bekam vor allem der arbeitende Mensch in Rußland zu spüren. Die Regierung und ihre Planungsämter mußten die Mittel der Nation auf die Entwicklung der Industrie, des Transportwesens, der Mechanisierung der Landwirtschaft, auf die Rüstung und auf den privaten Konsum zweckmäßig verteilen. Je mehr Mittel in die Industrie und in die Rüstung gesteckt wurden, desto weniger blieb, relativ oder gar absolut, für den privaten Verbrauch übrig. Dies war der einfache, wirtschaftliche Schluß aus der gegebenen Situation, und diese Logik mußten im Laufe des Zweiten Weltkriegs alle kriegführenden Völker in verschiedenem Ausmaß erlernen. Rußland war damit bereits einige Jahre früher in einer unangenehmen Weise vertraut. Der Lebensstandard des russischen Volkes, der schon immer niedrig gewesen war, wurde den höheren Zwecken der Staatspolitik geopfert. Trotz alledem begann er sich am Ende der dreißiger Jahre anerkennenswert zu heben. Aber diese Erholung war nur vorübergehend. Der Krieg drückte die Lebenshaltung wieder auf einen erschreckend niedrigen Stand herunter.

Die Masse des Volkes sah, wie die Nation als solche immer reicher wurde, während die überwältigende Mehrheit der Russen arm blieb, ja noch ärmer wurde. Sicherlich wußten die Wirtschaftstheoretiker, daß dies im allgemeinen auch bei jedem anderen Volk so gewesen war, das eine industrielle Revolution durchzustehen hatte. Das Wesen des Protektionismus des neunzehnten Jahrhunderts war es gewesen, dem Verbraucher billige ausländische Waren vorzuenthalten, um auf diese Weise die eigene Industrie zu schützen und zu entwickeln. Aber in keinem anderen Land war jemals der Kontrast zwischen der Anhäufung nationalen Reichtums und der individuellen Armut so kraß gewesen wie im Rußland Stalins. Und was vielleicht noch wichtiger ist, in keinem anderen Land war diese Diskrepanz je mit Sozialismus und klassenloser Gesellschaft identifiziert worden.

Stalin verlangte von der Arbeiterklasse nicht nur die übermenschlichen Anstrengungen und Opfer, die sie ohnehin schon brachte, sondern auch noch die Überzeugung, daß es ihr besser gehe und daß sie ein angenehmeres Leben führe als die Völker der kapitalistischen Länder. Das war nicht wahr, es konnte gar nicht wahr sein. Aber es lag nicht am Sozialismus, noch war es die Schuld Stalins oder seiner Regierung, obwohl einige ihrer Fehlgriffe die Situation noch verschlechterten. Aber es war Stalins Schuld, wenn das überhaupt das richtige Wort ist, daß er dem russischen Volk seinen elenden Lebensstandard als Gipfel sozialistischer Errungenschaften präsentierte.

Diese Verdrehung der Tatsachen wurde zur Quelle eines erstaunlichen Systems von Heucheleien und Täuschungen. Die erste Folge war, daß man dem russischen Volk nicht gestatten durfte, selber Vergleiche zwischen den Lebensverhältnissen in Rußland und in den kapitalistischen Ländern anzustellen. Die zweite war, daß die sowjetischen Propagandisten viele Jahre lang die Lebensbedingungen in Rußland nicht nur beschönigten, sondern beharrlich ein ins Absurde verzerrtes Bild vom Elend der Arbeiterklasse im Ausland verbreiteten. Und die dritte, daß möglichst wenigen Sowjetrussen gestattet werden sollte, das soziale Leben im Ausland durch eigene Beobachtungen oder die Lektüre ausländischer Bücher und Zeitschriften zu studieren. Die Aufrechterhaltung des »Eisernen Vorhangs« wurde daher Stalins hauptsächliches wirtschaftliches und politisches Interesse.

Rußland wurde hermetisch von der übrigen Welt abgeschlossen, und während der Säuberungsprozesse artete dies schließlich in eine krankhafte Psychose aus. Das Bild einer finstern, alles durchdringenden fremden Verschwörung, das Wyschinski als Ankläger in diesen Prozessen entwarf und das die Angeklagten durch ihre Selbstbezichtigungen noch unheimlicher erscheinen ließen, die Behauptung, daß in jeder Zelle des politischen Organismus Agenten dieser ausländischen Verschwörung saßen, die furchtbaren Strafen, die über die angeblichen »Verschwörer« verhängt wurden, all das förderte eine neurotische Angst vor allem, was mit dem Ausland zusammenhing. Jede Berührung mit einem Ausländer und mit Problemen des Auslands, auch wenn sie noch so oberflächlich und zufällig war, mußte als gefährliche Infektionsquelle erscheinen. Es gab alte Leute, die natürlich ahnten, daß all dies zweckbestimmte Konstruktionen waren. Sie beugten sich der Isolierung aus Furcht. Die Jugend aber glaubte, was man ihr erzählte. Ihre Abscheu vor den Lastern des Auslandes war genau so echt wie ihr Haß gegen die politische Ketzerei im eigenen Land. Das gehörte zu ihrer sonstigen Denkungsart und zu ihrem Charakter. Fast von der Wiege an waren sie für den monolithischen Staat geformt worden, man hatte sie mit dem Marxismus großgezogen, allerdings mit einer vergröberten byzantinischen Abart der Lehre von Karl Marx. Der Zweifel an amtlich vorgeschriebenen Wahrheiten war ihnen nie erlaubt gewesen. Sie hatten niemals eine ernsthafte Auseinandersetzung zwischen entgegengesetzten Ansichten und Grundsätzen erlebt, sie wußten nicht, was es heißt, sich eine eigene und unabhängige Meinung zu bilden. Durch die Säuberungsprozesse wurde der Geist der russischen Jugend endgültig gegen jeden Einfluß von außen isoliert.

Obwohl der »Eiserne Vorhang« aus so vielen verschiedenen Elementen bestand, erfüllte er tatsächlich eine zweifache Aufgabe, eine »progressive« und eine »reaktionäre«. Hinter dem Vorhang fand die Revolution einen bestimmten Grad an Sicherheit, und die Regierung konnte mit der Industrialisierung und Modernisierung fortfahren. (Der streng militärische Wert des »Eisernen Vorhangs« zeigte sich erst im Krieg, als die deutschen Generäle während des Vormarsches in Rußland zu ihrer großen Verwunderung feststellen mußten, daß sie über ihren Gegner so gut wie nichts gewußt hatten.[2]) Gleichzeitig schützte der »Eiserne Vorhang« Stalins Autokratie, seinen unverhüllten Despotismus, seine Legenden und seine Täuschungsmanöver. Durch diese beiden Funktionen wurde der »Eiserne Vorhang« für den Stalinismus zu einer unerläßlichen Voraussetzung seiner bloßen Existenz.

Der Sieg aber schien diese *conditio sine qua non* für den Stalinismus in Frage zu stellen. Rußland sah sich plötzlich auf tausenderlei Art in das Leben und die Probleme der Welt jenseits des Vorhangs verwickelt. Millionen russischer Soldaten marschierten in einem Dutzend fremder Länder. Sie waren in mehr als einer Hinsicht »l'état en voyage«, wie Napoleon eine in ein fremdes Land marschierende Armee bezeichnete. Millionen von Zwangsarbeitern kehrten nach einem langen Aufenthalt in Deutschland nach Hause zurück. Eine große Zahl russischer Offiziere saß in interalliierten Kommissionen im täglichen Kontakt mit einer fremden Welt. Der »Eiserne Vorhang« war durchlöchert, zerrissen, ja fast in Trümmern.

Der Eindruck, den der kapitalistische Westen auf die Russen machte, war keineswegs gleichmäßig vorteilhaft, wie einige Leute im Westen in selbstgefälliger Täuschung zu glauben geneigt waren. Die Russen sahen ein Europa in Trümmern. Millionen seiner Männer und Frauen hatten jahrelang hinter dem Stacheldraht der deutschen Konzentrationslager oder im Schatten der Gaskammern gelebt. Sie fanden den häßlich erkrankten Rumpf der europäischen Zivilisation vor, nicht ihr altes, vornehmes Gesicht. Vielen von ihnen muß das Bild der Außenwelt sogar noch schwärzer erschienen sein, als es die Propagandisten daheim gemalt hatten. Sogar diejenigen, denen so düstere Erfahrungen erspart blieben, waren keineswegs zur kapitalistischen Lebensweise bekehrt. Für viele war jede Gesellschaft, in der die Produktionsmittel nicht der Gemeinschaft gehörten, eine soziale Ungerechtigkeit schlechthin, ein erstaunlicher oder lächerlicher Anachronismus. Aber trotzdem begann im Kontakt mit der Außenwelt der in der Isolation aufgeführte Bau der Denkgewohnheiten zu wanken, wenn nicht zusammenzubrechen. Die Russen merkten, daß sogar inmitten der Verheerungen des Krieges die Ausländer einen noch höheren Lebensstandard als sie selbst hatten. Sie waren von den Annehmlichkeiten des Lebens, deren sich selbst die Besiegten noch erfreuten, geradezu geblendet.[3] Sie beobachteten nicht ohne Neid, daß die Polen, Ungarn, Tschechen und Jugoslawen einem geringeren Druck unterstanden und ihre Meinung freier sagen durften als sie selbst; kurzum, sie hatten noch eine gewisse Freiheit.

Die Berührung mit fremden Ländern erzeugte ein moralisches Ferment. Die Bedeutung dieses Gärungsprozesses läßt sich daraus ermessen, daß er Millionen Russen befallen hatte, die bei ihrer Rückkehr nicht daran gehindert werden konnten, etwas von ihren eigenen Erfahrungen auf ihre Verwandten und Freunde zu übertragen. Daraus konnte sich für den Augenblick keine sensationelle politische Entwicklung ergeben, noch konnte sich dieses Ferment zu endgültigen politischen Ideen kristallisieren; es gab ja keine unabhängigen Gruppen oder Organisationen mehr, die solche Ideen hätten formen können. Was aber begonnen hatte, so scheint es zumindest, war ein unbeirrbarer Prozeß der Umwertung von Werten, dessen Dauer und letztes Ergebnis niemand absehen kann. Jedenfalls hat diese Erfahrung dem Wunsch des russischen Volkes nach Verbesserung seiner allgemeinen Lebensbedingungen einen starken Auftrieb gegeben. Diesem Wunsch kam die Regierung Stalins auf halbem Weg dadurch entgegen, daß sie aus den Besiegten Reparationen herauspreßte und sich gleichzeitig alle erdenkliche Mühe gab, die eigene Industrie in Gang zu bringen. Aber über diese rein materiellen Bedürfnisse hinaus machte sich in Rußland eine neue, lang verlorene Sehnsucht nach Freiheit und eine ebenso ungewohnte Neugier auf die Vorgänge in der weiten Welt geltend, eine Sehnsucht und ein Wissensdrang, den die Regierung nur schlecht befriedigen konnte.[4] Die geistig regsamen und fortschrittlichen Kreise des russischen Volkes mußten aus dem Sieg den Schluß ziehen, daß das russische Volk seine größte Prüfung bestanden habe, daß es reif geworden und der Vormundschaft entwachsen sei, der es so viel zu verdanken, unter der es aber auch so viel gelitten hatte. Es gibt keinen Zweifel, daß die Nation im Hochgefühl des Sieges willens war, Stalins frühere Ausfälle zu vergessen. Aber noch unzweifelhafter war es, daß das russische Volk eine Wiederholung solcher Verbrechen nicht mehr zulassen wollte.

Wir sagten, daß es in Rußland keine Gruppen oder Organisationen gab, die in der Lage gewesen wären, den neuen Gärungsprozeß in politische Ideen umzusetzen. Diese Feststellung bedarf einer Erläuterung. Gegen Kriegsende stellte das Offizierskorps den Keim einer solchen Organisation dar. In einem früheren Kapitel dieses Buches haben wir die Umstände untersucht, die es der Roten Armee möglich machten, sich dem totalitären Druck zu entziehen und ein eigenes Selbstbewußtsein zu entwickeln. Als der Sieg errungen war, stand das Offizierskorps moralisch an der Spitze der Nation. Es hatte in Marschall Schukow einen Führer, zu dem es voll Vertrauen aufblicken konnte. Das war der Mann, der Moskau verteidigt und Berlin erobert hatte, ein Feldherr, dessen Popularität an die Stalins heranreichte. Vielleicht war seine Popularität sogar eine Nuance echter, weil sie dem Volk nicht durch die amtliche Propagandamaschine eingehämmert worden war. Damit soll nicht gesagt sein, daß Stalins Stellung in Gefahr gewesen wäre oder daß Schukow die Rolle eines Rivalen und Nebenbuhlers hätte spielen können. Es hätte wahrscheinlich sehr lange gedauert, bis eine echte Opposition hätte entstehen können, und es ist in hohem Maße zweifelhaft, ob dies zu Stalins Lebzeiten überhaupt möglich gewesen wäre. Obwohl also die persönliche Stellung Stalins keineswegs gefährdet war, so war er dennoch wie in den dreißiger Jahren darauf bedacht, jede Möglichkeit der Bildung einer Nebenregierung oder auch nur die Herausstellung eines etwaigen, nicht von ihm ernannten Nachfolgers zu verhindern, allerdings in sehr viel milderen Formen. Vielleicht hat er sich an die Entwicklung jener Ideen erinnert, welche die Armee Alexanders I. aus Europa mitgebracht hatte. Wenige Jahre nach ihrem Sieg über Napoleon war die Armee des Zaren von geheimen Gesellschaften unterminiert, deren Anhänger aus den Beobachtungen, die sie im Ausland gemacht hatten, den Schluß zogen, daß sie sich zu Hause für die Reform und den Fortschritt einsetzen müßten. Nach Alexanders Tod führten diese Geheimbündler den Dekabristenputsch des Jahres 1825 durch, das erste Vorspiel einer langen Reihe revolutionärer Erschütterungen.

Aus diesem Grund war Stalin bestrebt, der Kommunistischen Partei so rasch wie möglich wieder die alte überragende Stellung zu verschaffen, die sie immer in Staat und Gesellschaft gehabt hatte und die sie mit keiner anderen Organisation teilen sollte. Die hochgefeierten Marschälle und Generale hatten sich wieder in den Hintergrund zu begeben. Einige Monate nach der Feuereinstellung wurden ihre Namen und Taten von den amtlichen Propagandisten kaum mehr erwähnt. Man könnte sagen, daß dies nur ein normales und durchaus vernünftiges Verfahren war und daß wahrscheinlich jedes Volk so gehandelt hätte, das nicht unter der Fuchtel eines militärischen Diktators lebt. Aber es steckt wohl mehr dahinter. Wenn der Glanz des Offizierskorps verblaßte, so hatte das auch seine politische Bedeutung. Dieser Wechsel wurde mit genauer Überlegung und großer Folgerichtigkeit in Szene gesetzt. Das wurde ganz klar, als im Jahr 1946 der Marschall Schukow aus dem Blickfeld der Öffentlichkeit verschwand. Seine Rolle bei der Verteidigung von Stalingrad, ja sogar bei der Schlacht um Moskau wurde seither nach und nach aus den amtlichen Kriegsdarstellungen gestrichen. Am dritten Jahrestag des Falls von Berlin brachte es die »Prawda« sogar fertig, des Tages zu gedenken, ohne den Namen Schukows auch nur mit einer Silbe zu erwähnen.[5] Er wurde aus den Annalen der Kriegsgeschichte gelöscht, genauso wie zuvor so viele Namen aus den Annalen der Revolution gelöscht worden waren.

Stalins Bemühungen, die moralische Vormachtstellung der Partei wieder aufzurichten, gingen Hand in Hand mit seinem Bestreben, ihr Gesicht von der nationalistischen Schminke zu reinigen, die ihr während des Krieges aufgelegt worden war. Im Tauziehen zwischen Revolution und Tradition gelang es der Revolution, obwohl sich die Tradition nicht ganz unterdrücken noch ausschalten ließ, bald wieder festen Fuß zu fassen. Wie im Krieg, so mußten auch jetzt im Frieden auf den verschiedensten Gebieten manche ideologischen Anpassungen vorgenommen werden: in der Politik, in der Wirtschaft, in den philosophischen und geschichtlichen Deutungen der Ereignisse, im Roman, in der Kunst. Die alten Hausheiligen »Mütterchen Rußlands«, die man erst kürzlich neu geweiht und mit großer Feierlichkeit auf ihren alten Platz gestellt hatte, wurden stillschweigend wieder in die Rumpelkammer verfrachtet, wenn sie nicht überhaupt in Stücke geschlagen wurden. Jetzt galt es nicht mehr als guter patriotischer Stil, die Namen von Kutusow, Suworow, Minin und Posharski zu beschwören. Jetzt war es auf einmal wieder aus der Mode, die großen Zaren, Iwan den Schrecklichen und Peter den Großen, zu verherrlichen, die soeben noch von Schriftstellern und Historikern mit mehr Verehrung denn Vorbehalten als die geistigen Vorläufer Stalins gefeiert worden waren. Sogar die slawophile Propaganda wurde wieder gedrosselt. Im allgemeinen hat man den Eindruck, daß es nicht mehr erwünscht war, wenn die Gedanken des Volkes allzusehr auf seine Vergangenheit gelenkt wurden.⁶ Die Aufgabe lautete jetzt wieder Erweckung des »bolschewistischen Bewußtseins«. Die Jugend mußte wieder lernen, worin das moderne Rußland sich vom alten unterschied. Die Ähnlichkeiten beider Regime waren nun weniger gefragt. Das russische Volk sollte wieder einsehen, wieviel die Sowjetunion dem Sozialismus und dem Klassenkampf, das heißt dem Marxismus-Leninismus in der stalinistischen Deutung, zu verdanken hat. Eine Art leninistische Renaissance wurde gefördert und ermutigt. Vielleicht ist diese Wendung die natürliche Reaktion auf den übertriebenen Nationalismus der Kriegsjahre. Vielleicht entsprach sie auch den persönlichen Wünschen Stalins. Von 1941 bis 1943 mochte er sich geschmeichelt fühlen, wenn man ihn mit Peter dem Großen verglich, und er war vielleicht auch stolz auf die Parallelen, die man zwischen den beiden großen vaterländischen Kriegen der Jahre 1812 und 1941 zog. Indem man ihn auf die Schultern der Vorfahren hob, gewann er an Größe. Aber als Sieger in diesem gewaltigen Krieg brauchte er all das nicht mehr. Die Peter, die Kutusow und Alexander waren jetzt, an ihm gemessen, allesamt Zwerge. Jetzt bedeutete es mehr für ihn, wenn er wieder als Nachfolger Lenins erschien, denn Lenin war trotz allem immer das geblieben, was er immer gewesen war. Aber abgesehen von solchen Erwägungen, über die nur Vermutungen angestellt werden können, hatte Stalin guten Grund, die Renaissance des Leninismus zu fördern. Mit dieser Waffe durfte er hoffen, dem Druck, der aus dem kapitalistischen Westen gegen Rußland einsetzte, begegnen zu können. Die patriotische Propaganda war gut und recht gewesen, das Volk zu einem erbitterten Kampf um Sein oder Nichtsein aufzurütteln. Sie taugte aber nichts mehr, wenn es galt, das russische Volk gegen die »verderblichen Einflüsse« der fremden Welt abzuschirmen und ihm neue Hoffnungen zu machen. Nur im Licht der bolschewistischen Doktrin, die lehrte, daß der Kapitalismus unweigerlich dem Verfall und der Sozialismus dem Triumph entgegengehe, konnte man dem russischen Volk einreden, daß das, was es im Westen an höchst angenehmen Erscheinungen gesehen und erlebt hatte, nur ein trügerisches Wahnbild sei, hinter dem sich der unvermeidliche Verfall verberge. Stalin gab sich deshalb so große Mühe, den halb erloschenen Eifer und ideologischen Fanatismus des Kommunismus zu neuer Kraft zu entwickeln, um auf diese Weise seine Position gegen den Westen zu verteidigen, und zwar nicht nur außerhalb, sondern auch innerhalb Rußlands. Er hoffte, daß dieser Appell an den Glauben und den Eifer des Kommunismus es ihm ermöglichen werde, die Moral der russischen Intelligenz zu untermauern und sie damit aufs neue an die Härten seiner Herrschaft zu gewöhnen. Wie eine der vielen Ironien der Geschichte wurde der Leninismus jetzt aufgeboten, die Lücken in dem »Eisernen Vorhang« Stalins zu schließen.

Das war eine wahre Sisyphusarbeit, was auf die offensichtlichen Widersprüche zwischen Stalins innerer und äußerer Politik zurückzuführen war. Seine Außenpolitik zielte darauf ab, Rußlands Rolle in Europa zu erhalten. Seine Innenpolitik wollte dem russischen Volk das Fenster nach Europa vernageln. Er wollte Rußland aufs neue isolieren, und zwar nicht nur von den Teilen des Kontinents, die unter britischem und amerikanischem Einfluß standen, sondern sogar von dem Teil Europas, der militärisch und politisch unter russischen Einfluß geraten war. Denn das Leben und das geistige Klima in den sogenannten Volksdemokratien waren von den Verhältnissen in Rußland immer noch sehr verschieden. Dies mochte zum Teil daher rühren, daß Russen, Polen, Tschechen, Ungarn und Serben eben doch ganz verschiedene nationale Traditionen haben. Auch in Rußland hat der Stalinismus lange Jahre gebraucht, ehe er sich voll entwickeln konnte. Er brauchte, um ans Ziel zu kommen, umstürzende wirtschaftliche Umwälzungen, politische Schockbehandlungen und langwierige Veränderungen. Das Endprodukt einer so langen und komplizierten Entwicklung konnte nicht fix und fertig in fremde Länder exportiert werden, auch wenn diese in der russischen Einflußsphäre lagen. Für die nächsten Jahre würden diese Länder, in denen in der Landwirtschaft das Privateigentum vorherrschte, die ganz andere industrielle Arbeitsmethoden mit ganz anderer Produktionsintensität hatten, im Vergleich zu Rußland ihr eigenes Gesicht behalten. Der Lebensstandard der Tschechen und Polen war schon immer höher als der russische. Er konnte ihn unmöglich zum Zweck der Industrialisierung dieser Länder auf das russische Niveau herabdrücken. All dies mußte zwangsläufig zu »Abweichungen« von der kommunistischen Rechtsgläubigkeit führen. Wenn man einen unkontrollierten Kontakt zwischen Rußland und den Volksdemokratien herstellen, einen freien Reiseverkehr und einen Austausch von Ideen hätte zulassen wollen, so hätte sich daraus sehr wahrscheinlich eine neue Quelle für Unruhen innerhalb Rußlands entwickeln können. Deshalb mußte Stalin zwei »Eiserne Vorhänge« errichten. Der eine trennte Rußland von seiner eigenen europäischen Einflußsphäre, der andere trennte die Gebiete des russischen Einflusses von der westlichen Welt. Die öffentliche Meinung im Westen kümmerte sich mehr um den ihr naheliegenden »Eisernen Vorhang«, aber dieser Vorhang, der Rußland von seinen Satellitenstaaten trennte, war noch viel undurchdringlicher. Trotzdem ist die Frage berechtigt, ob diese doppelte Isolierung sich auf die Dauer mit einer Politik vertragen wird, die Rußland zur gleichen Zeit in Europa und außerhalb Europas führen möchte.

Das wirkliche Drama des siegreichen Stalinismus liegt aber in einem noch viel größeren und viel gefährlicheren Dilemma. Stalin hatte alles auf eine Revolutionierung der sowjetischen Einflußzone gesetzt. War dieses Ziel erreicht, so glaubte er vielleicht den großen Waffenstillstand, »das friedliche Nebeneinander« des kapitalistischen Westens und des sozialistischen Ostens verbürgen zu können, um seine eigenen Worte zu gebrauchen. Aber diese beiden Ziele, die Revolutionierung der russischen Einflußzone und das friedliche Nebeneinander der beiden Systeme schienen sich nicht miteinander vertragen zu wollen. Der Waffenstillstand zwischen Kapitalismus und Kommunismus, der während der zwanziger und dreißiger Jahre angedauert hatte, beruhte auf einem sehr prekären Gleichgewicht der Kräfte, das heute kaum mehr hergestellt werden kann. Die wichtigsten Faktoren dieser Gewichtsverteilung waren die Schwäche Rußlands und der Isolationismus Amerikas. Beides gehört der Vergangenheit an. Wenn ein neues Gleichgewicht hergestellt werden soll, müssen sich die Vereinigten Staaten mit der Hegemonie Rußlands im Osten und der Sowjetstaat mit der Vorherrschaft Amerikas im Westen abfinden. Das bedeutet nichts anderes, als daß sich diese beiden Mächte über eine dauernde Teilung der Welt in zwei Einflußzonen einigen müßten. Aber selbst wenn ihnen dies gelänge, so wäre das neue Gleichgewicht der Kräfte immer noch sehr schwankend wegen der Polarisation der Macht an zwei Punkten und wegen der Reibungen, die an den Berührungsflächen der beiden Systeme notwendigerweise entstehen müssen. Noch wichtiger ist freilich die Frage, ob die Welt im Atomzeitalter nicht bereits zu klein wurde, um zwei antagonistischen Systemen Raum zu bieten. Diese Frage ist nicht ganz neu. Die Entwicklung der modernen Technik weist seit langem darauf hin, daß die Zeit der Nationalstaaten und der Kolonialreiche dahin ist. Durch die plötzliche und gleichzeitige Expansion des amerikanischen und des sowjetischen Einflusses, die mit einer neuen umwälzenden Revolution der industriellen Technik zusammenfällt, ist diese Frage mit unausweichlicher Schärfe gestellt. Und vor dieser Frage scheint sich auch der siegreiche Stalinismus genauso wie die übrige Welt geschlagen geben zu müssen.

Man darf sich wohl nicht einbilden, daß es möglich sei, aus diesem Bericht abschließende Folgerungen zu ziehen oder auf Grund dieses Materials ein sicheres Urteil über den Mann, seine Leistungen und seine Mißerfolge zu fällen. Nach so vielen Höhen und Tiefen scheint sein Drama jetzt seinem eigentlichen Höhepunkt zuzutreiben. Und niemand weiß, in welch neue Perspektiven das Vergangene gedrängt wird, wenn erst einmal der Vorhang nach dem letzten Akt gefallen sein wird.

Sicher aber scheint festzustehen, daß Stalin in die Reihe der großen revolutionären Despoten gehört, zu denen Cromwell, Robespierre und Napoleon zählten. Wenn man ihn so sieht, wird man auf jeden Teil dieses Berichts den gleichen Nachdruck legen müssen. Stalin ist groß, wenn man ihn an der Größe seines Unterfangens mißt, an dem Schwung seiner Taten, an der Weite des Schauplatzes, den er beherrschte. Er ist Revolutionär, aber nicht in dem Sinn, daß er dem Grundgedanken seiner Revolution immer und in allem treu geblieben wäre, sondern weil er die Idee einer fundamental neuen sozialen Organisation in die Tat umsetzte. Sie wird dauern, gleichgültig, was ihm persönlich und sogar dem Regime, das mit seinem Namen verknüpft ist, noch zustoßen mag. Sie wird die menschlichen Erfahrungen bereichern und sie in neue Bahnen lenken. Es muß für Stalin einer seiner größten Triumphe gewesen sein mitanzusehen, wie viele andere Regierungen ihn um seinen Ruhm zu bringen versuchten, indem sie vorgaben, die Planwirtschaft ebenfalls richtig angewandt zu haben. Aber auf seinen Erfolgen liegt der finstere Makel eines unmenschlichen Despotismus, und eben dieser mag eines Tages eine so heftige Reaktion hervorrufen, daß die Menschen vielleicht nicht recht wissen werden, wogegen sie Stellung beziehen: gegen die Tyrannei Stalins oder gegen seine fortschrittliche soziale Leistung.

Die Vielschichtigkeit von Stalins Charakter und seine Rolle werden erst deutlich, wenn man Stalin mit Hitler zu vergleichen versucht. Die Ähnlichkeiten zwischen den beiden sind zahlreich und erstaunlich. Beide unterdrückten ihre Opposition erbarmungslos und ohne Skrupel. Beide schufen den Apparat eines totalitären Staates und unterwarfen ihr Volk einem ständigen, nie gelockerten Druck. Beide versuchten, das Denken und Trachten ihres Volkes in eine Einheitsform zu pressen, außerhalb welcher es keine »unerwünschten« Regungen oder Einflüsse geben durfte. Beide regierten nach dem Führerprinzip und stellten ihre Person als absolute Herrscher hoch über ihr Volk.[7]

Damit hören aber die Ähnlichkeiten auf, und die Unterschiede beginnen: Hitler ist es nicht gelungen, seiner Nation in auch nur einer Beziehung zum geringsten Fortschritt zu verhelfen. Auf fast allen Gebieten ist sie durch ihn nur weit hinter den Punkt zurückgeworfen worden, den sie vor Hitlers Machtübernahme erreicht hatte — erschreckend weit sogar. Das Deutschland, dessen Führung Hitler 1933 übernahm, war trotz der wirtschaftlichen Depression, des sozialen Drucks und der Spannungen ein reiches, blühendes Land. Seine Industrie war die leistungsfähigste des Kontinents. Es hatte die modernsten sozialen Einrichtungen von allen europäischen Ländern. Seine Universitäten waren Forschungszentren, die auf ihre berühmten Wissenschaftler stolz sein konnten. Die deutsche Jugend war im Durchschnitt ernst, geistig aufgeweckt und idealistisch. Das deutsche Theater wurde überall hochgeschätzt und nachgeahmt. Die großen deutschen Zeitungen waren die bestgeschriebenen und bestinformierten der gesamten kontinentalen Presse.

Das Deutschland, das Hitler zurückließ, war verarmt und bis zur Verwilderung heruntergekommen. Wir wollen hier nicht von den Folgen der Niederlage sprechen, sondern von dem Zustand, in dem sich das Volk ganz abgesehen davon befand. Die Produktionskapazität, über die das Land unter Hitler verfügte, war außer in einigen Rüstungsfabriken nicht wesentlich größer als zuvor. Seine sozialen Einrichtungen waren halb zerstört. Seine Universitäten wurden zum Exerzierplatz einer Generation von furchtbaren Scheusalen. Seine berühmten Wissenschaftler mußten entweder auswandern oder unter Leitung der SS auf sinnlose Rassentheorien umlernen. Seine Ärzte wurden in Spezialisten des Rassenwahns und in Mörder an denen verwandelt, deren Blut als unrein verurteilt wurde. Im Heiligtum der Nationalphilosophie nahm Alfred Rosenberg den Platz für sich in Anspruch, der sonst Immanuel Kant zustand. Die zwölf Jahre nazistischer »Erziehung« durch Presse, Radio, Kino und Theater hatten das kollektive Denken der Deutschen zu einem Spott gemacht und ruiniert. Diesen furchtbaren Verlusten stand nicht eine einzige positive Errungenschaft gegenüber, es sei denn, man würde es als solche bezeichnen, daß eine Nation oder Rasse sich berechtigt glaubt, andere zu beherrschen und umzubringen. Als die Fassade der Nazis weggeblasen war, wurde den Augen der Welt die gleiche Struktur sichtbar, die es schon im Deutschland vor Hitler gab: seine Großindustriellen, seine Krupp, Thyssen und Junker, seine Mittelklasse, sein Großbauerntum, seine Landarbeiter und Industriearbeiter — alle waren noch da. Soziologisch — nicht politisch — war das Deutschland von 1945 noch das Deutschland der Hohenzollern, das nur durch einen tragischen, zwecklosen Aufruhr in eine furchtbare Unordnung und Konfusion geraten war.[8]

Wie anders war es doch im stalinistischen Rußland. Das Volk, dessen Führung Stalin übernahm, konnte man — abgesehen von einer kleinen Gruppe Gebildeter und von fortschrittlichen Arbeitern — mit Recht als eine Nation von Wilden bezeichnen. Damit soll nichts über den russischen Volkscharakter gesagt werden. Rußlands Rückständigkeit, sein asiatischer Zug, waren nicht die Schuld, sondern die Tragödie des Landes. Stalin unternahm es, um einen berühmten Ausspruch zu zitieren, die Barbarei mit barbarischen Mitteln auszutreiben. Aber gerade durch die Art der angewandten Methode kehrte wieder vieles ins russische Leben zurück, was man an Barbarei hinausgeworfen zu haben glaubte. Trotzdem aber hat die Nation auf fast allen Gebieten ihrer Existenz große Fortschritte erzielt. Ihre Produktionskapazität, die im Jahr 1930 noch nicht einmal an die eines europäischen Mittelstaates heranreichte, wurde so rasch und umfassend erweitert, daß Rußland heute die erste Wirtschaftsmacht Europas und die zweite in der Welt ist. In wenig mehr als einem Jahrzehnt verdoppelte sich die Zahl der russischen großen und mittleren Städte. Die Stadtbevölkerung stieg um dreißig Millionen. Die Zahl der Bildungsstätten aller Arten und Grade vervielfachte sich in höchst eindrucksvoller Weise. Ganz Rußland wurde in die Schule geschickt. Das russische Volk ist heute geistig so wach geworden, daß es wahrscheinlich nie mehr in den Schlummer geistiger Indolenz eingelullt werden kann. Der Drang nach Wissen, das Interesse für Wissenschaft und Kunst wurden durch Stalins Regiment derart angereizt, daß manchmal der Eindruck entsteht, dieser Eifer sei unersättlich, ja unbändig. Es muß an dieser Stelle bemerkt werden, daß Stalin, obwohl er Rußland streng gegen alle zeitgenössischen Einflüsse aus dem Westen abriegelte, jedes Interesse an dem, was er »kulturelles Erbe« des Westens nannte, förderte und anregte. Vielleicht hat man in keinem anderen Land der Jugend eine so große Achtung und so viel bewundernde Liebe für die klassische Literatur und Kunst anderer Nationen beigebracht wie in Rußland.[9] Darin liegt einer der grundlegenden Unterschiede zwischen den erzieherischen Methoden des Nazismus und des Stalinismus. Stalin unterscheidet sich von Hitler auch darin, daß er der jungen Generation nie verbot, die Klassiker der eigenen Literatur zu lesen, selbst wenn diese ideologisch nicht mit ihm übereinstimmten. Er tyrannisierte die lebenden Dichter, Romanschriftsteller, Geschichtsschreiber, Maler, ja sogar die Komponisten, aber Toten gegenüber bekundete er fast immer große Pietät. Die Werke von Puschkin, Gogol, Tolstoi, Tschechow, Bjelinski und vielen anderen, die an der Tyrannei der vergangenen Zeiten in einer Art und Weise Kritik geübt hatten, die sich häufig ohne weiteres auch auf die Zustände im stalinistischen Rußland übertragen ließ, wurden der russischen Jugend in Millionen von Exemplaren im wahrsten Sinn des Wortes in die Hand gedrückt. Es gibt keinen russischen Lessing oder Heine, dessen Werke man öffentlich verbrannt hätte. Auch wird man die Tatsache nicht übersehen dürfen, daß im Stalinismus ein — allerdings durch Stalin seltsam verzerrtes — Ideal steckt, das nicht den Menschen durch andere Menschen, Völker durch andere Völker, Rassen durch andere Rassen beherrschen lassen will, sondern ihre fundamentale Gleichheit anerkennt. Sogar die Diktatur des Proletariats erscheint nur als bloßes Übergangsstadium zu einer klassenlosen Gesellschaft. Ziel und Hoffnung ist immer noch eine Gemeinschaft freier und gleicher Menschen und nicht die Diktatur. Es gab also viele positive und wertvolle Züge im erzieherischen Einfluß des Stalinismus, die im Lauf der Zeit wahrscheinlich über die unerfreulichen Erscheinungen die Oberhand gewinnen werden.

Schließlich hat auch die russische Gesellschaft eine so gründliche und vielseitige Umschichtung erfahren, daß eine Rückwärtsentwicklung ausgeschlossen erscheint. Man kann sich vorstellen, daß das russische Volk eines Tages gegen den Belagerungszustand revoltiert, in dem es so lang gelebt hat. Es mag sein, daß Rußland so etwas wie eine politische Restauration erlebt. Sie könnte aber bestimmt nur die Oberfläche der russischen Gesellschaft streifen; dem Werk der Revolution gegenüber wäre sie noch machtloser als die Restauration der Stuarts und Bourbonen. Mehr noch als auf jede andere revolutionäre Nation trifft es auf das stalinistische Rußland zu, daß »zwanzig Jahre die Arbeit von zwanzig Generationen vollbracht haben«.

Aus all diesen Gründen kann man Stalin nicht mit Hitler zu den Tyrannen zählen, in denen man später nur noch eine absolute Wertlosigkeit und Nutzlosigkeit sieht. Hitler war der Führer einer sterilen Gegenrevolution, während Stalin der Führer und zugleich Ausbeuter einer tragischen, widerspruchsvollen und schöpferischen Revolution war. Wie Cromwell, Robespierre und Napoleon begann auch Stalin seine Laufbahn als Diener eines aufständischen Volkes, zu dessen Herrn er sich dann machte. Wie Cromwell verkörpert Stalin die Kontinuität der Revolution durch all ihre Phasen und Metamorphosen, obwohl seine Rolle zunächst weniger bedeutend war als die Cromwells. Wie Robespierre hat er seine eigene Partei verbluten lassen. Wie Napoleon baute er ein halbrevolutionäres, halbkonservatives Imperium auf und trug die Revolution über die Grenzen seines eigenen Landes hinaus. Das Gute an Stalins Werk wird seinen Schöpfer ebenso sicher überdauern wie dies bei Cromwell und Napoleon der Fall war. Aber um es für die Zukunft zu erhalten und zu seinem vollen Wert zu entfalten, wird die Geschichte das Werk Stalins vielleicht noch genauso streng läutern und neu formen müssen wie sie einst das Werk der britischen Revolution nach Cromwell und das Werk der französischen Revolution nach Napoleon gereinigt und neu geformt hatte.

XV. Kapitel

Nachtrag: Stalins letzte Jahre

Der Nachkriegs-Fünfjahresplan – Die zwanzig Millionen Toten – Der neue Terror – Der Beginn des Kalten Krieges – Stalin lehnt den Marshall-Plan ab – Die Kominform – Revolution in der Tschechoslowakei – Die Blockade Berlins – Die Sowjetunion bricht das Nuklearmonopol der USA – Die Chinesische Revolution – Die Exkommunikation Titos – Der Koreakrieg – Der großrussische Chauvinismus – Stalin und die Juden – Litt er an Verfolgungswahn? – Seine letzten Äußerungen über Linguistik und Wirtschaft – Der Neunzehnte Kongreß – Die Ärzteverschwörung – Neubeurteilung der Rolle Stalins – Sein Tod

Stalins letzte Jahre brachten ihm Erfüllung, aber auch Mißerfolge. Das Drama seiner Laufbahn wurde im Epilog noch einmal aufgeführt; war die Bühne, auf der er auftrat, von Anfang an riesig gewesen, so wuchs sie nun zu Dimensionen an, die selbst einen größeren Mann hätten klein erscheinen lassen. In den Konflikt zwischen der Sowjetunion und ihren Kriegsverbündeten war bereits die halbe Welt verwickelt; jetzt feierte die chinesische Revolution ihren Triumph, und damit war es mit der Isolierung der Sowjetunion und dem »Sozialismus in einem Land« endgültig vorbei. Die chinesische Revolution stellte alle die fragwürdigen Revolutionen, die Stalin in Osteuropa inszeniert hatte, in den Schatten. Mit einem Schlag veränderte sie das Gleichgewicht der Kräfte auf der Welt. Und sie verwandelte den Stalinismus mit seiner nationalen Selbstgenügsamkeit und seiner geheiligten Selbstsucht in einen offensiven Anachronismus.

Zur selben Zeit führten Veränderungen innerhalb der Sowjetunion langsam aber sicher zu einer inneren Aushöhlung des Stalinismus. Das Land durchlebte manche Erfahrungen der dreißiger Jahre noch einmal, denn der Krieg hatte es zurückgeworfen und sein Wachstum und seine Entwicklung verzögert. Stalin setzte den Prozeß der »ursprünglichen sozialistischen Akkumulation« erneut in Gang. Er konnte dem Volk nach den Anstrengungen des Krieges keine Ruhepause gönnen. Er mußte es von neuem mobilisieren, aus ihm das letzte Quentchen Energie herauspressen, um die zerstörten oder überlasteten Betriebe wieder herzustellen und die vielen in Schutt und Asche liegenden Städte wieder aufzubauen. Der völligen Erschöpfung des Volkes begegnete er mit der ihm eigenen unerbittlichen Härte. Aufs neue disziplinierte und reglementierte er die Menschen, unterstellte sie den strengsten Ausnahmegesetzen und Arbeitsvorschriften, unterwarf sie einer alles durchdringenden polizeilichen Kontrolle und erstickte jeden Funken des Widerstandes und der Ketzerei.

Dennoch wiederholte sich die Geschichte nicht einfach. Das Land fiel nicht in eine vergangene Phase seiner Existenz zurück. Obgleich es durch die Zerstörungen und Gemetzel des Krieges viel verloren hatte, hatte es auch neue Gebiete gewonnen und neue Vorteile erlangt, und es erholte sich rasch und kraftvoll. Die Industrialisierung der östlichen Republiken und Provinzen war beschleunigt worden, die Gebiete jenseits von Wolga und Ural, wo sich seit der deutschen Invasion die Munitionsfabriken der Roten Armee befunden hatten, dienten nun als Basis für die Wiederherstellung der Nationalwirtschaft, der auch Reparationen aus Deutschland und anderen besiegten Ländern zugute kamen. Vor allem aber war das Land politisch und kulturell nicht mehr das, was es gewesen war. Wir haben gesehen, wie die Erfahrungen von 1941-45 sein moralisches Rückgrat gestärkt und sein Denken in Aufruhr gebracht hatten. Die andauernde Modernisierung der Gesellschaft und die fortgesetzte Erziehung der Massen verstärkten diese Aufbruchstimmung, obgleich angesichts der schrecklichen Kriegsnachwirkungen in der Bevölkerung eher eine traurige und bedrückte Stimmung herrschte.

In der für ihn charakteristischen Art versuchte Stalin, die Wallungen eines neuen sozialen Bewußtseins aufzufangen und zu ersticken. Von seiner eigenen Unsicherheit getrieben und ängstlich darauf bedacht, die »monolithische« Form zu verewigen, in die er alle Regungen der Bevölkerung gezwängt hatte, versuchte er, die Alpträume der großen Säuberungen wieder lebendig werden zu lassen und in die Wirklichkeit zurückzuholen. Er konnte nicht begreifen, daß er selbst durch die von ihm geförderte Modernisierung der Gesellschaft und Erziehung der Massen das allgemeine Denken »vergiftete« und Rußland auf den Bruch mit dem Stalinismus vorbereitete. Unfähig, die Überholtheit seiner Regierungsmethoden und Dogmen zu erkennen, von immer dichteren, ihm den Blick immer mehr trübenden Weihrauchwolken umgeben, entfremdete er sich in seinen letzten Lebensjahren mehr und mehr den Realitäten seiner Zeit, ja selbst seiner eigenen Herrschaft.

Stalins Erben, zu seinen Lebzeiten seine demütigsten Diener, malten nach seinem Tod die Düsternis seiner letzten Jahre in den schwärzesten Farben. Ausführlich beschrieben sie seine Gefühllosigkeit gegenüber den Leiden der Menschen, seinen Mangel an Verständnis und seine Inkompetenz. An diesen Aussagen ist viel Wahres; sie enthalten aber auch karikierende Züge, die die vorgeblichen Tugenden seiner Nachfolger plastisch hervorheben sollten. Auch in der Nachkriegszeit handelte Stalin mit jener Mischung aus Mut und Feigheit, Staatskunst und Torheit, Scharfsinn und Kurzsichtigkeit, die für ihn während seiner ganzen Laufbahn charakteristisch war. In vielerlei Hinsicht waren seine Aufgaben jetzt schwieriger denn je.

Am 9. Februar 1946 rief er in einer »Wahlrede« den ersten Fünfjahresplan nach dem Krieg aus und skizzierte die Hauptziele für »drei oder mehr Fünfjahrespläne«. Er hob hervor, daß die Völker der Sowjetunion erst dann wirklichen Wohlstand und wirkliche Sicherheit erreichen würden, wenn die Ziele dieser Pläne erfüllt seien. Sie müßten ihre Wirtschaftsmacht weiter aufbauen, damit sie in etwa fünfzehn Jahren jährlich 60 Millionen Tonnen Stahl, 500 Millionen Tonnen Kohle, 60 Millionen Tonnen Öl und so weiter produzieren könnten. »Nur dann«, sagte er, »werden wir wirklich gegen alle Überraschungen gefeit sein.« Nur wenige Monate nach dem Abwurf der ersten Atombomben auf Hiroshima und Nagasaki spielte er in dieser Rede auf das neue Sicherheitsproblem an, das für Rußland durch das amerikanische Nuklearmonopol entstanden war, und er rief die Bevölkerung auf, sich der amerikanischen Herausforderung zu stellen.[1]

Vielen erschien dieses ehrgeizige Programm unrealistisch. Die Arbeiter, an die sich Stalin wandte, waren hungrig — der städtische Konsum war auf etwa 40 Prozent dessen zusammengeschrumpft, was in dem bereits sehr mageren Jahr 1940 verfügbar gewesen war. In den Bergwerken des Donezbeckens pumpten die Männer noch immer das Wasser aus den Schächten, jede Tonne Kohle, die man auf das Förderband brachte, war eine Kostbarkeit. Die Stahlfabriken, deren Maschinen vor Abnutzung nur so klapperten, produzierten nur zwölf Millionen Tonnen Gußstahl, einen Bruchteil der amerikanischen Erzeugung. Technische Anlagen wurden von angelernten Jugendlichen bedient. Die Leute gingen in Lumpen, viele waren barfuß. Es wirkte fast wie ein Hohn, sie aufzufordern, die Vereinigten Staaten »einzuholen«. Dennoch gelang es der Sowjetunion, die industriellen Hauptziele, die sich Stalin gesteckt hatte, zu erreichen, und dies sogar früher als geplant. Die Kohlebergwerke förderten nach nur zwölf Jahren 500 Millionen Tonnen im Jahr. Die Ölerzeugung war nach neun Jahren bis auf 60 Millionen Tonnen gestiegen. Die Stahlindustrie erzeugte Ende der fünfziger Jahre 60 Millionen Tonnen. Innerhalb derselben Zeit wurden die Zementerzeugung und die Zahl industrieller Bauten auf mehr als das Vierfache ausgeweitet; der industrielle Elektrizitätsverbrauch pro Arbeiter wuchs um das Dreifache; die Herstellung von Maschinen und Maschinenwerkzeugen wurde um das Sieben- bis Achtfache erhöht. Der größere, schwierigste Teil dieses Fortschritts wurde in den letzten Jahren der Stalin-Ära erreicht.[2]

Gleichzeitig wurden die Grundlagen der russischen Kernindustrie gelegt. Dieses Unternehmen beanspruchte einen großen Teil von Rußlands beschränkten Mitteln. Das zwischen 1946 und 1950 in allen Zweigen der Industrie investierte Kapital war ebenso groß wie sämtliche Investitionen während der dreizehnjährigen Investitionskampagne vor dem Krieg, von 1928 bis zur Invasion der Nazis. Stalin war wie immer darauf erpicht, die Schwerindustrie und die Rüstungsbetriebe zu entwickeln. Den Verbrauchsgüterindustrien setzte er äußerst bescheidene Planziele, und selbst die wurden nicht erreicht. Und wieder einmal ruhte der immense Aufbau auf einer äußerst wackeligen landwirtschaftlichen Grundlage. Während des Krieges, nachdem der Feind die reichsten Kornkammern des Landes besetzt hatte, sank der landwirtschaftliche Ertrag im übrigen Land auf weniger als die Hälfte seiner normalen Höhe. Die erste Nachkriegsernte brachte im ganzen Land nicht mehr als 60 Prozent der Vorkriegserträge. Die Reserven waren erschöpft; ein großer Teil des Viehs war geschlachtet worden; die Maschinen und Traktoren befanden sich in sehr schlechtem Zustand und es gab viel zu wenige; selbst die Saatgutvorräte waren auf ein Minimum herabgesunken oder vollständig verbraucht. Es gab auch nicht genügend Arbeitskräfte, um die Felder unter den Pflug zu nehmen, die jahrelang brachgelegen hatten.

In dieser Situation wurde das Land im Jahre 1946 von einer fürchterlichen Dürre heimgesucht. Es war, wie es in einer amtlichen Verlautbarung hieß, für die Landwirtschaft die schlimmste Katastrophe seit einem halben Jahrhundert, seit 1891. Sie erstreckte sich über viel ausgedehntere Gebiete als die Dürren und Stürme des Jahres 1921, die den ganzen Anbau in den Wolgagebieten vernichtet und über 36 Millionen Bauern eine Hungersnot gebracht hatten, die zu Ausbrüchen von Kannibalismus führte.[3] Die Menschen hörten diese Mitteilung mit Schaudern, denn das Unheil von 1891 — das den Niedergang des Zarentums beschleunigt hatte — war ihnen seither in schlimmer Erinnerung geblieben.

Die Krise von 1946 offenbarte und verschärfte die Labilität der ganzen landwirtschaftlichen Struktur. Die Kollektivwirtschaften befanden sich im Zustand der Auflösung.[4] Die Bauern kümmerten sich mehr um die winzigen Landstücke, die noch ihr privates Eigentum waren, als um die in Kollektivbesitz befindlichen Felder; die Erzeugnisse dieser Parzellen, die sie zu hohen Preisen auf den Markt brachten, ergänzten ihre mageren Einkünfte aus dem Kolchos. Während des Krieges hatten die Menschen auf dem Lande wie Sklaven geschuftet, um sich am Leben zu erhalten, die bewaffneten Streitkräfte zu versorgen, Kriegsanleihen zu zeichnen und den Vätern, Brüdern und Gatten Lebensmittelpakete an die Front zu schicken. Als der Krieg zu Ende war, erlebten nur wenige Familien, daß alle ihre Männer ins Dorf zurückkehrten. Die Bauernschaft hatte von ihren Arbeitskräften die kräftigsten und produktivsten Altersgruppen verloren; in dem Jahrzehnt nach dem Krieg wurde der Boden von alten Männern, Krüppeln, Frauen und Kindern bestellt.

Dies war der tragischste Aspekt von Rußlands militärischem Triumph: Er kostete seine Bevölkerung zwanzig Millionen Tote. Die Größe des Verlustes verheimlichte Stalin sorgfältig: Die amtliche Verlustliste sprach von sieben Millionen Toten. Jede Familie wußte natürlich, welche Verluste sie und ihre Nachbarn in dem Blutbad erlitten hatte. In jedem Dorf war bekannt, um wieviele Tote man trauerte. Was Stalin dem Land untersagte, war die Addierung der Opfer. Er hatte Angst vor der Wirkung, die das auf die nationale Moral haben könnte, und er witterte hier eine Gefahr für sich selbst: Hätte die Bevölkerung erfahren, wie gewaltig der Aderlaß gewesen war, sie wäre vielleicht all den Umständen, die dazu geführt hatten — einschließlich seiner eigenen Irrtümer und Fehleinschätzungen — weitaus hartnäckiger nachgegangen, als sie es tat. Stalin wollte auch nicht, daß seine Kriegsverbündeten, die jetzt seine potentiellen Feinde waren, erfuhren, wie schwach und erschöpft Rußland aus der Katastrophe hervorgegangen war — selbst seine Nachfolger zögerten viele Jahre, bevor sie die Daten enthüllten: Das Land mußte fast anderthalb Jahrzehnte, bis 1959, auf die erste Volkszählung nach dem Krieg warten. Sie zeigte, daß in den Altersgruppen derer, die bei Kriegsende älter als achtzehn Jahre waren — den Altersgruppen, die im Felde gestanden hatten — nur 31 Millionen Männer gegenüber 52 Millionen Frauen übrig waren.[5] Unter den Überlebenden befanden sich Millionen von Versehrten und Invaliden — und natürlich gab es Millionen alter Männer. Eine ganze Generation war umgekommen, und ihr Schatten verdunkelte Rußland den Frieden.

Aus dem zusammengeschrumpften Arbeitspotential des Landes das Maximum an produktiver Energie herauszupressen, mußte das erste Ziel jeder Politik sein, die verhindern wollte, daß die Bevölkerung in eine hilflose Betrachtung der eigenen Wunden verfiel. Die Gefahr dafür war nur allzu real. Stalins Regierung beschäftigte die Millionen von Frauen und Jugendlichen weiter, die während des Kriegs zur Arbeit in den Betrieben rekrutiert worden waren und verpflichtete weitere Millionen. Westliche Besucher russischer und ukrainischer Städte, den Schauplätzen der Kämpfe aus der jüngsten Vergangenheit, berichteten mitunter mit unangebrachter Empörung, daß sie überall ältere Frauen sahen, die in zermürbender Arbeit mit bloßen Händen die Trümmerfelder auf den Straßen und öffentlichen Plätzen abräumten. Tatsächlich bestand fast ein Drittel aller bei den Bauarbeiten Beschäftigten aus Frauen; in solchen Wirtschaftszweigen, die ihnen mehr entsprachen, stellten sie zwei Drittel oder sogar vier Fünftel der Arbeitskräfte, und im Durchschnitt waren 51 Prozent der in der städtischen Wirtschaft und 57 Prozent der in der Landwirtschaft Beschäftigten Frauen. Sämtliche gesetzliche Beschränkungen der Beschäftigung Jugendlicher wurden außer acht gelassen. Die lange Arbeitszeit, die unmittelbar vor Ausbruch des Krieges — mit einer 48-Stunden-Woche als Minimum — eingeführt worden war, blieb in Kraft, ebenso die drakonische Arbeitsdisziplin, wonach ein Arbeiter für die trivialsten Vergehen ins Konzentrationslager deportiert werden konnte. Nur so war es möglich, die städtische Beschäftigung in den ersten fünf Friedensjahren um fast zwölf Millionen zu erhöhen, so daß 1950 die Zahl der Arbeiter und Angestellten um acht Millionen höher lag als im Jahre 1940.[6] Niemand hatte das Recht, seine Arbeitsstelle selbst zu wählen oder zu wechseln — der Staat behielt sich die unbeschränkte Verfügungsgewalt über die Arbeit vor. Bis ans Ende hielt Stalin seinen Feldzug gegen die »kleinbürgerliche Gleichmacherei« aufrecht, förderte den stachanowistischen Wettbewerb und erzwang unterschiedliche Lohnsätze und Akkordarbeit, um die Entlohnungsunterschiede beizubehalten oder zu erweitern.

Es war nicht leicht, die Stimmung einzuschätzen, mit der die Bevölkerung auf seine hohen Anforderungen reagierte; es ließ sich auch nicht leicht entscheiden, welche davon durch nationale Erfordernisse gerechtfertigt und welche willkürlich auferlegt waren. Bemerkenswert war, wie heroischer Mut und verschüchterte Unterwürfigkeit im sowjetischen Charakter nebeneinander standen. Die Überlebenden der Schlacht von Moskau und der Belagerung Leningrads, die Sieger von Stalingrad und Berlin, fühlten sich bei ihrer Heimkehr jeder ihnen bevorstehenden Aufgabe oder Situation gewachsen. Inmitten der Zerreißproben, die hinter ihnen lagen, hatten viele über die Nöte ihrer nationalen Existenz nachgedacht, über die Armut und Unterdrückung, die sie in der Zeit des Friedens hatten erdulden müssen, und viele hatten sich geschworen, sich dem nicht wieder zu unterwerfen, sondern die äußersten Anstrengungen zu unternehmen, um Rußland in ein glücklicheres und freieres Land zu verwandeln. Sie fanden es nun nicht leicht, ja nicht einmal möglich, nach diesem Entschluß zu handeln. Angesichts ihrer zerstörten Städte und der verbrannten Erde ihrer Dörfer erkannten sie, daß sie eine noch drückendere Armut würden hinnehmen müssen, als sie es schon gewohnt waren, und daß sie in mühseliger Arbeit beginnen mußten, die Grundlagen ihrer nationalen Existenz wiederaufzubauen. Und oft waren sie wirklich nicht in der Lage zu unterscheiden, welche von Stalins Dekreten dem Gemeinwohl und welche lediglich seiner Alleinherrschaft nützten. So waren es mitunter die glaubwürdigsten und edelsten Motive, die tapfere Männer noch einmal zu Stalins gefügigsten Dienern werden ließen. Die Gehorsamsinstinkte und -gewohnheiten taten ihre Wirkung, denn die Erinnerung an den großen Terror der dreißiger Jahre lastete noch immer auf den Gemütern der Menschen, ausgenommen nur die ganz jungen. Stalin tat, was er konnte, um diese Erinnerung wach zu halten oder aufzufrischen. Er strafte, wo immer sein argwöhnischer Blick die geringste Herausforderung seiner Autorität wahrnahm. Die Konzentrationslager im hohen Norden und in Sibirien füllten sich erneut. Ihre neuen Insassen waren Offiziere und Soldaten, die als Kriegsgefangene furchtbare Jahre in deutschen Lagern verbracht hatten. Kaum hatten sie die Grenzen ihres Landes überschritten, wurden sie Verhören unterzogen, und ohne ihnen auch nur ein Wiedersehen mit ihren Familien zu gestatten, wurden sie eingesperrt und deportiert. Gleichermaßen erging es vielen Zivilisten, die der Feind in den besetzten Provinzen zur Zwangsarbeit in Deutschland rekrutiert hatte. Sie alle wurden als Verräter gebrandmarkt: die Soldaten, weil sie Stalins Befehl, dem Feind nicht lebendig in die Hände zu fallen, nicht befolgt hatten; die Zivilisten, weil sie mit dem Feind kollaboriert hatten. Es spielte keine Rolle, daß Stalins Befehle undurchführbar gewesen waren, daß Millionen von Soldaten gezwungen waren, sie zu mißachten, und für den »Bruch der Disziplin« mit den in der Gefangenschaft erlittenen Qualen voll bezahlt hatten. Selbst bei zynischer Betrachtung war die von Stalin über sie verhängte Strafe absurd, denn sie höhlte das Arbeitspotential des Landes noch weiter aus. Doch hatte Stalin schon vor dem Ende der Feindseligkeiten die Deportation ganzer Völkerschaften befohlen, die des Verrats bezichtigt wurden: Die Krimtataren und Tschetschenen waren, wie vor ihnen die Wolgadeutschen, gezwungen worden, ihre heimatlichen Gebiete zu verlassen und sich in den Wüsten Sibiriens niederzulassen. »Die Ukrainer«, behauptete Chruschtschow, »entgingen diesem Schicksal nur, weil sie zu viele waren (...).« Doch wurden viele Ukrainer, die mit dem Feind kollaboriert hatten oder der Kollaboration mit ihm verdächtig waren, zu langjähriger Fronarbeit verurteilt.[7]

Nicht nur, um frühere Vergehen zu bestrafen, wütete Stalins flammender Zorn über die Menschen: Es sollte auch jeder neue Drang zum Ungehorsam unterdrückt werden. Die harten Urteile und die Massendeportationen sollten jene abschrecken, die aus dem Krieg mit kühnen Ideen über die daheim nötigen Veränderungen und Reformen zurückgekehrt waren. Und Stalin handelte wiederum »nach dem Grundsatz, daß es nicht genügte, seine wirklichen Gegner zu treffen; er rottete das Milieu aus, das sie hervorgebracht hatte«. Aber selbst seine politische Polizei war manchmal nicht in der Lage, die Flut und das Chaos zu kontrollieren, die in Bewegung geratenen Menschenströme, die Millionen von evakuierten und demobilisierten Soldaten zu bändigen, die an ihre alten Wohnstätten zurückkehrten oder neue suchten. Auch gelang es ihr nicht immer, den Mut der Verzweiflung zu unterdrücken, der sich mitunter in plötzlichen, gewaltsamen Ausbrüchen entlud. In den Gebieten, die von den Deutschen besetzt gewesen waren, hatte die Nazipropaganda Wirkung gehabt, obgleich sich die Besatzer selbst verhaßt gemacht hatten. In der Westukraine, die man erneut von Polen annektiert hatte, operierten bewaffnete Banden ukrainischer Nationalisten, die ihre Basis in den karpatischen Bergen und Wäldern hatten. Sie behinderten die Wiederherstellung der sowjetischen Autorität und verbreiteten Terror. Auch in den östlichen Teilen der Ukraine herrschte Aufruhr. Banden von ehemaligen Kollaborateuren und Marodeuren durchzogen plündernd die Steppe; und sogar die seßhafte und friedfertige Bevölkerung machte ihren antirussischen und antijüdischen Gefühlen Luft.

Moskaus schroffer großrussischer Chauvinismus verschärfte die stets wachen lokalen Chauvinismen der an der Peripherie liegenden Republiken. Um sie einzudämmen, mäßigte Stalin bisweilen die großrussische Propaganda, aber nie für lange Zeit. Seine eigene widersprüchliche Haltung entsprach den Widersprüchen innerhalb seiner Bürokratie und in der Bevölkerung überhaupt, Widersprüchen, deren Herausbildung er zu verhindern und zu vertuschen suchte, so gut er konnte. Der Konflikt zwischen Tradition und Revolution überdauerte den Krieg und nahm an Intensität zu. Noch immer existierten innerhalb des stalinistischen Monolithen »zwei Seelen« nebeneinander — die eine sensibel für die leninistische Tradition und ihren proletarischen Internationalismus, die andere anfällig für großrussische Überheblichkeit und Voreingenommenheit, ja selbst für die Tradition der Schwarzen Hundertschaften und Pogrome.[8]

Die ideologische Malaise war in der Intelligenzija am akutesten. Selbst unter einem monolithisch-totalitären Regime muß der Schaffensdrang der Schriftsteller, Künstler, Philosophen und Historiker hervortreten, muß mit dem offiziellen Konformismus zusammenstoßen und, wie verhalten auch immer, die wirkliche Vielfalt des nationalen Denkens und Fühlens zum Ausdruck bringen. Daher das tragische und tragikomische Tauziehen, das während dieser Jahre zwischen Stalin und der Intelligenzija stattfand. Wie sehr sich die Intelligenzija auch bemühte, auf der Linie der Orthodoxie zu bleiben, sie wurde oft von der Spannung zwischen den widersprüchlichen Elementen des Stalinismus überwältigt, und es gelang ihr nicht, diese mit des Meisters geheimnisvollen und schwer faßbaren Anweisungen in Einklang zu bringen. So sah sich ein berühmter ukrainischer Dichter plötzlich des »Lokalchauvinismus« beschuldigt; anerkannte Historiker wurden getadelt, weil sie die fortschrittliche Natur der zaristischen Eroberung des Kaukasus und Zentralasiens unterschätzt hatten; einem volkstümlichen Satiriker wurde Nihilismus vorgeworfen; Philosophen wurden angeklagt, die Herkunft des Marxismus aus dem deutschen Hegelianismus über Gebühr zu verherrlichen; großen Komponisten warf man vor, die von Stalin so geliebte Volksmusik voller Hochmut und Unverständnis zu behandeln; Literaturkritikern wurde nachgewiesen, daß sie gegen den Kanon des sozialistischen Realismus verstießen, und so fort. Die Intelligenzija mußte sich auf dem schmalen Grad zwischen den Abgründen des Nationalismus und des »wurzellosen Kosmopolitismus« bewegen. Stalin beauftragte Andrei Shdanow, Mitglied des Politbüros und Oberster Kommissar von Leningrad, in den Reihen der Ideologen Ordnung zu halten und Abweichler zu züchtigen. Die kurze Periode Shdanowscher Zensur über Künste und Literatur — er starb im Sommer 1948 — sollte der Intelligenzija lange im Gedächtnis bleiben als eine der übelsten Heimsuchungen, die sie je zu erdulden hatte.[9]

Shdanows Erlasse berührten jedoch nur die oberste Gesellschaftsschicht unmittelbar. Die Arbeiter und Bauern am unteren Ende der gesellschaftlichen Skala waren völlig verstummt. Wäre das auch der Fall gewesen, wenn der Krieg in ihre Mitte nicht ein so ungeheuer großes Loch gerissen hätte? Innerhalb von dreißig Jahren hatte des Sowjetvolk mehrfach, im Krieg, im Bürgerkrieg, in den Säuberungen und in den Hungersnöten, seine aktivsten, intelligentesten und selbstlosesten Mitglieder verloren — jene, die dafür hätten kämpfen können, das Erbe der Revolution vor dem autokratischen Despotismus zu retten. Jetzt bestand die eine Hälfte der Arbeiterklasse aus Menschen im mittleren Lebensalter und aus Alten, die zu viel erlebt und erduldet hatten, als daß ihnen noch Kampfgeist verblieben wäre; die andere Hälfte waren Jugendliche, die zu wenig erlebt und begriffen hatten, als daß sie sich ihre eigene politische Meinung hätten bilden können. Das Schweigen der im Kriege umgekommenen Generation lag wie ein Leichentuch auf dem Bewußtsein der ganzen Klasse.

Die Bauernschaft war sogar noch bedrückter und passiver. Eingeschüchtert und voll davon in Anspruch genommen, ihre elementarsten materiellen Existenzbedingungen neu zu schaffen, entsagte der größte Teil der Bevölkerung allen politischen Bestrebungen und zog sich ins Privatleben zurück. Der Verlust der jungen, reifen und zeugungsfähigen Altersgruppen hatte auch andere Folgen, die kaum je erwähnt wurden — denn wie soll man die Wirkung beschreiben, die das gestörte Bevölkerungsgewicht — das Fehlen von 21 Millionen Männern — auf die

Familienbeziehungen und das Geschlechtsleben eines großen Teils der Bevölkerung hatte? Diese Verkehrung der biologischen Struktur der Nation war eine weitere Quelle ihrer psychologischen Instabilität und soziopolitischen Auszehrung.

Dies war der Zustand der UdSSR während der ersten Phase des Kalten Krieges. Im März 1946 hatte Winston Churchill in seiner berühmten Fultonrede gegen die »wachsende Herausforderung und Gefährdung der Zivilisation« durch die »kommunistischen Fünften Kolonnen« Alarm geschlagen und vor der Gefahr »einer Rückkehr des Mittelalters, des Steinzeitalters« gewarnt. Niemand wisse, so meinte er, »was Sowjetrußland und seine kommunistische internationale Organisation in Zukunft tun wollen oder was die Grenzen — wenn es welche gibt — ihrer expansiven und proselytenmacherischen Tendenzen sind.« Und als Churchill die Vereinigten Staaten aufforderte, ihre Überlegenheit auf dem Gebiet der Kernwaffen zu bewahren und die Völker Osteuropas in ihrem Widerstand gegen den Kommunismus zu bestärken, überschwemmten Wogen der Furcht und Panik die Welt. In der Vorstellung der Europäer und Amerikaner tauchte das Bild roter Horden auf, die bereit waren, sich auf die freien Völker des Westens zu stürzen. In Rußland glaubten die Menschen, daß »noch vor Mitternacht Atombomben auf sie niedergehen könnten«.

Stalin, der im Bewußtsein seiner furchtbaren Schwäche agierte, beschloß, seinen Rückzug durch die Zurschaustellung von Ruhe, Selbstsicherheit und Stärke zu tarnen. Er hatte sich bereits unter angloamerikanischem Druck aus Nordpersien zurückgezogen, das russische Truppen auf der Grundlage eines Abkommens mit Großbritannien aus der Kriegszeit besetzt hielten. Es war ihm nicht gelungen, einen Flottenstützpunkt an den türkischen Meerengen zu erlangen, den Siegespreis, den die westlichen Verbündeten Rußland während des Krieges stets versprochen und den sie ihm im Frieden verweigert hatten. Nun sah es so aus, als ob jene Verbündeten versuchten, den russischen Einfluß auch auf dem Balkan und in Osteuropa zurückzudrängen oder auszuschalten. Im Sommer 1946 verwandelte sich die Pariser Friedenskonferenz zu einer politischen Schlacht um die

Kontrolle des Donaubeckens. Stalins Diplomatie kämpfte hartnäckig, und sie siegte, weil die russischen Heere die eroberten Gebiete besetzt hielten und die westliche Diplomatie noch nicht vollständig bereit war, Churchills Schlachtruf zu folgen. Als Churchill im September offen nach einer völligen Umkehrung der Bündnisbeziehungen rief, als er die »germanischen Völker« aufforderte, sich nicht länger »gegenseitig zu zerfleischen«, als er Frankreich und Deutschland ermahnte, in der »neuen und ungewissen« Situation »eines Lebens unter dem Schild (...) und Schutz der amerikanischen Atombombe« eine Partnerschaft einzugehen, selbst da erwiderte Stalin, seiner Ansicht nach seien »die Möglichkeiten einer friedlichen Zusammenarbeit« zwischen Rußland und seinen früheren Bundesgenossen »durchaus nicht gesunken, sondern könnten sogar noch zunehmen«. Um Churchills Warnungen vor der »kommunistischen Expansion« entgegenzutreten, versicherte Stalin dem Westen, er persönlich glaube, daß nicht nur der Sozialismus, sondern auch der Kommunismus in einem »einzigen Lande« errichtet werden könne.[10]

Anfang 1947 zögerte er noch immer, die »Revolution von oben« in Osteuropa, wo er nichtkommunistische Parteien noch immer in den Regierungen duldete und kapitalistische Interessen einen gewissen Spielraum gewährte, resolut durchzuführen. Nachdem er mit den Westmächten über Friedensverträge mit Italien und den Balkanstaaten einig geworden war, hatte er die Vorstellung, sich mit ihnen auch über eine deutsche Regelung verständigen zu können. Das Problem stand auf der Tagesordnung einer Außenministerkonferenz, die am 10. März 1947 in Moskau zusammentrat.

Die Konferenz hatte nur zwei Tage lang verhandelt, als die Hoffnung auf eine Regelung mit einem Schlag vernichtet wurde. Am 12. März verlas der Präsident der Vereinigten Staaten auf einer gemeinsamen Sitzung von Repräsentantenhaus und Senat eine Botschaft, die als Truman-Doktrin bekannt werden sollte. Dies war seitens der USA die formelle Erklärung des Kalten Krieges, der bis dahin mit Unterbrechungen, ohne offen erklärt worden zu sein, stattgefunden hatte. Der Anlaß war die Krise in Griechenland, wo nach zweieinhalb Jahren Bürgerkrieg eine königstreue Regierung, von britischen Waffen und Geldmitteln unterstützt, nicht in der Lage war, sich gegenüber den anhaltenden Kämpfen kommunistischer Guerillas im Lande durchzusetzen. Die Briten, deren Wirtschaft sich in einer schweren Krise befand, konnten ihre Intervention nicht mehr durchhalten und machten Anstalten, sich zurückzuziehen. Präsident Truman verkündete, daß die Vereinigten Staaten in die Bresche springen würden, um Griechenland vor dem Kommunismus zu bewahren. Wenn das alles gewesen wäre, hätte die amerikanische Entscheidung Stalin nicht sehr beunruhigen müssen. Was Griechenland anlangte, hatte er in Jalta seine Hände in Unschuld gewaschen, er hatte den griechischen Aufständischen weder geholfen noch sie ermutigt, und er hatte sogar den jugoslawischen Kommunisten, die sie unterstützten, sein Mißfallen bekundet.[11]

Präsident Truman hatte sich jedoch auch gegen den russischen Wunsch nach einem Stützpunkt in den Dardanellen ausgesprochen und sich erboten, die Türken mit Geld und Waffen zu versorgen. Darüber hinaus hatte er erklärt, daß seine Regierung von nun an jedes Land unterstützen werde, das dem Kommunismus Widerstand leiste, und daß es die Pflicht »eines jeden Landes« sei, Widerstand zu leisten. Damit verpflichtete sich die Regierung der Vereinigten Staaten, gegen jede kommunistische Revolution überall auf der ganzen Welt einzuschreiten, und sie brandmarkte im voraus die Sowjetregierung als Anstifter jeder derartigen Revolution.

Die Wirkung war prompt. Die Außenministerkonferenz ging unter lauten gegenseitigen Beschuldigungen auseinander. Binnen weniger Wochen waren die französische und italienische Kommunistische Partei aus den Koalitionsregierungen ausgeschlossen, in denen sie auf Stalins Weisung hin die Rolle des bescheidenen Juniorpartners gespielt und sich eifrig bemüht hatten, in ihren Ländern die revolutionäre Stimmung der Arbeiterklasse zu dämpfen. Es war ein offenes Geheimnis, daß der amerikanische Einfluß der treibende und entscheidende Faktor für den Ausschluß der Kommunisten gewesen war. Bald darauf startete der amerikanische Außenminister, General Marshall, seinen Plan, allen Regierungen, deren Länder infolge des Krieges mit Armut und Chaos zu kämpfen hatten, amerikanische Wirtschaftshilfe zu gewähren. Der Plan hatte auch für Kommunisten in Osteuropa eine große Anziehungskraft. Stalin selbst muß einen Moment lang gezögert haben; Ende Juni entsandte er Molotow und eine große Anzahl von Experten nach Paris, um herauszufinden, welchen Nutzen der Plan für Rußland haben könnte. Es stellte sich heraus, daß die Sowjetunion, um Hilfe zu erhalten, eine genaue Aufstellung ihrer wirtschaftlichen Mittel vorzulegen hätte. Den sowjetischen Experten zufolge knüpften die Amerikaner die Hilfe an Bedingungen, welche die UdSSR bei ihrer Wirtschaftsplanung und die osteuropäischen Regierungen bei der Verstaatlichung ihrer Industrien behindern würden. Die Amerikaner waren außerdem jetzt entschlossen, die Wirtschaft Westdeutschlands wiederherzustellen und russische, polnische und tschechoslowakische Ansprüche auf deutsche Reparationen außer acht zu lassen.[12]

Stalin konnte diese Bedingungen nur ablehnen. Er konnte sich nicht damit einverstanden erklären, dem Westen eine Bilanz der sowjetischen wirtschaftlichen Mittel zu unterbreiten, in der er die furchtbare Erschöpfung Rußlands und die erschreckende Lücke in seinem Arbeitspotential hätte offenbaren müssen, die er selbst vor seinem eigenen Volk verbarg. Und es kam ihm nicht nur darauf an, Rußlands Schwäche zu verbergen; er fürchtete auch eine amerikanische ökonomische Durchdringung Osteuropas und sogar Rußlands, die allen antikommunistischen Kräften dort hätte Auftrieb geben und die Konterrevolution begünstigen können. Er beschloß, Osteuropa gegen die westliche Durchdringung abzuriegeln. Wenn auch Stalins Motive in sich stimmig waren, so waren doch seine einzelnen Schritte abrupt und unbeholfen: Er lehnte das amerikanische Angebot pauschal ab, ohne aufzuzeigen, daß dessen Bedingungen für jede antikapitalistische Regierung wirklich unannehmbar waren; und in seinem Bestreben, die Schwäche der eigenen Position zu verbergen, legte er eine so aggressive Brutalität an den Tag, daß in den Augen der meisten Menschen im Westen er derjenige war, der das Odium trug, nicht nur jegliche Hilfe zurückzuweisen, sondern auch die kriegsmüde Welt an den Rand eines neuen Krieges zu treiben.

Der Kontrast zwischen Amerikas unermeßlichem Reichtum und Rußlands äußerster Armut warf einen weiteren dunklen

Schatten auf diese Jahre und bestimmte Stalins Politik. Daß die amerikanische Regierung ihre Wirtschaftsmacht für ihren antikommunistischen Feldzug einsetzte, war weitaus bedeutsamer als ihre militärischen Interventionen. Aber die Truman-Doktrin hatte auch unmittelbare militärische Konsequenzen. Die darin enthaltene Kriegsgefahr war infolge des amerikanischen Kernwaffenmonopols unberechenbar geworden. Wenn diese Bedrohung nicht Wirklichkeit wurde, so lag dies zum Teil auch daran, daß es nicht leicht war, die Völker des Westens gegen Rußland aufzubringen: Sie erinnerten sich noch an die großen Komplimente, die ihre Staatsmänner erst vor kurzem dem russischen Verbündeten gemacht hatten, und ihre Bewunderung für die Verteidiger von Moskau, Stalingrad und Leningrad, ihre Dankbarkeit für das, was sie vollbracht hatten, um Hitlers Kräfte im Osten zu binden und dadurch den Westen zu entlasten, war nicht geschwunden. Es sollte einige Zeit dauern, ehe eine Reihe von Krisen, Unruhen und Vorfällen, bei denen der Kommunismus stets als der den Weltfrieden störende Bösewicht präsentiert wurde, die allgemeine Stimmung zum Umschwung brachte und gegen Rußland kehrte. Inzwischen hatten die Vereinigten Staaten die Demobilisierung angeordnet; ihre Bevölkerung forderte lautstark die Heimkehr der Truppen aus Europa; und ihre Generäle und Diplomaten verließen sich darauf, daß ihr Kernwaffenmonopol ihnen eine dauernde Überlegenheit über Rußland sichern würde. Der Truman-Doktrin lag die Annahme zugrunde, daß Rußland dem amerikanischen Druck würde nachgeben müssen, weil es jenes Monopol in naher Zukunft nicht brechen könnte. Stalin konterte mit dem Entschluß, das amerikanische Monopol um jeden Preis und so bald wie möglich zu brechen. Bevor ihm dies gelang, hatte er seine Streitkräfte von elfeinhalb auf weniger als drei Millionen Soldaten verringert. Vom Beginn des Jahres 1948 an begann er, seine Armee wieder zu vergrößern, bis er Anfang der fünfziger Jahre mehr als fünfeinhalb Millionen Mann unter Waffen hatte.[13]

Daß diese Mobilmachung eine ungeheure Belastung für die Sowjetwirtschaft und ihr Arbeitskräftepotential bedeutete, ist offensichtlich. Aber die sowjetische Überlegenheit auf dem Gebiet der konventionellen Waffen war alles, was Stalin der amerikanischen atomaren Vormachtstellung entgegensetzen konnte. Er wehrte jede mögliche Bedrohung eines atomaren Angriffs auf Rußland mit der Gegendrohung einer sowjetischen Invasion Westeuropas ab, einer Invasion, die die Mitglieder des Nordatlantikpakts nicht aufhalten könnten. Auf diese Weise gewann das Schreckgespenst, das der Westen zur Rechtfertigung der Truman-Doktrin beschworen hatte — die roten Horden, die Europa bedrohten — eine gewisse Realität; dies war allerdings erst die Folge der Proklamation der Truman-Doktrin. Stalin beabsichtigte nicht, seine Heere über die vereinbarte Demarkationslinie in Europa marschieren zu lassen. Aber er stellte ein relatives Gleichgewicht der Macht her, oder, um einen Ausdruck zu gebrauchen, der später in Mode kam: ein Gleichgewicht der Abschreckung. In jenem frühen Stadium wurde es als Gleichgewicht zwischen zwei verschiedenen Elementen militärischer Macht erreicht: Kernwaffen auf der einen, konventionelle Waffen auf der anderen Seite.

Hinter diesem militärischen Schutzwall trieb Stalin die Revolution in Osteuropa voran. Wenn Amerikas Wirtschaftsmacht Washington eine indirekte und diskrete politische Kontrolle seiner westeuropäischen Verbündeten erlaubte, so konnte Rußland in Osteuropa nur mit Hilfe direkter politischer Kontrolle und nackter Gewalt die Oberhand behalten. Der Widerhall, den das Angebot der Marshallhilfe auch in Osteuropa gefunden hatte, zeigte, wie günstig dort die Bedingungen für ein amerikanisches Vordringen waren. Die noch verbliebenen Reste der polnischen, ungarischen und ostdeutschen Bourgeoisie und große Teile der individualistischen Bauernschaft beteten für die nukleare Vernichtung Rußlands und des Kommunismus. Die Arbeiterklassen hungerten. Die Konterrevolution konnte noch immer beträchtliche Kräfte um sich scharen. Der Kommunismus war zwar in Jugoslawien, der Tschechoslowakei und Bulgarien immer noch höchst populär; aber im übrigen Osteuropa war er schwach oder zumindest unfähig, sich aus eigener Kraft zu behaupten. Stalin beschloß nun, ihn unwiderruflich zu etablieren; und während in Italien und Frankreich die Kommunisten aus der Regierung gedrängt wurden, sorgte er dafür, daß aus den osteuropäischen Regierungen die Antikommunisten restlos verschwanden und unterdrückt wurden. In der gesamten sowjetischen Einflußsphäre errichtete er das Einparteiensystem. Und er schickte seine Bevollmächtigten — Verwaltungsfachleute, Generäle und Polizeiagenten — aus, um die lokalen kommunistischen Parteien und Regierungen zu instruieren und zu beaufsichtigen und sie unter eine einheitliche Politik und Disziplin zu bringen.

Im Zuge dieser politischen Umorganisation beschloß Stalin, die Überbleibsel der alten Kommunistischen Internationale, die er 1943 aufgelöst hatte, zu neuem Leben zu erwecken. Im September 1947 gründete er die sogenannte Kominform. Sie sollte die kommunistischen Aktionen in Europa vereinheitlichen und der Politik der westeuropäischen Parteien eine neue Richtung weisen. Wie schon in den Tagen der Komintern hielt er sich selbst im Hintergrund. Er beauftragte Shdanow und Malenkow, die Gründungskonferenz der Kominform zu leiten, auf der nur die sowjetischen, osteuropäischen, französischen und italienischen Kommunisten vertreten waren. So fern lag Stalin der Gedanke, die Kominform in ein echtes Instrument der internationalen Revolution zu verwandeln, daß er es unterließ, die chinesische und andere asiatische Parteien zum Beitritt in die neue Organisation aufzufordern. Außerhalb der sowjetischen »Einflußsphäre« galt seine Hauptsorge einer Anpassung der Politik der französischen und italienischen Kommunisten an die neuen Erfordernisse seiner Diplomatie. Auf der Gründungskonferenz geißelte Shdanow die Franzosen und Italiener für ihre Tatenlosigkeit, ihre Kollaboration mit der Bourgeoisie ihrer Länder, ihre Duldsamkeit gegenüber Katholiken und Sozialdemokraten — eine Politik und Haltung, die in den Augen Moskaus begrüßenswert gewesen war, so lange die große Allianz währte, die aber jetzt, im Kalten Krieg, verderblich war.

Ironischerweise erwiesen sich die Jugoslawen Kardelj und Djilas als die leidenschaftlichsten Befürworter von Stalins und Shdanows neuer Linie. »Wenn Arbeiterparteien dem Parlamentarismus verfallen, ist das das Ende. (...) Wir haben in der internationalen Arbeiterbewegung eine Tendenz zu einer erneuten Revision des Marxismus-Leninismus, zu einer neuen Abweichung festgestellt«, warnte Kardelj die Franzosen und Italiener. Der neue Revisionismus, erklärte er, zeige sich in Togliattis und

Thorez' Hoffnung auf eine neue Phase friedlicher parlamentarischer Aktion und in ihrer Unterwürfigkeit gegenüber dem Vatikan und dem Gaullismus. »Die italienische Kommunistische Partei«, so Kardelj weiter, »hat zu lange gebraucht, um den Sinn der amerikanischen Politik zu verstehen. Daher ihre Parole: ›Weder (...) Washington noch Moskau‹. Aber es ist klar, daß es ohne Moskau keine Freiheit, keine nationale Unabhängigkeit geben kann.« Djilas formulierte es noch kategorischer: »Die wesentliche Tatsache (...) ist der amerikanische Ehrgeiz, die Welt zu beherrschen. Das ist (...) eine Gefahr, die sogar noch über den Faschismus hinausgeht. (...) Die französische Partei ist Schritt für Schritt vor der Reaktion zurückgewichen und hat die Auflösung und Entwaffnung der *Resistance* zugelassen.« Dennoch schlug die Kominform ihren westeuropäischen Mitgliedern keinen Plan für eine revolutionäre Aktion vor — wofür es, nachdem sie 1944-46 ihre Chancen versäumt hatten, jetzt ohnehin zu spät war. Von der französischen und italienischen Partei erwartete man lediglich eine Obstruktionspolitik gegen die Durchführung der Truman-Doktrin und des Marshallplans; doch selbst die wurde nur kraftlos und inkonsequent verfolgt.[14]

In der Zwischenzeit verhängte Stalin über die Länder Osteuropas den Belagerungszustand. Mit Hilfe besonderer Institutionen — wie den sowjetisch-ungarischen, sowjetisch-rumänischen und sowjetisch-bulgarischen Aktiengesellschaften — gewann er die Kontrolle über deren Wirtschaft. Polen, Ostdeutschland, Ungarn, die Tschechoslowakei und Rumänien belieferten Rußland mit Kohle, Maschinen, Bauxit, Öl und Weizen — entweder als Reparationsleistungen oder zu äußerst niedrigen Preisen — während ihre eigenen Bevölkerungen Mangel und Not litten. Nachdem die Oppositionsparteien nacheinander unterdrückt worden waren, fand die Unzufriedenheit der Massen kein Sprachrohr mehr. Eine Herrschaft des Terrors erstickte jeglichen Protest. Sowjetische Verwalter und Ingenieure überwachten die Industrien Osteuropas, sowjetische Generäle kommandierten seine Armeen und sowjetische Polizisten leiteten seine Sicherheitskräfte.

Anfang 1948 war die Tschechoslowakei das einzige osteuropäische Land, das dem neuen Muster noch nicht entsprach. Moskau hatte seit 1945 stets darauf bestanden, daß die tschechischen Kommunisten von einer revolutionären Aktion absehen sollten. Aber die Tschechoslowakei war in einem wirklich revolutionären Zustand aus dem Krieg hervorgegangen — mit einer Arbeiterklasse, die bewaffnet war und den Sozialismus forderte, und mit einer Kommunistischen Partei, die in freien Wahlen fast vierzig Prozent aller Stimmen gewann. Die prorussischen Gefühle der Tschechen waren echt, wurzelten in der nationalen Tradition und hatten sich seit der Krise von München durch eine starke antiwestliche Regierung, an deren Spitze der Kommunist Gottwald stand, verstärkt. Dennoch lebte das Land drei Jahre lang unter einer bürgerlichen Demokratie. Eduard Benesch war noch immer Präsident der Tschechoslowakei, Jan Masaryk war Außenminister; und die Regierung war von den parlamentarischen Stimmen der Kommunisten, der Liberalen und Sozialdemokraten abhängig. Dieses Regime konnte den Sturm des Kalten Krieges nicht überleben. Benesch und Masaryk bemühten sich ernsthaft, eine neutrale Haltung zu wahren; aber sie waren im Kern »Westler« und hatten sich, wie übrigens auch Gottwald, durchaus geneigt gezeigt, das amerikanische Angebot auf Hilfe anzunehmen.

An dieser Stelle klaffte in Stalins Verteidigungssystem eine erkennbare Lücke; und die tschechischen Kommunisten mußten sie schließen. In den letzten Februarwochen des Jahres 1948 führten sie die so lange aufgeschobene Revolution durch und ergriffen die Macht. Anders als bei den anderen osteuropäischen Umwälzungen handelte es sich hier um eine Revolution von unten, selbst wenn sie zeitlich Stalins Plänen angepaßt worden war. Die Kommunisten vollbrachten die Revolution aus eigener Kraft und mit Unterstützung der großen Mehrheit der Arbeiter. Sie brauchten nur ihre bewaffneten Milizen durch die Straßen ziehen zu lassen, um jede Gegenaktion zu blockieren. Die sowjetischen Besatzungstruppen hatten schon lange das Land verlassen; und allein die Furcht vor ihrer Rückkehr genügte, um die bürgerlichen Parteien zu paralysieren. Gottwald konnte es sich sogar leisten, die parlamentarischen Spielregeln einzuhalten: In der Hoffnung, der Revolution zuvorzukommen und sie zu verhindern, waren die bürgerlichen Minister zurückgetreten und hatten den Verwaltungsapparat den Kommunisten überlassen; Gottwald und seinen Genossen gelang es dann, die zögernden und uneinigen Sozialdemokraten so unter Druck zu setzen, daß sie sich ihnen anschlossen und mit ihnen eine parlamentarische Mehrheit bildeten. Benesch und Masaryk, von der offenkundigen Unterstützung der Revolution durch die Bevölkerung überwältigt — die Straßen Prags waren voll mit bewaffneten Arbeitern, die zum Regierungssitz zogen -, beugten sich den Siegern. Einige Tage später jedoch fand man Masaryk tot auf dem Pflaster unter einem offenen Fenster seines Ministeriums; es wurde nie festgestellt, ob er aus dem Fenster gesprungen war oder ob man ihn hinuntergestoßen hatte.

Diese Umwälzung war kaum vollzogen, als sich Stalin mit einer weiteren, weitaus gefährlicheren Bresche in seinem Verteidigungswall befassen mußte. Nirgends war der Konflikt der Großmächte zugespitzter als in Deutschland; und nirgends stand er mehr im Brennpunkt als in Berlin. Der Kontrast zwischen amerikanischem Reichtum und russischer Armut war dort, für jedermann sichtbar, mit brutaler Offenheit zur Schau gestellt. Während die Vereinigten Staaten und England bereits Wirtschaftshilfe nach Westdeutschland pumpten, zog Rußland aus Ostdeutschland noch immer wirtschaftliche Ressourcen ab, die es für seinen eigenen Wiederaufbau benötigte. Für die antirussische Propaganda war es ein leichtes, dieses Ergebnis des Krieges und einer langen und komplexen Vorgeschichte als den Prüfstein der gegensätzlichen soziopolitischen Systeme darzustellen und zu behaupten, daß der westliche Kapitalismus Wohlstand und Freiheit bringe, während der russische Kommunismus nur durch Ausplünderung und Sklavenarbeit leben könne. Kein Volk schluckte solch primitive Propaganda so bereitwillig wie die Deutschen, die über die ihnen auferlegten Reparationen und die Demütigungen unter russischer Herrschaft empört waren und die darauf drängten, durch den Anschluß ans westliche Lager den schlimmsten Folgen der Niederlage zu entgehen. Stalin, der längst der dauernden Gegenüberstellung von Rußlands wirtschaftlicher Schwäche und Unbeliebtheit und Amerikas Reichtum und Attraktion ein Ende machen wollte, hatte bereits den »eisernen Vorhang« durch Deutschland gezogen. Aber 200

Kilometer hinter dem eisernen Vorhang, in der alten Reichshauptstadt, ging die Konfrontation täglich weiter; und sie wurde mit jedem Tag heftiger, krasser und explosiver. Für Stalin — wie wohl für die meisten Russen — war es bitter, mit ansehen zu müssen, wie seine Macht und sein Prestige gerade in der Stadt dauernd heruntergeputzt und lächerlich gemacht wurden, die seine Heere ohne fremde Hilfe erobert hatten und in die er seine Verbündeten in jenen längst vergessenen Tagen hatte einmarschieren lassen, als sie alle an eine gemeinsame Herrschaft über Deutschland dachten.

Von jenem Kondominium war jetzt kaum mehr eine Spur geblieben: Stalin hatte den Westmächten jede Mitwirkung an der Regelung ostdeutscher Angelegenheiten verwehrt, wie sie ihm ihrerseits jede Beteiligung an der Kontrolle Westdeutschlands versagten. Amerikaner, Briten und Franzosen bereiteten die Gründung der Bundesrepublik vor, in der dann die konservative und erklärtermaßen antirussische Regierung Adenauer an die Macht kam. Unter diesen Umständen hatte das ursprüngliche Motiv für die Präsenz westlicher Vertretungen und Garnisonen in Berlin seine Bedeutung verloren; die Westmächte hielten Berlin jetzt als eine Enklave auf feindlichem Territorium. Es war nur natürlich, daß die russische Politik die Beseitigung dieser Enklave anstrebte — Stalins Nachfolger waren noch ein Jahrzehnt später mit diesem Problem befaßt. Im Frühjahr 1948 wurde der Konflikt zu einer Entscheidung getrieben. Die Westmächte, die es eilig hatten, den wirtschaftlichen Wiederaufbau ihrer Zonen in Deutschland voranzutreiben, schlugen eine Währungsreform vor, durch welche die alte, entwertete Mark durch eine neue ersetzt werden sollte. Die Reform besiegelte Deutschlands Teilung; und sie warf sogleich die Frage nach der Währung Berlins auf. Rußland konnte nicht zulassen, daß die Stadt finanziell Westdeutschland eingegliedert wurde; die Westmächte konnten ihrerseits nicht dulden, daß sie finanziell von Ostdeutschland vereinnahmt wurde. Würden aber zwei verschiedene Währungen in Berlin zirkulieren, so würde dies auf einen chronischen Konflikt hinauslaufen: Im Westen würde ein wachsendes Gütervolumen die Stabilität der neuen Mark festigen, während der Wert der östlichen Währung durch eine anhaltende Warenknappheit unterminiert würde. Um das zu verhindern, riskierte Stalin ein verzweifeltes Vabanquespiel. Er ordnete die Blockade jener Sektoren Berlins an, die den Amerikanern, Briten und Franzosen unterstanden. Bald war der ganze Verkehr nach West-Berlin — zu Lande wie zu Wasser — lahmgelegt.

Stalin hoffte, durch die Verhängung der Blockade die Westmächte entweder aus Berlin zu verdrängen oder sie zumindest von ihrem Plan abzubringen, die Bundesrepublik Deutschland als Verbündeten gegen Rußland einzusetzen. Die Blockade konnte jedoch das erste Ziel nicht erreichen; sie veranlaßte lediglich die Westmächte, die Umkehrung der Bündnisverhältnisse zu vollenden. Bei diesem Spiel hatte sich Stalin erneut auf einen Bluff verlassen. Er zog den kürzeren — aufgrund einer Fehleinschätzung, die seine seltsam altmodische Denkweise zum Ausdruck brachte. Er drohte, Berlins Industrien lahmzulegen und seine Besatzung und Bevölkerung bis zur Unterwerfung auszuhungern. Er ließ sich durch die Ankündigung, daß amerikanische Panzerzüge den Zugang zur Stadt freikämpfen würden, nicht abschrecken. Er mißachtete die lautstarken Drohungen amerikanischer Generäle, daß sie Atombomben auf Moskau abwerfen würden. Stattdessen versuchte er, die Berliner zu gewinnen, indem er ihnen anbot, sie mit Lebensmitteln zu versorgen; und er provozierte die Briten und die Amerikaner, dieses Angebot abzulehnen. Er war bereit, die Blockade so lange fortzusetzen, bis aller Widerstand erloschen wäre. Er vertraute darauf, daß die Zeit für ihn arbeite, daß die Blockade hermetisch sei und seine Gegner sie nicht durchbrechen könnten, weil er sämtliche Straßen nach Berlin kontrollierte. Er übersah aber, daß die Westmächte aufgrund eines interalliierten Abkommens über schmale »Luftkorridore« verfügten, die von ihren deutschen Zonen nach Berlin führten, und daß sie über diese Korridore die Garnisonen der Stadt, ihre Bevölkerung und selbst ihre Industrie mit Nachschub versorgen konnten. Die starke westliche Luftmacht und die Leistungsfähigkeit der Amerikaner und Briten zog er nicht in Betracht — und das nach einem Krieg, in dem sie, anders als die Russen, lange Zeit hindurch vorwiegend in der Luft gekämpft hatten. Am 28. Juni 1948 eröffneten Amerikaner und Briten ihre »Luftbrücke« nach Berlin. Stalin, der von diesem Vorstoß überrascht war, jedoch nicht wagte, seinen Gegnern die Luftkorridore streitig zu machen, nahm persönlich Verhandlungen mit den westlichen Botschaftern in Moskau auf. Dann brach er sie in der Überzeugung wieder ab, daß Berlin mit Anbruch des Winters seiner Gnade ausgeliefert sein werde. Doch die Luftbrücke wurde ständig erweitert und versorgte die Stadt über die kritischen Monate hinweg mit Lebensmitteln, Brennstoff und Rohmaterialien. Die Blockade war gescheitert. Nach fast einjähriger Dauer wurde sie durch ein in den Vereinten Nationen diskret ausgehandeltes Abkommen beendet und der Status quo in Berlin wiederhergestellt.

Die Blockade hatte jedoch weitreichende Folgen, die nicht rückgängig zu machen waren. Der internationale Status quo sollte nicht wieder hergestellt werden. Während die Stadt belagert wurde, war die Bundesrepublik Deutschland entstanden und man hatte den Nordatlantikpakt proklamiert. Die Blockade war Wasser auf sämtlichen Mühlen antirussischer Propaganda; und das amerikanische und britische Volk, die über Stalins Aktion empört waren, begrüßten den Wechsel des Bündnispartners seitens ihrer Regierungen, was ihnen noch vor kurzem ein Greuel gewesen wäre. Hatte so die Truman-Doktrin den Gefahren und Bedrohungen, denen sie vorbeugen sollte, erst eine gewisse Realität verliehen, so lieferte Stalins Blockade ihrerseits der Truman-Doktrin eine gewisse nachträgliche Rechtfertigung und verstärkte den Kalten Krieg.

Während der westliche Kapitalismus aus Stalins Niederlagen Kraft und Selbstvertrauen schöpfte, errang der Kommunismus im Osten einen bedeutsamen Sieg. Am 22. Januar 1949 waren Mao Tse-tungs Truppen in Peking einmarschiert. Den Europäern und Amerikanern, die nur noch Augen und Ohren für das Gesause und Getöse der Luftbrücke hatten, entging dieses Ereignis fast. Jahrzehntelang hatten Maos Partisanen mit wechselndem Glück gegen die Truppen Tschiangkaischeks gekämpft, die seit dem Krieg mit amerikanischen Waffen ausgerüstet und gelegentlich von amerikanischen Schiffen unterstützt worden waren. Mitunter sah es so aus, als ob die Partisanen unterliegen würden. Sie überlebten und kämpften weiter; aber kaum jemand außerhalb Chinas rechnete damit, daß ihr totaler Sieg unmittelbar bevorstand. Noch im Jahre 1948 hatte Stalin Mao denselben Rat gegeben, den er zwanzig Jahre zuvor auch Tschen Tu-hsiu gegeben hatte: Frieden mit der Kuomintang zu schließen. Als er von Maos Plänen einer Totaloffensive erfuhr, tat er sie als unrealistisch und leichtsinnig ab. Der siegreiche Generalissimus der größten Armee der Welt verachtete Partisanen, bezweifelte die Chancen des Kommunismus in China und mißtraute jeder Revolution, die sich ohne seine Zustimmung und außerhalb der Reichweite seiner militärischen Macht durchsetzte.[15] Er hatte auch Angst davor, daß Maos Unternehmen eine massive amerikanische Intervention provozieren und amerikanische Streitkräfte dicht an Rußlands fernöstliche Grenzen heranbringen könnte. Dennoch setzten die chinesischen Kommunisten ihre Offensiven fort, bis die Kuomintang, die innerlich verrottet war, zusammenbrach. Im April, als die Westmächte gerade den Atlantikpakt verkündeten, veranstalteten Maos Truppen in Nanking und Shanghai Siegesparaden; und ehe der Sommer vorbei war, gehörte ihnen das ganze chinesische Festland. Am 24. September rief Mao die Volksrepublik China aus. Für den Kommunismus und für die Welt war eine neue Epoche angebrochen. Rußlands langdauernde Isolation war endlich vorüber; und anders, als viele es erwartet hatten, fand die Oktoberrevolution ihre so verspätete Nachfolge und Fortsetzung nicht in Europa, sondern in Asien.

Wir werden später sehen, wie dieses Ereignis das Schicksal des Stalinismus beeinflussen sollte. Unmittelbar bewirkte es eine Stärkung der Position Stalins gegenüber den Westmächten, die sich plötzlich von der asiatischen Flanke her bedroht sahen, wo sich die kolonialen und halbkolonialen Völker in Aufruhr und Rebellion befanden. Im Westen geschlagen, konnte Stalin im Osten von einer Position der Stärke aus auftreten. Und durch ein seltsames Zusammentreffen erlebte die Welt in der Woche der Gründung der Volksrepublik China auch die Detonation der ersten russischen Atombombe.

Mit der Ausbreitung der Revolution wurden einige der Umstände beseitigt, unter denen der Stalinismus — Ergebnis und Inbegriff der bolschewistischen Isolation — gediehen war. Die

Konsolidierung neuer revolutionärer Staaten mußte Stalins — und somit Moskaus — einzigartige Autorität über die kommunistische Bewegung auf der ganzen Welt untergraben. Wie wir wissen, hatte jene Autorität auf der doppelten Grundlage von Ideologie und Gewalt beruht: auf der Bereitschaft von Kommunisten aller Länder, sich mit der Sowjetunion als dem »ersten Arbeiterstaat« zu identifizieren und ihre eigenen Bestrebungen Stalins Staatsraison unterzuordnen, und auf dem Druck oder Zwang, den Stalin ausübte, um seine Kritiker und Gegner zu beseitigen. Diese doppelte Grundlage war nun zerfallen. Es war nicht anzunehmen, daß ausländische Kommunisten, die aus verfolgten Agitatoren zu Herrschern ihrer Länder geworden waren, noch lange von ihrem großen Orakel in Moskau so tief beeindruckt bleiben oder sich so leicht einschüchtern lassen würden wie früher. Sie fühlten nicht mehr dieselbe moralische Verpflichtung, ihre eigenen Hoffnungen und Bestrebungen den wirklichen oder angeblichen Bedürfnissen der Sowjetunion zu opfern. Sie mußten zunehmend ihre eigenen Ziele und die Bedürfnisse und Interessen ihrer eigenen revolutionären Staaten vertreten. Lange bevor Palmiro Togliatti den Ausdruck prägte, hatte die Epoche des »polyzentrischen Kommunismus« unmerklich begonnen.

Kaum hatte Stalin die Kominform gegründet, um die kommunistischen Parteien erneut zu zentralisieren und zu disziplinieren, als seine Autorität von den jugoslawischen Mitgliedern der neuen Organisation herausgefordert wurde. Wir haben gesehen, mit welchem Eifer letztere am Gründungstreffen der Kominform mitgewirkt und Stalins und Shdanows neueste politische Wendung unterstützt hatten. Kein Wunder, daß bis 1948 Tito und seine Freunde als die dogmatischsten und fanatischsten aller europäischen Stalinisten galten. Dieser Ruf lag zu einem gewissen Grad in ihrer Vergangenheit begründet. Nicht umsonst war Tito zur Zeit seines Aufenthalts in Moskau während der großen Säuberungen zum Führer seiner Partei erhoben worden. Die früheren Führer der Partei waren in eben jenen Säuberungen umgekommen; er muß eine beispiellose Orthodoxie und einen fanatischen Eifer zur Schau getragen haben, wenn er gerade zu diesem Zeitpunkt Moskaus Vertrauen gewann. Sein Verhalten in bezug auf Spanien, wo die GPU während des Bürgerkrieges viele Kommunisten und Antifaschisten ausrottete, war kaum besser als das jeder anderen Marionette Stalins. Doch die Jahre des bewaffneten revolutionären Kampfes in seinem eigenen Land hatten aus der Marionette einen standhaften Mann und Führer gemacht. Stalin spürte den Wandel und schöpfte Verdacht. Die Jugoslawen sollten »einen patriotischen und antifaschistischen« Krieg führen, nicht eine soziale Revolution machen; sie mißachteten jedoch seine Gebote. Er warf ihnen vor, das Bündnis Rußlands mit den Vereinigten Staaten und England zu gefährden und »der Sowjetunion in den Rücken zu fallen«. Die Mißstimmung nahm nach Kriegsende zu. Die Jugoslawen, die ultraradikal und äußerst nationalistisch waren, wollten gegen den anglo-amerikanischen und italienischen Widerstand Triest annektieren. Stalin, der sich hütete, seinen Konflikt mit den Westmächten noch mehr zu verschärfen, wollte ihnen Einhalt gebieten. Sie verurteilten seinen »Opportunismus und Zynismus«. Die Arroganz, mit der Stalins Abgesandte und Generäle sie behandelten, brachte die Jugoslawen in Rage; sie protestierten gegen das schlechte Benehmen sowjetischer Truppen in Jugoslawien; und ihr Ärger explodierte, als sie entdeckten, daß Stalins Geheimdienste in der jugoslawischen Armee und Polizei Agenten anwarben. Durch so viel ungewohnten Widerstand erbost, entschloß sich Stalin, mit den Jugoslawen so zu verfahren, wie er es mit allen seinen kommunistischen Gegnern gehalten hatte: Er brandmarkte sie als Bucharinisten und Trotzkisten, als Verräter und Agenten des Imperialismus; und er denunzierte den Titoismus als Ketzerei. »Ich brauche nur meinen kleinen Finger zu rühren«, prahlte er, »und schon wird es keinen Tito mehr geben.« Die Jugoslawen schworen Stalin weiterhin die Treue und zeigten sein Porträt auf ihren Versammlungen und Umzügen; aber sie protestierten gegen die Denunziationen und verteidigten sich energisch. Stalin revanchierte sich mit einer wirtschaftlichen und militärischen Blockade, die ebenso rigoros war wie die Blockade Berlins — und genauso unwirksam.[16]

Zum erstenmal in seiner Laufbahn stand Stalin nun einem kommunistischen Gegner hilflos gegenüber. Tito hatte Erfolg, wo

Ketzer von weit größerer Statur, Trotzki und Bucharin, gescheitert waren. Sein eigener Staat, seine eigene Armee und Polizei schützten ihn vor Stalins Schlägen; und die nationale Begeisterung und Hingabe, die seine Herausforderung Moskaus geweckt hatte, waren ein noch besserer Schutz. Sein Handeln fügte der Autorität und dem Ansehen Stalins irreparablen Schaden zu. Viele osteuropäische Kommunisten sahen in Titos Verhalten ein Beispiel, das der Nachahmung wert war. Sie hatten gegen Stalin noch bitterere Klagen vorzubringen als Tito; und auch sie sehnten sich danach, ihre nationale Würde zu behaupten und sich damit in den Augen ihres eigenen Volkes von dem Odium zu befreien, Handlanger der Russen zu sein. Und es war durchaus nicht auszuschließen, daß der jugoslawische Widerstand sogar in Stalins eigener Umgebung auf Sympathien stoßen konnte.

Stalin fürchtete die Ansteckung durch den »titoistischen« Bazillus, und er schlug mit seiner ganzen, in so vielen Ketzerjagden erprobten, blutrünstigen Verschlagenheit zurück. Er erklärte, für Kommunisten sei es Verrat, mit dem Titoismus zu sympathisieren und Kontakt mit Belgrad aufrechtzuerhalten. Als Moskau alle seine Berater und Sonderemissäre aus Jugoslawien abrief, mußten die osteuropäischen Regierungen dasselbe tun. Stalin brachte sie auch dazu, an den Grenzen Jugoslawiens bedrohliche militärische Manöver abzuhalten. Dennoch war es nicht leicht, die Sympathien für den Titoismus zu unterdrücken, denn dieser repräsentierte nicht irgendeine neue Doktrin oder ein neues Programm, sondern den elementaren Drang tapferer Männer und Kämpfer nach Behauptung ihrer nationalen und kommunistischen Selbstachtung gegenüber einer Großmacht und einem Gebieter, der ihre Ergebenheit über Gebühr ausgebeutet und sie beleidigt hatte. Dieser Drang war unter den international gesinnten Parteimitgliedern wie auch unter den »Nationalkommunisten« lebendig. Sie alle wurden von Stalins Agenten streng überwacht und jedes Anzeichen einer »titoistischen« Disposition, das einer von ihnen merken ließ, wurde sorgsam registriert.

Als charakteristisches Symptom für eine solche Disposition galt die Neigung eines Kommunisten, sich über die Legitimität »verschiedener nationaler Wege zum Sozialismus« zu verbreiten.

Stalin selbst hatte sich in den ersten Nachkriegsjahren über dieses Thema ausgelassen, als es ihm darum ging, die verschiedenen Strömungen nationalistischer Opposition gegen eine russische Vorherrschaft über ganz Osteuropa zu entwaffnen. Die Jugoslawen kehrten nun diese Formel gegen ihn, und auch in den anderen osteuropäischen Hauptstädten gab es Männer auf den obersten Stufen der stalinistischen Hierarchie — Gomulka, Clementis, Rajk, Kostoff und andere —, die sie für bare Münze genommen hatten. Ihnen paßte der neue Kurs nicht, den die Kominform eingeschlagen hatte. Sie hatten sich mit der »konservativen«, »gemäßigten« und nationalistischen Politik identifiziert, die sie in den vergangenen Jahren, von Stalin ermutigt, betrieben hatten; und sie klammerten sich sogar noch daran, nachdem Stalin die Linie geändert hatte. Das war ihr Verderben. Sie wurden des Komplotts mit dem Titoismus beschuldigt, als Schädlinge und Spione gebrandmarkt, eingesperrt, erpreßt, gefoltert und gezwungen, ihre Sünden zu bekennen, wie es die Angeklagten in den großen Moskauer Prozessen vor ihnen getan hatten. Das furchtbare Schauspiel der Jahre 1936-1938 wurde, über ein Jahrzehnt später, in fast jeder osteuropäischen Hauptstadt aufs neue aufgeführt. Im September 1949 wurden Rajk und andere ungarische Führer verurteilt und hingerichtet; dasselbe Schicksal ereilte im Dezember Kostoff und eine Anzahl prominenter bulgarischer Kommunisten. Während der folgenden drei Jahre wütete in ganz Osteuropa ein Inferno von Schauprozessen und Massenterror. Es war eine Ausnahme, wenn ein Ketzer wie Gomulka überlebte und nach Stalins Tod als Sieger hervortrat. Und auch in die Sowjetunion reichten die zahllosen Verzweigungen der Säuberung hinein: N. S. Wosnesenski, Mitglied des Politbüros und oberster Wirtschaftsplaner, der während des Krieges den Einsatz der wirtschaftlichen Ressourcen des Landes organisiert hatte, M. Rodionow, Premierminister der Russischen Föderalen Republik, und die Organisatoren der Verteidigung des 1941-1943 belagerten Leningrad, Kusnetzow und Popow, waren die Opfer. Fast zwanzig Jahre nach diesem Geschehen war immer noch unbekannt, warum diese Männer Stalins Mißtrauen erweckten — ob sie sich gegen irgendeine seiner politischen Maßnahmen ausgesprochen hatten oder ob sie lediglich in einen jener mörderischen Machtkämpfe verwickelt waren, wie sie sich in der Umgebung Stalins, etwa zwischen Shdanow und Malenkow, abspielten. Ihre Prozesse und Hinrichtungen waren ein sorgsam gehütetes Geheimnis. In diesen Jahren wagte es Stalin nicht, auch in Moskau und Leningrad noch einmal jene Schauprozesse mit öffentlichen Geständnissen aufzuführen, die in Budapest und Sofia inszeniert wurden.[17]

Während Stalin grimmig auf den Titoismus einschlug, erhob in Peking eine weit mächtigere und gefährlichere Ketzerei ihr Haupt. Stolz darauf, gegen Stalins Widerstand an die Macht gelangt zu sein, waren sich die chinesischen Kommunisten ihrer historischen Rolle als Baumeister der Unabhängigkeit Chinas und als Vollbringer einer Revolution, die einen beachtlichen Teil der Menschheit umfaßte und noch in Jahrzehnten und Jahrhunderten ihren Widerhall finden würde, bewußt. Sie verehrten Mao Tse-tung als einen hervorragenden Erneuerer revolutionärer Strategie und als genialen Führer und Theoretiker. Wenn sie Maos Beitrag zur Theorie auch überschätzten, so war er doch der größte und originellste Praktiker der Revolution seit Lenin und Trotzki. Er besaß sicherlich eine reichere Persönlichkeit und weit mehr Mut und Elan als Stalin. Doch Stalin hatte ihn voller Hochmut behandelt, hatte nie ein Wort der Würdigung für seine Taten übrig gehabt und sein unorthodoxes Verhalten mit Mißtrauen verfolgt. Bereits 1927/28, als Mao erstmals das Zentrum seiner Aktivitäten von der Stadt aufs Land verlagerte, desavouierte ihn die stalinisierte Komintern und unterstützte seine Abwahl aus dem Zentralkomitee seiner Partei. Und noch nach seiner Wiedereinsetzung, nachdem er seine Roten Armeen und seine Jenan-Regierung konsolidiert hatte, behandelte ihn Moskau weiterhin mit verlegener Zurückhaltung. Mao behauptete, daß sich die chinesische Revolution anders als die russische vorwiegend auf die Bauernschaft stützen und vom Lande getragen werden müsse. Das war in der Tat Ketzerei. Um einen offenen Bruch mit Moskau zu vermeiden, tarnte sich Mao hinter stalinistischer Orthodoxie. Stalin verfolgte aufmerksam Maos gewagtes Spiel und würde es in keiner Kommunistischen Partei geduldet haben, die innerhalb einer für seine Interessen lebenswichtigen weltpolitischen Sphäre agierte. Aber China nahm fast bis zum Jahre 1949 in Stalins Kalkül einen untergeordneten Platz ein: Und Maos Verhalten erschien ihm als eine solche Donquichotterie — und überdies nach außen hin so unterwürfig, daß es keiner Exkommunikation bedurfte.[18]

Die chinesischen Partisanen waren während ihrer langen, schweren Kampfzeit ohnehin nie in den Genuß sowjetischer Hilfe gekommen. Ihr Groll darüber saß tief; aber sie lächelten und verbargen ihre Enttäuschung. Nach dem Krieg hatte ihnen Stalin eine neue, bittere Kränkung zugefügt. Die sowjetischen Truppen, die nach der Kapitulation Japans die Mandschurei besetzt hatten, führten sich dort auf, als ob es sich um erobertes Feindesland und nicht um einen Teil Chinas handelte. Bekanntlich hatten die Japaner dieses riesige Gebiet von China abgetrennt und der Herrschaft einer mandschurischen Dynastie unterstellt, die ihre Marionette war. Jener Dynastie hatte Stalin im Jahre 1935 die mandschurische Eisenbahn verkauft, deren Konzession in den Händen der Sowjetunion lag — in der Hoffnung, auf diese Weise Japan zu beschwichtigen. 1945 nahm er sich dann die Eisenbahn zurück, statt sie an China zu übergeben. Außerdem dehnte er die sowjetische Kontrolle auf Port Arthur und Dairen, die zwei großen mandschurischen Häfen aus. All das kränkte die Chinesen zutiefst. Mit Bestürzung mußten sie dann mitansehen, daß die Russen die Industrien der Mandschurei als Kriegsbeute behandelten, zahlreiche Fabriken und Anlagen demontierten und in die Sowjetunion verfrachteten. Da die Japaner bewußt Chinas Industrie zerstört, die Schwerindustrie der Mandschurei aber für ihre eigenen Zwecke gefördert hatten, sahen die Chinesen in der Mandschurei die industrielle Grundlage der wirtschaftlichen Entwicklung ganz Chinas. Maos Regierung konnte nicht umhin, Moskau zu signalisieren, welche Entrüstung die russischen Aktionen verursacht hatten; und sie war bestrebt, die Einrichtungen und Maschinen, die sich die Russen angeeignet hatten, wiederzugewinnen.

Hier wurde der Keim für gehörige Meinungsverschiedenheiten gelegt, und man konnte etwas von dem Konflikt ahnen, der Stalins Nachfolger ein Jahrzehnt später plagen sollte. Jegliche rücksichtslose Geste und Unbedachtsamkeit hätte auf der Stelle zu einer Explosion führen können. Unter diesen Umständen handelte Stalin mit bemerkenswerter Umsicht und Besonnenheit. Kaum war die Volksrepublik China ausgerufen worden, da lud er Mao nach Moskau ein.

Im Dezember 1949 empfing er ihn mit allen Ehren und mit allen Beweisen der Freundschaft und Hochachtung im Kreml. Es waren die Tage der großen Titoisten-Jagd und der Leningrader Affäre. Wosnesenski war erst einige Monate zuvor in Ungnade gefallen, und in Sofia fand gerade der Prozeß gegen Kostow statt. Aber inmitten all seiner rasenden Verfolgungen spielte Stalin gegenüber dem einzigen wirklich großen und gefährlichen Ketzer in der kommunistischen Welt scheinbar mühelos die Rolle des liebenswürdigen Gastgebers und weisen, hilfreichen Genossen. Er hatte aus seinen Fehlern gegenüber Tito gelernt. Er wußte, daß er es sich Mao gegenüber nicht erlauben konnte, mit dem »kleinen Finger« zu drohen, geschweige denn mit der ganzen Faust. Er war die Liebenswürdigkeit selbst.

Doch die Lage war heikel: Stalin mußte erst einmal das Terrain erkunden. Er wollte seine mandschurische Beute nicht fahren lassen. So verwickelte er Mao in langwierige Erklärungen und zähes Gefeilsche, unterbrochen von häufigen Staatsbanketten und Privatunterhaltungen, die dem vertraulichen Meinungsaustausch vorbehalten waren, wie man ihn von den Führern zweier Revolutionen erwarten konnte. Doch im persönlichen Kontakt konnten beiden Männern die Gegensätze ihrer Charaktere und Positionen nur noch klarer werden. Stalin war jeder Zoll »Staatsmann von Welt«, der ordensgeschmückte Generalissimo und das Oberhaupt eines ungeheueren bürokratischen Apparates, dem eigenen Volk so fern, wie es nur je ein Zar gewesen war. Mao war noch immer von der Aura jener zwanzig Jahre umgeben, die er in den Bergen und Höhlen verbrachte, von wo aus er den längsten Bürgerkrieg der modernen Geschichte geführt hatte — er hatte in all den Jahren unter den ärmsten Bauern gelebt, hatte zusammen mit seinen Partisanen gekämpft und war mit ihnen marschiert; und er hatte zwischen seinen Offizieren und Mannschaften keine Unterschiede in Verpflegungsrationen und Uniformen und keinerlei soziale Entfremdung geduldet. War Stalins Marxismus stark von Zarentum und griechischer Orthodoxie überlagert, so war Maos Leninismus von orientalischer Jacquerie und dem kulturellen Erbe eines konfuzianischen Mandarins durchsetzt. Beide Männer besaßen eine unerschöpfliche Schläue, doch wurde sie bei Mao von einem Charakter im Zaum gehalten, der menschlicher, und von einem Geist, der kultivierter war als derjenige Stalins. Für Mao war die chinesische Revolution sein Leben und seine Mission. Für Stalin war sie ein enormer Glücksfall, aber potentiell auch eine enorme Gefahr. Auf dem Höhepunkt des Kalten Krieges hatte er plötzlich einen großen Verbündeten gewonnen. Von jetzt an würde China Rußlands gewaltige Grenze in Asien schützen; und Stalin würde seine militärischen Kräfte auf Europa konzentrieren können. Und obgleich Chinas neue Herrscher eines Tages Moskau die Stirn bieten könnten, vorläufig waren sie von Stalin abhängig und nicht nur darauf aus, die mandschurischen Industrieanlagen zurückzugewinnen, sie wollten von der Sowjetunion auch wirtschaftliche, militärische und diplomatische Hilfe und Schutz haben.

Stalin und Mao brauchten fast drei Monate, um handelseinig zu werden und am 14. Februar 1950 ein formelles Bündnis zu schließen. Stalin versprach, seine »Kriegsbeute« zurückzugeben und »nicht später als bis Ende 1952« auf die mandschurische Eisenbahn zu verzichten. Er gab auch Port Arthur heraus, dessen Erwerb – durch ein Geheimabkommen mit Roosevelt – er als Rußlands Rache für seine Niederlage gegen Japan im Jahre 1905 und als einen Akt historischer Gerechtigkeit gefeiert hatte.[19] Die Kontrolle über den strategisch wichtigen Hafen von Dairen und über die mandschurischen Verkehrswege behielt er sich noch vor. Aber er verpflichtete sich, China bei seiner wirtschaftlichen Entwicklung großzügig zu unterstützen. Auf diese Weise vermied er die offene Rivalität zwischen sich und Mao und damit den Konflikt zwischen ihren Parteien und Regierungen.

Nur vier Monate später begann der Koreakrieg, und viele nahmen an, daß Mao und Stalin ihn in Moskau geplant haben mußten. Seit einiger Zeit war es entlang des 38. Breitengrads, der seit Japans Kapitulation die beiden Teile des Landes trennte, zu Zusammenstößen und Scharmützeln zwischen den kommunistischen Truppen des Nordens und den antikommunistischen Streitkräften des Südens gekommen. Im Juni 1950 bezichtigte

Kim Il Sung, der an der Spitze der kommunistischen Verwaltung stand, die Regierung des Südens unter Synghman Rhee der Aggression und startete eine Generaloffensive über dem 38. Breitengrad. Der rasche Anfangserfolg der nordkoreanischen Truppen zeigte, daß der Schlag gut vorbereitet war, so gut in der Tat, daß es glaubhaft schien, Stalin und Mao seien vorab konsultiert worden oder hätten sogar den Marschbefehl gegeben. Daß Mao sich für ein solches Unternehmen ausgesprochen hätte, wäre nicht verwunderlich gewesen. Ihm mußte der kommunistische Versuch, die Kontrolle über ganz Korea zu erlangen, als ein natürliches Nachspiel zur chinesischen Revolution erscheinen, dessen Erfolg versprach, es in Zukunft jeder feindlichen Macht unmöglich zu machen, Korea als Sprungbrett für eine Invasion Chinas zu benutzen. Stalins Motive waren weniger klar. Er war daran interessiert, einen bewaffneten Konflikt mit dem Westen zu vermeiden; und sein strategisches Interesse an Korea war nur gering. (Korea hat mit der Sowjetunion eine gemeinsame Grenze von 16 Kilometer, während seine Grenze mit der Mandschurei über 800 Kilometer reicht.) Wahrscheinlich handelte er mit einem Seitenblick auf seine latente Rivalität mit Mao. Nachdem er sich erst jüngst eine so skandalöse Fehleinschätzung der Chancen der Revolution geleistet hatte, mag ihm daran gelegen gewesen sein, den Eindruck politischer Furchtsamkeit zu zerstreuen, den er hinterlassen hatte, und sich als ein ebenso waghalsiger Stratege der Revolution zu erweisen wie Mao.

Die Risiken schienen unbedeutend zu sein. Es war etwa zwei Jahre her, seit die sowjetischen Besatzungstruppen Nordkorea verlassen hatten; und Ende 1948 hatten sich die amerikanischen aus dem Süden zurückgezogen. Die Amerikaner hatten außerdem erklärt, daß sie in Korea keine lebenswichtigen Interessen zu verteidigen hätten, und sie ließen durchblicken, daß sie das Land für »entbehrlich« hielten. Stalin hatte daher einigen Grund zu der Annahme, daß Kim Il Sung einen Lokalkrieg begänne, der sich nicht zu einem größeren internationalen Konflikt ausweiten werde. Er erkannte seinen Irrtum, als sich die Vereinigten Staaten zum Eingreifen entschlossen und die Vereinten Nationen aufforderten, dasselbe zu tun. Ein weiterer grober Fehler unterlief ihm, als die Amerikaner die Frage vor den Sicherheitsrat brachten. Das sowjetische Mitglied des Rates hätte den amerikanischen Vorstoß leicht blockieren können, wenn es von seinem Vetorecht Gebrauch gemacht hätte, was selbst bei banalen Anlässen häufig geschah. Stattdessen verließ der sowjetische Vertreter, Moskaus Instruktionen folgend, in der kritischen Sitzung demonstrativ den Rat; und so nutzten die Vereinigten Staaten und ihre Verbündeten seine Abwesenheit und verabschiedeten einen Beschluß, der alle Mitglieder der Vereinten Nationen verpflichtete, Truppen nach Korea zu entsenden, um gegen die Kommunisten zu kämpfen. Der Lokalkrieg weitete sich zu einer internationalen Feuersbrunst aus. Im Laufe von drei Jahren drohte er zum Ausbruch offener Feindseligkeiten zwischen Amerika und China zu führen und sich sogar in einen Weltkrieg zu verwandeln. Nachdem er in diese Situation gestolpert war, ergriff Stalin seine Vorsichtsmaßnahmen: Zwar versorgte er die Nordkoreaner und die chinesischen »Freiwilligen«, die den Amerikanern am 38. Breitengrad gegenüberstanden, mit Waffen, doch er ließ nicht zu, daß russische Streitkräfte in die Kämpfe hineingezogen wurden. Und er ließ die Tür für Verhandlungen geöffnet.

Der Koreakrieg und seine Gefahren überschatteten die letzten drei Jahre von Stalins Herrschaft. Er agierte noch immer aus einer Position der Schwäche. Die Sowjetunion hatte ihre erste Atombombe gerade ein Jahr vor Ausbruch des Krieges gezündet; die Vereinigten Staaten hatten seit über fünf Jahren Kernwaffen angehäuft. Der amerikanische Oberbefehlshaber im Fernen Osten, General MacArthur, forderte lautstark die Bombardierung der Mandschurei; das hätte die Russen aufgrund des neuen Bündnisses verpflichtet, China zu Hilfe zu kommen. Stalin konnte nicht, wie einige Jahre zuvor, darauf bauen, daß der Pazifismus der amerikanischen Bevölkerung und ihre Sympathie für Rußland die Ausweitung des Krieges abwenden würden, denn die allgemeine Stimmung in den Vereinigten Staaten war inzwischen in grimmige Feindseligkeit umgeschlagen.[20] Und obgleich das Engagement der Amerikaner in Korea ihre Bewegungsfreiheit in Europa behinderte, mußte Stalin die Mobilmachung seiner konventionellen Streitkräfte aufrechterhalten, seine

Kernwaffenindustrie zu außerordentlichen Anstrengungen treiben, die Sowjetwirtschaft fast auf Kriegsproduktion umstellen und in der Sowjetunion und Osteuropa den Belagerungszustand noch verschärfen. Einige dieser für ihn lebenswichtigen Ziele erreichte Stalin. Westlichen Pressionen trat er energisch genug entgegen, um jegliche amerikanischen Absichten über eine Ausweitung des Krieges abzuschrecken; die sowjetische Atomindustrie nahm eine sprunghafte Entwicklung und produzierte 1953 ihre erste Wasserstoffbombe — kurz nachdem den Amerikanern dieses Glanzstück gelungen war. Die Schlüsselfaktoren der sowjetischen Wirtschaft, die 1948/49 ihren Vorkriegsstand wieder erreicht hatten, wuchsen in Stalins letzten Jahren um fünfzig Prozent. Die Modernisierung und Urbanisierung der Sowjetunion wurde beschleunigt. Allein Anfang der fünfziger Jahre nahm die städtische Bevölkerung um etwa 25 Millionen zu. Höhere Schulen und Universitäten unterrichteten doppelt so viele Schüler wie im Jahre 1940. Auf den Trümmern des Weltkriegs waren die Fundamente für den industriellen und militärischen Wiederaufstieg Rußlands gelegt worden, und er sollte die Welt alsbald aufrütteln.

Dennoch blieb die Misere des russischen Alltags fast so erschütternd wie während der Periode der ursprünglichen Akkumulation der dreißiger Jahre, ja sie war sogar noch unerträglicher. Der größte Teil der Bevölkerung lebte von Kohl und Kartoffeln, war in Lumpen gekleidet und hauste in Elendsquartieren. Während die höchstentwickelten Werkzeugmaschinenfabriken der UdSSR ebenso leistungsfähig waren wie die der USA, lagen die rückständigen Verbrauchsgüterindustrien um mindestens ein halbes Jahrhundert zurück. Der Sowjetbürger verbrauchte weniger als ein Drittel, vielleicht sogar weniger als ein Viertel der Güter, in deren Genuß der Amerikaner kam. Infolge der stetig anwachsenden städtischen Bevölkerung herrschte eine katastrophale Wohnsituation. Es war durchaus üblich, daß sich in den Großstädten mehrere Familien ein Zimmer und die Küche teilen mußten. Die Regierung tat wenig, um diese Lage zu verbessern. Die zerstörten Städte wurden zu langsam wiederaufgebaut; und vor dem Hintergrund von Ruinen und riesigen Elendsquartieren ließ Stalin grandiose öffentliche Gebäude und

Monumente errichten, die in ihrer verzierten Plumpheit nicht ihresgleichen hatten und zum Symbol für bürokratischen Pomp und schlechten Geschmack werden sollten.

Am schlimmsten stand es mit der Landwirtschaft. Während der letzten vier Jahre unter Stalins Herrschaft belief sich die Getreideernte im Durchschnitt auf nur 80 Millionen Tonnen — 1940 waren es 95 Millionen gewesen, 1913 86 Millionen. Auch der Viehbestand lag unter dem von 1913. Und so war die Ernährung der städtischen Bevölkerung ständigen Risiken ausgesetzt, obgleich die Regierung fast die Hälfte der Getreideernten konfiszierte oder unter Normalpreis kaufte. Der Städter verbrauchte weniger als ein halbes Pfund Fleisch und ein viertel Pfund Fett pro Woche. Der Landwirtschaft fehlten Arbeitskräfte, Traktoren, Maschinen, Fahrzeuge und Düngemittel. Der Kolchos blieb ein wirtschaftlicher Zwitter, halb kollektiv-, halb privatwirtschaftlich; neben den kollektiv betriebenen Feldern lagen die übriggebliebenen, winzigen Parzellen, an die sich die Bauern klammerten und die sie mit zähem Fleiß bearbeiteten, während sie die kollektiven Felder vernachlässigten. Die Regierung versuchte, die Lebensmittelversorgung durch bürokratische Reglementierung zu sichern: Für jedes Fleckchen Land schrieb sie dem Bauern vor, was er anbauen und wieviel er ernten sollte. Legionen von Inspektoren und Aufsehern machten jeden Vorgang in der Landwirtschaft, der eine einfache Routinesache hätte sein sollen, jedes Säen, Pflügen und Ernten, zu einer spannungsgeladenen »Schlacht an der Nahrungsmittelfront«.

1950 schließlich hatte das bäuerliche Rußland wieder einmal mit einer Umwälzung zu kämpfen, die als die Ergänzungskollektivierung bezeichnet werden kann. Etwa 240 000 Kollektivwirtschaften, von denen jede im Durchschnitt tausend Morgen Land besaß, wurden zu 120 000 und schließlich zu 93 000 größeren Einheiten verschmolzen. Die Bauernschaft reagierte auf den Zusammenschluß mit resignierter Apathie, nicht mit dem verzweifelten Widerstand, den sie gegen die ursprüngliche Kollektivierung geleistet hatte. Aber die Landwirtschaft blieb instabil, über die nächsten Schritte waren in der herrschenden Gruppe die Meinungen geteilt. N. S. Chruschtschow schlug vor, die Höfe als Kornfabriken zu reorganisieren und die Bauern in

»Agrostädten« anzusiedeln. Stalin lehnte diese Idee ab. Inmitten einer gespannten internationalen Situation fürchtete er sich davor, das Land einer so drastischen Veränderung auszusetzen.

Bei so viel Schwäche und Unruhe im Inneren und so viel auswärtigem Mißgeschick hielt Stalin die Sowjetunion von der Außenwelt noch hermetischer abgeschlossen denn je. Er erklärte die Eheschließung von Russen mit Ausländern zum Verbrechen; und wenn ein Staatsdiener irgendein Detail über irgendeinen Aspekt des russischen Lebens preisgab, wie trivial er auch sein mochte, so war dies Verrat; und ein Ausländer, der sich für solche Daten interessierte, wurde der Spionage beschuldigt. Soldaten, die aus ihrem Besatzungsdienst in Deutschland, Österreich oder irgendeinem anderen Land heimkehrten, war es verboten, über ihre Erfahrungen zu sprechen. Die Zeitungen malten die sozialen Verhältnisse im Westen, einschließlich der Vereinigten Staaten, in den schwärzesten Farben, auf daß dem Sowjetbürger sogar das Elend der eigenen Existenz noch in einem rosigen Licht erscheinen mußte. Rußlands Fenster und Türen zur Welt waren allesamt zugeschlagen; und hinter ihnen spielte sich eine Orgie der nationalen Selbstverherrlichung ab. Von der Größe des zaristischen Rußlands tönte man gar noch lauter als während des Krieges. Jedes Glanzstück kaiserlicher Eroberung wurde von den Historikern hochgelobt: Jede Gewalttat, die Rußland einst den ihm unterworfenen Völkern zugefügt hatte, stellten sie als Akt der Emanzipation und des Fortschritts hin, für den die unterdrückten Völker hätten dankbar sein sollen. Sie feierten Katharina die Große und Nikolaus I. als Wohltäter und Beschützer der Völker des Kaukasus und Zentralasiens; die Führer jener Völker, die dem Zarismus Widerstand geleistet und um ihre Unabhängigkeit gekämpft hatten, wurden von ihnen als Reaktionäre und Handlanger der Briten oder der Türken denunziert. Das den Schulkindern vermittelte Geschichtsbild bestand in einer einzigen Kette niederträchtiger ausländischer Verschwörungen, die durch die Wachsamkeit und Tapferkeit ihrer Vorfahren stets vereitelt wurden. Niemand sollte noch Zweifel hegen, daß Rußland und nur Rußland das Salz der Erde, die Wiege der Zivilisation, die Quelle all dessen sei, was im menschlichen Geist groß und edel ist. Die Russen wurden zu den Pionieren, Entdeckern und Erfindern all jener Errungenschaften moderner Technologie, die eine unwissende oder übelwollende Welt den Briten, Deutschen, Franzosen oder Amerikanern zuschrieb. Tagein, tagaus füllten die Zeitungen ihre Seiten mit Geschichten von wunderbaren Popows oder Iwanows, die als erste die Druckerpresse, die Dampfmaschine, das Flugzeug und das Radio erfunden hatten. Was noch fehlte, um diese Selbstbeweihräucherung zu vervollständigen, war, daß die »Prawda« enthüllt hätte, daß der vorgeschichtliche Mensch, der das erste Rad baute, an den Ufern der Moskwa lebte, oder daß selbst Prometheus ein Großrusse war — denn wer hätte seine Heldentat vollbringen können, wenn nicht ein Großrusse?

Auf diese Weise wird Rußland (wie ich in einem Essay damals über Rußland schrieb[21]) »gelehrt, der Welt draußen zu mißtrauen und sie zu verachten, auf nichts anderes stolz zu sein als auf die eigene Genialität, sich für nichts anderes zu interessieren als für die eigene um sich selbst kreisende Größe, sich auf nichts zu verlassen als auf die eigene Selbstsucht und auf nichts anderes zu hoffen als auf den Triumph seiner eigenen Macht. Der Stalinismus versucht, für Großrußland alle die großen Leistungen zu vereinnahmen, die dem Genius anderer Völker geschuldet sind. Er erklärt es zum Verbrechen, wenn ein Russe sich irgendeinen Gedanken über die vergangene oder gegenwärtige Größe anderer Völker macht — das wäre ein ›Kotau vor der westlichen Zivilisation‹; und ein Verbrechen ist es auch, wenn der Ukrainer, Georgier und der Usbeke vor Großrußland keinen Kotau macht.«

Größenwahn und Fremdenfurcht sollten das Volk von seinem Minderwertigkeitsgefühl heilen, es gegen jene Attraktionen der westlichen Kultur immunisieren, die Generationen der Intelligenzija in ihren Bann gezogen hatten: sie sollten das Volk vor dem demoralisierenden Einfluß des amerikanischen Reichtums bewahren, es hart machen für die Prüfungen des Kalten Krieges und, wenn notwendig, auch für den bewaffneten Konflikt. Die Hitzigkeit der chauvinistischen Agitation war ein Gradmesser des Kriegsfiebers, in dem das Land lebte.

Wo so viel borniert nationale Anmaßung begünstigt wurde, konnte es nicht überraschen, daß auch die nur halb verborgenen antisemitischen Vorurteile wieder an die Oberfläche traten. Trotz allem, was die bolschewistischen Regierungen in ihren besseren Zeiten getan hatten, um jene Vorurteile zu bekämpfen, hatte die Feindschaft gegen die Juden kaum nachgelassen. Der Antisemitismus nährte sich aus vielen Quellen: aus der griechischen Orthodoxie und der einheimischen Pogromtradition; aus den Kontakten mit dem Nazismus, die die Bevölkerung während des Krieges hatte; aus der Tatsache, daß jüdische Händler und Handwerker, unangepaßt an eine Wirtschaft in öffentlichem Eigentum, im illegalen und halblegalen Handel, der angesichts der Güterknappheit florierte, besonders hervortraten; aus der großen Zahl von Juden unter den ersten bolschewistischen Führern; und schließlich daraus, daß Juden auch nach der Liquidierung jener Führer in den mittleren Rängen der stalinistischen Bürokratie eine relativ bedeutende Rolle spielten. Der einfache Kommunist sah in ihnen oft die letzten überlebenden Elemente des städtischen Kapitalismus, während der Antikommunist sie als einflußreiche Mitglieder der herrschenden Hierarchie betrachtete.

Stalins Haltung war zweideutig. Er selbst hatte keine primitiven Rassenvorurteile und scheute sich auch, offen gegen den Parteikanon zu verstoßen, der den Antisemitismus ablehnte. Unter den Männern, die ihn umgaben, ragte eine Reihe von Juden heraus, wenn auch weit weniger, als dies bei Lenin der Fall gewesen war. Litwinow stand über ein Jahrzehnt lang an der Spitze der sowjetischen Diplomatie; Kaganowitsch war bis zuletzt Stalins Faktotum; Mechliß war der höchste politische Kommissar der Armee; und Sasslawski und Ehrenburg waren die populärsten unter Stalins Sykophanten. Doch war Stalin nicht abgeneigt, antijüdische Gefühle anzusprechen, wenn dies seinen Zwecken entgegenkam. Seine Agenten schlachteten während des Kampfes gegen die innerparteiliche Opposition die jüdische Herkunft von Trotzki, Sinowjew, Kamenjew und Radek gehörig aus — in den Prozessen von 1936-38 bezeichnete Wyschinski sie immer wieder als »Menschen ohne Vaterland« und Kreaturen, denen jedes russische Heimatgefühl abgehe. Als dann während des Krieges Hitlers Propaganda ihre Schimpftiraden gegen den »jüdischen Krieg« und gegen die jüdischen Kommissare, die sich an ihm mästeten, losließ und die Russen und Ukrainer aufforderte, sich gegen diese zu erheben, hatten Stalins Propagandisten dem nur verlegenes Schweigen entgegenzusetzen. Stalin verbot ihnen, mit einem Gegenangriff zu antworten und die furchtbare Unmenschlichkeit des Hitlerschen Antisemitismus aufzudecken. Er fürchtete, ein solcher Gegenvorstoß könne die Masse des Volkes auf die Idee bringen, daß an dem Gerede der Nazis ein Körnchen Wahrheit sei, und er stände dann als Verteidiger der Juden da –, eine Rolle, die er zu diesem Zeitpunkt um keinen Preis übernehmen wollte. Er hatte Angst vor der Popularität des Antisemitismus, und der Eifer, mit dem russische und ukrainische Judenverfolger in den besetzten Gebieten auf den Nazismus reagiert hatten, bestätigte ihn in dieser Angst.

Andererseits taten die Sowjetbehörden während des Vormarschs von Hitlers Heeren ihr Bestes, um die Juden aus den bedrohten Gebieten zu evakuieren, obgleich in einigen Städten — wie in dem allgemein bekannten Falle Taganrogs — die Juden den Warnungen über das, was ihnen unter der Herrschaft der Nazis bevorstand, keinen Glauben schenkten und sich weigerten, die Stadt zu verlassen. Mit Genehmigung Stalins wurde ein »Jüdisches Antifaschistisches Komitee« gegründet, an dessen Spitze wohlbekannte Persönlichkeiten standen. Er rief die Juden des Westens auf, die Sowjetunion zu unterstützen (das Komitee begann seine Tätigkeit unter schlimmen Auspizien; bereits 1942 wurden zwei seiner Mitglieder, Henryk Erlich und Victor Alter, beide Führer des jüdisch-polnischen Bundes und Mitglieder des Vollzugsrats der Sozialistischen Internationale, die in Rußland Zuflucht gesucht hatten, verhaftet und als »Naziagenten« hingerichtet). Die Juden, die bei den Streitkräften dienten, kämpften tapfer; sie wurden dekoriert und sogar in die höchsten Ränge befördert. Aber als *Juden* gestand man ihnen keinerlei Verdienste zu. Als Nationalität waren sie buchstäblich ausgelöscht worden. Presse und Radio schwiegen über die Vernichtung der europäischen Juden jenseits der feindlichen Linien: Die Todeslager von Auschwitz oder Majdanek wurden nur selten erwähnt oder aber in einer Weise, die niemand ahnen ließ, daß die Juden das Hauptkontingent der Opfer stellten. Nach dem Krieg wurden Sowjetbürger, die sich der Kollaboration mit den Nazis und der Judenverfolgung schuldig gemacht hatten, als Verräter bestraft. Aber auch damals wurde die Wahrheit über das Martyrium der Juden weiter unterdrückt; und das Symbol dieser Unterdrückung war Babi Yar in Kiew, wo während der deutschen Besatzung fünfzig- oder sechzigtausend Juden ermordet wurden, wo aber kein Denkmal oder ein anderes Zeichen zu ihrem Gedächtnis errichtet werden durfte.

So gewunden und von Nützlichkeitserwägungen beherrscht war Stalins Verhalten, daß er 1948 als Pate des neuen Staates Israel auftrat. Seine Vertreter bei den Vereinten Nationen plädierten für die Anerkennung Israels, als viele Regierungen noch immer über Israels Legalität debattierten (man sollte nicht vergessen, daß in Rußland und Osteuropa nicht nur die Kommunisten, sondern die ganze Linke, die meisten jüdischen Sozialisten eingeschlossen, traditionell Antizionisten gewesen waren). Stalin ermutigte einige osteuropäische Regierungen, den Juden in ihren Ländern, die überlebt hatten, die Auswanderung nach Palästina zu erlauben; und er ermutigte sie sogar, den Zionisten die Waffen für ihren Unabhängigkeitskrieg zu liefern. Nach den Motiven seiner Politik brauchte man nicht weiter zu suchen: Die zionistische Erhebung in Palästina bezeichnete eine Etappe in der Auflösung des Britischen Weltreichs; sie beschleunigte den britischen Rückzug aus dem Mittleren Osten. Da auch die Vereinigten Staaten Israel unterstützten, hoffte Stalin, mit seiner Politik die russisch-amerikanischen Beziehungen verbessern zu können. Diese Hoffnung erwies sich als vergeblich. Mehr noch, Israel wurde schon bald ein Vorposten des Westens im Mittleren Osten; und Stalin warf seinen Führern Undankbarkeit vor. Inzwischen beeindruckte die Wiedergeburt eines jüdischen Staates jene russischen Juden, die noch der biblischen Tradition verbunden waren, die unter der schweren Prüfung ihres Volkes litten und die die geheime Diskriminierung schmerzte, der sie ausgesetzt waren. Als Israels erste diplomatische Vertreterin, Golda Meir, in Moskau erschien, brachten ihre Glaubensgenossen ihr stürmische Ovationen dar. Das geschah gerade zu der Zeit, als Stalin den nationalen Größenwahnsinn und die Fremdenfeindlichkeit aufpeitschte, um die Bevölkerung gegen ausländische Einflüsse immun zu machen. Die plötzliche Offenbarung des tiefen Gefühls, das einige sowjetische Juden für Israel hegten, mußte Stalin alarmieren. Die Spontaneität, mit der sie ihre Empfindungen ausdrückten, widersprach der mechanischen Disziplin, der er die ganze Gesellschaft unterworfen hatte. Er konnte das nicht dulden. In seinem festgefügten Machtblock war der kleinste Spalt eine Gefahr für das ganze Gebäude. Wenn er es den Juden gestattete, behördlich nicht genehmigte Gefühle auf behördlich nicht genehmigten Demonstrationen kundzutun, wie konnte er dann den Russen und Ukrainern untersagen, ein Gleiches zu tun? Er verbot die Demonstrationen und ließ einige Juden verhaften und deportieren. Die Parteiagitatoren begannen, den Staat Israel als Werkzeug des westlichen Imperialismus zu schmähen; und sie machten jenen sowjetischen Juden Vorwürfe, die durch Bekundung ihrer freundschaftlichen Gefühle für Israel auf beschämende Weise hätten vermissen lassen, dem sowjetischen Vaterland ihre ungeteilte Treue zu erweisen.

Doch das war nicht alles. Man nahm den Juden das Recht, das ihnen bisher als einer Nationalität zugestanden worden war; das Recht, innerhalb gewisser Grenzen ihre jüdische Eigenständigkeit zu pflegen; ihre Kinder in solche staatliche Schulen zu schicken, wo sie in jiddischer Sprache unterrichtet wurden; ihre eigenen Zeitschriften und Zeitungen herauszugeben und ihre eigene Literatur und ihr eigenes Theater zu entwickeln. Auf diese Weise verkehrte Stalin die Politik, die er selbst als Volkskommissar für nationale Minderheiten unter Lenins Führung einst eingeführt hatte, in ihr Gegenteil. Er tat dies unter dem Vorwand, daß die Sowjetjuden, die den anderen Bürgern völlig gleichgestellt seien, nunmehr den Russen »assimiliert« worden seien und sich nicht mehr an einen veralteten Separatismus klammern müßten. Daran war etwas Wahres; doch hatte die Reaktion der Juden auf Israel gezeigt, daß ihre »Assimilierung« bei weitem nicht die Regel war und auch nicht sehr tief ging; selbst in den am meisten russifizierten Juden hatte die jüngste Tragödie ihrer Rasse ein neues Gefühl für ihr Judentum geweckt; und die Zwangsmaßnahmen zur Assimilierung, für die sich Stalin jetzt entschied, konnten nur bewirken, daß dieses Gefühl um so bitterer und beharrlicher wurde. Stalins Bürokratie berief sich auf das Prinzip der rassischen Nichtdiskriminierung, um Akte der Diskriminierung zu rechtfertigen, die um so mehr schockierten, als sie so kurz nach der Ausrottung von Millionen Juden durch die Nazis begangen wurden.

Mit der Schließung der jüdischen Theater, Zeitschriften und Verlagshäuser wurde auch ihr Personal gesäubert. Zu den Opfern gehörten auch Persönlichkeiten, die beim »Jüdischen Antifaschistischen Komitee« eine prominente Rolle gespielt hatten. Zu ihnen zählten Losowski, der ehemalige Führer der Roten Gewerkschaftsinternationale und spätere Stellvertretende Außenminister, und die bekannten jiddischen Schriftsteller und Dichter David Bergelson, Itzig Pfeffer und Peretz Markisch, — sie alle wurden verhaftet, zum Tode verurteilt und hingerichtet. Michoels, ein genialer jiddischer Schauspieler, kam unter mysteriösen Umständen ums Leben. Der strikt geheimgehaltene Terror richtete sich dann gegen russische Schriftsteller jüdischer Herkunft. Die Welt ahnte davon erst durch Anspielungen in der Presse, die gegen »wurzellose Kosmopoliten« und Menschen von »zweifelhafter Loyalität« zu Felde zog und systematisch die jüdischen Namen von Schriftstellern enthüllte, die in der Öffentlichkeit unter ihren russischen Pseudonymen bekannt waren. Man sagte später, Stalin habe sogar geplant, alle Juden nach der in den zwanziger Jahren in der Nähe der mandschurischen Grenze gegründeten »Autonomen Jüdischen Region« Birobidscha zu deportieren, genauso wie er die Wolgadeutschen, die Krimtataren und die Ingusch-Tschetschen deportiert hatte. Sollte er mit einem solchen Gedanken gespielt haben, so war er schwer durchführbar. Bis zu einem gewissen Grad waren die Juden durch ihre führenden Stellungen in lebenswichtigen Sphären des nationalen Lebens geschützt, — in der Leitung der Industrie, in der Kernforschung, im Parteiapparat, in der akademischen Welt (fast zwanzigtausend Juden unterrichteten an den Universitäten und bei den Streitkräften). Aber wenn der Staat auch auf ihre Dienste nicht verzichten konnte, stand doch eine dunkle Wolke über ihnen: Ihre Vorgesetzten mißtrauten ihnen, ihre Untergebenen beneideten sie: Sie hatten Furcht um ihre Zukunft und sahen sich als Fremde gebrandmarkt, aber ohne den Schutz, den Fremde normalerweise in jeder zivilisierten Gesellschaft genießen. Sie spürten, daß sie das Opfer einer dunklen und unheilvollen Intrige waren. Und unmittelbar vor dem Ende von Stalins Herrschaft wurde die Wolke über ihren Häuptern immer größer und immer dunkler.

Über viele Jahre hinweg hatte nicht einmal der Schein einer »kollektiven Führung« Stalins Selbstherrschaft beschränkt; und der »Persönlichkeitskult« hatte unvorstellbar absurde Formen angenommen. Er wurde als Vater der Völker apostrophiert, als das größte Genie in der Geschichte, als Freund und Lehrer aller Werktätigen, als Sonne der Menschheit und als die lebensspendende Kraft des Sozialismus. In Gedichten und Zeitungsartikeln, öffentlichen Reden und Parteibeschlüssen, in Werken literarischer Kritik und in wissenschaftlichen Abhandlungen — überall wimmelte es von solchen Beiwörtern. In der apostolischen Abfolge von Marx-Engels-Lenin-Stalin schien er seine Vorgänger wie ein Riese zu überragen. Wenn absolute Monarchen dank der Gnade Gottes regiert hatten, so herrschte er dank der Gnade der Geschichte; und er wurde als der Schöpfer der Geschichte verehrt. Die Nation, die in ihrem stolzen Adel angeblich turmhoch über dem Rest der Menschheit stand, lag ihm zu Füßen. Tagtäglich druckte die »Prawda« auf ihren Titelseiten lobtriefende »Briefe an Stalin« ab; und die übrige Presse folgte getreulich ihrem Beispiel. Zu Stalins siebzigsten Geburtstag im Dezember 1949 ging eine so riesige Flut von Gratulationen ein, daß die »Prawda« sie noch jahrelang in fast jeder Ausgabe veröffentlichte — in ihren Spalten erschienen diese Tribute an den siebzigjährigen Jubilar noch bis kurz vor seinem Tode. Das berühmte Moskauer Revolutionsmuseum wurde in eine Ausstellung der Geburtstagsgeschenke verwandelt, die aus jeder Fabrik, jedem Kohlenbergwerk, jedem Kolchos, von jeder Gewerkschaft, Parteizelle und Schule des Landes eintrafen. Es war, als ob die chinesische Revolution, der ernste Konflikt mit dem Westen, der Koreakrieg und selbst die glanzvollen Leistungen beim Aufbau der inländischen Industrie im Vergleich zum »historischen Geburtstag« des Diktators kaum Bedeutung hatten; als ob der einzige Lebenszweck der zweihundert Millionen Sowjetbürger darin bestünde, ihn zu verehren und mit Geschenken zu überhäufen. Damit diese massive Lobhudelei sich nicht durch eintönige Wiederholung totliefe, mußten die Sykophanten ihrer kargen Phantasie immer neue Schmeicheleien abringen und das Publikum mit immer neuen und immer bizarreren Superlativen überraschen. Chruschtschow zufolge unterstützte »Stalin selbst mit allen denkbaren Methoden die Glorifizierung seiner Person«. Er redigierte eine offizielle Darstellung seines Lebens und fügte ihrer »hemmungslosesten Beweihräucherung«, die er unzureichend fand, selbst unter anderem noch folgende Wendungen hinzu: »Stalin ist der würdige Fortsetzer von Lenins Werk (...) der Lenin unserer Tage«, »die fortschrittliche sowjetische Militärwissenschaft wurde in den Händen des Genossen Stalin weiterentwickelt; in den verschiedenen Phasen des Krieges fand Stalins Genius die richtige Lösung«; »Stalins militärische Meisterschaft zeigte sich sowohl in der Defensive als auch in der Offensive. Genosse Stalins Genie ermöglichte es ihm, die Pläne des Gegners vorauszusehen und zu durchkreuzen«. Und zu guter Letzt noch diese unvergleichliche Feinsinnigkeit: Stalin ließ »es niemals zu, daß seine Arbeit auch nur durch den leisesten Schatten von Eitelkeit, Hochmut oder Eigenlob beeinträchtigt wurde«.[22] Wie ein Drogensüchtiger gierte er nach dem Weihrauch, den man ihm entzündete, und er verordnete ihn sich in immer größeren Dosen. Er schien noch immer auf der Flucht vor dem Minderwertigkeitsgefühl, das so lange an ihm genagt hatte, vor der inneren Unsicherheit, vor der Einsamkeit auf dem Gipfel der Macht und vor den Schrecken jenes Abgrunds, der ihn von seinem Volk trennte. Der Kult um Stalin bewirkte bei jenen, die ihm unablässig ausgesetzt waren, daß sich ihnen das Bild Stalins als einer fast übernatürlichen und durch nichts zu erschütternden Macht einprägte, einer Macht, der man sich selbst in seinen verborgensten Gedanken und Gefühlen nicht widersetzen konnte.

Chruschtschow hat uns Stalins Umgebung in diesen Jahren sehr lebendig geschildert. Kein dekadenter Cäsar, kein Borgia ist mit seinen Dienern verächtlicher und launischer umgesprungen als Stalin mit den höchsten Würdenträgern des Staates und mit den Mitgliedern seines Politbüros. Er »berief« sich auf sie, ohne sie »um ihre Meinung zu befragen. Oft unterrichtete er diese nicht einmal über seine (...) Entscheidungen in sehr wichtigen

Partei- und Regierungsangelegenheiten«. »Während des ganzen großen vaterländischen Krieges (hat) keine einzige Sitzung des Plenums des Zentralkomitees stattgefunden (...). Zwar wurde im Oktober 1941 der Versuch unternommen, das gesamte Zentralkomitee einzuberufen, als die Mitglieder des Zentralkomitees aus der ganzen Sowjetunion nach Moskau beordert wurden. Aber sie warteten zwei Tage lang vergeblich (...). Stalin wünschte nicht einmal, die Mitglieder (...) persönlich zu sprechen.« Chruschtschow hob hervor, daß Stalin seit der Liquidierung der Trotzkisten und Bucharinisten (bei der Chruschtschow und seinesgleichen eifrig mitgewirkt hatten) besonders launisch und tyrannisch geworden war. »Stalin glaubte, er könne alles allein entscheiden und brauche nur noch Statisten. Er behandelte alle anderen so, daß sie ihm nur zuhören und Beifall klatschen durften.« Wirklich machte sich Stalin nach der Vernichtung der antistalinistischen Opposition daran, seine eigene Gruppe, die Stalinisten, zu unterdrücken. Chruschtschows Enthüllungen beziehen sich genau darauf, auf die letzte Phase der großen Säuberungen, als Stalin seine eigenen Anhänger verdächtigte, verkappte Trotzkisten oder Bucharinisten zu sein. Konsequent befahl er, die große Mehrheit — 1108 von 1966 — der Delegierten des Siebzehnten Parteikongresses von 1934 und siebzig Prozent — 98 von 139 — der auf jenem Kongreß gewählten Mitglieder des Zentralkomitees zu verhaften und hinzurichten.[23] Sie alle waren Stalinisten — die Lehrbücher bezeichneten den Siebzehnten Parteikongreß als den »Siegerkongreß«, weil die Stalinisten dort ihren Endsieg über die ganze innerparteiliche Opposition gefeiert hatten. Nach der Ausrottung von über zwei Dritteln der führenden stalinistischen Kader zitterten die Übriggebliebenen um ihr Leben. »In der damaligen Situation«, berichtet Chruschtschow, »habe ich mich oft mit Nikolai Alexandrowitsch Bulganin unterhalten. Als wir einmal zu zweit im Auto fuhren, sagte er: ›Es kann passieren, daß jemand einer Einladung Stalins als Freund Folge leistet; und wenn er dann mit Stalin zusammensitzt, dann weiß er nicht, ob er anschließend nach Hause oder ins Gefängnis geschickt wird.‹ (...) Stalin war ein sehr argwöhnischer, krankhaft mißtrauischer Mensch (...). Er konnte einen Menschen ansehen und fragen: ›Warum flackern Ihre Augen heute so?‹ oder:

›Warum wenden Sie sich heute immer ab und vermeiden es, mir in die Augen zu sehen?‹.« Er war »im höchsten Maße selbstherrlich und drückte jedermann physisch und moralisch an die Wand«. Nach dem Kriege wurde Stalin »noch launischer, reizbarer und brutaler (...) Sein Verfolgungswahn erreichte unglaubliche Ausmaße«.

Seit Chruschtschow diese Äußerungen von sich gab, spricht man allgemein von Stalins Verfolgungswahn. Doch muß nicht notwendig angenommen werden, daß Stalin im strengen Sinne des Wortes wahnsinnig wurde. Sein gleichsam paranoides Verhalten ergab sich aus seiner Situation; es lag in der Logik der großen Säuberungen und in ihren Folgen begründet. Der Argwohn, mit dem er sogar die eigenen Anhänger behandelte, war nicht gänzlich unbegründet. Während der Verfolgung der Trotzkisten, Sinowjewisten und Bucharinisten hatten sie auf seiner Seite gestanden und ihn unterstützt; aber als aus der Verfolgung das große Massaker von 1936-38 wurde, waren viele der treuesten Stalinisten entsetzt und bekamen Gewissensbisse. Sie hatten die Prämissen von Stalins Handlung akzeptiert, nicht aber die Folgen. Sie hatten der Unterdrückung der oppositionellen Gruppen zugestimmt, nicht aber ihrer physischen Vernichtung. Postischow, Rudsutak, Kossior und andere wagten es, ihre Gewissensbisse und Zweifel auszusprechen und Wyschinskis Verfahrensweise in Frage zu stellen. Dadurch gerieten sie bei Stalin sogleich in den Verdacht der Treuelosigkeit, und sie wurden ihm auch in Wahrheit »untreu«. Daß sie die Notwendigkeit der Ausrottung der Trotzkisten und Bucharinisten in Frage stellten, war kein Disput über irgendeine alltägliche politische Entscheidung Stalins; sie zogen damit seinen moralischen Charakter in Zweifel und gaben zu verstehen, daß er sich einer unverzeihlichen Untat schuldig gemacht hatte. Sofern sie sich konsequent verhielten, mußten sie von nun an auf seinen Sturz hinarbeiten. In diesem Fall könnten sie ihm gefährlicher werden als die Bucharinisten oder die Trotzkisten, denn sie konnten gegen ihn den Einfluß und die Macht einsetzen, die sie als die führenden Männer seiner eigenen Gruppe noch immer ausübten. Er mußte davon ausgehen, daß sie ihren Worten Taten folgen lassen würden. Er konnte es sich nicht leisten, zu warten und zuzuschauen, ob sie ihre

Macht tatsächlich gegen ihn gebrauchen würden. Um der eigenen Selbsterhaltung willen mußte er ihnen zuvorkommen. Und er konnte ihnen nur dadurch zuvorkommen, daß er sie vernichtete.

Stalin bewegte sich im Teufelskreis seines Terrors, wo sein Geist, selbst wenn er völlig gesund war, dem Verfolgungswahn verfallen mußte. Je realistischer, nüchterner und vernünftiger er die Männer um sich herum betrachtete, desto stärker wurden sein Mißtrauen und seine Furcht vor ihnen. Je weniger er der Selbsttäuschung unterlag, desto schlimmer waren die Schreckgespenster, die er sah. Er konnte sich nicht an der Macht halten und die eigene Mannschaft vollständig vernichten; einen Teil davon mußte er schonen, am Leben lassen und als Werkzeug seiner Herrschaft benutzen. Aber mit welchen Gefühlen dienten ihm die Überlebenden? War Männern wie Molotow, Chruschtschow, Malenkow, Kaganowitsch, Berija und Mikojan die Hinrichtung von Rudsutak, Kossior, Postyschew und Eiche gleichgültig, die in der stalinistischen Alten Garde ihre intimsten Genossen gewesen waren? Wenn sie ihnen gleichgültig war, so waren sie Schurken ohne jedes Gewissen — wie also konnte Stalin auf ihre Treue bauen? Wenn sie ihnen nicht gleichgültig war, dann mußten sie einen tiefen Groll und Haß gegen ihren Gebieter hegen, wie sorgfältig sie auch ihre Gefühle verbargen. In keinem Fall konnte Stalin ihren Gehorsam oder ihre Unterwürfigkeit für bare Münze nehmen. Er mußte ihnen mißtrauen, sie beobachten und vor ihnen auf der Hut sein. Mitunter — zum Beispiel, wenn er knurrte: »Warum flackern Ihre Augen heute so?« — versuchte er, ihre verborgenen Gedanken und Gefühle zu durchdringen. Aber die waren undurchdringlich; er selbst hatte sie dazu gemacht. Er hatte seine Adlaten und Untergebenen gezwungen, grenzenlose Bewunderung und Hingabe zu heucheln, sich zu verstellen und Masken zu tragen — jetzt konnte er sie nicht dazu bewegen, ihr wahres Gesicht zu zeigen. Und so konnte er nicht wissen, welch finstere Gedanken und Verschwörungen sie hinter ihren Masken verbergen mochten. Es wäre nur natürlich, wenn sie irgendwelche Komplotte ausbrüteten. Niemand neigt mehr dazu, im Autokraten die Quelle alles Bösen zu sehen, als die Höflinge des Tyrannen, die nächsten Zeugen seiner

Allmacht, die am besten wissen, wie oft ihr eignes Schicksal und die Lenkung der öffentlichen Angelegenheiten von seiner Laune oder Eitelkeit abhängen. Der Gedanke an eine Verschwörung kommt ihnen ganz selbstverständlich; die Palastrevolte ist ihre charakteristische Handlungsweise.

Gab es während dieser Jahre, in denen der Kreml das einzige Zentrum politischer Aktivität im Lande war, dort keine Versuche zu einer Palastrevolte? Keine der Geschichten des inneren Kreises, die Stalins Nachfolger uns erzählten, gibt auf diese Frage eine Antwort. Was aus ihnen jedoch deutlich wird, ist, daß in Stalins Umgebung in den letzten Jahren seines Lebens die Bedingungen einer nahezu permanenten Verschwörung gegeben waren. Seine engsten Mitarbeiter lebten in ständiger Furcht vor ihm, sie schwebten unaufhörlich zwischen Amt und Ungnade, zwischen Leben und Tod. Wenn nicht anders, so mußte die Selbsterhaltung sie dazu treiben, irgendwelche Schritte zu unternehmen; und wenn bei Chruschtschow und anderen Parteiführern 1956 ein solcher Haß und Zorn gegen Stalin hervorbrechen konnte, so müssen diese Gefühle sie gewiß auch zu seinen Lebzeiten bewegt haben und ihnen die Versuchung nahegelegt haben, sich von dem Unhold zu befreien. Stalin konnte nicht umhin, dies zu spüren oder wenigstens zu ahnen.

Warum aber kam es dann nie zu einem Anschlag gegen ihn? Offensichtlich bestanden auf Seiten der potentiellen Verschwörer starke Hemmungen. Ihre marxistische Denkweise, wie verkümmert und verzerrt sie auch sein mochte, lehnte die Anwendung von »Individualterror« ab. Viel mächtiger war die Hemmung, die in kollektiver Schuld und Verantwortung wurzelte. Malenkow, Chruschtschow, Berija, Molotow, Bulganin und ihre Freunde hatten sich an so vielen Missetaten Stalins beteiligt und waren durch so viele Bande an ihn gebunden, daß es selbstmörderisch gewesen wäre, wenn sie versucht hätten, diese Bande gewaltsam zu zerreißen. (Selbst als sie nach seinem Tode den Versuch machten, die Bande ohne Gewalt zu lösen, mußten sie erkennen, daß sie in Schande fielen.) Man darf nicht vergessen, daß der Terror Stalins eigene Anhänger erstmals kurz vor dem Zweiten Weltkrieg traf, als sie begründete Furcht haben mußten, daß eine Palastrevolte die Moral und Verteidigungskraft des

Landes unterminieren könnte. Der Krieg vertagte die Krise an der Spitze. Nach dem Krieg schützte Stalin sein Sieg — wer würde gewagt haben, gegen den Generalissimus auf dem Gipfel seines Ruhms die Hand zu erheben? Es brauchte seine Zeit, ehe die neuen Schicksalsschläge, der neue Terror und neue Enttäuschungen diesem Ruhm seinen Glanz nahmen und die Menschen aufs neue zur Verzweiflung trieben. Deshalb brach die Krise an der Spitze erst in Stalins letzten Jahren erneut auf. Der Sturz Wosnesenskis und die Leningrader Affäre waren ihre ersten Anzeichen. Anders als bei den Säuberungen gegen die Trotzkisten und Bucharinisten waren den neuen Säuberungen keine langanhaltenden und zum Teil offenen Streitigkeiten über Fragen der Ideologie und Politik vorangegangen. Und daher konnte niemand sagen, wofür Männer wie Wosnesenski oder Kusnetzow eingetreten waren und was ihr Sturz für die Zukunft bedeutete. Vielleicht standen gar keine grundsätzlichen politischen Fragen auf dem Spiel. Mittlerweile genügte es, daß ein Mitglied des Politbüros oder ein Sekretär des Zentralkomitees den *Woshd* unwissentlich verärgerte, oder sich in einer dunklen Hofintrige verfing, um sein Schicksal zu besiegeln; und sein Schicksal war den anderen eine Warnung.

Chruschtschow berichtet, er selbst, Malenkow und ein weiteres Mitglied des Politbüros hätten kurz nach Wosnesenskis Verschwinden Stalin aufgesucht, um sich für ihren Kollegen zu verwenden. »Wosnesenski«, knurrte sie Stalin an, »ist als Feind des Volkes entlarvt worden; er ist heute in der Frühe erschossen worden. Wollt ihr sagen, daß ihr ebenfalls Volksfeinde seid?« Nach einem solchen Diktum mußten Chruschtschow und seine Freunde entweder eine sofortige Sitzung des Politbüros (oder des Zentralkomitees) fordern, um die Angelegenheit zur Sprache zu bringen — was den Anfang einer Revolte bedeutet hätte -, oder sie mußten den Rückzug antreten. Sie taten das letztere. Sie wußten, daß sie erledigt gewesen wären, noch ehe sie auch nur versucht hätten, das Politbüro einzuberufen. Stalin wäre von ihrer Absicht informiert gewesen, noch ehe sie mit den übrigen Mitgliedern Verbindung aufnehmen konnten; jeder von ihnen wurde bespitzelt und belauscht, selbst in der Privatsphäre seines Schlaf- oder Badezimmers. Und das Politbüro, ganz zu schweigen vom Zentralkomitee, war ohnehin handlungsunfähig. Stalin sorgte dafür, daß es in sich gespalten blieb, indem er seine Mitglieder zu schärfster Rivalität aufstachelte. Aus Furcht vor einer Verschwörung unter den Männern seiner Umgebung intrigierte er selbst unablässig gegen sie.

Der Gesundheitszustand des Siebzigjährigen verschlechterte sich, und seine Kraft verfiel zusehends. Er glich seinen offiziellen Porträts überhaupt nicht, stellte Ehrenburg fest, er sah aus wie »ein alter kleiner Mann von ziemlich kleinem Wuchs, mit einem Gesicht, das die Jahre gleichsam zerstochen hatten.« Doch darüber, was nach seinem Tode geschehen sollte, schien niemand nachzudenken, und niemand wagte, darüber auch nur zu flüstern. »Wir aber hatten längst vergessen, daß Stalin ein Mensch war. Er hatte sich in einen allmächtigen und geheimnisvollen Gott verwandelt.« »Ich konnte ihn mir nicht tot vorstellen«, sagte Jewtuschenko, der Dichter der jungen Generation, »er war ein Teil von mir und ich konnte nicht fassen, wie wir uns je voneinander trennen könnten.«[24]

Sein Wille war gleichsam allgegenwärtig, und er selbst fast unsichtbar. Die Moskowiter bekamen ihn nur selten aus der Ferne zu sehen, vielleicht an einem nationalen Feiertag, wenn er oben auf dem Leninmausoleum stand und die Parade abnahm, oder bei der Beerdigung eines Würdenträgers, wenn er auf dem Weg zur Grabstelle an der Kremlmauer für einige Augenblicke neben dem Sarg herging. Etwa fünf Jahre lang war von Stalin keine einzige öffentliche Verlautbarung zu hören (abgesehen von ein paar nichtssagenden Interviews, die er ausländischen Journalisten gewährte. Aber die Journalisten wurden kaum je persönlich vorgelassen, sie erhielten seine Antworten auf ihre Fragen schriftlich). Als er sich in den sorgenvollen ersten Tagen des Koreakrieges zu einer Erklärung herabließ, betraf sie — die Sprachwissenschaft. In einer Reihe von Briefen, die viele Seiten einer erweiterten Ausgabe der »Prawda« füllten, griff er die akademische Schule N. Y. Marrs an, die seit nahezu drei Jahrzehnten offiziell für die marxistische Interpretation der Sprache zuständig gewesen war.[25] Unbekümmert ob der Dürftigkeit seiner eigenen Kenntnisse — er beherrschte nur die Anfangsgründe einer

Fremdsprache — ließ Stalin sich über die Sprachphilosophie aus, über die Beziehung zwischen Sprache, Slang und Dialekt, über die Denkprozesse von Taubstummen und über die einheitliche Weltsprache, die in ferner Zukunft entstehen würde, wenn die Menschheit unterm Kommunismus geeint wäre. Er ließ sogar einige Tropfen vom Rosenwasser des Liberalismus auf seine Epistel fallen: Er attackierte das Monopol, das Marrs Schule in der sowjetischen Sprachwissenschaft errichtet hatte, und er protestierte gegen die Unterdrückung der Ansichten ihrer Gegner. Solche Praktiken, erklärte er, seien dem Zeitalter Araktschejews, des berüchtigten Polizeichefs Alexanders I., angemessen. Es schien, als habe er nichts gemein mit dem Drang zum Konformismus, der in der Presse wütete, mit Lyssenkos Angriffen gegen unorthodoxe Biologen, mit Shdanows Jagd auf die »dekadenten Modernisten« in der Kunst, mit der Kampagne gegen »wurzellose Kosmopoliten« und »verkommene Liberale«. Er, der Anstifter aller dieser Hexenjagden, präsentierte sich in der Öffentlichkeit als der intellektuelle Schiedsrichter der Nation, ja als Wächter der akademischen Freiheit. Aber er schloß mit einem Argument gegen jene, die behaupteten, da die Sowjetunion nicht mehr in einer feindseligen kapitalistischen Umwelt lebe, sondern inmitten befreundeter sozialistischer Länder, sei nunmehr die Zeit für das »Absterben des Staates« gekommen, das heißt, für die Abschaffung des politischen Zwanges. Nein, erwiderte Stalin, der Staat kann nicht anfangen, abzusterben, ehe der Sozialismus nicht in den meisten Ländern — und nicht nur in einigen wenigen — gesiegt hat. In dogmatische Begriffe verbrämt, war dies seine Warnung an die Intellektuellen, sich keinen falschen Hoffnungen hinzugeben.

Sein Edikt über die Linguistik wurde als epochales Ereignis gefeiert; und einige Jahre lang zitierten die Parteiskribenten in Ermangelung neuer Texte ihres schweigsamen Meisters immer wieder seine gelehrte Abhandlung über die Denkprozesse der Taubstummen (in Artikeln, die vorgaben, die Leute über aktuelle politische Angelegenheiten aufzuklären). Erst im Oktober 1952 trat er mit einem neuen und bedeutsameren Beitrag über »Die wirtschaftlichen Probleme des Sozialismus in der UdSSR« hervor sowie einer Reihe von Briefen an verschiedene Akademiemitglieder, die er im Zusammenhang mit einer Diskussion über ein nationalökonomisches Lehrbuch geschrieben hatte.[26] Er meditierte über den »Übergang vom Sozialismus zum Kommunismus«, der sich angeblich in der UdSSR vollzog, und diskutierte dabei die Kluft, die in der Sowjetwirtschaft zwischen der sozialisierten Industrie und der halbkollektiven und halbprivaten Landwirtschaft bestand. Er hob hervor, daß die Privatinteressen der Bauern und ihr Handel den Fortschritt des Landes aufhielten, und er warnte: »Es wäre aber unverzeihliche Blindheit, wollte man nicht sehen, daß diese Erscheinungen gleichzeitig auch schon beginnen, die gewaltige Entwicklung unserer Produktivkräfte zu hemmen, da sie Hindernisse für die vollständige Erfassung der gesamten Volkswirtschaft (...) durch die staatliche Planung schaffen. Es kann kein Zweifel darüber bestehen, daß diese Erscheinungen je länger, je mehr das weitere Wachstum der Produktivkräfte unseres Landes hemmen werden.« Auf diese Weise machte er dem Land eine Andeutung von der Auseinandersetzung, die in der herrschenden Gruppe über die Landwirtschaftspolitik geführt wurde — ein früherer Hinweis war die offizielle Desavouierung der Chruschtschowschen Idee von den »Agrostädten« gewesen. Stalin wies nun den Vorschlag einiger Ökonomen zurück — einen Vorschlag, nach dem Chruschtschow fünf Jahre später handeln sollte -, daß der Staat seine Maschinen- und Traktorenstationen an die Kolchosen verkaufen sollte. Stalin war dagegen, weil man sich nicht darauf verlassen könnte, daß die Bauern die landwirtschaftliche Maschinerie so erneuern und modernisieren würden, wie der Staat es tat; und der Verkauf der Maschinen- und Traktorstationen an sie die nichtsozialistischen Züge in der bäuerlichen Wirtschaft verstärken würde, die ohnehin die staatliche Planung bereits behinderten. Er schlug vor, den bäuerlichen Handel nach und nach einzuschränken und einen direkten Austausch von industriellen Gütern und landwirtschaftlichen Produkten zwischen Regierung und Kolchosen einzuführen. Er betonte jedoch, daß dies nur eine langfristige Lösung sein könnte; und er hatte der Partei keinen Vorschlag anzubieten, wie sie gegenwärtig mit der Stagnation in der Landwirtschaft fertigwerden könnte. Dieses Dilemma, das niederschmetternde Erbe seiner Zwangskollektivierung, hinterließ er seinen Nachfolgern. Am 4. Oktober 1952, einen Tag nach der Veröffentlichung dieser Bemerkungen, wurde der Neunzehnte Kongreß eröffnet; und zum erstenmal seit 1923 trat Stalin nicht als Hauptberichterstatter vor die Delegierten. Stattdessen übernahm Malenkow diese Rolle, genau wie Stalin es im letzten Lebensjahr Lenins zum erstenmal getan hatte; und Chruschtschow unterbreitete Änderungsvorschläge zu den Parteistatuten. So gab man der Partei zu verstehen, daß das Problem der Nachfolge auf der Tagesordnung stand. Stalin saß auf der Tribüne, in sich gekehrt und sehr fern, das Objekt endloser Huldigungsrituale und Ovationen. Ein Redner nach dem andern zitierte aus seinen »Ökonomischen Problemen«; aber es gab keine echte Debatte. Die Delegierten stimmten in »hundertprozentiger Einmütigkeit« einem neuen Fünfjahresplan und den Änderungen in den Parteistatuten zu. Erst auf der Schlußsitzung erhob sich Stalin und sprach ein paar Worte über die Lage der Sowjetunion in der Welt. Die Epoche sei vorbei, sagte er, in der die Sowjetunion als ein isoliertes Bollwerk des Sozialismus allein stand. Jetzt sei sie von den befreundeten »Stoßbrigaden« neuer sozialistischer Staaten umgeben; und in Solidarität und Zusammenarbeit mit ihnen würde es für sie viel leichter sein, ihre Aufgaben weiterhin wahrzunehmen. Er rief auch die kommunistischen Parteien in der kapitalistischen Welt auf, »das Banner der bürgerlich-demokratischen Freiheit zu erheben« und für die Unabhängigkeit aller Völker zu kämpfen. Er sprach mit Optimismus, ja sogar mit Wärme. Doch was er sagte, war eine Grabrede auf seine eigene Lehre vom Sozialismus in einem Land. Es war dies seine letzte Botschaft an die Partei und an die Nation, über die er drei Jahrzehnte lang geherrscht hatte.

Trotz Stalins beruhigender Worte ahnte der Kongreß, daß dunkle und unheilvolle Ereignisse bevorstanden. Malenkow und andere Redner sprachen von drohenden Gefahren, von der Verschärfung der sozialen Konflikte und des Klassenkampfes und daß äußerste Wachsamkeit not tue. Wie am Vorabend der Vorkriegssäuberungen wurde auf allen Seiten der Ruf nach Wachsamkeit laut.[27] Gleichsam in Vorahnung eines neuen Bruchs mit der Vergangenheit beschloß der Kongreß, daß sich die Partei nicht mehr »bolschewistisch« nennen sollte. Das neue Zentralkomitee, in das 240 Mitglieder gewählt wurden, war doppelt so groß wie das alte. Das Komitee seinerseits wählte ein Präsidium — das Politbüro war abgeschafft worden — das zwei- bis dreimal so viele Mitglieder hatte wie sein Vorgänger. Komitee wie Präsidium waren zu groß und zu kopflastig, als daß sie ihre Funktionen als Führungsorgane der Partei hätten wahrnehmen können. Warum hatte Stalin sie erweitert? Chruschtschow behauptete später, daß Stalin den Kongreß ein so großes Zentralkomitee wählen ließ, weil er plante, es durch eine blutige Säuberung zu dezimieren — er hätte Ersatzleute für die zur Vernichtung ausersehenen mit aufgenommen. Auf der ersten Sitzung des neuen Komitees, so berichtet Chruschtschow weiter, ließ Stalin einen giftigen Angriff gegen Molotow und Mikojan los und erhob nicht weiter begründete Beschuldigungen gegen sie — zuvor hatte er bereits den Verdacht geäußert, daß Woroschilow ein »britischer Agent« sei. Andererseits war Stalin Chruschtschow zufolge auch daran interessiert, sich der alten Mitglieder des Politbüros »zu entledigen«, um die Zeugen aus dem Wege zu räumen, die der Nachwelt über seine Verbrechen berichten konnten.[28] Was immer die Wahrheit gewesen sein mag, unmittelbar nach dem Kongreß machte Terror die Luft drückend schwer. Im November begann in Prag der große Prozeß gegen Slansky, Clementis und andere tschechoslowakische Kommunisten, die als Trotzkisten, Titoisten und zionistisch-amerikanische Spione gebrandmarkt wurden. Er war der letzte in der Reihe der Prozesse in Osteuropa und das Vorspiel zu neuen Säuberungen Moskaus. Es verging kaum ein Tag, an dem nicht gegen hochgestellte Parteimitglieder und Akademiker bösartige Angriffe erhoben wurden, deren Herkunft im Dunkeln blieb; kaum ein Tag ohne Anspielungen auf einen verbrecherischen Mangel an Wachsamkeit in den höchsten Positionen; ohne dunkle Andeutungen über das Eindringen von »Volksfeinden« und Spionen; und ohne ein immer lauteres Geschrei gegen die »wurzellosen Kosmopoliten« jüdischer Herkunft. Unbarmherzig erinnerte die *Prawda* ihre Leser daran, daß jeder Sowjetbürger für die von seinen Verwandten begangenen Verbrechen verantwortlich sei — und diese Warnung klang seit den Tagen Jagodas und Jeshows nur allzu bekannt. Wenige wußten, gegen wen sie sich richtete. Aber zwei Söhne Mikojans waren gerade verhaftet worden; und die Frau von Molotow, eine Parteiveteranin, die selbst eine wichtige politische Rolle spielte, war aus Moskau verbannt worden. Das Jahr endete mit der Absetzung von Fedosejew, dem Herausgeber des *Bolschewik,* den Suslow, einer der Sekretäre des Zentralkomitees, als Komplizen Wosnesenskis denunziert hatte.

Schließlich wurde am 3. Januar 1953 offiziell mitgeteilt, daß neun Professoren der Medizin, alle als Hausärzte der führenden Männer im Kreml tätig, als Agenten des amerikanischen und britischen Geheimdienstes entlarvt worden waren — sie hätten in deren Auftrag die beiden Parteiführer Shdanow und Schtscherbakow ermordet und Mordanschläge gegen die Marschälle Wassiljewski, Goworow, Konjew, Schtemenko und andere geplant, um die Verteidigungskräfte des Landes zu schwächen. Die meisten dieser »Mörder im weißen Kittel« waren Juden, und man beschuldigte sie, von »Joint«, einer internationalen jüdischen Hilfsorganisation mit Hauptsitz in den Vereinigten Staaten, zu ihren Taten angestiftet worden zu sein. Man gab dem Land zu verstehen, daß die Verschwörung noch viele unentdeckte Verzweigungen hatte; und der Schrei nach Wachsamkeit, mit seinen antijüdischen Unter- und Obertönen, steigerte sich zu einem Diskant der Wut.

Die Anschuldigungen gegen die Kremlärzte konnten nur ein Vorspiel sein. An sich hatten die Mediziner nur wenig oder gar keine politische Bedeutung: Man konnte sie nicht als Leute präsentieren, die danach strebten, selbst die Macht an sich zu reißen. Wenn es zu einem Prozeß käme, würde die Staatsanwaltschaft sie als die Handlanger von Männern mit offenkundigeren politischen Ambitionen hinstellen müssen und als die Helfershelfer anderer Verschwörer, die ein glaubhaftes, und sozusagen professionelles, Interesse an der Macht hatten. Diese Verschwörer ließen sich nur in den obersten Rängen der Parteihierarchie finden; und die sensationelle Demaskierung des »wirklichen« Zentrums der Verschwörung sollte der Gipfel des Ärzteprozesses sein. Noch gab es keinerlei Hinweis darauf, wer die Hauptschuldigen sein mochten. Vorerst waren die Regisseure des Prozesses eifrig damit beschäftigt, die Ärzte zu »Geständnissen« zu zwingen und sie darauf vorzubereiten, die ihnen zugewiesenen Rollen zu spielen. Die Ärzte wurden mit einem falschen Zeugen konfrontiert, einer gewissen Dr. Timaschuk, die in einem Brief an Stalin gegen sie aussagte (und dafür just am Jahrestag von Lenins Tod mit dem Leninorden ausgezeichnet wurde). Chruschtschow schildert, wie Stalin selbst die Verhöre überwachte und den Befehl gab, die Häftlinge in Ketten zu legen und zu schlagen. »Wenn Sie kein Geständnis von den Ärzten beibringen können«, sagte er zu Ignatjew, dem Minister für Staatssicherheit, »dann werden wir Sie um einen Kopf kürzer machen.« Er verteilte dann Protokolle der von den Ärzten gemachten Geständnisse an Mitglieder des Präsidiums, gestattete ihnen aber nicht, sich mit dem Fall zu beschäftigen und die Beschuldigungen zu überprüfen. Er spürte ihre Zweifel und ihre Beklemmung und verspottete sie: »Ihr seid blind wie junge Katzen; was werdet ihr ohne mich machen? Unser Land wird zugrunde gehen, weil ihr es nicht versteht, Feinde zu erkennen.«

Die Mitglieder des Präsidiums hatten allen Grund, verwirrt und erschreckt zu sein. Obgleich der Fall so stark an die alten Säuberungsprozesse erinnerte, gab es darin einen bestürzend neuen Zug. In den alten Prozessen waren die Angeklagten, unter anderem, stets beschuldigt worden, sie hätten Woroschilow, Kaganowitsch, Molotow und anderen Parteiführern nach dem Leben getrachtet. Dieser Umstand war für letztere von großer Bedeutung. Die Liste der von den »Verschwörern« auserkorenen Opfer war sozusagen Stalins Ehrenliste. Während der Prozesse verkündeten es Staatsanwalt, Richter und Presse dem Land: »Dies sind unsere unersetzlichen Führer, deren Dienste wir nicht entbehren können. Der Feind weiß das — und daher will er sie vernichten.« Ein Politbüromitglied, dessen Name in dieser sonderbaren Ehrenliste fehlte, war damit faktisch in Ungade gefallen, denn wenn die »Feinde des Volkes« nicht versuchten, ihn zu vernichten, so war er entweder seines hohen Amtes nicht würdig, oder er stand vielleicht gar mit ihnen im Bunde.

Das erstaunliche Novum am Ärzteprozeß war, daß den Angeklagten nicht zur Last gelegt wurde, auch nur gegen einen einzigen der lebenden Parteiführer einen Mordanschlag versucht zu haben — nur Shdanow und Schtscherbakow, die längst tot waren, figurierten als ihre Opfer. Die Anklage betonte mit bewußtem Nachdruck, daß die Ärzte es ausschließlich auf die Führer der Streitkräfte abgesehen hatten. Dieser seltsame Umstand — die Tatsache, daß der Feind sich nur die Marschälle und Generäle als Opfer erwählt haben sollte — gab den Parteiführern Stoff zu vielen besorgten Überlegungen. Sie mußten sich klar werden, was die Moral dieser Geschichte sein sollte. Wer immer diese Geschichte ausgeheckt hatte, war offensichtlich darauf aus, das Militär auf ein Podest zu heben und damit indirekt die zivilen Führer herabzusetzen. Wer hatte die Geschichte erfunden? Der Text trug eher das Signum des militärischen Nachrichtendienstes als des Staatssicherheitsdienstes. Die Rivalität zwischen diesen beiden Geheimdiensten war notorisch; und Ignatjew, der Minister für Staatssicherheit, führte Befehle offensichtlich nur widerwillig aus, wenn Stalin ihm drohen mußte, ihn »um einen Kopf kürzer« zu machen. Berija, der Innenminister, gehörte wohl kaum zu den Initiatoren — als Stalins Nachfolger ihn gegen Ende des Jahres als Stalins bösen Geist und als Verräter »liquidierten«, beschuldigten sie ihn nicht, an der Anstiftung des Ärzteprozesses beteiligt gewesen zu sein. Aber wenn die Initiative von den Militärs kam, warum unterstützte Stalin sie? Wollte er — mit einem Blick auf die Nachfolge — die Generäle zu dem Versuch ermutigen, sich die Macht zu sichern? Wenn ja, was kündigte dies für die Parteiführer an? Sollten sie ihrer Ämter enthoben und ausgemerzt werden? Hatten Stalins Angriffe auf Molotow, Mikojan, Woroschilow und Andrejew das zu bedeuten? Sollte dies vielleicht seine letzte und abschließende Säuberung sein, sein endgültiger Bruch mit der Partei, die er erniedrigt und bis zur völligen Erschöpfung zur Ader gelassen hatte? Richtete er, mit einem Fuß im Grabe, die Bühne für den bonapartistischen Putsch her, vor dem sich die Bolschewisten so lange gefürchtet hatten, oder half er den Generälen bei dessen Vorbereitung? Aber welches Interesse hatte Stalin, so zu handeln? Er sollte sein Geheimnis mit sich ins Grab nehmen; und die Parteiführer konnten danach das Knäuel seiner Pläne ebensowenig entwirren wie es die Nachwelt kann — seine Motive und Handlungen schienen jeden inneren Zusammenhang verloren zu haben.

Es ging in dem Kampf um grundsätzliche Fragen der Politik, wie auch um Machtansprüche. Die Gegensätze, die zwischen Stalins Nachfolgern 1953 und danach an die Oberfläche treten sollten, hatten sie schon früher getrennt. Zwischen der Gruppe um Molotow und Kaganowitsch und der um Malenkow und Berija — Chruschtschow verhielt sich neutral und das Militär blieb im Hintergrund — bestanden bereits Divergenzen; obgleich die Gruppen sie nicht herausarbeiten und endgültig formulieren konnten, solange Stalins Gegenwart jeden freien Meinungsaustausch blockierte. Von den Männern um Stalin wußten und fühlten die meisten, daß der Staatskessel gefährlich überhitzt war und daß man Sicherheitsventile öffnen mußte. Mit dem letzten Rest der ihm eigenen sprunghaften Energie schloß Stalin die Ventile und drehte sie fest zu. Die Vorbereitungen für eine Wiederholung des Hexensabbats von 1936-1938 erhöhten den Druck im Kessel und steigerten die Spannung zwischen Rußland und dem Westen. Es war offensichtlich verrückt, wenn unter jedem Bett im Kreml, in jedem Büro, jedem Forschungsinstitut, in jeder jüdischen Wohnung und in jedem Intellektuellenzirkel fieberhaft nach amerikanischen Spionen gesucht wurde; aber der Wahnsinn hatte Methode, wenn man von der Annahme ausging, daß das Land auf einen Krieg vorbereitet wurde. In diesem Fall hätte Stalins Entscheidung, die Marschälle und Generäle hochzuloben und sie ins volle Rampenlicht zu stellen, einen gewissen Sinn. Und dasselbe könnte auch für die Besessenheit gelten, mit der er — in einem selbst für ihn ungewöhnlich starken Ausmaß — auf Geheimhaltung drang für seine beharrliche Forderung nach drastischen Erhöhungen bei den Militärausgaben und für seine anderen Maßnahmen, die alle dazu bestimmt waren, das Land in ein bewaffnetes Lager zu verwandeln und ihm einzuschärfen, daß es bereit sein müßte, jeden feindlichen Angriff jederzeit zurückzuschlagen.

Auf diese Weise könnte auch Stalins halsstarrige und grobschlächtige Diplomatie erklärlich werden. Die Feindseligkeiten in Korea zogen sich hin; und Stalin verhinderte den Abschluß der langwierigen Waffenstillstandsverhandlungen mit den fadenscheinigsten Vorwänden — etwa damit, daß sich die kriegführenden Parteien über die Behandlung von Kriegsgefangenen nicht einig seien. Stalin schien nicht zulassen zu wollen, daß die Vereinigten Staaten ihre Streitkräfte aus Korea abzogen und damit auf anderen Schauplätzen des Kalten Krieges Manövrierfähigkeit gewannen. Seine Diplomatie war in der Tat in einer Unbeweglichkeit erstarrt, die aus einem festgefahrenen Gegensatz zwischen verschiedenen politischen Bestrebungen herrührte. Es war, als ob im Kreml eine »Kriegspartei« und eine »Friedenspartei« einen Kampf austrugen, der momentan unentschieden stand. Das soll nicht heißen, daß es in der Regierung tatsächlich einflußreiche Kräfte gab, die für einen Krieg waren, und daß sie von Stalin protegiert wurden. Nachdem das Land vom Blutbad des letzten Krieges noch derart geschwächt war, konnten nicht einmal die zynischsten oder unrealistischsten Politiker in militärischen Angriffsplänen schwelgen. Bei den Differenzen ging es mehr um die Einschätzung der Absichten des Feindes – um die Frage, ob es wahrscheinlich sei, daß die Westmächte in absehbarer Zukunft die Sowjetunion oder Osteuropa angreifen würden. Dies war das immer wiederkehrende Problem, das den Auseinandersetzungen der zwanziger Jahre zugrunde gelegen hatte und das in den künftigen russisch-chinesischen Kontroversen neu auftauchen sollte. Stalin selbst hatte es als die strittige Frage definiert, als er in seinem Essay über »Ökonomische Probleme« die Ansicht zu Protokoll gab, daß Kriege zwischen den imperialistischen Mächten und den sozialistischen Ländern nicht länger »unvermeidlich« seien. In diesem entscheidenden Punkt machte Stalin trotz dieser optimistischen Feststellung Ausflüchte. Während er nach außen hin die Gefahr eines amerikanischen Angriffs ad acta legte, leitete er Aktionen ein – oder leistete ihnen stillschweigend Vorschub –, die auf der Realität und der Unmittelbarkeit einer solchen Gefahr basierten. Nur unter der Annahme, daß Washington einen Krieg plante, gab es – stalinistisch gedacht – überhaupt einen Grund, unablässig und in schrillen Tönen die amerikanische Kriegstreiberei zu verdammen, die Kremlärzte als Mörder im Dienste einer amerikanisch-jüdischen Organisation hinzustellen, die Bevölkerung zu mobilisieren und bis zur Hysterie aufzuputschen, die amerikanischen Streitkräfte in Korea zu binden und die Sowjetunion und ihre Satelliten in einem Zustand permanenter Wachsamkeit und militärischer

Bereitschaft zu halten. Die Dilemmas der Außenpolitik wirkten sich natürlich auf die Innenpolitik aus. Diejenigen, die glaubten, daß das Land materiell und moralisch auf den Krieg vorbereitet bleiben müßte, konnten zu Hause keinerlei Reform unterstützen, die die politische Disziplin lockern oder die Wirtschaftskräfte des Landes zugunsten ziviler Bedürfnisse umverteilen würde. Alle Befürworter einer inneren Reform wurden andererseits durch die Logik ihrer Haltung dahin gebracht, auf die Möglichkeit einer friedlichen Verständigung mit den atlantischen Mächten zu setzen, eine größere diplomatische Initiative und Beweglichkeit zu fordern und auf eine »internationale Entspannung« zu hoffen, die es ihnen ermöglichen würde, die Atmosphäre im Lande zu befrieden und zu normalisieren. Es ging diesen Leuten nicht um eine Reform, die dem Land die bürgerlichen Freiheiten wiedergeben, den Weg zu einer repräsentativen Regierungsform ebnen und dadurch das Erbe einer Revolution bewahren würde; davon konnte keine Rede sein.

Das Ziel, das sie sich gesteckt hatten, war viel bescheidener, aber dennoch wichtig genug: Sie wollten das Land vom Wahn des stalinistischen Terrors befreien und das Regieren vereinfachen. Auch in der Außenpolitik waren ihre Ziele notgedrungen beschränkt, denn sie wußten, daß der Kalte Krieg sich nicht wie ein bewaffneter Konflikt beenden ließ, wo man Unterhändler mit einer weißen Fahne ausschickt, die einen Waffenstillstand vereinbaren. Aber selbst im Kalten Krieg gab es Raum für mehr echte Kontakte und Verhandlungen zwischen Rußland und dem Westen und für fruchtbare gegenseitige Konzessionen. Es gab allerdings auch weiterreichende Pläne und Ambitionen: Berija zum Beispiel erwog einen sowjetischen Rückzug aus Berlin und Ostdeutschland, was ihn bald darauf den Kopf kostete.[29]

Aber solange Stalin am Ruder stand, waren dem Wandel und der Reform alle Wege versperrt, und die Situation wurde von Woche zu Woche explosiver und unberechenbarer. Stalin prahlte gern mit seinem eigenen taktischen Geschick und seinem Realismus. Mit Verachtung sprach er von den »gierigen Eroberern«, die wie Hitler unfähig seien, »ihre Ziele mit ihren Möglichkeiten in Übereinstimmung zu bringen« und nicht wüßten, »wo sie haltmachen müßten«.³⁰ Er sei, sagte er, nicht Hitler; er wisse, wann er aufhören müsse. Das war nicht nur leere Prahlerei. Des öfteren hatte Stalin an der Schwelle eines bewaffneten Konflikts mit seinen einstigen Verbündeten eingelenkt. Er hatte sich an den türkischen Meerengen zurückgehalten; er hatte sich in Persien zurückgehalten; er ließ es nicht zu einem militärischen Angriff gegen Tito kommen; er zog sich zurück, ehe die Blockade von Berlin sich endgültig zur Katastrophe entwickelte. Es war nicht so klar, wie weit er in dem durch den Koreakrieg entstandenen Konflikt gehen wollte. »Weiß er noch, wo er haltmachen muß?«, fragten sich jetzt die Männer in seiner Umgebung.

Eines ist gewiß: Er wußte nicht mehr, wo er aufhören mußte, sein eigenes Volk zu beleidigen und zu vergewaltigen. Die moralische Krise, in die er die Nation gestürzt hatte, war ihm überhaupt nicht bewußt. Er erkannte nicht, daß weder er noch sonst irgendwer auf solche Art und Weise weiterregieren konnte, und daß seine Ideen und Einbildungen in unversöhnlichem Widerspruch zu den Bedürfnissen des Landes und den Realitäten der Zeit standen. Das Land war seiner Vormundschaft entwachsen, und viel länger konnte es sie nicht mehr ertragen. Stalin schien in seinem Denken in den zwanziger und dreißiger Jahren stehengeblieben zu sein. Sein eigenes Volk war in seiner Vorstellung noch immer jene primitive, vorindustrielle und größtenteils analphabetische Gesellschaft, über die er einst seine Herrschaft errichtet hatte. Er war unfähig, sich an das Rußland der Jahrhundertmitte anzupassen, das sich, teils ihm zum Trotz, aber zum Teil auch von ihm inspiriert, industrialisiert hatte, das seine Sozialstruktur modernisiert und das seinen Bevölkerungsmassen eine Erziehung gegeben hatte. Die Transformation war noch im Gang; und ehe die Nation von deren Ergebnissen wirklich profitieren konnte, hatte sie noch einen weiten Weg zu gehen. Dennoch ist es eine Tatsache, daß »Stalin ein Rußland vorfand, das mit dem Holzpflug arbeitete und daß er ein Land verließ, das mit Atommeilern ausgestattet war«³¹, obgleich die Epoche des Holzpflugs sich noch in so manchem Bereich des nationalen Lebens fortschleppte. Dieses Resümee über Stalins Herrschaft ist natürlich eine positive Würdigung seiner Leistung. Aber auch im Stalinismus existierten Holzpflug und Atommeiler in grotesker Weise nebeneinander — ebenso wie primitive Barbarei und Marxismus; und als das Land sich weiter entwickelte, behinderten die rückschrittlichen Momente von Stalins Herrschaft zunehmend den Fortschritt und drohten ihn zum Stillstand zu bringen.

Stalins launischer Despotismus hatte seine Kraft aus der Trägheit und Stumpfheit der alten Bauernschaft bezogen, aus der sich auch die neue Arbeiterklasse rekrutiert hatte; aber der gewaltigen städtischen und industriellen Gesellschaft, die entstanden war, widersprach er zutiefst. Die überzentralisierte Kontrolle, die Stalin und seine Günstlinge vom Kreml aus über die ganze Wirtschaft ausübten, mochte in den frühen Phasen einer »ursprünglichen Akkumulation« ihren Sinn gehabt haben; denn damals war es notwendig, die äußerst dürftigen Mittel des Landes einzuteilen und darauf zu achten, daß jede Tonne Stahl, Kohle oder Zement an die richtige Produktionsstätte gelangte und in der vorgeschriebenen Weise verwendet wurde. Aber diese Methode wirkte sich äußerst verhängnisvoll aus, wenn man sie auf ein ausgedehntes, technologisch fortgeschrittenes und komplexes industrielles System anwandte. In ähnlicher Weise hätte man den Zwang, durch den Stalins Regierung Millionen von Muschiks in die Fabriken einwies, sie fachlich qualifizierte und an ihren Arbeitsplatz band, zum Teil entschuldigen können, solange die Arbeits- und Fachkräfte verzweifelt knapp waren. Selbst zugunsten der Entschiedenheit — wenn auch nicht der Härte -, mit der Stalin durch unterschiedliche Lohnniveaus und die Stachanow-Bewegung die Ungleichheit förderte, ließe sich einiges vorbringen. Doch in dem Maße, wie sich der Mangel an industriellen Facharbeitern immer weiter reduzierte, wurden der Zwang und die übersteigerten Formen der Ungleichheit zum Hemmschuh des wirtschaftlichen Wachstums; sie ließen die überwiegende Mehrheit der Arbeiter in Apathie und Mißmut verharren. Allgemein gesagt: Der Terror, der ursprünglich durch die Notwendigkeit gerechtfertigt war, die »Oktobererrungenschaften« vor der Gegenrevolution zu verteidigen, wirkte sich um so nachteiliger aus, je mehr sich die neue soziale Struktur festigte und die Möglichkeit einer kapitalistischen Restauration in die Ferne rückte. Die periodisch wiederkehrenden Hexenjagden und Säuberungen erstickten bei der Bürokratie wie auch bei den Massen jegliche Initiative und Verantwortung. Und der Führerkult, der für Millionen unwissender Muschiks die »Vaterfigur«, einen Ersatz für Gott und den Zaren geboten hatte, beleidigte die Intelligenz eines Volkes, das sich voll Eifer modernisierte, begierig die moderne Wissenschaft aufnahm und zu kultureller Reife gelangte.

Wir haben an früherer Stelle gesagt, daß der Stalinismus die Barbarei mit barbarischen Mitteln aus Rußland austrieb.[32] Wir sollten jetzt hinzufügen, daß er dies nicht unbegrenzt fortsetzen konnte. Der progressive Anstoß, den Stalins Herrschaft gegeben hatte, wurde in den letzten Jahren seines Lebens durch die von ihm angewandten Mittel zunehmend zunichte gemacht. Wollte Rußland sich weiter zivilisieren, so mußte es jetzt den Stalinismus austreiben. Am dringendsten war dies hinsichtlich der Eingriffe des stalinistischen Dogmas in Biologie, Chemie, Physik, Sprachwissenschaft, Philosophie, Wirtschaft, Literatur und Kunst — Eingriffe, die an die Zeiten erinnerten, als die Inquisition für die ganze christliche Welt entschied, welche Ideen über Gott, das Universum und den Menschen richtig und welche falsch seien. An den sowjetischen Universitäten war das Werk Einsteins bis 1953/54 tabu — die Ideen Freuds sind es noch immer. Solche Einmischung des theologischen oder bürokratischen Dogmas in den wissenschaftlichen Denkprozeß gehört dem Wesen nach einer vorindustriellen Epoche an. Im Rußland der Jahrhundertmitte kam sie einer Sabotage an der Wissenschaft, der Technologie und der Landesverteidigung gleich. Nicht einmal dem engstirnigsten Sonderinteresse nutzte diese Sabotage; und alle gebildeten Menschen wollten ihr ein Ende machen. Doch dazu mußten sie zuerst den erstickenden Nebel von großrussischem Chauvinismus und Fremdenhaß auflösen, der ihr Land in der Ära einer gewaltigen technischen Revolution vom weltweiten Fluß der Ideen abschnitt und es ausschließlich mit den Errungenschaften des »moskowitischen Genius« fütterte. Die stalinistische Isolierung, die während der zwanziger und dreißiger Jahre vielen vernünftig und realistisch erschienen war, offenbarte sich nun in ihrer äußersten Absurdität: Vom Sozialismus in einem Land war sie zur Wissenschaft in einem einzigen Land fortgeschritten. Zu einer Zeit, da sich das Schicksal Rußlands unlöslich mit dem der übrigen Welt verknüpft hatte, wurde eine solche nationale Egozentrik zum unerträglichen Anachronismus. Selbst vom stalinistischen Standpunkt aus ließ sich die groteske Verherrlichung des alten Mütterchens Rußland nicht mit der Ausbreitung der Revolution während der letzten Jahre vereinbaren. Ein Drittel der Menschheit lebte bereits unter kommunistischer Herrschaft, und der Stalinismus gebärdete sich, als ob sein Reich auf das alte Gouvernement von Tambow oder auf den Bezirk von Tula beschränkt sei. Im Kreml hatte man jedes Zeitgefühl verloren.

Der Skandal der »Ärzteverschwörung« ließ ein moralisches Geschwür sichtbar werden. Dies war keiner der zahlreichen Fälle, wo Stalin die Juden zweideutig behandelt hatte. An der Mär von der antisowjetischen Verschwörung des Weltjudentums haftete das Odium der »Protokolle der Weisen von Zion« und der Machwerke des Goebbelschen Propagandaministeriums. Hätte man dieses Ränkespiel weiterlaufen lassen — wäre es wirklich zum Prozeß gegen die Ärzte gekommen — so konnte nur eines die Folge sein: ein landesweites Pogrom. Aber die Regierung, die diese Intrige angezettelt hatte, bekannte sich noch immer zum Marxismus-Leninismus, ließ noch immer die Schriften der Gründer der proletarischen Internationale in Millionen von Exemplaren drucken und machte deren Studium in den Schulen des Landes obligatorisch. Stalin legte jetzt die Axt an die Wurzeln der Idee, durch die die Revolution, die Partei und der Staat gelebt hatten; er vernichtete die Geburtsurkunde und die ideologischen Rechtstitel seiner eigenen Herrschaft. Durch diesen Akt beging der Stalinismus Selbstmord, noch ehe sein Begründer starb. Trotz ihrer Degeneration und Abgestumpftheit konnte die Partei Stalin auf diesem selbstzerstörerischen Weg nicht folgen. Auch die vielen fortschrittlichen Elemente in der Intelligenzija und in der Arbeiterklasse konnten dies nicht. Der Skandal diente nur dazu, die Zersetzung des Stalinismus zu beschleunigen und einen Umschwung vorzubereiten. Weniger als einen Monat nach Stalins Tod wurde das Ärztekomplott ad acta gelegt; und die völlige Rehabilitierung der Ärzte war eine der ersten Manifestationen für den Bruch des Landes mit dem Stalinismus.[33]

Über Stalins Herrschaft im Jahre 1948 sagte ich zusammenfassend, man könne »Stalin nicht zusammen mit Hitler zu den Tyrannen zählen, in denen man später nur noch eine absolute Wertlosigkeit und Nutzlosigkeit sieht. Hitler war der Führer einer sterilen Gegenrevolution, während Stalin der Führer und zugleich Ausbeuter einer tragischen, widerspruchsvollen und schöpferischen Revolution war.«[34] Das bleibt auch wahr, wenn man Stalins gesamte Laufbahn beurteilt. »Das Gute an Stalins Werk«, fuhr ich fort, »wird seinen Schöpfer ebenso sicher überdauern wie dies bei Cromwell und Napoleon der Fall war.« Auch das kann so stehenbleiben; aber es muß noch hinzugefügt werden, daß sich die schlimmsten Züge seiner Herrschaft in Stalins letzten Jahren noch verschärften und steigerten. Dieser Umstand unterstreicht nur die oben gezogene Folgerung: Um das Gute an Stalins Werk »für die Zukunft zu erhalten und zu seinem vollen Wert zu entfalten, wird die Geschichte das Werk Stalins vielleicht noch genauso streng läutern und neu formen müssen, wie sie einst das Werk der britischen Revolution nach Cromwell und das Werk der französischen Revolution nach Napoleon gereinigt und neu geformt hatte«. Wir wissen heute, daß die Geschichte mit dieser Läuterung und Neuformung an eben dem Tage begann, als Stalin seinen Geist aufgab — und »Geschichte« steht hier nicht für einen obersten Willen, für den Zeitgeist oder ein abstraktes Gesetz, sondern für das wirkliche Handeln von Menschen, deren Bedürfnisse und Ideen sie zum Handeln treiben. Es waren die Bedürfnisse der Sowjetgesellschaft am Ausgang dieser großen und düsteren Epoche und die Ideen, die sie von der Oktoberrevolution geerbt hatte, welche die in die Zukunft blickenden Menschen jener Gesellschaft zum Bruch mit dem Stalinismus bewogen. Ende der vierziger Jahre mochte es wie eine kühne Hoffnung aussehen, daß es »viele positive und wertvolle Züge im erzieherischen Einfluß des Stalinismus« gab, »die im Laufe der Zeit wahrscheinlich über die unerfreulichen Erscheinungen die Oberhand gewinnen werden«. Auch diese Erwartung hat sich nun erfüllt, obgleich der Konflikt zwischen den widersprüchlichen Elementen des stalinistischen Erbes selbst Mitte der sechziger Jahre noch nicht endgültig gelöst war. Charakteristisch für die Sowjetgesellschaft war im ersten Jahrzehnt nach Stalin vor allem der Widerpruch zwischen ihrem fortschrittlichen soziökonomischen Elan, der durch die Revolution erweckt worden war und durch den Sieg im Zweiten Weltkrieg stimuliert wurde, und der moralischen und politischen Auszehrung, die durch eine jahrzehntelange totalitäre Herrschaft und die Ausmerzung aller unabhängigen Zentren politischen Denkens und Handelns bewirkt worden war. Eine radikale Änderung in der Regierung und in der Lebensweise der Sowjetunion wurde zur nationalen Notwendigkeit, während es in der Masse der Bevölkerung noch keine organisierten politischen Kräfte gab, die sie herbeiführen oder klar und entschieden hätten formen können. Es bestand daher keine unmittelbare Möglichkeit zu einem revolutionären Sturz des bürokratischen Despotismus. Und aus den Tiefen der Gesellschaft trat auch keine organisierte Bewegung für eine allmähliche Reform an die Oberfläche. Eine Reform konnte nur von oben kommen, von der herrschenden Gruppe selbst, von Stalins Anhängern und Komplizen. Dieser Umstand prägte den zögernden, widersprüchlichen und opportunistischen Charakter der sogenannten Entstalinisierung von vornherein.

Es war dies übrigens nicht das erstemal, daß ein lebenswichtiger und lange überfälliger Wandel in Rußlands Existenzweise von oben, mit Hilfe rein bürokratischer Mittel durchgeführt wurde. Hundert Jahre zuvor hatte nach dem Tod Zar Nikolaus I. sein Sohn Alexander II. die Abschaffung der Leibeigenschaft verfügt, die größte einzelne Reform in der gesamten Geschichte des vorrevolutionären Rußland. Die bestürzten Besitzer der Leibeigenen glaubten, daß der Zar sie verriete, und protestierten; er erwiderte daraufhin:»Es ist besser, die Leibeigenschaft von oben her abzuschaffen als zu warten, bis sie sich von unten her selbst abschafft.« In ähnlicher Weise beschlossen in Stalins letzten Tagen seine Nachfolger, daß es besser sei, die schlimmsten Züge des Stalinismus von oben her abzuschaffen, als zu warten, bis sie von unten her abgeschafft würden. Aber ebensowenig wie des Zaren halbherzige Bauernbefreiung Rußlands ungeheuere ländliche Probleme löste, konnte Malenkows und Chruschtschows Entstalinisierung die sozialistischen Bestrebungen in der Sowjetunion befriedigen und ihre Sehnsucht nach Freiheit erfüllen. Die Geschichte muß die »Läuterung und Neuformung« des Stalinschen Werkes erst noch vollenden.

Stalins Tod wurde am Morgen des 6. März 1953 verkündet. Den amtlichen ärztlichen Bulletins zufolge hatte er sechs Tage zuvor eine Gehirnblutung und einen Schlaganfall erlitten, konnte nicht mehr sprechen und war bewußtlos. In der Nacht des 4. März zog ein zweiter Schlaganfall das Herz und die Atmungsorgane in Mitleidenschaft; er starb — im Alter von 73 Jahren — in der folgenden Nacht um halb zehn Uhr.

Seine kurze Krankheit gab seinen Nachfolgern gerade genug Zeit, um sich zu überlegen, wie sie vor das Land treten sollten, und um sich über eine provisorische Umverteilung der höchsten Ämter in Partei und Staat zu verständigen. Allen Berichten zufolge reagierte die Bevölkerung auf das Ereignis so widersprüchlich, wie Stalins komplizierte und zweideutige Persönlichkeit es nahelegte: Einige weinten schmerzlich, andere stießen einen Seufzer der Erleichterung aus; die meisten waren wie betäubt und fürchteten sich, an die Zukunft zu denken. Seine Nachfolger gingen behutsam ans Werk. Sie waren Schatten von Stalin gewesen; sie konnten das Land jetzt nicht als seine Schatten regieren. Sie hatten keine Neigung, dem Toten den übersteigerten Tribut zu zollen, den sie dem Lebenden gezollt hatten; und sie schreckten zugleich davor zurück, ihm diesen zu verweigern. Selbst diejenigen unter ihnen, die sich von der Bürde des Stalinkultes befreien wollten — eines Kultes, dessen Hohepriester sie gewesen waren —, entsetzte der Gedanke an den Aufruhr, den sie durch jeglichen Akt entfesseln könnten, der als Entweihung Stalins erscheinen würde. Bei seinem Begräbnis sprachen daher Malenkow, Molotow und Berija mit gedämpfter Stimme und ungewohnter Zurückhaltung über seine Verdienste. Während der Feierlichkeit strömten riesige Menschenmengen von sich aus zum Roten Platz; und da die Behörden einen solchen Masseneinbruch nicht vorausgesehen hatten, wurden die Milizionäre damit nicht fertig; in der Menge brach eine Panik aus, und viele Menschen — darunter Frauen und Kinder — wurden zu Tode getrampelt. Solche Katastrophen hatte es in der Vergangenheit bei den Zarenbegräbnissen oder -krönungen gegeben.

Stalins aufgebahrter Leichnam wurde in die Gruft des Mausoleums auf dem Roten Platz hinabgetragen und dort neben Lenin gestellt. In der Nacht wurde sein Name neben den Lenins auf die Außenmauer des Mausoleums gemalt. Aber es sollte nicht lange dauern, bis der Leichnam aus dem Schrein entfernt und der Name abgewaschen würde. Die Nachwelt, von der Erinnerung an Stalin verfolgt und bestürzt über das Erbe, das seine Herrschaft ihr hinterlassen hatte, war noch unfähig, es zu bewältigen und zu überwinden, und versuchte zunächst nur, diesen Mann aus ihrem Gedächtnis zu verdrängen.

Bibliographie

Es werden hier nur vom Autor zitierte Werke angegeben. Wo deutsche Übersetzungen zugänglich waren, wurde danach zitiert; in einigen Fällen werden Verweise auf vorhandene deutsche Übersetzungen in Klammern angefügt, die aber nicht benutzt worden sind.

Allilujew, S., *Proidennyi Put*. Moskau 1946.
Allilujewa, A. S. *Wospominanija*. Moskau 1946.
Arkomed, S.T., *Rabotschee Dwishenie i Sozial-Demokratija na Kawkase*. Vorwort von G. Plechanow. Moskau-Petrograd 1923.

Badajew, A. E., *Die Bolschewiki in der Reichsduma*. Berlin 1957.
Bajanow, B. *Stalin, der rote Diktator*, Berlin o. J.
Barmine, Alexander, *One who Survived*. New York 1954 (deutsch: *Einer der entkam*. Wien 1945).
Batumskaja, Demonstrazija 1902 goda. Moskau (?) 1937.
Berija, L. *On the History of the Bolshevik Organizations in Transcaucasia*. London o. J. (Englische Übersetzung der 4. russischen Ausgabe; deutsch: *Zur Geschichte der bolschewistischen Organisation in Transkaukasien*. Moskau 1936).
Bolschaja Sowjetskaja Enziklopedija, vol 50, SSSR, Moskau 1957.
Bonnet, G., *Defense de la Paix, de Washington au Quai d'Orsay*. Genf 1946.
Bucharin, N., *Kritika Ekonomitscheskoj Platformu Opposizii*. Leningrad o. J.
Dengi w Epoche Proletarskoj Diktatury. Moskau 1920 (2).
Historical Materialism. London 1926 (deutsch: *Theorie des historischen Materialismus,* Hamburg 1922).
und Preobrazhensky, E., *The ABC of Communism*. London 1922 (deutsch: *Das ABC des Kommunismus*. Wien 1920).
Byrnes, J. F., *In aller Offenheit*. Frankfurt/M. 1947.

Chatschapuridse, G. V., und Macharadse, F., *Otscherki po Istorii Rabotschego i Krestjanskogo Dwishenija w Grusii*. Hg. von der Gesellschaft der marxistischen Historiker und dem Institut für Geschichte an der Kommunistischen Akademie. Moskau (?) 1932.

Chruschtschow, Nikita S., *Geheimrede am 25. 2. 1956 auf dem XX. Parteitag der KPdSU*; abgedruckt als Anhang in: Talbott, Strobe (Hrsg.) *Chruschtschow erinnert sich.* Hamburg 1971.

Reden, in: *Reports of 20ths, 21st and 22nd Congresses of CPSU.*

Churchill, W. S., *Der Zweite Weltkrieg.* Memoiren Bd. I., 1. Buch, 2. Aufl., Hamburg 1950.

The Aftermath. London 1944 (deutsch: *Nach dem Kriege.* Zürich, Leipzig, Wien 1930).

Ciechanowski, J., *Defeat in Victory.* London 1948 (deutsch: *Vergeblicher Sieg.* Zürich 1948).

Dan, F., *Prois'choshdenie Bolschewisma.* New York 1946 (deutsch: Dan, Theodor I., *Der Ursprung des Bolschewismus.* Hannover 1968).
Davis, J. E., *Als USA-Botschafter in Moskau.* Zürich 1943.
Deane, J. R., *The Strange Alliance.* London 1947 (deutsch: *Ein seltsames Bündnis,* Wien 1946).
Dedijer, Vladimir, *Tito.* Berlin(West) 1953.
DEUTSCHER, I., *Ironies of Histories. Essays on Contemporary Communism.* London 1966.
Russia After Stalin. o. O. u. J.
Djilas, Milovan, *Gespräche mit Stalin.* Frankfurt/M. 1962.

Eastman, M., *Since Lenin Died.* London 1925.
Eden, A., *The Eden Memoirs, The Reckoning.* London 1965.
Ehrenburg, I. G., *Menschen, Jahre, Leben.* Autobiographie. 3 Bde. München 1962/1965.
Falls, C., *The Second World War.* London 1948.
Fischer, L., *The Soviets in World Affairs.* London 1930.
Fleming, D. F., *The Cold War and its Origins.* Bd. I-II. London 1961.

Grafencu, G., *Vorspiel zum Krieg im Osten.* Zürich 1944.
Gathorne-Hardy, G. M., *Kurze Geschichte der internationalen Politik 1920-1939.* Gütersloh 1947.

History of the Civil War in the USSR, The. Edited by M. Gorki, W. Molotow, K. Woroschilow, S. Kirow, A. Shdanow, J. Stalin (engl. Ausgabe). Moskau 1946 (deutsch: *Geschichte des Bürgerkriegs in der UdSSR.* Bd. I.: Straßburg 1937; Bd. II: Moskau 1937).
History of the Communist Party of the Soviet Union (Bolsheviks). Short Course. Edited by a Commission of the Central Committee. (Authorized English edition). Moskau 1943 (deutsch: *Geschichte der Kommunistischen Partei der Sowjetunion. Kurzer Lehrgang.* Berlin (DDR) 1946).
Hull, Cordell, *The Memoirs of Cordell Hull,* Bd. I-II. New York 1948.

Isaacs, H. R., *The Tragedy of the Chinese Revolution.* London 1938.
Istorija Diplomatij, Bde. I-III. Hg. von W. P. Potemkin. Moskau 1941-1945. (deutsch: *Geschichte der Diplomatie.* Moskau 1947).
Istorija Klassowoj Borby w Sakawkase. Bd. I. Tiflis 1930.

Jaroslawski, E., *Landmarks in the Life of Stalin,* London 1942 (deutsch: *Aus dem Leben und Wirken des Genossen Stalin.* Moskau 1940).
Jewtuschenko, E., *Autobiographie Precoce.* Paris 1963.

Kennan, G. F., *Sowjetische Außenpolitik unter Lenin und Stalin.* Stuttgart 1961.
Kirow, S. M., *Isbrannye Statii i Retschi.* Moskau 1944.
Kollontai, A. M., *The Worker's Opposition in Russia.* London 1923.
Kosheljew, F., *Stalinskij Ustaw – Osnownoj Sakon Kolchosnoj Shisni.* Moskau 1947.
Kostoff, *Traicho Kostoff und seine Gruppe.* Berlin (Ost) 1951.
Kot, St., *Rozmowy z Kremlen.* London 1959.
Krassin, L., *Leonid Krassin, his Life and Work.* London o. J.
Krassin, L., *Djela Dawno Minowschich Dnej.* Moskau 1930.
Kritsman, L., *Geroitscheskij Period Welikoj Russkoj Rewoljuzii.* Moskau 1924 (?) (deutsch: *Die heroische Periode der Großen Russischen Revolution.* Wien-Berlin 1929).
Kriwitski, W. G., *I Was Stalin's Agent.* London 1939 (deutsch: *Ich war in Stalins Dienst.* Amsterdam 1940).

Krupskaja, N. K., *Erinnerungen an Lenin.* Berlin 1960.

Lenin, *(Official Biography by Marx-Engels-Lenin Institute in Moscow). London* 1943 (deutsch: *W. I. Lenin. Biographie.* Berlin (Ost) 1961).

Lenin, W. I., *Werke.* 40 Bde. Berlin 1956-1965.

Sämtliche Werke, Wien-Berlin 1927-1930. (Aus dieser Ausgabe wurden Stellen zitiert, die in der neueren nicht mehr enthalten sind.)

Sotschinenija. Bde. I-XX 4. Aufl. Moskau 1941-1948; Bde. XXI-XXX 3. Aufl. Moskau 1935 (Diese Ausgabe weicht wiederum ab von den deutschen und englischen Übersetzungen und wurde von Deutscher sehr oft herangezogen. Wie ließen in solchen Fällen den russischen Titel stehen).

Collected Works of V. I. Lenin. Vols. XX-XXI authorized English edition. London o. J. (wird als englische Ausgabe angegeben).

Letters of Lenin. London 1937.

The Essentials of Lenin, Bde. I-II. London 1947.

Briefe an Maxim Gorki 1908-1913. Wien 1924.

Lenin i Stalin, *Sbornik Proiswedenij k Isutscheniju Istorii* WKP (b), Bd. II. Moskau 1936.

Leninskij Sbornik, Bde. II und XVIII. Moskau 1931.

Leonhard, Wolfgang, *Die Revolution entläßt ihre Kinder.* Köln, Berlin 1965.

Liddell Hart, B. H., *Jetzt dürfen sie reden.* Stuttgart-Hamburg 1950.

Ljaschtschenko, P. I., *Istorija Narodnogo Chosjajstwa SSSR.* Bd. I/II. Moskau 1948.

Malaja Sowjetskaja Enziklopedija, Moskau 1960.

Martel, Sir Giffard, *The Russian Outlook.* London 1947.

Marx, K., *Das Kapital.* Bd. I. Berlin 1964.

Marx und Engels., F., *Perepiska K. Marxa i. F. Engelsa s russkimi polititscheskimi dejateljami.* Moskau 1947 (Briefwechsel von Marx und Engels mit russischen Persönlichkeiten).

Maurin, J., *Revolution et Contre-revolution en Espagne.* Paris 1937.

Molotow, W. M., *Fragen der Außenpolitik. Reden und Erklärungen April* 1945-Juni 1948. Moskau 1949.

Namier, L. B., *Diplomatisches Vorspiel 1938-1939*. Berlin 1949.
Das Nationalsozialistische Deutschland und die Sowjetunion 1939-1941, Akten aus dem Archiv des Deutschen Auswärtigen Amtes, hg. v. E. M. Carrol und F. T. Epstein. Department of State. Berlin 1948.
Notkin, A. I., *Otscherki Teorii Sozialistitscheskogo Wosproiswodstwa*. Moskau 1948.

Perkins, F., *Roosevelt wie ich ihn kannte*. Berlin 1949.
Pilsudski, J., *Rok 1920*, (Pilsudskis Polemik gegen Tuchatschewski). M. N. Warschau 1931.
Pokrowski, M. N., *Russische Geschichte*. Bd. I. Berlin 1930.
Popow, N., *Grundriß der Geschichte des Bolschewismus*. Bd. I. Moskau-Leningrad 1934.
Popow, N., *Outline History of the Communist Party of the Soviet Union*, Vol. II., English Translation from the Sixteenth Russian Edition. London o. J.
Prashskaja Konferenzija RSDRP. Moskau (?) 1937. (Sammlung von Memoiren und Dokumenten, Hg. v. O. Pjatnitski).
Promyschlennost SSSR (Statistischeskij Sbornik). Moskau 1964.

Raijk, *Laslo Raik und seine Komplizen vor dem Volksgericht*. Berlin (Ost) 1949
Rasskasy o Welikom Staline (Memoiren der georgischen Freunde und Klassenkameraden Stalins), Bd. II. Tiflis 1941.
Reale, Eugenio, *Avec Jacques Duclos au banc des accuses*. Paris 1958.
Reed, J., *Ten Days that Shook the World*, 3. Aufl. London 1934 (deutsch: *Zehn Tage, die die Welt erschütterten*. Berlin (Ost) 1957.)

Schacht, H., *Abrechnung mit Hitler*, Hamburg-Stuttgart 1948.
Schljapnikow, A., *Semnadzatyj God*. Moskau-Leningrad 1925.
Scott, J., *Jenseits des Ural*, Stockholm 1944.
Serge, V., *Portrait de Staline*. Paris 1940.
Sherwood, R. E., *Roosevelt und Hopkins*. Hamburg 1950.
Sikorski, W., *Nad Wisla i Wkra* Lvov (?) 1928.
Sinowjew, G., *Sotschinenija*, Bd. XV. Moskau 1926.
Smith, Walter Bedell, *Meine drei Jahre in Moskau*. Hamburg 1950.

Smjena Wekh. Essays von N. N. Ustraljow, W. W. Klitschnikow und anderen. Prag 1922.
Snow, Edgar, *Gast am anderen Ufer.* München 1964.
Roter Stern über China. Frankfurt/M. 1970.
Souvarine, B., *Stalin.* London o. J.
Soviet Foreign Policy During the Patriotic War, Bd. I. London o. J.
Soviet Union 1936, Collection of Statements by Stalin, Tukhachevsky, Molotov, and others. Authorized English Edition. London o. J.
SSSR w zifrach w 1961 g. Moskau 1962.
Stalin, J. W. *Werke.* 13 Bde. Berlin 1950-1955.
    Problems of Leninism. Authorized English Translation from Eleventh Russian Edition. Moskau 1945 (deutsch: *Probleme des Leninismus.* Wien/Berlin 1927).
    Leninism, vol. II. London 1933.
    Marxismus und Fragen der Sprachwissenschaft. München 1968.
    The October Revolution. London 1936.
    Ökonomische Probleme des Sozialismus in der UdSSR. Berlin (Ost) 1953.
    Retschi na predwybornych sobranijach. Moskau 1946.
    War Speeches, Orders of the Day. London 1945 (?).
    An Interview with the German Autor Emil Ludwig. Moskau 1932.
    und Lenin, *Sbornik Proiswedenij k Isutscheniju Istorij* WKP (b), Bd. II. Moskau 1936; (andere Zitate Stalins sind in den Berichten und Protokollen von Kongressen und Konferenzen der Kommunistischen Partei enthalten, in verschiedenen Zeitschriften usw.)
    Briefwechsel Stalins mit Churchill, Attlee, Roosevelt und Truman. Berlin 1961.
    J. Stalin, (eine Sammlung von Artikeln zu seinem sechzigsten Geburtstag). Woronesch 1940.
    Stalin i Khashim. Mit einem Nachwort von N. Lakoby. Suchum, 1934.
    J. W. Stalin, Kurze Lebensbeschreibung. Moskau 1947.
Suchanow, N., *Sapiski o Rewoljuzii,* Bde. III-IV. Berlin 1922.
Swerdlow, Y. M., *Sbornik, Wospominanija.* Leningrad 1926.

Tarle, E., *Napoleon.* Berlin 1959.
Thalheimer, A., *Eine verpaßte Revolution?* Berlin 1931.
Tito, J. B., *Political Report at Fifth Congress of CPY.* Belgrad 1948.
The Correspondence between C. C. CPY and C. C. CPSU. Belgrad 1948.
Trotzki, L., *Sotschinenija,* Bd. III. Moskau 1924.
Europa und Amerika. Berlin 1926.
Geschichte der russischen Revolution. Berlin 1931.
Germany, The Key to the international Situation. London 1931 (deutsch: in L. Trotzki, *Gesammelte Werke,* hrsg. von Helmut Dahmer, Bd. I: *Schriften über Deutschland.* Frankfurt/M. 1971).
Kak Woorushalas Rewoljuzija. Bde. I-III. Moskau 1924-1925.
Mein Leben. Frankfurt 1961.
Permanentnaija Rewoljuzija. Berlin 1930 (deutsch: *Die Permanente Revolution.* Frankfurt/M., Hamburg 1969).
The Real Situation in Russia. London o. J. (deutsch: *Die wirkliche Lage in Rußland.* Dresden o. J.).
Stalin. Köln-Berlin 1952.
The Stalin School of Falsification. New York 1937.
The Third International after Lenin, New York 1936 (deutsch: *Die III: Internationale nach Lenin.* Bochum 1977).
Verratene Revolution. Zürich 1957.
The Errors of Trotskyism. A Symposium by Krupskaya, Kemenev, Stalin, Trotsky, Zinoviev, and others. London 1925.
Trotzki, N., *Naschi Polititscheskie Sadatschi.* Genf 1904.
Trudy Perwoj Wseojusnoj Konferenzii Istorikow-Marksistow, Bde. I-II. Moskau 1930.
Tuchatschewski, M., *Wojna Klassow.* Moskau 1921.

U Welikoj Mogily. Moskau 1924.

Warga, E., *Ismenenija w Ekonomike kapitalisma,* Moskau 1946.
Webster, C. K., *The Foreign Policy of Castlereagh,* Bd. II. London 1934.
Welles, S., *The Time for Decision.* London 1944 (deutsch: *Jetzt oder nie.* Stockholm 1944).
Wirta, N., *Stalingradskaja Bitwa.* Moskau 1947.
Wollenberg, E., *The Red Army,* London 1940.

Woroschilow, K. E., *Stalin und die Rote Armee.* Moskau 1936.
Wosnesenski, N., *Woennaja Ekonomika SSSR.* Moskau 1948.
Economic Results of the USSR in 1940. Moskau 1940.

Zetkin, K., *Lenin ruft die werktätigen Frauen.* Berlin 1926.

Die folgenden Protokolle und mündlichen Berichte von Konferenzen, Kongressen und Resolutionssammlungen wurden verwendet:

2 Sjesd RSDRP. Moskau 1932.
Protokoly Objedinitelnogo Sjesda RSDRP w Stokholme w 1906 g. Moskau-Leningrad 1926.
Prashskaja Konferenzija RSDRP. Moskau (?) 1937.
6 Sjesd RSDRP. Moskau 1934.
8 Sjesd RKP (b) Moskau 1933.
10 Sjesd RKP (b), Stenografitscheskij Ottschet, Moskau 1921.
13 Sjesd WKP (b), Stenografitscheskij Ottschet. Moskau 1925.
14 Sjesd WKP (b), Stenografitscheskij Ottschet. (2. Auflage). Moskau 1926.
15 Sjesd WKP (b), Stenografitscheskij Ottschet. Moskau 1928.
15 Konferenzija WKP (b), Stenografitscheskij Ottschet. Moskau 1927.
3 Sjesd Profsojusow. Moskau 1920.
WKP (b) w Resoljuzijach i Reschenijach, Bde. I-II. Moskau 1936.
KPSS w Resoljuzijach, Bd. I-II. Moskau 1953.
Kommunistischeskij Internazional w Dokumentach, hg. v. Bela Khun, Moskau 1933.
Protokoll der Erweiterten Exekutive der Kommunistischen Internationale (Februar-März 1926). Hamburg-Berlin 1926.

Die folgenden offiziellen Berichte über die Säuberungsprozesse wurden vom Autor eingesehen.

Sudebnyi Ottschet po Delu Trotzkistskogo-Sinowewskogo Terroristitscheskogo Zentra. Moskau 1936.
Sudebnyj Ottschet po Delu Antisowjetskogo Trotzkistskogo Zentra. Moskau 1937.

Sudebnyi Ottschet po Delu Antisowetskogo i Prawo-Trozkistskogo Bloka. Moskau 1938.
The Case of Leon Trotsky, Report of Hearings on the Charges Made against him in the Moscow Trials by the Preliminary Commission of Inquiry. London 1937.

Sonstige Quellen:

Batumskaja Demonstrazija 1902 goda. Moskau (?) 1937.
Falsifiers of History, Communique of Soviet Information Bureau, English Version. London 1948.
Kratkijj Ottschet o dejatelnosti Narodnogo Komissariatu Rabotsche-Krestjanskoj Inspekzii sa 1921 g. Moskau 1921.
Soobschtschenija Sowjetskogo Informbjuro. Bd. III. Moskau 1943.

Zeitungen und Zeitschriften:

Bolschewik, Bulleten Opposizii, Gosudarstwo i Prawo, Istoritscheskij Shurnal, Iswestija, Krasnyj Archiw, Krasnaja Swesda, Kommunistische Internationale, Mirowoje Chosjajstwo i Mirowaja Politika, Planowoje Chosjajstwo, Prawda, Proletarskaja Rewoljuzija, Rundschau, Sozialistitscheskij Westnik, Woprosy Istorii, Strany Mira (Statistisches Jahrbuch für 1946).

Anmerkungen

Ergänzende Einleitung zur 2. Auflage

1 Es ist möglich, daß in der Darstellung einer der großen Säuberungsaktionen — der Affäre Tuchatschewski — einiges richtig gestellt werden muß; aber in diesem Fall haben uns Chruschtschow und seine Nachfolger nicht mit den notwendigen Informationen für eine solche Revision versorgt, ganz ungeachtet der Tatsache, daß sie Tuchatschewski rehabilitiert und vom Vorwurf entlastet haben, im Interesse des Deutschen Reiches als Agent Hitlers ein Komplott gegen Stalin geplant zu haben. Ich habe diese Vorwürfe in meiner Darstellung der Affäre energisch widerlegt, aber meine Version rückt ab von unanfechtbar antistalinistischen Quellen (zitiert in Fußnote 30 im IX. Kapitel), die in Übereinstimmung behaupten, daß Tuchatschewski tatsächlich einen Umsturz gegen Stalin geplant habe, um die Armee und das Land vor dem wahnsinnigen Terror der Säuberungswellen zu bewahren. Diese Version mag falsch sein, aber Chruschtschow und seine Nachfolger haben kein einziges Dokument, keinen einzigen Beweis vorgelegt, nichts, das Licht in die Affäre bringen könnte und uns erlauben würde, jene antistalinistischen Berichte, die auf der Tatsache einer Verschwörung beharren, endgültig zurückzuweisen.

2 Eine detaillierte Analyse von Chruschtschows Enthüllungen habe ich in einem 1956 veröffentlichten Aufsatz gegeben, der auch in meinem Buch *Ironies of Histories,* Seite 3-17, abgedruckt ist.

Vorwort der 1. und 2. Auflage

1 In der englischen Ausgabe von 1967 wurden einige Passagen aus dem Vorwort zur 2. Auflage gestrichen, die sich durch die ergänzende Einleitung zur 2. Auflage erübrigt hatten. (D. Verl.)

2 In den letzten Jahren der Stalin-Ära druckten Unbekannte heimlich und ohne mein Wissen immer noch meine Broschüre *Der Moskauer Prozeß,* die ich 1936 in Warschau veröffentlicht habe, um in den berüchtigten Prozeß um Sinowjew und Kamenjew Licht zu bringen. Damit setzten sie ihr Leben und ihre Freiheit aufs Spiel; und einige von ihnen wurden tatsächlich zu mehreren Jahren Gefängnis verurteilt. Das habe ich erst kürzlich vom Präsidenten des Polnischen Obersten Gerichts erfahren, der 1956 oder 1957 die Urteile aufgehoben hat.

3 Wie sich einige Kritiker zu dieser Vorhersage stellten, kann man den folgenden Stellen aus Franz Borkenaus sehr langem Essay über Stalin entnehmen, das als Sonderbericht in Zeitschriften abgedruckt wurde, die unter dem Schutz des »Congress for Cultural Freedom« erscheinen (»Der Monat«, »Preuves« und andere): »Darum ist Deutschers Perspektive falsch. (...) Die Person Napoleons ließ sich von den Schicksal Frankreichs trennen, die Errungenschaften der revolutionären und napoleonischen Periode blieben bewahrt. Es ist aber mehr als zweifelhaft, ob sich, selbst wenn Stalin einmal eines natürlichen Todes stirbt, das Schicksal Rußlands von dem des Stalinismus

wird trennen lassen. Das innere Gesetz des stalinistischen, nicht weniger als das des nationalsozialistischen Terrors treibt (wenn auch in der Sowjetunion langsamer als in Deutschland) zum Konflikt mit der Welt und damit zu einer Totalkatastrophe nicht nur für das terroristische Regime, sondern auch für das von ihm geführte Land (...) Es ist die Gefahr von Deutschers Buch, daß er an Stelle dieser besorgniserregenden Perspektive eine relativ normale und harmlose nahelegt (...) Nach dieser Konzeption haben wir nichts Schreckliches zu fürchten, die Schrecken liegen vielmehr, jedenfalls in der Hauptsache, in der Vergangenheit. Dem stellen wir die Behauptung gegenüber, daß die Revolution des zwanzigsten Jahrhunderts nur in der Frühphase Parallelen mit früheren Revolutionen aufweisen, in ihren Spätphasen hingegen in Regime des Terrors ohne Ende und der Feindschaft gegen alles Menschliche auslaufen, Schrecknisse, die keinerlei Heilmittel in sich selbst tragen, sondern nur *»ferro et igni«* geheilt werden können.« Franz Borkenau, »Stalin im Schafspelz«. In: *Monat*, 2. Jg. Nr. 14, 1949, S. 208 ff.

4 Dieser Brief wird auf Seite 176 zitiert. Man kann natürlich nicht die wenigen Briefe, die zum erstenmal in Stalins *Sotschinenija* veröffentlicht wurden und die Stalin in der Regel *ex officio* schrieb, als privat ansehen.

I. Kapitel

1 Macharadse, »Grusija w. XIX. Weke« in *Trudy Perwoj Wseojusnoj Konferenzii Istorikow-Marksistow*, Bd. I S. 488.
2 Jaroslawski, *Landmarks in the Life of Stalin*, S. 7.
3 Allilujewa, *Wospominanija*, S. 167.
4 Jaroslawski, a.a.O., S. 7.
5 Trotzki, *Stalin*, S. 21 f.
6 Stalin, *Werke*, Bd. I S. 275.
7 In den Memoiren der Allilujews, die viele Auskünfte über Stalins und seiner Mutter persönliches Leben erteilen, wird sein Vater nie erwähnt.
8 Allilujewa, a.a.O., S. 81.
9 ebd., S. 82.
10 Soso ist die georgische Abkürzung für Joseph, Soselo die Diminutivform dafür.
11 *Istorija Klassowoj Borby w Sakawkase*, Bd. I, Anhang S. 89 f.
12 Berija, *On the History of the Bolshevik Organisations in Transcaucusia*, S. 11; Macharadse, *Istorija Rabotschego Dwishenija w Grusii*, S. 114; Arkomed, *Rabotschee Dwishenie i Sozial-Demokratija na Kawkase*, S. 49 f.
13 Jaroslawski, a.a.O., S. 9 ff.
14 1899 faßte Ilija Tschawtschawadse, der bedeutendste Führer der liberalen Nationalisten und größte georgische Dichter, die Erfahrungen eines Jahrhunderts russischer Herrschaft folgendermaßen zusammen: »Es gab keinen anderen Ausweg. Georg XII. (der letzte König von Ostgeorgien) mußte entweder die Türkei, den Iran oder Rußland um Hilfe angehen (...). Aber er mußte sich rasch entscheiden. Georg wandte sich selbstverständlich an Rußland, das die gleiche Religion hatte. Das war ihm schon durch den Willen seiner Vorfahren vorgeschrieben, die seit 1491 immer wieder mit Rußland verhandelt und auf seine Unterstützung gehofft hatten.« Zitiert nach G. Chatschapuridses Essay

»Georgien und Rußland im 19. Jahrhundert« in *Woprosy Istorii*, Nr. 5-6, 1946.
15 ebd., S. 146.
16 Bauernaufstände gab es in Georgien 1804, 1811, 1812, 1820, 1830, 1837, 1841, 1857, 1866. Während des Krimkrieges waren die russischen Militärs wegen der Haltung der kaukasischen Leibeigenen sehr besorgt. Man hatte in Erfahrung gebracht, daß der britische Gesandte in Trapezunt sie für eine Rebellion ausrüstete.
17 Die hier zitierte Äußerung stammt von der *Kawkaskoje Chosjajstwo*, Zeitschrift des Kaiserlich Russischen Landwirtschaftsinstituts. Siehe *Istorija Klassowoj Borby w Sakawkase*, Bd. I S. 10 ff.
18 Der georgische Dichter G. Leonidse, der ein verfälschendes episches Gedicht über Stalins Kindheit und Jugend geschrieben hat, behauptet, daß Stalins Großvater von seinem Herrn zu Tode gequält worden war. (Das Gedicht wurde von N. Tichonow ins Russische übersetzt und 1944 in Buchform veröffentlicht.)
19 Lenin, *Sotschinenija*, Bd. XVIII S. 508.
20 Zit. bei Trotzki, *Stalin*, S. 31.
21 *Istorija Klassowoj Borby w Sakawkase*, Bd. I Anhang S. 31 ff.
22 ebd., S. 83.
23 ebd., S. 89 f.
24 ebd., S. 92.
25 ebd., S. 100; *Rasskasy o Welikom Staline*, S. 79; Allilujew, *Prodennyi Put*, S. 86.
26 Unter diesem Pseudonym wurden die Verse in zwei Anthologien georgischer Poesie 1899 und 1907 neu gedruckt.
27 Zit. bei Jaroslawski, a.a.O., S. 15.
28 ebd., S. 16 f.
29 ebd., S. 17.
30 *Stalin*, Kurze Lebensbeschreibung, S. 8.
31 *Pirweli Dassy* (»Die erste Gruppe«) hatte, von fortschrittlichen Vertretern des georgischen Adels unterstützt, die Aufhebung der Leibeigenschaft bereits vor 1865 gefordert.
32 Macharadse, a.a.O., S. 115 ff.
33 Jaroslawski, a.a.O., S. 16 f.
34 ebd., S. 16 f.

II. Kapitel

1 Seltsamerweise verweigerte Marx selbst den russischen Marxisten seine Unterstützung in ihrem Streit mit den *Narodniki*. Vgl. seine Briefe an Vera Sasulitsch in *Perepiska K. Marxa i F. Engelsa s russkimi polititscheskimi dejateljami*.
2 In späteren Jahren wurden die »legalen Marxisten« zu Sprechern des konservativen Liberalismus und der Monarchie. Tugan-Baranowski war im Westen als Autor einer marxistischen Darstellung der Geschichte des britischen Handels im 19. Jahrhundert bekannt.
3 Ein weitverbreiteter Witz sagte: »In der großen Welt sind die Marxisten eine Partei der Arbeiterklasse, nur in Rußland sind sie die Partei des Großkapitals.«
4 Nebenbei bemerkt, war Noah Jordania, der Führer der Majorität, kein typischer »legaler Marxist«. Er wurde später als Führer der georgischen Men-

schewisten anerkannt. Nach 1917 wurde er zum Präsidenten der georgischen Republik gewählt. Er wurde durch die von Stalin im Februar 1921 persönlich angeordnete Invasion der Sowjets aus Georgien vertrieben. Die Streitigkeiten, die um die Jahrhundertwende in Tiflis stattfanden, wurden so zu einem Prolog für das spätere Drama.

5 *Ochrana,* wörtlich übersetzt »Schutzwache«, »Die dritte Abteilung«, war die nach der Ermordung des Zaren Alexander II. im Jahr 1881 gegründete politische Polizei. Eine Beschreibung dieser Maifeier findet sich bei Macharadse und Chatschapuridse, a.a.O., S. 164 f., und bei S. Allilujew, a.a.O., S. 46 ff.
6 Allilujew, a.a.O., S. 46 ff. Siehe auch *Krasnyj Archiw* Nr. 3, 1939.
7 *Rasskasy o Welikom Staline,* S. 91; Berija, a.a.O., S. 22; Allilujew, a.a.O., S. 74 ff.; Trotzki, *Stalin,* S. 48 f.
8 Berija, a.a.O., S. 23.
9 ebd., S. 24.
10 Krassin, *Djela Dawno Minowschich Dnej,* S. 14 ff.; Krassin, der für die technische Seite der Organisation verantwortlich war, nennt Kezchoweli einen »genialen Organisator«.
11 Stalin, *Werke,* Bd. I S. 5.
12 ebd., S. 10.
13 ebd., S. 19; Die Reihenfolge, in der der Autor über die murrenden Nationalitäten sprach, ist bemerkenswert: Zuerst kamen die unterdrückten Klassen der russischen Gesellschaft, dann die Polen und Finnen, dann die Juden; und erst nach den Juden erwähnte der Autor *inter alia* die Georgier, zu denen er selbst gehörte, um mit den verfolgten russischen religiösen Sekten zu schließen. Diese Reihenfolge war nicht zufällig. Sie sollte das georgische Problem in eine weite internationale Perspektive rücken, in der es nur als ein, nicht aber als bedeutendster und bezeichnendster Fall einer Unterdrückung erscheinen sollte, die sich über das ganze Reich erstreckte. Diese Art der Behandlung georgischer Probleme in einer georgischen Zeitung war absichtlich und fast herausfordernd. Der Autor war fest entschlossen, der politischen Egozentrik, die für jede unterdrückte Nationalität charakteristisch ist, entgegenzuwirken, von der übrigens auch andere georgische Gruppen nicht frei waren. Das im ersten Heft »Brdzola« gegebene Versprechen, den georgischen Sozialismus als einen organischen Teil des allrussischen Sozialismus zu behandeln, wurde hier genauestens erfüllt.
14 Stalin, *Werke,* Bd. I., S. 20. Als im Jahr 1939 Stalin eine Erklärung für sein Bündnis mit Hitler finden mußte, benützte er dasselbe Bild, als er sagte, die Westmächte hätten nach München gewollt, damit Rußland, »die Kastanien für sie aus dem Feuer hole«.
15 ebd., S. 26.
16 ebd., S. 27.
17 ebd., S. 27. In dem 1946 geschriebenen Vorwort zu seinen Werken (Bd. I S. XIV-XV) erklärte Stalin, warum er damals dachte, Rußland sei für den Sozialismus noch nicht reif. Er »hatte die von den Marxisten häufig vertretene These übernommen, nach der eine der Hauptbedingungen für den Sieg der sozialistischen Revolution war, daß das Proletariat die Mehrheit der Bevölkerung ausmache. Folgerichtig war in den Ländern, wo das Proletariat noch nicht auf die Hälfte der Bevölkerung angewachsen war, weil der Kapitalismus

eben noch nicht genügend entwickelt war, ein Sieg des Sozialismus unmöglich.«
[18] ebd., S. 23.
[19] ebd., S. 24.
[20] Berija, a.a.O., S. 24 f.; Trotzki, *Stalin*, S. 50 ff.
[21] Allilujewa, a.a.O., S. 110.
[22] Siehe die Erinnerungen an Trodija und Kaladse in *Batumskaja Demonstrazija 1902 Goda*, S. 53 und 73.
[23] Siehe die Polizeiberichte über die Tätigkeit Stalins, ebd., S. 177 ff.
[24] Berija, a.a.O., S. 29; *Batumskaja Demonstrazija 1902 Goda*, S. 64, 187 ff.

III. Kapitel

[1] Jaroslawski, a.a.O., S. 31; *Batumskaja Demonstrazija 1902 Goda*, S. 96 f.
[2] Krupskaja, *Erinnerungen an Lenin*, S. 108 ff.; Trotzki, *Mein Leben*, S. 154.
[3] Lenin, *Werke*, Bd. VII S. 69 ff.
[4] Dan, *Prois'choshdenie Bolschewisma*, S. 266 ff.
[5] ebd., S. 281, und 2. Sjesd RSDRP, S. 278.
[6] Lenin, *Werke*, Bd. VI S. 500 ff.
[7] Trotzki, *Naschi Polititscheskie Sadatschi*, S. 90 f.; Lenin, *Werke*, Bd. VII S. 385 f.
[8] Lenin, *Sotschinenija*, Bd. IX, S. 32 ff, 74 ff.; Dan, a.a.O., S. 358 ff.
[9] Trotzki, *Stalin*, S. 67 f. Trotzki stützte seine Behauptung auf einen einzigen Satz aus einem Polizeibericht von 1911, der aber auch in anderen Punkten ungenau ist. Dort wird z. B. festgestellt, Stalin sei der Sozialdemokratischen Partei erst 1902 beigetreten.
[10] Stalin, *Werke*, Bd. I S. 55 ff.
[11] ebd., S. 56.
[12] ebd., S. 57.
[13] ebd., S. 59.
[14] ebd., S. 63.
[15] »Wir müssen danach streben, den Namen und das Ansehen eines Parteimitglieds höher, immer höher zu heben«, beendete Lenin seine Ansprache über den § 1 vor dem Kongreß am 15. August. Lenin, *Werke*, Bd. VI S. 503. An anderer Stelle heißt es: »Ein konsequentes, ehrliches Iskra-Kabinett mußte geschaffen werden.« Lenin, *Werke*, Bd. VII S. 70.
[16] Stalin, *Werke*, Bd. I S. 65 ff.
[17] Allilujew, a.a.O., S. 130.
[18] Stalin, *Werke*, Bd. I S. 74.
[19] ebd., S. 77 ff.
[20] Lenin, *Werke*, Bd. VIII S. 365.
[21] Stalin, *Werke*, Bd. I S. 115 f.
[22] *WKP (b) w Resoljuzijach*, Bd. I S. 59; Popow, *Grundriß der Geschichte des Bolschewismus*, Bd. I S. 151 f.
[23] Stalin, *Werke*, Bd. I S. 119 ff.
[24] ebd., S. 134 f.
[25] ebd., S. 134.
[26] Trotzkis Ansicht wurde auch von Helphand-Parvus geteilt, dessen Rolle in der russischen Revolution nur episodisch war.

27 Stalin, *Werke*, Bd. I S. 164 f.
28 Berija, a.a.O., S. 80.
29 Schaumjan war später bolschewistischer Kommissar in Baku und einer der sechsundzwanzig Kommissare, die russische Konterrevolutionäre während der britischen Intervention im Kaukasus hinrichten ließen.
30 Stalin, *Werke*, Bd. VI S. 48 f.
31 Siehe den Bericht von Kramolnikow in *Trudy Perwoj Wsesojusnoj Konferenzii Istorikow-Marksistow*, Bd. I S. 210 ff.
32 »Die Komiteemitglieder«, schreibt Krupskaja, »waren gewöhnlich recht selbstbewußte Leute. Sie sahen eben den großen Einfluß, den die Arbeit der Komitees auf die Massen ausübte. Innerparteiliche Demokratie erkannten sie in der Regel nicht an. ›Die Demokratie (die die Wahl der einzelnen Komiteemitglieder durch die Masse der Parteimitglieder vorsah) führt nur zu dauernden Reinfällen, und mit der Bewegung sind wir auch so verbunden‹, lautete ihre Ansicht. Auf das ›Ausland‹ sahen sie stets etwas verächtlich herab (...). ›Man müßte sie mal unter russische Bedingungen versetzen!‹ (...) Aber sie liebten auch keine Neuerungen. (...) In der Periode von 1904/05 hatte auf den Schultern der Komiteemitglieder eine ungeheure Arbeit gelastet, aber an die Bedingungen der wachsenden legalen Möglichkeiten und des offenen Kampfes konnten sich viele von ihnen nur mit sehr großer Mühe anpassen.« Krupskaja, a.a.O., S. 141. In Krupskajas Worten spiegelt sich unzweifelhaft Lenins Meinung über die Komiteemitglieder wider.
33 Stalin, *Werke*, Bd. I S. 171 ff.
34 ebd., S. 206 ff.
35 ebd., S. 187 ff.
36 ebd., S. XIII ff.
37 ebd., S. 219 ff.
38 *Protokoly Objedinitelnogo Sjesda RSDRP w Stokholme w 1906 g.*, S. 262 ff., 336 f.
39 *WKP (b) w Resoljuzijach*, Bd. I S. 67 f.
40 Trotzki, *Stalin*, S. 147.
41 Trotzki, *Mein Leben*, S. 205.
42 Trotzki, *Stalin*, S. 160 ff.
43 Allilujew, a.a.O., S. 159 f.
44 Stalin, *Werke*, Bd. I S. 368 ff.
45 ebd., Bd. II S. 45.
46 *WKP (b) w Resoljuzijach*, Bd. I S. 109 f.; Dan, a.a.O., S. 388 f.
47 Stalin, *Werke*, Bd. II S. 42 f.

IV. Kapitel

1 Krassin, *Leonid Krassin, his life and work*, S. 37
2 Lenin, *Werke*, Bd. XXIII S. 244 ff.
3 ebd., Bd. XXXI S. 12.
4 Dan, a.a.O., S. 427 f.; und *WKP (b) w Resoljuzijach*, Bd. I S. 113.
5 Lenin, *Werke*, Bd. XV S. 417.
6 Stalin, *Werke*, Bd. VIII S. 155.
7 ebd., Bd. II S. 71 ff.
8 ebd., Bd. II S. 90 ff.

9 Lenin, *Sotschinenija*, Bd. XVI S. 368.
10 Trotzki, *Stalin*, S. 177 ff.
11 Stalin, *Werke*, Bd. II S. 130.
12 ebd., S. 132 ff.
13 ebd., S. 133.
14 ebd., S. 148 ff.
15 In seinen Erinnerungen erzählt Pokrowski, wie die Bolschewisten eine Delegation zu Lenin entsandten, um ihn zu bitten, seine philosophischen Studien aufzugeben und zur Tagespolitik zurückzukehren. Pokrowski war selbst ein Mitglied der Delegation. Lenin weigerte sich jedoch, seinen Anhängern nachzugeben.
16 Stalin, *Werke*, Bd. II S. 391.
17 ebd., S. 178.
18 Krassin, *Djela Dawno Minowschich Dnej*, S. 16.
19 Stalin, *Werke*, Bd. II S. 189 ff.
20 Allilujewa, a.a.O., S. 108.
21 Jaroslawski, a.a.O., S. 75.
22 Stalin, *Werke*, Bd. II S. 193 ff.
23 ebd., S. 199.
24 ebd., S. 226 f.
25 ebd., S. 228 ff, 360.
26 Lenin, *Sotschinenija*, Bd. XVIII, 398 ff.; Badajew, *Die Bolschewiki in der Reichsduma*, S. 194 ff.; Trotzki, *Stalin*, S. 220 ff.
27 Stalin erzählte dies im Jahr 1941 General W. Sikorski.
28 Trotzki, *Stalin*, S. 236.
29 Stalin, *Werke*, Bd. II S. 237.
30 ebd., S. 253 ff.
31 Zitiert bei Popow, a.a.O., Bd. I S. 301. Trotzki hat die Echtheit dieses Briefes nie bestritten.
32 Lenin, *Briefe an Maxim Gorki*, S. 74.
33 Badajew, a.a.O., S. 330.
34 Malinowskis Rolle wird geschildert von Badajew, a.a.O., S. 320 ff., 489 f., desgleichen von Krupskaja und Pjatnizki in *Prashskaja Konferenzija RSDRP*, S. 173 ff. Siehe auch Swerdlow, *Sbornik, Wospominanija*, S. 42 ff.
35 Badajew, a.a.O., S. 336 f.
36 Nach dem Zitat bei Trotzki, *Stalin*, S. 255 f. Siehe auch Allilujewa, a.a.O., S. 115.
37 Allilujewa, a.a.O., S. 118.
38 Stalin, *Werke*, Bd. II S. VI.
39 Trotzki, *Mein Leben*, S. 222.
40 Allilujewa, a.a.O., S. 117 f.

V. Kapitel

1 Allilujewa, a.a.O., S. 167.
2 Schljapnikow, *Semnadzatji God*, Bd. II S. 170 ff.
3 ebd., S. 175 ff.
4 Stalin, *Werke*, Bd. III S. 1 ff.

5 ebd., S. 3.
6 ebd., S. 6.
7 ebd., S. 19.
8 ebd., S. 20.
9 Trotzki veröffentlichte die Protokolle dieser Konferenz in seinem Buch *The Stalin School of Falsification*, S. 231 ff.
10 ebd., S. 237 f.
11 ebd., S. 275.
12 Lenin traf die Vorbereitungen zu dieser Reise durch Vermittlung bekannter französischer, schweizerischer, schwedischer und deutscher Sozialisten. Er übernahm dabei der deutschen Regierung gegenüber keine andere Verpflichtung als die, sein Möglichstes zu tun, daß einer Gruppe deutscher Zivilisten in Rußland die Heimreise gestattet werde. Das war die ganze Gegenleistung. Erst später, als Lenins Einfluß größer wurde, stellten einige seiner politischen Gegner den »plombierten Zug« als ein finsteres Komplott zwischen dem deutschen Generalstab und den russischen Bolschewisten hin. Suchanow, *Sapiski o Rewoljuzii*, Bd. III S. 10 ff.; Lenin, »Wie wir gereist sind«, *Werke*, Bd. XXIV S. 9 ff.; *Leninskij Sbornik*, Bd. II S. 376 ff., 410 ff., 448 ff.
13 Suchanow, a.a.O., Bd. III S. 26 f.
14 Lenin, *Sämtliche Werke*, Bd. XX, 1. Buch S. 101 ff.
15 Suchanow, a.a.O., Bd. III S. 26 f.
16 Stalin, *Werke*, Bd. III S. 31 ff.
17 ebd., S. 34 f.
18 ebd., S. 45 ff.
19 Popow, a.a.O., Bd. I S. 379.
20 Suchanow, a.a.O., Bd. IV S. 185 ff.; Trotzki, *Geschichte der Russischen Revolution*, Bd. II S. 287 ff.
21 Trotzki, *Geschichte der Russischen Revolution*, Bd. I S. 432 ff.; Suchanow, a.a.O., Bd. IV S. 282 ff.
22 Suchanow, a.a.O., Bd. IV S. 232.
23 Trotzki, *Geschichte der Russischen Revolution*, Bd. II S. 66 ff.; Stalin, *Werke*, Bd. III S. 114.
24 Stalin, *Werke*, Bd. III S. 158.
25 Suchanow, a.a.O., Bd. IV S. 422; Trotzki, *Geschichte der Russischen Revolution*, Bd. II S. 36 f.
26 Stalin, *Werke*, Bd. III S. 104 f., S. 154.
27 Lenin, *Sämtliche Werke*, Bd. XX, 2. Buch S. 222; Sinowjew, a.a.O., Bd. XV S. 41; 6. Sjesd RSDRP., S. 113 ff.
28 Krupskaja, a.a.O., S. 413; Allilujewa, a.a.O., S. 183 ff. Allilujewa schildert, wie Stalin Lenin den Bart abrasierte, um ihn unkenntlich zu machen.
29 Stalin, *Werke*, Bd. III S. 97 ff.
30 ebd., S. 129 f.
31 ebd., S. 172.
32 ebd., S. 172 f.
33 Trotzki, *Geschichte der Russischen Revolution*, Bd. II S. 296 f.; Lenin, *Werke*, Bd. XXV S. 313 ff.
34 Stalin, *Werke*, Bd. III S. 250 f.
35 Lenin, *Werke*, Bd. XXVI S. 1 ff.

36 Stalin, *Werke*, Bd. III S. 288; Trotzki, *Geschichte der Russischen Revolution*, Bd. I S. 440 ff.; Lenin, *Werke*, Bd. XXVI S. 1 f.
37 Lenin, *Werke*, Bd. XXVI S. 9.
38 Trotzki, *Stalin*, S. 335.
39 Lenin, *Werke*, Bd. XXVI S. 127.
40 Trotzki, *Geschichte der Russischen Revolution*, Bd. II S. 415.
41 ebd., S. 387 f.
42 Zitiert nach der englischen Ausgabe von Lenins Gesammelten Werken, Bd. XXI, 2. Buch S. 328. Vgl. Sitzungsbericht vom 10. Oktober 1917, Lenin, *Sämtliche Werke*, Bd. XXI S. 417 ff., 660, 705.
43 Lenin, *Werke*, Bd. XXVI S. 180.
44 Trotzki, *Geschichte der Russischen Revolution*, Bd. II S. 470.
45 *The History of the Civil War*, Bd. II S. 193.
46 Lenins Briefe, *Werke*, Bd. XXI S. 408, 415, 423.
47 Stalin, *Werke*, Bd. IV S. 281.
48 Lenin, *Sämtliche Werke*, Bd. XXI S. 453.
49 *Rabotschij Put (Prawda)* vom 20. Oktober 1917.
50 Stalin, *Werke*, Bd. III S. 359.
51 Trotzki, *Geschichte der Russischen Revolution*, Bd. II S. 478.
52 ebd., S. 519.
53 Die Daten, die wir bisher gegeben haben, sind die des alten russischen Kalenders, der vor der Revolution in Kraft war. In der jetzt folgenden Darstellung geben wir die Daten nach dem neuen Kalender.
54 Trotzki, *Stalin*, S. 344.
55 Siehe biographische Notizen, Stalin, *Werke*, Bd. III S. 395.
56 Trotzki, *Stalin*, S. 347.
57 Stalin, *Werke*, Bd. III S. 341.
58 ebd., S. 365.
59 Trotzki, *Geschichte der Russischen Revolution*, Bd. II S. 543.
60 Stalin, *Werke*, Bd. III S. 366.
61 ebd., S. 361.
62 ebd., S. 362.
63 ebd., S. 362 f.
64 ebd., S. 363.

VI. Kapitel

1 Zitiert nach Reed, *Ten Days That Shook The World*, S. 304.
2 ebd., S. 220 f.
3 Trotzki, *Stalin*, S. 360 ff.
4 Reed, a.a.O., S. 223 f.
5 Trotzki, *Stalin*, S. 355.
6 Stalin, *Werke*, Bd. IV S. 3.
7 Lenin i Stalin, *Sbornik Proiswedenij k Isutscheniju Istorii WKP (b)*, Bd. II S. 17 ff.
8 Stalin, *Werke*, Bd. IV S. 20.
9 ebd., S. 5 ff.
10 ebd., S. 27.
11 ebd., S. 28.

12 Lenin, *The Essentials*, Bd. II S. 304 f.
13 Stalin, *Werke*, Bd. IV S. 24.
14 Lenin, *The Essentials*, Bd. II S. 290 ff.
15 März 1917. Die Diskussionen über das deutsche Friedensdiktat von Brest-Litowsk fanden bereits in Moskau statt. (D. Ü.)
16 Stalin, *Werke*, Bd. IV S. 111.
17 Vgl. biographische Notizen, Stalin, *Werke*, Bd. IV S. 392, und *Leninskij Sbornik*, Bd. XVIII S. 64 ff.
18 Stalin, *Werke*, Bd. IV S. 72.
19 ebd., S. 100 f.
20 ebd., S. 102.
21 ebd., S. 102.
22 Trotzki, *Kak Woorushalas Rewoljuzija*, Bd. I S. 154 ff.
23 ebd., Bd. II S. 59 ff., 92 ff., und Woroschilow, *Stalin und die Rote Armee*, S. 70. Nach Woroschilow stammt die Bezeichnung »Knaben« von Stalin.
24 Woroschilow, a.a.O., S. 57 f.; Trotzki, *Stalin*, S. 395 ff.; Wollenberg, *The Red Army*, S. 97.
25 Stalin, *Werke*, Bd. IV S. 104 f.
26 Trotzki, *The Stalin School of Falsification*, S. 206 ff.
27 Woroschilow, a.a.O., S. 26 f.; Jaroslawski, a.a.O., S. 115.
28 Stalin, *Werke*, Bd. IV S. 112.
29 Trotzki, *Stalin*, S. 412, und *Kak Woorushalas Rewoljuzija*, Bd. I S. 350.
30 Trotzki, *Stalin*, S. 413 f.
31 Dieses Lob für Trotzkis Rolle ist in der Ausgabe von 1947 von Stalins *Werke* ausgelassen (Bd. I S. 154). Das Zitat stammt aus der amtlichen englischen Ausgabe von Stalins *The October Revolution*, S. 30.
32 Lenin, *Sotschinenija*, Bd. XIX S. 77 f.
33 Stalin, *Werke*, Bd. IV S. 149 ff., 155 ff.
34 ebd., S. 149.
35 ebd., S. 282.
36 Nach dem Zitat bei Trotzki, *Mein Leben*, S. 396 f.
37 Stalin, *Werke*, Bd. IV S. 165.
38 ebd., S. 182.
39 ebd., S. 188.
40 Lenin, *Sotschinenija*, Bd. XXVII S. 263.
41 Stalin, *Werke*, Bd. IV S. 286.
42 ebd., S. 298 f.
43 Lenin gab diesen Fehler in seinen Gesprächen mit Klara Zetkin zu. Trotzkis Standpunkt kann man in *Mein Leben*, S. 418 ff., und in *Stalin*, S. 433 ff., finden. Die stalinistische Haltung wird in *Stalin und die Rote Armee*, S. 65, von Woroschilow vertreten. Vgl. auch *The Red Army* von Wollenberg. Tuchatschewski legte seine Ansicht in einem interessanten Essay »Revolution from without«, das in seinem *Wojna Klassow*, S. 50-60, enthalten ist, und in Vorlesungen über den Krieg von 1920 dar. Eine polnische Übersetzung davon erschien 1920, als Anhang in Pilsudskis *Rok*, das den Krieg, wie auch Sikorskis *Nad Wisla i Wkra* in der offiziellen polnischen Sicht analysiert.
44 Siehe Lenins Schilderung der Wirtschaftslage in Lenin, *The Essentials*, Bd. II S. 710 ff., und bei Trotzkis *Verratene Revolution*, S. 25. Siehe auch die Rede

Rykows in *Tretij Sjesd Profsojusow*, S. 79 ff., und Kritsman, *Geroitscheskij Period Welikoj Russkoj Rewoljuzii*, S. 252 ff.
45 *Tretij Sjesd Profsojusow*, S. 87 ff.
46 Bucharin gab dieser Ansicht in seinem *Dengi w Epoche Proletarskoj Diktatury* Ausdruck.
47 Lenin, *The Essentials*, Bd. II S. 693.
48 Trotzki, *Verratene Revolution*, S. 96 f.
49 Lenin, *The Essentials*, Bd. II S. 813 f.
50 Auch Banken und Außenhandel. D. Ü.
51 Lenin, *The Essentials*, Bd. II S. 777 ff.
52 *Desjatyj Sjesd RKP*, S. 41, 54 ff.; siehe auch Kollontai, *The Worker's Opposition in Russia*, S. 31.
53 *Desjatyj Sjesd RKP*, S. 339 ff.
54 ebd., S. 192 ff.
55 Lenin, *The Essentials*, Bd. II S. 685.
56 ebd., S. 683 ff.
57 Trotzki, *Verratene Revolution*, S. 96.

VII. Kapitel

1 Sinowjews Reden in 8. Sjesd RKP (b), S. 162 f., 501, 225 f., *Kratkij Ottschet Narkom*, RKI., 290 ff.
2 Siehe Lenin, *Werke*, Bd. XXVIII S. 500 und Bd. XXX S. 290 f.; 405 ff.; *Letters of Lenin*, S. 455 f., 474 f.
3 Trotzki, *Mein Leben*, S. 428.
4 Parteimitglieder durften — bis 1931 — kein höheres Einkommen haben als das »Parteimaximum«, das an der oberen Grenze des Lohns eines gelernten Arbeiters lag. D. Ü.
5 In Wirklichkeit boten die Säuberungsaktionen einen bequemen Vorwand für die Befriedigung persönlicher Rachebedürfnisse. Bereits im Mai 1922 schrieb Lenin an Stalin: »Die Säuberungsaktionen in der Partei zeigen, daß bei den meisten örtlichen Untersuchungsausschüssen nur persönliche Interessen und Bosheiten zum Durchbruch kommen. Dies steht fest, und die Tatsache ist in hohem Maße beachtlich.« In demselben Brief beklagt sich Lenin, daß es keine Parteimitglieder gebe, die »die nötige juristische Vorbildung besitzen und in der Lage sind, sich den oben angedeuteten lokalen Einflüssen zu entziehen«. Siehe Lenin, *The Essentials*, Bd. II S. 809.
6 Trotzki, *Stalin*, S. 471, 466 f., 475.
7 ebd., S. 459 ff.
8 Stalin, *Werke*, Bd. V S. 81 ff.
9 ebd., Bd. IV S. 352 ff.
10 ebd., S. 76 ff.
11 Lenin übernahm die Auffassung seiner Verdienste, aber in einer Botschaft an seine kaukasischen Anhänger bat er sie nachdrücklich, »doch einzusehen, daß es notwendig ist, unsere Taktik nicht zu wiederholen, sondern sie nach Maßgabe der Umstände entsprechend abzuändern«. Er forderte »mehr Milde, Vorsicht und Bereitschaft zu Konzessionen der Bürgerschaft, den Gebildeten und vor allem den Bauern gegenüber«. »Haltet Euch in Euren Republiken

nicht nur an den Buchstaben des Gesetzes, sondern an seinen Geist und Sinn, lernt aus den Erfahrungen von 1917-1921.« Lenin, *The Essentials*, Bd. II S. 698 f.
12 Stalin, *Werke*, Bd. V S. 1 f.
13 Lenin, *The Essentials*, Bd. II S. 790.
14 ebd., S. 851.
15 Bereits nach dem Bürgerkrieg hatte die Sowjetregierung eine halbe Million ehemaliger zaristischer Beamter wieder eingestellt.
16 Stalin, *Werke*, Bd. V S. 209; Professor Ustrjalow schrieb im Jahr 1921, als er noch in der Emigration lebte: »Die Sowjetregierung wird mit allen Mitteln danach streben, die Grenzbezirke wieder mit dem Zentrum zu vereinigen, und zwar im Namen der Weltrevolution. Die russischen Patrioten werden für das gleiche Ziel kämpfen, im Namen des großen, unteilbaren Rußland. Trotz aller ideologischen Verschiedenheiten verfolgen also hier beide das gleiche Ziel.« N. W. Ustrjalow,»Patriotica« in *Smjena Wech*, S. 59.
17 Stalin, *Werke*, Bd. V S. 133 f.
18 Als die Konstitution endlich angenommen war, sah sie die Kontrolle Moskaus über die gesamte politische Partei, auch der Provinzen, vor.
19 Lenin, *The Essentials*, Bd. II S. 793.
20 Lenins Testament wird hier so zitiert, wie es bei Trotzki, *The Real Situation in Russia*, S. 320 ff., wiedergegeben ist. Der Text des Testaments wurde in Rußland nie veröffentlicht, aber sowjetamtliche Schriftsteller haben wiederholt Abschnitte daraus zitiert, die sich gegen Bucharin, Sinowjew und Kamenjew wenden und die mit dem von Trotzki mitgeteilten Text übereinstimmen. Auf diese Weise wird der von Trotzki veröffentlichte Wortlaut indirekt bestätigt. Siehe z. B. Popow, a.a.O., Bd. II S. 264. So wurde beinahe das gesamte Testament von sowjetamtlichen Autoren zitiert, ausgenommen natürlich die Stellen, die gegen Stalin und für Trotzki sprechen.
21 Stalin, *Werke*, Bd. V S. 137.
22 ebd., S. 139 f.
23 Trotzki, *The Real Situation in Russia*, S. 322 f.
24 ebd., S. 322 f.
25 Lenin, *The Essentials*, Bd. II S. 841 ff.
26 Siehe *Lenin, Official Biography*, S. 188.
27 Lenin, *The Essentials*, Bd. II S. 846 ff.
28 Trotzki, *The Stalin School of Falsification*, S. 68 f.
29 Das ist das mindeste, was man von Stalins Haltung bei Lenins Tod sagen kann. Trotzki läßt sogar die Vermutung laut werden, daß Stalin Lenin vergiftet habe. Aber das ist ein sehr vager Verdacht, wie Trotzki selbst zugibt; und er wird angesichts der Tatsache, daß Trotzki diese Anschuldigung in all den Jahren des Machtkampfs gegen Stalin vor 1939/40 nie erhob oder auch nur andeutete, noch unwahrscheinlicher. (Trotzki, *Stalin*, S. 479 f.) Anscheinend übertrug Trotzki die Erfahrungen aus der Zeit der großen Reinigungen in den späten dreißiger Jahren auf 1924. Aber eine solche Rückblende widerspricht Trotzkis eigener Charakterisierung Stalins.»Hätte Stalin anfänglich voraussehen können, wohin ihn sein Krieg gegen den Trotzkismus führte, er hätte zweifellos gezögert, trotz der Aussicht auf den Sieg über alle seine Gegner. Er ist aber nicht imstande, irgend etwas vorauszusehen.« (ebd. S. 499.) Er behan-

delte also sogar noch *den* Stalin, den er eben des Mordes an Lenin bezichtigt hatte, als einen im wesentlichen ehrlichen, aber kurzsichtigen Mann, was sich kaum mit der Ungeheuerlichkeit der Anklage vereinbaren läßt. Man muß auch in Betracht ziehen, daß Trotzki mit Stalin nicht auf eine ähnliche Weise verfuhr, solange sich dieser in Rußland aufhielt, was ihm sicherlich nicht schwergefallen wäre, wenn er auch Lenin ermordet hätte. Immerhin läßt die Geschichte der Beziehungen zwischen Lenin und Stalin den Schluß zu, daß dieser sich durch den Tod Lenins von einer drückenden Furcht befreit sah.

30 Trotzki, *Stalin,* S. 466.
31 Stalin, *Werke,* Bd. V S. 141.
32 ebd., S. 167 ff.
33 ebd., S. 174 ff.
34 ebd., S. 186 ff.
35 ebd., S. 185.
36 ebd., S. 193.
37 ebd., S. 199. Der Mann, der unter dem Pseudonym Ossinski schrieb, war Prinz Obolenski, ein sehr prominenter bolschewistischer Wirtschaftstheoretiker.
38 Stalin, *Werke,* Bd. V S. 197.
39 ebd., S. 206.
40 ebd., S. 310 ff.; Popow, a.a.O., Bd. II S. 194.
41 Eastman, a.a.O., Anhang IV, S. 142 f.
42 Popow, a.a.O., Bd. II S. 144.
43 ebd., S. 144 ff.
44 Stalin, *Werke,* Bd. V S. 310 ff.
45 ebd. Das war natürlich eine feine Andeutung, daß die Wurzel des Übels nicht im Parteiapparat, sondern in Trotzkis Ressort, in der Armee, lag.
46 Eastman, a.a.O., Anhang VI, S. 146 f.
47 Bucharin hat diese Idee sicher aufgegriffen, und das war der wahre Kern an dem Gerücht über eine Verschwörung gegen Lenin, die ihm in den Säuberungsprozessen der dreißiger Jahre angelastet wurde. 1923/24 erwähnte Stalin Bucharin in diesem Zusammenhang nicht mehr, da Bucharin sein Bundesgenosse gegen Trotzki geworden war. Vgl. 15 *Konferenzija WKP,* S. 558.
48 Stalin, *Werke,* Bd. VI S. 200.
49 ebd., Bd. V S. 337.
50 ebd., Bd. VI S. 7.
51 Die Historiker mögen sich daran erinnern, daß Krankheit und Abreise aus Paris bei Dantons Sturz eine ähnliche Rolle gespielt haben.
52 Stalin, *Werke,* Bd. VI S. 373 ff.
53 ebd., S. 41 ff.
54 Lenin spottete über jeden Versuch, rituelle Formen oder eine pseudoreligiöse Ausdrucksweise im Sozialismus einzuführen. Als er einmal gefragt wurde, ob es passend sei, wenn ein Sozialist behauptete, der Sozialismus sei seine Religion, antwortete er: »Wenn ein gewöhnlicher Arbeiter das sagt, dann heißt das nur, daß er seine Religion um des Sozialismus willen aufgegeben habe; aber wenn ein sozialistischer Führer oder ein Intellektueller eine derartige Äußerung tut, dann verläßt er den Sozialismus zugunsten der Religion.«
55 Stalin, *Werke,* Bd. VI S. 62 ff.

56 Bajanow, a.a.O., S. 32 ff.
57 ebd., S. 21.
58 ebd., S. 24.
59 Eastman, a.a.O., S. 55.
60 Bajanow, a.a.O., S. 21.
61 ebd., S. 52.
62 Stalin, *Werke,* Bd. VI S. 236 ff.
63 ebd., S. 230.
64 Eastman, *Since Lenin Died,* S. 128, und Bajanow, *Stalin, der rote Diktator,* S. 32 ff.
65 13 Sjesd WKP, S. 166 und 245. Siehe auch Eastman, a.a.O., S. 88 f.
66 Siehe Trotzki, »The Need to Study October«, in *The Errors of Trotskyism,* S. 29 ff.
67 Stalin, *Werke,* Bd. VII S. 5.
68 Stalin, *The October Revolution,* S. 68 f.
69 Das »Zentrum«, auf das Stalin sich bezog, bestand aus fünf Mitgliedern des Zentralkomitees (Stalin, Swerdlow, Dsershinski und zwei anderen); sie sollten dem Revolutionskomitee der Sowjets zur Seite stehen, in dem Trotzki den Vorsitz führte. Das »Zentrum« existierte aber als eigene Körperschaft und spielte auch in der Oktoberrevolution keine Rolle. Erst nach der Machtübernahme durch Stalin begann die Legende über das »Zentrum« sich in den Geschichtsbüchern breitzumachen. Aber nie wurde irgendwelches Beweismaterial erbracht. (Vgl. Kapitel V.)
70 Siehe Krupskaja, »The Lessons of October«, in *The Errors of Trotskyism,* S. 365 ff.
71 Zitiert nach Stalin, *Problems of Leninism,* S. 157.
72 Trotzki entwickelte diese These zum erstenmal 1906 in seinem berühmten Pamphlet: »Itogi i Perspektivy Ruskoj Rewoljuzij«. Er führte sie 1928, also nach seiner Deportation nach Alma Ala, in *Permanentnaja Rewoljuzija* weiter aus; das Buch erschien aber erst 1930 in einem ausländischen Verlag.
73 Lenin, *Sotschinenija,* Bd. IX S. 64 f.
74 Vgl. Stalin, *Problems of Leninism,* S. 160.
75 Stalin, *Werke,* Bd. VII, S. 78 ff.
76 Siehe Kapitel X.
77 Stalin, *The October Revolution,* S. 88, 92.

VIII. Kapitel

1 *Prawda,* 18. Dezember 1924.
2 Stalin, *Werke,* Bd. VII S. 340.
3 Bis in die frühen dreißiger Jahre entnahmen die russischen und europäischen Kommunisten ihre Argumente eher den Büchern Bucharins *(The ABC of Communism* und *Historical Materialism)* als den Ausführungen Stalins.
4 Popow, a.a.O., Bd. II S. 268, und 14. Sjesd WKP, S. 135.
5 Die Bauern wurden, grob gesprochen, in die drei folgenden Gruppen eingeteilt: Kulak = »Reiche« Bauern, die Arbeiter anstellen konnten, Bjednjak: »Arme« Bauern, die selbst kleine Höfe hatten, sich aber auch als Taglöhner verdingten, Serednjak: Bauern, die sich gerade noch selbst ernähren konnten, die also weder Arbeiter anstellten noch für andere arbeiteten.

6 Stalin, *Werke*, Bd. VI S. 276.
7 Popow, a.a.O., Bd. II S. 227.
8 ebd., S. 282 ff. Vgl. Sinowjews Bericht, in: 14. Sjesd, WKP, S. 642.
9 Stalin, *Werke*, Bd. VII S. 44.
10 Stalin, *Werke*, Bd. VIII S. 257, 264.
11 Trotzki, *Mein Leben*, S. 479, und *Bulleten Opposizii*, Nr. 54 und 55.
12 Trotzki, *Stalin*, S. 532 f.
13 Stalin weigerte sich, »Bucharins Blut« der Opposition zu opfern. Vgl. *Werke*, Bd. VII S. 317, 332 ff. Auch 14. Sjesd WKP (b), S. 504 f.
14 Kirow, *Isbrannye Statii i Retschi*, S. 35 ff.
15 Popow, a.a.O., Bd. II S. 275.
16 Trotzki, *Mein Leben*, S. 479.
17 Vgl. Kap. VI.
18 Einzelheiten vgl. Kap. X.
19 Trotzki, *The Stalin School of Falsification*, S. 175 f.
20 15. Sjesd WKP (b), S. 1318.
21 ebd., S. 372.
22 ebd., S. 252 f.
23 ebd., S. 1248 ff.
24 Souvarine, *Stalin*, S. 484.
25 Stalin, *Leninism*, Bd. II S. 128.
26 ebd., S. 129.
27 Stalin, *Problems of Leninism*, »On the Grain Front«, S. 206 ff.; Stalin, *Leninism*, Bd. II S. 128.
28 Stalin, *Problems of Leninism*, Rede über die »Gefahr von rechts«, S. 236.
29 Stalin, *Leninism*, Bd. II S. 138.
30 ebd., S. 168 ff.
31 Souvarine, *Stalin*, S. 485.
32 ebd., S. 518.
33 Stalin, *Werke*, Bd. VII S. 324. Rede auf dem 14. Parteikongreß.
34 ebd., S. 106.
35 ebd., S. 149 und 290 ff.
36 Stalin, *Problems of Leninism*, S. 221, »On the Grain Front«.
37 ebd., S. 267.
38 ebd., S. 293.
39 ebd., S. 318.
40 ebd., S. 325.
41 Stalin, *Werke*, Bd. VII S. 276 und 271.
42 *The Case of Leon Trotsky*, S. 245, und *Bulleten Opposizii*, Nr. 27, März 1932.
43 Stalin, *Leninism*, Bd. II S. 151.
44 ebd., S. 153.
45 ebd., S. 172.
46 ebd., S. 328.
47 Um genau zu sein: Die Steigerung sollte 47 Prozent betragen. Stalin gab später auf einer Konferenz des Industriedirektoriums selbst zu, daß sie nur 25 Prozent erreichte, und sogar diese Zahl kann man anzweifeln. Stalin, *Leninism*, Bd. II S. 385, und Stalin, *Problems of Leninism*, S. 351.
48 Stalin, *Leninism*, Bd. II S. 375.

49 Wosnesenski, a.a.O., S. 10 und 13. Siehe auch *Planowoje Chosjajstwo*, Nr. 5, 1947.
50 Trotzki, *The Real Situation in Russia*, S. 64 ff., und Stalin, *Problems of Leninism*, »On the Grain Front«, S. 206 ff.
51 Stalin, *Problems of Leninism*, S. 301 ff.
52 Stalin, *Leninism*, Bd. II S. 344.
53 Stalin, *Problems of Leninism*, S. 480.
54 ebd., S. 483.
55 ebd., S. 356. Um zu begreifen, wie neu den Russen diese Worte Stalins klingen mochten, muß man beachten, bis zu welchem Grad sie die zaristische Vergangenheit rehabilitierten. In Stalins Geschichtsdarstellung erschien Rußland stets als das Opfer fremder Eroberer und Unterdrücker. Bis dahin waren die Historiker und Schriftsteller darum bemüht, die Schattenseiten der russischen Geschichte zu betonen, indem sie über die Eroberung und Unterdrückung schwächerer Nationen durch das zaristische System handelten. Stalin machte kurzen Prozeß mit dieser antinationalistischen Haltung, die seit der Revolution der Jugend eingeimpft worden war. Der prominenteste Deuter der russischen Geschichte im antinationalistischen Sinn, Professor Pokrowski, wurde bald nach dieser Rede Stalins aus der Partei ausgestoßen und seine Bücher verboten.
56 Stalin, *Problems of Leninism*, S. 326 ff.
57 ebd., S. 329.
58 Kosheljew, *Stalinskij Ustaw – Osnownoj Sakon Kolchosnoj Shisni*, S. 28.
59 Stalin, *Problems of Leninism*, S. 359.
60 Scott, *Jenseits des Ural*, S. 12.
61 Stalin, *Problems of Leninism*, S. 406.
62 Syrzow stand an der Spitze der Regierung der Russischen Republik, nicht zu verwechseln mit der USSR. Nach der Amtsenthebung Rykows war Molotow Chef der Regierung der USSR geworden.
63 Barmine, *One who survived*, S. 264.
64 Serge, *Portrait de Staline*, S. 94 f.
65 Stalin, *Problems of Leninism*, S. 404 ff.
66 ebd., S. 431 ff.
67 ebd., S. 484.
68 ebd., S. 304 f. und 360.
69 Stalin, *Problems of Leninism*, S. 354.
70 ebd., S. 369.
71 Stalin eröffnete diese neue Tendenz durch seine berühmte Rede über die »Sechs Voraussetzungen einer erfolgreichen Industrialisierung« (23. Juni 1931). *Problems of Leninism*, S. 502 f.
72 Stalin, *Werke*, Bd. VII S. 327.
73 »Grundlage des bürokratischen Kommandos ist die Armut der Gesellschaft an Verbrauchsgegenständen mit dem daraus entstehenden Kampf aller gegen alle. Wenn genug Waren im Laden sind, können die Käufer kommen, wann sie wollen. Wenn die Waren knapp sind, müssen die Käufer Schlange stehen. Wenn die Schlange sehr lang wird, muß ein Polizist für Ordnung sorgen. Das ist der Ausgangspunkt für die Macht der Sowjetbürokratie. Sie ›weiß‹, wem zu geben, und wer zu warten hat.« Trotzki, *Verratene Revolution*, S. 111.

74 Für eine detaillierte Beschreibung der durch die Planwirtschaft erreichten Fortschritte ist in einer Stalin-Biographie nicht genügend Raum. Wir beschränken uns daher auf eine kurze statistische Zusammenfassung, die die Zahlen von 1928/29 mit 1937/38 vergleicht: Im Laufe eines Jahrzehnts wurden statt 6 Kilowattstunden Elektrizität 40 Billionen Kilowattstunden, statt 30 Millionen Tonnen Kohle 133 Millionen Tonnen, statt 1400 Autos 211 000 erzeugt. Die Jahresproduktion an Maschinenwerkzeugen stieg von 3 Billionen auf 33 Billionen Rubel (harte Währung). Zwischen 1928 und 1937 wuchs die Zahl der Arbeiter von 11,5 Millionen auf 27 Millionen. Vor der Revolution gab es 20 000 Ärzte, 1937 jedoch 105 000. Die Zahl der Krankenhausbetten stieg von 175 000 auf 618 000. 1914 gab es 8 Millionen Schüler an den verschiedenen höheren Schulen; 1928 waren es 12 Millionen und 1938 31,5 Millionen. 1913 studierten 112 000 Jungen und Mädchen an Universitäten, 1939 620 000. Vor der Revolution besaßen die öffentlichen Bibliotheken 640 Bücher pro 10 000 Einwohner, 1939 schon 8610, *Strany Mira*, Statistisches Jahrbuch für 1946.
75 Lenin, *The Essentials*, Bd. II S. 90 ff., 104.
76 Marx, *Das Kapital*, Bd. I S. 761 ff.
77 Das Gesetz trat im Januar 1930 in Kraft. (Stalin, *Leninism*, Bd. II S. 343.)
78 Marx, a.a.O., Bd. I S. 782.
79 Stalin, *Leninism*, Bd. II S. 369.

IX. Kapitel

1 Stalin, *Werke*, Bd. VII S. 350.
2 Stalin, *Problems of Leninism*, S. 507.
3 Dies gilt besonders für die Wirtschaftspolitik der Jahre 1932 und 1933. Siehe z. B. *Bulleten Opposizii* Nr. 33, März 1933.
4 Blumkin, früher Sozialrevolutionär, war 1918 einer der Mörder des deutschen Botschafters in Moskau, Graf Mirbach. D. Ü.
5 *Bulleten Opposizii*, Nr. 31, November 1932.
6 ebd., Nr. 36/37.
7 ebd., Nr. 31.
8 ebd., Nr. 33.
9 ebd., Nr. 35.
10 ebd., Nr. 34.
11 ebd., Nr. 33.
12 Wollenberg, a.a.O., S. 258.
13 Barmine, a.a.O., S. 247 ff. und 252.
14 *History of the CPSU*, S. 327.
15 Siehe *Bulleten Opposizii*, Nr. 42, 47, 52, 53. Der Ablauf der Ereignisse kann aus den Meldungen der *Prawda* vom Dezember 1934 und Januar 1935 rekonstruiert werden.
16 Die meisten dieser Tatsachen wurden durch A. Ciliga, einen ehemaligen jugoslawischen Kommunistenführer, mitgeteilt, der mit den Angeklagten dieses Prozesses im Gefängnis zusammensaß. Siehe *Bulleten Opposizii*, Nr. 47.
17 Während ganze Eisenbahntransporte mit »Kirow-Mördern« aus vielen Plätzen Rußlands gen Osten und Norden rollten, begründete Stalin diese Aktion, wie folgt: »(...) diese Genossen haben sich nicht immer auf sachliche Kritik

oder passiven Widerstand beschränkt. Sie drohten mit einer Revolte der Partei gegen das Zentralkomitee. Mehr noch, sie drohten einigen von uns mit Kugeln. Sie wollten uns einschüchtern und zwingen, vom Wege des Leninismus abzuweichen. (...) Wir mußten einige Genossen hart anfassen. Daran ist nichts zu ändern. Ich muß zugeben, daß ich an diesen Maßnahmen nicht ganz unbeteiligt bin. (Lauter, andauernder Beifall).« Stalin, *Problems of Leninism*, S. 522.

[18] Lenin, *The Essentials*, Bd. II S. 789.
[19] Stalin, *Werke*, Bd. VII S. 36 ff.
[20] Immer wieder wurde den Führern der Opposition, besonders von Molotow, der Vorhalt gemacht, sie seien Emigranten, die der russischen Erde fremd geworden seien. Stalin behandelte dieses Thema in seinem Interview mit Emil Ludwig.
[21] Stalin, *Problems of Leninism*, S. 517 ff.
[22] *Bulleten Opposizii*, Nr. 48, Februar 1936.
[23] *The Case of Leon Trotsky*, S. 246 f.
[24] Siehe die amtlichen Prozeßakten. *Sudebnyj Ottschet Po Delu Trozkistskogo-Sinowewskogo Terroristitscheskogo Zentra* (1936). *Sudebnyj Ottschet Po Delu Antisowetskogo Trozkistskogo Zentra* (1936); und *Sudebnyj Ottschet Po Delu Antisowetskogo i Prawo-Trozkistskogo Bloka* (1938).
[25] Stalins erster Sekretär. A. Poskrebyshew, der seine Erinnerungen im Jahr 1940 in Woronesch veröffentlichte, geht davon aus, daß Maxim Gorki eines natürlichen Todes starb. Siehe A. Poskrebyshew und B. Dwinski, »Utschitel i drug tschelowetscheswa« in Stalin, *Sbornik Statjej*, S. 194.
[26] *The Case of Leon Trotsky*, S. 109 ff.
[27] »Die Erinnerung an deutsche Stärke im Weltkrieg ist allenthalben noch lebendig«, berichtet der deutsche Botschafter in Moskau, Graf von der Schulenburg, an Ribbentrop am 6. September 1939. *Das Nationalsozialistische Deutschland und die Sowjetunion*, S. 98.
[28] Es ist interessant festzustellen, daß die Propagandisten Stalins später den deutsch-russischen Pakt von 1939 eben mit dem Hinweis auf Brest-Litowsk motivierten. *Falsifiers of History*, S. 45.
[29] Von all den vielen Dokumenten, die bei dem Nürnberger Kriegsverbrecherprozeß zutage gefördert wurden, enthält keines auch nur den geringsten Hinweis auf die angebliche »Fünfte Kolonne« der Nazis in der Sowjetregierung und der Roten Armee. Kann es eine überzeugendere Widerlegung der Säuberungsprozesse geben als diese erstaunliche Lücke in den sonst so erdrückenden Beweisen über Hitlers Kriegsvorbereitungen?
[30] Amtliche russische Quellen haben nie eine nähere Darstellung des Komplotts gegeben. Antistalinistische Darstellungen findet man bei Wollenberg, a.a.O., S. 232 ff., bei M. Borbow »Sagorow ili Rewoljuzija«, in *Sozialistscheskij Westnik*, Nr. 10, 1947, und bei Krivitski, *I was Stalins Agent*.
[31] *Bulleten Opposizii*, Nr. 64.
[32] Unter den bekanntesten ausländischen Kommunisten, die damals ums Leben kamen, finden sich die Namen von Bela Khun, Führer der ungarischen Revolution des Jahres 1919, Remmele und Neumann, die Führer der KPD-Fraktion im Deutschen Reichstag vor Hitler, beinahe alle Mitglieder des Zentralkomitees der polnischen Kommunistischen Partei und viele andere.

33 Wollenberg, a.a.O., S. 253.
34 Stalin, *Problems of Leninism*, S. 540 ff.
35 *Bulleten Opposizii*, Nr. 58 und 59.
36 ebd., Nr. 60, 61.
37 Nicht ein einziger der Parteisekretäre in der Provinz, den Obkoms, der im Jahr 1936 im Amt war, wurde 1937 auf diesem Posten bestätigt. *Bulleten Opposizii*, Nr. 70.
38 Stalin, *Problems of Leninism*, S. 620.
39 ebd., S. 625.
40 ebd., S. 632.

X. Kapitel

1 Wir benützen die deutsche Übertragung von Reinhold Walter, Verlag Skythen, Berlin 1920, mit dessen freundlicher Erlaubnis.
2 Fischer, *The Soviets in World Affairs*, Bd. I S. 29. Die Zitate stammen aus einer Proklamation an die mohammedanischen Werktätigen in Rußland und im Osten.
3 *Bulleten Opposizii*, Nr. 33, 1933.
4 Stalin, *Werke*, Bd. VII S. 19, 22 f., 24, 44, 77 ff., 104, 231.
5 ebd., S. 135 ff.
6 ebd., S. 169 ff.
7 Trotzki, *Stalin*, S. 469. Die Echtheit dieses Briefes wurde durch zwei deutsche rivalisierende Parteiführer, Heinrich Brandler und Ruth Fischer, bestätigt. Er wurde nicht in die Gesamtausgabe von Stalins Werken aufgenommen, obwohl auch Stalin die Echtheit nie bestritten hat. Vgl. Thalheimer, *Eine verpaßte Revolution*, S. 31.
8 Der Brief enthielt eine bezeichnende Bemerkung über den deutschen Faschismus, die man als Hinweis auf die künftige kommunistische Haltung werten kann: »Natürlich schlafen die Faschisten nicht. Aber es ist vorteilhaft für uns, sie zuerst angreifen zu lassen. Das wird die gesamte Arbeiterklasse um die Kommunisten scharen.« Thalheimer, a.a.O., S. 31.
9 Stalin selbst war Mitglied der russischen Delegation im Exekutivausschuß der Komintern. Aber er handelte selten aus dieser Eigenschaft heraus, und wenn, dann nur um ausländische Häretiker abzusetzen. Vgl. Stalin, *Werke*, Bd. VIII S. 1 ff., 89 ff., 97 ff.
10 Stalin, *Werke*, Bd. VII S. 43.
11 *Protokoll Erweiterte Exekutive der Kommunistischen Internationale* (Februar-März, 1926), S. 12 f.
12 Stalin, *Werke*, Bd. VIII S. 324 f., 327 f. und 330 ff. Vgl. auch Bucharins Rede über dieses Thema in 15. Konferenzija WKP, S. 27 ff.
13 Vgl. Kapitel II, III und V.
14 Stalin, *Werke*, Bd. VIII S. 157 ff.
15 In Polen z. B. halfen Kommunisten und Sozialisten 1926 Pilsudski bei seinem Staatsstreich. Ähnliche Taktiken konnte man in Rumänien und anderen Balkanländern beobachten.
16 Die Geschichte der »Kommune in Kanton«, erzählt von Harold E. Isaacs, *The Tragedy of the Chinese Revolution*, S. 352 ff.

17 Stalin, *Problems of Leninism*, S. 245 ff.
18 15. Sjesd WKP (b), S. 34.
19 Stalins eigene Version der Abdankung Bucharins findet sich in seiner Rede über »Die Gefahren der rechten Abweichung«, die er vor dem Zentralkomitee im April 1929 hielt. Stalin, *Problems of Leninism*, S. 244 ff.
20 *Kommunistitscheskij Internazional w Dokumentach*, S. 769 ff., 876 f., 915 ff., 952 ff.
21 »Ein sowjetischer Traktor ist mehr wert als zehn ausländische Kommunisten!« Diese charakteristische Bemerkung konnte man in Funktionärskreisen der Bolschewisten in den Tagen des ersten Fünfjahresplanes hören. Sie spiegelte den Tenor der Gespräche über die Komintern in Stalins engster Umgebung wider.
22 Für Stalin waren Nazismus und Faschismus im wesentlichen identisch. Die beiden Begriffe werden hier auch abwechselnd gebraucht.
23 Stalin, *Werke*, Bd. VI S. 253.
24 Stalin, *Leninism*, Bd. II S. 320.
25 *Rundschau*, Nr. 43, 1933. *Kommunistische Internationale*, Nr. 14, 1933.
26 Stalin, *Problems of Leninism*, S. 454.
27 Trotzki, *Germany, The Key to the International Situation*, S. 23.
28 ebd., S. 44.
29 Stalin, *Leninism*, Bd. II S. 321.
30 Trotzki, *Germany, The Key to the International Situation*, S. 25.
31 Dies war das Körnchen Wahrheit, das in der Anklage gegen Trotzki und Tuchatschewski steckte, sie hätten mit der deutschen Wehrmacht zusammengearbeitet. Die Zusammenarbeit zwischen der Reichswehr und der Roten Armee dauerte zwölf Jahre, von 1922 bis 1933. Sie geschah mit Zustimmung des Politbüros und unter dessen Kontrolle.
32 Stalin, *Werke*, Bd. VII S. 237 f.
33 Stalin, *Leninism*, Bd. II S. 316; Trotzki, *Europa und Amerika*, S. 43.
34 Stalin, *Leninism*, Bd. II S. 123. »Es gibt eine Macht, die das britische Imperium zerstören kann und unbedingt auch zerstören wird. Das sind die englischen Konservativen.« Stalin, *Werke*, Bd. VII S. 254.
35 Stalin, *Werke*, Bd. VII S. 11.
36 ebd., S. 145.
37 Stalin, *Leninism*, Bd. II S. 325.

XI. Kapitel

1 Kommunistische Gegner Stalins (Wollenberg, Krivitski und andere) haben behauptet, daß Stalin die deutschen Kommunisten absichtlich dazu gebracht habe, sich den Nationalsozialisten zu unterwerfen, um dadurch die Rapallo-Politik zu retten. Diese Darstellung der Tatsachen ist nie mit genügend Beweismaterial untermauert worden. Stalins Politik dem Nazismus gegenüber setzte sich zwar aus einer Reihe von Kurzsichtigkeiten und kopflosen Fehlentscheidungen zusammen, aber vorsätzlicher Verrat war sie nie.
2 Einer der Hauptgründe für diese Reserve war der latente Konflikt zwischen Rußland und Japan. Daraus folgten zwei bedeutende Ergebnisse: im November 1933, also 16 Jahre nach der Revolution, erkannten die USA über Roose-

velts Initiative die Sowjetregierung endlich an. Ungefähr zur gleichen Zeit trat Rußland die Chinesische Eisenbahn an die japanische Marionettenregierung Mandschukuos ab. Die Aufnahme diplomatischer Beziehungen zu den USA stärkte Stalin; im übrigen aber hatte er sowohl Deutschland als auch Japan gegenüber eine schwache Position. Die Innenpolitik kämpfte immer noch mit den Nachwirkungen der Kollektivierung.

3 Stalin, *Problems of Leninism*, S. 465 ff.
4 Stalin, *Werke*, Bd. VII S. 257.
5 Diese Sätze stammen aus einem Bericht des französischen Generals Schweisguth an seine Minister Edouard Daladier und Léon Blum. Siehe Bonnet, *Défense de la Paix, de Washington au Quai d'Orsay*, S. 124.
6 1935/36 wurde eine große Reform in der Roten Armee durchgeführt, die eine Modernisierung und Technisierung zur Folge hatte. Ein besonderes Merkmal war die Umgestaltung der Infanterie vom Milizsystem in das einer stehenden Truppe. Tuchatschewski, der die Reform angeregt hatte, erstattete am 15. Januar 1936 dem ZEK der UdSSR darüber Bericht. Auffallend an seiner Rede war die genaue Voraussicht von Hitlers Kriegsführung und der ungewöhnliche Nachdruck, mit dem er von der Gefahr des Dritten Reiches sprach. Tuchatschewskis eindringliche Warnung stand in scharfem Gegensatz zu Stalins Schwanken. — Die englische Übersetzung von Tuchatschewskis Rede wurde in dem Band *Soviet Union* 1936, S. 389 ff., veröffentlicht.
7 *Prawda*, 5. März 1936.
8 Davis, *Als USA-Botschafter in Moskau*, S. 224.
9 Gathorne-Hardy, *Kurze Geschichte der internationalen Politik*, S. 500 ff.; Maurin, *Révolution et Contre-revolution en Espagne*, S. 131, 145.
10 Martel, *The Russian Outlook*, S. 13 f.
11 Stalin, *Problems of Leninism*, S. 604.
12 Bonnet, a.a.O., S. 121 ff.
13 Stalin, *Problems of Leninism*, S. 596.
14 ebd., S. 603.
15 Churchill, *Der Zweite Weltkrieg*, 1. Buch, S. 425; Namier, a.a.O., S. 103; *Istorija Diplomatij*, Bd. III S. 673. Ein ähnlicher Vorschlag, den Moskau nach dem Anschluß Österreichs gemacht hatte, war ebenfalls abgewiesen worden.
16 An demselben Tag macht Lloyd George einen seiner häßlichen Angriffe auf Chamberlain und erklärte, daß die Westmächte jetzt ebensowenig wie 1914 einen Krieg gegen Deutschland ohne Rußland wagen könnten. Chamberlain versuchte, die Analogie zu 1914 folgendermaßen zu widerlegen: »Damals hatten Rußland und Deutschland eine gemeinsame Grenze. Polen existierte nicht, aber der Gedanke, daß, sollten wir in einen Krieg verwickelt werden, eine große, mannhafte Nation an den Grenzen Deutschlands steht, die uns nach diesem Abkommen alle Hilfe und allen Beistand leisten muß, zu denen sie imstande ist, ist eine Befriedigung (...). Aber wir sind uns auch darüber im klaren (...), daß die direkte Teilnahme der Sowjetunion nicht ganz im Einklang ist mit den Wünschen einiger der Länder, zu deren Gunsten diese Vereinbarungen getroffen werden sollen.« In derselben Verhandlung drängte Churchill die Regierung zu einem Vertrag mit Rußland »in der weiten und einfachen Form, wie sie von der russischen Sowjetregierung vorgeschlagen wurde«. »Wenn Sie bereit sind, im Kriege Rußlands Verbündeter zu sein (...)«,

sagte Churchill, »weshalb schrecken Sie dann davor zurück, jetzt Rußlands Verbündeter zu sein, wenn Sie gerade durch diese Tatsache den Ausbruch eines Krieges verhindern können. Ich habe kein Verständnis für diese diplomatischen Kniffe und Verzögerungen.« Namier, a.a.O., S. 186 f. Wenn schon Churchill diese »Kniffe« nicht verstehen konnte, kein Wunder, daß sie Stalin ganz unheilvoll anmuteten!

17 *Das Nationalsozialistische Deutschland und die Sowjetunion 1939-1941*, S. 7.
18 Als die Verhandlungen weiter fortschritten, verhehlten weder Molotow, der damalige Außenminister, noch Mikojan, Minister für Außenhandel (beide waren Mitglieder des Politbüros) ihren deutschen Partnern, daß sie alle Einzelheiten nach Moskau berichteten und daß Stalin es sei, der die Entscheidungen treffe. Vgl. ebd., S. 93 und 149.
19 ebd., S. 35.
20 Namier, *Diplomatisches Vorspiel 1938—1939*, S. 208.
21 Churchill, *Der Zweite Weltkrieg*, Bd. I, 1. Buch, S. 470 f.
22 *Das Nationalsozialistische Deutschland und die Sowjetunion 1939-1941*, S. 46.
23 ebd., S. 44.
24 ebd., S. 45, 52.
25 ebd., S. 70 f.
26 ebd., S. 73 f.
27 ebd., S. 76.
28 Stalin erzählte Churchill drei Jahre später folgendes: »Wir gewannen den Eindruck (...), daß die britische und die französische Regierung nicht zum Kriege entschlossen waren, wenn Polen überfallen würde, daß sie aber hofften, die diplomatische Demonstration Englands, Frankreichs und Rußlands werde Hitler einschüchtern. Wir waren vom Gegenteil überzeugt.« Churchill, *Der Zweite Weltkrieg*, Bd. I, 1. Buch, S. 472.
29 *Das Nationalsozialistische Deutschland und die Sowjetunion 1939-1941*, S. 86.
30 ebd., S. 177.
31 »Schließlich brauchen wir Zeit«, hatte Stalin auf dem Kongreß im März verkündet. »Ja, Genossen, Zeit. Wir müssen neue Fabriken bauen. Wir müssen neue Kader für die Industrie bilden. Aber das erfordert Zeit, und zwar nicht wenig. Wir können die führenden kapitalistischen Länder auf wirtschaftlichem Gebiet nicht in zwei oder drei Jahren überholen.« Stalin, *Problems of Leninism*, S. 611. Sowohl Stalin als auch Molotow sprachen auf dem Kongreß mit verhältnismäßiger Besonnenheit und Zurückhaltung von Rußlands wirtschaftlichen Leistungen, die sich auffallend gegen den übertriebenen Optimismus früherer Jahre abhoben. Man bedurfte dieses neuen Tons, um indirekt die übermäßige Vorsicht in der Außenpolitik zu rechtfertigen.
32 Wo es möglich war, hat der Autor die Beschreibungen diplomatischer Verhandlungen aus *Das Nationalsozialistische Deutschland und die Sowjetunion 1939 bis 1941* mit führenden diplomatischen Persönlichkeiten, die damals in Moskau waren und unmittelbar mit den jeweiligen Akten zu tun hatten, überprüft.
33 *Das Nationalsozialistische Deutschland und die Sowjetunion 1939-1941*, S. 283.
34 ebd., S. 80 ff.
35 *Das Nationalsozialistische Deutschland und die Sowjetunion 1939-1942*, S. 100. Der fast endemische Irrtum über Polen spiegelte den illusorischen Charakter

der internationalen Machtverhältnisse zwischen den Kriegen wider. Solang Deutschland ohne Waffen war und Rußland nur halb aufgerüstet hatte, wurde die Bedeutung der polnischen Armee natürlich über alle Maßen aufgebläht. Aber diesen Illusionen hing man noch nach, als sich das Kräfteverhältnis bereits grundlegend geändert hatte.

36 Polen erhielt diese Gebiete 1921 im Frieden von Riga angegliedert. Beiderseits der Grenzen hoffte man jedoch auf eine Wiedervereinigung der Ukraine. Die ukrainischen Nationalisten bemühten sich sowohl bei den Russen als auch bei den Polen um ihre Unabhängigkeit und Wiedervereinigung. Die Kommunisten, die zunächst bei den Bauern der »östlichen Marschen« einen großen Anhängerkreis hatten, strebten nach einer Wiedervereinigung unter den Sowjets. Sogar bei jenen Kommunisten, die wegen Stalins Verhandlungen mit Hitler beunruhigt waren, war die Wiedervereinigung sehr populär. Noch im Sommer 1939 schrieb Trotzki: »Stalin, Dimitrow und Manuilskij (...) sind bereit, die westliche Ukraine für immer an Polen abzutreten als Gegenleistung für einen diplomatischen Pakt.« (*Bulleten Opposizii* Nr. 77/78.)
37 *Das Nationalsozialistische Deutschland und die Sowjetunion 1939-1941*, S. 103.
38 ebd., S. 108.
39 ebd., S. 116.
40 ebd., S. 119.
41 ebd., S. 119.
42 ebd., S. 141.
43 *Prawda*, 25. Dezember 1939.
44 *Das Nationalsozialistische Deutschland und die Sowjetunion 1939-1941*, S. 150.
45 ebd., S. 152.
46 Ribbentrop hatte nicht ganz unrecht, als er etwas später dem japanischen Außenminister Matsuoka »vertraulich« sagte, »die Sowjetunion wünsche, daß der Krieg so lange wie möglich dauere (...) Daher sei dem gerissenen Politiker Stalin die überaus schnelle Niederlage Frankreichs auch nicht sehr gelegen gekommen.« *Das Nationalsozialistische Deutschland und die Sowjetunion 1939-1941*, S. 342.
47 Stalins Haltung Finnland gegenüber war natürlich anders. Im Friedensvertrag von 1940 hatte Finnland die von ihm verlangten Militärstützpunkte abgetreten. Sie waren aber nicht der Sowjetunion eingegliedert worden. Teilweise resultierte das aus der Haltung der Finnen selbst — ein solcher Versuch hätte zu einem neuen Krieg führen können — und der Sympathie, die der Westen diesem Kampf entgegengebracht hatte. Teilweise kam Stalins Milde gegenüber Finnland auch wahrscheinlich daher, daß er selbst seine Unabhängigkeit ausgerufen hatte. Es war dies sein erstes bedeutendes Auftreten als Kommissar für Nationalitätenfragen. Darauf mochte er wohl noch mit Stolz zurückblicken, so daß er nicht sein eigenes Werk widerrufen wollte:
48 *Das Nationalsozialistische Deutschland und die Sowjetunion 1939-1941*, S. 165.
49 ebd., S. 188.
50 ebd., S. 233, 239.
51 In der gleichen Woche hielt Präsident Roosevelt, der noch zu Beginn des Jahres eine Art moralisches Embargo über Exporte nach Rußland verhängt hatte, eine Rede, in der er Rußland als eine »große befreundete Macht« bezeichnete.
52 *Das Nationalsozialistische Deutschland und die Sowjetunion 1939-1941*, S. 243.

53 Gafencu, *Vorspiel zum Krieg im Osten*, S. 199.
54 Dies war bei dem ersten Besuch von Matsuoka im November 1940. Ein paar Tage später erzählte Matsuoka dem Papst, Japan kämpfe nicht gegen das chinesische Volk, sondern gegen die Bolschewisten, die in Asien durch die Angelsachsen unterstützt würden. Kurz vor seinem zweiten Besuch in Moskau (März 1941) machte er Hitler einen Vorschlag zur Erneuerung des Antikominternpaktes. *Das Nationalsozialistische Deutschland und die Sowjetunion 1939-1941*, S. 342.
55 ebd., S. 363.
56 Der deutsche Marine-Attaché in Moskau berichtete nach Berlin, daß dieses Datum von Sir Stafford Cripps erwähnt worden sei, kommentierte aber gleichzeitig, daß das »absurd« sei. Ebd., S. 330. Eine ähnliche Warnung wegen des bevorstehenden deutschen Angriffs erhielt Moskau bereits früher aus den USA. Vgl. Welles, *The Time for Decision*, S. 136.
57 *Das Nationalsozialistische Deutschland und die Sowjetunion 1939-1941*, S. 371.
58 ebd., S. 387 f.
59 Stalin, *War speeches*, S. 8.
60 Das gab Stalin auch in seiner Rede vom 6. November 1941 ganz offen zu. Stalin, *War speeches*, S. 17.
61 Falls, *The Second World War*, S. 113. Schulenburg täuschte sich offensichtlich, als er Hitler mitteilte, die Russen würden in ihrer Sorge um Sicherheit zehn Divisionen für jede deutsche Division an die Grenze legen.
62 Stalin, *War speeches*, S. 7 f. Stalin gab diese Tatsache Harry Hopkins gegenüber noch deutlicher zu. Siehe Sherwood, *Roosevelt and Hopkins*, S. 261 ff. Aber nicht nur die Mobilmachung der Roten Armee, sondern auch die Umstellung der Industrie auf Kriegsproduktion wurde ungebührlich lang verzögert. Erst im Jahr 1948 gestand der Chef der staatlichen Planungskommission, der stellvertretende Ministerpräsident N. Wosnesenski, daß die Pläne für das dritte Viertel des Jahres 1941 von der Annahme ausgingen, der Frieden werde andauern, und daß ein neuer Wirtschaftsplan, der auf den Krieg abgestellt war, erst nach Ausbruch der Feindseligkeiten entworfen wurde. Wosnesenski, *Woennaja Ekonomika SSSR*, S. 37.

XII. Kapitel

1 Stalin, *War speeches*, S. 7.
2 »Unsere Verluste waren bis auf den letzten Angriff auf Moskau nicht schwer«, berichtete General Blumentritt. Liddell Hart, *Jetzt dürfen sie reden*, S. 354. Stalin sprach erst vierzehn Tage nach Beginn der Feindseligkeiten.
3 Stalin, *War Speeches*, S. 9.
4 ebd., S. 10 ff.
5 ebd., S. 12.
6 ebd., S. 12.
7 Sherwood, a.a.O., S. 268 f.
8 ebd., S. 304.
9 Stalin, *War Speeches*, S. 139.
10 Deane, *The Strange Alliance*, S. 154.
11 Stalin, *War Speeches*, S. 17.

12 ebd., S. 25 f.
13 Liddell Hart, a.a.O., S. 347.
14 Wosnesenski, a.a.O., S. 42.
15 General Blumentritt, der stellvertretende Chef des Generalstabs einer deutschen Heeresgruppe, berichtet: »Einige schwache Verbände der 25. Infanteriedivision drangen tatsächlich in die Vorstädte von Moskau ein. Aber die Moskauer Arbeiter strömten aus den Fabriken und fochten mit ihren Hämmern und anderen Werkzeugen, um ihre Stadt zu verteidigen.« Liddell Hart, a.a.O., S. 348.
16 Stalin, »Brief an Oberst Razin«, *Bolschewik*, 3. 2. 1947; Stalins Bezugnahme auf die Parther legt den Schluß nahe, daß Stalin die Geschichte der alten Grenznachbarn des Kaukasus mit besonderem Interesse studiert hat. Der Partherstaat umfaßte einst das Gebiet des nördlichen Persien. Die Skythen waren übrigens die Kriegerkaste des Partherreiches. Aus ihren Reihen gingen einige große Feldherrn und Kaiser hervor. Das Studium der »skythischen Kriegskunst« war in Rußland während des Krieges fast zur Mode geworden.
17 Der Slogan »Sieg 1942« war damals nicht so ganz phantastisch, wie es im Rückblick scheint, da zu Beginn des Jahres Rundstedt und Leeb Hitler geraten hatten, sich an die polnische Grenze zurückzuziehen. Vgl. Liddell Hart, a.a.O., S. 359. Ein solcher deutscher Rückzug wäre einem moralischen Sieg der Russen gleichgekommen. Das war auch der Grund, warum sich Hitler dem Drängen seiner Generäle widersetzte. Während die Generäle die militärische Strategie im Auge hatten, konzentrierte sich Hitler vor allem auf die politische; und es ist keineswegs so sicher, wie die deutschen Generäle glaubten, daß Hitler mit seiner Weigerung »unrecht« hatte. Sein Unglück war nur, daß sowohl er als seine Generäle recht hatten, aber jeweils von einem anderen Standpunkt aus.
18 Sherwood, a.a.O., S. 316, 396, 420 f., 638. Ciechanowski, *Defeat in Victory*, S. 167 f.; Martel, a.a.O., S. 76; Hull, *The Memoirs of Cordell Hull*, Bd. II S. 1171.
19 »Ein Krieg (...)« so stellte Stalin in den dreißiger Jahren zu wiederholten Malen fest, »wird bestimmt die Revolution in verschiedenen Ländern auslösen und die Existenz des Kapitalismus aufs Spiel setzen, wie das im Lauf des ersten ›imperialistischen‹ Krieges geschehen ist.« Stalin, *Problems of Leninism*, S. 462 ff.
20 Schon im November 1941 sagte Stalin in seiner Ansprache in der Metro-Station Majakowski: »Es gibt immer noch keine englischen und amerikanischen Truppen auf dem Kontinent, die in den Krieg gegen den deutschen Faschismus entscheidend eingreifen könnten. Dadurch sind die Deutschen nicht zu einem Zweifrontenkrieg gezwungen.« Stalin, *War Speeches*, S. 16.
21 Hull, a.a.O., Bd. II S. 1166 f.
22 Ciechanowski, a.a.O., S. 88 f.
23 Wirta, *Stalingradskaja Bitwa*, S. 21 ff.
24 Sherwood, a.a.O., S. 503 ff.; Deane, a.a.O., S. 17; Martel, a.a.O., S. 113, 157, 158.
25 Damals faßte Stalin einen äußerst gefährlichen Entschluß. Er warf einen Teil seiner fernöstlichen Armee in den Kampf um Stalingrad. Diese Teile des russischen Heeres waren bisher für einen Kampf mit Japan bereit gehalten worden. Nach der Schlacht von Stalingrad brachte er die fernöstliche Reservearmee wieder auf ihre vorherige Stärke. Siehe Deane, a.a.O., S. 223 f.

26 Wirta, a.a.O., S. 26.
27 Diese Ansicht wird auch von führenden amerikanischen Generälen, einschließlich von General Marshall, geteilt, desgleichen von einigen britischen Sachverständigen. Sherwood, a.a.O., S. 434, 479 ff., 502. Generallt. Martel behauptet, daß die Deutschen im Jahr 1942 weniger Truppen für den Schutz der Atlantikküste verfügbar hatten als 1944. »Das war unsere große Gelegenheit«, sagte General Martel, aber »wir hatten keine Landungsflotte«. Diese Ansicht wird durch Feldmarschall von Rundstedt und andere deutsche Generäle bestätigt. Siehe Liddell Hart, a.a.O., S. 464 ff.
28 Martel, a.a.O., S. 43.
29 Zu dieser Zeit verschwand Marschall Timoschenko, der Nachfolger Budjonnys und Träger hoher Auszeichnungen, von der Bildfläche, aber es wurde nie klar, ob er von seinem Kommando abberufen oder verwundet wurde.
30 Liddell Hart, a.a.O., S. 373 f.
31 In den Darstellungen der Schlacht um Stalingrad, die nach dem Krieg geschrieben wurden, wurde Wassilewski und nicht Schukow als Befehlshaber der Gegenoffensive genannt. Das muß als Teil der »Revision« der Geschichte angesehen werden, die man nach dem Krieg vornahm, um Schukows Ansehen zu untergraben. Das offizielle Kommuniqué des Sowjetischen Informationsbüros, das während der Schlacht von Stalingrad, am 31. 12. 42 herausgegeben wurde, berichtete, daß die Operation von Armeegeneral G. K. Schukow, Generaloberst A. M. Wassilewski und Armeegeneral der Artillerie N. N. Woronow geleitet werde. Da Schukow als Armeegeneral den anderen beiden übergeordnet war, muß er und nicht Wassilewski den Oberbefehl innegehabt haben.
32 Dieser Bericht über die Schlacht von Stalingrad beruht auf sowjetischen Berichten, wie sie in der *Prawda*, der *Iswestija*, in *Krasnaja Swesda* und in amtlichen Kommuniqués veröffentlicht wurden (Bd. III *Sooschtschenija Sowjetskogo Informbjuro*), ferner auf der Sammlung »Welikaja Bitwa pod Stalingradom« und einer sehr klaren Analyse des Feldzugs aus der Feder von B. Telpuchowski, »Welikaja Stalingradskaja Bitwa« in *Woprosy Istorii*, Nr. 2, 1948. M. Wodolagin, »Narodnoje Stalingradskoje Opoltschenije« in *Istoritscheskij Shurnal*, Nr. 3, 1945. N. Wirta, *Stalingradskaja Bitwa*, ist nur von beschränktem dokumentarischen Wert. An einigen Punkten ist seine Schilderung höchst fragwürdig. Eine Schilderung der Schlacht vom deutschen Standpunkt aus findet sich bei Liddell Hart, *Jetzt dürfen sie reden*.
33 Liddell Hart, a.a.O., S. 333 f. »Unsere Hoffnung auf einen siegreichen Verlauf des russischen Feldzuges beruhte darauf, daß durch den Einmarsch deutscher Truppen eine allgemeine Erhebung gegen die Sowjets ausgelöst wurde.« Dies war die Meinung des Generalfeldmarschalls von Kleist.
34 Die alte bolschewistische Idee fand noch ein Echo in Molotows Worten, die er in den ersten Kriegstagen sprach: »Dieser Krieg ist uns aufgezwungen worden, nicht durch das deutsche Volk, nicht durch den deutschen Arbeiter, Bauern oder Intellektuellen, deren Leiden wir sehr wohl kennen, sondern durch eine Clique blutdürstiger faschistischer Herrscher.« *Soviet Foreign Policy during the Patriotic War*, Bd. I S. 75. Diese Ehrenerklärung für das deutsche Volk, ja sogar für seine Intellektuellen, ist später niemals wiederholt worden.
35 Stalin, *War Speeches*, S. 18.

36 ebd., S. 20.
37 ebd., S. 29 f.
38 Churchill sagte einmal während des Krieges: »Es ist ein großes Glück für Rußland, daß es in dieser Stunde seiner schwersten Prüfung einen so großen und harten Führer an seiner Spitze stehen hat. Seine Persönlichkeit ist von einer massiven Standfestigkeit, wie man sie selten trifft, ganz wie geschaffen für die dunkle und sturmbewegte Zeit, in die sein Leben hineingestellt wurde.«
39 Die neue Hymne beginnt mit den folgenden Worten: »Großrußland schuf für immer eine unzerstörbare Einheit freier Republiken.«
40 Stalin, *War Speeches*, S. 78.
41 Liddell Hart, a.a.O., S. 363 f.
42 ebd., S. 408.

XIII. Kapitel

1 Deane, a.a.O., S. 87.
2 Stalin, *War Speeches*, S. 85.
3 Hitler hatte an der Atlantikküste 59 zweitklassige Divisionen eingesetzt, während 260 Divisionen, darunter die besten, die der deutschen Heeresleitung zur Verfügung standen, in Rußland kämpften. Diese Truppenmacht war doppelt so groß als die, mit der Deutschland im Ersten Weltkrieg die Zarenarmee niedergerungen hatte. Siehe den Bericht der deutschen Generäle, der in allen wesentlichen Punkten die Angaben Stalins bestätigt, in Liddell Harts *Jetzt dürfen sie reden*, S. 482.
4 Diese Ansicht drückten zumindest die Militärsachverständigen in ihren Schriften nach dem Krieg aus.
5 Neuere Untersuchungen in Polen haben diese Darstellung inzwischen bestätigt. (D. Verl.)
6 Vgl. Stalins Rede in der Swerdlow-Universität, die wir in Kapitel X zitierten.
7 Hull, a.a.O., Bd. II S. 1298.
8 ebd., S. 1574.
9 ebd., S. 1572 f.
10 ebd., S. 1602 ff.
11 Ciechanowski, a.a.O., S. 198 und 213.
12 Sherwood, a.a.O., S. 671, 733 f.
13 Hull, a.a.O., Bd. II S. 1294.
14 Churchill, *The Aftermath*, S. 451.
15 Perkins, a.a.O., S. 86.
16 ebd., S. 70 f.
17 Deane, a.a.O., S. 42 ff.
18 ebd., S. 43.
19 Perkins, *Rossevelt, wie ich ihn kannte*, S. 85.
20 Hier wären einige Worte zur Erklärung der materiellen Überlegenheit der Russen am Platz. Während des ganzen Krieges standen ihnen deutsche Armeen gegenüber, die doppelt so stark waren als das kaiserliche deutsche Heer, das im Ersten Weltkrieg die Russen geschlagen hatte. Diese russische Leistung ist in erster Linie der rapiden Industrialisierung der russischen Ostgebiete zu danken, die im Laufe des Krieges nach Plänen, die bereits im Frieden ausge-

arbeitet worden waren, durchgeführt wurde. Die industrielle Kapazität des nicht besetzten Teiles Rußlands betrug bei Kriegsbeginn ungefähr 40 Prozent der gesamten russischen Industrieproduktion. Sie wurde in den Jahren zwischen 1942 und 1945 verdoppelt. Die Produktion der Rüstungswerke im Osten wurde um 500 bis 600 Prozent gesteigert. Zwischen 1943 und 1945 wurden jährlich im Durchschnitt 30 000 Panzer und andere Kampfwagen sowie 40 000 Flugzeuge fertiggestellt. Im Ersten Weltkrieg gab es überhaupt keine russische Produktion dieser Art. Die Produktion von Geschützen betrug jetzt 120 000, verglichen mit weniger als 4000 in den Jahren 1914 bis 1917. Der Roten Armee konnten jedes Jahr ungefähr 450 000 in russischen Fabriken hergestellte Maschinengewehre zugeführt werden. Zur Zarenzeit waren es nur 9000 gewesen. Jahr für Jahr wurden fünf Millionen Gewehre und automatische Handfeuerwaffen hergestellt, das ist fünfmal mehr als in den Jahren des Ersten Weltkriegs. Siehe Notkin, *Otscherki Teorii Sozialistitscheskogo Wosproiswodstwa*, S. 272 f. Die Rote Armee erkämpfte ihren Weg von der Wolga bis zur Elbe mit Waffen, die in der Hauptsache in Rußland selber hergestellt wurden. Das Kriegsgerät, das die Westmächte den Sowjets lieferten, war eine nützliche und in mancher Hinsicht unentbehrliche Ergänzung. So waren die Lastkraftwagen, auf denen die russischen Divisionen nach Deutschland fuhren, fast ausschließlich amerikanischer, kanadischer und englischer Herkunft. Unter dem Leih- und Pachtgesetz wurden mehr als 400 000 Lastkraftwagen nach Rußland eingeführt. Auch die Stiefel, in denen die russische Infanterie durch Schnee, Morast und Sand der Ebenen Osteuropas nach Berlin marschierte, waren unter dem Leih- und Pachtabkommen geliefert. Dasselbe gilt für einen großen Teil der russischen Uniformen und der Konservenverpflegung. Man wird zusammenfassend sagen können, daß die eigentlichen Kampfwaffen der Roten Armee in Rußland hergestellt waren, während die Transportmittel größtenteils eingeführt wurden.

21 Der Bericht erschien in der *Prawda* vom 17. Januar 1944.
22 Hull, a.a.O., Bd. II S. 1573.
23 Tarlé, *Napoleon*, S. 248, auch *Istorija Diplomatij*, Bd. I S. 373.
24 Sherwood, a.a.O., S. 642.
25 Hull, a.a.O., Bd. II S. 1451 ff.
26 ebd., Bd. II S. 1458.
27 Byrnes, *In aller Offenheit*, S. 78.
28 Stalin, *War Speeches*, S. 111.
29 Hull, a.a.O., Bd. II S. 1466 f.
30 Stalin selber muß durch dieses Anwachsen des kommunistischen Einflusses in Westeuropa einigermaßen überrascht gewesen sein. Während des Krieges war er der Meinung gewesen, das französische Volk stehe hinter Pétain. Siehe Sherwood, a.a.O., S. 633.
31 *Wneschnaja Politika Sowjetskogo Sojusa*, Bd. II S. 129 ff.
32 Nach der Rückkehr von seinem Besuch in Moskau erklärte Churchill vor dem Unterhaus: »Wir sind niemals in unserem Entschluß wankend geworden, Polen zu restaurieren ... Es soll selbst seine sozialen Einrichtungen wählen können, vorausgesetzt — das muß ich betonen —, daß sie nicht in eine faschistische Richtung tendieren und daß Polen ein loyaler Grenzstaat und ein Verbündeter Rußlands zu sein gedenkt.«

33 Die Haltung der polnischen Exilregierung in London, die keinerlei Veränderungen in dem internationalen Kräfteverhältnis zur Kenntnis nehmen wollte, wird durch nichts besser gekennzeichnet als durch den Protest, den die Londoner Polen gegen den Einmarsch der Roten Armee in Rumänien, Ungarn und der Slowakei einlegten. Ciechanowski, a.a.O., S. 227.
34 Byrnes, a.a.O., S. 57 ff.
35 ebd., S. 42.
36 Stalin, *War Speeches,* S. 114, und Hull, a.a.O., Bd. II S. 1682.
37 Ein weiteres, aber vielleicht weniger bedeutendes Motiv für diese Reform mag Stalins Absicht gewesen sein, die nationalistische Stimmung in den Grenzrepubliken, besonders in der Ukraine zu besänftigen. Während die Rote Armee in diese Republiken einrückte, warb die russische Propagandamaschine für einen allrussischen Patriotismus, der alle Nationalitäten der Sowjetunion umfassen sollte. Trotzdem hatte der russische Traditionalismus bereits ähnliche Bestrebungen bei den kleineren Volksgruppen der Sowjetunion geweckt.
38 Deane, a.a.O., S. 264.
39 Franklin D. Roosevelt fiel so die Aufgabe zu, das wieder ungeschehen zu machen, was unter den Auspizien von Theodore Roosevelt in Portsmouth im Jahr 1905 verhandelt worden war.
40 *Bolschewik,* Nr. 16, August 1945.
41 Lenin, *Werke,* Bd. VIII, S. 35.
42 Stalin, *Werke,* Bd. I S. 65 ff.
43 Byrnes, a.a.O., S. 304 f. Durch seine Pläne im Fernen Osten mußte Stalin unweigerlich mit den chinesischen Interessen in Konflikt kommen. Kurz vor der Potsdamer Konferenz verhandelte er mit dem chinesischen Außenminister, T. W. Soong. Unter russischem und amerikanischem Druck und in der Hoffnung, daß er dadurch eine Stütze gegen die kommunistische Oppositionsgruppe erhalten werde, nahm Tschiangkaischek Stalins Forderungen an.
44 ebd., S. 98.
45 ebd., S. 44 f.
46 Stalin, *War Speeches,* S. 113.
47 Sherwood, a.a.O., S. 643.
48 Deane, a.a.O., S. 164; Byrnes, a.a.O., S. 83 ff.
49 In diesem Zusammenhang gehört der Angriff, den der Chef der Propagandaabteilung der Kommunistischen Partei, Georg Alexandrow, damals in der *Prawda* gegen den Schriftsteller Ilja Ehrenburg führte, weil dieser keinen Unterschied zwischen Nazis und antifaschistischen Deutschen machte. Ehrenburg war der Lieblingsschriftsteller der Roten Armee. Seine Artikel erschienen täglich im *Krasnaja Swesda,* dem Organ der Roten Armee.
50 Stalin, *War Speeches,* S. 136.
51 Byrnes, a.a.O., S. 90; Sherwood, a.a.O., S. 735.
52 Vgl. die Erörterungen über dieses Thema in *Gosudarstwo i Prawo,* 1947; *Mirowoje Chosjajstwo i Mirowaja Politika,* Nr. 2, 1947 (besondere Beilage) und bei E. Warga, *Ismenenija w Ekonomike Kapitalisma,* S. 14, 291.
53 Byrnes, a.a.O., S. 106 ff.
54 Nach dem Potsdamer Übereinkommen sollten Rußland und Polen zusätzlich noch 10 Prozent des »Überschusses an westdeutschen Fabriken« und darüber-

hinaus 15 Prozent im Austausch für Nahrungsmittel und Rohmaterial erhalten.
55 Der Autor vergißt den Freiherrn v. Stein, Hardenberg, die Aufstände in Polen und schließlich die Vorläufer der russischen Revolution von 1917, die russischen »Dekabristen« und deren Aufstand 1825. — d. Ü.
56 Byrnes, a.a.O., S. 356.

XIV. Kapitel

1 Durch die Kollektivierung war es der Regierung auch leichter, Lebensmittel und Rohmaterialvorräte anzulegen, wodurch die Stadtbevölkerung vor einer Hungersnot und die Industrie vor dem völligen Stillstand bewahrt blieben, als das Land von seinen Kornkammern abgeschnitten und die Verkehrswege unterbrochen waren.
2 Liddell Hart, a.a.O., S. 342 ff.
3 In den zwanziger Jahren hatte Trotzki noch damit argumentiert, daß der »Druck der billigen Konsumgüter« aus den kapitalistischen Ländern den »Sozialismus in einem Lande« zerstören werde. Stalins wirtschaftlicher Protektionismus hielt diesen Druck ab. Er erlaubte es ganz einfach nicht, daß Rußland von einer »Flut von billigen Waren« überschwemmt wurde. Aber durch ihr Vordringen nach Zentraleuropa bekamen die Russen die moralische Gefahr zu spüren, die die »billigen Waren«, d. h. der höhere Lebensstandard der kapitalistischen Gesellschaft, bedeuteten. Trotzki, *The Real Situation in Russia,* S. 83.
4 Darauf sind wahrscheinlich die Aufhebung der Todesstrafe, die Milderung der Strafgesetzgebung, die Betonung des *habeas corpus* und die Handhabung des Gesetzes sowie eine Reihe anderer Nachkriegsreformen zurückzuführen.
5 Die *Prawda* vom 9. 5. 1948 behauptet, daß der Initiator des Planes für den Sturm auf Berlin Stalin selbst gewesen ist. Die Autoren der Gedenkartikel nennen viele der an der Schlacht beteiligten Generale, Schukow jedoch nicht.
6 Anfang 1945 beschloß das Zentralkomitee der Partei, das Erscheinen der Zeitschrift für russische Historiker *Istoritscheskij Shurnal* einzustellen und sie durch *Woprosy Istorii* zu ersetzen. »In unserer Geschichtsschreibung«, heißt es in der 1. Nummer von *Woprosy Istorii,* »sind in den letzten Jahren Verdrehungen der Tatsachen vorgekommen ... die zum Chauvinismus der Großmächte tendierten. Es wurde auch der Versuch unternommen (...), die Kolonial- und Annexionspolitik des Zarentums zu rehabilitieren, bürgerliche Anschauungen in die Darstellung der Entwicklung des russischen Staates zurückzubringen, die revolutionäre Bedeutung der Bauernbewegung in Abrede zu stellen, die Männer der autokratischen Ordnung zu idealisieren und die Klassenanalyse der historischen Phänomene aufzugeben.«
7 Zwischen der nazistischen und stalinistischen Auffassung vom »Führerprinzip« gibt es jedoch einen Unterschied. Hitler wurde von seinen Anhängern als Halbgott verehrt. In Stalin hingegen sah man nicht einen mythischen Heros, sondern den Hüter der Doktrin, den Treuhänder der Revolution, das Symbol der Autorität. Die marxistische Auffassung zwang ihn, seine persönliche Autorität mit der Kollektivautorität des Politbüros und des Zentralkomitees zu bemänteln.

8 »Erschreckender noch als das geistige Erbe ist die wirtschaftliche Hinterlassenschaft Hitlers. Auch die konsequenteste Durchführung sozialistischer und kommunistischer Wirtschaftstheorien hätte keine verheerenderen Wirkungen hinterlassen können, als es die wirtschaftspolitische Ahnungslosigkeit Hitlers getan hat. (...) Mit den Aufbauplänen nach Art der russischen Fünfjahrespläne hatte Hitlers Vier-Jahresplan nichts gemein.« (Schacht, *Abrechnung mit Hitler,* S. 41.) Diese Feststellung stammt von Hjalmar Schacht, einem sicher unversöhnlichen Gegner des Kommunismus und Sozialismus, der einstmals Hitlers »Finanzmagier« war.
9 In den Jahren des Sowjetregimes bis zum Krieg waren die Auflagenzahlen ausländischer Klassiker die folgenden: Byrons Werke 500 000, Balzac fast 2 000 000, Dickens 2 000 000, Goethe 500 000, Heine 1 000 000, Victor Hugo 3 000 000, Maupassant mehr als 3 000 000, Shakespeare 1 200 000, Zola 2 000 000 usw.

XV. Kapitel

1 *Prawda,* 10./11. Februar 1946; Stalin, *Retschi na predwybornych sobranijach,* S. 222 f.
2 *Promyschlennost SSR (Statistitscheskij sbornik),* S. 35, 39 ff., 151, 154, 157, 161; *Bolschaja Sowjetskaja Enziklopedija,* Bd. 50, 1957 (SSSR), S. 290 ff.
3 P. I. Ljatschenko, *Istorija Narodnogo Chozjajstwa SSSR,* Bd. III, S. 578 f.
4 *KPSS w Resoljuzijach,* Bd. II, S. 1038 ff.
5 *SSR w zifrach w.* 1961 g., S. 34 f. Ein gewisses Ungleichgewicht der Bevölkerung war bereits durch die Verluste im Ersten Weltkrieg, im Bürgerkrieg und während der Säuberungen und Massendeportationen entstanden. Vor 1941 war jedoch das Verhältnis von Männern zu Frauen in den hier erörterten Altersgruppen 9 : 10; 1946 war es annähernd 6 : 10, obgleich im Krieg und unter der Nazibesetzung viele Frauen umgekommen waren.
6 *SSR w zifrach w* 1961 g., S. 310, 313.
7 Die Stimmungen und Lebensverhältnisse dieser Zeit werden in vielen Romanen und Dramen aus den Jahren nach Stalins Tod geschildert.
8 Siehe XII. Kapitel, S. 588 ff. und E. Jewtuschenko, *Autobiographie Precoce,* S. 108 und *passim.*
9 Shdanows Kampagne begann im Sommer 1946 mit Angriffen auf Leningrads literarische Zeitschriften, auf Sostschenko, Achmatowa und andere Schriftsteller, und mit einer Resolution des Zentralkomitees, in der die Direktoren der wichtigsten Theater getadelt wurden, weil sie »ungehörige« Stücke auf die Bühne brachten. *Prawda,* 21. August 1946; *Bolschewik,* Nr. 16, 1946; *WKP w Resoljuzijach,* S. 1028 ff.
10 Siehe Stalins Antworten auf die Fragen Alexander Werths in *The Sunday Times,* 24. September 1946.
11 Dedijer, *Tito,* S. 314.
12 Siehe Walter Bedell Smith, *Meine drei Jahre in Moskau,* Kap. 10; W. M. Molotow, *Fragen der Außenpolitik,* S. 367 ff. und *passim;* George F. Kennan, *Sowjetische Außenpolitik unter Lenin und Stalin,* Kap. 25 und *passim;* und D. F. Fleming, *The Cold War,* Bd. 1, Kap. 14-27.
13 *Malaja Sowjetskaga Enziklopedija,* Bd. VIII. S. 922. Diese Zahlen wurden sieben

Jahre nach Stalins Tod veröffentlicht, also gewiß nicht, um für ihn Propaganda zu machen.
14 Siehe Eugenio Reale, *Avec Jacques Duclos au banc des accuses,* der Bericht eines italienischen Teilnehmers an der Gründungskonferenz der Kominform. Reale faßt Kardeljs und Djilas' Reden nach an Ort und Stelle gemachten Notizen zusammen (S. 129 ff.). Seine Version wird von jugoslawischen Quellen bestätigt: Dedijer, a.a.O., S. 284 ff. und Djilas, *Gespräche mit Stalin,* S. 163 ff.
15 Siehe Stalins Erklärungen über seine »Fehler in China«, die er Kardelj gegenüber machte, zitiert bei Dedijer, a.a.O., S. 314 und Djilas, a.a.O., S. 230 f.
16 Siehe Josip Broz Tito, *Political Report at the Fifth Congress of the Communist Party of Yugoslawia (1948);* »Correspondence between Central Committee of CPY and Central Committee of CPSU«, veröffentlicht in Belgrad 1948; und Djilas, a.a.O., S. 161-236.
17 *Laslo Rajk und seine Komplizen vor dem Volksgericht,* Berlin (DDR) 1949; *Traicho Kostoff und seine Gruppe,* Berlin (DDR) 1951. Ein unvollständiger Bericht über den Fall Gomulka befindet sich in *Nowe Drogi,* Oktober 1956, wo der Bericht der Sitzung des Zentralkomitees abgedruckt ist, auf der Gomulka wieder an die Macht kam. Das ostdeutsche Echo auf die Kampagne gegen Tito hat Wolfgang Leonhard geschildert: *Die Revolution entläßt ihre Kinder,* S. 523 ff. und *passim.*
18 Edgar Snow, *Roter Stern über China,* S. 451 ff. und *Gast am anderen Ufer,* S. 649 ff.; Isaac Deutscher, »Maoism, its Origins and Outlook«, in *Ironies of History.*
19 Siehe XIII. Kapitel, S. 669 f.
20 Charakteristisch für den Wandel war, daß ein populäres amerikanisches Magazin, *Collier's,* in einer Sondernummer fiktive Geschichten über einen siegreichen amerikanischen Krieg gegen Rußland herausbrachte, darunter eine Beschreibung Moskaus unter amerikanischer Besatzung, die von Arthur Koestler stammte.
21 I. Deutscher, *Russia in Transition,* S. 83 ff.
22 Chruschtschow, *Geheimrede auf dem XX. Parteitag der KPdSU,* S. 573 ff.
23 Chruschtschow, a.a.O., S. 539 ff.
24 I. Ehrenburg, *Menschen, Jahre, Leben,* Bd. 3, S. 552 ff.; E. Jewtuschenko, a.a.O.
25 Stalin, *Marxismus und Fragen der Sprachwissenschaft,* München 1968.
26 Stalin, *Ökonomische Probleme des Sozialismus in der UdSSR.*
27 Siehe *Prawda,* erste Hälfte Oktober 1952.
28 Chruschtschow, a.a.O., S. 583 f.
29 Diese Differenzen kristallisierten sich jedoch erst nach Stalins Tod heraus. Den Plan eines sowjetischen Rückzugs aus Ostdeutschland schrieb Chruschtschow Berija nach dessen Hinrichtung zu. Unabhängig davon hat Heinz Brandt, der 1950-53 Sekretär der SED in Ost-Berlin war und später nach Westdeutschland floh, diese Version im wesentlichen bestätigt und über Berijas Schachzüge in bezug auf Berlin berichtet. Siehe H. Brandt, »The East German Popular Uprising, 17 June 1953« in *The Review* (Oktober 1959), einer Vierteljahresschrift, die vom Imre-Nagy-Institut in Brüssel herausgegeben wird.
30 Siehe z. B. die Bemerkung, die Stalin während des Krieges gegenüber dem britischen Außenminister machte. *The Eden Memoirs, The Reckoning,* S. 413.

[31] Zitiert aus meinem Nachruf auf Stalin im *Manchester Guardian* vom 6. März 1953.
[32] Siehe S. 785.
[33] I. Deutscher, *Russia After Stalin,* Kap. VI: »The Moral Climate«.
[34] Siehe S. 787.

Register

Abessinien 658
Abramowitsch, Schalom 445
Achsenmächte 538
Adenauer, Konrad 742
Adria, Adriaküste 644
Afghanistan 528
Afrika 575, 610
Ägäisches Meer 644
Agrarreform 120, 186, 248, 542, 659, 679
Agrarrevolution 121, 239, 317, 411
Agrarsozialismus 53, 54, 60
Ägypten 656
Alexander der Große 26
Alexander I. (Zar) 241, 457, 462, 561, 652, 672-675, 695, 710, 712, 773
— II. (Zar) 53, 54, 454, 457, 730, 788
— III. (Zar) 54, 453, 457
Alexandrow, Georg 760
Alexejew, Michail W. (General) 212
Alliierten, Die 533, 606-611, 619, 634-639, 643, 644, 646, 647, 649, 650, 652, 660, 661, 669, 673, 676, 682, 684, 685, 690-692, 697
Alliierter Kontrollrat 691
Allilujew, Sergius 31, 63, 102, 128, 146, 172, 176, 206, 214
Allilujewa, A. S. 21, 24
— Nadeschda 357, 429, 449
— Olga Jewgejewna (Stalins Schwiegermutter) 176
Allrussischer Kongreß (Konferenz) der Bolschewisten (Sowjets) 93, 185-187, 195, 196, 199, 215, 216, 222, 224, 246, 326
— der Sozialdemokraten 80-84
Allrussisches bolschewistisches Büro 93
Alma Ata, 403
Alter, Victor 761
Amerikaner, siehe Vereinigte Staaten
Amsterdamer Internationale 515
Anarchisten 84, 100, 287, 290, 291, 296, 297
Ancien Régime 109, 291, 297, 375
Andrejew, Andrei A. 404, 466, 631, 779

Antikominternpakt 538, 562
Antonow-Owsejenko, Wladimir A. 223, 236, 268, 339, 395, 475, 544
Araktschejew 773
Arbeiterbewegung, Internationale 514, 701
Arbeiterklasse 48, 54, 56, 68, 69, 85, 88, 92, 103, 109, 112, 117, 134, 140, 186, 189, 211, 218, 219, 250, 293, 304, 337, 352, 376, 386, 423, 470, 488, 507, 541, 585, 586, 681, 683, 701, 706, 731, 737, 784, 786
Arbeiterparlament 142
Arbeiter- und Bauerninspektion (Rabkrin) 283, 303, 304, 306, 308, 310, 328, 329
Arbeiter- und Soldatenrat s. Sowjet
Archangelsk 259, 277
Arciszewski, Tomasz (polnischer Premier) 129
Armenien, Armenier 20, 58, 100, 103, 184, 301, 498
Artem (auch Artjom), Sergejew F. 209
Ärzteprozeß 777, 778, 786
Asien 139, 195, 258, 274, 275, 327, 472, 478, 538, 575, 577, 669, 671, 730, 753, 758
Asowsches Meer 596
Astachow, Georgi 554, 555, 557
Astrachan 277, 403
Atombombe, Atomwaffe 669, 693, 694, 714, 745, 756
Attlee, Clement 694
Aurora (Kreuzer) 223
Ausbeutung s. Lohnsystem
Auschwitz (Konzentrationslager) 78, 587, 761
Außenministerkonferenz, Alliierte
— in Moskau 636, 638, 646, 733
Autonomie (Georgiens) 311
Axelrod, Pawel B. 56, 99

Babi Yar 762
Badoglio, Pietro 656, 658
Bajanow, Boris 357, 358
Bakinskij Proletarij (illegales Blatt)

131, 143, 145, 147, 149, 152
Baku 42, 65, 75, 90, 100, 101, 118, 126-128, 131, 138-144, 146, 147, 149-153, 155, 160, 210, 240, 250, 259, 260, 263, 276, 310, 313, 398, 421, 486, 649
Baldwin, Earl Stanley 384, 520
Balkan, Invasion auf dem 643, 644
Balkanstaaten 561, 567, 571-573, 576, 577, 605, 610, 624, 643-645, 654, 660, 688, 732, 733
Baltische Staaten (Balten) 243, 248, 532, 553, 557, 569, 570, 583, 586, 634
Barthou 534
Baschkiren 258, 259, 472
Batum 42, 74-79, 144, 169, 258
Bauern, Russische 47, 109, 194, 197, 208, 248, 368-370, 411, 417, 420, 423, 425, 431, 453, 472, 475, 488, 590, 591, 606, 624, 725, 737, 752, 757, 774, 784
— Georgische 275
— Ukrainische 284
Bauernaufstände 32, 96, 193 F, 291, 390
Beaverbrook, Lord William 593, 595, 608
Bebel, August 152
Beck, Josef (Oberst, poln. Außenminister) 548
Befreiungskomitee s. Nationalpolnisches Befreiungskomitee
Belgien 124
Belgrad 701, 748
Belsen (Konzentrationslager) 78
Benesch, Eduard 535, 604, 740, 741
Bergelson, David 764
Berija, Lawrenti 493, 589, 769, 770, 779, 780, 782, 789
Berlin 273, 531, 535, 554, 555, 557, 562, 568, 574-576, 578, 665, 673, 683, 695, 710, 711, 727, 741-744, 747, 782, 783
Berliner Kongreß 688
Bernstein, Eduard 67
Bersin, J. 209
Besatzungsmacht 690, 692, 740
Besatzungszonen 669, 690, 692, 742
Besatzungszone, Sowjetische 690, 692
Bessarabien 561, 571
Bestushew (Marlinski) 31

Bevin, Ernest 694
Bibliothèque Nationale (Paris) 165
Birobidscha 764
Bismarck, Otto Fürst von 538, 702
Bjelezki 170
Bjelinski, Wissarion G. 718
Blanqui, Adolphe 86
Blenheim Palace 639
Block, Alexander 496, 587
Blücher, Wassili K. (General) 454, 476, 487
Blum, Léon 538, 542
Blumkin, Jakob 254
Blutsonntag (Petersburg) 100, 119
Bogdanow, Alexander A. 137, 149, 150
Bogomolow 475
Böhm-Bawerk, Eugen von (Prof. der Wiener Volkswirtschaftsschule) 166
Böhmen (Protektorat) 551
Bojaren 462
Bolschewismus 70, 71, 76, 81, 90, 91, 92, 137, 138, 143, 149, 160, 192, 197, 199, 200, 235, 236, 240, 258, 274-277, 288, 292, 293, 296, 298, 301, 311, 315, 320, 324, 333, 344, 361, 363, 375, 377, 380, 384, 403, 424, 428, 433, 436, 443, 447, 453, 460, 464, 465, 473, 489, 502, 503, 506, 512, 598, 619, 625, 699, 701, 703
Bolschewisten 47, 70, 81, 84, 87, 89, 90, 94-96, 104, 105, 111, 113, 117, 119, 122, 124, 125-127, 129-132, 140-142, 147, 149, 152-154, 157-160, 167, 168, 170, 174, 181, 182, 185, 186, 190-192, 196-201, 203-207, 210-219, 228, 232, 237, 240, 243, 247, 248, 253, 256, 259, 260, 263, 267, 268, 273, 275, 278, 284, 287, 289-291, 296, 307, 311, 312, 316, 333, 337, 338, 340, 347, 365, 368, 375, 378, 381, 384, 385, 389, 393, 394, 396, 398, 399, 408, 409, 411, 412, 415, 418, 421, 422, 445, 448, 458, 459, 461, 466, 474, 486, 498, 500, 505, 507, 515, 525, 540, 554, 570, 607, 621, 622, 631, 670, 675, 678, 686, 688, 700, 779
Bonaparte s. Napoleon

Borodin, Michail M. (Botschafter) 116
Borodino, Teimuraz 30
Borshom 24
Bosporus 673
Bourbonen 719
Bourgeoisie 68, 69, 189, 208, 212, 227, 244, 366, 367, 392, 488, 505, 520, 540, 737, 738
Brabazon of Tara, Lord 605
Brandler, Heinrich (dt. Kommunist) 505, 506
Brauchitsch, Walther von 629
Brdzola (Der Kampf) 65, 66, 91, 138
Breschkowskaja, Jekaterina 229
Brest-Litowsk, Friede von 245, 250-254, 256, 257, 346, 360, 484, 532
British Museum (London) 165
Britisch-russischer Gewerkschaftsrat 514, 515
Brüning, Heinrich 475
Brüssel 80,81
Bubnow, Andrei S. 209, 220, 224, 339
Bucharin, Nikolai 47, 49, 166, 207, 209, 244, 249-251, 274, 294, 304, 332, 387-393, 397, 400-410, 428, 429, 460, 477, 483, 487, 493, 505, 508, 510-512, 516, 518, 618, 747, 748, 767, 768, 771
Budapest 649, 750
Budjonny, Semjon M. 263-265, 271, 284, 286, 336, 476, 487, 588, 593, 596, 629
Bug 564, 649
Bukarest 548, 677, 689, 701
Bukowina 571
Bulgakow, Sergei (Soziologe) 55
Bulganin, Nikolai A. 767, 770
Bulgarien, Bulgaren 532, 567, 571, 575, 576, 625, 636, 650, 654, 680, 689, 737
Bundesrepublik Deutschland 742-744
Bündnisvertrag, Sowjetisch-englischer 608
Bürgerkrieg 168, 203, 225, 231-233, 254, 260, 262, 263, 266, 268, 278, 279, 281, 288-290, 296, 300, 319, 326, 338, 371, 379, 444, 445, 475, 486, 599, 620
Byrnes, James F. 693
Byron, Lord George 673

Caillaux-Malvy (Regierung) 401
Capri (Schule der Radikalen) 150, 151, 164
Carlyle, Thomas 469
Casablanca 636
Castlereagh, Robert St. 672
Caulaincourt, Armand Graf 579
Chamberlain, Neville 384, 402, 545, 546, 551, 552, 554
Chapultepek, Pakt von 657
Charkow 246, 319, 593
China 274, 276, 347, 394, 512, 513, 516, 528, 577, 653, 671, 745, 750-755
Chruschtschow, Nikita 729, 757, 766-771, 774-776, 778, 780, 789
Churchill, Sir Winston 278, 402, 527, 537, 557, 572, 579, 590, 591, 599, 604, 605, 608-611, 634, 644-648, 654-658, 660, 662, 664, 666, 667, 669-671, 686, 689, 690, 694, 732, 733
Ciano, Graf Galeazzo 555
Clemenceau, Georges 278, 401, 402, 682
— Erklärung (Trotzkis) 407, 484
Clementis 749, 776
Convention Nationale 113
Cripps, Sir Stafford 572, 573, 593
Cromwell, Oliver 421, 438, 462, 703, 715, 719, 720, 787
Curzon, Lord 500
Curzon-Linie 646-648, 662

Daghestan (Republik) 319
Dairen 751, 753
Daladier, Edouard 538, 545, 546
Dan, F. 151, 445
Danton, Georges 198, 355, 444
Danzig 524, 637, 638
Dardanellen 563, 575, 689, 734
Darlan, Francois 656
Darwin, Charles 27, 35, 38
Dawes-Plan 524
Dean (General) 646
Deborin, Abram M. (Professor) 469
Dekabristen 710
Dekanossow, W. G. 569
Demarkationslinie (in Polen) 564

Demokratie, Parlamentarische 70, 247, 537, 605, 608, 640
Demokratische Diktatur 107
Demontage (der Industrie) 692, 698
Denikin, Anton I. (General) 277, 278, 283
Deutsche 246, 248, 257, 258, 259, 271, 312, 358, 521, 540, 551, 555, 565, 571, 573, 574, 576, 584, 585, 588, 589, 593-597, 599-602, 605, 607, 610, 612-615, 619, 622, 634, 635, 637, 645, 649-651, 659, 660, 663, 665, 676, 682-684, 729, 741, 759
Deutschland 67, 68, 81, 99, 173, 179, 183, 188, 191, 208, 245, 248, 249, 273, 285, 346, 358, 363, 376, 402, 432, 478, 483, 485, 488, 499, 505, 506, 521-525, 528, 530-535, 538, 539, 542, 545, 548-550, 553, 557, 558, 560, 563-568, 571-577, 579, 582, 584-586, 597, 600, 603-606, 634, 636, 637, 644, 648, 667-670, 673, 674, 680-684, 690-693, 700, 702, 704, 708, 716
— Frieden mit 245
— Krieg gegen 116, 254, 402
— nach dem Zusammenbruch 717
— Revolution in 249, 273, 285
Deutsch-russischer Neutralitäts- und Freundschaftsvertrag 530
Dido-Lilo 19, 29
Diktatur des Proletariats 107, 167, 185, 189, 197, 288, 340, 512, 513, 605, 678, 687, 719
Dimitrow, Georgi 537
Disraeli, Benjamin 469
Djilas, Milovan 739
Dnjepr 596, 649
Dnjeprostoj 414, 424
Dnjestr 649
Don 268, 270
Donauebene 644, 696
Donez 279
Donezbecken 245, 724
Donskoj, Dimitri 597
Dostojewski, Fjodor M. 463, 471
Drittes Reich 531, 548, 550, 568, 652
Drobnis, J. 339
Dschingis Khan 26

Dsershinski, Felix 195, 209, 220, 224, 244, 255, 281, 285, 322, 323, 327, 330, 338
Dshabaijew, Dshambul 474
Dshaparidse, Prochor A. 143
Dshibladse, Sylvester 35, 41, 42, 74
Dshugaschwili, Jekaterina 20-22 u. ff.
— Joseph Wissarion 19-73
— Wissarion Iwanowitsch 19-23
Dublin 314
Duchonin, Nikolai N. (General) 241
Duma 76, 97, 112, 117, 118, 136, 141, 158-161, 169, 171, 180
Dybenko, F. 236

Eden, Anthony (Brit. Außenminister) 535, 607, 654, 655, 694
Eduard VII. von England 639
Ehrenburg, Ilja 760, 772
Eiche 769
Einstein, Albert 785
Eisenhower, Dwight D. 646, 665
Eiserner Vorhang 703, 706-708, 713, 714
ELAS (Griechenland) 655
Elba 674
Elbe 693
Elsaß-Lothringen 524
Emigranten, Emigration 59, 61, 73, 98, 118, 274, 317, 351, 379
Engels, Friedrich 62, 67, 86, 418, 442, 470, 471, 765
England, Engländer, s. a. Großbritannien 43, 276-278, 316, 421, 439-441, 500, 515, 521, 533, 537-540, 550, 551, 553, 562-566, 568, 569, 572, 605, 647, 669, 672, 684, 694, 700, 704, 741, 742, 747
Eristavi, Raifal D. 38
Erlich, Henryk 761
Estland, Esten 560, 567, 569, 583, 650
Europa s. a. West-, Ost-Europa 62, 139, 150, 152, 167, 173, 191, 194, 195, 222, 248, 249, 258, 274-276, 302, 327, 344, 359, 368, 383, 392, 472, 474, 478, 508, 516, 521, 524, 525, 547, 552, 569, 577, 578, 583, 585, 609, 619, 639, 643, 645, 649, 660, 669, 674, 678,

687, 688, 702, 708, 710, 713, 714, 718, 736, 745, 753, 755
— Aufteilung 636, 669
Exarch von Georgien 35, 36
Exekutivausschuß (der Sowjets) 159, 201, 204, 205, 210, 240, 243
Exilregierung, Polnische 607, 635, 647, 651, 661
Expropriation, Enteignung 120, 413, 418, 692
— (Partisanengruppe) 126, 131

Fairbanks (Alaska) 638
Faschismus, Faschisten 470, 520-522, 531, 536, 537, 675, 687
Februarrevolution 180, 195
Fedosejew 777
Feudalismus 55, 70, 513, 700, 702, 703
Finnland, Finnen 68, 115, 133, 206, 228, 241-244, 311, 560, 567, 568, 573, 575, 586, 650, 680
Foch, Ferdinand (Marschall) 682
Föderation der kaukasischen Republiken 312, 321
Föderalisten 100
Fouché 255
Franco, Francisco 542
Frankreich, Franzosen 43, 124, 248, 278, 358, 441, 443, 446, 471, 499, 500, 504, 521, 523, 524, 533, 537-543, 545-547, 550-552, 553, 557, 563-565, 568, 569, 571, 586, 598, 604, 609, 642-646, 650, 657, 658, 660, 667, 674, 700, 702, 703, 733, 737, 738, 742, 743, 759
— Friedensangebot an 651
— Friedensvertrag mit Deutschland 634, 691
— Landung in 643, 645, 646, 650
Französische Revolution 112, 355, 702, 720, 787
Friedrich der Große 332, 665, 694
Frumkin, Alexander N. 406, 414
Frunse, Michael W. (Kriegskommissar) 396
Fünfjahresplan 171, 371, 413, 415, 416, 426, 430, 452, 474, 495, 723

Galizien 524
Gamarnik, J. 487
Gaulle, Charles de 604, 656, 658, 739
Gavrilowitsch 576
Gefängnisse, Zaristische 78-80
Gegenrevolution 128, 133, 134, 138, 184, 194, 200, 206, 218, 221, 226, 234, 246, 254, 277, 278, 291, 399, 453, 482, 487, 719, 735, 737, 784, 787
Geheimes Zusatzprotokoll 559, 566
Geladse, Georg 20
Generalissimus 648, 695, 752
Generalsekretär (Stalin) 305, 306, 310, 322, 325, 327, 328, 331, 332, 334, 335, 356, 365, 377, 383, 395, 398, 399, 429, 430, 468, 549, 585
Generalsekretariat 305, 306, 308-310, 323, 326, 334, 335, 343, 345, 347, 395, 402, 403, 405, 407, 418, 491, 535, 579, 589
Genf 59, 95, 97, 105, 118, 132, 151, 534
Georgien, Georgier 19, 23, 25, 26, 29, 30, 31, 33-36, 41, 119, 132, 238, 258, 301, 310, 311, 314, 315, 318, 322, 323, 327, 330, 332, 390, 391, 475, 486, 759
Gesellschaft, Klassenlose 289, 372, 376, 435, 705, 719
Gewerkschaften 57, 135, 143, 147, 151, 196, 226, 287, 289, 293, 294, 334, 337, 360, 388, 401, 410, 459, 486, 511, 514, 515, 765
Giraud, Henri Honoré 656
Girondisten 444, 445
Glurdjidse, G. 38
Goebbels, Joseph 786
Gogol, Nikolai 38, 450, 718
Goloschtschokin 154
Gori 19, 22, 24, 26-29, 35-38, 61
Göring, Hermann 567
Gorki (bei Moskau) 350
Gorki, Maxim 137, 150, 169, 221, 225, 228, 473, 474, 478
Gomulka, Wladislaw 749
Gottlosenliga 116
»Gottsucher« 150, 154, 236
Gottwald, Klement 740, 741
Goworow (General) 777

GPU (Gossudarstwennoje politi-
  scheskoje uprawlenije)
  455, 486, 747
Gribojedow, Alexander 30
Griechenland 552, 576, 642, 654-656,
  679, 685, 689, 733-735
Griechisch-Orthodoxe Kirche
  29, 351, 624, 659, 688, 704
Großbauern (Kulaken) 32, 282, 390,
  392, 393, 395, 405, 408, 411-413,
  416-419, 717
Großbritannien 248, 259, 347, 394, 402,
  498-500, 516, 534, 543, 546, 550, 551,
  552, 557, 572-574, 582, 586, 603, 604,
  606, 647, 653, 666, 732, 743, 759
»Großen Drei«, Die 648, 649, 657, 665,
  666, 668, 669, 685, 688, 693
Großgrundbesitzer, Adelige 120, 121,
  186, 193, 247, 288, 590, 692
Gudok (Signal) Organ d. bolschewist.
  Gewerkschaften 142, 143, 145

Habsburger 163, 273, 315
Halder, Franz 629
Hankau, Regierung in 415
Harding, Warren G. 384, 520
Harriman, William A. 593, 595
Hébert 443
Heilige Allianz 653
Heiliger Synod 623
Heine, Heinrich 719
Held der Sowjetunion 695
Helsinki 220, 241
Hermogenes (Mönch) 37
Herriot, Edouard 479
Himmler, Heinrich 78, 651
Hindenburg, Paul von 519
Hiroschima 723
Hitler, Adolf 315, 416, 428, 482-484,
  488, 519-524, 527, 530-535, 538, 539,
  542, 543, 545-548, 551, 553-566, 568,
  569, 571-576, 578-586, 590, 591, 593,
  596, 598, 600-602, 605, 606, 611,
  613, 615-618, 623, 627, 629, 630, 633,
  634, 636, 650, 665, 667, 674, 677,
  683, 684, 694-696, 716-719, 736,
  760, 761, 782, 783, 787
Hohenzollern 249, 273, 717

Hohe Pforte 674
Holland 604
Hoover, Herbert C. 384
Hopkins, Harry 592, 602, 685
Horthy, Nikolaus v. (Reichsverweser)
  488
Hugo, Victor 35, 38, 39
Hull, Cordell 638, 651, 656, 657

Ignatjew 778, 779
Imperialismus, Imperialisten 184, 249,
  251, 257, 276, 482, 511, 520, 534, 570,
  621, 747
Indien 267, 563, 575
Industrialisierung 42, 140, 275, 288,
  382, 389, 412-415, 422, 423, 427, 436,
  697, 698, 704, 705, 713, 722, 785
Inflation 289, 291
Inguschen 612, 764
Internationale, Zweite 174, 511
— Dritte, Vierte 174, 492, 507, 511
Interventionstruppen 277
Irak 656
Iremaschwili, J. 21, 39
Irkutsk 79
Irland 314
Iskra 59, 60, 66, 72, 81, 84, 88, 93,
  148, 448
Israel 762, 763
Isolationismus 714
Iswestija 460, 475, 476, 658
Italien 124, 248, 522, 532, 549, 563, 568,
  574, 575, 605, 610, 639, 642, 644,
  657, 658, 684, 733, 737, 738
Iwan der Schreckliche 383, 462, 711
Iwanowitsch (Deckname für Stalin)
  116-133

Jagoda, Genrich G. 477, 492, 776
Jakir, Jona E. (General) 487
Jakobiner 86, 87, 232, 235, 443, 444,
  446, 447, 702, 703
Jalta, Konferenz von
  664-666, 668-670, 675, 679-681,
  685, 691, 694
Japan 87, 430, 478, 485, 549, 563, 574,
  575, 634, 638, 645, 660, 669-671,
  750, 753

Jankowski (General) 36
Jaroslawski, E. 116, 295, 489, 612
Jegorow, Alexander J. 284, 286, 476
Jenan Regierung 750
Jenissei (Sibirien) 58, 171, 175, 176
Jenukidse (Brüder) 143
Jeremenko (General) 615, 616, 631
Jermolow, Alexei S. (General) 30
Jeshow, Nikolai I. 78, 478, 493, 776
Jessinin, Sergei A. 473
Jewtuschenko 772
Joffe, Adolf A. 198, 209, 347
Jordania, Noah 41, 56, 151, 310
Juden 20, 102, 132, 238, 554, 760-764, 777, 786
Judenverfolgung 531
Judenitsch, Nikolai (General) 277-279, 283
Jugoslawien 576, 580, 654, 685, 689, 708, 737, 747, 748
Junker (Industrielle) 717
Jurenjew, Konstantin K. 198, 475

Kaganowitsch, Lasar 347, 404, 455, 466, 631, 760, 769, 778, 780
Kairo, Konferenz von 638
Kaledin, Alexei (General) 212, 245
Kalinin, Michael 31, 47, 63, 191, 192, 388, 404, 454
»Kalter Krieg« 732, 738, 744, 753, 759, 781, 782
Kamenjew, Leo 47, 49, 90, 93, 151, 154, 175, 180-182, 191-193, 195, 196, 205, 209, 210, 215, 216, 218-222, 227, 228, 236, 238, 274, 282, 285, 304, 308, 309, 325, 326, 330, 333, 336, 344, 354, 355, 358, 359, 362-365, 375, 379, 380, 386-389, 393-395, 397-400, 403, 406-408, 414, 428, 445, 450, 456-459, 461, 474, 475, 477, 478, 481, 482, 487, 500, 505, 513, 517, 760
Kant, Immanuel 717
Kanton, Aufstand der Kommune 516
Kapitalismus, Kapitalisten 41, 54, 55, 58, 67, 69, 70, 109, 275, 370, 376, 381, 392, 451, 458, 460, 502, 511, 517, 525, 527, 604, 658, 686, 687, 699, 700, 714, 741, 744, 760

Kapitulation, Bedingungslose 636
— Deutschlands 636, 673, 684
— Frankreichs 571
— Japans 670
Karachan, Leo M. 198, 475, 500
Kardelj 738, 739
Karpaten 650, 664
Karthago 637, 692
Kasan 118, 259
Kasbegi 74
Kaspisches Meer 42, 612
Katalonien 543, 544
Katharina die Große 758
Katholizismus 704
Katyn 635
Kaukasus, Kaukasier 29, 32, 33, 41-43, 56, 57, 60, 62, 63, 64, 66, 67, 72, 73, 80, 90, 100, 101, 102, 104, 106, 114, 115, 120, 126, 129, 147, 151-153, 156, 171, 176, 195, 254, 258-261, 268, 310-313, 349, 484, 610, 613-617, 671, 730, 758
Kaukasisches Bolschewistisches Büro 119, 127
Kaukasische Föderation 80, 321
Kautsky, Karl 86, 87
Keitel, Wilhelm (General) 567
Kerenski, Alexander 179, 185, 215, 218, 227, 247, 311
Kesselring, Albert (Generalfeldmarschall) 684
Kezchoweli, Lado und Wladimir 36, 43, 44, 57, 75, 105
— Wano 28
Kiew 43, 156, 246, 278, 284, 285, 319, 484, 680, 762
Kim Il Sung (Nordkorea) 754
Kirgisen 301, 319, 472
Kirow, Sergei 225, 398, 404, 454, 456-461, 474, 478
Kirow-Mörder 456, 457
Kischkin, Sergei T. 212, 227
Klassenkampf 48, 159, 363, 378, 412, 460, 640, 712, 775
Koba (Deckname für Stalin) 74-138
Koexistenz, Friedliche 714

Kolchose 122, 393, 417, 418, 426, 427, 430-432, 436, 440, 591, 696, 725, 757, 757, 765, 774
Kollektivierung (der Landwirtschaft) 121, 382, 389, 392, 394, 411-413, 416, 418, 420, 425, 426, 433, 454, 472, 696, 725
Kollektivismus 356, 370
Kollontai, Alexandra 209, 237, 274, 293, 294, 572
Koltschak, Alexander W. (Admiral) 277-279, 317, 449
Komintern 333, 364, 499-503, 505-512, 516-520, 522, 523, 536, 537, 542, 585, 586, 604, 605, 750
Kommissare, Politische 261-263, 478, 487
Kommunalisierung (d. Bodens) 121
Kommune (Pariser) 249
Kommunismus 276, 284, 342, 380, 384, 463, 502, 503, 515, 518, 540, 547, 653, 656, 657, 681, 682, 698, 713, 714, 732-734, 736, 737, 744, 773, 774
— in China, Indien, Persien 276, 513, 745
— in Deutschland 504, 530
— in Europa 373, 378
— in Rußland 376, 381, 402, 403, 489
Kommunisten 198, 220, 263, 295, 346, 359, 373, 376, 465, 510, 516, 517, 569, 618, 661, 675, 676, 687, 734, 738, 741, 748
— Chinesische 401, 512, 513, 516, 671, 745
— Deutsche 504, 517
— Französische 535, 536, 541, 586
— Italienische 658, 659, 739
— »Linke« 249, 251, 253, 260, 263, 290, 346, 387, 393
Kommunistische Internationale (s. a. Internationale) 127, 194, 267, 275, 333, 352, 355, 358, 359, 364, 400, 410, 510, 536, 738
Kommunistische Partei Deutschlands (KPD) 364, 505
— Chinas 513, 750
Komsomol 424, 450, 454, 458, 459, 686
Kongreß in Helsinki 241 u. ff.
— der Komintern 518, 536
— der Sowjets 236, 246, 295, 321, 322, 326, 350, 352, 460
Kongreß (sozialist.) s. a. Parteikongreß 114, 207, 209, 210, 222, 251, 496
Konjew 777
Konstantinopel (Istanbul) 184, 498, 563, 653
Konterrevolution s. Gegenrevolution
Kontrollrat s. Alliierter Kontrollrat
Konzentrationslager 459, 481, 488, 521, 618, 662, 708, 727, 728
Kopenhagen 479
Korea 754, 755, 780, 781
— Krieg in 753, 755, 765, 772, 783
Kork (General) 487
Kornilow, Lawrenti G. (General) 210-212, 217, 226
Kosciuszko, Tadeusz (poln. Nationalheld) 129
Koslow 270
Kossior 466, 768, 769
Kostoff 749, 752
Krakau 138, 160-163, 165, 246
Krasnojarsk 178
Krassin, Leonid 90, 106, 114, 137
Krassnaja, Presnja 342, 343
Krassnow, Peter N. (Kosakengeneral) 237, 238, 241, 259, 261
Krebs, Hans (Oberst) 578
Kreml 24, 237, 259, 272, 276, 303, 308, 313, 330, 357, 413, 428, 458, 475, 486, 535, 543, 565, 573, 574, 576, 594, 595, 599, 608, 613, 638, 659, 682, 752, 770, 772, 780, 781, 784, 786
Krestinski, Nikolai N. 209, 295, 347, 475, 477
Krieg, Kriegsführung, Kriegsfolgen 180, 183, 271, 483, 484, 558-563, 566-568, 571, 572, 593-596, 599, 602, 612, 645, 656, 660, 672, 675, 676, 694, 698, 705, 708, 712, 721-724, 726, 730, 734, 760, 766, 767, 771, 781
Kriegskommissar 266, 267
Kriegsrat 271, 282
Krim 257, 286, 650
Krimtataren 612, 729, 764
Kronstadt 204, 211, 290-293

Kropotkin, Peter N. 229
Krupp (Industrielle) 717
Krupskaja, Nadeschda 104, 117, 155, 170, 328, 354, 361, 365, 394
Krylenko, Nikolai W. 236, 241
Kuibyshew, Walerian W. 305, 404, 466, 478, 596
Kulaken s. Großbauern
Kuomintang 401, 512, 514, 671, 744
Kurbski, Prinz (Bojarenführer) 462
Kureika (am unteren Jenissei) 171-173, 178
Kurilische Inseln 670
Kurnatowski, Victor 62, 63
Kursk 257, 278
Kusnetzow 749, 771
Kusnezk 89
Kutaïs 42, 79, 114
Kutusow, Michael 597, 601, 619, 620, 626, 652, 695, 711, 712

Landwirtschaft s. a. Kollektivierung 291, 389, 392, 394, 411-413, 416, 418-420, 425, 426, 433, 454, 511, 696, 697, 713, 725, 727, 757, 774
Larin, Juri 412
Laschewitsch, M. 400
Lateranverträge 658
Laval, Pierre 535, 536, 538
Leibeigenschaft 19, 26, 31, 47, 52, 330, 639, 702, 788
Leipzig 537
Lemberg 286, 646, 680
Lenin, Wladimir Iljitsch 32, 33, 42, 47, 49, 52, 54, 55-58, 61-63, 66, 67, 70, 72, 81-88, 90-92, 94, 95, 97-99, 104, 105, 106, 107, 108, 111-113, 115-123, 125, 127, 128, 130, 131, 133, 135-138, 149-175, 180-183, 185, 188, 190-193, 197-200, 203, 206, 207, 209, 211, 213-216, 218-221, 224-229, 235-237, 239-244, 247-257, 259, 261-263, 266-268, 270-275, 279, 280, 283, 284, 289-292, 294, 295, 299, 300, 303-305, 307-312, 316, 317, 320-334, 337, 338, 345, 346, 349-355, 357, 363-365, 368, 369, 374, 379, 382, 383, 386, 387, 397, 398, 410, 424, 436, 439, 447-449, 453, 461, 469-471, 473, 475, 477, 488, 494, 500, 501, 503, 504, 507, 508, 512, 513, 537, 585, 592, 597, 622, 626, 627, 642, 649, 688, 699, 700, 712, 760, 763, 765, 766, 778, 790
— Institut 350
— Mausoleum 350, 410, 474, 487, 695, 772, 790
— Schlaganfälle 308, 320, 323, 330
— Testament s. Testament
— Tod 349 u. ff.
Leningrad 94, 333, 386, 397, 398, 402, 454, 456, 459, 553, 560, 567, 593, 596, 649, 731, 736, 749, 771
Leninismus 154, 192, 318, 341, 348, 349, 353, 357, 365-367, 394, 395, 453, 472, 503, 504, 712, 713, 738, 752, 786
Leninkult 346, 350, 354, 410
Lesginen 139
Lessing, Gotthold E. 719
Letourneau, Charles 40
Lettland, Letten 166, 560, 567, 569, 571, 583, 650
Liberalismus, Bürgerlicher 55, 70, 111, 121, 167, 174, 181, 341, 441, 442, 454, 577
Libyen 599
Lie, Trygve 492
Liebknecht, Karl 190, 191
Litauen, Litauer 524, 560, 565, 567, 569, 571, 583
Litwinow, Maxim 93, 104, 114, 126, 127, 500, 534, 541, 542, 546, 547, 551, 554, 760
Livadia (bei Jalta) 665
Locarno, Vertrag von 524
Lodz 96
Lohnsystem 60, 140-142
Lominadse, Besso 429, 502
London 59, 80, 81, 90, 93, 95, 118, 130, 142, 347, 401, 531, 552, 553, 562, 578, 607, 635, 647, 651, 653, 661, 663
Longjumeau, Ort b. Paris (Lenins Schule) 150, 151, 154, 155, 323
Losowski, Salomon 116, 117, 764
Lublin, Komitee von 662

Lunatscharski, Anatoli W. 47, 49, 137, 149, 198, 205, 206, 209, 210, 236-238, 274
Luther, Martin 81
Lutowinow 336
Luxemburg, Rosa 86
Lwow, Fürst Grigori 179, 182, 186, 187
Lyon 255
Lyssenko 773

MacArthur 755
Macaulay, Thomas 421, 469 678
Macharadse, Philip 312, 315
Maginot-Linie 568, 589
Magnitogorsk 424, 427
Maidanek (Konzentrationslager) 587, 761
Maifeier (Georgien) 62, 63, 64
Maiski, I. M. 637
Maison du Peuple 80,81
Majakowski 473
Majakowski-Station (Métro) 597
Makarow, Alexander A. 170
Maklakow, Nikolai A. 212
Malenkow, Georgi 589, 613, 738, 750, 769-771, 775, 780, 789
Malinowski, Rodion 154, 170, 171, 631
Mandel, Georges 537
Mandschurei, Mandschuko 431, 751, 752, 754, 755
Manstein, Erich von (Generalfeldmarschall) 616
Manuilski, D. (Feuilletonist) 149, 198, 537
Mao Tse-tung 744, 745, 750-754
Markisch, Peretz 764
Marlborough, Herzog von, s. a. Churchill 639
Marrs, N. Y. 772, 773
Marshall, George C. (General) 734
Marshall-Plan 737, 739
Martow, Juli O. 56, 82-84, 92, 95, 99, 119, 131, 151, 246, 445
Marx, Karl 40, 43, 62, 86, 87, 198, 354, 367, 439, 440, 442, 470, 471, 707, 765
Marxismus 27, 48, 55, 56, 58, 60, 61, 74, 86, 149, 150, 162, 164, 165, 214, 241, 242, 274, 275, 341, 351, 368, 376, 424, 435, 436, 441, 468, 470, 500, 625, 707, 712, 730, 738, 752, 784, 786
Marxisten 41, 48, 53-55, 59, 61, 86, 185, 348, 377, 435, 442, 453, 625
Masaryk, Jan (Tschechischer Außenminister) 740, 741
Matsuoka, Josuke (Japanischer Außenminister) 576-578
Mdiwani, Budu 312, 315, 475
Mechliß 760
Medwedjew, Sergei S. 400
Mehrwerttheorie 166
Meir, Golda 762
Menschewisten 70, 81, 84, 87-90, 92, 94, 95, 100, 104, 109-111, 113, 117, 120, 121, 123, 128-132, 135-137, 145, 147, 149, 151, 152, 159, 160, 167, 169, 183, 186, 189, 190, 193, 197-199, 201, 202, 205, 210, 211, 217, 238, 239, 246, 254, 287, 289, 292, 296, 297, 311, 312, 315, 334, 337, 340, 412, 670
Meori Dassy 40
Merekalow, A. 548, 552, 554
Meshlauk, Waleri 486
Messame Dassy 40-44, 46, 51, 56, 62, 65, 66, 74, 105, 310, 313
Metropolit (von Moskau) 624
Mexiko 492
Michael, Großfürst 179
Michael von Rumänien 659, 676
Michoels 764
Mieroslawski, Ludwig (poln. Nationalheld) 129
Mikojan, Anastasi 404, 466, 555, 631, 769, 776, 777, 779
Mikolajczyk, Stanislaus 662-664, 681
Militärisches Revolutionskomitee 217, 220, 223-225
Militarismus, Deutscher 483, 535, 692
Miljukow, Pawel N. 179, 183, 184, 198, 212
Miljutin, Nikolai A. 209, 236, 238
Millerand, Alexandre 109, 110
Minderheiten, Nationale 69, 166, 169, 238, 243, 625, 679
Minin, Kusma 270, 597, 619, 711
Minsk 656
— Kongreß von 51, 58, 80

Mir 52
Mirbach-Harff, Wilhelm Graf von (Deutscher Botschafter in Moskau) 254
Mittelmeer 644, 645, 660
Molotow, Wjatscheslaw M. 161, 180, 182, 187, 188, 192, 225, 295, 388, 404, 430, 455, 466, 554, 555, 557, 559, 567, 571, 573-576, 578, 581, 585, 586, 588, 589, 607, 608, 631, 636, 644, 691, 735, 769, 770, 776-780, 789
Monarchie, Konstitutionelle 87, 112, 137
Moskau 58, 93, 96, 118, 124, 155, 158, 170, 216, 220, 237, 257, 259-261, 268, 270, 272, 278, 280, 281, 302, 308, 310, 312-314, 321, 327, 342, 347, 349, 350, 357, 360, 386, 401, 402, 408, 450, 462, 472, 474, 484, 487, 501, 505, 518, 523, 527, 531, 535, 541, 544, 548, 552, 554-557, 561, 562, 564, 568, 569, 572, 574, 576, 578-580, 586, 593-603, 607-609, 615, 617, 631, 635, 636, 638, 657, 660, 686, 695, 710, 711, 736, 739, 743, 744, 746, 750-753, 755, 762, 767, 776, 777
— Aufstand in 97, 116, 119, 237
— Großfürstentum 258
— Hauptstadt 254, 259
— Schlacht um 621, 727
Moskauer Sowjet 212, 333, 597
Mratschkowski 395, 477
München 59, 273, 495, 544, 545, 547, 548, 556, 581, 740
Münchener Abkommen 546
Muralow, N. 209, 339, 477
Muranow, Matwei K. 180
Muschik 374, 377, 383, 393, 394, 414, 417, 419, 420, 425, 426, 476, 696, 784, 785
Mussolini, Benito 542, 543, 658, 690

Nagasaki 732
Napoleon Bonaparte, Bonapartismus 253, 315, 355, 386, 452, 463, 487, 561, 579, 591, 592, 601, 602, 631, 632, 652, 672, 674, 688, 702, 703, 708, 710, 715, 719, 720, 779, 787

Narew 560
Narodniki 31, 52-54, 58, 453
Narym (Westsibirien) 159
Nationalhymne, Sowjetische 625
Nationalisierung 120, 247, 692
Nationale Minderheiten s. Minderheiten
Nationalismus 32, 129, 167, 246, 316, 683, 712, 731
Nationalitäten(frage) 139, 151, 162, 163, 166, 169, 172, 195, 236, 242, 247
Nationalkonvent (Tammerfors) 115-118, 142
Nationalpolnisches Befreiungskomitee 662
Nationalrat, Polnischer 648
Nationalsozialismus, Nationalsozialisten, Nazis, Nazismus 482, 516, 519-522, 530, 550, 554, 563, 565, 587, 604, 621, 675, 679, 687, 717, 718, 724, 760, 761, 764
NEP s. Neue Ökonomische Politik
Neue Ökonomische Politik (Nowaja Ekonomitscheskaja Politika) 291, 292, 297, 317, 337, 360, 389, 390, 396, 424, 432, 511, 516
»Neuer Kurs« 342-344, 348
Newski, Alexander 597
Nichtangriffspakt 532, 559, 565, 582
Nihilismus 730
Nikolaus I. (Zar) 30, 457, 462, 758, 788
— II. (Zar) 93, 118, 133, 157, 179, 183, 185
Njemen 650
NKWD (Narodny Kommissariat Wuntrennich Del) 596
Nogin, Viktor P. 209, 238
Nordafrika, Invasion in 609, 611
Nordatlantikpakt (NATO) 737, 744
Nordeuropa 649
Nordpersien, Annexion von 183, 184
Normandie 599, 649
Norwegen 124, 492
Nowaja Uda (Ostsibirien) 79, 89
Nowgorod 649
NSDAP 538, 539
Nürnberg 538

Oberbefehl, Einheitlicher 646

Oberbefehlshaber 588, 595, 599, 646, 648, 649, 752, 755
Oberster Verteidigungsrat 588
Obolenski, Prinz s. Ossinski
Obschtschina 52
Ochrana 62-64, 76, 116, 127, 134, 135, 138, 143, 144, 146, 154, 156, 171, 173
Oder 665
Oder-Neiße-Linie 637, 685, 691
Odessa 96, 278, 650
OGPU (Objedinjonnoje Gosudarstwennoje Polititscheskoje Uprawlenije) — ab 1934 NKWD 255
Ökonomismus, Ökonomisten 56, 57, 60, 67
Oktoberrevolution 100, 192, 206, 231, 240, 247, 255, 263, 274, 279, 325, 339, 359, 363, 365, 383, 387, 397, 492, 494, 496, 497, 528, 567, 588, 745, 784, 787
Operation Overlord 645
Opposition 31, 34, 52, 70, 87, 113, 131, 135, 174, 198, 211, 217, 254, 291-293, 295, 296, 306, 315, 330, 336-338, 340, 345, 347-349, 357, 358, 362, 396-404, 406-409, 414, 426, 447-452, 454-460, 468, 476, 480, 482, 484, 489, 503, 504, 509, 515, 527, 531, 710, 716, 739, 767
Opritschnina 462
Ordshonikidse, Sergo 142, 143, 153-155, 158, 263, 311, 315, 323, 330, 486
Orel 279
Organisationsbüro (Orgbüro) 304, 305, 310
Orlemanski, Reverend 659, 660
Oslo 479
Osseten 312
Ossinski, Walerie W., Pseudonym f. Prinz Obolenski 336, 339
Ostdeutschland 121, 680, 690, 691, 739, 741, 742, 782
Österreich 184, 273, 482, 581, 672, 680, 682, 758
— Revolution in 273
Osteuropa s. a. Europa 121, 534, 547, 552, 573, 652, 679, 686, 703, 721, 732, 735, 737, 739, 749, 756, 762, 776, 781
Ostfront 649, 665

Ostjaken 171
Ostpreußen 638
Ostsee 552, 570, 649, 671

Palästina 762
Panslawismus 625
Papen, Franz von 520
Papst 81, 659, 660
Paris 93, 118, 151, 163, 165, 174, 278, 531, 535, 552, 553, 555, 732, 735
Parlamentarismus 118
Partei, Parteiorganisation 57, 83, 85-87, 89-92, 94, 102, 104-107, 111, 113-115, 121, 132, 136, 137, 147, 158, 159, 170, 173, 186-193, 195-198, 200, 201, 203, 206, 209, 220, 222, 224, 231-234, 239, 240, 251-253, 255, 262, 265, 267-269, 282, 289, 290, 293, 295-299, 304-307, 314, 315, 318, 319, 322-325, 328, 329, 333, 334, 336-340, 341-349, 351-356, 358, 360-363, 365, 366, 373-377, 379, 384-387, 391, 392, 399-401, 404-406, 417, 429-431, 436, 444, 445, 447, 450, 452, 453, 470, 476, 480, 489, 504, 506, 509, 510, 517, 525, 549, 570,627, 628, 774, 775, 786, 789
Parteidoktrin 192, 240, 308, 333, 359, 374, 377, 379, 385, 657, 712
Parteiführung 193, 206, 295, 304, 305, 308, 318, 325, 335, 349, 361, 364, 386, 394, 397, 399, 408, 641, 770, 779
Parteifunktionäre 259, 295, 299, 306, 335, 380, 396, 436, 465, 490, 492, 507, 627
Parteikomitees, Provinziale 102, 107, 202, 210, 260, 268, 281, 350
Parteikongreß s. a. Kongreß 80, 88, 95, 114, 118, 120, 130, 201, 251, 293, 298, 306, 310, 323, 330-332, 334, 354, 358, 380, 395, 397, 402, 405, 415, 416, 431, 436, 470, 492, 495, 496, 516, 522, 529, 531, 549, 767, 775
Partisanen(krieg) 106, 123, 126, 131, 263, 591, 595, 602, 644, 655
Paulus, Friedrich (General) 616
Peking 744, 750
Perekop, Isthmus von 287

Perm 277, 281, 283, 287
»Permanente Revolution« 167, 367, 368, 376, 378, 379
Perowskaja, Sophia 53
Persien, Perser 28, 29, 103, 139, 183, 184, 276, 498, 528, 653, 656, 732
Peter der Große 383, 414, 462, 621, 711, 712
Peter-Pauls-Festung 189, 204, 214
Petersburger Blutsonntag s. Blutsonntag
— Sowjet 99, 100
Petrograd (von 1914-1924 für Leningrad) 170, 172, 175, 179, 180-182, 185, 188, 196, 198, 199, 201, 206, 210, 216-218, 220, 237, 241, 251, 252, 259, 277-281, 302
Petrograder Sowjet 179 180, 183, 184, 196, 197, 212, 213, 216, 222, 226, 229, 273, 333
Petrossian, Ter 127
Pfeffer, Itzig 764
Philosophie, Marxistische 149, 164, 342
Pilsudski, Józef (Marschall) 129, 162, 283, 284, 286, 488, 532, 661
Pjatakow, Y. 326, 339, 408, 452, 475-477, 485, 486, 488
Planwirtschaft 438, 439, 698, 705, 716
Plechanow, Georg 52-58, 61, 67, 72, 83, 88, 99, 123, 136, 152, 153, 229, 469
Podwojski, Nikolai I. 223
Pogrom 730, 786
Poincaré, Raymond 682
Pokrowski, Michail N. 198
Polen (Staat) 68, 129, 162, 238, 246, 248, 277, 285, 286, 315, 488, 499, 532, 552, 553, 556, 558-560, 564-566, 570, 581, 606, 635, 637, 646-648, 659, 662-664, 672, 673, 679-682, 685, 702, 739
— Die 162, 166, 238, 284, 312, 358, 546, 560, 583, 586, 607, 646, 647, 650, 661-664, 680, 691, 708, 713
Politbüro 220, 265, 283, 284, 293, 298, 301, 302, 304-306, 308-310, 320-324, 331-334, 336-339, 343, 344, 348, 350, 357, 358, 371, 386-388, 391, 392, 394, 396, 398, 400, 404, 406, 407, 409, 414, 415, 429, 452, 454, 455, 466, 467, 477, 478, 500-503, 505, 508-510, 515, 526, 626, 627, 630, 631, 639, 652, 766, 771, 776, 778
Politische Polizei 170, 263, 448, 456, 460, 620
Polnische Exilregierung s. Exilregierung
Polnischer Nationalrat 648
Popow 749
Port Arthur 95, 670, 751, 753
Portsmouth, Frieden von 670
Posharski, Dimitri 597, 619, 711
Postyschew 429, 768, 769
Potemkin (Kreuzer) 96
Potsdamer Konferenz 527, 670, 671, 673-675, 679, 681, 685, 689, 691-694
POUM (Spanien) 543
Prag 153, 154, 551, 701, 741, 776
— Kongreß in 156, 158, 167
Prawda 149, 158-161, 168, 172, 175, 181, 184, 190, 193, 203, 272, 285, 316, 322, 329, 330, 460, 476, 621, 651, 711, 759, 765, 772, 776
Preobrashenski, E. 207, 208, 283, 295, 339, 346
Preußen 253, 672
Primakow, Witali M. (General) 487
Prinkipo (Türk. Insel) 447, 522
Proletariat, Proletarier 48, 53, 54, 85, 106, 113, 140, 145, 185, 189, 200, 208, 218, 244, 249, 288, 294, 366, 376, 422, 435, 488, 503, 522, 527, 670
— Diktatur des, s. Diktatur
Proletarische Revolution 521
Protektionismus 704, 705
Provisorische Regierung 107-111, 179, 180, 183-185, 187, 194, 202, 205, 210, 217, 219, 223
Puschkin, Alexander 30, 718

Rabkrin s. Arbeiter- und Bauerninspektion
Rada (Ukraine) 244, 245, 252, 256, 257
Radek, Karl 47, 285, 290, 361, 408, 452, 460, 475, 477, 481, 485, 506, 760
Radescu, Nikolaus (General) 677

Raeder, Erich (Admiral) 567
Rajk 749
Rakowski, Krastjo G. 47, 302, 319, 347, 403, 408, 450, 475, 481, 487
Ramischwili 310
Ramsin, Leonid K. (Professor) 435, 482, 619
Rapallo, Vertrag von 500, 501, 523, 530, 532
Rasin, E. (Oberst) 601
Raskolnikow 475
Rat der Volkskommissare s. a. Sowjetregierung 236, 243, 244, 268, 303, 321, 322, 388
Rehabilitierung der Kirche 624, 625
Reichsgericht (Leipzig) 537
Reichstag, Deutscher 173, 683
Renan 35
Republik, Demokratische 185
— der Tataren und Baschkiren 258, 259
Revolution, Erste 59, 70-72, 96, 98, 107, 108, 112, 114, 119, 126, 382, 383
— Zweite s. a. Oktoberrevolution 100, 133, 160, 192, 197, 207, 208, 211
— Zweite (stalin. Agrarrevolution) 382, 412, 424, 432, 434 461
— Industrielle s. Industrialisierung
— Internationale 371, 375, 376, 384, 738
— Jahrestag der 339, 402, 597, 621, 626
— Kulturelle 432
— Soziale 42, 686
— im Baltikum 570
— in China 274, 394, 511, 513, 688, 721, 750, 753, 754
— in Deutschland 249, 273, 284, 506, 682, 683
— in Europa 190, 249, 252, 273, 284, 367, 371, 503, 569, 675, 677, 686, 701, 740
— in Frankreich 441, 443-446
— in Großbritannien 441, 720, 787
— in den Satellitenstaaten 658
— Schöpferische 719, 787
— Sozialistisch-bolschewistische 100, 122-126, 128, 129, 167, 182, 184, 190, 194, 195-198, 218, 219, 220, 230, 232-235, 239, 240, 243, 249, 250, 260, 272, 276, 287-289, 296, 298, 314, 317, 340, 341, 344, 349, 358, 362-370, 374, 375, 380, 393, 398, 406, 408, 436, 441, 444, 445, 447, 451, 459, 462, 471, 496, 498, 504, 505, 509-511, 515, 521, 561, 569, 620, 627, 631, 641, 675, 677-679, 699-702, 707, 711, 715, 719, 730, 731, 745, 782, 786, 787
Rhein(front) 665
Rheinland 482, 539, 703
Ribbentrop, Joachim von 551, 555, 557, 558, 560, 562-565, 568, 572, 574, 577, 578, 581, 582, 585, 586
Ribbentrop-Molotow-Pakt 585, 586, 607
Riga 210, 273
Rjasanow, Dawid B. 198, 377
Rjutin 429, 450
Robespierre, Maximilien de 83, 198, 205, 291, 443, 444, 446, 447, 491, 715, 719, 720
Rodionow 749
Rodsjanko, Michail W. 171
Rokossowski, Konstantin K. 596, 615, 616, 618, 631, 663, 664, 695
Rom 637
Roosevelt, Franklin D. 527, 592, 604, 605, 608, 633-640, 642-646, 648, 652, 654, 657, 660, 662, 664, 667, 669-671, 686, 692, 753
Rosenberg, Alfred 717
Rosengolz, Arkadi P. 475
Rostow (Don) 257
— (Moskau) 612
Rote Armee 121, 168, 178, 261, 262, 267, 269, 270, 272, 278, 279, 284-286, 290, 311, 312, 318, 326, 334, 386, 390, 396, 400, 448, 475, 477-479, 484, 486-488, 523, 526, 527, 545, 547, 553, 555, 564, 565, 568, 570, 574, 580, 583, 584, 587, 589, 595, 611, 620, 622, 624, 626, 627, 631, 633, 634, 646, 649-651, 654, 663, 665, 676, 686, 687, 695, 696, 701, 709, 722, 750
Rote Gewerkschaftsinternationale 116, 514, 515, 764
Rothschild (Industrielle) 74, 75
Rotmistrow (General) 631

Rousseau, Jean-Jacques 471
Rudsutak, Jan 293, 404, 454, 455, 466, 486, 768, 769
Ruhrgebiet 363, 376, 644, 691
Rumänien 499, 532, 552, 560, 571, 573, 636, 654, 655, 659, 664, 680, 685, 689, 739
Rundstedt, Gerd von 629
Russisch-finnischer Krieg 567, 568, 667
— japanischer Krieg 87, 89, 95, 174, 670
— polnischer Krieg 277, 278
Rußland, Russen 20, 29, 31, 48, 52-55, 59, 63, 67, 69, 73, 87, 88, 93, 97-103, 107-109, 112, 117, 122, 130, 131, 133, 139, 141, 146, 148, 150, 152-156, 162-164, 172, 173, 175, 182, 183, 189, 191, 195, 197, 208, 209, 212, 219, 224, 229, 233, 235, 238, 241-245, 247-249, 257, 260, 264, 265, 275-277, 279, 284, 287, 301, 302, 311, 313, 315-318, 320, 327, 332, 333, 341, 351, 355, 358, 367-372, 375, 376, 378, 380-383, 389, 393, 401, 405, 411, 414-418, 423, 424, 427, 429, 436-440, 446, 447, 449, 452, 454, 461-464, 468, 469, 471, 472, 474, 476, 477, 480, 481, 483, 485, 490, 492, 495-501, 505, 506, 508, 513, 516, 519, 523, 527-529, 531, 532, 534, 538-554, 556, 557, 560, 563, 556-577, 580, 581-584, 591, 592, 594, 596, 600, 602-612, 617, 618, 620, 623, 625-629, 634, 636, 638, 639, 642, 646-648, 653, 657, 659, 661, 667-672, 674, 675, 678-680, 682-684, 687-689, 691, 695-700, 702-707, 709, 712-714, 717-719, 722-724, 726, 732, 735-737, 741-743, 767, 773, 775, 781, 788
Rydz-Smigly, Edward 661
Rykow, Alexei 93, 209, 216, 236, 387, 388, 391, 397, 402-405, 408-410, 428, 429, 450, 452, 475, 477, 482

Sachalin 577, 670
Sachsen 506, 672
Saint-Just, Antoine de 198
Saltykow-Schtschedrin, Michail J. 38
Saluzki, Peter 181
San 560
San Francisco 668, 685
San Stefano, Frieden von 688
St. Petersburg 30, 36, 43, 53, 58, 76, 96, 97, 100, 101, 114, 118, 119, 130, 138, 141, 146, 147, 149, 155-162, 314, 462, 601
Sapronow, Timofei W. 339
Sarja (Morgenröte) 72
Sasslawski 760
Sasulitsch, Wera 56, 229
Säuberungsprozesse 306, 307, 334, 429, 446, 459, 462, 474, 477, 485, 487, 489, 490, 492-495, 544, 589, 699, 706, 722, 749, 750, 760, 767, 776
Schaposchnikow, Boris M. 588, 613
Schaumjan, Stepan G. 114, 143, 209
Schauprozesse s. Säuberungsprozesse
Schingarjew, Andrei I. (Landwirtschaftsminister) 193
Schleicher, Kurt von (General) 627
Schlesien 524
Schljapnikow, A. G. 47, 181, 192, 236, 293, 294, 400
Schmidt 260
Schtemenko 777
Schtscherbakow 778
Schukow, Georgi K. (Marschall) 596, 613-615, 631, 673, 695, 710, 711
Schulenburg, Friedrich W. Graf von der (Deutscher Botschafter in Moskau) 548, 554, 557-559, 568, 573, 578, 579
Schwarz, Simeon 155
»Schwarze Hundert« 102, 103
Schwarzes Meer 42, 76, 257, 278, 552, 573
Schweden 120, 423, 572
Schweiz 43, 97, 98, 138, 180, 181
Selbstbestimmungsrecht 166, 183, 242, 243, 245, 246, 258
Serben 625
Serebrjakow, Leonid P. 295, 339, 477
Sergius (Großfürst) 96
Sergius (Metropolit) 624
Serpuchow 281

Shdanow, Andrei A. 225, 459, 631, 731, 738, 750, 773, 777, 778
Sibirien 30, 58, 79, 89, 90, 91, 138, 153, 157, 171, 175, 178, 180, 184, 259, 335, 408, 424, 449, 459, 484, 538, 595, 649, 696, 697, 728, 729
Siebenbürgen 677
Siebenjähriger Krieg 665
Sikorski, Ladislaus (General) 595, 607, 635, 662
Simon, Sir John 535
Sinowjew, Grigori J. 47, 151, 154, 195, 196, 202, 205, 206, 209, 215, 218-222, 227, 228, 274, 285, 303, 305, 308, 309, 325, 326, 330, 333, 336, 340, 342, 344, 354, 355, 358, 359, 361-365, 375, 379, 380, 386-389, 391, 393-400, 402, 403, 405, 406, 408, 411, 414, 428, 445, 450, 456-459, 461, 477, 478, 481, 482, 487, 505, 506, 510, 513, 517, 537, 760, 768
Sizilien 609
Skoropadski, Pawel P. 257
Skrjabin, Molotow s. Molotow
Skrypnik, N. 319, 429
Skythen 496, 497, 499, 548, 587
Slansky 776
Slawen 124, 619, 625
Slowenen 625
Smilga, I. 209, 408
Smirnow, N. J. 339, 449, 450, 474, 477
Smolensk 281, 593, 635
Smolny-Institut 236, 238, 273, 456
Sofia 750, 752
Sokolnikow, Grigori 209, 220, 252, 394, 408, 460, 475, 477, 485, 487
Soldatski Basar 64
Solwytschegodsk 146, 152, 155
Sowjets s. a. Petrograder Sowjet 96, 99, 100, 179, 180-182, 184, 186, 187, 196, 199, 202, 210-213, 221-224, 226, 245, 248, 249, 250, 257-259, 263, 273, 278, 282, 294, 296, 329, 391, 393, 460, 489, 499, 501, 509, 523, 540, 547, 555, 562, 574, 594, 600, 626, 641, 654, 686
Sowjetische Besatzungszone s. Besatzungszone

Sowjetkongreß s. Kongreß d. Sowjets
Sowjetregierung 64, 116, 187, 239, 245, 254, 256, 290, 293, 317, 369, 411, 416, 417, 433, 449, 452, 492, 496, 507, 519, 524-527, 535, 545, 551, 556, 559, 562, 563, 571, 576, 579, 582, 605, 607, 636, 651, 655, 660, 676, 683, 704, 734, 756, 757, 774, 781
Sowjetrepublik, Sowjetstaat 190, 192, 219, 251, 266, 320, 392, 401
Sowjetrepubliken, Föderation der 258, 320
Sowjetunion 143, 166, 257, 277, 278, 332, 347, 409, 433, 478, 483, 489-491, 493, 503, 518, 523, 525, 526, 528, 530, 542, 545, 547, 549, 560, 568, 569, 571, 572, 574, 582, 590, 600, 610, 617, 618, 625, 628, 634, 695, 696, 698, 712, 721, 723, 724, 732, 735, 746, 747, 750, 753, 756, 758, 761, 767, 773, 775, 781, 788
Sozialdemokraten, Europäische 135, 173, 191, 273, 344, 518, 520, 740, 741
— in Deutschland 152, 505, 692, 693
— in Italien 658
Sozialdemokratie 88, 119, 173, 187, 273, 511, 536, 738
Sozialdemokratische Partei (Rußlands) 51, 66, 73, 80, 101, 102, 109, 129, 153, 160, 164, 199, 333
Sozialisierung der Industrie 190, 389, 569, 659
Sozialismus 39, 48, 49, 52, 54-56, 62, 66, 67, 70, 76, 80, 81, 85, 87, 88, 104, 107, 109, 110, 127, 129, 135, 137, 164, 174, 189, 190, 208, 209, 229, 242, 246, 262, 274-276, 318, 341, 342, 366-372, 377, 380, 389-391, 421, 422, 441, 462, 465, 502, 687, 698-701, 706, 712, 733, 740, 748, 765, 773-775, 785
— Industrieller 53
— Internationaler 61, 249, 620
— Marxistischer 51
— in einem Lande 209, 366, 367, 373, 377, 378, 380, 381, 384, 386, 388, 393, 422, 441, 502, 503, 519, 569, 620, 698, 699, 704, 721, 775, 785

Sozialistische Einheitspartei (SED) 693
Sozialistische Internationale, Zweite 127, 174
— Dritte 174, 761
Sozialrevolutionäre 181, 198, 205, 238-240, 247, 253-255, 265, 266, 287, 292, 340, 360, 365, 453
— Putsch der 259, 261
Spandarin, Suren S. 143, 154
Spanien 541-544, 747
— Bürgerkrieg in 541-544
Springfield (Mass./USA) 659
Stachanow-Arbeiter 476
Stalingrad s. a. Zarizyn 210, 271, 610, 613-618, 683, 695, 711, 727, 736
— Schlacht um 610-617, 621
Stalinismus 341, 441, 451, 453, 471, 504, 707, 713, 714, 718, 719, 721, 723, 745, 759, 767, 785-788
Stalinkult 410, 492, 766
»Stalinreformen« 426
Stalin-Schriften 468-471, 473, 474, 773
Stalin-Tod 789, 790
Stalski, Lesgin Suleiman 474
Stawka (Hauptquartier der Roten Armee) 595
Stockholm 120-123, 142
Stolypin, Peter A. 97, 133, 156
Struwe, Peter B. (Soziologe) 55
Stuarts 719
Stuttgart 59
Sun Yat-sen 511
Suslow 777
Suworow, Alexander 597, 619, 620, 626, 711
Swanidse, Jekaterina (Stalins erste Frau) 176
Swashsk, Panzerzug nach 259
Swerdlow, Jakob M. 161, 171, 172, 195, 196, 209, 224, 240, 272
Swerdlow-Universität 353, 412, 502, 527
Synghman Rhee (Südkorea) 754
Syrzow, S. D. 429
Sytin (General) 263, 270

Taganrog 257, 761
Tammerfors s. Nationalkonvent
Tataren 139, 140, 150, 258, 301, 312
Tatarenrepublik 258, 259, 319
Taurisches Palais (Moskau) 196, 202
Tedder, Arthur W. (Marschall) 665
Teheran, Konferenz von 638, 639, 641, 642, 648, 649, 651, 654, 679, 680, 682
Testament (Memorandum) Lenins 325-328, 339, 354, 355, 397, 398, 449
Thackeray, William 38
Thorez 739
Thrakien 653
Thyssen (Industrielle) 717
Tiflis 19, 22, 27, 28, 33, 34, 38, 40-42, 56, 57, 60-64, 73-75, 77, 93, 105, 114-116, 118, 119, 126, 127, 139, 143, 151, 250, 310-314, 319, 330, 421, 670
Tilsit, Frieden von 253, 561
Timoschenko, Semjon K. 588
Tito (Josip Broz) 644, 747, 748, 752, 783
Titoismus 747-750, 752, 776
Tolstoi, Alexander 619
Tolstoi, Leo 153, 228, 471, 718
Tomski, Michail P. 47, 293, 305, 333, 387, 388, 391, 397, 403-405, 408, 410, 428, 450, 459, 478, 514, 516
Transkaukasien 27, 32, 320
Transkaukasische Eisenbahn 42
— Föderation 312
— Kommunistische Universität 34
Triest 747
Triumvirat, Triumvirn 239, 256, 265, 337, 339, 341, 345, 347, 349, 351, 355, 358, 360, 361, 363, 364, 367, 379, 386, 387, 407, 510
Trojanowski, Alexander 166
Trotzki, Leo 47, 49, 72, 76, 80, 81, 86, 87, 90, 96, 98-100, 112, 114, 127, 152, 154, 161, 166-169, 174, 197, 198, 202, 206, 208-212, 214-216, 220-227, 236, 239, 240, 246, 247, 250-253, 255, 259-274, 277-286, 289, 294-296, 304, 305, 309, 310, 322, 324-326, 328, 330-334, 338-341, 343-349, 355, 358-371, 375, 376, 378-380, 383, 386, 387, 391, 395-409, 411, 414, 429,

445-450, 452, 453, 462, 465, 469, 471, 475, 477, 479, 480, 484, 487, 490, 492, 494, 500-504, 507, 510, 512, 513, 517, 522, 523, 525, 544, 596, 599, 699, 700, 748, 750, 760
Trotzkismus 192, 341, 476, 477, 492, 508, 510, 618
Trotzkisten 154, 395, 403, 475, 490, 493, 494, 747, 767, 768, 771, 776
Truman, Harry S. (Präsident) 693, 734
Truman-Doktrin 733, 736, 737, 739, 744
Tschawtschawadse, Jlija 37
Tschcheïdse, Nikolai 76, 169, 182, 190
Tschechoslowakei, Tschechen 499, 532, 545-547, 557, 581, 604, 625, 708, 713, 737, 739, 740
Tschechow, Anton 38, 718
Tscheka (Vorläufer der OGPU) 255
Tschen Tu-hsiu 745
Tschernjakowski, Iwan D. 631
Tschernow, Viktor M. (Landwirtschaftsminister) 202
Tschetschenzen 312, 612, 729, 764
Tschiangkaischek 117, 401, 511, 513, 514, 638, 671, 744
Tschitscherin, Georgi W. 47, 127, 256, 500
Tschuikow, W. J. 613, 631
Tuchatschewski, Michail N. 284, 286, 290, 476, 477, 486, 487, 491, 523, 618, 619, 627, 628
Tugan-Baranowski, Michail J. (Soziologe) 55
Türkei, Türken 28, 29, 103, 498, 500, 528, 552, 556, 563, 571, 575, 644, 734, 758
Tundra 177
Turkestan 424
Turkmenen 258
Turuchansk (Nordsibirien) 171

Uborewitsch, Jeronim P. (General) 487
UdSSR 225, 326, 327, 350, 441, 449, 476, 489, 523, 531, 532, 580, 600, 732, 735, 756, 773, 774
Uglanow, N. A. 404, 450
Ukraine, Ukrainer 166, 238, 243-246, 248, 253, 256, 257, 259, 272, 276, 283, 284, 301, 302, 312, 319, 320, 322, 332, 347, 429, 450, 524, 538, 550, 564, 565, 593, 595, 606, 617, 624, 668, 680, 729, 759, 761, 763
Ukrainische Sowjets 246, 257
— Bauern 284
— Bolschewisten 246, 276
— Rada s. Rada
— Revolution 245, 257
— Umsiedlungen 312, 729
Ukrainischer Nationalismus 245, 729
Ungarn 573, 650, 654, 677, 679, 680, 708, 713, 739
Unionskongreß der Sowjets 320
Untergrundbewegung 43, 50, 51, 57, 59, 64, 75, 80, 82, 88, 90, 93-95, 118, 134, 136-139, 141, 144, 148-152, 156, 162, 163, 170, 176, 181, 197, 240, 375, 451
Ural 89, 147, 259, 272, 279, 595, 697, 722
Uritzki, Moisei S. 209, 224, 254
USA s. Vereinigte Staaten
Ustrjalow, N. W. (Professor) 317, 318, 619

Vatikan 658-660
Vazetis, Joachim J. 263, 282
Vereinigte Staaten (USA) 32, 33, 248, 259, 441, 518, 525, 550, 551, 592, 593, 604, 606, 653, 668, 669, 684, 704, 714, 724, 732-734, 736, 741, 747, 754-756, 758, 777, 781
Vereinte Nationen 666, 668, 685, 744, 754, 762
Verfassungsgebende Versammlung 108, 110, 111, 194, 219, 247
Verfassungsreform 326, 445, 460, 474
Versailles, Frieden von 499, 500, 523, 524, 528, 531-534, 539, 637
Verschwörung (der Generäle) 486, 487, 491, 778
Verständigungspolitik 483
Vetorecht 666, 755
Viktor Emanuel (italienischer König) 656, 658

Victoria, Königin von England 469, 639
Völkerbund 534, 545, 568, 667
Volksdemokratie 687, 713
Volkserhebung 105, 214, 218
Volksfront 537, 541
— Frankreich 541, 542
— Spanien 544
Volkskommissariat für Nationalitätenfragen 238, 267, 763
Volkskommissare, Volkskommissariat 236, 241, 246, 258, 267
Voltaire 471
Vorparlament 216, 218

Waffenstillstandsabkommen 673
Waffenstillstandsangebot 241, 684
Warga, Eugen S. 637
Warschau 96, 223, 273, 285, 286, 401, 535, 546, 548, 635, 664, 680, 701
— Aufstand in 663, 664
Washington (USA) 166, 607, 637, 654, 737, 739
Wassiljewski, Alexander M. 596, 613, 614, 631, 777
Watutin, Nikolai W. 615, 631
Weichsel 560, 564, 650, 663, 665
— Schlacht an der 286
Weimarer Republik 519, 531
Weiße Armeen, Weiße Garden 238, 245, 258, 259, 270, 271, 278, 279, 287, 290, 297, 489, 614
Weißrußland 301, 320, 564, 668
Weltkrieg, Erster 136, 173, 273, 394, 439, 483, 527, 585, 682
— Zweiter 128, 264, 272, 401, 402, 467, 492, 495, 524-527, 544, 559, 581, 585, 593, 612, 679, 702, 705, 759, 770, 787
Weltrevolution 318, 501, 503, 506, 540, 620, 671, 699, 703
Weltsicherheitsrat 666
Werchne-Uralsk 475
Westdeutschland 690, 735, 741
Westeuropa s. a. Europa 54, 55, 58, 66, 67, 86, 94, 101, 123, 124, 194, 219, 274, 285, 351, 368, 381, 518, 541, 544, 568, 609, 611, 657, 664, 700, 737

Westmächte 278, 483, 524, 527, 540, 542, 547, 552, 553, 555, 557, 560, 565, 620, 634, 647, 648, 651-653, 676, 684, 686, 688, 692, 733, 742, 743, 781
Westrußland 595
Weygand, Louis M. (General) 286, 568
Widerstandsbewegung s. a. Partisanen 124, 130, 134, 657, 739
Wien 138, 152, 161, 166, 168
Wiener Kongreß 674
Wilhelm II. 592
Wilhelmine, Königin von Holland 604
Wilna 524
Witebsk 650
Wjatka 283
Wladiwostok 259
Wojkow, Peter L. 401
Wojtinski 181
Wolga 259, 260, 594, 596, 598, 610, 722, 725
Wolgadeutsche 729
Wolodarski, W. 201, 254
Wologda (Provinz) 146, 155, 156, 158
Woronesch 52, 58
Woronow, N. 615, 631
Woroschilow, Kliment J. 142, 225, 255, 263, 264, 269-271, 388, 402, 404, 429, 430, 454, 466, 476, 487, 555, 588, 589, 613, 627, 644, 776, 779
Wosnesenski, Nikolai A. 599, 749, 752, 771, 778
Wperjod (Vorwärts) 95
Wrangel, Peter N. von (General) 278, 287
Wyschinski, Andrei 460, 479, 569, 677, 706, 760

Zar, Zaren 26, 30, 31, 53, 56, 60, 76, 77, 95, 96, 97, 101, 112, 133, 136, 141, 179, 185, 456, 457, 483, 560, 590, 624-626, 665, 674, 689, 690, 711, 788-790
— Sturz des 137, 157, 179, 183
Zarenzeit 29, 32, 357, 434, 460, 688
Zarentum 134, 135, 173, 178, 460, 462, 670, 704, 725, 752

Zarismus, Zarenherrschaft 66-68, 71, 87-89, 100, 101, 105, 112, 118, 124, 128, 133, 137, 175, 195, 241, 242, 283, 311, 314, 316, 318, 453, 462, 570, 624, 758

Zarizyn s. a. Stalingrad 210, 254, 255, 259-261, 263-266, 268-272, 286, 310, 357, 596, 610
— Gruppe 263, 265, 271, 400, 596

Zchakaja, Michael 36

Zentralkomitee, Bolschewistisches 36, 93, 97, 150, 180, 194-196, 201, 202, 204, 205, 213, 219, 221, 222, 224-226, 239-241, 250-252, 272, 294, 295, 304, 305, 321, 324-326, 336, 346, 348, 349, 353, 354, 365, 394, 399, 400, 402, 406, 414, 426, 429, 430, 486, 511, 526, 750, 767, 771, 772, 776, 777
— Sozialistisches 93, 118, 141, 148, 149, 151, 154-158, 163, 170, 186, 205

Zentralkontrollkommission 306, 308

Zeretelli, Irakli G. 41

Zinzadse, Kote 127

Zivilverwaltung 303, 304

Zulukidse, S. 43, 44, 57, 105

Zweifrontenkrieg 583